Manuela Rienks
Ausverkauft

Quellen und Darstellungen zur Zeitgeschichte

Herausgegeben vom Institut für Zeitgeschichte

Band 143

Manuela Rienks

Ausverkauft

Arbeitswelten von Verkäuferinnen
in der Bundesrepublik Deutschland

DE GRUYTER
OLDENBOURG

Die vorliegende Arbeit wurde von der Philosophischen Fakultät der Ludwig-Maximilians-Universität München unter dem Titel „Ausverkauft. Arbeitswelten von Verkäuferinnen in der Bundesrepublik Deutschland von den 1950er Jahren bis in die 1990er Jahre" als Dissertation angenommen, von Prof. Dr. Andreas Wirsching und Prof. Dr. Margit Szöllösi-Janze begutachtet und am 30. Juni 2021 verteidigt.

ISBN 978-3-11-114135-0
e-ISBN (PDF) 978-3-11-114263-0
e-ISBN (EPUB) 978-3-11-114340-8
ISSN 0481-3545

Library of Congress Control Number: 2023951921

Bibliografische Information der Deutschen Nationalbibliothek
Die Deutsche Nationalbibliothek verzeichnet diese Publikation in der Deutschen Nationalbibliografie; detaillierte bibliografische Daten sind im Internet über http://dnb.dnb.de abrufbar.

© 2024 Walter de Gruyter GmbH, Berlin/Boston
Titelbild: Ansprache vor der Belegschaft einer Filiale des Frankfurter Lebensmittelfilialunternehmens Latscha, Institut für Stadtgeschichte, Frankfurt am Main (ISG), W 1-10-1738, V82 – Friedberg, 1963/70, Fotograf: Willi Klar.

Satz: Meta Systems Publishing & Printservices GmbH, Wustermark
Druck und Bindung: Beltz Bad Langensalza GmH

www.degruyter.com

Inhalt

Dank 1

1. Einleitung 3
   Untersuchungsgegenstand, Fragestellungen, methodische Zugänge (5) – Forschungsstand (19) – Quellen (26) – Aufbau der Arbeit (29)

2. Die Sozialfigur der Verkäuferin: Allseits beliebt, trotzdem unterbezahlt 31

   2.1 Verkäuferinnen kommen zu Wort 31
       Gedichte – reflektierte Ego-Dokumente (31) – Selbstbeschreibungen in Versform (33) – Erinnerungen aus den Betrieben ex post (34)

   2.2 Verkaufspersonal als Gegenstand der sozialwissenschaftlichen Forschung 38
       Zum Verhältnis von Sozialwissenschaften und Zeitgeschichte (38) – Die „Verkäuferinnen-Studie" (39) – Themenfelder der sozialwissenschaftlichen Forschung zum Einzelhandel (42) – Eine Sekundäranalyse zur Berufsfachlichkeit im Einzelhandel (44)

   2.3 Weibliche Beschäftigte im Einzelhandel als Thema der Gewerkschaften 46
       HBV: Geschichte und Struktur (47) – DAG: Geschichte und Struktur (49) – Der geringe Organisationsgrad im Einzelhandel (50) – Ziele der Einzelhandelsgewerkschaften (53) – Gewerkschaftliche Maßnahmen: Platzieren von Themen und Streiks (56) – Das Verhältnis von Gewerkschaftsmitgliedern, Betriebsräten und Beschäftigten (59)

   2.4 Die perfekte Verkäuferin aus Sicht der Unternehmen und der Gesellschaft 62
       So soll sie sein (62) – So soll sie aussehen (70) – Nicht perfekt: die Warnliste bei C&A (73) – Probleme der Perfektion: sexuelle Belästigung (75)

   2.5 Was wirklich zählt – Gehälter im Einzelhandel 79
       Allgemeine tarifliche Regelungen (80) – Verdecktes Vorgehen bei C. F. Braun (87) – Offensichtliche Diskriminierung bei C&A (87) – Prämien und Zulagen bei Hirmer (90) – Scheinbare Gleichbehandlung: das Prämiensystem bei Latscha (92) – Gewerkschaft und Betriebsrat für (geschlechter-)gerechte Bezahlung bei Gaissmaier (94) – Mittelbare Benachteiligung durch Sonderzahlungen bei Beck (97)

   2.6 Zwischenfazit 99

VI   Inhalt

3. Arbeit im Verkauf – (K)ein Bund für's Leben 103

   3.1 Berufliche Bildung – Schnellstart für Männer, Hürdenlauf
       für Frauen 103

       Hineingeboren: mithelfende Familienangehörige und Betriebsinhaberinnen (103) – Angelernt: Aushilfen und „Gastarbeiter" (106) – Ausgebildet: geschlechter- und zeitspezifische Ausbildungswege (108) – Ausbildungswege bei Latscha (110) – Geschlechtsspezifisches Lernen bei Gaissmaier (115) – Frühe Separation bei C&A (116)

   3.2 Die Arbeit im Lebensverlauf der weiblichen Beschäftigten 122

       Verheiratete Frauen bei C&A (123) – Die liebe Familie (125) – Alter und Betriebszugehörigkeit, Jubiläen und Pensionsfeiern (130) – „Gastarbeiterinnen und Gastarbeiter" (134) – (Weibliche) Karrieren im Lebensmitteleinzelhandel (138)

   3.3 Betriebliche Sozialstrukturen als stabilisierender Faktor
       von Frauenarbeit 144

       Soziale Leistungen seitens des Betriebs (145) – Soziale Kontrolle (150) – Vergemeinschaftung in der Freizeit: Feiern und Ausflüge (152) – Konkurrenz und Kooperation unter Kolleginnen (156) – Verhältnis zur Kundschaft (161)

   3.4 Einzelhandelsbetriebsräte: Anpassung, Akzeptanz
       und Auflehnung 169

       Betriebsräte im Einzelhandel (170) – Unterstützer des Unternehmens: Der C&A-Betriebsrat in den 1950er Jahren (172) – Kleine Opposition: Der Hirmer-Betriebsrat von den 1960er bis in die 1990er Jahre (175) – Aktiv und engagiert: Der Gaissmaier-Betriebsrat in den 1970er und 1980er Jahren (178) – Hüter der Ordnung: Der Latscha-Betriebsrat der 1950er bis 1970er Jahre (181)

   3.5 Männerwelten: Hohe Belastung, höhere Erwartungen, höchste
       Positionen 185

       Geschlechterverhältnis im Einzelhandel: Hierarchie im Betrieb (186) – Geschlechtsspezifische Tätigkeitsfelder und Einsatzorte (188) – Erwartungen an die Chefs: Männlich konnotierte Positionen (189) – Erfahrungen der Männer: Hohe Arbeitsbelastung (193)

   3.6 Zwischenfazit 196

4. Weniger bedienen, weniger wert: weibliche Beschäftigte
   im Verkaufsraum 201

   4.1 Wandel des Einzelhandels in der bundesrepublikanischen
       Konsumgesellschaft 201

       Zum Verhältnis von Handel, Konsum und Geschlecht (201) – Etablierung der Selbstbedienung und Computerisierung des Einzelhandels (203) – Arbeitspraktiken im Einzelhandel (206) – Arbeitsraum als analytische Kategorie (207)

4.2 Selbstbedienung und die Ausbildung geschlechtsspezifischer
    Arbeitsweisen im Lebensmitteleinzelhandel 210
    Einführung der Selbstbedienung bei Latscha in den 1950er
    Jahren (211) – Etablierung der Selbstbedienung und Experimentier-
    freude in den 1960er Jahren (220) – Entwicklung der Verkaufsprakti-
    ken bei Gaissmaier in den 1970er und 1980er Jahren (226) – Gegenbe-
    wegung: Das Gaissmaier-Feinkosthaus (232) – Standardisierung und
    Geschlechterverhältnisse im Lebensmitteleinzelhandel (233)

4.3 Masse oder Klasse? Strategien und Geschlechtsspezifik
    im Textileinzelhandel 241
    Firmengeschichte von C. F. Braun (241) – Der späte Wandel des Bedie-
    nens bei Braun (243) – Die Praktiken des Begrüßens und Verabschie-
    dens bei Braun (245) – Firmengeschichte von C&A (246) – Die frühe
    Aufgliederung der Arbeitspraktiken bei C&A (249) – Die Praktiken
    des Verpackens und Verabschiedens bei C&A (255) – Restetage und
    Schlussverkäufe: Kampf um die Ware (260) – Persistenz von Bedien-
    elementen im Verkauf beim Textilhaus Beck in München (263) –
    Geschlechtsspezifische Verteilung von Arbeit bei Hirmer (268)

4.4 Das Bild weiblicher Arbeit – Computerisierung des Kassen-
    arbeitsplatzes 275
    Kassieren: Theorie und Praxis seit den 1950er Jahren (276) – Die Stel-
    lung der Kassiererinnen bei C&A (281) – Rationalisierung in den
    1960er und 1970er Jahren (283) – Scannen: Kassentechnik seit den
    1980er Jahren (290) – Probleme und Debatten der gesundheitlichen
    Auswirkungen der Kassenarbeitsplätze (296) – Die psychische Gesund-
    heit: Die Positionierung der Kassierenden (304)

4.5 Hinter der Bühne: Folgen der Computerisierung und männliche
    Berufswelt 310
    Speichern: Grundlage für neue Arbeitspraktiken (310) – Verwalten
    und die männlichen Hirne hinter den Datenkassen (315) – Logistik
    und Warenbeschaffung: die männliche Komponente des Instandhal-
    tens (323) – Warenannahme und -auszeichnung als weiblicher Teil des
    Instandhaltens (326)

4.6 Zwischenfazit 331

5. Tante Emma macht jetzt Teilzeit: Arbeitszeit und Ansehen
   im Einzelhandel 335

   5.1 Zeit- und Geschlechterordnung in der Bundesrepublik 335
       Arbeitszeitverkürzung in der zweiten Hälfte des 20. Jahrhunderts (335) –
       Anstieg der Frauenerwerbstätigkeit (337) – Zeit im Einzelhan-
       del (340) – Arbeitszeit als analytische Kategorie (341)

   5.2 Arbeitszeiten im Einzelhandel 342
       Gesetzlicher Rahmen der Arbeitszeit (343) – Lage der Arbeitszeiten und
       Arbeitszeitsysteme (346) – Gewerkschaftliche Ansätze zur Arbeitszeitver-
       kürzung (347) – Umsetzung bei C&A: mehr Stress, keine Entlas-
       tung (350) – Hirmer: Zeit ist Geld (352) – „Individuelle Arbeitszeit"
       beim Kaufhaus Beck (353) – Höhere Arbeitsbelastung durch Arbeitszeit-

verkürzung im Lebensmitteleinzelhandel (357) – Arbeitszeitpraktiken: Pausenregelungen (358) – Überstunden, selbstverständlich (362) – „Stempeln": Arbeitszeiterfassung zwischen Kontrolle und Freiwilligkeit (366) – Freiräume der Beschäftigten (369)

5.3 Unterschätzte Frauen: Grenzen zeitlicher Rationalisierung und die Notwendigkeit flexiblen Handelns 371

Technische Innovationen im Einzelhandel (373) – Rationalisierung der betrieblichen Prozesse (377) – Leistungsdruck durch Kontrolle und Überwachung (386) – Folge der Illusion der Planbarkeit (387)

5.4 Verkaufsarbeit als Teilzeitjob: Kein Einstieg in die eigenständige Erwerbsbiografie 391

Teilzeitarbeit von den 1960er Jahren bis in die 1980er Jahre (393) – Positive Effekte für die Unternehmen (396) – Individuelle Vorteile für die Beschäftigten (398) – Negative Effektive aus Sicht der Gewerkschaften (399) – Strukturelle Nachteile: Diskriminierung und Auswirkungen auf Lebensarbeitszeit (404) – Diskussionen um Doppelbelastung (407) – Debatten um „Doppelverdienen" (409) – Gleiche Arbeit, gleiche Leistung, schlechtere Bedingungen: Aushilfen bei C&A (411) – Hirmer: Hilfskräfte für einfache Tätigkeiten (413) – Latscha: Hausfrauen in den Handel (416)

5.5 Gesellschaftliche Debatten um den Ladenschluss als Ausdruck der mangelnden Wertschätzung weiblicher Arbeit 420

Begrenzung: Das Ladenschlussgesetz 1956/60 (423) – Orientierung an der Kundschaft als Argument von Unternehmen und Lobbygruppen (431) – Soziale Schutzfunktion und Arbeitszeitproblematik als ambivalente Argumente (434) – Emanzipation versus Benachteiligung: Argumente in Frauenzeitschriften (439) – Ein ewiges Für und Wider: Wissenschaftliche Studien und Umfragen (443) – Entgrenzung: Ausweitung der Ladenöffnungszeiten 1989 (445) – Das Geschäft geht vor: Die Praktik des „zu Ende Bedienens" (456) – Die Bedürfnisse anderer gehen vor: Verkaufsoffene Sonntage (458) – Olympia und Oberammergau: Ausnahmen im öffentlichen Interesse (464)

5.6 Zwischenfazit 471

6. Schluss 475

Verkaufspraxis und Verkaufspersonal im zeitlichen Wandel (478) – Schon wieder? Immer noch! Der *Gender Pay Gap* – Arbeit als Kriterium für geschlechtsspezifische Ungleichheit (485)

Anhang 491

Abkürzungsverzeichnis 491

Tabellenverzeichnis 493

Abbildungsverzeichnis 494

Quellen- und Literaturverzeichnis 497

Sachregister 525

Dank

Dieses Buch ist die leicht überarbeitete Fassung meiner Dissertationsschrift, die 2021 an der Ludwig-Maximilians-Universität angenommen wurde. Meinem Erstbetreuer Andreas Wirsching gilt besonderer Dank – nicht zuletzt für enge Zeitvorgaben und die Ermutigung zum Denken in größeren Forschungsdimensionen. Auf das interessierte Mitdenken meiner Zweitgutachterin Margit Szöllösi-Janze gehen wichtige Ideen und weitergehende Perspektiven zurück. Beide lehrten und prägten mich schon während des Studiums. Wertvolle und produktive Hinweise kamen stets auch aus dem Kreise meiner Mitpromovierenden des Graduiertenkollegs der Hans-Böckler-Stiftung sowie von unserem Projektkoordinator Sebastian Voigt. Danke! Ein afrikanisches Sprichwort lautet: „Um ein Kind aufzuziehen, braucht es ein ganzes Dorf." So möchte ich sagen: Ich brauchte das Millionendorf München, um meine Doktorarbeit zu schreiben. Denn notwendig waren stets die Auszeiten im Biergarten, das Fußballschauen in den Uni-Bars, Spaziergänge in Nymphenburg, Radfahren an der Isar, Flanieren auf dem Sommer-Tollwood, Weihnachtsfeiern erst im Historicum, dann im Institut für Zeitgeschichte in der Leonrodstraße 46b. Doch um meine Höhen und Tiefen während des Forschungs- und Schreibprozesses weiß niemand besser als mein Partner, mit dem ich während der Promotion in der Stadt ein Zuhause gefunden habe und dem mein größter Dank für seine Unterstützung in dieser langen Zeit gilt. Weil er mich immer wieder zum Strahlen bringt, möchte ich auch meinem Sohn, dem Münchner Kindl, danken. Genauso brauchte ich die „Meeedchen" und die „Bibboyz", um in anstrengenden Phasen bei Laune zu bleiben. Auch bei den vielen Kolleginnen und Kollegen, die mir mit Rat, Tat, Kaffee und Mittagessen zur Seite standen, möchte ich mich bedanken. Der ausgezeichnete wissenschaftliche wie persönliche Austausch am Institut für Zeitgeschichte und nicht zuletzt der eigene Arbeitsplatz führten dazu, dass ich meine Studie in großartiger Atmosphäre fertigstellen konnte. Dazu trug Johannes Hürter als hervorragender Vorgesetzter über die Maßen bei. Den engagierten und kritischen Korrekturleserinnen und -lesern, die mich zum Teil bis in die letzte Minute betreut haben, bin ich noch eine Dankesfeier schuldig. Martin Bauer kommt zwar nicht aus München, aber ohne ihn hätte ich gar nicht damit angefangen zu promovieren. Und auch nicht ohne meine Mutter Iris Rienks und meine Tante Marion Rienks – euch ist dieses Buch gewidmet. Allen Leserinnen und Lesern danke ich, dass sie dieses Buch in den Händen halten, und wünsche eine erkenntnisreiche und unterhaltsame Lektüre.

1. Einleitung

Abb. 1: Kaufladen, 1950er/1960er Jahre, Stadtmusem Memmingen

„Guten Tag!" „Guten Tag." „Sie wünschen?" „Ich hätte gerne einen Apfel, eine Banane, ein Stück Käse, eine Flasche Milch und, ähm, noch 500 Gramm Zucker." „Sehr gerne. Darf's sonst noch was sein?" „Dann nehm' ich noch eine Paprika." „Ok. Darf's sonst noch was sein?" „Nein, danke. Das ist alles." „Das macht dann neun Euro und 50 Cent." „Hier, bitte, ich habe nur zehn Euro." „Danke, dann bekommen Sie 50 Cent zurück." „Danke, auf Wiedersehen." „Auf Wiedersehen, bis zum nächsten Mal!" „Ok, und jetzt will ich die Verkäuferin sein."

Eine solche Szene ist mehr oder weniger in allen Haushalten mit Kindern ab zwei Jahren oder in Kindertagesstätten vorstellbar. Sie spielt sich am Kaufladen ab, der seit dem 19. Jahrhundert zur Spielzeug-Grundausstattung in Deutschland gehört. Zunächst waren es Puppenläden, später agierten Kinder in Rollenspielen selbst als Ver- und Einkaufende. Der Aufbau des Kaufladens oder des „Kaufmannsladens" – ein eher in der DDR gebräuchlicher Ausdruck – ist bis in die heutige Zeit gleichgeblieben.[1] Der vordere Teil des Kaufladens besteht aus einer Theke mit Regalbrettern für die Spielzeugware, den hinteren Teil bildet ein kindhohes Warenregal. Zum häufig angebotenen Zubehör gehören Kassen und Spielgeld, eine Waage, Obststiegen und Gemüsekisten sowie ein Einkaufskorb oder -wagen. Die Ware, die im Spielzeugladen feilgeboten wird, orientiert sich am täglichen Bedarf an Nahrungsmitteln

---

[1] Vgl. Bohn, Spielzeugkaufläden.

und Drogerieartikeln. Herstellerfirmen werben damit, dass Kinder beim Verkaufen spielend den Umgang mit Geld und die soziale Interaktion einüben.[2]

Erstaunlich ist jedoch, dass sich die Entwicklungen im Einzelhandel der letzten 70 Jahre nur wenig in dem Kinderspiel widerspiegeln: Weder Selbstbedienung (SB) noch Selbstzahlerkassen haben darin Einzug erhalten. Damit wäre ja auch die zu erlernende Kommunikationssituation nicht mehr gegeben. Einzig manche Holzkassen sind an aktuelle Kassier- und Zahlungsmethoden angepasst und weisen einen Barcodescanner und ein Kartenlesegerät auf. Der Umgang mit Geld scheint hier zweitrangig zu sein; vorrangig geht es um den Umgang mit Mitmenschen. Doch die so eingeübten Verhaltensmuster existieren in der heutigen Erwachsenenwelt kaum noch. Das Kinderspiel reproduziert eine soziale Situation, die eigentlich nur noch fiktiv vorhanden ist, aber so tradiert wird.[3] Mitüberliefert werden zudem Rollenverständnisse dieser Dienstleistungshandlung und implizit auch eine geschlechtliche Dimension. Automatisch wird im Kopf das Bild einer weiblichen Person hinter der Theke produziert. Der Einzelhandel wird mit dem weiblichen Geschlecht assoziiert. Diesen Automatismus zu erklären, ist ein zentrales Anliegen der vorliegenden Arbeit.

Ebenso persistent sind die in Literatur, Fernsehen und Medien bekannten Figurationen des Einzelhandels, wie der „ehrbare Kaufmann", die „Tante Emma" und die „Schlecker-Frau". Der „ehrbare Kaufmann" als symptomatische Einzelhandelsfigur ist zeitlich um die Wende vom 19. auf das 20. Jahrhundert einzuordnen, und steht als männliche Figur für Fachwissen, die Kenntnis der betrieblichen Zusammenhänge, einen festen Charakter und Tugenden wie Ehrlichkeit, Fleiß, Redlichkeit, Sparsamkeit, und Weitblick.[4] „Tante Emma" hingegen prägt stereotypisch den Einzelhandel der ersten Hälfte des 20. Jahrhunderts in Deutschland. In ihrem Laden an der Ecke bekam man alles, was man brauchte, und konnte auch einmal ein Schwätzchen halten. Das persönliche Verhältnis stand hier im Vordergrund. Der Begriff stammt aus der Zeit um 1960, und wurde häufiger ab Mitte der 1970er Jahre gebraucht – in einer Phase, in der diese kleinen Läden selbst in die Krise gerieten.[5] Eine andere Vorstellung vom Einzelhandel ruft der negativ besetzte Ausdruck „Schlecker-Frau" am Ende der zweiten Jahrhunderthälfte hervor. Der Begriff prägte sich während der Insolvenz der Drogeriekette Schlecker aus, bei der an die 25 000 Verkäuferinnen quasi über Nacht arbeitslos wurden. Er war sogar im Rennen für das Unwort des Jahres 2012. Auch steht er als Synonym für die Ausbeutung von Arbeitnehmerinnen durch ein skrupelloses Discount-Unternehmen.[6]

---

[2] Vgl. Holzkaufladen – Kaufladen aus Holz, https://www.pirum-holzspielzeuge.de/shop/de/Kaufladen; https://www.pirum-holzspielzeuge.de/shop/de/Kaufladen/kaufladenzubehoer [zuletzt abgerufen am 25. 07. 2022].

[3] Auch die „heile Welt" der traditionellen bäuerlichen Landwirtschaft lebt im Spielzeug des bürgerlichen Kinderzimmers fort.

[4] Vgl. Klink, Der Ehrbare Kaufmann.

[5] Vgl. o. A., Tante-Emma-Laden, in: Gesellschaft für deutsche Sprache (Hrsg.), Der Sprachdienst 40 (1996), H. 1, S. 38 f.; sowie o. A., Tante-Emma-Laden, in: ebenda, H. 3–4, S. 134.

[6] Vgl. Carsten Dierig, Die vergessenen Frauen des Anton Schlecker, in: Die Welt online, 05. 03. 2017, https://www.welt.de/wirtschaft/article162604400/Die-vergessenen-Frauen-des-Anton-

Mit dem Begriff „Schlecker-Frau" ist das Bild einer gesichts- und namenlosen Verkäuferin verbunden, die nie da ist, wenn man Hilfe bräuchte im Selbstbedienungslabyrinth, die sich nicht auskennt, weil sie das ja nicht gelernt hat und ohnehin nur halbtags arbeitet, und deren Hauptaufgabe es ist, Regale einzuräumen und möglichst schnell zu kassieren. Diese Bilder von den Arbeitenden im Einzelhandel transportieren auch die historische Entwicklung der Arbeitswelt mit. Obwohl beide Vorstellungsbilder keinesfalls die Vielfalt an historischen Einzelhandelssituationen wiedergeben, sind diese Stereotypien des Verkaufspersonal so weit verbreitet und so alltäglich, dass es sich lohnt, deren Entstehungsgeschichte und Hintergründe zu untersuchen.

Untersuchungsgegenstand, Fragestellungen, methodische Zugänge

Zwischen „Tante Emma" und „Schlecker-Frau" haben sich im Einzelhandel wesentliche Entwicklungen zugetragen. Diese Entwicklungen in der zweiten Hälfte des 20. Jahrhunderts[7] und dabei vor allem die Veränderungen der Verkaufsprozesse, das heißt der Arbeitspraktiken der Verkaufenden, stehen im Vordergrund der vorliegenden Studie, verknüpft mit der Frage, welche Handlungsspielräume und Gestaltungsmöglichkeiten sich für die Akteurinnen und Akteure ergaben. Unter welchen Umständen und Rahmenbedingungen arbeiteten Frauen während des Untersuchungszeitraumes der 1950er bis 1990er Jahre im bundesdeutschen Einzelhandel? Wie veränderte sich dabei ihre soziale Rolle in der bundesrepublikanischen Gesellschaft? Und was sagt das über die Geschlechterordnung in der westdeutschen Demokratie aus? Diese Fragen stellen sich vor dem Hintergrund der deutschen Geschlechter- und Gesellschaftsgeschichte der zweiten Hälfte des 20. Jahrhunderts. Einige wichtige Faktoren, die weibliche Erwerbsarbeit beeinflussten und von ihr beeinflusst wurden, sind hier zu nennen: 1. Die voranschreitende formal-rechtliche Gleichstellung der Geschlechter in allen Lebensbereichen, die sich in entscheidenden Zwischenschritten sukzessive durchsetzte mit dem Inkrafttreten des Gleichberechtigungsgesetzes (1958), der Einführung des Partnerschaftsprinzips im Ehe- und Familienrecht (1977), und schließlich mit der Erweiterung des Grundgesetzes um den Absatz der staatlichen Förderung der Gleichberechtigung und der Beseitigung bestehender Nachteile (1993/94).[8] Denn durch die Änderun-

---

Schlecker.html [zuletzt abgerufen am 25. 07. 2022]. Vgl. zum Schicksal der „Schlecker-Frauen" auch das autobiografische Werk von Smidt, Schleckerfrauen. Darin u. a. ein Verweis auf die veränderten Praktiken der Kundschaft gegenüber: „Letzens erzählte mir meine ehemalige Auszubildende, die jetzt bei einer andere Drogeriekette arbeitet, bei der, die uns auch mit kaputt gemacht hat und deren Name[n] ich hier nicht sagen darf, dass, wenn eine ältere Kundin mit einem Einkaufszettel zu ihr kommt und Fragen hat, sie der Kundin nicht helfen darf. Das wäre ihr bei der Einstellung so gesagt worden, denn dazu hätten sie keine Zeit zu haben." Ebenda, S. 17.
[7] Historische Untersuchungen zum Einzelhandel enden bislang meist mit dem Siegeszug der Selbstbedienung in den 1950er und 1960er Jahren, vgl. Prinz (Hrsg.), Der lange Weg.
[8] Vgl. etwa Neri-Ultsch, Frauenwahlrecht, S. 35.

gen in der Gesetzeslage war es Frauen möglich, ohne Zustimmung ihres Ehepartners eine Arbeit aufzunehmen oder in berufliche Positionen vorzurücken, die für Frauen vormals undenkbar waren. 2. Die neue (zweite) Welle der Frauenbewegung und gesellschaftlichen Emanzipationsbestrebungen der späten 1960er und 1970er Jahre, die sich auch auf die damit zusammenhängende Sozial-, Frauen- und Geschlechterpolitik ab Mitte der 1970er Jahre auswirkten. Einerseits wurden in dieser Zeit veränderte Geschlechterrollen in Haushalt und Familie hervorgebracht, andererseits gerade die Beharrungskraft traditioneller Vorstellungen bewiesen, nicht zuletzt im Hinblick auf eine vorherrschende Westorientierung und Systemkonkurrenz im Kalten Krieg.[9] Daran wird deutlich, dass Frauenarbeit gesellschaftlich stets im Zusammenhang mit anderen zeithistorischen Aspekten verhandelt und bewertet wurde. 3. Ökonomische Auf- und Abstiegsprozesse und soziale Ungleichheiten, die durch Phänomene wie das „Wirtschaftswunder", De-Industrialisierung, demografischen Wandel oder Migration gezeitigt wurden.[10] Je nachdem, ob Frauen als industrielle Reservearmee[11] in der Hochkonjunktur gebraucht oder als zusätzlicher Ballast in der Arbeitslosenversicherung angesehen wurden, stieg oder sank die Wertschätzung für arbeitende Frauen. Und schließlich 4. die Neuorientierung an Konsum und Freizeit in der bundesrepublikanischen Massenkonsumgesellschaft.[12] Dabei wurde die wirtschaftliche Eigenständigkeit durch eigene Berufstätigkeit auch zu einem Kriterium für Teilhabe, die sich viele Frauen nicht länger verbieten lassen wollten.

Aus diesen Überlegungen wird bereits klar, dass sich die Untersuchung der Arbeitswelt nicht auf reine Arbeitsplatz- und Betriebsanalysen beschränkt, sondern auch *soziale Prozesse* und *gesellschaftliche Kontexte* mit einbezieht. Fragen, die sich daran anschließen, sind: Wie, von wem und mit welchen Ergebnissen wurde die Tätigkeit von Verkäuferinnen diskutiert und untersucht? Wer also sprach wie über die Sozialfigur der Verkäuferin und formte sie dadurch? Neben den Beschäftigten selbst, die sich mittels Ego-Dokumenten, teilweise sogar in Gedichten, zu ihrer eigenen Situation äußerten, interessierten sich seit den späten 1970er Jahren die empirisch arbeitenden Sozialwissenschaften für Verkäuferinnen. Außerdem entdeckten die Gewerkschaften sie als Zielgruppe und Thema. Aber auch die Einzelhandelsunternehmen hatten klare Vorstellungen davon, wie ihre weiblichen Angestellten sein sollten. Schließlich war ein bedeutender Faktor das Gehalt, das die Frauen im Einzelhandel erhielten. Dieser Faktor prägte den Diskurs über sie und war gleichzeitig das Ergebnis desselben. Das niedrige Gehalt verdeutlicht die geringe Wertschätzung von Arbeit im Einzelhandel und die historisch gewachsenen

---

[9] Siehe hierzu Neumaier, Hausfrau, Berufstätige, Mutter.
[10] Vgl. den Sammelband Voigt (Hrsg.), Since the Boom; Voigt, Wandel der Arbeitswelt.
[11] Der Begriff geht aus der marxistischen Wirtschaftslehre hervor und bezeichnet den Anteil an der Bevölkerung, der gezwungen ist, seine Arbeitskraft zu verkaufen, dafür aber keinen Abnehmer findet, also ein Überangebot auf dem Arbeitsmarkt bildet.
[12] Vgl. Mühlberg, Konsum-, Freizeit- und Erlebnisgesellschaft; Hradil, Arbeit, Freizeit, Konsum; Kleinschmidt/Logemann (Hrsg.), Konsum.

Strukturen geschlechtsspezifischer Ungleichheit. Hinter diesen Untersuchungsfragen steht die Annahme, dass sich die Sozialfigur erst über den gesellschaftlichen Diskurs herausbildete, ihn gleichzeitig aber auch rückkoppelnd selbst prägte.

Weiterhin geht es darum, die Auswirkungen der Wandlungsprozesse im Einzelhandel auf das *soziale Leben* der Verkaufenden aufzuzeigen. Wie beeinflussten sie das Bild der im Verkauf arbeitenden Frauen, ja der arbeitenden Frauen generell und deren Stellung in der Gesellschaft? Dabei ist zunächst nach den sozialen Strukturen zu fragen, in die die Verkäuferinnen eingebunden waren. Welche Ausbildungswege durchliefen Frauen, die im Einzelhandel arbeiteten? Waren sie als leitende oder mithelfende Familienangehörige in einen Betrieb hineingeboren, hatten sie als Lehrling eine Ausbildung absolviert oder waren sie angelernte Kräfte? Und was bedeutete dies für ihr Selbstverständnis und für ihr Auftreten gegenüber der Kundschaft? Es wird auch danach gefragt, wie sich die Arbeit in den Lebenslauf der betreffenden Frauen integrierte und ob diesbezüglich im Zeitverlauf Veränderungen festzustellen sind. Außerdem werden die sozialen Strukturen innerhalb eines Einzelhandelsbetriebs beleuchtet: das Verhältnis zur Kundschaft, zu Kolleginnen und Kollegen, aber auch die betriebliche Sozialpolitik. Gab es im Einzelhandel für Frauen relevante Formen der betrieblichen Organisation wie einen Betriebsrat, und setzte sich dieser für die Belange der weiblichen Beschäftigten ein – oder wirkte er als verlängerter Arm der Geschäftsführung? Ein wichtiger Aspekt ist außerdem das Verhältnis der Verkäuferinnen zu ihren männlichen Kollegen und Vorgesetzten. Es ist dabei zu hinterfragen, ob diese verschiedenen Elemente der sozialen Struktur als derart positiv empfunden wurden, dass sie negative, diskriminierende Aspekte aufheben konnten und zur Stabilität des Berufswunschs „Verkäuferin" beitrugen.

Die Studie geht noch einen Schritt weiter und untersucht die konkreten *Arbeitspraktiken* im Betrieb, durch die sich – so die These – diese Strukturen erst herausbildeten. Folgende Fragen sind dafür von Bedeutung: Wie wandelten sich die Praktiken der Arbeitswelt im Einzelhandel von den 1950er bis in die 1990er Jahre? Und welche geschlechtsspezifischen Unterschiede entwickelten sich dadurch bei der Arbeit? In der vorliegenden Untersuchung geht es um Erwerbsarbeit. Die Internationale Arbeitsorganisation (*ILO*) definiert als Erwerbstätige solche Personen, „die als Arbeitnehmer (Arbeiter, Angestellte, Beamte, geringfügig Beschäftigte, Soldaten) oder Selbständige bzw. mithelfende Familienangehörige eine auf wirtschaftlichen Erwerb gerichtete Tätigkeit ausüben".[13] Eine weiter gesteckte Definition von Arbeit, wie sie unter anderem der Sozialhistoriker Jürgen Kocka vertritt, hat für andere Fragestellungen durchaus ihre Berechtigung, wird in dieser Studie aber ausgeklammert.[14] Eine Reihe von Merkmalen charakterisiert Erwerbsarbeit, darunter „die erforderliche Qualifikation, die Stellung im Beruf, die Stel-

---

[13] Zitiert nach Dostal, Erwerbsarbeit, S. 122.
[14] Kocka, Work as a Problem, S. 2: Arbeit wird verstanden als „a purposeful application of physical and mental forces in order to fulfil needs (or something like this)".

lung im Betrieb, die jeweiligen Tätigkeiten, die verwendeten Arbeitsmittel, die Rechtsform der Beschäftigung, Länge und Lage der Arbeitszeit".[15] Auf viele dieser Merkmale wird in den einzelnen Kapiteln dieser Untersuchung Bezug genommen. Die Grundlage bildet die Annahme, dass Arbeit (oder auch Nicht-Arbeit) das Leben der Individuen strukturiert und bestimmt, deren soziale Beziehungen wie gesellschaftliche Identitäten prägt und damit auch Ungleichheit hervorbringt. Arbeit als eine zentrale Instanz des Sozialen hat nicht an Bedeutung verloren, sondern ihre Ausprägung, der Diskurs darüber und ihre Deutung haben sich verändert. Arbeit stellt auch soziale Ungleichheit her; sie erzeugt Entfremdung und gleichzeitig schafft sie Sinn.[16] Geschlechtsspezifisch wird diese Ungleichheit dann, wenn anhand des Geschlechts der Beschäftigten Arbeitsteilungen oder Hierarchisierungen vorgenommen werden, beziehungsweise bestimmte Tätigkeiten und Berufe als Frauen- oder Männerarbeit konstruiert werden, wobei sich häufig Feminisierung mit Abwertung, Maskulinisierung mit Aufwertung verbindet.[17]

Es lassen sich im Einzelhandel zwei wesentliche *Räume* feststellen, in denen diese Art der Erwerbsarbeit historisch stattfand, und zwar der Verkaufsraum und der Kassenarbeitsplatz. Die übrigen Räume (Sozialräume, Lager, Straßenverkauf) werden in der Untersuchung nur kurz angeschnitten und müssen zukünftigen Forschungen überlassen bleiben. Wie veränderte sich also der Verkaufsraum? Wie wandelten sich dadurch der Handlungsraum und die soziale Rolle der Verkäuferin? Hierbei werden vor allem die konkreten Auswirkungen im Betrieb untersucht, als die Selbstbedienung eingeführt wurde. Welche Tätigkeiten wurden abgeschafft oder ausgelagert, welche überdauerten? Welche Unterschiede gibt es dabei im Lebensmittel- und Textileinzelhandel? Anschließend ist zu fragen, welche technischen Veränderungen der Kassenarbeitsplatz durchlief. Hier spielten Computerisierungsprozesse eine wichtige Rolle. Wie wirkten sich diese auf die Arbeitsweise und die Selbst- und Fremdwahrnehmung der Verkäuferinnen aus? Ausgangspunkt dieser Überlegungen ist, dass sich die soziale Ordnung und die räumliche wie zeitliche Ordnung wechselseitig bedingten. Methodisch orientiert sich die vorliegende Studie daher an der historischen Raumanalyse der Historikerin Susanne Rau. Sie zählt zu ihrer Analyse der „räumlichen Dimensionen" der Vergangenheit die Raumkonstitution, die Raumdynamiken, die Raumwahrnehmungen und die Raumpraktiken.[18] Einen ersten Schwerpunkt bildet demnach die Frage, wie sich Verkaufsraum und Kassenarbeitsplatz konstituierten, also welche materielle Ausgestaltung diese Räume vorwiesen. Außerdem werden Fragen nach Entstehung,

---

[15] Dostal, Erwerbsarbeit, S. 122.
[16] Vgl. Süß/Süß, Zeitgeschichte der Arbeit, S. 345.
[17] Eine am Konzept des „Doing Gender" orientierte Studie zu Arbeitsteilung, Professionalisierung und Feminisierung in Medizin und Krankenpflege stellt die Arbeit der Geschlechtersoziologin Angelika Wetterer dar: Dies., Arbeitsteilung und Geschlechterkonstruktion. Darüber hinaus zum Verhältnis von Geschlechterforschung und Arbeits- und Industriesoziologie vgl. Aulenbacher, Arbeit und Geschlecht.
[18] Vgl. Rau, Räume, S. 192–195.

Wandel und Auflösung von Räumen miteinbezogen, um zu ergründen, welche Kräfte und Prozesse hinter der räumlichen Konstitution standen. Weiterhin geht es darum, welche subjektiven Wahrnehmungen die Räume hervorbrachten. Den zweiten Schwerpunkt bildet die Analyse, wie die Akteure sich den Raum aneigneten, wie sie sich in ihm bewegten und welche räumlichen Praktiken sich ausbildeten.[19]

Die Arbeitswelt im Einzelhandel konstituierte sich aber auch ganz entscheidend durch die *Arbeitszeit*, also „den Teil eines Tages, einer Woche, eines Jahres oder eines Lebens, den Menschen mit Arbeit verbringen".[20] Die Definition von Arbeitszeit hängt stark davon ab, was als Arbeit verstanden wird. In dieser Studie bezeichne ich mit dem Begriff „Arbeitszeit" diejenige Zeit, in der sich Menschen mit ihrer Erwerbsarbeit beschäftigen. Die Trennung zwischen Arbeitszeit und Freizeit, die sich im 19. Jahrhundert gesellschaftlich durchsetzte, bildet den Kern des kapitalistischen Wirtschaftens.[21] Welche Arbeitszeitgestaltung lässt sich im Einzelhandel feststellen? Welche tariflichen, unternehmerischen und individuellen Regelungen gab es im Konflikt um die Zeit der Beschäftigten? Entscheidend für die Dienstleistungsbranche und auch beim Einzelhandel ist die enge zeitliche Gebundenheit an die Bedürfnisse der Kundschaft, denn ohne sie sind manche Tätigkeiten schlicht nicht durchführbar. Charakteristisch für die zweite Hälfte des 20. Jahrhunderts ist aber auch die Suche der Unternehmen nach zeitlichen Rationalisierungsoptionen. Daher wird gefragt, wie sich das Spannungsverhältnis zwischen vorgegebenen Arbeitszeitstrukturen und der Notwendigkeit der Verkäuferinnen, auch flexibel auf Unvorhergesehenes reagieren zu können, auf deren Wahrnehmung und Erleben von Arbeitszeit auswirkte. Und ebenso charakteristisch für eine weiblich dominierte Arbeitswelt ist die hohe Quote an Teilzeitkräften. Welche kurz- und langfristigen Auswirkungen hatte Teilzeitarbeit, verstanden als spezifisch weibliche Zeitpraktik, auf die Erwerbsbiografie, das Ansehen und das soziale Leben von Verkäuferinnen?[22] Äußerst spezifisch für den Einzelhandel ist die enge gesetzliche Rahmung der Arbeitszeit durch die Ladenöffnungszeiten, wenngleich Praktiken wie das „zu Ende Bedienen" diese bisweilen unterminierten. Welche Differenzen zwischen theoretischer Setzung und praktischer Umsetzung lassen sich dabei beobachten? Hinter der Untersuchung der Arbeitszeit steht die Feststellung, dass Zeitordnungen und insbesondere Arbeitszeiten „nie naturgegeben, sondern stets kulturell bestimmt sind. Sie beruhen auf Tradition oder bewusster Setzung."[23] Welche Art von Zeitnutzung als Ideal vorherrschte, war Moden unterworfen.[24] Dabei ist (Arbeits-)Zeit nicht nur als messbare, physikalische Einheit zu verstehen,

---

[19] Vgl. die Vorgehensweise in verknappter Form bei Rienks, „Tante Emma bitte an Kasse 3!", v. a. S. 114–125.
[20] Lehndorff/Hermann, Arbeitszeit.
[21] Vgl. Süß, Stempeln, S. 139.
[22] Vgl. Kessel, Verfügte Zeit, S. 14 f.
[23] Koller, Zeitordnung, Sp. 385.
[24] Geppert/Kössler, Zeit-Geschichte, S. 12.

sondern auch als etwas, das nicht konkret greifbar ist. Wirklich fassen und verstehen kann die Zeit nur, wer danach fragt, wie und von wem sie konstruiert und wahrgenommen wird. Die Historiker Alexander C. T. Geppert und Till Kössler beschreiben Zeit als sowohl „gegeben" als auch „geworden", als „gemacht" und „modifiziert", als „kollektiv gestaltetes, symbolisch geprägtes Orientierungs- und Ordnungssystem [...], das individuelle Beziehungen auf vielfältige Weise strukturiert", kurzum als „soziales Produkt" und damit als „politisch".[25] Somit werden – in Anlehnung an Susanne Raus Raumanalyse – verschiedene zeitliche Dimensionen der Arbeit im Einzelhandel in dem vorliegenden Buch untersucht. Denn nicht nur die Zahl der Stunden, die rein quantitative Seite, gilt es zu analysieren, sondern auch verschiedene qualitative Zeiteigenschaften wie Rhythmus, Selbst- und Fremdbestimmtheit oder Planbarkeit. Aus der Diskrepanz von Regelungen und Praktiken wird die tatsächliche Arbeitserfahrung fassbar und vergleichbar. Arbeitszeit und die Arbeitszeitpraktiken dienen somit als Gradmesser für den Stellenwert von Arbeit.

Die Fragen nach den Arbeitsraum- und Arbeitszeitpraktiken werden an konkreten Betrieben des Einzelhandels untersucht. Der *Betrieb* als Ort von Erwerbsarbeit ist als zentrales „soziales Handlungsfeld" zu denken,[26] in dem die beteiligten Akteure, also die Betriebsangehörigen, als kompetent wahrgenommen und ihre Beziehungen untereinander ernst genommen werden. Er ist bestimmt von einer Reihe verschiedener Praktiken dieser Akteure, die zwar in den Prozess der Herstellung eines Produkts, beziehungsweise im Falle des Einzelhandels, der Bereitstellung einer Dienstleistung, dem Herausgeben von Handelswaren, eingebunden sind, aber darüber hinaus dem alltäglichen sozialen Umgang miteinander, der Machtausübung oder Vergemeinschaftung dienen.[27] Das zeigt sich etwa darin, dass die konkreten Manifestationen der Selbstbedienungsidee Auswirkungen auf die Stellung und den sozialen Status des Verkaufs- und Kassenpersonals zeitigten.

Unter dieser *praxeologischen Perspektive* wird die Analyse vergangener Praktiken verstanden. Angelehnt an Andreas Reckwitz, Sven Reichhardt und Thomas Welskopp, werden als historische Praktiken repetitive soziale Handlungsweisen erachtet, die materiell und körperlich fassbar, von kollektiven und individuellen Sinnzuschreibungen geprägt sowie kulturell aufgeladen sind und die Akteure bestimmen – andererseits aber auch von diesen bestimmt werden und Ordnungsmuster ausbilden.[28] Der Nutzen einer praxeologischen Perspektive für die Forschung besteht darin, gewohnte Dichotomien aufzulösen und in eine gemeinsame Untersuchung zu integrieren, etwa Struktur und Handeln, Individuum und Ge-

---

[25] Ebenda, S. 13.
[26] Vgl. Welskopp, Betrieb als soziales Handlungsfeld.
[27] Welskopp, Produktion als soziale Praxis, S. 31, wobei die Definition von Welskopp, die von Produktionsbetrieben ausgeht, für Einzelhandels-, sprich Dienstleistungsbetriebe angepasst wurde.
[28] Vgl. Reckwitz, Theorie sozialer Praktiken; Reichardt, Zeithistorisches zur praxeologischen Geschichtswissenschaft; Welskopp, Produktion als soziale Praxis.

sellschaft, Praktiken und Diskurs sowie Geist und Materie.[29] Bezogen auf den Einzelhandel wird also nicht nur untersucht, was eine Betriebsordnung vorschrieb, sondern auch, ob sich diese Vorgaben im Alltäglichen niederschlugen; nicht nur, wie einzelne Beschäftigte mit ihrem Arbeitsplatz an der Kasse zurechtkamen, sondern ob sie diesen, der zeitgenössischen gesellschaftlichen Zuschreibung folgend, als monoton und inhuman ansahen oder ihn gar als verantwortungsvolle Stelle im Betriebsgefüge interpretierten. Dabei bleibt es weiterhin wichtig zu untersuchen, ob bestimmte Praktiken mit bestimmten sozialen Merkmalen korrelierten. Über die empirische Untersuchung von Arbeitsraum und Arbeitszeit in konkreten Betrieben sowie des Konnex mit dem sozialen Leben können Arbeitspraktiken, deren Auswirkungen auf den Handlungsraum und die soziale Rolle der Verkäuferinnen erschlossen sowie Aussagen über ihre Stellung im Verkaufs- und Arbeitsprozess, aber auch im gesellschaftlichen Kontext getroffen werden.

Die Entwicklung des Einzelhandels wird in der vorliegenden Untersuchung nicht aus wirtschafts- und konsumgeschichtlicher Perspektive unter einem Narrativ der Diversifizierung und Pluralisierung von Einkaufsformen,[30] sondern aus *arbeitsgeschichtlicher Perspektive* erzählt. Sie verfolgt dementsprechend vielmehr eine Geschichte der Standardisierung von Arbeitsabläufen und Zentralisierung von Tätigkeiten bei gleichzeitiger Flexibilisierung von Beschäftigungsformen und Erwerbsbiografien. Nicht die Läden an sich oder die Unternehmen, die diese Läden betreiben, stehen im Vordergrund,[31] sondern das Verkaufspersonal und dessen soziale Situation, das soziale Miteinander der Beschäftigten und deren familiäres Umfeld. Dabei wird jedoch die enge Verbindung zwischen Konsum- und Arbeitsgeschichte nicht übersehen.

Allen angeführten Fragen unterliegt eine *geschlechterhistorische Perspektive*. Welche Rolle spielte Erwerbsarbeit für die Ausprägung geschlechtsspezifischer Ungleichheit in der Bundesrepublik? Welche Mechanismen in der Arbeitswelt bildeten trotz rechtlicher Gleichstellung von Frauen deren gesellschaftliche Geringschätzung heraus? Dabei wird vom sozialkonstruktivistischen Konzept des *Doing Gender* ausgegangen. Demgemäß werden Geschlechtszuschreibungen in Alltagssituation immer wieder neu sozial konstruiert und performativ hergestellt.[32] Gleichzeitig strukturieren sie das Zusammenleben entlang einer binären Matrix, die für gewöhnlich nicht hinterfragt wird, weil Geschlecht als biologisch gegeben betrachtet wird. Die sozialen Praktiken des *Doing Gender* bleiben unsichtbar und werden

---

[29] Vgl. Brandes/Zierenberg, Doing Capitalism, S. 6–9.
[30] Wie dies bereits zahlreiche wirtschaftswissenschaftliche und populärwissenschaftliche Publikationen getan haben, vgl. recht früh etwa Berekoven, Geschichte; Schwedt, Tante-Emma-Laden.
[31] Vergleiche hier die Arbeiten zum Textileinzelhandel etwa von Spoerer, C&A; oder zum Lebensmitteleinzelhandel etwa von Girschik/Ritschl/Welskopp (Hrsg.), Der Migros-Kosmos.
[32] Das Konzept basiert auf der soziologischen Arbeit von West/Zimmermann, Doing Gender; in der deutschen soziologischen Forschung u.a. Gildemeister, Doing Gender; Wetterer, Konstruktion von Geschlecht.

nicht als solche wahrgenommen, da sie vordergründig anderen Zwecken dienen.[33] Weil Erwerbsarbeit im 20. Jahrhundert einen maßgeblichen Einfluss auf die soziale Ordnung der Gesellschaft hat, strukturiert und bestimmt sie auch Geschlechterkonstruktionen und -zuschreibungen zu einem großen Teil mit. Das Gros der Beschäftigten im Einzelhandel war weiblich. Noch immer ist die Mehrheit der im Verkauf tätigen Personen weiblich, sodass eine Fokussierung auf die weibliche Arbeit, gemeint ist von Frauen geleistete Erwerbsarbeit, gerechtfertigt scheint. Der Einzelhandel kann somit auch paradigmatisch für traditionell weiblich dominierte Branchen des Dienstleistungssektors stehen. Als weiblich konnotierte Niedriglohnsparte eignet er sich in besonderer Weise für die Untersuchung geschlechtsspezifischer Ungleichheiten in der Arbeitswelt.[34] Fluchtpunkt der Studie ist eine geschlechtergeschichtlich inspirierte Zeitgeschichte der Arbeit, die kultur- und sozialhistorische Fragestellungen und Methoden miteinbezieht. Sie soll damit einen Beitrag leisten, eine bestehende Forschungslücke zu schließen. Denn dass Frauen durch die Art ihrer Tätigkeiten und ihre Anstellungsformen im 20. Jahrhundert besonders in Krisenzeiten zu einer beliebig verschiebbaren Manövriermasse auf dem Arbeitsmarkt wurden, ist bekannt und wird spätestens seit den 1980er Jahren sozialwissenschaftlich untersucht.[35] Dass sie darüber hinaus durch die Art ihrer Tätigkeiten und Anstellungsformen aber auch in Zeiten wirtschaftlicher Prosperität in einem gläsernen Käfig aus struktureller Ungleichheit und Geringschätzung in der Arbeitswelt feststeckten, die sich in einer insgesamt schlechteren sozialen Positionierung manifestierte, zeigt diese Arbeit.

Die *Untersuchungszeit* umfasst die zweite Hälfte des 20. Jahrhunderts, setzt also in den 1950er Jahren an und reicht bis in die 1990er Jahre.[36] Während dieser gut vierzig Jahre sind zwei Phasen des Wandels im Einzelhandel und den dort herrschenden Arbeitsbedingungen auszumachen. In den 1950er und 1960er Jahren führten Lebensmittelgeschäfte in der Bundesrepublik die Selbstbedienung ein, die sich flächendeckend bis Ende der 1960er Jahre als Verkaufsform etablierte.[37] Ebenfalls in diesen Zeitraum fällt die bundesweit einheitliche Festsetzung von Ladenschlusszeiten.[38] Der Arbeitsplatz Einzelhandel erlebte in dieser ersten Phase eine räumliche Neukonzeptionierung und eine neue zeitliche Rahmung.

Gesellschaftspolitisch war diese Zeit zunächst vom Wiederaufbau nach dem Zweiten Weltkrieg geprägt. Unmittelbar nach Kriegsende hatten Besatzungsmäch-

---

[33] Von einer „heterosexuellen Matrix" spricht in diesem Zusammenhang Butler, Unbehagen der Geschlechter.
[34] Vgl. Voss-Dahm, Der Branche treu; Langer, Revolution, S. 317 f.
[35] Vgl. etwa Friedmann/Pfau, Frauenarbeit in der Krise.
[36] Dies ist zum einen dem größeren Projektzusammenhang geschuldet, dem die Bearbeiterin angehörte, dem von der Hans-Böckler-Stiftung geförderten Graduiertenkolleg „Soziale Folgen des Wandels der Arbeitswelt in der zweiten Hälfte des 20. Jahrhunderts", vgl. die Projekthomepage https://wandel-der-arbeit.de/ [zuletzt abgerufen am 26.07.2022]. Zum anderen ergeben sich diese Grenzen natürlich aus den untersuchten Aspekten selbst, wie im Folgenden noch gezeigt werden wird.
[37] Vgl. Langer, Revolution, v. a. S. 196–313.
[38] Vgl. Spiekermann, Freier Konsum, S. 38 f.

te und Teile der deutschen Gesellschaft männlich konnotiertem Machtstreben und Geltungssucht die Schuld an der nationalsozialistischen Katastrophe zugeschrieben. Somit erhofften sie sich von einer politischen Aktivierung der deutschen Frauen, dass sie durch ihren weiblichen Einfluss zum Gelingen des Aufbaus der westdeutschen Demokratie beitragen könnten. Viele Frauen übernahmen in dieser Zeit politische Ämter und höherrangige Positionen in allen gesellschaftlichen Bereichen.[39] Doch die 1950er Jahre waren gesellschaftspolitisch und geschlechtergeschichtlich von einer Remaskulinisierung gekennzeichnet. Die Zeit des politischen Aufbruchs für Frauen hatte nicht lange gedauert. Mit wirtschaftlicher Stabilisierung und Rückkehr zur Normalität – auch durch Ankunft von Kriegsheimkehrern – gewann das Idealbild des Ernährer-Hausfrau-Modells innerhalb der Familien die Oberhand und prägte fortan die Vorstellung von einer – demokratischen – Geschlechterordnung.[40] In den 1960er Jahren geriet diese zunehmend ins Wanken. Wie die Historikerin Christina von Hodenberg zeigt, änderten sich Rollenbilder und geschlechtertypische Zuschreibungen in Bezug auf Familie und Beruf schon seit Beginn der 1960er Jahre – und nicht erst, wie meist postuliert, nach der Studentenrevolte 1968.[41] Für Mädchen und junge Frauen wurde es zunehmend selbstverständlich, eine Berufsausbildung zu beginnen, selbst wenn manche von ihnen später kaum in diesem Beruf arbeiteten – und ihre Mütter unterstützten sie häufig dabei.[42] Dennoch geschah dies in einem eng gesteckten Rahmen, in dem männliche Arbeit den Vorrang behielt.

Von anderer Qualität sind die entscheidenden Prozesse der 1970er und 1980er Jahre. In diesen Zeitraum fallen die „Tertiärisierung" der Wirtschaft und der Wandel zur Dienstleistungsgesellschaft;[43] die Frauenerwerbstätigkeit stieg an, wobei sich besonders die Teilzeitarbeit ausbreitete;[44] und die neue deutsche Frauenbewegung machte von sich reden. Durch sie wurden Fragen der Gleichberechtigung, Frauenförderung und Quotierung in der breiten Öffentlichkeit, aber auch in den Parlamenten diskutiert. Die Bildungsoffensive der 1970er Jahre wirkte sich ab Mitte der 1980er Jahre etwa durch einen größeren Anteil von Frauen in der Politik aus.[45] Außerdem lässt sich ein eigener „Strukturwandel" im Einzelhandel beobachten, der mit starken quantitativen und qualitativen Konzentrationsprozessen sowie Sortiments- und Standortveränderungen einhergeht[46] und entscheidende technische

---

[39] Vgl. Heinsohn, Gruppenbild ohne Dame, S. 679 f., 683; Rahden, Herbst der Patriarchen, S. 690–692.
[40] Vgl. Neri-Ultsch, Frauenwahlrecht, S. 33 f.
[41] Vgl. Hodenberg, Achtundsechzig, S. 148–150.
[42] Vgl. Zellmer, Töchter, S. 37–39; Thon, Frauenbewegung, S. 61, 155, 412, 430 f.; Hodenberg, Achtundsechzig, S. 143–145.
[43] Vgl. Abelshauser, Deutsche Wirtschaftsgeschichte, S. 309–319. Einen Überblick zu verschiedenen Theorien, Ausprägungen, Auswirkungen und kulturellen Bedeutungen der „Dienstleistungsgesellschaft" bieten Häußermann/Siebel, Dienstleistungsgesellschaften.
[44] Vgl. Wirsching, Erwerbsbiographien, S. 89–92.
[45] Vgl. Neri-Ultsch, Frauenwahlrecht, S. 34 f.
[46] So bezeichnet und beschrieben bei Welskopp, Startrampe, S. 300 f.

Entwicklungen wie die Einführung des Barcodes oder die Computerisierung von Kassen mit sich brachte.[47] Schließlich wurden 1989 und 1996 die Ladenöffnungszeiten wieder ausgeweitet.[48] Ausgelöst durch den Internetboom der 1990er Jahre standen zu dieser Zeit auch die ersten Geschäfte mit ihrem Online-Handel in den Startlöchern.[49] Der Arbeitsplatz Einzelhandel wurde in dieser Phase entgrenzt: einerseits räumlich und zeitlich, andererseits aber auch durch die zunehmende Auflösung der Grenzen zwischen Erwerbsarbeit und Privatem sowie zwischen Arbeitskraft und Subjekt, also durch Flexibilisierungs- und Subjektivierungsprozesse.[50] Diese branchendinterne Entgrenzung verlief zeitgleich zu dem makroökonomischen Prozess und gesellschaftspolitischen Großprojekt der deutschen Wiedervereinigung.[51] Gerade in den vormals ostdeutschen Bundesländern stieg anschließend die Arbeitslosigkeit massiv an, und das vor allem bei Frauen.[52]

Trotz dieser zwei auszumachenden Phasen dient die „Strukturbruch"-These[53] nicht unmittelbar als Ausgangspunkt der vorliegenden Studie, sondern es wird vielmehr davon ausgegangen, dass Kontinuitäten über den vermeintlichen Bruch in den 1970er Jahren hinaus überwiegen und sich Veränderungen in der zweiten Phase mittelbar aus den Bedingungen der ersten Phase ergeben.

Primärer *Untersuchungsraum* ist die Bundesrepublik Deutschland. Regionale Schwerpunkte bilden die Städte München, Frankfurt am Main und Stuttgart sowie das Rhein-Main-Gebiet und das südöstliche Baden-Württemberg. Diese Schwerpunkte ergeben sich aus den Quellenbeständen, also aus dem Geschäftsgebiet der untersuchten Unternehmen und den Standorten ihrer Betriebe. Regionale Unterschiede werden vereinzelt diskutiert, können aber aufgrund der methodischen Rahmung des Themas größtenteils vernachlässigt werden.[54] Die Entwicklungen im Einzelhandel und die Konsumgeschichte können allerdings nicht nur im nationalen Rahmen betrachtet werden. Über kursorische länderübergreifende Vergleiche, die anhand von Forschungsliteratur und einzelnen Quellenfunden gezogen werden, kommen transnationale Tendenzen zum Vorschein und werden bundesdeutsche Besonderheiten herausgearbeitet. Besonders zum Tragen kommt hier der stets mitzudenkende implizite oder explizite Abgleich der Bundesrepublik zur DDR im Hinblick auf Geschlechterrollen und Wirtschaftssysteme, der wechselseitig wirkmächtig war. Denn im Systemvergleich kam den politischen, rechtli-

---

[47] Vgl. Girschik, Kassen; sowie Girschik, Kassen lesen.
[48] Vgl. Spiekermann, Freier Konsum, S. 41.
[49] Vgl. Stepper, Digitalisierung; Einsporn/Wiegand, Electronic Commerce.
[50] Vgl. zum Konzept der Entgrenzung Kratzer, Entgrenzung.
[51] Vgl. zur Umgestaltung der ostdeutschen Wirtschaft etwa den Sammelband Hoffmann (Hrsg.), Transformation; das Promotionsprojekt von Till Goßmann aus der zweiten Förderphase des Graduiertenkollegs der Hans-Böckler-Stiftung zum Wandel der Arbeit befasst sich mit „Die sozialen Folgen des Wandels im Einzelhandel in Ostdeutschland in den 1990er Jahren".
[52] Vgl. Klammer/Menke, Gender-Datenreport, S. 27 f.; Neumaier, Hausfrau, Berufstätige, Mutter, S. 102.
[53] Vgl. Doering-Manteuffel/Raphael, Nach dem Boom.
[54] Vgl. hierzu auch den Aufsatz der Autorin: Rienks, Ausnahmen bestätigen die Regel.

chen und gesellschaftlichen Rahmenbedingungen hinsichtlich der Geschlechterrollen und dem Verhältnis von Frauen zu Familie und Arbeit enorme Bedeutung zu. Und die politische Rhetorik der Abgrenzung zwischen dem sozialistischen Osten und dem demokratischen Westen reichte bis tief in die Vorstellungen von Familie hinein und bestimmte Frauenleitbilder.[55]

Konstituierend für die entsprechende Arbeitswelt ist auch die *Funktion der jeweiligen Arbeit* im gesamtgesellschaftlichen Gefüge. Der Einzelhandel gehört der wirtschaftswissenschaftlichen Definition nach zur Ebene der Distribution. Seine Aufgabe liegt in der Warenverteilung und damit in der „Überbrückung räumlicher, zeitlicher, mengenmäßiger und qualitativer Spannungen zwischen Produktion und Konsum".[56] Die Aufgaben der im Einzelhandel arbeitenden Personen sind dementsprechend danach ausgerichtet, diese Vermittlerfunktion auszufüllen. In der Massenkonsumgesellschaft der Bundesrepublik Deutschland in der zweiten Hälfte des 20. Jahrhunderts diente der Konsum allerdings auch stets der gesellschaftlichen Positionierung der Konsumierenden.[57] Demnach werden in diesem Rahmen mitunter soziale und kulturelle Bedeutungen ausgehandelt und transportiert – Bedeutungen der Waren, des Ein- und Verkaufskontexts und der daran beteiligten Personen.[58] Dieses „Scharnier" zwischen Produktion und Konsumtion auch kulturhistorisch zu untersuchen und die „Vermittlungstätigkeit des Einzelhandels als Praxis ins Zentrum" zu rücken, forderten bereits 2005 die Autorinnen und Autoren einer Ausgabe der Schweizer „traverse. Zeitschrift für Geschichte".[59] Die vorliegende Arbeit beteiligt sich an der Bearbeitung dieses Forschungsdesiderats. Denn es ist davon auszugehen, dass der Stellenwert des Konsumierens auf die Einzelhandelsbeschäftigten abfärbte – zumal sie außerhalb ihrer Arbeitszeit selbst Konsumentinnen und Konsumenten waren.

Gleichzeitig gestaltet die jeweilige *Branche*, also die Art der verkauften Ware, die Arbeitspraxis. Die vorliegende Untersuchung konzentriert sich auf den *Lebensmitteleinzelhandel* und den *Textileinzelhandel*. Dafür sprechen sowohl rein quantitative Faktoren als auch die unterschiedliche Beschaffenheit der Arbeit in diesen Branchen. Lebensmittel- und Textileinzelhandel waren während des Untersuchungszeitraums die zahlenmäßig größten Branchen im Einzelhandel, bezogen auf die Zahl der Beschäftigten wie auch der Betriebe. Im September 1950 waren im gesamten Einzelhandel 1 274 144 Personen beschäftigt. Davon arbeiteten 428 875 im „Einzelhandel mit Nahrungs- u. Genußmitteln u. verwandten Waren" und 269 664 im „Einzelhandel mit Bekleidung, Wäsche, Ausstattungsartikeln, Schuhen und Sportartikeln". Somit verteilten sich gut 55 Prozent der im Einzelhandel Beschäftigten auf diese beiden größten Branchen.[60]

---

[55] Vgl. Neumaier, Hausfrau, Berufstätige, Mutter, u. a. S. 12, 15 f., 100.
[56] Vgl. Kenning/Hennig/Schneider, Handelsfunktionen.
[57] Vgl. Schramm, Konsumgeschichte.
[58] Vgl. Langer, Revolution, S. 43.
[59] Vgl. Brändli Blumenbach/Schumacher/Guex, Einzelhandel, kulturhistorisch, S. 7.
[60] Vgl. Statistisches Jahrbuch 1953, S. 300.

1. Einleitung

Tab. 1: Beschäftigte des Einzelhandels 1950–1993

Jahr	Beschäftigte Einzelhandel (EH) gesamt	Beschäftigte Lebensmittel-branche	Beschäftigte Textilbranche	Beschäftigte Lebensmittel-/ Textilbranche in Zahlen	Beschäftigte Lebensmittel-/ Textilbranche in Prozent
1950	1 274 144	428 875	269 664	698 539	54,82
1961	2 065 948	679 400	426 644	1 106 044	53,53
1968	2 264 668	694 691	435 355	1 130 046	49,90
1979	2 295 963	596 595	438 090	1 034 685	45,07
1985	2 360 660	643 400	456 782	1 100 182	46,60
1993	2 865 963	671 129 (EH, v. a. Nahrungsmittel) 191 859 (Fach-EH)	488 871	1 351 859	47,17

Quelle: Eigene Berechnung und Darstellung; Daten: Statistische Jahrbücher für die Bundesrepublik Deutschland der Jahre 1953, 1963, 1972, 1982, 1987, 1995.

Eine ähnliche Verteilung ergibt sich für die Arbeitsstätten.[61] Zählte der Einzelhandel 1950 insgesamt 467 597 Arbeitsstätten, fielen auf den Lebensmitteleinzelhandel 203 625 und auf den Textilwareneinzelhandel 80 272. Zusammen entsprach dies circa 61 Prozent der Einzelhandelsbetriebe.[62] Die Beschäftigten- und Arbeitsstättenzahlen blieben während des gesamten Untersuchungszeitraums prozentual relativ hoch, wie Tabelle 1 und 2 zeigen.

Somit kann die Untersuchung dieser beiden Branchen alltägliche Ein- und Verkaufssituationen und exemplarisch die Entwicklungen im gesamten Einzelhandel erfassen. Außerdem erscheint eine *kontrastive* Auswertung der beiden Einzelhandelsbranchen besonders ertragreich, da sie in der Ausprägung der jeweiligen Arbeitspraxis sehr verschieden waren, etwa in der Bedienung, Selbstbedienung, dem Kassieren, bei der Beratung und Durchführung von Nebentätigkeiten. Im Lebensmitteleinzelhandel setzte sich die Verkaufsform der Selbstbedienung als erstes durch und breitete sich bis Ende der 1960er Jahre flächendeckend aus. Die Teilbedienung an der Obst- und Gemüse-, Fleisch- und Frischwarentheke blieb zwar noch Bestandteil der Lebensmittelfilialbetriebe, spielte aber eine immer geringere Rolle.[63] In Textilgeschäften hingegen hielten sich vergleichsweise lang ausgepräg-

---

[61] Das Statistische Jahrbuch der Bundesrepublik Deutschland rechnete als Arbeitsstätten „alle ›örtlichen Betriebseinheiten‹ (= stationäre und ambulante Verkaufsstellen), deren wirtschaftlicher Schwerpunkt beim Einzelhandel lag, auch wenn die Firma (= Unternehmung) ihrem Schwerpunkt nach nicht zum Einzelhandel zählt (z. B. eigene Ladengeschäfte einer Industriefirma)". Vgl. Statistisches Jahrbuch 1953, S. 301. Dies ist für die vorliegende Untersuchung gerechtfertig, da die Arbeitspraktiken der Beschäftigten davon unabhängig sind. Zudem liegt der Untersuchungsschwerpunkt auf den Betrieben, deren Definition der einer Arbeitsstätte näher kommt, gerade auch bei der Betrachtung von Filialunternehmen.
[62] Vgl. Statistisches Jahrbuch 1953, S. 300.
[63] Vgl. Kapitel 4.2 dieser Arbeit.

Tab. 2: Arbeitsstätten des Einzelhandels 1950–1993

Jahr	Arbeitsstätten EH gesamt	Arbeitsstätten Lebensmittel- branche	Arbeitsstätten Textilbranche	Arbeitsstätten Lebensmittel-/ Textilbranche in Zahlen	Arbeitsstätten Lebensmittel-/ Textilbranche in Prozent
1950	467 597	203 625	80 272	283 897	60,71
1961	568 389	278 175	87 432	365 607	64,32
1968	464 300	216 906	74 439	291 345	62,75
1979	405 840	140 173	79 360	219 533	54,09
1985	406 795	124 857	83 818	208 675	51,30
1993	494 869	63 699 (EH, v. a. Nahrungsmittel) 54 558 (Fach-EH)	85 588	203 845	41,19

Quelle: Eigene Berechnung und Darstellung; Daten: Statistische Jahrbücher für die Bundesrepublik Deutschland der Jahre 1953, 1963, 1972, 1982, 1987, 1995.

tere Formen der Bedienung und Beratung der Kundinnen und Kunden.[64] Zugespitzt formuliert entwickelten sich Lebensmittelläden zur reinen Verteilstelle für schnelllebige, preiswerte und standardisierte Massenprodukte, während Textilläden sich länger und stärker serviceorientiert zeigten und als Dienstleistungsstelle für modische Fragen sowie teurere, aber ebenso standardisierte Konsumgüter fungierten. Damit verbanden sich unterschiedliche Arbeitspraktiken, vor allem aber auch andere Selbst- und Fremdwahrnehmungen der Verkaufenden.[65] Anhand dieser beiden Branchen können somit *branchenspezifische Unterschiede* herausgearbeitet werden. Diese sind in engem Zusammenhang mit der Entwicklung der jungen Bundesrepublik hin zur Massenkonsumgesellschaft zu sehen. Denn zum einen wurden immer mehr Haushaltsmittel über den reinen Nahrungs- und Genussmittelkonsum hinaus für Konsumgüter und für langfristigere Investitionen disponibel – bis Ende der 1950er Jahre auch in den unteren Schichten.[66] Zum anderen änderte sich die kulturelle Wertfindung für Waren und Dienstleistungen: Nicht mehr der simple Gebrauchswert war maßgebend, sondern der Geschmackswert.[67] Und diese Aspekte fielen auf die Beschäftigten in den jeweiligen Branchen zurück. Noch größere Unterschiede im Hinblick auf Sozialprestige und Geschlechtsspezifik sind demnach bei Branchen langlebiger Gebrauchsgüter wie Technikprodukten oder Automobilen zu erwarten.

Interessant sind aber vor allem die *branchenübergreifenden Gemeinsamkeiten* der Arbeitspraktiken, besonders in der Gestaltung des Arbeitsraumes und der Arbeits-

---

[64] Vgl. Rienks, Was bleibt von der Verkäuferin; sowie die Ausführungen in Kapitel 4.3 dieser Arbeit.
[65] Vgl. Pyramide zur Selbsteinschätzung von Einzelhandelsbeschäftigten in Bezug auf die Frage nach dem sozialen Status der verschiedene Branchen, in: Glaubitz, Angestellte, S. 175.
[66] Vgl. Schramm, Konsumgeschichte.
[67] Vgl. Schulz, Lebenswelt und Kultur des Bürgertums, S. 101.

zeit. Lebensmittel- und Textileinzelhandel bilden die beiden Pole des Spektrums an Einzelhandelsverkaufsstrategien. Hinzu kommt, dass diese Typen fortdauernd und mit relativ stabilem Sortimentsbestand in der Einzelhandelslandschaft vertreten waren, während andere Handelstypen sich erst später etablierten – beispielsweise Baumärkte, die in ihrer jetzigen Form und Sortimentsgestaltung erst in den 1960er Jahren entstanden sind.[68] Verkaufssituationen, die sich in Geschäften des Fachhandwerks wie Metzgereien oder Bäckereien oder auch in Tankstellen und beim Automobilhandel ergaben, werden ausgeklammert, da sie nicht dem Einzelhandel zuzurechnen sind. Sie werden in den amtlichen Statistiken nicht unter der Kategorie Einzelhandel geführt beziehungsweise sind in einigen Ausgaben der Statistischen Jahrbücher gesondert aufgeführt. Deren Beschäftigte wurden auch nicht durch die klassischen Einzelhandelsgewerkschaften wie die Gewerkschaft Handel, Banken und Versicherungen (HBV) oder die Deutsche Angestellten-Gewerkschaft (DAG) vertreten, sondern durch die Gewerkschaft Nahrung-Genuss-Gaststätten (NGG), die Gewerkschaft Öffentliche Dienste, Transport und Verkehr (ÖTV) oder sogar durch die IG Metall.[69]

Der allseits bekannte Begriff der „Schlecker-Frauen", der während der Debatte um die Insolvenz der Drogeriekette Schlecker kursierte, steht im gesellschaftlichen Gedächtnis noch bis in die *Gegenwart* für benachteiligte, in Teilzeit arbeitende Frauen. Aufgrund der kleinteiligen Betriebsstruktur konnte die Firma Interessensvertretungen der Mitarbeiterinnen und Mitarbeiter und die Organisation von Betriebsräten unterbinden;[70] der gewerkschaftliche Organisationsgrad war bei Schlecker, wie insgesamt im Einzelhandel, nicht sehr hoch. Im Verkauf waren hauptsächlich Frauen beschäftigt, an der Spitze stand der „Patriarch" Anton Schlecker. Nicht nur die Überzahl an Frauen, sondern auch eine solche asymmetrische Verteilung waren und sind paradigmatisch für die meisten Einzelhandelsbranchen, so auch für den Lebensmittel- und den Textileinzelhandel. Hinzu kommen heutzutage vermehrt Outsourcing-Strategien: Viele Tätigkeiten, die ehemals von Beschäftigten der eigenen Firma übernommen wurden, werden inzwischen ausgelagert an Zeitarbeitsfirmen, Kundinnen und Kunden oder Maschinen im weitesten Sinne. Dies kann so weit gehen, dass selbst das Bezahlen an Selbstscanner- und Selbstzahlerkassen abgegeben wird. Der Online-Handel als Weiterentwicklung des Versandhandels stellt eine neue Form der Entgrenzung von Arbeit dar. Und es sind, wie beim Versandhandelsunternehmen Amazon, die Interessen der Arbeitnehmerinnen und Arbeitnehmer, die auf der Strecke bleiben. Sie unterliegen nicht dem Einzelhandelstarif, sondern gehören zur schlechter bezahlten Logistikbranche. Nachweislich nehmen prekäre Beschäftigungsverhältnisse im Einzelhandel zu. Die *Gender Pay Gap*, die geschlechtsspezifische Lohnlücke, besteht weiterhin fort ohne Aussicht auf Verringerung des Abstands. Viele dieser Entwicklungen sind seit den

---

[68] Vgl. zur Branchengeschichte von Bau- und Heimwerkermärkten Voges, Do-it-yourself.
[69] Vgl. Statistische Jahrbücher für die Bundesrepublik Deutschland der Jahre 1953, 1963, 1972, 1982, 1987, 1995, darin Handwerk, Tankstellen und Automobil.
[70] Vgl. Bormann, Angriff.

1990er Jahren von ganz anderer Qualität. Ihre Untersuchung bleibt zunächst der Arbeits- und Industriesoziologie überlassen. Allerdings lässt sich deren Entstehung im Untersuchungszeitraum dieser Studie verorten. Aktuelle Probleme der Beschäftigten im Einzelhandel, wie Outsourcing, prekäre Beschäftigung, Entgrenzung, haben ihre Wurzeln in der zweiten Hälfte des 20. Jahrhunderts.

Das Untersuchungsthema gebietet es, das Gendern ernst zu nehmen. So wird an Stellen, an denen beide Geschlechter gemeint sind, die Doppel- oder gemeinsame Form verwendet (z. B. „Kundinnen und Kunden" oder „Verkaufende"). Wenn explizit nur Frauen angesprochen sind, wird in der weiblichen Form geschrieben („Verkäuferinnen"). Die männliche Form findet Verwendung, wenn es sich ausschließlich um männliche Akteure (z. B. „Funktionäre") handelt.

Forschungsstand

Die vorliegende Studie befasst sich mit den Arbeitswelten von Verkäuferinnen aus arbeits- und geschlechtergeschichtlicher Perspektive und verbindet diese durch ihre Mikroperspektive auf die Betriebe mit kultur- und sozialgeschichtlichen Fragestellungen. Diese verknüpfende Betrachtungsweise ist bisher ein Desiderat gewesen.[71] Dementsprechend ist die nachfolgende Analyse anschlussfähig an eine Reihe von Forschungskontexten.

Die Forschungslage stellt sich als äußerst disparat dar. Gerade aber in der *Arbeits-, Arbeiter- und Arbeiterbewegungsgeschichte* sind in der jüngeren Vergangenheit insgesamt wieder viele neuere Studien entstanden.[72] Sie befassen sich zum Teil auch mit kulturgeschichtlichen Fragestellungen, etwa mit der Raumordnung in fordistischen Produktionsbetrieben,[73] mit Ordnungsdenken und *Social Engineering* im Betrieb,[74] mit dem Aspekt der Körperlichkeit industrieller Arbeitsplätze,[75] sowie mit Arbeitsschutz und Sicherheit im Betrieb.[76] Alle diese Arbeiten beschäftigen sich jedoch mit dem Industriesektor. Hierbei können am ehesten Bezüge hergestellt werden, wenn es um die Auswirkungen von Rationalisierungsprozessen oder die Humanisierung der Arbeit geht.[77] Hinsichtlich der Untersuchung des Dienst-

---

[71] Vgl. Raphael, Deutsche Arbeitswelten, S. 11, 18.
[72] Vgl. hierzu den Forschungsbericht von Priemel, Heaps of Work; siehe auch das von der Hans-Böckler-Stiftung geförderte Graduiertenkolleg „Wandel der Arbeit", das 2021 in die zweite Förderphase eintrat und nun über „Soziale Polarisierungen in Dienstleistungsberufen 1970–2000" forscht, http://wandel-der-arbeit.de [zuletzt abgerufen am 26. 07. 2022].
[73] Vgl. Uhl, Humane Rationalisierung.
[74] Vgl. Luks, Betrieb als Ort der Moderne.
[75] Vgl. Bluma/Uhl (Hrsg.), Kontrollierte Arbeit.
[76] Vgl. Kleinöder, Unternehmen.
[77] Ende der 1960er Jahre wurden in der Bundesrepublik die Stimmen lauter, die eine „humanere", sprich menschengerechtere Arbeitswelt forderten. Dementsprechend sollten Arbeitsinhalte und -bedingungen verbessert werden. Teil dieses Prozesses war auch ein Aktions- und Forschungsprogramm. Dazu grundlegend Kleinöder/Müller/Uhl (Hrsg.), Humanisierung der Arbeit; darin zum Forschungsprogramm: Müller, Forschungs- und Aktionsprogramm; sowie zuvor schon Seibring, Humanisierung.

leistungssektors klafft in der deutschsprachigen historischen Forschung jedoch eine Lücke. Die meisten Arbeiten zur zeitgeschichtlichen Arbeitswelt konzentrieren sich auf den männlichen Industriearbeiter in einem Normalarbeitsverhältnis.[78] Während Hausarbeit und die Debatten darüber als Untersuchungsgegenstand schon länger in der historischen Forschung angekommen sind,[79] bahnt sich die Erforschung von Formen weiblicher Erwerbsarbeit erst langsam ihren Weg, zum Beispiel mit Arbeiten zu haushaltsnahen Dienstleistungen und zur Care-Arbeit.[80] Besonders die geschichtswissenschaftliche Beschäftigung mit der Arbeit im Einzelhandel in der zweiten Hälfte des 20. Jahrhunderts liegt noch weit hinter der Arbeitssoziologie zurück.[81]

Viele der gegenwärtigen Probleme in der Arbeitswelt haben ihre Wurzeln in Wandlungsprozessen, die bereits in den 1960er Jahren oder noch früher begannen, sodass eine „Vorgeschichte gegenwärtiger Problemkonstellationen"[82] Gegenstand der vorliegenden Arbeit ist. Die Zeithistoriker Anselm Doering-Manteuffel und Lutz Raphael lösten mit ihrer *These eines „Strukturbruchs"* von 1973/74[83] eine anhaltende Debatte in der Zeitgeschichtsforschung um eine neue Periodisierung „nach dem Boom" aus. Sie konstatierten eine epochemachende Zäsur Mitte der 1970er Jahre. Die Krisen der 1970er Jahre hätten einen revolutionären Wandel in allen Bereichen des gesellschaftlichen Lebens ausgelöst. In ihrem mit dem Historiker Thomas Schlemmer herausgegebenen Sammelband spielen auch die Veränderungen in der Arbeitswelt eine große Rolle.[84] Dabei wird deutlich, dass sich wesentliche Strukturen in der Arbeitswelt nicht erst in den 1970er und 1980er herausbildeten, auch wenn sie in diesen Zeiten vielleicht einen Höhe- oder Wendepunkt erreichen, sondern dass sie in den historischen Kontext eines „langen" 20. Jahrhunderts eingebettet werden müssen. Die These von einem harten „Bruch" lässt sich so nicht mehr halten.[85] Die vorliegende Arbeit betrachtet daher eine „kurze" zweite Hälfte des 20. Jahrhunderts, die von Mitte der 1950er Jahre bis Anfang der 1990er Jahre reicht, als Einheit. Das entspricht grob auch einer von dem Wirtschaftshistoriker Ralf Banken jüngst vorgeschlagenen Periodisierung der Einzelhandelsgeschichte aus konsumgeschichtlicher Perspektive.[86]

---

[78] Vgl. Süß/Süß, Zeitgeschichte, besonders S. 364 f.
[79] Vgl. Sachse, Hausarbeitstag; Kuhn, Haus, Frauen, Arbeit.
[80] Eine instruktive Arbeit zu prekären Beschäftigungsverhältnissen am Beispiel des Reinigungsgewerbes bietet: Mayer-Ahuja, Wieder dienen lernen; für den amerikanischen Kontext beispielsweise Boris, Caring for America.
[81] Vgl. Welskopp, Startrampe, S. 287–289; Mattes, Krisenverliererinnen, S. 139 f.
[82] Hockerts, Zeitgeschichte, S. 124.
[83] Vgl. Doering-Manteuffel/Raphael, Nach dem Boom.
[84] Vgl. Doering-Manteuffel/Raphael/Schlemmer (Hrsg.), Vorgeschichte der Gegenwart.
[85] Mittlerweile spricht Raphael selbst im Zusammenhang mit der wirtschaftlichen Entwicklung von einem „Strukturwandel seit den 1980er Jahren", in: Raphael, Deutsche Arbeitswelten, S. 16.
[86] Er unterteilt die deutsche Einzelhandelsgeschichte des 20. Jahrhunderts in eine Phase vom Ersten Weltkrieg bis zum Ende der Weimarer Republik, gefolgt von der Phase der Regulierung durch das nationalsozialistische Regime, wiederum gefolgt von einer an traditionellen Strukturen orientierten Aufbauphase bis 1958. Die Zeit danach beschreibt er als geprägt von „Inno-

Ein weiteres Problem der Periodisierung in Epochen vor und nach dem „Boom" besteht darin, dass sie sich bisher zumeist auf „weiße", männliche Normalarbeitsverhältnisse und Lebensumstände bezog. Die deutschsprachige Arbeitsgeschichte ging bislang kaum auf *geschlechtsspezifische Unterschiede in der Arbeitswelt* ein. Die wenigen Arbeiten zur Frauenerwerbstätigkeit gingen bis dato von der Geschlechtergeschichte aus.[87] Eher noch ließen sich geschlechtsspezifische Analysen in der Angestelltenforschung zu Beginn des 20. Jahrhunderts beobachten. In dieser Zeit verdreifachte sich die Zahl der weiblichen Angestellten auf 1,5 Millionen. Im Fokus standen dabei häufig die große Belastung und strukturelle Benachteiligung von erwerbstätigen Frauen und eine gegenüber der Männerarbeit defizitäre Wahrnehmung.[88] Auch in der angelsächsischen Arbeitsgeschichtsforschung dominiert der Fokus auf männliche Arbeiter, wobei hier schon seit Längerem spezifisch weibliche Arbeit zumindest thematisiert wird und zum Teil auch gewerkschaftliche Agitationen in diesen frauendominierten Berufsfeldern untersucht werden.[89] Außerdem spielt das Konzept der Intersektionalität eine größere Rolle, mit dem soziale Ungleichheiten entlang der Kategorien *Race, Class, Gender* und *Ethnicity* verstärkt in den Blick genommen werden.[90]

Die Historikerin Monika Mattes sieht ein Desiderat darin, die These des „*Strukturbruchs*" auf die Bedeutung für *weibliche Arbeitnehmerinnen* hin zu überprüfen und gegebenenfalls eine neue, weibliche Periodisierung vorzunehmen. Denn die häufig diskontinuierlichen und instabilen Erwerbsbiografien machten Frauen zu „Trendsetterinnen [...] einer neuen, zukünftig noch stärker geforderten Lebensweise".[91] Einen ähnlichen Befund lieferte kürzlich Eileen Boris in ihrer Jubiläumsschrift für die *International Labour Organization* (*ILO*), allerdings mit stark negativer Konnotation hinsichtlich der Zukunft von Arbeit. Viele Bereiche der Arbeit würden zunehmend „feminisiert", was in ihren Augen die Ausbreitung von Teilzeitarbeit, kurzfristigen Beschäftigungsverhältnissen, unfreiwilliger Selbstständigkeit und niedriger Bezahlung bedeute. Dementsprechend lautet eine der Kernthesen ihres Buches, dass die Ordnung der Arbeitswelt des 21. Jahrhunderts auf dem Umgang mit arbeitenden Frauen im 20. Jahrhundert aufbaue.[92] Lutz Raphael holte jüngst in den „Vierteljahrsheften für Zeitgeschichte" zu einem Rundumschlag gegen die alte Arbeiterbewegungsgeschichte aus und plädierte für eine neue

---

vationen, Dynamik und Inflation", die strukturbildend gewesen seien. Seit den 1980er Jahren beeinflussten den Einzelhandel Banken zufolge dann Konzentrations- und Liberalisierungsprozesse sowie mit dem Online-Handel ein Faktor ganz neuer Qualität, vgl. Banken, Warenhaus zum Online-Versand.

[87] Vgl. den Sammelband von Budde (Hrsg.), Frauen arbeiten; darin u.a. auch Hausen, Frauenerwerbstätigkeit; Born, Frauen und Beruf.
[88] Vgl. die Zusammenfassung bei Schulz, Die Angestellten, S. 72 f.
[89] Vgl. etwa Milkman, Gender at Work; Cobble, Dishing it out.
[90] Vgl. zum Konzept der Intersektionalität Küppers, Intersektionalität; ein frühes Beispiel dafür ist der Sammelband von Higginbotham/Romero (Hrsg.), Women and Work.
[91] Mattes, Krisenverliererinnen, S. 140.
[92] Vgl. Boris, Woman Worker, v. a. S. 7, 11, 229–242.

Arbeitsgeschichtsschreibung, die global informiert und methodisch reflektiert sein solle, die neue Fragen stellen müsse und nicht einfach die alten Narrative zur Metallindustrie durch dieselben Erzählungen für vermeintlich weibliche Berufsfelder ersetzen dürfe. Dabei sei die „Geschichte moderner Erwerbsarbeit [...] nur als Gender- oder Geschlechtergeschichte zu schreiben".[93]

An diese Forderung knüpft die vorliegende Arbeit mit ihrer geschlechtergeschichtlichen Perspektive an. Zur hohen Relevanz der Kategorie *Geschlecht für die Geschichtswissenschaft* äußerten sich in den 1980er Jahren grundlegend die Historikerinnen Joan Scott und Gisela Bock.[94] Ein erneutes Plädoyer für die Verwendung der Kategorie Geschlecht auch als Analysekategorie in der zeithistorischen Forschung und zur Überprüfung bestehender Konzepte lieferten Julia Paulus, Eva-Maria Silies und Kerstin Wolff.[95] Zu den grundlegenden soziologischen Untersuchungen in der deutschsprachigen Frauen- und Geschlechterforschung, die sich mit dem Thema Arbeit befassen, zählen die Arbeiten von Ilona Ostner,[96] Elisabeth Beck-Gernsheim,[97] und Ute Gerhard[98] sowie der Band von Walter Müller, Angelika Willms und Johann Handl. Letzterer zeigte zwar Mechanismen zur Sonderstellung von Frauen in der Arbeitswelt im historischen Verlauf auf, basierte aber lediglich auf der Auswertung von Statistiken und Datenmaterial zur Frauenerwerbstätigkeit.[99] Eine Untersuchung, die bereits den Betrieb mit in den Blick nahm, stammt unter anderem von der Soziologin Christel Eckart.[100] Dass die genannten Studien alle Ende der 1970er Jahre entstanden sind, verweist auf ihren Bezug zur Neuen Frauenbewegung, die sich in dieser Phase, ausgelöst durch Streiks von Arbeiterinnen gegen Lohndiskriminierung sowie die Lohn-für-Hausarbeit-Debatte, verstärkt dem Thema Arbeit zuwandte und Anschluss an die Forschung suchte.[101] Frühe und prägende historische Arbeiten stammen aus der Feder und dem Verantwortungsbereich von Karin Hausen und Gunilla-Friederike Budde.[102] Aus der angloamerika-

---

[93] Vgl. Raphael, Deutsche Arbeitswelten, S. 11.
[94] Vgl. Scott, Gender; Bock, Geschichte, Frauengeschichte, Geschlechtergeschichte.
[95] Vgl. Paulus/Silies/Wolff (Hrsg.), Zeitgeschichte als Geschlechtergeschichte.
[96] Vgl. Ostner, Beruf und Hausarbeit.
[97] Vgl. Beck-Gernsheim, Der geschlechtsspezifische Arbeitsmarkt.; sowie dies., Das halbierte Leben.
[98] Vgl. Gerhard, Verhältnisse und Verhinderungen.
[99] Vgl. Müller/Willms/Handl, Strukturwandel der Frauenarbeit.
[100] Vgl. Eckart/Jaerisch/Kramer (Hrsg.), Frauenarbeit in Familie und Fabrik.
[101] Vgl. zur Diskussion um „Lohn für Hausarbeit" und für weitere Leitlinien und Aktivitäten der Frauenbewegung in den 1970er Jahren Zellmer, Töchter, v. a. S. 215–227; einen Überblick zur Frauenbewegung in Deutschland seit dem 19. Jahrhundert bis zur Wiedervereinigung bietet Nave-Herz, Geschichte der Frauenbewegung. Von 1976 bis 1983 fanden in Berlin Frauen-Sommeruniversitäten statt. In der darauf aufbauenden Publikation – Tröger (Hrsg.), Frauen und Wissenschaft – veröffentlichten auch Gisela Bock und Barbara Duden einen gemeinsamen Beitrag zur von Frauen unentgeltlich geleisteten Hausarbeit, vgl. darin dies., Arbeit aus Liebe.
[102] Vgl. drei Aufsätze zum Verhältnis von Arbeit und Geschlecht, die 1993, 1997 und im Jahr 2000 in anderen Bänden erschienen waren, finden sich zusammengestellt in einem von der Autorin herausgegebenen Sammelband: Hausen, Wirtschaften mit der Geschlechterordnung; dies., Arbeiterinnenschutz, Mutterschutz; dies., Geschlechterhierarchie und Arbeitsteilung.

nischen historischen Forschung sind besonders Alice Kessler-Harris und Eileen Boris zu erwähnen, die sich schon seit Längerem mit Formen weiblicher Arbeit beschäftigen.[103] Ein Problem der deutschen Geschlechtergeschichte besteht weiterhin in ihrem Dasein als Randphänomen, vor allem in der Zeitgeschichte, wie dies Kirsten Heinsohn und Claudia Kemper 2012 diagnostizierten.[104] Allerdings muss dabei differenziert werden, insofern Schriften zum Thema Frauen und Gender im Nationalsozialismus wohl eines „der breitest bearbeiteten Forschungsfelder der Frauen- und Geschlechtergeschichte" bilden.[105] Doch nur selten gingen sie darüber hinaus, Frauen als mehr als fremdbestimmte und ideologisch angepasste „Wählerinnen, Claqueure und Handlangerinnen" der männlichen Führungsriege zu charakterisieren.[106] Seitdem gingen neue Impulse von der Forschung zu Männlichkeiten[107] aus.[108] Aber vor allem in der Zeitgeschichte der Arbeit blieben geschlechtergeschichtliche Perspektiven ein Manko.[109] Eine gegenseitige Rezeption zwischen Arbeits- und Geschlechtergeschichte fehlt bislang weitestgehend. Genauso stehen die Bezüge zwischen Arbeits- und Migrationsgeschichte – bis auf wenige Ausnahmen[110] – und das Einbeziehen einer intersektionalen Perspektive in der deutschen Arbeitsgeschichtsforschung noch ganz am Anfang. Für eine stärkere Rezeption und Verankerung der Geschlechtergeschichte in der „Allgemeinen Geschichte" setzen sich auch die Historikerinnen Karen Hagemann, Jean H. Quataert und Angelika Schaser sowie jüngst Christina von Hodenberg ein.[111] Die Interpretation der Bundesrepublik als „Erfolgsgeschichte", verbunden mit „Westernisierung" und „Liberalisierung", gelte es nach Hodenberg vor der geschlechtergeschichtlichen Folie neu zu bewerten.[112] Hierzu kann die Untersuchung des Einzelhandels und seiner Protagonistinnen einen Beitrag leisten, denn sie verknüpft die prägenden Lebensbereiche sozialer Ungleichheit von Frauen miteinander: Arbeit, Konsum (Familie und Haushalt), Politik und Recht. Deutlich werden dabei an vielen Stellen die diversen Ambivalenzen, die sich für Frauen in der bundesrepublikanischen Geschlechterordnung ergaben.

Da die Arbeit im Einzelhandel nicht isoliert betrachtet werden kann, sondern stark vom Austausch mit Konsumentinnen und Konsumenten, technischen und Branchenentwicklungen abhängt, sind auch diese Forschungsthemen für die vor-

---

[103] Vgl. Kessler-Harris, Women have always worked; Boris, Homework.
[104] Vgl. Heinsohn/Kemper, Geschlechtergeschichte.
[105] Gehmacher/Hauch, Einleitung, S. 9.
[106] Budde, Diktatur und Geschlecht, S. 116.
[107] Viele Arbeiten basieren auf dem Konzept einer doppelten Rationalität von Männlichkeiten, vgl. dazu Connell, Der gemachte Mann; grundlegend für den europäischen Kontext vgl. Schmale, Geschichte der Männlichkeit.
[108] Vgl. etwa Fritsche, Männlichkeit als Forschungskategorie.
[109] Vgl. Raphael, Deutsche Arbeitswelten, S. 11–14.
[110] Zu den Pionierarbeiten, die diese Verknüpfung miteinbeziehen, zählt Möhring, Fremdes Essen; jüngst dazu Zeppenfeld, Vom Gast zum Gastwirt.
[111] Vgl. Hagemann/Quataert, Geschichte und Geschlechter; Schaser, Nation, Identität und Geschlecht; Hodenberg, Writing Women's Agency.
[112] Vgl. Hodenberg, Writing Women's Agency, S. 87–89, 105 f.

liegende Untersuchung relevant. Ohnehin stammen die meisten Publikationen zum Einzelhandel aus der *Konsum-, Technik-, Wirtschafts-, und Unternehmensgeschichte*, etwa die von der Historikerin Lydia Langer 2013 veröffentlichte Arbeit zur Einführung der Selbstbedienung in Lebensmittelgeschäften der Bundesrepublik Deutschland,[113] eine von dem Historiker Uwe Spiekermann online publizierte Studie zur Einführung der Selbstbedienung in der DDR der 1950er Jahre,[114] sowie die von der Historikerin und Sozialwissenschaftlerin Katja Girschik bereits 2010 veröffentlichte Arbeit zur technischen Entwicklung von Kassen und Kassensystemen im Schweizer Einzelhandel.[115] Allerdings wird dort kaum die Perspektive der Beschäftigten eingenommen. So geht es Langer vor allem um den transatlantischen Wissenstransfer, der mit der Einführung der Selbstbedienung verbunden war.[116] Auch die Historikerin Victoria de Grazia deutet die Entwicklung des Einzelhandels als Übernahme amerikanischer Konsum- und Lebensweisen in Europa.[117] Girschik zusammen mit Albrecht Ritschl und Thomas Welskopp[118] wie auch Mark Spoerer[119] befassen sich mit den Unternehmensgeschichten der Migros und von C&A. Die Historiker Ralf Banken,[120] Karl Ditt[121] und Uwe Spiekermann[122] thematisieren aus konsumgeschichtlicher Sicht die Entwicklung des Einzelhandels und die Ausdifferenzierung von Vertriebsformen. Jüngst erschien die Dissertation von dem Historiker Uwe Balder als eine „Branchengeschichte" des Textileinzelhandels.[123] Einen fast schon eigenen Zweig bildet die *Forschung zur Entstehung des Warenhauses* am Ende des 19. Jahrhunderts. Dieses übte während des vergangenen Jahrhunderts eine immense Faszination auf Gesellschaft, Literatur und eben auch Forschung aus und wurde dort als Wiege eines neuen, modernen Konsumverständnisses betrachtet, dessen Rückgrat es bis zu seinem Niedergang seit den 1980er Jahren bildete.[124] So mag der beginnende Niedergang des Warenhauses in konsumgeschichtlicher Periodisierung

---

[113] Vgl. Langer, Revolution.
[114] Vgl. Spiekermann, Einführung der Selbstbedienung im Einzelhandel der DDR.
[115] Vgl. Girschik, Kassen lesen.
[116] Vgl. Langer, Revolution, S. 21–26.
[117] Vgl. de Grazia, Irresistible empire. Als deutsche Fassung erschienen unter dem Titel: de Grazia, Das unwiderstehliche Imperium.
[118] Girschik/Ritschl/Welskopp (Hrsg.), Migros-Kosmos.
[119] Vgl. Spoerer, C&A. Eine weiterführende Darstellung des Fortgangs des Unternehmens liefert der im Selbstverlag herausgegebene Ausstellungskatalog zur Ausstellung des 100-jährigen Firmenjubiläums unter dem Titel: C&A zieht an!.
[120] Vgl. Banken, Schneller Strukturwandel; sowie jüngst ders., Warenhaus zum Online-Versand.
[121] Vgl. Ditt, Rationalisierung im Einzelhandel.
[122] Vgl. für die zweite Hälfte des 19. Jahrhunderts Spiekermann, Basis der Konsumgesellschaft; sowie für das 20. Jahrhundert Spiekermann, Rationalisierung als Daueraufgabe.
[123] Vgl. Balder, Kleidung.
[124] Vgl. für die sozialen Beziehungen im Warenhaus Benson, Counter Cultures; zum Warenhaus als Ort der Modernisierung vgl. Lindemann, Das Warenhaus; Weiss-Sussex/Zitzlsperger (Hrsg.), Konsum und Imagination. Einen Forschungsüberblick zur historischen Entwicklung von Waren bis Shopping Mall liefern Sedlmaier, From Department Store to Shopping Mall; und zur Entwicklung deutscher Warenhausunternehmen Homburg, Large Firms in German retailing; zur Entwicklung der Warenhausarchitektur vgl. Lepik/Bader (Hrsg.), World of Malls.

eine Phase des postmodernen Konsumierens eingeläutet haben, in der individualisiertes Einkaufsverhalten und Online-Handel den großen Kaufhausketten das Leben erschwerten. Bezüge zu dieser Forschungsrichtung werden in dem vorliegenden Buch vor allem dann hergestellt, wenn es um Frauenbilder und um bestimmte Erwartungen geht, die an die Dienstleistung des Verkaufens gerichtet waren. Daneben finden sich eine Reihe von frühen *wirtschaftswissenschaftlichen Untersuchungen* zum Einzelhandel,[125] in denen die Beschäftigten aber weitgehend ausgeblendet werden. Außerdem befassen sich immer wieder *kulturwissenschaftliche Studien* mit dem Wandel im Einzelhandel, doch hier lag der Fokus bislang klar auf den konsumgeschichtlichen Veränderungen des Einkaufens.[126]

Im Bereich der *Gewerkschaftsgeschichte* sind die historischen Vorarbeiten vollkommen unzureichend. Zur HBV gibt es keine historiografische Darstellung, sodass hier auf die chronologisch angelegten Jubiläumshefte einzelner Ortsgruppen oder auf sonstige, von Funktionären für Mitglieder verfasste Festschriften zurückgegriffen werden muss.[127] Zur DAG gibt es wiederum mehrere, zum Teil äußerst umfangreiche Publikationen, die sich weniger für thematische Problemlagen oder die Interessen ihrer jeweiligen Mitglieder, sondern mehr für die Organisationsgeschichte und den intergewerkschaftlichen Konkurrenzkampf interessieren. Fündig wird man eher noch im ersten Drittel des 20. Jahrhunderts bei sozialwissenschaftlichen oder historiographischen Arbeiten zu weiblichen Angestellten aus Verbandskreisen.[128] Gewerkschaftsnahe wissenschaftliche Beiträge zum Einzelhandel finden sich aber relativ häufig in den „WSI-Mitteilungen", der monatlich erscheinenden Zeitschrift des Wirtschafts- und Sozialwissenschaftlichen Forschungsinstituts (WSI) des Deutschen Gewerkschaftsbundes (DGB). Jüngst sind einzelne Arbeiten erschienen, die sich dem Verhältnis von Arbeitskämpfen – gewerkschaftlichen und wilden Streiks – und Geschlecht zuwenden[129] und Gender als neu auszulotendes Thema der Gewerkschaften präsentieren.[130]

Vor allem die Erforschung der jüngeren historischen Entwicklung im Industriesektor schuf gemeinsame Interessen und Überschneidungspunkte zwischen Industriegeschichte und der klassischen *Industriesoziologie*.[131] Aber auch die Erforschung der Dienstleistungsarbeit hat in der empirischen Soziologie ihren Platz. Durch ihre Arbeit trägt sie zur Vermehrung des Wissens über Verkäuferinnen bei und bildet einen wichtigen Teil des Diskurses, weshalb in einem eigenen Kapitel

---

[125] Vgl. Berekoven, Geschichte; noch früher Gartmayer, Nicht für den Gewinn allein.
[126] Vgl. Schwedt, Tante-Emma-Laden; Andersen, Der Traum; Lummel/Deak (Hrsg.), Einkaufen.
[127] Vgl. Klingemann/Schröder/Schwark, 50 Jahre HBV Hamburg; Birkhahn, 50 Jahre HBV Berlin; Rißmann-Ottow, 50 Jahre HBV; Achten (Hrsg.), Mitten im Leben.
[128] Vgl. Suhr, Die weiblichen Angestellten; Hilberath, Beruf und Lebensschicksal der Verkäuferin; Kerchner, Beruf und Geschlecht.
[129] Vgl. Graaf, Frauen und wilde Streiks; Artus u.a. (Hrsg.), Arbeitskonflikte.
[130] Vgl. Dechert, Frauenverbände; Schambach-Hardtke, Gender und Gewerkschaften.
[131] Vgl. Kern/Schumann, Industriearbeit; Boccia, Fordistische Betriebspolitik.

auf zeitgenössische und aktuelle sozialwissenschaftliche Studien zur Arbeit im Einzelhandel eingegangen wird.[132]

Vor dem Hintergrund dieser Forschungslage spannt sich diese Arbeit auf. Um die weitere Vorgehensweise besser verstehen zu können, muss zunächst noch ein Blick auf die Quellenlage erfolgen.

Quellen

Eine Problematik bei der Analyse der Einzelhandelsgeschichte auf betrieblicher Ebene stellt der Quellenzugang dar. Den Hauptbestandteil der Quellen machen die Akten der sechs untersuchten Unternehmen aus.

Die Archive der großen, noch bestehenden Lebensmitteleinzelhandelsunternehmen sind, sofern sie denn überhaupt existieren, für Außenstehende schwer zugänglich. Dementsprechend musste auf Bestände nicht mehr existierender Unternehmen zurückgegriffen werden. Die Funde in kommunalen oder Wirtschaftsarchiven waren spärlich, sodass die Entscheidung aufgrund der besten Aktenlage auf die Unternehmen Latscha und Gaissmaier fiel. Die Lebensmittelunternehmen Latscha, mit Zentrale in Frankfurt am Main und verbreitet im Rhein-Main-Gebiet, und Gaissmaier, mit Zentrale in Ulm und einer Ausbreitung im schwäbischen Raum, besaßen zu ihren Spitzenzeiten jeweils über 200 Filialen. Beide gingen in den 1970er und 1980er Jahren in größere Unternehmen auf, die wiederum in den 1990er Jahren an einen der heute noch existierenden „Big Four" im Lebensmitteleinzelhandel übertragen wurden.[133] Diese Entwicklung ist kennzeichnend für den sich konzentrierenden Lebensmitteleinzelhandel im letzten Drittel des 20. Jahrhunderts. Der Latscha-Bestand liegt im Institut für Stadtgeschichte im Karmeliterkloster (dem ehemaligen Stadtarchiv) in Frankfurt am Main. Die Gaissmaier-Überlieferung wird im Wirtschaftsarchiv Baden-Württemberg in Stuttgart-Hohenheim aufbewahrt. Die Zugänglichkeit zu beiden Aktensammlungen erwies sich als gut, wobei der Latscha-Bestand erst provisorisch verzeichnet war.

Bei Textileinzelhandelsunternehmen ist die Quellenlage zwar disparater, aber insgesamt besser. Viele kleinere Unternehmen besitzen keine systematische Sammlung ihrer Unternehmensunterlagen. Andere haben ihr Material den Wirtschaftsarchiven der jeweiligen Länder übergeben. Dazu zählen die Unternehmen C. F. Braun mit Standort in Stuttgart und das Kaufhaus Beck in München. Die Überlieferung von C. F. Braun – die Firma bestand in veränderter Form bis 2014 – ist im Wirtschaftsarchiv Baden-Württemberg zugänglich. Das Kaufhaus Beck gibt

---

[132] Vgl. hierzu Goldmann/Müller, Junge Frauen; Voss-Dahm, Stabilität sozialer Ungleichheit; und Kapitel 2.2 in dieser Arbeit.

[133] Die Unternehmen mit den größten Marktanteilen sind derzeit die Edeka-Gruppe, gefolgt von der Rewe- und der Schwarz-Gruppe sowie die Aldi-Gruppe, vgl. Grafik der Marktanteile der führenden Unternehmen im Lebensmittelhandel in Deutschland in den Jahren 2009 bis 2019, https://de.statista.com/statistik/daten/studie/4916/umfrage/marktanteile-der-5-groessten-lebensmitteleinzelhaendler/ [zuletzt abgerufen am 26. 07. 2022].

es noch heute, und der Archivbestand ist im Bayerischen Wirtschaftsarchiv aufbewahrt. Die Überlieferungslage ist gut, Findbücher liegen vor und die Bestände umfassen zuverlässig alle Unternehmensbereiche. Andere Textileinzelhändler betreiben sogar ein eigenes Firmenarchiv, darunter Hirmer und C&A. Im Hirmer Unternehmensarchiv ist die Quellenlage ebenfalls gut, wobei hier ein Findbuch fehlte, die Akten ausschließlich in digitaler Form und in Rücksprache mit dem Archivar zugänglich gemacht wurden. Ähnlich war die Vorgehensweise bei C&A. Hier liegen manche Akten zwar in Papierform vor, ein Findbuch oder Übersicht über die Bestände fehlten zum Zeitpunkt der Untersuchung jedoch ebenso und es fand eine Vorauswahl durch die Archivarin statt. Ein zusätzliches Hindernis in der Draiflessen-Collection in Mettingen, in der die C&A-Unterlagen aufbewahrt werden, besteht in der zeitlichen Beschränkung bis 1961, sodass nur in Einzelfällen und auf konkrete Nachfrage jüngere Akten eingesehen werden konnten. Der Hauptstandort von Hirmer befindet sich in München, die Deutschlandzentrale von C&A hat ihren Sitz in Düsseldorf. Während C&A Filialen in vielen deutschen Großstädten hat, beließ es C. F. Braun bei einem Ladengeschäft. Das Kaufhaus Beck und das Textilunternehmen Hirmer experimentierten mit neuen Standorten, wobei sämtliche Beck-Filialen wieder schließen mussten. Hirmer gründete Filialen mit spezifischer Nischenausrichtung („Hirmer große Größen") und übernahm die Ladengeschäfte der Herrenmodenkette Eckerle.

Interessant ist, dass sämtliche untersuchte Bestände aus familiengeführten Unternehmen stammen. Der Wille zur Aufbewahrung und zum Pflegen der eigenen Tradition scheint ein besonderes Bedürfnis von Familienunternehmen zu sein. Dies bedeutet zugleich, dass bei der Auswertung der Unternehmensquellen immer eine bestimmte, gewiss in der Regel patriarchalische Unternehmensführung mitgedacht werden musste.[134]

Eine weitere Schwierigkeit, sich der Mikroebene des Betriebs zuzuwenden, ergibt sich aus der Tatsache, dass die überlieferten Bestände eine Vielzahl unterschiedlicher Quellengattungen aufweisen. Eine zentrale Quellengattung sind Fotos, Bilder und Grundrisse der Verkaufsräume, die in den Beständen aller Unternehmen zu finden sind. Diese wurden, ihren inszenierten Charakter mitbedenkend, dahingehend analysiert, wie sich die Arbeitspraktiken in diesem Raum über die Zeit veränderten, aber auch, wie Frauen auf diesen Abbildungen dargestellt wurden und was dies über ihre Position im Betrieb aussagt.[135] Daneben wurden etwa Personalstatistiken auf die Analysekategorien Geschlecht, Alter und Dauer der Betriebszugehörigkeit befragt, um Aussagen über bestimmte Lebensphasen der weiblichen Beschäftigten treffen zu können. Manche dieser Dokumente geben Aufschluss über das Gehalt, weshalb sie Aussagen zur ungleichen Bezahlung der Geschlechter zuließen. Aus Quellen wie etwa der Korrespondenz zwischen Geschäftsleitung und Filialleitungen

---

[134] Vgl. Berghoff, Familienunternehmen; Hilger, Paternalismus.
[135] Vgl. zur Bildanalyse in den Geschichtswissenschaften in einer Zusammenschau Jäger, Überlegungen.

oder Arbeitsanweisungen und Betriebsordnungen ließen sich soziale Ordnungen im Betrieb, Machtverständnisse und Rollenzuschreibungen herausarbeiten. Aber sie gaben darüber hinaus auch Auskunft über Arbeitszeitregelungen und Verkaufspraktiken. Aus den Selbstbeschreibungen der Beschäftigten, wie sie in Gedichten und Interviews mit Zeitzeuginnen und Zeitzeugen aus der Retrospektive oder in Umfragen beim Verkaufspersonal zu finden sind, wird vor allem die Wahrnehmungsebene herausgearbeitet. Diese Quellen verraten oftmals auch etwas über die Differenzen von gesetzten Normen und gelebten Praktiken in der Betriebswirklichkeit. Quellen, die viel über das Selbstbild der Unternehmen, deren wirtschaftliche Entwicklung und Erwartungen an die Beschäftigten aussagen, sind Betriebszeitschriften. Ein Bezug zur Veränderung von Einkaufsverhalten und Wünschen der Kundschaft lässt sich über die von Unternehmen in Auftrag gegebenen Umfragen und Studien herstellen.

Die Bestände sind oftmals lückenhaft und erlauben keine serielle Auswertung. Auch deswegen werden mehrere Unternehmen in die Untersuchung einbezogen. Die Fragestellungen ließen sich aufgrund der Quellenlage nicht anhand nur eines oder zweier Unternehmen beantworten. Fehlstellen mussten durch das Hinzuziehen weiterer, ähnlicher Unternehmen, ergänzt werden. Daher handelt es sich bei der Beschreibung der Phänomene unterschiedlicher Unternehmen innerhalb der einzelnen Unterkapitel auch nicht um einen Vergleich, sondern um ein exemplarisches Vorgehen unter Einbeziehung verschiedener Fallbeispiele. Über das Zusammenfügen der einzelnen Teile können allgemeine Trends festgestellt und Aussagen über den engen Horizont eines einzelnen Betriebes hinaus getroffen werden. Regionale Unterschiede wurden dabei zurückgestellt, wobei auf Stadt-Land-Unterschiede hingewiesen wird. Dadurch ergibt sich ein Gesamtbild der Arbeitswelt des bundesdeutschen Einzelhandels von den 1950er Jahren bis in die 1990er Jahre.

Zur gesellschaftlichen Mesoebene, die sich mit Fragen der Arbeitswelt des Einzelhandels auseinandersetzte, gehörten auf der Seite der Beschäftigten die Einzelhandelsgewerkschaften HBV und DAG sowie auf der Unternehmensseite etwa die Industrie- und Handelskammern oder die verschiedenen Einzelhandelsverbände. Die Gewerkschaftsüberlieferungen von HBV und DAG finden sich für die Bundesebene im Archiv der sozialen Demokratie der Friedrich-Ebert-Stiftung (FES) in Bonn, für die Landes- und lokale Ebene im Archiv der Münchner Arbeiterbewegung. Außerdem liegt der Vorlass eines Münchner HBV-Funktionärs im Archiv des Instituts für Zeitgeschichte in München. Die Unterlagen der Industrie- und Handelskammern, des Deutschen Industrie- und Handelstages und zum Teil der Landeseinzelhandelsverbände befinden sich in den jeweiligen Wirtschaftsarchiven. Die Geschäftsberichte und Protokolle der Landesbezirks- und Ortsverwaltungen bieten einen Überblick über lokale und landesspezifische Aktivitäten und Inhalte sowie über die Mitgliederstrukturen. Über Korrespondenzen zwischen den Gewerkschaften und den gewerkschaftlich organisierten Betriebsräten des Einzelhandels sowie über Rundschreiben und Informationsbroschüren wurden außerdem Argumentationsstrategien und inhaltliche Schwerpunktsetzungen der Gewerkschaften ersichtlich. Vereinzelt konnte mithilfe von Dokumentationen und Statistiken zeitgenössisches Zahlenmaterial erschlossen werden, das nicht anderweitig überliefert ist.

Eine weitere, besondere Quelle dieser Untersuchung stellt der Bestand der NCR GmbH im Bayerischen Wirtschaftsarchiv dar. NCR steht für National Cash Register. Die amerikanische Firma mit Standort in Augsburg vertrieb im Untersuchungszeitraum Kassen und Kassensysteme und propagierte in Schulungen und Fortbildungen aktiv die Einführung der Selbstbedienung, später die Computerisierung der Verwaltungs- und Kassierabläufe im Einzelhandel. In dem Bestand der NCR GmbH finden sich Broschüren, Fotomaterial, oder auch Dokumentationen über die Einführung von neuen Kassensystemen. Bei deren Auswertung wird ein technikgeschichtlicher Zugriff verfolgt,[136] der die Materialität der Arbeitsmittel ernst nimmt, da sie die Arbeitspraktiken maßgeblich beeinflussten. Die NCR GmbH wird dabei auch als Akteur auf der Mesoebene verstanden, da über dieses Unternehmen gesamtgesellschaftliche Prozesse, wie die Computerisierung der Arbeitswelt, Eingang in die einzelnen Betriebe fanden.[137]

Debatten, Diskussionen und strukturgebende Mechanismen der Makroebene werden über die Auswertung weiterer Quellen eingefangen. Um einen Einblick in branchenbezogene Trends und Entwicklungen zu gewährleisten, wurden Fachzeitschriften und Ratgeberliteratur ausgewertet. Die staatliche Einflussnahme auf den Einzelhandel wurde über Gesetzestexte und Verordnungen sowie Bundestags- und Landtagsprotokolle erschlossen. Für die gesamtgesellschaftliche, ökonomische und soziale Entwicklung wurden Presseerzeugnisse und filmische Quellen herangezogen.

Diese Studie will nicht zuletzt eine empirische Grundlagenforschung leisten. Es gilt, zunächst aus der Vielfalt der Quellen ein Bild der historischen Gegebenheiten zu rekonstruieren, bevor die tiefergehende Analyse folgt. Der trotz dieser Hürden lohnende Mehrwert einer solchen komplexen Quellenarbeit liegt darin, dass sie auf der mikrohistorischen Ebene eines Betriebs empirisch nachvollziehen kann, wie sich makroökonomische Prozesse und Vermittlungsversuche auf der gesellschaftlichen Mesoebene auf das konkrete Arbeits- und Sozialleben der Beschäftigten auswirkten. Damit betritt diese Studie Neuland.

Aufbau der Arbeit

Die vorliegende Arbeit ist entlang der vier zentralen Fragestellungen aufgebaut. Sie gliedert sich somit in vier Hauptkapitel, die jeweils mit einem zusammenfassenden und kontextualisierenden Zwischenfazit enden. Das Kapitel 2 befasst sich zuerst mit der Sozialfigur der *Verkäuferin*, die sich durch Selbstbeschreibungen, durch den Diskurs verschiedener Akteure, und durch das offensichtlichste Element sozialer Ungleichheit – das Gehalt – konstituierte. Im darauffolgenden Kapitel 3

---

[136] Vgl. für einen Überblick zum historischen Mensch-Maschine-Verhältnis Heßler, Kulturgeschichte der Technik, v. a. Kap. 7; in einem Anwendungsfall zu den Arbeitspraktiken in der Industrie dies., Halle 54.
[137] Vgl. Schuhmann, Der Traum.

stehen die *sozialen Strukturen der Arbeit* im Verkauf sowie der Zusammenhang zwischen Arbeitswelt und Sozialleben der Verkäuferinnen im Vordergrund. Eine Rolle spielen dabei die verschiedenen Ausbildungswege, der Ort der Arbeit im Lebenslauf der Frauen, kollegiale Beziehungen, der Einfluss der Betriebsräte sowie spezifisch männliche Tätigkeiten, Positionen und Lebensläufe im Einzelhandel. Mit dem Kapitel 4 werden die *Arbeitsräume* beleuchtet. Hier werden die Auswirkungen der Selbstbedienung auf Arbeitsweisen aufgezeigt sowie anschließend im Abgleich mit dem Textileinzelhandel branchenspezifische Gemeinsamkeiten und Unterschiede herausgearbeitet. Ergänzend wird ein Fokus auf den Kassenarbeitsplatz gelegt, der von der Computerisierung besonders betroffen war, der das Bild weiblicher Arbeit wie kein anderer Arbeitsraum prägte und zudem hinsichtlich der körperlichen und psychischen Belastungen Anlass zur Kritik bot. Das Kapitel 5 untersucht die *Arbeitszeit(en)* und umfasst dabei tarifliche, unternehmerische sowie individuelle Arbeitszeitregelungen, das Spannungsverhältnis zwischen zeitlicher Rationalisierung und Strukturiertheit des Arbeitstages und der Notwendigkeit des flexiblen Arbeitshandelns im Verkauf, das Phänomen der Teilzeitarbeit, sowie schließlich die Debatten und Praktiken des Ladenschlusses.

Die thematische Gliederung erlaubt es, Bezüge zwischen den einzelnen Themen herzustellen und Kontinuitäten aufzuzeigen. Außerdem lassen sich viele Untersuchungsaspekte nicht bestimmten Jahrzehnten oder Periodisierungen zuordnen. Die einzelnen Unterkapitel sind in sich überwiegend chronologisch aufgebaut oder orientieren sich an den untersuchten Unternehmen. Im Schlusskapitel (Kapitel 6) wird außerdem ein großer chronologischer Bogen geschlagen. Es wird resümiert, wie sich die Arbeitssituation für Frauen im Einzelhandel insgesamt während der zweiten Hälfte des 20. Jahrhunderts veränderte und wie sich dies auf die Entwicklung der Geschlechterordnung und das Ansehen von Frauenerwerbsarbeit im Allgemeinen auswirkte. Dabei wird deutlich, dass die geschlechtsspezifische Ungleichheit in der Arbeitswelt trotz anders lautender rechtlicher und politischer Zielvorgaben auch deshalb immer noch besteht, weil die betrieblichen Mikrostrukturen der Arbeit sie immer wieder neu hervorbringen und verfestigen. Arbeit ist eine der zentralen Kategorien sozialer Ungleichheit,[138] und *die* zentrale Kategorie für geschlechtsspezifische Ungleichheit in der bundesrepublikanischen Demokratie. Die in der Arbeitswelt und durch Arbeit erzeugte geschlechtsspezifische Benachteiligung von Frauen übertrug und überträgt sich noch heute auf alle anderen gesellschaftlichen Bereiche.

---

[138] Vgl. Süß/Süß, Zeitgeschichte, S. 345.

2. Die Sozialfigur der Verkäuferin: Allseits beliebt, trotzdem unterbezahlt

2.1 Verkäuferinnen kommen zu Wort

Um sich dem Forschungsgegenstand Verkäuferin zu nähern, sollen zunächst Ego-Dokumente – das, was von den Frauen selbst überliefert ist – betrachtet werden. Damit werden die Akteurinnen als handelnde Subjekte mit ihren Wahrnehmungen und rhetorischen Verarbeitungen ernst genommen. Als Ego-Dokumente werden Textformen und Aussagen von Individuen verstanden, die – richtig befragt – Erkenntnisse über deren historische Situation liefern. Nicht nur Selbstzeugnisse wie Autobiografien, Briefe und Tagebücher werden darunter gefasst, sondern auch zufällig oder beiläufig entstandene Willens- oder Meinungsäußerungen.[1] Die Themen und Problemlagen, die in den Ego-Dokumenten auf einer subjektiven Ebene anklingen, wurden von anderen gesellschaftlichen Akteuren, die über und zum Teil mit Verkäuferinnen sprachen, aufgegriffen.[2] Es soll sichtbar gemacht werden, dass die hier untersuchten Subjekte zwar eigenständig und individuell handelnde Wesen waren, sich aber doch in Strukturen bewegten, die bestimmte Ausprägungen von Handlungsweisen erzwangen und hervorbrachten. Denn: Ego-Dokumente sprechen nicht aus sich selbst heraus; sie müssen in den historischen und soziokulturellen Kontext eingebettet werden, um Einblicke in die Entstehung emotionaler Zustände und Wertvorstellungen der betrachteten Zeitspanne zu liefern.[3]

Gedichte – reflektierte Ego-Dokumente

Das Schreiben von autobiografisch inspirierten Gedichten erzeugt eine Art Selbstvergewisserung. Die Verfassenden reflektieren ihre eigenen Erfahrungen und beziehen sie auf einen größeren Zusammenhang in ihrer Umwelt.[4] Das Schreiben über sich selbst durch Verkäuferinnen fand in gewissen Konjunkturen statt, die historische Momente der erforderlichen Neudefinition des eigenen Selbst aufscheinen lassen. Von Mitte der 1950er Jahre bis Anfang der 1960er Jahre und erneut ab Mitte der 1980er Jahre tauchen solche Selbstzeugnisse von Verkäuferinnen auf.

In den Gedichten der 1950er und 1960er Jahre, die aus Anlass von Betriebsausflügen entstanden waren, kommen oftmals eine starke Identifikation mit der Firma, der eigenen Filiale oder den Kolleginnen und Kollegen zum Ausdruck sowie

---

[1] Zur Erweiterung des Begriffs vgl. Schulze, Ego-Dokumente, S. 21.
[2] Diese Akteure werden in den folgenden Kapiteln näher besprochen: Kap. 2.2 nimmt die sozialwissenschaftliche Forschung in den Blick, Kap. 2.3 die Gewerkschaften und Kap. 2.4 die Unternehmen und die sie umgebende Gesellschaft.
[3] Vgl. Hämmerling/Zetti, Einführung, S. 14.
[4] Es wird argumentiert, dass Gedichteschreiben – ähnlich wie Tagebuchschreiben – für die betreffenden Personen eine „Technik der Erfahrungsverarbeitung" war; vgl. Steuwer, Tagebücher, S. 24.

das wohlwollende, aber distanzierte Verhältnis zum Chef oder zur Chefin. So ist von einer Filiale des Lebensmittelunternehmens Gaissmaier ein Gedicht von 1954 überliefert, in dem karikaturistische Charakterdarstellungen der Chefin und der Belegschaft vorgenommen werden: „Unsre Chefin isch d'Hummler – die is ja so nett, die kommt mit'm Stecka, wenn mir net tun wie sie möcht." Bei dieser Beschreibung schwingt seitens der Verfassenden Kritik mit; in Gedichtform ist diese aber so harmlos, dass es leichter scheint, sie zum Ausdruck zu bringen. Eine Kollegin wird mit folgenden Worten beschrieben: „Die Brückner tut gschamig, die Brückner tut schön, wenn ein Mann ist im Laden tut nur sie hingehn." Und einer anderen Mitarbeiterin sind diese Zeilen gewidmet: „Die Pappe ist rundlich, die Pappe ist brav, doch manchmal da ist sie ein richtiger Aff." Selbstvergewisserung und ein positives Selbstbild kommen im Gedicht ebenso zum Ausdruck – „Unser Laden ist finster, unser Laden ist klein, doch wir selbst ersetzen den lieben Sonnenschein." – wie auch die schmunzelnd vorgebrachte Kritik an den Befindlichkeiten der Frauen: „Zur Margaret darfsch saga kaum manchmol a Wort, dann hängts schon die Lätsch runter und heult auch sofort. [...] Die Margaret ist langsam, des geht nimmer so, ab Montag bekommt sie den Hummler-Motor. Mit der Gisela ham mer a fürchtigs Gefrett wenn ma ihr was anschafft, macht sie-s halt verkehrt. Sie schaut manchmal aus, wie a kloiner Elefant und moint doch sicher, sie ist recht elegant." Das Gedicht trug so zur allgemeinen Erheiterung während des Betriebsausfluges bei, stellte die eigenen Leute gegenüber anderen Filialen vor, denn auf den Ausflügen kamen mehrere Filialen von Gaissmaier zusammen. Es verfolgte aber, wie es aus der letzten Strophe deutlich wird, auch das Ziel, auf ein besseres Betragen der Filialbelegschaft hinzuwirken: „Jetzt wär mer allmählich am Schluß angelangt, und hoffen daß bessern sich all mitanand."[5]

Ein ähnliches Beispiel stammt von der Firma C. F. Braun. Es ist ein Gedicht über die alltägliche Arbeit inklusive einer Beschreibung der komplizierten Kundschaft. Im Gegensatz zum Lebensmittelladen werden die Kolleginnen und Kollegen des Textilfachgeschäfts mit formaler Anrede beschrieben, etwa „Frau Diem ist zu jedem Streich stets bereit, doch dazu hat man im Geschäft halt keine Zeit, aber manchmal da lässt sie vom Stapel n'en Witz, so ganz nebenher bloß, das geht wie der Blitz!" Dies ist bereits ein kleiner Unterschied zur Duz-Anrede des Gedichts aus dem Lebensmittelunternehmen Gaissmaier und deutet auf ein anderes, förmlicheres Selbstverständnis hin. Das Betriebsklima scheint ausgesprochen positiv gewesen zu sein, denn es wurde in diesem Fall weniger Kritik geübt – außer an manchen Kundinnen, so in Strophe 19: „Frl. Sauer ist ständig von Neuem entzückt, wenn sie ihre Kundin ‚Frau Schmidt' hier erblickt, die hört nicht ganz richtig u. bloß auf einem Ohr, nach 3 Std. ist sie mit der grad so weit wie zuvor!" Zum Abschluss betonte die Verfasserin gegenüber der Eigentümerfamilie den Dank der Beschäftigten und das Vorhaben, zukünftig fleißig weiterzuarbeiten: „Herr Braun u. Frau Braun wir alle danken sehr, daß wir durften fahren an Bodensee her, [...] Und morgen, da gehen

---

[5] WABW, B 61 Bü 214, Programme, Presseartikel, Gedichte von Mitarbeitern bei Betriebsausflügen 1951–1954, hier: Betriebsausflug 1954 von der Maxstraße aus gesehen.

wir tüchtig wieder ran, wir verkaufen was s'Zeug hält mit grossem Elan, wir sind ja so glücklich und froh auch dabei u. morgen da schaffen wir alle für zwei!"[6] Bei diesen Gedichten geht es nicht so sehr um die Arbeit an sich, als vielmehr um die handelnden Personen und die Persönlichkeiten der Verkäuferinnen und Vorgesetzten; die Betriebsgemeinschaft und das gemeinsame Arbeiten stehen im Mittelpunkt der Texte. Die hier thematisierten Aspekte – Verhältnis zur Kundschaft, das Verhältnis untereinander und zur Firmenleitung – werden noch in einem Unterkapitel thematisiert, in dem die betrieblichen Sozialstrukturen analysiert werden, um den Zusammenhang zwischen Arbeitswelt und Sozialleben zu beleuchten.

Selbstbeschreibungen in Versform

Eine gänzlich andere Intention und Wirkung hatten Gedichte, die sich mit der Arbeitswelt der 1980er Jahre auseinandersetzten. Im Jahr 1984 verfasste die aus einer Bergmannsfamilie stammende Schriftstellerin Ilse Kibgis, die einige Zeit als Kassiererin und Verkäuferin gearbeitet hatte,[7] das „Klagelied einer Kassiererin" – ein Gedicht, das in seiner äußeren Form an einen Kassenzettel erinnert.[8] Sie legt darin den Finger in die Wunde des Einzelhandels, indem sie ihre individuelle Gefühlslage an ihrem Kassenarbeitsplatz als schwer arbeitende Frau in den Mittelpunkt rückt. Sie schreibt von „Menschenschlangen", die sich durch sie hindurchfräßen. Die Kundinnen und Kunden nähmen sie in ihrer Position an der Kasse nicht mehr als Person wahr, sondern bloß als notwendigen Durchgang zum Ausgang. Ihre Psyche und ihr Körper seien dem strengen Arbeitsrhythmus unterworfen, den die Geschwindigkeit des Kassenbandes vorgibt: „meine Nerven sind bloßgelegte Stromlinien […], meine Hände unterste Befehlsempfänger, optische Aktivisten einer Fließbanddiktatur". Sich selbst empfindet sie als ein ersetzbares Rädchen in der Mühle der Verkaufspraxis, als „Personalakte mit schwankendem Kurswert". Dabei ginge ihre Persönlichkeit verloren, ihre Individualität verschwinde durch ihre Arbeit mit der Massenware: „ich das Individuum [wurde] zum Diskontartikel."[9] Kibgis zeichnete ein anschauliches, gleichwohl für sie niederschmetterndes Bild der Arbeit an der Einzelhandelskasse. Wie aber entstand dieser Eindruck und warum breitete sich diese Gefühlswelt in ihr aus? Was löste in ihr einen derartigen Unmut aus, dass sie ein solches Klagelied verfasste? Mit diesen Fragen und der Situation am Kassenarbeitsplatz wird sich noch eines der folgenden empirischen Unterkapitel zu den Arbeitsraumpraktiken befassen.

---

6 WABW, B 56 Bü 286, Betriebsausflüge der Firma, Wertmarken, Routen, Gedichte 1955–1963, hier: Gedicht in 34 Strophen ohne Titel.
7 Vgl. Eintrag „Ilse Kibgis" im Lexikon Westfälischer Autorinnen und Autoren, https://www.lexikon-westfaelischer-autorinnen-und-autoren.de/autoren/kibgis-ilse/ [zuletzt abgerufen am 30. 07. 2021].
8 Gedicht abgedruckt in: Glaubitz, Arbeitnehmer im Einzelhandel, S. 121; erschienen ist es aber auch in: Kibgis, Meine Stadt, S. 111.
9 Kibgis, Klagelied, S. 111.

Es gab noch weitere Verkäuferinnen, die zur selben Zeit ähnliche Gedichte verfassten. Zwei stammen von Ursula Sadowski: „Acht Uhr fünfzig" und „Kapovaz und job-sharing".[10] Beide handeln von dem persönlichen Empfinden der Arbeitszeit. Im Ersten stehen eher der Arbeitsstress und die zeitlich unterschiedlich empfundenen Arbeitsphasen im Zentrum: „Ware auffüllen, Kunden bedienen, Auskunft erteilen – [...] Alles stehen lassen, schnell zur Kasse eilen!!"; „Phasen der Ruhe dazwischen in angespanntem Warten – auf die nächste ungeduldige Käuferschar." Das zweite Gedicht widmet sich konkreter dem Problem der flexibilisierten Arbeitszeit: „Euer Arbeitgeber weiß das schon, ruft Euch herbei per Telefon, wenn er Arbeit genüge, und, das ist wirklich keine Lüge". Beide Texte thematisieren zusätzlich, dass für Frauen der Arbeitstag nicht nach Ladenschluss endete – „Hin- und Rückweg sind weit, daheim wartet die Hausarbeit [...]" –, da Frauen auch in den 1980er Jahren noch die alleinige Verantwortung für die Haus- und Familienarbeit zugedacht war: „die restliche Zeit gehört Euch ganz allein, Ihr könnt ganz Frau, ganz Mutter sein". Mit diesen Fragen nach Arbeitszeitpraktiken befassen sich zwei weitere empirische Unterkapitel aus dem zweiten Hauptteil dieser Arbeit. Festzustellen ist bereits anhand dieser Gedichte ein hoher Reflexionsgrad die eigene Arbeit, den eigenen psychischen wie körperlichen Zustand wie auch die eigene gesellschaftliche Position als Verkäuferin in dieser Zeit betreffend.

Erinnerungen aus den Betrieben ex post

Andere Formen der Selbstbeschreibung[11] tauchten bei Firmenjubiläen auf oder in Momenten, in denen sich die Unternehmen ihrer eigenen Geschichte besannen. Bei der Firma Hirmer geschah dies im Zuge des Aufbaus eines Unternehmensarchivs. Zum 100-jährigen Jubiläum des Herrenmodenfachgeschäfts im Jahr 2011 interviewte ein Historiker, der mit dieser Aufgabe betraut war, eine Reihe ehemaliger Mitarbeiterinnen und Mitarbeiter aus verschiedenen Abteilungen – Dekoration, Kundendienst, Verkauf – sowie die Firmenleitung, aber auch der Betriebsrat kam zu Wort.[12] Die Gespräche folgen durch die vorbereiteten Fragen des Interviewers einer einheitlichen Struktur, in denen es aber auch Raum für Anekdoten gab.[13]

---

[10] Beide Gedichte abgedruckt in: Krauss, Beruf ist nicht das ganze Leben, S. 151 und S. 153. Die häufig verwendete Abkürzung „KAPOVAZ" steht für „kapazitätsorientierte variable Arbeitszeit", was so viel wie „Arbeit auf Abruf" bedeutete. Beim „Job-Sharing" teilten sich zwei Personen einen Arbeitsplatz, was aber in Extremfällen dazu führen konnte, dass eine Person beim Ausfall der anderen voll einspringen musste.
[11] Vgl. Etzemüller, Biographien, S. 62–72.
[12] Vgl. Transkripte der Interviews mit diversen Beschäftigten im Hirmer Unternehmensarchiv, zusätzliche Angaben sind über den Unternehmensarchivar zu erhalten.
[13] Zum Zeitzeugeninterview als spezieller Form des Ego-Dokuments – zwischen historischer Quelle, Darstellung und Selbstdarstellung und gleichzeitig durch den Interviewenden bewusst geschaffene Quelle und dadurch mit doppeltem Konstruktionscharakter – vgl. Petschow, Zeitzeugeninterviews, S. 69–71.

Dementsprechend ähneln sich zwar die Themen, über die gesprochen wurde,[14] doch zählen dazu einige interessante Aspekte. Häufig steht das soziale Wesen des Unternehmens – es handelte sich bei Hirmer um ein patriarchalisch geführtes Familienunternehmen – im Vordergrund: Es wird berichtet, wie einem Mitarbeiter in einer persönlichen Notlage ein großzügiger Kredit gewährt wurde („Zum Beispiel, er hat uns sehr geholfen, er hat uns 3000 DM Vorschuss gegeben für eine Wohnung – zinslos"[15]); es wird die Omnipräsenz des Chefs beschrieben[16] oder vom Haus am Starnberger See erzählt, das die Beschäftigten in ihrer Freizeit nutzen konnten („dass wir mal da draußen waren, das war schon richtig, aber ganz normal so mal am Wochenende"[17]). Die starke Identifikation der Befragten mit dem Unternehmen kommt deutlich zum Vorschein: „Aber ich kann nichts anderes sagen, ich glaube in meinen Adern fließt Hirmer-Blut, irgend so was ist das."[18] Eine weitere wichtige Rolle spielt der Wandel in der Mode, etwa die Qualität der Stoffe, die Etablierung der Jeans oder die Veränderungen der Kundenwünsche: „In den [19]60er Jahren war man ja noch ziemlich brav. Da hat man Blickermäntel verkauft, Raglan, zwei Einschubtaschen. Aus – fertig. […] Und in den [19]80er Jahren, das sehen Sie schon aus diese[m] Katalog hier, da ist nicht ein klassischer Mantel dabei. Das ist alles sportlich. Und so waren auch die Kunden, die haben die Mäntel gekauft."[19] Die Veränderungen der Arbeit als solcher wurden auch oft thematisiert. Eine ehemalige Betriebsrätin beschreibt dies für die Kassenarbeitsplätze: „Also es ist alles nicht so komfortabel gewesen wie heute. Funktionell[,] aber nicht so komfortabel." Und weiter: „Also der Kassiervorgang war mit viel mehr Kontrolle versehen. Also man musste viel mehr arbeiten im Kopf und an alles denken. Das ist heute alles durch die PC-gestützte Kassierung ganz anders. Da nimmt einem das Gerät vieles ab. […] [V]iel angenehmer, man kann es angenehmer abhandeln."[20] Etwas später im Interview kommt sie dann allerdings zu dieser gegensätzlichen Aussage: „Wir haben ja heute viel komplizierte Sachen mit Änderungen. Wir müssen die Verkäufernummern eingeben in die Kasse, wir müssen die Sonderprämien extra erfassen. Also wir haben viele, viele Dinge an den Kassen zu erledigen, die über den normalen Kassiervorgang hinausgehen. Verantwortung hat man natürlich über die Erfassung, weil hintendran die Prämie hängt."[21] Ab und an scheinen auch Momente der Selbstreflexion durch: „[D]as, was ich mitgenommen habe, ist wahrscheinlich das, dass ich immer mit Kunden gut umgehen konnte"; „[e]ntweder es war in mir, oder es wurde in mir geweckt. Jedenfalls verkaufen habe ich hier gelernt".[22]

---

[14] Die Fragen wurden im Vorfeld zwischen dem Historiker und der Familie Hirmer abgesprochen; Hinweis dazu in HUA, 2013 / 08 / 0014, Interview: Interview mit Hr. H. K., Hr. R. S., Hr. E. B. und Fr. I. B. (04. 12. 2009), S. 33.
[15] HUA, 2013 / 08 / 0017, Interview: Interview mit H. W. und Fr. W. (14. 12. 2009), S. 2.
[16] HUA, 2013 / 08 / 0017, Interview: Interview mit H. W. und Fr. W. (14. 12. 2009), S. 6.
[17] HUA, 2013 / 08 / 0007, Interview: Interview mit Hr. G. M. (24. 11. 2009), S. 4.
[18] HUA, 2013 / 08 / 0009, Interview: Interview mit Fr. G. H., Betriebsrätin (25. 11. 2009), S. 19.
[19] HUA, 2013 / 08 / 0017, Interview: Interview mit H. W. und Fr. W. (14. 12. 2009), S. 33 f.
[20] HUA, 2013 / 08 / 0009, Interview: Interview mit Fr. G. H., Betriebsrätin (25. 11. 2009), S. 4 f.
[21] HUA, 2013 / 08 / 0009, Interview: Interview mit Fr. G. H., Betriebsrätin (25. 11. 2009), S. 7.
[22] HUA, 2013 / 08 / 0007, Interview: Interview mit Hr. G. M. (24. 11. 2009), S. 6.

Ego-Dokumente von Beck und C&A liegen in Form von Anekdoten und kleinen Geschichten vor. Beide Unternehmen wandten sich – ebenfalls aufgrund eines bevorstehenden Jubiläums – an ihre Beschäftigten mit der Bitte, ihr historisches Gedächtnis zu befragen. 1986, dem Jahr des 125-jährigen Bestehens von Beck, erschien eine Sammlung von „unvergessenen Geschichten". Von diesen dreht sich knapp die Hälfte um den ehemaligen Firmenpatriarch und seine Eigenheiten.[23] So war es unter ihm etwa strikt verboten, den Aufzug zu benutzen, der für die Kundschaft vorgesehen war, was mehrere Mitarbeiterinnen nach einem Vergehen zu spüren bekamen.[24] Unter den anderen Anekdoten finden sich hauptsächlich amüsante Begebenheiten, etwa von einer gelangweilten und daher bewegungslosen Verkäuferin, die von einer Kundin für eine Ausstellungspuppe gehalten wurde,[25] von Faschings- und Geburtstagsfeiern in den Abteilungen,[26] oder die Geschichte, wie beim Vorführen eines Regenschirms die Perücke einer einkaufenden Dame aufgespießt wurde.[27]

Bei C&A trug die Kommunikationsabteilung die Ergebnisse dieser Befragung in einem Band zusammen, der den Beschäftigten ausgehändigt wurde.[28] Dabei lag der Fokus auf lustigen Vorkommnissen,[29] auf Momenten, in denen der Chef oder die Chefin etwas Besonderes getan hatte,[30] oder auf Augenblicken, in denen der einzelne Mitarbeiter oder die einzelne Mitarbeiterin besonders schlau oder gewitzt gewesen war.[31] Auch Geschichten von spezieller Eigeninitiative wurden gern aufgenommen.[32] Nur ab und an blitzt – wieder in Gedichtform – Kritik bezüglich der Arbeitsbedingungen, in diesem Fall während des Schlussverkaufs, auf: „Die Teile im Fenster war'n nummeriert – Ich musst sie verteilen, wurd' fast massakriert. 10 Kundinnen wollten dasselbe Kleid – wenn ich dran denke, tu ich heut noch mir leid."[33]

---

[23] BWA, F 34 / 279, Unvergessene Geschichten, Teil 1: Erinnerungen an Gustl Feldmeier, Teil 2: Geschichte von früher, 1986.

[24] BWA, F 34 / 279, Teil 1, hier: Geschichten „Den falschen Lift gewählt" und „Aufzugfahren verboten". Lange und zum Teil bis heute hat diese Regelung in einigen Textilgeschäften Bestand.

[25] BWA, F 34 / 279, Teil 2, hier: Geschichte „Elektrische Schaufensterpuppe".

[26] BWA, F 34 / 279, Teil 2, hier: Geschichten „Geburtstag in der Abteilung" und „Nach einer Weihnachtsfeier".

[27] BWA, F 34 / 279, Teil 2, hier: Geschichte „Schirmvorführung".

[28] DCM, 119846, Mein C&A. 100 Jahre C&A Deutschland, hrsg. v. C&A Mode GmbH & Co. KG, Düsseldorf, Abteilung Kommunikation, 2011.

[29] DCM, 119846, hier: Geschichte von S. H., o. D.; ein Kunde hatte ein Schaufensterpuppe für eine Verkäuferin gehalten, S. 27.

[30] So hatte ein C&A-Betriebsleiter aus sozialen Gründen einen Auszubildenden, dessen Mutter verwitwet und alleinerziehend verantwortlich für vier Kinder war, trotz schlechter Noten und eines eigentlich zu jungen Alters eingestellt; DCM, 119846, Geschichte von W. D. R., o. D., S. 72.

[31] DCM, 119846, hier: Geschichte von W. G., o. D.; ein C&A-Mitarbeiter hatte einen betrügerischen Finanzbeamten überführt, S. 27.

[32] DCM, 119846, hier: Geschichte von W. R., o. D.; eine frisch gewählte Betriebsrätin bastelte selbst einen Adventskranz, da dieser aufgrund von Sparmaßnahmen nicht von C&A gestellt wurde, S. 71.

[33] DCM, 119846, hier: Auszug aus einem Gedicht von W. B., o. D., S. 67.

Es geht also um Alltagsbegebenheiten bei der Arbeit, ausgesprochene Besonderheiten oder ebenfalls um das soziale Handeln des Unternehmens. Die Arbeit selbst steht nicht im Vordergrund. Die angesprochenen sozialpolitischen Maßnahmen der Betriebe werden ebenfalls in einem empirischen Unterkapitel noch einmal gesondert untersucht, ebenso wie das Verhältnis zu männlichen Betriebsmitgliedern.

***

Die vorgestellten Selbstzeugnisse sind zunächst einmal als heuristische Sonde zu verstehen, um Fragestellungen für die folgenden Kapitel zu entwickeln. Darüber hinaus dienen sie im empirischen Hauptteil der vorliegenden Arbeit aber auch als Quellen für die Analyse. Viele lobende Worte und Dankbarkeitsbekundungen fanden Eingang in die Anekdoten und Geschichten der Verkäuferinnen, denn der Fokus lag hier auf den Unternehmen, ihrem Wirken und den Veränderungen. Es ist zu vermuten, dass vorwiegend Personen befragt wurden, die etwas Positives zu berichten hatten oder dass nur das Positive abgedruckt wurde. Die Beitragenden wurden namentlich genannt.

Die Gedichte der 1950er und 1960er Jahre wiederum waren intern an die Belegschaften gerichtet. Die Verfasserinnen bleiben unbekannt, was zum einen darauf schließen lässt, dass die überlieferten Dokumente lediglich als Manuskript für einen mündlichen Vortrag dienten – worauf auch die Dialektform hinweist –, zum anderen, dass die Vortragenden dem Publikum bekannt waren oder vorgestellt wurden. Kritik, die hier vorsichtig durchscheint, lässt sich einordnen als erlaubter Spott von Narren.[34] In dieser Form konnte sie auch innovativ wirken und dadurch implizit erwünscht sein. Die Gedichte aus den 1970er und 1980er Jahren erscheinen viel kritischer, denn sie hatten auch einen anderen Adressaten und Zweck. Es handelte sich um veröffentlichte Gedichte, die eine gesellschaftskritische Wirkung entfalten sollten und deren Schwerpunkte eher bei den Arbeitsbedingungen lagen.

Aus den versammelten Ego-Dokumenten lässt sich eine erste – wenn auch keinesfalls umfassende Erkenntnis – über die Selbstwahrnehmung der Verkäuferinnen gewinnen: Während das Bild, dass die Verkäuferinnen von sich selbst zeichnen, in den 1950er und 1960er Jahren überwiegend positiv und selbstbestimmt ist, sehen sie sich Mitte der 1980er Jahre als Opfer einer wirtschaftlichen und gesellschaftlichen Fehlentwicklung. In der späteren Rückschau jedoch – den Berichten zu Jubiläen und in Interviews – interpretieren die meisten Personen ihr Arbeitserleben als eine positive Erfahrung.[35] Diese Ambivalenz wird etwa in der Aussage einer Verkäuferin bei C&A deutlich, die, nachdem sie von Tauben, Ratten und Kohleöfen im Laden in der Nachkriegszeit berichtet hatte, konstatiert: „Das klingt alles etwas chaotisch, war aber eine tolle Zeit."[36]

---

[34] Vgl. Günthner, Zwischen Scherz und Schmerz.
[35] Zeitzeugen, sowohl in Interviews als auch die Beitragenden zu Jubiläumsbänden, bemühen sich aufgrund der Tatsache, dass ihre Aussagen an eine gewisse Öffentlichkeit gerichtet sind, um eine kohärente Erzählung, vgl. Petschow, Zeitzeugeninterviews, S. 70.
[36] DCM, 119846, hier: Geschichte von K. R., o. D., S. 117.

2.2 Verkaufspersonal als Gegenstand der sozialwissenschaftlichen Forschung

Eine wissenschaftliche Auseinandersetzung mit den Problemlagen der Verkäuferinnen wurde bislang von den Sozialwissenschaften geleistet, vor allem von der Arbeits- und Industriesoziologie. Neben den entstandenen Veröffentlichungen können auch Zwischenberichte, Rohmaterial sowie die Quellen, die sozialwissenschaftliche Untersuchungen generieren – darunter Expertengespräche, Gruppendiskussionen und Arbeitsplatzbeobachtungen –, für die vorliegende Betrachtung herangezogen werden. Dadurch werden die Stimmen der Beschäftigten zum Wandel der Arbeit selbst hörbar.[37] Grundsätzlich aber spielte der Handel als Untersuchungsfeld in der sozialwissenschaftlichen Forschung insgesamt eine eher marginale Rolle. Dies gilt sowohl für die Transformationsforschung als auch die arbeits-, betriebs- und berufssoziologischen Forschungen. Heike Jacobsen macht dafür das geringe gesellschaftliche Prestige der Branche verantwortlich: Dies ließe sich an der Bezahlung sowohl in der Bundesrepublik, als auch in der DDR nachvollziehen.[38] Die Sozialwissenschaften interessierten sich in den Momenten für die Verkäuferinnen, in denen sie einen Umbruch, eine notwendige, aber noch bevorstehende Transformation, eine sich anbahnende Veränderung des Ist-Zustandes oder eine aus der Zeit gefallene Ungerechtigkeit wahrnahmen.[39]

Zum Verhältnis von Sozialwissenschaften und Zeitgeschichte

Zunächst muss eine Einordnung des Verhältnisses von Geschichtswissenschaft und Sozialwissenschaften erfolgen: Zurecht kritisieren Rüdiger Graf und Kim Christian Priemel die blinde Übernahme wertender, zeitdiagnostischer und zugleich zeitgenössischer Begriffe und Methoden aus der Soziologie durch die Zeitgeschichtsforschung. Sie fordern eine durchgängige Dekonstruktion und Kontextualisierung von sozialwissenschaftlicher Forschung und deren Generierung von Ergebnissen.[40] Dass aber eine radikale Dekonstruktion nicht immer nötig und eine reflektierte Nutzung der sozialwissenschaftlichen Forschungsergebnisse möglich ist, haben Bernhard Dietz und Christopher Neumaier mit ihren Ausführungen zum Projekt der Historischen Wertewandelsforschung gezeigt.[41] Ebenso betonen Jenny Pleinen und Lutz Rapahel, dass eine kritische Nutzung der mit sozialwissenschaftlichen Methoden erzeugten Quellen gewinnbringend sein kann.[42] Und so müssen auch die

---

[37] Vgl. Brückweh, Arbeitssoziologische Fallstudien.
[38] Vgl. Jacobsen, Umbruch des Einzelhandels, S. 18 f.
[39] So in regelmäßigen Abständen etwa ab Mitte der 1980er Jahre, in der Transformationsforschung nach der Wende, dann erneut ab Mitte der 1990er Jahre – in dieser Zeit liberalisierten sich auch die Ladenschlussregelungen – um die Jahrtausendwende, gegen Ende der 2000er Jahre; vgl. auch Literaturhinweise und verwendete Primärstudien in: Jacobsen/Hilf, Beruf als Fiktion.
[40] Vgl. Graf/Priemel, Zeitgeschichte in der Welt der Sozialwissenschaften, S. 479.
[41] Vgl. Dietz/Neumaier, Vom Nutzen der Sozialwissenschaften.
[42] Vgl. Pleinen/Raphael, Zeithistoriker in den Archiven der Sozialwissenschaften.

sozialwissenschaftlichen Studien zum Einzelhandel seit den 1980er Jahren nicht ausschließlich als Quellen betrachtet und deren wissenschaftliche Ergebnisse verworfen werden. Vielmehr sind deren Forschungen valide und können für diese Untersuchung zielführend nutzbar gemacht werden. Ein Ansatz, den dieses Kapitel verfolgt, ist demnach, in einem ersten Schritt die verwendete sozialwissenschaftliche Literatur vorzustellen, zum Teil zu kontextualisieren, und, wo je nach Fragestellung nötig, einer angemessenen historischen Quellenkritik zu unterziehen.

Die „Verkäuferinnen-Studie"

Ein Beispiel, das aufgrund seiner breiten Rezeption hier genauer vorgestellt sein will, ist die sogenannte „Verkäuferinnen-Studie" der Soziologinnen Monika Goldmann und Ursula Müller.[43] Sie entstand im Auftrag des Bundesministeriums für Jugend, Familie, Frauen und Gesundheit. Durchgeführt wurde sie vom Landesinstitut Sozialforschungsstelle Dortmund in den Jahren 1981 bis 1985. Zu dieser Zeit begriff sich das Institut als ein wissenschaftlicher Akteur mit gesellschaftlicher Verantwortung und ausgeprägtem Anwendungsbezug.[44] Dementsprechend war dessen Studien ein gewisser Veränderungswille inhärent. Dies wird bei der „Verkäuferinnen-Studie" sehr deutlich, da von vornherein eine „Umsetzungsarbeit" der Ergebnisse mitgedacht war. Dazu gehörte, dass zwischenzeitliche Untersuchungsergebnisse in den beteiligten Betrieben bekannt gemacht, mit Expertinnen und Experten diskutiert und mehrere Veranstaltungen zum Thema vor einem Fachpublikum durchgeführt wurden. Die vorläufigen Ergebnisse sollten so geprüft, aber auch als Anregung zur Umsetzung verstanden werden.[45]

Das damalige Interesse der Autorinnen lag darin, zu ergründen, „wie die Verkäuferinnen und Einzelhandelskauffrauen ihren Beruf erleb[t]en und beurteil[t]en". Neben weiblichen und männlichen Auszubildenden – offenbar war eine männliche Vergleichsgruppe notwendig – befragten sie „betriebliche Experten", dazu zählten Ausbildende, Gewerkschaftsmitglieder und Vorgesetzte. Sie wählten die Methoden des Intensivinterviews und der Gruppendiskussionen zu zwei Zeitpunkten – während und nach Abschluss der Ausbildung.[46] Der Fokus der Analyse lag auf qualitativen Zusammenhängen und der Problemsicht der jungen Frauen.[47] Die beteiligten Unternehmen stammten aus dem Lebensmittel- und Textilbereich. Neben zwei Kaufhäusern, von denen sich eines in der Innenstadt einer Großstadt, ein anderes in einem Einkaufszentrum befand, zählten zu den ausgewählten Betrieben noch Filialen zweier Lebensmittelketten – im groß-, mittel- und kleinstädtischen sowie im ländlichen Raum – und drei Textilfachgeschäfte – alle in einem großstädtischen Einkaufszentrum. Das gesamte Spektrum möglicher Vertriebsfor-

---

[43] Vgl. Goldmann/Müller, Junge Frauen.
[44] Vgl. Neuloh, Sozialforschung aus gesellschaftlicher Verantwortung.
[45] Vgl. Goldmann/Müller, Junge Frauen, S. 3 und 183–215.
[46] Vgl. Goldmann/Müller, Junge Frauen, S. 1.
[47] Vgl. Goldmann/Müller, Junge Frauen, S. 2.

men war vertreten.[48] Der Großteil der befragten Auszubildenden war jedoch im Lebensmittelbereich beschäftigt und dabei wiederum in einem „Lebensmittelsupermarkt", sprich in einer gewöhnlichen Filiale.[49] Begründet wurde die Konzentration auf weibliches Verkaufspersonal mit der Dominanz von Frauen im Einzelhandel – sowohl in der Ausbildung, als auch während der Berufstätigkeit.[50]

Fünf Kernergebnisse lieferte die Untersuchung: (1) Die Wahl für den Beruf fiel bei einem Großteil der jungen Frauen aufgrund begrenzter Auswahlmöglichkeiten. Dennoch entschieden sich viele für diese Ausbildung, um überhaupt eine berufliche Qualifizierung zu erhalten. Sie erhofften sich dadurch verbesserte Aufstiegsmöglichkeiten und eine problemlose Rückkehr in den Beruf nach einer angedachten Familienpause. Auch bei den jungen Männern war das Berufsfeld Verkaufen oftmals nicht die erste Wahl. Außerdem sahen einige die eigentliche „Verkaufsarbeit" als „Frauenbereich" und damit für sie als „Durchgangsstadium" an. (2) Obwohl in den meisten Betrieben der Ausbildung theoretisch ein hoher Stellenwert beigemessen wurde, sah die Praxis häufig anders aus. „Es überwiegt unsystematisches, nachahmendes Lernen und Mitarbeiten innerhalb des Arbeitsprozesses." Die jungen Frauen kritisierten vor allem, dass dadurch der Blick für „übergeordnete[s] Prozeßwissen" und „arbeitsorganisatorische Zusammenhänge" versperrt werde. Hinzu kam, dass die Vermittlung von verkaufsrelevanten sozialkommunikativen Kompetenzen nicht als expliziter Ausbildungsinhalt, sondern als rein persönliches Entwicklungspotenzial angesehen werde. Dies stellte ein Problem dar, denn es führte zu einer Geringschätzung der Leistung „normaler" Verkaufskräfte auf diesem Gebiet. Erst höhere Positionen brachten „qualifiziertere, selbstständigere und eigenverantwortliche Aufgaben" mit sich. (3) Der betriebliche Aufstieg war in den allermeisten Fällen an die Absolvierung der zweiten Ausbildungsstufe („Einzelhandelskaufmann/-frau") gekoppelt. Obwohl 72 Prozent der befragten Frauen und 84 Prozent der befragten Männer ein Interesse an dieser Qualifizierung bekundeten, absolvierten den Schritt nur 41 Prozent der Frauen und 65 Prozent der Männer. Als Grund dafür wurde das „Zusammenwirken von betrieblichen Bedingungen und den Strukturen des weiblichen Lebenszusammenhangs gesehen": Die Bezahlung unterschied sich kaum, sodass die Qualifizierung als solche als alleiniger Anreiz für ein weiteres Ausbildungsjahr reichen musste. Außerdem boten manche Betriebe das dritte Ausbildungsjahr nur ausgewählten jungen Männern an, um sie später in Führungspositionen unterzubringen. „Unsere Untersuchung zeigt, daß sich alle wenig formalisierten Aufstiegswege – ob gewollt oder ungewollt – zum Nachteil der Frauen auswirken, während formal gleiche Bedingungen für alle zumindest dazu führen, daß mehr Frauen den innerbetrieblichen Aufstiegsweg zu gehen versuchen." Schließlich erforderten Vorgesetztenpositionen im Einzelhandel ein hohes Maß an zeitlicher Flexibilität, die Frauen aufgrund ihrer – im zeitgenössischen Empfinden verankerten – Pflichten bei der häuslichen Arbeit

---

[48] Vgl. Goldmann/Müller, Junge Frauen, S. 170 f.
[49] Vgl. Goldmann/Müller, Junge Frauen, S. 173.
[50] Vgl. Goldmann/Müller, Junge Frauen, S. 4.

nicht gewährleisten konnten. So ergab es sich, dass in höheren Positionen entweder Männer oder Frauen ohne Kinder zu finden waren. Dementsprechend erschien es den jungen Frauen so, als müssten sie sich schon im Vorfeld gegen Kinder entscheiden, um aufsteigen zu können. Neben der direkten Diskriminierung bei Aufstiegsoptionen kritisierten die Frauen nachdrücklich, dass vielerorts eine Art „Förderklima" für die männlichen Kollegen herrsche, bei dem die Vorgesetzten bewusst oder unbewusst die männlichen Auszubildenden ebenbürtig behandelten, die weiblichen jedoch nicht. (4) Die Berufsentscheidung wurde rückblickend von den Frauen hälftig negativ, hälftig positiv bewertet. Positiv empfanden einige die in Aussicht gestellten Aufstiegs- und Schulungsmöglichkeiten, negativ vor allem fehlende Aufstiegsmöglichkeiten und uneingelöste Qualifizierungsbestrebungen. (5) Ein Fünftel der befragten Frauen plante nach der Geburt eines Kindes aus dem Berufsleben auszuscheiden, während die übrigen vier Fünftel Modelle durchdachten, wie Familie und Berufstätigkeit miteinander zu vereinbaren wären.[51] Die Forscherinnen empfanden das aufgrund der „harten Bedingungen im Verkaufsberuf und den enttäuschten Erwartungen" als recht große Gruppe und interpretierten dies als Indiz „für einen tiefgreifenden Wandel im weiblichen Selbstverständnis". Dies mag zum Teil zutreffen, nicht vergessen werden darf aber die schwierige ökonomische Lage in der Bundesrepublik Mitte der 1980er Jahre mit einer hohen Arbeitslosigkeit, die zu dem empfundenen Bedürfnis führte, weiterarbeiten zu müssen.[52] Dass in dieser Studie überhaupt geschlechtsspezifisch differenziert untersucht wurde und dass sich viele zentrale Ergebnisse um Gleichberechtigung drehen, kann auf den Einfluss der Neuen Frauenbewegung auf die Forscherinnen und die Arbeits- und Industriesoziologie zurückgeführt werden.[53]

Mit einem anderen Ergebnis der Studie sollte ebenfalls vorsichtig umgegangen werden: Eine interessante Bemerkung, die durch die historische Forschung ergänzt werden kann, findet sich in den Ergebnissen zur rückblickenden Einschätzung der Berufswahl:

„Das Risiko, nach der Ausbildung arbeitslos zu werden, war für die Befragten im Textilbereich größer als im Lebensmittelbereich. Beide Lebensmittelunternehmen expandierten kontinuierlich während des Untersuchungszeitraums; die gleichzeitig stattfindenden Rationalisierungsprozesse wirkten sich nicht negativ auf die Übernahme der Ausgebildeten in ein festes Beschäftigungsverhältnis aus. Die Unternehmen im Textilbereich hingegen führten eine deutliche Selektion durch: Rationalisierungsprozesse waren hier direkt in ihrer Auswirkung auf die Übernahme der Ausgebildeten spürbar."[54]

Dazu muss gesagt werden, dass die Umstellung auf Selbstbedienung im Textilbereich erst wesentlich später durchgeführt wurde, sodass die Stellen im Lebensmitteleinzelhandel zum Zeitpunkt der Studie bereits weggefallen waren. Während die beiden untersuchten Lebensmittelunternehmen expandierten, mussten viele andere Unternehmen im Lebensmitteleinzelhandel in der Zeit schließen, sodass diese Aussage nicht pauschal auf die gesamte Branche übertragen werden sollte.

---

[51] Vgl. Goldmann/Müller, Junge Frauen, S. 6–14.
[52] Vgl. Raithel/Schlemmer (Hrsg.), Rückkehr der Arbeitslosigkeit.
[53] Vgl. Kramer, Neue soziale Bewegungen, S. 213 f., 216 f.
[54] Goldmann/Müller, Junge Frauen, S. 13.

Nichtsdestotrotz bietet die Studie interessante Einblicke in die Ausbildungs- und Berufswelt von jungen Frauen Mitte der 1980er Jahre und ihren Einstellungen dazu, an die in einem folgenden Kapitel noch angeknüpft werden wird.[55] Das Gleiche gilt für die weiteren im Folgenden genannten sozialwissenschaftlichen Studien. Sie werden an geeigneter Stelle unter Berücksichtigung der zeittypischen Umstände in die Untersuchung miteinbezogen.

Themenfelder der sozialwissenschaftlichen Forschung zum Einzelhandel

Ein weiteres Themenfeld der arbeits-, betriebs- und berufssoziologischen Studien zum Einzelhandel war die Betrachtung der Arbeitsorganisation und ihrer Veränderung, zum Beispiel hinsichtlich technisch-organisatorischer Rationalisierung. Eine der Ersten, die sich dem Einzelhandel im „Strukturwandel" widmete, war die Soziologin Renate Wald. Sie legte neben einer organisationstheoretischen Untersuchung der Branche Wert darauf, übergreifende Aussagen über Rationalisierungsprozesse in der Dienstleistungsbranche und deren Auswirkungen auf Frauenarbeit im Allgemeinen zu treffen.[56] Der Sozialwissenschaftler Jürgen Engfer hob als entscheidende Rationalisierungsmechanismen die Zentralisierung, die Externalisierung, den Technikeinsatz und die Arbeitszeitflexibilisierung hervor.[57] Das Problem beim Einzelhandel, wie auch in anderen Dienstleistungsbereichen, bestand in einem „Rationalitätsdilemma",[58] da jeder Versuch der Rationalisierung auch von den Umweltbedingungen – den Kundinnen und Kunden, der Tageszeit, den Witterungsbedingungen bei Lieferungen – abhing. Engfer untersuchte dabei etwa die Einführung von Systemen der elektronischen Datenverarbeitung (EDV). Hierbei lag sein Fokus auf den Folgen für die tatsächlichen Arbeitspraktiken; eine Beurteilung hinsichtlich geschlechtsspezifischer Differenzierung traf er nicht. Mit der Weiterentwicklung der Warenwirtschaftssysteme beobachteten die Sozialwissenschaftler Martin Baethge und Herbert Oberbeck in den 1980er Jahren eine zunehmende Zentralisierung von Entscheidungen und eine Polarisierung von Qualifikationen und Arbeitsaufgaben.[59] Den Zusammenhang zwischen geschlechtsspezifischer Arbeit und dem Technologieeinsatz im Einzelhandel untersuchten später Christel Faber, Christofer Wehrsig und Uwe Borchers.[60] Bernd Tenbensel widmete sich dem Konnex von technologischer Entwicklung und den Qualifikationsstrukturen.[61] Diese Studien standen in der Tradition der Forschung zur Humanisierung des Arbeitslebens und zu einem sozial nützlichen, humanen Technikeinsatz. Schließlich ergab sich ein neuer Fokus

---

[55] In Kapitel 3.1 wird erneut auf die verschiedenen, formalen und informellen Ausbildungswege im Einzelhandel eingegangen. Diese werden dort an konkreten betrieblichen Beispielen erläutert.
[56] Vgl. Wald, Verkaufen.
[57] Vgl. Engfer, Rationalisierungsstrategien im Einzelhandel.
[58] Engfer, Rationalisierungsstrategien, S. 259–265.
[59] Vgl. Baethge/Oberbeck, Zukunft der Angestellten.
[60] Vgl. Faber/Wehrsig/Borchers, Frauenerwerbsarbeit.
[61] Vgl. Tenbensel, Arbeit, Qualifikation und Kontrolle.

2.2 Verkaufspersonal als Gegenstand der sozialwissenschaftlichen Forschung 43

mit der Wende 1989/90 und der damit einhergehenden sozialwissenschaftlichen Transformationsforschung. So entstanden auch Arbeiten zum Wandel des Einzelhandels in Ostdeutschland. Heike Jacobsen konstatierte unter anderem, dass es bei den ostdeutschen Beschäftigten große Unsicherheiten über die eigene Qualifikation gegeben habe und sich neue Linien der geschlechtsspezifischen Segregation gezeigt hatten.[62]

Auch von der aktuelleren sozialwissenschaftlichen Forschung profitiert die vorliegende Arbeit: Die Arbeits- und Industriesoziologie beschäftigt sich seit einiger Zeit unter dem Stichwort „der arbeitende Kunde"[63] beziehungsweise dem noch jüngeren Phänomen des „Crowdsourcing"[64] mit der neueren Entwicklung, dass Funktionen und Aufgaben von Unternehmen in die Hände von Kundinnen und Kunden übergeben werden. Im Falle des Einzelhandels übertragen Unternehmen manche der Konsumtion vorgelagerte Funktionen, also im Falle von Dienstleistungen Distributionsanteile, an die Kundschaft. Diese sozialwissenschaftlichen Überlegungen werden als Inspiration für die eigene Analyse miteinbezogen. Die Wurzeln der Aufspaltung und Auslagerung der verschiedenen Tätigkeiten lassen sich in der Bundesrepublik jedoch bis in die 1950er Jahre zurückverfolgen.[65] Ein weiteres sozialwissenschaftliches Konzept, das sich in die historische Untersuchung integrieren lässt, ist das der „Interaktionsarbeit".[66] Damit beschreiben unter anderen die in der Sozialökonomie angesiedelten Wissenschaftler und Wissenschaftlerinnen Fritz Böhle, Ursula Stöger und Margit Weihrich die Tatsache, dass Dienstleistungsarbeit, und damit auch die Arbeit im Einzelhandel, sich an Menschen richtet, „die eigene Bedürfnisse und Interessen haben, aber auch eigene Vorstellungen davon, wie eine Dienstleistung aussehen soll". Bestandteile einer solchen Interaktion aus Sicht der Beschäftigten sind „Kooperationsarbeit", das heißt das Herstellen einer Beziehung zur Kundschaft –, „subjektivierendes Arbeitshandeln", das heißt der souveräne Umgang mit Unwägbarkeiten und begrenzter Planbarkeit –, „Gefühlsarbeit", also der Umgang mit den Gefühlen der Kundschaft – und „Emotionsarbeit", im Sinne des Umgangs mit den eigenen Emotionen, die teilweise vor der Kundschaft zurückgehalten werden müssen.[67] Die Studie der Sozialwissenschaftlerin Dorothea Voss-Dahm „Über die Stabilität sozialer Ungleichheit im Betrieb: Verkaufsarbeit im Einzelhandel" spricht aus heutiger Sicht einige Punkte an, die für die vorliegende Untersuchung interessant sind, etwa: die Auswirkungen technologischer Entwicklungen auf die Verkaufsarbeit, die hohe Bedeutung von Berufsfachlichkeit im Einzelhandel – sprich einer branchenrelevanten Ausbildung, die durch Sicherstellung eines einheitlichen Qualifikationsniveaus

---

[62] Vgl. Jacobsen, Umbruch, S. 202–215.
[63] Vgl. Voß/Rieder, Der arbeitende Kunde.
[64] Vgl. Kleemann/Voß/Rieder, Crowdsourcing und der Arbeitende Konsument.
[65] Vgl. Rienks, Was bleibt von der Verkäuferin.
[66] Vgl. u. a. Böhle/Glaser (Hrsg.), Arbeit in der Interaktion; Dunkel/Voß (Hrsg.), Dienstleistung als Interaktion.
[67] Vgl. Böhle/Stöger/Weihrich, Interaktionsarbeit menschengerecht gestalten, S. 37, S. 39–41; hierauf wird nochmal in Kapitel 2.4 und 5.3 genauer eingegangen.

innerhalb der Betriebe ein gewisses Maß an sozialer Integration bewirke –, und die fortwährend bestehende geschlechtsspezifische Ungleichheit, hervorgerufen nicht nur durch unterschiedliche Tätigkeitszuweisungen, sondern vor allem auch durch „starke geschlechtsspezifische Differenzierung mit Blick auf die Statuszuweisung" und die „Entgeltzuweisung" sowie bei der sozialen Absicherung.[68] Außerdem erklärt Voss-Dahm andernorts die trotz niedriger Löhne vorherrschende, große Stabilität im Beschäftigungssystem des Einzelhandels: „Beschäftigte entscheiden sich für eine Ausbildung und den langjährigen Verbleib im Einzelhandel, nicht zuletzt weil die Einkommenssituation und die Arbeitsbedingungen durch branchenweit geltende Tarifverträge berechenbar und offensichtlich auch annehmbar sind."[69] Parallel dazu würden aber die geringfügigen Beschäftigungsformen zunehmend stärkere Verbreitung finden, was dazu führe, dass neben der standardisierten Ausbildung und der tariflichen Bezahlung eine Niedriglohnsäule aufgebaut werde, die auch zur Absenkung berufsfachlicher Standards beitrage.[70] Die hier vorliegende Arbeit kann zu diesen sozialwissenschaftlichen Fragestellungen gewissermaßen die historische Vorgeschichte erhellen, wobei die darüber hinausgehende Leistung der historischen Untersuchung darin besteht, die Entstehung derjenigen Phänomene zu erklären, welche die Sozialwissenschaften lediglich beobachten können, da der Kontext, die historische und gesellschaftliche Bedingtheit und Rahmung eines Zustands in die Arbeit miteinbezogen wurden. Weitere Forschungsschwerpunkte in der Arbeits- und Industriesoziologie bilden die Fragen nach der „Subjektivierung von Arbeit",[71] den diversen Formen der prekären und informellen Beschäftigung, ihren Ursachen wie von ihr Betroffenen,[72] sowie ein schon länger bestehendes, verstärktes Interesse am Care-Sektor, der – wie der Einzelhandel – traditionell weiblich dominiert ist.[73]

Eine Sekundäranalyse zur Berufsfachlichkeit im Einzelhandel

Zur Bedeutung von Berufsfachlichkeit entwickelten die beiden Sozialwissenschaftlerinnen Heike Jacobsen und Ellen Hilf eine Sekundäranalyse zeitgenössischer Studien. Sie unterzogen Forschungsprojekte aus den Jahren von 1981 bis 1985 (die „Verkäuferinnen-Studie"), 1989 bis 1992, 1998 bis 2001 und 2016 bis 2017 einer zweiten Untersuchung anhand einer veränderten Fragestellung. Berufs-

---

[68] Vgl. Voss-Dahm, Stabilität sozialer Ungleichheit, S. 253 f.
[69] Voss-Dahm, Der Branche treu, S. 281.
[70] Vgl. Voss-Dahm, Der Branche treu, S. 281.
[71] Eine empirische Untersuchung der betrieblichen Umsetzung von Subjektivierungsmechanismen in einem Textileinzelhandelsfilialbetrieb liefert Krohn, Wir verkaufen Mode.
[72] Vgl. Mayer-Ahuja, Wieder dienen lernen; dies., Prekär, informell – weiblich.
[73] Eine frühe Studie zur Arbeit in der Pflege ist die Untersuchung von Ostner/Beck-Gernsheim, Mitmenschlichkeit als Beruf; ein Sammelband mit grundlegenden Neuvermessungen des in den Sozialwissenschaften traditionsreichen Forschungsfeldes zum Thema Care-Arbeit ist etwa Aulenbacher/Riegraf/Theobald (Hrsg.), Sorge: Arbeit, Verhältnisse, Regime; jüngst zum Zusammenhang zwischen Care-Arbeit und Erwerbsarbeit und sonstigem Leben vgl. Jochim, Care. Macht. Arbeit.

fachlichkeit, in den 1980er Jahren prägend für die Einzelhandelsangestellten, habe sich mittlerweile zu einem Randphänomen entwickelt, das nur noch die obere Führungsebene betreffe. Zwar verfügten weiterhin die meisten Beschäftigten über eine fachspezifische Ausbildung, diese wirke sich jedoch nicht auf Arbeitsbedingungen, Entwicklungsmöglichkeiten oder Einkommen aus. Den Wissenschaftlerinnen zeigte sich ein deutlicher Wandel im Hinblick auf die Sozialfigur der Verkäuferin: Um 1980 herrschte das Leitbild der „fordistische[n] Verkäuferin" vor, deren Fachlichkeit sich durch einen starken Kunden- und Warenbezug auszeichnete und die ihre Ausbildung als Zugang zum fachlichen Arbeitsmarkt verstand. Um 1990 prägte die „zentralistische Verkäuferin" die Einzelhandelslandschaft, die allerdings eine Entwertung ihrer Qualifikationen erlebte, da viele Funktionen in die Zentralen der großen Unternehmen delegiert worden waren. Um die Jahrtausendwende wiederum wurde sie abgelöst durch die „Lean-Verkäuferin", die zwar gewissermaßen aus ihrem Selbstverständnis heraus noch eine fachliche Ausbildung vorweisen konnte, aber kaum noch Kundenbezug, geschweige denn kaufmännische Pflichten hatte. Und 2018 rückte schließlich die „Warenaufbereiterin" ins Zentrum, deren Hauptbeschäftigung die „Waren-,Verräumung'" ist.[74] Inwiefern diese rückwirkenden Typisierungen zutreffen, kann im Folgenden nur teilweise empirisch nachvollzogen werden. Als richtungsweisende Tendenz sind sie jedoch im Hinterkopf zu behalten. Andere sozialwissenschaftliche Analysen sind weniger zielführend. So beschreiben Jacobsen und Hilf es in ihrer Sekundäranalyse als „irritierend",[75] dass sowohl die befragten Männer wie auch Frauen 1985 es als „normal" hinnahmen, dass die Frauen alleinverantwortlich für den Haushalt waren. Aus zeithistorischer Perspektive ist dies wenig überraschend und auch im Abgleich mit anderen – etwa gewerkschaftlichen Quellen – eine durchaus zeittypische Einstellung. Ein Problem, das sich in Bezug auf die Berufsfachlichkeit von – vor allem weiblichem – Verkaufspersonal immer wieder zeigte, ist, dass die „in einer verkaufsspezifischen Ausbildung gewonnen[en] Qualifikationen situativ eingekleidet werden mit und umgedeutet werden zu persönlichen Eigenschaften und alltagsweltlichen Erfahrungen".[76] Diese Eigenschaften und Erfahrungen waren stark geschlechtsspezifisch konnotiert. Das galt etwa für die sozialkommunikativen Kompetenzen, wie die oftmals als Wunsch der Unternehmen formulierte „freundliche Bedienung", die angeblich vor allem weibliche Kräfte gut beherrschten. Implizit würden daher den männlichen Beschäftigten eher kaufmännische Tätigkeiten zugeordnet, denen aber eine Aura größerer Ernsthaftigkeit inhärent sei.[77]

***

[74] Jacobsen/Hilf, Beruf, S. 283 f.
[75] Jacobsen/Hilf, Beruf, S. 270.
[76] Hilf u. a., Berufsfachlichkeit, S. 60.
[77] Hilf u. a., Berufsfachlichkeit, S. 72 f.

Mit diesem Unterkapitel soll die interdisziplinäre Anschlussfähigkeit dieser Studie zum Ausdruck kommen. Sie kann einige der offen gebliebenen Fragen beantworten. Die von den Soziologinnen und Soziologen beobachteten und beschriebenen Phänomene – geschlechtsspezifische Ungleichheit in der Ausbildung, Interaktionsarbeit, die Auslagerung von Tätigkeiten, et cetera – erfahren in verschiedenen Unterkapiteln eine tiefergehende Erklärung und Verankerung in den historischen Kontexten.

Der Blick der Sozialwissenschaften seit den 1980er Jahren auf die Arbeitswelt des Einzelhandels fiel in vielen Fällen negativ aus. Schon früh wurde hier das Erklärungsmuster geprägt, die eigene Disziplin vernachlässige aus implizit frauendiskriminierenden Motiven heraus dieses Berufsfeld.[78] Diese Einschätzung konnte bis in die späten 1990er Jahre Gültigkeit beanspruchen und zieht sich in die heutige Zeit fort. Emanzipatorische Momente einzelner Verkäuferinnen blieben aufgrund der Methoden der Datenerhebung weitgehend unbemerkt. Wer also waren die Verkäuferinnen aus Sicht der sozialwissenschaftlichen Forschung? Sie waren eine große, aber nicht genügend gewürdigte Gruppe von angestellten Frauen beziehungsweise Arbeiterinnen, die unter ihren Vorgesetzten und den Bedingungen zu leiden hatten. Kraft und Motivation hatten die Frauen aber aus dem „Menschlichen" an der Arbeit, also dem Kontakt zu Kundinnen und Kunden und dem Verhältnis zu Kolleginnen und Kollegen, gezogen.

2.3 Weibliche Beschäftigte im Einzelhandel als Thema der Gewerkschaften

Für die HBV (Gewerkschaft Handel, Banken und Versicherungen), eine Gewerkschaft im DGB (Deutscher Gewerkschaftsbund), und die DAG (Deutsche Angestellten-Gewerkschaft) waren Verkäuferinnen von genuinem Interesse. Die Gewerkschaften fungierten als Interessensvertreter der Beschäftigten gegenüber der Politik und den Arbeitgeberverbänden – in diesem Fall stand den Gewerkschaften die HDE (Hauptgemeinschaft des Deutschen Einzelhandels e. V.) mit ihren Landesverbänden, Bundesfachverbänden und den überfachlichen Bundesverbänden gegenüber.[79] Im Folgenden wird die Entwicklung der beiden Einzelgewerkschaften im Hinblick auf die Fragestellung nach den Arbeitsbedingungen für Frauen im Einzelhandel skizziert. Daran schließt sich eine Betrachtung der Problematik des geringen gewerkschaftlichen Organisationsgrads im Einzelhandel an. Daraufhin werden die spezifischen Ziele der Einzelhandelsgewerkschaften erläutert – auch um die im weiteren Verlauf der Untersuchung herangezogenen gewerkschaftlichen Quellen besser einordnen zu können. Es folgen Ausführungen, ob und wie Streiks im Einzelhandel als Mittel der gewerkschaftlichen Interessenvertretung eingesetzt wurden und welche anderen Wege es gab, einzelhandelsrelevante Themen in

---

[78] Vgl. Goldmann/Müller, Junge Frauen, S. 5.
[79] Vgl. das Organigramm bei Wein, Verbandsbildung im Einzelhandel, S. 292 f.

der Lebenswirklichkeit der Beschäftigten zu platzieren. Zuletzt geht es darum, welche Problemlagen die Beschäftigten selbst an die Gewerkschaften herantrugen und ob diese mit den von den Gewerkschaften gesetzten Themen übereinstimmten oder differierten. In der Zusammenschau wird deutlich, dass die Gewerkschaften zwar suggerierten – wie laut ihrem Auftrag vorgesehen –, als Interessensvertreter der Verkäuferinnen aktiv zu sein, diesem Anspruch häufig und aus vielerlei Gründen aber nur unzureichend nachkamen.

HBV: Geschichte und Struktur

Die HBV konstituierte sich Anfang September 1949 in Königswinter.[80] Dies war eine Reaktion auf die Eigenständigkeit der DAG außerhalb des DGB: „Wir waren ja das organisatorische Ergebnis der Auseinandersetzung um das Industriegewerkschaftsprinzip"[81]. Der Grund lag darin, dass mit der Nichteingliederung in den Dachverband DGB die Beschäftigten im Handel, bei den Banken und den Versicherungen – vor allem die Arbeiter und Arbeiterinnen, welche die DAG als Angestelltengewerkschaft nicht aufnehmen wollte – ihre Interessensvertretung verloren. Der DGB stand der jungen HBV bei der Gründungsarbeit stets zur Seite.[82] Die HBV war aufgegliedert in Landesbezirke, die weitgehend den Regierungsbezirken entsprachen.[83]

Die Mitgliedszahlen in der HBV stiegen von anfangs 21 800 innerhalb von zehn Jahren auf 130 000 Personen in 283 Ortsverwaltungen. Von diesen waren von Beginn an meist die Hälfte Frauen,[84] etwa 1960 mit einem Anteil von knapp 59 Prozent.[85] Der Mitgliederzuwachs hielt an und war vor allem in den 1970er Jahren groß. 1971 zeichnete die HBV 171 341 Mitglieder, davon 83 014 Frauen (48,67 Prozent),[86] Ende der 1970er war man schon bei einer Zahl von 334 036 und davon waren 178 391 Frauen (53,4 Prozent).[87] Gerade im Vergleich zu anderen DGB-Gewerk-

---

[80] Vgl. Wölk, Industriegewerkschaft oder Standesorganisation, S. 267.
[81] AdMAB, HBV, 10 Jahre HBV. Feierstunde zum 10-jährigen Bestehen der Gewerkschaft Handel Banken und Versicherungen im Deutschen Gewerkschaftsbund, [1959], hier: Ansprache des Vorsitzenden der Gewerkschaft Handel, Banken und Versicherungen Wilhelm Pawlik, S. 5.
[82] AdMAB, HBV, 10 Jahre HBV, Ansprache Pawlik, S. 5 f.
[83] Diese waren Baden-Württemberg, Bayern, (West-)Berlin, Hessen, Niedersachsen, Nordmark (später nur „Nord"), Nordrhein-Westfalen, Rheinland-Pfalz und Saar; vgl. das Organigramm in: Geschäftsbericht der HBV, 1964, S. 33.
[84] AdMAB, HBV, 10 Jahre HBV. Feierstunde zum 10-jährigen Bestehen der Gewerkschaft Handel Banken und Versicherungen im Deutschen Gewerkschaftsbund, [1959], hier: Ansprache des Vorsitzenden der Gewerkschaft Handel, Banken und Versicherungen Wilhelm Pawlik, S. 10 f.
[85] Vgl. Geschäftsbericht der HBV, 1961, S. 45.
[86] Vgl. Geschäftsbericht der HBV, 1972, S. 36; interessanterweise findet man im Kapitel „Frauen" (S. 111 f.) desselben Berichts eine andere, höhere, Zahl, nämlich 50,67% für das Jahr 1968. Offenbar war der Anteil der weiblichen Beschäftigten innerhalb von drei Jahren etwas gesunken, was die Berichterstattenden auf die sich ausbreitende Teilzeitarbeit und damit verbundenen Schwierigkeiten bei der gewerkschaftlichen Organisation sowie die weit verbreitete Auffassung, dass die gewerkschaftliche Organisation des Ehemannes ausreichen würde, zurückführten. Die grundsätzliche Aussage verändert sich dadurch nicht – die HBV war und blieb eine weiblich geprägte Gewerkschaft.
[87] Vgl. Geschäftsbericht der HBV, 1980, S. 41, S. 43.

schaften wie der IG Metall (380 387 Frauen bei insgesamt 2 684 509 Mitgliedern – 14,17 Prozent im Jahr 1979[88]) oder der IG Chemie-Papier-Keramik (122 029 Frauen bei insgesamt 657 920 Mitgliedern – 18,55 Prozent 1979[89]) war der Frauenanteil hoch. Die Mehrzahl der organisierten Beschäftigten war dabei durchweg aus dem Handel. So gehörten 1979 66,69 Prozent etwa dem Fachbereich Handel an, 16,12 Prozent dem Bereich Banken, 9,68 Prozent stammten aus dem Organisationsbereich Versicherungen und 7,51 Prozent aus dem Bereich Wirtschaftsdienste.[90] 1987 lag der Frauenanteil mit 58,9 Prozent wieder beinahe auf dem Stand von 1960.[91] Aufgrund der hohen Zahlen an weiblichen HBV-Mitgliedern und an Gewerkschaftsmitgliedern im Handelssektor stellten Verkäuferinnen – zumindest auf dem Papier – eine Kernzielgruppe der HBV-Arbeit dar. Mit dem Beitritt der neuen Bundesländer nach der Wiedervereinigung erhöhten sich dann sowohl der Frauenanteil als auch der Anteil der im Einzelhandel Beschäftigten abermals.[92] Die bereits seit Beginn der 1970er Jahre vorgezeichnete Entwicklung verstärkte sich noch zusätzlich durch die Wiedervereinigung.

Allerdings sah es auf der Delegierten- und Vorstandsebene anders aus. Der Anteil von Frauen als Delegierte bei den HBV-Gewerkschaftstagen war von null Prozent 1949 über 14,7 Prozent 1955 und 20,2 Prozent 1964 auf 25,1 Prozent 1976 gestiegen.[93] Gerade aber im hauptamtlichen Bereich änderten sich die Zahlen kaum. 1979 waren unter den 196 Gewerkschaftssekretärsposten 18 (9,3 Prozent) mit Frauen besetzt.[94] 1983 waren im Hauptvorstand gerade einmal zwei von 14 Mitgliedern weiblich.[95] Und auch noch zu Beginn der 1990er Jahre lag der Anteil der politischen Sekretärinnen in den alten Bundesländern lediglich bei 21,5 Prozent. Im geschäftsführenden Hauptvorstand saß neben fünf Männern eine Frau;[96] im ehrenamtlichen Hauptvorstand waren es immerhin acht Frauen und zwölf Männer. Die weiblichen Mitglieder waren also in den wichtigen Gremien stark unterrepräsentiert, vor allem wenn man bedenkt, dass der Frauenanteil in der HBV seit der Wiedervereinigung auf insgesamt fast 70 Prozent angestiegen war. Erstmals im Jahr 1993 wurde eine Frau, Margret Mönig-Raane, zur Vorsitzenden gewählt. Sie blieb bis 2001 im Amt.[97]

---

[88] Vgl. Geschäftsbericht des Vorstandes der Industriegewerkschaft Metall, 1980, S. 174.
[89] Vgl. Geschäftsbericht zum 11. Ordentlichen Gewerkschaftstag in Mannheim, 1980, S. 247.
[90] Vgl. Geschäftsbericht der HBV, 1980, S. 43.
[91] Vgl. Geschäftsbericht der HBV, 1992, S. 53.
[92] Vgl. Geschäftsbericht der HBV, 1992, S. 51, S. 53.
[93] Vgl. Geschäftsbericht der HBV, 1980, S. 178.
[94] Vgl. Geschäftsbericht der HBV, 1980, S. 179.
[95] Vgl. Geschäftsbericht der HBV, 1984, S. 292.
[96] Vgl. Geschäftsbericht der HBV, 1992, S. 261.
[97] Die früheren Vorsitzenden waren Wilhelm Pawlik (1949–1961), Werner Ziemann (1961–1965), Heinz Vietheer (1965–1980), Günter Volkmar (1980–1988) und Lorenz Schwegler (1988–1993); vgl. Gewerkschaft Handel, Banken und Versicherungen (HBV), auf der Homepage der ver.di (Vereinte Dienstleistungsgewerkschaft), https://www.verdi.de/ueber-uns/idee-tradition/gruendungsgewerkschaften/++co++81665a24-9846-11e1-4541-0019b9e321cd [zuletzt abgerufen am 30. 07. 2022].

Auch in den Ortsverwaltungen, Kreisen und Bezirken entsprach die Repräsentation der Geschlechter nicht den Mitgliedszahlen. Als Beispiel sei der Landesbezirk Bayern angeführt. Ende 1975 gab es 50,18 Prozent weibliche und 49,82 Prozent männliche Mitglieder in der bayerischen HBV. Auch hier war die Fachabteilung Handel mit 66,2 Prozent der Mitglieder der größte Interessensbereich.[98] Doch die Vertretungsposten waren im Berichtszeitraum von 1972 bis 1976 fast ausschließlich von Männern besetzt. Der Landesbezirksvorstand setzte sich aus acht Männern und einer Frau zusammen; die stellvertretenden Mitglieder des Vorstands waren allesamt männlich. Die Vorsitzende des Landesbezirksfrauen-Ausschusses war eine Frau. Sie konnte laut Satzung allerdings nicht in den „normalen" Landesbezirksvorstand gewählt werden, „weil die Person[...] zum damaligen Zeitpunkt noch nicht feststand[...]".[99] Ähnlich war das Geschlechterverhältnis auch bei den hauptberuflich für die Gewerkschaft Tätigen: Die Geschäftsführer der Orts- und Bezirksverwaltungen waren männlich, ebenso – mit einer weiblichen Ausnahme – die Gewerkschaftssekretäre; die Verwaltungsangestellten hingegen waren – mit einer männlichen Ausnahme – weiblich. Ende der 1980er Jahre überwogen mit 54,95 Prozent weiterhin die weiblichen Beschäftigten in der bayerischen HBV. Der Anteil an den Handelsbeschäftigten war etwas zurückgegangen und lag bei 55,6 Prozent.[100]

DAG: Geschichte und Struktur

Die Mitgliedschaft der DAG war dagegen zu Beginn deutlich männerdominiert: 1951 waren rund 240 000 männlich und etwa 105 000 weiblich. Die Zahl der männlichen Mitglieder stieg kontinuierlich bis 1970 auf 315 000, um dann bis 1990 leicht abzusinken, bis 1996 aber stark unter ihren ursprünglichen Gründungswert zu fallen, auf etwas mehr als 200 000. Die Zahl der weiblichen Mitglieder in der DAG stieg ebenfalls bis 1991 – mit einer kleine Abweichung 1970 – kontinuierlich an und überholte in diesem Jahr die Zahl der Männer, bis knapp unter 300 000. Allerdings ging sie ebenfalls bis 1996 dann wieder auf knapp 235 000 weibliche Mitglieder zurück.[101] In den Tarifkommissionen waren Frauen auch 1995 in den meisten Tarifbezirken unterrepräsentiert.[102] Dies galt auch für den Posten des

---

[98] AdMAB, HBV, Geschäftsbericht der Gewerkschaft Handel, Banken und Versicherungen, Landesbezirk Bayern zur 8. Landesbezirkskonferenz am 12. und 13. Juni 1976 in Nürnberg, hier: S. 10.
[99] AdMAB, HBV, Geschäftsbericht 1976, S. 4 f.
[100] AdMAB, HBV, Ordner zur 11. Ordentlichen Landesbezirkskonferenz 1988 in Erlangen, hier: Geschäftsbericht 1984–1987, S. 47 f.
[101] Diese Angaben entnimmt die Verfasserin einer Tabelle aus der DAG-Überlieferung, zu der allerdings keine realen Zahlen und auch keine sonstigen Angaben überliefert sind. Daher handelt es sich um grobe Annäherungswerte mit dem Anliegen eine Tendenz, nicht, um belastbare Zahlen aufzuzeigen; AdsD, Bestand Deutsche Angestellten-Gewerkschaft – Bundesvorstand (DAG), RV-1—1109, DAG Bundesvorstand/Ressort Vorsitzender/Allg. DAG-Politik, Frauenpolitik, 1993–1998, hier: Tabelle „Mitgliederentwicklung", o. D.
[102] AdsD, DAG, RV-1—1109, DAG Bundesvorstand/Ressort Vorsitzender/Allg. DAG-Politik, Frauenpolitik, 1993–1998, hier: Schreiben des Ressorts Private Dienste, gez. Hannelore Buls,

Vorsitzenden, der bis zuletzt von einem Mann besetzt war.[103] Auch in der DAG gehörten die Verkäuferinnen der größten Gruppe an: den „Kaufmännischen Angestellten". Innerhalb dieser wurde noch zwischen den Berufsgruppen „Handel" und „Industrie" unterschieden. Die Handelsbeschäftigten stellten 1977 25,6 Prozent der Gewerkschaftsmitglieder dar und lagen damit knapp hinter der Berufsgruppe „Öffentlicher Dienst" mit 26,3 Prozent.[104] Da die DAG aber im Gegensatz zum DGB durchweg alle Angestellten über alle Betriebe und Branchen hinweg organisieren wollte, hatten die Einzelhandelsbeschäftigten mit ihren spezifischen Interessen größere Probleme, gehört zu werden.

Die über 52-jährige Geschichte der beiden Gewerkschaften war stets von einer Konkurrenzsituation geprägt. So kritisierte der DGB, der dem Prinzip „ein Betrieb, eine Gewerkschaft" folgte, die DAG als „Standesorganisation".[105] Und auch auf anderen Feldern war es zwar häufig zu Meinungsverschiedenheiten, gegenseitigen Abwerbeversuchen und politischen Diskussionen gekommen.[106] Allerdings hatte es auch, vor allem im Tarifbereich des Einzelhandels, immer wieder Situationen gegeben, in denen die beiden Gewerkschaften zugunsten der Verkäuferinnen zusammenstanden. Dies war etwa bei den Münchner Ladenschlussprotesten der 1950er Jahre der Fall,[107] und auch bei der Frage um die Ausweitung des Ladenschlusses Ende der 1980er Jahre.

Der geringe Organisationsgrad im Einzelhandel

Um die Frage nach dem Einfluss der gewerkschaftlichen Interessenvertretung zu klären, ist der Organisationsgrad in den Betrieben relevant. Dieser fiel beim Einzelhandel im Vergleich zu anderen Branchen über die Jahre hinweg gering aus. Bei den Angestellten im Allgemeinen spielte die gewerkschaftliche Organisation eine geringere Rolle als in der traditionellen Arbeiterschaft in der Industrie. In den frühen 1950er Jahren waren etwas mehr als ein Viertel der Angestellten gewerkschaftlich organisiert, ab den späten 1950er Jahren bis in die 1990er Jahre dann sogar nur um die 20 Prozent. Von ihnen gehörten in den 1950er Jahren rund 60 Prozent den DGB-Gewerkschaften an und circa 38 Prozent der DAG. Bis Mitte der 1990er Jahre konnte der DGB einen Zuwachs an Angestellten verzeichnen

---

an Roland Issen, Vorsitzender, Betr.: Anteil der Frauen in unseren Tarifkommissionen, vom 25. 01. 1995.
[103] An der Spitze der DAG standen Fritz Rettig (1949–1959), für kurze Zeit Georg Schneider (1959–1960), anschließend Rolf Spaethen (1960–1967), dann für lange Zeit Hermann Brandt (1967–1987) und schließlich Roland Issen (1987–2001); vgl. Deutsche Angestellten-Gewerkschaft (DAG), auf der Homepage der ver.di, https://www.verdi.de/ueber-uns/idee-tradition/gruendungsgewerkschaften/++co++54b7b69a-983b-11e1-5d54-0019b9e321e1 [zuletzt abgerufen am 30. 07. 2022].
[104] Vgl. Tabelle zur Mitgliederentwicklung bei Dittmar, Die Deutsche Angestellten-Gewerkschaft, S. 157.
[105] Vgl. hierzu Wölk, Industriegewerkschaft oder Standesorganisation.
[106] Vgl. hierzu ausführlich Müller, Die Deutsche Angestellten-Gewerkschaft.
[107] Vgl. Halberstadt, Die Angestellten, S. 209 f., 324 f.

(73,9 Prozent), die DAG verlor im Verhältnis und lag nur noch bei 14,1 Prozent. Die übrigen Angestellten verteilten sich zu geringen Anteilen auf den Deutschen Beamtenbund oder den Christlichen Gewerkschaftsbund.[108]

Der Handelssektor hatte sich bereits in der Weimarer Republik einer klaren gewerkschaftlichen Vertretung entzogen. Nur ein geringer Anteil war organisiert: die Angestellten in den diversen Angestelltenverbänden, die Arbeitenden in den unterschiedlichen Arbeitergewerkschaften. Auch nach dem Ende des Zweiten Weltkriegs erschwerte die besondere Struktur des Handels die Organisation der Beschäftigten: „Bei uns gibt es nur eine Handvoll Großbetriebe, die mehr als 1000 Personen beschäftigen. Überwiegend sind die Klein- und Kleinsbetriebe [sic!], deren Beschäftigte stark dem Einfluß des Arbeitgebers unterliegen und auf der Arbeitsstelle kaum für die Gewerkschaft geworben werden können."[109]

Belastbare Zahlen für den Organisationsgrad im Einzelhandel liegen erst ab den 1970er Jahren vor, obwohl neben den Gewerkschaften auch die Unternehmen bereits früh über die gewerkschaftliche Tätigkeit ihrer Beschäftigten Bescheid wissen wollten, so etwa C&A 1955 – wenn auch aus anderen Gründen:

„Es besteht weiterhin ein Interesse zu erfahren, wieviel [sic!] unserer Betriebsmitglieder gewerkschaftlich organisiert sind. Wenn auch nach unseren bisherigen Erfahrungen dieser Prozentsatz sehr niedrig ist, halten wir es doch für angebracht, die Entwicklung zu beobachten und uns gegebenenfalls zu berichten."[110]

1971 untersuchte die HBV mithilfe ihrer Ortsverwaltungen und Betriebsräte den Organisationsgrad der Beschäftigten in neun „Großunternehmen" des Einzelhandels. Diese hatten Kaufhäuser in allen HBV-Landesbezirken und bildeten mit insgesamt 654 Geschäften ein wichtiges Agitationsfeld für die HBV. Der Organisationsgrad schwankte bei dieser Analyse von nur 3,79 Prozent bei Quelle und 5,69 Prozent bei Neckermann bis hin zu 18,01 Prozent bei Woolworth und 19,19 Prozent bei Hertie. Im mittleren Bereich waren Karstadt mit 10,66 Prozent sowie Kaufhof und Kaufhalle mit je 13,03 Prozent. Insgesamt lag der Organisationsgrad in den meisten Betrieben zwischen 10 und 19 Prozent, bei knapp einem Fünftel unter fünf Prozent und bei gut einem Zwanzigstel sogar über 50 Prozent.[111] Um noch tiefergehende Antworten zu erhalten, initiierte die HBV erneut 1975 eine Fragebogenaktion bei den Beschäftigten im Einzelhandel. Diesmal verteilten die Ortsverwaltungen und Betriebsräte die Fragebögen, die Auswertung übernahm das Institut für Angewandte Sozialwissenschaft in Bonn-Bad Godes-

---

[108] Vgl. Schulz, Die Angestellten, S. 42.
[109] AdMAB, HBV, 10 Jahre HBV. Feierstunde zum 10-jährigen Bestehen der Gewerkschaft Handel Banken und Versicherungen im Deutschen Gewerkschaftsbund, [1959], hier: Ansprache des Vorsitzenden der Gewerkschaft Handel, Banken und Versicherungen Wilhelm Pawlik, S. 8, S. 11.
[110] DCM, 109205, Protokoll der 39. Betriebsleiterversammlung 1955, S. 13.
[111] Horten wies einen Organisationsgrad an Beschäftigten von 8,06 Prozent und Kepa von 8,53 Prozent auf; AdsD, Bestand Gewerkschaft Handel, Banken und Versicherungen – Hauptvorstand (HBV), 5 / HBVH810008, Analyse über den Organisationsgrad in ausgewählten Großunternehmen des Einzelhandels, 1969–1971, hier: „Erhebung 1971".

berg.[112] Die Aktion war bereits im Vorfeld als Werbemaßnahme geplant worden. Im Nachgang sollte ein zweites Schreiben an die Beschäftigten im Einzelhandel die Ergebnisse der Umfrage wirkungsvoll aufbereitet präsentieren.[113] Tatsächlich aber wurden einige Themen, die sich aus der Umfrage ergeben hatten, in die gewerkschaftliche Arbeit der nächsten Jahre der HBV übernommen.[114] Um die Werbewirkung zu unterstützen, sollten Flugblätter zu den jeweiligen Punkten erstellt und in den „Schwerpunktbetrieben des Einzelhandels" verteilt werden. Zusätzlich sollten Artikel in der Mitgliederzeitschrift „Ausblick" die Aktion rahmen.[115] Was den Organisationsgrad angeht, fiel die Umfrage jedoch aus HBV-Sicht ernüchternd aus. Von den Befragten waren nur 37 Prozent Mitglieder in der HBV, vier Prozent in der DAG und 55 Prozent gehörten keiner Gewerkschaft an.[116] Ebenfalls untersucht wurden geschlechtsspezifische Unterschiede, wobei die Auswertenden feststellten: „Das[sic!] Frauen seltener gewerkschaftlich organisiert sind als die Männer, das gilt auch für den Bereich des Einzelhandels, spiegelt sich in den Zahlen ebenfalls wiede[sic!]." 36 Prozent der befragten Frauen waren in der HBV, 57 Prozent in keiner Gewerkschaft organisiert. Von den Männern waren 41 Prozent in der HBV und 50 Prozent gehörten keiner Gewerkschaft an. Als Grund dafür machten die Durchführenden der Untersuchung vor allem die Teilzeitbeschäftigung vieler Frauen aus, da diese dann „seltener bereit sind, einer Gewerkschaft beizutreten".[117] Dies hatte auch gewerkschaftshistorische Ursachen, denn selbst die Frauengruppen der HBV lehnten noch in den 1950er Jahren die Aufnahme von Teilzeitbeschäftigten in die tariflichen Bestimmungen mit dem Verweis auf deren geringe Organisierbarkeit ab.[118] Das schlug sich noch 1975 in den Zahlen nieder: Von den Teilzeitbeschäftigten waren 29 Prozent HBV-organisiert und 65 Prozent gar nicht; von den Vollbeschäftigten waren 40 Prozent in der HBV und 52 Prozent nicht organisiert. Als wesentliches Kriterium für den Organisationsgrad stellte sich bei dieser Umfrage die Betriebsgröße heraus. In kleinen Betrieben mit bis zu 20 Beschäftigten lag die HBV-Mitgliedschaft lediglich bei 18 Prozent,

---

[112] „Nur 37 Prozent sind HBV-organisiert", in: Infas (Hrsg.), Fragebogenaktion, S. 15.
[113] AdsD, HBV, 5 / HBVH810025, Fragebogenaktion bei Beschäftigten im Einzelhandel, 1975–1977, hier: Kurzprotokoll über die Sitzung des Arbeitskreises zur Erarbeitung einer tarifpolitischen Konzeption (Tariffragebogen) für den Einzelhandel am 17. 09. 1975 in Düsseldorf.
[114] AdsD, HBV, 5 / HBVH810025, Fragebogenaktion bei Beschäftigten im Einzelhandel, 1975–1977, hier: Schreiben der Hauptfachabteilung Handel, gez. i.A. Franzen, an alle Landesbezirksleitung, Betr.: Auswertung HBV-Befragungsaktion zur Tarifpolitik im Einzelhandel, vom 04. 08. 1976.
[115] AdsD, HBV, 5 / HBVH810025, Fragebogenaktion bei Beschäftigten im Einzelhandel, 1975–1977, hier: Kurzprotokoll zur Sitzung des „Kleinen Arbeitskreises Tarifpolitik Einzelhandel" zur Auswertung der HBV-Befragungsaktion zu Manteltarifvertragsforderungen am 03. 08. 1976 in Düsseldorf, HBV-Hauptverwaltung.
[116] Da die HBV die Umfrage organisiert hatte, wäre eigentlich ein höherer Prozentsatz zu erwarten gewesen. Zwei Prozent waren in einer anderen Gewerkschaft – vermutet wurde der Handelsgehilfenverband – und weitere zwei Prozent machten zu dieser Frage keine Angabe.
[117] Infas (Hrsg.), Fragebogenaktion, S. 16.
[118] Vgl. Oertzen/Rietzschel, „Kuckucksei" Teilzeitarbeit, S. 219. Vgl. hierzu auch das Kapitel zu Teilzeitarbeit 5.4.

die DAG war verhältnismäßig stark mit sieben Prozent vertreten und 70 Prozent gehörten keiner Gewerkschaft an. In größeren Betrieben (bis 100, 300, 500 Beschäftigte) waren es dann jeweils um die insgesamt 45 Prozent an organisierten Beschäftigten.[119] Tatsächlich waren zu dieser Zeit die Betriebsgrößen im Einzelhandel aber üblicherweise eher klein.[120] Eine vom HBV-Landesbezirk selbst organisierte und durchgeführte Befragung unter Frauen im bayerischen Einzelhandel brachte ein ganz anderes, wesentliches höheres Ergebnis hervor: 1979 waren 60 Prozent der Befragten in einer Gewerkschaft organisiert – nur ein geringer Teil davon in der DAG, die meisten in der HBV. Dies deutet zum einen auf die geringere Validität der nicht professionell durchgeführten Umfrage der HBV hin, zum anderen auf den großen Mitgliederzuwachs im Zuge der wirtschaftlich angespannten Situation der 1970er Jahre.[121] Weiterhin blieb es aber ein ausgegebenes Ziel für die gewerkschaftliche Arbeit, in der Einzelhandelsbranche Mitglieder zu werben, um den Organisationsgrad zu erhöhen. Denn dieser war, trotz eines überdurchschnittlichen Wachstums der HBV, im Vergleich zu anderen Branchen gering.[122]

Ziele der Einzelhandelsgewerkschaften

Das erste Ziel der jungen HBV war in den 1950er Jahren die Absicherung ihres Organisationsgebietes mit Mantel-, Gehalts- und Lohntarifverträgen, die entweder für bestimmte Firmen, einzelne Orte, Branchen, Länder oder für das gesamte Bundesgebiet Geltung hatten. Im Anschluss daran sollte die Anpassung der Löhne und Gehälter an das allgemeine Niveau der Bundesrepublik erfolgen. Als problematisch sah man dabei auch die unterschiedliche Bezahlung von Männern und Frauen mit einer Differenz von 10 bis 20 Prozent an, die noch 1948 als Klausel in allen Gehalts- und Lohnverträgen festgehalten war. Dieser Ungleichbehandlung sollten die Tarifverträge entgegenwirken, in denen ein Gleichheitsgrundsatz galt. Eine weitere Diskriminierung von Frauen – die sog. Zölibatsklausel in den Arbeitsverträgen[123] – konnte durch einen Prozess, der bis zum Bundesarbeitsgericht geführt

---

[119] Vgl. Infas (Hrsg.), Fragebogenaktion, S. 16 f.
[120] Vgl. Tabellen in Banken, Die quantitative Entwicklung des bundesdeutschen Einzelhandels. Der Facheinzelhandel war mit 31,1 Mio. von 42,2 Mio. Quadratmetern insgesamt dem Lebensmitteleinzelhandel, den Warenhäusern sowie den SB-Häuser weit voraus (vgl. Tabelle 6 „Die Verkaufsfläche im Einzelhandel in Mio. Quadratmeter, 1962–2005", S. 14). Danach machten 1975 die Einbetriebsunternehmen des Fachhandels weit über die Hälfte des Umsatzes (181,5 von 305 Mrd. DM), und für weitere 48 Mrd. DM Umsatz waren die Filialisten im Facheinzelhandel verantwortlich. Jeweils weit geringere Umsatzanteile kamen durch die Warenhäuser, SB-Warenhäuser und Verbrauchermärkte sowie die Versandhäuser und Konsumgenossenschaften zustande (vgl. Tabelle 9 „Umsatz im Einzelhandel nach Betriebs- und Vertriebsformen 1962–1980 (in Mrd. DM)", S. 17).
[121] AdMAB, HBV Bayern, Broschüre, Zwischen Kochtopf, Kindern und Kunden. Ergebnisse einer Befragung, 1980, o. S. Ziel dieser Umfrage war auch nicht die korrekte Bezifferung des Organisationsgrades, sondern eher die Erwartungen, die von den Beschäftigten – organisiert wie unorganisiert – an die HBV gerichtet wurden.
[122] Vgl. Glaubitz, Rationalisierung im Einzelhandel, S. 445.
[123] Vgl. Molitor, Unzulässigkeit von Zölibatsklauseln.

hatte, abgeschafft werden. Die Praxis, nach der Frauen nach der Verehelichung zur Aufgabe ihres Arbeitsplatzes genötigt wurden, ging zurück auf den Lehrerinnenbeziehungsweise Beamtinnenzölibat, der schon seit dem Kaiserreich existierte und nur für eine kurze Zeitspanne (1919–1923) während der Weimarer Republik außer Kraft gesetzt war. Erst durch die Berufung auf den Gleichheitsgrundsatz im Grundgesetz gelang es, diese Ungleichbehandlung von arbeitenden Frauen zu beseitigen.[124]

Das nächste Ziel lag in der Verkürzung der Arbeitszeit. Innerhalb von zehn Jahren erreichte die HBV eine Reduzierung von durchschnittlich 48 Stunden Arbeitszeit pro Woche auf 45, 43,5, 42,5 oder sogar 40 Wochenarbeitsstunden. Als wichtigsten Erfolg verbuchte die HBV für sich die Begrenzung der Ladenöffnungszeiten.[125]

In den 1960er Jahren legte die HBV Wert auf den Ausbau des Bewusstseins für Arbeits- und Rechtsschutz bei ihren Mitgliedern, fokussierte sich auf die Konzentrationsprozesse im Einzelhandel – weshalb sie die Schwerpunktarbeit auf die Mittel- und Großbetriebe legte –, versuchte auf die Rationalisierungs- und Automationsbestrebungen der Unternehmen einzuwirken und das Gespür ihrer Vertreter für technologische Entwicklungen innerhalb der Betriebe zu schulen.[126] Durchgängige Themen waren weiterhin das Ladenschlussgesetz (LaSchlG) und die Umsetzung der Arbeitszeitverkürzung im Einzelhandel.[127]

Seit den 1970er Jahren verstärkte sich das Interesse der HBV für Frauenpolitik.[128] Aufgaben, die der gewerkschaftlichen „Frauenarbeit" zufielen, waren, allgemein gesprochen, die „Verbesserung der Arbeits- und Lebenssituation der Frauen in Beruf und Gesellschaft" sowie die Motivation von Frauen „zur aktiven Mitarbeit innerhalb [der] Organisation". Konkreten Veränderungsbedarf sah der Frauenausschuss der HBV in der schlechteren Bezahlung, der geringeren Qualifizierung und den kaum vorhandenen Aufstiegschancen für Frauen im Einzelhandel. Außerdem seien diese von den verstärkten Rationalisierungsmaßnahmen zuerst betroffen. Somit sahen die Gewerkschafter und Gewerkschafterinnen ihre Aufgabe darin, Frauen über deren Rechte aufzuklären – etwa über das Mutterschutz- und Kündigungsschutzgesetz, die Arbeitsstättenverordnung oder das Betriebsverfassungsgesetz (BetrVG) –, und sie für Schulungen und Fortbildungen zu motivieren. Auch „frauenspezifische Themen zu behandeln, wie die Problematik

---

[124] Vgl. Hindenburg, Erwerbstätigkeit von Frauen; siehe hierzu auch die Passagen zum Vorgehen von C&A gegen verheiratete Frauen in Kapitel 3.2 und zum „Doppelverdienen" in Kapitel 5.4.
[125] AdMAB, HBV, 10 Jahre HBV. Feierstunde zum 10-jährigen Bestehen der Gewerkschaft Handel Banken und Versicherungen im Deutschen Gewerkschaftsbund, [1959], hier: Ansprache des Vorsitzenden der Gewerkschaft Handel, Banken und Versicherungen Wilhelm Pawlik, S. 12 f.
[126] Vgl. Geschäftsbericht der HBV, 1964, S. 168, 221–223, 244 f.
[127] Vgl. Geschäftsbericht der HBV, 1972, S. 142 f., 145.
[128] Vgl. Kommentar zu „Selbstdarstellung (1977)", Artikel des Frauenausschusses der Gewerkschaft Handel, Banken und Versicherungen, ursprünglich erschienen in: Courage 1977, H. 12, S. 26–28, hier in: Lenz (Hrsg.), Neue Frauenbewegung, S. 165, 166–169.

des neuen § 218 StGB oder das neue Ehe- und Familienrecht"[129], nahm sich die Gewerkschaft vor. Als Beispiele für Erfolge führte sie an, dass etwa Inventuren nicht mehr nach Feierabend gemacht und Betriebsversammlungen während der Arbeitszeit abgehalten wurden. Ein wichtiges Betätigungsfeld war es auch, die Öffentlichkeit über spezifische Probleme von Verkäuferinnen aufzuklären, zum Beispiel das häufige lange Stehen des Verkaufspersonals und die damit verbundene Verpflichtung der Arbeitgeber zur Gewährleistung von Sitzgelegenheiten, oder bezüglich des Ladenschlusses.[130] Der Landesbezirksfrauenausschuss der HBV in Bayern hatte sich zum Ziel gesetzt, „den Kolleginnen [...] Wissen zu vermitteln, das sie zur selbständigen Lösung von Konflikten in Betrieb und Familie befähigt, sowie sie mit gewerkschaftlichen Zielen vertraut zu machen, um sie für eine aktive Mitarbeit in den Gewerkschaften zu gewinnen". Dazu führte der Ausschuss im Berichtszeitraum pro Jahr zwei Veranstaltungen durch, unter anderem zum Schutz für Schwangere und Mütter sowie zur Arbeitszeitverkürzung an langen Samstagen, und hielt Wochenend-Seminare ab. Auf diesen wurde darüber gesprochen, wie man die eigene Situation als Arbeitnehmerin eigenständig verbessern könnte, was aber auch die Gewerkschaft tun könnte und was sich im Betrieb verändern müsste. Zugleich wurde auch über Probleme der sozialen Sicherung, Benachteiligung und Diskriminierung von Frauen sowie über das Stichwort „Doppelbelastung" diskutiert, ohne dabei jedoch die alleinige Verantwortung der Frauen für Haushalt und Familie in Frage zu stellen.[131] Während sich die aktiven Gewerkschafterinnen noch in 1970er Jahren als Vertreterinnen der Arbeiterbewegung verstanden, verschob sich ihr subjektives Empfinden allmählich in Richtung Neuer Frauenbewegung.[132]

In Bezug auf Rationalisierung durch neue Technologien im Einzelhandel, wie elektronische Kassen und Datenkassen, ging es der HBV in den 1980er Jahren stets darum, über die Gestaltung der Arbeit mitzuentscheiden. Da generell den Gewerkschaften Technikfeindlichkeit aus Angst vor Arbeitsplatzverlust vorgeworfen wurde, galt es hier, die Position als Gestalter, nicht als Gegner der Technik zu stärken.[133] Außerdem traten abermals die Bemühungen um die Beibehaltung des Ladenschlussgesetzes in den Vordergrund. Diese Debatte dauerte bis 1996 an.[134]

---

[129] An diesem Zitat zeigt sich, wie sehr die Wahrnehmung von „Frauenspezifik" zeit- und kontextgebunden ist – denn aus heutiger Sicht und auch aus Sicht der damaligen Frauenbewegung waren beides Themen, die sowohl Frauen als auch Männer etwas angingen.
[130] Vgl. Kommentar zu „Selbstdarstellung (1977)", in: Lenz (Hrsg.), Neue Frauenbewegung, S. 166–169.
[131] AdMAB, HBV, Geschäftsbericht der Gewerkschaft Handel, Banken und Versicherungen, Landesbezirk Bayern zur 8. Landesbezirkskonferenz am 12. und 13. Juni 1976 in Nürnberg, hier: S. 32–35.
[132] Vgl. Kommentar zu „Selbstdarstellung (1977)", in: Lenz (Hrsg.), Neue Frauenbewegung, S. 166.
[133] AdMAB, HBV, Elektronische Datenkassen. Rationalisierung. Fortschritt ... für wen?, hrsg. v. HBV, Hauptfachabteilung Handel, Düsseldorf 1980, S. 18–26.
[134] Vgl. Glaubitz, Einzelhandel, S. 68–71.

Gewerkschaftliche Maßnahmen: Platzieren von Themen und Streiks

Das Platzieren von Themen in den gewerkschaftseigenen Zeitschriften und an sonstigen Stellen in der Öffentlichkeit diente in erster Linie der Bewusstmachung von Problemstellungen. Es ist kaum möglich, die konkrete Wirkung für einzelne Arbeitsplätze und Betriebe nachzuzeichnen, da Betriebsratsakten oder sonstige Quellen, die sich direkt darauf beziehen, fehlen. Ein Abgleich der beiden Zeitschriften „Ausblick" und „Der Angestellte" erfolgte daher nur stichprobenartig.

Die Mitgliederzeitschrift der HBV, der „Ausblick", war – trotz des hohen Anteils an Einzelhandelsbeschäftigten innerhalb der Organisation – geprägt vom Banken- und Versicherungsbereich. Oft drehte es sich nicht um Problemlagen des Einzelhandels, auch wenn in den 1960er Jahren etwa die offenen Verkaufsstände und der Erfolg, diese verbieten zu lassen,[135] oder das Verteidigen des Ladenschlussgesetzes die Zeitschrift beschäftigten.[136] In der Zeitschrift der DAG „Der Angestellte" wurden ähnliche Themen für den Einzelhandel besprochen. Die wiederkehrende Diskussion um den Ladenschluss fand sich auch hier wieder.[137] Außerdem ging es um die Ausbreitung unterschiedlicher Vertriebsformen.[138] Mitte der 1970er Jahre dominierte sowohl im „Ausblick"[139] als auch in „Der Angestellte"[140] weiterhin die Berichterstattung über den Ladenschluss. Vermehrt wurde im „Ausblick" auch über die gewerkschaftliche Tarifpolitik berichtet.[141] In „Der Angestellte" kamen zudem die Arbeitsbedingungen im Einzelhandel zur Sprache.[142] In den 1980er Jahren kam in beiden Zeitschriften die angespannte ökonomische Situation in der Bundesrepublik zum Ausdruck. In diesem Zuge wurden in „Der Angestellte" die hohe Arbeitslosigkeit und die unsicheren Beschäftigungsverhältnisse im Einzelhandel

---

[135] Vgl. o. A., Arbeitsminister gegen offene Verkaufsstände. Erfolg der HBV-Aktion gegen Verkaufsstände vor den Ladeneingängen, in: Ausblick, Juli 1962, S. 17; o. A., Offene Verkaufsstände müssen verschwinden, in: Ausblick, Dezember 1965, S. 11.
[136] Vgl. o. A., Telefon-Läden – Umgehung des Ladenschlußgesetzes, in: Ausblick, April 1963, S. 17; o. A., Wieder Diskussion um Ladenschluß, in: Ausblick, Juli 1964, S. 13 f.
[137] Vgl. o. A., Wir stellen richtig: Ladenschluß in Schweden, S. II, und: o. A., Kein offenes Schaufenster nach Ladenschluß, S. VIII, beide in: Der Angestellte, Februar 2/1963, Ausgabe: Der kaufmännische Angestellte.
[138] Vgl. o. A., Discount – Werbetrick oder echter Preisnachlaß?, in: Der Angestellte, Mai 5/1963, Ausgabe: Der kaufmännische Angestellte, S. II; o. A., Auseinandersetzungen um den ‚Ratio-Großmarkt', in: Der Angestellte, April 4/1964, Ausgabe: Der kaufmännische Angestellte, S. III.
[139] Vgl. etwa die Titel der Ausgabe: Über 120 000 Verkäuferinnen und Verkäufer sagen: Nein! Jede Verschlechterung des Ladenschlußgesetzes wird abgelehnt, in: Ausblick, Juli/August 1974.
[140] Vgl. o. A., Einzelhandel: Nochmals: Hände weg vom Ladenschluß, in: Der Angestellte, April 4/1974, Ausgabe: Standpunkt, S. 14.
[141] Vgl. o. A., Harte Tarifauseinandersetzungen im Einzelhandel in Baden-Württemberg, in: Ausblick, April 1974, S. 6; oder: o. A., Konsequente Haltung zahlte sich aus. Neuer Tarifvertrag für den Einzelhandel Rheinland-Pfalz, in: Ausblick, September 1974, S. 5.
[142] Vgl. o. A., Sitzgelegenheiten für das Verkaufspersonal, in: Der Angestellte, Juni/Juli 6/7/1974, Ausgabe: Standpunkt, S. 10; sowie o. A., Das Thema des Monats: Der Handel geht uns alle an!, in: Der Angestellte, August/September 8/9/1974.

2.3 Weibliche Beschäftigte im Einzelhandel als Thema der Gewerkschaften 57

thematisiert,[143] während sich der „Ausblick" der Schließung von großen Warenhausketten und sonstigen Insolvenzen im Handel widmete.[144]

Die Artikel in den Zeitschriften spiegelten im Allgemeinen die gesellschaftliche Gesamtsituation wider. Ihr Auftrag war es eher, gewerkschaftspolitische Themen unter den Mitgliedern zu verbreiten, als sie durch ihre Beiträge zu mobilisieren. Selten gingen von ihnen Anstöße für Veränderungsprozesse aus, die direkte Auswirkungen auf den konkreten Arbeitsplatz hatten. Die größte Wirkung wurde erzielt, wenn die gewerkschaftlichen Positionen Eingang in Gesetze, Verordnungen und Tarifverträge fanden, wie etwa beim Ladenschluss, bei der Teilzeitarbeit und der Bezahlung. Sonstige, weniger konkrete und zielgerichtete Aspekte der Gewerkschaftsanliegen im Einzelhandel bekamen nicht viel Resonanz. Eine andere Wirkungsmöglichkeit, die allerdings schwer messbar ist, war die gewerkschaftliche Bildungsarbeit, die sich hauptsächlich an Betriebsräte, Jugendliche und Funktionäre richtete.[145]

Ein weiteres Mittel der Gewerkschaften, ihre Ziele durchzusetzen, waren Streiks. Sie gelten als letztes Druckmittel seitens der Angestellten in einer Tarifauseinandersetzung.[146] Besonders im Gedächtnis der HBV verankert sind die Ladenschlussproteste in München 1953/54. Dabei war es zu heftigen Auseinandersetzungen mit der Polizei gekommen, bei denen es sogar Tote gab. Am Ende siegte zwar die gegnerische Seite, C&A, aber zwei Jahre später trat das Ladenschlussgesetz in Kraft, das in der Rückschau als erfolgreicher Abschluss der Kämpfe verbucht werden konnten.[147]

Danach blieben Streiks im Einzelhandel lange aus. Erst in den 1980er Jahren kam es wieder zu nennenswerten Arbeitskämpfen im Einzelhandel.[148] Nur ganz vereinzelt hatte es derlei Protest gegeben: Dies belegen etwa Fotos von Streikaktivitäten der HBV im Lebensmittelfilialunternehmen Gaissmaier. Hier waren es allerdings die Kraftfahrer der Zentrale, die in einen von der Gaissmaier-Betriebsgruppe organisierten Warnstreik traten und damit die Logistik des Filialunternehmens lahmlegten. Sie sollten die Positionen der HBV bei laufenden Tarifverhandlungen

---

[143] Vgl. o. A., Einzelhandel: ‚Weiter Gehaltsschlußlicht?', in: Der Angestellte, Nr. 356/35, März/ 1982, S. 23; und o. A., Einzelhandel: ‚Wir haben Angst' (Einkaufszentren/ Einzelhandelsgroßbetriebe), in: Der Angestellte, Nr. 360/35, September/1982, S. 32 [seit den 1980er Jahren veränderte Zählung der Heftnummern, da Erscheinen nur noch vierteljährlich].
[144] Vgl. o. A., Pleitenrekord im Handel, in: Ausblick, Januar 1982, S. 8; o. A, Rote Zahlen und volle Regale. Die Krise der Warenhäuser, in: Ausblick, Juli 1982, S. 9–12.
[145] Das Thema der gewerkschaftlichen Bildungsarbeit ist für diese Untersuchung nur bedingt relevant, da sich die Veränderungen der Arbeitswelt nicht darauf zurückführen lassen. Mit Bildungsarbeit sollten lediglich die Auswirkungen der Veränderungen besser zu bewältigen sein; für einen Einblick: AdsD, HBV, 5 / HBVH830001, Aufbau des HBV-Bildungsangebots, 1978–1997, hier: „Bestandsaufnahme zur gewerkschaftlichen Bildungsarbeit und deren Perspektiven in der Gewerkschaft hbv", [1990er Jahre].
[146] Zu Streiks als Mittel der Interessensbekundung vgl. Boll/Kalass, Streik und Aussperrung; eine Fallstudie zu Streiks als Ausdruck der sich auflösenden traditionellen Industriebeziehungen zu Beginn der 1970er Jahre vgl. Voigt, „Schandgasse" im Arbeitskampf.
[147] Vgl. Gerstenberg, Solang der Alte Peter.
[148] Vgl. Glaubitz, Einzelhandel, S. 68.

unterstützen. Auf den Plakaten war zu lesen „Schutz vor Rationalisierung" und „Gerechte Bezahlung". So ist davon auszugehen, dass nicht nur die Logistik, sondern auch die Arbeitsbedingungen aller Beschäftigten im Fokus standen.[149]

In einem Film von Cristina Perincioli, einer Aktivistin der Berliner Frauenbewegung,[150] treten die in einem Supermarkt beschäftigten Frauen in einen wilden Streik. Sie legen ohne gewerkschaftliche Rückendeckung die Arbeit nieder. Die Auswirkungen werden deutlich gezeigt: Im Laden bricht das Chaos aus, die Kundschaft verlässt genervt von der Warterei die Filiale und die beiden männlichen Protagonisten, Chef und Stellvertretung, bleiben erschlagen von der Arbeit zurück. Die Verkäuferinnen wirken in der Abschlussszene befreit.[151] Die Filmemacherin schrieb einem Streik im Einzelhandel großes Potenzial und eine hohe Wirkmächtigkeit zu. In der Realität kam es dazu selten. Der Einzelhandel war bis Mitte der 1980er Jahre eine streikarme Branche.

Beginnend mit Warnstreiks, spätestens ab 1989 aber auch mit ganztägigen Streiks, entwickelte sich allmählich eine Arbeitskampftradition.[152] Ein erster Höhepunkt der Arbeitskampfmaßnahmen war 1985 der Konflikt um die 38,5-Stunden-Woche im Einzelhandel. 1989 und abermals 1996 stand der Kampf um den Ladenschluss im Vordergrund der Streikinteressen.[153] Von Frühjahr 1989 bis in die 1990er Jahre war eine erhöhte Streikbereitschaft bei DAG und HBV im Zuge der Ladenschlussstreitigkeiten festzustellen. Anhand von Aufstellungen beider Gewerkschaften, die Streikaktivitäten aufführen, wird deutlich, dass dies vor allem ein Mittel für größere Betriebe war, da die angegebenen Zahlen der Teilnehmenden immer bei über 50 und bis zu 350 pro Betrieb lagen, und in den klassischen Schwerpunktbetrieben des Einzelhandels stattfanden.[154]

---

[149] WABW, B 61 F 25704–25707, Fotos des Warnstreiks 1979; WABW, B 61 Bü 217, Buch „10 Jahre Betriebsrat" Dokumentation, 1980 hier: Artikel o. A., Ulmer Gaissmaier-Fahrer legen Arbeit nieder. Protest gegen unzureichendes Arbeitgeber-Angebot. Warnstreik verläuft ohne Zwischenfälle – 125 Lebensmittel-Filialen betroffen, in: Schwäbische Zeitung, 11. 04. 1979.
[150] Vgl. die autobiografisch angelegte Publikation: Perincioli, Berlin wird feministisch. Auf ihren Film wird im folgenden Kapitel 2.4 näher eingegangen.
[151] Vgl. „Für Frauen. 1. Kapitel" (BRD 1971), Produktion: Deutsche Film- und Fernsehakademie Berlin, Regie: Cristina Perincioli, Kamera: Gisela Tuchtenhagen, Darstellerinnen: Helga Freyer, Edda Hertel, Ulla Lange, Jeanine Rickmann, Musik: Ton Steine Scherben, 29 Min., 00:21:15–00:27:41.
[152] Vgl. Wiedemuth, Angestellte streiken, S. 145.
[153] Vgl. Glaubitz, Einzelhandel, S. 70.
[154] AdsD, DAG, RV-1–1163, DAG Bundesvorstand, Ressort Vorsitzender/ Allg. DAG-Politik, Materialsammlung: Streik; Streitkräfte; Siemens; Solidarnosc; Hochschule für Wirtschaft und Politik, 1987–1991, hier: Liste der DAG-Streikaktivitäten, Mai 1989; AdsD, HBV, 5 / HBVH820042, Arbeitszeitbestimmungen in Manteltarifverträgen Großhandel und Einzelhandel, 1992–93, hier: Liste der Warnstreiks / Streiks /Urabstimmungen Einzelhandel 1991. Zu den sogenannten Schwerpunktbetrieben zählen u. a. die Warenhäuser Hertie, Karstadt, Kaufhof, Woolworth sowie diverse Verbrauchermärkte und Lebensmittelfilialbetriebe.

2.3 Weibliche Beschäftigte im Einzelhandel als Thema der Gewerkschaften 59

Das Verhältnis von Gewerkschaftsmitgliedern, Betriebsräten und Beschäftigten

Über die Mitarbeit von Gewerkschaftsmitgliedern im Betriebsrat der Einzelhandelsunternehmen konnten die gewerkschaftlichen Interessen und Ziele innerhalb der Belegschaften bekannt gemacht werden.[155] So berichtete etwa Horst Onasch, Betriebsratsmitglied bei Gaissmaier, 1974 über einen Aushang am Schwarzen Brett der Firma von einem erfolgreichen Tarifabschluss. Dabei machte er gleichzeitig Werbung für eine HBV-Mitgliedschaft und verwies darauf, dass der Organisationsgrad im Einzelhandel noch äußerst gering sei.[156] Eine weitere Thematik, mit der die Gewerkschaft an die Betriebsmitglieder herantrat, war die steigende Arbeitslosigkeit beziehungsweise die Angst davor. Wiederum über den Betriebsrat informierte die HBV die Gaissmaier-Beschäftigten über ihre Positionen dazu.[157] Das Thema Sparzulage wurde ebenso von der HBV an die Betriebsratskollegen herangetragen.[158] Schließlich konnte durch die Vertretung im Betriebsrat die HBV auch über Warnstreiks informieren und somit nicht nur ihre eigenen Ziele, sondern auch die anderer DGB-Gewerkschaften bewerben.[159] Bei der Firma Latscha schaltete sich die HBV ebenfalls über die Zugriffsmöglichkeit des Betriebsrats ein. Als die Beschäftigten der „kaufpark"-Warenhäuser beim Verkauf des Unternehmensanteils von Latscha an die Firma Wertkauf-Mann KG zur Unterzeichnung neuer Arbeitsverträge bewogen werden sollten, warnte die HBV sie davor. Sie zeigte einige Tücken des Vertrages auf, die zwar nicht ungesetzlich waren, aber eine schlechtere Stellung für die Angestellten bedeutet hätten. Verbunden mit der Warnung war gleichzeitig die Werbung für eine Mitgliedschaft und für die Wahl der HBV-Kandidaten bei der nächsten Betriebsratswahl.[160]

Abgesehen von den Zielen der Gewerkschaften und Frauenausschüsse gab es auch vonseiten der Beschäftigten Vorstellungen und Anforderungen, die sie an die Gewerkschaften herantrugen. Bei der Befragungsaktion der HBV 1975 standen

---

[155] Vgl. Betriebsverfassungsgesetz vom 15. 01. 1972, in: BGBl. I, Nr. 2 vom 18. 01. 1972, S. 13–43 (BetrVG), § 2 Abs. 2.
[156] WABW, B 61 Bü 217, Buch „10 Jahre Betriebsrat" Dokumentation, 1980, hier: Horst Onasch, Mitglied der HBV-Tarif- und Verhandlungskommission, Aushang am Schwarzen Brett, Betr.: „Mantel-, Gehalts-, Lohn-Tarif-Verträge endlich abgeschlossen!".
[157] WABW, B 61 Bü 217, hier: Schreiben der Gewerkschaft HBV, Landesbezirksleitung Baden-Württemberg, gez. Horst Köhler, Landesbezirksleiter, Betr.: Die Ausgangsbasis der Tarifrunde 1977 – Arbeitslosigkeit wird nicht durch Einkommensverzicht der Arbeitnehmer beseitigt – Statt neue Arbeitsplätze Gewinnentzug für private Zwecke – Angst um den Arbeitsplatz bleibt politische Waffe der Unternehmer – Wirtschaftspolitische Auseinandersetzung wird noch härter, vom 12. 01. 1977.
[158] WABW, B 61 Bü 217, hier: Schreiben der HBV-Landesbezirksleistung Baden-Württemberg, gez. Horst Köhler, Landesbezirksleiter, an den Betriebsrat der Fa. Gaissmaier GmbH & Co. KG, vom 08. 07. 1977.
[159] WABW, B 61 Bü 217, hier: Aushang/Flugblatt Handel Tarifrunde '78, „Wieder Warnstreiks! Kaufhäuser blieben zu!", hrsg. v. der HBV Landesbezirksleitung Baden-Württemberg.
[160] ISG, W 1-10-444, Wertkauf-Mann KG-Schriftverkehr, Protokolle, Notizen, Inventuranweisungen, 1976 f., hier: Schreiben der HBV-Bezirksverwaltung Main-Kinzig an die „Kaufpark"-Beschäftigten, gez. Peter Lickfett, vom 28. 09. 1976.

vor allem Forderungen finanzieller und zeitlicher Art im Vordergrund. Von zwölf zur Auswahl gestellten Problemkreisen sollten die Befragten sechs ankreuzen. Bewusst aus der Befragung herausgelassen wurden Fragen nach der Erhöhung der Löhne und Gehälter. Da die Auswertung der Fragebogen elektronisch erfolgte, gab es keine Möglichkeit, zusätzliche, nicht vorgeschlagene Problemkreise zu benennen, was die Ergebnisse vermutlich stark verfälschte. So fehlten etwa Fragen nach geschlechtsspezifischen Problemen, rechtlicher Absicherung oder betrieblichen Arbeitsbedingungen und psychischer Belastung.[161] Demnach stand an erster Stelle der Wünsche der Befragten die „tarifvertragliche Absicherung betrieblicher Sonderzahlungen (13. Gehalt)", an zweiter Stelle die Gewährung eines Mindesturlaubs von vier Wochen – in diesem Zusammenhang auch die Erhöhung des Urlaubsgeldes –, und an dritter Stelle die „Einführung oder tarifliche Absicherung der Sparförderung nach dem 624-DM-Gesetz".[162] Weit weniger bedeutend für die Befragten waren Rationalisierungsschutz, Gleichstellung von Angestellten und Arbeitern oder eine Revision des Tarifgruppengefüges. Zwischen männlichen und weiblichen Beschäftigten stellte man keine Unterschiede fest, ebenfalls nicht zwischen organisierten und nicht-organisierten Beschäftigten.[163]

An erster Stelle für die weiblichen Beschäftigten im bayerischen Einzelhandel, organisiert wie unorganisiert, standen 1979: „Sicherung des Arbeitsplatzes" mit 18 Prozent – was die Auswertenden aufgrund der „derzeitigen Auswirkungen von Rationalisierungsmaßnahmen" als logisch empfanden –, „Rechtsschutz" (18 Prozent) und „Vertretung vor dem Gesetzgeber" (17 Prozent). Erst dahinter lagen die klassischen gewerkschaftlichen Betätigungsfelder wie „Einsatz für höhere Einkommen" (15 Prozent) und „Verbesserung der Arbeitsbedingungen" (13 Prozent). Hier waren die meisten entweder einigermaßen zufrieden, vertrauten auf ihren Betriebsrat oder ihre Eigeninitiative. Der Punkt „Schutz gegen Willkür" gehörte auch zu den rechtlichen Fragen. Zurückgewiesen wurde der Punkt „berufliche Umschulung" – auch hier wurde das Vertrauen auf andere Akteure gesetzt oder kein Bedarf gesehen. Auf die Frage, ob sich die HBV „genügend für diese Ziele" einsetze, antwortete knapp die Hälfte der Befragten mit „ja", 12 Prozent verneinten dies, und über 40 Prozent konnten oder wollten darauf keine Antwort geben. Dies verweist abermals darauf, dass die gewerkschaftliche Durchdringung der Betriebe eher gering war. Die befragten Frauen nannten zudem eine Reihe weiterer Problemfelder: „Arbeitsschutz, Arbeitsbedingungen, frühzeitige Untersuchungen auf Streßerscheinungen, Probleme Klimaanlage/Hitze, seelisch-menschliche Bezie-

---

[161] AdsD, HBV, 5 / HBVH810026, Fragebogenaktion bei Beschäftigten im Einzelhandel, 1975, hier: Schreiben der Gewerkschaft Handel, Banken und Versicherungen, Hauptvorstand, an die Arbeitnehmer im Einzelhandel, vom Oktober 1975.

[162] Seit 1961 konnten Arbeitnehmerinnen und Arbeitnehmer nach dem Gesetz zur Förderung der Vermögensbildung festgelegte Beträge steuer- und versicherungsfrei sparen. Seit 1970 erhöhte sich dieser Betrag für vermögenswirksame Leistungen auf 624 DM; vgl. o. A., 12. Juli 1961, in: Deutschland-Chronik, online unter: https://www.bpb.de/geschichte/zeitgeschichte/deutschland-chronik/131517/12-juli-1961 [zuletzt abgerufen am 30. 07. 2022].

[163] Infas (Hrsg.), Fragebogenaktion, S. 1 f., 5.

2.3 Weibliche Beschäftigte im Einzelhandel als Thema der Gewerkschaften 61

hungen oder Schwangerschaft."[164] Aus den Akten der Betriebe in der vorliegenden Untersuchung lassen sich einige dieser benannten Problemfelder aufzeigen. Die meisten akuten und betriebsinternen Probleme löste oftmals der Betriebsrat, in dem nicht immer gewerkschaftlich organisierte Mitglieder saßen.[165]

***

Die vorangegangenen Ausführungen zeigen, dass die Gewerkschaften zwar laut ihrem Auftrag und ihrem Anspruch als Vertretung der Verkäuferinnen in Erscheinung traten. Dies ging aber bisweilen an den realen Bedürfnissen vorbei oder die Gewerkschaften erreichten ihre Klientel aufgrund der kleingliedrigen Struktur des Einzelhandels nicht. Traditionelle Formen der gewerkschaftlichen Interessenvertretung spielten im Einzelhandel – wie anhand des niedrigen Organisationsgrads, der geringen Repräsentation von Gewerkschaften in den Betrieben und auch der ausbleibenden Streiks dargelegt wurde – eine geringfügige Rolle. Wirkung erzielten die gewerkschaftlichen Vorhaben vor allem dann, wenn sie Themen betrafen, die größeres gesellschaftliches Potenzial hatten.

Die Gewerkschaften perpetuierten auch frauendiskriminierende Strukturen innerhalb ihrer Organisationen. Dass in einer durchweg frauendominierten Gewerkschaft wie der HBV überhaupt ein eigener Frauenausschuss gegründet werden musste, um „frauenspezifische" Themen anzusprechen, zeigt die konservative und zeittypische Ausrichtung der HBV. Der DGB rang sich erst zu einem frauenfreundlichen Bekenntnis durch, als die Arbeitskräfte im Zuge des Nachkriegsaufschwungs rar wurden. Erst 1969 erkannte man die Benachteiligung von Frauen im Beruf offiziell an und kündigte ein Vorgehen dagegen an.[166] Dies zeigte sich im Falle des Einzelhandels auch bei der innergewerkschaftlichen Debatte um Teilzeitarbeit.[167]

Letztlich wurden die Verkäuferinnen für gewerkschaftsübergreifende Themen mobilisiert. Wenn sich die Gewerkschaften für diese Frauen interessierten, dann in Momenten großer öffentlicher Aufmerksamkeit, etwa bei den Ladenschlussprotesten 1953/54, oder wenn Themen, die die Verkäuferinnen betrafen, gerade gut in das Gesamtinteresse passten, wie etwa bei der allgemeinen Arbeitszeitverkürzung, die jedoch für Einzelhandelsbeschäftigte häufig kaum Vorteile versprach.[168]

---

[164] AdMAB, HBV Bayern, Broschüre, Zwischen Kochtopf, Kindern und Kunden. Ergebnisse einer Befragung, 1980, o. S.
[165] Mehr dazu auch im Kapitel 3.4 über die Betriebsräte der Unternehmen.
[166] Vgl. Pinl, Frauenpolitik der Gewerkschaften, S. 161.
[167] Teilzeitarbeit berührte den Interessensbereich der Einzelhandelsgewerkschaften maßgeblich. Es war ein intern sehr umstrittenes Thema. Während auf der einen Seite die Meinung vertreten wurde, dass Teilzeitbeschäftigung die gewerkschaftlichen Forderungen – etwa nach allgemeiner Arbeitszeitverkürzung und Gleichberechtigung von Frauen am Arbeitsplatz – unterminiere, vertrat man auf der anderen Seite den Standpunkt, dass Teilzeitarbeit eine gute, vielleicht auch die einzige Möglichkeit sei, Familie und Beruf zu verbinden, und gerade für die Arbeit im Einzelhandel große Vorteile mit sich bringe, weshalb Teilzeitarbeitsplätze genauso rechtlich geschützt und sozial abgesichert werden sollten; vgl. hierzu Kapitel 5.4.
[168] Eine Arbeitszeitverkürzung im Einzelhandel bedeutete bisweilen etwa lediglich eine übermäßige Verlängerung der Mittagspause oder ein „zu Ende Bedienen" nach offiziellem Arbeitsende; vgl. hierzu Kapitel 5.2 zu den Arbeitszeiten im Einzelhandel.

2. Die Sozialfigur der Verkäuferin: Allseits beliebt, trotzdem unterbezahlt

So ergab sich wohl auch, dass die Beschäftigten eher mit basalen, finanziellen Wünschen an die Gewerkschaften herantraten und sich mit Problemen, die die Arbeitsbedingungen betrafen, eher an den Betriebsrat wandten. Dies entspricht im Grunde der dualen Mitbestimmungsstruktur. Für viele Beschäftigte standen die sie unmittelbar betreffenden Themen im Vordergrund. Von globaleren Zielen, wie sie die Gewerkschaften verfolgten, fühlten sie sich nur marginal berührt.

2.4 Die perfekte Verkäuferin aus Sicht der Unternehmen und der Gesellschaft

In diesem Kapitel wird die Sichtweise der Unternehmen auf ihre Verkäuferinnen untersucht, denn diese prägte die gesellschaftlichen Vorstellungen und vice versa. Eine ausgesprochene Freundlichkeit, Ehrlichkeit und die gute Qualität der angebotenen Waren charakterisieren den sogenannten „ehrbaren Kaufmann". Dieses Bild wurde mit Beginn der Selbstbedienung grundlegend herausgefordert; es bleibt zu klären, ob und wie sich dadurch die Wunschvorstellungen der Unternehmen veränderten. Diesen Fragestellungen wird im folgenden Kapitel nachgegangen.

So soll sie sein

Stellenanzeigen sind von allen untersuchten Unternehmen überliefert: Sie belegen die nach außen propagierte Wunschvorstellung, die die Firmen von ihren Beschäftigten hatten. Anhand der Anzeigen lassen sich Aufgaben und Zuständigkeiten des Personals, aber auch geschlechtsspezifische Zuschreibungen identifizieren. Je nach Zeit und wirtschaftlicher Lage treten die Argumente hervor, die Geschäfte in den Anzeigen für sich selbst als Werbung nutzten.

Das Lebensmittelunternehmen Gaissmaier schaltete ab Mitte der 1950er Jahre diverse Stellenanzeigen in den lokalen Zeitungen. Von Anfang an warben diese mit guter Bezahlung und zusätzlichen finanziellen Leistungen wie einer Altersvorsorge und Fahrgeld. Man sollte „Freude an dem Beruf" mitbringen und ein „tüchtige[r] Mensch" sein.[169] Anfang der 1960er Jahre wurden weiterhin „zuverlässige" Verkäuferinnen – also bewusst nur Frauen – gesucht. Diese konnten die bereits bekannten „Funktionszulagen", geregelte Freizeit und Aufstiegsmöglichkeiten erwarten, aber auch „freundliche Zimmer", was darauf hindeutet, dass die Firma voraussetzte, dass manche Beschäftigte von zu Hause auszogen.[170] In manchen Anzeigen wandte sich das Unternehmen an die Eltern zukünftiger Lehrlinge. Gaissmaier pries 1956 zuerst an, dass es sich für die Kinder – in diesem Fall die Töchter – um eine zukunftsträchtige Ausbildungsstätte handelte,[171] und warb

---

[169] WABW, B 61 Bü 206, Buch mit eingeklebten Werbeanzeigen, Stellenangeboten etc. 1954–1966, hier: Stellenanzeige in der Stuttgarter Zeitung vom 18. 08. 1955.

[170] WABW, B 61 Bü 206, hier: Stellenanzeigen vom 02. und 09. 02. 1961, vom 18. und 16. 02. 1961 vom 18. 03. 1961.

[171] WABW, B 61 Bü 206, hier: Stellenanzeige in der Stuttgarter Zeitung, vom 28. 02. 1956.

2.4 Die perfekte Verkäuferin aus Sicht der Unternehmen und der Gesellschaft 63

später, 1963, mit einer zusätzlich zu erhaltenden „Erziehungsbeihilfe" zur Ausbildungsvergütung.[172] Krisensicherheit[173] war ein weiteres Argument. Außerdem wurde die Ausbildung besonders für Mädchen als lohnenswert bezeichnet, da sie ohnehin später die Finanzplanung im ehelichen Haushalt übernehmen würden und den Umgang mit Geld dafür bereits lernen könnten.[174] Von 1960 ist eine Anzeige überliefert, in der speziell „Abiturientinnen" angesprochen wurden. Um ihnen den Einstieg schmackhaft zu machen, wurden ihnen Aufstiegsmöglichkeiten bis hin zur stellvertretenden Filialleitung in einem Großraumladen angeboten.[175] Für die angeblich hervorragenden Bedingungen bei Gaissmaier erwartete man allerdings, dass die „Mitarbeiterinnen aus guter Familie kommen und eine gute Begabung mitbringen".[176] Weiterhin sollten die Mitarbeiterinnen mit „Lust und Liebe" verkaufen.[177]

Die Stellenanzeigen belegen, dass der Arbeitsmarkt um 1960 nicht nur anhand von Charaktereigenschaften, sondern auch anhand von körperlichen Kriterien wie Kraft und Stärke geschlechtsspezifisch segmentiert wurde. Ausschließlich männliche Bewerber wurden etwa für die Position des Metzgers und als Beifahrer für die Lieferwagen gesucht.[178] Beides waren Tätigkeiten, für die eine gewisse Körperkraft vorausgesetzt wurde. Für die Position als „Packerinnen" in den großen Filialen sollten vor allem weibliche Beschäftigte – auch Halbtagskräfte – angesprochen werden.[179] Dabei ging es nicht um das Tragen von schweren Lasten, sondern um das Sortieren und Instandhalten des Lagers, um Vorverpacken bestimmter loser Waren, das Bestücken der Regale oder das Auszeichnen der Ware. Dafür erwartete man eine gewisse Geschicklichkeit, die mit weiblichen Arbeitsweisen in Verbindung gebracht wurde. Dass explizit „Halbtagskräfte" angesprochen wurden, ist als Zugeständnis an den vom Fordismus geprägten Normallebenslauf einer Frau zu bewerten, die keine Vollzeitstelle annehmen konnte, da ihr Fokus auf Haushalt und Familie liegen sollte.

Und auch noch 1970 bemühte man sich bei Gaissmaier mittels einer seitenfüllenden Anzeige um neue „tüchtige Mitarbeiter". Man stellte sich als „modern und fortschrittlich" vor, gleichzeitig aber auch als Bewahrer einer „grundsoliden [...] schwäbischen Mentalität" und als „eine große Familie", und zwar „vom Chef bis zum Lehrling". Bei Gaissmaier war man – zumindest seit den 1970er Jahren –, was das Geschlecht für bestimmte Positionen angeht, nicht ganz so festgelegt, denn es wurden sowohl „Verkäuferinnen" und „Verkäufer" als auch „Filialleiterinnen" und „Filialleiter" gesucht. Lediglich die Stelle des „Metzger[s]" behielt ihre männliche Konnotation.[180]

---

[172] WABW, B 61 Bü 206, hier: Stellenanzeige in der Stuttgarter Zeitung, vom 02. 07. 1963.
[173] WABW, B 61 Bü 206, hier: Stellenanzeige von Gaissmaier, vom 25. 08. 1962.
[174] WABW, B 61 Bü 206, hier: Stellenanzeige von Gaissmaier, vom 4. 11. 1961.
[175] WABW, B 61 Bü 206, hier: Stellenanzeige von Gaissmaier, vom 10. 08. 1957.
[176] WABW, B 61 Bü 206, hier: Stellenanzeige in der Stuttgarter Zeitung, vom 21. 10. 1958.
[177] WABW, B 61 Bü 206, hier: Stellenanzeige in der Stuttgarter Zeitung, vom 21. 07. 1956.
[178] WABW, B 61 Bü 206, hier: Stellenanzeigen von Gaissmaier, vom 11. 03. 1961 und vom 18. 03. 1961.
[179] WABW, B 61 Bü 206, hier: Stellenanzeige von Gaissmaier, vom 8. 10. 1960.
[180] WABW, B 61 Bü 211, Stellenausschreibung der Fa., 1970.

1978 reagierten die Verantwortlichen offenbar auf die gesellschaftliche Vorstellung von den unabhängig vom Geschlecht schlechten Arbeitsbedingungen im Lebensmitteleinzelhandel und in kleinen Filialen, denn dann hieß es in manchen Stellenanzeigen: „GAISSMAIER pflegt die humane Arbeitsplatzgestaltung, bei der jeder innerhalb seines Bereichs eigenverantwortlich entscheiden kann. Somit finden unsere Mitarbeiter günstige Voraussetzungen zur Selbstentfaltung und beruflichen Entwicklung [...]."[181] Sie nahmen aktuelle gesellschaftspolitische Schlagworte auf – „Humanisierung der Arbeit" (HdA)[182] und „Selbstentfaltung"[183] –, um ein Image als fortschrittlicher Arbeitgeber zu kreieren und zu pflegen.

Tüchtigkeit war auch bei Latscha ein explizit hervorgehobener Wesenszug, der vor allem Frauen zugeschrieben wurde. Diese erscheint somit als spezifisch weibliche Ausprägung der in der Nachkriegsökonomie zentralen Tugenden von Fleiß und Leistungsbereitschaft. Dazu gehörte auch ein Fortschrittsversprechen bei ausreichender Anstrengung, das die Stellenanzeigen implizit bereits zu Beginn der 1960er Jahre durchzog.[184] 1961 erklärten zwei Männer im Jahresbericht den Beschäftigten, dass trotz Ausbreitung der Selbstbedienung „der Kunde die freundliche Beratung einer Verkäuferin [wünscht]" und dafür weiterhin „tüchtige gutaussehende Verkäuferinnen" gebraucht würden. Außerdem stellten sie „[t]üchtigen Verkäuferinnen [...] die Leitung kleinerer Läden" in Aussicht.[185] In einer Stellenanzeige von Latscha 1963 bewarb man den neu entstehenden Latscha-Markt mit unterschiedlichen Fachabteilungen als „Traumladen für tüchtige Verkaufskräfte", als modern und vielseitig: „In diesem Latscha-Markt sehen Sie viel, lernen Sie viel; profitieren fachlich viel und verdienen gut." Viel mehr als Tüchtigkeit wurde von den Bewerberinnen und Bewerbern nicht erwartet.[186]

---

[181] WABW, B 61 Bü 217, Buch „10 Jahre Betriebsrat" Dokumentation, 1980, hier: Schreiben an die Beschäftigten „Hier spricht der Betriebsrat, An alle Beschäftigten in der Firma Karl Gaissmaier, Ulm, den 04. 09. 1978, „Wie werden neue Gaissmaier-Mitarbeiter angeworben?", Zitate aus Stellenanzeigen vom 26. 08. 1978 in der Südwestpresse.

[182] Ende der 1960er Jahre wurden in der Bundesrepublik die Stimmen lauter, die eine „humanere", sprich menschengerechtere Arbeitswelt forderten. Dementsprechend sollten Arbeitsinhalte und -bedingungen verbessert werden. Teil dieses Prozesses war auch ein Aktions- und Forschungsprogramm. Dazu grundlegend Kleinöder/Müller/Uhl (Hrsg.), „Humanisierung der Arbeit."; darin zum Forschungsprogramm: Müller, Das Forschungs- und Aktionsprogramm „Humanisierung des Arbeitslebens".

[183] Vgl. zur Betonung von „Selbstverwirklichung" in der Generation der „Postmaterialisten" knapp, aber anschaulich: Hradil, Arbeit, Freizeit, Konsum, S. 73 f.

[184] Vgl. Marißen, Leistungsorientierung in der Bundesrepublik Deutschland. Zur Erfindung des Leistungsprinzips und zur Entstehung bürgerlicher Tugenden im 18. und 19. Jahrhundert als Grundlage für die Bezüge der Nachkriegsökonomie vgl. Verheyen, Die Erfindung der Leistung.

[185] ISG, W 1-10-420, Hausinterne Rundschreiben und Broschüren, die Entwicklung der Firma betreffend (u. a. Jahresberichte), 1950–1976, hier: Jahresbericht 1961, Artikel „Wir haben Frauenüberschuß!" von Dr. G. Proebstl und R. Jancke, o. S.

[186] ISG, S3 / R 1980, Erinnerungen. Hans Latscha, Hrsg. Dieter Latscha, Brönners Druckerei Breidenstein KG, darin Stellenanzeige in Bornheimer Brücke 15, Nr. 10 (16. bis 31. Mai 1963), S. 11.

2.4 Die perfekte Verkäuferin aus Sicht der Unternehmen und der Gesellschaft 65

Bei Latscha war die Geschlechtsspezifik in den 1960er Jahren noch stark ausgeprägt. In einer Faltbroschüre suchte die Firma spezifisch nach „Verkäuferinnen" und „Kassiererinnen". Zwar bevorzugte man „Fachverkäuferinnen", aber ebenso sollten sich „Bewerberinnen ohne Branchenkenntnisse oder Hausfrauen, die wieder in das Berufsleben zurückkehren wollen", angesprochen fühlen. Ihnen würde „eine sorgfältige Einarbeitung" bei vollem Gehalt zukommen. Das Gleiche galt für Kassiererinnen, die entsprechend ausgebildet würden.[187] Hier zeigen sich bereits die vielen Wege, die zur Arbeit im Einzelhandel führen konnten. Je größer der Mangel an Arbeitskräften, desto stärker richteten sich Anzeigen auch an ungelernte Kräfte.[188]

Weitere Einstellungskriterien lassen sich mit Blick auf intersektionale Ungleichheit – also der „Verschränkung verschiedener Ungleichheit generierender Strukturkategorien"[189] – untersuchen. Denn die Anzeigen stellten nicht nur Frauen als different dar, sondern auch Nicht-Deutsche. Als „Frauen zum Auffüllen und für den Hähnchen-Grill" konnten sich auch ausländische Bewerberinnen bewerben; ebenso galt dies für die Suche nach einem „Lagerist[en]" – auch hier sollten sich ausländische Bewerber melden. Da in diesen Stellenangeboten für Einfachtätigkeiten explizit ausländische Kandidatinnen und Kandidaten zur Bewerbung aufgefordert wurden, bedeutete dies im Umkehrschluss auch, dass ihnen ein großer Teil anderer Stellen verwehrt blieb. In der betriebsinternen Hierarchie standen autochthone Frauen über den Migrantinnen, aber auch über den männlichen Beschäftigten mit Migrationshintergrund. Latscha warb mit den Attributen eines „interessanten" und „sicheren" Arbeitsplatzes für sich, außerdem mit der Möglichkeit der freien Arbeitszeitwahl und der Berücksichtigung der An- und Abfahrtszeiten der Züge, um Wartezeiten zu vermeiden.[190] Das Einzelhandelsunternehmen war sich sicher, dass diese Argumente für die anvisierten Zielgruppen als Anreiz ausreichen würden. Sonstige Leistungsangebote oder Fortschrittsoptionen scheinen nicht nötig gewesen zu sein.

Ziel mancher Anzeigen zur Personalwerbung war aber auch, „das ‚Latscha-Image' zu heben", um „genügend qualifizierte Kräfte heranzuziehen", da „vielerorts eine negative Einstellung zum Lebensmittelhandel" herrschte.[191] Gerade in den hierarchisch höheren Berufsstufen suchte Latscha vor allem männliche Bewerber. Während als „Abteilungs-Verkäuferinnen" nur Frauen angesprochen wurden, waren als „Abteilungsleiter(innen)" beide Geschlechter adressiert. „Praktikant (18 Monate Ausbildung zur Führungskraft bei vollem Gehalt)", „Assistent (rechte Hand des Marktleiters für Verwaltungs- und Organisationsaufgaben)" und „Marktleiter (Chef

---

[187] ISG, W 1-10-416, Diverse – hausinterne – Broschüren, 1959–71, hier: Faltblatt „Wir suchen Sie für einen Arbeitsplatz ganz in Ihrer Nähe", o. D.
[188] Vgl. zu verschiedenen Formen der beruflichen Bildung auch Kapitel 3.1.
[189] Vgl. Küppers, Intersektionalität.
[190] ISG, W 1-10-416, hier: Faltblatt „Wir suchen Sie für einen Arbeitsplatz ganz in Ihrer Nähe", o. D.
[191] ISG, Zs 843, Jahresbericht / J. Latscha Frankfurt KG, 1965, o. S., Kommentar zu den gezeigten Anzeigen.

in seinem Supermarkt mit einem Team von 20–40 qualifizierten Mitarbeitern)" sollten offensichtlich männlichen Geschlechts sein. Die Auswertung der Stellenanzeigen bei Gaissmaier und Latscha ergibt ähnliche Befunde. Somit lassen sich in diesem Fall Rückschlüsse auf die gesamte Branche ziehen. Allerdings wünschte die Latscha-Führung weniger Frauen in Führungspositionen. Dies mag ein regionales Spezifikum sein.

Die Stellenanzeigen der Unternehmen des Textileinzelhandels waren hinsichtlich der Anforderungen, den beworbenen Leistungen und auch der Geschlechtsspezifik sehr ähnlich.[192] Verstärkt wurde hier „[g]ewandtes Auftreten, eine gepflegte Erscheinung und Freude am Umgang mit Kunden" verlangt.[193] Vor allem an Frauen richtete sich eine Anzeige, die einen Wiedereinstieg ins Berufsleben versprach: „Ihr zweiter Ausbildungsweg bei C&A ermöglicht Ihnen Chancen zu einem neuen Beruf als Verkäuferin". „Branchenfremden" werde dabei „das nötige Fachwissen" vermittelt und ihnen schon während dieser Einarbeitung das volle Gehalt gezahlt.[194] Eine andere Ausschreibung weicht von den bisherigen ab und belegt damit, dass Aufgaben bisweilen noch als Überbleibsel in manchen Filialen bestehen blieben, die während der 1970er Jahre eigentlich zunehmend an Positionen oder Stellen ausgelagert wurden, die von den reinen Verkaufstätigkeiten gelöst waren. Denn eine Verkäuferin sollte neben der Kundenberatung auch die „Sortimentsüberwachung" und „Innendekoration" bewerkstelligen.[195] In den übrigen Anzeigen waren die Eigenschaften, die Bewerberinnen und Bewerber mitbringen sollten, klar definiert und bestimmten Positionen zugeordnet:

„Verkäuferinnen[,] denen Mode verkaufen so richtig Spaß macht und die Freude am Umgang mit Kunden haben, finden in unseren aktuell sortierten Spezialabteilungen eine interessante Aufgabe.

Verkäufer mit einem gewandten Auftreten, einem ausgeprägten Modebewußtsein und guten Fachkenntnissen haben es leicht, aus unserem umfangreichen Sortiment Kundenwünsche zu erfüllen.

Kassiererinnen an einer „Konfektionskasse" obliegt bei unserem Kassensystem nur das Kassieren. Eine Tätigkeit, die besonders solchen Damen zusagen wird, die bislang den ganzen Tag zum Beispiel auf Additionsmaschinen, tippen. Übrigens – Freundlichkeit macht sich auch an der Kasse bezahlt!

Packtischkontrollen sollten Hilfsbereitschaft zeigen, die Ware fachgerecht verpacken können und in der Lage sein, Kaufquittungen gewissenhaft zu überprüfen."[196]

---

[192] DCM, 119291, Stellenanzeigen zur Neueröffnung von Häusern 1966–1971, hier: Plakat zur Neueröffnung des Hauses in Saarlouis, zum 01. 01. 1971. Soziale Leistungen, geregelte Freizeit und die gute Bezahlung werden betont. Vor allem „Kassierinnen" und „Stenotypistin[nen]" sind weiblich, „Hausmeister" und „Schaufenstergestalter" männlich zu besetzen, DCM, 119291, hier: Anzeige zur Eröffnung in Offenbach, o. D.
[193] DCM, 119291, hier: Anzeige für Haus in Erlangen, o. D.
[194] DCM, 119290, Stellenanzeigen, 1971–1973, hier: Anzeige für Verkäuferinnen und Verkäufer, o. D.
[195] DCM, 119290, hier: Wir suchen eine Verkäuferin für Damen-Oberbekleidung, o. D. Zur Auslagerung von Tätigkeiten und damit verbundener Marginalisierung der weiblichen Beschäftigten vgl. Kapitel 4.2 und 4.3.
[196] DCM, 119290, hier: Anzeige „Eine lohnende Tätigkeit bei C&A", o. D.

2.4 Die perfekte Verkäuferin aus Sicht der Unternehmen und der Gesellschaft 67

Bei C&A suchte man außerdem nach Aushilfen und bot diesen „einen guten Nebenverdienst", „fachliche Weiterbildung" und die Möglichkeit zur Arbeit an einzelnen Tagen an.[197] Eine Besonderheit bildet ein Aufruf an Herren als Aushilfen für den Samstagsverkauf. Auch um sie wurde mit einer guten Bezahlung geworben, und „Freude am Umgang mit Kunden, Hilfsbereitschaft und eine gepflegte Erscheinung" dafür verlangt.[198] Da die männlichen Kräfte nur für die Samstage gesucht wurden, vermutete man bei Männern, dass sie bereits über eine anderweitige Beschäftigung verfügten und dies nur als Zuverdienst auffassen würden, während Frauen – wenn sie denn überhaupt arbeiten wollten – dafür die Wochentage und nicht den für Haushalts- und Familienzeit vorgesehenen Samstag bevorzugten. Ähnlich wie beim Lebensmitteleinzelhandel waren manche Annoncen an die Eltern zukünftiger Auszubildender gerichtet. Es wurde betont, dass es sich um eine „solide Berufsausbildung" handelte, und dass nach zweijähriger Grundausbildung zum Verkäufer beziehungsweise zur Verkäuferin die Möglichkeit bestehe, mit einem intensivierten hausinternen Schulungsprogramm auch die Ausbildung zum Einzelhandelskaufmann zu absolvieren.[199]

Ein Beispiel einer Stellenanzeige für Auszubildende von Hirmer Ende der 1980er Jahre zeigt, dass sich an den Anforderungen an das Verkaufspersonal anscheinend wenig geändert hatte. Verlangt wurde Interesse an Mode sowie „ein kontaktfreudiges, sympathisches Wesen". Geboten wurden Zukunftssicherheit, Aufstiegsmöglichkeiten und ein spezielles Schulungsprogramm.[200]

Ein anonymes Stellengesuch aus demselben Zeitraum verdeutlicht die Veränderung der gesellschaftlichen Anerkennung des Verkaufsberufes: „Bäckergeselle sucht Arbeit, auch als Verkäuferin."[201] Dieses sprachliche Missgeschick, das in einer Sammlung von lustigen Zeitungsannoncen abgedruckt wurde, offenbart die negative Konnotation des Berufs: Verkaufen wurde Ende der 1980er Jahre als minderwertige Arbeit angesehen, die gleichzeitig mit weiblicher Erwerbstätigkeit besetzt war. Eine ähnliche sprachliche Zuschreibung findet sich in dem Docupedia-Artikel zur Geschlechtergeschichte. Die Autorinnen wählten zum Einstieg ein Foto aus. Es bildet ein Stellengesuch einer Bar in Berlin im Jahr 2011 ab. Zu sehen ist ein handgeschriebenes Schild hinter einer Glasscheibe mit der Aufschrift: „Suchen: Barkeeper, Kellnerin."[202] Was die Autorinnen des geschichtswissenschaftlichen Artikels damit ausdrücken möchten, ist vermutlich Folgendes: Auch im Jahr 2011 fanden im Alltag unbewusste geschlechtsspezifische Zuschreibungen von Tätigkeiten statt. Diese Zuschreibungen ordnen vermeintlich minderwertige Tätigkeiten dem weiblichen Geschlecht zu.

---

[197] DCM, 119291, Stellenanzeigen zur Neueröffnung von Häusern 1966–1971, hier: Anzeige für Haus in Erlangen, o. D.
[198] DCM, 119290, Stellenanzeigen, 1971–1973, hier: Anzeige für Aushilfen, o. D.
[199] DCM, 119291, Stellenanzeigen zur Neueröffnung von Häusern 1966–1971, hier: Anzeige „Ab 01. 09. 1970: Eine Berufsausbildung", Sept. 1970.
[200] HUA, 2011 / 06 / 0040, Zeitungsanzeige Süddeutsche Zeitung (SZ) vom 18. 03. 1989: „Auszubildende als Fachberater Einzelhandel und Herrenschneider".
[201] Zitiert nach Ellermann, Bäckergeselle sucht Arbeit, Titel.
[202] Zitiert nach Heinsohn/Kemper, Geschlechtergeschichte, o. S.

Auch in betriebsinternen Broschüren, Mitarbeiterzeitschriften und Rundschreiben die Beschäftigten betreffend waren die Eigenschaften Freundlichkeit und Höflichkeit omnipräsent.[203] Im Latscha-Jahresbericht von 1956 heißt es sogar, dass der Geist der Firma – symbolisiert durch ein kleines Männlein mit Beinen aus Weinflaschen, Armen aus Würstchen, einem Kleid aus einer Latscha-Tüte und einer Zipfelmütze – „überhaupt nur ein freundliches Gesicht machen darf, selbst wenn er traurig wäre".[204] Implizit wurden dadurch die Beschäftigten angesprochen, die im Geschäft stets ihre Fassung wahren sollten. Indem sich diese Apelle häufig an Frauen richteten, reproduzierten sie das Stereotyp der emotional instabilen, zänkischen und unbeherrschten Frau.

Wie viel Wert auf Freundlichkeit bei Latscha gelegt wurde, zeigt ein Zitat von 1952 aus einem sogenannten „Filialleiterbrief": „Eine gute Verkäuferin bemüht sich um jeden Kunden [...]. Und wir wiederholen, dass wir Verkäuferinnen entlassen werden, welche sich in dieser Hinsicht nicht bessern wollen."[205] Neben dieser strikten Maßgabe setzte die Geschäftsleitung bis Mitte der 1950er Jahre „Probeeinkäufer" ein. Zu den Fehlern, die sie auflisteten, gehörten Aspekte des Verkaufens, etwa Probleme mit der korrekten Preisauszeichnung, dem Gewähren von Rabattmarken, oder wenn gegenüber der Kundschaft keine Empfehlungen ausgesprochen wurden. Besonders das Bild des Unternehmens nach außen wurde streng überwacht und so vor allem vermeintlich oder tatsächlich mangelnde Sauberkeit und Freundlichkeit („langsame Bedienung, unordentliche Haare, mürrischer Empfang des Kunden [...], schmutzige Kittel, schmutzige Fussböden") beanstandet.[206] Die Verantwortlichen zitierten in einem weiteren Filialleiterbrief eine Umfrage unter Kundinnen und Kunden des Lebensmitteleinzelhandels, derzufolge ein Großteil den Anbieter dann wechselt, wenn es mit dem Personal unzufrieden war. Zu den Gründen zählten „Gleichgültigkeit des Bedienungspersonals", „Fehler bei der Bedienung", „zu langes Warten auf Bedienung", „falsche Auskünfte" und „Unhöflichkeit des Verkaufspersonals".[207]

In den Häusern von C&A hatte die Hauptverwaltung 1952 zu einer „Höflichkeitsaktion" aufgerufen. Das Resümee war durchweg positiv, allerdings ließ die Anstrengung der Beschäftigten nach kurzer Zeit wieder nach. Wegen mangelnder Höflichkeit wurden in einer C&A-Filiale sogar fünf Angestellte entlassen. 1954 plante man zum Zwecke der Sicherstellung höflichen Verhaltens der Beschäftigten einen „Höflichkeitswettbewerb" unter Beteiligung der Kundschaft – womit man gleichzeitig deren Daten bekommen wollte: „Bei diesem Wettbewerb soll das Publi-

---

[203] Bezüglich bestimmter, berufsspezifischer emotionaler Haltungen vgl. auch die wegweisende Studie aus den 1980er Jahren über Flugbegleiterinnen von Hochschild, The Managed Heart.
[204] ISG, W 1-10-420, Hausinterne Rundschreiben und Broschüren, die Entwicklung der Firma betreffend (u. a. Jahresberichte), 1950–1976, hier: Jahresbericht 1956, Titelblatt.
[205] ISG, W 1-10-488, „Filialleiterbriefe" 1952–1963 – Rundbriefe der Geschäftsleitung, hier: Filialleiterbrief Nr. 10, vom 19. 03. 1952.
[206] ISG, W 1-10-488, hier: Brief der Geschäftsleitung, gez. Günther Latscha vom 25. 09. 1953; Brief der Geschäftsleitung, gez. Günther Latscha, vom 29. 10. 1954.
[207] ISG, W 1-10-488, hier: Brief der Geschäftsleitung, gez. Dieter Latscha, vom 01. 06. 1956.

kum zu der Bedienung kritisch sein Urteil abgeben. Diese Publikumsbeurteilungen sollen sowohl die Grundlagen für eine Prämierung der höflichsten und dienstbereitesten Kräfte werden wie aber auch Unterlagen für ein eventuelles Nachfassen bei schlecht beurteilten Kräften bieten."[208] In den 1960er Jahren war die höfliche Bedienung auch Thema der eigens für C&A-Beschäftigte konzipierten ersten Tonbildschau des Unternehmens mit dem Titel „Freundlichkeit und Höflichkeit helfen verkaufen". Die Verantwortlichen planten für diese betriebsinterne Fortbildung acht bis neun Arbeitsgruppenstunden ein, die durch entsprechendes Schulungsmaterial zusätzlich zur Tonbildschau im Vorfeld und zentral gesteuert didaktisch aufbereitet wurden. „Verkaufstrainer" führten die Weiterbildungen durch. Demnach gehörte es auch zu der von C&A gewollten Freundlichkeit und Höflichkeit, dass sich die Beschäftigten stets in Verkaufsbereitschaft befanden: „Wenn wir Nicht-Verkaufsarbeiten durchführen, müssen wir diese sofort zurückstellen, wenn ein Kunde erscheint. Es geht nicht an, daß Ware auftragsgemäß einsortiert wird und die Kunden während dieser Zeit übersehen werden." Die Verkaufsbereitschaft der C&A-Beschäftigten sollte auch in den eigenen Pausen nicht abgelegt werden: „Da trifft man auf dem Weg zur Kantine einen Kunden auf der Treppe, der sich suchend umsieht. Unsere Verkaufsbereitschaft [...] ist auch da wirksam und hilft dem Kunden, wo ihm zu helfen ist."[209] Diese Anforderungen setzte das Personal permanent stark unter Druck.

Neben Stellenanzeigen und hausinternen Dokumenten lieferten auch Handbücher und Ratgeberliteratur Anhaltspunkte für angehende Verkäuferinnen und Verkäufer, wie sie sich zu verhalten und zu pflegen hatten, etwa die „Hohe Schule der Verkäuferin" von 1957.[210] Das gesellschaftlich vorherrschende Wunschbild einer jungen, selbstbewussten, gutaussehenden und tüchtigen Verkäuferin, die ihrem wohlwollenden Chef die Treue hält und gerne der Kundschaft zu Diensten ist, zeichnet auch der Mädchenroman „Modehaus Schweiger. Hildegard wird Verkäuferin" von 1961 nach. Die Stelle als Filialleiterin des Modegeschäfts erhält die Protagonistin trotz allen Lobes jedoch nicht, sondern ihr Verlobter, der gleichzeitig der Neffe des Modehausbesitzers ist.[211] Ratgeberliteratur für Lehrlinge perpetuierte diese Bilder und Erwartungen bis in die 1990er Jahre.[212]

---

[208] DCM, 109204, Protokoll der 38. Betriebsleiterversammlung 1954, S. 6.
[209] DCM, 126201, Text und Unterweisungsunterlagen zur Tonbildschau „Verkaufen ohne zu fragen", 1960er Jahre, hier: S. 7b–23b. Hier ist der Aktentitel ein wenig irreführend: Tatsächlich liegt der Text der Tonbildschau „Verkaufen ohne zu fragen" vor, allerdings handelt es sich beim zusätzlichen Schulungsmaterial um die Ergänzungen zur Tonbildschau „Freundlichkeit und Höflichkeit helfen verkaufen". Diese findet man wiederum in der Akte: DCM, 119660, Tonbildschau „Höflichkeit und Freundlichkeit helfen verkaufen" 1961, Zitat S. 9b.
[210] Gehrke/Lindemann, Hohe Schule.
[211] Vgl. Bauer, Modehaus Schweiger.
[212] Vgl. Lackmann, „Was ich als Verkäufer(in) lernen muss."; Mohr, Verkäufer, Verkäuferin.

70 2. Die Sozialfigur der Verkäuferin: Allseits beliebt, trotzdem unterbezahlt

So soll sie aussehen

Abb. 2: Renate Jacobi, Geschäftskleidung, nicht datiert, 1950er Jahre

Das äußere Erscheinungsbild war aus Sicht der Firmen für Verkäuferinnen ebenso wichtig wie die charakterliche Eignung. Im Lebensmitteleinzelhandel achtete man erstens auf die Tauglichkeit der Kleidung in der Praxis. Bei Latscha gehörte eine Haube für die weiblichen Beschäftigten in den 1950er Jahren zum Erscheinungsbild. Bis in die 1970er Jahre hinein hatten alle Beschäftigten einen weißen Kittel an. Die Frauen trugen darunter ein Kleid oder einen Rock und hohe Schuhe, die Männer einen Anzug.[213] Zweitens legte man großen Wert auf die Sauberkeit und Ordentlichkeit der Kleidung[214] und die Gepflegtheit des Körpers, vor allem etwa der Fingernägel.[215] In den Augen der Arbeitgeber stand das äußere Erscheinungs-

---

[213] ISG, W 1-10-1410, J. Latscha, o. D.; ISG, W 1-10-1411, Dieter Latscha, re., o. D.; ISG, W 1-10-1412, J. Latscha. Zu datieren sind diese Fotos auf die späten 1950er oder frühen 1960er Jahre, da sie Eröffnungen von etwas größeren SB-Lebensmittelläden zeigen.
[214] ISG, W 1-10-531, Gute Ideen vom Latscha Geist, o. D. Zu datieren aufgrund der grafischen Darstellungen und im Abgleich mit anderen Akten auf Anfang der 1950er Jahre. In der Broschüre ist ein Foto von einer absichtlich unordentlich aussehenden Verkäuferin – betitelt mit: „Das hat uns gar nicht gefallen! Kein Häubchen, wilde Haare, schmutziger Kittel, aufgekrempelte Ärmel."
[215] DCM, 106306, Informationsbroschüre „Handbuch für unsere Lehrlinge", 1955, hier: „Pflege der eigenen Person. Das eigene ‚ICH'", S. 25 f.

2.4 Die perfekte Verkäuferin aus Sicht der Unternehmen und der Gesellschaft

bild zum einen für die innere Verfasstheit – also die Dienstbereitschaft, die Identifikation mit den verlangten Tugenden und mit der Firma.[216] Besonders deutlich wird das an den für Frauen vorgesehenen Hauben, da diese traditionell als Symbol für verheiratete Frauen, aber auch für Anständigkeit und Würde standen.[217] Zum anderen nutzten sie den Körper ihrer Beschäftigten aus, um über die Dienstkleidung ein bestimmtes Image nach außen zu transportieren.

Im Textileinzelhandel gab es in der zweiten Hälfte des 20. Jahrhunderts ebenso konkrete Vorstellungen darüber, wie die Beschäftigten auszusehen hatten. Bei C&A trugen die weiblichen Angestellten schwarze Röcke und weiße Blusen, gegebenenfalls auch ein schwarzes Oberteil – die männlichen Angestellten einen dunklen Anzug: „Es ist [...] vorgeschrieben, daß das Personal seine Tätigkeit in dunkler, dezenter Kleidung ausübt. Diese Kleidung wird zu besonders vorteilhaften Preisen zur Verfügung gestellt."[218] Bei diesem sogenannten Kleidergeld gab es allerdings eine Höchstgrenze, sodass „jeder Anfänger auch aus eigenen Mitteln beisteuern" musste.[219] Für junge Auszubildende gab es eine Sonderregelung: „Solange Lehrlinge noch nicht verkaufen dürfen, erhalten sie einen netten, sauberen Lehrlingskittel."[220] Für die Kundschaft und auch die Kolleginnen und Kollegen war der geringe Status der Auszubildenden so auf den ersten Blick sichtbar. Sie wurden auch besonders auf die Pflege ihres Äußeren hingewiesen: „Wenn z. B. [die] Frisur vernachlässigt ist, die Fingernägel unsauber, die Zähne ungepflegt oder die Schuhe mangelhaft geputzt sind, wird die Gesamtwirkung trotz guter Kleidung schlecht sein."[221] Die übrigen Beschäftigten wurden ebenfalls bezüglich ihres Aussehens gemaßregelt und auf die Wunschvorstellung von C&A hingewiesen: „Das Verkaufspersonal muß einen frischen, natürlichen und gewinnenden Eindruck machen!" Man sollte weder „nachlässig" erscheinen, um die Kauflaune nicht zu verderben, noch „aufgetakelt" wirken, um „die einfache Kundin" nicht abzuschrecken. Zur Optimierung des eigenen Äußeren waren die ursprünglich der Erholung dienenden Arbeitspausen vorgesehen: „Sorgen Sie dafür, daß Sie abgelöst werden, um kurz Ihre äußere Erscheinung in Ordnung zu bringen. Denken Sie vor allen Dingen daran, daß die Pausen dazu ausgenutzt werden."[222]

Seit 1951 gab es Anstecknadeln für das Personal. Verschiedene Ausführungen dienten der Kennzeichnung verschiedener Status innerhalb der Belegschaft: „Versilbert oder in Leichtmetall mit eingeprägtem Namen für das feste weibliche Personal", „in abgewandelter Form für das Reversknopfloch der Herren", „eventuell

---

[216] Vgl. zum Verhältnis von Arbeit, Geschlecht und Körper den Sammelband von Morgan (Hrsg.), Gender, Bodies and Work.
[217] Vgl. Loibl, Staatliches Textil- und Industriemuseum, S. 107.
[218] DCM, 106306, Informationsbroschüre „Handbuch für unsere Lehrlinge", 1955, S. 26.
[219] DCM, 117090, Rundschreiben an die Geschäftsleitungen der Häuser 1953, hier: Schreiben der C. & A. Brenninkmeyer G.m.b.H. Hauptbetriebsleitung, an die Geschäftsleitungen aller C&A-Betriebe, Schreiben Nr. 26/1953, vom 07. 07. 1953.
[220] DCM, 106306, Informationsbroschüre „Handbuch für unsere Lehrlinge", 1955, S. 26.
[221] DCM, 106306, Informationsbroschüre „Handbuch für unsere Lehrlinge", 1955, S. 25.
[222] DCM, 126201, Text und Unterweisungsunterlagen zur Tonbildschau „Verkaufen ohne zu fragen", 1960er Jahre, hier: S. 11bf.

vergoldet für Aufsichten" und „als Rahmen gearbeitet mit einer Einschubvorrichtung von oben für ein Blättchen mit dem Namen der Aushilfe".[223] Die Nadel musste gut sichtbar an der Kleidung angebracht werden und sollte der Kundschaft und dem Verkaufspersonal erleichtern, miteinander in Kontakt zu treten.[224] Nach drei Jahren zeigte sich, dass die Beschäftigten mit den Nadeln unzufrieden waren, sodass neue, leichtere und stabilere Exemplare angeschafft wurden. Man wollte Anstecker finden, bei denen die Verkaufskräfte „die so oft gezeigte Animosität gegen die Nadeln ablegen".[225] Die Anstecknadeln können ebenso als ein Mittel interpretiert werden, dass das Personal in steter „Verkaufsbereitschaft" stand, da es so jederzeit sogar beim Namen angesprochen werden konnte, mit dessen Kenntnis im gewöhnlichen Umgang miteinander eine gewisse Intimität einhergeht. Die Veränderungen, die an den Nadeln im Laufe der Zeit vorgenommen wurden, belegen die schwindende Wertschätzung gegenüber den Beschäftigten: von einer Nadel mit eingraviertem Namen über ein Schild mit aufgedrucktem Namen hin zu einem Namensschild, dessen papierner Einsatz auswechselbar ist.[226]

In den 1970er Jahren setzte sich der Betriebsrat bei C&A dafür ein, dass Frauen Hosen als Dienstkleidung tragen durften. Dafür stellte er 1973 einen Antrag. Anhand der Betriebsratsprotokolle sind deutliche Differenzen zur Geschäftsleitung nachzuvollziehen. „Die Geschäftsleitung lehnte den Antrag mit der Begründung ab, dass das Tragen einer Hose in Bezug auf die Optik sehr abhängig sei von Figur und Alter. Als Betriebsleiter könne man aber nicht einem Teil der Mitarbeiterinnen das Tragen von Hosen erlauben, dem anderen aber wiederum nicht." Die Auseinandersetzung dauerte zwei Jahre an, bis schließlich das Tragen von Hosen auch für weibliche Beschäftigte erlaubt war.[227] Kurz darauf trug eine Verkäuferin Hotpants zur Arbeit. Mit der Begründung, „dass C&A doch genau diese Hosen verkaufe", durfte sie dies trotz Vorbehalten der Geschäftsleitung tun.[228]

Bei Hirmer gab es keine einheitliche Kleidung, aber man musste „ordentlich" zur Arbeit erscheinen, was dazu führte, dass die Männer einen Anzug, die Frauen ein Kostüm trugen und Auszubildende bei ihrer Erstausstattung gelegentlich finanziell unterstützt wurden. Den Beschäftigten wurde hier ein höherer Grad an Individualität zugestanden, und eine geringere Vereinnahmung für das Außenbild des Unternehmens aufgebürdet, was sicherlich zu einem positiveren und selbstbestimmteren Selbstbild beitrug.

---

[223] DCM, 106863, Tagesordnungen der 30.–31. und Protokolle der 32.–34. Betriebsleiterversammlung 1948–1952, hier: Protokoll der Betriebsleiterversammlung 1951, S. 5.
[224] DCM, 100076, Informationsbroschüre „Handbuch für unsere Betriebsmitglieder", 1957, S. 15.
[225] DCM, 109204, Protokoll der 38. Betriebsleiterversammlung 1954, S. 19 f.
[226] Abbildungen verschiedener Anstecknadeln, in: DCM, 119846, Mein C&A, S. 56 f.
[227] Die Bearbeiterin erhielt zu diesem Vorgang keine Dokumente, beruft sich aber auf die niedergeschriebene Geschichte einer ehemaligen Mitarbeiterin; DCM, 119846, Geschichte von R. D. L., o. D., S. 39.
[228] Auch hierzu wurde kein Aktenmaterial ausgegeben; DCM, 119846, Geschichte von K. R., o. D., S. 179.

Nicht perfekt: die Warnliste bei C&A

Dass nicht alle Beschäftigten diesem Wunschbild entsprachen oder sich dementsprechend verhielten, zeigt die sogenannte Warnliste, die bei C&A geführt wurde. Anhand einiger überlieferter Listen kann beispielhaft gezeigt werden, welche Vergehen der Beschäftigten von der Hauptbetriebsleitung als erfassungswürdig eingestuft wurden. Grundsätzlich führte die Warnliste Personal auf, „welches wegen irgendwelcher Delikte oder charakterlicher Mängel nicht mehr eingestellt werden soll".[229] Leider ist nicht eindeutig, welche Vergehen zu welchen Konsequenzen führten, aber die Erfassung an sich ist bereits bemerkenswert, da sie offenbart, was konträr zu den erwünschten Verkaufspersonalvorstellungen lag. Diese Liste wurde kontinuierlich bis mindestens 1960 geführt.[230] Das häufigste Vergehen, das auf den Listen zu finden ist, ist Diebstahl. Dieser kam in den Fabriken, im Lager bei Kolleginnen und Kollegen, im Verkaufsraum und sogar in „Zusammenarbeit" mit der Kundschaft vor. Sowohl weibliche als auch männliche Beschäftigte machten sich diesbezüglich schuldig.[231] Ladendiebstahl war im Allgemeinen vor allem im Zusammenhang mit der Einführung der Selbstbedienung in der Diskussion. Neben den Gewerkschaften befassten sich die Unternehmen und Fachzeitschriften damit,[232] aber auch andere gesellschaftliche Akteure wie die Polizei versuchten schon länger, gegen Diebstahl im Einzelhandel vorzugehen.[233] Eine weitere Form des Betrugs war das Vertauschen von Preisetiketten, also eine bewusste Falschauszeichnung, um sich einen Vorteil beim Einkauf zu verschaffen, oder die „Herabzeichnung von Kleidern", sprich die unzulässige Gewährung eines Rabatts.[234] Ähnlich waren auch die Anschuldigungen der Veruntreuung, des Vertrauensmissbrauchs und der Unstimmigkeiten in der Kasse, die sich ebenfalls häufig in den überlieferten Listen wiederfinden. Beides – Diebstahl und das Austauschen von

---

[229] DCM, 106863, Tagesordnungen der 30.–31. und Protokolle der 32.–34. Betriebsleiterversammlung 1948–1952, hier: Protokoll der Betriebsleiterversammlung 1950, S. 8.

[230] Im Rahmen der Archivrecherche wurde Einblick zu den Beständen bis 1961 in der DCM gewährt. Eine ausführlichere Erläuterung der Quellenproblematik bei C&A findet sich in der Einleitung zu dieser Arbeit. Die DCM-Archivarin äußerte sich nicht zur Vermutung, was mit den Beschäftigten der Liste passiert sein könnte.

[231] DCM, 117090, Rundschreiben an die Geschäftsleitungen der Häuser 1953, hier: C. & A. Brenninkmeyer GmbH Hauptbetriebsleitung, an die Geschäftsleitungen aller C.&A.-Betriebe, Schreiben Nr. 34/1953, Betr.: Warnliste, vom 28. 09. 1953.

[232] Vgl. u. a. o. A., Jeder Ladendieb wird angezeigt. Lebensmittelfirmen starten gemeinsame Aktion, in: Frankfurter Neue Presse, 06. 12. 1973. Demnach gründeten mehrere Unternehmen 1973 die „Arbeitsgemeinschaft zur Verhütung von Ladendiebstahl" und wollten durch ihr gemeinsames Vorgehen eine größere Wirkung erzielen. Sie planten auch, eine Datenbank einzurichten. Laut dem Artikel war Ladendiebstahl zu dem Kriminaldelikt mit der höchsten Zuwachsrate geworden und der durchschnittliche Wert des Diebstahls hätte sich durch die Professionalisierungstendenzen bei Diebstählen drastisch erhöht. Im Zuge dieser Arbeit kann hier nicht näher auf die Entwicklung von Diebstahl im Zusammenhang mit Selbstbedienung eingegangen werden.

[233] Vgl. Tegel, Ladendiebin.

[234] DCM, 117088, Rundschreiben an die Geschäftsleitungen der Häuser 1954, hier: C. & A. Brenninkmeyer GmbH Hauptbetriebsleitung, an die Geschäftsleitungen aller C.&A.-Betriebe, Schreiben Nr. 15/1954, Betr.: Warnliste, vom 24. 05. 1954.

Etiketten – lief quer zur erwarteten kaufmännischen Eigenschaft der Ehrlichkeit. Derlei „unmoralische[r] Lebenswandel" wurde einer 27-jährigen Beschäftigten zum Verhängnis und sie wurde auf die Liste gesetzt.[235] Ähnlich vage war die Anschuldigung der „Arbeitsbummelei" bei einer 17-Jährigen.[236] Zwei junge Frauen kamen mit einer Notiz über unentschuldigtes Fehlen auf die Liste.[237] Ein anderer, sich häufender Vorfall war das anderweitige Arbeiten während einer Krankschreibung.[238] Mit dem Vermerk „charakterlich nicht einwandfrei" wurde ein männlicher Beschäftigter Mitte 30 auf die Liste gesetzt.[239] Zwei junge Männer an die 20 Jahre kamen gemeinsam „wegen ungehörigen Verhaltens außerhalb des Betriebes" auf die Liste.[240] Beide Aussagen deuten in Richtung sexuelle Belästigung. Noch offensichtlicher sind zwei Erfassungen von 1956: ein 36-Jähriger und ein 29-Jähriger fielen mit ihrem „Verhalten gegenüber jungen weibliche[n] BM [Betriebsmitgliedern] in Wiesbaden" auf; ein anderer wurde des „[u]nkorrekte[n] Verhalten[s] gegenüber dem weiblichen Personal im Hs. Ddf. [Haus Düsseldorf]" bezichtigt.[241] All diese Aspekte entsprachen nicht den Vorstellungen des ehrbaren Kaufmanns und den Charaktereigenschaften der Anständigkeit, des Fleißes beziehungsweise der Tüchtigkeit und der Freundlichkeit. Gegen Ende der 1950er Jahre werden die Anschuldigungen auf den Listen spezifischer und weisen auf ein Aufbegehren mancher Beschäftigter hin. 1958 wurden dann erstmals Arbeitsgerichtsklagen gegen C&A erhoben.[242] Diese wurden 1959 auch erfasst: „Die Aufstellung umfaßt nachträglich auch die Personen, die im Laufe der letzten Jahre Arbeitsgerichtsklagen gegen uns eingereicht haben." Selbst das Drohen mit einer Klage seitens der Angestellten führte zu einer Erfassung in der Warnliste.[243] Die Warnliste

[235] DCM, 115783, Rundschreiben an die Geschäftsleitung Haus Essen 1951–1953, hier: C. & A. Brenninkmeyer GmbH Hauptbetriebsleitung, an die Geschäftsleitungen aller C. & A.-Betriebe, Schreiben Nr. 6/1952, Betr.: Warnliste, vom 22. 02. 1952.
[236] DCM, 115783, hier: C. & A. Brenninkmeyer GmbH Hauptbetriebsleitung, an die Geschäftsleitungen aller C&A-Betriebe, Schreiben Nr. 34/1952, Betr.: Warnliste, vom 7. 10. 1952.
[237] DCM, 117087, Rundschreiben an die Geschäftsleitungen der Häuser 1955, hier: C. & A. Brenninkmeyer GmbH Hauptbetriebsleitung, an die Geschäftsleitungen aller Häuser, Schreiben Nr. 3/1955, Betr. Warnliste, vom 04. 04. 1955.
[238] DCM, 117086, Rundschreiben an die Geschäftsleitungen der Häuser 1956, hier: C. & A. Brenninkmeyer G.m.b.H. Hauptbetriebsleitung, an die Geschäftsleitungen aller Häuser, Schreiben Nr. 27/1956, Betr.: Warnliste, vom 24. 09. 1956.
[239] DCM, 117090, Rundschreiben an die Geschäftsleitungen der Häuser 1953, hier: C. & A. Brenninkmeyer GmbH Hauptbetriebsleitung, an die Geschäftsleitungen aller C&A-Betriebe, Schreiben Nr. 27/1952, Betr.: Warnliste, vom 08. 07. 1953.
[240] DCM, 117087, Rundschreiben an die Geschäftsleitungen der Häuser 1955, hier: C. & A. Brenninkmeyer GmbH. Hauptbetriebsleitung, an die Geschäftsleitungen aller Häuser, Schreiben Nr. 23/1955, Betr.: Warnliste, vom 23. 11. 1955.
[241] DCM, 117086, Rundschreiben an die Geschäftsleitungen der Häuser 1956, hier: C. & A. Brenninkmeyer G.m.b.H. Hauptbetriebsleitung, An die Geschäftsleitungen aller Häuser, Schreiben Nr. 12/1956, Betr. Warnliste, vom 05. 04. 1956.
[242] DCM, 108187, Rundschreiben an die Geschäftsleitungen der Häuser 1958, hier: C. & A. Brenninkmeyer G.m.b.H., Hauptbetriebsleitung, an die Geschäftsleitungen aller Häuser, Schreiben Nr. 9/1958, Betr.: Warnliste, vom 23. 04. 1958.
[243] DCM, 119429, Rundschreiben an die Geschäftsleitungen der Häuser 1959–1960, hier: C. & A. Brenninkmeyer G.m.b.H. Hauptbetriebsleitung, An die Geschäftsleitungen aller Häuser, Schreiben Nr. 19/1959, Betr.: Warnliste, vom 24. 06. 1959.

2.4 Die perfekte Verkäuferin aus Sicht der Unternehmen und der Gesellschaft 75

von C&A zeigt, in welchen Momenten die Beschäftigten an den Vorgaben und Wunschbildern des Unternehmens scheiterten, beziehungsweise wo die Vorstellungen von Beschäftigten und Unternehmen gegensätzlich verliefen.

Probleme der Perfektion: sexuelle Belästigung

Der Fokus auf das Aussehen und die mit einem Lächeln verbundene Freundlichkeit machten den Einzelhandel schon im 19. Jahrhundert zu einem als sexualisiert wahrgenommenen Arbeitsplatz. An diesem wurde „der Körper der Verkäuferin [...] als jederzeit verfügbares Objekt männlicher Begierde angesehen".[244] Die sich daraus ergebenden Probleme zeigten sich noch in den 1950er Jahren – wie bei den erwähnten Übergriffen auf der C&A-Warnliste. Auch im Lebensmitteleinzelhandel kannte man dies. Die Geschäftsführung des Lebensmittelfilialunternehmens Latscha wies 1953 ihre Filialleiter auf einen Vorfall hin, bei dem sie einen Mitarbeiter fristlos entlassen haben, „weil er sich unkorrekt gegen seine Verkäuferinnen benahm".[245] Von sexualisierter Wahrnehmung zeugt auch ein Beispiel aus einer Filiale des Lebensmitteleinzelhandelsunternehmens Gaissmaier 1954. In einem Schreiben der weiblichen Beschäftigten an ihre Chefin, die Filialleiterin, beschwerten sich diese über die Anbringung der neuen Namensschilder: „Wir bitten unsere Geschäftsführerin [...] sich bei der Geschäftsleitung dafür einzusetzen, daß zu den vorgesehenen Namensbroschen auch nach Maß gefertigte Gummi-Busen mitgeliefert werden. Diese Maßnahme dürfte sicherlich die Auffindung der Namensbrosche dem Kunden erleichtern und vor allen Dingen den Umsatz erheblich steigern." Ihre als zynische Bitte vorgebrachte Meinungsäußerung deutet auf den Alltagssexismus hin, der den Frauen Mitte der 1950er Jahre im Einzelhandel widerfuhr.

Bewusstes und plakatives Zeigen von kurzen Röcken und viel nackter Haut an den Beinen wird in einem Film von 1971 genutzt, um auf das Thema aufmerksam zu machen. Er ist aus einem Filmprojekt von Mitgliedern der Neuen Frauenbewegung gemeinsam mit weiblichen Supermarktangestellten entstanden.[246] Das Hauptnarrativ des Films dreht sich um die Frage des Zusammenhangs zwischen der Arbeit im Supermarkt und dem Leben zu Hause (mit Kindern, zum Teil alleinerziehend) sowie um die geschlechterungleiche Bezahlung. Zusätzlich werden sehr viele Nebenstränge aufgemacht – unter anderem das äußere Erscheinungsbild der Verkäuferinnen und sexuelle Belästigung durch ihre männlichen Kollegen. Die Regisseurin[247] arbeitet darin mit vielen Nahaufnahmen der Beine, Augen und Lippen der Frauen.[248]

---

[244] Vgl. Lindemann, Warenhaus, S. 158.
[245] ISG, W 1-10-488, „Filialleiterbriefe" 1952–1963 – Rundbriefe der Geschäftsleitung, hier: Brief, gez. Günther Latscha, vom 29. 10. 1953.
[246] Vgl. „Für Frauen. 1. Kapitel" (BRD 1971).
[247] Cristina Perincioli war eine wichtige Person in der Berliner Frauenszene. Sie setzte sich auch andernorts intensiv mit sexualisierter Gewalt auseinander und war u. a. Mitbegründerin eines Frauenzentrums und Mitinitiatorin der Lesbenbewegung. Ein von ihr verfasstes Erinnerungsbuch gibt darüber Aufschluss; vgl. Perincioli, Berlin wird feministisch.
[248] Für Frauen, u. a. 00:18:29–00:18:39 und 00:19:49–00:19:52.

Besonders die Jüngste unter ihnen wird porträtiert, als wäre sie sehr auf ihr Äußeres bedacht und stünde – auch deshalb – unter der Fuchtel ihres Partners und anderer Männer.[249] Bezeichnend ist eine Szene, in der ein Lagerarbeiter gemeinsam mit dieser Verkäuferin Spirituosen für den Verkauf im Laden vorbereitet, wobei er sich zunächst eine Zigarette anzündet und dann einzelne Flaschen in einen Einkaufswagen räumt, während sie hingegen schwere Kartons auf eine Sackkarre lädt. Sein Kommentar dazu: „Muskeln gibt das! Und stramme Titten!"[250] Derselbe Arbeiter wird in einer späteren Szene sogar übergriffig – fasst ihr von hinten an die Hüfte, als sie sich nach weiteren Kisten bückt – und sagt: „Na, Süße? Wie wär's denn mit uns heut Abend mal?"[251] Da diese Szene unmittelbar auf eine Schminkszene folgt, kommt zum Ausdruck, dass sie – zumindest zum Teil – selbst schuld sei.[252] Diese Sichtweise entlarvte die Neue Frauenbewegung als sexualisierte Weiblichkeitskonvention im Patriarchat: Frauen, die sich durch ihr Auftreten beugen, machen sich selbst zu Zielscheiben für die Übergriffe von Männern.[253] Kriminalpsychologisch wurde die Schuld für solche Übergriffe bei den Frauen selbst gesucht.[254] Diese Auffassung war im gesellschaftlichen Bewusstsein noch lange verankert. Deutlich wird das anhand der Strategien und Handlungsanweisungen, die den betroffenen Frauen nach solch einem Vorfall oftmals auf den Weg mitgegeben wurden.[255]

Der Film geht weitaus ambivalenter mit dem Thema der sexuellen Belästigung und des äußeren Erscheinungsbildes um. In der letzten Szene gehen die Frauen Arm in Arm in ihrer Alltagskleidung über die Straßen. Dabei wird der Minirock als emanzipatorisches Stilmittel eingesetzt, das – ohne den Arbeitskittel darüber – von der Befreiung der Frauen kündet. Dazu läuft ein Lied der Band Ton Steine Scherben:

„Es gibt keine Liebe, wenn wir sie nicht wollen. Es gibt keine Sonne, wenn wir sie nicht sehen. Es gibt keine Wahrheit, wenn wir sie nicht suchen. Es gibt keinen Frieden, wenn wir ihn nicht wollen. Alles verändert sich, wenn du es veränderst. Doch du kannst nicht gewinnen, solange du allein bist."[256]

---

[249] Für Frauen, 00:12:13–00:13:00.
[250] Für Frauen, 00:03:09–00:04:02.
[251] Für Frauen, 00:14:09–00:14:23.
[252] Dies mag ein Überbleibsel von gesellschaftlich tradierten Vorstellungsbildern sein, könnte aber auch ein Charakteristikum der Neuen Frauenbewegung sein. Da zu diesem Film recht wenige Hintergründe bekannt sind, wird sich dies nicht abschließend klären lassen.
[253] Vgl. hierzu Lenz, Wenn Frauen nein sagen, sowie den Nachdruck des Gedichts „Selber schuld!", S. 285–87.
[254] Vgl. Schönfelder, Rolle des Mädchens; Müller-Luckmann, Über die Glaubwürdigkeit. Während Schönfelder bei gut einem Drittel der Betroffenen eine eigene Mitschuld ausmachte (S. 120 f.), versuchte Müller-Luckmann zwar überkommene Vorstellungen von der Unglaubwürdigkeit von jungen Frauen und Mädchen zu entkräften, transportierte die Mitschuld-These durch die Festschreibung bestimmter Charaktereigenschaften aber weiter (S. 105 f.).
[255] Vgl. etwa das Kapitel „Das kann mir jederzeit wieder passieren' – Tips zu Vorbeugemaßnahmen und Verhaltensweisen", in: Plogstedt/Degen, Nein heißt nein, S. 90–94.
[256] Für Frauen, 00:26:39–00:27:42.

2.4 Die perfekte Verkäuferin aus Sicht der Unternehmen und der Gesellschaft 77

Solche kollektiven Filmproduktionen wurden auch – wie Julia Tirler an anderen zeitgenössischen Beispielen aus Frankreich und Italien zeigte – als emanzipatorische Strategie in Arbeitskämpfen eingesetzt. Sie dienten dazu, „einerseits die vorherrschenden Arbeitsordnungen im jeweiligen Kontext in Frage zu stellen und andererseits Repräsentationen von Arbeit aus der Position der Arbeitenden zu schaffen".[257] Als emanzipatorisch könnte das Zeigen von nackter Haut bei besagter C&A-Angestellten gedeutet werden, die gegenüber der Geschäftsleitung durchsetzte, dass sie Hotpants anziehen durfte.

Nicht nur von Kundenseite war anzügliches Verhalten zu erwarten, sondern offenbar auch von den Kollegen, wie die Beispiele der C&A-Warnliste zeigen, und von Vorgesetzen, wie die Äußerung einer 34-jährigen Verkäuferin bestätigt:

„An und für sich macht mir mein Job Spaß, [...] [d]as Schlimme ist nur, dass mein Chef so eine Grapschsau ist! Er versucht das bei fast jeder. Ich war auch schon sein Opfer und habe wahnsinnig darunter gelitten. [...] Er ist so ein wahnsinnig mieser Kerl, daß ich halt Angst davor habe, mich nicht wehren zu können, falls er mit irgendwelchen Repressalien kommt. Ganz sicher weiß ich, daß er die ganzen Spielchen mit zwei jungen Verkäuferinnen treibt [...]. Also wenn er mit einer nach unten fährt [...], ist er total ungestört. Oder er ruft sie durch die Ladendurchsage ganz offiziell in sein separates Büro. [...] An seinen Vorgesetzten wollte ich mich auch schon mal wenden, aber habe noch rechtzeitig bemerkt, daß das auch so ein Chauvi ist [...]. Was kann ich gegen so ein Arschloch von Chef denn unternehmen, ohne daß ich eventuell meinen Job verliere?"[258]

An diesem Zitat wird deutlich, dass die Komponenten Hierarchie und Macht sich auf sexuelle Gewalt am Arbeitsplatz auswirkten und spezifische Machtmechanismen den betroffenen Frauen suggerierten, dass sie keinerlei Handlungsoptionen hätten.[259] Dies wurde seit Mitte der 1980er Jahre vermehrt thematisiert, als allmählich das in der Frauenbewegung lange vorhandene Problembewusstsein für sexuelle Belästigung in Kombination mit geschlechtsspezifischen Hierarchie- und Machtgefällen in breitere gesellschaftliche Kreise vordrang.[260]

Die Gewerkschaften, die qua Auftrag für die Rechte von Frauen am Arbeitsplatz eintreten sollten und somit das Frauenbild der Unternehmen und Gesellschaft in eine gleichberechtigte Richtung hätten beeinflussen können, reagierten sehr spät. Eine Betriebsrätin und Gewerkschafterin stellte Anfang der 1980er Jahre in einem Beitrag in der Zeitschrift „Courage" die These auf, dass es bei Übergriffen von Kollegen und Vorgesetzen nicht um Erotik gehe, sondern um das Ausnutzen und Demonstrieren von geschlechtlichen Machtverhältnissen. Wenn die Frauen sich beschweren, würde ihnen anstelle von Mitgefühl und Verständnis „Männerkumpanei" von Vorgesetzten und Gewerkschaftern entgegengebracht.[261] Dieser Feststellung entspricht auch die Tatsache, dass erst Ende der 1980er Jahre die Delegierten

---

[257] Tirler, Kollektive Filmproduktion.
[258] Geschichte „Im Supermarkt", zitiert in: Plogstedt/Bode, Übergriffe, S. 45 f.
[259] Analog dazu vgl. die mittlerweile sehr bekannte Studie zum Verhältnis von Sexualität und Macht am Arbeitsplatz am Beispiel von Sekretärinnen: Pringle, Secretaries talk.
[260] Davon zeugen eine Reihe von Veröffentlichungen beginnend mit: Plogstedt/Bode, Übergriffe; Gerhart, Tatort Arbeitsplatz; Sadrozinski, Grenzverletzungen.
[261] Vgl. Poggenpohl, Grapscher.

der Landesbezirkskonferenz der bayerischen HBV einen Antrag der Ortsverwaltung München mit dem Betreff „Sexuelle Belästigung" verabschiedeten, wohlgemerkt mit 21 Gegenstimmen und drei Enthaltungen – bei 57 Delegierten keine geringe Zahl. Ziel des Antrags war es, „innerhalb der Gewerkschaften das Problembewußtsein über die vielfach frauenfeindlichen Situationen in [...] Betrieb und Gesellschaft" zu etablieren. Funktionäre und Mitglieder der HBV sollten daher diesbezüglich aufgeklärt werden, denn, so heißt es weiter: „Diese Form der Diskriminierung macht vor keinem Gesellschaftsbereich – auch nicht in unseren eigenen Reihen – halt."[262] Zusätzlich stimmten sie dem Antrag des Landesbezirksfrauenausschusses zu, nach dem das Thema Sexuelle Belästigung fester Bestandteil von Seminaren der Gewerkschaft werden sollte. Denn: „Wir müssen uns in unseren eigenen Gewerkschaftsreihen darin üben, die Belästigung zu benennen und offen damit umgehen." Außerdem wurde im Antrag auf die fortwirkenden Mechanismen der Schuldzuweisung verwiesen und verschiedene Formen der sexuellen Belästigung aufgezählt: „angefangen bei spöttischen oder peinlichen Bemerkungen oder Witzen, unaufgeforderten Kommentaren über Kleidung oder Aussehen, vorsätzlich schlechte Behandlung[,] Zur-Schau-Stellung anstößiger Pin-up[s] oder pornographischer Bilder bis hin zu wiederholten und/oder unerwünschtem körperlichen Kontakt, unsittlichen Forderungen oder tätlichen Angriffen".[263] Der DGB veröffentlichte 1992 einen Ratgeber, der sich ausschließlich an betroffene Frauen richtete. Zwar stellte dieser die Gewerkschaften sowie Betriebs- und Personalräte als zuständige Ansprechpartner im Falle einer Belästigung vor, leider wies er jedoch die Hauptverantwortung der Veränderung den Opfern selbst zu.[264]

***

Zwei wichtige Schlussfolgerungen für die Arbeitswelt des Einzelhandels sind festzuhalten: Zum einen wurden in der Vorstellung der meisten Unternehmen bereits seit den 1950er Jahren Eigenschaften des Verkaufspersonals akzentuiert, die weiblich konnotiert waren und auch heute noch sind, wie Zuverlässigkeit, Freundlichkeit und stete Dienstbereitschaft. Dies geht einher mit dem Befund der zeitgeschichtlichen Forschung, dass während der 1950er Jahre eine Retraditionalisierung der Geschlechterrollen stattfand.[265] Hinzu kam, dass in der sich zunehmend ausprägenden Konsumgesellschaft die Orientierung an der Kundschaft bei allen Unternehmen noch verstärkt wurde. Der bei der Einführung der Selbstbedienung lautgewordenen Kritik eines „seelenlosen" Verkaufs versuchte man mit einer expli-

---

[262] AdMAB, HBV, „Der richtige Schritt". Ergebnisprotokoll der 11. Ordentlichen Landesbezirkskonferenz der Gewerkschaft HBV, Landesbezirk Bayern am 27./28. Februar 1988 in Erlangen, S. 32 f.
[263] AdMAB, HBV, „Der richtige Schritt". Ergebnisprotokoll der 11. Ordentlichen Landesbezirkskonferenz der Gewerkschaft HBV, Landesbezirk Bayern am 27./28. Februar 1988 in Erlangen, S. 33 f.
[264] Vgl. Plogstedt/Degen, Nein heißt nein.
[265] Vgl. Heinsohn, Nachkriegszeit und Geschlechterordnung; Schissler, „Normalization" as Project.

ziten Betonung der Dienstleistungsbereitschaft zu begegnen.[266] Daran hat sich bis in die 1990er Jahre kaum etwas verändert. Das Aussehen musste spezifischen Ansprüchen genügen – Körperpflege und ein ständiges Lächeln waren zentral. Dabei kam oftmals eine einheitlich getragene Kleidung zum Einsatz. Im Lebensmitteleinzelhandel ist Berufskleidung weiterhin üblich, im Textileinzelhandel werden dagegen häufig die zu verkaufenden Kleidungsstücke getragen. In beiden Fällen dient weiterhin der Körper der Beschäftigten als zusätzliche Werbe- und Präsentationsfläche der Unternehmen. Insofern waren die Wunschbilder an das Verkaufspersonal über die Wandlungen in den Verkaufsprozessen hinweg gleich.

Zum Zweiten – und das gilt auch bei sonstigen kundenorientierten Dienstleistungen – bestand im Einzelhandel ein doppeltes Abhängigkeitsverhältnis, und zwar gegenüber den (meist) männlichen Vorgesetzten sowie gegenüber den zufriedenzustellenden Kundinnen und Kunden. Mit der Durchsetzung der Selbstbedienung wurde letzteres noch verstärkt. Entsprachen die Frauen nicht dem vorgegebenen Bild, wurden sie aussortiert, vor allem in Zeiten, in denen genug Personal vorhanden war. Allerdings konnten die Unternehmen aufgrund der angespannten Arbeitskräftelage nicht immer nach ihren Wünschen handeln. Je stärker sie für sich warben und etwa auch mit zusätzlichen betrieblichen Leistungen operierten,[267] desto mehr konnten sie das Personal nach ihren Maßstäben auswählen. Ein Phänomen, das mit dem Streben nach gutem Aussehen und perfektionierter Freundlichkeit einherging und seit den 1980er Jahren sichtbar und problematisiert wurde, war, dass Verkäuferinnen eine berufsbedingte Angriffsfläche für sexuelle Belästigung boten. Bemerkenswert sind die Momente, in denen sich die Verkäuferinnen den an sie herangetragenen Erwartungshaltungen widersetzten, wie im Falle der zu sexualisierenden Blicken einladenden Namensschilder oder dem freiwilligen, emanzipatorischen Tragen von Hotpants. Diese Beispiele sind zeitlich – nicht ganz überraschend – eher am Ende des Untersuchungszeitraums einzuordnen, was darauf schließen lässt, dass die Starrheit der unternehmerischen Wunschbilder aufzubrechen begann und sich in Einzelfällen ein neues Selbstbewusstsein bei den Verkäuferinnen entwickelte.

2.5 Was wirklich zählt – Gehälter im Einzelhandel

Die Position von Verkäuferinnen im gesamtgesellschaftlichen Gefüge und die Interessensgruppen, die sich mit ihnen beschäftigten, wurden eingehend untersucht. In diesem Kapitel wird der Fokus auf die sichtbarste Form sozialer Ungleichheit, die Bezahlung, gelegt. Die Verdienste im Einzelhandel und insgesamt in vielen Sparten der Dienstleistungsbranche lagen stets weit unter jenen in der Industrie.[268] Allein dadurch ist von einem niedrigeren gesellschaftlichen Status auszugehen. Der

---

[266] Vgl. Kleinschmidt, Konsumgesellschaft, S. 145 f.
[267] Vergleiche hierzu auch Kapitel 3.3.
[268] AdMAB, HBV, Geschäftsbericht der Gewerkschaft Handel, Banken und Versicherungen, Landesbezirk Bayern 1958–1960 zur 4. Ordentlichen Landesbezirkskonferenz 1961 in Würzburg, 1961, S. 13 f.

Schwerpunkt liegt auf der ungleichen Bezahlung von Männern und Frauen sowie auf unterschiedlichen Formen zusätzlicher Vergütung und finanzieller Leistungen in den einzelnen Betrieben. Über Tarifverträge versuchten die Gewerkschaften, eine bessere Bezahlung für die Beschäftigten des Einzelhandels auszuhandeln, wobei männliche und weibliche Beschäftigte hier grundsätzlich gleichgestellt waren. Die ausgehandelten Tariflöhne und -gehälter werden zunächst schlaglichtartig ausgewertet und deren Funktionsweise erläutert. Damit dienen sie als Vergleichswert für die betriebsspezifischen Entgelte. Im Folgenden werden anhand der verschiedenen Unternehmen Beispiele für zusätzliche finanzielle Leistungen vorgestellt und auf ihre Geschlechtsspezifik hin befragt. Damit wird erstmals auf empirischer Grundlage die historische Entwicklung der Gehälter im Einzelhandel untersucht. Die tiefergehenden Ursachen für die ungleiche Bezahlung von Frauen und Männern liegen etwa in einem gesellschaftlich mindergewertetem Frauen- und Dienstleistungsbild, in unterschiedlichen Ausbildungswegen, der Aufspaltung und geschlechtlichen Segmentierung der Tätigkeiten oder darin, dass Frauen insgesamt weniger Zeit mit Erwerbsarbeit verbrachten und dabei seltener zu „wertvollen" Arbeitszeiten (bessere Bezahlung durch Schichtarbeit) arbeiteten.[269]

Allgemeine tarifliche Regelungen

Die Tarifverträge im Einzelhandel, in denen auch Löhne und Gehälter geregelt waren, galten für einen Bezirk beziehungsweise ein Bundesland, oder aber für ein bestimmtes, größeres Unternehmen. Dies regelte das Tarifvertragsgesetz vom 9. April 1949.[270] Tarifvertragsparteien waren Gewerkschaften und Arbeitgeber sowie deren Vereinigungen. Nur Gewerkschaftsmitglieder und die vertragsabschließenden Arbeitgeber waren tarifgebunden.[271] So ergab sich im Laufe des Untersuchungszeitraums eine unermessliche Vielzahl an einzelnen Tarifverträgen für den Einzelhandel. Beispielhaft untersucht werden im Folgenden die tariflichen Leistungen des Bezirks Baden-Württemberg, da dort einige Filialen der Firma Gaissmaier und das Unternehmen C. F. Braun ansässig waren, auf die später noch eingegangen wird.

Das Tarifgehalt erhöhte sich beständig. Berechnet man die Inflationsrate mit ein, so ergaben sich die prozentual höchsten Steigerungen des Tarifgehalts zwischen 1969 und 1979. In diesem Zeitraum stiegen die Gehälter der untersten Verdienstgruppe inflationsbereinigt um beinahe das Dreifache, die der obersten Lohngruppe um etwas mehr als das Doppelte.[272] Während noch im Zeitraum zwischen 1949

---

[269] Diese Aspekte werden in Kapitel 3.1 zur Ausbildung sowie im gesamten Kapitel 4 zu den Arbeitsraumpraktiken und Kapitel 5 zu den Arbeitszeitpraktiken untersucht.
[270] Vgl. Tarifvertragsgesetz (TVG) vom 9. April 1949, in: BGBl. I, Nr. 11/1949, S. 55 f.
[271] Vgl. Bispinck, Tarifvertragsgesetz, S. 37 f.; vgl. auch TVG vom 9. April 1949, hier: § 2, Abs. 1 und § 3 Abs. 1.
[272] In den Tarifverträgen gab es fünf Gehaltsgruppen, wobei die erste Gruppe nicht belegt war. In Gruppe II fielen Beschäftigte „nach abgeschlossener Berufsausbildung". Für Gruppe III waren „erweiterte Fachkenntnisse" notwendig (etwa Erstverkäuferinnen oder Hauptkassiererinnen). In Gruppe IV waren Angestellte mit „selbstständige[r] Tätigkeit nach allgemeiner

Tab. 3: *Tarifliche Leistungen im Einzelhandel 1949–2019*

Tarifliche Leistungen	1949	1959	1969	1979	1989	1999	2009***	2019
Verdienst								
Gehalt/Mon. DM/€	133–406	180–700	370–1250	905–2460	1559–3587	2314–5042	1414–3071	1732–3759
Urlaubsgeld				650 DM	50% ME*	55% ME	50% ME	50% ME
VwL**/Mon. DM/€				13	26	26	13,29	13,29
Sonderzahlung					40% ME	62,5% ME	62,5% ME	62,5% ME
Arbeitszeit								
Wochenarbeitszeit	48	45	42,5	40	38,5	37,5	37,5	37,5
Urlaubstage	12–18	12–21	17–24	23–28	31–37	32–37	32–37	36/37

(Quelle: WSI-Tarifarchiv 2019), aus: Bispinck, Tarifvertragsgesetz, S. 29. * ME = Monatliches Einkommen.
** VwL = Vermögenswirksame Leistungen. *** Währungswechsel von DM zu € im Jahr 2002 mit einem Wechselkurs von 1 DM = 0,51129 €

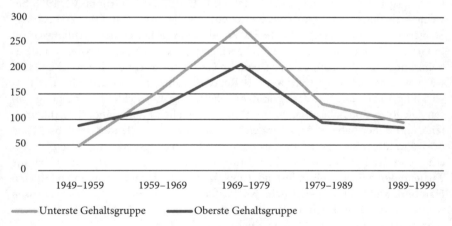

Abb. 3: *Entwicklung der Gehaltssteigerung im Tarifbezirk Baden-Württemberg – inflationsbereinigt – in Prozent. Eigene Berechnungen*

Anweisung" (z. B. stellvertretende Filialleitungen) und in Gruppe V Angestellte mit „leitende[r] Stellung mit Anweisungsbefugnis" (Filialleitungen). Innerhalb dieser Gehaltsgruppen waren die Gehälter zusätzlich noch nach Lebensjahr und Berufsjahr, bisweilen auch nach Tätigkeitsjahr gestaffelt. Hierzu: AdsD, HBV, 5 / HBVH810025a, Fragebogenaktion bei Beschäftigten im Einzelhandel, 1976–1977.

und 1959 die Gehälter der obersten Tarifgruppe stärker stiegen als die der untersten Gruppe, wandelte sich dieses Verhältnis in den folgenden Jahrzehnten. Da Frauen tendenziell eher in den unteren Gehaltsgruppen zu finden waren, lag ihr Verdienst zwar insgesamt weit unter dem der männlichen Beschäftigten, aber sie profitierten mehr von den Steigerungsraten der Tarife.

Neben den monatlichen Zahlungen setzten sich die Gewerkschaften auch für sonstige finanzielle Vergütungen ein. 1971 gab es zum ersten Mal ein tariflich festgeschriebenes Urlaubsgeld (zunächst ein Fixbetrag, später relational zum monatlichen Einkommen (ME); 1978 wurden die Vermögenswirksamen Leistungen (VwL) im Tarifvertrag verankert und 1980 erstmals eine Sonderzahlung (ebenfalls relational zum ME) festgesetzt.[273] Tabelle 3 zeigt zusätzlich die Verringerung der wöchentlichen Arbeitszeit, da sie auch Teil der tarifvertraglichen Regelungen war. Sie reduzierte sich im Untersuchungszeitraum kontinuierlich, lag aber seit den 1990er Jahren stabil bei 37,5 Stunden. Die Zahl der Urlaubstage erhöhte sich ebenso beständig. Der größte Freizeitgewinn ist dabei mit zusätzlichen acht bis neun Urlaubstagen für den Zeitraum von 1979 bis 1989 festzustellen. Zwischen 1959 und 1969, und zwischen 1969 und 1979 gab es jeweils einen Zugewinn von drei bis fünf beziehungsweise von vier bis sechs Tagen.

Die Entwicklung im Tarifbezirk Bayern, in dem sich die Unternehmen Hirmer, Beck sowie C&A-Filialen befanden, stellte sich ähnlich dar. Das Tarifgehalt im bayerischen Einzelhandel lag Anfang der 1970er Jahre noch zwischen 532 DM (Anfangsgehalt in Gruppe II) und 1440 DM (Endgehalt in Gruppe V). 1975 bewegte sich das Gehaltsspektrum zwischen 640 DM und 2140 DM. Die stärkste Steigerung (57,7 Prozent) hatte die HBV in diesen vier Jahren beim Anfangsgehalt in Gruppe II erreicht. Die prozentual geringste Steigerung (43,5 Prozent) hatte es beim Endgehalt in Gruppe IV gegeben. Im Geschäftsbericht der bayerischen HBV war von erheblichen Fortschritten die Rede, allerdings sei die tarifpolitische Entwicklung auch stark von der gesamtwirtschaftlichen Entwicklung abhängig gewesen: Die Rezession habe „Bayern am stärksten von allen Bundesländern [...] betroffen", und daher habe es trotz vergleichsweise zufriedenstellender Tarifabschlüsse noch Punkte gegeben, die „besserung[s]- und änderungsbedürftig" seien.[274] Aus einer von der HBV erstellten Tabelle für das Jahr 1976 geht hervor, dass sich die Tarife in den einzelnen Bundesländern kaum unterschieden. Ausnahmen bildeten Hamburg und Schleswig-Holstein, wo Tarifverträge nur mit der DAG geschlossen worden waren. Dort lagen die Verdienste tendenziell geringfügig unter dem Durchschnitt, bei den höchsten Stufen jedoch etwas darüber.[275]

---

[273] Vgl. Bispinck, Tarifvertragsgesetz, S. 29.
[274] AdMAB, HBV, Geschäftsbericht der Gewerkschaft Handel, Banken und Versicherungen, Landesbezirk Bayern zur 8. Landesbezirkskonferenz am 12. und 13. Juni 1976 in Nürnberg, hier: Vorwort, sowie S. 11, 14 f.
[275] AdsD, HBV, 5 / HBVH810025a, Fragebogenaktion bei Beschäftigten im Einzelhandel, 1976–1977, hier: Tabelle „Stand der Gehaltstarife 1976 für die Tarifbereiche des allgemeinen Einzelhandels", erstellt von HBV HA-V Tarifwesen, S. 7/76.

Die obige Tabelle mit den Zahlen aus dem baden-württembergischen Tarifbezirk und die Zahlen zum bayerischen Einzelhandel geben nur den tariflichen Rahmen an, nicht aber, wie viele Personen tatsächlich welche Gehälter erhielten. Die Auswirkungen der tariflichen Vorgaben bleiben zunächst unklar und müssen an einzelnen Beispielen aufgezeigt werden. Hierzu werden folgend Befragungsaktionen der HBV von 1975 und 1980 sowie Beispiele aus den Betrieben herangezogen.

Bei der Fragebogenaktion von 1975 wurden die Gehälter in drei Kategorien untergeteilt: (1) unter 1000 DM, (2) zwischen 1000 DM und 2000 DM und (3) über 2000 DM. Von den Befragten zählte mit 57 Prozent die Mehrheit zur mittleren Gruppe. 35 Prozent verdienten unter 1000 DM, wobei darunter auch – aber nicht nur – Auszubildende und Teilzeitbeschäftigte erfasst waren. Über 2000 DM verdienten 5 Prozent; weitere 3 Prozent hatten keine Angaben gemacht.[276] Eine weitere Umfrage Ende der 1970er Jahre betraf nur Frauen im bayerischen Einzelhandel und stellte zweierlei heraus: Der Verdienst lag bei 56 Prozent der Beschäftigten unter 1650 DM sowie nur bei 20 Prozent über 2000 DM. Und 52 Prozent der Befragten gaben an, ihre Bezahlung als schlecht zu empfinden. Die bayerische HBV führte das auch auf die in den Betrieben durchgeführten Rationalisierungsmaßnahmen zurück. Sie hätten „eine Abgruppierung im Tarif oder zumindest ein Wegfallen der übertariflichen Zulage nach sich gezogen". Außerdem hätten die Unternehmen die von den Gewerkschaften erstrittenen Tariferhöhungen auf die zusätzlichen freiwilligen Leistungen angerechnet.[277] Dieses Vorgehen zeigt sich auch am Beispiel der Firma Gaissmaier. Als Vergleichsmaßstab wurde der Effektivlohn angeführt: Dieser betrug 69,4 Prozent des Effektivlohns in der Industrie. Immerhin hatte es in 22 Prozent der Unternehmen einen Fahrgeldzuschuss für die Beschäftigten gegeben und bei 10 Prozent zusätzliche Prämien.[278]

Obwohl die Angestellten nach Tarif bezahlt wurden, kam es in der Entlohnung zu geschlechtsspezifischen Ungleichheiten. Beispielsweise wurden Frauen überdurchschnittlich oft in eine niedrige Lohngruppe eingestuft oder mussten pauschal Lohnabschläge hinnehmen.[279] Die Praxis der lohnpolitischen Diskriminierung der Arbeitgeber durch pauschale Abschläge wurde zwar 1955 durch ein Urteil des Bundesarbeitsgerichts (BAG) gegen sogenannte Frauenlohngruppen verboten, allerdings – auch seitens der Gewerkschaften – nur langsam aus den Tarifverträgen entfernt.[280] Die Lohngruppen gliederten sich nach Art und Anforderung der Tätigkeiten auf, die die Beschäftigten hauptsächlich durchführten. In den 1960er und 1970er Jahren stellte dieser Umstand eine Ursache für Diskriminierung dar. Es entstanden sogenannte Leichtlohngruppen, wobei die Attribute

---

[276] „Jeder Dritte verdient weniger als 1000 DM im Monat", in: Infas (Hrsg.), Fragebogenaktion, S. 14 f.
[277] AdMAB, HBV Bayern, Broschüre, Zwischen Kochtopf, Kindern und Kunden. Ergebnisse einer Befragung, 1980, o. S.
[278] AdMAB, HBV Bayern, Broschüre, Zwischen Kochtopf, Kindern und Kunden. Ergebnisse einer Befragung, 1980, o. S.
[279] Vgl. hierzu untenstehende Tabelle 4.
[280] Vgl. Bispinck, Tarifvertragsgesetz, S. 4 f., 16.

„leicht" und „schwer" die Arbeit differenzierten. „Schwer" bezog sich auf körperliche Arbeit und entlohnte damit stereotype Männerarbeiten besser. Als „leicht" galten generell die von Frauen ausgeübten Tätigkeiten, die entsprechend niedriger entlohnt wurden. Psychische Belastungen durch monotone oder repetitive Arbeit, und Herausforderungen bezüglich Geschicklichkeit oder Konzentration wurden in die Bewertung der Tätigkeit nicht miteinbezogen. Auch im betrieblichen Zulagenwesen gab es Mechanismen, die Frauen diskriminierten. Zulagen waren oftmals für „besondere Erschwernisse" vorgesehen, wie Schichtarbeit – von der Frauen aufgrund des Nachtarbeitsverbots ausgeschlossen waren – oder wiederum körperlich schwere Arbeit.[281]

Diese Ungerechtigkeiten erfasste die HBV erst seit Beginn der 1980er Jahre. Auswertungen des Statistischen Bundesamts zeigen, wie sich die Belegung der Leistungsgruppen von Männern und Frauen im Einzelhandel entwickelte. Leistungsgruppen sind Kategorien, welche die Beschäftigten anhand ihrer Ausbildung, Tätigkeiten und Verantwortungsbereiche einordnen – sie entsprechen nicht den Tarifgruppen, sind mit diesen aber vergleichbar. Dabei bildet Leistungsgruppe II die höchste, Leistungsgruppe V die niedrigste:

Tab. 4: *Belegung der Leistungsgruppen im Einzelhandel nach Geschlecht; Zahlen aus: AdsD, Bestand Gewerkschaft Handel, Banken und Versicherungen – Hauptvorstand (HBV), 5 / HBVH820035*

Leistungsgruppe	Belegung %					
	1960 m	1960 w	1971 m	1971 w	1981 m	1981 w
II	21,6	2,8	23,0	4,1	28,9	6,8
III	37,6	15,8	37,6	16,1	38,6	23,3
IV	38,8	78,2	34,9	69,6	29,0	63,0
V	2,0	3,3	4,5	10,2	3,5	7,0

Im Jahr 1960 waren die Unterschiede in der Belegung der Leistungsgruppen zwischen Männern und Frauen am größten: Über drei Viertel der Frauen, die im Einzelhandel arbeiteten, waren in die zweitniedrigste Leistungsgruppe einsortiert (78,2 Prozent). Nur etwa halb so viele Männer arbeiteten in dieser Gruppe (38,8 Prozent). Fast genauso viele Männer (37,6 Prozent) waren aber in der zweithöchsten Leistungsgruppe eingestuft. Bis 1971 war die Mehrzahl der im Einzelhandel arbeitenden Männer in die zweithöchste Leistungsgruppe aufgestiegen. Bei den Frauen war die Leistungsgruppe IV deutlich geschrumpft, machte allerdings immer noch den größten Teil aus. Mehr Frauen als noch 1960 waren aber auch in der niedrigsten und in der höchsten Leistungsgruppe vertreten. Bis 1981 nahmen bei den Einzelhandelsbeschäftigten beiderlei Geschlechts sowohl die prozentualen Anteile der beiden oberen Leistungsgruppen zu, als auch die der beiden unteren

---

[281] Vgl. Feldhoff, Anspruch auf gleichen Lohn, S. 90–99.

ab. Das insgesamt unausgewogene Geschlechterverhältnis der Leistungsgruppen blieb bestehen.[282]

Eine präzise Auswertung von 1980 zeigte, dass Frauen im Einzelhandel im bundesdeutschen Durchschnitt zwar 67 Prozent der Beschäftigten ausmachten, dafür aber zu einem Großteil (62,6 Prozent) in der zweitniedrigsten Leistungsgruppe (IV) eingestuft waren. In dieser waren ohnehin nur 10,7 Prozent der Personen insgesamt, dafür aber doppelt so viele Frauen wie Männer. Die meisten Männer (38,4 Prozent) waren in Leistungsgruppe III eingeteilt. In der Spitzengruppe waren es mit 28 Prozent viermal so viele Männer wie Frauen.[283] Diese starken Belegungsunterschiede führten zwangsläufig zu einer geschlechtsspezifisch ungleichen Bezahlung. Im bundesdeutschen Durchschnitt verdienten Frauen im Einzelhandel Anfang der 1980er Jahre 34,4 Prozent weniger als Männer – 1804 DM gegenüber 2752 DM –, und zwar ohne die Einbeziehung von Teilzeitkräften, Aushilfen oder mithelfenden Familienangehörigen. Die Differenz in der Industrie lag mit 31,7 Prozent ebenfalls hoch; etwas geringer fiel sie im Bankenwesen mit 22,5 Prozent aus.

Für die grundsätzlich schlechtere Bezahlung von Frauen machte die HBV auch eine zu niedrige Eingruppierung verantwortlich.[284] Frauen waren oftmals fälschlicherweise in Lohn- und Gehaltsgruppe I eingruppiert, „obwohl sie faktisch meist solch qualifizierte Arbeit leisten, daß eine Eingruppierung zumindest in die Tarifgruppe II oder III dringend geboten wäre". Mit verschiedenen Maßnahmen – einer Aufklärungskampagne, betrieblichen Aktionen, Schulungsveranstaltungen – ging die HBV dagegen vor.[285] Außerdem sollte die 1968 eingeführte zweistufige Ausbildung im Einzelhandel wieder abgeschafft werden, da Frauen häufig nach der ersten Stufe in den Beruf einstiegen und später dadurch geringere Aufstiegschancen hätten. Die Betriebsräte sollten vor Ort etwa gegen Formulierungen in Ausschreibungen wie „suchen jungen Abteilungsleiter" vorgehen. Die Hierarchie-Pyramide hatte laut der HBV den größten Anteil an der geschlechtsspezifischen Benachteiligung. Wenn es dann bei gleicher Eingruppierung zu unterschiedlichen Verdiensten kam, lag dies mitunter an übertariflichen Zulagen, welche Männern häufiger und in größerem Umfang zugestanden wurden. Über die freiwilligen Zulagen gewährten die Arbeitgeber dem Betriebsrat selten Einblick. Aber so wurden beispielsweise etwaige

---

[282] AdsD, HBV, 5 / HBVH820035, Bruttomonatsverdienste von Angestellten im Einzelhandel, Aufzeichnungen, 1981–1992, hier: Tabelle „Durchschnittliche Bruttomonatsverdienste kaufmännischer Angestellter in Einzel-, und Großhandel, Banken, Versicherungen und Industrie, Stand: August 1960, Quelle: Stat. Bundesamt, Fachserie M, Reihe 15, II. Angestelltenverdienste, HBV-HA-V-Tarifwesen"; und: Tabelle „Entwicklung der Belegung nach Leistungsgruppen (kaufmänn. Angestellte) – in Prozent – 1971–1981".

[283] AdsD, HBV, 5 / HBVH660038, Betriebliche Chancengleichheit von Frauen und Männern Aufzeichnungen, 1973–1981, hier: „Verdienste und Belegung im Einzelhandel. Sonderauswertung der kaufmännischen Angestelltenverdienste in Industrie und Handel des Statistischen Bundesamtes Wiesbaden, Fachserie 16, Reihe 2.2 – Juli 1980 und Gegenüberstellung mit den Tarifverdiensteten".

[284] AdsD, HBV, 5 / HBVH660039, Betriebliche Chancengleichheit von Frauen und Männern – Aufzeichnungen, 1979–1982, hier: Entwurf einer HBV-Konzeption zum Abbau der Einkommensbenachteiligung von Frauen.

[285] AdsD, HBV, 5 / HBVH660039, hier: Entschliessung: Aktion gerechte Eingruppierung.

2. Die Sozialfigur der Verkäuferin: Allseits beliebt, trotzdem unterbezahlt

„Haushaltszulagen" nur an den höher oder einzig verdienenden – damit meist männlichen – Partner ausbezahlt.[286] Eine unternehmerische Praxis, die schließlich sogar vor dem Bundesarbeitsgericht verhandelt wurde, war es, Männern mit einer Klausel im Arbeitsvertrag – unter Berufung auf die Vertragsfreiheit – einen zusätzlichen Stundenlohn zu verschaffen. Nach dem Urteil des BAG mussten Unternehmen für die unterschiedliche Bezahlung die Gründe klar darlegen, um eine geschlechtsspezifische Diskriminierung auszuschließen.[287]

Von 1981 bis 1991 veränderte sich die Belegung der Leistungsgruppen kaum. Das bedeutete gleichzeitig, dass die ungleichen Verdienste zwischen männlichen und weiblichen Beschäftigten fortbestanden. Von den 1991 im Einzelhandel beschäftigten kaufmännischen Angestellten waren 65,4 Prozent weiblich und 34,6 Prozent männlich. Der größte Teil der Männer war in die zweithöchste Leistungsgruppe eingestuft, die meisten Frauen in die zweitniedrigste Gruppe.[288]

Bezieht man die Belegung mit ein, ergeben sich für Männer und Frauen stark divergierende Bruttomonatsverdienste, was die folgende Tabelle deutlich macht:

Tab. 5: Durchschnittliche Bruttomonatsverdienste kaufmänn. Angestellter im Einzelhandel; Zahlen aus AdsD, HBV, 5 / HBVH820035, Tabellen der jeweiligen Jahre

Jahr	1959			1969			1979			1989		
m/w	m	w	ø	m	w	ø	m	w	ø	m	w	ø
ø-Br./Mon. DM	555	335	387	1133	690	812	2571	1676	1969	3622	2474	2874
Gehaltsdifferenz m/w	40%			39%			35%			32%		

Während die durchschnittlichen Tarifgehälter im Einzelhandel zunahmen – wie dies die Tabelle der Tarifverdienste zeigte –, änderte sich an den Gehaltsdifferenzen zwischen Männern und Frauen insgesamt erheblich weniger. In 40 Jahren sanken diese lediglich um acht Prozent. Die hier dargelegten Befunde bilden einen Teil der Faktoren ab, die zu einer ungleichen Bezahlung führten. Die offenen und verdeckten Praktiken der ungleichen Bezahlung in den konkreten Betrieben stellen weitere Ursachen dar, die im nächsten Abschnitt betrachtet werden sollen.

---

[286] AdsD, HBV, 5 / HBVH660039, hier: Entwurf einer HBV-Konzeption.
[287] Vgl. Rainer Klose, Kassel kehrt die Beweislast um. Der Arbeitgeber muß dartun, daß er Zulagen nicht geschlechtsbedingt auszahlt, in: Süddeutsche Zeitung, 11. 09. 1981.
[288] AdsD, HBV, 5 / HBVH820042, Arbeitszeitbestimmungen in Manteltarifverträgen Großhandel und Einzelhandel, 1992–93, hier: Tabellen „Belegung der Leistungsgruppen kaufmännischer Angestellten im Einzelhandel in Prozent, Stand: Juli 1991" und „Veränderung der Belegung der Leistungsgruppen kaufmännischer Angestellter im Einzelhandel in Prozentpunkten Juli 1981 zu Juli 1991", erstellt von der HBV/HA II Abt. Tarifpolitik 04/92.

Verdecktes Vorgehen bei C. F. Braun

Eine Verdienstliste der Firma Braun aus dem Jahr 1945 gibt ein frühes Beispiel für frauendiskriminierende Bezahlung innerhalb eines Textileinzelhandelsbetriebs. Um einen Fragebogen der Militärregierung zu beantworten, listete das Unternehmen die Verdienste der Arbeiter und Arbeiterinnen und der Angestellten auf. Während die Verkäuferinnen in etwa alle gleich viel Gehalt erhielten (zwischen 120 und 150 DM), bekamen die Kontoristinnen etwas mehr (150 bis 175 DM), die Arbeiterinnen erheblich weniger (90 bis 115 DM), und die Lehrmädchen nur etwa ein Viertel bis ein Drittel davon (zwischen 25 und 50 DM). Die einzige Frau, die wesentlich besser verdiente, arbeitete in einer Führungsposition als „Wäscheschneider-Direktrice". Sie erhielt mit 240 DM fast doppelt so viel wie die übrigen Verkäuferinnen. Die einzigen drei Männer bei dem ansonsten ausschließlich mit Frauen besetzten Betrieb waren in anderen Positionen beschäftigt und durchweg besser bezahlt. Tapezierer und Hausdiener erhielten 220 und 225 DM; das höchste Gehalt bekam mit 400 DM der Tapeziermeister.[289] Die Auflistung dieser Vielzahl an unterschiedlichen Gehältern belegt die fehlende Tarifbindung. Die unternehmerischen Entscheidungen über die Bezahlung scheinen auf Faktoren wie Können, Geschick und Zugehörigkeitsdauer beruht zu haben, unterschieden aber offenbar auch nach Geschlechterbildern. Bei C. F. Braun deutet sich bereits die horizontale und vertikale Segmentierung der Arbeitswelt im Kleinen an. Frauen arbeiteten hauptsächlich in Tätigkeitsfeldern, die geringer entlohnt wurden, und in niedrigen Positionen. Die unterschiedliche Bezahlung nach Dauer der Beschäftigung und Art der Arbeit zeigt eine verdeckte Geschlechtsspezifik.

Offensichtliche Diskriminierung bei C&A

Am eindrücklichsten sind die Verdienstunterschiede zwischen Männern und Frauen in den 1950er Jahren bei C&A. Grundsätzlich war es C&A wichtig, bei der Gewährung von höherem Gehalt von den Vorschriften der Tarifverträge unabhängig zu bleiben, weshalb das Unternehmen prinzipiell alle „Betriebsmitglieder, auch die mit gehobener Tätigkeit[,] in die unterste Tarifgruppe" einstufen ließ. „Die gehobene Tätigkeit wollen wir durch entsprechende Leistungszulagen [...] berücksichtigen."[290] C&A orientierte sich grundsätzlich am Einzelhandelstarif, allerdings kam beim Verkaufspersonal eine Umsatzprovision hinzu.[291] Für kaufmännische Angestellte – am Packtisch, an der Kasse oder in der Auszeichnung – war eine pauschale „C&A-Leistungszulage" (20 Prozent des Tarifgehalts) vorgesehen, ebenso für das gewerbliche Personal, sprich für die als Arbeiterinnen und

---

[289] WABW, B 56 Bü 154, Fragebogen der Militärregierung bezüglich Vermögensbeaufsichtigung, Industrie und Handel mit namentlicher Angabe aller Beschäftigten und deren Gehalt (1945), hier: Gegenwärtiger Verdienst der Arbeiter und Angestellten.
[290] DCM, 109204, Protokoll der 38. Betriebsleiterversammlung 1954.
[291] DCM, 106863, Tagesordnungen der 30.–31. und Protokolle der 32.–34. Betriebsleiterversammlung 1948–1952, hier: Protokoll der Betriebsleiterversammlung von 1948.

2. Die Sozialfigur der Verkäuferin: Allseits beliebt, trotzdem unterbezahlt

Arbeiter beschäftigten Kräfte. Voraussetzungen für die Zulage waren „zufriedenstellende Leistungen" und „tadellose Führung". 1952 hatte die C&A-Spitze die Leitungen der einzelnen Betriebe nochmals aufgefordert, die korrekte Einkommenshöhe für alle sicherzustellen.[292] Bei einer Steigerung der Tarifgehälter und -löhne durch neue Tarifverträge erhöhten sich die Zulagen und wurden auf die neuen Beträge aufgerechnet.[293] Denn C&A war daran gelegen, besser als konkurrierende Unternehmen zu zahlen; dies wurde auf einer Betriebsleiterversammlung 1954 bestätigt.[294] Während jüngere Beschäftigte im Branchenvergleich Mitte der 1950er Jahre hinsichtlich der Bezahlung gut aufgestellt waren, verdiente älteres Personal bei anderen Unternehmen besser. Um Abwanderung zu vermeiden, sollte Personal, das länger als zehn Jahre bei C&A beschäftigt war, auf Vorschlag des Betriebsrats zusätzlich eine „Treueprämie" erhalten.[295]

Die sogenannten Spitzenkräfte erhielten ab 1956 eine Bezahlung nach dem Haustarif. Vor allem dabei manifestierten sich geschlechtsspezifische Unterschiede. Waren die Führungspositionen bei C&A ohnehin äußerst selten mit weiblichen Kräften besetzt, so mussten diejenigen, die es dorthin schafften, auch noch erhebliche Einkommensunterschiede in Kauf nehmen. Eine Erklärung dafür seitens der Geschäftsleitung findet sich in den vorhandenen Unterlagen nicht, was darauf hindeutet, dass die Unterscheidung als selbstverständlich und „natürlich" aufgefasst wurde und so dem Zeitgeist der 1950er Jahre entsprach.[296] Zu den C&A-Spitzenkräften zählten: „weibliche Verkaufsaufsichten", „männliche Verkaufsaufsichten", „1. Dekorateure", „Kontorleiterinnen", „Hauptpacktischaufsichten w.", „Auszeichnungsaufsichten", „Hausmeister" und „Atelierleiter".[297] Diese sogenannten „Unterführer"[298] wurden

---

[292] DCM, 115783, Rundschreiben an die Geschäftsleitung Haus Essen 1951–1953, hier: Schreiben der C.&A. Brenninkmeyer GmbH Hauptbetriebsleitung, an die Geschäftsleitungen aller C&A-Betriebe, Schreiben Nr. 33/1952, Betr.: Übertarifliche Bezahlung der BM, die keine Provision beziehen, vom 30. 09. 1952.

[293] DCM, 115784, Rundschreiben an die Geschäftsleitung Haus Essen 1954–1956, hier: Schreiben der C.&A. Brenninkmeyer G.m.b.H. Hauptbetriebsleitung, an die Geschäftsleitungen der Häuser im Wirtschaftsgebiet Nordrhein-Westfalen, Schreiben Nr. 8/1954, Betr.: Neue Tarifverträge in Nordrhein-Westfalen, vom 13. April 1954.

[294] DCM, 109204, Protokoll der 38. Betriebsleiterversammlung 1954.

[295] DCM, 101585, Protokolle gemeinsamer Sitzungen des Wirtschaftsausschusses mit den Betriebsräten der Häuser 1955–1956, hier: Protokoll der erweiterten Betriebsratssitzung im Hause Hannover am 13. Juni 1956.

[296] Vgl. etwa Hausen, Wirtschaften mit der Geschlechterordnung, S. 203, 206 f.; Kaelble, Mehr Reichtum, S. 71: Während Kaelble den Zeitraum der 1950er bis 1970er Jahre als Epoche der Abmilderung von gesellschaftlichen Einkommensunterschieden beschreibt, nimmt er davon geschlechtsspezifische Ungleichheit explizit aus: „Die Ungleichheit der Einkommen zwischen den Geschlechtern in der Erwerbsarbeit ging nicht zurück. Frauen erhielten weiterhin überwiegend schlechtere Löhne und Gehälter als Männer."

[297] DCM, 117087, Rundschreiben an die Geschäftsleitungen der Häuser 1955, hier: Schreiben der C. & A. Brenninkmeyer GmbH. Hauptbetriebsleitung, an die Geschäftsleitungen aller Häuser, Schreiben Nr. 30/1955, Betr.: C&A-Haustarif für Spitzenkräfte, vom 20. 12. 1955.

[298] Dass C&A die leitenden Angestellten als „Führer" („Unterführer", „Gruppenführer") bezeichnete, verweist auf die Kontinuität der nationalsozialistischen Führer-Gefolgschaft-Ideologie. Dies wird in den Quellen nicht weiter thematisiert.

für die Sonderbezahlung in drei Gruppen aufgeteilt – in sehr gute, gute und durchschnittliche Kräfte.[299] Die Beurteilung nahmen die jeweiligen Geschäftsleitungen der Häuser nach Leistung und nach Alter vor.[300] Hier entstanden für die sogenannten Spitzenkräfte eine starke Abhängigkeit zum Leitungspersonal und zugleich die Chance auf Begünstigung durch subjektive Sympathien.

Außerdem gab es einen stark geschlechtsspezifischen Einschlag in den Verdienstmöglichkeiten: Die (männlichen) Dekorateure erhielten mehr als die Kontorleiterinnen und weiblichen Hauptpacktischaufsichten; die Hausmeister und Atelierleiter verdienten mehr als die Auszeichnungsaufsichten.[301] Am offensichtlichsten war die geschlechtsdifferenzierte Bezahlung bei den Verkaufsaufsichten. Als der Haustarif 1956 eingeführt wurde, war für die männlichen Verkaufsaufsichten der ersten Gruppe ein monatliches Bruttoeinkommen von 1000 DM vorgesehen, für die weiblichen Aufsichten der ersten Gruppe nur 750 DM.[302] Der tatsächliche Verdienst der Verkaufsaufsichten setzte sich allerdings aus einem Grundgehalt und einer Umsatzprovision zusammen, die sich an der Tagesdurchschnittsprovision der beaufsichtigten Abteilung orientierte. Legt man diese Grundgehälter zugrunde, betrug die Einkommensdifferenz zwischen Männern und Frauen zwischen 12 und 18 Prozent, je nach Beurteilungsgruppe.[303] C&A bezahlte Frauen in der gleichen Position mit gleicher Leistung wesentlich schlechter.

Ab 1959 zählten die Hauptpacktischaufsichten, Hausmeister und Kontorleiterinnen nicht mehr als Spitzenkräfte der einzelnen Häuser. Daher bestimmten nicht mehr die einzelnen Geschäftsleitungen ihr Gehalt, sondern die Hauptbetriebsleitung.[304] Diese betonte, dass eine Einstufung in den lukrativen Haustarif keinesfalls pauschal erfolgen, sondern individuell auf Leistung und Persönlichkeit hin geprüft werden sollte.[305] Weiterhin bestand ein Unterschied in der Bezahlung der männlichen und weiblichen Verkaufsaufsichten: 1150 DM zu 875 DM in der ersten, 1050 DM zu 790 DM in der zweiten, und 950 DM zu 710 DM in der dritten

---

[299] DCM, 109206, Protokoll der 40. Betriebsleiterversammlung 1955.
[300] DCM, 115784, Rundschreiben an die Geschäftsleitung Haus Essen 1954–1956, hier: C. & A. Brenninkmeyer GmbH Hauptbetriebsleitung, Instruktionsblattei Ergänzungslieferung Nr. 91/55 H, vom 20. 12. 1955, Blatt 1.
[301] DCM, 117087, Rundschreiben an die Geschäftsleitungen der Häuser 1955, hier: Schreiben der C. & A. Brenninkmeyer GmbH. Hauptbetriebsleitung, an die Geschäftsleitungen aller Häuser, Schreiben Nr. 30/1955, Betr.: C&A-Haustarif für Spitzenkräfte, vom 20. 12. 1955.
[302] DCM, 117087, hier: Schreiben der C. & A. Brenninkmeyer GmbH. Hauptbetriebsleitung, an die Geschäftsleitungen aller Häuser, Schreiben Nr. 30/1955, Betr.: C&A-Haustarif für Spitzenkräfte, vom 20. 12. 1955.
[303] DCM, 115784, Rundschreiben an die Geschäftsleitung Haus Essen 1954–1956, hier: Instruktionsblattei, 20. 12. 1955, Blatt 1–4.
[304] DCM, 108187, Rundschreiben an die Geschäftsleitungen der Häuser 1958, hier: Schreiben der C. & A. Brenninkmeyer G.m.b.H. Hauptbetriebsleitung, An die Geschäftsleitungen aller Häuser, Schreiben Nr. 45/1958, Betr.: Haustarif für die Spitzenkräfte 1959, vom 17. 12. 1958.
[305] DCM, 119429, Rundschreiben an die Geschäftsleitungen der Häuser 1959–1960, hier: Schreiben der C. & A. Brenninkmeyer G.m.b.H. Hauptbetriebsleitung, an die Geschäftsleitungen aller Häuser, Betr.: C. & A.-Haustarif für Spitzenkräfte 1960, vom 7. 12. 1959.

Beurteilungsgruppe.³⁰⁶ Nun gab es allerdings kein festgesetztes Grundgehalt mehr, sondern ein individuell berechnetes. Die Differenz zwischen dem angestrebten Gesamt-Bruttoeinkommen der Gruppe und der Durchschnittsprovision des Vorjahres „soll[te] das Grundgehalt ergeben – natürlich abgerundet –, das dann für die betreffende Aufsicht für eine Jahr festzulegen ist".³⁰⁷ Das Problem der übertariflichen Bezahlung bei C&A war, dass beim Verkaufspersonal der Anschein einer Umsatzprovision erweckte wurde, diese aber nicht wirklich existierte. Außerdem erhöhte sich die Differenz in der Bezahlung zwischen Männern und Frauen dadurch auf 31 Prozent in allen Gruppen. Die geschlechtsbezogene Ungleichbehandlung trieb ab 1961 die Regelung auf die Spitze, nach der männliche „Gruppenführer" und Verkäufer einen festen, weit über den Tarifsätzen liegenden Betrag zusätzlich erhielten.³⁰⁸

C&A praktizierte offen eine ungleiche Bezahlung der Geschlechter. Es ist unklar, ob die Beschäftigten davon wussten, oder ob diese Praxis geheim gehalten wurde. Frauen erhielten bei gleicher Tätigkeit und gleichen Fähigkeiten nur 75 Prozent des Gehalts der Männer. Dies entsprach ungefähr den noch zu Beginn der 1950er Jahre praktizierten Abschlagsklauseln („Weibliche Arbeitskräfte erhalten 75 Prozent der betreffenden Männerlöhne"), die auch in Tarifverträgen üblich waren.³⁰⁹

Prämien und Zulagen bei Hirmer

Bei Hirmer erhielt das Verkaufspersonal in den meisten Fällen eine übertarifliche Bezahlung sowie Verkaufsprämien.³¹⁰ Personen, die nicht direkt im Verkauf, sondern etwa in der Schneiderei beschäftigt waren, bekamen eine zusätzliche Vergütung entsprechend der Dauer der Betriebszugehörigkeit. Als Vergleichsgrundlage richtete sich Hirmer nach dem Tarif für den bayerischen Einzelhandel. Dieser sah drei Gehaltsgruppen (A, B und C) vor und eine Erhöhung nach Lebensalter. Den geringsten Betrag erhielt man mit Eintritt im Alter von 19 Jahren, den höchsten ab einem Alter von 28 beziehungsweise 30 Jahren. Gehaltsgruppe A reichte 1951 von 152 DM bis 249 DM, B von 179 DM bis 319 DM, und C von 243 DM bis 384 DM. Hinzu kamen monatliche Haushaltszulagen und Kindergeld ab dem dritten Kind.³¹¹ Daraus lässt sich schließen, dass ein bis zwei Kinder pro Haushalt für

---

³⁰⁶ DCM, 108187, Rundschreiben an die Geschäftsleitungen der Häuser 1958, hier: Schreiben der C. & A. Brenninkmeyer G.m.b.H., Hauptbetriebsleitung, an die Geschäftsleitungen aller Häuser, Nr. 45/1958, Betr.: Haustarif für die Spitzenkräfte 1959, vom 17. 12. 1958.
³⁰⁷ DCM, 108187, hier: Schreiben der C. & A. Brenninkmeyer G.m.b.H. Hauptbetriebsleitung, an die Geschäftsleitungen aller Häuser, Schreiben Nr. 3/1958, Betr.: C. & A.-Haustarif für Spitzenkräfte, vom 08. 02. 1958.
³⁰⁸ DCM, 119429, Rundschreiben an die Geschäftsleitungen der Häuser 1959–1960, hier: Schreiben der C. & A. Brenninkmeyer G.m.b.H. Hauptbetriebsleitung, an die Geschäftsleitungen aller Häuser, Schreiben Nr. 34/1960, Betr.: Gehalts- und Lohnregelung 1961, vom 10. 12. 1960.
³⁰⁹ Vgl. Jordan, Entgeltdiskriminierung, S. 48 f.
³¹⁰ Gehaltslisten waren nur bis 1961 zugänglich. Zur Problematik von privaten Archiven vgl. die Ausführungen in der Einleitung.
³¹¹ HUA, 2012 / 09 / 0044.0001, Hirmer & Co. Verzeichnis der Betriebsangehörigen 1951/52, hier: Tabelle „Tarif f. d. Bayer. Einzelhandel v. 01. 05. 1951".

2.5 Was wirklich zählt – Gehälter im Einzelhandel

Hirmer als Norm galten und somit nicht zusätzlich begünstigt wurden. Verkäuferinnen und Verkäufer waren laut einer Gehaltstabelle von 1952 bis auf eine Ausnahme in die Gehaltsgruppe A eingeteilt – also nach Tarif bestenfalls mit 249 DM vergütet. Auffällig sind die Unterschiede bei dem von Hirmer tatsächlich gezahlten Gehalt, wonach die männlichen Verkäufer wesentlich besser verdienten als die weiblichen. Die männlichen Verkäufer, denen ein Tarifgehalt von 249 DM zustand, erhielten von Hirmer zwischen 290 DM und 380 DM – die Verkäuferinnen zwischen 290 DM und 310 DM. Diese Differenzen waren laut dem Verzeichnis der Betriebsangehörigen jedoch nicht auf Abstufungen im Alter oder der Beschäftigungsdauer zurückzuführen. Bei den Prämien waren die Unterschiede ebenso gravierend. Frauen der höchsten Gehaltsgruppe erhielten zwischen 443 DM und 667 DM Jahresprämie, Männer dagegen zwischen 486 DM und 1064 DM. Allerdings spielten die tatsächlich erzielten Verkäufe eine Rolle. Besser verdienten auch die Abteilungsleiter – allesamt in Gruppe C und bis auf eine Ausnahme männlich – sowie die Dekorateure. Die einzige weibliche Abteilungsleiterin erhielt nach Tarif 384 DM und von Hirmer 410 DM und im Jahr 1951 noch 595 DM Prämie. Die übrigen Abteilungsleiter erhielten trotz gleicher Tarifeingruppierung monatlich weit mehr Geld von Hirmer ausbezahlt – zwischen 600 DM und 685 DM – wie auch eine wesentlich höhere Jahresprämie von 1250 DM bis zu 1300 DM. Eine solche Geschlechterdifferenzierung findet sich auch am unteren Ende der Skala und bei den Lohnempfängern und -empfängerinnen.[312] Zehn Jahre später waren die geschlechtsspezifischen Unterschiede in der Bezahlung unverändert. Weiterhin zog man als Vergleich die Tarifgehälter heran. Auch zu Beginn der 1960er Jahre blieben die von Hirmer übertariflich gezahlten Gehälter der weiblichen Verkaufskräfte mit Spitzenverdienst – zwischen 445 DM und 480 DM im Monat – hinter denen der männlichen Verkäufer in der höchsten Verdienstgruppe – zwischen 540 DM und 600 DM – zurück. Die Unterschiede in der firmeneigenen Bezahlung ließen sich darüber hinaus auf das Lebensalter, die Zugehörigkeit zum Betrieb und die Berufsjahre zurückführen. Das Gleiche galt für die einzige weibliche Abteilungsleiterin. Sie erhielt übertariflich 725 DM anstelle von 665 DM, während ihren männlichen Kollegen 875 DM bis 1100 DM ausbezahlt wurden – trotz gleicher Berufserfahrung, geringeren Alters und kürzerer Betriebszugehörigkeit.[313]

Die zusätzlichen Verkaufsprämien wurden bei Hirmer durchaus als Argument angeführt, der im Vergleich zur Industrie ansonsten schlechter bezahlten Arbeit im Verkauf nachzugehen: „Da gehen Sie in Verkauf. Verkaufen müssen se! Da können se Prämien machen!"[314] Dass dieses Prämiensystem die Beschäftigten belastete, beschreibt ein ehemaliger Angestellter in einem Interview über die Zeit um 1970: „Der Kampf war mehr unter den Verkäufern, weil es ging ja ums Geld, um die Prämie

---

[312] HUA, 2012 / 09 / 0044.0001, hier: Tabelle der Gehälter der Angestellten 1951/1952.
[313] HUA, 2012 / 09 / 0044.0003, Hirmer & Co. Personal 1961, hier: „Tarif-Tabelle ab 01. 08. 1960", mit handschriftlichen Ergänzungen der Tarife ab 01. 08. 1961; sowie Tabelle der Gehälter der Angestellten 1960/61.
[314] Zitat von Hans Hirmer, in: HUA, 2013 / 08 / 0014, Interview mit Hr. H. K., Hr. R. S., Hr. E. B. und Fr. I. B. (04. 12. 2009), Transkript S. 1.

und dann kam noch der Abteilungsleiter und sagte: ‚Wie viel haben Sie denn schon?' Wir standen schon unter Druck."[315] Anders drückte es eine Betriebsrätin in den 1980er Jahren aus: „Das Engagement war größer. Wenn auf mein Grundgehalt eine Prämie kommt, dann bin ich natürlich als Verkäufer bestrebt[,] so viel wie möglich zu verkaufen."[316] Während das Prämiensystem zur Mehrarbeit anregen sollte, schuf es gleichzeitig eine ausgeprägte geschlechtsspezifische Ungleichheit bei der Bezahlung, denn es arbeiteten wesentlich weniger Frauen als Männer bei Hirmer im Verkauf, sodass ihnen die Chance auf Prämien von vornherein verwehrt wurde. Außerdem berechnete Hirmer ohne Nennung von Gründen bei Gehalt und Prämien ähnlich hohe Abschläge für Frauen wie C&A.

Scheinbare Gleichbehandlung: das Prämiensystem bei Latscha

Ein Prämiensystem suggeriert aufgrund des Leistungsprinzips zunächst einmal eine geschlechtsunabhängige Bezahlung. 1952 führte Latscha ein überarbeitetes Prämiensystem ein. Dabei sollte zum einen „jeder nach seiner Leistung belohnt", zum anderen die Zusammenarbeit und gegenseitige Unterstützung der Mitarbeitenden innerhalb einer Filiale bedacht werden. Die „Leistungsprämie" wurde nach einem Punktesystem berechnet; ihre Höhe variierte je nach Umsatz der Filiale im jeweiligen Monat. Die Filialleiter, die bei Latscha fast ausschließlich männlich waren, konnten zusätzlich eine „Kalkulationsprämie" erhalten, sofern sie den Warenbezug sorgfältig vorgeplant hatten. Wie sehr die Beschäftigten von diesen Prämien profitierten, zeigt eine hausinterne Berechnung: „Die Monatsverdienste unserer Verkäuferinnen lagen […] um rund 10 Prozent, die der Filialleiter gar um rund 28 Prozent über den Tarifgehältern." Andere finanzielle Zusatzleistungen gab es ebenfalls bei Latscha. 1953 waren darunter eine Altersversorgung und ein Unterstützungsverein für finanzielle Notlagen der Beschäftigten, Personalrabatt, Gratifikationen und Zuwendungen bei Hochzeiten oder Jubiläen, Krankengeldzuschüsse und ein „Kittelgeld".[317] Den Grund für „Prämien, soziale Leistungen und Betriebsfeste" übermittelte die Geschäftsleitung ihren Filialleitern 1955: „Wir wollen, dass es unseren Angestellten und Arbeitern möglichst gut geht und dass sie Freude am Leben haben, denn nur so haben sie Freude an ihrer Arbeit und ziehen mit."[318]

Eine detaillierte Ausführung zur Funktionsweise des komplexen Prämiensystems bei Latscha ist im Archivbestand der Gewerkschaft HBV überliefert.[319] Einen

---

[315] HUA, 2013 / 08 / 0014, Interview mit Hr. H. K., Hr. R. S., Hr. E. B. und Fr. I. B. (04. 12. 2009), Transkript S. 20.
[316] HUA, 2013 / 08 / 009, Interview mit Fr. G. H., Betriebsrätin (25. 11. 2009), Transkript S. 6.
[317] ISG, KS 3359, „Hier spricht der Latscha-Geist". Eine Schrift für die Mitarbeiter der Firmen J. Latscha und Adolf Harth, 1953.
[318] ISG, W 1-10-488, „Filialleiterbriefe" 1952–1963 – Rundbriefe der Geschäftsleitung, hier: Schreiben der Geschäftsleitung, gez. Günther Latscha, vom 10. 06. 1955.
[319] AdsD, HBV, 5 / HBVH810012, Prämiensysteme im Einzelhandel 1955–1970, hier: Schreiben der HBV Ortsverwaltung Frankfurt a. M., an den HBV Hauptvorstand, HFA A – Handel, Betr.: Prämiensystem der Filialbetriebe, vom 14. 02. 1963 sowie die beigefügten Abschriften.

wesentlichen Grundsatz der Prämien formulierte die Geschäftsleitung folgendermaßen: „Gerecht sind unsere Prämien, weil sie von der Leistung[,] jedoch nicht vom subjektiven Urteil eines Vorgesetzten abhängig sind." Neben den bereits erwähnten Umsatz-, Leistungs- und Kalkulationsprämien gab es 1960 eine „Zentralprämie" (berechnet nach dem Firmengesamtumsatz) und „Fahrprämien" (errechnet aus der Differenz zwischen Soll- und Istzeit bei Lieferungen).

Faktoren, die in die Berechnung der Leistungsprämien miteinflossen, waren a) die Anwesenheit, b) die Dienststellung und c) das Ausführen besonderer Tätigkeiten. Bei der Anwesenheit blieben allerdings Überstunden und Zeit für Aufräumarbeiten ebenso wie Fehlzeiten wegen Urlaubs, Krankheit, Berufsschulbesuchs und ähnlichem ausgeklammert.[320] Bei den Dienststellungen unterschied das Unternehmen zwischen vier verschiedene Stellengruppen: In Gruppe A waren Lehrlinge des ersten und zweiten Lehrjahres. Sie erhielten die Grundpunktzahl 2. In Gruppe B waren Lehrlinge im dritten Lehrjahr und alle sonstigen „gewöhnlichen" Beschäftigten. Sie hatten als Grundpunktzahl 4. In Gruppe C mit Grundpunktzahl 6 waren Beschäftigte mit niedriger Leitungsfunktion, das heißt: „Erstverkäufer in Bedienungsläden", „Hauptverkäufer in SB [Selbstbedienung], Umsatz bis DM 180 000,–", „Ladenmeister (Fleisch)", „Lagererste in SB", „Kassenleiter in SB". Bis zu 8 Grundpunkte konnten schließlich „Hauptverkäufer in SB mit über DM 180 000,– Umsatz" in der Gruppe D erhalten.[321] Der erste Schritt der Prämienberechnung war die Multiplikation der geleisteten Arbeitsstunden mit der jeweils eigenen Grundpunktzahl. Hierbei deuten sich bereits erste Ungleichheiten an, da bei Latscha kaum Frauen in Führungspositionen tätig waren und deshalb in aller Regel eine niedrige Grundpunktzahl ihre Berechnungsgrundlage darstellte. Hinzu kamen weitere Punkte für das Ausüben besonderer Tätigkeiten. Hierbei gab es drei verschiedene Gruppen: Für die Tätigkeiten „Kassieren in SB", „Tätigkeit in O[bst] & G[emüse]-Spezialabteilungen", „Verkaufen von Fleisch und Wurst in Spezialabteilungen" und „Arbeiten im Keller in SB" gab es zusätzlich einen Punkt pro geleisteter Stunde. Für „Arbeiten am Grill" zusätzlich zwei Punkte, für „Ladenputzen" sogar 20 Punkte. Allerdings erhielten Lehrlinge und leitende Angestellte diese zusätzlichen Tätigkeitspunkte nicht.[322] Die Eingruppierung dieser Aufgaben ist deshalb interessant, weil sie zeigt, welche Aufgaben das Unternehmen als besonders belastend und entfernt von dem eigentlichen Aufgabengebiet des Verkaufspersonals einstufte. Kassieren und Putzen waren Tätigkeiten, die üblicherweise Frauen ausführten. Demnach bezahlte Latscha die Prämien entweder, um der schweren Arbeit der Frauen Anerkennung zu signalisieren, oder damit auch Männer sich im Notfall zu diesen Tätigkeiten herablassen würden. Die Obst- und Gemüseabteilung war gewöhnlich eine Frauendomäne. Das Arbeiten am Grill, mit Fleisch und Wurst sowie im Keller waren aufgrund der besonderen Schwere und Gefahr eher männlich besetzte Bereiche. Die Prämien wur-

---

[320] AdsD, HBV, 5 / HBVH 810012, hier: Abschrift von Abschrift „Prämiensystem".
[321] AdsD, HBV, 5 / HBVH 810012, hier: Abschrift von Abschrift „Grundpunktzahlen für Dienststellungen".
[322] AdsD, HBV, 5 / HBVH810012, hier: Abschrift von Abschrift „Bewertungszahlen für besondere Tätigkeiten".

den grundsätzlich monatlich ausbezahlt. Bei Fehlverhalten der Beschäftigten konnten sie gestrichen werden.[323] Der Bonus für Verkaufsstellenverwalter – sprich Filialleiter – war nicht über das Punktesystem zu errechnen, sondern nach Höhe des Umsatzes in realen Zahlen vorgegeben.[324] Darüber hatte sich der Wirtschaftsausschuss, in dem auch der Betriebsrat saß, des Öfteren beraten. Die Motivation hierfür war die finanzielle Besserstellung der Latscha-Beschäftigten über den Tarif hinaus. Auch in der Betriebsordnung von 1964, der „Vereinbarung über die Arbeitsbedingungen zwischen Geschäftsleitung und Betriebsrat", wurden die Prämien aufgegriffen. Während die Beschäftigten grundsätzlich „nach dem für [i]hren Arbeitsort zuständigen Tarif bezahlt" wurden, wurden die Prämien „im Einvernehmen mit dem Betriebsrat festgesetzt". Wichtig war dem Unternehmen zu betonen, dass dies „freiwillige Leistungen" waren, die „im Rahmen der Kündigungsfristen aufgekündigt werden" konnten, wie es so explizit als eigene Passage in die Betriebsordnung mitaufgenommen wurde.[325]

Der Anspruch an eine (leistungs-)gerechte Verteilung von finanziellen Leistungen war bei Latscha gegeben. Die Umsetzung wies diesbezüglich aber Probleme auf, vor allem in geschlechtsspezifischer Hinsicht. Mit einer Differenzierung der Bezahlung nach Tätigkeiten orientierte man sich an der Einteilung in „leichte" und „schwere" Tätigkeiten, wie sie ebenso zur Rechtfertigung von Leichtlohngruppen herangezogen wurde. Hierbei erkannte das Unternehmen auch typische Frauentätigkeiten als besonders schwer an und verhalf den Betroffenen zu einer besseren Bezahlung. Gleichzeitig waren die Positionen, die grundsätzlich schon eine höhere Ausgangsprämie erhielten, meist mit Männern besetzt, was die zugestandene Anerkennung der übrigen Verkäuferinnen wieder konterkarierte.

Gewerkschaft und Betriebsrat für (geschlechter-)gerechte Bezahlung bei Gaissmaier

In den Lebensmittelfilialbetrieben der Firma Gaissmaier gab es auch eine Art Prämiensystem. Ein „Leistungsprämienvertrag" war – allerdings nur für die Filialleitungen – in Zusammenarbeit mit dem Betriebsrat für das Jahr 1971 abgeschlossen worden.[326] 1972 wurde er neu verfasst und trat in Übereinstimmung mit dem Betriebsrat in Kraft. Die Erklärung des Geschäftsführers lautete, dass die Leistungsprämie nicht mit einem „Qualitätsurteil über den betreffenden Filialleiter verwechselt werden" darf, sondern als „sehr ernst zu nehmendes Spiel [verstanden

---

[323] AdsD, HBV, 5 / HBVH810012, hier: Abschrift von Abschrift „Prämiensystem für Verkaufsstellenverwalter".
[324] AdsD, HBV, 5 / HBVH810012, hier: Abschrift von Abschrift „Prämiensystem für Verkaufsstellenverwalter".
[325] ISG, W 1-10-522, Broschüre Betriebsordnung u. Sozialordnung, hier: Betriebsordnung vom 2. 11. 1964, S. 9 f.
[326] WABW, B 61 Bü 217, Buch „10 Jahre Betriebsrat" Dokumentation, 1980, hier: Schreiben „Hier spricht der Betriebsrat", Betr.: Leistungsprämienvertrag, vom 07. 05. 1971.

werden muss], bei dem der Filialleiter einen bestimmten, vom Erfolg seiner Filiale abhängigen Betrag gewinnen kann, wenn er bestimmte Bedingungen erfüllt".[327]

Für die sonstigen Beschäftigten gab es in den 1970er Jahren eine nach Betriebszugehörigkeit gestaffelte „Jahresabschlußgratifikation". Sie diente als Ausdruck der Anerkennung, war jedoch gleichzeitig an die Erwartung geknüpft, dass die Beschäftigten „sich im kommenden Jahr wieder mit aller Kraft für [das] Unternehmen einsetzen" würden.[328] Die Staffelung der Prämie statt einem einheitlichen Bonus war Gegenstand kontroverser Gespräche zwischen Geschäftsleitung und Betriebsrat. Außerdem brachte die Leitung die Jahresprämie in direkten Zusammenhang mit dem tariflich abgesicherten Urlaubsgeld und mahnte bereits für das Jahr 1977 eine Prüfung ihrer freiwilligen sozialen Leistungen für das an: „Man kann nicht das Bett an 5 Zipfeln packen: Man kann nicht zusätzliche Leistungen tariflich absichern und gleichzeitig die freiwilligen Leistungen des Unternehmens unangetastet lassen."[329] Tatsächlich erfolgte im Jahr darauf eine Reduzierung des Weihnachtsgeldes. Die Geschäftsleitung hatte darauf verwiesen, dass dies auch mit der Pflicht zur Zahlung der Sparzulage, die tariflich abgesichert worden war, zusammenhing. Manche Beschäftigte hatten in der Folge den Betriebsrat angegriffen, da sie die Verantwortlichkeit bei ihm suchten. Dieser musste zum einen erklären, dass er über ein Mitbestimmungsrecht nicht bei der Höhe des Weihnachtsgeldes, sondern nur bei dessen gerechter Verteilung verfügte; zum anderen negierte er den Zusammenhang zwischen Sparzulage und Weihnachtsgeld, da erstere ohnehin nur für Gewerkschaftsmitglieder gelte und für die Firma kostenneutral sei.[330] 1979 war das Weihnachtsgeld abermals Thema und erneut musste der Betriebsrat in einem Schreiben daran erinnern, dass er auf die Höhe der Zuwendung keinerlei Einfluss hatte, da es sich um eine freiwillige Leistung handele. Er verband dies mit dem Hinweis, dass durch deren Verankerung in Tarifverträgen, für die die HBV eintrat, erreicht werden könnte, aus der freiwilligen eine verpflichtende Leistung zu machen.[331] Das Beispiel des Urlaubsgeldes bei der Firma Gaissmaier verdeutlicht die Bedeutung der Gewerkschaften auch für Sonderzahlungen abseits des regulären Entgelts. Bis 1971 war das Urlaubsgeld eine freiwillige Leistung des Unternehmens gewesen, die jederzeit hätte widerrufen werden können. Mit Abschluss des neuen Manteltarifvertrags war diese Zahlung tariflich abgesichert

---

[327] WABW, B 61 Bü 217, hier: Schreiben von Karl Gaissmaier, an den Betriebsrat der Firma Gaissmaier, Betr.: Prämienvertrag, vom 27. 03. 1972.
[328] WABW, B 61 Bü 217, hier: Karl Gaissmaier, Sonderarbeitsanordnung Nr. 40/73, vom 29. 11. 1973.
[329] WABW, B 61 Bü 217, hier: Gaissmaier Hausmitteilungen, Dezember 1976 und Gemeinsame Information durch Geschäftsführung und Betriebsrat für Gaissmaier-Mitarbeiter, Zum Aushang am Schwarzen Brett, bis 15. 12. 1976.
[330] WABW, B 61 Bü 217, hier: Schreiben „Hier spricht der Betriebsrat", Betr.: Fahrgeldregelung/ Weihnachtsgeld, vom 20. 12. 1977; Schreiben „An alle Beschäftigten in der Firma Karl Gaissmaier", Betr.: Freiwillige Leistungen der Geschäfts-Leitung. Fahrgeld/Weihnachtsgeld, vom 28. 12. 1977.
[331] WABW, B 61 Bü 217, hier: Schreiben „Hier spricht der Betriebsrat", Betr.: Weihnachtsgeld 1979, vom 15. 11. 1979.

worden und zumindest für die Gewerkschaftsmitglieder und die organisierten Arbeitgeber bindend. Die meisten Unternehmen behandelten aber ihre nichtorganisierten Beschäftigten gleich und zahlten auch ihnen ein Urlaubsgeld, sodass sie ohne eine Gewerkschaftsmitgliedschaft vom Manteltarifvertrag profitierten.[332]

Trotz Bezahlung nach einem geregelten Haustarif gab es anscheinend eine ungleiche Bezahlung von Männern und Frauen. Bereits auf der Jahrestagung der Filialleitungen 1971 kamen Fragen nach einer gerechteren Bezahlung und Geschlechterdifferenzen auf: „Stimmt es, daß es Filial-Leitungen gibt, die bei gleicher Leistung und Umsatz unterschiedlich bezahlt werden?"; „Wann will die Geschäftsleitung die Gehälter der weiblichen Mitarbeiter denen der männlichen Mitarbeiter gleichstellen?"[333] Woher die jeweils angesprochenen Unterschiede stammten, ließ sich im Zuge der Recherche nicht herausfinden. Es ist zu vermuten, dass manche – offenbar vor allem männliche – Filialleitungen besondere Zulagen erhielten. Dass die (weiblichen) Filialleitungen ihre Fragen selbst an die Geschäftsleitung herangetragen hatten, zeigt, dass weder Gewerkschaft noch Betriebsrat über einen kritischen Blick in puncto geschlechtergerechter Bezahlung verfügten.

Der Betriebsratsvorsitzende bei Gaissmaier, der gleichzeitig für die HBV Mitglied in der Verhandlungskommission des Tarifvertrags war, stellte den Beschäftigten 1972 die neu ausgehandelten Gehaltssätze vor: „In unserer Firma werden im Verkaufsbereich die meisten Kolleginnen und Kollegen genau nach Tarif bezahlt und daher ist die Gruppe II und III von besonderer Bedeutung."[334] Dies wäre eigentlich ein Anzeichen für eine gleiche Bezahlung von Männern und Frauen. Dennoch habe es – auch darauf hatte der Betriebsratsvorsitzende schon hingewiesen – „noch übertarifliche, wie untertarifliche Bezahlung" gegeben.[335]

Das mangelnde Verständnis für gerechte Bezahlung zwischen Frauen und Männern äußerte sich auch in der folgenden Annahme des Unternehmens:

„In unseren Filialen und Märkten wären Mädchen und Frauen, die im gewerblichen Arbeitsverhältnis als Packerinnen und Preisauszeichnerinnen beschäftigt sind, nur dann in Lohnstufe 3 [statt 1] einzustufen, wenn wir auch männliche Packer und Preisauszeichner neben ihnen beschäftigen würden."[336]

Weil also gerade keine Männer am selben Arbeitsplatz beschäftigt waren, mutete Gaissmaier den Frauen die kleinstmögliche Entlohnung zu. Dagegen betonte der Betriebsratsvorsitzende, dass sich die Bezahlung nach den Tätigkeiten richten sollte:

---

[332] WABW, B 61 Bü 217, hier: Karl Gaissmaier, Sonderarbeitsanordnung Nr. 12/1971, Betr.: Urlaubsgeld, vom 13. 05. 1971; WABW, B 61 Bü 217, hier: Schreiben „Hier spricht der Betriebsrat", Betr.: Urlaubsgeld 1971, o. D.

[333] WABW, B 61 Bü 217, hier: „Fragen an die Geschäftsleitung", Vermerk: „Diese Fragen wurden bei der Jahrestagung 1971 von den Filialleitungen an die Geschäftsleitung gestellt".

[334] WABW, B 61 Bü 217, hier: Schreiben „Hier spricht H. O., Mitglied im Betriebsrat", Betr.: Neue Gehalts-Tarife im Einzelhandel, vom 27. 03. 1972.

[335] WABW, B 61 Bü 217, hier: Schreiben „Hier spricht H. O., Mitglied im Betriebsrat", Betr.: Neue Gehalts-Tarife im Einzelhandel, vom 27. 03. 1972.

[336] WABW, B 61 Bü 217, hier: Schreiben der Geschäftsleitung von Karl Gaissmaier, Betr.: Sonderarbeitsanordnung Nr. 6/72 zum Anschlag am schwarzen Brett für die Filialen und Märkte, vom 10. 04. 1972.

„Irrig ist die Meinung der GL [Geschäftsleitung] was die Lohngruppe 1 (4,– DM) und 3 (4,65 DM) anbetrifft. Hier ist keinesfalls ausschlaggebend[,] ob auch männliche Packer und Auszeichner beschäftigt werden, sondern einzig und allein entscheidend ist die Tätigkeit und in diesem Zusammenhang die Tätigkeitsmerkmale des Tarifvertrags."[337]

Dies offenbart zwei Dinge: Zum einen waren weibliche Beschäftigte finanziell eindeutig schlechter gestellt; zum anderen übten sie Tätigkeiten aus, die männlichen Beschäftigten nicht zugemutet wurden – vermutlich aus Sorge, sie könnten zu besseren Bedingungen andernorts arbeiten.

Mittelbare Benachteiligung durch Sonderzahlungen bei Beck

Das Textilgeschäft ist ein gutes, zeitlich späteres Beispiel dafür, wie zusätzliche finanzielle Leistungen bei grundsätzlich gleich gezahlten Tariflöhnen und -gehältern innerhalb der Belegschaft, aber auch zu Beschäftigten anderer Betriebe einen Unterschied machen konnten. In der Betriebsordnung von 1968 wurden verschiedene „freiwillige soziale Leistungen" aufgeführt: Neben (1) einer grundsätzlich übertariflichen Bezahlung gab es (2) eine „[m]onatliche Umsatzbeteiligung für Verkaufskräfte, die sich aus den persönlich erzielten Umsätzen errechnet, bzw. monatliche Gewinnbeteiligung nach festen Sätzen für Mitarbeiter, die nicht als Verkaufskräfte tätig sind". Darüber hinaus wurden (3) „Essensgutscheine für Leistungen der Betriebsküche (täglich Brotzeit, Mittagessen, Kaffee)" gewährt, wie auch (4) eine Weihnachtsgratifikation als 13. und (5) Urlaubsgeld als 14. Gehalt; schließlich (6) „Einkaufsvergünstigungen durch Personalrabatt" sowie (7) zusätzliche „Altersversorgung durch die Gustl Feldmeier-Unterstützungskasse". Die Zuwendungen der Altersversorgung waren an die Dauer der Betriebszugehörigkeit geknüpft – „für jedes Jahr der Betriebszugehörigkeit [wurde] 1% Zuschlag zur Rente bezahlt, ab 20 Jahre […] für jedes Jahr 2%, ab 30 Jahre […] erfolgt[e] Sonderregelung" – und daran, dass die Betreffenden bis zum Ruhestand für Beck tätig blieben.

Zusätzliche Aufmerksamkeiten, die die Geschäftsführung den Beschäftigten zuteilwerden ließ, waren das „Osterpackerl", „Gaben zum Muttertag und Vatertag", „Oktoberfestgeld", ein „Nikolaussackerl", „Sylvestersekt", „Geburtstagswein" und die „Tätigkeit der Betriebsschwester und der Fußpflegerin".[338] Offenbar gelang es Beck, die Treue seiner überwiegend weiblichen Beschäftigten mit solchen kleinen Annehmlichkeiten zu stärken, wie deren lange Betriebszugehörigkeit belegt. In anderen Branchen mit einer überwiegend männlichen Belegschaft scheinen solche Gratifikationen unangebrachter gewesen zu sein, da das Bedienen von derlei Stereotypen wie „Schokolade und Sekt für die Frau" keine Wirkung gezeigt und somit keine Verbundenheit zum Unternehmen hergestellt hätte.

---

[337] WABW, B 61 Bü 217, hier: Gemeinsames Schreiben von BR-Vorsitzender der Fa. Gaissmaier und Gewerkschaft HBV, Betr.: Sonderarbeitsanordnung Nr. 6/72 zum Anschlag am Schwarzen Brett für alle Filialen und Märkte, o. D.

[338] BWA, F 34 / 254 Interne Organisation des Unternehmens, Betriebsordnungen und Hausordnung, 1968–1974, hier: Betriebsordnung 1968, o. S.

Die Streichung mancher Leistungen war als Klausel bereits in der Betriebsordnung verankert. Bis auf das Weihnachts- und Urlaubsgeld sowie die Altersversorgung konnten diese Leistungen „nach Benachrichtigung des Betriebsrates kurzfristig aufgehoben werden, falls die Geschäftslage dazu zwingen sollte". Dass eine Veränderung in dieser Hinsicht spätestens 1974 notwendig geworden war, zeigt die zweite überlieferte Betriebsordnung von Beck aus diesem Jahr: Die Bezahlung der Beschäftigten war nicht mehr grundsätzlich übertariflich, wobei die Provisionsregelung erhalten blieb; die Verpflegung war nicht mehr umsonst, sondern vergünstigt; der Personalrabatt wurde auf Eigenbedarf und Bedarf für Geschenkzwecke beschränkt und die Altersversorgung war vollständig entfallen. Wie sich die zusätzlichen Leistungen bei Beck konkret auswirkten, lässt sich nicht sicher nachvollziehen. Es ist zu vermuten, dass damit eine geschlechtsspezifische Ungleichheit befördert wurde, da Frauen – sollten sie aus familiären Gründen längere Zeit aus dem Unternehmen ausscheiden – bei der Altersversorgung, die sich nach Jahren der Betriebszugehörigkeit richtete, benachteiligt wurden.

***

Das Geschlecht der Beschäftigten spielte für die Bezahlung im Einzelhandel der einzelnen Firmen und Betriebe eine große Rolle. An den frühen Beispielen von Prämien, Sonderregelungen und übertariflichem Gehalt ist zu erkennen, dass Frauen durchweg schlechter bezahlt wurden. Zwar fielen die durchschnittlichen zehnprozentigen Abschläge auf Frauengehälter – die selbst in Tarifverträgen noch lange verankert waren – in der Angestelltenschaft geringer aus als etwa in der Arbeiterschaft, dennoch bestanden sie noch lange fort und zeugen von der gesellschaftlichen Akzeptanz der niedrigeren Stellung von arbeitenden Frauen.[339] Das Gleiche gilt für die pauschale Eingruppierung von Frauen in untere Gehaltsstufen oder Leichtlohngruppen. Der Einfluss der Gewerkschaften zeigt sich ab den 1960er Jahren in der grundsätzlich besseren Bezahlung und ab den 1970er Jahren an der Absicherung von zusätzlichen finanziellen Leistungen, wobei die geschlechtsspezifisch ungleiche Bezahlung nur leicht zurückging. Hinzu kam, dass die Arbeit im Einzelhandel grundsätzlich schlecht bezahlt war. Noch 1989 lag der Einzelhandel im Vergleich zu anderen Wirtschaftszweigen auf dem letzten Platz bezüglich der durchschnittlichen Bruttoverdienste. Die Beschäftigten in den männlich dominierten Branchen der chemischen Industrie, des Stein- und Braunkohlebergbaus, der Papiererzeugung sowie der „Investitionsgüterindustrie", sprich in den metallverarbeitenden Industrien, verdienten am besten.[340] Der durchschnittliche Monatsverdienst von Männern im Einzelhandel (3622 DM/Monat) lag um 46 Prozent höher als der von Frauen (2474 DM/Monat).[341]

---

[339] Vgl. Schulz, Die Angestellten, S. 92.
[340] Vgl. zur Geschlechtsspezifik bestimmter Branchen und Berufe etwa: Maier, Patriarchale Arbeitsmarktstrukturen, S. 108; zum selben Phänomen in anderen Industrienationen vgl. Reskin/Hartmann, Women's Work, Men's Work.
[341] AdsD, HBV, 5 / HBVH820035, Bruttomonatsverdienste von Angestellten im Einzelhandel, Aufzeichnungen, 1981–1992, hier: Durchschnittliche Bruttomonatsverdienste kaufmänni-

Die Bezahlung ist entscheidend für die soziale Ungleichheit zwischen Männern und Frauen und beruhte auf einer geringeren Wertschätzung weiblicher Arbeitskraft. Wenn heutzutage die mittelbaren und unmittelbaren Formen der Entgeltungleichheit diskutiert werden, dann werden immer wieder bestimmte Mechanismen angeführt, die eine *Gender Pay Gap* zu erklären behaupten und diese dabei weniger gravierend erscheinen lassen. Dazu zählt die Erklärung, dass Frauen seltener in höheren Positionen beschäftigt seien, dass sie sich „freiwillig" Branchen und Berufe aussuchten, die ohnehin schlechter bezahlt seien, oder dass sie – auch wegen familiärer Pflichten – häufiger nur in Teilzeitverhältnissen beschäftigt seien.[342] Dass diese als „Strukturmerkmale" bezeichneten Mechanismen aber nicht einfach gegeben, sondern historisch gewachsen sind, zeigt diese Arbeit anhand der konkreten Einzelhandelsbetriebe.

2.6 Zwischenfazit

Die Sozialfigur der Verkäuferin konstituierte sich aus verschiedenen Diskursen und Zuschreibungen. Die Beschäftigten selbst, die sich in Form von Gedichten und Ego-Dokumenten äußerten, zeichneten in den 1950er und 1960er Jahren ein positives und selbstbestimmtes Bild ihrer Situation. In den 1970er Jahren geriet diese Selbstwahrnehmung – auch aufgrund der beruflichen Verunsicherung durch die Selbstbedienung – ins Wanken, in dessen Folge sie den wirtschaftlichen und gesellschaftlichen Fehlentwicklungen der 1980er Jahre die Schuld an ihrer marginalisierten Position zuwiesen. Besonders in dieser Zeit nahmen die Frauen als Ursache für soziale Ungleichheit die eigene Weiblichkeit wahr.

Zu diesem Zeitpunkt und an dieser Stelle setzten auch die empirisch arbeitenden Sozialwissenschaften an und nahmen die Verkäuferinnen als Berufsgruppe in den Fokus. Die Frage nach geschlechtsspezifischer Ungleichheit war vielen dieser Studien inhärent. Sie stellten bereits bei der Berufsausbildung schlechtere Startmöglichkeiten für Frauen fest, die die vertikale und horizontale Segmentierung der Einzelhandelsbetriebe noch verstärkte. Während die Verkäuferinnen unter schwierigen Arbeitsbedingungen zu leiden hätten, böte ihnen der Kontakt zur Kundschaft Entschädigung, so die damalige Analyse.

Die Gewerkschaften verstärkten Ende der 1970er Jahre ihre Bemühungen um Verkäuferinnen. Zuvor hatten sie ihre tatsächlichen Bedürfnisse bisweilen verkannt oder aber allgemeinen, gewerkschaftsübergreifenden Interessen wie der Arbeitszeitverkürzung untergeordnet. Allerdings blieb der Anteil an Frauen in leitenden Funktionen innerhalb der Gewerkschaften im Verhältnis zur Gesamtmitgliederzahl gering. Dies hatte einerseits strukturelle Gründe – wie die innergewerkschaftliche

---

scher Angestellte nach ausgewählten Wirtschaftszweigen und ihre Reihenfolge für Männer und Frauen, Stand: Juli 1989, Quelle: Statistisches Bundesamt Wiesbaden, Fachserie 16 Löhne und Gehälter, Reihe 2.2, Angestelltenverdienste in Industrie und Handel, HBV/HA-II Abt. Tarifpolitik.

[342] Vgl. Jordan, Entgeltdiskriminierung, S. 26–40 sowie 40–46.

Debatte um Teilzeitarbeit, den geringen Organisationsgrad im Einzelhandel oder die zeitliche Gebundenheit von arbeitenden Frauen –, andererseits perpetuierten die Gewerkschaften frauendiskriminierende, gesellschaftliche Strukturen. Als eigenständige Akteurinnen wurden Verkäuferinnen (noch) nicht ernst genommen.

Die Selbstbeschreibungen der Verkäuferinnen, und das Interesse seitens der Sozialwissenschaften wie der Gewerkschaften belegen für die 1980er Jahre eine erhöhte Reflexion über den Status und die Belange von Verkäuferinnen. Die Wahrnehmung von sowie das Denken über sie veränderten sich – auch international: Eine Broschüre der sozialdemokratischen Frauen Finnlands mit dem Titel „Frauen hinter der Kasse: Porträt einer Verkäuferin" zeigt genau dieses Bedürfnis nach einer Neudefinition.[343] Sozialwissenschaften und Gewerkschaften forschten zunehmend nach den Ursachen und Hintergründen der nun wahrgenommenen Ungleichheit – auch im Hinblick auf allgemeinere Prozesse in der Arbeitswelt wie Rationalisierung und Flexibilisierung. Und auch die Verkäuferinnen selbst hinterfragten die Gegebenheiten, denen sie ausgesetzt waren.

Innerhalb der Unternehmen und hinsichtlich der Gehälter im Einzelhandel herrschte hingegen Kontinuität. Die Einzelhandelsunternehmen hatten klare Vorstellungen davon, wie ihre weiblichen Angestellten sein sollten. Neben bestimmten Eigenschaften – Freundlichkeit und Tüchtigkeit – legten sie Wert auf ein gewisses Erscheinungsbild, verbunden mit einem Lächeln und einem gepflegten Äußeren. Die Einführung der Selbstbedienung veränderte diese Vorstellungen kaum, sondern verstärkte sie im Gegenteil, denn die Unternehmen betrachteten ihre Beschäftigten als hauseigene Präsentationsfläche. Das doppelte Abhängigkeitsverhältnis von einerseits der Kundschaft und andererseits den Vorgesetzten, dem die Beschäftigten im Einzelhandel unterlagen, nutzten die Unternehmen für ihre Zwecke aus. Im schlimmsten Fall führte dies dazu, dass Verkäuferinnen sexuellen oder sexualisierten Übergriffen ausgesetzt waren. Momente des Widersetzens zeigen sich erst gegen Ende des Untersuchungszeitraums, was die Etablierung eines neuen Selbstbewusstseins noch einmal deutlich unterstreicht.

Der Faktor Gehalt prägte den Diskurs über Verkäuferinnen und war gleichzeitig auch ein Ergebnis desselben. Tarifliche Regelungen unterminierten den Gleichbehandlungsgedanken, indem solche Praktiken wie das Eingruppieren von Frauen in „Leichtlohngruppen" oder das Berechnen von Abschlägen die geschlechtsspezifisch unterschiedliche Bezahlung konservierten. Außerdem waren Frauen seltener in höheren Positionen mit besserer Bezahlung vertreten. Betriebsspezifische Entlohnungen ahmten diese Unterschiede nach oder verstärkten sie über Prämien und Zulagenwesen sogar noch, bei denen Männer bevorzugt wurden. Ursachen oder Gründe dafür werden in den Quellen nie benannt. Die ungleiche Behandlung von weiblichen Beschäftigten war so tief im gesellschaftlichen Denken verankert, dass sie nicht betont oder gar gerechtfertigt werden musste. Das niedrige Gehalt verdeutlicht die geringe Wertschätzung von Arbeit im Einzelhandel und verweist

---

[343] Vgl. Lipponen, Naiset tiskin takana: myyjän muotokuva (Titel übersetzt: Frauen hinter der Kasse: Porträt einer Verkäuferin).

auf die historisch gewachsenen Strukturen geschlechtsspezifisch ungleicher Bezahlung.

Aus geschlechtergeschichtlicher Perspektive erscheint die Sozialfigur der Verkäuferin als ein mehrfach defizitäres Wesen. Ihre Partizipation an der Erwerbsarbeit blieb immer nur partiell, sei es durch Teilzeitarbeit, aufgrund von fehlender politischer Agitation oder gewerkschaftlicher Organisation. Gleichzeitig wird ihre Arbeitsleistung in der seit den späten 1950er Jahren sich durchsetzenden Massenkonsumgesellschaft mit Selbstbedienungsläden einerseits immer weniger geschätzt, andererseits auf geschlechtlich konnotierte Eigenschaften hin reduziert, anstelle diese als berufsfachliche Qualitäten anzuerkennen. Denn sowohl die Haushaltsausgaben für Nahrung als auch für Kleidung sanken und das soziale Ansehen der Arbeit war eng an das Prestige der Waren geknüpft. Dies wirkte sich letztlich auch auf die Selbstwahrnehmung und die Fremdwahrnehmung durch andere Akteure aus.

Im folgenden dritten Kapitel werden die sozialen Strukturen im Einzelhandelsbetrieb untersucht, die maßgeblich dazu beitrugen, dass Frauen diese Ungleichheit aushielten. Um deren tiefere Ursachen zu erforschen, wird in den darauffolgenden Kapiteln 4 und 5 nach den konkreten Arbeitspraktiken im Betrieb gefragt, durch die sich, so die These, diese Strukturen erst herausbildeten.

3. Arbeit im Verkauf – (K)ein Bund für's Leben

3.1 Berufliche Bildung – Schnellstart für Männer, Hürdenlauf für Frauen

Das nachgezeichnete Selbstverständnis von Verkäuferinnen muss vor dem Hintergrund der beruflichen Bildung betrachtet werden: Die verschiedenen Wege der Sozialisation in den Beruf hinein prägten den Umgang mit der Arbeit und deren Verortung im eigenen Leben. Die vorliegende Studie argumentiert, dass Frauen ein Aufstieg vermittels der Ausbildung verwehrt wurde, unabhängig davon, ob sie in einen Einzelhandelsbetrieb hineingeboren wurden, dort eine Anstellung als „Aushilfe" fanden oder eine Ausbildung zur Verkaufskraft absolvierten.

Hineingeboren: mithelfende Familienangehörige und Betriebsinhaberinnen

Die meisten Handelsbetriebe im 19. Jahrhundert waren mit nicht mehr als drei Personen relativ klein. Abgesehen von der Familie waren dort nur wenige Verkäuferinnen und Verkäufer beschäftigt, die teilweise mit im Haushalt untergebracht waren.[1] Bereits Mitte des 19. Jahrhunderts wurden Frauen – Töchter, Ehefrauen oder Schwestern – als Verkäuferinnen oder in den Büros der Geschäfte tätig.[2] Hierin sieht der Historiker Günther Schulz die „Wurzel der kaufmännischen Erwerbstätigkeit von Frauen". Allerdings „zogen Frauen aus bürgerlichen Familien, wenn sie erwerbstätig waren, den vergleichsweise verborgenen Arbeitsplatz im Büro stets dem öffentlichen Arbeitsplatz im Laden vor. Das Sozialprestige der Verkäuferin lag zwischen dem des Büropersonals und dem der Arbeiterin."[3] Für die familienfremden Verkäuferinnen und Verkäufer galt, dass bei ihnen die Hoffnung auf eine spätere Selbstständigkeit verbreitet war.[4]

Beim Textilgeschäft C. F. Braun schrieb man anlässlich des 90. Firmenjubiläums im Jahr 1936: „Der schönen Tradition, die Frauen der Geschäftsinhaber als Mitarbeiterinnen zu besitzen, ist unsere Firma bis heute treu geblieben. Auch eine Schwester des Mitinhabers ist der Kundschaft eine vielbegehrte Vertrauensperson."[5] Die Zeiten änderten sich in der zweiten Hälfte des 20. Jahrhunderts: Der Anteil der mithelfenden Familienangehörigen, männlichen wie weiblichen, lag ab 1960 laut einer Statistik lediglich bei 10,1 Prozent, über alle Wirtschaftsbereiche hinweg. Bis 1986 sank diese Zahl kontinuierlich auf 3,3 Prozent.[6] Im Einzelhandel

---

[1] Vgl. Schulz, Die Angestellten, S. 8, 20 f.
[2] Vgl. Schulz, Die Angestellten, S. 73.
[3] Schulz, Die Angestellten, S. 21.
[4] Vgl. Schulz, Die Angestellten, S. 22.
[5] WABW, B 56, C. F. Braun – seit 90 Jahren 1846–1936, [1936/37], S. 17.
[6] Vgl. Tabelle „Erwerbstätige nach Stellung im Beruf", in: Halberstadt, Die Angestellten, S. 369.

3. Arbeit im Verkauf – (K)ein Bund für's Leben

Tab. 6: Beschäftige im Handel nach ihrer beruflichen Stellung in Prozent[7]

Stellung	Jahr				
	1950	1960	1968	1980	1989
Selbstständige	23	17	16	13	11
Mithelfende Familienangehörige	6	6	4	2	1
Abhängig Beschäftigte	71	77	79	84	88
Gesamt	100	100	100	100	100

Tab. 7: Anteil Frauen in beruflichen Stellungen im Handel in Prozent[8]

Stellung	Jahr		
	1950	1968	1989
Selbstständige	23	30	30
Mithelfende Familienangehörige	83	100	86
Abhängig Beschäftigte	45	42	48
Gesamt	42	43	46

lag der Prozentsatz noch niedriger. Eine Auswertung der Angaben in den Statistischen Jahrbüchern der Bundesrepublik zeigte, dass der Anteil der mithelfenden Familienangehörigen ab 1960 von sechs Prozent über vier Prozent 1968 und zwei Prozent 1980 auf lediglich ein Prozent 1989 sank. Ebenso ging die Zahl der Selbstständigen im Laufe dieser 40 Jahre von 1950 bis 1989 um über die Hälfte von 23 Prozent auf elf Prozent zurück. Hierbei war der größte Rückgang bereits in den 1950er Jahren erfolgt. Hinzugewonnen hatte hingegen die Kategorie der abhängig Beschäftigten. Diese Entwicklung verweist unter anderem auf den beginnenden Konzentrationsprozess im Einzelhandel, bei dem viele kleine Geschäfte und Läden aufgegeben oder einem größeren Filialbetrieb angeschlossen wurden, wobei die vormals Selbstständigen fortan zu den Angestellten zählten. Der Anteil der abhängig Beschäftigten erhöhte sich dementsprechend bis 1989 auf 88 Prozent.

[7] Die Angaben erfolgen aufgrund eigener Berechnungen; die zugrundeliegenden absoluten Zahlen stammen aus den Statistischen Jahrbüchern der Bundesrepublik Deutschland für die Jahre 1953, 1969, 1973, 1982, 1990, jeweils aus den Kapiteln zur Erwerbstätigkeit. Zu beachten ist, dass die Statistik die Beschäftigten der Wirtschaftsbereiche „Handel" und „Verkehr" zusammenfasste. Dementsprechend wird hier auch anhand der Prozentsätze argumentiert und nicht anhand der absoluten Zahlen. Die Angaben sind also nicht ausschließlich, aber hauptsächlich für den Handel anzusehen und beschreiben einen Trend.
[8] Die Angaben erfolgen aufgrund eigener Berechnungen; die zugrundeliegenden absoluten Zahlen stammen aus den Statistischen Jahrbüchern der Bundesrepublik Deutschland für die Jahre 1953, 1969, 1990, jeweils aus den Kapiteln zur Erwerbstätigkeit. Dass der Anteil der weiblichen Beschäftigten hier unter 50 Prozent liegt, ist darauf zurückzuführen, dass der Handel insgesamt (also inklusive Groß- und Versandhandel) betrachtet wurde und dass der Wirtschaftsbereich „Verkehr" miteingerechnet ist.

3.1 Berufliche Bildung – Schnellstart für Männer, Hürdenlauf für Frauen

Der Anteil von Frauen in den verschiedenen beruflichen Stellungen ist erstaunlich stabil; ihr Anteil an den Handelsbeschäftigten insgesamt erhöhte sich leicht und kontinuierlich. Innerhalb der Gruppe der Selbstständigen stieg die Ziffer von 1950 bis 1968 von 23 auf 30 Prozent und blieb bis Ende der 1980er Jahre auf dieser Höhe. Zu bedenken ist allerdings, dass diese Gruppe aufgrund der insgesamt geringeren Anzahl an Selbstständigen weniger bedeutend war. Auffällig ist auch, dass 1968 ausschließlich Frauen als mithelfende Familienangehörige tätig waren. 20 Jahre zuvor und danach war auch ein geringer Prozentsatz der mithelfenden Familienangehörigen männlich, wobei diese 1989 aufgrund der geringen Gesamtzahl an mithelfenden Familienangehörigen nahezu bedeutungslos waren.

Anhand der Zahlen, die Abdolreza Scheybani für seine Studie heranzieht, können noch spezifischere Aussagen über Frauen im Einzelhandel der 1950er Jahre und 1960er Jahren getroffen werden. Zwar nahm der Anteil der Inhaberinnen, gemessen an der Gesamtzahl der weiblichen Beschäftigten, von 26,1 Prozent im Jahr 1950 auf 17,5 Prozent 1961 ab, jedoch stieg im selben Zeitraum der Frauenanteil unter den Selbstständigen im Einzelhandel von 36,4 Prozent auf 41,7 Prozent. Besonders im Lebensmitteleinzelhandel war die „Inhaberinnenquote" sehr hoch. Dabei lässt sich eine geschlechtsspezifische Verteilung anhand der Betriebsgröße aufzeigen: „Je kleiner der Betrieb, desto höher der Anteil der weiblichen Betriebsinhaber."[9] Eine weitere Untersuchung zur Frage nach dem Zusammenhang zwischen Arbeitswelt und Sozialleben dieser Frauen im Lebensmitteleinzelhandel weist darauf hin, dass, im Gegensatz zu männlichen Ladeninhabern, nur wenige Inhaberinnen verheiratet waren.[10] Mit der Stellung als Inhaberin und Ehefrau oder Tochter eines Ladeninhabers ging ein wesentlich höheres Ansehen einher, da diese zum gewerblichen Mittelstand gezählt wurden. Nach Auswertung zeitgenössischer soziologischer Erhebungen stellt Scheybani – trotz geäußerter methodischer Vorbehalte – die These auf, dass das soziale Ansehen in den 1950er Jahren von drei Faktoren abhing: vom Einkommen, von der beruflichen Stellung und dem Stand der Ausbildung.[11] Die Gruppe der Lebensmitteleinzelhändler, so Scheybani, zählte sich meist zum Mittelstand, und zwar weitgehend unabhängig von der Betriebsgröße und dem tatsächlichen Verdienst. Gewichtiger waren die eigene Selbstständigkeit und die Merkmale „Fleiß und Sparsamkeit".[12] Eine solche Einschätzung verlieh Frauen im Einzelhandel Achtung über das gesellschaftliche Normalmaß der 1950er Jahre hinaus und somit ein verändertes Selbstverständnis.

In den 1970er und 1980er Jahren, als die Zahl der Inhaberinnen bereits stark zurückgegangen war, könnten die langjährigen Angestellten der Einzelhandelsunternehmen einen ähnlichen sozialen Stand gehabt haben. Sie verfügten ebenfalls über eine gefestigte berufliche Stellung, eine hohe fachliche Expertise durch Ausbildung und Berufserfahrung sowie über ein vergleichsweise hohes Einkommen

---

[9] Scheybani, Handwerk und Kleinhandel, S. 176.
[10] Vgl. Hagemann, Zur sozialen Lage.
[11] Vgl. Scheybani, Handwerk und Kleinhandel, S. 169.
[12] Scheybani, Handwerk und Kleinhandel, S. 172.

aufgrund ihrer langen Betriebszugehörigkeit. Die Wertschätzung ihnen gegenüber drückte sich in Jubiläumsfeiern in den Betrieben aus.[13]

Die idealtypische Vorstellung von Arbeit im Einzelhandel, die eine „Tante Emma" hinter der Ladentheke vorsah, entsprach spätestens seit den 1960er Jahren kaum mehr der Wirklichkeit. Weitere Optionen zur Arbeit im Verkauf waren, vor allem ab den 1970er Jahren, eine sporadische Tätigkeit als Aushilfe oder die Anstellung von „Gastarbeitern", die weder einen familiären Hintergrund im Einzelhandel besaßen, noch eine berufliche Ausbildung absolviert hatten.

Angelernt: Aushilfen und „Gastarbeiter"

Ab Mitte der 1950er Jahre wurden bei Latscha aufgrund des Mangels an „qualifizierten männlichen" Arbeitskräften auch „zahlreiche ungelernte Kräfte" beschäftigt. Problematisch für den Betrieb waren dabei häufige Stellenwechsel und vermehrte Fehlzeiten. Der Personalchef des Lebensmittelunternehmens richtete sich daher mit der Bitte um eine intensive Einarbeitung und Anlernzeit an die Filialleitungen:

> „Wir müssen neue Mitarbeiter [...] so anleiten und führen, dass sie so werden, wie wir sie gerne haben möchten. Diese Mühe wird oft umsonst geleistet und trotzdem muss es immer wieder sein. [...] Auch branchenfremde und ungelernte Kräfte können in geeigneten Filialen nutzbringend beschäftigt werden. [...] Machen Sie Ihre Mitarbeiter – soweit geeignet – mit *allen* in Ihrer Filiale vorkommenden Aufgaben vertraut, damit Sie die notwendig werdenden Vertretungen [...] stellen können."[14]

Anfang der 1950er Jahre gab es auch in den Häusern von C&A eine recht hohe Anzahl an Aushilfen. Begründet wurde dies mit der „stürmischen Aufwärtsentwicklung der Umsätze in den letzten Jahren". Grundsätzlich war dem Unternehmen daran gelegen, deren Anteil unter den Beschäftigten zu reduzieren. Außerdem sollten nur solche Personen als Aushilfen beschäftigt werden, „die nicht Hauptnährer der Familie" waren.[15] Die Aushilfen waren in den Ausbildungsplan von C&A miteinbezogen. Sie sollten „zweimal jährlich, und zwar kurz vor Beginn der Hauptsaison acht Tage jeweils zwei Stunden [...] an gesonderten Arbeitsgruppenbesprechungen teilnehmen".[16] Ziel war es, dass die Aushilfen die neue Verkaufsmethode bei C&A beherrschten, damit diese vom gesamten Verkaufspersonal angewandt werden konnte.[17]

Noch Mitte der 1980er Jahre bestand für Frauen ohne berufsspezifische Ausbildung die Möglichkeit, unkompliziert im Rahmen von Aushilfstätigkeiten im Textileinzelhandel zu arbeiten – entweder nach der Familienphase oder als Nebenjob

---

[13] Mehr zu der Würdigung von langjährigen Beschäftigten in Kapitel 3.2.
[14] ISG, W 1-10-488, „Filialleiterbriefe" 1952–1963 – Rundbriefe der Geschäftsleitung, hier: Schreiben der Geschäftsleitung, gez. Günther Latscha, vom 02. 09. 1955; Hervorhebung im Original.
[15] DCM, 106863, Protokoll der 34. Betriebsleiterversammlung 1952, hier: S. 3. Zur Situation der Aushilfen bei C&A in den 1950er Jahren vgl. auch Kapitel 5.4.
[16] DCM, 109208, Protokoll der 42. Betriebsleiterversammlung 1956, hier: S. 9.
[17] DCM, 109207, Protokoll der 41. Betriebsleiterversammlung 1956, hier: S. 14.

3.1 Berufliche Bildung – Schnellstart für Männer, Hürdenlauf für Frauen 107

während der Schule oder des Studiums.[18] Die Tätigkeiten an den Kassen bedurften keiner großen Vorkenntnisse. Eine Kassiererin bei Hirmer beschreibt ihren Eintritt ins Unternehmen so: „Meine Einlernzeit war relativ schnell. Ich bin am 5. November eingetreten und Weihnachten konnte ich dann schon alleine auf einem Kassenplatz selbstständig kassieren."[19] Auch die Einstellung wurde nach einer viertelstündigen Probearbeit „ganz unkonventionell" geklärt. Dabei war sogar ein beruflicher Aufstieg möglich: Die oben zitierte Frau wurde später fest angestellt und zur „Ersten Kassiererin" befördert. Damit hatte sie die Aufsicht über die übrigen Kassiererinnen und gewisse Entscheidungsbefugnisse.[20]

Seit Mitte der 1960er Jahre wurden für den Einzelhandel die sogenannten Gastarbeiter und Gastarbeiterinnen als Arbeitnehmer im Einzelhandel interessant. 1972 arbeiteten bei Latscha Beschäftige aus zehn verschiedenen Herkunftsländern, darunter Spanien, Jugoslawien und Griechenland. Zu diesem Zeitpunkt berichtete ein Artikel in der Betriebszeitschrift „miteinander" über ihre Situation. Diese insgesamt 525 Beschäftigten entsprachen zwölf Prozent der Belegschaft. Sie waren vor allem vorgesehen für „einfache, schnell und leicht zu erlernende Tätigkeiten". Dementsprechend setzte Latscha sie im Verkauf vor allem in den Läden mit hohem Selbstbedienungsanteil ein – den Kaufpark-Selbstbedienungs-Warenhäusern und den Latscha-Märkten. Andere Einsatzgebiete waren der Fuhrpark, die Lager oder die unternehmenseigene Fleischproduktion. Obwohl der Einzelhandel viele solche Arbeitsplätze vorweisen konnte, betrug der Gesamtanteil der ausländischen Kräfte in der Branche Anfang der 1970er Jahre lediglich drei bis vier Prozent. Der Artikel erklärte dies mit der Sprachbarriere, die im Handel größere Bedeutung als in der Industrie gehabt habe. Während die Gastarbeiter anfangs als „Mädchen für alles" im Lager beschäftigt gewesen wären, hätten sich einige beruflich qualifiziert und seien als Verkäuferin oder Kassiererin in ein Angestelltenverhältnis gewechselt, so die Darstellung der Zeitschrift. Auch gebe es ein Beispiel, indem durch intensives Sprachstudium der Aufstieg zum Abteilungsleiter in einem Latscha-Markt möglich geworden war.[21] Hier endete die Karriereleiter dann. Die Hervorhebung des Falles zeigt, dass es dabei um eine weitgehend einmalige „Gastarbeiter"-Karriere handelte.

Ebenso wie die mithelfenden Familienangehörigen waren die angelernten Kräfte sowie die Gastarbeiter und Gastarbeiterinnen im Einzelhandel in der zweiten Hälfte des 20. Jahrhunderts in der Minderheit. Mitte der 1980er Jahre hatten etwa 70 Prozent der im Einzelhandel Tätigen eine entsprechende Ausbildung absolviert. 2015 waren es ebenfalls noch 67,3 Prozent.[22] Dementsprechend liegt der Fokus dieses Kapitels auch auf den berufsqualifizierenden Ausbildungswegen.

---

[18] HUA, 2013 / 08 / 0009, Interview: Interview mit Fr. G.H., Betriebsrätin (25. 11. 2009), Transkript S. 1, 21.
[19] HUA, 2013 / 08 / 0009, Transkript S. 2.
[20] HUA, 2013 / 08 / 0009, Transkript S. 3.
[21] ISG, W 1-10-420, Hausinterne Rundschreiben und Broschüren, die Entwicklung der Firma betreffend, 1950–1976, hier: Artikel „Platz bei uns für 10 Nationen", in: Die Latscha-Chronik 1971/72, o. S.
[22] Vgl. Hilf u. a., Berufsfachlichkeit, S. 64.

Ausgebildet: geschlechter- und zeitspezifische Ausbildungswege

Der häufigste Weg zur Beschäftigung als Verkäuferin verlief über eine Ausbildung oder Lehre. Darunter ist ein Arbeitsverhältnis zu verstehen, bei dem „eine breit angelegte berufliche Grundbildung und die für die Ausübung einer qualifizierten beruflichen Tätigkeit notwendigen fachlichen Fertigkeiten und Kenntnisse in einem geordneten Ausbildungsgang" vermittelt werden. Dies wird nach wie vor im Berufsbildungsgesetz geregelt.[23] Das deutsche System einer dualen Ausbildung setzte sich aus dem Besuch einer weiterführenden, berufsbildenden Schule und dem Praxiseinsatz in den Betrieben zusammen. Der Berufsabschluss wurde durch Prüfung bei der zuständigen Industrie- und Handelskammer erworben.[24] Im Prüfungsausschuss saßen Vertreter der Arbeitgeber, der Arbeitnehmer und der Schulen.[25]

Im Einzelhandel änderten sich während des Untersuchungszeitraums die Ausbildungswege und -bezeichnungen.[26] Mitte der 1950er Jahre mahnten Stimmen der Hauptgemeinschaft des Deutschen Einzelhandels und des Deutschen Industrie- und Handelstags (DIHT) an, dass das Berufsbild des Einzelhandelskaufmanns dringend überarbeitet werden müsse, da die Ausbildung im Einzelhandel nicht mehr zeitgemäß sei, und weder die Prüfungsanforderungen noch der Unterricht in den Berufsschulen den tatsächlichen Bedürfnissen in den Betrieben entsprächen. Es mangele an der Vermittlung von „zeitgemässen Formen und Methoden des Vertriebs".[27] Dieses Bedürfnis ist auf die Ausbreitung der Selbstbedienung und größerer Ladenflächen zurückzuführen. Bereits bei einer Sitzung des DIHT 1959 erörterten die Teilnehmenden die später zweistufige Ausbildung. Auch eine im selben Jahr an die Hauptgemeinschaft des Deutschen Einzelhandels gerichtete Resolution des Landesverbandes des Bayerischen Einzelhandels sah folgende, ähnlich lautende Veränderungen der Einzelhandelsausbildung vor: „[N]eben der Anwendung eines Berufsbildes ‚Kontoristin/Kontorist' für den Einzelhandel" sollten „der Einzelhandelskaufmann mit vorwiegend betriebswirtschaftlicher Ausbildung und die Verkäuferin" als neue Berufsbilder etabliert werden. Bei den anderen Landesverbänden war dies wohl auf Zustimmung gestoßen, allerdings gab es auch Gegenstimmen: Die Mittel- und Kleinbetriebe könnten nicht auf umfassend – auch betriebswirtschaftlich – ausgebildetes Verkaufspersonal verzichten. Zudem befürchtete man die Diskriminierung des Berufes Verkäuferin und die Gefahr einer fal-

---

[23] Berufsbildungsgesetz, in: BGBl. I, Nr. 75, vom 14. August 1969, S. 1112–1137, hier: § 1 Abs. 2.
[24] Vgl. Bosch, Berufliche Bildung.
[25] IfZArch, ED 972 / 74, Betriebsrätegruppen, 1980–1983, hier: Schreiben der IHK für München und Oberbayern, an den DGB, Kreis München, vom 03. 06. 1980, Betr.: Prüfungsausschüsse für Handelsfachwirte.
[26] Vgl. Bosch, Berufliche Bildung.
[27] BWA, K 009 / 635, Berufsausübung im Einzelhandel, 1959–1962, hier: Schreiben des Deutschen Industrie- und Handelstages, an die Industrie- und Handelskammern, Betr.: Neuordnung der Berufsausbildung im Einzelhandel. Ergebnisprotokoll der Sitzung am 9. Oktober 1959 in Köln, vom 15. 10. 1959.

schen, weil zu früh gefällten Entscheidung.²⁸ Dennoch wurden die Ausbildungsmöglichkeiten im Einzelhandel künftig in drei Gruppen unterteilt: „verkaufsbetonte Ausbildung", „allseitig gleiche Einzelhandelsausbildung" und „Ausbildung als Bürokaufmann" beziehungsweise als Kontorist/Kontoristin. Erstere war „insbesondere für weibliche Lehrlinge mit dem Berufsziel ‚Verkäuferin'" gedacht; die zweite eignete sich für Lehrlinge, die nach „gehobenen Positionen streben", und die dritte Richtung sollte „bürotechnische Spezialkräfte" hervorbringen und war vor allem für größere Betriebe mit einem großen Verwaltungsapparat gedacht. Zunächst blieb es noch bei einem einheitlichen Berufsbild mit unterschiedlichen Schwerpunktsetzungen. Die größten Unterschiede der Ausbildungsinhalte gab es bei der Verkaufsvorbereitung: So mussten verkaufsbetont auszubildende Lehrlinge etwa im „Umfüllen der Waren in Verkaufsbehälter" „[u]mfassend" unterrichtet werden, während bei denen, die eine allseitig gleiche Ausbildung absolvierten „einfach[e]" Kenntnisse ausreichten. Dafür erhielten sie eine intensivere Ausbildung in der Kalkulation, während sonst „ausreichend[e]" Kenntnisse genügten.²⁹

1968 wurde schließlich die zweistufige Ausbildung im Einzelhandel eingeführt. Fortan konnte in einer zweijährigen Ausbildung der Abschluss als „Verkäuferin" erworben werden, nach einem anschließenden dritten Ausbildungsjahr der Abschluss „Einzelhandelskaufmann". Trotz Einigung aller Einzelhandelsorganisationen verlief die Umstellung in den Schulen und Betrieben holprig.³⁰ Die Berufsbezeichnungen zeugen von der klar konnotierten Geschlechterzuordnung, nach der Männern die Führungs-, Organisations- und Verantwortungspositionen zugedacht und Frauen die ausführenden, nah an der Kundschaft angelegten Rollen zugewiesen wurden. Dies wurde erst 1987 im Wortlaut geändert.³¹ Die große Beharrlichkeit konservativer Kräfte ist deutlich zu erkennen. 1968, als andere gesellschaftliche Bereiche eine Befreiung erfuhren, wurde im Einzelhandel also eine Berufsordnung verabschiedet, die bereits zehn Jahre zuvor erdacht worden war und in die damalige Zeit wesentlich besser gepasst hätte.³² Auch international war diese Vorgehensweise bekannt: In der Schweiz wurde in der zweiten Hälfte des 20. Jahr-

---

[28] BWA, K 009 / 635, Berufsausübung im Einzelhandel, 1959–1962, hier: Schreiben des Deutschen Industrie- und Handelstages, an die Industrie- und Handelskammern, Betr.: Neuordnung der Berufsausbildung im Einzelhandel. Ergebnisprotokoll der Sitzung am 9. Oktober 1959 in Köln, vom 15. 10. 1959.
[29] BWA, K 009 / 636, Berufsausübung im Einzelhandel, 1963–1967, hier: Merkblatt über die Ausbildungswege im Einzelhandel, Entwurf vom 09. 09. 1963 sowie Erläuterungen und Hinweise zur planmässigen Durchführung der Einzelhandelslehre, Entwurf vom 04./13. 09. 1963.
[30] BWA, K 005 / 22, Neuordnung der Berufsausbildung im Einzelhandel 1966–1970, hier: Notizen anlässlich der Besprechung über die Berufsausbildung im Einzelhandel am 8. Oktober 1968 in der Städt. Berufsschule Aschaffenburg.
[31] Vgl. Bundesinstitut für Berufsbildung (BBiB), „Genealogie Einzelhandelskaufmann", https://www.bibb.de/dienst/berufesuche/de/index_berufesuche.php/genealogy/g24100 [zuletzt abgerufen am 30. 09. 2022].
[32] Vgl. grundlegend zur Gesellschaft der 1950er Jahre Schildt/Sywottek (Hrsg.), Modernisierung im Wiederaufbau, darin: zur Familie vgl. Niehuss, Wandel der Familie; zu den beiden Kirchen vgl. Kleßmann, Veränderungen im protestantischen Milieu; Gabriel, Katholiken in den 50er Jahren; zu den Eliten vgl. Plato, Wirtschaftskapitäne und Balder, Bürger in Uniform.

hunderts beim Verkaufsberuf stark geschlechtsspezifisch differenziert. Erst 1958 wurden, um den gewachsenen Personalbedarf im Handel decken zu können, Männer an der „Frauenarbeitsschule" zugelassen, an der die zweijährige Verkäuferinnenlehre angesiedelt war. Ab den 1970er Jahren wurde ein zusätzliches Ausbildungsjahr eingeführt, mit dem eine weiterführende Karriere in kaufmännischen Berufen – wahrscheinlich vorwiegend für Männer – möglich war.[33] Dennoch entschieden sich in der Schweiz, aber vor allem auch in Deutschland, viele junge Frauen für einen Beruf im Verkauf. Dies hat, wie dies Monika Goldmann und Ursula Müller herausgearbeitet haben, auch mit der hohen Rate an Berufsfachlichkeit im Einzelhandel zu tun. Überhaupt eine Ausbildung abzuschließen, empfanden junge Frauen als notwendig, um grundsätzlich auf dem Arbeitsmarkt Fuß fassen zu können.[34] Obwohl der Einzelhandel diesbezüglich heutzutage einen schlechten Ruf hat, war die Berufsfachlichkeit in der Branche während des Untersuchungszeitraums stets hoch. Noch 2003 lag der Anteil der Beschäftigten, die über eine abgeschlossene Berufsausbildung verfügten, im Einzelhandel bei 81 Prozent.[35] Verkäuferinnen und Verkäufer in Deutschland sind aufgrund ihrer – im internationalen Vergleich – breiten Berufsausbildung in der Lage, typische Managementaufgaben zu übernehmen, die in anderen Ländern den Vorgesetzten vorbehalten sind.[36] Dennoch ist die Arbeitswelt des Einzelhandels geschlechtsspezifisch segmentiert, was sich an den bestehenden Einkommensunterschieden zeigt, die in Deutschland noch immer bei 30 Prozent liegen.[37]

In den untersuchten Betrieben legten die Firmenleitungen Wert auf die Ausbildung des eigenen Beschäftigtennachwuchses. Daher boten sie zusätzliche Ausbildungsformate an. Beim Textilgeschäft Beck in München erhielten die Lehrlinge zusätzliche Trainings durch eine interne Verkaufstrainerin und Prämien für sehr gute Noten und hervorragende Abschlussprüfungen. Den sonstigen Beschäftigten bezahlte die Firma die Fortbildungsgebühren und es gab regelmäßig Verkaufsübungen mit einem externen Berater. Die leitenden Angestellten sollten bisweilen Kurse und Seminare einer Führungsakademie besuchen.[38] Die folgende Analyse der betriebsinternen Bildungsoptionen liefert Erkenntnisse hinsichtlich der gewünschten Rollenbilder der männlichen und weiblichen Angestellten.

Ausbildungswege bei Latscha

Bereits kurz nach Kriegsende gab es beim Filialunternehmen Latscha in der Zentrale des Unternehmens in Frankfurt am Main eine „Lehrlingsschule", inklusive einer Schulungstheke. Dort unterrichteten „Praktiker[ ] [...] die Geheimnisse des

---

[33] Vgl. Koellreuter, Ist Verkaufen eigentlich ein Beruf?, S. 106.
[34] Vgl. Goldmann/Müller, Junge Frauen, S. 6–14; Hintergründe zu der zeitgenössischen arbeitssoziologischen Studie wurden bereits in Kapitel 2.2 erläutert.
[35] Vgl. Voss-Dahm, Der Branche treu, S. 262.
[36] Vgl. Carré u. a., Retail Jobs in comparative Perspective, S. 257.
[37] Vgl. Voss-Dahm, Der Branche treu, S. 266.
[38] BWA, F 34 / 48, Übersicht über Leistungen des Hauses Beck/Feldmeier für seine Mitarbeiter, um 1968, hier: S. 4 f.

Verkaufs" und ein externer Experte führte in das kaufmännische Wissen ein.[39] Auf Fotos dieses Schulungsraumes sind junge Frauen und Männer, die an den Schulbänken sitzen und eifrig mitschreiben, und Männer und Frauen beim Unterrichten an der Tafel und der Theke zu sehen, oder auch das Üben von Plakatschrift mit Tinte und Feder.[40] Im Jahr 1956 stellten Latscha und das dazugehörige Lebensmittelfilialunternehmen Adolf Harth 97 weibliche und 52 männliche Lehrlinge neu ein. Die Geschäftsleitung rief die Filialleitungen dazu auf, die ihnen „anvertrauten Lehrlinge verständnisvoll [zu] behandeln und richtig [zu] erziehen", denn nur über die eigene Ausbildung im Haus ziehe man sich das beste Personal heran.[41] Bereits etablierte Verkäuferinnen und Verkäufer erhielten seit den 1950er Jahren die Möglichkeit zu Weiterbildungen. Zum Schulungsprogramm gehörten Filme, Tonbandgespräche sowie geführte Diskussionen zu Verkaufstechniken, Kundenberatung, Warenkunde und Maschinenpflege.[42]

Seit 1964 gab es bei Latscha ein eigenes Ausbildungswerk, benannt nach dem Firmengründer: das Jakob-Latscha-Bildungswerk.[43] 1968 wurde in Ergänzung zum Bildungsprogramm ein eigenes Haus für Seminare gebaut.[44] Laut Statut des Bildungswerkes diente es neben einer berufsbezogenen Fachausbildung auch der Allgemeinbildung der Lehrlinge, die die persönliche Entfaltung und Verantwortungsübernahme fördern sollte. Dies sei für die „moderne Berufswelt" von zentraler Bedeutung.[45] Während die Seminare im ersten Ausbildungsjahr als Einführung gedacht waren und im letzten Jahr der Prüfungsvorbereitung galten, diente das Seminar des zweiten Ausbildungsjahrs einem gewissen Feinschliff, wobei eine deutliche Geschlechtsspezifik zur Geltung kam: „Unser Programm bietet für jeden etwas. Für die jungen Damen einen Kosmetikkurs; sie sollen schließlich auch unseren Kunden gefallen."[46] Dass der Lehrlingsausbildung eine große Bedeutung beigemessen wurde, belegen die zahlreichen Besprechungen, die vor allem in den Jahren unmittelbar

---

[39] ISG, KS 3359, „Hier spricht der Latscha-Geist".
[40] ISG, W 1-10-2616, Schulungsraum Schwedlerstraße, [1950er Jahre]; W 1-10-2617, Lehrlingsschulung J. Latscha, Schwedlerstraße, 1952/54; W 1-10-2618, Lehrlingsschulung in der Schwedlerstraße, [1950er Jahre]; W 1-10-2619, Schulungsraum für Lehrlinge, Schwedlerstr., [1950er Jahre]; W 1-10-2620, Schulungsraum für Lehrlinge, Schwedlerstraße, [1950er Jahre]; W 1-10-2621, Schulungsraum für Azubis, Schwedlerstr., [1950er Jahre]; W 1-10-2622, Lehrlingsschulung J. Latscha, Schwedlerstraße, [1950er Jahre].
[41] ISG, W 1-10-488, „Filialleiterbriefe" 1952–1963 – Rundbriefe der Geschäftsleitung, hier: Schreiben der Geschäftsleitung, gez. Dieter Latscha, vom 29. 03. 1956.
[42] ISG, W 1-10-488, hier: Schreiben der Geschäftsleitung, gez. Dieter Latscha, vom 18. 01. 1957.
[43] ISG, S3 / R1980, Erinnerungen. Hans Latscha, Hrsg. Dieter Latscha, Brönners Druckerei Breidenstein KG, hier: Artikel von Helmut Stein, Ausbildung im Hause Latscha, in: FLS [Abkürzung konnte nicht ermittelt werden] 1/1968, S. 34 f.
[44] ISG, S3 / R1980, Erinnerungen. Hans Latscha, Hrsg. Dieter Latscha, Brönners Druckerei Breidenstein KG, hier: Artikel „Günther-Latscha-Haus. Ein Haus für Lehrlinge der Firma Latscha" als Anzeige in: FLS 2/1969, S. 39.
[45] ISG, W 1-10-472, Jakob Latscha Bildungswerk: Beiratsprotokolle, Statut des Bildungswerkes. Einweihung Günther Latscha Haus, Dorfweil und Gästeliste April, Etat, 1969, 1975/76, hier: Statut des „Jakob-Latscha-Bildungswerkes", vom 20. 08. 1964.
[46] ISG, W 1-10-416, Diverse – hausinterne – Broschüren, 1959–71, hier: Broschüre „Latscha-Information über Ausbildung und Berufschancen für Real- und Berufsfachschüler", 1973.

nach der Gründung zwischen Geschäftsleitung, Programmverantwortlichen, Ausbildenden sowie Unterrichtenden abgehalten wurden. Außerdem sollten schon bald nach Anlaufen der Förderkurse von verschiedenen Gruppen Rückmeldungen zu ihrer Ausgestaltung eingeholt werden.[47] Der Beirat des Bildungswerkes sprach auch über die weitere berufliche Förderung der jungen Männer und Frauen nach der Ausbildung. Dabei wurden die Fördermaßnahmen geschlechtsspezifisch differenziert: Die Ausbildung zum „Abteilungsleiter, evtl. später zum Assistenten" stand beiden offen, wobei insbesondere für Frauen eine Ausbildung zur Sekretärin durch Teilnahme an „Spezialkursen" angedacht war. Für männliche Ausbildungsabsolventen war darüber hinaus noch der Besuch einer Handelsschule vorgesehen, der sie zum späteren Einsatz in der Zentrale, etwa im Einkauf oder als mittlere Führungskraft, befähigen sollte.[48]

Mit der Einführung der Stufenausbildung 1968 änderte sich auch der Stoffplan für den Abschluss „Einzelhandelskaufmann" bei Latscha, besonders für die Lehrlinge des dritten Lehrjahres, da man sich den „zweifellos erhöhten Prüfungsanforderungen" anpassen wollte. Ein Grund dafür war, dass die Industrie- und Handelskammern sowie die selbstständigen Betriebe der Meinung waren, dass nur Kaufhäuser und selbstständige Einzelhändler, nicht aber Filialbetriebe so umfassend ausbilden könnten, dass es den Prüfungsanforderungen für Einzelhandelskaufleute entspreche.

„Herr Latscha vertrat die Auffassung, dass wir keine Angst vor einer Zurückstufung haben sollten. Insbesondere bei Mädchen, hier zeigt die Erfahrung eindeutig, dass die meisten von ihnen nach 2 oder 3 Berufsjahren ohnedies meistens wegen Verheiratung aus dem Betrieb ausscheiden. Verstärkt gefördert werden müssen die männlichen Lehrlinge, hier sollten wir versuchen, möglichst viele zum Einzelhandelskaufmann auszubilden."[49]

Zu ihrem Besuch der Förderkurse wurden den Lehrlingen regelmäßig die gleichen Fragen gestellt. Eine ausführliche Auswertung liegt für die Kurse im Jahr 1966 vor. Von den 169 Kursteilnehmenden waren 91 weiblich und 78 männlich. Knapp 90 Prozent von ihnen hatten vor ihrer Ausbildung lediglich die Volksschule bis zur achten oder neunten Klasse besucht. Die Mehrheit stand den Förderkursen sehr positiv gegenüber. Sie empfanden sie als Stütze für ihre Berufsausbildung. Diese Meinung schlug sich auch in der Beliebtheit der Fächer nieder. Dabei wurden vor allem jene favorisiert, aus denen ein unmittelbarer Nutzen abgeleitet wurde, wie „Rechnen" und „Deutsch". „Weil ich es gern mache und es später in meinem Beruf brauche", berichtete eine Teilnehmerin. Das Fach „Vorbereitung auf die Kaufmannsgehilfenprüfung" stand bei den Teilnehmenden des dritten Lehrjahres an erster Stelle: „Weil wir dies speziell für die Prüfung brauchen." Negativer bewertet wurden die Fächer ohne klaren Bezug zur Arbeitswelt, wie „Naturwissenschaftli-

---

[47] ISG, W 1-10-472, Jakob Latscha Bildungswerk: Beiratsprotokolle, Statut des Bildungswerkes. Einweihung Günther Latscha Haus, Dorfweil und Gästeliste April, Etat, 1969, 1975/76, hier: Protokoll über die 3. Beiratssitzung des Jakob-Latscha-Bildungswerkes am Dienstag, den 15. 12. 1964, in der Zentrale, Schwedlerstraße.

[48] ISG, W 1-10-472, hier: Protokoll über die 6. Beiratssitzung des Jakob-Latscha-Bildngswerkes am 22. 12. 1965 in der Zentrale Schwedlerstraße.

[49] ISG, W 1-10-472, hier: Protokoll über die 13. Beiratssitzung des Jakob-Latscha-Bildungswerkes am 18. September 1968 im Büro von Herrn Dieter Latscha.

che Grundlagen" („Danach werde ich später doch nicht gefragt") oder „Staatsbürgerliche Bildung" („Weil man sie im kaufmännischen Beruf nicht braucht"). Auch bei Kursen, die zusätzlich in den Plan mitaufgenommen werden sollten, zeigt sich die klare Nutzenorientierung. Viele Lehrlinge wünschten, etwas über „Buchführung" und „Warenkunde" zu lernen. Außerdem wurden in der Befragung die Berufswünsche der Lehrlinge abgefragt. Hierbei ergaben sich einige Unterschiede zwischen männlichen und weiblichen Lehrlingen. Die jungen Frauen stellten sich vorwiegend mittlere Positionen – etwa die Abteilungsleitung (35 Prozent) – in der Firma vor. 24 Prozent der befragten weiblichen Lehrlinge wollten Kassiererin werden, zwölf Prozent Verkäuferin. Nur vier von 91 jungen Frauen wollten Marktleiterin werden und nur zwei Assistentin. Von den jungen Männern strebten 45 Prozent die Position eines Marktleiters an, zwölf Prozent sahen sich als späteren Abteilungsleiter; die Stellung als Verkäufer scheint für sie völlig uninteressant gewesen zu sein. „Kassiererin" wollte kein männlicher Bewerber werden; die höchstmöglichen Positionen, „Fachberater" und „Verkaufsleiter", gab es nur in der männlichen Form.[50] In Bezug auf ihre berufliche Entwicklung ließen die befragten Lehrlinge im Jahr 1969, vor allem die weiblichen, einen Sinneswandel erkennen: „Erstmalig ließ sich auch bei den weiblichen Lehrlingen ein Aufstiegswille – zur Abteilungsleiterin und Marktleiterin – feststellen."[51] Die Tendenz zeigte sich bei der Befragung von 1968. Da waren es immerhin schon 45 Prozent der Mädchen, die Abteilungsleiterin, fünf Prozent, die Marktleiterin werden wollten, und nur noch fünf Prozent sahen sich zukünftig als reine Verkäuferin.[52]

Die Geschlechtsspezifik, die in den Befragungen aufscheint, trat aber auch schon in den frühen Werbematerialien zutage, in denen die Entwicklungsmöglichkeiten und Zukunftsperspektiven zwischen männlichen und weiblichen Auszubildenden differenziert behandelt wurden. Eine Broschüre aus dem Jahr 1966 sollte „ehrgeizige Jungen[, die] ihren Weg nach oben machen wollen" und „aufgeweckte Mädchen" ansprechen, denn die bei Latscha gewonnene „Erfahrung mit Waren und Preisen" nütze Letzteren „im eigenen Haushalt" und bedeute „eine vorzügliche Mitgift".[53] Eine Broschüre von 1973, die für eine Ausbildung zum „Einzelhandelskaufmann" bei Latscha warb, versprach eine „Ausbildung mit System". Dieses sah für eine Ausbildungszeit von drei Jahren das Durchlaufen sämtlicher Einsatzgebiete innerhalb des Filialunternehmens vor: Lebensmittelabteilung, Zentrallager und Lagerbüro, Seminare in der hausinternen, zentralen Ausbildungsstätte, Obst- und Gemüseabteilung, Großmarkthalle, Fleischabteilung, Frischfleischwerk, Abteilung Kassen und Verwaltung, schließlich Non-Food-Abteilung. Obwohl stets in der männlichen Person geschrieben wurde, waren auf den Bebilderungen neben den Männern auch

---

[50] ISG, W 1-10-250, Die Förderkurse des Jakob-Latscha-Bildungswerkes im Jahre 1966, S. 11 f., 13, 19 f., Tabelle 5, S. 35.
[51] ISG, W 1-10-472, hier: Protokoll der 15. Beiratssitzung des Jakob-Latscha-Bildungswerkes am 25. 11. 1969.
[52] ISG, W 1-10-472, hier: Jakob-Latscha-Bildungswerk. Eine Dokumentation der Förderkurse; Befragung bezog sich auf das Jahr 1968.
[53] ISG, W 1-10-487, Broschüren zur Personalwerbung, o. D., hier: „Latscha bietet mehr", 1966.

Frauen zu sehen – sie waren mitgemeint.[54] Eine andere Broschüre, Werbematerial für die zweijährige Berufsausbildung zum Verkäufer/zur Verkäuferin, machte dagegen deutlichere geschlechtsspezifische Unterscheidungen: „Verheiratete Mitarbeiterinnen können z. B. als Teilzeitkraft arbeiten. Teilzeit heißt Geld plus Freizeit für die Familie." Außerdem: „Es gibt viele interessante Tätigkeiten. Kassiererin, Abteilungsleiter, Assistent". Hier ist die hierarchische Geschlechtsspezifik klar benannt.[55] Im Denken der Firma war die kürzere Ausbildung eher für weibliche Lehrlinge, die längere Ausbildung für männliche vorgesehen.

Die Förderkurse wurden seit 1973 zunehmend kostensparend durchgeführt. Zunächst nahm man Einsparungen bei der Befragung der Lehrlinge und bei den kulturellen Veranstaltungen vor.[56] Ab 1977 wurden diese nur noch für Auszubildende des dritten Lehrjahres angeboten. In diesem Zuge strich man eine ganze Reihe an Unterrichtsinhalten.[57] Diese Sparmaßnahmen korrespondierten mit der wirtschaftlichen Entwicklung, aber auch damit, dass sich der von der Geschäftsleitung erwartete Erfolg nicht eingestellt und der Staat zunehmend die Aufgaben der Berufsausbildung übernommen hatte.

In den 1950er Jahren waren die – meist männlichen – Filialleiter gemeinsam mit den jeweiligen Bezirksleitern für die Ausbildung von Führungskräften zuständig. Sie wählten vor allem „[j]üngere Mitarbeiter, die sich durch gute Arbeitsleistung, Intelligenz, guten Willen und anständigen Charakter auszeichnen", und solche aus, „von denen angenommen werden kann, dass sich eine zusätzliche Ausbildung lohnt". Dem zeittypischen Denken entsprechend waren dies vor allem männliche Kandidaten: „‚Der Nachwuchsmann' ist keine Konkurrenz für den Filialleiter, sondern dessen Vertrauensperson". Die betreffenden Mitarbeiter sollten umfassend in sämtlichen Sparten eingesetzt werden, Aufgaben mit erhöhter Verantwortung übernehmen, in Filialbuchhaltung und Schriftverkehr Einblick erhalten, an Entscheidungen beteiligt werden u. v. m. Hinzu kam eine theoretische Ausbildung in der Zentrale.[58] Später professionalisierte sich die Nachwuchsausbildung, wobei in den Aufgabenbereich des Ressortleiters für Ausbildung und Organisation neben der Lehrlingsausbildung auch die Weiterbildung anderer Beschäftigter und neu eingestellter Mitarbeiterinnen und Mitarbeiter fiel.[59] Für die Weiterbildung zum Markt-

---

[54] ISG, W 1-10-416, Diverse – hausinterne – Broschüren, 1959–71, hier: Broschüre „Latscha-Information über Ausbildung und Berufschancen für Real- und Berufsfachschüler", 1973.

[55] ISG, W 1-10-521, Broschüre Berufsausbildung bei Latscha, 1973, „2 Jahre Berufsausbildung bei Latscha für Verkäufer und Verkäuferinnen".

[56] ISG, W 1-10-472, Jakob Latscha Bildungswerk: Beiratsprotokolle, Statut des Bildungswerkes. Einweihung Günther Latscha Haus, Dorfweil und Gästeliste April, Etat, 1969, 1975/76, hier: Protokoll der 19. Beiratssitzung des Latscha-Bildungswerkes am 13. 06. 1973; Protokoll der 21. Beiratssitzung des Latscha-Bildungswerkes am 19. 06. 1975.

[57] ISG, W 1-10-472, hier: Protokoll der 22. Beiratssitzung des Latscha-Bildungswerkes am 6. 10. 1976.

[58] ISG, W 1-10-488, „Filialleiterbriefe" 1952–1963 – Rundbriefe der Geschäftsleitung, hier: Schreiben der Geschäftsleitung, gez. Dieter Latscha, vom 30. 11. 1956.

[59] ISG, S3 / R1980, Erinnerungen. Hans Latscha, Hrsg. Dieter Latscha, Brönners Druckerei Breidenstein KG, hier: Artikel von Helmut Stein, Ausbildung im Hause Latscha, in: FLS 1/1968, S. 34 f.

leiter bei Latscha gab es dann einen eigenen Ausbildungsplan. Danach sollten die Nachwuchskräfte eine „rationelle [und] intensive Vorbereitung" erfahren. Sie wurden insgesamt 13 Monate in verschiedenen Abteilungen eingesetzt, wobei das eigenständige Führen einer Abteilung den Ausbildungsabschnitt abschloss. Zusätzlich gab es Ausbildungsnachmittage zu diversen Themen und regulär zwei Exkursionen. Ebenso mussten schriftliche Prüfungen absolviert werden. Monatlich erfolgte eine Beurteilung. Vorgesehen dafür waren „[b]esonders geeignete Mitarbeiter, die sich bereits als bestätigte Abteilungsleiter bewährt haben". Pro Jahr sollten nur so viele Beschäftigte zu Markt- und Abteilungsleitungen ausgebildet werden, wie unter Beachtung der üblichen Fluktuation und der geplanten Neueröffnungen benötigt wurden.[60] Auch nach der Formalisierung des Ausbildungsweges kamen demnach vor allem männliche Beschäftigte dafür in Frage.

Geschlechtsspezifisches Lernen bei Gaissmaier

Beim Lebensmittelunternehmen Gaissmaier zeigte sich die Führungsebene 1968 begeistert von der Neugestaltung der Ausbildung im Einzelhandel. Als Vorzug sah sie unter anderem an, dass die Kenntnisse, die das ausschließlich im Verkauf tätige Personal benötigte, auch in kürzerer Zeit gelehrt werden konnten – nämlich Warenkunde und Verkaufstechniken. Demgegenüber müsse man als „Einzelhandelskaufmann" viel mehr können, „um für anspruchsvollere Führungsaufgaben gewappnet zu sein", etwa Handelsrecht, Betriebsorganisation und Rechnungswesen. Außerdem könnten, so die Argumentation des Vorstands, durch die Neuregelung mehr Lehrlinge ihre Ausbildung erfolgreich abschließen – und das bereits nach zwei Jahren, wodurch sie auch früher in den Genuss der Bezahlung nach Verkaufs-Tarif kämen. Den jungen Menschen wurde die Entscheidung gelassen, ob sie ihre Ausbildung fortsetzen wollten. Wer sich für die längere Ausbildung entscheide, müsse zwar zunächst auf ein höheres Gehalt verzichten, habe aber wesentlich verbesserte Chancen auf einen schnellen Aufstieg. „Überdies erhält der Einzelhandelskaufmann in seinem ersten Berufsjahr sofort die Bezüge einer Verkäuferin im zweiten Berufsjahr." Dieser Satz offenbart das stets mitgedachte Geschlechterverhältnis. Die Gaissmaier-Führung sah in der zweistufigen Ausbildung vor allem die Chance, den eigenen Führungsnachwuchs konsequenter aufzubauen.[61] Bei Gaissmaier führte der Weg zum „Einzelhandelskaufmann" über die Mitarbeit in sechs verschiedenen Abteilungen der Hauptverwaltung und über zentral organisierte Schulungen für das gesamte Filialgebiet, während die Ausbildung zum Verkäufer/ zur Verkäuferin nur in den jeweiligen Filialen stattfand. Der Ausbildungsleiter von Gaissmaier legte besonders „jungen Mädchen de[n] Verkäuferinnenberuf, also die

---

[60] ISG, W 1-10-535, Stellenbeschreibungen und Richtlinien für die Ausbildung, o. D., [vermutlich 1967, Überschneidungen mit W 1-10-407, Stellenbeschreibung und Aufgabengliederung, 1967], hier: Richtlinien für die Ausbildung im Förderkreis.
[61] WABW, B 61 Bü 221, versch. Jahrgänge der Firmenzeitschrift „miteinander" (unvollst.), 1966–1982, hier: Artikel von Michael Gaissmaier, Neue Ausbildung im Einzelhandel, in: miteinander 1968/1, S. 1 f.

zweijährige Ausbildung" ans Herz, „da die junge Frau nach Gründung einer Familie ganz oder teilzeitbeschäftigt in ihren Beruf zurückkehren kann". Diese zeittypische Erwartungshaltung offenbart die geschlechtsspezifische Ungleichbehandlung, die in der zweistufigen Ausbildung zum Ausdruck kommt. Dennoch stuften die Verantwortlichen bei Gaissmaier die Aufstiegschancen für Frauen und Männer gleich ein – wobei offenbar nicht die gleiche Aufstiegsposition gemeint war, sondern nur die gleich gute Option zum Aufstieg als solchem. Während die „Damen" für eine Leitung einer gewöhnlichen Filiale in Frage kamen, stand einem „begabten jungen Mann" der Weg zum Marktleiter offen, hieß es 1971.[62] Trotz dieser euphemistisch beschriebenen Aussichten, war eine Übernahme durch Gaissmaier jedoch nicht garantiert: Im Jahr 1975 versagte sie 20 von 137 Lehrlingen ein Angestelltenverhältnis – „hälftig wegen unzureichender Leistungen [...], hälftig wegen der schlechten allgemeinen wirtschaftlichen Lage".[63]

Frühe Separation bei C&A

Bei C&A war die geschlechtsspezifische Ausrichtung der Ausbildung deutlich stärker ausgeprägt. Die sechsjährige Führungskräfteausbildung stand ausschließlich jungen Männern offen.[64] 1955 fehlte es C&A zwar an Führungsnachwuchs, doch selbst dann dachte die Hauptbetriebsleitung nicht an die Frauen, sondern wandte sich mit folgender Aufforderung an die Geschäftsleitungen der verschiedenen Häuser: „Wir bitten daher alle, sich in ihrem Bekanntenkreis umzusehen, ob sie geeignete junge Herren kennen, die unter Erfüllung unserer Anforderungen für eine Einstellung als Nachwuchskraft für alle Sparten in Frage kämen." Die Altersgrenze wurde in diesem Fall für Betriebsleiterkandidaten auf 30 bis 35 Jahre angehoben.[65] Eine Beurteilung der Nachwuchskräfte und auch der sonstigen Lehrlinge erfolgte in den 1950er Jahren halbjährlich durch eine Reihe verschiedener Vorgesetzter (Gruppenführer, Aufsichten,[66] Substituten, Einkäufer, Betriebsleiter, Geschäftsleiter).[67] Der verwendete Beurteilungsbogen bewertete neben den verkaufspraktischen Fertigkeiten und den kaufmännischen Kenntnissen auch den Charakter, die Begabung, die äußere Erscheinung sowie das Verhalten. So erhielt etwa ein junger Mann 1956 ein sehr gutes Gesamturteil und wurde für den weiteren Aufstieg empfohlen, weil er „gut gewachsen, gepflegt und ansprechend" aussah

---

[62] WABW, B 61 Bü 221, hier: 1971/I, Artikel „Das Interview", mit Otto Groß, Ausbildungsleiter, S. 9 f.
[63] WABW, B 61 Bü 217, Buch „10 Jahre Betriebsrat" Dokumentation, 1980, hier: Bericht der Geschäftsleitung über das Jahr 1975, gez. Helmut Gaissmaier.
[64] DRAIFLESSEN Collection (Hrsg.), C&A zieht an, S. 166.
[65] DCM, 115784, Rundschreiben an die Geschäftsleitung Haus Essen 1954–1956, hier: Schreiben der Hauptbetriebsleitung, an die Geschäftsleitungen aller Häuser, Nr. 14/55, Betr.: Nachwuchskräfte, vom 09. 08. 1955.
[66] Die Bezeichnungen „Gruppenführer" und „Aufsichten" stammen aus den C&A-Quellen und waren betriebsinterne Bezeichnungen, mit denen sich bestimmte Aufgaben und Funktionen verbanden.
[67] DCM, 106306, Informationsbroschüre „Handbuch für unsere Lehrlinge" 1955, hier: „Aufstiegsmöglichkeiten bei C&A", S. 31.

und als „verantwortungsbewußte, klare Persönlichkeit, zuverlässig, ehrlich, gerade und offen, ausgeglichen und heiter im Wesen" wahrgenommen wurde.[68] Die Nachwuchskräfte sollten intensiver als das sonstige Personal in kaufmännischen Fragen und in der Warenkunde unterrichtet werden. Außerdem wurden sie zur eigenverantwortlichen Teilnahme an Weiterbildungen (Abendkursen oder Vorträgen) angehalten, um sich in wirtschaftlichen, betriebswirtschaftlichen, arbeitsrechtlichen und warenkundlichen Feldern fortzubilden. Während die Kosten dafür übernommen wurden, musste die Initiative zur Weiterbildung von den jungen Männern selbst ausgehen.[69] Ab 1957 sollte jedes Haus einen „geeigneten Wirtschaftler" bereitstellen, „der mit den Nachwuchskräften Fragen der Betriebswirtschaft, Personalwirtschaft und der Konjunktur sowie Dinge des Geld- und Bankwesens bespricht".[70] Ab 1960 gab es im Rahmen der Führungskräfteausbildung über einen Zeitraum von zwei Jahren einmal pro Woche zwei Stunden professionellen Englisch-Unterricht, der mit einem Zertifikat beendet wurde.[71]

Die Berichte von einem männlichen und einer weiblichen ehemaligen Beschäftigten zeigen die unterschiedliche Erwartungshaltung des Unternehmens an ihre Mitarbeiter und Mitarbeiterinnen auf:

(1) „Ich denke gerne an meine Ausbildungszeit zurück. Damals war ich mit anderen Nachwuchskräften in einem sogenannten C&A-Haushalt in Hamburg-Barmbek untergebracht. Wir wurden von einer Haushälterin und ihrer Gehilfin umsorgt. Wohnen, Essen und Kleidung waren umsonst und dazu gab es noch ein Taschengeld. Wir waren eine verschworene Gemeinschaft und es entstand ein echter ‚C&A-Corpsgeist'."[72]

Zu Beginn der 1950er Jahre wurden diejenigen, die von vornherein als zukünftige Führungskräfte vorgesehen waren, nicht als Lehrlinge mit einem Lehrvertrag angestellt, sondern als „ungelernte Angestellte zu [...] besonderen Konditionen" beschäftigt, und in das C&A-eigene Ausbildungsprogramm aufgenommen. Dadurch waren sie von der Pflicht zum Besuch einer Berufsschule befreit. Sie sollten in ihrem eigenen Interesse dennoch die Kaufmannsgehilfenprüfung vor der jeweils zuständigen Industrie- und Handelskammer ablegen. Eine entsprechende Anmeldung konnte in manchen Fällen auch ohne Lehrvertrag nach zweieinhalb bis drei Jahren Tätigkeit erfolgen; in manchen Kammerbezirken bereitete dies jedoch Schwierigkeiten.[73] Außerdem lebten die zukünftigen Führungskräfte in den meis-

---

[68] DCM, 115784, Rundschreiben an die Geschäftsleitung Haus Essen 1954–1956, hier: Betr.: Nachwuchskräfte, Beurteilungsbogen für die Zeit vom 02. 01. 1956 bis 30. 06. 1956, für H. P., vom 30. 06. 1956.
[69] DCM, 109203, Protokoll der 37. Betriebsleiterversammlung 1954, hier: S. 5.
[70] DCM, 109208, Protokoll der 42. Betriebsleiterversammlung 1956, hier: S. 10.
[71] DCM, 119429, Rundschreiben an die Geschäftsleitungen der Häuser 1959–1960, hier: Schreiben der C. & A. Brenninkmeyer G.m.b.H. – Hauptbetriebsleitung, an die Geschäftsleitungen aller Häuser, Nr. 14/1960, Betr.: Nachwuchskräfte – allgemeine Weiterbildung – fremdsprachliche Schulung, vom 24. 06. 1960.
[72] DCM, 119846, Mein C&A, hier: Geschichte von J. A. M. (männlich), o. D., S. 140.
[73] DCM, 115783, Rundschreiben an die Geschäftsleitung Haus Essen 1951–1953, hier: Schreiben von C. & A. Brenninkmeyer G.m.b.H. Hauptbetriebsleitung, an die Geschäftsleitungen aller Häuser, Schreiben Nr. 12, Betr.: Kaufmannsgehilfenprüfung für Nachwuchskräfte, vom 21. 04. 1951.

ten Städten in einem sogenannten C&A-Haushalt, die es 1960 bei 20 von 28 Häusern in der gesamten Bundesrepublik gab.[74] Die jungen weiblichen Kräfte hingegen durchliefen eine gewöhnliche Lehre inklusive Berufsschulbesuch:

(2) „1957 fing meine Ausbildung bei C&A an. [...] Uns Lehrlinge betreute die sogenannte Betriebsfürsorgerin. Wir Mädchen mussten zur besseren Erkennbarkeit einen Kittel tragen. Dieses Modell hat alles andere als Charme und Anmut ausgestrahlt und bestand aus tiefschwarzem Satin mit weißem Wechselkragen – zwei Kragen pro Person – und einem durchgehenden Reißverschluss auf der Vorderseite. Der Schnitt war simpelst gerade, zylindrisch fallend, knieumspielend und alles andere als figurbetont. Ansonsten galt es zu beachten: Nylonstrümpfe, Fingernägel und Lippen nur hautfarben!"[75]

Die Lehrlinge bei C&A absolvierten in den 1950er Jahren neben der Berufsschule auch theoretische und praktische Unterweisungen im Betrieb. Der Unterricht in den Berufsschulen wurde vor allem hinsichtlich der Verkaufsarbeit und Warenkunde von C&A als unzureichend empfunden. In Städten mit hohem Lehrlingsaufkommen versuchte man daher, die Einrichtung von eigenen C&A-Klassen an den Schulen zu erwirken.[76] Diese Strategie hatte wohl Erfolg, denn nur bei den Lehrlingen von zwei Häusern weigerte sich die örtliche Berufsschulleitung, solche Klassen einzurichten.[77] Zusätzlich erhielten die Lehrlinge nach einem genau definierten Ausbildungsplan Unterricht in den einzelnen Betrieben. Dieser sah für das erste Lehrjahr eine Einführung in die Geschichte und Organisation der Firma vor, die der Betriebsleiter oder eine Aufsicht einmal pro Woche durchführte. Im zweiten und dritten Lehrjahr unterrichteten Fachlehrer eine Dreiviertelstunde pro Woche kaufmännisches Wissen und Warenkunde. Im zweiten Jahr kamen noch zwei Wochenstunden für „Verkaufskunde" durch eine Aufsicht oder einen Gruppenführer hinzu; im dritten Jahr gab es einen Absteck-Kurs durch eine Fachkraft, der sogar mit einer Prüfung beendet werden musste.[78] Außerdem gab es einen „Kursus für Bewegungsformen", bei dem auch die „Grundsätze eines dezenten Make-up" vermittelt wurden, um „die hier und da beobachteten Übertreibungen" künftig zu vermeiden.[79] Dies sollte auch dem Erlernen von „gute[n] Umgangsformen" und der „Bildung der Persönlichkeit und des Charakters" dienen, da die Lehrlinge „verschiedensten Gesellschaftsschichten entstamm[t]en".[80] Daneben erhielten sie

---

[74] DCM, 119429, Rundschreiben an die Geschäftsleitungen der Häuser 1959–1960, hier: Schreiben der C. & A. Brenninkmeyer G.m.b.H. – Hauptbetriebsleitung, an die Geschäftsleitungen aller Häuser, Nr. 14/1960, Betr.: Nachwuchskräfte – allgemeine Weiterbildung – fremdsprachliche Schulung, vom 24. 06. 1960.

[75] DCM, 119846, Mein C&A, hier: Geschichte von B. B. (weiblich), o. D., S. 169.

[76] DCM, 115784, Rundschreiben an die Geschäftsleitung Haus Essen 1954–1956, hier: Protokoll der 38. Betriebsleiterversammlung am 7. und 8. Dezember 1954, S. 1 f.

[77] DCM, 109207, Protokoll der 41. Betriebsleiterversammlung 1956, hier: S. 13.

[78] DCM, 109203, Protokoll der 37. Betriebsleiterversammlung 1954, hier: Anlage zum Protokoll der 37. BLV, Personalausbildungsplan.

[79] DCM, 115784, Rundschreiben an die Geschäftsleitung Haus Essen 1954–1956, hier: Protokoll der 38. Betriebsleiterversammlung am 7. und 8. Dezember 1954, S. 3 f.

[80] DCM, 117090, Rundschreiben an die Geschäftsleitungen der Häuser 1953, hier: Schreiben der C. & A. Brenninkmeyer GmbH – Hauptbetriebsleitung, an die Geschäftsleitungen aller C.&A.-Betriebe, Nr. 37/1953, Betr.: Personalschulung im Haus und durch die Hauptverwaltung – Arbeitskreis für Berufsförderung, vom 21. 10. 1953.

3.1 Berufliche Bildung – Schnellstart für Männer, Hürdenlauf für Frauen   119

für die Dauer des ersten Lehrjahres das „Handbuch für unsere Lehrlinge".[81] Verantwortlich für die Lehrlinge war ab Mitte der 1950er Jahre neben dem Betriebsleiter eine weitere interne Kraft, zum Teil auch die sogenannte Verkaufsaufsicht.[82] Diese überwachte in erster Linie den praktischen Teil der Ausbildung bei C&A. Die Lehrlinge sollten während ihrer Lehrzeit alle Abteilungen durchlaufen, um Fachkenntnisse zu sammeln und die betriebsinternen Prozesse und das Ineinandergreifen der verschiedenen Abteilungen später korrekt beurteilen zu können.[83] Ab 1957 war auch ein „Verkaufstrainer" mit der Lehrlingsausbildung betraut. Dieser wurde wiederum zentral von der Hauptverwaltung geschult.[84] Die Aufgaben des Verkaufstrainers bestanden zusätzlich zur Überwachung des Ausbildungsplans in der Mitwirkung bei einer Eignungsprüfung im Vorfeld der Einstellung, der Kontaktpflege zu Arbeitsamt und Berufsschule, der Kontrolle der Berichtshefte der Lehrlinge sowie in der Durchführung von Betriebsbesichtigungen. Außerdem sollte sich der Verkaufstrainer darum bemühen, in den erweiterten Prüfungsausschuss der Industrie- und Handelskammern aufgenommen zu werden.[85]

C&A-interne Weiterbildungen gab es auch für die übrigen Beschäftigten (Verkaufspersonal, Gruppenführer, Aufsichten), vor allem in Bezug auf die Verkaufsmethoden. Ziel war es, die Bedienung der Kundschaft, aber auch das Betriebsklima in den Häusern zu verbessern. Das Weiterbildungsangebot gliederte sich in zwei Bereiche: die Schulung im Haus, für die federführend der jeweilige Betriebsleiter verantwortlich war, und die Schulung vor allem der Führungskräfte durch die Hauptverwaltung.[86] Alle zwei Monate gab es in den Betrieben Abteilungsbesprechungen; alle zwei Wochen traf sich das Verkaufspersonal zusätzlich zur Arbeitsgruppenbesprechung – beides durchgeführt von Betriebsleitern, Substituten, Einkäufern oder von den Gruppenführern und -führerinnen. Diese Beschäftigten, die von C&A oftmals als Unterführer bezeichnet wurden, erhielten ebenfalls Schulungen: die Aufsichten alle zwei Wochen durch die Betriebsleitung bei einer „Aufsichtenbesprechung"; die Gruppenführerinnen und -führer einmal im Monat bei der Gruppenführerausbildung ebenfalls durch den Betriebsleiter. Überdies wurden Besprechungen beim Erscheinen von Inseraten abgehalten und „Warenkunde" je nach Bedarf dem gesamten Verkaufspersonal unterrichtet.[87] Bis auf die Position des

---

[81] DCM, 109207, Protokoll der 41. Betriebsleiterversammlung 1956, S. 13.
[82] DCM, 115784, Rundschreiben an die Geschäftsleitung Haus Essen 1954–1956, hier: Protokoll der 38. Betriebsleiterversammlung am 7. und 8. Dezember 1954, S. 2.
[83] DCM, 119388, Sammelordner „Aufsichtsschulungen"– Unterweisungsunterlagen für Aufsichten im Verkauf bei C&A, 1950er Jahre, hier: S. 54. Vermutlich stammen die Unterlagen aus dem Jahr 1951. Dies geht aus einer anderen Akte hervor: DCM, 117090, Rundschreiben an die Geschäftsleitungen der Häuser 1953, hier: Schreiben vom 21. 10. 1953.
[84] DCM, 109208, Protokoll der 42. Betriebsleiterversammlung 1956, hier: S. 9.
[85] DCM, 109208, hier: Aufgabenbereich des Verkaufstrainers, Anlage 2 zum Protokoll der 42. BLV m 13./14. 12. 1956.
[86] DCM, 117090, Rundschreiben an die Geschäftsleitungen der Häuser 1953, hier: Schreiben vom 21. 10. 1953.
[87] DCM, 109203, Protokoll der 37. Betriebsleiterversammlung 1954, hier: Anlage zum Protokoll der 37. BLV, Personalausbildungsplan.

Gruppenführers waren bei C&A alle führenden Stellen männlich besetzt. So kam zum Lehrer-Schüler-Gefälle im Ausbildungsverhältnis eine geschlechtsspezifische Komponente hinzu, die die Hierarchie verstärkte.

Für die Schulung durch die Hauptverwaltung gründete C&A 1953 den „Arbeitskreis für Berufsförderung". Ihm gehörten Betriebsleiter und Substituten, Aufsichten (darunter auch Kontorleiterinnen, Aufsichten der Auszeichnung, 1. Kassiererinnen, Packtischaufsichten, Hausmeister, 1. Dekorateure und Atelierleiter) sowie Gruppenführerinnen und Gruppenführer an. Sie waren dazu verpflichtet, an ein- bis zwei-tägigen Arbeitstagungen des Arbeitskreises teilzunehmen. Vertreter der C&A-Hauptverwaltung und externe Referenten unterrichteten dort Themen wie Menschenführung, Betriebsklima, Personaldisposition oder Verkaufspädagogik, und moderierten die Diskussionen.[88] Zusätzlich ließ C&A 1955 eine sogenannte Laux-Tonbildschau anfertigen. Die erste von mehreren, die folgen sollten, trug den Titel „Höflichkeit und Freundlichkeit des Verkaufspersonals". Sie wurde als zentral generiertes Schulungsinstrument in allen Häusern aufgeführt.[89] Ein erster Erfahrungsbericht seitens der Betriebsleiter fiel positiv aus: Sie berichteten, „daß die Arbeitsgruppenbesprechungen durch das Vorführen einer Tonbildschau lebendiger gestaltet werden" könnten.[90] Andere Schulungsmaterialien wurden ebenfalls von der C&A-Hauptverwaltung zur Verfügung gestellt.[91] Aus ihnen gehen die Themen hervor, die in der Hierarchie von oben nach unten, sprich von der Zentrale zu den Betriebsleitern, von diesen an die Verkaufsaufsichten und von ihnen wiederum an das übrige Personal weitergegeben werden sollten. Beispielhaft genannt seien die speziellen Anforderungen eines C&A-Schaufensters („unser System beim Dekorieren, Verkauf aus dem Schaufenster"), das richtige Verhalten bei Diebstahl, das Achten auf Genauigkeit bei Schreibarbeiten, der Verzicht auf Änderungen, eine gerade Haltung beim Verkaufen, und natürlich das Verkaufsgespräch selbst.[92] Auch das Unterweisen an sich, das heißt die Art und Weise, „wie man ausbildet und Instruktionen erteilt", wurde den Aufsichten theoretisch gelehrt. Das Schulungsmaterial zeigt, dass die Zentrale jedes kleine Detail im Arbeitsablauf zu steuern beanspruchte. Die „Arbeitsanalyse für das Einpacken eines Kleides", bei der diese Tätigkeit in zehn Schritte und einzelne Anweisungen unterteilt wurde, gibt einen beispielhaften Eindruck davon: „6. Päckchen auf die rechte Seite legen. Geschlossene Kante von sich ab. [...] 9. Tasche zupacken. Gegen sich anhalten; mit Zeigefinger Falte in der Tasche ziehen."[93] Die Verkaufsaufsichten

---

[88] DCM, 117090, Rundschreiben an die Geschäftsleitungen der Häuser 1953, hier: Schreiben vom 21. 10. 1953.
[89] DCM, 115784, Rundschreiben an die Geschäftsleitung Haus Essen 1954–1956, hier: Protokoll der 38. Betriebsleiterversammlung am 7. und 8. Dezember 1954, S. 2 f.
[90] DCM, 109207, Protokoll der 41. Betriebsleiterversammlung 1956, hier: S. 13.
[91] DCM, 115784, Rundschreiben an die Geschäftsleitung Haus Essen 1954–1956, hier: Protokoll der 38. Betriebsleiterversammlung am 7. und 8. Dezember 1954, S. 3.
[92] DCM, 119388, Sammelordner „Aufsichtsschulungen" – Unterweisungsunterlagen für Aufsichten im Verkauf bei C&A, 1950er Jahre [1951], S. 55 f.
[93] DCM, 119388, „Aufsichtsschulungen", [1951], S. 57.

wurden in dieser Hierarchie streng in die Pflicht genommen: „Sie stellen die Verbindung zwischen Betriebsleitung und Verkaufskraft her. Ihre Aufgabe ist darum von so großer Wichtigkeit, weil Sie das wirtschaftliche Denken, das von oben über die Geschäftsleitung in die Abteilungen getragen wird, individuell auf jede Verkaufskraft übertragen müssen."[94] Ende der 1970er Jahre wurden Tonbildschauen weiterhin zur Schulung des Verkaufspersonals eingesetzt: In „Auf der grünen Welle" aus dem Jahr 1977 wurde den Beschäftigten erneut vor Augen geführt, worauf es bei einer Beratung ankommt. Im Mittelpunkt standen weiterhin die Attribute „freundlich", „höflich", „hilfsbereit" und die Eigenschaften „aufmerksam, geschickt, entgegenkommend".[95] Die aktuelle Mode wurde den Beschäftigten drei Monate vor dem Saisonstart anhand von Tonbildschauen erläutert – zuletzt im Frühjahr 1988; danach stellte man auf Schulungsvideos um.[96]

***

Die angeführten Beispiele zur Berufsausbildung aus dem Lebensmittel- und dem Textileinzelhandel zeigen, dass bereits in den 1960er und 1970er Jahren die geschlechtsspezifische Differenzierung von Arbeitstätigkeiten in den betrieblichen Sozialstrukturen vorgezeichnet war. Die unterschiedliche Behandlung von jungen Frauen und Männern erfolgte schon während der Ausbildung. Den höchsten Stand in der Selbst- und Fremdwahrnehmung genossen selbstständige Ladeninhaberinnen und -inhaber, gefolgt von mithelfenden Familienangehörigen und Beschäftigten mit langer Betriebszugehörigkeit. Ihr Anteil an den Einzelhandelsbeschäftigten war zu diesem Zeitpunkt marginal, sodass die Vorstellung von der selbstbewussten und liebenswürdigen „Tante Emma" in der Realität kaum noch zutraf. Ebenfalls gering, aber stets vorhanden, war der Anteil an angelernten Kräften im Einzelhandel, zu denen viele Frauen, später auch „Gastarbeiter" und „Gastarbeiterinnen" zählten. Sie hatten durchweg den niedrigsten Stand. In Einzelfällen verstetigten sich die Aushilfstätigkeiten zu langfristigen und qualifizierten Beschäftigungsverhältnissen. Ein höheres soziales Prestige und größeres Berufsethos brachte eine Ausbildung mit sich, wobei weibliche Beschäftigte ihren männlichen Kollegen gegenüber schlechter gestellt waren. Dies wurde durch die Einführung der zweistufigen Ausbildung 1968 evoziert, sodass sich die bereits ausgeprägte geschlechtsspezifische Segmentation im Einzelhandel nochmals verstärkte. Das zeigt sich auch an den großen Unterschieden zwischen Männern und Frauen beim internen Aufstieg. Denn auch die Aus- und Weiterbildungsmaßnahmen der einzelnen Unternehmen operierten in der angedachten Geschlechterordnung und trugen so zu ihrer Stabilisierung bei.

---

[94] DCM, 119388, „Aufsichtsschulungen", [1951], S. 58.
[95] DRAIFLESSEN Collection (Hrsg.), C&A zieht an, S. 208.
[96] DRAIFLESSEN Collection (Hrsg.), C&A zieht an, S. 238.

3.2 Die Arbeit im Lebensverlauf der weiblichen Beschäftigten

Der Umgang der Verkäuferinnen mit Wandlungen in der Arbeitswelt hing stark davon ab, zu welchem Zeitpunkt in ihrem Leben sie beruflich aktiv waren und ob sie familiären Verpflichtungen nachkommen mussten. Hierbei sind während des Untersuchungszeitraums große Veränderungen festzustellen.[97] Die betrieblichen Quellen über die Beschäftigten liefern nur bedingt Einblick in deren tatsächliche soziale Verhältnisse. Dennoch dienen sie – gelesen als biografische Texte – „als Fenster, um soziale Prozesse und gesellschaftliche Strukturen zu beobachten".[98] Insofern werden in den folgenden Abschnitten einzelne Phänomene kursorisch aufgegriffen, die den Zusammenhang zwischen Arbeitswelt und Sozialleben der Frauen im Einzelhandel beleuchten. Solche biografischen Seitenblicke vertiefen das Verständnis für die „Soziallagen breiterer Teile der Bevölkerung" und können „Kontinuitäten und Brüche" darin kenntlich machen.[99] Das Interesse dieses Kapitels liegt darin, einerseits die prägende Wirkung der Arbeit für die sonstige gesellschaftliche Ungleichheit bezüglich der Geschlechter herauszuarbeiten; andererseits soziale Zuschreibungen von Weiblichkeit und Männlichkeit auf ihren Einfluss auf Berufsbiografien hin zu untersuchen. Dafür werden einzelne biografische Elemente von Verkäuferinnen und sonstigem Einzelhandelspersonal als Sonde herangezogen.[100] Es geht um die Verschränkung von Arbeit mit dem Lebensverlauf der Beschäftigten, also um die Frage nach bestimmten Strukturen, die überindividuell wirksam wurden und bestimmte Muster hervorbrachten.[101] Den Lebenslauf definiert der Historiker Thomas Etzemüller in Abgrenzung zur Biografie als „eine Gesamtheit von Ereignissen und Erfahrungen, Passagen, die ein Individuum implizit gemeinsam mit anderen durchläuft: Bildungswege, Karrieren, Professionalisierungsmuster, Familienzyklen, Fertilitätsgeschichten; er ist in hohem Maße kollektives Erlebnis und durch institutionelle Rahmenbedingungen geprägt".[102] Dementsprechend werden im Folgenden Einschnitte in verschiedenen Lebensverläufen von Beschäftigten analysiert, die in einem reziproken Verhältnis zur Arbeit im Einzelhandel stattfanden. Häufiger als in anderen Dienstleistungsbranchen waren im Einzelhandel Frauen als „mithelfende Familienangehörige" vertreten,[103] was dazu führte, dass sie ein Leben lang mit dem Betrieb in Verbindung standen. Manche der angestellten Frauen waren in ihrem gesamten Berufsleben einem einzelnen Unternehmen treu, aber das waren vor allem im Einzel-

---

[97] Vgl. Wirsching, Entstandardisierung, S. 89–92.
[98] Etzemüller, Biographien, S. 57.
[99] So postulierte es Lutz Raphael in seiner Studie zum letzten Drittel des 20. Jahrhunderts; vgl. ders., Arbeitsbiografien und Strukturwandel, S. 32.
[100] Vgl. Etzemüller, Biographien, S. 73.
[101] Vgl. Etzemüller, Biographien, S. 62.
[102] Etzemüller, Biographien, S. 53.
[103] Vgl. hierzu die verschiedenen Ausbildungs- und Bildungswege im Einzelhandel in Kapitel 3.1.

handel eher die Ausnahmen, denn hier war die Fluktuation der Arbeitskräfte im Verhältnis zu anderen Branchen recht hoch. Andere hörten nach ihrer Eheschließung oder der Familiengründung ganz auf zu arbeiten oder kehrten als Aushilfen oder später in Teilzeitarbeitsverhältnissen wieder zurück. Für „Gastarbeiterinnen" und „Gastarbeiter" stellte die Arbeit im Einzelhandel zunächst eine Durchgangsstation in ihrer Biografie dar, verstetigte sich aber in vielen Fällen.

Verheiratete Frauen bei C&A

Die Unternehmensführung von C&A hatte in den 1950er Jahren eine klare Vorstellung davon, in welchem Lebensabschnitt sich ihre Verkäuferinnen befinden sollten: jung und ledig. Denn nach Kriegsende war ein zu hohes Alter ein Ausschlusskriterium für die Einstellung: „Keine alten Bewerber berücksichtigen, da Überalterungsgefahr zu groß, außerdem wegen geplanter Pensionsregelung für Betriebsleiterpersonal ungeheure Kosten fürs Haus." Dies galt bereits für Verkäuferinnen mit 38 Jahren.[104] Die C&A-Führung ging offenbar davon aus, dass ab diesem Alter die Verheiratungs- und Familiengründungsphase abgeschlossen und diese weiblichen Beschäftigten somit bis zum Rentenalter an das Unternehmen gebunden wären.[105] Um den Bedarf an jungen Verkäuferinnen zu bedienen, nahm C&A auch einen häufigeren Personalwechsel in Kauf. Daneben war die Heirat ein entscheidendes Kriterium für die C&A-Führung, die Beschäftigten aus dem Arbeitsverhältnis zu entlassen oder sie gar nicht erst einzustellen.[106] Die Direktion teilte dies den einzelnen Betriebsleitern auf der Betriebsleiterversammlung von 1951 mit. In erster Linie sollten jene Frauen entlassen werden, „deren Männer in Arbeit stehen und als Hauptenährer der Familie anzusehen sind".[107] Hier ging es darum, ein „Doppelverdienertum" zu verhindern. Dieser Begriff kursierte seit den frühen 1920er Jahren und wurde vor allem von den Nationalsozialisten als Schimpf- und Hetzwort benutzt.[108] Frauen, denen nur eine geringe Abfindung zu zahlen war und bei denen die Auflösung des Arbeitsverhältnisses im Einvernehmen erreicht werden könne, sollte gekündigt werden. Stattdessen war eine Weiterbeschäftigung als Aushilfe in Aussicht zu stellen. In neu abzuschließende Verträge wurde eine von der C&A-Rechtsabteilung formulierte Klausel eingefügt, nach der das Anstellungsverhältnis „am Ultimo des auf den Heiratsmonat folgenden Monat[ ]" beendet werde.[109] Die

---

[104] DCM, 106863, Tagesordnungen der 30.–31. und Protokolle der 32.–34. Betriebsleiterversammlung 1948–1952, hier: Protokoll der Betriebsleiterversammlung 1949, S. 9.
[105] Die Erwerbsquote von ledigen, verwitweten und geschiedenen Frauen war bereits in den 1950er Jahren durchweg sehr hoch, vgl. Maier, Arbeitsmarkt, S. 258.
[106] Zur „Zölibatsklausel" bei Beamtinnen, v. a. betraf dies Lehrerinnen, bis de facto 1951, vgl. Maul, Akademikerinnen in der Nachkriegszeit, S. 34; zum juristischen Streit über die Gesetzmäßigkeit von „Zölibatsklauseln" in Einzelarbeitsverträgen in den 1950er Jahren vgl. Kunze, Die „Zölibatsklausel im Einzelarbeitsvertrag", sowie Huhn, Die „Zölibatsklausel" im Einzelarbeitsvertrag.
[107] DCM, 106863, Tagesordnungen der 30.–31. und Protokolle der 32.–34. Betriebsleiterversammlung 1948–1952, hier: Protokoll der Betriebsleiterversammlung 1951, S. 6.
[108] Vgl. hierzu auch Kapitel 5.4.
[109] DCM, 106863, hier: Protokoll der Betriebsleiterversammlung 1951, S. 6 f.

Umsetzung ging rasch vonstatten. Bereits ein Jahr nach dieser Ankündigung erklärte die Hauptverwaltung die „Aktion [...] in fast allen Häusern als abgeschlossen". Es wurde in der Betriebsleiterversammlung von 1952 noch einmal betont, dass es wichtig sei, darauf hinzuwirken, die diesbezüglich neu aufgesetzten Verträge noch vor der Verabschiedung des Betriebsverfassungsgesetzes von allen unterschreiben zu lassen.[110] Dass in dieser Sache nicht alle C&A-Betriebsleitungen „linientreu" waren, zeigt das Haus Essen, das bis Oktober 1952 nicht die gesamte weibliche Belegschaft zur Unterzeichnung einer entsprechenden Vereinbarung gebracht hatte und aus diesem Grund von der Hauptverwaltung ermahnt wurde.[111]

Einen „Dämpfer" erhielt C&A bezüglich dieser Praxis im Mai 1954. Man teilte den Geschäftsleitungen der Häuser unter dem Vermerk „Streng vertraulich" folgende Erkenntnis mit: „Aufgrund verschiedener Gutachten mußten wir feststellen, daß der Passus in unserem Anstellungsvertrag, wonach weibliche verheiratete BM spätestens ein Jahr nach ihrer Verheiratung aus dem Arbeitsverhältnis auszuscheiden haben, aller Wahrscheinlichkeit nach mit dem Grundgesetz – Gleichberechtigung der Geschlechter – nicht vereinbar ist." Demnach strich die Direktion den Passus aus den Anstellungsverträgen wieder heraus. Einschränkend wurde jedoch hinzugefügt: „Dieser Beschluß ändert nichts an unserer grundsätzlichen Einstellung, daß die Aufgaben der verheirateten Frau vor allem in der Betreuung der Familie liegen." Und so blieb die Regelung inoffiziell beibehalten, wonach die Betriebsleitungen der einzelnen Häuser auf Auflösung des Arbeitsverhältnisses mit den betreffenden Frauen drängen sollten. Auch bei bestehenden Arbeitsverträgen wurde zunächst keine Änderung vorgenommen. Neben der Vermeidung des „Doppelverdienertums" sollte durch deren Ausscheiden auch für jüngere Nachwuchskräfte Platz gemacht werden.[112] Offiziell wurden Betriebsräte sowie die Beschäftigten erst Ende des Jahres 1955 über die Änderung der Verheirateten-Regelung informiert.[113] Im Zuge dessen wurde die Heiratsbeihilfe, die zuvor für Männer 100 DM und für Frauen (zur Abfederung der finanziellen Einbußen durch das Ausscheiden) 250 DM betragen hatte, auch für Frauen reduziert, da sie ja nun – zumindest offiziell – weiterarbeiten durften. Jedoch konnten sie zusätzlich 250 DM erhalten, wenn sie innerhalb eines Jahres aus dem Arbeitsverhältnis austraten – eine Art Heiratsabfindung also.[114] Dass für die C&A-Leitung neben dem Vermeiden eines „Doppelverdienertums" auch der Aspekt der weiblichen Hausar-

---

[110] DCM, 106863, hier: Protokoll der Betriebsleiterversammlung 1952, S. 4.
[111] DCM, 115783, Rundschreiben an die Geschäftsleitung Haus Essen 1951–1953, hier: Schreiben von C. & A. Brenninkmeyer G.m.b.H. – Hauptverwaltung, an Haus Essen Geschäftsleitung, Betr.: Ausscheiden von weiblichen BM bei ihrer Verheiratung, vom 2. 10. 1952.
[112] DCM, 115784, Rundschreiben an die Geschäftsleitung Haus Essen 1954–1956, hier: Schreiben der C. & A. Brenninkmeyer G.m.b.H. Hauptbetriebsleitung, an die Geschäftsleitungen aller C&A-Häuser, Nr. 12/1954, Streng vertraulich, Betr.: Ausscheiden von verheirateten weiblichen BM aus dem festen Anstellungsverhältnis, vom 12. 05. 1954.
[113] DCM, 109206, Protokoll der 40. Betriebsleiterversammlung 1955, S. 3.
[114] DCM, 115784, Rundschreiben an die Geschäftsleitung Haus Essen 1954–1956, hier: Schreiben der C. & A. Brenninkmeyer Gmbh – Hauptbetriebsleitung, an die Geschäftsleitungen aller Häuser, Nr. 28/1955, Betr.: Verheiratete weibliche Betriebsmitglieder, vom 14. 12. 1955.

beit eine Rolle spielte, zeigt ein Schreiben vom Januar 1956. Im Zusammenhang mit dem neugeregelten Arbeitsverhältnis von Aushilfen und Festangestellten wurden verheiratete weibliche Angestellte als problematisch angesehen, da sie „durch ihr Mitverdienen ihren hausfraulichen Pflichten nicht in dem von uns gewünschten Sinne gerecht werden können".[115] Aus diesem Grund wurde ihnen folglich ab Mitte 1956 ein Teilbeschäftigungsverhältnis angeboten.[116]

C&A orientierte sich mit dieser Vorgehensweise eindeutig an traditionellen geschlechtlichen Rollenbildern und verfestigte sie dadurch. Die Verkäuferinnen von C&A mussten sich zwischen Beruf und Ehe entscheiden. Dies war jedoch keine freie Entscheidung, denn den betroffenen Frauen blieb gar nichts anderes übrig, als nach ihrer Hochzeit den eigenen Beruf aufzugeben. Diese Praxis entsprach vom Prinzip her dem Beamtinnenzölibat, der sich trotz Gleichberechtigungsgrundsatz des Grundgesetzes sowohl im Deutschen Beamtengesetz als auch in abgemilderter Form im Bundespersonalgesetz bis 1951 erhalten hatte. Dieser ging zurück auf den seit 1880 im Kaiserreich geltenden generellen Lehrerinnenzölibat, der zwar 1919 kurzzeitig abgeschafft, 1923 aber wieder eingeführt worden war, und stets dazu gedient hatte, die Kampagnen gegen das „Doppelverdienertum" zu unterstützen. Auf Länderebene, etwa in Baden-Württemberg und Bayern, hielt sich diese Politik sogar bis 1956.[117] Dementsprechend war C&A mit seinem Vorgehen durchaus auf der gesellschaftlich vorherrschenden sozialkonservativen Linie.

Die liebe Familie

Der familiäre Status von Frauen im Einzelhandel war deshalb so bedeutsam, weil Frauen damals (wie heute) einen Großteil der Hausarbeit, der Care-Arbeit und auch der „mentalen Last" übernahmen.[118] Dies zeigte auch schon die zeitgenössische Debatte um den Hausarbeitstag.[119] Die marxistische Feministin Silvia Federici kritisierte Anfang der 1970er Jahre die Trennung und Hierarchisierung von weiblichen und männlichen Arbeitsbereichen seit dem 19. Jahrhundert und die ständige unbezahlte Verfügbarkeit von weiblicher Reproduktionsarbeit, die als entscheidender stabilisierender Faktor für die kapitalistische Produktionsweise wirke.[120] Und die His-

---

[115] DCM, 115784, hier: Schreiben von C. & A. Brenninkmeyer G.m.b.H. Hauptbetriebsleitung, an die Geschäftsleitungen aller Häuser, Nr. 1/1956, Betr,: Neuregelung des Arbeitsverhältnisses für Festangestellte und für Aushilfspersonal, vom 13. 01. 1956.
[116] DCM, 101585, Protokolle gemeinsamer Sitzungen des Wirtschaftsausschusses mit den Betriebsräten der Häuser 1955–1956, hier: Protokoll über die 35. Betriebsratssitzung am 05. 07. 1956, S. 2.
[117] Vgl. Gerhard, Unerhört, S. 345–348; Schneider, Bei Heirat Entlassung, online unter: https://idw-online.de/de/news720052 [zuletzt abgerufen am 5. 11. 2022].
[118] Catherine Teissier, die sich in ihren Ausführungen u. a. auf frühere Untersuchungen von Feministinnen der 1970er Jahre bezieht, verdeutlicht eine Kontinuität der geschlechtsspezifischen Verteilung von Hausarbeit; vgl. dies., Frauen und die „unsichtbare Arbeit", S. 210 f., 214–216.
[119] Vgl. Sachse, Hausarbeitstag.
[120] Vgl. Federici, Wages against Housework. Eine deutsche Übersetzung und Aktualisierung des Textes als gegenwärtige Forderung die feministische Revolution zu Ende zu führen, findet sich in: dies., Reproduktionsarbeit im globalen Kapitalismus.

torikerinnen Gisela Bock und Barbara Duden führten bereits Ende der 1970er Jahre aus, wie die weibliche Versorgungsarbeit abgewertet und zum „Liebesdienst" an der Familie verklärt würde.[121] Somit wurde Hausarbeit dem weiblichen Aufgabenfeld zugeordnet, was einen immensen Einfluss auf das tägliche Leben der Frauen an ihrem Arbeitsplatz hatte. Dass inzwischen haushaltsnahe Dienstleistungen über digitale Plattformen angeboten und dann auch von Männern ausgeführt werden, ändert nichts an deren grundsätzlich geschlechtsspezifischer Konnotation.[122] Außerdem zeigt sich in der soziologischen Untersuchung von Claudia Born, dass familiale Einschnitte für das Berufsleben von Frauen eine wesentliche Rolle spielten.[123] Dass diese Einschnitte auch für die Beschäftigten im Einzelhandel große Bedeutung hatten, wird anhand der Betriebszeitschriften deutlich, die regelmäßig über Hochzeiten und Geburten der Unternehmensbeschäftigten berichteten.[124]

Gaissmaier war das erste Lebensmittelfilialunternehmen in der Bundesrepublik, das eine betriebseigene Kindertagesstätte einrichtete. Die Idee dahinter war, „Mütter von dem Gedanken des Wiedereintritts ins Berufsleben begeistern" zu können. Entsprechende Planungen begannen aufgrund von einem akuten Arbeitskräftemangel, vor allem in der zentralen Verwaltung. Viele der Kontoristinnen hatten sich wegen des Umzugs der Zentrale an den Stadtrand von Ulm trotz der Bereitstellung von Werksomnibussen einen Arbeitsplatz in der Innenstadt gesucht. „Mütter sollten die Möglichkeit haben, bis zu fünf Jahren (!) bei Gaissmaier mitarbeiten zu können. Das bedeutete die Errichtung einer Krabbelstation für Kinder zwischen 1 und 3 Jahre und eines Kindergartens für Kinder zwischen 3 und 6 Jahren in einem Gebäude." Von der Kindertagesstätte profitierten nicht nur die Beschäftigten der Verwaltung, sondern auch einige „qualifizierte Verkäuferinnen".[125] Nach anfänglicher Skepsis waren ein halbes Jahr nach der Eröffnung alle Betreuungsplätze besetzt. Für die Betreuung der Kinder fiel eine Tagespauschale von 5 DM pro Kind und 8 DM für zwei Kinder an, die den betreffenden Müttern von ihrem Gehalt abgezogen wurde. Wenn man dabei bedenkt, dass die meisten Frauen, die die Betreuung in Anspruch nahmen, zwischen 600 und 1100 DM im Monat verdienten,[126] betrug die Gebühr für die Kinderbetreuung zwischen neun und 27 Prozent ihres Gehalts.[127] Für Gaissmaier bedeutete das, dass die variablen

---

[121] Vgl. Bock/Duden, Arbeit aus Liebe.
[122] Vgl. Bor, Saubermachen, S. 228 f., 244 f.
[123] Vgl. Born, Frauen und Beruf.
[124] WABW, B 61 Bü 221, versch. Jahrgänge der Firmenzeitschrift „miteinander" (unvollst.), 1966–1982, hier: 1967/I, „Hochzeiten, Geburten", S. 28, und 1967/II, „Hochzeiten, Geburten, Nachrufe", S. 26. Uneheliche Kinder tauchen in der Auflistung nicht auf; WABW, B 61 Bü 221, hier: 1973/II, „Aus dem Personalbereich", S. 22, und 1974/I, „Aus dem Personalbereich", S. 32 f.; WABW, B 61 Bü 221, hier: 1982/I, „Wir gratulieren ... zur Hochzeit", S. 20 f., und 1982/II, „Verheiratungen 1982", S. 14; WABW, B 61 Bü 221, hier: 1982/I, „Wir gratulieren ... zum Nachwuchs", S. 21 f., und 1982/II, „Geburten 1982", S. 15.
[125] WABW, B 61 Bü 221, hier: 1970/I, „Hilfe, ich bin in den Brunnen gefallen!", S. 14 f.
[126] Vgl. Kapitel 2.5 zu Gehältern im Einzelhandel und dabei die Angaben zum tarifnahen Verdienst bei Gaissmaier für das Jahr 1972.
[127] Bei der Berechnung ging die Verfasserin von durchschnittlich 21 Arbeitstagen pro Monat aus.

Kosten der Kinderbetreuung gedeckt waren und nur die fixen Kosten – etwa 3000 DM pro Monat – von dem Unternehmen getragen werden mussten. Dadurch konnten allerdings auch alle freien Stellen in der Zentrale besetzt werden. Auf Kritik waren betriebseigene Kindertagesstätten innerhalb des DGB gestoßen, da die Mütter dadurch zu eng an das Unternehmen gebunden würden und die Kinder „in den wichtigsten Jahren ihrer Entwicklung nicht die Mutter ausschließlich für sich" hätten.[128] Dies zeigt, dass das traditionelle Rollenverständnis und das Modell des männlichen Hauptverdieners selbst im gewerkschaftlichen Dachverband fest verankert war. Von der Schließung der Kinderbetreuungseinrichtung gut sieben Jahre später, im Juli 1977, wurde lediglich in einer knappen Notiz in der Mitarbeiterzeitschrift berichtet, wobei als Grund für die Einstellung eine mangelnde Nachfrage angegeben wurde.[129] Dennoch ist dies ein Beispiel dafür, dass das Unternehmen den Lebenszusammenhang vieler Frauen ernstnahm und als Faktor für den eigenen wirtschaftlichen Erfolg interpretierte. Diese Feststellung bezieht sich auf eine Zeit, in der besonders im Einzelhandel qualifizierte Kräfte gefragt waren und Frauen deshalb nicht aufgrund einer Familiengründung ausscheiden sollten. Die Tatsache, dass die firmeneigene Kindertagesstätte gut angenommen wurde, verweist darauf, dass staatliche Einrichtungen dieser Art rar waren und sich Frauen, die erwerbstätig sein wollten, nicht darauf verlassen konnten, einen Betreuungsplatz zu erhalten. Inwieweit die Schließung tatsächlich auf eine mangelnde Nachfrage oder vielleicht doch auf Einsparmaßnahmen seitens des Unternehmens zurückzuführen ist, bleibt unklar.

Auch Eheschließungen wirkten sich auf den Betrieb aus und wurden in der Firmenzeitschrift „miteinander" Gegenstand einer ausführlichen Reportage. Ein geradezu typisch anmutendes Beispiel war ein Ehepaar aus Ulm: Ein Bezirksverkaufsleiter war mit einer Verkäuferin verheiratet – gemeinsam hatten sie zwei Kinder. Kennengelernt hatten sie sich 1962 auf einer Weihnachtsfeier der Filiale, als er Filialleiter und sie seine Mitarbeiterin war. Kurz darauf erteilte die Geschäftsleitung die Legitimation für die Beziehung: „Das Techtelmechtel wurde offiziell genehmigt." Und somit war es eines der ersten Ehepaare innerhalb einer Filiale bei dem Unternehmen überhaupt.[130] Dabei war es nicht unbedingt gegeben, dass die Männer in den Paarbeziehungen die höhere und besser bezahlte Position bei Gaissmaier einnahmen, wie ein anderes Beispiel zeigt: So hatten sich 1964 eine Filialleiterin aus Stuttgart und ein bei Gaissmaier tätiger Kraftfahrer bei der Filialbelieferung kennengelernt. Nach dem beruflichen und privaten Umzug nach Ulm wurde geheiratet und es kam eine gemeinsame Tochter zur Welt. Dennoch übernahm die Frau als gelernter „Einzelhandelskaufmann" eine große und wichtige Filiale, nämlich das Stammhaus in Ulm. Während der Mann als Kraftfahrer unverändert weiterarbeitete, änderte sich die berufliche Situation der Ehefrau: „Nachdem Heike nun größer ge-

---

[128] WABW, B 61 Bü 221, versch. Jahrgänge der Firmenzeitschrift „miteinander" (unvollst.), 1966–1982, hier: 1970/I, „Hilfe, ich bin in den Brunnen gefallen!", S. 14 f.
[129] WABW, B 61 Bü 221, hier: 1977/I, „Kurz, aber exakt informiert", S. 20.
[130] WABW, B 61 Bü 221, hier: 1976, „Ehepaare bei Gaissmaier", S. 12–17, hier: S. 12.

worden ist[131] und die Mutter dringender brauchte, nachdem aber auch die Pflege des Hauses eine Portion Zeit benötigt, arbeitet Frau L.[...] für Gaissmaier heute nur noch halbtags."[132] Ein weiteres Lebensmodell ist in einem „Gaissmaier-Power-Ehepaar" dargestellt. Während beide Partner als Filialleitungen in unterschiedlichen Städten tätig waren, lebte der neunjährige gemeinsame Sohn „unter der Obhut der Oma". Interessant an deren Geschichte ist, dass zunächst nur die Ehefrau bei Gaissmaier arbeitete. Als der Mann deshalb auch dort anfangen wollte, hatte ein Prokurist zunächst etwas dagegen, da „junge Männer in süddeutschen Filialbetrieben nicht gefragt [gewesen] seien".[133] Hier schimmert eine gewisse regionale Spezifik der Wünsche und Gewohnheiten der Kundschaft und/oder der Angestellten nach einer weiblichen Filialleitung durch. Ein anderes Ehepaar – ein Programmierer und eine Verwaltungsmitarbeiterin – lernte sich bei einem gemeinsamen Betriebsausflug kennen und arbeitete eine Zeit lang gemeinsam in der EDV-Abteilung. Nach Ehe und Geburt des Kindes entschied die Ehefrau, als „hauptberufliche Hausfrau" zuhause zu bleiben und ihre Tätigkeit bei der Firma Gaissmaier aufzugeben.[134] Auch gab es eine regelrechte „Gaissmaier-Familie", die in der Reportage vorgestellt wurde: der Vater als Kraftfahrer tätig, die Tochter in der Ausbildung, und auch der Sohn plante eine Ausbildung bei Gaissmaier anzufangen. Und die Mutter? „Sie gehört zu den Teilzeitbeschäftigten, die abends bei Gaissmaier die Heinzelmännchen spielen und die leeren Regale wieder auffüllen."[135] Auch eine „Gastarbeiter"-Geschichte findet sich unter den Ehepaaren. Ein ehemaliger Kunde heiratete eine Gaissmaier-Filialleiterin und hatte zwei Töchter mit ihr. Nachdem die Rezession von 1966/67 bewirkte, dass dieser seine Arbeit verlor, brachte ihn seine Frau zunächst als Beifahrer bei Gaissmaier unter. Während der Vater sich bisweilen nach seinem Herkunftsort Sardinien sehnte, ging seine Frau „in ihrer dreifachen Rolle – Ehefrau, Mutter und Gaissmaier-Mitarbeiterin" auf.[136] In der Rückschau betrachtet, zeigt die Reportage sehr deutlich, dass selbst bei karriereorientierten Frauen traditionelle Familienbilder über den eigenen Berufswunsch siegen konnten.

Ein wenig mehr über den sozialen Hintergrund der Beschäftigten bei Gaissmaier ist von denjenigen Frauen und Männern bekannt, die sich 1972 für den Betriebsrat aufstellen ließen und sich in diesem Zuge den übrigen Beschäftigten in einem kurzen Steckbrief vorstellten.[137] Diese bieten einen ertragreichen Einblick in den Zu-

---

[131] Wie aus der Auflistung der Geburten der Mitarbeiterinnen und Mitarbeiter von 1966 hervorgeht, wurde die Tochter im August 1966 geboren und war somit zum Zeitpunkt des Erscheinens des Heftes 10 Jahre alt; WABW, B 61 Bü 221, hier: 1966/II, „Hochzeiten und Geburten", S. 28.
[132] WABW, B 61 Bü 221, hier: 1976, „Ehepaare bei Gaissmaier", S. 13.
[133] WABW, B 61 Bü 221, hier: 1976, „Ehepaare bei Gaissmaier", S. 13 f.
[134] WABW, B 61 Bü 221, hier: 1976, „Ehepaare bei Gaissmaier", S. 15 f.
[135] WABW, B 61 Bü 221, hier: 1976, „Ehepaare bei Gaissmaier", S. 16 f.
[136] WABW, B 61 Bü 221, hier: 1976, „Ehepaare bei Gaissmaier", S. 15.
[137] WABW, B 61 Bü 217, Buch „10 Jahre Betriebsrat" Dokumentation, 1980, hier: Kurzvorstellung der Kandidatinnen und Kandidaten für die Betriebsratswahl, Frühjahr 1972 (tabellarische Auswertung durch die Verfasserin). Die Angaben des nachfolgenden Abschnitts sind ebenfalls daraus.

sammenhang von Arbeit, Familienführung und Freizeit. Dabei handelte es sich um 16 Kandidatinnen und 30 Kandidaten. Von den Männern waren 26 verheiratet und 20 hatten (bis zu vier) Kinder. Für sie war eine Vereinbarkeit von Familie und Beruf augenscheinlich also gut möglich. Gleichzeitig hatten alle von ihnen in ihrer Freizeit die Möglichkeit, Hobbies zu betreiben, manche sogar zeitaufwendigere Beschäftigungen wie Segeln oder Jagd. Von den Frauen war dagegen lediglich die Hälfte verheiratet, eine Frau verlobt, eine Frau war geschieden, zwei weitere verwitwet und vier Frauen waren ledig. Darunter waren vier Frauen, die Kinder hatten, zwei hatten eins, zwei andere hatten zwei Kinder. Die Ehe hatte also in dem Leben der meisten Frauen eine Rolle gespielt, Mutterschaft war jedoch für die Mehrheit mit einer beruflichen Tätigkeit und der Betriebsratsarbeit nicht vereinbar. Es fällt auf, dass unter den Müttern nur eine Filialleiterin war; die anderen waren als Aushilfsverkäuferin, Ladenhilfe oder kaufmännische Angestellte in der Verwaltung tätig. Insgesamt aber waren sieben von 16 Kandidatinnen als Filialleiterin beschäftigt. Die Hobbies der Frauen fielen auch eher gewöhnlich aus: Häufig genannt wurden Musik, Wandern, Lesen. Dafür aber waren sieben von den 16 Frauen verhältnismäßig lang – zwischen 14 und 41 Jahren – bei Gaissmaier angestellt, drei waren bereits im amtierenden Betriebsrat vertreten. Bei den Männern waren ebenfalls drei im Betriebsrat bereits vertreten; drei weitere waren langjährig bei Gaissmaier tätig, bevor sie sich nun aufstellten. Bei den Männern war das Spektrum der vertretenen Berufe (Kraftfahrer, EDV-Operator, Metzger, Koch, Außendienstmitarbeiter, Finanzbuchhalter) wesentlich breiter, zudem waren viele in leitenden Funktionen tätig. Gewöhnliche Verkaufskräfte beiderlei Geschlechts traten nicht an. Für eine ehrenamtliche Tätigkeit im Betriebsrat bedurfte es also eines gewissen Ansehens. Außerdem kam dies – in der Gesamtschau der Geschlechterverteilung – viel eher für männliche als für weibliche Beschäftigte im Einzelhandel in Frage. Ein wesentlicher Grund dafür mag sein, dass Frauen in ihrer arbeitsfreien Zeit viel stärker mit familiären und haushälterischen Pflichten beschäftigt waren. Dementsprechend wurden im Betriebsrat frauenspezifische Themen weniger und schlechter repräsentiert. Dies zeigt sich daran, dass mehrheitlich Frauen ohne Kinder und auch einige Frauen mit weniger verantwortungsvollen Aufgaben oder mutmaßlicher Teilzeittätigkeit kandidierten. Die eine Filialleiterin, die Betriebsrat, Kinder und Hobbies unter einen Hut bringen wollte, stellt in der Gesamtschau eine Ausnahme unter den Kandidatinnen dar. Was an den Beispielen von Gaissmaier deutlich wird, ist ein zeittypisches Phänomen der Arbeitsbiografien von Frauen: Sie mussten sich in vielen Fällen zwischen Ehe und Beruf entscheiden. Elisabeth Zellmer konstatiert für den weiblichen Lebenszusammenhang in Politik, Bildung und Beruf für Ende der 1960er, Anfang der 1970er Jahre einen sich anbahnenden, tiefgreifenden Wandel, in dem „Chancen und Fortschritte[ ]" den „negativen Folgen" und „Beharrungsresten" gegenüber standen: „Gleichberechtigung und Emanzipation wurden zu Modewörtern der Zeit, obwohl althergebrachte Rollenbilder noch lange nicht der Vergangenheit angehörten."[138] Dies trifft auf Verkäuferinnen und weibliche Arbeitskräfte bei Gaissmaier zu.

---

[138] Zellmer, Töchter, S. 56 f.

Alter und Betriebszugehörigkeit, Jubiläen und Pensionsfeiern

Dass eine lange Betriebszugehörigkeit auch im Einzelhandel als etwas Ehrwürdiges galt, zeigen die zahlreichen Jubiläumsfeiern in den einzelnen Betrieben und deren Ankündigungen in den Betriebszeitschriften. Auch das Zusammenkommen von Pensionärinnen und Pensionären erhielt in den Zeitschriften Aufmerksamkeit. Unterstützt wurde die lange Betriebszugehörigkeit durch Auszeichnungen, Geldzahlungen oder höhere Zuwendungen im Falle eines Sozialplans. Das hatte auch Einfluss auf das Selbstverständnis der Beschäftigten, die sich potenziell nicht mehr als reine Angestellte oder Verkäuferinnen sahen, sondern sich stark mit dem Unternehmen identifizieren konnten und dem Selbstverständnis des gewerblichen Mittelstandes annäherten.[139] Das Alter als analytische Kategorie erlaubt, Schlüsse zu ziehen bezüglich der Phase der Erwerbstätigkeit im Lebenslauf der Beschäftigten. Hierbei lassen sich geschlechtsspezifische Unterschiede feststellen.

Eine stichprobenartige Auswertung der Altersstruktur und Dauer der Betriebszugehörigkeit im Textileinzelhandel kann anhand der Personalstatistik von Hirmer für das Jahr 1959 vorgenommen werden. Von den 128 weiblichen wie männlichen Verkaufskräften waren die meisten verhältnismäßig jung: 17 Beschäftigte waren zwischen 17 und 19 Jahre alt; 57 waren zwischen 20 und 29 Jahren alt – das entsprach 45 Prozent der Angestellten; 25 waren zwischen 30 und 39, weitere 17 zwischen 40 und 49 Jahren, acht zwischen 50 und 59 Jahren und nur zwei über 60 Jahre alt. Die altersspezifische Geschlechtsstruktur ist in folgender Tabelle veranschaulicht:

Tab. 8: Alter und Geschlecht der Beschäftigten bei Hirmer, Stand 1959

Alter	Weiblich	Männlich	Gesamt
17–19 Jahre	7	10	17
20–29 Jahre	14	43	57
30–39 Jahre	9	16	25
40–49 Jahre	11	6	17
50–59 Jahre	4	4	8
60 Jahre und älter	1	1	2
Gesamt	46	80*	126*

* s. Fußnote 141.

Bemerkenswert sind vor allem drei Dinge: erstens die Tatsache, dass Frauen in der Altersgruppe der 20- bis 29-Jährigen stark unterrepräsentiert waren; zweitens die in Anbetracht des Gesamtbeschäftigtenverhältnisses relative Ausgewogenheit innerhalb der anderen Altersgruppen; drittens die Tatsache, dass sich in der Altersgruppe von 40 bis 49 Jahren fast doppelt so viele Frauen wie Männer befanden.

[139] Zum Selbstverständnis von Betriebsinhaberinnen und mithelfenden Familienangehörigen im Einzelhandel vgl. Kapitel 3.1.

Insgesamt verfügte Hirmer über eine recht junge Belegschaft. Dass Frauen zwischen 20 und 29 Jahren derart in der Minderheit waren, lässt den Schluss zu, dass viele in diesem Alter vermutlich aufgrund von Familiengründung u. ä, aussetzten oder aufhörten zu arbeiten. Dass sich das Verhältnis bei den älteren Jahrgängen wieder änderte, verweist darauf, dass diese Frauen wieder weniger durch familiäre Verpflichtungen gebunden waren, sprich keine oder bereits ältere Kinder hatten. Die Überrepräsentation von weiblichen Beschäftigten innerhalb der Gruppe der 40- bis 49-Jährigen kann auf den durch den Zweiten Weltkrieg verursachten Frauenüberschuss dieser Alterskohorte zurückzuführen sein.

Was die Dauer der Betriebszugehörigkeit im Jahr 1959 angeht, so ergibt sich folgendes Bild: 37 Prozent waren zwischen zwei und vier Jahren beim Unternehmen angestellt, weitere 27 Prozent fünf bis neun Jahre und 24 Prozent erst ein Jahr. Neun Prozent waren seit elf bis 19 Jahren, nur drei Prozent seit 20 bis 29 Jahren und nur ein Prozent seit über 30 Jahren bei Hirmer tätig.[140] Das Geschlechterverhältnis die Betriebszugehörigkeit betreffend entsprach bis auf zwei Ausnahmen der allgemeinen Verteilung innerhalb des Unternehmens. Diese Ausnahmen bildeten diejenigen Personen, die zwischen 10 und 19 Jahren bei Hirmer tätig waren, und die eine Person, die bereits über 30 Jahre dort in Beschäftigung stand. Erstere Besonderheit kann wiederum aus den kriegs- und nachkriegsbedingten Ausfall der Männer auf dem Arbeitsmarkt erklärt werden, letztere bleibt unklar. Bezüglich der Dauer der Betriebszugehörigkeit kann also kein geschlechtsspezifischer Unterschied festgestellt werden, wobei geschlechtsspezifisch unterschiedliche Ursachen dahinter stehen konnten: Männer, die zwar leichter Arbeit in der besser bezahlten Industrie gefunden hätten, blieben dem Unternehmen treu, da sie mit zunehmendem Alter und Betriebszugehörigkeit in höhere Positionen aufrückten; Frauen, die sich gegen Familie und für den Beruf entschieden, tendierten ohnehin dazu, beim Unternehmen zu bleiben.

Tab. 9: Betriebszugehörigkeit und Geschlecht der Beschäftigten bei Hirmer, Stand 1959

Betriebszugehörigkeit	Weiblich	Männlich	Gesamt
Bis 1 Jahr	8	23	31
2–4 Jahre	15	32	47
5–9 Jahre	13	21	34
10–19 Jahre	8	3	11
20–29 Jahre	1	3	4
Über 30 Jahre	1	0	1
Gesamt	46	82*	128*[141]

[140] HUA, 2012 / 09 / 0044.0002, Hirmer & Co. Personal-Verzeichnis, 1959, hier: Tabellarische Auswertung der angegebenen Zahlen des Lebensalters und Berechnung der Dauer der Betriebszugehörigkeit (anhand des Eintrittsdatums in die Firma durch die Verfasserin).
[141] Die Differenzen für die Zahlen der männlichen Beschäftigten zwischen den beiden Tabellen ergeben sich daraus, dass bei zwei Beschäftigten kein Geburtsdatum angegeben war.

132   3. Arbeit im Verkauf – (K)ein Bund für's Leben

Bei Beck war 1961 unter den etwas mehr als 600 Beschäftigten[142] knapp ein Viertel bereits seit über sieben Jahre angestellt. Insgesamt 85 Beschäftigte waren seit sieben bis 10 Jahren beim Unternehmen; 43 Angestellte seit 11 bis 16 und weitere 16 seit 17 und mehr (bis zu 41) Jahren bei Beck. In der letzten Gruppierung waren ein Mann – Prokurist und Chefdekorateur – und 15 Frauen. Unter den Frauen befanden sich ebenfalls eine Prokuristin, die in der Buchhaltung tätig war, und eine weitere Buchhalterin, außerdem sechs Abteilungsleiterinnen und sieben normale Verkäuferinnen.[143] Dass unter den langjährigen Beschäftigten auch viele Frauen waren, hing einerseits mit der grundsätzlich starken Dominanz von Frauen bei Beck zusammen,[144] macht aber zugleich deutlich, dass es Frauen grundsätzlich schon in den 1950er und 1960er Jahren möglich war, eine dauerhafte Berufstätigkeit auszuüben, wenn die Rahmenbedingungen stimmten.

Ein diesbezüglich frühes Beispiel aus dem Lebensmitteleinzelhandel stammt von der Firma Latscha, die 1955 alle Mitarbeiterinnen und Mitarbeiter, die über 25 Jahre und über 15 Jahre in der Firma beschäftigt waren, mit goldenen beziehungsweise silbernen Anstecknadeln ehrte. Zusätzlich erhielten sie für ihre Diensttätigkeit eine Urkunde.[145] Diverse Vorteile gingen mit einer langen Firmenzugehörigkeit einher: Die Betreffenden erhielten einen Zuschlag zum Urlaubsgeld; Arbeiter und Arbeiterinnen wurden als „Stammarbeiter" den Angestellten sozial gleichgestellt und erhielten eine feste Zulage. In dem Schreiben, das diese Würdenträger dem sonstigen Personal vorstellte, waren alle mit Anrede, Vor- und Nachnamen aufgeführt, sodass daraus Schlüsse zum Geschlechterverhältnis und der Stellung der Arbeit im Lebenslauf gezogen werden können. Von denjenigen Frauen, die über 25 Jahre bei Latscha waren, trugen 13 den Titel „Fräulein", waren demnach nicht verheiratet, gegenüber sechs verheirateten Mitarbeiterinnen. Bei denjenigen, die über 15 Jahre bei Latscha gearbeitet hatten, war das Verhältnis umgekehrt: Vier waren ledig und 15 verheiratet. Ledige Frauen konnten bisweilen also eine ähnlich lange Betriebszugehörigkeit aufweisen, wie ihre männlichen Kollegen.

Doch insgesamt war die Zahl der bei Latscha langjährig tätigen Männer deutlich höher: 53 waren über 25 Jahre in der Firma, 19 über 15 Jahre.[146] Von der Gesamtzahl der Beschäftigten bei Latscha bildeten die Geehrten lediglich einen Anteil von unter einem Prozent.[147] Im Allgemeinen war die Fluktuation in dem

---

[142] Für das Jahr 1960 ist eine Beschäftigtenzahl von 550 bis 600 angegeben, in: BWA, S 003 / 102, Hundert Jahre im Dienst der schönen Münchnerin und des bayerischen Meisterhandwerks, hrsg. v. der Geschäftsführung Beck-Feldmeier KG, 1961, S. 59.

[143] BWA, S 003 / 102, Hundert Jahre im Dienst der schönen Münchnerin und des bayerischen Meisterhandwerks, hrsg. v. der Geschäftsführung Beck-Feldmeier KG, München 1961, S. 63.

[144] BWA, S 003 / 1144, Ludwig Beck am Rathauseck – 125 Jahre auf dieser Erde. (o. O.) 1986, o. S., hier: Artikel „Kann eine Hexe Verkäuferin werden?", von Mira Beham.

[145] ISG, W 1-10-420, Hausinterne Rundschreiben und Broschüren, die Entwicklung der Firma betreffend, 1950–1976, hier: Blanko-Urkunden.

[146] ISG, W 1-10-420, Hausinterne Rundschreiben und Broschüren, die Entwicklung der Firma betreffend, 1950–1976, hier: Anhang zum Rundschreiben Nr. 33, vom 16. 05. 1955.

[147] Die Gesamtzahl 1955 von 1806, in: ISG, W 1-10-420, hier: Jahresbericht 1955; wobei dies ja nur den Stand des Jahres wiedergibt und die in den Vorjahren Geehrten nicht miteinbezogen werden können.

Unternehmen sehr hoch, sodass auch im Jahresbericht von 1955 darüber berichtet und nach Wegen gesucht wurde, um den ständigen Wechsel zu reduzieren. Danach waren nur an die 10 Prozent der Mitarbeiterinnen und Mitarbeiter über zehn Jahre in der Firma; bis zu einem Jahr waren 26,8 Prozent für die Firma tätig; weitere 24,1 Prozent blieben zwischen einem und zwei Jahren. Über die Hälfte verlies das Unternehmen innerhalb der ersten zwei Jahre wieder.[148] Diese Befunde deuten auf ein weiteres zeittypisches Phänomen, die Lebens- und Arbeitsbiografie von Frauen und Männern betreffend, hin: Frauen wechselten häufiger als Männer den Betrieb, unterbrachen die Tätigkeit oder beendeten die Arbeitsphase ganz, sodass zwar bei Latscha 1955 insgesamt mehr Frauen tätig waren,[149] die Dauer ihrer Betriebszugehörigkeit aber weit geringer ausfiel.

Mitte der 1960er lässt sich dabei eine Veränderung beobachten: 1964 wurden für die 15-jährige Betriebszugehörigkeit fast gleich viele Männer (12) wie Frauen (14) geehrt. Doch schon bei denjenigen mit 25-jähriger Betriebszugehörigkeit überwogen die Männer (5 zu 2); eine 40-jährige Dienstzeit konnten nur 6 Männer aufweisen. Interessant ist außerdem die Aufschlüsselung der Einsatzorte der Beschäftigten: Während bei den insgesamt 26 15-Jahre-Jubilierenden die meisten (15) in den Filialen im Verkauf beschäftigt waren (8 in der Zentrale, 3 in Verwaltungspositionen), war bei den seit 25 Jahren Zugehörigen nur einer aus dem Verkaufsbereich und die übrigen 6 aus der Zentrale, bei den 40-Jahre-Zugehörigen 4 aus der Zentrale und 2 aus der Markthalle.[150] Das zeigt, dass nicht nur das männliche Geschlecht ein Faktor war, der tendenziell zu einer stabileren Erwerbsbiografie führte. Auch die Art der Tätigkeit hatte Einfluss darauf. So führte die Beschäftigung in der Verwaltung zu einer größeren Kontinuität als die Arbeit in den Filialen. Gründe dafür mögen die höhere Planbarkeit des Arbeitsaufwandes und damit die festeren beziehungsweise besser eingehaltenen Arbeitszeiten gewesen sein.

Im Berichtszeitraum Mitte 1973 bis Mitte 1974 wurde erneut eine große Anzahl an langjährigen Beschäftigten geehrt. Anhand der Angaben im Jahresbericht zeichnet sich noch deutlicher die bereits seit zwei Jahrzehnten vorhandene Tendenz ab: Langjährige Beschäftigte bei Latscha waren zum einen eher männlich, zum anderen eher in der Zentrale und nicht direkt im Verkauf beschäftigt. Langjährige weibliche Beschäftigte waren dennoch mehr im Verkaufsbereich tätig.[151] Aus einem persönlichen Brief zum Anlass der Geschäftsaufgabe 1976 geht hervor, dass der Verfasser insgesamt 40 Jahre lang für Latscha tätig gewesen war und sich stark mit dem Unternehmen identifizierte – von anderen Beschäftigten behauptete er, sie hätten die Firma „nur als Karriereschmiede oder Einkommensquelle gesehen". Dessen

---

[148] ISG, W 1-10-420, hier: Jahresbericht Latscha 1955.
[149] Konkrete Zahlen für die Beschäftigten im Verkauf gibt es aus dem Jahr 1961: Von 1840 Beschäftigten im Verkauf waren 1406 Frauen (76 Prozent) und 434 Männer (24 Prozent); ISG, W 1-10-420, hier: Artikel „Wir haben Frauenüberschuß!", in: Jahresbericht Latscha 1961.
[150] ISG, W 1-10-420, hier: Jahresbericht Latscha 1964.
[151] Beschäftigt 40 Jahre: 1 Mann (Zentrale); 25 Jahre: 1 Mann (Zentrale) und 3 Frauen (1 × Zentrale, 2 × Verkauf); 10 Jahre: 27 Männer (17 × Zentrale, 10 × Verkauf) und 46 Frauen (3 × Zentrale, 43 × Verkauf); Zahlen aus: ISG, W 1-10-420, hier: Latscha Firmenchronik '73–'74, S. 15.

Frau war ebenfalls bei Latscha vormals angestellt, aber „durch [ihre] Ehe aus der Firma ausgeschieden".[152]

Eine ähnliche Verteilung der Betriebszugehörigkeit, differenziert nach Geschlecht, Position und Tätigkeit, lässt sich bei den Lebensmittelfilialbetrieben von Gaissmaier nachvollziehen.[153] Bei Gaissmaier waren jedoch generell mehr Frauen als bei Latscha in höheren Positionen beschäftigt.[154] Bei einer Jubiläumsfeierlichkeit im Jahr 1973 betonte die Geschäftsführung, dass das „vertrauensvolle Verhältnis zu [den langjährigen] Mitarbeitern […] eine der Säulen" des Unternehmens sei.[155] Daraus wird erneut das hohe Ansehen deutlich, das den langjährigen Beschäftigten – zumindest betriebsintern – zuteil wurde. Alter und langjährige Betriebszugehörigkeit waren also auch zu diesem Zeitpunkt von einer Mehrheit der Beschäftigten als honorable Kategorien anerkannt. Tendenziell trafen diese bis in die 1980er Jahre vermehrt auf männliche Belegschaftsmitglieder zu, wie auch auf ledige oder kinderlose Frauen und Beschäftigte, die bestimmte Tätigkeiten ausübten oder Positionen erfüllten. Erst aus den Angaben des Jahres 1982 wird eine leichte Verschiebung zugunsten von weiblichen Beschäftigten erkennbar, da hier mehr Frauen als Männer eine 25-jährige Dienstzugehörigkeit feiern konnten. Darunter waren zwar immer noch die meisten Frauen im Verkauf tätig, dort aber in leitenden Positionen.[156]

„Gastarbeiterinnen und Gastarbeiter"[157]

Für eine bestimmte Personengruppe war die Arbeit im Einzelhandel – wie auch in anderen Branchen – zunächst nur als Durchgangsstation in ihrer Biografie gedacht: für die „Gastarbeiterinnen" beziehungsweise „Gastarbeiter".[158] Indem sie die Arbeitsbedingungen bestimmten und für die betrieblichen Sozialstrukturen maßgeblich mitverantwortlich waren, hatten die deutschen Arbeitgeber erhebli-

---

[152] ISG, W 1-10-509, Übergabe an Rewe Handelsges. Hugo Leibrandt oHG. Pressenotizen und Hausmitteilungen, hier: Brief von E. M. an Dieter Latscha, vom 30. 12. 1976.
[153] WABW, B 61 Bü 221, versch. Jahrgänge der Firmenzeitschrift „miteinander" (unvollst.), 1966–1982, hier: 1966/I, „Unsere Jubilare", S. 28.
[154] WABW, B 61 Bü 173, Heft zur Filialleiterinnenkonferenz, 1944. In den Filialen war ausschließlich weibliches Führungspersonal, auf der Ebene der Geschäftsleitung beinahe nur Männer und zwei Frauen; dieses wohl auch kriegsbedingte Verhältnis änderte sich aber auch bis 1953 kaum; WABW, B 61 Bü 174 Programm, Teilnehmerliste etc. zu Filialleiterkonferenz, 1953. Für die 1960er Jahre: WABW, B 61 Bü 221, versch. Jahrgänge der Firmenzeitschrift „miteinander" (unvollst.), 1966–1982, hier: 1967/II, Artikel von Alfred Martens, „Das Betriebsklima und wir", S. 1 f.
[155] WABW, B 61 Bü 221, hier: 1973/II, „Feierlicher Abend für Arbeitsjubilare" und „Aus dem Personalbereich", S. 20 f., 22.
[156] WABW, B 61 Bü 221, hier: 1982/I, „Wir gratulieren …", S. 16–21, und 1982/II, „Wir gratulieren", S. 14.
[157] Zum Begriff „Gastarbeit(er)" vgl. den gleichnamigen Artikel in: Glossar Migration – Integration – Flucht & Asyl der Bundeszentrale für politische Bildung, https://www.bpb.de/nachschlagen/lexika/270369/gastarbeiter [zuletzt abgerufen am 03. 08. 2022].
[158] Zur Arbeitsmigration in der zweiten Hälfte des 20. Jahrhunderts vgl. Oltmer/Kreienbrink/Sanz Díaz (Hrsg.), Das „Gastarbeiter"-System.

chen Einfluss auf Erfahrungen und Selbstverständnis der Arbeitsmigrantinnen und -migranten.[159] Dass diese vor allem in den 1960er Jahren hauptsächlich als Arbeiter beziehungsweise Arbeiterinnen und Angelernte tätig waren, und erst allmählich begannen, sich zu qualifizieren und im Angestelltenverhältnis zu arbeiten, wurde bereits im vorangehenden Kapitel erläutert.[160] In vielen Fällen verstetigten sich ihr Aufenthalt und somit auch der Ort der Arbeit in ihrer Biografie.[161] Die Arbeit wurde für die ausländischen Beschäftigten – wie auch für die deutschen Beschäftigten – zu einem Identifikationspunkt.[162]

Bei der Lebensmittelkette Latscha arbeiteten 1965 insgesamt 252 spanische Beschäftigte – 96 Männer und 156 Frauen –, von denen 119 in der Zentrale und 133 im Verkauf tätig waren. Mitte der 1960er Jahre fanden diese Angestellten Eingang in den Jahresbericht der Firma.[163] „Gastarbeit" war insgesamt ein eher männliches Phänomen, allerdings gab es dabei große branchenspezifische Unterschiede. Der Frauenanteil an den ausländischen Beschäftigten insgesamt stieg von 15,5 Prozent in Jahr 1960 auf 30,1 Prozent im Jahr 1973.[164] Bei Latscha herrschte also ein umgekehrtes Geschlechterverhältnis vor. Somit weist der Einzelhandel auch hier eine Bevorzugung für das weibliche Geschlecht auf. 40 Prozent der in den Filialen angestellten Spanierinnen waren mit Kassieren betraut. Einzelne waren zur stellvertretenden Abteilungsleitung aufgestiegen, ein Mann aus Spanien sogar zum Abteilungsleiter. Ein solcher Aufstieg innerhalb des Betriebs war möglich, aber eher selten. Die ausländischen Kräfte wurden überwiegend für „un- oder geringqualifizierte, schlecht bezahlte, körperlich belastende und gesundheitsgefährdende Tätigkeiten eingesetzt".[165] Der Einzelhandel bildete dabei keine Ausnahme.

Der Jahresbericht postulierte, dass man bei Latscha ein „Gastarbeiter-Problem" – damit war ein häufiger Arbeitsplatzwechsel gemeint, der in anderen Betrieben offenbar üblich war – nicht kenne. Über 10 Prozent der ausländischen Beschäftigten seien bereits über drei Jahre beim Unternehmen beschäftigt. Dies verweist auf eine beginnende Verstetigung der Lebensläufe der „Gastarbeiterinnen" und „Gastarbeiter". Etwa 60 Prozent von ihnen waren in vier firmeneigenen Wohnheimen untergebracht, die von Heimleiterinnen des Jugendsozialwerks betreut wurden. Für sie war der Arbeitgeber zugleich Wohnungsgeber, was bei schlechten Arbeitsbedingungen und Wohnverhältnissen eine komplexe Problemlage ergeben konnte.[166]

---

[159] Vgl. Hunn, Gastarbeiter.
[160] Vgl. außerdem zu Initiativen zur Bildung auf betrieblich-lokaler Ebene Demiriz, Vom „Gastarbeiter" zum Mitbürger.
[161] Vgl. dazu auch die Arbeit von Zeppenfeld, Vom Gast zum Gastwirt.
[162] Solche Erfolgsgeschichten wurden vor allem in der Industrie erzählt, vgl. etwa Holzgang, Zuhause bei Volkswagen.
[163] Die folgenden Angaben dieses Abschnitts stammen aus: ISG, Zs 843, Jahresbericht / J. Latscha Frankfurt KG, 1965, hier: Artikel „Unser Personal", von Richard Langer, o. S.
[164] Vgl. Mattes, Gastarbeiterinnen, S. 186 f.
[165] Hunn, Gastarbeiter, S. 118.
[166] Vgl. Oswald, Volkswagen, Wolfsburg und die italienischen „Gastarbeiter".

Der Bericht über „unsere spanischen Mitarbeiter" warb um Verständnis unter den Beschäftigten für Probleme, die sich angeblich durch kulturelle Differenzen am Arbeitsplatz ergeben hatten:

> „Wenn wir manchmal über ihre mangelnde Ordnungsliebe und Disziplin, wie z. B. Unpünktlichkeit und Nichteinhaltung der Pausen, klagen, dürfen wir nicht vergessen, daß sie keine solch geregelte Ausbildung genossen haben, wie sie für uns selbstverständlich ist; sie sind aber deswegen nicht weniger fleißige und tüchtige Arbeiter, sondern nur einen anderen Arbeitsrhythmus gewöhnt. Wenn wir uns alle diese Schwierigkeiten einer ungewohnten Umwelt gegenüber und die seelische Belastung durch die Trennung von Familie und Heimat vor Augen halten, werden wir vielleicht verstehen, daß sich unsere Gastarbeiter (die übrigens zahlende Gäste sind) nur sehr schwer in unsere manchmal überorganisierte Welt einfügen können."[167]

In diesen Zeilen kommt trotz oder vielmehr gerade wegen des vorgebrachten Verständnisses ein klar rassistisch aufgeladenes Denken zum Ausdruck, auch indem den ausländischen Beschäftigten kulturelle Differenzen zugeschrieben werden und damit ihre Andersartigkeit gegenüber dem Großteil der Belegschaft betont wird. Durch die Verwendung des Possessivpronomens „unsere" zeigt sich zugleich ein Besitz- und Machtanspruch des Unternehmens gegenüber den ausländischen Angestellten.

Einen tieferen Einblick in das Phänomen der „Gastarbeit" im Einzelhandel liefern die Quellen der Firma Gaissmaier. Dort waren 1972 101 ausländische Arbeitnehmerinnen und Arbeitnehmer beschäftigt. Die meisten von ihnen stammten aus Italien und dem ehemaligen Jugoslawien (je 31), aus Griechenland und der Türkei (zehn und acht Personen) sowie aus Spanien, Algerien, Jordanien, den USA und 21 weiteren Ländern.[168] Viele von ihnen waren im Zuge der Anwerbeabkommen der Bundesrepublik Deutschland zu Gaissmaier gekommen.[169]

Über einige der ausländischen Beschäftigten berichtete die Firmenzeitschrift „miteinander" 1972 in einer mehrseitigen Reportage. Ein 52-jähriger Kroate, der seit gut einem Jahr bei Gaissmaier im Obstlager beschäftigt war, gab dort an, in Deutschland zu arbeiten, um Geld zu verdienen. Dies wolle er auch noch ein paar weitere Jahre machen, dann in seine Heimat zu seiner Familie zurückkehren. Er war überzeugt, dass „Deutsch lernen […] der beste Weg für ausländische Mitarbeiter [sei], um schnell am Arbeitsplatz als vollwertig anerkannt zu werden".[170] Ein anderer Arbeiter, der bereits elf Jahre, also seit 1961, bei Gaissmaier in der Metzgerei arbeitete, stammte aus Jordanien. Auch er lebte getrennt von seiner Fa-

---

[167] ISG, Zs 843, Jahresbericht / J. Latscha Frankfurt KG, 1965, hier: Artikel „Unser Personal", von Richard Langer, o. S.
[168] WABW, B 61 Bü 221, versch. Jahrgänge der Firmenzeitschrift „miteinander" (unvollst.), 1966–1982, hier: 1972, Artikel „Wer zählt die Länder, kennt die Namen?", S. 8–11.
[169] Anwerbeabkommen wurden geschlossen mit Italien (1955), Spanien und Griechenland (1960), der Türkei (1961), Marokko und Südkorea (1963), Portugal (1964), Tunesien (1965) und Jugoslawien (1968), vgl. hierzu die Liste der bilateralen Verträge im Anhang bei Rass, Institutionalisierungsprozesse, S. 497–507. 1973 verhängte die Bundesregierung aufgrund der ökonomischen Lage einen „Anwerbestopp", vgl. Berlinghoff, Das Ende der „Gastarbeit".
[170] WABW, B 61 Bü 221, versch. Jahrgänge der Firmenzeitschrift „miteinander" (unvollst.), 1966–1982, hier: 1972, Artikel „Wer zählt die Länder, kennt die Namen?", S. 8–11.

milie und sandte regelmäßig Geld in die Heimat. „Aber eines Tages gehe ich wieder zurück",[171] sagte er im Interview. Andere Frauen, eine Raumpflegerin aus Spanien sowie eine „Auffüllerin" aus Griechenland, hatten laut dem Artikel größere Sprachprobleme. Beide planten nur einen befristeten Aufenthalt in Deutschland, um im Anschluss wieder zu ihrer Familie zurückkehren zu können. Bei diesen Beispielen lag der soziale und familiäre Bezugspunkt in großer Distanz zum Arbeitsort.

Andere erkannten in Deutschland bereits eine neue Heimat: so ein aus Italien stammender LKW-Fahrer von Gaissmaier, der zunächst seine Frau bei dem Lebensmittelunternehmen kennengelernt und später dort auch eine dauerhafte Arbeit gefunden hatte. Zum Zeitpunkt des Interviews war er bereits 13 Jahre in Deutschland und hatte zwei Kinder. Seine Heimat Sardinien besuchte er ab und an. Das Gleiche galt für eine junge Armenierin aus der Türkei, die seit dreieinhalb Jahren, also seit 1968 in Deutschland war. Sie arbeitete bei Gaissmaier als Verkäuferin in der Obstabteilung, lebte mit ihrem Mann und dem gemeinsamen dreijährigen Sohn zusammen und träumte von einem Eigenheim. Sie hatte sich offenbar bereits den „reinsten schwäbischen Dialekt"[172] angeeignet.[173] Eine andere junge Griechin war bei Gaissmaier an der Kasse beschäftigt. Sie lebte mit ihrem frisch angetrauten griechischen Ehemann, der als Schuhmachermeister tätig war, in Stuttgart und konnte gut Deutsch.[174] Durch Familiengründung verbanden sich oft der Ort der Arbeit und das soziale Leben stärker miteinander. Dies ist eine Tendenz, die sich ab Mitte der 1970er Jahre für viele ausländische Beschäftigte feststellen lässt: „[S]ie holten ihre Familien nach, zogen aus den Wohnheimen in (möglichst billige) Mietwohnungen, ihre Sparquote sank, ihr Konsumanteil wurde höher und die Verbindungen zur Heimat wurden lockerer."[175] Indem sich der Lebensweg verstetigte und an einer westlich-fordistisch geprägten Normalbiografie zu orientieren begann, wurden auch geschlechtsspezifische Differenzierungen in der Arbeitswelt relevanter.

In die Personalstatistik von Hirmer fanden „Ausländer" als gesonderte Kategorie erstmals 1966 Eingang. Sie stammten aus Dänemark, Österreich, den Niederlanden und den USA.[176] Ab 1971 gab es eine Person aus Irland, ab 1973 eine Person aus Ungarn, ab 1975 aus Italien; 1977 kam eine Person aus Schweden und für kurze Zeit aus Sri Lanka („Ceylon"), 1978 aus Norwegen, 1988 kurzzeitig jemand

---

[171] WABW, B 61 Bü 221, hier: 1972, Artikel „Wer zählt die Länder, kennt die Namen?", S. 8–11.
[172] WABW, B 61 Bü 221, hier: 1972, Artikel „Wer zählt die Länder, kennt die Namen?", S. 8–11.
[173] Von der eher ambivalenten Haltung vieler (italienischer) „Gastarbeiter" bei Volkswagen, die zwischen alter und neuer Heimat hin- und hergerissen waren, berichten Richter/Richter, Die Gastarbeiter-Welt, v. a. S. 173–198; betont und berechtigt kritisch zu dieser Studie Pleinen, Rezension.
[174] WABW, B 61 Bü 221, versch. Jahrgänge der Firmenzeitschrift „miteinander" (unvollst.), 1966–1982, hier: 1972, Artikel „Wer zählt die Länder, kennt die Namen?", S. 8–11.
[175] Herbert, Geschichte der Ausländerbeschäftigung, S. 220.
[176] HUA, 2016 / 09 / 0030, Sachakte: Stammhaus Hirmer, Personalstand (1953–1993), hier: Personalliste 1966.

aus Griechenland hinzu. Die „Ausländer" wurden bis mindestens 1988 statistisch eigens aufgeführt. Zu dem Zeitpunkt machten sie gut 11 Prozent der Gesamtbeschäftigtenzahl aus. Der Anteil von Ausländern unter den Erwerbstätigen in der Bundesrepublik betrug insgesamt im Jahr 1988 nur 7,1 Prozent;[177] der Anteil der Ausländer im Einzelhandel belief sich 1988 wiederum lediglich auf 3,4 Prozent.[178] Somit zeigt sich, dass im Textileinzelhandel Sprache zwar wichtig war, aber kein Argument für eine Nicht-Einstellung – im Gegenteil: Es kann angenommen werden, dass bei Hirmer die meisten der beschäftigten Ausländer der deutschen Sprache zwar mächtig waren, sie aber – in einer touristischen Großstadt wie München – explizit auch wegen ihrer Muttersprache gerne eingestellt wurden. Anhand der aufgeführten Namen lässt sich außerdem nachvollziehen, dass manche nur kurz, etwa für die Dauer eines Praktikums, bei Hirmer blieben – andere dauerhaft. Vor allem die Beschäftigten aus Österreich blieben Hirmer zum Großteil lange erhalten – von 16, 17, 19 bis zu 21 Jahre und mehr.[179] Auch die niederländischen Angestellten blieben meist mehrere Jahre – einer 11, ein anderer mindestens 19 Jahre. Der Italiener, der 1975 ins Unternehmen eintrat, blieb auch bis mindestens 1988, also 13 Jahre und gegebenenfalls sogar länger.[180] Über die familiären und sozialen Hintergründe der ausländischen Beschäftigten bei Hirmer ist nichts bekannt. Die lange Verweildauer mancher Angestellter lässt aber darauf schließen, dass sie sich in München eine neue Heimat schaffen konnten.

Während also manche „Gastarbeiterinnen" und „Gastarbeiter" nur für einen kurzen Zeitraum in den Unternehmen arbeiteten, unterschied sich die Dauer der Tätigkeit bei anderen nicht von der der deutschen Beschäftigten. Da die Fluktuation im Einzelhandel ohnehin recht hoch war, kann es auch sein, dass ausländische Beschäftigte verhältnismäßig lange bei einer Firma blieben, weil sich der Wechsel in andere Betriebe für sie schwieriger gestaltete als für die Deutschen. Außerdem zeigt sich, dass die Sprachbarriere ein Hinderungsgrund für die Arbeit und den Aufstieg im Einzelhandel sein konnte, bisweilen aber auch ein Auswahlkriterium für die Einstellung bot.

(Weibliche) Karrieren im Lebensmitteleinzelhandel

Arbeitsplätze, die berufliche Karrieren fördern, zeichnen sich im Allgemeinen durch eine hohe Stabilität, eine angemessene Entlohnung und Aufstiegsoptionen aus. Eine als „erfolgreich" zu bezeichnende Karriere beinhaltet neben einer linearen biografischen Entwicklung, die konsequent zweckrationalen Handlungszielen folgt, das Vorhandensein von bestimmten Qualifikationen oder „Zertifikaten", eine vertikale

---

[177] Vgl. Statistisches Jahrbuch 1989, S. 90.
[178] Vgl. Statistisches Jahrbuch 1989, S. 100.
[179] Die Zugänglichkeit zu den entsprechenden Personalstatistiken von Hirmer war nur bis 1988 gegeben.
[180] HUA, 2016 / 09 / 0030, Sachakte: Stammhaus Hirmer, Personalstand (1953–1993), hier: Personallisten 1966–1988.

Mobilität sowie eine genaue zeitliche Abfolge, ein bestimmtes „Timing". Karrieren sind demnach „Ablauf-Programme", deren Pfad für ihr Gelingen kaum verlassen werden darf.[181] In dem Zuge, in dem Arbeitsbiografien und Karrierepfade in den 1980er Jahren etwa durch die Reduzierung der Stammbelegschaften und die wachsende Zahl an befristeten Beschäftigungsverhältnissen komplexer wurden, begannen sich auch die Definitionen von „Erfolg" und „Karriere" allmählich zu wandeln. In den Vordergrund rückte für einzelne Selbstverortungen der Umgang mit und die Bewältigung von Unsicherheiten und Strukturbrüchen innerhalb der eigenen Biografie.[182] Nach einer Definition von Hans Joachim Giegel unterliegt das *individuelle* Empfinden einer erfolgreichen Berufsbiografie bestimmten Minimalbedingungen, die durch ein gesellschaftlich verbindliches Wertesystem festgelegt sind, etwa einer Berufsausbildung, einer angemessenen Entlohnung und akzeptablen Arbeitsbelastung. *Gesellschaftlich* anerkannter Erfolg geht aber über diese Minimalbedingungen hinaus und bezieht sich auf die Kriterien des „Erfolg[s] in der Konkurrenz um höhere Berufspositionen", auf das „Sich-Durchsetzen[ ] in der Konkurrenz",[183] wie etwa bei der Übernahme von Führungsverantwortung auf bestimmten Positionen.

Bei Gaissmaier arbeiteten traditionell mehr Frauen auch in Führungspositionen als bei Latscha oder in anderen Unternehmen. So begegnete man hier mitunter jungen und sehr karriereorientierten weiblichen Persönlichkeiten. Schon 1966 erschien in der firmeninternen Zeitschrift „miteinander" ein Artikel, der besonders die Karrieremöglichkeiten für weibliche Beschäftigte aufzeigte: „Es ist keine Seltenheit, daß junge Verkäuferinnen mit 21–22 Jahren in eine verantwortungsvolle Stelle berufen werden und die Führung einer Filiale übertragen bekommen oder in einem Großraumladen als Substitutin tätig sind." Dennoch standen die Aufstiegschancen für junge Männer etwas besser, denn sie sollten mindestens als Substituten, wenn nicht sogar als Leiter eines großen Supermarktes eingesetzt werden. Außerdem ist im gleichen Artikel davon die Rede, dass jährlich etwa 150 Mitarbeiterinnen „aus familiären Gründen" ausscheiden würden. Das waren bei 1915 Beschäftigten im Jahr 1965[184] bei Gaissmaier in etwa acht Prozent. Das stellte doch eine beträchtliche Fluktuation – ohne sonstige Wechsel, Zu- und Abgänge mitzuzählen – dar und ließ die Suche nach geeignetem Nachwuchs stets dringlich erscheinen.[185] Eine solche „Karrieristin" wurde 1977 mit 22 Jahren Filialleiterin einer „big-Filiale", der Discount-Variante von Gaissmaier. Sie hatte mit 16 Jahren bereits ihre Ausbildung bei dem Lebensmittelfilialisten begonnen und zuvor auch

---

[181] Vgl. Wohlrab-Sahr, Erfolgreiche Biographie, S. 233 f. Die Autorin beschreibt in ihrer Studie das Phänomen der Zeit- oder Leiharbeit grundsätzlich als „Kontrastfall" zu den Beschäftigungsverhältnissen, aus denen sich berufliche Karrieren konstituieren.
[182] Vgl. Wohlrab-Sahr, Erfolgreiche Biographie, S. 235 f.
[183] Giegel, Strukturmerkmale einer Erfolgskarriere, S. 214 f.
[184] Zahlen aus WABW, B 61 Bü 213 Notizen mit Zahlenangaben zum Personalstand der Fa. 1874, 1934, 1956–65, 1970, 1974, 1975, 1980, [1980].
[185] WABW, B 61 Bü 221, versch. Jahrgänge der Firmenzeitschrift „miteinander" (unvollst.), 1966–1982, hier: 1966/II, „Vom Lehrling zum Supermarktleiter!", S. 9.

kleinere Filialen sowie eine „big-Filiale" an einem anderen Ort geleitet, bevor sie zu dieser Neueröffnung hinzugezogen wurde.[186] Immer wieder wurden in der Mitarbeiterzeitschrift einzelne – besonders verdiente oder langjährige – Beschäftigte porträtiert: so auch zwei Filialleiterinnen, die noch vor dem Zweiten Weltkrieg (1928 und 1931) ins Unternehmen Gaissmaier eingetreten waren. Ihre Lebensläufe – beide in den 1910er Jahren geboren – ähnelten sich stark und die Darstellung ihrer Arbeitsbiografien weisen einige zeittypische Merkmale auf. Beide hatten eine Ausbildung im Einzelhandel absolviert; die eine direkt bei Gaissmaier, die andere bei selbstständigen Einzelhandelskaufleuten. Anschließend hätten sie beide eine „strenge Schule" bei ihren jeweiligen Leiterinnen bei Gaissmaier durchlaufen.[187] Beide übernahmen dann während des Zweiten Weltkriegs einen Posten als Filialleitung (1942 und 1944). Schließlich hatten sie auch die Einführung der Selbstbedienung, die Umstellung der Läden und die Veränderungen in den Vertriebsformen federführend begleitet. Während die eine Frau einen Mann, Kinder und Enkelkinder hatte, war die andere zwar verheiratet, aber wohl kinderlos geblieben. Zum Zeitpunkt der Berichte (1968 und 1969) steuerten beide Frauen auf ihr 40-jähriges Betriebsjubiläum zu.[188]

Während diese Frauen eher herausragende Einzelbiografien vorwiesen, beschäftigten sich die Gewerkschaften und andere Interessensgruppen vor allem mit der „durchschnittlichen" Verkäuferin, und versuchten durch Umfragen und Statistiken herauszufinden, wer diese ist und welche Bedürfnisse sie hat. Ein Beispiel dafür ist die „Fragebogenaktion der Gewerkschaft Handel, Banken und Versicherungen bei Beschäftigten im Einzelhandel" von 1975. Demnach waren 69 Prozent der Beschäftigten im Einzelhandel weiblich, 29 Prozent männlich und zwei Prozent hatten diesbezüglich keine Angabe gemacht. Außerdem kam heraus, dass der Einzelhandel eine recht junge Branche war: 36 Prozent gaben an, unter 30 Jahre alt zu sein, und nur 21 Prozent waren älter als 50 Jahre; 41 Prozent machten die 30–49-Jährigen aus. Zwei Prozent hatten auch hier keine Angaben gemacht.[189] Ein Vergleich mit statistischen Zahlen über alle Erwerbstätigen in der Bundesrepublik zeigt, dass von den 26 878 000 erwerbstätigen Personen 37,2 Prozent weiblich und 62,8 Prozent männlich waren. Das Geschlechterverhältnis im Einzelhandel war also komplett konträr zur sonstigen Arbeitssituation. Von den deutschlandweit Erwerbstätigen waren 30,6 Prozent unter 30 Jahre alt, 21,6 Prozent waren 50 Jahre oder älter, und 47,7 Prozent bildeten den mittleren Block zwischen 30 und 50 Jah-

---

[186] WABW, B 61 Bü 157, Zeitungsartikel (mit Abbildungen) über die Eröffnung der Big-Filiale in Allmendingen, hier: Zeitungsartikel „Gaissmaier eröffnet 11. Big-Filiale. Gewinn für Allmendingen", in: o. A., o. D.
[187] Davon zeugen die beiden Beschreibungen: „Frl. E[.] war allgemein bekannt als eine sehr strenge, aber gerechte Leiterin." Und: „Aus der Schule V[.] S[.] gingen unzählige tüchtige Mitarbeiter hervor."
[188] WABW, B 61 Bü 221, versch. Jahrgänge der Firmenzeitschrift „miteinander" (unvollst.), 1966–1982, hier: 1968/I, „Das Porträt", S. 13, und 1969/II, „Das Porträt", S. 13.
[189] „Nur knapp jeder Dritte ist ein Mann" und „Gut jeder Dritte ist unter 30 Jahre alt", in: Infas (Hrsg.), Fragebogenaktion, S. 12 f.

ren. Gerade also in der Gruppe der jüngsten Erwerbstätigen lag der Einzelhandel über dem Durchschnitt.[190] Eine Befragung von 1979 unter 116 Frauen, die im bayerischen Einzelhandel arbeiteten, ging etwas tiefer auf die Einbindung der Arbeit in das sonstige soziale Leben der Befragten ein. Sie ist zwar nicht repräsentativ, liefert aber dennoch einen guten Einblick in diverse Lebenswirklichkeiten. Es zeigte sich, dass 68 Prozent bereits seit über zehn Jahren berufstätig waren, zwanzig Prozent sogar schon über 30 Jahre. Dies deutet darauf hin, dass die Fluktuation zumindest nicht mehr ganz so hoch war wie noch in den 1950er und 1960er Jahren. Lediglich ein Drittel der Befragten hatte die Berufstätigkeit für eine gewisse Zeit unterbrochen – in den meisten Fällen für die Dauer von ein bis drei Jahren, sprich bis zum Eintritt eines Kindes in den Kindergarten. Beinahe die Hälfte der Frauen war zum Zeitpunkt der Befragung verheiratet, acht Prozent bereits geschieden, vier Prozent verwitwet. Außerdem hatte die Hälfte der befragten Frauen eigene Kinder. Hierbei zeigt sich, dass die parallele Ausübung von Arbeit im Einzelhandel und Versorgung einer Familie von der Gesellschaft toleriert wurde. Trotzdem arbeiteten nur 17 Prozent der Befragten in Teilzeit, wobei 31 Prozent insgesamt Teilzeitarbeit als Möglichkeit zur Erleichterung betrachteten. Doch auch gesellschaftliche Lösungswege zur Verbesserung der eigenen Belastungssituation waren erwünscht: 18 Prozent setzten ihre Hoffnung auf die 35-Stunden-Woche, und 26 Prozent auf eine Vermehrung der Kinderbetreuungseinrichtungen. 44 Prozent der Frauen hatten nur ein Kind, 38 Prozent zwei Kinder, und nur wenige noch mehr. Die meisten Kinder waren schon über zehn, die Hälfte bereits über 15 Jahre alt. Nur je fünf Prozent waren unter drei Jahren und zwischen vier und sechs Jahren alt; neun Prozent hatten Kinder im Grundschulalter. Interessant sind auch die Angaben über die Betreuung der Kinder während der Arbeitszeit. 13 Prozent besuchten einen Kindergarten, sechs Prozent waren bei einer Tagesmutter untergebracht. Weitere acht Prozent wurden von den Großeltern und 13 Prozent vom Vater versorgt; 16 Prozent konnten bereits für sich selbst sorgen. Diesbezüglich dominierten also private Initiativen zur Abfederung der weiblichen Berufstätigkeit gegenüber staatlichen Einrichtungen. Mehr als die Hälfte der Frauen mit Kindern gab allerdings auf diese Frage keine Antwort – was nahelegt, dass sie selbst mit der möglichen Antwort unzufrieden waren, diese gesellschaftlich nicht akzeptiert war oder dass sich die Betreuungssituation häufig änderte. Dass die Frauen dennoch arbeiteten, war in den allermeisten Fällen durch die finanzielle Notwendigkeit begründet: 37 Prozent mussten für den Lebensunterhalt der Familie verdienen, 5 Prozent arbeiteten für „das notwendige Haushaltsgeld". Auch bei anderen Befragten stand zwar der finanzielle Aspekt im Vordergrund, sie fassten ihn aber eher als Zusatzverdienst auf: 17 Prozent, um sich „mehr leisten" zu können, 15 Prozent um über „eigenes Geld" zu verfügen. Bei gut einem Fünftel stand der soziale Aspekt der Arbeit im Vordergrund: „Der Beruf macht Spaß" gaben immerhin 14 Prozent der Befragten an; der „Haushalt füllt nicht aus" sagten 8 Prozent.[191]

---

[190] Statistisches Jahrbuch 1976, S. 149.
[191] AdMAB, HBV Bayern, Broschüre, Zwischen Kochtopf, Kindern und Kunden. Ergebnisse einer Befragung, 1980, o. S.

Der Einzelhandel als Branche des Dienstleistungssektors stellte tatsächlich für einzelne Frauen eine Möglichkeit zum (internen) Aufstieg dar. Dies zeigt ein Abgleich mit Forschungsergebnissen zur weiblichen Industriearbeiterschaft. Lutz Raphael stellte für den Lebenslauf von „Jungarbeiterinnen und -arbeiter[n]" mit abgeschlossener Berufsausbildung in der Industrie fest, dass sie während der 1950er und 1960er Jahre mit dem Beginn ihres Berufslebens aufgrund der günstigen Arbeitsmarktlage noch häufig den Arbeitsplätze wechselten, bis sie sich im Alter zwischen 25 und 30 Jahren im Zusammenhang mit Ehe und Familienplanung für längere Zeit an ein Unternehmen banden und dort interne Aufstiegsoptionen und Verdiensterhöhungen anstrebten.[192] Junge Frauen ohne Qualifikation kamen aufgrund der attraktiven Entlohnung von Schichtarbeit und Überstunden zwar gerne in der Konsumgüterindustrie unter, bevor sie nach Heirat und Familiengründung ihre Erwerbs- zugunsten der Hausarbeit beendeten oder in andere Branchen und Berufe wechselten. Doch den wenigsten Arbeiterinnen in der Textil-, Bekleidungs- und Nahrungsmittelindustrie standen auch bei verstetigter Beschäftigung höhere Positionen offen, da diese durch Facharbeiter besetzt waren.[193] Außerdem:

„[...] [etablierte] sich [...] auch unter Industriearbeitern das Modell des männlichen Allein- oder Hauptnährers [...], mit dem Ergebnis, dass gerade in den Alterskohorten der zwischen 1930 und 1945 geborenen Frauen ohne höhere Bildungsabschlüsse die Zahl derer zunahm, deren Berufskarrieren durch Familien- und Erziehungszeiten unterbrochen, deren Wiedereinstieg aber vielfach in neue Angestelltenberufe und Teilzeitbeschäftigungen führte."[194]

Für die Generation nach dem Boom zeigt sich, dass sich für Arbeiterinnen in der Industrie auf den ersten Blick wenig veränderte, wie Raphael konstatiert:

„Wie bereits vor 1975 war nur eine Minderheit (22 Prozent) dauerhaft berufstätig, 2 Prozent waren für fünf, maximal sieben Jahre als ungelernte oder angelernte Arbeiterinnen beschäftigt und ihre Berufslaufbahn endete meist mit der Heirat oder der Geburt des ersten Kindes im Alter zwischen 20 und 25."[195]

Die Erwerbstätigkeit dieser Frauen war deutlich den Bedürfnissen des Haushalts untergeordnet. Das Modell der Teilzeitarbeit breitete sich weiter aus. Eigene weibliche Berufskarrieren entwickelten sich eher im Dienstleistungssektor, im Bildungs- und Gesundheitswesen und vor allem unter (hoch-)qualifizierten Frauen heraus. Eine Besonderheit stellten Witwen dar, die – alleinerziehend oder ins Berufsleben zurückgekehrt – auch in der Industrie Karriere machten.[196]

***

Für die 1950er und 1960er Jahre konnten anhand der untersuchten Betriebe wesentliche Unterschiede für den Verlauf der Arbeitsbiografien von Männern und Frauen belegt werden. Der Zusammenhang von Arbeitswelt und Sozialleben spielte

---

[192] Vgl. Raphael, Arbeitsbiografien, S. 37.
[193] Vgl. Raphael, Arbeitsbiografien, S. 39.
[194] Raphael, Arbeitsbiografien, S. 40.
[195] Raphael, Arbeitsbiografien, S. 61.
[196] Vgl. Raphael, Arbeitsbiografien, S. 61 f.

für die männlichen Beschäftigten keine Rolle; bei Frauen hingegen wurde er stets wie selbstverständlich mitgedacht. Arbeit war nur möglich, wenn sie mit familiären Verpflichtungen in Einklang zu bringen war: Aus diesem Grund entließ C&A seine weiblichen Beschäftigten in den 1950er Jahren, wenn sie heirateten – ein starker Anklang an die Zölibatsklausel bei Beamtinnen. Auch die Altersstruktur der weiblichen Beschäftigten im Einzelhandel korrespondierte mit den familiär bedingten Pausen, und grundsätzlich kamen männliche Beschäftigte, ledige sowie kinderlose Frauen auf eine höhere Betriebszugehörigkeit, weil sie ihre Arbeit nicht unterbrachen. Monika Mattes gibt dennoch zu bedenken, dass in diesem Zeitraum „ambivalente Aufbrüche"[197] für Frauen möglich waren. Dies zeigt sich in der stabilen Tätigkeit von Verkäuferinnen bei Beck, aufgrund dort vorherrschender bestimmter Rahmenbedingungen der Erwerbstätigkeit.

Für die 1970er und 1980er Jahre spricht Andreas Wirsching von einer „Entstandardisierung von Lebensläufen". Dies mag auf männliche Industriearbeiter und männliche Normalbiografien zutreffen,[198] einer empirischen Überprüfung weiblicher Lebensläufe hält die These jedoch nicht stand. Weibliche Lebensläufe orientierten sich noch bis Mitte der 1980er Jahre an dem standardisierten Familienmodell. Ebenso bis mindestens Mitte der 1980er Jahre hatten junge Frauen das Gefühl, sich zwischen Arbeit und Beruf entscheiden zu müssen.[199] Männer konnten ihrer „Normalbiografie" konstanter nachgehen; für Frauen, die im Einzelhandel tätig waren, war dies oft mit Unterbrechungen, und öfter wechselnden Arbeitgebern verbunden. Wollten sie Beruf und Familie kombinieren, so blieben ihre inhaltlich-beruflichen Wünsche unerfüllt. Zudem bildete für sie oftmals nur die Teilzeitarbeit einen Ausweg. Und noch bis Mitte der 1990er Jahre scheint es weitgehend akzeptiert gewesen zu sein, dass allein Frauen und nicht Männer in der Familienphase ihre Erwerbstätigkeit pausierten.[200]

Karrieren im Einzelhandel waren für Frauen nur vor oder nach der Gründung einer eigenen Familie vorgesehen. Insofern stellten „Karrierefrauen" weiterhin die Ausnahme dar, die es aber auch schon in den 1950er und 1960er Jahren gab. Und während für männliche Erwerbstätige Arbeit die zentrale Instanz des Sozialen bildete, blieb für Frauen die zweite definitorische Säule ihres Lebenszusammenhangs – die Familie und all ihre negativen Begleiterscheinungen – höchst relevant. Hiervon muss die Situation der „Gastarbeiterinnen" unterschieden werden: Solange die Unternehmen nur von einer vorübergehenden Beschäftigung ausgehen konnten, spielte für sie die familiäre Situation von Frauen keine Rolle; vielmehr stand ebenso wie bei den Männern die Arbeit im Vordergrund. Erst bei einer dauerhaften Beschäftigung kamen geschlechtsspezifische Unterschiede zum Tragen.

Auf die Wahrnehmung von erwerbstätigen Frauen konnten sich diese Aspekte gravierend auswirken. Sie waren nicht nur marginalisierenden Strukturen bei der

---

[197] Mattes, Ambivalente Aufbrüche.
[198] Vgl. Wirsching, Erwerbsbiographien, S. 93–95.
[199] Vgl. Goldmann/Müller, Junge Frauen, S. 11 f.
[200] Vgl. Böttcher/Buhr, Frauen und Teilzeitarbeit.

Arbeit ausgesetzt. Auch die Tatsache, dass der Komplex aus Ehe und Mutterschaft bei weiblichen Beschäftigten stets mitgedacht wurde, führte dazu, dass sie nicht ausschließlich als leistungsfähige Arbeitskräfte betrachtet und sie gegenüber ihren männlichen Kollegen als unbedeutender angesehen wurden.

3.3 Betriebliche Sozialstrukturen als stabilisierender Faktor von Frauenarbeit

Unabhängig davon, welche Ausbildungswege Verkaufskräfte absolviert hatten, und ob sie ihr ganzes Arbeitsleben lang oder nur für eine kurze Zeitspanne im Einzelhandel tätig waren, trugen die betrieblichen Sozialstrukturen[201] ganz entscheidend zum Selbstbild der Verkäuferinnen und zur gesellschaftlichen Positionierung ihrer Arbeit im Einzelhandel bei, so die These des vorliegenden Buches. Während des Untersuchungszeitraums änderte sich vor allem durch die Einführung der Selbstbedienung zum einen das Verhältnis der Verkäuferinnen zur Kundschaft im Sinne einer Distanzierung. Dabei spielte auch das Prestige der Einzelhandelsbranche (Lebensmittel- vs. Textilbranche) eine Rolle. Zum anderen änderten sich die Strategien der Unternehmen hinsichtlich ihrer betrieblichen Sozialpolitik. Beides, die jeweiligen Einflüsse von Kundschaft und Unternehmensleitung, wirkten sich außerdem darauf aus, wie sich die kollegialen Beziehungen entwickelten.[202] Üblicherweise wird in der Unternehmens- und Betriebsgeschichte hauptsächlich auf betriebliche Sozialpolitik eingegangen.[203] Die folgende Analyse geht einen Schritt weiter und schließt in der Definition der betrieblichen Sozialstrukturen auch kollegiale Beziehungen und die Beziehungen zur Kundschaft mit ein. Dem liegt die Annahme zugrunde, dass der Betrieb als „soziales Handlungsfeld"[204] zu verstehen ist, der durch die Arbeit und über sie hinaus den alltäglichen sozialen Umgang miteinander, sowie Mechanismen der Machtausübung oder Vergemeinschaftung prägt.[205] Im nachfolgenden Abschnitt sollen diese Themen für die untersuchten Betriebe näher erläutert und auch auf ihre geschlechtsspezifischen Komponenten hin untersucht werden.

---

[201] Die „betriebliche Sozialordnung" in Industriebetrieben im Umbruch untersuchte Lutz Raphael, wobei der Schwerpunkt dabei auf den Akteuren der Interessenvertretung – Betriebsrat, Gewerkschaften – lag sowie auf der Sozialpolitik und dem Management der Unternehmen, und nicht auf den individuellen Handlungsspielräumen der Belegschaft. Vgl. Raphael, Jenseits von Kohle und Stahl, S. 355–418.

[202] Eine aktuelle ethnografische Studie zum Phänomen der Kollegialität in Einzelhandelsbetrieben liefert Bachmann, Kollegialität. Bachmann untersucht den Arbeits- und Pausenalltag weiblicher Kaufhausangestellter und beschreibt dabei auftretende Konflikte ebenso wie Gestaltungsmöglichkeiten durch Kooperation.

[203] Eine Ausnahme hiervon bildet Karsten Uhl. Der Historiker fasst den Arbeitsraum der Fabrik auch als Lebensraum auf, in dem sich soziale Beziehungen konstituierten. Beeinflusst werden diese durch die betriebliche Sozialpolitik, aber – wie Uhl stark macht – auch durch die Raumordnung, vgl. Uhl, Humane Rationalisierung.

[204] Vgl. Welskopp, Betrieb als soziales Handlungsfeld.

[205] Vgl. Welskopp, Produktion als soziale Praxis, S. 31.

Soziale Leistungen seitens des Betriebs

Die betriebliche Sozialpolitik hat keine einheitliche Definition. Eine weite Auffassung stammt von Karl Hax, der sie als Teil der Unternehmenspolitik begreift und darunter alle Maßnahmen fasst, die den Betriebsangehörigen über das Entgelt hinaus materielle oder ideelle Vorteile verschaffen.[206] Dementsprechend werden die durch die Einzelhandelsunternehmen gebotenen sozialen Leistungen untersucht, die über das Finanzielle (Lohn/Gehalt plus Prämien und Sondergratifikationen[207]) hinausreichten. Rüdiger Gerlach unterscheidet in seiner Untersuchung dabei zwischen verschiedenen Kategorien: Maßnahmen zur sozialen Sicherung (Unterstützungskassen oder kostenlose Darlehen), die „Arbeiterversorgung" (Kantinen oder Werkswohnungen), betriebliches Erholungswesen, betriebliche Kulturarbeit, Betriebssport, materielle und finanzielle Zuwendungen, und schließlich die Förderung von berufstätigen Frauen und Müttern.[208] Die sozialen Leistungen der untersuchten Einzelhandelsunternehmen ähnelten sich und lagen im Leistungsspektrum, das auch in Industriebetrieben vorzufinden war.[209] Betriebliche Sozialpolitik erfüllte nach Gerlach mitunter verschiedene Funktionen: „Fürsorge und Herrschaft, Disziplinierung und Erziehung, Abwehr von außerbetrieblichen Einflüssen oder Kooperation mit Arbeitnehmervertretern, Erhaltung und Steigerung der Arbeitsleistung, Bindung sowie Werbung von Arbeitskräften."[210] Dieser gängigen Paternalismusthese widerspricht Thomas Welskopp für die 1870er bis 1930er Jahre. Betriebliche Sozialpolitik sei häufig marktrationaler, differenzierter und pragmatischer an der Arbeitsmarkt- und Beschäftigtenlage orientiert gewesen. Dieser Befund lässt sich anhand der Maßnahmen der hier untersuchten Einzelhandelsbetriebe bestätigen, die zwar eine patriarchalisch geprägte Führungsstruktur aufwiesen, aber auch mit angespannten Arbeitskräftelagen im Einzelhandel zu kämpfen hatten.[211]

Bei der Firma Gaissmaier gab es bereits seit 1930 einen Unterstützungs- und Wohlfahrtsfond, der 1940 in einen Unterstützungsverein überging.[212] Nach dem Zweiten Weltkrieg führte die Firma diesen fort. Er diente Mitte der 1960er Jahre dem Aufstocken der Renten ehemaliger Beschäftigter um bis zu 75 Prozent, wobei dies an eine mindestens zehnjährige Betriebszugehörigkeit geknüpft war. Ebenso diente er der Auszahlung einer Witwen- und Waisenrente an Hinterbliebene ehemaliger Beschäftigter, als finanzielle Hilfe in sozialen oder gesundheitlichen Notlagen und Unterstützung von Lehrlingen aus „armen und kinderreichen Fami-

---

[206] Vgl. Hax, Betriebliche Sozialordnung, S. 75. Als häufig untersuchtes Werk der historischen Forschung zur betrieblichen Sozialpolitik vgl. Pohl/Treue (Hrsg.), Betriebliche Sozialpolitik.
[207] Vgl. hierzu die verschiedenen Zusammensetzungen des Gehalts in Kapitel 2.5.
[208] Vgl. Gerlach, Betriebliche Sozialpolitik, S. 16–18.
[209] Vgl. Gerlach, Betriebliche Sozialpolitik, S. 14.
[210] Vgl. Gerlach, Betriebliche Sozialpolitik, S. 27–31, Zitat auf S. 27.
[211] Vgl. Welskopp, Betriebliche Sozialpolitik.
[212] WABW, miteinander. Zeitschrift für Mitarbeiter des Hauses Gaissmaier 74/I. zum 100jährigen Bestehen des Unternehmens, hier: Gaissmaier-Chronik 1874–1974, S. 22.

lien".²¹³ In der halbjährlich erscheinenden Mitarbeiterzeitschrift „miteinander" rief die Firma ihre Angestellten dazu auf, sie „zu informieren, wenn einmal in Not Geratene sich aus eigener Anstrengung nicht von ihr befreien können".²¹⁴ Hier setzte man auf die Beobachtung der Beschäftigten untereinander. Eine Ausgliederung des Unterstützungsvereins führte im Jahr 1966 zur Gründung eines „Pensionärs-Klubs", der die Ehemaligen über das „weitere[ ] Gedeihen" der Firma auf dem Laufenden hielt.²¹⁵ Daneben zahlte Gaissmaier seinen Beschäftigten ein Fahrgeld, und denjenigen, die in Betrieben über 40 Kilometer entfernt vom Wohnort beschäftigt und somit in Wohnheimen oder angemieteten Zimmer untergebracht waren, erhielten „Auswärtigenzulagen". Hinzu kamen „Heirats- und Geburtsbeihilfen", „Jubiläumsgaben in beträchtlicher Höhe", „Essenszuschüsse", sowie „Zuschüsse für freiwillig versicherte Krankenkassenmitglieder". Beschäftigten Müttern mit kleinen Kindern wurde zusätzliche freie Zeit gewährt, und kranken, erholungsbedürftigen Mitarbeiterinnen und Mitarbeitern eine Zeit in einem Erholungsheim angeboten. Bei Gaissmaier stand nach eigenen Angaben die Idee dahinter, „mit dem Menschen im Gespräch" zu sein und den Mitarbeiterinnen und Mitarbeitern Unterstützung zukommen zu lassen, um sie „noch enger an das Unternehmen zu binden".²¹⁶ Dafür verlangte die Geschäftsführung ein hohes Maß an Eigeninitiative, Kameradschaftlichkeit und allgemein „Kräfte […], die bereit sind, schöpferisch mitzudenken, mitzuarbeiten, die mitwirken und mithelfen wollen".²¹⁷ Außerdem waren 60 bis 80 Verkaufskräfte bei Gaissmaier in Wohnheimen untergebracht, die von weiter außerhalb („dem bayerischen Allgäu" und „dem württembergischen Oberland") ihre Beschäftigung antraten.²¹⁸ Ab 1969 stellten die Pensionszulagen ab einer 10-jährigen Betriebszugehörigkeit nicht mehr nur eine freiwillige Leistung durch den Unterstützungsfonds dar, sondern eine verbindliche Zahlung.²¹⁹

Die betriebliche Sozialpolitik bei Gaissmaier hatte eine lange Tradition. Der Unterstützungsverein sollte ein Gefühl der Sicherheit vermitteln und die Beschäftigten ans Unternehmen binden. Die freiwilligen Geldgeschenke sowie die Unterbringung in Wohnheimen hatten stark paternalistische Züge. In den 1960er Jahren bot vor allem der Arbeitskräftemangel einen Anlass, Anziehungsreize für die Beschäftigten zu entwickeln. Für das Selbstbild der Verkäuferinnen bedeutete dies zum einen eine Stärkung, weil sie in den Genuss finanzieller Zuwendungen kamen,

---

²¹³ WABW, B 61 Bü 12, Firmenporträt (1874–1966) als Beilage zur „Schwäbischen Donau Zeitung", 1966, hier: „Fürsorge und Vorsorge", o. S.
²¹⁴ WABW, B 61 Bü 221, versch. Jahrgänge der Firmenzeitschrift „miteinander" (unvollst.), 1966–1982, hier: 1967/I, Artikel „Fürsorge bei Gaissmaier", S. 22.
²¹⁵ WABW, B 61 Bü 221, hier: 1967/I, Artikel „Fürsorge bei Gaissmaier", S. 22.
²¹⁶ WABW, B 61 Bü 12, Firmenporträt (1874–1966) als Beilage zur „Schwäbischen Donau Zeitung", 1966, hier: „Fürsorge und Vorsorge", o. S.
²¹⁷ WABW, B 61 Bü 221, versch. Jahrgänge der Firmenzeitschrift „miteinander" (unvollst.), 1966–1982, hier: 1967/I, Artikel „Fürsorge bei Gaissmaier", S. 22.
²¹⁸ WABW, B 61 Bü 12, Firmenporträt (1874–1966) als Beilage zur „Schwäbischen Donau Zeitung", 1966, hier: „Fürsorge und Vorsorge", o. S.
²¹⁹ WABW, miteinander, hier: Artikel „Rückblick auf 100 Jahre Gaissmaier. Helmut Gaissmaier schreibt über die Unternehmensgeschichte", S. 15.

3.3 Betriebliche Sozialstrukturen als stabilisierender Faktor von Frauenarbeit 147

die anderen Beschäftigten verwehrt blieben – zum anderen waren sie darin dem Gutdünken der Firma unterstellt, wodurch sie an Selbstständigkeit einbüßten.

Der Unterstützungsverein von Latscha diente ebenfalls zur Absicherung Beschäftigter und Ehemaliger im Falle von Bedürftigkeit, Krankheit, Alter oder Invalidität – auch noch in den 1970er Jahren.[220] Die Vereinsmitglieder, die über die Berechtigung zu finanziellen Leistungen für die Bedürftigen entschieden, setzten sich zur einen Hälfte aus dem Betriebsrat der Firma und zur anderen Hälfte aus Mitgliedern der Geschäftsführung zusammen.[221] Die Gewährung der Leistungen des Vereins erfolgte nach einem speziellen Leistungsplan und beruhte immer auf Freiwilligkeit, was von den Leistungsempfangenden schriftlich zur Kenntnis zu nehmen war.[222] Demnach waren „alle regelmässig beschäftigten Mitarbeiter (männlich und weiblich)[,] die das 21. Lebensjahr vollendet haben", sowie Ehemalige versorgungsberechtigt. Von den Versorgungsleistungen hingegen ausgeschlossen waren „befristet, aushilfsweise, geringfügig oder unregelmässig beschäftigte Mitarbeiter". Außerdem gab es eine Altersgrenze: Wer bei Eintritt in die Firma über 55 Jahre alt war, konnte keine Bezüge über den Unterstützungsverein erhalten.[223] Auch mussten die Betreffenden mindestens zehn Jahre bei Latscha beschäftigt gewesen sein. Mutterschutz und Kindererziehungszeiten trug Latscha zu einem gewissen Grad Rechnung: Eine Beschäftigungspause von weniger als sechs Monaten galt nicht als Unterbrechung bei der Berechnung von Leistungen; bei längeren Unterbrechungen wurden immerhin frühere Dienstzeiten mit einbezogen. Auch hier zählten befristete, aushilfsmäßige, geringfügige oder unregelmäßige Tätigkeiten nicht als anzurechnende Dienstzeiten.[224] Dadurch benachteiligte Latscha vor allem weibliches Personal. Die Höhe der Altersrente wiederum variierte stark nach „der Funktion des Mitarbeiters im Unternehmen", sodass die ausschließlich männlichen Verkaufsleiter, Fachberater und andere Mitarbeiter dieser Verdienstebene sowie die überwiegend männlichen Filialleiter einen weit höheren monatlichen Betrag erhielten als die übrigen vorwiegend weiblichen Angestellten. Den Teilzeitbeschäftigten wurden ihre Bezüge im Verhältnis zu ihrer reduzierten Arbeitszeit gekürzt.[225] Auch dadurch stellte Latscha vor allem weibliches Personal finanziell schlechter.[226]

Die betrieblichen Sozialleistungen bei Latscha hingen also stark von Alter und Betriebszugehörigkeit der Beschäftigten ab und bildeten damit in vielen Fällen gleichzeitig geschlechtsspezifische Unterschiede heraus. Für langjährige Verkäufe-

---

[220] ISG, W 1-10-436, Unterlagen Verkauf Firma Latscha, Pensionen und Unterstützungsverein, 1976, hier: Satzung des Unterstützungsvereins der Firma Latscha Filialbetriebe GmbH e. V., vom 13. 01. 1976, § 2.
[221] ISG, W 1-10-436, hier: Satzung des Unterstützungsvereins, § 3.
[222] ISG, W 1-10-436, hier: Satzung des Unterstützungsvereins, §§ 10, 11.
[223] ISG, W 1-10-436, hier: Leistungsplan des Unterstützungsvereins der Firma Latscha Filialbetriebe GmbH e. V., vom 13. 01. 1976, § 2.
[224] ISG, W 1-10-436, hier: Leistungsplan des Unterstützungsvereins, § 3.
[225] ISG, W 1-10-436, hier: Leistungsplan des Unterstützungsvereins, § 6.
[226] Zur Benachteiligung von Frauen durch Teilzeitarbeit und Aushilfstätigkeiten vgl. Kapitel 5.4.

rinnen konnte dies eine positive Wirkung auf ihr Selbstbild haben, denn sie durften sich einer privilegierten Gruppe zugehörig fühlen. Bei Frauen, die die 10-Jahres-Hürde niemals erreichten – sei es durch Teilzeitarbeit oder Familienphasen – konnte sich dies negativ auswirken und zu Unzufriedenheit führen, denn sie waren trotz ansonsten gleicher Arbeit schlechter gestellt.

Beck führte in einem Heftchen zum 100-jährigen Firmenjubiläum 1961 an, dass im eigenen Unternehmen „überdurchschnittliche, freiwillige[ ] Sozialleistungen" bestanden hätten, bevor überhaupt von Personalschwierigkeiten im Einzelhandel die Rede gewesen sei.[227] Diese Sozialleistungen erstreckten sich noch Mitte der 1960er Jahre neben einem übertariflichen Gehalt und Provisionen auf die Bereitstellung von Mahlzeiten, die Erstattung von Fahrtkosten, sowie Personalrabatt und Sondergaben bei Hochzeiten, Geburten oder in Notfällen, und sonstige Aufmerksamkeiten. Daneben gab es im Haus eine „Betriebsschwester", kostenlose Medikamente und sogar kostenlose Fußpflege[228] während der Arbeitszeit. Zudem standen den Beschäftigten in der Mittagspause ein Ruheraum mit Betten sowie eine Dachterrasse mit Liegestühlen zur Verfügung. Daneben diente ein weiteres Zimmer als Aufenthaltsraum für die jugendlichen Auszubildenden.[229] Ein höheres Gehalt als der Durchschnitt zu erhalten, stärkte grundsätzlich das Selbstbewusstsein – in diesem Fall das der Beck-Verkäuferinnen. Das Gleiche galt für die zur Verfügung gestellten Räume, denn sie boten mehr Platz als die üblichen engen Pausenräume und schufen eigene, von der Kundschaft unbeobachtete Handlungssphären in der Arbeit. Ein Ziel des Unternehmens, das für die Geschäftsführung unmittelbar mit der Zufriedenheit des Personals verknüpft war, war der „gewissenhafte[ ] Dienst am Kunden". Denn eine „arbeitsfreudige Stimmung" und ein „Betriebsklima, in dem sich gut und fröhlich arbeiten läßt", würde sich direkt auf die Laune der Kundschaft auswirken.[230] Außerdem war die Zahl der Krankheitsfälle dank der Sozialpolitik des Unternehmens um etwa ein Drittel geringer als bei den Konkurrenzunternehmen.[231] Für Beck ergaben sich abgesehen von den Kosten nur Vorteile durch die Sozialleistungen. Das Unternehmen positionierte sich als attraktiver Arbeitgeber, erwartete dafür jedoch besonderen Einsatz der Beschäftigten.

Den Blick auf die Konkurrenz hatte in diesem Punkt auch C&A. Das Unternehmen war daran interessiert, hinsichtlich Bezahlung und sozialer Leistungen gegenüber anderen Textileinzelhändlern, Waren- und Kaufhäusern im Vorsprung zu

---

[227] BWA, S 003 / 102, Hundert Jahre im Dienst der schönen Münchnerin und des bayerischen Meisterhandwerks, hrsg. v. der Geschäftsführung Beck-Feldmeier KG, 1961, S. 61.
[228] Hier wurde die Belastung der Füße durch das lange Stehen im Verkauf berücksichtigt.
[229] BWA, F 34 / 48, Übersicht über Leistungen des Hauses Beck/Feldmeier für seine Mitarbeiter, um 1968, hier: S. 1–3. Ausführlicher zu den Zusatzleistungen bei Beck vgl. Kapitel 2.5.
[230] BWA, S 003 / 102, Hundert Jahre im Dienst der schönen Münchnerin und des bayerischen Meisterhandwerks, hrsg. v. der Geschäftsführung Beck-Feldmeier KG, München 1961, S. 61.
[231] BWA, F 34 / 48, Übersicht über Leistungen des Hauses Beck/Feldmeier für seine Mitarbeiter, um 1968, hier: S. 4.

3.3 Betriebliche Sozialstrukturen als stabilisierender Faktor von Frauenarbeit   149

sein.[232] Da die einzelnen Häuser dazu aufgefordert worden waren, sich in ihrer Umgebung nach den zusätzlichen Leistungen anderer Firmen zu erkundigen, ist ein breites Bild von betrieblicher Sozialpolitik im bundesdeutschen Einzelhandel Mitte der 1950er Jahre überliefert: In den meisten Fällen zahlten die Firmen den tariflichen Grundlohn; die Verkaufskräfte erhielten Prämien; übertarifliche Bezahlung erfolgte nur in Einzelfällen über eine individuelle Beurteilung. Urlaubsgeld gab es lediglich in einem Fall. Und eine Firma verfügte über ein Erholungsheim, das dem Personal nach ärztlicher Verordnung zur Verfügung stand. Üblicher waren Kinderzulagen, Weihnachtsgeld und Personalrabatt für die Beschäftigten und Geldgaben bei Arbeitsjubiläen. Bei größeren Firmen – darunter auch C&A – wurden gegen eine geringe Bezahlung Mahlzeiten bereitgestellt. Gar nicht vorgesehen waren in den übrigen Firmen Heirats- oder Geburtsbeihilfen sowie sonstige Unterstützungen besonderer Art.[233] Bei der Ausgabe von Personalrabatt war C&A zurückhaltender, bei der Gewährung von Heiratsbeihilfen großzügiger – wobei letzteres lange an die Verpflichtung des Arbeitsaustritts der weiblichen Angestellten spätestens ein Jahr nach der Hochzeit geknüpft wurde. Beides passt zum streng katholischen und patriarchalischen Ethos der C&A-Inhaberfamilie.[234] Dem Ziel, in Hinblick auf soziale Leistungen gegenüber anderen Firmen überlegen zu sein, hatte man bei C&A nicht gerecht werden können. Vielmehr entsprach man dem Branchenüblichen. Die Beschäftigten profitierten von den Leistungen, aber sie waren kaum der Grund, sich für das Unternehmen zu entscheiden.

Insgesamt ähnelten sich die Leistungen der Unternehmen; lediglich Beck hob sich positiv ab. Sie dienten sozialen Zielen und der Disziplinierung der Belegschaft, aber bereits früh – im Einzelhandel früher als in Industriebetrieben[235] – traten auch ökonomische Ziele stärker in den Vordergrund. Dies mag mit dem Ringen um qualifizierte Arbeitskräfte im Einzelhandel zu tun haben. In allen Fällen ist die betriebliche Sozialpolitik ambivalent zu beurteilen. Die Kriterien für Zuwendungen bildete die Dauer der Zugehörigkeit, nicht die Arbeitsleistung. Damit benachteiligten sie Frauen tendenziell. Außerdem gab es einmalige finanzielle Leistungen aufgrund von Geburt oder Hochzeit, nicht aber für das Erreichen eines gesteckten Arbeitsziels. Dementsprechend blieb das Selbstbild immer stark auf so-

---

[232] DCM, 115784, Rundschreiben an die Geschäftsleitung Haus Essen 1954–1956, hier: Schreiben von C. & A. Brenninkmeyer G.m.b.H. Hauptbetriebsleitung, an die Geschäftsleitung des Hauses Essen, vom 17. 07. 1956. Zur übertariflichen Bezahlung bei C&A vgl. auch Kapitel 2.5.
[233] DCM, 115784, hier: Antwortschreiben der Betriebsleitung Essen, an die Hauptverwaltung, Betr.: Soziale Leistungen anderer Firmen. Ihr Schreiben an die Geschäftsleitung vom 17. 07. 1956, vom 13. 10. 1956.
[234] Zum katholisch geprägten Familien- und Firmenleben einer Unternehmensdynastie vgl. Derix, Die Thyssens, S. 85–106.
[235] Hierzu die Periodisierung bei Gerlach: 1. Eine Phase der Neuordnung betrieblicher Sozialpolitik (von 1950–1965) mit einem Fokus auf sozialen Zielen; 2. Phase nach dem Wirtschaftsboom als Mischung von ökonomischen und sozialen Zielen von 1966–1975; 3. Eine Phase divergierender Entwicklungen, in der sich die betriebliche Sozialpolitik an rein ökonomischen Motiven ausrichtete von 1976–1985; vgl. Gerlach, Betriebliche Sozialpolitik.

ziale Umstände ausgerichtet. Arbeit konnte für Verkäuferinnen nicht die maßgebliche Instanz ihres Selbstbildes werden.

Soziale Kontrolle

Ein Übermaß an sozialen Leistungen konnte sich auch ins Negative verkehren und zur sozialen Kontrolle seitens des Unternehmens werden. Bei C&A sorgte ab 1955 eine sogenannte Betriebsfürsorgerin[236] dafür, dass sich alle Beschäftigten wohlfühlten,[237] aber auch konform verhielten. An einer Stelle in den Protokollen der Betriebsleiterversammlungen wird sie als „der verlängerte Arm des Betriebsleiters" bezeichnet.[238] Diesem war sie direkt unterstellt: „Ihre Aufgabe ist es, unsere überwiegend weiblichen Mitarbeiter einschließlich der Auszubildenden in sozialen Fragen zu beraten und zu betreuen. Hierzu gehört die Zusammenarbeit mit unserem Betriebsarzt."[239] Denn in Absprache mit ihm sollte sie Besuche bei erkrankten C&A-Beschäftigten abhalten.[240] Auch bei den Lehrlingen hatte sie Hausbesuche zu absolvieren, „um das Milieu kennenzulernen, aus dem die Lehrlinge kommen". Diese Praxis blieb bei C&A bis mindestens Ende der 1960er Jahre bestehen. Dies zeigen die Personalunterlagen eines Verkaufslehrlings mit einer Notiz über den Wohnungsbesuch am 21. Oktober 1968: „Die eingesehenen Wohnräume waren sauber und ordentlich. Frau S[.] macht einen einfachen, recht aufgeschlossenen Eindruck. [...] Die Wohn- und Familienverhältnisse scheinen geordnet."[241] Dies bedeutete einen immensen Eingriff in das Privatleben. Zusätzlich sollte die Betriebsfürsorgerin die C&A-Angestellten bei der Suche nach einer passenden Wohnung unterstützen. Auch dafür waren Hausbesuche bei festangestelltem Personal notwendig.[242] Außerdem achtete sie auf korrekte Körperpflege und Kleidung[243] und sollte als Ansprechpartnerin dienen für alle „vertraulichen Fragen, die in jener Zeit nur ‚von Frau zu Frau' besprochen werden" konnten.[244] Die Mitarbeiterinnen und Mitarbeiter standen der Institution der Betriebsfürsorgerin anfänglich skeptisch gegenüber. Nach einiger Zeit habe sie aber – nach C&A-Angaben – das Vertrauen der Beschäftigten gewonnen.[245] Dieses massive Eindringen

---

[236] Vgl. hierzu die „soziale Betriebsarbeiterin" in der Augsburger Kammgarnspinnerei bei: Uhl, Humane Rationalisierung, S. 249–265.
[237] Vgl. DRAIFLESSEN Collection (Hrsg.), C&A zieht an, S. 149.
[238] DCM, 109208, Protokoll der 42. Betriebsleiterversammlung 1956, hier: S. 7.
[239] DCM, 119290, Stellenanzeigen 1971–1973, hier: „Wir suchen eine Betriebsfürsorgerin".
[240] DCM, 115784, Rundschreiben an die Geschäftsleitung Haus Essen 1954–1956, hier: Protokoll der 38. Betriebsleiterversammlung am 7. und 8. Dezember 1954, S. 7.
[241] DCM, 120879, Bewerbungs- und Personalunterlagen von B[.] S[.] im C&A Haus Braunschweig (Auszubildende ab 1. 04. 1969 als Verkaufslehrling), hier: Notiz „Lehrlings-Erstbesuch bei S[.], Braunschweig".
[242] DCM, 115784, Rundschreiben an die Geschäftsleitung Haus Essen 1954–1956, hier: Protokoll der 38. Betriebsleiterversammlung am 7. und 8. Dezember 1954, S. 7.
[243] DCM, 119846, Mein C&A, hier: Geschichte von B. B., o. D., S. 178, und Geschichte von K. R., o. D., S. 179.
[244] DRAIFLESSEN Collection (Hrsg.), C&A zieht an, S. 149.
[245] Vgl. DRAIFLESSEN Collection (Hrsg.), C&A zieht an, S. 149.

3.3 Betriebliche Sozialstrukturen als stabilisierender Faktor von Frauenarbeit 151

des Unternehmens in die private Lebenswelt der Beschäftigten konnte sich negativ auf das Selbstbild der Beschäftigten auswirken. Sie mussten ihre – vermutlich nicht immer dem gesellschaftlichen Leitbild entsprechenden – privaten Verhältnisse offenbaren. Der nach außen hin schöne Schein, der über die Arbeitskleidung gewahrt werden konnte, da diese sie alle einigermaßen gleich aussehen ließ, wurde empfindlich bedroht. Die Betriebsfürsorgerin – und damit das Unternehmen – wusste in vielen Fällen besser über die soziale Lage und persönlichen Empfindungen der Angestellten Bescheid als ihre unmittelbaren Kolleginnen und Kollegen. Damit versuchte C&A ein zu enges Band zwischen den Verkäuferinnen zu verhindern und sie ausschließlich vom Unternehmen selbst abhängig zu machen.

In die gleiche Richtung zielten die Verpflichtung für neue Mitarbeiterinnen und Mitarbeiter, den Betriebsarzt aufzusuchen und sich untersuchen zu lassen,[246] wie auch die ab 1955 verpflichtenden jährlichen Röntgenuntersuchungen bei allen Beschäftigten inklusive der Führungsebene.[247] Beides war als soziale Leistung getarnt – dahinter verbarg sich jedoch soziale Kontrolle. Denn dadurch wusste C&A über die Gesundheit der Beschäftigten Bescheid und konnte sie bei unzureichender Leistung oder Verfasstheit aussortieren. Dass solche Untersuchungen auch auf der Führungsebene angewandt wurden, zeigt, dass auch sie letztlich als Untergebene angesehen wurden.

Eine weitere Aufgabe der Betriebsfürsorgerinnen war es, über die Gewährung von Zuschüssen und Darlehen für Wohnung oder deren Ausstattung zu entscheiden. Dafür wurden die Angestellten hinsichtlich ihrer Betriebszugehörigkeit, Leistung, Haltung, persönlichen Verhältnisse und der Kinderzahl überprüft. Um eine mögliche Notlage der Beschäftigten beurteilen zu können, hatten die Betriebsfürsorgerinnen die Wohnungen zu besichtigen, Kostenvoranschläge einzuholen und bisweilen sogar die Anschaffung der Darlehensgegenstände zu überwachen.[248] Historische Vorläufer der C&A-Betriebsfürsorgerin als Form der patriarchalischen Fürsorge gab es schon in den 1920er Jahren und vermehrt unter dem NS-Regime, als Arbeit stark ideologisch aufgeladen war. In der Nachkriegszeit verschwanden diese allmählich.[249]

Eine andere Form der Kontrolle erfuhr der männliche Führungskräftenachwuchs. In den meisten Städten waren die für spätere Spitzenpositionen vorgesehenen jungen Männer in sogenannten C&A-Haushalten untergebracht.[250] Dort muss-

---

[246] DCM, 100076, Informationsbroschüre „Handbuch für unsere Betriebsmitglieder" 1957, hier: S. 16.
[247] DCM, 115784, Rundschreiben an die Geschäftsleitung Haus Essen 1954–1956, hier: Protokoll der 38. Betriebsleiterversammlung am 7. und 8. Dezember 1954, S. 7.
[248] DCM, 115784, hier: Protokoll der 38. Betriebsleiterversammlung am 7. und 8. Dezember 1954, S. 8 f.
[249] Vgl. Uhl, Humane Rationalisierung, S. 265.
[250] DCM, 119429, Rundschreiben an die Geschäftsleitungen der Häuser 1959–1960, hier: Schreiben der C. & A. Brenninkmeyer G.m.b.H. – Hauptbetriebsleitung, an die Geschäftsleitungen aller Häuser, Nr. 14/1960, Betr.: Nachwuchskräfte – allgemeine Weiterbildung – fremdsprachliche Schulung, vom 24. 06. 1960.

ten sie sich zwar lediglich um ihre Ausbildung und ihr Selbststudium kümmern, waren aber konstant der Aufsicht und Kontrolle des Haushaltsvorstands ausgesetzt.[251] Die maßgebende Grundlage bildete dabei eine „religiös-sittliche Lebensauffassung". Außerdem galt eine strenge Hausordnung, die unter anderem Frühstücks-, Abendessens- und Nachtruhe-Zeiten festlegte. Sie bestimmte auch, dass Nachwuchskräfte nicht nur ihre Arbeits-, sondern auch ihre Freizeit zusammen verbringen sollten, und verbot Alkoholkonsum – mit Ausnahme von Bier – sowie Übernachtungen von Externen.[252] Die Männer, also die späteren Führungskräfte, lernten hier zum einen, sich einzufügen und Regeln zu befolgen. Zum anderen erlebten sie eine starke Gemeinschaft, die ihnen ein positives Selbstbild verlieh. Beides waren Eigenschaften, die C&A von Männern in Führungspositionen erwartete.[253] Die starke Durchdringung des Privatlebens durch den Arbeitgeber bedeutete eine ständige Kontrolle. Außerdem gab dadurch nicht die reine Arbeitsleistung den Ausschlag für die Anstellung beziehungsweise Weiterbeschäftigung im Unternehmen, sondern der Charakter und persönliche Dispositionen.

Vergemeinschaftung in der Freizeit: Feiern und Ausflüge

> „Wir ham heut Betriebsausflug
> dös is a a Freid,
> do tun wir vergessen
> das Wochentagsleid."[254]

In diesen knappen Zeilen eines Gedichts aus dem Jahr 1954, geschrieben von einer oder mehreren Beschäftigten einer Filiale des Lebensmittelfilialunternehmens Gaissmaier, kommt klar zum Ausdruck, welche Bedeutung Betriebsausflügen und anderen Vergemeinschaftungsformen[255] in der Freizeit oder in freizeitähnlichen Räumen zukam. Freizeit gemeinsam zu verbringen – sei es mit Betriebssport, Ausflügen, Chor, sonstigen Feiern –, sollte ein Gemeinschaftsgefühl und gutes „Betriebsklima" stiften.[256] Dabei wurde die gesamte, zum Teil auch erweiterte Betriebsgemeinschaft herausgelöst aus den arbeitsweltlichen Räumlichkeiten und in eine Freizeit suggerierende Raumkonstellation versetzt. Dadurch sollten sie ihren Alltag („das Wochentagsleid") für eine gewisse Zeitspanne ausblenden und Spaß

---

[251] DCM, 119846, Mein C&A, hier: Geschichte von J. A. M., o. D., S. 140.
[252] DCM, 108186, Rundschreiben an die Geschäftsleitungen der Häuser 1957, hier: Schreiben der C. & A. Brenninkmeyer G.m.b.H. Hauptbetriebsleitung, An die Geschäftsleitungen aller Häuser, Nr. 10/1957, Betr.: Nachwuchskräfte, 29. 05. 1957, Anlage 2: Hausordnung für alle C&A-Haushalte, vom 28. 06. 1952.
[253] Zu den Erwartungen an männliche Beschäftigte im Einzelhandel siehe Kapitel 3.5.
[254] WABW, B 61 Bü 214, Programme, Presseartikel, Gedichte von Mitarbeitern bei Betriebsausflügen 1951–1970, hier: Betriebsausflug 1954 von der Maxstraße aus gesehen; Gedicht in 30 Strophen ohne Titel.
[255] Unter Vergemeinschaftung wird hier das Bilden einer sozialen Gruppe verstanden.
[256] Das Stichwort „Betriebsklima" als Metapher für die Qualität des Miteinanders der Beschäftigten in einem Wirtschafts- oder Verwaltungsbetrieb hatte in den 1950er Jahren Konjunktur; vgl. Zorn, Betriebsklima und Betriebsleitung; Platz, Kritische Theorie im Unternehmen.

3.3 Betriebliche Sozialstrukturen als stabilisierender Faktor von Frauenarbeit 153

haben. Auch die Strophe des Gedichts „Zum Betriebsausflug" einer anderen Filiale desselben Unternehmens drückt aus, wie die Beschäftigten die gemeinsam verbrachte Freizeit empfanden: „Hat man wacker sich geschunden / treu geschafft das ganze Jahr / bringt man einen Abend dar / nur der Fr[e]undschaft tief verbunden."[257] Bei Gaissmaier bildeten sich unter den Angestellten auch enge Freundschaften heraus. Zumindest die Belegschaft einer Filiale empfand sich als soziale Gruppe mit gleichen Interessen, Zielen und Anliegen. Dies stärkte das Selbstbild der einzelnen Verkäuferinnen. Es machte sie unempfindlicher gegen etwaige Anfeindungen von außen oder Repressalien von oben.

Das kam den Unternehmen insofern entgegen, als dass sie sich davon eine höhere Arbeitsleistung erwarteten. Die Geschäftsleitung der Firma Gaissmaier verfolgte dabei ähnliche Motive wie die Beschäftigten, allerdings mit einem leicht anderen Schwerpunkt. Dies zeigen zwei Zitate von den Programmen der Betriebsausflüge: „An unserem Betriebsausflug wollen wir wieder neue Kraft für den Alltag holen, um auch weiterhin unsere ganzen Kräfte für die Belange der Firma einzusetzen."[258] Und: „Wir wollen unsere Gemeinschaft pflegen und nicht nur gemeinsam arbeiten, sondern an diesem Tag auch einmal gemeinsam feiern!"[259] Diese Aussagen tragen stark paternalistische Züge. Die Gaissmaier-Führung sah sich also in der Verantwortung für das soziale Miteinander der Belegschaft.

Die Firma C. F. Braun aus Stuttgart organisierte Mitte der 1950er Jahre für ihre Beschäftigten recht aufwendige Betriebsausflüge. 1955 ging es mit dem Zug an den Bodensee. Auf den überlieferten Fotos des Ausflugs sind fast nur Frauen gemischten Alters zu sehen. Alle tragen sommerliche Kleider oder Dirndl. Neben den etwa 30 teilnehmenden Frauen sind fünf junge Männer im Anzug zu sehen. Zwei ältere Männer, darunter ein Braun-Familienmitglied und Geschäftsführer, hatten sich im Zug scheinbar unter die Damen gemischt. Tatsächlich saßen sie aber in einem eigenen Abteil. Die Stimmung unter den Reisenden scheint ausgelassen gewesen zu sein: Bereits auf der Hinfahrt stimmten ein paar Ausflüglerinnen ein Lied an, was auf den Fotos zu erkennen ist; die meisten lachen, auch wenn sie die Kamera nicht bemerkten. Am Bodenseebahnhof angekommen, gab der Betriebschor ein Ständchen. Hier mischten sich Männer und Frauen.[260] Die geschlechtsspezifische Trennung, die am Arbeitsplatz vorherrschte, wurde also kurzzeitig aufgehoben. Dies konnte sich für Frauen dahingehend auswirken, dass sie ihre Stellung in der Betriebsgemeinschaft als höher empfanden, da sie sich auf einer Ebene mit den männlichen Kollegen sahen. Gemeinsame soziale Aktivitäten stärkten das Selbstbild der Frauen.

---

[257] WABW, B 61 Bü 214, Programme, Presseartikel, Gedichte von Mitarbeitern bei Betriebsausflügen 1951–1954, hier: Gedicht „Zum Betriebsausflug" der Filiale Petershausen, o. D.
[258] WABW, B 61 Bü 214, hier: Programm für unseren Betriebsausflug am 16. September 1951.
[259] WABW, B 61 Bü 214, hier: Programm für unseren Betriebsausflug am 20. Juli 1952.
[260] WABW, B 56 Bü 286, Betriebsausflüge der Firma, Wertmarken, Routen, Gedichte 1955–1963, hier: Blättchen: „Betriebsausflug am 24. Juni 1955 der Firma C. F. Braun Betten/Wäsche/Aussteuern/Stoffe, Stuttgart, Sporerstraße bei der Markthalle"; sowie die dazugehörigen Fotos F 24043–24048, aus: Betriebsausflug zum Bodensee, 1955; F 24190–24193, u. a. Betriebschor, o. D./1955.

Bei der wesentlich größeren Firma Gaissmaier fanden 1951 und 1952 zwar ähnliche Ausflüge statt, allerdings hatte die Geschäftsleitung die Belegschaft dabei in zwei Gruppen aufgeteilt. Nur 1953 gab es einen gemeinsamen Ausflug für alle, jedoch kein festes Programm, sondern die Ausflüglerinnen und Ausflügler hatten sich frei zu bewegen. Statt einer „Vespertüte", wie noch 1952, erhielten sie ein Verpflegungsbudget.[261] Zunächst suchte man sich jedes Jahr ein neues Ausflugsziel in der erreichbaren Umgebung.[262] Mit dem Ansteigen der Belegschaft ging Gaissmaier in den 1960er Jahren dazu über, jeweils die Hälfte der Belegschaft in jedem zweiten Jahr auf einen Betriebsausflug zu schicken. Bei den Ausflügen im Juni und September 1965 mit je einem Teil der Angestellten verlief die Fahrt gemeinsam mit dem Zug; am Ausflugsort angekommen ließ man die Beschäftigten jedoch frei gewähren und stellte ihnen vier Optionen des Zeitvertreibs zur Auswahl. Auch auf ein gemeinsames Mittagessen verzichtete Gaissmaier und stellte stattdessen einen Geldbetrag zur Verfügung.[263] Nun konnte nicht mehr von einem gemeinsinnstiftenden Ausflug die Rede sein – vielmehr spaltete sich die Belegschaft in einzelne Interessensgruppen; man verfiel in die ohnehin bestehende Filialordnung oder teilte sich nach Hierarchien und Geschlechtern auf. Davon zeugen Fotos, die in der Hauszeitschrift abgedruckt sind. Zu sehen sind zwei Mitglieder der Geschäftsführung auf einem Foto: „Herr Karl Gaissmaier und Herr M[.] im Salonwagen", auf einem anderen zwei weitere Herren gehobenen Alters sich unterhaltend, während auf dem Foto „Im Tanzwagen" überwiegend junge weibliche Ausflüglerinnen zu sehen sind. Lediglich beim gemeinsamen Essen sind Frauen und Männer unterschiedlichen Alters im geselligen Beisammensein abgebildet.[264]

1969 stellte die Geschäftsleitung den Beschäftigten zur Abstimmung, wie weiter mit den Betriebsausflügen zu verfahren sei, um herauszufinden, ob diese „noch zeitgemäß"[265] waren und „ob sie der Mehrzahl der Beteiligten noch etwas bieten"[266] konnten, da viele Großbetriebe diese Institution bereits aufgegeben hätten. Vier Möglichkeiten bot Otto Gaissmaier seinen Angestellten an: 1) wie bisher, alle zwei Jahre einen Ausflug mit kostenloser Fahrt und einem Verpflegungszuschuss; 2) alle zwei Jahre eine gemeinsame Feier mit Programm, Einlagen und Tanzmusik sowie dezentral, in unterschiedlichen Gaststätten eingenommene Mahlzeiten; 3) die Gewährung eines Geldbetrags zum Abhalten eines dezentral organisierten Abteilungs- oder Filialausflugs; 4) die Auszahlung eines entsprechenden Geldbetrags an die einzelnen Mitarbeiterinnen und Mitarbeiter.[267] Wofür die Belegschaft

---

[261] WABW, B 61 Bü 214, Programme, Presseartikel, Gedichte von Mitarbeitern bei Betriebsausflügen 1951–1954, hier: verschiedene Programme von Betriebsausflügen der Jahre 1951–53.
[262] Circa zwei Stunden Fahrtdauer von der Zentrale in Ulm zu den jeweiligen Ausflugszielen.
[263] WABW, B 61 Bü 221, versch. Jahrgänge der Firmenzeitschrift „miteinander" (unvollst.), 1966–1982, hier: 1966/I, Artikel „Unser Betriebsausflug 1965 nach Oberstaufen", S. 14 f.
[264] WABW, B 61 Bü 221, hier: 1966/I, Artikel „Unser Betriebsausflug 1965 nach Oberstaufen", S. 14 f.
[265] WABW, B 61 Bü 221, hier: 1969/II, Artikel „Es steht zur Debatte: Der Betriebsausflug", S. 22.
[266] WABW, B 61 Bü 221, hier: 1969/II, Artikel „Es steht zur Debatte: Der Betriebsausflug", S. 22.
[267] WABW, B 61 Bü 221, hier: 1969/II, Artikel „Es steht zur Debatte: Der Betriebsausflug", S. 22.

3.3 Betriebliche Sozialstrukturen als stabilisierender Faktor von Frauenarbeit 155

letztlich plädierte und sich die Geschäftsleitung entschied, ist nicht überliefert, allerdings berichteten die nachfolgenden Zeitschriftenausgaben nicht mehr von großen Ausflügen, sodass eine der letzten beiden „kleinen" Lösungen wahrscheinlich scheint. Außerdem zeigt die „Debatte" in der Hauszeitschrift die Probleme der Betriebsausflüge auf: Kosten, Größe der Belegschaft, Diversität der Einzelinteressen.

Auch bei Latscha scheiterte bereits gut zehn Jahre früher ein geplanter Betriebsausflug an zu hohen Kosten und zu langer Fahrzeit an einen für eine solche Menschenmenge geeigneten Ort. Und das, obwohl sogar der Betriebsrat freiwillig auf seine Betriebsversammlung zugunsten des Ausflugs verzichtet hätte. Stattdessen wurden auch bei Latscha zwei getrennte Feiern in großen Veranstaltungsräumen abgehalten.[268] Es zeigt sich: Je größer die Belegschaft, desto schwieriger waren die Betriebsausflüge zu organisieren und desto weniger Erfolg und Nutzen versprachen sich die Geschäftsleitungen davon. Für die Beschäftigten konnte dies bedeuten, dass sich der soziale Umgang mit Kolleginnen und Kollegen nur auf die gemeinsame Arbeitszeit in den Betrieben beschränkte, oder selbstständig in die Freizeit verlegt werden musste. Dadurch ging das Gefühl des Rückhalts der Filialgemeinschaft zurück.

Andere Formate der Zusammenkunft der Beschäftigten untereinander oder mit der Geschäftsleitung waren bei Latscha die „Abschlussbälle", bei denen die ausgelernten Lehrlinge geehrt wurden, und die „Betriebsfeiern", die sich ab Mitte der 1950er Jahre bis in die 1960er Jahre etabliert hatten. Dafür mietete man riesige Hallen oder Veranstaltungsräume an – 1957 etwa die Rhein-Main-Halle in Wiesbaden[269] und 1965 den „Palmengarten", einen botanischen Garten in Frankfurt am Main.[270] Diese wurden festlich dekoriert und die Beschäftigten an langen Tafeln platziert.[271] Es gab Ansprachen, Tanzmusik sowie andere Programmpunkte.[272] Hierbei durchmischten sich die Geschlechter eher und die Geschäftsleitung konnte sich der Aufmerksamkeit aller eher gewiss sein, als dies bei den Ausflügen durch die räumliche Zerstreuung der Fall war. Weitere Feiermöglichkeiten waren etwa der 80. Geburtstag des ehemaligen Geschäftsführers der Firma C. F. Braun im Jahr 1965, sowie Wiedereröffnungs- und Jubiläumsfeste – zum Beispiel 1971 und 1977.[273] Auf den dazu überlieferten Fotos sieht man die unterschiedlichsten Personen sich unterhalten, anstoßen und tanzen.

Betriebsausflüge waren im Einzelhandel zwischen den 1950er und 1970er Jahren fester Bestandteil der betrieblichen Sozialpolitik. Interessanterweise führt Rüdiger Gerlach sie in seiner Zusammenstellung von Maßnahmen nicht auf.[274] Hierin kann

---

[268] ISG, W 1-10-201, Div. Korrespondenz Jubiläen, Betriebsfeiern usw. 1955–1958, hier: Handgeschriebener Brief, Betr.: Betriebsausflug [o. D.].
[269] ISG, W 1-10-1094, 75 Jahre J. Latscha, RheinMainHalle, Wsb., 1957.
[270] ISG, W 1-10-1213, Betriebsfest 1965 im Palmengarten.
[271] ISG, W 1-10-1117, Gäste am Tisch beim Tanz während der 75-Jahre-Feier.
[272] ISG, W 1-10-1036, Auszeichnung von Beschäftigten auf der Bühne; ISG, W 1-10-1093, Tanz beim Abschlussball; ISG, W 1-10-1118, Die Menge tanzt bei der 75-Jahr-Feier, alle 1957.
[273] WABW, B 56 F 24202, Fotos 80. Geb. Carl Braun, 1965; F 24959, 125-jähriges Jubiläum, 1971; F 24984–5, Feier zur Wiedereröffnung nach Umbau, 1977.
[274] Vgl. Gerlach, Betriebliche Sozialpolitik, S. 14.

ein Unterschied zu den von ihm untersuchten Industriebetrieben liegen. Für die vorliegende Studie ergab sich aus der Untersuchung der Betriebsausflüge ein wichtiger Befund: Herausgelöst aus den Strukturen der Arbeitsabläufe, aus dem sozialen Kontext und den familiären Verpflichtungen konnten sie Orte darstellen, an denen für einen kurzen Moment Zuschreibungen von weiblich und männlich keine Rolle spielten. Dementsprechend unterstützten sie vor allem Frauen durch eine Aufwertung ihres Selbstbildes in Bezug auf die Arbeit und ihre Stellung im Betrieb.

Eine geläufige Form des betrieblichen Erholungswesens war auch die Nutzung von Ferienheimen oder die Gewährung von Urlaubszuschüssen.[275] Dies kam auch den Beschäftigten des Textileinzelhandelsunternehmens Hirmer zugute. Sie konnten bis in die 1970er Jahre ein firmeneigenes Häuschen im Naherholungsgebiet des Starnbergers Sees an den Wochenenden und während ihres Urlaubs nutzen. Darüber berichteten ehemalige Beschäftigte in einem Zeitzeugeninterview: „Und die Firma hatte ja auch für die Angestellten eine Hütte draußen am Starnberger See, wo also die Leute rausgehen konnten in den [19]50er Jahren [...] ein paar Tage draußen bleiben und ein bisschen Urlaub verbringen."[276] Das betriebliche Erholungswesen diente ursprünglich der Regeneration der Arbeitskraft, konnte aber auch die Identifikation mit dem Unternehmen und die Vergemeinschaftung untereinander fördern.[277]

Ähnlich funktionierte der Betriebssport. Bei Gaissmaier gab es, so berichtete die Hauszeitschrift „miteinander", in den 1960er Jahren eine (Herren-)Fußball- und eine (Herren-)Tischtennismannschaft. Man trat gegen andere Unternehmen aus dem Ulmer Raum an. Allerdings blieben größere Erfolge und dementsprechend eine umfassendere Berichterstattung aus.[278] Traditionell lagen dem Betriebssport erzieherische oder gesundheitsfördernde Motive zugrunde.[279] Davon konnte hier nicht die Rede sein – viel mehr ging es um gemeinsam verbrachte Freizeit.[280] Vergemeinschaftung fand bestimmt unter den Teilnehmenden statt, aber es konnte sich keine Fankultur entwickeln, die größere Strahlkraft auf das Gemeinschaftsgefühl im Unternehmen gezeitigt hätte.

Konkurrenz und Kooperation unter Kolleginnen

Ende der 1970er Jahre gaben in einer Untersuchung 80 Prozent der befragten Frauen im bayerischen Einzelhandel an, dass ihr Verhältnis zu den Kolleginnen und Kollegen etwas sei, das ihnen gut an ihrer Beschäftigung gefalle. Das Verhältnis zur

---

[275] Vgl. Gerlach, Betriebliche Sozialpolitik, S. 14, 17.
[276] HUA, 2013 / 08 / 0004, Interview: Interview mit Hr. H. S., Hr. P. A., Hr. A. O. (23. 11. 2009), S. 23.
[277] Vgl. Gerlach, Betriebliche Sozialpolitik, S. 17.
[278] WABW, B 61 Bü 221, versch. Jahrgänge der Firmenzeitschrift „miteinander" (unvollst.), 1966–1982, hier: 1967/II, Artikel „Betriebssport", S. 24.
[279] Vgl. Luh, Betriebssport.
[280] WABW, B 61 Bü 221, versch. Jahrgänge der Firmenzeitschrift „miteinander" (unvollst.), 1966–1982, hier: 1967/II, Artikel „Betriebssport", S. 24.

3.3 Betriebliche Sozialstrukturen als stabilisierender Faktor von Frauenarbeit 157

Betriebsleitung beurteilten nur 46 Prozent der Befragten als gut, 27 Prozent als schlecht, und weitere 27 Prozent konnten diesbezüglich keine Antwort geben. Unter diesen gaben viele an, dass sie „die Geschäftsleitung nie oder nur selten zu Gesicht" bekamen.[281] Kollegialität war also ein Faktor, der mit dem gesamten Betriebsklima zu tun haben konnte, aber nicht musste. Auch eine gemeinsame Feindschaft gegenüber der Führungsebene kann zusammenschweißen. Dennoch bemühten sich die hier untersuchten Firmen seit den 1950er Jahren, ein gutes Betriebsklima herzustellen und die kollegiale Zusammenarbeit unter den Beschäftigten zu fördern.

Für das Betriebsklima bei Latscha und das Verhältnis des Personals untereinander machte in den 1950er Jahren die Geschäftsleitung die Filialleiter verantwortlich. In den verschickten Rundbriefen betonte sie: „So, wie Sie mit Ihrem Personal zusammenarbeiten, so wird auch das Personal zusammenarbeiten!" Eine „gute Zusammenarbeit" und „gute Kameradschaft" seien wichtig für einen reibungslosen Arbeitsablauf und wirkten sich auch auf das Empfinden der Kundschaft positiv aus.[282] In zwei weiteren Briefen von 1956 und 1957 ging die Latscha-Geschäftsleitung noch weiter und brachte ihre eigene Überzeugung über das Zusammenarbeiten mit zeitgenössisch diskutierten Befunden zusammen:

„Über das ‚Betriebsklima' wird heutzutage gerne gesprochen, als ob es so wäre, dass die Geschäftsleitung nur eine ‚Klimaanlage' zu kaufen bräuchte und schon wäre alles in Ordnung. Oder als ob ein guter Betriebsrat schon allein genüge, um ein gutes Klima zu machen. Selbstverständlich ist es von großer Wichtigkeit, was die leitenden Männer eines Betriebes über Menschenbehandlung denken und was sie davon in die Tat einsetzen. [...] Aber der eigentliche Ton im Verkehr der Mitarbeiter untereinander wird in der Industrie von den Meistern und bei uns von I h n e n gemacht."[283]

Zwei Monate später gab die Geschäftsleitung den Führungskräften 14 Punkte an die Hand, die ihrer Meinung nach zentral für die Motivation der Beschäftigten zur Arbeit seien. Sie knüpfte damit an einen Artikel aus der Zeitschrift der Konsumgenossenschaften, „Der Verbraucher", an, der sich mit den „menschlichen Beziehungen im Betrieb" befasst hatte.[284] Damit schaltete sie sich direkt in die zeitgenössische Diskussion darüber ein, dass die Identifikation der Angestellten mit dem Produkt oder der Dienstleistung durch Arbeitsteilung und die Zerlegung der Arbeitsprozesse nachgelassen hätte. Dies ist für die Einzelhandelsbranche als eine sehr frühe Reflexion über soziale Mechanismen am Arbeitsplatz einzustufen, da die Einführung der Arbeitsteilung im Einzelhandel – zumindest in der Bundesrepublik Deutschland – noch gar nicht so lange her war. Maßnahmen, die später unter dem Stichwort „Humanisierung des Arbeitslebens"[285] besprochen werden sollten, nahm Latscha hier bereits vorweg: Die Mitarbeitenden sollten sich ihrer Mitverantwortung für den Erfolg des Betriebs bewusst sein, Verständnis für die

---

[281] AdMAB, HBV Bayern, Broschüre, Zwischen Kochtopf, Kindern und Kunden. Ergebnisse einer Befragung, 1980, o. S.
[282] ISG, W 1-10-488, „Filialleiterbriefe" 1952–1963 – Rundbriefe der Geschäftsleitung, hier: Brief der Geschäftsleitung, gez. Dieter Latscha, vom 30. 09. 1955.
[283] ISG, W 1-10-488, hier: Brief der Geschäftsleitung, gez. Günther Latscha, vom 16. 11. 1956.
[284] ISG, W 1-10-488, hier: Brief der Geschäftsleitung, gez. J. Latscha, vom 25. 01. 1957.
[285] Vgl. Müller, „Humanisierung des Arbeitslebens".

Zweckmäßigkeit von Angaben entwickeln, Wissen und Informationen über das Betriebsgeschehen erhalten, über Handlungsspielraum und Entwicklungsmöglichkeiten verfügen, sich über ein betriebliches Vorschlagswesen einbringen können und, wo möglich, „Freundlichkeit, Menschlichkeit und ein Wort des Lobes" von ihren Vorgesetzten empfangen.[286] Latscha verfolgte das Thema „Menschenführung" bis in die 1970er weiter, professionalisierte seine diesbezügliche Vorgehensweise und versuchte, die Vorgesetztentätigkeit im gesamten Unternehmen weiter zu vereinheitlichen. In der Broschüre „Personalführung", die den leitenden Beschäftigten ausgehändigt wurde, betonte die Geschäftsleitung: „Untersuchungen haben ergeben, daß jeder Mitarbeiter in einem Unternehmen vier Dinge braucht, um leistungsfähig zu sein: 1. Anerkennung am Arbeitsplatz, 2. Sicherheit der Existenz, 3. Gerechte Entlohnung, 4. Ausreichende Information über die Firma."[287]

Das Äquivalent zu den Filialleitungen im Lebensmitteleinzelhandel stellten bei C&A die sogenannten Verkaufsaufsichten dar. Sie waren seit 1951 in sämtlichen Häusern in allen Abteilungen neben dem Betriebsleiter für den reibungslosen Ablauf des Tagesgeschäfts zuständig und damit gleichzeitig für das Verhältnis der Beschäftigten untereinander.[288] Sie hatten sich vor allem an den Maximen „Hilfsbereitschaft und Kollegialität" auszurichten und diese über ihre Vorbildfunktion den ihnen unterstehenden Angestellten zu vermitteln.[289] Aus dem Erfahrungsbericht eines Lehrlings bei C&A ist herauszulesen, wie stark der Einfluss dieser Verkaufsaufsicht auf das Wohlbefinden am Arbeitsplatz war:

„Überhaupt hängt die Atmosphäre einer Abteilung sehr von der Aufsicht ab. Ich habe oft gehört, daß das Personal sich freute, wenn eine bestimmte Aufsicht entweder zu Tisch oder ihren freien halben Tag hatte. […] [A]lles atmete freier. Nur ungern hat das Personal in dieser Abteilung Dienst getan und […] [ich] freute […] mich, daß ich nicht sehr lange in dieser Abteilung beschäftigt war."[290]

Vor allem übermäßiges oder ungerechtfertigtes Tadeln, Begünstigungen oder das Auftragen von Nebenarbeiten wie Staubwischen oder Essenkochen wurden als negative Punkte empfunden, die das Arbeitsklima beeinflussten. Positiv aufgenommen wurden dagegen strenge, aber berechtigte Anweisungen sowie Freundlichkeit und Empathie seitens der Vorgesetzten:

„Meine jetzige Aufsicht […] kommt fast jeden Morgen mit einem frohen Gesicht auf die Etage und sagt freundlich ‚Guten Morgen'. Im Verlauf des Morgens hat sie für jeden ein freundliches Wort. Wir können mit unseren Sorgen und unserem Kummer zu ihr kommen. Sie nimmt aber auch gerne teil an unseren Freuden."[291]

---

[286] ISG, W 1-10-488, hier: Brief der Geschäftsleitung, gez. J. Latscha, vom 25. 01. 1957.
[287] ISG, W 1-10-416, Diverse – hausinterne – Broschüren, 1959–71, hier: Broschüre „Personalführung", o. D., S. 2.
[288] DCM, 119388, Sammelordner „Aufsichtsschulungen" – Unterweisungsunterlagen für Aufsichten im Verkauf bei C&A, 1950er Jahre, [1951], hier: S. 1.
[289] DCM, 119388, hier: S. 4 f.
[290] DCM, 119388, darin: Erfahrungsbericht eines Lehrlings, S. 59–63, hier: S. 62.
[291] DCM, 119388, darin: Erfahrungsbericht eines Lehrlings, S. 59–63, hier: S. 63.

3.3 Betriebliche Sozialstrukturen als stabilisierender Faktor von Frauenarbeit

Auch über das Verhältnis der Verkäuferinnen bei C&A untereinander gibt dieser Erfahrungsbericht Auskunft:

„Die Verkäuferinnen untereinander sind sehr vertraut miteinander. Sie erzählen sich Freud und Leid. Auch auf dem Gebiet ihrer ‚Verhältnisse' haben sie keine Geheimnisse voreinander. Ihr Gerechtigkeitsgefühl ist stark entwickelt. Gegenseitige Eifersucht besteht, bis auf einzelne Ausnahmen, nicht. Sie können nur nicht vertragen, wenn die eine oder andere von der Aufsicht versteckt oder sichtbar bevorzugt wird."[292]

Darüber hinaus lassen sich über das Verhältnis von C&A-Kolleginnen und -Kollegen untereinander nur Aussagen treffen, wenn man in bestimmten Quellen zwischen den Zeilen liest. Viele Berichte ehemaliger C&A-Beschäftigter handelten von gegenseitigen Scherzen und Streichen. So erzählte man in einem Beispiel den neuen C&A-Lehrlingen, sie müssten zu Weihnachten ein Gedicht aufsagen, um ihr Weihnachtsgeld zu erhalten.[293] Gemeinsam Spaß hatte man den Erzählungen nach auch bei Beck, als etwa eine ganze Abteilung nach einem langen Arbeitssamstag mit Sekt und lauter Musik noch am Arbeitsplatz einen Geburtstag feierte, was von der Geschäftsleitung toleriert wurde.[294]

Auch die Gedichte bei Ausflügen drückten über Scherze die gegenseitige Wertschätzung unter den Kolleginnen und Kollegen aus.[295] So findet man im Gedicht über die Angestellten des Textileinzelhändlers Braun in Stuttgart Strophen, in denen Kolleginnen als pfiffig und gewitzt oder jederzeit zu Scherzen aufgelegt oder zum Spielen von Streichen bereit beschrieben werden; andere wiederum als sehr tüchtig und fleißig.[296] Man schien sich zu mögen. In anderen Strophen kamen spezielle Eigenarten der Kolleginnen zum Vorschein. Die eine war leidenschaftliche Schildkrötenbesitzerin, die andere sammelte Stanniolpapier, die dritte war unentwegt mit dem Führen von Listen beschäftigt.[297] Aber auch hierbei drückten sich Nähe und Zuneigung aus, da man solche Eigenarten der anderen Beschäftigten kannte. Bei anderen Strophen herrschte mehr Distanz vor, wenn etwa als Beschreibung lediglich die Reise- und Wandertätigkeit eines Kollegen genannt wurde.[298] Außerdem fallen Strophen auf, die durchscheinen lassen, dass es wohl untereinander knirschte[299] – oder bei denen die Kritik derart hart ausfallen müsste, dass man sich lieber zur Zurückhaltung entschloss, wie etwa in Strophe 29: „Über die Herren R[.] u. R[.] / da möcht ich nix sagen, ich hab so a G'fühl / sie sind grad nicht schmächtig u. der See der ist groß / u. s'versaufen ist auch nicht das herrlichste Los!" Nicht anders war das kollegiale Verhältnis im Lebensmittel-

---

[292] DCM, 119388, darin: Erfahrungsbericht eines Lehrlings, S. 59–63, hier: S. 62.
[293] DCM, 119846, Mein C&A, hier: Geschichte von I. S., o. D., S. 138.
[294] BWA, F 34 / 279, Unvergessene Geschichten, 1986, hier: „Geburtstag in der Abteilung", nach 1970.
[295] Dazu vgl. die Selbsteinschätzungen von Verkäuferinnen in Kapitel 2.1.
[296] WABW, B 56 Bü 286, Betriebsausflüge der Firma, Wertmarken, Routen, Gedichte 1955–1963, hier: Gedicht in 34 Strophen ohne Titel, Strophen 14, 15, 17, 26.
[297] WABW, B 56 Bü 286, hier: Gedicht in 34 Strophen ohne Titel, Strophen 17, 24, 30.
[298] WABW, B 56 Bü 286, hier: Gedicht in 34 Strophen ohne Titel, Strophe 23.
[299] WABW, B 56 Bü 286, hier: Gedicht in 34 Strophen ohne Titel, Strophen 22, 32.

einzelhandel in den 1950er Jahren im Gedicht beschrieben. Manche Strophen betonten die gute Stimmung untereinander oder die gegenseitige Wertschätzung – auch Respekt und Zuneigung gegenüber der Filialleitung –, andere übten scherzhaft Kritik an unkollegialem Verhalten; vor allem die Auszubildenden wurden gleich in mehreren Strophen gelobt, aber auch getadelt.[300]

Über das Verhältnis der Kolleginnen und Kollegen untereinander erfährt man außerdem etwas durch ein Fotoalbum, das den Arbeitsalltag in der Firma Braun in den 1960er Jahren dokumentieren sollte. Auf den Fotos sitzen die Angestellten im Pausenraum bei einer Brotzeit nach Geschlechtern getrennt. Die Männer spielen Karten und trinken dazu Kaffee und Bier. Die Frauen sitzen an einem anderen Tisch, essen Brötchen und trinken Tee und Kaffee.[301] Andere Frauen kochen gemeinsam am Herd.[302] An solchen Orten wie diesem Pausenraum konnte Vergemeinschaftung stattfinden und hergestellt werden, gleichzeitig dienten sie der sozialen Disziplinierung im Betrieb.[303] Dass diese kurze Freizeit innerhalb eines Arbeitstages nach Geschlechtern getrennt ausfiel, ist der Zeittypik zuzurechnen.

Von gegenseitiger Konkurrenz und schlechter Stimmung zwischen den verschiedenen Abteilungen gibt es aber auch Berichte: „Der Kampf war mehr unter den Verkäufern, weil es ging ja ums Geld, um die Prämie und dann kam noch der Abteilungsleiter und sagte: ‚Wie viel haben Sie denn schon?' Wir standen schon unter Druck."[304] Die Prämien bei Hirmer waren also ein Grund, warum sich unter den (meist männlichen) Kollegen im Verkauf eine Konkurrenzsituation entwickelte. Eine andere Sache war auch, dass an Samstagen, bei Hochbetrieb, bisweilen nicht genügend Hilfskräfte zum Schreiben der Verkäufe zur Verfügung standen. Diese waren aber essentiell dafür, schnell hintereinander zu verkaufen und einen hohen Umsatz zu erzielen. Auch hier kam es zu Kämpfen zwischen den Kollegen und Kolleginnen.[305]

Unter Umständen gab es auch ein ungutes Verhältnis zwischen dem Verkaufspersonal – bei Hirmer zumeist männlich – und den – vorwiegend weiblichen – Beschäftigten in den Nebenabteilungen (an den Kassen, in der Warenauszeichnung et cetera). So gab es eine intern empfundene Hierarchie, bei der der Verkauf an höchster Stelle stand: „Und da war oft so ein bisschen zwischen Verkauf und

---

[300] WABW, B 61 Bü 214, Programme, Presseartikel, Gedichte von Mitarbeitern bei Betriebsausflügen 1951–1954, hier: Betriebsausflug 1954, von der Maxstraße aus gesehen.

[301] Zum geschlechtsspezifischen Konsum von Alkohol im Zusammenhang mit der Erwerbstätigkeit, auch von Frauen vgl. Eisenbach-Stangl, Gesellschaftsgeschichte des Alkohols, S. 166–173.

[302] WABW, B 56 F 25041–25169, Fotoalbum: „Ein Arbeitstag in der Firma C. F. Braun 1960er Jahre" (nicht paginiert), 1960er. Es handelt sich um 129 Aufnahmen im Hause Braun: Mitarbeiter aller Abteilungen bei ihrer Arbeit an ihren Arbeitsplätzen, hier: vier Aufnahmen zur Pausengestaltung, o. S.; dazu steht folgender Text im Album: „Eine Etage tiefer sind Garderoben und Aufenthaltsräume. In der Küche, die hauptsächlich für das auswärtige Personal gedacht ist, wird, da gerade Mittagspause ist, gekocht und gebrutzelt. Vor der Getränkeausgabe steht man Schlange. In der Garderobe erholt sich jeder auf seine Art."

[303] Vgl. Uhl, Humane Rationalisierung, S. 115–122.

[304] HUA, 2013 / 08 / 0014, Interview: Interview mit Hr. H. K., Hr. R. S., Hr. E. B. und Fr. I. B. (04. 12. 2009), S. 20.

[305] HUA, 2013 / 08 / 0014, S. 12.

den Nebenabteilungsmitarbeiterinnen immer so ein bisschen, nicht ein Konflikt, aber da war schon eine Abstufung zu spüren." Manche konnten das verstehen („wir leben ja alle vom Verkauf"); andere fühlten sich dadurch abgewertet, etwa die an den Kassen beschäftigten Frauen, wie eine ehemalige Betriebsrätin noch von der Zeit ab Mitte der 1980er Jahre berichtet: „Aber oft haben das Damen gefühlt. Also Mitarbeiterinnen und Kollegen gefühlt, wir sind nicht soviel Wert wie der Verkauf."[306] Weiter unten in der Betriebshierarchie waren außerdem die Abteilungen der Warenannahme und -auszeichnung sowie die Dekoration angesiedelt:

„Die Warenannahme ist natürlich nach der Deko eigentlich der letzte anerkannte Punkt. Obwohl auch hier, wenn die Deko nicht funktioniert, dann funktioniert das Haus nicht und wenn wir [das Lager] die Ware nicht liefern, dann funktioniert der Verkauf auch nicht. Aber das ist halt Hierarchie."[307]

In den meisten Fällen waren die Beziehungen unter den Beschäftigten von Kollegialität geprägt. Dies wirkte sich positiv auf die Arbeitsplatzzufriedenheit von Verkäuferinnen aus – trotz niedriger Bezahlung und Schlechterstellung bei betrieblichen Sozialleistungen. Damit kam dem positiven Betriebsklima eine wesentliche Funktion für die Stabilität eines Unternehmens zu. Aber auch das Selbstbild der Frauen profitierte von einer kooperativen Arbeitsweise. Momente, in denen stärker der konkurrierende Charakter der Arbeit zum Vorschein kam, fanden sich vor allem in männlich dominierten Arbeitsbereichen.

Verhältnis zur Kundschaft

Eine wesentliche Beziehung im Einzelhandel, wie auch in anderen Dienstleistungen, bildete das Verhältnis zur Kundschaft. Die Beschäftigten mussten Interaktionsarbeit leisten.[308] Schon früh begannen Unternehmen und Verkaufspsychologen, bestimmte Typen an Kundschaft zu unterscheiden, um die besten Wege zu finden, diese zu bedienen. Daran zeigt sich bereits, dass Aufgabe der Angestellten war, sich anzupassen.

Mit der Einführung der Selbstbedienung in den Lebensmittelgeschäften musste das Verhältnis zur Kundschaft grundsätzlich neu ausgelotet werden. Daher ist es nicht verwunderlich, dass sich die Firma NCR GmbH, die entsprechende Kassen verkaufte und in ihren Werbebroschüren das SB-Prinzip attraktiv zu machen versuchte, auch den verschiedenen Kundentypen in einer Verkaufsschulung widmete. Dadurch wollte sie Irritationen und eine Überforderung des Verkaufspersonals bei der Umstellung von Bedienung auf Selbstbedienung vermeiden. Sie unterschied zwischen dem fragenden, dem herumschlendernden, dem unschlüssigen und dem Bedienung fordernden Kunden.[309] In allen Fällen sollte sich das Verkaufspersonal

---

[306] HUA, 2013 / 08 / 0009, Interview: Interview mit Fr. G. H., Betriebsrätin (25. 11. 2009), S. 6.
[307] HUA, 2013 / 08 / 0014, Interview: Interview mit Hr. H. K., Hr. R. S., Hr. E. B. und Fr. I. B. (04. 12. 2009), S. 25.
[308] Vergleiche hierzu die Ausführungen zum Konzept der Interaktionsarbeit in Kapitel 5.3.
[309] BWA, F 36 / 218, Verkaufspsychologie in Selbstbedienungs-, Selbstwähl-, Freiwahl-Läden, ca. 1955. Hierzu ein Hinweis: Auf allen Zeichnungen des Schulungsblocks sind Frauen als Kundinnen und ein verkaufender Mann im weißen Kittel abgebildet.

an einem formalisierten Schema orientieren, das folgende Bedienungsschritte im SB-Laden vorsah: „1. Den Kunden freundlich grüßen. 2. Jeder Verkäufer immer bereit, zu beraten und zu helfen. 3. Wie den Kunden ansprechen? ‚Haben Sie gefunden, was Sie suchten?' 4. Persönliche Bedienung, persönliches Verkaufen. 5. Den Kunden weiterkaufen lassen."[310] Die Anwendung dieses Schemas erforderte vom Verkaufspersonal einen zusätzlichen Denkschritt während des Verkaufsprozesses, nämlich die Einschätzung des Gegenübers und folglich Anpassung des eigenen Verhaltens, der bei der vormaligen Thekenbedienung nicht notwendig gewesen war, da hier in jedem Fall zunächst die Kundschaft einen Wunsch formulieren musste. In einer anderen Broschüre unterteilte NCR die Kundentypen weiter in verschiedene Problemgruppen, die ein eigens auf sie abgestimmtes Verkaufsverhalten bedurften. Dies bezog sich in erster Linie auf Kundinnen und Kunden, die bedient werden wollten. „Die Unentschlossenen" sollte man durch eine begrenzte Vorauswahl und das wiederholte Vortragen der Verkaufsargumente zur Entscheidung führen. „Die Mürrischen" sollten freundlich behandelt und von einem guten Preis-Leistungsverhältnis überzeugt werden. Bei den „Geschwätzigen" sollte das Verkaufspersonal versuchen, in der Zeit zusätzliche Verkäufe zu tätigen. Den „Anmassenden" sollten die Verkäuferinnen und Verkäufer Geduld entgegenbringen, sie beruhigen, ihnen stets Recht geben und anschließend vorsichtig versuchen, ihre Aufmerksamkeit auf den Verkaufsartikel zu lenken. Den „Schüchternen" müsse man einen „sympathische[n] Empfang" bereiten und sie zum Einkaufen ermutigen.[311] Vom Verkaufspersonal wurde also ein weiterer Verhaltensschritt gefordert, nämlich das quasi intuitive Eingehen auf den Charakter der Kundschaft. Dieses Phänomen, das bereits in den 1950er Jahren bekannt war, beschreiben heutige Soziologinnen und Soziologen als „Gefühlsarbeit", im Sinne des „Umgang[s] mit den Gefühlen der Kundschaft", der eine der Grundlagen für eine erfolgreiche Interaktion im Einzelhandel oder allgemein im Dienstleistungsbereich darstellt.[312] Dieses Phänomen verstärkte sich zusätzlich dadurch, dass sich in dieser Zeit der vormalige Verkäufermarkt zum Käufermarkt entwickelte und man sich umso mehr um die Kundschaft bemühen musste, da diese eine gewisse Entscheidungsmacht erlangte, und leichter an ein konkurrierendes Unternehmen verloren gehen konnte. Die Verkäuferinnen mussten sich also zunehmend auf die Persönlichkeit der Kundschaft einstellen und ihre eigene Persönlichkeit zurücknehmen. Ihrem Selbstbild tat dies keinen Abbruch. Vielmehr wirkte das Beherrschen des Umgangs mit verschiedenen Typen an Kundschaft als berufliche Qualifikation und als Selbstbestätigung.

Auch die Unternehmen selbst, die bereits in den 1950er Jahren zum Teil oder ganz auf Selbstbedienung umgestellt hatten, versuchten ihre Angestellten über verschiedene Kundentypen aufzuklären. Die Geschäftsleitung von Latscha verstand es als grundlegende Aufgabe eines Verkäufers beziehungsweise einer Verkäuferin, sich auf die Kundschaft einzustellen: „Jeder einzelne [...] will und muss anders

---

[310] BWA, F 36 / 218, Verkaufspsychologie.
[311] BWA, F 36 / 159, Sportsgeist auch im Verkauf, ca. 1950.
[312] Vgl. Böhle/Stöger/Weihrich, Interaktionsarbeit menschengerecht gestalten, S. 37, 39–41.

3.3 Betriebliche Sozialstrukturen als stabilisierender Faktor von Frauenarbeit 163

behandelt und persönlich angesprochen werden, denn – wenn wir es nicht verstehen, auf die Eigenart jedes einzelnen Kunden einzugehen, wenn wir nicht jeden nach seiner Art behandeln, dann sind wir *Verteiler*, aber keine *Verkäufer!*" Somit unterschied man auch bei Latscha Mitte der 1950er Jahre grob zwischen acht verschiedenen Kundschaftstypen. Zu diesen gab es unterschiedliche Hinweise, wie diese jeweils bedient werden sollten, wie viele Artikel gezeigt werden sollten, wie viele Argumente aufzuzählen oder Fragen zu stellen waren und welche Fehler beim Bedienen auf jeden Fall zu vermeiden waren.[313] Die typgerechte Behandlung der Kundschaft war besonders in den Fällen wichtig, in denen der Lebensmitteleinkauf eine Tagesaktivität darstellte. Die unterschiedliche Wahrnehmung eines Verkaufsvorganges aus der Perspektive des Personals wie aus Sicht der Kundschaft schilderte der Firmenchef folgendermaßen:

„Für Sie ist die Hausfrau ein Mensch, der Ware haben will, von Ihnen zwar freundlich, aber möglichst schnell abgefertigt wird und 5 Minuten später vergessen ist – für die Hausfrau bedeutet der Einkaufsgang ein richtiges kleines Ereignis, eine angenehme Abwechslung in ihrem Alltag. Es muss daher immer unser Bestreben sein, ihr den Einkauf so angenehm wie möglich zu machen."[314]

In einem gesonderten Filialleiterbrief ging die Latscha-Geschäftsleitung dann auf männliche Kunden ein – vor allem auf Laufkundschaft und Junggesellen. Im Gegensatz zu den „Hausfrauen" scheint sich das Einkaufsverhalten der Männer, wenn sie nicht gerade von ihrer Ehefrau eine Einkaufsliste mit klaren Anweisungen erhalten hatten, immer geglichen zu haben: Sie kauften „rasch", „grosszügig" und „laienhaft" ein. Somit konnte auch die Männerbedienung nach einem einheitlichen Schema ablaufen, und zwar „schnell" – da der Einkauf für Männer keine Abwechslung, sondern ein lästiges Übel darstelle –, „sachlich" – da er sich nicht für Lebensmittel interessiere, sei er mit einer „anständige[n] Qualität" zufrieden und verlasse sich auf die Fachkenntnisse des Verkaufspersonals – und „diplomatisch", denn da Männer „recht bestimmt" seien, müsse man besonders erfinderisch sein, um Zusatzverkäufe tätigen zu können.[315]

An dem Beispiel der Firma Latscha zeigt sich am konkreten Betrieb, dass die sozialen Beziehungen zwischen Kundschaft und Angestellten stark vorgegeben waren. Die Beschäftigten hatten klare Anweisungen, wie sie zu agieren und reagieren hatten. Wenn sie diesen Anforderungen entsprachen und die Interaktion gelang, gingen die Verkäuferinnen und Verkäufer gestärkt aus dieser Interaktion hervor. Wenn nicht, dann war der Fehler im mangelnden beruflichen Können oder in der Fehleinschätzung des Kundencharakters zu suchen, und nicht zwingend in der eigenen Person.

---

[313] ISG, W 1-10-488, „Filialleiterbriefe" 1952–1963 – Rundbriefe der Geschäftsleitung, hier: Schreiben der Geschäftsleitung, gez. Dieter Latscha, vom 30. 07. 1954, sowie Tabelle „Wie man Kunden bedient!" im Anhang. Die beschriebenen Typen ähneln den von NCR erdachten und bereits beschriebenen Kategorien („Unangenehm", „Zerstreut", „Schweigsam", „Bedächtig", „Geschwätzig", „Unentschlossen", „Wichtigtuerin", „Eilig"), sodass hier nicht ausführlich darauf eingegangen wird.
[314] ISG, W 1-10-488, hier: Schreiben der Geschäftsleitung, gez. Dieter Latscha, vom 30. 07. 1954.
[315] ISG, W 1-10-488, hier: Schreiben der Geschäftsleitung, gez. Dieter Latscha, vom 10. 12. 1954.

Auch C&A schulte seine Verkaufsaufsichten hinsichtlich der Kundschaft. Die oberste Regel lautete: „Behandelt den Kunden wie einen Gast." Der Erfolg der Verkaufshandlung sei stark davon abhängig, wie sich das persönliche Verhältnis zwischen Verkaufenden und Einkaufenden entwickelte. Da ein Großteil der C&A-Kundschaft gerne Kleidungsstücke kaufte – dies ist vielleicht der entscheidende Unterschied zwischen Lebensmittel- und Textileinkauf –, hatte man einen gewissen Vertrauensvorsprung. Den galt es zu nutzen. Der Kunde oder die Kundin sollte in eine „Kaufabschluß-Stimmung" gebracht werden. Dazu klärte man die Beschäftigten über sieben verschiedene Typen von Kundschaft auf: 1) „der unschlüssige Kunde", der von den Verkaufenden Hilfe erwartet und die Verantwortung über den Entschluss nicht selbst treffen möchte; 2) der „entschlossene Kunde" bereite meist wenig Probleme; 3) der „vorsichtige Kunde" wolle mit vielen Argumenten davon überzeugt werden, dass er sein Geld richtig investiere. Komplizierter zu bedienen seien die 4) „argwöhnischen Kunden", denen man viel zeigen und die man viel anprobieren lassen müsse; 5) bei „verlegenen und stillen Kunden" hülfen besondere Freundlichkeit und Zugewandtheit, während 6) der „impulsive und/oder nervöse Kunde" vor allem durch Schnelligkeit zufriedengestellt werden könne. Schließlich galt es bei den 7) „schwatzhaften Kunden" zu beachten, dass sie sich nicht selbst zu sehr von ihrem eigentlichen Kaufvorhaben ablenkten.[316] Um die unterschiedlichen Typen zu erkennen, sollten die C&A-Beschäftigten auf „die Ausdrucksbewegungen", also Mimik und Gestik, ihres Gegenübers achten. Auch unterschied C&A die Bedienung von Männern und Frauen. Männer erachtete man bei C&A – wie auch bei Latscha – als „ungeduldiger" und war der Überzeugung, dass sie das Einkaufen als „notwendiges Übel" betrachteten. Außerdem müsste das Verkaufspersonal gegenüber Älteren ehrerbietender und reservierter agieren als gegenüber jüngeren Leuten.[317] Auf keinen Fall sollte die Verkaufsform der Selbstbedienung, die Teil des Verkaufssystems bei C&A war und der Kundschaft das freie Herumschlendern im Laden ermöglichte, dazu führen, dass die Kundschaft vernachlässigt wurde, indem sie nicht angesprochen wurde.[318]

Dies alles sind Beispiele aus den 1950er Jahren, als die Selbstbedienung noch neu war und das Verhältnis der Akteure während des Verkaufsvorgangs gerade ausgelotet werden musste. Von der Wichtigkeit der sozialen Beziehungen beim Kauf war man weiterhin überzeugt – man wollte nichts dem Zufall überlassen. Den richtigen Umgang mit den verschiedenen Kundentypen nahmen alle Unternehmen ernst.

Von einer Bedienung, die sich nach den Wünschen der Kundschaft richtete, versprach man sich auch eine Bindung an das Unternehmen. Die Frage nach dem „Stammgeschäft" spielte vor allem für die Lebensmittelhändler eine wichtige Rolle. In den Zeiten zunehmender Selbstbedienung suchte man nach den Gründen, die

---

[316] DCM, 119388, Sammelordner „Aufsichtsschulungen" – Unterweisungsunterlagen für Aufsichten im Verkauf bei C&A, 1950er Jahre, [1951], hier: S. 15, 16 f.
[317] DCM, 119388, hier: S. 18.
[318] DCM, 119388, hier: S. 19.

3.3 Betriebliche Sozialstrukturen als stabilisierender Faktor von Frauenarbeit 165

die Entscheidung zu einer Einkaufsoption beeinflussten. Noch 1958 verfügten 89 Prozent der Befragten einer Umfrage zu Einkaufsgewohnheiten über ein Stammgeschäft. Die meisten wählten für ihre Grundversorgung ein selbstständiges Lebensmittel- oder Feinkostgeschäft, oder vertrauten einem bestimmten Lebensmittelfilialgeschäft. Wenige kauften regelmäßig bei einer Konsumgenossenschaft oder in der Lebensmittelabteilung eines Warenhauses ein. Nur 11 Prozent hatten kein Stammgeschäft.[319] Dementsprechend gut mussten das Verkaufspersonal und die Kundschaft Ende der 1950er Jahre einander gekannt haben. Als Gründe, weshalb ein bestimmtes Geschäft bevorzugt wurde, gaben ein Viertel die freundliche Bedienung oder den Service an und 10 Prozent die persönliche Bekanntschaft mit einem Ladenbesitzer. Andere häufig genannte Gründe waren, dass das Geschäft in der Nähe lag und zu günstigen Preise anbot.[320] In den meisten Fällen kauften lediglich „die Hausfrauen" ein, ab und an noch eine Tochter, seltener der Ehemann und noch seltener ein Sohn.[321] Ein weiteres Merkmal, das eine Rolle spielte, war das Alter. Die Gruppe der 18- bis 24-Jährigen bevorzugte überdurchschnittlich oft einen Selbstbedienungsladen, während die Gruppe der 60- bis 70-Jährigen öfter als der Durchschnitt einem selbstständigen Lebensmitteleinzelhandelsgeschäft die Treue hielt.[322] Außerdem hatten Befragte aus kleineren Orten häufiger ein Stammgeschäft, das jedoch selten ein Selbstbedienungsladen war.[323] Dies deutet darauf hin, dass in solchen Ortschaften die soziale Funktion des Einkaufs eine stärkere Bedeutung hatte, während in größeren Städten die ökonomische Funktion, der Warenerwerb, im Vordergrund stand.

1970, als die Selbstbedienung in den meisten Lebensmittelgeschäften bereits eingeführt war, spielte die Frage nach dem Stammgeschäft immer noch eine gewisse Rolle. In einer Studie aus demselben Jahr wurde es als wichtiger eingestuft, herauszufinden, wie das „Image" der untersuchten Unternehmen bei der Kundschaft war.[324] Dass eine solche Studie von Auftraggebern wie Latscha angestoßen wurde, gibt den Hinweis, dass die Händler unsicher geworden waren, welche Faktoren tatsächlich die Bindung der eigenen Kundschaft unterstützten. Immer noch hatten 42 Prozent der Befragten ein einziges Stammgeschäft, 40 Prozent „pendel[te]n" zwischen zwei Geschäften, aber immerhin 18 Prozent fühlten sich überhaupt nicht an ein bestimmtes Lebensmittelgeschäft gebunden.[325] Über die Hälfte der Befragten gab als Grund für die Wahl des Ladens an, dass dieser in der Nähe liege. 48 Prozent gaben auch an, dass die günstigen Preise oder Sonderangebote sie überzeugten. Die Aspekte „freundliche Bedienung" und „kenne ich schon lange" hinge-

---

[319] ISG, W 1-10-241, Hausfrauenbefragung April 1958: Preisbewußtsein und Einkaufsverhalten, 1958, hier: Tabelle 41.
[320] ISG, W 1-10-241, hier: Tabelle 42.
[321] ISG, W 1-10-241, hier: Frage 32.
[322] ISG, W 1-10-241, hier: Tabelle im Anhang „Kundinnen der einzelnen Geschäftstypen nach einige demographischen und sozialen Merkmalen".
[323] ISG, W 1-10-241, hier: Tabelle im Anhang „Ortsgröße und Stammgeschäft".
[324] ISG, W 1-10-253, Image-Studie. Vergleich Latscha und Schade & Füllgrabe, 1970.
[325] ISG, W 1-10-253, S. 4.

gen lagen bloß bei 12 und 11 Prozent. Für 54 Prozent der Befragten waren „Frische" und „Qualität" mittlerweile entscheidungsleitend geworden.[326] Hier ist nach der Einführung der Selbstbedienung also eine deutliche Prioritätenverschiebung festzustellen, selbst wenn man bedenkt, dass diese Umfrage im Unterschied zur obigen nicht repräsentativ ist. Außerdem verweist sie auf eine ähnliche Untersuchung aus dem Jahr 1964: „Bei der 1964er Untersuchung haben bei einer ähnlichen Frage zum Beispiel die freundliche Bedienung und persönliche Bedienung [...] noch zu den wichtigsten Punkten beim Lebensmitteleinkauf gezählt."[327] Der soziale Aspekt des Einkaufens, die Bedeutung des Verhältnisses zwischen Personal und Kundschaft, war demnach stark zurückgegangen. Die Waren und Preise waren in den Vordergrund und vor die zwischenmenschlichen Beziehungen getreten.

Für den Textileinzelhandel findet sich eine unternehmensspezifische, aber professionell durchgeführte Kundenbefragung von Mitte der 1960er Jahre für Beck. Daraus ergab sich, dass 45 Prozent der Kundinnen der Damenoberbekleidung einen bestimmten Laden zu ihrem Stammgeschäft erklärten. Dementsprechend war auch Beck daran interessiert, die Anzahl der „Stammkunden" zu erhöhen. Zwar rangierte das Haus in München gemeinsam mit Kaufhof auf Rang 3 in der Beliebtheitsskala hinter Oberpollinger und Hettlage, allerdings beschränkt auf Kundinnen und Kunden im Alter von über 50 Jahren. Nur vier Prozent der insgesamt Befragten galten als Beck-„Stammkunden". Gründe für die Wahl eines Textileinzelhandelsgeschäftes differierten sehr stark von denen im Lebensmittelbereich. Dabei lag auf dem ersten Platz der Wünsche „Frischluft", danach kamen „Rolltreppen", anschließend „Umtausch", „Parkplatz", und an fünfter Stelle Sonderangebotshinweise. Diese Prioritäten zeugen davon, dass es sich bereits in den 1960er Jahren beim Textilkauf nicht mehr um eine reine Notwendigkeit handelte, sondern dass man den Einkauf vor allem in angenehmer Atmosphäre, bequem und trotzdem preiswert erledigen wollte. Zwar kauften um die 59 Prozent ihre Textilartikel in Vollbedienung, aber die Tatsache, dass ein persönlicher Service und eine fachliche Beratung nicht explizit als Wünsche geäußert wurden, zeigt, dass dies Mitte der 1960er Jahre im Textileinzelhandel noch üblich und weit verbreitet war.[328] Insgesamt zeigt die eigens für Beck angefertigte Untersuchung, dass auch der Textileinzelhandel stark an seiner Wirkung auf die Kundschaft interessiert war.

Ein Gedicht über die Arbeit von der Firma Braun von Anfang der 1960er Jahre zeigt anhand der Beschreibung komplizierter Kunden, wie es den Angestellten erging. Vor allem als zu eilig und damit die Beschäftigten unter Druck setzend werden die Wünsche der Kundschaft dabei beschrieben („bitte s'ist eilig" und „Lieferung ‚spätestens vorgestern'!"[329]). Die zweite Eigenschaft, welche die Beschäftigten

---

[326] ISG, W 1-10-253, S. 22.
[327] ISG, W 1-10-253, S. 30.
[328] BWA, F 34 / 41, Kundenbefragung der Emnid-Institute GmbH, 1964.
[329] WABW, B 56 Bü 286, Betriebsausflüge der Firma, Wertmarken, Routen, Gedichte 1955–1963, hier: Gedicht in 34 Strophen ohne Titel, o. D. [aufgrund der anderen Akten vermutlich Anfang der 1960er Jahre], Strophen 3–11. Die folgenden Zitate dieses Absatzes sind auch von dort entnommen.

3.3 Betriebliche Sozialstrukturen als stabilisierender Faktor von Frauenarbeit 167

quälte, waren absurde oder widersprüchliche Ansprüche an die Ware, wie diese Strophe veranschaulicht: „Herr Direktor wünscht ein Masshemd, todchic soll es sein / der Bauch von 240 muss verschwinden darein!" Auch die gesuchten Taschentücher sollten „nicht zu dünn u. auch nicht zu dicht" sein und außerdem noch zum Gesicht passen. Andere hingegen strapazierten die Nerven der Angestellten durch übermäßige zeitliche Gelassenheit: „[S]ei's Jäckchen, sei's Mützchen, ob Kleidchen, ob Schuh / da läßt man sich Zeit, da wählt man in Ruh!" Diese Kategorisierungen stammten von den Beschäftigten selbst. Sie waren nicht von einer Führungsebene vorgegeben und wiesen insgesamt drei Kundentypen auf: Die Eiligen, die Langsamen und die Komplizierten. Die Verkäuferinnen und Verkäufer bemühten sich um jede und jeden Einzelnen sehr: „[W]ieviel man muss reden mit Charme und Elan / und was für die Kunden wird alles getan!" Grundsätzlich scheinen sie es aber gelassen genommen zu haben: „Ab und zu gibt es Kummer, auch manchmal viel Freud / so ist's halt im Leben, so verschieden sind d'Leut!"[330]

Eine überlieferte Geschichte von C&A zeigt, dass in den 1970er Jahren die Selbstbedienung schon derart etabliert war, dass man die Wünsche eines Kunden, der bedient werden wollte, als unumstößlich betrachtete, auch wenn diese noch so absurd waren: Einem Kunden, der Wert auf figurbetonte Hosen legte, verkauften Angestellte in einem C&A-Haus Hosen zwei Nummern zu klein als „Amarscheng-Collection, auf Deutsch: Am-Arsch-eng-Kollektion" und lachten über seine Begeisterung.[331] Die Verkäuferinnen und Verkäufer durften sich bisweilen also auch einen kleinen Scherz erlauben. Bei Hirmer und Beck, also im hochpreisigen Textileinzelhandel, hatte sich die Selbstbedienung erst in den späten 1970er Jahren etabliert, weshalb auch erst zu diesem Zeitpunkt das Verhältnis zur Kundschaft als besonders ungewiss und angespannt wahrgenommen wurde.[332] Dass es aber auch noch nach 1970 Verkäuferinnen und Verkäufer gab, die der Kundschaft selbstbewusst gegenüber traten, sie nicht hofierten, sondern im Gegenteil in ihre Schranken wiesen, zeigt eine Anekdote einer Verkäuferin bei Beck, die einer Kundin mit einer unverblümten Ansage ein Strickkleid ausredete: „[A]ber geh, des ist doch nix für Sie – Do ghört wos Fesches, Flottes nei – jung und schlank muaß ma do sein – und wenns scho zum Probieren gengan warum ziangs denn do koa andere Schua an."[333] Dass es diese Geschichte in die Anekdotensammlung zum Firmenjubiläum schaffte, zeigt auch, dass es sich um eine eher ungewöhnliche, aus dem Rahmen fallende Beratung handelte, die unter den Umstehenden auch Verwunderung ausgelöst hatte. Offenbar konnte man sich ein solches Gebaren gegenüber der Kundschaft aufgrund des hohen Ansehens des Hauses dennoch leisten. Die

---

[330] WABW, B 56 Bü 286, hier: Gedicht in 34 Strophen ohne Titel, o. D. [aufgrund der anderen Akten vermutlich Anfang der 1960er Jahre], Strophen 3–11.
[331] DCM, 119846, Mein C&A, hier: Geschichte von A. F., o. D., S. 54 f.
[332] Hierzu Aussage eines ehemaligen Beschäftigten bei Hirmer in: HUA, 2013 / 08 / 0014, Interview: Interview mit Hr. H. K., Hr. R. S., Hr. E. B. und Fr. I. B. (04. 12. 2009). Vgl. Kapitel 4.3 zu den Veränderungen der Arbeitspraktiken im Textileinzelhandel.
[333] BWA, F 34 / 279, Unvergessene Geschichten, 1986, hier: „Belehrung am Kunden", nach 1970.

übrigen Beschäftigten im Textileinzelhandel betonten die Notwendigkeit, sich auf die Kundinnen und Kunden einstellen zu können und ihnen höchst respektvoll gegenüberzutreten, wie in einem nachgeahmten Verkaufsgespräch aus den 1960er Jahren von einem ehemaligen Verkäufer deutlich gemacht wird: „‚Gnädige Frau, bitteschön, wenn Sie hier … Oder zieht es Ihnen hier? Darf ich das Fenster aufmachen? Oder soll ich es lieber zumachen?'"[334] Doch auch dieser Zeitzeuge bemerkte eine Veränderung im Verbraucherverhalten: „Der Kunde früher wollte unbedingt immer nur angesprochen werden. Der junge Kunde heute, der will schauen. Aber er will trotzdem nicht allein gelassen sein. Oder nicht das Gefühl haben, er ist allein gelassen."[335] Diese Gratwanderung zwischen Ansprechen und In-Ruhe-lassen war für den Beschäftigten ein steter Begleiter seiner Verkaufspraxis: „‚Nur eigentlich', habe ich gesagt, ‚ist es mir lieber der Kunde beschwert sich, dass er wahrgenommen wurde, bevor er sich beschwert, er wird nicht wahr genommen in einem Geschäft.' Ich sitze immer zwischen zwei Stühlen."[336] Dies bestätigte ein anderer Interviewter durch seine Erfahrung mit einem veränderten Kundenverhalten von den 1960er bis in die 2010er Jahre:

> „Die Kunden wurden selbstständiger. Früher bist du ausschließlich bedient worden und heute gibt's halt doch viel, die sagen: „Sie, jetzt lassen Sie mich mal schauen!" Und man bleibt halt dann in der Nähe, dass man halt dann weiterhilft, weil das Sortiment ist halt so groß, dass er dann halt da erliegt und dann braucht er doch Hilfe."[337]

***

Die betrieblichen Sozialstrukturen prägten ganz entscheidend die Arbeitswelt von Beschäftigten und das daraus entstehende Frauenbild. In vielen Fällen bevorzugten die betrieblichen Sozialleistungen der Unternehmen durch ihre Anforderungen und jeweilige Ausrichtung die männlichen Beschäftigten. So wurden diese an die Unternehmen gebunden. Im Vergleich zur Industrie kam eine Förderungen der Beschäftigten für Mutterschaft oder Familiengründung in der weiblich dominierten Einzelhandelswelt selten vor. Bei C&A wirkte die betriebliche Sozialpolitik stark in den privaten Bereich hinein und bekam so einen kontrollierenden und disziplinierenden Charakter.

Neben angemessener Bezahlung und einer erfolgreichen betrieblichen Sozialpolitik gab es aber vor allem im Einzelhandel noch weitere Faktoren, welche die Arbeitsplatzzufriedenheit maßgeblich beeinflussten. Betriebsausflüge und Firmenfeiern dienten als Möglichkeitsräume der Vergemeinschaftung dazu, das Zugehörigkeitsgefühl zur sozialen Gemeinschaft des Betriebes zu erhöhen. Das stärkte – unabhängig vom Geschlecht – auch das Selbstbild der Beschäftigten. Die Unternehmen profitierten aufgrund ihrer höheren Leistungs- und Einsatzbereitschaft. Für weibliche Beschäftigte wirkte sich Kollegialität im Betrieb motivierend und dadurch

---

[334] HUA, 2013 / 08 / 0001, Interview: Interviews mit Hr. M. W. (22. 09. 2009/14. 12. 2010), S. 2.
[335] HUA, 2013 / 08 / 0001, S. 12.
[336] HUA, 2013 / 08 / 0004, Interview mit Hr. H. S., Hr. P. und Hr. A. O. (23. 11. 2009), S. 26.
[337] HUA, 2013 / 08 / 0004, S. 26.

stabilisierend aus. Ebenso etablierte sich durch die verhältnismäßig hohe Handlungssouveränität der Verkäuferinnen und durch ihre Fachkompetenz ein positives Selbst- und Fremdbild gegenüber der Kundschaft. So lässt sich insgesamt die These aufstellen, dass es nicht wie in anderen Branchen die betrieblichen Zusatzleistungen waren, weshalb Frauen im Einzelhandel an ihrer Arbeit festhielten, sondern vielmehr die Kollegialität und das Verhältnis zur Kundschaft.

3.4 Einzelhandelsbetriebsräte: Anpassung, Akzeptanz und Auflehnung

Bereits besprochen wurde, wie unterschiedlich die Bildungswege im Einzelhandel ausfallen konnten, wie sich die Arbeit in den Lebensverlauf der Beschäftigten einordnete, wie betriebliche Sozialpolitik sowie soziale Beziehungen das Leben im Betrieb gestalteten und wie sich diese Faktoren auf die Wahrnehmung der Arbeit und die Stellung im Beruf auswirkten. Daran anknüpfend wird nun die Rolle des Mitbestimmungsorgans Betriebsrat im Einzelhandel untersucht und geprüft, inwiefern dieser seine Aufgabe im Sinne der Belegschaften erfüllte. Ebenso wird dessen Einfluss auf geschlechtsspezifische Ungleichheit in der Arbeitswelt analysiert. Wie konnten die Beschäftigten ihre Arbeitswelt gestalten und das soziale Miteinander innerhalb des Betriebs mitbestimmen? Aufgrund der schwierigen Quellenlage[338] und fehlender Forschungsliteratur[339] zu dem Thema „Betriebsräte im Einzelhandel" sollen die Beispiele aus den hier untersuchten Unternehmen als explorative Typisierungen von Betriebsratshandeln in der zweiten Hälfte des 20. Jahrhunderts verstanden werden.[340]

---

[338] Unterlagen der Betriebsräte sind zumeist nicht in den Archiven und Beständen der Unternehmen zu finden. Dies ist nicht verwunderlich, denn schließlich handelte es sich bisweilen um Vorgänge, die der Geheimhaltungspflicht unterlagen sowie um Bemühungen, die sich zum Teil gegen die Geschäftsführung richteten. Auch in den Archiven der Gewerkschaften finden sich nur vereinzelt Dokumente, die die Betriebsratsarbeit dokumentieren, denn nicht automatisch bedeutete ein Engagement im Betriebsrat eine Gewerkschaftsmitgliedschaft.

[339] Zu erwähnen ist hier die Untersuchung der Verhinderungsversuche der Drogeriemarktkette Schlecker in ihren Filialen, Betriebsräte zu gründen; vgl. Bormann, Angriff auf die Mitbestimmung. Diese Studie bezieht sich zwar auf die Gegenwart – die Strategien der Unternehmen, die betriebliche Mitbestimmung klein zu halten, dürften aber schon früher etabliert gewesen sein. In Bormanns Studie sind auch weitere aktuelle Beispiele von Einzelhandelsunternehmen zu finden, die versuch(t)en, die Gründung oder Arbeit von Betriebsräten zu ver- oder behindern, etwa für Aldi Süd (Bernd Kastner, Die Aldi-Süd-Revolution: ein Betriebsrat, in: Süddeutsche Zeitung, 07. 04. 2004), Lidl (Giese/Hamann, Schwarz-Buch Lidl Europa) oder H&M (Köhnen, Unternehmenskultur und Personalpolitik).

[340] Eine Typologie für Betriebsräte in der Industrie findet sich bei: Kotthoff, Betriebsräte und betriebliche Herrschaft. Sie reicht vom „klassenkämpferische[n] Betriebsrat" bis zum „Betriebsrat als Organ der Geschäftsleitung".

Betriebsräte im Einzelhandel

Für die betriebsübergreifenden Bedürfnisse der Beschäftigten und Probleme waren die beiden Einzelhandelsgewerkschaften HBV und DAG zuständig.[341] Für betriebsspezifische Interessen war spätestens mit dem Betriebsverfassungsgesetz von 1952 der Betriebsrat die offizielle Instanz, mit der sich die Beschäftigten vertreten wissen durften.[342] Er konnte über die Betriebsordnungen Einfluss nehmen, die zwischen Geschäftsleitung und Betriebsrat geschlossen wurden und als Bestandteil der Arbeitsverträge galten.[343] Auch zuvor hatte es Betriebsräte gegeben, die auf freiwilliger Basis seitens der Unternehmen geduldet wurden. In Industriebetrieben war dies eine etablierte und weit verbreitete Institution – nicht so im Einzelhandel.[344] Aufgrund der kleingliedrigen Struktur des Einzelhandels und der traditionell starken persönlichen Abhängigkeitsverhältnisse hatte sich diese Institution nicht überall durchgesetzt. Eine Schwierigkeit bestand im Schwellenwert zur Bildung eines Betriebsrates: Ab fünf Beschäftigten konnte sich ein solcher konstituieren. Allerdings wurden mithelfende Familienangehörige nicht dazugerechnet, was sich in den 1950er Jahren auf die Gründung von Betriebsräten im Lebensmitteleinzelhandel negativ auswirkte. Eine weitere Schwierigkeit für die Betriebsratsarbeit im Einzelhandel war die Tatsache, dass in Betrieben mit weniger als 20 Angestellten in wirtschaftlichen Angelegenheiten den Betriebsräten keine Mitspracherechte eingeräumt wurden. Später kam hinzu, dass viele Frauen im Einzelhandel in Teilzeit und in unterschiedlichen Schichten arbeiteten, was die Artikulation gemeinsamer Interessen erschwerte.[345]

Oft kamen thematische Anliegen im Betriebsrat auf, die sich mit gewerkschaftlichen Interessen überschnitten, und bisweilen waren seine Mitglieder auch gewerkschaftlich organisiert. Dies traf vor allem seit den 1970er Jahren auf die Beschäftigten in den großen Waren- und Kaufhäusern zu. Neben der Repräsentation in den Betriebsräten war es etwa der HBV ein Anliegen, über Betriebsgruppen[346] und Vertrauensleute[347] zu verfügen, um die gewerkschaftliche Arbeit auszuweiten. Diese

---

[341] Vgl. hierzu Kapitel 2.5 in dieser Arbeit.

[342] Betriebsverfassungsgesetz (BetrVG), in: BGBl. I, Nr. 43, vom 14. 10. 1952, S. 681–694.

[343] Dazu beispielsweise die überlieferten Betriebsordnungen der Firma Ludwig Beck am Rathauseck – Textilhaus Feldmeier K.G. von 1968 und 1974, in: BWA, F 34 / 254, Interne Organisation des Unternehmens, Betriebsordnungen und Hausordnung, 1968–1974. Siehe zu deren Einfluss auch die Kapitel 2.5 zum Gehalt, sowie Kapitel 5.2 zur Arbeitszeit.

[344] Zur Herausbildung der Betriebsräte nach dem Ende des Zweiten Weltkriegs als „unverzichtbares Element einer demokratischen Gesellschaft": Neumann, Freiheit am Arbeitsplatz, Zitat auf S. 481.

[345] Vgl. Wortmann, Eine historisch-institutionalistische Perspektive, S. 118.

[346] „In größeren Firmen treffen sich ver.di-Mitglieder in Betriebsgruppen. Dort diskutieren sie, welche Probleme anstehen und wie sie am besten gelöst werden können. ver.di-Betriebsgruppen begleiten auch die Arbeit von Betriebs- und Personalräten. Und wo es noch keine Betriebsgruppe gibt, steht es jedem Mitglied frei, eine zu gründen.", in: Artikel von der aktuellen ver.di-Homepage zum Thema „Mitgliederbeteiligung: Nur wer mitmacht, wird gehört", https://www.verdi.de/themen/geld-tarif/++co++30808526-ac65-11e0-652e-00093d114afd [zuletzt abgerufen am 03. 08. 2022].

[347] Vertrauensleute sind gewählte Gewerkschaftsmitglieder, die in den Betrieben ehrenamtlich gewerkschaftliche Aufgaben übernehmen und als Bindeglied zwischen Gewerkschaft und

3.4 Einzelhandelsbetriebsräte: Anpassung, Akzeptanz und Auflehnung 171

existierten vor allem in den Großbetrieben des Einzelhandels – etwa bei Karstadt, Hertie, Kaufhof, SUMA, Wertkauf.[348] 1972 erfuhr das Betriebsverfassungsgesetz eine grundlegende Novellierung, unter anderem indem die Differenzierung der Beschäftigten in Angestellte und Arbeiter beziehungsweise Arbeiterin entfiel.[349] Die bayerische HBV beurteilte das Gesetz zunächst positiv, da etwa die Mitbestimmung in sozialen Angelegenheiten durch ein Vetorecht gestärkt und Beteiligungsmöglichkeiten in personellen Fragen erweitert wurden. Ein paar Jahre später bewertete die Gewerkschaft es jedoch als unzureichend und forderte eine Ausdehnung der Betriebsratsrechte sowie eine echte Mitbestimmung bei wirtschaftlichen Themen im Betrieb.[350]

Als Beispiel für die Bedeutung der Betriebsräte im Einzelhandel dienen die Ergebnisse der Betriebsratswahlen in Bayern 1975. Erfasst wurden im Bereich des Einzelhandels 137 Betriebe mit insgesamt 56 201 Beschäftigten.[351] Allerdings wurden hier nur Großbetriebe erfasst, sodass die Ergebnisse positiv verfälscht sind, da der gewerkschaftliche Organisationsgrad und auch die Betriebsratsdichte dort höher waren als bei mittleren und kleinen Betrieben.[352] Die in den Großbetrieben Beschäftigten waren zu circa zwei Drittel weiblich und zu einem Drittel männlich. Die Verteilung der Geschlechter spiegelte sich in den Betriebsräten jedoch nicht wider: Hier waren mehr Männer (57,9 Prozent) als Frauen (42,1 Prozent) vertreten. Was den Organisationsgrad der Betriebsratsmitglieder angeht, so schnitt die HBV mit 66,3 Prozent am besten ab. Die zweitgrößte Gruppe bildete in diesem Beispiel die der Nicht-Organisierten mit 18,4 Prozent. Der DAG gehörten immerhin 9,8 Prozent der Betriebsratsmitglieder an, anderen DGB-Gewerkschaften 4,9 Prozent und sonstigen Interessensvertretungen 0,6 Prozent. Und auch bei den Betriebsratsvorsitzenden überwogen diejenigen, die in der HBV organisiert waren, deutlich. Sie stellten 107 Betriebsratsvorsitzende und die DAG 14, während 13 unorganisiert, zwei in einer anderen DGB-Gewerkschaft und einer anderweitig organisiert waren.[353]

Gewerkschaftsmitgliedern in den Betrieben fungieren; vgl. etwa: Koopman, Vertrauensleute; Vertrauensleutearbeit im Betrieb gestalten, hrsg. v. ver.di – Vereinte Dienstleistungsgewerkschaft e. V.

[348] AdMAB, HBV, Ordner zur 11. Ordentlichen Landesbezirkskonferenz 1988 in Erlangen, hier: Geschäftsbericht 1984–1987, S. 65–68.
[349] Betriebsverfassungsgesetz (BetrVG), in: BGBl. I, Nr. 2, vom 15. 01. 1972, S. 13–43.
[350] AdMAB, HBV Bayern, Geschäftsbericht der Gewerkschaft Handel, Banken und Versicherungen, Landesbezirk Bayern zur 8. Landesbezirkskonferenz am 12. und 13. Juni 1976 in Nürnberg, hier: S. 28; AdMAB, HBV Bayern, Broschüre, Zwischen Kochtopf, Kindern und Kunden. Ergebnisse einer Befragung, 1980, o. S.
[351] AdMAB, HBV Bayern, Geschäftsbericht 1976, hier: S. 28 f.
[352] Die Arbeitsstättenzählung von 1970 weist für Bayern eine Gesamtzahl von 87 635 Arbeitsstätten im Einzelhandel und von 351 420 Beschäftigten auf. Durchschnittlich arbeiteten 1970 also in einem Betrieb nur vier Beschäftigte. Bei den in der Umfrage erfassten Betrieben waren es aber durchschnittlich über 400 Beschäftigte pro Betrieb; vgl. Statistisches Jahrbuch 1976, S. 172–175.
[353] AdMAB, HBV Bayern, Geschäftsbericht der Gewerkschaft Handel, Banken und Versicherungen, Landesbezirk Bayern zur 8. Landesbezirkskonferenz am 12. und 13. Juni 1976 in Nürnberg, hier: S. 28 f.

Eine Umfrage unter weiblichen Einzelhandelsbeschäftigten in Bayern gibt einen Einblick in das Verhältnis der Beschäftigten zu ihren Betriebsräten: Der Grad an Zufriedenheit der Befragten war mit 72 Prozent recht hoch und dementsprechend auch der Prozentsatz unter ihnen, die sich mit ihren Problemen und Fragen an den Betriebsrat wandten. Diejenigen, die mit der Betriebsratsarbeit nicht zufrieden waren, führten dies auf eine vermeintliche oder tatsächliche Inaktivität des Betriebsrats oder auf dessen jeweilige Schwierigkeiten mit der Umsetzung der laut Betriebsverfassungsgesetzes vorgesehenen Möglichkeiten zurück.[354]

Unterstützer des Unternehmens: Der C&A-Betriebsrat in den 1950er Jahren

Eine besondere Ausprägung des unternehmensstützenden Betriebsrats war bei C&A in den 1950er Jahren vorzufinden. Die Hauptbetriebsleitung und die untergeordneten Geschäftsleitungen legten diese Institution stark nach ihren Vorstellungen aus, begriffen den Betriebsrat als ihren verlängerten Arm zu den Beschäftigten. Sie waren stets involviert in die Zusammensetzung des Betriebsrats, die besprochenen Themen und sonstigen Probleme. Verdeutlicht wird dies mit einer Auflistung aller vorhandenen Betriebsräte innerhalb des Unternehmens, sprich in den verschiedenen Häusern, aus dem Jahre 1948. In den meisten Häusern setzte er sich aus fünf Personen zusammen; nur in Hamburg und Essen waren es sechs beziehungsweise sieben Personen. Es waren insgesamt in etwa gleich viele Männer wie Frauen in den Betriebsräten vertreten, allerdings unterschied sich das Geschlechterverhältnis stark zwischen den verschiedenen Filialen. Auch verschiedene Berufsgruppen waren repräsentiert.[355] Da noch nicht in allen C&A-Filialen Betriebsräte existierten, gab die Hauptbetriebsleitung die Gründung von solchen in den betreffenden Häusern als Ziel heraus: „Mit dem Betriebsrat soll eine gute Zusammenarbeit gepflogen werden."[356] Mit der Förderung solcher Neugründungen war wohl vor allem die Idee verbunden, dass der Betriebsrat leichter zu kontrollieren sein würde, wenn er von Seiten des Unternehmens initiiert und gestützt wurde, als würde er tatsächlich als eine reine Beschäftigtensache in Lebens gerufen. Noch einmal dringlicher wurde dieses Verlangen der Hauptbetriebsleitung von C&A an ihre Betriebsleiter kurz vor der Verabschiedung des Betriebsverfassungsgesetzes: „Da ein Betriebsrat, der bereits bei Inkrafttreten des Betriebsverfassungsgesetzes besteht, noch 6 Monate im Amt bleibt und selbst die Neuwahl durch Bildung des Wahlvorstandes vorbereitet, ist anzustreben, daß alle unsere Häuser ordnungsgemäß gewählte Betriebsräte haben." Zusätzlich sollte

„[…] [d]er Betriebsrat […] beim Personal auch optisch in Erscheinung treten. Es fällt uns kein Stein aus der Krone, wenn bei der Einführung sozialer Neuerungen und bei bestimmten Verbesserungen der Verdienst hieran dem Betriebsrat überlassen wird. Umso eher können wir damit

---

[354] AdMAB, HBV Bayern, Zwischen Kochtopf, Kindern und Kunden, 1980, o. S.
[355] DCM, 106863, Tagesordnungen der 30.–31. und Protokolle der 32.–34. Betriebsleiterversammlung 1948–1952, hier: Protokoll der Betriebsleiterversammlung 1948, S. 14.
[356] DCM, 106863, hier: Protokoll der Betriebsleiterversammlung 1950, S. 7.

rechnen, daß dieser Betriebsrat, von dem wir voraussetzen, daß wir mit ihm gut zusammenarbeiten, vom Personal wieder gewählt wird, und sich das Betriebsverfassungsgesetz in unserem Unternehmen nicht allzu scharf auswirken wird."[357]

Nach der Verabschiedung des Gesetzes wurden die Betriebsleiter dann intensiv über die neuen Vorschriften sowie deren Auslegung und geplante Ausgestaltung bei C&A informiert.[358] So sollten zwar die Betriebsräte etwa zur Vorbereitung von Neuwahlen die notwendigen Unterlagen erhalten, allerdings wies die C&A-Hauptbetriebsleitung ihre Geschäftsleitungen darauf hin, dass die laut Wahlordnung[359] dafür vorgesehenen Lohn- und Gehaltslisten nicht vorzulegen seien.[360] Außerdem war im Betriebsverfassungsgesetz die Wahl unterschiedlicher Vertreter und Vertreterinnen für die Angestellten- wie für die Arbeiterschaft vorgesehen (§ 3 Abs. 2e). Eine gemeinsame Wahl wäre jedoch möglich gewesen, wenn sich beide Gruppen im Vorfeld dafür entschieden hätten. C&A hingegen legte explizit Wert auf eine Trennung, „[d]amit nicht die Angestellten zugunsten der gewerblichen Kräfte [...] benachteiligt werden".[361] Die Hauptbetriebsleitung befürchtete ein zu starkes Übergewicht der Arbeiterschaft. Offenbar vermutete sie unter ihr größeres Störpotenzial – vermutlich zurecht, denn die Angestellten verfügten bis weit in die 1950er Jahre hinein noch über eine stärkere berufs- und mittelständische, nicht so sehr über eine Klassenidentität.[362] Des Weiteren sollte die Hauptverwaltung von Beginn an von den Betriebsleitungen stets die Protokolle der monatlich abzuhaltenden Betriebsratssitzungen zugeschickt bekommen.[363] Diese wurden dazu ermahnt, regelmäßig Betriebsratssitzungen einzuberufen, um nicht-überwachte Treffen der Belegschaft von vornherein zu vermeiden oder unwahrscheinlicher zu machen:

„Durch möglichst zahlreiche Sitzungen, die von der Geschäftsleitung einberufen werden, werden wir auch erreichen, daß interne Sitzungen der Betriebsräte, die laut Bundesverfassungsgesetz [gemeint ist vermutlich Betriebsverfassungsgesetz] ohne Teilnahme der Arbeitgeberseite möglich sind, auf ein Minimum beschränkt werden."[364]

Aus dem Jahr 1956 sind Protokolle solcher Sitzungen überliefert. Sie zeigen, dass der Betriebsrat hier eher die Funktion eines Informationsmediums übernahm. Dabei wurden etwa „der Bericht der Direktion über die Lage und die Entwicklung

---

[357] DCM, 106863, hier: Protokoll der 34. Betriebsleiterversammlung 1952, S. 8.
[358] DCM, 117090, Rundschreiben an die Geschäftsleitungen der Häuser 1953, hier: Schreiben der C & A Brenninkmeyer GmbH. Hauptbetriebsleitung, an die Geschäftsleitungen aller Betriebe, Nr. 12/1953, Betr.: Betriebsverfassungsgesetz und Neuwahlen zum Betriebsrat, vom 08. 04. 1953.
[359] Erste Rechtsverordnung zur Durchführung des Betriebsverfassungsgesetzes vom 18. 03. 1953, § 2 Abs. 2, in: BGBl. I, Nr. 11, vom 20. 03. 1953, S. 58–67.
[360] DCM, 117090, Rundschreiben an die Geschäftsleitungen der Häuser 1953, hier: Schreiben Nr. 12/1953, S. 3 f.
[361] DCM, 117090, hier: Schreiben Nr. 12/1953, S. 4.
[362] Vgl. Wortmann, Eine historisch-institutionalistische Perspektive, S. 115 f.
[363] DCM, 115783, Rundschreiben an die Geschäftsleitung Haus Essen 1951–1953, hier: Schreiben der C. & A. Brenninkmeyer G.m.b.H. Hauptbetriebsleitung, an die Geschäftsleitungen aller C. & A.-Häuser, Nr. 25/1952, Betr.: Betriebsratssitzungen, vom 27. 06. 1952.
[364] DCM 117090, Rundschreiben an die Geschäftsleitungen der Häuser 1953, hier: Schreiben Nr. 12/1953, S. 5.

des Unternehmens [...] verlesen", die übertariflichen Zahlungen von C&A und die besonderen Leistungen der Unterstützungskasse hervorgehoben und die Vorhaben der Hauptverwaltung – die Einführung eines neuen Verkaufssystems etwa – vorgestellt.[365] Und andersherum sollten auftauchende Probleme, Ängste und Sorgen von Beschäftigten so schnell wie möglich zur Sprache kommen, damit die Geschäftsleitung die Störfaktoren rasch beseitigen konnte: „Nur durch stetigen Kontakt mit der Belegschaft, wodurch wir laufend über die Stimmung der Betriebsmitglieder in Kenntnis gesetzt werden, können wir uns vor unliebsamen Überraschungen durch unmäßige Wünsche seitens einiger radikaler Elemente schützen."[366] Dem Betriebsrat kam aus Sicht der Unternehmensleitung somit hauptsächlich die Funktion zu, die von oben auferlegten Maßnahmen abzunicken. Eine eigenständige Initiative war ausdrücklich nicht erwünscht: „Von Seiten des Betriebsrats werden im Übrigen keine besonderen Probleme auf den Tisch gelegt. Die gute Zusammenarbeit zwischen Geschäftsleitung und Betriebsrat wird betont."[367] Wenn, wie im Hause Mannheim, der Betriebsrat bei solchen Sitzungen kritische Fragen stellte, wurden diese mehr oder weniger kommentarlos abgeblockt. Den Wunsch eines Betriebsratsmitglieds nach Erhöhung des Urlaubsgeldes quittierten die Verantwortlichen des Wirtschaftsausschusses mit dem Verweis darauf, dass die geltende Urlaubsregelung des Entgegenkommens genug sei. Die Nachfrage, weshalb Männer und Frauen unterschiedlich viel Weihnachtsgeld bekämen, wurde überhaupt nicht beantwortet.[368] Als 1958 die Direktion die Geschäftsleitungen dazu aufforderte, sich nach den zusätzlichen Sozialleistungen von Konkurrenzunternehmen zu erkundigen, warnte sie davor, die Betriebsräte an dieser Aufgabe zu beteiligen. Das begründete sich in der Sorge, die Betriebsratsmitglieder könnten ungenaue Angaben vorlegen oder sich zu Unrecht Hoffnungen auf eine Verbesserung der Leistungen bei C&A machen.[369] Von einem vertrauensvollen Verhältnis oder einer partnerschaftlichen Zusammenarbeit kann hier nicht gesprochen werden.

---

[365] DCM, 101585, Protokolle gemeinsamer Sitzungen des Wirtschaftsausschusses mit den Betriebsräten der Häuser 1955–1956, hier: Protokoll über die Betriebsratssitzung in Gegenwart von Wirtschaftsausschußmitgliedern am 05. 07. 1956 im Haus Düsseldorf.

[366] DCM, 117090, Rundschreiben an die Geschäftsleitungen der Häuser 1953, hier: Schreiben Nr. 12/1953, S.5.

[367] DCM, 101585, Protokolle gemeinsamer Sitzungen des Wirtschaftsausschusses mit den Betriebsräten der Häuser, 1955–1956, hier: Protokoll der gemeinschaftlichen Sitzung der Wirtschaftsausschußmitglieder mit dem Betriebsrat des Hauses Frankfurt am 16. 09. 1955.

[368] DCM, 101585, hier: Protokoll über die erweiterte Betriebsratssitzung im Haus Mannheim mit 2 Mitgliedern des Wirtschaftsausschusses am 29. 05. 1956.

[369] DCM, 108187, Rundschreiben an die Geschäftsleitungen der Häuser 1958, hier: Schreiben der C. & A. Brenninkmeyer G.m.b.H., Hauptbetriebsleitung, an die Geschäftsleitungen aller Häuser, Nr. 40/1958, Betr.: Bezahlung und soziale Leistungen bei anderen Firmen, vom 5. 12. 1958.

Kleine Opposition: Der Hirmer-Betriebsrat von den 1960er bis in die 1990er Jahre

Ganz anders war die Situation beim Textilgeschäft Hirmer in München. Dort gab es zunächst fünf Personen im Betriebsrat – mit wachsender Belegschaftsgröße stieg die Zahl der Repräsentanten auf sieben und später auf neun, wobei dann eine Person freigestellt werden konnte. Die Wahl der Mitglieder erfolgte gewohnheitsmäßig über eine einzige Liste, also als Persönlichkeitswahl.[370] Eine Gewerkschaftsliste gab es hier nicht, was zeigt, dass weder HBV noch DAG großen Einfluss auf die Betriebsratsarbeit bei Hirmer hatten. Bei diesem patriarchalisch geprägten Familienunternehmen hing das Verhältnis zwischen Betriebsrat und Unternehmensleitung stark von den einzelnen Persönlichkeiten ab. Interviewt wurden von Hirmer drei ehemalige Beschäftigte, die sich nacheinander im Betriebsrat engagiert hatten. Während ersterer sehr engagiert und konfrontativ war, dafür aber von den ehemaligen Kollegen und Kolleginnen als „Choleriker" und „Ratte" bezeichnet wurde, sagte man über den zweiten, er sei „ein bissel ein Ruhigerer"[371] gewesen. Die dritte beschrieb sich selbst als ausdauernd, wenn sie sich für eine Sache einsetzte, kompromissbereit und am Wohl der Beschäftigten und der Firma interessiert.[372] Eine entscheidende Rolle spielten wohl aber auch die Chefs: So habe es zu „Seniorzeiten" auch einen Betriebsrat gegeben, „aber der war mehr auf dem Papier gestanden".[373] Ein ehemaliger Beschäftigter begründete dies unter anderem mit der guten wirtschaftlichen Situation: „[D]a ging es ja aufwärts, da braucht[e] man auch den Betriebsrat nicht so sehr".[374] Nach der Übergabe an die nächste Generation, 1980, änderte sich die Herangehensweise an unternehmerische Entscheidungen, weg vom patriarchalischen hin zum betriebswirtschaftlichen Denken: „Und jetzt kam eben der Herr Doktor von der Schule, vom Studium hier rein".[375] Der damalige Betriebsrat sagte dazu:

„Und da hat er mir das Arbeitsrecht gezeigt, bis dahin kannte ich noch kein Arbeitsrecht und auch kein Betriebsverfassungsgesetz, hat mich auch nie interessiert, aber da hab ich mir gedacht, wenn der Chef sagt, wenn de [sic!] Recht hast, dann nimmt er sich's, da hab ich gedacht, dann kannst es dir auch nehmen. Dann habe ich mich ums Recht dann gekümmert. War ich natürlich nicht gerne angesehen."[376]

Der Wechsel des Führungsstils in dem Familienunternehmen rief ein verändertes Verhalten des – vormals angeblich nicht benötigten – Betriebsrats hervor. So kam es zu häufigeren und auch stärkeren Konflikten:

---

[370] HUA, 2013/08/0009, Interview: Interview mit Fr. G. H., Betriebsrätin (25. 11. 2009), S. 9.
[371] HUA, 2013/08/0004, Interview: Interview mit Hr. H. S., Hr. P. A., Hr. A. O. (23. 11. 2009), S. 25.
[372] HUA, 2013/08/0009, Interview: Interview mit Fr. G. H., Betriebsrätin (25. 11. 2009), S. 13 f.
[373] HUA, 2013/08/0004, Interview: Interview mit Hr. H. S., Hr. P. A., Hr. A. O. (23. 11. 2009), S. 24.
[374] HUA, 2013/08/0014, Interview: Interview mit Hr. H. K., Hr. R. S., Hr. E. B., und Fr. I. B. (04. 12. 2009), S. 28.
[375] HUA, 2013/08/0014, S. 28.
[376] HUA, 2013/08/0014, S. 27.

„Wir haben mit dem Herrn Doktor Sitzung gehabt und da hat er gesagt, was er will, es gab keinen Konsens, aus! [...] Dann musste ich genauso gegenhandeln. [...] Ich habe zum Beispiel nie in Anspruch genommen, dass ich freigestellt war. Ich habe also nur bedingt Betriebsratsarbeit gemacht und habe weiter verkauft und hatte dann einen Prämienausgleich zunächst von 200 Mark, war nicht viel. Und nach dem Gespräch habe ich dann gesagt: Aus. Jetzt lasse ich freistellen [...] und dann waren es 800. Hat's was mehr gekostet, aber wenn jemand zu mir sagt, er hat keinen Konsens, dann habe ich auch keinen."[377]

Bei der Übergabe an einen neuen Geschäftsführer lässt sich anhand der Aussage der ehemaligen Betriebsrätin schließlich eine Professionalisierungstendenz auf beiden Seiten erkennen: „[H]eute ist es ja der Herr T[.], der Geschäftsführer, wobei ich mit dem Herrn T[.] eigentlich sehr vertrauensvoll arbeiten konnte. Das eine oder andere Mal kommen wir uns in die Quere, aber nie, dass man sich zerstreitet, dass es nicht mehr geht."[378] Vor allem die Jüngste unter den Befragten, die ab 1984 im Unternehmen arbeitete, stufte das Verhältnis zur Geschäftsleitung als stets positiv ein:

„Aber die Philosophie, die bei Hirmer herrscht zwischen Geschäftsleitung und Betriebsrat, die hat sich, ich sage mal, in den letzten 20 Jahren gut entwickelt. Und es ist zwar an dem einen oder anderen Punkt ein bisschen anstrengend, aber es ist doch ein Umgang, eine gepflegter Umgang miteinander. Mit Respekt begegnet man sich, [...] das ist sehr wohltuend, dass man ernst genommen wird. Und der Umgang miteinander ist vertrauensvoll und immer erfolgsorientiert für Mitarbeiter."[379]

Bei Hirmer überwog seitens der Beschäftigten (zumindest derer im Betriebsrat) zumeist die Ansicht, dass es einem doch – gerade im Verhältnis zu anderen Einzelhandelsbeschäftigten – durchaus sehr gut gehe. Das verdeutlichen die beiden folgenden, sehr ähnlichen Zitate, die zwei verschiedene Jahrzehnte beschreiben. Über die Betriebsratsarbeit in den 1980er Jahren sagte ein ehemaliger Hirmer-Betriebsrat:

„Aber es war ja auch so, dass man nicht viel gebraucht hat. Ich habe ja dann den Einblick gehabt von den ganzen Geschäften rundrum, weil man sich ja da auch getroffen hat. Und die haben Probleme gehabt und ich habe gesagt, ich brauche gar nichts zu sagen, das haben wir alles, worum ihr ewig schon streitet. [...] Das ist mit der Bezahlung schon angegangen, gell. Der Hirmer hat immer über Tarif gezahlt, die anderen haben, wenn sie gekriegt haben, nach Tarif wenigstens noch gekriegt. Dann freizeitmäßig auch, die anderen Geschäfte haben vielleicht mit Ach und Krach dann einmal einen Tag im Monat, dann zwei Tage im Monat, aber dass sie dann jede Woche ihren freien Tag gehabt haben, das war dann auch nicht. Das ist viel später erst mal dann gekommen. Und dann Weihnachtsgeld, Urlaubsgeld und so, das ist bei den anderen wesentlich früher gekürzt worden als beim Hirmer. Du hast dein Urlaubsgeld gekriegt, du hast deine Weihnachtsgratifikation gekriegt."[380]

Und auch im Interview mit der späteren Betriebsrätin wurde dieser Punkt bezüglich der 1990er Jahre deutlich: „Bei uns ist es keine Frage, dass wir mehr Weihnachtsgeld bekommen wie alle anderen um uns herum. Bei uns ist es keine Frage, wenn wir von den Mitarbeitern etwas wollen, dass wir auch was kriegen, ich sage

---

[377] HUA, 2013/08/0014, S. 28.
[378] HUA, 2013/08/0014, S. 10 f.
[379] HUA, 2013/08/0009, Interview: Interview mit Fr. G. H., Betriebsrätin (25. 11. 2009), S. 8 f.
[380] HUA, 2013/08/0004, Interview: Interview mit Hr. H. S., Hr. P. A., Hr. A. O. (23. 11. 2009), S. 24.

mal durch Zeitzuschläge zusätzlich oder durch Gutscheine."[381] Damit waren Sozialleistungen und Gratifikationen angesprochen, die aus einem Geist des Patriarchalismus heraus gewährt wurden. Hier gab es aber dennoch Spielraum für Betriebsratsarbeit: „Also [...] man hat meistens was rausholen können oder verbessern können. Finanziell oder freizeitmäßig, also, da ist die Firma uns entgegen gekommen."[382]

Ein größerer Streitpunkt hingegen war das Thema der Arbeitszeit gewesen: Bei der Einführung der 5-Tage-Woche 1970 arbeitete man zunächst mit dem System einer rückwärts rollierenden Freizeit.[383] Der Betriebsrat hatte sich anschließend dafür eingesetzt, dass das System auf vorwärts rollierend umgestellt wurde, damit die Beschäftigten ein langes, freies Wochenende erhielten: „Und da haben wir alle gemurrt und das ist eine der ganz großen Geschichten gewesen. [...] Das war Betriebsrat B[.], das war schon [eine] gute Aufgabe und gute Lösung [sic!]."[384] Der betreffende Betriebsrat sagte in der Rückschau, dass ihn dies einiges an Kraft gekostet habe. Er kritisierte diesbezüglich auch den pseudo-patriarchalischen Führungsstil des Unternehmens: „Wir waren ja auch immer dem ausgesetzt, [...] und wenn wir irgendetwas wollten, dann sagte der Doktor immer: Naja, dann nehme ich euch das andere weg. Wir standen immer mit einem Bein in der Spalte."[385] Den Betriebsrat bezeichnete er – gerade jener, von dem die anderen behaupteten, dass er ein Kämpfer gewesen sei – als „stumpfes Schwert", insofern dieser bei rechtlichen Fragen nur beratend zur Seite stehen konnte: „[D]er Betriebsrat kann nichts machen, er kann höchstens denjenigen aufklären, aber rechtmäßig muss das jeder selber durchführen dann. Der Betriebsrat kann Fürsprache machen oder so, aber sonst hat er keine Macht."[386] Eine rote Linie stellte für die Geschäftsleitung wohl auch die Entlohnung dar. Wollten die Beschäftigten, die übertariflich bezahlt wurden, mehr Geld für sich aushandeln, mussten sie das selbst tun: „Da war der Betriebsrat außen vor."[387]

Eine andere Schwierigkeit lag in persönlichen Konflikten, die die Betriebsratsarbeit mit sich brachte:

„Es gibt natürlich Dinge, die man nicht vertreten kann. Aber du als Betriebsrat sollst sie vertreten, also von der ideologischen Seite her. Ich stamme ja selbst aus einem kleinen Handwerksbetrieb, hab für die andere Seite Verständnis, darfs aber nach außen nicht zugeben."[388]

Diese Problematiken, aber auch die Persönlichkeitswahl, deuten darauf hin, dass bei Hirmer die Gewerkschaften (HBV oder DAG) keinen besonders starken Einfluss hatten. Und bestätigt wird dies durch die Aussage einer Betriebsrätin: „Ge-

---

[381] HUA, 2013/08/0009, Interview: Interview mit Fr. G. H., Betriebsrätin (25. 11. 2009), S. 13.
[382] HUA, 2013/08/0004, S. 24.
[383] Das System der rollierenden Arbeitszeit wird in Kapitel 5.2 genauer erläutert.
[384] HUA, 2013/08/0014, Interview: Interview mit Hr. H. K., Hr. R. S., Hr. E. B., und Fr. I. B. (04. 12. 2009), S. 27.
[385] HUA, 2013/08/0014, S. 27 f.
[386] HUA, 2013/08/0014, S. 27.
[387] HUA, 2013/08/0014, S. 35.
[388] HUA, 2013/08/0014, S. 28.

werkschaftsmitglieder hatten wir vielleicht 15, jetzt haben wir noch nicht einmal 15. Also soweit die organisierte Belegschaft."[389] Eine weitere Problematik, bei der der Betriebsrat mitentschied, waren die sich verändernden Arbeitszeiten, die mit der Verlängerung der Ladenöffnungszeiten einhergingen. Dabei sollte vonseiten des Betriebsrats aus verhindert werden, dass zu lange gearbeitet oder aber jemand bevorteilt würde. Es ging darum, darauf zu achten, „dass die Arbeitszeiten eingehalten werden, die Pausen eingehalten werden, der Unfallschutz stimmt".[390] Ebenso konnte die Betriebsrätin, die auch an der Kasse beschäftigt war, bei der Einführung neuer Kassensysteme mitentscheiden: „Also, ich durfte immer mit beratend [sic!] tun."[391] Dies interpretierte sie offenbar als Zugeständnis, obwohl es laut Betriebsverfassungsgesetz so vorgesehen war. Zusätzlich war sie bei der Eröffnung von Hirmer-Zweigstellen eingespannt: „Da durfte ich dann immer zur Einschulung der Kassenkräfte dort mit zur Eröffnung. Also man hat ganz viele Aufgaben übernommen neben dem Betriebsrat."[392] Auch das interpretiert sie positiv, obwohl sie eigentlich freigestellt war, sich in Altersteilzeit befand und nur gelegentlich an der Kasse aushalf.

War der Betriebsrat bei Hirmer zunächst aufgrund des patriarchalischen Führungsverständnisses und den damit verbundenen Vergünstigungen zwar von der Geschäftsleitung geduldet, aber unbedeutend, wurde er zwischenzeitlich das Werkzeug einzelner Engagierter, die sich für die Anliegen der Beschäftigten einsetzten. Seit den 1990er Jahren schließlich wurde der Betriebsrat als Institution aufgefasst, die bestimmte Aufgaben von der Leitung übernahm, um zum Gelingen des Arbeitsalltags beizutragen und die Stimmung der Beschäftigten zu heben – nicht jedoch als eine tatsächliche Interessensvertretung der Beschäftigten.

Aktiv und engagiert: Der Gaissmaier-Betriebsrat in den 1970er und 1980er Jahren

Der Betriebsrat beim Lebensmittelunternehmen Gaissmaier konstituierte sich im Jahr 1970.[393] Die Wahlbeteiligung lag bei 67,71 Prozent, was als Beweis für eine breite Vertrauensbasis unter den Beschäftigten gewertet werden kann. Er vertrat die Beschäftigten sämtlicher Filialen sowie der Zentrale – das ganze Unternehmen wurde als ein Betrieb gerechnet. Dementsprechend konnten auch Filialleiterinnen und Filialleiter Mitglied im Betriebsrat werden, da sie nicht als leitende Angestellte gezählt wurden. Dies lag sicherlich in einem rechtlichen Graubereich und brachte Probleme, möglicherweise aber auch Vorteile mit sich. Der Betriebsratsvorsitzende

---

[389] HUA, 2013/08/0009, Interview: Interview mit Fr. G. H., Betriebsrätin (25. 11. 2009), S. 10.
[390] HUA, 2013/08/0009, S. 10.
[391] HUA, 2013/08/0009, S. 5.
[392] HUA, 2013/08/0009, S. 9 f.
[393] Bereits 1946 war ein Betriebsrat gewählt worden, allerdings hatte es nach dessen Amtszeit keine Neuwahl mehr gegeben und zwischenzeitliche neue Versuche zu einer Betriebsratswahl waren gescheitert; WABW, B 61 Bü 221, versch. Jahrgänge der Firmenzeitschrift „miteinander" (unvollst.), 1966–1982, hier: 1971/II, Artikel „Das Interview", S. 34.

war männlich und Mitglied in der HBV; über die anderen Mitglieder ist nur bekannt, dass es sich um acht Männer und fünf Frauen handelte. Manche waren länger, manche kürzer bei Gaissmaier beschäftigt – als Verkäuferinnen und Verkäufer, Filialleiterinnen und Filialleiter, Leiter der Werbeabteilung, der Lohn- und Gehaltsbuchhaltung, und als Kraftfahrer.[394] Die Aufgaben des Betriebsrats beschreibt der Vorsitzende in der Firmenzeitschrift „miteinander" wie folgt:

„Der Betriebsrat ist das Sprachrohr der Mitarbeiter. Dieses Sprachrohr haben die Mitarbeiter bisher gut zu nutzen gewußt. Ich darf einige Stichworte nennen: Arbeitszeitregelungen in den Filialen, mehr Gerechtigkeit bei Löhnen und Gehältern; Weihnachtsgratifikation etc."[395]

Hierbei wird deutlich, dass sich die Themen, denen sich der Betriebsrat auf Anfrage der Beschäftigten widmete, stark mit Kernforderungen der Gewerkschaften überschnitten. Als nach dem Inkrafttreten des Betriebsverfassungsgesetzes 1972 erneut gewählt wurde, kamen 19 männliche und weibliche Betriebsratsmitglieder zusammen. Zur Wahl hatten zwei Listen mit insgesamt 46 Kandidatinnen und Kandidaten gestanden, von denen eine von einem HBV-Mitglied, die andere von einem DAG-Mitglied angeführt worden war. Auf der einen Liste hatten 5 Frauen und 15 Männer, auf der anderen 11 Frauen und 15 Männer kandidiert. Gewählten wurden schlussendlich Mitglieder beider Listen, und zwar sieben Frauen und zwölf Männer.[396] Aus dem Tätigkeitsbericht des Betriebsrats, der in der Firmenzeitschrift abgedruckt wurde, geht eine Tendenz zur Professionalisierung hervor. Innerhalb des Betriebsrats wurden verschiedene Ausschüsse gebildet, die wesentlich häufiger zusammenkamen und die monatlichen Sitzungen vorbereiteten. Eine interessante Neuerung, die der Betriebsrat durchsetzen konnte, war, dass offene Stellen erst intern ausgeschrieben wurden, „um allen Mitarbeitern Aufstiegschancen sichtbar zu machen". Dies kann als Versuch gewertet werden, ein berufliches Fortkommen auch für bereits angestellte Frauen möglich zu machen.

Weitere, eher lebens- beziehungsweise arbeitspraktische Themen, die im Betriebsrat besprochen wurden, waren die Gestaltung der Personalschränke in den Personalräumen, die Bezahlung von Arbeitsmänteln, der Essenspreis sowie ein Fahrgeldzuschuss. Außerdem wurde am Jahresende über eine von der Geschäftsleitung vorgeschlagene „Jahresabschlußgratifikation" diskutiert und diese schlussendlich gebilligt. Aber auch die alltägliche Arbeit des Betriebsrats wird aus dem Tätigkeitsbericht ersichtlich, da in knappen Sätzen von Besprechungen über Stellenbeschreibungen und Kündigungen berichtet wird.[397] Insgesamt lassen sich keine harten Auseinandersetzungen des Betriebsrats mit der Geschäftsführung fest-

---

[394] WABW, B 61 Bü 221, versch. Jahrgänge der Firmenzeitschrift „miteinander" (unvollst.), 1966–1982, hier: 1970/I, Artikel „Gaissmaier wählte Betriebsrat, S. 22 f.
[395] WABW, B 61 Bü 221, hier: 1971/II, Artikel „Das Interview", S. 34.
[396] WABW, B 61 Bü 217, Buch „10 Jahre Betriebsrat" Dokumentation, 1980, hier: Listen der Kandidatinnen und Kandidaten für die Betriebsratswahl 1972, sowie Schreiben „Hier spricht der Betriebsrat: So sieht der neue Betriebsrat aus!", Mai 1972.
[397] WABW, B 61 Bü 221, versch. Jahrgänge der Firmenzeitschrift „miteinander" (unvollst.), 1966–1982, hier: 1973/I, Artikel „Breites Aufgabengebiet für den Gaissmaier-Betriebsrat", S. 10–12.

180   3. Arbeit im Verkauf – (K)ein Bund für's Leben

stellen. Ihre Zusammenarbeit wird trotz bisweilen unterschiedlicher Auffassungen als positiv und durch gegenseitige Kompromissbereitschaft gekennzeichnet beschrieben.[398]

In dem Bericht des Betriebsrats von 1976 tritt deutlich stärker als zuvor der gewerkschaftliche Einfluss des Vorsitzenden hervor: Eine Kernforderung der HBV Mitte der 1970er Jahre war es, auch für die Beschäftigten im Handel vermögenswirksame Leistungen nach dem sogenannten 624-DM-Gesetz zu ermöglichen.[399] Der Betriebsrat forderte diese Neuerung – gewissermaßen in vorauseilendem Gehorsam – bereits im Vorfeld der tarifvertragspartnerschaftlichen Auseinandersetzung auf Betriebsebene gegenüber der Geschäftsleitung ein. Die Gaissmaier-Führung lehnte dies mit Verweis auf bereits bestehende soziale Leistungen und andersartige Unterstützungen der Vermögensbildung ab. Dies ist ein Beispiel dafür, wie gewerkschaftliche Interessen in die Betriebe Eingang fanden.[400]

Über seine Arbeit informierte der Betriebsrat die Beschäftigten in Betriebsversammlungen und Teilbetriebsversammlungen (nach Abteilungen und Filialen), in den „grünen' Betriebsrats-Rundschreiben" und ebenso in gemeinsamen mit der Geschäftsleitung verfassten Rundschreiben. Ein großer Teil der erhaltenen Dokumentation widmet sich tarifvertraglichen Fragen (Löhne, Gehälter, Prämien), qua Betriebsvereinbarung zu regelnden Inhalten (etwa der Arbeitszeit), und der betrieblichen Sozialpolitik – darunter die Gewährung von Renten, Ausbildungsförderung, Kündigung, zu erstellende Sozialpläne und die Behandlung spezieller Einzelfälle.

Ein weiterer Professionalisierungsschritt erfolgte 1981. Zwei Personen des Betriebsrats wurden freigestellt, außerdem bekamen sie eine eigene Schreibkraft zugeteilt. Dies zeigt, dass sich der Betriebsrat im Unternehmen Gaissmaier bereits fest etabliert hatte. Weitere Erfolge stellten für den Betriebsrat die Verkürzung der Arbeitszeit im Fuhrpark dar, und dass er bei Filialschließungen die Kündigung von mehreren Kolleginnen und Kollegen durch innerbetriebliche Versetzung hatte verhindern können. Trotz unterschiedlicher Meinungen sei das Verhältnis zur Geschäftsleitung positiv geblieben und man habe vieles durch ergebnisoffene Gespräche erledigen können. So hatte man eine Erhöhung des Weihnachtsgeldes und die Reduzierung des Essenspreises erreicht, wie auch die Rahmenbedingungen für Inventuren verbessert.[401]

Während der Betriebsversammlungen waren zum Teil Gewerkschaftsvertreter anwesend. Dies war laut Betriebsverfassungsgesetz erlaubt beziehungsweise vorgesehen, sofern mindestens ein Betriebsratsmitglied auch Gewerkschaftsmitglied war. Die Gewerkschaftsvertreter konnten so über ihren Standpunkt hinsichtlich der Themen Rationalisierung, Tarifverträge und Ladenschlussgesetz zu den Gaissmaier-

---

[398] WABW, B 61 Bü 221, hier: 1971/II, Artikel „Das Interview", S. 34.
[399] Siehe dazu das Kapitel zu Gewerkschaften 2.3 in dieser Arbeit.
[400] WABW, B 61 Bü 221, versch. Jahrgänge der Firmenzeitschrift „miteinander" (unvollst.), 1966–1982, hier: 1976, Artikel „Wir vom Betriebsrat", S. 6 f.
[401] WABW, B 61 Bü 221, hier: 1981/I, Artikel „Aus der Arbeit des Gaissmaier-Betriebsrats: Nach der Neuwahl mit neuem Schwung an die Aufgaben", o. S.

Beschäftigten sprechen. Dies entsprach allerdings nicht den Vorstellungen der Geschäftsleitung, sodass es auch auf den Betriebsversammlungen zu Auseinandersetzungen kam, bei denen der Betriebsrat eine vermittelnde Position zwischen der Firma Gaissmaier und der HBV einnahm.[402] 1982 kam dieser Gegensatz deutlich zum Tragen:

„Die Vorträge der Gewerkschaften beinhalteten im Wesentlichen einen Überblick über die gesamtwirtschaftliche Situation, verbunden mit politischen Schlenkern in Richtung Sozialpolitik und Sozialabbau durch die Regierung, was zwischendurch zu Diskussionen zwischen Gewerkschaftsvertretern und der Arbeitgeberseite führte."[403]

Der Betriebsratsbericht 1982 ist geprägt durch Verweise auf die ökonomische Lage. Dabei wurde die Betriebsratsarbeit zwar als „wichtiger Beitrag zur Erhaltung der Arbeitsplätze in unserem Unternehmen" eingestuft, gleichzeitig jedoch einschränkend betont, dass aufgrund der „prekären gesamtwirtschaftlichen Situation [...] der Fortbestand der Firma Gaissmaier bevorzugt behandelt" werde. Man wollte gemeinsam mit den Verantwortlichen dafür kämpfen, „den Wettbewerb zu bestehen". Dass dies nur bedingt gelang, zeigt der Verkauf des Unternehmens 1984, sodass diese Aussagen im Nachhinein als Vorboten des Niedergangs interpretiert werden können.[404]

Der Gaissmaier-Betriebsrat beschäftigte sich innerhalb seines kurzen Bestehens aktiv und engagiert mit typischen Betriebsratsthemen und konnte dabei auch einige Erfolge verbuchen. Zumeist war das Verhältnis zur Geschäftsleitung gut und neben dem Wohl der Arbeitnehmer war man auch an dem Erhalt des Unternehmens – „unserer Firma Karl Gaissmaier" – interessiert.[405] Konfliktpotenzial lag in dem gewerkschaftlichen Engagement des Betriebsratsvorsitzenden, wie es die Auseinandersetzung um eine Bezahlung nach Tarifvertrag aufgezeigt hat.[406]

Hüter der Ordnung: Der Latscha-Betriebsrat der 1950er bis 1970er Jahre

Der Betriebsrat der Firma Latscha war allem Anschein nach nicht besonders bedeutend und recht mitarbeiterfern. In den verschiedenen Ausgaben der Latscha-Jahresberichte war ihm jeweils eine nur kleine Rubrik zugebilligt. Darin informierte

---

[402] WABW, B 61 Bü 221, hier: 1981/I, Artikel „Aus der Arbeit des Gaissmaier-Betriebsrats: Nach der Neuwahl mit neuem Schwung an die Aufgaben", o. S.

[403] WABW, B 61 Bü 221, hier: 1982/II, Artikel „Betriebsratsarbeit – in Ihrem Interesse, im Interesse aller!", S. 8.

[404] WABW, B 61 Bü 221, hier: 1982/II, Artikel „Betriebsratsarbeit – in Ihrem Interesse, im Interesse aller!", S. 8.

[405] WABW, B 61 Bü 221, hier: 1982/II, Artikel „Betriebsratsarbeit – in Ihrem Interesse, im Interesse aller!", S. 8.

[406] Vgl. Kapitel 2.5 der vorliegenden Arbeit zum Gehalt der Beschäftigten, wie auch die dementsprechenden Akten in: WABW, B 61 Bü 217, Buch „10 Jahre Betriebsrat" Dokumentation, 1980, hier: Schreiben „Hier spricht H. O., Mitglied im Betriebsrat", Betr.: Neue Gehalts-Tarife im Einzelhandel, vom 27. 03. 1972, und WABW, B 61 Bü 217, hier: Schreiben der Geschäftsleitung von Karl Gaissmaier, Betr.: Sonderarbeitsanordnung Nr. 6/72 zum Anschlag am schwarzen Brett für die Filialen und Märkte, vom 10. 04. 1972.

er floskelhaft über die immer gleichen Themen: „Viele Probleme, wie z. B. aus dem Gebiet der Lohn- und Gehalts-Tarife, Sozialpolitik, Arbeitsrecht, Prämien und Rationalisierung, wurden an uns herangetragen." Außerdem berichtete er von Besprechungen über das Ladenschlussgesetz, Neueinstellungen und Entlassungen sowie diverse persönliche Angelegenheiten von Mitarbeitenden. Eine der zentralen Aufgaben scheint aber die Verwaltung der Belegschaftskasse gewesen zu sein. Daraus wurden Krankenbesuche, Jubiläums- und Hochzeitsgeschenke, die Unterstützung ehemaliger Beschäftigter, Beerdigungen und anderes bezahlt. Auch der Latscha-Betriebsrat betonte die positive Zusammenarbeit mit der Leitung.[407]

Seit Mitte der 1950er Jahre waren Arbeitszeitfragen für den Latscha-Betriebsrat recht bedeutend: Im Jahr 1957 nahm er an den Planungen für die Einführung der 45-Stunden-Woche teil.[408] 1958 berichtete er vom „Ladenschlußgesetz mit seinen Schwierigkeiten";[409] im darauffolgenden Jahr lobte er das Entgegenkommen der Geschäftsleitung, wodurch sie für die Beschäftigten in der Zentrale den freien Samstag geschaffen und den Filialmitarbeiterinnen und -mitarbeitern mehr Freizeit ermöglicht hätten.[410] Und auch 1961 blieben Arbeitszeitfragen das „große Sorgenkind", bei denen vor allem um die Bezahlung von Überstunden, die Freizeitgewährung und zusätzliche Arbeitsstunden an langen Samstagen gerungen wurde. Auch in betrieblichen sozialen Fragen spielte der Latscha-Betriebsrat eine wichtige Rolle. So zeigte er Härte gegenüber sich vermeintlich oder tatsächlich unsozial verhaltenden Kolleginnen und Kollegen: „Aber die unbrauchbaren und unzuverlässigen Mitarbeiter haben nichts in unseren Reihen zu suchen. Das geht auf Kosten der anständigen und treuen Mitarbeiter, die für die Drückeberger und Bummelanten die Arbeit mit leisten müssen." Auch als 1962 zum ersten Mal ausländische Beschäftigte zu Latscha hinzustießen, war der Betriebsrat involviert: „Ein neues Problem für uns war die Einstellung einer Anzahl Fremdarbeiter in unserem Betrieb. Für die Unterbringung und Versorgung wurde alles getan, damit diese neuen Mitarbeiter sich in unserer Betriebsgemeinschaft wohlfühlen."[411] Außerdem widmete man sich „Fragen über Schutzbestimmungen für werdende Mütter, Jugendliche und Unfallverhütung".[412]

Mitte der 1960er Jahre kamen neue Belastungen zur Betriebsratsarbeit hinzu. Zu einer vorsichtigen Warnung vor einer möglicherweise schwierigen wirtschaftlichen Entwicklung im Jahresbericht 1966/67[413] gesellten sich Bedenken bezüglich neuer Vertriebsformen im Einzelhandel ein Jahr später[414] und 1968/69 dann ein Aufleben der Frage nach Mitbestimmung und Mitverantwortung.[415] Wiederum

---

[407] ISG, W 1-10-420, Hausinterne Rundschreiben und Broschüren, die Entwicklung der Firma betreffend, 1950–1976 (u. a. Jahresberichte), hier: Jahresbericht 1956, o. S.
[408] ISG, W 1-10-420, hier: Jahresbericht 1957, S. 9 f.
[409] ISG, W 1-10-420, hier: Jahresbericht 1958, S. 12–14.
[410] ISG, W 1-10-420, hier: Jahresbericht 1959, S.10 f.
[411] ISG, W 1-10-420, hier: Jahresbericht 1962, o. S.
[412] ISG, W 1-10-420, hier: Jahresbericht 1963, S. 13.
[413] ISG, W 1-10-420, hier: Jahresbericht 1966/67, o. S.
[414] ISG, W 1-10-420, hier: Jahresbericht 1967/68, S. 15.
[415] ISG, W 1-10-420, hier: Jahresbericht 1968/69, S. 13.

3.4 Einzelhandelsbetriebsräte: Anpassung, Akzeptanz und Auflehnung 183

ein Jahr später organisierte der Betriebsrat die betriebliche Umsetzung der Arbeitszeitverkürzung im Handel auf 40 Stunden pro Woche.[416]
Wichtiger wurde seine Rolle zu Beginn der 1970er Jahre, als er bei den Verlagerungen und Einsparungen von Arbeitsplätzen durch Rationalisierungsmaßnahmen zum Teil schwere Entscheidungen zu treffen hatte, die „den berufs- oder gar den Lebensweg der betroffenen Mitarbeiter" maßgeblich beeinträchtigten.[417] Bei der Schließung einzelner, zu klein gewordener Filialen bemühte sich der Betriebsrat um die Erhaltung der Arbeitsplätze, etwa durch personelle Umbesetzungen.[418] Auch bei der Mitarbeit an dem Sozialplan, der im Verlauf des Verkaufs der Verbrauchermärkte von Latscha – den Kaufparkhäusern – entstanden ist, agierte der Betriebsrat zunehmend eigenständiger. Allerdings waren die Gespräche mit den Beschäftigten über ihre Übernahme durch den neuen Inhaber offenbar so gut verlaufen, dass der Gesamtbetriebsrat (GBR) auch keinen besonders großen Spielraum zur Einflussnahme hatte.[419] Zuständig für den Sozialplan war dennoch der GBR, also ein den sonstigen Betriebsräten übergeordnetes Gremium auf Unternehmensebene.[420] Darin wurde vereinbart, dass „die in den Kaufparkhäusern beschäftigten Mitarbeiter von der Unternehmensgruppe Mann übernommen werden". Die Bezahlung sollte gleichbleiben. Außerdem sollten „Mitarbeiter, die eine 5jährige oder längere Betriebszugehörigkeit zu Latscha aufweisen, [...] für die Nichtanerkennung ihrer Betriebszugehörigkeit durch die Unternehmensgruppe Mann Abfindungen" erhalten – und zwar gestaffelt nach Jahren, wobei Teilzeitbeschäftigte nur relational berechnet wurden.[421] Der größte Teil des Verkaufspersonals unterzeichnete die neu angebotenen Arbeitsverträge. Es waren, neben Einzelfällen aus den verschiedenen Abteilungen, eher die Abteilungsleitungen und Geschäftsführungen, die mit dem für sie vorgesehenen neuen Einsatzort und Arbeitsplatz nicht einverstanden waren.[422] In solchen Fällen versuchte eine Kommission – bestehend aus je drei Mitgliedern der Geschäftsführung und des GBR – Kompromisse zu finden.[423] Diese prüfte die „Zumutbarkeit" des angebotenen Arbeitsplatzes hinsichtlich Tätigkeit, Ort und Entgelt, und erwog bei Nichtzustandekommen weitere Maßnahmen zur „Milderung der Härte".[424] So entschied

---

[416] ISG, W 1-10-420, hier: Jahresbericht 1969/70, S. 16.
[417] ISG, W 1-10-420, hier: Jahresbericht 1972/73, o. S.
[418] ISG, W 1-10-420, hier: Jahresbericht 1973/74, S. 14.
[419] ISG, W 1-10-452, Verkauf Kaufpark, Vertragsverkauf zw. Fa. Latscha und Wertkauf Mann K.G. 1976, hier: Schreiben der Unternehmensgruppe MANN, gez. Strauß an Dr. W. H., vom 23. 09. 1976.
[420] Vgl. BetrVG 1972, § 47–53.
[421] ISG, W 1-10-452, Verkauf Kaufpark, Vertragsverkauf zw. Fa. Latscha und Wertkauf Mann K.G. 1976, hier: Interessenausgleich und Sozialplan zwischen der Geschäftsleitung der Firma Latscha Filialbetriebe GmbH und dem Gesamtbetriebsrat der Firma Latscha Filialbetriebe GmbH, vom 29. 09. 1976.
[422] ISG, W 1-10-452, hier: Schreibender Unternehmensgruppe MANN, gez. Strauß an Dieter Latscha, vom 25. 10. 1976.
[423] ISG, W 1-10-452, hier: Interessenausgleich und Sozialplan zwischen der Geschäftsleitung der Firma Latscha Filialbetriebe GmbH und dem Gesamtbetriebsrat der Firma Latscha Filialbetriebe GmbH, vom 29. 09. 1976.
[424] ISG, W 1-10-452, hier: Interessensausgleich und Sozialplan.

die Kommission im Fall eines Abteilungsleiters, der sich wenig kompromissbereit zeigte, dass eine Kündigung gerechtfertigt sei. Im Falle einer langjährigen Verkäuferin, die die ihr angebotene Stelle als nicht zumutbar einstufte, sprach sich die Kommission für ein Auflösungsangebot des Arbeitsverhältnisses aus.[425] Interessant ist hier auch das persönliche Engagement des Geschäftsführers Dieter Latscha, der sich beim aufkaufenden Unternehmen dafür einsetzte, dass seinen Beschäftigten ein „präzises schriftliches Angebot" gemacht werde.[426] Der Betriebsrat agierte auch hier eher zurückhaltend. Noch weniger Einfluss hatte er offenbar bei der nur kurze Zeit später erfolgten Übergabe aller Filialen an das Unternehmen Rewe. Hier informierte er lediglich nachträglich die Beschäftigten.[427] Diese hatten zum Teil schon aus inoffiziellen Vermutungen, aus der Presse oder von ihren Filialleitern beziehungsweise Filialleiterinnen von der Übergabe gehört.[428] Allerdings konnte der GBR den Beschäftigten offiziell noch mitteilen, dass die „Übernahme aller Mitarbeiter" auf der Sitzung des GBR mit dem neuen Geschäftsführer bestätigt worden war und sowohl die Dienstjahre anerkannt würden als auch die Altersversorgung erhalten bliebe.[429]

***

Wie lässt sich die Tätigkeit der Betriebsräte im Einzelhandel charakterisieren? Zumeist überwogen spezifische einzelbetriebliche Interessen. Selten hatten die Betriebsräte das große Ganze im Blick. Dies mag unter anderem an der geringen Gewerkschaftsvertretung in den Betrieben gelegen haben. Darunter litt bei allen Betriebsräten der untersuchten Unternehmen auch die Beschäftigung mit geschlechtsspezifischer Ungleichheit im Betrieb. Dies war kaum ein Thema. Bei C&A waren eine starke Kontrolle des Betriebsrats sowie dessen Bevormundung durch die Geschäftsleitung die Regel. Dieser Betriebsrat wurde allenfalls geduldet, nicht aber als Akteur für die Interessensvertretung der Beschäftigten ernstgenommen. Bei Hirmer hingegen scheint der Betriebsrat aus Sicht der Beschäftigten aufgrund des wirtschaftlichen Erfolgs des Unternehmens und der betrieblichen Sozialleistungen überflüssig gewesen zu sein. Die Beschäftigten hatten sich mit dem patriarchalischen Verständnis der Unternehmensführung gut eingerichtet. Dies änderte sich zu Beginn der 1970er Jahre bei der Einführung der 5-Tage-Woche. Das alte Verständnis hatte seine Grenzen, wenn es um Freizeit ging. Auch der Betriebsrat der

---

[425] ISG, W 1-10-452, hier: Tabelle „Vertraulich". Auflistung diverser Beschäftigter mit Angabe des Namens, der bisherigen Tätigkeit, des Geburtsdatums, des Eintritts, der Kostenstelle, des Gehalts, der Kündigungszeit und des neuen Angebots bzw. der Reaktion darauf. Leider ist die Tabelle in den wenigsten Fällen vollständig. Der Einfluss des Betriebsrats ist nicht ersichtlich.
[426] ISG, W 1-10-452, hier: Schreiben von Dieter Latscha an W. Wilhelm (Wertkauf Mann KG), Betr.: Übernahme des kauf-park-Personals durch die Firma Wertkauf, vom 20. 10. 1976.
[427] ISG, W1-10-509, Übergabe an Rewe Handelsges. Hugo Leibrandt oHG. Pressenotizen und Hausmitteilungen 1976, hier: Schreiben „Der Betriebsrat informiert", vom 14. 12. 1976.
[428] ISG, W1-10-509, hier: Artikel von Dieter Siegfried, „Gelassenheit und Empörung. Latscha-Angestellte äußern sich zum Verkauf", in: Höchster Kreisblatt, vom 15. 12. 1976.
[429] ISG, W 1-10-509, hier: „Der Betriebsrat informiert".

Firma Latscha trat kaum in Erscheinung: Er hatte wenig Einfluss und bestand eher aus formalen Gründen. Lediglich der Gesamtbetriebsrat konnte auf die Sozialpläne einwirken; er war allerdings von den Problemen der Filialen relativ weit entfernt. Der Betriebsrat bei Gaissmaier hingegen war recht aktiv. Dies mag an dem gewerkschaftlichen Engagement und Einfluss insbesondere eines Betriebsratsvorsitzenden gelegen haben. In wirtschaftlich schwieriger Zeit herrschte ein kooperatives Mitbestimmungsverständnis. Dabei kam es zu Auseinandersetzungen mit der Geschäftsleitung, doch diese wurden letztlich zum Wohl der Beschäftigten ausgetragen. Die problematische Quellenlage und stark differierenden Befunde lassen es nicht zu, branchenspezifische Unterschiede zwischen der Betriebsratsarbeit im Textil- und Lebensmitteleinzelhandel festzustellen. Viel eher gestaltete sich die Betriebsratsarbeit verschieden, je nach dem Grad des gewerkschaftlichen Einflusses, unternehmerischer Ver- oder Behinderungsstrategien und der wirtschaftlichen Lage des Unternehmens.

3.5 Männerwelten: Hohe Belastung, höhere Erwartungen, höchste Positionen

Die vorliegende Untersuchung konzentriert sich in weiten Teilen auf die weiblichen Beschäftigten im Einzelhandel. Dies ist durch den hohen Anteil von Frauen in dieser Branche zwar gerechtfertigt, doch eine geschlechtergeschichtliche Untersuchung wäre unzureichend, bezöge sie nicht auch Männer und das Geschlechterverhältnis untereinander in die Betrachtung mit ein, und würde sie nicht auch einen Blick auf verschiedene Entwürfe von Weiblichkeit oder Männlichkeit im Betrieb werfen.[430] Bernhard Gotto und Elke Seefried konstatieren, dass „Männer als soziale Gruppe und als geschlechtliche Wesen historiografisch ein Schattendasein" führten.[431] Dementsprechend liegt im Folgenden der Fokus auf männlich konnotierten Räumen und Praktiken im Einzelhandel. Im Sinne eines *Doing Masculinity*[432] wird die soziale Praxis der Herausbildung von Männlichkeiten in und durch die Arbeit am Beispiel des frauendominierten Einzelhandels untersucht.[433] Während in den vorangegangenen Kapiteln, die sich bereits mit dem Zusammenhang zwischen Arbeitswelt und Sozialleben der Verkäuferinnen befassten, immer wieder Vergleiche zu männlichen Beschäftigten gezogen wurden, soll hier noch einmal explizit auf das Geschlechterverhältnis im Betrieb, vor allem hinsichtlich einer geschlechtsspezifischen Hierarchie und Segmentierung der Tätigkeitsfelder, eingegangen werden. Außerdem werden in den folgenden Absätzen auch die gesellschaftlichen und unternehmerischen Erwartungen an Männer im Einzelhandel untersucht, sowie die Erfahrungen von Männern besprochen, die im Einzelhandel in ver-

---

[430] Vgl. Martschukat/Stieglitz, Männlichkeiten, S. 9 f.
[431] Gotto/Seefried, Von Männern, S. 7.
[432] Vgl. Coleman, Doing Masculinity/Doing Theory.
[433] Vgl. Gotto/Seefried, Von Männern, S. 9.

schiedenen Positionen arbeiteten. Dies wird mit der Frage verknüpft, welche Vorstellungen von Männlichkeit in den verschiedenen Arbeitsfeldern der Einzelhandelsbranche vorherrschten. Hierbei dient das Konzept der „hegemonialen Männlichkeit"[434] als analytisches Hilfsmittel. Es basiert auf der Annahme, dass sich Männlichkeiten zum einen in Relation zu komplementär gedachten Formen der Weiblichkeit, zum anderen zu anderen Männlichkeiten herausbilden. Beide Bezugsgrößen unterliegen einer Hierarchisierung: Als gesellschaftlich hegemonial wird Männlichkeit angesehen, die über „das höchste Sozialprestige, die größten materiellen Gratifikationen und die Nutzung von politischen Machtressourcen" verfügt. Ihr untergeordnet sind alle Ausprägungen von Weiblichkeit sowie deviante Formen der Männlichkeit.[435]

Geschlechterverhältnis im Einzelhandel: Hierarchie im Betrieb

Historische Arbeiten zum Verhältnis von Berufsleben und Männlichkeit sind trotz der offenkundigen Bedeutung dieser Kategorie für die Herausbildung von sozialer Identität rar gesät.[436] Unbestritten ist aber, dass Wahrnehmung, Kategorisierung und Wertschätzung von Arbeit und ihre Ausgestaltung stark geschlechtsspezifisch geprägt sind:

„Häufig steht qualifizierte, heroische ‚männliche' Arbeit im Gegensatz zu ‚weiblichen' Tätigkeiten, die als geringer qualifiziert gelten oder im Bereich sozialer Reproduktion angesiedelt sind. Üben Männer dennoch solche Tätigkeiten aus, so werden entweder die Männer dadurch effeminiert oder die Tätigkeiten aufgewertet."[437]

Aus diesem Grund wird gefragt, wie die verschiedenen Arbeitsbereiche im Einzelhandel bestimmte geschlechtliche Identitäten verlangten und dadurch Zuschreibungen reproduzierten. Der Arbeitsraum fungierte als Laboratorium, in dem die betriebliche Geschlechterordnung der gesellschaftlichen Geschlechterkonstellation einerseits nachgestellt war, andererseits sie neu hervorbrachte.

Trotz des hohen Frauenanteils im Einzelhandel war es unüblich, dass Frauen in führenden Positionen eingesetzt wurden. Eine Ausnahme bildet hier das Lebensmittelfilialunternehmen Gaissmaier. Vermutlich aufgrund des Krieges hatten alle 38 Filialen im Ulmer Geschäftsbereich 1944 weibliche Filialleitungen. Eine Stufe höher, auf der Ebene der Geschäftsleitung, waren es allerdings 13 Männer – darunter auch vier Mitglieder der Familie Gaissmaier selbst – und nur zwei Frauen.[438] Ein knappes Jahrzehnt später, 1953, waren weiterhin nur Frauen – bis auf eine männliche Ausnahme – als Filialleiterinnen eingesetzt. Männer arbeiteten stattdessen in Führungspositionen in der Buchhaltung, im Einkauf, im Lager sowie in der Kelle-

---

[434] Vgl. zuletzt in Connell, Der gemachte Mann.
[435] Vgl. Gotto/Seefried, Von Männern, S. 9 f., Zitat auf S. 10.
[436] Vgl. Martschukat/Stieglitz, Männlichkeiten, S. 102.
[437] Martschukat/Stieglitz, Männlichkeiten, S. 106.
[438] WABW, B 61 Bü 173, Heft zur Filialleiterinnenkonferenz, 1944.

3.5 Männerwelten: Hohe Belastung, höhere Erwartungen, höchste Positionen 187

rei.[439] Auch noch 1967 ist in der Betriebszeitschrift von guten „Aufstiegsmöglichkeiten vom Lehrling zur Verkäuferin, Substitutin und Filialleiterin" die Rede;[440] Männer scheinen hier kaum vorgekommen zu sein. Eine Auflistung von sämtlichen Eintritten ins Unternehmen Gaissmaier aus dem Jahr 1969 liefert allerdings ein leicht verändertes Bild: Hinzugekommen waren 54 Verkäuferinnen und nur fünf Verkäufer, eine Filialleiterin, aber zwei Filialleiter, sowie fünf männliche und keine weiblichen Substituten, wie auch ein männlicher Assistent der Geschäftsleitung.[441] Aufgrund der relativ geringen Größe des Unternehmens und der ohnehin nur wenigen Hierarchiestufen innerhalb desselben konnten Frauen vergleichsweise hoch aufsteigen. Dennoch lässt sich bis Ende der 1960er Jahre eine allmähliche Maskulinisierung der Führungspositionen feststellen.

Das andere Lebensmitteleinzelhandelsunternehmen, das Teil dieser Untersuchung ist, hatte einen geringeren Anteil von Frauen in führenden Positionen.[442] Erst Anfang der 1960er Jahre stellte Latscha beschäftigten Frauen die Leitung kleiner Filialen in Aussicht.[443] Größere Märkte sowie Bereichs-, Abteilungs- oder Verkaufsbezirksleitung waren für männliche Bewerber vorgesehen. Insgesamt gab es bei Latscha mehr Hierarchiestufen als bei Gaissmaier. Für Frauen waren eigentlich nur Positionen der untersten Führungsebene vorgesehen („1. Kassiererin", Abteilungsleitung, Assistenz des Marktleiters). Ganz selten wurden Frauen Leiterinnen von kleinen Filialen. Somit waren Mitte der 1960er Jahre die übergeordneten Positionen des Marktleiters, des Fachbereichsleiters, Verkaufsleiters, Betriebsdirektors sowie des Vorstands nur Männern zugänglich.[444] Ein Organigramm von 1976 zeigt wenig Veränderungen in den Spitzenpositionen. Nur zwei Frauen waren auf die Ebene der Fachbereichsleitung vorgedrungen – eine von ihnen in die Frauendomäne der Kassenwelt als Kassentrainerin. Die übrigen 35 Fachbereichsleiter im Verkauf waren weiterhin männlich.[445]

Die geschlechtsspezifische Hierarchie im Einzelhandel ist als Spiegelbild der gesellschaftlichen Geschlechterordnung zu verstehen. Nachdem sich in der Kriegs-

---

[439] WABW, B 61 Bü 174, Programm, Teilnehmerliste etc. zu Filialleiterkonferenz, 1953.
[440] WABW, B 61 Bü 221, versch. Jahrgänge der Firmenzeitschrift „miteinander" (unvollst.), 1966–1982, hier: 1967/II, Artikel von Alfred Martens, „Das Betriebsklima und wir", S. 1 f., hier: S. 1.
[441] WABW, B 61 Bü 221, hier: Jahrgang 1969/II, Eintritte vom 1. 4.–30. 09. 1969, S. 28 f.
[442] Leider sind Aufstellungen nach Geschlechtern nicht vorhanden, sodass ein direkter Vergleich nicht angestellt werden kann. Der Habitus, die Sprache in den Quellen sowie den Betriebszeitschriften bestärken die Vermutung jedoch. So ist in den sogenannten „Filialleiterbriefen" stets von „meine Herren" die Rede, in: ISG, W 1-10-488, „Filialleiterbriefe" 1952–1963 – Rundbriefe der Geschäftsleitung.
[443] ISG, W 1-10-420, Hausinterne Rundschreiben und Broschüren, die Entwicklung der Firma betreffend, 1950–1976, hier: Jahresbericht 1961, Artikel „Wir haben Frauenüberschuß!" von Dr. G. Proebstl und R. Jancke, o. S. Vgl. auch Kapitel 2.4 zum Wunschbild der Unternehmen an ihre Beschäftigten.
[444] ISG, Zs 843, Jahresbericht / J. Latscha Frankfurt KG, 1965, hier: Artikel „Unser Personal", von Richard Langer, o. S., und Artikel „Organisation schafft Ordnung", o. S.
[445] ISG, W 1-10-436, Unterlagen Verkauf Firma Latscha, Pensionen und Unterstützungsverein, 1976, hier: Organigramm des Verkaufsbereichs vom 16. 11. 1976.

und unmittelbaren Nachkriegszeit ein Möglichkeitsfenster für arbeitende Frauen aufgetan hatte, übernahmen seit Mitte der 1950er Jahre wieder Männer das Ruder und damit Führungspositionen im Einzelhandel. Die geschlechtsspezifische Konnotation als weibliche Branche bedrohte hegemoniale Männlichkeitsvorstellungen nur dann nicht, wenn mit der eigenen Tätigkeit im Einzelhandel eine gewisse Verantwortung und höheres Einkommen verbunden waren.

Geschlechtsspezifische Tätigkeitsfelder und Einsatzorte[446]

Dass das Geschlechterverhältnis im Einzelhandel mancherorts bereits Ende der 1940er Jahre nach den verschiedenen Tätigkeitsfeldern aufgeschlüsselt war, zeigt eine Aufstellung des Lebensmittelfilialbetriebs Gaissmaier. In den Filialen, die eine Größe von vier bis zehn Beschäftigten hatten, arbeiteten überwiegend weibliche Angestellte und Lehrlinge, während im „Hauptbüro", sprich der Verwaltung, und im Hauptlager wesentlich mehr Männer eingestellt waren. In der Kellerei war das Geschlechterverhältnis ausgeglichener. Hier waren die Männer und Frauen aber nicht als Angestellte, sondern als Arbeiterinnen und Arbeiter beschäftigt.

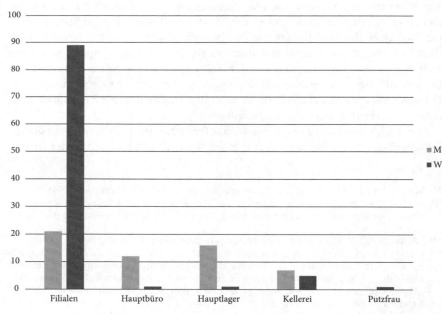

Abb. 4: *Beschäftigte bei Gaissmaier nach Einsatzort und Geschlecht, 1948*[447]

---

[446] Vgl. hierzu auch die Kapitel 4.2–4.5 zur Herausbildung und Manifestierung geschlechtsspezifischer Tätigkeiten im Zuge der Einführung der Selbstbedienung.
[447] Zahlen aus: WABW, B 61 Bü 109, Personalaufstellung des Bezirkes Stuttgart von Mai 48 mit namentlicher Nennung der Personen, 1948.

Im Jahresbericht der Firma Gaissmaier wurden diverse männliche Mitarbeiter und ihre Tätigkeiten im Unternehmen vorgestellt: Da gab es den zielstrebigen Verkäufer, der aufgrund „seiner bemerkenswerten Anpassungsfähigkeit" schnell zum Assistenten, Filialleiter und schließlich zum Fachberater aufgestiegen war. Ein anderer hatte über 20 Jahre lang als Kraftfahrer gearbeitet, bevor er als Lagerist in der Zentrale tätig wurde. Der nächste war Leiter der Hausdruckerei, ein anderer Abteilungsleiter in der Markthalle, wo er für die Warenannahme und das Entladen der Frischwaren zuständig war, und schließlich wurde noch der Leiter der Wurst- und Feinkostsalatproduktion vorgestellt. Diese Männer zeichneten laut dem Artikel neben ihrer meist langjährigen Berufserfahrung Genauigkeit, Kameradschaftlichkeit und vertiefte Fachkenntnisse aus. Zwei junge Männer charakterisierte der Artikel als besonders strebsam, fair und interessiert an politischem und wirtschaftlichem Tagesgeschehen.[448] Bei dem Herrenmodegeschäft Hirmer[449] lässt sich eine Geschlechtersegmentierung der einzelnen Abteilungen feststellen. In den 1960er und 1970er Jahren waren in der prestigeträchtigen Anzugabteilung[450] ausschließlich Männer beschäftigt.[451] In der weniger hoch angesehenen Hemdenabteilung arbeiteten schon seit den 1950er Jahren sechs Frauen und drei junge Männer.[452] Auch bei dem Textileinzelhändler C. F. Braun in Stuttgart waren Männer eher mit anderen Aufgabenfeldern betraut als dem direkten Verkauf. Sie waren Hausmeister, Schreiner, arbeiteten in der Werkstatt oder der Matratzenherstellung, beim Versand, als Lageristen, als Fahrer der Lieferwagen und in der Buchhaltung. Lediglich in der Matratzenabteilung waren Verkäufer und der Verkaufsabteilungsleiter männlich.[453]

Die Aufteilung bestimmter Tätigkeitsfelder unter den Beschäftigten verrät also etwas über Männlichkeitsvorstellungen, die hier wirksam wurden, und zeigt deren Kontinuität auf. Männliche Arbeit war entweder körperlich anstrengend oder zeichnete sich durch kognitive Leistung aus. Dies entsprach den zeitgenössischen Geschlechterrollen in der Bundesrepublik.

Erwartungen an die Chefs: Männlich konnotierte Positionen

Eine eindeutig männlich konnotierte Position bei C&A war die des Geschäftsleiters. Er war für ein Haus repräsentativ verantwortlich und stellte über den Bezirks-

---

[448] ISG, W 1-10-420, Hausinterne Rundschreiben und Broschüren, die Entwicklung der Firma betreffend, 1950–1976, hier: Jahresbericht Latscha 1968/69, Artikel „Der Mensch bei Latscha", S. 10 f.
[449] Da es sich bei Hirmer um ein Herrenmodegeschäft handelte, arbeiteten dort überdurchschnittlich viele Männer im Verkauf.
[450] Dass die Anzugabteilung prestigeträchtig war, geht u. a. aus dem Ausspruch eines ehemaligen Beschäftigten hervor, der in einem Zeitzeugeninterview sagte: „Anzugabteilung war die Königin. ... Dann kam Sakko, und Hosen war schon eher die Malocherabteilung.", in: HUA, 2013 / 08 / 0014, Interview mit Hr. H. K., Hr. R. S., Hr. E. B. und Fr. I. B. (04. 12. 2009), S. 12.
[451] HUA, 2012 / 08 / 0021, Gruppenbild Hirmer Anzugabteilung, 1968/78.
[452] HUA, 2012 / 08 / 0023.0001, Gruppenbild Hirmer Hemdenabteilung (Bild 1), 1950er Jahre.
[453] WABW, B 56 F 25041–25169, Fotoalbum: „Ein Arbeitstag in der Firma C. F. Braun 1960er Jahre" (nicht paginiert), 1960er.

geschäftsführer die direkte Verbindung zur Direktion her. Eine herausgehobene Stellung und Sonderaufgaben besaßen die männlichen Einkäufer. Gemeinsam mit dem Betriebsleiter bildeten sie die Geschäftsleitung eines C&A-Hauses.[454] Innerhalb dieser Leitungsebene sollte „das demokratische Prinzip vertreten" werden, weshalb Entscheidungen und Maßnahmen gemeinsam beschlossen wurden.[455]

Der Betriebsleiter war „personell und betrieblich" für eine C&A-Filiale zuständig. Regelmäßig musste er Berichte aller Art an die Hauptverwaltung schicken und übernahm gegenüber dem zu 80 Prozent weiblichen Personal seines Hauses umfassende Führungsaufgaben. Laut der C&A-Direktion sollte dieser ein „Menschenführer" und „über jeden Verdacht hinsichtlich unkorrekter Menschenführung erhaben" sein. Es dürfe also keinerlei ungerechte und ungleiche Behandlung der ihm Unterstellten geben. Sie sollten zu ihm aufschauen.[456] Aufgrund des hohen Frauenanteils sollten die Betriebsleiter zum einen darauf achten, „daß [s]ie der weiblichen Psyche in [i]hren Anordnungen stets Rechnung tragen", zum anderen, dass sie selbst, aber auch alle sonstigen männlichen Angestellten dem weiblichen Personal gegenüber eine „betont korrekte Haltung" einnehmen.[457] Zudem müsse der Betriebsleiter „seinen Betrieb in einem guten und sicheren Griff haben", also sich seine qua Position verliehene Autorität auch durch Leistung gegenüber den Beschäftigten verdienen.[458] Er müsse Lob und Tadel korrekt einzusetzen wissen, um beim Personal „Arbeitsfreude" und „Zufriedenheit" herstellen zu können, und sich stets seiner Verantwortlichkeit für das Ansehen des Unternehmens und der sonstigen C&A-Betriebsleiter gegenüber den Beschäftigten und der Kundschaft bewusst sein.[459] Als „Führer des Personals" war der Betriebsleiter dazu angehalten, „jedes einzelne [der] Betriebsmitglieder öfter als einmal im Jahr persönlich anzusprechen!" Inspiriert wurde die C&A-Direktion in dieser Hinsicht durch einen Besuch in den USA:

„Ich denke hierbei an meine Amerikareise. […] Ich habe mich gefreut[,] wie dieser Mann [ein leitender Angestellter des Warenhauses Macy in New York City] […] sehr viele Betriebsmitglieder […] in netter, jovialer Art ansprach und ihnen die Hand schüttelte."

Die gleiche Art des Umgangs, das Nachfragen nach persönlichen Verhältnissen und Wohlbefinden, Erkundigungen zur Familie der Angestellten wünschte man sich zukünftig auch von den C&A-Betriebsleitern.[460] Während diese also eine hohe Verantwortung gegenüber ihrem Personal zu tragen hatten, wurden sie gleichzeitig selbst

---

[454] DCM, 109205, Protokoll der 39. Betriebsleiterversammlung 1955, hier: 1. Entwurf für die Ansprache zur 39. BLV am 07./08. 06. 1955, S. 2.
[455] DCM, 109208, Protokoll der 42. Betriebsleiterversammlung 1956, hier: Ansprache vor den Betriebsleitern in der BL-Versammlung am 13. 12. 1956, S. 11 f.
[456] DCM, 109205, Protokoll der 39. Betriebsleiterversammlung 1955, hier: 1. Entwurf für die Ansprache zur 39. BLV am 07./08. 06. 1955, S. 4.
[457] DCM, 109205, hier: 1. Entwurf für die Ansprache zur 39. BLV am 07./08. 06. 1955, S. 5.
[458] DCM, 109205, hier: 1. Entwurf für die Ansprache zur 39. BLV am 07./08. 06. 1955, S. 4.
[459] DCM, 109205, hier: 1. Entwurf für die Ansprache zur 39. BLV am 07./08. 06. 1955, S. 5.
[460] DCM, 109208, Protokoll der 42. Betriebsleiterversammlung 1956, hier: Ansprache vor den Betriebsleitern in der BL-Versammlung am 13. 12. 1956, S. 7.

3.5 Männerwelten: Hohe Belastung, höhere Erwartungen, höchste Positionen

kontrolliert und überwacht – und zwar durch „Herren aus der Hauptverwaltung" und von diesen abgeordnete, prüfende Buchhalterinnen, um ja keine Betriebsblindheit in den Abläufen eines Hauses aufkommen zu lassen.[461] Außerdem mussten sie sich bei all ihrem Tun und Handeln sehr genau nach den Vorgaben der Direktion und der Hauptverwaltung richten und hatten kaum eigenen Gestaltungsspielraum: „Was wir aber keinesfalls dulden können, meine Herren[,] ist, daß eigenmächtig ohne unser Wissen Instruktionen örtlich – sei es von Ihnen persönlich oder von der Geschäftsleitung am Platze – abgeändert werden." Das Ziel dahinter war es, die Einheitlichkeit des Unternehmens zu wahren.[462] Darüber hinaus waren die Betriebsleiter dafür zuständig, die Unkosten ihres Hauses im Rahmen zu halten. Die Einkäufer hingegen waren mit der Aufgabe betraut, günstige Waren in der ganzen Bundesrepublik zu finden und für den Verkauf rechtzeitig bereitzustellen.[463] C&A konstruierte die Position des Betriebsleiters explizit als männlich. Die betreffenden Männer waren damit in sozialer Hinsicht allen Frauen innerhalb des Betriebs übergeordnet. Gleichzeitig standen sie nicht an der Spitze der Hierarchie, sondern mussten sich den Anweisungen der Direktion fügen. Dementsprechend wies das Männlichkeitskonzept des Betriebsleiters nicht alle hegemonialen Merkmale auf; vielmehr zeichnete es sich durch die von Raewyn Connell so genannte „Komplizenschaft" aus. Demnach profitierten sie von der durch die Geschäftsleitung festgelegte „patriarchalische Dividende", das heißt ihrer Vorrangstellung gegenüber den Frauen.[464]

Eine Parallele zur Position des männlich besetzten Filialleiters bei Latscha in Frankfurt am Main war, dass auch dieser seine Filiale „rentabel zu führen"[465] hatte. Dies zeigt sich ebenso bei den weiblichen Filialleiterinnen von Gaissmaier. Hier liefert der Übernachtungsplan der Filialleiterkonferenz des Jahres 1953 einen Anhaltspunkt: Die Qualität des für die einzelnen Frauen vorgesehenen Übernachtungsortes – von der einfachen Pension bis zum sehr guten Hotel – bemaß sich nach dem erzielten Umsatz der jeweiligen Filialen im Vormonat.[466] Die Filialleitung wurde – sowohl im Textil- als auch im Lebensmitteleinzelhandel – in die Verantwortung genommen. Die zweite Überschneidung war, dass auch Latscha die Filialleitungen von der Zentrale aus steuerte und kontrollierte: durch Filialleiterbesprechungen, die alle drei Monate stattfanden, sowie wöchentliche Rundschreiben, in denen die Geschäftsleitung Preis- oder Sortimentsänderungen, Verkaufsanweisungen oder Reklamenotizen mitteilte. Ab 1953 thematisierten sie

---

[461] DCM, 109208, hier: Ansprache vor den Betriebsleitern in der BL-Versammlung am 13. 12. 1956, S. 2.
[462] DCM, 109208, hier: Ansprache vor den Betriebsleitern in der BL-Versammlung am 13. 12. 1956, S. 3.
[463] DCM, 109208, hier: Ansprache vor den Betriebsleitern in der BL-Versammlung am 13. 12. 1956, S. 5, S. 12 f.
[464] Vgl. Gotto/Seefried, Von Männern, S. 10.
[465] ISG, W 1-10-488, „Filialleiterbriefe" – Rundbriefe der Geschäftsleitung, 1952–1963, hier: Streng vertraulich! Filialleiterbrief Nr. 10, gez. J. Latscha, vom 19. 03. 1952.
[466] WABW, B 61 Bü 174, Programm, Teilnehmerliste etc. zu Filialleiterkonferenz, 1953, hier: Übernachtungsplan.

darin auch die Personalführung im Betrieb.[467] Ein drittes Merkmal, das bei Latscha im Lebensmitteleinzelhandel mit den Praktiken bei C&A im Textileinzelhandel übereinstimmte, war, das männliche Personal gegenüber den weiblichen Beschäftigten frühzeitig zu hofieren, nämlich bereits in der Ausbildung. Eine Broschüre von 1968 differenzierte die möglichen Aufstiegschancen für junge Lehrlinge ganz offen nach Geschlecht: Auf der Karriereleiter – so suggeriert das Faltblatt – sei für Frauen nach der Position als „Abteilungsleiterin" Schluss. Diese Position wurde auch den männlichen Bewerbern schmackhaft gemacht. Sie bedeutete einen großen Schritt „nach vorn" und größere Verantwortung, die sich auch am Gehalt bemerkbar mache.[468] Weiter unten angesiedelte Stellen wurden für die männlichen Lehrlinge eher als Durchgangsstation auf dem Weg nach oben angepriesen, wie der „Verkäufer",[469] oder aber gar nicht als Option für Männer gehandelt, wie die „Kassiererin."[470] Als Beispiele sind hier junge Frauen abgebildet – die eine als Verkäuferin hinter einer Backwarentheke stehend, die andere hinter einer Kasse sitzend.[471] In den Beschreibungen von Posten weiter oben auf der Karriereleiter richtete sich die Broschüre ausschließlich an junge Männer. Darunter ist etwa der „Assistent" aufgelistet: „Nach erfolgreicher Ausbildung bei Latscha kann man Assistent werden. Das ist einer der kommenden Männer." Als Beispiel ist ein junger, lächelnder Mann im weißen Kittel zu sehen.[472] Die vorerst höchste Stufe auf der Karriereleiter bildete die Position des Marktleiters: „Das Ziel ist erreicht, wenn der Marktleiter seinen „Posten" bezieht. Heutzutage einen Markt zu leiten, das verlangt genau so viel Umsicht, wie einen kleinen Betrieb zu führen." Zu sehen ist neben der Beschreibung der Stelle ebenfalls das Foto eines jungen Mannes, zufrieden lächelnd, diesmal im Anzug.[473] Diese geschlechtsspezifische Auslese für die höheren Positionen wurde bereits in dem Latscha-eigenen sogenannten „Förderkreis" vorgenommen, in dem junge Männer ausgewählt wurden, die sich als Abteilungsleiter bewiesen hatten. Sie erhielten in knapp einem Jahr eine interne Ausbildung, die sie auf Assistenten- und Marktleiterposten vorbereiten sollte.[474]

Diese Einstellung des Unternehmens spiegelte sich auch in den Karrierezielen von männlichen Lehrlingen wider. Etwas mehr als die Hälfte der befragten Lehrlinge aus dem Jahr 1966 wollte mindestens die Position des Marktleiters erlangen; weitere 17 Prozent wollten darüber hinaus bis zum Fachberater oder Verkaufsleiter aufsteigen. Nur 10 Prozent reichte die Position eines Abteilungsleiters aus. Ein interessanter Unterschied zu den Antworten der befragten weiblichen Lehrlinge

---

[467] ISG, W 1-10-488, „Filialleiterbriefe" – Rundbriefe der Geschäftsleitung, 1952–1963, hier: Brief der Geschäftsleitung, gez. Dieter Latscha, vom 11. 09. 1953.
[468] ISG, 93 / 126, Latscha-Lehre: Aufstieg und Sicherheit, hrsg. v. Dieter Latscha, Frankfurt a. M. 1968, hier: S. 32.
[469] ISG, 93 / 126, Latscha-Lehre, S. 28.
[470] ISG, 93 / 126, Latscha-Lehre, S. 30.
[471] ISG, 93 / 126, Latscha-Lehre, S. 29, 31.
[472] ISG, 93 / 126, Latscha-Lehre, S. 34 f.
[473] ISG, 93 / 126, Latscha-Lehre, S. 35 f.
[474] ISG, 93 / 126, Latscha-Lehre, hier: S. 38.

ist, dass diese, wenn sie als Karriereziel „Abteilungsleiterin" angegeben hatten, in über zwei Dritteln der Fälle eine konkrete Vorstellung davon hatten, welche Abteilung sie denn leiten wollten. Dies war bei den männlichen Lehrlingen nicht der Fall. Keiner von ihnen nannte eine bestimmte bevorzugte Abteilung. Dementsprechend war den männlichen Lehrlingen allein das Erreichen einer bestimmten Position wichtig. Eine zu vernachlässigende Minderheit der jungen Männer wollte Verkäufer, Einkäufer, oder Dekorateur werden. „Kassiererin" gab kein einziger als Berufsziel an.[475] Auch bei C&A wurde die Geschlechtsspezifik der verschiedenen Tätigkeitsfelder schon während der Ausbildungsphase vorgezeichnet: Die männlichen Lehrlinge bei C&A wurden bereits hier in eine hervorgehobene Position gerückt. Ab 1959 konnten männliche Lehrlinge im ersten Lehrjahr einen „Geschäftsanzug" mit 50-prozentiger Ermäßigung erwerben, um ihnen ein „sicheres Auftreten im Verkauf" zu ermöglichen, während für die weiblichen Auszubildenden im ersten und zweiten Lehrjahr schwarze Kittel vorgesehen waren.[476] Die im Betrieb vorherrschende Geschlechtsspezifik übertrug sich durch die Kleiderordnung auf die Körper der Beschäftigten und machte sie zu vergeschlechtlichten Repräsentationsflächen. Die jungen Frauen wurden durch einheitliche schwarze Kittel unsichtbar gemacht. Den jungen Männern verlieh der Anzug individuellere Züge, ein souveränes Auftreten und damit Attribute, die ihnen ein höheres Sozialprestige verliehen. Damit näherten sie sich schon in der Ausbildung einer hegemonialen Männlichkeit an, die langfristig einen Aufstieg in Führungspositionen des Unternehmens unterstützte.

Zu den Anforderungen an Männer, die Führungspositionen im Einzelhandel anstrebten, zählte dementsprechend die Bereitschaft zu folgen, sich gleichzeitig von den weiblichen Untergebenen abzugrenzen und gegenüber der Kundschaft souverän aufzutreten. Sie sollten zwar ein gewisses kaufmännisches Fachwissen mitbringen, etwaige Defizite konnten aber durch die den männlichen Belegschaftsmitgliedern vorbehaltenen Weiterbildungsmaßnahmen auch noch ausgeglichen werden. Diese Eigenschaften markieren zugleich die Merkmale einer hegemonialen Männlichkeit im Einzelhandel.

Erfahrungen der Männer: Hohe Arbeitsbelastung

Für Männer auf hervorgehobenen Positionen brachte die Arbeit im Einzelhandel mit sich, dass sie in ihr sonstiges Leben übergriff und sich die Arbeit zum Teil bis weit in den eigentlichen Feierabend hineinzog. Einer der Latscha-Bezirksverkaufsleiter stellte in der hauseigenen Zeitschrift „miteinander" 1971 eine typische Arbeitswoche vor. In diesem Bericht kommt dieser Umstand deutlich zum Ausdruck, der im folgenden genauer nachvollzogen werden soll. Beachtet werden sollte hierbei, dass es sich um den Bericht eines Mitarbeiters handelt, der in einer

---

[475] ISG, W 1-10-250, Die Förderkurse des Jakob-Latscha-Bildungswerkes im Jahre 1966, hier: Tabelle 14: „Was möchten Sie nach Ihrer Lehre in unserer Firma werden?".
[476] Aus dem Protokoll einer Betriebsratssitzung in der Dortmunder Filiale vom 28. 09. 1959, zitiert nach: DRAIFLESSEN Collection (Hrsg.), C&A zieht an, S. 156.

firmeninternen Zeitschrift publiziert wurde. Dabei wurde vermutlich versucht, einem bestimmten Ideal, einem Vorstellungsbild von den Aufgaben und dem Arbeitsalltag eines Mannes in einer führenden Position zu folgen. Dies tut der Analyse keinen Abbruch. Vielmehr kann daran gezeigt werden, welche Vorstellungen von Männlichkeit dominant waren und welche Fähigkeiten von den Männern erwartet wurden.

Bereits am frühen Morgen sei er in Gedanken bei der Arbeit. Nach der ersten Arbeitsbesprechung am Vormittag drehte sich auch das Gespräch beim Mittagessen mit seinen Kollegen um die Arbeit; Arbeitsende sei erst nach 20 Uhr. Personalausfälle in einer Filiale erforderten flexibles Denken und Handeln, teilweise bis spät am Abend, bis eine Lösung für das Problem gefunden war. Bisweilen reichte auch ein zwölfstündiger Arbeitstag nicht aus, um das geforderte Pensum zu bewältigen.[477] Die Aufgaben des Bezirksverkaufsleiters waren vor allem organisatorischer und planerischer Art: „Briefe diktieren, Zeitungsstudium und Berichterstattung von außergewöhnlichen Fällen" sowie „Standortuntersuchungen".[478] Bei einer Umstellung in einer Filiale von Bedienung auf Selbstbedienung im Fleischverkauf legte er eine Nachtschicht bis 3 Uhr in der Früh ein. Hinzu kamen die Einführung von neuem Personal in den einzelnen Filialen und auch sonst regelmäßige Filialbesuche. Das häufige Hin- und Herfahren zwischen den Filialen und seinem Büro in der Zentrale machte einen zusätzlichen Stress- und Zeitfaktor aus. Als er bei einem seiner Filialbesuche einen Ladendiebstahl miterlebte, gestand er ein: „Jetzt weiß ich erst, wie schwer es die Mädchen draußen haben!"[479] Diese Aussage zu tätigen, diente innerhalb des Artikels sicher dazu, den vielen im Verkauf Beschäftigten Anerkennung entgegenzubringen. Auch samstags war er teilweise in seinem Büro in der Zentrale anzutreffen, allerdings konnte er die Ruhe beim Arbeiten genießen. Doch auch dort ereilte ihn am Telefon die Nachricht eines Notfalls in einer Filiale. Er musste mit klarem Kopf schnelle Entscheidungen treffen und alle Faktoren im Blick behalten können. Um 13 Uhr begann schließlich sein Wochenende. Aber auch der Sonntag blieb der Erzählung nach nicht ungestört. Nach einem eiligen Spaziergang mit seinem Sohn freute er sich auf Mittagessen und Fußballschauen, als ihn ein Feueralarm in einer anderen Filiale vom Sofa holte.[480] Sein Resümee nach solch einer „ereignisvolle[n] Woche" fiel entsprechend aus: „Wenn ich darüber nachdenke, Spaß macht's eigentlich trotzdem!"[481] Hier drückt sich Zufriedenheit und ein Gefühl der Selbstbestätigung aus.

---

[477] WABW, B 61 Bü 221, versch. Jahrgänge der Firmenzeitschrift „miteinander" (unvollst.), 1966–1982, hier: 1971/II, Artikel „7 Tage hat die Woche. Eine Woche im Leben eines Bezirksverkaufsleiters", S. 5–8.
[478] WABW, B 61 Bü 221, hier: 1971/II, Artikel „7 Tage hat die Woche. Eine Woche im Leben eines Bezirksverkaufsleiters", S. 5.
[479] WABW, B 61 Bü 221, hier: 1971/II, Artikel „7 Tage hat die Woche. Eine Woche im Leben eines Bezirksverkaufsleiters", S. 7.
[480] WABW, B 61 Bü 221, hier: 1971/II, Artikel „7 Tage hat die Woche. Eine Woche im Leben eines Bezirksverkaufsleiters", S. 7.
[481] WABW, B 61 Bü 221, hier: 1971/II, Artikel „7 Tage hat die Woche. Eine Woche im Leben eines Bezirksverkaufsleiters", S. 8.

3.5 Männerwelten: Hohe Belastung, höhere Erwartungen, höchste Positionen   195

Ein anderer Mann und seine (Arbeits-)Biografie werden in einem Gedicht zu seinem 40-jährigen Firmenjubiläum beim Textileinzelhändler C. F. Braun näher vorgestellt. Dieser hatte bereits als Lehrling dort begonnen zu arbeiten, war dann übernommen worden, musste während des Zweiten Weltkriegs an die Front, war in russischer Kriegsgefangenschaft und kehrte nach seiner Wiederankunft in Deutschland zu seiner früheren Firma zurück. Dann folgte der interne Aufstieg: „Nach Jahren voller Müh' und Plag / da kommt dann endlich mal der Tag / Abteilungsleiter ist er nun / na und? Jetzt heißt es nochmehr tun! / Am Abend geht als Letzter man / und Früh fängt er als Erster an!" Mit dem beruflichen Aufstieg stiegen auch Verantwortung und Arbeitslast, die – wie es im Gedicht heißt – ihn bisweilen auch erdrückten. Jedoch wurden ihm Erfolg und Lob zuteil. Über seine Freizeit wusste man zu berichten, dass er diese großteils in seinem Garten verbrachte.[482]

Auch einer der ehemaligen Beschäftigten bei Hirmer berichtete in einem Interview von der hohen Arbeitsbelastung als Abteilungsleiter in den 1980er Jahren. Bei ihm gab es zusätzlich zum Kerngeschäft des Verkaufens noch viele Nebentätigkeiten, die erledigt werden mussten. Dazu zählten die Fort- und Weiterbildung der Abteilungsbeschäftigten: „Ich habe z. B. [...] jede Woche, einen Vormittag innerhalb der Abteilung eine Schulung [durchgeführt]." – und etwaige verwaltende oder Einkaufs-Tätigkeiten: „Normal waren viele Telefonate: Jeder Abteilungsleiter hatte einen kleinen Schreibtisch in der Abteilung. [...] [I]ch hab meinen Schreibtisch so gestellt, dass ich die Abteilung noch überblicken konnte.". Schließlich musste er auch die Abteilungsbeschäftigten kontrollieren und überwachen und sich um die Kundschaft bemühen: „Ja, und ich muss sagen, ich habe mich sehr um den Verkauf bemüht. Wenn jemand 'ne Pleite gemacht hat, dann wollte ich schon wissen[,] warum. [Und i]ch bin dazu gegangen, ich bin oft dazu gegangen. Weil das ist eigentlich, dass der Umsatz stimmt, war doch Nummer Eins, also hab ich eigentlich, wenn ich hier auf der Abteilung war, jeden Kunden gesehen, fast jeden Kunden."[483]

Bei allen hier vorgestellten Beispielen drückt sich ein Verlangen nach Anerkennung und Selbstbestätigung aus. Die Arbeit im Einzelhandel als typische Frauendomäne war grundsätzlich nicht dafür geeignet, hegemonial-männliche Identitäten zu erschaffen. Um dieses Manko zu kompensieren, wurde das Bild einer immens hohen Arbeitsbelastung in Führungspositionen gepflegt, um den gesellschaftlichen Männlichkeitsvorstellungen dennoch entsprechen zu können.

***

Aufgrund der kriegsbedingten Abwesenheit der Männer in den 1940er und 1950er Jahren hatten sich für Frauen im Einzelhandel Möglichkeiten aufgetan, Führungspositionen zu übernehmen. Das re-traditionalisierte Geschlechterverhältnis, das

---

[482] WABW, B 56 Bü 287, Zwei Gedichte, 1974, hier: Gedicht „Jubiläum von Herrn K[.]", vom 26. 04. 1974.
[483] HUA, 2013 / 08 / 0017, Interview: Interview mit H. W. und Fr. W. (14. 12. 2009), S. 27 f.

die Historikerin Kirsten Heinsohn und andere bereits der Nachkriegsgesellschaft attestierten,[484] wirkte zwar auch in der Einzelhandelsbranche und prägte sie bis heute grundlegend, aber diese Entwicklung lief verspätet ab. Denn: Für Männer blieb die Arbeit im Einzelhandel zunächst einmal aufgrund der geringeren Entgelte als in der Industrie, aber auch aufgrund der Stigmatisierung des Verkaufsbereich als Frauenarbeit, uninteressant.

Dementsprechend waren für die Anwerbung von männlichen Beschäftigten ab den 1960er Jahren zwei Aspekte besonders wichtig: die Aufstiegsoptionen aufzeigen zu können – denn die ersten Stufen der Karriereleiter konnten für Männer nur eine Durchgangsstation sein – und die hohe Arbeitsbelastung nachzuweisen, um dem männlichen Arbeitsideal und eigenem Selbstverständnis der betreffenden Mitarbeiter in der frauendominierten Einzelhandelsbranche entsprechen zu können.

Bestimmte Tätigkeiten und Positionen blieben Frauen verwehrt, weil sie männlich konnotiert waren: Ging es um Umsatzzahlen, betriebliche Prozesse sowie Führungs- und Kontrollaufgaben, dann fielen diese Tätigkeiten in den Aufgabenbereich der männlichen Kollegen. Der Einzelhandel war somit horizontal wie vertikal geschlechtsspezifisch segmentiert. In ihm spiegelten sich gesellschaftliche Vorstellungen von Weiblichkeit und Männlichkeit wieder.

3.6 Zwischenfazit

Die sozialen Strukturen innerhalb und außerhalb der Arbeit von Verkäuferinnen geben Aufschluss über den Stellenwert der Erwerbstätigkeit in ihrem Leben, darüber, wie sie ihre eigene Rolle wahrnahmen, und zugleich über die gesellschaftliche Sicht auf die beschäftigten Frauen. Außerdem beeinflussten die sozialen Strukturen die Wandlungsprozesse im Einzelhandel entscheidend mit. Damit wird nicht zuletzt deutlich, wie die Trägerinnen weiblicher Arbeitskraft, als wesentliche Triebkraft der Tertiarisierung im letzten Drittel des 20. Jahrhunderts, ihre Position in der Dienstleistungsgesellschaft gestalteten. Die meisten Verkäuferinnen blieben dabei auf einem steten Kurs in Richtung einer postindustriellen „Reservearmee", und nur vereinzelte Protagonistinnen profitierten von neuen Erwerbschancen.

Die idealtypische Vorstellung von Einzelhandelsarbeit – „Tante Emma" hinter der Ladentheke – entsprach spätestens seit den 1960er Jahren kaum mehr der Wirklichkeit. Ladeninhaberinnen und mithelfende Familienangehörige mit einem hohen sozialen Prestige waren in der zweiten Hälfte des 20. Jahrhunderts in der Minderheit. Dies galt auch für die angelernten Kräfte, wobei es sich vor allem um Frauen sowie „Gastarbeiterinnen" und „Gastarbeiter" handelte, die ein niedriges gesellschaftliches Ansehen hatten. Die meisten Beschäftigten im Einzelhandel hatten eine berufsqualifizierende Ausbildung absolviert, die auch einen gewissen Statuszuwachs bedeutete. Doch bereits hier setzte eine unterschiedliche Behand-

---

[484] Vgl. Heinsohn, Nachkriegszeit und Geschlechterordnung; Schissler, „Normalization" as Project.

lung von Frauen und Männern in noch jungem Alter ein. Die Neuordnung der Berufsausbildung von 1968, die zwischen den Berufsbildern „Verkäuferin" und „Einzelhandelskaufmann" differenzierte, zementierte die Unterscheidung anhand des Geschlechts. Diese zeigte sich weiterhin an den unterschiedlichen Aufstiegsmöglichkeiten von Männern und Frauen sowie an deren differierendem Einkommen.[485] Der Attraktivität einer Ausbildung im Einzelhandel tat dies für Frauen jedoch keinen Abbruch.[486]

Wesentliche Unterschiede für den weiteren Verlauf der Arbeitsbiografie konnten anhand überlieferter Quellen aus den untersuchten Betrieben für Männer und Frauen aufgezeigt werden. Der Zusammenhang von Arbeitswelt und Sozialleben spielte für die männlichen Beschäftigten keine Rolle, bei Frauen hingegen wurde er stets mitgedacht. Arbeit war für sie nur möglich, wenn sie mit familiären Verpflichtungen in Einklang zu bringen war: Aus diesem Grund entließ C&A seine weiblichen Beschäftigten in den 1950er Jahren, wenn sie heirateten, während für Beschäftigte des Lebensmitteleinzelhandels noch in den 1980er Jahren Hochzeit und die Geburt eines Kindes wesentliche Einschnitte im Arbeitsleben darstellten. Auch die Altersstruktur der weiblichen Beschäftigten im Einzelhandel korrespondierte mit den familiär bedingten Pausen, und grundsätzlich kamen männliche Beschäftigte, ledige sowie kinderlose Frauen auf eine längere Betriebszugehörigkeit, da sie ihre Arbeit nicht unterbrechen mussten. Karrieren im Einzelhandel waren für Frauen nur vor oder nach der Familienphase vorgesehen. Hiervon muss die Situation von „Gastarbeiterinnen" ausgenommen werden: Solange die Unternehmen von einer vorübergehenden Beschäftigung ausgingen, spielte die familiäre Situation von Frauen keine Rolle, vielmehr stand ebenso wie bei den Männern die Arbeit im Vordergrund. Erst bei einer dauerhaften Beschäftigung kamen die geschlechtsspezifischen Unterschiede zum Tragen. Diese Befunde können über den gesamten Untersuchungszeitraum hinweg Gültigkeit beanspruchen. Während für männliche Erwerbstätige Arbeit *die* zentrale Instanz für ihre gesellschaftliche Positionierung bildete, blieb für Frauen die Familie als zweite definierende Säule ihres Lebens relevant. Dies wirkte sich auf die Wahrnehmung von Frauen negativ aus, denn die Tatsache, dass ihnen Ehe, Mutterschaft und Familie angeheftet war, ließ sie gegenüber ihren männlichen Kollegen defizitär erscheinen.

Neben den Einflüssen durch (Aus-)Bildungswege und familiäre Hintergründe der Verkäuferinnen prägten die betrieblichen Sozialstrukturen die Arbeitswelt der

---

[485] Vgl. Voss-Dahm, Der Branche treu, S. 266.
[486] Vgl. Maier, Arbeitsmarkt, S. 267; sowie die Tabelle des Statistischen Bundesamtes, Berufliche Bildung. Weibliche Auszubildende nach Ausbildungsberufen 2019 (TOP 20), unter https://www.destatis.de/DE/Themen/Gesellschaft-Umwelt/Bildung-Forschung-Kultur/Berufliche-Bildung/Tabellen/azubi-rangliste-weiblich.html [zuletzt abgerufen am 3. 8. 2022]. Auf Platz fünf liegt mit 5,6 Prozent die Ausbildung „Kaufmann/Kauffrau im Einzelhandel", auf Platz sechs mit 4,2 Prozent die Ausbildung „Verkäufer/in". Zusammengenommen sind das 9,8 Prozent, womit eine Ausbildung im Einzelhandel auf der Beliebtheitsskala auf Platz zwei nach der Ausbildung „Kaufmann/Kauffrau für Büromanagement" mit 10,5 Prozent rangiert.

Beschäftigten und das daraus entstehende Frauenbild. Die betrieblichen Sozialleistungen der Unternehmen bevorzugten aufgrund ihrer Anforderungen und Ausrichtung die männlichen Mitarbeiter. Männliche Angestellte wurden so an die Unternehmen gebunden. Für weibliche Beschäftigte hingegen war die Kollegialität im Betrieb ein motivierender und dadurch stabilisierender Faktor – ebenso wie ein positives Selbst- und Fremdbild gegenüber der Kundschaft, das durch die verhältnismäßig hohe Handlungssouveränität der Verkäuferinnen und ihre Fachkompetenz begünstigt wurde.

Bei der Betriebsrätearbeit im Einzelhandel überwogen spezifische, einzelbetriebliche Interessen und weniger ein Fokus auf geschlechtsspezifischer Ungleichheit innerhalb der Belegschaft – diese war nur in Einzelfällen ein Thema: bei Gaissmaier bezüglich einer falschen Eingruppierung von beschäftigten Frauen,[487] bei C&A bezüglich des unterschiedlich hohen Weihnachtsbonus' von Männern und Frauen. Ansonsten spielten Fragen geschlechtsspezifischer Ungleichbehandlung im Betrieb in den untersuchten Unternehmen kaum eine Rolle. Allerdings trugen Betriebsräte durch ihr Mitwirken an einer guten Atmosphäre im Unternehmen – ebenso wie das Verhältnis zur Kundschaft und die Kollegialität – zur Verstetigung von weiblicher Arbeit im Einzelhandel, aber auch zur impliziten Akzeptanz und Stabilität sozialer Ungleichheit bei.

Ein wichtiger Aspekt ist außerdem das Verhältnis der Verkäuferinnen zu ihren männlichen Kollegen und Vorgesetzten. Grundsätzlich wurden kognitive, kaufmännische sowie schwere mechanische Arbeitsprozesse dem männlichen Aufgabenbereich zugeordnet und nicht den Frauen überlassen.[488] Damit waren bestimmte Tätigkeiten und Positionen für weibliche Beschäftige ab Ende der 1950er Jahre kaum mehr zugänglich. Der Einzelhandel war horizontal wie vertikal geschlechtsspezifisch segmentiert. Diese Segmentierung verstärkte sich durch die Selbstbedienung und die weitere geschlechtsspezifische Differenzierung in der Ausbildung. Obwohl Arbeit in diesem Zeitraum für Frauen zu einer wichtigen Säule ihres Lebens geworden war, änderte dies an der Ungleichbehandlung im Beruf nichts. Geringere Entgelte und eine Stigmatisierung als Frauenbranche machten die Arbeit im Einzelhandel für Männer unattraktiv, sodass bestimmte Anreize geschaffen werden mussten, um dem Ideal einer hegemonialen Männlichkeit gerecht zu werden. Dementsprechend zeigten die Unternehmen vor allem den männlichen Beschäftigten interne Aufstiegsoptionen auf, während sie ihnen gleichzeitig eine höhere Arbeitsbelastung zuteilten – auf sie konnte man sich verlassen.

Eine im Verkauf arbeitende Frau, ja eine arbeitende Frau generell und ihre Stellung in der Gesellschaft blieben defizitär, weil sich der Konnex von weiblicher Arbeit und familiären Verpflichtungen nicht auflösen ließ. Daran konnten weder die Berufsausbildung noch ein positives Selbstbild oder ein gutes Verhältnis zur

---

[487] Dies wurde bereits in Kapitel 2.5 zum Gehalt thematisiert.
[488] Dies wird noch einmal ausführlich in Kapitel 4.4 und 4.5 gezeigt.

Kundschaft und übrigen Belegschaft etwas ändern. In der männlich dominierten kapitalistischen Gesellschaft liegt gesellschaftliche Anerkennung zuvorderst in der Erwerbsarbeit begründet, und nicht in der Familienarbeit. Selbst ein überwiegend weibliches Berufsfeld wie der Einzelhandel ist von diesem Denkmuster geprägt.

Der geschlechtsbezogene Konservatismus im Einzelhandel und in der Arbeitswelt insgesamt erwies gerade in dem Moment seine strukturbildende Kraft, als sich in anderen gesellschaftlichen Bereichen die Modernisierungsbewegung der 1960er Jahre abzeichnete, etwa in der Familie. Das Kapitel zeigte am Beispiel des Einzelhandels außerdem, wie überaus ambivalent sich die Arbeitswelt dieser Dienstleistungsbranche entwickelte. Die Professionalisierung des Berufs „Verkäuferin" und die geschlechtsspezifische Segmentierung des Arbeitsmarktes gingen Hand in Hand. Das Gros der Verkäuferinnen konnte den neuen Anforderungen an qualifizierte Arbeit – Flexibilität, Kreativität, Bildung – aufgrund der geschlechtsspezifischen Eingebundenheit in soziale Strukturen nicht genügen. Somit standen ihnen nur die niederen Tätigkeiten der Dienstleistungsgesellschaft offen.[489]

---

[489] Hierzu auch die „periphere" Gruppe Castels, die in der Mehrzahl „aus Einwanderern, Frauen, jungen Menschen ohne Qualifikationen" besteht, die lediglich saisonal oder auf andere Art und Weise prekär und unsicher beschäftigt sind, vgl. Castel, Metamorphosen, S. 323; Weischer, Soziale Ungleichheit, S. 339, 341 f.

4. Weniger bedienen, weniger wert: weibliche Beschäftigte im Verkaufsraum

4.1 Wandel des Einzelhandels in der bundesrepublikanischen Konsumgesellschaft

Zum Verhältnis von Handel, Konsum und Geschlecht

Frauen aus höheren gesellschaftlichen Schichten beziehungsweise aus dem Bürgertum konnten sich bereits Ende des 19. Jahrhunderts *„qua Konsum als gesellschaftliche Akteure im öffentlichen Raum positionier[ ]en"*.[1] Ihre Rolle als Verbraucherinnen trug seitdem dazu bei, dass sich die klare geschlechtsspezifische Zuordnung der öffentlichen und privaten Sphären – als „eine der grundlegenden Dichotomien der bürgerlichen Moderne"[2] – veränderte. Erica Carter zeigt am Beispiel des Wilhelminischen Warenhauses, dass dort nicht mehr nur bürgerliche Rollenbilder verhandelt wurden, sondern sich auch zunehmend Frauen aus der Mittelschicht – dank ihrer verbesserten sozialen und wirtschaftlichen Stellung – „durch die Teilnahme am Konsum eine weitere Arena unabhängigen sozialen Handels und öffentlicher Präsenz erschloss[ ]".[3] Indem das Bürgertum durch demonstrativen Konsum gesellschaftliche Verhaltensmaßstäbe vorgab, bildete es bei der Ausbildung des modernen Konsumverhaltens die entscheidende Instanz.[4]

In der bundesrepublikanischen Konsumgesellschaft nach dem Zweiten Weltkrieg traf dies schließlich auch für Frauen aus niedrigeren Schichten zu. Sie eiferten der bürgerlichen Rollenverteilung nach und strebten eine geschlechtsspezifische Arbeitsteilung an, sodass sich die Handlungssphäre von Frauen auf Familien- und Hausarbeit festlegte – und damit auf den Konsum. Somit war Handel in den 1950er und 1960er Jahren sowohl auf der Verkaufs- als auch Einkaufsseite weiblich geprägt. Frauen, insbesondere aus den unteren Angestelltenschichten, können als wichtige Trägergruppe der Konsumgesellschaft gelten. Als Budgetverwalterinnen rückten sie „ins Zentrum einer von weiblichen Konsumpräferenzen geprägten Kultur".[5] Das belegen auch die Quellen: Männer, die einkaufen, werden darin entweder als Junggesellen kategorisiert, die auf Unterstützung bei der Warenauswahl angewiesen waren, oder als Experten, die sich nur für eine bestimmte Produktgruppe, etwa Alkohol, interessieren.[6]

Die Konsumentinnen wurden in ihrer Rolle darüber hinaus als Stütze für die westliche Demokratie interpretiert: Durch ihre Kaufentscheidung für günstige

---

[1] Carter, Frauen, S. 155.
[2] Carter, Frauen, S. 154.
[3] Carter, Frauen, S. 158
[4] Vgl. Schulz, Lebenswelt und Kultur des Bürgertums, S. 94.
[5] Vgl. Schulz, Lebenswelt und Kultur des Bürgertums, S. 101.
[6] Vgl. hierzu die Ausführungen zur Kundschaft in Kapitel 3.3.

Produkte befördere die Hausfrau den freien Wettbewerb; durch ihr „Verbrauchervotum" für westliche Qualitätsprodukte unterstütze sie die freie Marktwirtschaft.[7] Und tatsächlich wurden die erweiterten Konsummöglichkeiten in Westdeutschland als Stabilitätsfaktor für das politische System der Bundesrepublik gedeutet – auch wenn dies nur als ein Faktor neben der ureigenen Anziehungskraft einer freiheitlich-demokratischen Grundordnung und dem Versprechen auf Wohlstand und Sicherheit zu betrachten ist. Dennoch wurden so in der zweiten Hälfte des 20. Jahrhunderts alte Klassengrenzen im Konsumieren sowie Unterschiede zwischen Stadt und Land durchlässiger. Konsumstile bemaßen sich seitdem nicht mehr allein am Einkommen, sondern an ausgewählten Konsumgütern. Die Beschränkung des Konsums in der DDR und ihre verzögerte konsumhistorische Entwicklung leisteten einen Beitrag zum späteren Zusammenbruch des Systems.[8]

In den 1950er Jahren entwickelte sich die Bundesrepublik Deutschland durch den Anstieg der Reallöhne und der damit verbundenen Binnennachfrage *langsam* zu einer Massenkonsumgesellschaft.[9] Zu den Voraussetzungen des Massenkonsums zählten noch weitere Faktoren: die Massenanfertigung von Produktionsgütern; das Vorhandensein einer entsprechend breiten Konsumentenschicht, die in vielen Fällen mit einer Verstädterung einherging; veränderte Konsumbedürfnisse, teilweise hervorgerufen durch die Verbreitung von Massenmedien und Werbung und daraus resultierende neue Konsumpraktiken, wie etwa erhöhte Ausgaben für Freizeitvergnügen und Unternehmungen.[10] Ende der 1950er Jahre waren langlebige Konsumgüter in der Bevölkerung weit verbreitet, auch bei niedrigeren Einkommensschichten.[11] Die erhöhte Kaufkraft und Konsumfreiheit, die auf die Ausbreitung der Selbstbedienung, ein übergroßes Warenangebot und „die Einebnung ständischer und klassenspezifischer Konsummuster" fußten, hatten dies möglich gemacht.[12] Aufgrund der neuen Vielzahl an Konsumoptionen avancierte „[d]er Konsument" bald zum „König Kunde".[13] Dass dieser mit jedem Kauf eine individuelle Entscheidung traf, machte ihn zum „Konsumbürger" – dem „bestimmende[n] Typus der Lebensweise in der modernen Massenkonsumgesellschaft".[14]

Mit dem Einzug postfordistischer Vorstellungen in die Produktion in den 1970er Jahren, die zu Nischenmärkten und -marketing führte, sowie dem Herausbilden pluraler Verbraucheridentitäten änderte sich die geschlechtsspezifische Codierung des Konsums und damit des Verkaufsraums.[15] Für diese Zeit veranschlagt Andreas Wirsching zudem eine Verschiebung in der Identitätsbildung, weg von der Arbeit als definierendes Element hin zum Konsum und der individuellen Le-

---

[7] Vgl. Carter, Frauen, S. 167–169, Zitat auf S. 169.
[8] Vgl. König, Konsumgesellschaft, S. 40; Kießling, Wohlstand, S. 180, 194 f.
[9] Vgl. etwa Wildt, Beginn der „Konsumgesellschaft"; Herbert, Deutsche Geschichte, S. 677 f.
[10] Vgl. Haupt, Konsum, S. 118–130.
[11] Vgl. Abelshauser, Die langen Fünfziger Jahre, S. 56 f.
[12] Wehler, Deutsche Gesellschaftsgeschichte, S. 76 f.
[13] Wildt, Konsumbürger, S. 255.
[14] Wildt, Konsumbürger, S. 256.
[15] Vgl. Carter, Frauen. S. 169 f.

bensgestaltung.¹⁶ In der Verbindung dieser beiden Überlegungen ergibt sich, dass in dem Moment Konsum wichtiger wurde, in dem dieser seiner weiblichen Konnotation enthoben wurde; und in dem Moment, in dem die Rolle von Frauen in der Arbeitswelt wichtiger wurde, reduzierte sich die Bedeutung von Arbeit überhaupt. Durch die Ausbreitung der Konsumgesellschaft hatten sich zunächst schichtspezifische Unterschiede minimiert, während Einkommensunterschiede weiterhin fortbestanden. Somit blieben soziale Distinktionen und Grenzen erhalten, allerdings auf anderen Ebenen,[17] die der französische Soziologe Pierre Bourdieu mit der Formel der „feinen Unterschiede" bezeichnete.[18] In der modernen Massenkonsumgesellschaft dominierten das Streben nach individuellem Wohlstand, Pluralität und Distinktion.[19] Soziale Ungleichheit konstituierte sich nicht mehr anhand von rein ökonomischen Kriterien, sondern durch „Arbeits- und Freizeitbedingungen, soziale[ ] Sicherheit, Integrations- und Entfaltungsmöglichkeiten".[20] Dementsprechend musste geschlechtliche Identität konstruiert werden; Konsum und Freizeit wurden zu Kriterien für geschlechtsspezifische Ungleichheit.[21] Aufgrund der Entdeckung von Frauen als Konsumentinnen und der Tatsache, dass immer mehr Frauen eigenes Geld verdienten, scheint es, als hätten sich ihre Handlungsräume in der Massenkonsumgesellschaft in Bezug auf den individuellen Konsum erweitert.[22] Diese Entwicklung ist ambivalent, denn durch die zeitgenössische und zum Teil noch heute anhaltende Verknüpfung des weiblichen Geschlechts mit der Zuständigkeit für Familien- und Hausarbeit blieb den Frauen weit weniger Zeit für individuelle Distinktion durch Konsum. So war das Praktizieren zeitaufwendiger Hobbys vor allem Männern vorbehalten, während Frauen sich öfter zeitungebundenen Freizeitbeschäftigungen widmeten.[23] Ihre Handlungsspielräume und Möglichkeiten blieben in dieser Hinsicht durch ihre zeitliche Einschränkung begrenzt. Dementsprechend argumentiert die vorliegende Untersuchung, dass für Frauen die Arbeit weiterhin – im Sinne eines Nachholeffekts – eine wichtige Säule ihrer Identitätsbildung darstellte.

Etablierung der Selbstbedienung und Computerisierung des Einzelhandels

Speziell den Einzelhandel betreffend stellte sich die Entwicklung folgendermaßen dar: Auf die Zeit des Mangels in den Jahren nach Kriegsende und des anschließenden aufholenden Konsums bis Ende der 1950er Jahre folgte im Einzelhandel eine

---

[16] Vgl. Wirsching, Konsum statt Arbeit, S. 190, 192–194.
[17] Vgl. Wehler, Deutsche Gesellschaftsgeschichte, S. 79 f.
[18] Vgl. Bourdieu, Die feinen Unterschiede.
[19] Vgl. Wildt, Konsumbürger, S. 255.
[20] Wildt, Konsumbürger, S. 273.
[21] Zur Bedeutung von freier Zeit und Arbeitszeit für Frauen im Zusammenhang mit Erwerbstätigkeit vgl. Kapitel 5.1 und allgemein Kapitel 5.
[22] Vgl. Wildt, Konsumbürger, S. 277 f.
[23] Vgl. Kessel, Verfügte Zeit, S. 23 f.; hierzu auch Kapitel 3.2.

Tab. 10: Entwicklung der Zahl der SB-Läden in der BRD[24]

Jahr	Zahl der SB-Läden in der Bundesrepublik
1952	81
1954	203
1956	738
1958	3 183
1960	17 132
1962	30 680
1964	46 794
1966	62 714
1967	72 241

Phase der Sättigung, in der die Unternehmen wieder verstärkt um die Kundschaft kämpften. Arbeitskräfte waren im Zuge des „Wirtschaftswunders" und der Vollbeschäftigung rar. In dieser Zeit kam Selbstbedienung gerade recht – sie versprach eine zeitliche Optimierung der Arbeitsprozesse und ein neues Erlebnis für die Kundschaft. Die stetig betonten Vorteile der Selbstbedienung (Zeitersparnis, Wahlmöglichkeit, Unabhängigkeit der Entscheidung) entsprachen den Anforderungen des „modernen Konsumenten", erfüllten das „Selbstbild eines mündigen Bürgers, der zum einen die Freiheit der Wahl verlangt und zum anderen in der Lage ist, eigenständig und selbstverantwortlich Entscheidungen zu treffen".[25]

Neben dem allgemeinen wirtschaftlichen Aufschwung in der Bundesrepublik war demnach die Einführung der Selbstbedienung entscheidend für die weitere Entwicklung der Verkaufssituation und ihrer erforderlichen Handlungen für die Beschäftigten. Dabei waren die Lebensmittelgeschäfte Vorreiter. 1938 eröffnete Herbert Eklöh, ein Unternehmer aus Osnabrück, den ersten Selbstbedienungsladen in Deutschland; es blieb allerdings ein kurzlebiger Einzelfall.[26] Die eigentliche Entwicklung vollzog sich erst nach dem Zweiten Weltkrieg in der Bundesrepublik Deutschland, als der erste Selbstbedienungsladen 1949 eröffnete. Bis Ende der 1960er hatte sich diese Verkaufsform flächendeckend etabliert.[27] Fast zeitgleich erreichte die Selbstbedienung auch die Einzelhandelsgeschäfte der DDR.[28]

Die USA dienten als Vorbild für die deutschen Einzelhändler: 1916 eröffnete Clarence Saunders mit dem „Piggly Wiggly Store" den ersten Laden mit Selbstbedienungsprinzip in Memphis, Tennessee; in Texas und Kalifornien wurden ebenfalls erfolgreich Selbstbedienungsläden eingeführt.[29] Im Unterschied zu den USA

---

[24] Tabelle übernommen aus: Pusch, Entwicklungstendenzen, S. 226; zusammengestellt aus Veröffentlichungen des Instituts für Selbstbedienung, Köln.
[25] Wildt, Konsumbürger, S. 275.
[26] Vgl. Welskopp, Startrampe, S. 289.
[27] Vgl. Langer, Revolution, S. 382, 387–392.
[28] Vgl. Spiekermann, Einführung der Selbstbedienung im Einzelhandel der DDR, o. S.
[29] Vgl. Pusch, Entwicklungstendenzen, S. 212 f.; Strasser, Making of the American Mass Market, S. 248; Bowlby, Invention of Modern Shopping, S. 140–143.

der 1920er Jahre ging die Entwicklung in der Bundesrepublik zunächst verstärkt von den Konsumgenossenschaften und den Filialbetrieben aus, weniger von selbstständigen Einzelhändlern. Diese Tendenz kehrte sich 1960 um, sodass die meisten neuen Filialen von Selbstständigen eröffnet wurden.[30] Unter den europäischen Spitzenreitern der Selbstbedienung Mitte der 1960er Jahre waren neben der Bundesrepublik mit 46 800 SB-Geschäften Großbritannien mit rund 13 100 SB-Läden und Schweden als Land mit der weitaus größten Dichte an Selbstbedienungsläden.[31] So waren die USA und Schweden häufig das Ziel von Studienreisen der bundesdeutschen Unternehmer.[32] Dies bestätigen auch Quellenfunde aus den untersuchten Betrieben – sowohl des Lebensmitteleinzelhandels als auch des Textileinzelhandels. Vertreter der Firma Latscha und Familienmitglieder reisten Ende der 1960er und Anfang der 1970er Jahre mehrmals in die USA;[33] zwei Mitarbeiter der Gaissmaier-Geschäftsführung reisten in die USA und nach Kanada;[34] Gesandte des Textilkaufhauses C. F. Braun in Stuttgart traten eine Reise nach Schweden an und besuchten dort verschiedene Kaufhäuser.[35]

Die Einführung der Selbstbedienung,[36] die weitere Entwicklung der Umsätze, Verkaufsflächen und Betriebsgrößen der Läden[37] sowie die Auswirkungen auf das Einkaufsverhalten[38] sind bereits gut untersuchte Themenfelder.[39] Das Selbstbedienungsprinzip kam größeren Unternehmen zugute, da sich nur in einem größeren Maßstab die hohen Investitionskosten wieder amortisieren konnten. In der Folge setzte in den 1960er Jahren ein Konzentrationsprozess ein – mit großen Verkaufsflächenerweiterungen, Fusionen und Aufkäufen sowie Geschäftsaufgaben kleinerer Firmen. Zugleich diversifizierten sich die Vertriebsformen. Neben dem bei Lebensmittelfilialbetrieben etablierten Supermarkt entstanden großflächige Verbrauchermärkte und noch größere SB-Warenhäuser, die über ein umfangreicheres Non-Food-Sortiment verfügten.[40] Ausschlaggebend war die Idee, dass „alles unter einem Dach" und oft nur einmal pro Woche – möglich geworden durch die Verbreitung von Kühlschränken – eingekauft wurde, und dies „auf der grünen Wiese", sprich

---

[30] Vgl. Pusch, Entwicklungstendenzen, S. 214, 227.
[31] Vgl. Pusch, Entwicklungstendenzen, S. 229.
[32] Vgl. Langer, Revolution, S. 402–414, dort: Übersicht über die Studienreisen im Einzelhandel; aber auch schon zuvor Wildt, Beginn, S. 176 f.
[33] ISG, W 1-10-479, Amerika-Berichte, 1969–70; ISG, W 1-10-480, Amerika-Reise, 1973. Die Auswertung dieser Akten erfolgte in Kapitel 4.5 zur Computerisierung im Einzelhandel und den Arbeitspraktiken des Verwaltens und Instandhaltens.
[34] WABW, B 61 Bü 221, versch. Jahrgänge der Firmenzeitschrift „miteinander" (unvollst.), 1966–1982, hier: 1973/2, darin: „Amerika ist eine Reise wert": Bericht über eine Studienreise nach den USA und Canada, S. 17 f.
[35] WABW, B 56 F 25174–177, o. T., o. D.
[36] Vgl. Welskopp, Startrampe; Jessen/Langer (Hrsg.), Transformations of Retailing in Europe.
[37] Vgl. Banken, Die quantitative Entwicklung des bundesdeutschen Einzelhandels; ders., Warenhaus zum Online-Versand; Spiekermann, Rationalisierung als Daueraufgabe.
[38] Vgl. etwa Fabian, Individualisierung, Pluralisierung und Massenkonsum; Voswinkel, Der sich selbst bedienende Kunde; Pollman, Fehlende Zahlungsbereitschaft.
[39] Vgl. hierzu auch die Ausführungen zum Forschungsstand in der Einleitung.
[40] Vgl. Banken, Warenhaus zum Online-Versand, hier: S. 499–505.

in neu ausgezeichneten Gewerbegebieten am Stadtrand, die gut mit dem Auto erreichbar waren.[41] Daneben entwickelte sich das Discountprinzip, das auf ein stark reduziertes Warensortiment und eine karge Ladenausstattung setzte.[42] Fachgeschäfte blieben als Option für Nischennutzung erhalten und Bioläden suchten sich eigene Käuferkreise,[43] sodass sich bis Ende der 1970er Jahre ein Nebeneinander unterschiedlichster Betriebsformen entwickelt hatte. Diese Unternehmen hatten es mit einem immer strengeren Wettbewerb auf einem „der am schärfsten umkämpften Konsumentenmärkte Europas" zu tun.[44] Die daraus resultierenden Konsequenzen für die konkrete Verkaufspraxis und die Arbeit der Beschäftigten sind in der historischen Forschung bislang nicht untersucht worden.

Die zweite große Umstrukturierung im Einzelhandel erfolgte Mitte der 1970er Jahre, als die Informationstechnologie Einzug in die Ladengeschäfte erhielt[45] – mit dem Beginn der Computerisierung der Kassen und der Einführung des Barcodes.[46] Der Arbeitsplatz Kasse durchlief einige technische Veränderungen, die in der Einführung von sogenannten Selbstbedienungskassen ihren vorläufigen Abschluss fanden und sich massiv auf Arbeitsweise sowie Selbst- und Fremdwahrnehmung der Beschäftigten auswirkten.

Arbeitspraktiken im Einzelhandel

Um die Konsequenzen dieses „Strukturwandels"[47] im Einzelhandel für die Arbeitspraktiken zu untersuchen, wird ein abstrahierendes Modell der Verkaufspraxis entwickelt, das eine Idealtypenbildung im Weber'schen Sinne ermöglicht. Es können dabei sieben Teilpraktiken der Verkaufspraxis identifiziert werden: 1. die Praktik des Begrüßens der Kundin beziehungsweise des Kunden; 2. Bedienen – dazu zählen das Informieren und Beraten sowie das Herausgeben oder durch die Kundschaft eigenständige Herausnehmen der Ware, aus juristischer Sicht also der Wechsel des Besitzes der Ware; 3. Kassieren – aus juristischer Sicht der Wechsel des Eigentums; 4. Verpacken der Ware; 5. Verabschieden der Kundschaft. Als vor- oder nachgelagerte Praktiken sind zudem zu nennen: 6. das Verwalten der Waren, sowie 7. das Instandhalten des Ladens. Beim Idealtypus der integrierten Verkaufspraxis werden alle sieben Teilpraktiken von einem Akteur, in diesem Fall einer Person, geplant und durchgeführt, wohingegen beim Idealtypus der fragmentierten Verkaufspraxis jede Teilpraktik von unterschiedlichen Akteuren, Personen, Objekten oder anderen Unternehmen übernommen wird. Die realtypischen Manifestationen der Verkaufspraxis lassen sich jeweils auf einer Skala zwischen diesen Polen einordnen und somit vergleichen. Anhand dieser Untersuchungskategorien können Aussagen über histo-

---

[41] Vgl. Wortmann, Eine historisch-institutionalistische Perspektive, S. 95 f.
[42] Vgl. Banken, Warenhaus zum Online-Versand, hier: S. 499–505.
[43] Vgl. Mähnert, Der Bioladen.
[44] Banken, Warenhaus zum Online-Versand, S. 505.
[45] Vgl. Berg, Die Geschichte der Registrierkasse.
[46] Vgl. Girschik, Kassen.
[47] Begriff übernommen von Banken, Schneller Strukturwandel.

rische Veränderungen getroffen werden, über die soziale Stellung des Verkaufspersonals im Betrieb und im wirtschaftlichen Prozess der Distribution, in der Gesellschaft, wie auch über Ungleichheitsverhältnisse in der Arbeitswelt. Dahinter steht die Annahme, dass die historischen Praktiken im Einzelhandelsbetrieb neben der Bereitstellung einer Dienstleistung auch „der Vergemeinschaftung, der Machtausübung, dem alltäglichen sozialen Umgang miteinander"[48] dienten.

Eine entscheidende Rolle spielte dabei, dass mit der Einführung der Selbstbedienung die Teilpraktik des Bedienens vom Verkaufspersonal zu den Kundinnen und Kunden wanderte. Dies bedeutete, dass das Beraten und Informieren, aber auch das Aushändigen der Waren nicht mehr primär zu den Teilpraktiken des Verkaufspersonals gehörten. Die Beratungs- und Informationsaufgabe ging auf die Produkte über – genauer gesagt auf deren Verpackung.[49] Außerdem begann sich die Teilpraktik der Warenaushändigung zu wandeln in die Teilpraktik des eigenständigen Nehmens der Ware durch die Kundschaft, und lag somit nicht mehr in der Zuständigkeit des Personals, sondern in der Verantwortung der Einkaufenden. Durch die Computerisierung der Kassen veränderte sich die Teilpraktik des Kassierens stark, während die Teilpraktik des Verwaltens der Ware sich deutlich reduzierte oder bisweilen wegfiel; auch die Veränderungen beim Instandhalten des Ladens können in diesem Zusammenhang gesehen werden.

Arbeitsraum als analytische Kategorie

Dieses Hauptkapitel orientiert sich methodisch an der historischen Raumanalyse.[50] Es geht darum zu fragen, wie sich ein Raum konstituierte, also welche physischen Elemente ihn prägten, und durch wen er verändert wurde – aber auch darum, wie die Akteure sich den Raum aneigneten, sich in ihm bewegten und räumliche Praktiken ausbildeten.[51]

Ausgehend von der Analysekategorie des Verkaufsraumes steht zunächst dessen räumliche *Konstitution* im Fokus. Aus Werbe- und Schulungsmaterial der NCR GmbH wird deutlich, welche räumlichen Veränderungen in den Einzelhandelsgeschäften mit der Einführung der Selbstbedienung beabsichtigt waren und mit welchen Folgen für das Verkaufspersonal seitens der Planenden gerechnet wurde. NCR vertrieb im Untersuchungszeitraum Kassen und Kassensysteme und propagierte in Schulungen und Fortbildungen die Einführung der Selbstbedienung.

In einer Werbebroschüre, die sich an Ladeninhaber und -inhaberinnen richtete, sind eine Grafik und ein Foto gegenübergestellt, um den Unterschied von Läden

---

[48] Welskopp, Produktion als soziale Praxis, S. 31. Ausführlicher zu den methodischen Zugängen in der Einleitung.
[49] Vgl. zur Funktion der Verpackung Teuteberg, Wochenmarkt zum Online-Shopping, S. 34 f.; zum Zusammenhang von Selbstbedienung und industrieller Massenproduktion Langer, Revolution, S. 314 f.
[50] Vgl. Rau, Räume, S. 192–195.
[51] Vgl. dazu methodische Ausführungen in der Einleitung dieser Arbeit sowie Rienks, „Tante Emma bitte an Kasse 3!", S. 114–125.

"OHNE Freiwahl" und Läden "MIT Freiwahl" bildlich zu verdeutlichen. Bis in die 1960er Jahre gab es in den Geschäften eine Ladentheke. Die Grafik "OHNE Freiwahl" zeigt einen Verkäufer auf der einen Seite einer Theke; mit Pfeilen ist dessen Laufweg zu den Warenregalen, die sich auf seiner Seite der Theke befinden, gekennzeichnet. Auf der anderen Seite der Theke sind Kundinnen und Kunden eingezeichnet. Es herrschte eine klare Trennung zwischen dem Verkaufsbereich als dem Handlungsraum der Beschäftigten und dem Bereich der Kundinnen und Kunden. Hinter der Theke kontrollierten und entschieden die Beschäftigten über den Zugang zur Ware. Das Foto "MIT Freiwahl" hingegen zeigt eine einzelne Kundin, die mit Einkaufskorb unter dem Arm an einem frei zugänglichen Regal steht und ein Produkt genau betrachtet, das sie in der Hand hält. Im Laden mit Selbstbedienung wurde die klare Trennung der Räume aufgehoben. Die Kundinnen und Kunden konnten sich selbst Zugang zur gewünschten Ware verschaffen und beherrschten große Teile des Verkaufsraums.[52] Nebentätigkeiten wie das Instandhalten des Ladens wurden unsichtbar, die dahinterstehende Arbeit und die Beschäftigten marginalisiert. Das Bereitstellen der Ware erfolgte nicht mehr während des Verkaufsvorgangs, indem die Artikel aus den Regalen hinter der Theke oder aus dem Keller herangeholt werden mussten, sondern vor und nach Ladenschluss oder – dann aber möglichst unauffällig – mitten im Warenbereich, dem Bereich der Kundinnen und Kunden. Die Beschäftigten sollten zwar bei Bedarf sofort ansprechbar sein, aber sie verfügten nicht mehr über einen eigenen Hoheitsbereich. Die Ware trat hinter der Theke hervor, das Verkaufspersonal hinter die Ware zurück.[53] Als Handlungsfeld blieb noch der Kassenarbeitsplatz dem Verkaufspersonal überlassen. Allerdings stellte die Kasse, verortet am Ausgang, keine Zugangsbeschränkung mehr dar.[54]

Kassenfirmen wie NCR GmbH können im Untersuchungszeitraum als Mitverantwortliche für die räumlichen *Dynamiken* angesehen werden – neben den Unternehmen, die sie in den Betrieben umsetzten. Die Vertreter samt der Werbemittel von NCR richteten sich mit ihren Ideen zunächst an Drogerien und Lebensmittelhändler;[55] auch in anderen westeuropäischen Ländern agierten sie im Sinne einer Verbreitung der Selbstbedienung. Die Verkaufsschulungen "Moderne Markt-Methoden" gab es in Frankreich unter dem Titel "Modern Merchant Methods".[56] Das 1957 gegründete Institut für Selbstbedienung (ISB) leistete auf institutiona-

---

[52] BWA, F 36 / 202, "National und moderne Verkaufsmethoden", ca. 1958.
[53] BWA, F 36 / 218, Verkaufspsychologie in Selbstbedienungs-, Selbstwähl-, Freiwahl-Läden, ca. 1955, Blatt 4–7.
[54] BWA, F 36 / 202, "National und moderne Verkaufsmethoden", ca. 1958.
[55] BWA, F 36 / 236, Weniger bedienen, mehr beraten: Erkenntnisse und Erfahrungen für den modernen Verkauf im Drogerie-Einzelhandel. Ein Arbeitsergebnis der RGH, von Dieter Graff, o. O. 1963; BWA, F 36 / 245, Anwendbarkeit moderner Verkaufsmethoden in spezifischen Einzelhandels-Branchen, 1965.
[56] BWA, F 36 / 191, Gründung des MMM-Club "Moderne Markt-Methoden" und Eröffnung der neuen NCR-Seminarräume, 1962; vgl. zur Anwendung der NCR-Methoden in Frankreich Jacques, L'américanisation du commerce francais.

lisierter Ebene einen weiteren Beitrag zur Durchsetzung der Selbstbedienung. Hieran zeigt sich eine Form der Verwissenschaftlichung und der Herausbildung von Expertise bezüglich der Verkaufspraktiken.[57]

Neben den Verkaufsräumen veränderten sich auch die Kassen, wodurch sich bestimmte, raumprägende *Praktiken* herausbildeten. Im Deutschland der Jahrhundertwende musste in den Geschäften mit dem Kopf gerechnet, das Geld in einer einfachen Geldschublade verstaut und die Verbuchung auf einem Rechnungsblock vorgenommen werden. Dabei reichte es, die Preise einzutippen und eine Kurbel zu betätigen, die die Geldschublade öffnete – eine eher mechanische Tätigkeit. 1906 gab es erstmals eine elektrische Kasse mit einem Motor, die das Tippen erleichterte. Nach und nach kamen Neuerungen hinzu, die den Arbeitsablauf in der Folge verändern würden: So wurde eine Klingel eingebaut, die das Öffnen der Geldlade anzeigte, und es wurde möglich, Belege zu drucken. Die Abrechnung des Ladens wurde durch Registrierkassen erleichtert und die Beschäftigten konnten Diebstählen besser vorbeugen.[58] Bei NCR in Augsburg fanden regelmäßig Schulungen für das Verkaufspersonal statt, um sie an den Kassen anzulernen und zum „richtigen" Umgang mit der Kasse und entsprechenden Verhalten gegenüber der Kundschaft – der sogenannten Kassenstandtechnik – zu erziehen.[59]

Mit fortschreitender technischer Entwicklung verwandelten sich die einfachen Registrierkassen in elektronische Kassen[60] – und damit auch deren *Wahrnehmung*. Das bedeutete, dass die mechanischen Zähler innerhalb der Kasse durch elektrische und damit schnellere Mechanismen ersetzt wurden. Die Arbeitspraktiken an der Kasse veränderten sich nicht unmittelbar. Es konnte lediglich eine Beschleunigung des Kassiervorgangs erwartet werden.[61] Bereits 1953 begann NCR, die elektronische Datenverarbeitung einzusetzen, das heißt Informationen über Waren, Filialen, Personal und später über die Kundschaft wurden von einem Computer gelesen und weiterverarbeitet.[62] Mitte der 1970er Jahre kamen die ersten Lesegeräte zum Einsatz und schließlich computergestützte Kassensysteme, die es ermöglichten, mehrere Kassen miteinander zu vernetzen, mit einem zentralen Rechner zu verbinden und schließlich mit einem Warenwirtschaftssystem zu verknüpfen.[63] In den 1980er Jahren löste das Scannen der Waren zunehmend das Eintippen der Preise ab. Mit der Computerisierung der Kassen änderte sich noch mehr: das Verwalten der Waren und des Lagers durch die Beschäftigten verlor dadurch ebenfalls an Bedeutung. Gleiches gilt für das Instandhalten des Ladens, zu dem etwa die Beobachtung der Beschäftigten und die Auswertung von Daten zur Kundschaft zählten. Solche Aufgaben übernahmen fortan Warenwirtschafts-

---

[57] Vgl. Langer, Revolution, S. 253–260.
[58] Vgl. Berg, Geschichte der Registrierkassen.
[59] BWA, F 36 / 247, MVM (Moderne Verkaufsmethoden) Distrikt-Arbeitstagungen, 1955–1963.
[60] Vgl. Berg, Geschichte der Registrierkassen.
[61] BWA, F 36 / 1415, „Elektronische Datenverarbeitung – für den Laien geschrieben", drei Broschüren, ca. 1962, Teil 2, S. 10.
[62] Vgl. hierzu die detaillierten Ausführungen in Kapitel 4.4 und 4.5.
[63] Vgl. Berg, Geschichte der Registrierkassen.

systeme.⁶⁴ Diese Veränderungen beeinflussten die Raumwahrnehmung stark. Die Beschäftigten erlebten eine Erleichterung, waren aber auch von Dequalifizierung bedroht.

4.2 Selbstbedienung und die Ausbildung geschlechtsspezifischer Arbeitsweisen im Lebensmitteleinzelhandel

Der Lebensmitteleinzelhandel nahm bei der Einführung der Selbstbedienung, wie oben beschrieben, eine Vorreiterrolle ein.⁶⁵ Nicht nur waren es die Unternehmen aus der Lebensmittelbranche, die sich als erstes an die für die Bundesrepublik neue Verkaufsform wagten,⁶⁶ sie umfassten auch die meisten Betriebe und dort arbeiteten die meisten Beschäftigten, was der Branche eine Leitfunktion verschaffte.⁶⁷ Letzteres war besonders bedeutend, denn die Einführung der Selbstbedienung gestaltete die Arbeitswelt im Einzelhandel räumlich radikal um. Die Umgestaltung des Verkaufsraumes rief ganz neue und veränderte Verkaufspraktiken hervor, die ihrerseits den Verkaufsraum wieder neu konstituierten.⁶⁸ Dadurch, so die zentrale These dieses Kapitels, verschlechterte sich die Stellung der Beschäftigten in der sozialen Ordnung des Einzelhandels. Diese Entwicklung war irreversibel, betraf vor allem weibliche Beschäftigte und wirkte sich auf das Ansehen des Verkaufspersonals im gesamtgesellschaftlichen Gefüge aus.

Im bundesdeutschen Lebensmitteleinzelhandel setzte sich die Verkaufsform der Selbstbedienung nach einem im internationalen Vergleich anfänglichen Rückstand⁶⁹ rasch durch: 1950 gab es in der Bundesrepublik Deutschland gerade einmal 20 Lebensmittelgeschäfte mit Selbstbedienung, 1955 immerhin schon 326 und 1960 bereits 17 312, was nun 11 Prozent der Lebensmittelgeschäfte entsprach. Ein Jahr später machte der Anteil der SB-Läden aber schon 14 Prozent aus, 1966 knapp 41 Prozent, und 1968 bot zum ersten Mal die Mehrheit der Lebensmittelgeschäfte ihre Waren in Selbstbedienung an.⁷⁰ Bis Ende der 1960er Jahre war die Selbstbedienung im Lebensmitteleinzelhandel flächendeckend etabliert. Wichtig war dabei laut Lydia Langer auch der ‚westliche Bezugsrahmen' der Bundesrepublik, also die USA, Großbritannien, Schweden, die Schweiz und andere Länder, die als Vorbilder dienten.⁷¹

---

[64] BWA, F 36 / 1036, Für den Handel – Informationssystem NCR retail – und Ihr Betriebsgeschehen wird für Sie zum „offenen Buch", 1981; BWA, F 36 / 1242, „Mehr als nur Computer: NCR": Informationsbroschüre zur CeBit Hannover 1985, 1985.
[65] Vgl. Langer, Revolution, u. a. S. 87; siehe ebenso die Ausführungen in Kapitel 4.1.
[66] Vgl. Teuteberg, Wochenmarkt zum Online-Shopping, S. 29 f.
[67] Siehe auch statistische Angaben in der Einleitung.
[68] Vgl. Rau, Räume, u. a. S. 132, 192–194; siehe auch die Ausführungen zur Historischen Raumanalyse und deren Anwendung für diese Arbeit in der Einleitung.
[69] Vgl. Pusch, Entwicklungstendenzen, S. 225 f.; Weinberg, Entwicklungstendenzen, S. 274, 278.
[70] Vgl. Tabellen in Ditt, Rationalisierung im Einzelhandel, S. 325, 334.
[71] Vgl. Langer, Revolution, S. 85 f.

Einführung der Selbstbedienung bei Latscha in den 1950er Jahren

An der Firma Latscha lässt sich veranschaulichen, wie die Einführung der Selbstbedienung in den konkreten Betrieben aussah, sprich: wie sich die physische Konstitution der Ladenräume wandelte. Latscha war ein 1882 gegründetes, familiengeführtes Lebensmittelfilialunternehmen im Rhein-Main-Gebiet. Zu Latscha gehörten Mitte der 1970er Jahre über 250 Filialen verschiedener Größen und über 4200 Beschäftigte.[72] 1976 erfuhr das als Kommanditgesellschaft geführte Unternehmen mit dem Verkauf an die Leibbrand-Gruppe, an der auch Rewe beteiligt war, ein „schnelles Ende".[73] Bis dahin zählte es zu den führenden Supermarktketten in der Bundesrepublik.[74]

Die firmeneigenen Jahresberichte geben Aufschluss über die Einführung der Selbstbedienung in den einzelnen Filialen von Latscha. Die Titelseite des Jahresberichtes von 1958 ziert eine Karte des Filialgebiets, die die jeweiligen Standorte verzeichnet: 136 Bedienungsläden standen 39 Selbstbedienungsläden gegenüber, das heißt knapp 25 Prozent der Filialen des Unternehmens boten ihre Ware bereits in Selbstbedienung an.[75] Grundsätzlich wurde die Selbstbedienung von Filialunternehmen und Konsumgenossenschaften schneller eingeführt als bei unabhängigen Einzelhändlern, da sich hier die hohen Investitionskosten rascher amortisieren konnten.[76] Auf der Titelseite des Jahresberichts von 1960 wird ein bildlicher Vergleich der räumlichen Ordnung in Bedienungs- und Selbstbedienungsfilialen geliefert. Durchgestrichen sind ein Foto und Grundriss des alten, traditionellen Latscha-Ladens. Es handelte sich mit 50 Quadratmetern um ein kleines Geschäft mit L-förmiger Ladentheke und einer Tür, die als Ein- und Ausgang fungierte. Das zweite, größere und gefällig präsentierte Foto zeigt die Inneneinrichtung des neuen SB-Ladens: mit Waren gefüllte, freistehende Regale, Angebotsschilder, die von der Decke hängen, und fünf Kassenplätze. Daneben ist dessen Grundriss abgebildet. Die Verkaufsfläche versechsfachte sich auf 300 Quadratmeter, die Ladentheke verschwand und Pfeile kennzeichnen den neuen Ein- und Ausgang.[77] Bei Latscha bedeutete die räumliche Umgestaltung durch die Einführung der Selbstbedienung also eine Vergrößerung der Verkaufsflächen und eine Umordnung der Warenplatzierung. Daraus – und dies deuten die eingezeichneten Pfeile an – ergaben sich neue Bewegungsabläufe für die Latscha-Kundschaft. Doch nicht nur für die Kun-

---

[72] ISG, W 1-10-511, Jahresberichte – Fa. J. Latscha, 1963–1974, hier: Jahresbericht von Latscha 1973/74.
[73] Gunhild Freeie, „Latschas schnelles Ende", in: Die Zeit, 17. 12. 1976, online abrufbar unter https://www.zeit.de/1976/52/latschas-schnelles-ende [zuletzt abgerufen am 06. 08. 2022].
[74] Vgl. ebenda; sowie Weinberg, Entwicklungstendenzen, S. 283, darin: Tabelle 4: Bedeutende Filialunternehmen des Lebensmitteleinzelhandels.
[75] ISG, W 1-10-510, Jahresberichte – Fa. J. Latscha. 1953–1962, hier: Jahresbericht von Latscha 1958.
[76] Vgl. Langer, Revolution, S. 201, 206.
[77] ISG, W 1-10-510, Jahresberichte – Fa. J. Latscha. 1953–1962, hier: Jahresbericht von Latscha 1960.

dinnen und Kunden entstanden neue Einkaufspraktiken, sondern vor allem für die Beschäftigten veränderten sich die räumlichen Arbeitspraktiken. Davon betroffen waren in den 1950er und 1960er Jahren die Verkäuferinnen und Verkäufer in den Lebensmittelgeschäften, bald aber auch Beschäftige anderer Branchen.[78]

Zur Rekonstruktion dieser Veränderungen werden nachfolgend Fotos des Unternehmens als Quellen herangezogen. Auf einigen wenigen Schwarz-Weiß-Fotos sind Verkaufsszenen zu sehen, aus denen sich die Verkaufspraxis gut erschließen lässt.[79] Aber auch aus Fotos von leeren Verkaufsräumen können Verkaufspraktiken und Bewegungsabläufe rekonstruiert werden.[80] Im Übrigen weisen die Bilder aus der unmittelbaren Nachkriegszeit kaum Unterschiede zu den Läden der 1930er Jahre auf.[81] Dies verdeutlicht, dass der Zweite Weltkrieg die Entwicklung im deutschen Einzelhandel verzögert hatte.

Abbildung 5 zeigt einen traditionellen Bedienungsladen mit Theke Anfang der 1950er Jahre in Frankfurt am Main.[82] Deutlich zu erkennen ist die räumliche Trennung des Verkaufsraums in den Bereich der Kundinnen und Kunden und in den Bereich der Verkaufenden.[83] Die Grenze zwischen den beiden Räumen ist klar definiert durch die Verkaufstheke. Das Verkaufspersonal ist auf diesem Foto unstrittig an seiner Kleidung auszumachen. Die beiden Männer tragen Krawatte und einen weißen Arbeitskittel, die beiden Frauen ein Arbeitskleid mit Hüftbinde, ein Häubchen auf dem Kopf und zusammengebundene Haare. Die Kundschaft besteht überwiegend aus Frauen, einem Kind mit Luftballon, und zwei Männern, erkennbar an ihren Hüten. Die Verkaufenden stehen von der Kundschaft aus hinter der Theke. Sie sind außerdem etwas erhöht und in ihrem Bereich mobil. Die Waren sind hinter der Theke und den Verkaufenden in Regalen an der Wand untergebracht. Die Verkaufenden haben so ihren eigenen Hoheitsbereich und den exklusiven Zugang zur Ware sowie die souveräne Kontrolle über ihre Verteilung. Die Kundinnen und Kunden agieren in dieser Verkaufssituation gewissermaßen als Bittsteller, wenn sie Ware verlangen. Da jeder Verkäufer beziehungsweise jede Verkäuferin nur jeweils eine Person bediente, mussten die übrigen Einkaufenden warten. Nachdem eine Verkäuferin oder ein Verkäufer eine Kundin beziehungs-

---

[78] Vgl. Kaufhof-Warenhaus AG (Hrsg.), Erlebniswelt Kaufhof; Voges, Do-it-yourself, zur Entwicklung von Heimwerkermärkten seit den 1960er Jahren.
[79] ISG, W 1-10-1311–1318, J. Latscha, V 25 – Eröffnung 16. 10. 1953.
[80] Anhand der räumlichen Gestaltung der Läden können die sich daraus zwangsläufig ergebenden räumlichen Praktiken der Akteurinnen rekonstruiert werden.
[81] Vgl. dazu Fotos aus den 1930er Jahren: ISG, W 1-10-2016, V1, Hanauer Ldstr 32, FfM; ISG, W 1-10-2017, V1, Frankfurt/M., Hanauer Ldstr. 32; ISG, W 1-10-2027, Fa. J. Latscha – Vorkriegszeit; und den 1950er Jahren: ISG, W 1-10-1416, Fa. J. Latscha; ISG, W 1-10-1417, Fa. J. Latscha; ISG, W 1-10-1434, J. Latscha; ISG, W 1-10-1441, J. Latscha.
[82] Aufgenommen wurde dieses Foto und die anderen aus dieser Serie (ISG, W 1-10-1311; ISG, W 1-10-1313 bis 1318) von einem professionellen Fotografen aus Anlass der Eröffnung einer neuen Latscha-Filiale, V 25, am 16. 10. 1953. Sie sind alle von leicht schräg oben aufgenommen, sodass das Verkaufsgeschehen, also die Interaktion zwischen Kundschaft und Verkaufspersonal gut zu sehen war. Gleichzeitig sollten sie den vollen Laden, also den Ansturm an diesem Eröffnungstag, zeigen.
[83] Siehe auch in Kapitel 4.1 die Broschüren von NCR, die diese Verkaufsform beschreiben.

4.2 SB und geschlechtsspezifische Arbeitsweisen im Lebensmitteleinzelhandel 213

Abb. 5: *Blick auf das Verkaufsgeschehen an der Theke im Bedienungsladen, J. Latscha, 1953*

weise einen Kunden begrüßt hatte,[84] konnte die Bestellung aufgegeben werden. Die Verkäuferin beziehungsweise der Verkäufer begann zu bedienen, eventuell Informationen zu den Produkten zu geben, gegebenenfalls zu beraten und vor allem aber die Ware aus dem Regal, aus Schubladen oder sogar aus dem Keller[85] zu holen, um sie überreichen zu können. Die Kundin oder der Kunde verstaute die Ware in mitgebrachten Körben oder Tragetaschen.[86] Bei loser Ware, wie Mehl, Reis, Zucker gehörte auch das Wiegen und anschließende Verpacken in Papiertüten zu den Aufgaben der Verkaufenden.[87] Die Arbeit, die die Verkaufenden leisteten, war

---

[84] Die Autorin verwendet in diesem Kapitel das generische Femininum. An Stellen, an denen eine Unterscheidung der Geschlechter bedeutungstragend ist, wird differenziert.
[85] Die Rationalisierungs-Gemeinschaft des Handels (RGH) veröffentlichte 1963 eine Untersuchung, aus der hervorgeht, wieviel „echte" Bedienzeit, also Zeit, in der Beraten werden kann, durch das Laufen in den Keller und sonstige Bedientätigkeiten verloren geht; BWA, F 36 / 236, Weniger bedienen, mehr beraten: Erkenntnisse und Erfahrungen für den modernen Verkauf im Drogerie-Einzelhandel. Ein Arbeitsergebnis der RGH, von Dieter Graff, o. O. 1963, u. a. S. 27, sowie Tabelle 8: Bedienungszeiten für Artikel, S. 27, sowie Tabelle 9: Verteilung der während des Verkaufsgesprächs erforderlichen Lagergänge, S. 34, sowie Tabelle 15: Bedienzeiten und Kaufbeträge, S. 87.
[86] Dazu Fotos in Bedienungsläden mit Kundin: ISG, W 1-10-1421, J. Latscha, Verkaufsgespräch [1950er Jahre]; oder ISG, W 1-10-1441, J. Latscha [1950er Jahre].
[87] ISG, W 1-10-1650, V10, Hanau, Salzstraße 34–36, [1960er Jahre].

für die Kundschaft sichtbar. Sie nahmen die Bewegungen der Verkaufenden im Raum wahr – wie sie mit dem Raum, den räumlichen Gegebenheiten interagierten – und auch die jeweils für eine Arbeitspraktik benötigte Zeit.[88] Zum Schluss wurden die Kundinnen und Kunden persönlich verabschiedet, und zwar von der Person, die sie zuvor bedient hatte. Auch das Kassieren, das Verwalten der Waren und das Instandhalten des Ladens wurden im Falle des Bedienungsladens meist von den Verkaufenden selbst übernommen.[89] Die Arbeitspraxis des hier abgebildeten Bedienungsladens befand sich somit sehr nahe am Idealtypus der integrierten Verkaufshandlung.

Dass ein reibungsloser und, wie von Firmenleitung und Kundschaft gewünschter, freundlicher Verkaufsvorgang im Bedienungsladen nicht immer gewährleistet war, zeigt ein Dokument aus dem Latscha-Archivbestand, das über Probleme im Betriebsalltag Aufschluss gibt. Die Broschüre „Gute Ideen vom Latscha-Geist" sollte mithilfe eines gezeichneten kleinen Männchens mit Armen aus Würsten, Beinen aus Weinflaschen und einer Zipfelmütze die Beschäftigten auf ein richtiges Verhalten gegenüber der Kundschaft trimmen.[90] Angeprangert wurde darin durch die Gegenüberstellung von je zwei inszenierten Fotos („Nicht so ... sondern so!")[91] einiges, die einzelnen Teilpraktiken betreffend: Bezüglich des Begrüßens tadelte der Latscha-Geist vor allem die Unfreundlichkeit und Unordentlichkeit der Beschäftigten („kein Häubchen, wilde Haare, schmutziger Kittel, aufgekrempelte Ärmel"), was auch für das Bedienen galt. Dabei wurde aber auch etwa das Verwenden von „Schinkengabeln zum Herausnehmen von Heringen" problematisiert, tuschelndes und tratschendes Personal, zu langes Wartenlassen sowie das Versäumnis, die Kundschaft auf besondere Angebote und Rabatte hinzuweisen. Beim Verpacken der Ware war es offenbar ein übliches Fehlverhalten, die Tüten zum Öffnen aufzublasen, sich dafür die Finger abzulecken oder überhaupt die falschen Tüten für die entsprechenden Produkte zu verwenden. Wenig gab es, so scheint es, beim Kassieren oder Verabschieden der Kundschaft zu beanstanden. Die größten Probleme bereiteten die Nebentätigkeiten: das Verwalten der Ware – kritisiert wurden Unordentlichkeit im Lager, Trödeln beim Ausladen der Ware aus dem Lieferwagen, Versäumnisse beim Notieren von fehlenden Artikeln, schlecht gewordene Ware im Laden – und das Instandhalten des Ladens – etwa eine unordentliche und schmutzige Wurstabteilung, zu wenig befüllte und unordentliche Regale ohne Preisauszeichnung, das Halten von Katzen im Laden, das Stapeln von leeren Kisten, Kartons und Müll auf der Straße vor dem Geschäft, Unstimmigkeiten bei Waagen, unsortiertes Altglas, das Ölen von Maschinen mit Salatöl, das Werfen von Kartons und Verpackungen auf

---

[88] Zur geplanten und tatsächlich benötigten Zeit für manche Arbeitspraktiken siehe auch Kapitel 5.3.
[89] Diese Teilpraktiken werden in den Kapiteln 4.4 und 4.5 untersucht.
[90] ISG, W 1-10-531, Gute Ideen vom Latscha Geist, o. D. Die Broschüre kann auf den Anfang der 1950er Jahre datiert werden, da in dieser Zeit der „Latscha-Geist" auch als Illustration in der Firmenzeitschrift auftauchte.
[91] Obwohl man bei den meisten Bildern von einer Inszenierung ausgehen muss, kann man auf die betriebliche Wirklichkeit in vielen Filialen schließen, da diese Probleme ansonsten nicht so explizit hätten thematisiert werden müssen.

4.2 SB und geschlechtsspezifische Arbeitsweisen im Lebensmitteleinzelhandel 215

die Kellertreppe, Schmutz im Laden, schließlich eine mangelhafte Preisauszeichnung.[92] Die in der Broschüre thematisierten Probleme zeigen, dass die meisten Beschäftigten in den Latscha-Filialen mit sämtlichen Teilpraktiken betraut waren. Den Kern ihrer Arbeit – das Bedienen und Kassieren – übten sie überwiegend zuverlässig, mit nur kleinen Verbesserungspotenzialen, aus. Probleme bereiteten offenbar die Dinge, die das „Drumherum" betrafen – Instandhalten, Verwalten und das eigene Auftreten –, das die Kundschaft dann mit dem Laden an sich identifizierte. Viele der angeprangerten Punkte lassen außerdem einen Mangel an Zeit vermuten oder deuten auf zu wenig Personal hin.[93]

Als die Latscha-Filialen die Selbstbedienung einführten, veränderten sich die Verkaufspraktiken maßgeblich – wie vorab im Werbematerial von NCR geplant und angedacht.[94] Diese lassen sich auf Fotos von SB-Filialen der Firma nachvollziehen. Im Laden mit Selbstbedienung wurde die klare Trennung der Räume aufgehoben.

Das Begrüßen der Kundinnen und Kunden übernahm nicht mehr das Verkaufspersonal persönlich. An dessen Stelle traten Begrüßungstexte auf Schildern oder an den Türen, einsetzende Ladenmusik, Einkaufskörbe oder -wagen.[95] In Abbildung 6 ist auf dem Schild zu lesen: „Bitte nehmen Sie immer einen Einkaufswagen – er ist bequem und schützt Sie und uns vor Missverständnissen". Bei der Neueröffnung bekamen die hereinströmenden Damen jeweils eine Nelke in die Hand gedrückt. Diese besondere Begrüßung dürfte sich jedoch auf den Eröffnungstag beschränkt haben.

Am meisten änderte sich die Teilpraktik des Bedienens. Die Kundinnen und Kunden konnten sich selbst Zugang zur gewünschten Ware verschaffen und beherrschten somit große Teile des Verkaufsraums. Die Produkte waren in Körben und Regalen mitten im Verkaufsraum platziert und ohne Barriere erreichbar (vgl. Abb. 7). Information und Beratung erfolgten vornehmlich durch die Produktverpackung oder durch Hinweis- und Preisschilder. In einer Übergangsphase bis in

---

[92] ISG, W 1-10-531, Gute Ideen vom Latscha Geist, o. D.
[93] Zu zeitlichen Praktiken und der Bedeutung von selbst- oder fremdbestimmter Zeiteinteilung sowie zu Zeitdruck und Zeitmangel am Arbeitsplatz siehe Kapitel 5.3.
[94] Vgl. zu den vorausgehenden Planungen und Schulungen der NCR-Kassenfirma die Ausführungen in Kapitel 4.1.
[95] Zur Begrüßung durch Texte vgl. Abb. 6 und Abb. 8 in dem vorliegenden Buch; zur Hintergrundmusik in SB-Geschäften finden sich Hinweise beim Textilgeschäft Beck in München – ein Eintrag lautet: „Fürchterlich, unfreundliche Bedienung (viel zu wenig Personal) dazu die blöde Berieselungsmusik …"; in: BWA, F 34 / 325, Wiedereröffnung des Geschäftshauses am Marienplatz nach dem (Innen-)Umbau im Frühjahr 1977. Bei der Insolvenz von Wertkauf und Kaufpark ergingen außerdem Kündigungsschreiben der Latscha GmbH an die GEMA und eine Firma Muzak, Funktionelle Musik GmbH; in: ISG, W 1-10-441, Wertkauf-Kündigungen/Benachrichtigungen allgemein, 1976, hier: Betr.: Hintergrundmusik. Literatur dazu findet sich in der betriebswirtschaftlichen und konsumsoziologischen Forschung, vgl. Salzmann, Multimodale Erlebnisvermittlung. Salzmann verweist darauf, dass bereits seit den 1960er Jahren zur Wirkung von Musik im Handel geforscht wurde und erwähnt als erste Studie Smith/Curnow, Effects of Music on Purchasing Behavior; aktueller: Thiermann, Mediale Entgrenzungen im Supermarkt.

4. Weniger bedienen, weniger wert: weibliche Beschäftigte im Verkaufsraum

Abb. 6: Kundschaft mit Einkaufswagen beim Betreten des Ladens, J. Latscha, 1957

die 1960er Jahre standen Verkäuferinnen und Verkäufer aber zur Beratung im Laden bereit. Lediglich an Frischetheken für Obst und Gemüse, Fisch und Käse oder in der Wurstabteilung hielt sich das persönliche Bedienen länger.[96] Langfristig verwandelte sich das Geben der Ware in ein eigenständiges Nehmen der Ware durch die Kundinnen und Kunden.

Es ist davon auszugehen, dass das eigenständige Nehmen auch etwas an der Einstellung der Kundschaft gegenüber der Ware und den Verkaufenden veränderte. In einer Umfrage unter „Hausfrauen" des DIVO-Instituts zu „Preisbewußtsein und Einkaufsgewohnheiten" von 1958 gaben bereits 11 Prozent an, dass ein Selbstbedienungsladen ihr Stammgeschäft sei, gegenüber 39 Prozent, die ein eigenständiges Lebensmittelgeschäft, und 29 Prozent, die ein Lebensmittelfilialgeschäft als ihr Stammgeschäft nannten. Die Stammkundinnen der Selbstbedienungsläden gaben für diese Bevorzugung fünf wesentliche Gründe an: an erster Stelle die „Zeit zum Aussuchen, Selbstbedienung" (41 Prozent der Befragten) und „Günstige Preise,

---

[96] Dazu die Fotos von Obsttheken mit bedienender Verkäuferin in: ISG, W 1-10-1440, J. Latscha, [1950er Jahre]; sowie mit Selbstbedienung, aber auch mit Hilfe einer beratenden Verkäuferin: ISG, W 1-10-1449, ohne Titel, [1950er Jahre]; oder Fotos vom Fleisch- und Wurstverkauf, wobei im selben Laden parallel eine Bedientheke (ISG, W 1-10-1658, V12, Taunusstraße, [1960er Jahre]) und eine Selbstbedienungskühltheke (ISG, W 1-10-1659, V12, Taunusstraße, [1950er Jahre]) Platz fanden.

Abb. 7: Eröffnungstrubel, 1957, J. Latscha

Rabatt" (40 Prozent), gefolgt von „In der Nähe, günstig gelegen" (24 Prozent) und „Freundliche/gute/schnelle/saubere/reelle Bedienung, Waren werden auch ins Haus gebracht" (20 Prozent), bis hin schließlich zu „Große Auswahl" (18 Prozent). Bei den Stammkundinnen der eigenständigen Lebensmittelgeschäfte stellten ebenfalls Standort und Bedienung wichtige Entscheidungsfaktoren dar (mit 39 und 38 Prozent), bedeutend war aber auch der Punkt „Persönliche Bekanntschaft, geschäftliche Verpflichtung gegenüber dem Kaufmann" (21 Prozent). Bei den Stammkundinnen der Filialbetriebe stand an vorderster Stelle der günstige Preis (64 Prozent), anschließend der Standort (mit 28 Prozent) und erst an dritter Stelle die Bedienung (mit 18 Prozent).[97] Zwölf Jahre später, 1970, führte Latscha gemeinsam mit

---

[97] ISG, W 1-10-241, Hausfrauenbefragung April 1958: Preisbewußtsein und Einkaufsgewohnheiten, 1958, Tabellen 41 und 43.

einer Marktforschungsfirma in Wiesbaden selbst eine Studie am Standort Frankfurt am Main durch, ebenfalls unter „Hausfrauen". Zwar ging es hier vor allem um die Konkurrenzsituation zum Lebensmittelgeschäft Schade & Füllgrube, aber auch in dieser kleinen Studie erkundigten sich die Befragenden nach den Kriterien für die Bevorzugung eines bestimmten Ladens. Von den Befragten gaben 55 Prozent die Nähe als Grund an, gefolgt von den Argumenten „günstige Preise" (38 Prozent) und „gute Qualität" (33 Prozent). Die „freundliche Bedienung" gaben nur 12 Prozent als ausschlaggebend für die Ladenwahl an, den Faktor „kenne ich schon lange" lediglich 11 Prozent.[98] Es ist bezüglich der persönlichen Bindung an ein Geschäft ein klarer Bedeutungsverlust zu verzeichnen. Die Umfrage von 1970 hat ihre Analyseergebnisse teilweise mit einer Studie von 1964 verglichen: „Bei der 1964er Untersuchung haben bei einer ähnlichen Frage zum Beispiel die freundliche Bedienung zusammen mit Qualität und Frische und Preis noch zu den wichtigsten Punkten beim Lebensmitteleinkauf gezählt." Die Verantwortlichen der Studie von 1970 führten diesen Bedeutungsverlust auf die zunehmende Größe der Geschäfte zurück.[99] Sicherlich mag aber auch die Gewöhnung der Kundschaft an die anonymer ablaufende Selbstbedienung einen wesentlichen Teil dazu beigetragen haben.

Im Selbstbedienungsladen entfiel außerdem das Verpacken der einzelnen Produkte durch das Personal beinahe vollständig. Die Ware war bereits im Vorfeld durch die Hersteller in haushaltsüblichen Mengen vorverpackt worden.[100] In den 1950er Jahren (vgl. Abb. 6) hatten große Teile der Kundschaft auch noch eine Trage- oder Handtasche dabei, um die eingekaufte Ware darin unterzubringen.[101] Wie allerdings in Abbildung 8 zu erkennen ist, konnte die Kundschaft nach dem erfolgten Bezahlvorgang ihren Einkauf im SB-Laden auch in Papiertüten der Firma nach Hause tragen. Auf der Tüte zu lesen ist „Selbstbedienung – J. Latscha" – die Tüte fungierte damit gleichzeitig als Werbeträger. Später[102] setzte Latscha auch Plastiktüten ein, zunächst mit dem Slogan „Latscha liefert Lebensmittel", dann mit „Latscha garantiert Frische".[103] Diese zweite, grüne Tüte kann genauer datiert werden, da das Programm „Gesunde Kost" 1972 von Latscha ins Leben gerufen wurde. Ob die Kundschaft ihre Ware selbst in die ausgehändigten Tüten packte

---

[98] ISG, W 1-10-253, Image-Studie. Vergleich Latscha und Schade & Füllgrube, 1970, S. 22.
[99] ISG, W 1-10-253, Image-Studie. Vergleich Latscha und Schade & Füllgrube, 1970, S. 3 (Erläuterungen) und S. 30 (Vergleiche).
[100] Langer stellt dabei heraus, dass die Frage der Verpackung der Waren durch die Lebensmittelindustrie im Vorfeld und während der Einführungsphase der Selbstbedienung ein Streitpunkt zwischen den Herstellern und dem Einzelhandel war, vgl. Langer, Revolution, S. 199–201.
[101] Lediglich der Herr in der Mitte und die Dame rechts schieben bloß ihre Wagen, womit die Vermutung nahe liegt, dass sie nicht zum Einkaufen anwesend waren, sondern um den Eröffnungsereignissen beizuwohnen.
[102] Eine genaue Datierung ist schwer, es muss aber nach 1965 gewesen sein, da im vollautomatisierten Supermarkt noch Papiertragetaschen verwendet wurden, siehe ISG, W 1-10-502, Erster vollautomatischer SB-Laden in Wiesbaden, Eröffnung, hier: Presse-Information vom 07. 04. 1965.
[103] Vgl. Plastiktüte in Besitz der Autorin und Foto in Beitrag „Plastiktüte" auf Wikipedia, https://de.wikipedia.org/wiki/Plastiktüte [zuletzt abgerufen am 06. 08. 2022].

Abb. 8: Kundin mit Einkaufstüten an der Kasse, J. Latscha, 1957, Fotograf: unbekannt

oder dies das Personal übernahm, hing zum einen von der Branche ab,[104] zum anderen war dies auch international unterschiedlich ausgeprägt[105] – im Lebensmitteleinzelhandel in Deutschland war das Einpackenlassen eher unüblich.

Das Verabschieden übernahmen die – meist weiblichen – Beschäftigten an der Kasse. Es war durchaus möglich, dass die Kundinnen und Kunden in diesem Moment erstmals in persönlichen Kontakt mit dem Verkaufspersonal kamen. So stellte die erste persönliche Interaktion auch gleichzeitig die letzte dar. Daher ist es auch nicht verwunderlich, dass die Firma gerade beim Kassenpersonal nicht nur Schnelligkeit, sondern auch Freundlichkeit verlangte,[106] war es doch das letzte, was die Kundinnen und Kunden – abgesehen vielleicht von der Tragetüte – nach dem Einkauf als Eindruck mit nach Hause nahmen. Die Arbeitspraxis im Selbstbedienungsladen dieser Beispielfotos (Abb. 6 bis 8) war also bereits zum Teil fragmentiert, da einzelne Aufgaben von Kundinnen und Kunden sowie von Schildern und Verpackungen übernommen worden sind.

---

[104] Vgl. hierzu auch Kapitel 4.3 zum Textileinzelhandel.
[105] So etwa beim amerikanischen Unternehmen Wal-Mart, vgl. Köhnen, Das System Wal-Mart, S. 18. Auch der deutsche Discounter Lidl, der Filialen in den USA eröffnete, bietet dort einen Verpackungsservice an den Kassen an, vgl. Jessica Dawid, Lidl-Kunden in den USA bekommen einen Service, den Deutsche nicht kriegen, in: BusinessInsider Deutschland, 20. 06. 2017, https://www.businessinsider.de/wirtschaft/lidl-kunden-in-den-usa-bekommen-an-kasse-hilfe-von-verpackern-2017-6/ [zuletzt abgerufen am 06. 08. 2022].
[106] Hierzu beispielsweise ein Zeitungsinserat zu einem Kassiererinnen-Wettbewerb bei Latscha 1962: ISG, W 1-10-545, Zeitungsinserate, 1959–1962, hier: „Unsere Quittung = Freundlichkeit / Wir suchen unsere freundlichsten Kassiererinnen / Schiedsrichter ist der Kunde!".

Für die Kundschaft stellte die Kasse – im Selbstbedienungsladen am Ausgang befindlich – keine Zugangsbeschränkung mehr dar. Das Kassieren entwickelte sich zum bloßen Austausch von Ware gegen Geld. Außerdem waren große Teile der Arbeit der Verkaufenden für die Einkaufenden nicht mehr sichtbar. Dies veränderte die Stellung der Kundschaft zur Verkaufskraft. Dennoch mussten sie manche Aufgaben, etwa das Einräumen der Regale mit Waren aus dem Lager, bereits erledigt haben, um Selbstbedienung überhaupt möglich zu machen. Diese Teilpraktiken, das Verwalten der Waren und das Instandhalten des Ladens, führten die Beschäftigten entweder vor oder nach Ladenschluss oder mitten im Bereich der Kundinnen und Kunden aus. Dabei sollten sie möglichst unauffällig agieren, bei Bedarf aber sofort ansprechbar sein. Abgesehen vom Kassenarbeitsplatz verfügten die Beschäftigten im Selbstbedienungsladen nicht mehr über einen eigenen Hoheitsbereich.[107] Somit wurden sie marginalisiert. Sie büßten ihre Funktion als Expertinnen und Experten für die Produkte ein und dienten auch nicht länger als *Gatekeeper* zu den Waren. Ihre Stellung in der sozialen Ordnung des Einzelhandels verschlechterte sich durch die Unsichtbarkeit ihrer Arbeit und die erheblich reduzierte Interaktion mit der Kundschaft.

Etablierung der Selbstbedienung und Experimentierfreude in den 1960er Jahren

Nachdem bei Latscha Mitte der 1960er Jahre der überwiegende Teil der Läden die Ware in Selbstbedienung anbot, experimentierte man 1964 sogar mit einem vollautomatisierten Markt.[108] Dieses Unterfangen dokumentierte das Unternehmen ebenfalls fotografisch. Auf den Bildern wurde das Verkaufsprinzip vorgestellt.[109] Die Ware wurde in mehreren Automaten aufbewahrt. Laut Pressemeldung des Unternehmens war dies „der erste SB-Laden der Welt, in dem die Ware an verschiedenen Stellen automatisch ausgegeben [wurde] und dennoch nur an einer einzigen zentralen, automatischen Kassenstelle bezahlt werden muss[te]. Das [geschah] mit Hilfe einer ‚Elektronic-Kaufmarke', die jeder Kunde in die Hand [bekam], wenn er den Laden [betrat]." Zusätzlich warb Latscha mit dem Vollsortiment des Marktes inklusive Kühlartikeln und damit, dass die Kundschaft auch „nach Feierabend und an Sonn- und Feiertagen" einkaufen konnte.[110] Um der Kundschaft das Verkaufsprinzip zu vermitteln, waren zum einen an den Automaten und der zentralen Verkaufsstelle Schilder angebracht, zum anderen wurde die

---

[107] Die Teilpraktiken des Kassierens, Verwaltens der Ware und Instandhaltens des Ladens werden im Kapitel 4.4 und 4.5 thematisiert und daher hier nur kurz angeschnitten.
[108] ISG, W 1-10-420, Hausinterne Rundschreiben und Broschüren, die Entwicklung der Firma betreffend, 1950–1976, hier: Latscha-Jahresberichte 1958, 1960, 1961, 1962, 1964.
[109] ISG, W1-10-1761-1768, Latscha Markt, Wiesbaden Gräselberg, Klagenfurterstr. 89, 1965. Es scheint sich hierbei um einen weiteren Automatenladen nebst dem in der Innenstadt zu handeln. Die Fotos aus den Zeitungsartikeln zum ersten automatischen SB-Laden und dem in Wiesbaden-Gräselberg entsprechen sich.
[110] ISG, W 1-10-502, Erster vollautomatischer SB-Laden in Wiesbaden, Eröffnung 1965, hier: Presse-Information vom 07. 04. 1965.

Vorgehensweise in den der Eröffnung vorausgehenden Werbeanzeigen in der Zeitung und in Presseartikeln erklärt. Eine Beratung und Hilfestellung im Laden selbst war nicht vorgesehen. Der Kunde und die Kundin sollten sich wortwörtlich selbst und selbstverantwortlich bedienen. Dies zeigte auch die personelle Besetzung in der Verkaufsstelle: Für den Laden mit insgesamt 130 Quadratmetern waren lediglich ein Filialleiter, ein Assistent und eineinhalb Verkaufskräfte vorgesehen. Von den 130 Quadratmetern entfielen nur vierzig auf den Kundenraum; siebzig Quadratmeter nahmen die Verkaufsautomaten und die Nachfüllräume in Anspruch. Man rechnete mit einer möglichen Kundenzahl von bis zu dreißig Personen, die sich gleichzeitig im Laden aufhalten, und 3 Personen, die parallel bezahlen konnten. Die Verkaufszeiten waren täglich von 7 bis 22 Uhr angesetzt.[111]

Für die Verkaufspraktiken bedeutete dies, dass das Begrüßen durch das „Eingangsdrehkreuz" und den Automaten, der auf Knopfdruck die Kaufmarke ausgab, erfolgte. Das Verabschieden vollzog das „Ausgangsdrehkreuz". Dieses befand sich im unmittelbaren Zusammenspiel mit der „Aufrechnungsstelle (Registrierkasse)", der „Zahlstelle" und der „Rückgeldausgabe", welche gemeinsam das Kassieren übernahmen. Das Bedienen erfolgte durch die Kundinnen und Kunden selbst und durch die Maschinen, die „Warenausgabeautomat[en]", wovon es zehn Stück gab und sich einer in einer Kühlzelle befand, um auch frische Produkte aufbewahren zu können.[112] Das Verpacken verrichteten die Einkaufenden ebenfalls selbst, und zwar während des Selbstbedienungsvorgangs. Da die elektronische Kaufmarke, die man beim Betreten des Ladens bekam und zur Warenausgabe jeweils in die Automaten einzuführen hatte, die einzelnen Artikel speicherte, mussten am Ausgang nicht mehr alle Waren aus der Tasche oder dem Korb hervorgeholt, an der Kasse vorgelegt und abermals eingepackt werden, wie es im SB-Laden der Fall war – sie konnten, einmal eingepackt, in der Tasche verbleiben.[113] Den wenigen Beschäftigten blieben lediglich die Teilpraktiken des Verwaltens der Ware und des Instandhaltens des Ladens anvertraut. Das Vorbereiten der Ware für die Automaten beanspruchte den Großteil ihrer Arbeit, blieb aber gänzlich verborgen, da es im Nachfüllraum und im Nebenlagerraum geschah. Menschen waren also weiterhin von zentraler Notwendigkeit für den Betrieb, verschwanden aber fast komplett aus dem Blickfeld der Kundschaft. Die Arbeitspraxis war in dieser überspitzten Form des Selbstbedienungsladens erheblich fragmentiert. Die meisten für den Verkauf notwendigen Teilpraktiken wurden nicht mehr vom Personal, sondern von Kundinnen und Kunden, Maschinen, Schildern und Verpackungen übernommen. Die räumliche Gestaltung des Automa-

---

[111] ISG, W 1-10-502, hier: Erläuterungen zum Einrichtungsplan.
[112] ISG, W 1-10-502, hier: Erläuterungen zum Einrichtungsplan; ebenso ein Foto, auf dem Ein- und Ausgangsanlage zu sehen ist: ISG, W 1-10-1762, Latscha Markt, Wiesbaden Gräselberg, Klagenfurter Str. 89, [1960er Jahre].
[113] Dies ist auch auf einem Foto der Fotodokumentation gut zu erkennen: Eine Kundin nimmt eine Weinflasche aus dem Automaten und hat in der anderen Hand bereits eine Latscha-Tragetüte; ISG, W 1-10-1766, Latscha Markt, Wiesbaden Gräselberg, Klagenfurter Str. 89, [1960er Jahre]. Diese Papiertüten hingen an den Warenausgabeautomaten für die Kundinnen und Kunden bereit; ISG, W 1-10-1764, Latscha Markt, Wsb.-Gräselberg, Klagenfurter Str. 89, [1960er Jahre].

tenladens schloss eine Interaktion zwischen Beschäftigten und Kundschaft regelrecht aus: Die Kundinnen und Kunden waren im Verkaufsraum und an der Kasse allein mit den Automaten und der Ware, überwacht und kontrolliert nur durch die Technik und etwaige andere Einkaufende. Die Beschäftigten waren in die Nebenräume verbannt. Die Kundschaft konnte selbst über die Ware ihres Einkaufs entscheiden, allerdings beherrschten die Automaten den Verkaufsraum durch ihre Technik, derer sich die Kundschaft beugen musste, um an Ware zu kommen.

Eine weitere Aufgabe, die aber wenig mit der eigentlichen Verkaufspraxis zu tun hatte, hatten die Angestellten in der Bedienung der Kundschaft an der „Frischebar".[114] Sie befand sich in der Nähe des Ein- beziehungsweise Ausgangs und diente als „Übergangslösung" dazu, dass der Laden doch nicht ganz menschenleer sein sollte: „Dort wird man in Zukunft weiter – und ohne Rücksicht auf irgendwelche Ladenschlußzeiten – für bare Münze von lebendem Verkaufspersonal bedient." Latscha war sich also nicht ganz sicher, ob die Kundschaft die persönliche Bedienung vermissen würde. Und noch eine weitere Aufgabe übernahm das Personal an der Erfrischungsbar: „Von dort aus wird man gelegentlich auch aus seinem selbstgewählten Einkaufsgefängnis befreit werden, sollte man zwar seine Einkaufstasche ordnungsgemäß gefüllt, aber sein Geld vergessen haben. Denn der automatische Selbstbedienungsladen versteht keinen Spaß."[115] Nebst Hilfestellung für vergessliche Einkaufende sollte das Personal auch betrügerische Einkaufende abhalten: „[E]s muß schon jemand da sein, der darauf achtet, daß niemand über das Drehkreuz am Ausgang springt und samt Einkaufstasche und Elektronikmarke, ohne zu zahlen, verschwindet."[116]

In einem Zwischenbericht im November 1965, also gut sechs Monate nach der Eröffnung des vollautomatisierten Ladens, zeigte sich Latscha durchaus zufrieden mit dem Experiment, führte aber einige Neuerungen ein. Das Unternehmen verkleinerte das Sortiment auf 600 Artikel, wobei umsatzstarke Warengruppen – insbesondere Frischobst, Gemüse, frische Milchprodukte, Wurst, Wein und Bier – ausgebaut, und umsatzschwache Artikel – etwa Wasch-, Putz- und Kosmetikartikel – reduziert wurden. Außerdem verkürzte man die Öffnungszeiten auf 12 bis 22 Uhr wochentags und 9 bis 22 Uhr sonntags.[117] Offenbar hatte sich gezeigt, dass die Kundschaft den Automatenladen zu den gewöhnlichen Öffnungszeiten gegenüber den anderen Läden mit mehr Personal nicht bevorzugt aufsuchte. Der Markt hielt sich trotz der Zufriedenheit des Unternehmens und des anfänglichen Presse-

---

[114] ISG, W 1-10-502, Erster vollautomatischer SB-Laden in Wiesbaden, Eröffnung 1965, hier: Erläuterungen zum Einrichtungsplan.

[115] ISG, W 1-10-502, hier: „Einkauf von 7 bis 22 Uhr. Der Welt ,modernster vollautomatischer Selbstbedienungsladen' in Wiesbaden eröffnet", Artikel in: FAZ vom 08. 04. 1965.

[116] ISG, W 1-10-502, hier: „Einkauf der Zukunft mit der Elektronik-Marke. Der erste vollautomatische Selbstbedienungsladen ist da", Artikel in: Der Taunus-Bote, Bad Homburg, 17. 02. 1966.

[117] ISG, W 1-10-502, hier: Latscha Information vom 4. 11. 1965, verantwortlich: Dieter Latscha, Zwischenbericht: „6 Monate nach Eröffnung des ersten vollautomatischen Selbstbedienungsladens der Welt in Wiesbaden".

rummels nicht besonders lange: Spätestens 1967 musste er wegen technischer Mängel geschlossen werden.[118]

Etwa zur gleichen Zeit richtete Latscha in Frankfurt am Main, Wiesbaden und Mainz auch fahrende Läden ein.[119] Einige Ideen dazu erhielt und übernahm Latscha vom Schweizer Lebensmittelunternehmen Migros in Zürich. Dorthin waren Vertreter von Latscha zur Beobachtung der Verkaufspraxis mit dem fahrenden Laden abgesandt worden. Unter anderem machten sie Fotos von einem Migros-Verkaufswagen, fertigten Zeichnungen von dessen Aufteilung im Inneren an, sammelten Informationen über die Routen sowie den Umsatz der Wagen und bekamen Blanko-Unterlagen als Vorlage für die Abrechnung der Fahrer.[120]

Mit fahrenden Läden hatte zuvor, nämlich bereits 1950, schon Herbert Eklöh in der Osnabrücker Umgebung experimentiert, also einem eher ländlich geprägten Raum in Niedersachsen. Eklöh war derjenige, der 1939 den ersten SB-Laden in Deutschland eingeführt hatte.[121] Er warb damit, der Kundschaft die „Großstadtpreise" in die eigene Umgebung zu bringen. Seine Verkaufswagen waren aber noch nach dem Bedienprinzip ausgerichtet, also mit einer Theke ausgestattet.[122] Er hatte bereits 1950 darauf verwiesen, dass fahrende Läden sich in anderen Ländern – erwähnt werden die Schweiz, England, Schweden und Frankreich – sehr gut bewährt hätten.[123] Auch hatten Latscha und Eklöh 1950 bezüglich der fahrenden Läden korrespondiert;[124] in dieser Zeit hielt es Latscha aber offenbar nicht für eine attraktive Maßnahme für das eigene Geschäftsgebiet, was mit der unterschiedlichen Besiedelungsdichte der Einzugsgebiete zusammenhängen könnte.

In der Zeit, in der Latscha begann eigene Wägen einzurichten, war Migros gerade dabei, ihre Verkaufswagen von Bedienung auf Selbstbedienung umzustellen. Wie bei der Einführung der Selbstbedienung in Lebensmittelgeschäften musste die Kundschaft auch bei der Umstellung der Verkaufswagen auf Selbstbedienung erst zum richtigen Einkaufen erzogen werden. So geht aus einer Broschüre der Migros hervor, dass die Kundinnen und Kunden dazu angehalten wurden, sich „auf einem Zettel [i]hre Wünsche in der Reihenfolge [der Anordnung der verschiedenen Waren] vom Eingang bis zum Wagenausgang [zu] notieren." Außerdem sollten Kundinnen und Kunden vorgelassen werden, die nur wenig einzukaufen hatten.[125]

---

[118] Das Datum der Geschäftsaufgabe ist nicht bekannt; ein Hinweis darauf, dass der Automatenladen 1967 bereits geschlossen war, findet sich bei Weinberg, Entwicklungstendenzen, S. 290.
[119] ISG, W 1-10-482, Fahrende Läden mit Stadtplänen, o. D. [ca. 1950–1965].
[120] ISG, W 1-10-482.
[121] Vgl. Teuteberg, Wochenmarkt zum Online-Shopping, S. 30.
[122] ISG, W 1-10-482, Fahrende Läden mit Stadtplänen, hier: Broschüre von Eklöh zu fahrendem Ratio-Laden, mit Ankündigung zum erstmaligen Einsatz am 05. 09. 1950.
[123] ISG, W 1-10-482, hier: Schreiben von Herbert Eklöh, an das Bundeswirtschaftsministerium, Referat II/3 vom 01. 08. 1950, Antrag auf Anordnung der Gestattung des Verkaufes von Weinen u. sonstigen Spirituosen im Wandergewerbe.
[124] ISG, W 1-10-482, hier: Schreiben von Herbert Eklöh, an Herrn Latscha, Herrn Zitz, Herrn Henke vom 26. 07. 1950 bzgl. Wanderlagersteuer.
[125] ISG, W 1-10-482, hier: Informationsblatt ‚Selbstbedienung im Verkaufs-Wagen' der Genossenschaft Migros Zürich, Abt. Verkaufswagen, o. D.

Wie aber sah die Verkaufs- und Arbeitspraxis in einem Verkaufswagen aus? Laut der Zeichnung des Verkaufswagens waren Ein- und Ausgang klar voneinander getrennt, sodass man beim Betreten an den bereitgestellten Körben und vor dem Verlassen des Wagens zwangsläufig an der Bezahlstelle vorbeikam.[126] Hier fanden Begrüßen beziehungsweise Kassieren und Verabschieden statt. Ein Migros-Wagen hatte etwa 750 verschiedene Artikel geladen. Die Bestellung der Waren in der Zentrale erfolgte durch den Fahrer am Vorabend; in der Früh wurde sie dann verladen, was circa 20 bis 30 Minuten dauerte. Die Kundinnen und Kunden waren im Besitz eines Fahrplans. Die Standzeiten der Wagen betrugen zwischen 15 und 30 Minuten. Mit der Einführung von SB-Wagen konnten Umsatzsteigerungen von beinahe 50 Prozent verzeichnet werden, ohne dass sich jedoch die Standzeiten der Wagen verlängerten.

„Die Besatzung der B Wagen [Bedienungswagen] besteht aus dem Verkaufsfahrer und einer Beifahrerin (Ehefrau). Bei den SB Wagen besteht sie aus dem Verkaufsfahrer, einer Kassiererin und einer Packerin. Diese ist oft auch an der Kasse ausgebildet. Während beim B Wagen der Fahrer auch noch bedienen, kassieren und auffüllen muss, beschränkt sich seine Arbeit bei den SB Wagen ausser dem Fahren nur auf die Auffüllung und Kundenberatung, sowie der Unterbringung der leeren Flaschen. Diese werden von der Packerin angenommen und von der Kassiererin mit der Kundin verrechnet. [...] Bei der Fahrt von Haltestelle zu Haltestelle werden von dem Begleitpersonal weiterhin Artikel aufgefüllt. Diese sind über den Verkaufsregalen untergebracht. Beim B Wagen [werden die letzten fünf Minuten einer Haltestelle zum Auffüllen verwendet.] Die Ausrechnung der Endpreise geschieht beim B Wagen grundsätzlich im Kopf. [...] Bei dem SB Wagen hat der Fahrer keinen direkten Einfluss auf die Kasse. Er übernimmt nur abends die Aufsicht beim Abrechnen und die Einnahmen. Der Kunde bringt seine Behältnisse mit. Es stehen keine Tragtaschen oder sonst Einschlagpapier zur Verfügung."[127]

Die Arbeitspraktiken in den Verkaufswagen entsprachen also weitgehend denen der Läden. Je nachdem, ob Bedienungs- oder Selbstbedienungswagen, war die Verkaufspraxis der integrierten oder der fragmentierten Verkaufshandlung näher. Wesentliche Unterschiede zum Ladengeschäft stellten die erhebliche räumliche Enge, die trotz Selbstbedienung kein unbeobachtetes Einkaufen zuließ – „Diebstähle bei den SB Wagen wurden noch nicht festgestellt. Es ist [...] schwierig in dieser Hinsicht etwas zu unternehmen, da oft der nächste Kunde in unmittelbarer Tuchfühlung sich befindet"[128] –, und die zeitliche Beschränktheit des Einkaufs dar.

Die Migros-Fahrzeuge belieferten vormittags Städte oder Vororte, nachmittags die Landgemeinden. Hier betrug das Umsatzverhältnis zwei Drittel zu einem Drittel.[129] Eine solche Unterscheidung der Belieferung wurde bei Latscha nicht vorgenommen. Die Aufteilung der Routen erfolgte eher nach geografischen Gesichtspunkten in West/Ost- beziehungsweise Nord/Süd-Stadtrandgebiete.[130]

---

[126] ISG, W 1-10-482, hier: Skizze Migros-Selbstbedienungs-Verkaufswagen, 24. 01. 1961.
[127] ISG, W 1-10-482, hier: Bericht zum Besuch der Verkaufsfahrerzentrale Migros Zürich, o. D.
[128] ISG, W 1-10-482, hier: Bericht zum Besuch der Verkaufsfahrerzentrale Migros Zürich, o. D.
[129] ISG, W 1-10-482, hier: Bericht zum Besuch der Verkaufsfahrerzentrale Migros Zürich, o. D.
[130] ISG, W 1-10-482, hier: Stadtpläne mit eingezeichneten Routen des Verkaufswagens von Wiesbaden, Mainz, Frankfurt, o. D.

4.2 SB und geschlechtsspezifische Arbeitsweisen im Lebensmitteleinzelhandel

Der Latscha-Verkaufswagen fuhr im Einsatzgebiet Wiesbaden/Mainz circa 85 Kilometer pro Tag, in Frankfurt am Main etwa 90 Kilometer. Die Route in Frankfurt begann in der Filiale V33, führte bis zur Mittagspause – wieder an der Filiale V33 – an sieben Haltestellen im Frankfurter Norden vorbei und ging nachmittags in den Frankfurter Südosten mit abermals acht Haltestellen bis zur erneuten Ankunft an der Filiale V33. Auf dem dazugehörigen Stadtplan sind insgesamt siebzehn Haltestellen eingezeichnet, sodass es gut sein kann, dass Latscha nach dem ersten Durchlauf weitere Haltestellen hinzufügte. Die Vormittagsroute pausierte am Montag, um dem Personal einen Freizeitausgleich zu gewähren – die zu dieser Tageszeit angefahrenen Haltestellen waren offenbar nicht so wichtige Stadtteile. Die Route Wiesbaden/Mainz führte über insgesamt dreizehn Haltestellen, davon sieben in Wiesbaden, Dienstag bis Samstag vormittags, und sechs in Mainz, Montag bis Freitag nachmittags. Startpunkt hierfür war die Filiale V208 und Ort der Mittagspause die Zentrale. Auf den Stadtplänen von Mainz und Wiesbaden sind allerdings jeweils eine Vormittags- und eine Nachmittagsroute eingezeichnet – mit allein vierzehn Stopps in Wiesbaden –, sodass ebenfalls von einer nachträglichen Erweiterung des Einsatzgebietes ausgegangen werden kann.[131]

Überhaupt scheint Latscha die Verkaufswagen nicht aufgrund einer betriebswirtschaftlichen Notwendigkeit eingeführt zu haben: „[F]ür unsere Zwecke, die ja mehr demonstrativer Art sein sollen, [würde] auch ein alter Verkaufswagen genügen."[132] Das Anliegen Latschas lag also hauptsächlich in der Herstellung öffentlicher Aufmerksamkeit. Eine Aufstellung über geplante Kosten, den Umsatz und Gewinn der beiden Verkaufswagen deutet ebenfalls in diese Richtung. Für die Personalkosten wurden 42 000 DM pro Wagen veranschlagt, was 10 beziehungsweise 7,7 Prozent der gesamten Kosten ausmachte. Die höchsten Kosten verursachten für beide Wägen die zu verkaufenden Waren selbst mit 74 Prozent. Es wurde ein Umsatz von 420 000 DM und 540 000 DM erwartet, sodass ein Verlust von 35 000 DM und 20 000 DM bewusst einkalkuliert war.[133] So handelte es sich also ähnlich wie beim vollautomatischen Supermarkt um eine Art Experiment, das mit der Hoffnung verbunden war, eine entsprechende Resonanz in der Öffentlichkeit zu erzeugen. Zu den Gründen, warum sich dieses Verkaufsprinzip nicht durchgesetzt hat, zählte mit Sicherheit auch die Tatsache, dass immer mehr Haushalte über ein Auto verfügten, mit dem sie ihre Einkäufe erledigen konnten, oder aber die Läden in Frankfurt, Wiesbaden und Mainz ohnehin meist in fußläufiger Entfernung der Kundschaft lagen.[134]

---

[131] ISG, W 1-10-482, hier: Fahrplan der Route Wiesbaden – Mainz und Fahrplan der Route Frankfurt, o. D.; ISG, W 1-10-482, hier: Stadtpläne mit eingezeichneten Routen des Verkaufswagens von Wiesbaden, Mainz, Frankfurt, o. D.
[132] ISG, W 1-10-482, hier: Schreiben an Herrn Kramer, Betr.: Reise zur Migros, vom 19. 06. 1964.
[133] ISG, W 1-10-482, hier: Planung: Verkaufs-Fahrzeug, Kosten – Umsatz – Gewinn, 17. 09. 1964.
[134] ISG, W 1-10-249, Bedeutung der Autokunden, 1966, hier: S. 66–71, I: Tabelle 1: Kunden-Struktur der 18 Märkte nach Verkehrsmittelbenutzung.

Obwohl sich weder der vollautomatische noch der fahrende SB-Laden durchsetzen konnten, stehen doch beide für eine Phase des Experimentierens – und dies zu einer Zeit, in der aufgrund von Personalproblemen und -mangel andernorts rationalisiert werden musste. Gleichzeitig war es eine Phase, in der sich das Nachholbedürfnis nach den Weltkriegen gesättigt hatte, die Selbstbedienung bereits etabliert war, die meisten Unternehmen sich konsolidiert hatten und die Umsatzzuwächse zurückgingen.[135] All dies reizte Latscha, mit solchen Modellen zu experimentieren.

Zum Zeitpunkt des 85-jährigen Firmenjubiläums im Jahr 1967 hatte Latscha 3357 Mitarbeiter und Mitarbeiterinnen und etwas über 120 Filialen.[136] Der Prozess der Umgestaltung auf Selbstbedienung war beinahe abgeschlossen und das Unternehmen widmete sich in den 1970er Jahren verstärkt der Vergrößerung der Verkaufsflächen. Nach den Experimenten folgte die Expansion. Dies geschah vor allem durch die Übernahme von großen Lebensmittelabteilungen in SB-Warenhäusern, später durch die Hinzunahme von Verbrauchermärkten.[137] Sie boten der Kundschaft zum einen die Möglichkeit, „alles unter einem Dach" besorgen zu können; zum anderen punkteten sie während der Zunahme der individuellen Mobilität durch ihren Standort „auf der grünen Wiese", der eine Vielzahl von Parkplätzen bereithielt.[138] Die enorme Vergrößerung der Verkaufsflächen hatte starke Auswirkungen auf die Arbeits- und Verkaufspraktiken im Einzelhandel.[139] Latscha folgte hierbei einem allgemeinen Trend, konnte dem Konkurrenzkampf aber nicht standhalten und wurde schließlich von einer größeren Einzelhandelskette übernommen.

Entwicklung der Verkaufspraktiken bei Gaissmaier in den 1970er und 1980er Jahren

Eine weitere Firma, die schon früh das Selbstbedienungsprinzip einführte, war Lebensmittel Gaissmaier. Wie Latscha war Gaissmaier im 19. Jahrhundert, genauer 1874, in Ulm gegründet worden und blieb nahezu ein Jahrhundert lang familiengeführt.[140] Zu Beginn des 20. Jahrhunderts begann der Firmengründer Karl

---

[135] Vgl. Langer, Revolution, S. 90.
[136] ISG, W 1-10-420, Hausinterne Rundschreiben und Broschüren, die Entwicklung der Firma betreffend, 1950–1976, hier: Jahresbericht 1967/68, S. 6 f.
[137] Die Firma Latscha stand der Entwicklung von Verbrauchermärkten wegen der Preise unter Einkaufswert und der Lageratmosphäre zunächst skeptisch gegenüber; ISG, W 1-10-420, hier: Jahresbericht 1967/68, S. 3, S.13. Bereits zu Beginn 1974 führten sie aber selbst zwölf Läden des Betriebstyps „Verbrauchermarkt" ein; ISG, W 1-10-420, hier: Jahresbericht 1973/74, S. 7.
[138] Vgl. Langer, Revolution, S. 306–309. Dazu auch Umfragen von Latscha zu Standorten und Autokunden: ISG, W 1-10-244, Bedeutung der Autokunden – Standort SB Läden, 1963; ISG, W 1-10-249, Bedeutung der Autokunden, 1966.
[139] Siehe hierzu im Folgenden aufgrund der besseren Quellenlage die Arbeitspraktiken bei Gaissmaier in den 1970er und 1980er Jahren.
[140] Vgl. Kollmer-von Oheimb-Loup/Hanitsch, Bestände, hier der Eintrag: Gaissmaier, Ulm, Lebensmittelfilialhandel, S. 183.

Gaissmaier damit, neben dem Geschäft in Ulm weitere Filialen zu eröffnen. 1922 wurde die Kommanditgesellschaft gegründet und 1932 ein erster „Großraumladen mit über 600 Quadratmeter Nutzfläche" eröffnet. Zwei Jahre später zählte die Firma bei ihrem 60-jährigen Jubiläum 70 Filialen und 700 Beschäftigte, die aber nicht alle im Verkauf, sondern auch im zentralen Lager, den Büros und einer eigenen Kellerei arbeiteten. Im Zweiten Weltkrieg wurden mehr als die Hälfte der Filialen zerstört, sodass man die Arbeit 1945 in nur 30 Filialen fortsetzen konnte. 1949 waren es dann bereits wieder 48 Filialen mit 548 Betriebsangehörigen. Zwischen 1950 und 1952 führte Gaissmaier in zwei der Filialen – einer in Ulm und einer in Stuttgart – die Verkaufsform der Selbstbedienung ein.[141] Es folgte die Umstellung weiterer Filialen auf Selbstbedienung, bis ab 1956 schließlich neue Filialen schon als SB-Filialen eröffnet wurden.[142] 1955 gehörten bereits 111 Filialen zu Gaissmaier und 1962 zählten, als Höchststand der Firmengeschichte, 138 Filialen mit einer Durchschnittsgröße von 116 Quadratmetern zu dem Unternehmen. Ähnlich wie Latscha wagte sich Gaissmaier 1968 an die neue Vertriebsform des Verbrauchermarktes und gründete das erste Karga-SB-Warenhaus in Ulm, um eine „Diversifizierung in neue Sortimente und Vertriebsformen" zu erreichen. 1970 firmierte Gaissmaier in eine GmbH & Co. KG um und besaß zu diesem Zeitpunkt 109 Filialen und vier SB-Warenhäuser.[143] Es folgte eine Phase der Expansion, die auch mit einer Erweiterung der Verkaufsflächen einherging: Ab 1974 arbeitete Gaissmaier mit dem Lebensmittelfilialbetrieb Max Klett KG in Böblingen zusammen; im Jahr 1977 übernahm die Firma die Verbrauchermärkte von Max Fleischle. Zwei Jahre später eröffnete Gaissmaier die ersten Big-Discount-Filialen.[144] 1983 gehörten 129 Filialen und 2800 Beschäftigte zum Unternehmen.[145] 1984 erfolgte dann eine Beteiligung der Nanz-Gruppe an Gaissmaier, die schließlich 1985 in eine Übernahme des gesamten Unternehmens mündete.[146] 22 der Filialen von Gaissmaier wurden geschlossen, ebenso die Verwaltung des Unternehmens in Ulm.[147] Nanz wiederum ging 1998 komplett in der Edeka auf.[148] Da

---

[141] WABW, miteinander, hier: Gaissmaier-Chronik 1874–1974, S. 22.
[142] WABW, B 61 Bü 47, Buch mit Angaben zur Geschäftslage, 1948–66, hier: Gründung Ulmer Filialen, Gründung Stuttgarter Filialen, S. 222–227.
[143] WABW, miteinander, hier: Gaissmaier-Chronik 1874–1974, S. 22.
[144] Vgl. Kollmer-von Oheimb-Loup/Hanitsch, Bestände, hier der Eintrag: Gaissmaier, Ulm, Lebensmittelfilialhandel, S. 183; WABW B 61 Bü 170, Pressemitteilung, Check- und Betriebsdatenliste, Zeitungsanzeige und Werbefaltblatt zur Big-Eröffnung in Stuttgart, Breitscheidstr. 48, hier: „Gaissmaier-Chronik" [1982].
[145] Karl Gaissmaier GmbH & Co KG, https://www.leo-bw.de/web/guest/detail/-/Detail/details/DOKUMENT/wabw_profile/7/Karl+Gaissmaier+GmbH+%26+Co+KG [zuletzt abgerufen am 07. 08. 2022].
[146] Vgl. Kollmer-von Oheimb-Loup/Hanitsch, Bestände, hier der Eintrag: Gaissmaier, Ulm, Lebensmittelfilialhandel, S. 183.
[147] Karl Gaissmaier GmbH & Co KG, https://www.leo-bw.de/web/guest/detail/-/Detail/details/DOKUMENT/wabw_profile/7/Karl+Gaissmaier+GmbH+%26+Co+KG [zuletzt abgerufen am 07. 08. 2022].
[148] Artikel „Das sind die reichsten Stuttgarter", https://www.stuttgarter-zeitung.de/gallery.forbes-liste-das-sind-die-reichsten-stuttgarter-param~9~8~0~8~false.fa589a5c-b4f9-4887-a701-ea723831f9b5.html [zuletzt abgerufen am 07. 08. 2022].

4. Weniger bedienen, weniger wert: weibliche Beschäftigte im Verkaufsraum

Gaissmaier etwa zehn Jahre länger als Latscha bestand, kann hier ein Blick auf die weiteren Veränderungen der Arbeitspraktiken seit Mitte der 1970er Jahre und die Auswirkungen der Flächenvergrößerungen durch Verbrauchermärkte und das Discountprinzip geworfen werden.

Der untenstehende Grundriss eines „G-Marktes" (Gaissmaier-Marktes) in Metzingen zeigt die Aufteilung des Verkaufsraumes im Februar 1982. Daraus und über die Angaben der Betriebsdaten lassen sich die Arbeitspraktiken in diesem Laden erschließen. Das Begrüßen erfolgte nicht durch eine Person, sondern durch den breiten Eingangsbereich – hier ist eine Begrüßung mittels Firmenschriftzug denkbar – und durch die Positionierung der Korbwagen an dem mit „x" gekennzeichneten, schmaleren Punkt, an dem die Kundinnen und Kunden in das Regallabyrinth eintauchen sollten. Sodann begann der Vorgang des Bedienens beziehungsweise viel eher des Selbstbedienens, denn der Übergang der Ware in den Besitz der Kundschaft erfolgte auf 578,5 von insgesamt 586 Verkaufsmetern durch eigenständiges Entnehmen der Waren.[149] Beraten und Informieren waren durch die Produktverpackung gewährleistet und die üblicherweise in jedem Laden ähnlich ausgerichtete Platzierung der einzelnen Sortimentsgruppen, sodass sich SB-Kundinnen und -Kunden ohne Probleme orientieren konnten. Hierzu trug auch die Platzierung der Verkaufsmöbel im Raum bei, durch die sich Gänge bildeten und die eine implizite Kundenführung ermöglichte. Die Kundschaft sollte dadurch an möglichst vielen Produkten vorbeikommen.[150] Die Wurst-Käse-Feinkost-Bedienungskühltheke betrug nur 7,5 Verkaufsmeter. Das entsprach 1,28 Prozent der Gesamtverkaufsmeter. Geht man von den in Anspruch genommenen Quadratmetern aus, waren 19,5 Quadratmeter Bedienungsbereich von insgesamt 345 Quadratmetern Verkaufsfläche, also circa 5,7 Prozent der Gesamtverkaufsfläche. Die Bedienungskühltheke war im hinteren Ladenbereich untergebracht; die Kundschaft musste sie und die dazugehörigen Beschäftigten also nicht zwingend passieren.[151] Die meisten Produkte waren bereits vorverpackt in den Regalen untergebracht. Der vollständige Einkauf konnte dann aber von der Kundschaft selbst, an einem extra dafür ausgezeichneten Packtisch hinter den Kassen, vom Korbwagen in die eigenen Taschen oder in Gaissmaier-Taschen oder -Tüten verpackt werden. Das Verabschieden übernahm das Kassenpersonal. Eine besondere Position hatte die „Aufsicht". An der Schnittstelle von Ein- und Ausgang war ein extra Raum eingerichtet,

---

[149] WABW, B 61 Bü 168, Geschäftsunterlagen zur Vorbereitung der Filialeröffnung vom 25. 05. 1982 in Metzingen (Werbetexte, statist. Daten zu Metzingen und Rechnung für Insertionskosten, Korrespondenz, Betriebsdaten, Terminplan.), hier: Betriebsdaten des G-Marktes, Metzingen, Nürtingenstr. 6 und Plan Abb. 9.

[150] Kundenführung durch Ladengestaltung begann in etwa zeitgleich zur Einführung der Selbstbedienung, entwickelte sich aber mit fortschreitender Ladengröße weiter; vgl. Rürup, Moderner Ladenbau; Menninger, Verkaufsaktive Ladengestaltung; Mang/Mang, Neue Läden.

[151] WABW, B 61 Bü 168, Geschäftsunterlagen zur Vorbereitung der Filialeröffnung vom 25. 05. 1982 in Metzingen (Werbetexte, statist. Daten zu Metzingen und Rechnung für Insertionskosten, Korrespondenz, Betriebsdaten, Terminplan.), hier: Betriebsdaten des G-Marktes, Metzingen, Nürtingenstr. 6 und Abb. 9.

4.2 SB und geschlechtsspezifische Arbeitsweisen im Lebensmitteleinzelhandel

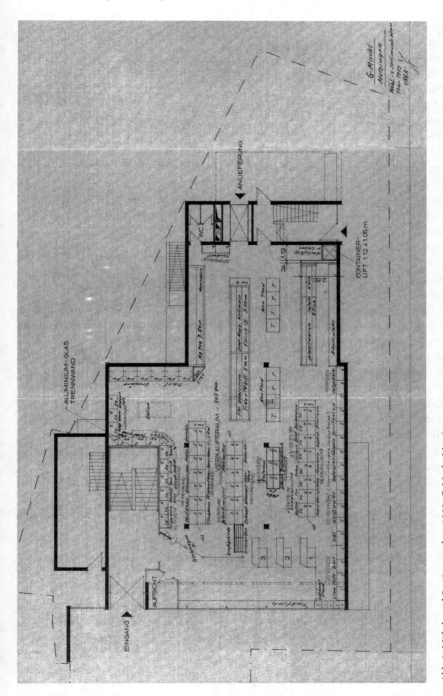

Abb. 9: Möbel- und Sortimentsplan, 1982, G-Markt Metzingen

mit schräger Tür, sodass die darin befindlichen Personen die Kundschaft beim Betreten und Verlassen des Ladens beobachten konnten, ohne dass dadurch eine Interaktion erfolgen musste.

In einem ähnlich großen Laden, einem „G-Supermarkt" mit 400 Quadratmetern Verkaufsfläche, der 1971 in Memmingen eröffnet hatte, waren nebst der Filialleiterin noch zwanzig weitere Mitarbeiterinnen beschäftigt.[152] Die Form der Ladengestaltung ermöglichte durch die starke Beteiligung der Kundschaft an der Arbeit[153] bereits eine Reduzierung des Personalbedarfs in der Verkaufsfläche. Obwohl es technisch möglich gewesen wäre, wie die SB-Fleischkühltheken zeigen, verzichtete Gaissmaier dennoch nicht vollständig auf Bedienung, sondern bot für diese sensible Produktgruppe[154] zusätzlich eine Bedientheke an. Diese kann jedoch nicht besonders relevant für den Gesamtumsatz gewesen sein, da sie ansonsten größer und zentraler platziert worden wäre. Dennoch erfüllte sie eine wichtige Funktion: Sie stellte die weiterhin bestehende Serviceorientierung und Kundenfreundlichkeit des Gaissmaier-Ladens zur Schau.

Bei den Karga-Märkten, den Verbrauchermärkten von Gaissmaier, ging es mit der noch erheblich größeren Verkaufsfläche darum, alles unter einem Dach anbieten zu können. In einer Pressemitteilung zur Eröffnung eines weiteren solchen Marktes in Isny im Allgäu warb Gaissmaier mit der Möglichkeit einer „bequeme[n] An- und Abfahrt" dank der „70 kostenlose[n] Parkplätze". Zudem kam so, etwa 1978 beim Karga-City in Isny, die riesige Zahl von 15 000 angebotenen Artikeln zustande, wovon zwei Drittel zum Lebensmittelbereich und ein Drittel zum Non-Food-Bereich zählten. Außerdem waren alle Artikel mit Preisen ausgezeichnet, sodass sich die Kundschaft selbstständig im Markt orientieren konnte. Die Verkaufsfläche dürfte um die 1200 Quadratmeter betragen haben.[155] Neben dem Betriebsleiter arbeiteten 28 weitere Personen in dem Verbrauchermarkt in Isny. Die meisten Artikel, auch Frischware, wurden in Selbstbedienung angeboten. Die große Verkaufsfläche diente dabei angeblich der besseren Übersichtlichkeit für die Kundschaft, sodass die „Kaufentscheidung wesentlich erleichtert" würde und ein „mühelos[es] und schnell[es]" Einkaufen möglich sei. Auf eine „Wurst/Käse-Feinkost-Räucherfisch-*Bedienungs*kühltruhe" wurde jedoch noch nicht gänzlich verzichtet. Hier konnten die Kundinnen und Kunden also noch ab und an mit den

---

[152] WABW, B 61, Bü 122, Anzeigen zur Eröffnung: 26. 11. 1971 Memmingen, hier: „neu renovierter Gaissmaier Lebensmittelmarkt".

[153] Vgl. dazu Untersuchungen aus der Arbeits- und Industriesoziologie; vgl. Voß/Riederer, Der arbeitende Kunde.

[154] Eine hausinterne Umfrage zeigte ein besonderes Bedürfnis nach Qualität bei Fleisch und Wurst; ISG, W 1-10-253, Image-Studie. Vergleich Latscha und Schade & Füllgrabe, 1970, S. 14, 33.

[155] In der Pressemitteilung angegeben sind 1750 Quadratmeter Gesamtnutzfläche. Davon sind die Lagerräume mit 250 Quadratmetern, Kühlräume, Büros und ein Sozialbereich für die Beschäftigten abzuziehen: WABW, B 61 Bü 158, Pressemitteilung, Presseartikel und -anzeigen sowie Teilnahmeliste der Eröffnungsfeier zur Karga-Eröffnung am 02. 03. 1978 in Isny, Lindauer Str. 6, hier: KARGA-City Isny stellt sich vor: Ein freundliches SB-Warenhaus der neuen Generation.

4.2 SB und geschlechtsspezifische Arbeitsweisen im Lebensmitteleinzelhandel 231

Beschäftigten in Kontakt kommen. Zwingend notwendig war dies aber nicht. Lediglich an den Kassen war eine direkte Interaktion vorgesehen. Beim Karga-City in Isny gab es „7 Schnellstartkassen, von geschulten Mitarbeiterinnen bedient", die einen „rasche[n] und geordnete[n] Verkaufsbetrieb garantieren" und „Käuferschlangen" zu Spitzeneinkaufszeiten verhindern sollten.[156]

Eine weitere Konsequenz der Expansionsphase von Gaissmaier waren die Schließungen von zu klein gewordenen oder werdenden Geschäften. So teilte die Gaissmaier-Geschäftsleitung etwa den Kundinnen und Kunden einer Filiale in Lindau die Schließung derselben zum 31. Dezember 1976 per Aushang mit. Als Gründe führte sie „die viel zu kleine Verkaufsfläche" an und die Tatsache, dass „die technischen Arbeitsbedingungen für unsere Mitarbeiter[ ] heutigen Anforderungen nicht mehr entsprechen". Sie warb für die neue Filiale im gleichen Ort, die wesentlich größer sei und ein „breiteres und tieferes Sortiment anzubieten" habe.[157]

Für die Arbeit der Beschäftigten bedeutete die größere Fläche wesentlich längere Laufwege, etwa beim Einräumen der Ware aus dem Lager oder während der Hilfestellung für die Einkaufenden. So kamen – rein rechnerisch[158] – im typischen Gaissmaier-Supermarkt in Memmingen auf eine oder einen Beschäftigten jeweils 20 Quadratmeter, wohingegen es im Verbrauchermarkt in Isny es circa 43 Quadratmeter Verkaufsfläche waren, also mehr als doppelt so viel. Im Verbrauchermarkt konnte der Personalbedarf also noch deutlicher reduziert werden. Gleichzeitig galt es für die Mitarbeitenden, einen Überblick über das riesige Sortiment zu behalten.

Die Discountfilialen hingegen führten nicht das Vollsortiment der anderen Gaissmaier-Filialen oder Karga-Verbrauchermärkte, sondern lediglich 1200 Artikel.[159] Hierbei wird deutlich, dass das Konzept darauf ausgelegt war, möglichst viele Artikel auf der Verkaufsfläche anzubieten und dies mit möglichst wenigen Beschäftigten umzusetzen. Beide Aspekte trugen dazu bei, den Einkaufenden die Waren zu sehr günstigen Preisen anbieten zu können. In der Pressemitteilung zur Eröffnung einer Big-Discount-Filiale in Stuttgart ist von einer Verkaufsfläche mit 400 Quadratmetern und lediglich sieben Beschäftigten nebst einer Filialleiterin die Rede. Angepriesen wurden zudem „Frische zu äußerst günstigen Preisen" und „dauerhaft billig[e]" Ware in einer dennoch „freundliche[n] und absolut saubere[n]

---

[156] WABW, B 61 Bü 158, hier: KARGA-City Isny stellt sich vor: Ein freundliches SB-Warenhaus der neuen Generation.
[157] WABW, B 61 Bü 152, Flugschrift mit Ankündigung der Schließung der Gaissmaier-Filiale in Lindau, Hauptstr. 18, zum 31. 12. 1976, hier: Aushang, Sehr verehrte Kunden!
[158] Leider lässt sich nicht sagen, wie hoch der Anteil von Verkaufskräften in Teilzeit oder anderen Angestellten jeweils war. Eine Gesamtzahl von Personen, die tatsächlich gleichzeitig in den Läden arbeiteten, kann somit nicht genannt werden; eine Tendenz ist aber durchaus zu erkennen und zu belegen.
[159] WABW, B 61 Bü 168, Geschäftsunterlagen zur Vorbereitung der Filialeröffnung vom 25. 05. 1982 in Metzingen (Werbetexte, statist. Daten zu Metzingen und Rechnung für Insertionskosten, Korrespondenz, Betriebsdaten, Terminplan.), hier: Zeitungsartikel: Gaissmaier eröffnet 11. big-Filiale – Gewinn für Allmendingen.

Einkaufsstätte". Neben den herkömmlichen Ladenmöbeln – Wandregale, Verkaufsgondeln, Tiefkühl- und Kühltruhen – waren „Sonderangebots- und Schlagerwagen" sowie „Paletten und Massenstapelplätze" vorgesehen. Die Bedienungskühltheke fiel komplett weg.[160] Solche Discountfilialen eröffneten nicht nur in Großstädten, sondern auch in kleineren Gemeinden. In Allmendingen etwa kamen auf circa 300 Quadratmeter Verkaufsfläche gerade einmal fünf Beschäftigte und eine Filialleiterin.[161] Hier verringerte sich der Personalbedarf im Vergleich zu den Verbrauchermärkten abermals, sodass in den Discountfilialen die Angestellten für etwa 60 Quadratmeter Verkaufsfläche zuständig waren. Außerdem gab es keine Bedientheke. Damit waren die Beschäftigten ihrer ehemaligen Kernkompetenz, dem Bedienen, komplett beraubt.

Gegenbewegung: Das Gaissmaier-Feinkosthaus

Parallel zur Vergrößerung der Verkaufsflächen durch Verbrauchermärkte und Discountfilialen richtete Gaissmaier 1983 ein Feinkosthaus ein. In Anbetracht der allgemeinen Tendenz mutet diese Entscheidung für ein Feinkosthaus wie eine gegenläufige Bewegung an. Adressiert wurden damit *bewusste* Konsumentinnen und Konsumenten, „Genießer, Schlemmer und Gourmets", wie es in der Pressemitteilung hieß. Käse, Fleisch und Wurst, Fisch und Krustentiere wurden in Bedienung angeboten, außerdem gab es eine Feinkostküche samt Probiertheke. Ziel war es, exklusiven Konsum mit gehobenem Service anzubieten. Hier waren neben einer Geschäftsführerin weitere 45 Beschäftigte angestellt, darunter ein „Verkaufsmetzger", „Fachverkäuferinnen", sowie ein „Küchenchef" und weitere „versierte Mitarbeiter". Sie kümmerten sich um eine Verkaufsfläche von 770 Quadratmetern und sollten gegenüber der Kundschaft eine „zuvorkommende und freundliche Beratung und Bedienung" an den Tag legen. Auf den Komfort des Automobils zum Einkaufen musste trotz der Innenstadtlage in Ulm, dank der Nähe zweier öffentlicher Parkhäuser, nicht verzichtet werden, wie explizit betont wurde.[162] In diesem Feinkostladen war eine Person rechnerisch lediglich für 17 Quadratmeter Verkaufsfläche verantwortlich. Die Betonung der fachlichen Qualifikationen der Beschäftigten zeigt, dass es entgegen der allgemeinen Entwicklung wieder zu deren Hauptaufgaben gehören sollte, die Kundschaft vollumfänglich zu bedienen. Ser-

---

[160] WABW, B 61 Bü 170, Pressemitteilung, Check- und Betriebsdatenliste, Zeitungsanzeige und Werbefaltblatt zur Big-Eröffnung in Stuttgart, Breitscheidstr. 48, hier: Pressemitteilung: big eröffnet in Stuttgart am Donnerstag, den 25. März 1982, 9.00 Uhr sowie Anhang „Betriebsdaten des big-Marktes".

[161] WABW, B 61 Bü 168, Geschäftsunterlagen zur Vorbereitung der Filialeröffnung vom 25. 05. 1982 in Metzingen (Werbetexte, statist. Daten zu Metzingen und Rechnung für Insertionskosten, Korrespondenz, Betriebsdaten, Terminplan.), hier: Zeitungsartikel: Gaissmaier eröffnet 11. big-Filiale – Gewinn für Allmendingen.

[162] WABW, B 61 Bü 171, Pressemitteilung zur Eröffnung des Gaissmaier-Feinkosthauses am 28. 09. 1983 in Ulm, Bahnhofstr. 8, hier: Gutes aus aller Welt. Feinkosthaus Gaissmaier eröffnet.

vice und früher selbstverständliche Teilpraktiken des Verkaufens wurden damit zu einem Attribut von Luxuskonsum umgewertet.

Insgesamt war die räumliche Gestaltung der Supermärkte, Verbrauchermärkte und SB-Warenhäuser sowie der Discountläden im Verlauf der 1970er und zu Beginn der 1980er Jahre immer weniger darauf ausgelegt, eine Interaktion zwischen Kundschaft und Verkaufspersonal hervorzurufen oder zu begünstigen. Vielmehr wurde die Ware wortwörtlich in den Mittelpunkt, in die Mitte der Verkaufsräume, gestellt und die Ladenmöbel so platziert, dass Kundinnen und Kunden bewusst gelenkt werden konnten. Nach dieser Maßgabe richtete sich auch die Anordnung der Produktgruppen – und nicht etwa danach, was für die Beschäftigten im Verkauf eine logische Sortierung gewesen wäre. Mit der räumlichen Ausdehnung und der erhöhten Artikelanzahl verstärkte sich die Arbeitsbelastung – weite Wege, das Kennen von immer mehr Produkten – und es verringerte sich der Kontakt zur Kundschaft sowie zur Belegschaft. Die Verkaufshandlung war zwar fragmentiert, allerdings nicht stärker als bei kleinen SB-Läden. Zum Teil waren sogar noch Bedientheken vorhanden. Die Fragmentierung verschärfte sich jedoch durch die beginnende Computerisierung.

Gerade die letzten beiden Beispiele, Discountladen und Feinkosthaus, verdeutlichen einen Trend, der die Einzelhandelsbranche bis heute kennzeichnet, aber bereits früher begann: die Polarisierung der Einkaufswelten in zwei Kategorien. Der Großteil der Läden entwickelte sich in Richtung Niedrigpreiskategorie, die sich durch möglichst viele und billige Waren, eine unästhetische, da zweckmäßige Ladengestaltung, Selbstbedienung und „Do-it-yourself" auszeichnete. Die andere Geschäftskategorie hingegen blieb bedeutend kleiner: Sie warb mit exklusiver und teurer Ware, mit schöner Präsentation und Ladeneinrichtung und gab sich serviceorientiert. Mit dieser Entwicklung einer ging auch eine Polarisierung der Arbeitswelten: auf der einen Seite eine Welt prekärer Beschäftigungsverhältnisse mit niedrigen Löhnen[163] und geringem Ansehen der Beschäftigten; auf der anderen Seite gute Arbeits- und Lohnbedingungen bei gleichzeitig hoher Wertschätzung der Angestellten durch Unternehmen und Kundschaft. Dass diese Arbeitswelten und -bedingungen sich oftmals entlang branchen- und geschlechtsspezifischer Aspekte ausrichteten, wird in den folgenden Kapiteln zu zeigen sein.

Standardisierung und Geschlechterverhältnisse im Lebensmitteleinzelhandel

Die sehr ähnlich verlaufenden Firmengeschichten von Latscha und Gaissmaier deuten auf einige *übergreifende Entwicklungen* hin, die für die gesamte Einzelhandelsbranche im Untersuchungszeitraum eine Rolle spielten: die Gründung eines inhaber- und familiengeführten Betriebs Ende des 19. Jahrhunderts; die bald darauf

---

[163] Insofern dies nicht durch individuelle Verträge und Prämien, Betriebsvereinbarungen oder Tarifverträge abgemildert wurde.

folgende Filialisierung und Expansion bis zum Beginn des Zweiten Weltkriegs; der schnelle Wiederaufbau nach Kriegsende; die Umstellung auf Selbstbedienungsläden sowie neuerliche Expansion in den 1950er Jahren; gefolgt von einer Phase des Experimentierens und der Verkaufsflächenerweiterung in den 1960er Jahren; zu Beginn der 1970er Jahre der anschließende Versuch, das kriselnde Geschäft zu beleben und wieder anzukurbeln, bei Latscha durch die Hinzunahme anderer Branchen – Tankstellen, Autowaschstraßen, Schnellrestaurants – bei Gaissmaier durch die Aufnahme von Discountformaten ins Vertriebsportfolio; schließlich die Übernahme beider Filialnetze durch größere Handelsketten.

Gleichzeitig führen die beiden Firmengeschichten vor Augen, dass sich die *Arbeitsprozesse unternehmensübergreifend standardisierten*. Die für Latscha beschriebenen veränderten Tätigkeiten in den 1950er und 1960er Jahren lassen sich für Gaissmaier genauso rekonstruieren, ebenso wie die erhöhten Arbeitsbelastungen durch Flächenvergrößerungen und neue Betriebsformen in den 1970er und 1980er Jahren in beiden Unternehmen vorkamen. Die Verkaufspraktiken glichen sich überall an und erlebten eine Standardisierung. Auf lange Sicht wurden die Einzelhandelsgeschäfte durch die Einführung der Selbstbedienung und die daraus erfolgende räumliche Umgestaltung der Läden homogener, gleichartiger. Das hing auch damit zusammen, dass die Kundschaft zum „richtigen" Einkaufen von externen Akteuren erzogen wurde.[164] Die Filialen wurden nach den gleichen Prinzipien aufgebaut, Verhaltensvorgaben und Abläufe einheitlich organisiert[165] und regionale Unterschiede, auch etwa in der Sortimentsgestaltung, durch die zentrale Belieferung[166] nivelliert. Ab den 1980er Jahren setzte sich im Lebensmitteleinzelhandel eine weitere Umgestaltung der Arbeitsorganisation zunehmend durch, bedingt durch den Großprozess der Computerisierung. Dieser führte dazu, dass mehr Tätigkeiten an Technik und zentrale Stellen ausgelagert wurden.[167] Auch dies förderte die Standardisierung der Arbeitsprozesse weiter.

Kurzzeitig konnte es zu Ungleichheiten kommen, da Neuerungen zunächst eher in den Großstädten als in Kleinstädten und ländlichen Regionen eingeführt wurden.[168] Bei Latscha und Gaissmaier waren die Unterschiede zwischen Stadt und Land in den 1950er Jahren noch anhand verschiedener Formen der Mobilität festzumachen. Außenaufnahmen von Latscha-Filialen und Gaissmaier-Geschäften im

---

[164] Vgl. das Beispiel NCR im vorangegangenen Kapitel 4.1.

[165] Siehe hierzu etwa auch die sogenannten „Filialleiterbriefe" von Latscha (ISG, W 1-10-417, Rundschreiben der Geschäftsleitung an die Filialleiter, 1953–1964), die aus der Zentrale alles zu steuern versuchten.

[166] ISG, KS 3359, „Hier spricht der Latscha-Geist", hier: Artikel „Die Zentrale J. Latscha in Frankfurt", o. S.; WABW, B 61 Bü 221, versch. Jahrgänge der Firmenzeitschrift „miteinander" (unvollst.), 1966–1982, hier: 1969/I, Artikel von Erhard Gaissmaier, „Transport bei Gaissmaier", S. 3 f.

[167] Mit der Umgestaltung des Einzelhandels durch die Computerisierung der Kassen befasst sich das Kapitel 4.4.

[168] Siehe hierzu Latschas vollautomatischen Supermarkt und die fahrenden Läden, die sich – im Gegensatz zum Konzept der Schweizer Migros – nur auf die Großstädte konzentrierten; auch der erste Verbrauchermarkt und der erste Discountmarkt von Gaissmaier eröffneten in Großstädten.

4.2 SB und geschlechtsspezifische Arbeitsweisen im Lebensmitteleinzelhandel   235

ländlichen Raum und in kleineren Städten aus den 1950er und 1960er Jahren zeigen vor den Läden eher Fahrräder und zu Fuß gehende Kundinnen und Kunden.[169] Auf einem Foto aus Oberroden ist sogar ein Ochsenkarren mit abgelichtet.[170] Auf Bildern aus den Stadtgebieten sind ab und an auch davor parkende Autos zu entdecken.[171] Aber auch hier erfolgte eine Aufhebung der Unterschiede gegen Ende der 1960er Jahre und schließlich eine Umkehrung der Ausgangslage dahingehend, dass die kleinen Geschäfte auf dem Land und in kleineren Städten geschlossen wurden. Die anschließend sich etablierenden Verbrauchermärkte „auf der grünen Wiese" und in Stadtrandlagen waren meist zwingend mit dem Auto anzufahren.[172]

Unterschiedlich konnte in den städtischen und ländlichen Gebieten auch der Grad des Bekanntseins beziehungsweise der Anonymität zwischen Verkaufspersonal und Kundschaft ausfallen. Man würde vermuten, dass man sich auf dem Land generell untereinander kannte, allerdings richtete sich der Grad eher nach der Größe der Läden und dem Einzugsgebiet. Da die Größe der Geschäfte und des Einzugsgebiets lange Zeit anstiegen, kann hier von einer Anonymisierung ausgegangen werden. Hinzu kam, dass durch das Wegfallen der Bedienung und der Beratung durch Verkäuferinnen und Verkäufer auch eine direkte Kommunikation größtenteils unterblieb oder sich auf die Zeit an der Kasse beschränkte – und dies galt für SB-Geschäfte auf dem Land genauso wie in der Stadt.[173] Insgesamt bedeutete die Entwicklung zu SB-Läden eine Nivellierung von Stadt-Land-Unterschieden im Verkauf.

Und wie wirkte sich nun die Veränderung der Arbeitspraktiken auf das Geschlechterverhältnis im Verkauf aus?[174]

Wenn man das Foto von der Latscha-SB-Filiale in Friedberg von 1963/70 (Abb. 10) mit dem der Frankfurter Filiale aus dem Jahr 1953, dem Bedienungsladen (Abb. 5), vergleicht, fällt an der Bildkomposition zunächst einmal auf, dass beide Bilder von einer leicht erhöhten Position aus aufgenommen wurden. Beide sollten das Geschehen möglichst vollständig aufnehmen. In der Bedienfiliale stehen zwei männliche Verkäufer und zwei weibliche Verkäuferinnen hinter der Theke. Sie sind gerade dabei, die Kundschaft zu bedienen, ihre geöffneten Münder bezeugen, dass sie sich rege unterhalten. Auf weiteren Fotos der gleichen Serie ist auch zu sehen, wie verschiedene Verkäufer und Verkäuferinnen kassieren, verpackte Ware über die Theke reichen und Ware aus einem Eck hervorholen. Ebenso erkennt man eine Verkäufe-

---

[169] ISG, W 1-10-1295–1297, V72, Sprendlingen, Hirschsprung – Fa. J. Latscha, [1950er/1960er Jahre]; ISG, W 1-10-1298, 1302, V75 – J. Latscha, Sprendlingen, Hauptstraße, Eröffnung 18. 07. 1963; WABW, B 61 F 25571, Memmingen, o. D.; WABW, B 61 F 25549–25551, o. T., o. D.
[170] ISG, KS 3359, „Hier spricht der Latscha-Geist", hier: Außenaufnahme der Filiale in Oberroden, Bildunterschrift: „Unser Latscha-Geist ist nicht nur Großstädter, auch auf dem Land ist er zu Hause", 1953.
[171] ISG, W 1-10-1645, V8 – Ffm.-Heddernheim, Heddernh. Ldstr. 24, 1963; ISG, W 1-10-1652–1653, V12 – Ffm, Taunusstr. 21, 1963; WABW, B 61 F 25627, Überlingen, 1953.
[172] WABW, B 61 F 25517–25520, o. T., 1968.
[173] Hierfür gibt es wenige Quellen, daher ist die Analyse aus der Raumsituation notwendig.
[174] Hierzu bereits erste Erläuterungen in den Kapiteln 3.1, 3.2, 3.5.

236   4. Weniger bedienen, weniger wert: weibliche Beschäftigte im Verkaufsraum

Abb. 10: Ansprache vor der Belegschaft, Friedberg, 1963/70

rin beim Zusammensuchen der Ware und eine weitere beim Geben von Wechselgeld.[175] Alle Beschäftigten sind somit mit den gleichen Aufgaben betraut und stehen gleichwertig nebeneinander im Verkaufsraum. Das Geschlechterverhältnis ist zudem hinsichtlich der Beschäftigten beinahe ausgeglichen. Diesbezüglich ergibt sich ein anderer Eindruck bei der Aufnahme der Belegschaft in Friedberg (Abb. 10). Im Kassenraum mit sechs Kassen stehen überwiegend Frauen, insgesamt 27, fast alle mit einem weißen Arbeitskittel und mit dem Rücken zur Kamera. Ihnen gegenüber ist eine kleine Gruppe von insgesamt zehn Männern, deren Gesichter die Kamera einfängt. Zum einen deutet dies darauf hin, dass die anwesenden Männer als wichtigere Personen für das Foto eingestuft wurden. Zum anderen lässt die zahlenmäßige Verteilung der Beschäftigten im Laden den Schluss zu, dass sich das Geschlechterverhältnis bei Latscha innerhalb von etwas mehr als einem Jahrzehnt zu einem deutlichen Überhang des weiblichen Personals verschoben hatte. Von den zehn Männern tragen sieben einen weißen Kittel, davon reihen sich wiederum nur vier in die Gruppe der Frauen ein – zwei andere stehen etwas abseits, einer steht direkt neben dem Herren mit Anzug, der offenbar eine Ansprache hält, da die meisten Blicke auf ihn gerichtet sind. Einer der Anzugträger ist Dieter Latscha; aller Wahrscheinlichkeit nach sind die anderen also auch Teil der Geschäftsführung. Wie aus

---

[175] ISG, W 1-10-1312–1318, Eröffnung 1953.

4.2 SB und geschlechtsspezifische Arbeitsweisen im Lebensmitteleinzelhandel 237

einem Schreiben zur Eröffnung der Filiale in Friedberg (V82) hervorgeht, war der Filialleiter dort H. M., dem 35 Beschäftige unterstanden.[176] Nicht nur in Friedberg, auch in anderen 1971 neu eröffneten Filialen war der Posten der Filialleitung männlich besetzt. Es dürfte sich bei den Menschen in der Aufnahme um die Belegschaft der Filiale handeln.[177]

Bei Gaissmaier lässt sich die Position der Filialleitung genauer untersuchen: Zu einer Konferenz des Ulmer Firmenstandorts am 12. Juli 1944 waren neben der durchweg männlichen Geschäftsleitung drei „Fräulein"s aus dem zentralen Büro und ansonsten ausschließlich weibliche Filialleiterinnen eingeladen, wie das Teilnahmeverzeichnis angibt.[178] Dies lässt sich ebenso dem Material einer weiteren „Filialleiter-Konferenz" am 17. und 18. März 1953 entnehmen. Auch noch neun Jahre später gab es bei Gaissmaier in Ulm lediglich einen Mann unter 60 Beschäftigten in der Filialleitungsposition.[179] Noch 1957 suchte Gaissmaier in seinen Stellenanzeigen explizit nach Lebensmittelverkäuferinnen und warb dabei mit „rasche[n] Aufstiegsmöglichkeit[en]". Außerdem sprach man gezielt Abiturientinnen an und stellte eine „leitende kaufm. Stellung [als] Filialleiterin in Großläden" in Aussicht.[180] Einen interessanten Hinweis zum Geschlechterverhältnis in dem Unternehmen Mitte der 1960er Jahre liefert ein kurzer Kommentar in einem Artikel zu Ehepaaren bei Gaissmaier von 1976. Bei einem Paar, das getrennt in Ulm und Köln gelebt und gearbeit hatte, wollte der Mann ebenfalls bei Gaissmaier anfangen, um näher bei seiner Frau zu sein:

„Frau Preuß ging zu Gaissmaier zurück, und Hardy Preuß wollte ebenfalls beim Gaissmaier arbeiten. Doch Fritz Reichle, damaliger Prokurist der Firma, meinte, daß junge Männer in süddeutschen Filialbetrieben nicht gefragt seien. Erst ein zweiter Anlauf über Herrn Otto's [Otto Gaissmaier] Telefon klappte […]."[181]

Bis zu diesem Zeitpunkt war es bei Gaissmaier also eher unüblich, Männer als leitendes Verkaufspersonal in den Filialen zu beschäftigen.

Dies änderte sich kurz darauf. In einem Artikel der firmeninternen Zeitschrift „miteinander" von 1966 wurde unter den jungen Beschäftigten dazu aufgerufen, im Bekanntenkreis Werbung für eine Ausbildung bei Gaissmaier zu machen. Aufstiegsmöglichkeiten wurden darin zwar weiterhin für beide Geschlechter aufgeführt, allerdings schon dahingehend differenziert, dass „junge Verkäuferinnen mit 21–22 Jahren in eine verantwortungsvolle Stelle berufen werden und die Führung einer Filiale übertragen bekommen oder in einem Großraumladen als Substitutin tätig sind". Demgegenüber sollten „junge Männer […] ebenfalls nach einer innerbetrieb-

---

[176] ISG, W 1-10-498, Presseinformation 1971/74, hier: Schreiben an die Chefredaktion der Wetterauer Zeitung, vom 23. 11. 1970.
[177] ISG, W 1-10-498, Presseinformation 1971/74.
[178] WABW, B 61 Bü 173, Heft zur Filialleiterinnenkonferenz, 1944.
[179] WABW, B 61 Bü 174, Programm, Teilnehmerliste etc. zu Filialleiterkonferenz, 1953.
[180] WABW, B 61 Bü 206, Buch mit eingeklebten Werbeanzeigen, Stellenangeboten etc. 1954–1966.
[181] WABW, B 61 Bü 221, versch. Jahrgänge der Firmenzeitschrift „miteinander" (unvollst.), 1966–1982, hier: 1976, Artikel „Ehepaare bei Gaissmaier – Hartmut Lange interviewte", S. 12–17.

lichen Schulung als Substitute eingesetzt werden und bei Eignung [...] Leiter eines großen Supermarktes werden können". Auch stellte das Jahr 1968 bei Gaissmaier einen weiteren Schritt in Richtung der hierarchischen Geschlechtersegregation dar, da in diesem Jahr die Ausbildung im Einzelhandel neu konzeptioniert wurde. Fortan konnte man die Ausbildung im Betrieb bereits nach zwei Jahren als Verkäufer oder Verkäuferin abschließen oder sich für ein drittes Ausbildungsjahr entscheiden, das dann zum Abschluss „Einzelhandelskaufmann" führte. Die „Chance auf eine leitende Funktion im Großraumladen oder Supermarkt [sei bei Abschluss der dreijährigen Ausbildung] ungleich größer" als bei denjenigen, die nach dem zweiten Ausbildungsjahr bereits in den Beruf eingestiegen waren. Gaissmaier begrüßte die Neufassung des Ausbildungssystems und erhoffte sich dadurch mehr „Nachwuchs für die Führungskräfte in den Filialen, um die wir ja ständig verlegen sind, weil ein großer Teil unserer Damen in leitender Position durch Heirat und Kindersegen oft nur einige wenige Jahre zur Verfügung steht".[182] Implizit scheint in dem Artikel durch, dass Michael Gaissmaier davon ausging, dass sich fortan vor allem Frauen für die zweijährige Ausbildung entscheiden würden.

In eine ähnliche Richtung ging die Überlegung von Geschäftsführer Helmut Gaissmaier, für die Leitung der größeren Märkte zukünftig auf graduierte Handelsbetriebswirte zurückzugreifen: „[D]a braucht man nun den wissenschaftlich ausgebildeten Mann." Es entsprach Helmut Gaissmaiers Vorstellung, ausgebildete Betriebswirte in großen Ladeneinheiten, in der Verkaufsleitung oder als Bezirksleiter einzusetzen, während die kleineren Filialen „durch eine besonders begabte und geförderte Verkäuferin – ausgebildet zur Filialleiterin – besetzt" würden. Auch diese Form der Professionalisierung förderte die geschlechtsspezifische Trennung des Arbeitsmarktes, da vorwiegend Männer diesen Studiengang – der mindestens einen mittleren Schulabschluss sowie die dreijährige kaufmännische Ausbildung und Berufserfahrung erforderte – absolvierten.[183]

1971 waren dann alle Bezirksverkaufsleiter der sechs Bezirke des Unternehmens männlich. Sie waren für das Personal der Filialen in ihrem Bezirk zuständig, hatten Untersuchungen für neu zu errichtende Standorte durchzuführen sowie das Verkaufsprogramm zu kontrollieren und mit der Führungsebene und den Angestellten in den Filialen zu besprechen.[184] Sie waren also die Ebene, die die Geschäftsleitung mit den Mitarbeiterinnen und Mitarbeitern in den Filialen, inklusive der überwiegend weiblichen Filialleitungen, verband. Auch noch zu Beginn der 1980er Jahre waren diese Bezirksverkaufsleiter ausschließlich männlich und dies, obwohl alle aus der Riege der Filialleitungen hervorgegangen waren.[185]

---

[182] WABW, B 61 Bü 221, hier: 1968/I, Artikel „Michael Gaissmaier: Neue Ausbildung im Einzelhandel", S. 1 f.
[183] WABW, B 61 Bü 221, hier: 1968/I, Artikel „Der Betriebswirt (grad.) im Handel. „Studienspiegel" interviewt Herrn Helmut Gaissmaier", S. 11 f.
[184] WABW, B 61 Bü 221, hier: 1971/II, Artikel „7 Tage hat die Woche. Eine Woche im Leben eines Bezirksverkaufsleiters", von Claus Amelung, S. 5–8.
[185] WABW, B 61 Bü 221, hier: 1981/I, Artikel „Wir stellen vor (II): Hauptziel: Das Leistungspaket wirkungsvoll verkaufen", o. S.

4.2 SB und geschlechtsspezifische Arbeitsweisen im Lebensmitteleinzelhandel

Eine weitere, klare geschlechtsspezifische Zuteilung des Arbeitsplatzes betraf die Kasse im SB-Lebensmittelgeschäft. Fotos von Eröffnungen oder dem Verkaufsgeschehen, auf denen die Kassen zu sehen sind, verdeutlichen dies: Auf sämtlichen Bildern von Kassen in SB-Läden seit den 1950er Jahren sind es Frauen, die an diesen zu sehen sind.[186] Kassieren entwickelte sich bei Latscha also zu einer Arbeit von Frauen. Und auch für Gaissmaier galt in den 1970er Jahren und Anfang der 1980er Jahre, dass nur Frauen an den Kassen der großen Märkte saßen und kassierten.[187] Gaissmaier absolvierte auch Kassentrainings, um ausschließlich Kassiere*rinnen* die sogenannte System- und Blindtippmethode beizubringen.[188]

Eine Differenzierung der Tätigkeiten nach Geschlechtern ist auch anhand einer Liste von Neubeschäftigungen in der Firma Gaissmaier im Jahr 1969, abgedruckt im „miteinander", nachvollziehbar. Eingestellt wurden im Zeitraum von April bis September 1969 auf der Filialleitungsebene zwei Männer und eine Frau, als Verkäufer beziehungsweise Verkäuferinnen fünf Männer und 54 Frauen. Das entspricht einem Anteil von 91 Prozent Frauen beim Verkaufspersonal, wobei sich das Verhältnis noch weiter zugunsten der Frauen verschiebt, rechnet man die als Aushilfsverkäuferinnen und als Ladenhilfen Beschäftigten hinzu. Dennoch waren Frauen in den höheren Leitungsebenen unterrepräsentiert, was auch die Zahlen bei der Einstellung von Substituten – fünf Männer – und einer männlichen Assistenz der Geschäftsführung zeigen. Als Kassiererinnen neu eingestellt wurden drei Frauen und überhaupt keine Männer. Überwiegend männlich besetzte Berufsbilder bei Gaissmaier waren etwa Metzger, Tankwarte und Kraftfahrer, Lageristen, Schreiner und Köche. Von den rein weiblich besetzten Stellen waren, neben den Kassenpositionen, die meisten in den Büros und der Verwaltung – Kontoristin, Maschinenbuchhalterin, Locherin, Bürohilfe – sowie in der Reinigung.[189]

Die Aufteilung von Tätigkeiten und Positionen im Gesamtunternehmen nach den Geschlechtern erfolgte bei Gaissmaier auch bei ausländischen Arbeitnehmerinnen und Arbeitnehmern. Die betriebsinterne Zeitschrift „miteinander" widmete den 101 sogenannten „Gastarbeitern" und „Gastarbeiterinnen", die im Unternehmen arbeiteten, 1972 einen Artikel. Von ihnen kamen jeweils 31 aus Italien und Jugoslawien, zehn aus Griechenland, acht aus der Türkei und 21 weitere aus anderen Ländern wie Spanien, Algerien, Jordanien und den USA. Sieben von ihnen stellte die Zeitschrift in kurzen Porträts vor. Die porträtierten Männer arbeiteten im Fuhrpark, im Obstlager und in der Großmetzgerei, die Frauen als Ladenhil-

---

[186] ISG, W 1-10-1457, Kassen, [1950er Jahre]; ISG, W 1-10-1445 Beschäftigte an den Kassen, [1950er Jahre]; ISG, W 1-10-1442 Verkaufsgeschehen, [1950er Jahre]; ISG, W 1-10-2931–2940 Fotos der Eröffnung – Hanau a. M., Salzstraße 1963.

[187] WABW, B 61 Bü 158, Pressemitteilung, Presseartikel und -anzeigen sowie Teilnahmeliste der Eröffnungsfeier zur Karga-Eröffnung am 02. 03. 1978 in Isny, Lindauer Str. 6, hier: KARGA-City Isny stellt sich vor: Ein freundliches SB-Warenhaus der neuen Generation; aber auch andere Bilder und Aufzählungen.

[188] WABW, B 61 Bü 221, versch. Jahrgänge der Firmenzeitschrift „miteinander" (unvollst.), 1966–1982, hier: 1972, hier: Erfolgreiches Training für unsere Mitarbeiter, S. 16.

[189] Zahlen und Angaben aus: WABW, B 61 Bü 221, hier: 1969/II, Eintritte vom 01. 04.–30. 09. 1969, S. 28 f.

fe, Verkäuferin in der Obstabteilung, Kassiererin und Auffüllerin.[190] Allerdings blieb hier sowohl Männern als auch Frauen der Zugang zu höheren Positionen zunächst verwehrt.

***

Die Arbeitspraktiken im Lebensmitteleinzelhandel veränderten sich durch die Einführung der Selbstbedienung in den 1950er Jahren stark: Das Begrüßen der Kundschaft übernahmen Schilder und vorgegebene Laufwege durch die räumliche Gestaltung des Ladens; das Bedienen wurde fortan der Kundschaft selbst überlassen, während das Kassieren eine Aufgabe des Ladenpersonals blieb, wobei es dafür nur einen eng umgrenzten Bereich zur Verfügung hatte. Darüber hinaus wurde das Verpacken bereits im Vorfeld an die Herstellerfirmen ausgelagert; das Verwalten der Ware und das Instandhalten des Ladens wurden vom Aufgabenbereich des Verkaufspersonals abgespalten und an eigens dafür zuständige Beschäftigte übertragen. Für das Verabschieden der Kundschaft schließlich waren die Beschäftigten an den Kassen weiterhin zuständig, außerdem, ähnlich dem Begrüßen, die Ladeneinrichtung. In den 1960er Jahren setzte eine Phase des Experimentierens ein, in der versucht wurde, die Rationalisierung der Arbeitsprozesse auf die Spitze zu treiben und auf einem zunehmend umkämpften Markt Aufmerksamkeit zu erzeugen. In den meisten Fällen litten darunter die Arbeitsbedingungen der Beschäftigten. Eine Ausnahme bildete die ebenfalls bestehenden Gegenbewegung, wie sie in dem Gaissmaier-Feinkosthaus oder einer von Latscha ins Leben gerufenen, durch die Umweltbewegung inspirierten Produktlinie „Grüne Kost" zum Ausdruck kam, die sich der Schadstofffreiheit der Produkte verpflichtete. Die Verkaufsflächenerweiterungen und die Diversifizierung der Vertriebsformen – Discount, Verbrauchermarkt – der 1970er Jahre intensivierten die Arbeitsbelastung für die Beschäftigten weiter und beförderten einen Personalabbau.

In Bezug auf das Geschlechterverhältnis stießen die veränderten Arbeitspraktiken zwei zentrale Entwicklungen an. Zum einen wurde der – ohnehin traditionell stark weiblich besetzte – Einzelhandel durch die Einstellung von fast ausschließlich Frauen in den 1960er und 1970er Jahren als eine weiblich konnotierten Branche verfestigt. Zum anderen wurden die einzelnen Tätigkeiten und Teilpraktiken nach Geschlechtern differenziert – und zwar in der Art, dass meist die männlichen Beschäftigten die Positionen mit höherem Ansehen, besserer Bezahlung und mehr Verantwortlichkeit einnahmen. Frauen hingegen übernahmen vermehrt Aufgaben und Positionen, die sie in eine rein dienende und unterstützende Funktion drängten. Die wenigen migrantischen Beschäftigten im Einzelhandel unterstrichen diese Geschlechtersegmentierung noch, indem sie vorwiegend als angelernte Hilfskräfte etwa in Lager und Logistik (Männer) oder an den Kassen und beim Auffüllen der Regale (Frauen) tätig waren und nur in Ausnahmefällen andere Karrieren einschlu-

---

[190] WABW, B 61 Bü 221, hier: 1972, Artikel „Wer zählt die Länder, kennt die Namen? Dr. Martin Wilfert und Alfred Martens interviewten Gastarbeiter in unserem Unternehmen", S. 8–11.

gen.¹⁹¹ Es hatten sich also nach und nach geschlechtsspezifische Arbeitsweisen herausgebildet, die sich auch auf die unterschiedliche Wahrnehmung der Beschäftigten in der Gesellschaft auswirkten. Dadurch, dass sich die Arbeitsprozesse insgesamt über die verschiedenen Läden hinweg standardisierten und auch allmählich die Stadt-Land-Unterschiede ausglichen, wurde auch die Geschlechterdifferenzierung allgemeingültig.

Im Textileinzelhandel hatte die Umstellung auf Selbstbedienung verzögert eingesetzt, war bis Ende der 1980er Jahre aber selbst in exklusiven Geschäften mit einer traditionell hohen Beratungsintensität die bestimmende Vertriebsform.¹⁹² Im folgenden Kapitel werden Gemeinsamkeiten und Unterschiede in Bezug auf die sich verändernden Arbeitspraktiken durch die räumliche Gestaltung und das Geschlechterverhältnis am Arbeitsplatz zwischen den Branchen herausgearbeitet.

4.3 Masse oder Klasse? Strategien und Geschlechtsspezifik im Textileinzelhandel

Die Verkaufsform der Selbstbedienung, die sich im Lebensmitteleinzelhandel in den 1960er Jahren weitgehend durchgesetzt hatte, hielt in den meisten Textileinzelhandelsgeschäften erst in diesem Jahrzehnt Einzug und setzte sich vollumfänglich erst Ende der 1970er Jahre durch. Die folgenden Beispiele belegen, dass sich dadurch auch im Textileinzelhandel geschlechtsspezifische Arbeitsweisen herausbildeten, oder, wo sie bereits vorhanden waren, verfestigten. Die Firmen C&A und C. F. Braun dienen folgend als Vertreter eines niedrigen und mittleren Preissegments und verdeutlichen, dass die Wirkung der geschlechtsspezifischen Arbeitsweisen deshalb in die breite Bevölkerung ausstrahlte. Zudem widmet sich der nachfolgende Abschnitt noch einmal stärker den Arbeitspraktiken des Begrüßens, Verpackens und Verabschiedens, die im vorausgehenden Kapitel nur angeschnitten wurden. Im Anschluss daran werden die Verkaufspraktiken der Firmen Hirmer und Beck untersucht, die dem hochpreisigen Textileinzelhandel zuzuordnen sind. Aufgrund der deutlicheren Serviceorientierung dieser Unternehmen überdauerten Bedienelemente im Verkauf länger, was den Beschäftigten dort zugleich ein höheres Ansehen verlieh. Eine Geschlechtsspezifik des Arbeitsraumes und der Arbeitspraktiken war in beiden Unternehmen dennoch ausgeprägt.

Firmengeschichte von C. F. Braun

Die Firma C. F. Braun wurde 1846 gegründet.¹⁹³ In diesem Jahr zog der selbstständige Seidenwebermeister Georg Friedrich Braun in das spätere Stammhaus der

---

[191] Vgl. hierzu die Kapitel 3.1 und 3.2.
[192] Hierzu das Kapitel 4.3 zu den Geschäften Beck und Hirmer.
[193] WABW, B 56 Bü 7, Presseinformation über Gründung und Entwicklung des Hauses C. F. Braun anläßlich des 125jährigen Jubiläums am 7. Mai 1971 mit neun Fotos, 1971, S. 1.

Firma in der Sporerstraße 7 in Stuttgart.[194] 1876 übernahm sein Sohn Friedrich das Unternehmen. Die ersten Angestellten – drei Verkäuferinnen und ein „Lehrmädchen" – hatte das Geschäft gegen Ende des 19. Jahrhunderts.[195] Friedrich erweiterte mit seinem Sohn Carl als Teilhaber das Geschäft 1925 erstmals: „So konnten sämtliche Artikel in vermehrter Auswahl geführt und in übersichtlicher Weise gezeigt werden." Eine erneute Ausdehnung erfuhr das Geschäft 1932. Inzwischen führte Carl das nun mit C. F. Braun benannte Geschäft.[196] Dem Unternehmen kam über die Stadtgrenzen hinaus als „Betten-Braun" Bekanntheit zuteil.[197] 1939 zählte die Belegschaft über neunzig Mitarbeiterinnen und Mitarbeiter.[198] Im Februar 1944 zerstörten Bombenangriffe alle drei Geschäftshäuser schwer. Die wiederhergestellten Geschäftsräume konnten erst 1948 neuerlich eröffnet werden, zunächst allerdings nur das Erdgeschoss und der erste Stock des Hauses in der Sporerstraße 5. 1953 bauten die Inhaber dann an der Stelle des einstigen Stammhauses einen Neubau. Bereits vier Jahre später, 1957, erweiterten sie die Geschäftsräume und das Sortiment. 1969 verstarb Carl Braun, der mit seinen Geschäftsentscheidungen die Entwicklung der Firma Braun in der Nachkriegszeit wesentlich vorangetrieben hatte.[199] Bereits 1963 war mit Eberhard Braun die vierte Generation im Unternehmen vertreten. 1966 war die bisherige Kommanditgesellschaft (KG) in eine GmbH & Co. KG umgewandelt worden, in der Emil Braun, ein Enkel des Gründers, in der Geschäftsführung tätig war. 1970 baute die Firma Braun erneut um, was mit einer räumlichen und abermaligen Sortimentserweiterung in Richtung Mode einherging. Zu diesem Zeitpunkt betrug die Zahl der Beschäftigten 230.[200] Abermals nahm man 1977 einen Neubau vor. 1995 wurde am bisherigen Firmensitz ein Neubau eröffnet, den die Firma selbst in einer Jubiläumsbroschüre als „architektonisch bemerkenswerte[n] Akzent in Stuttgarts City" bezeichnete. Die Verkaufsfläche hatte sich dabei auf 4000 Quadratmeter erhöht, die Waren wurden offen präsentiert. Der imponierende Eindruck verstärkte sich durch das umfangreich verbaute Glas.[201] Bis zum Jahr 2000, das heißt bis zu der Geschäftsaufgabe, blieb das Unternehmen in Familienbesitz.[202] Im Anschluss ging es an die Felix-Wolf-Gruppe über,

---

[194] Vgl. Kollmer-von Oheimb-Loup/Hanitsch, Bestände, hier der Eintrag: C. F. Braun, Stuttgart, Textileinzelhandel, S. 96.
[195] WABW, C. F. Braun – seit 90 Jahren 1846–1936, [1936/37], S. 8.
[196] WABW, B 56 Bü 7, Presseinformation über Gründung und Entwicklung des Hauses C. F. Braun anläßlich des 125-jährigen Jubiläums am 7. Mai 1971 mit neun Fotos, 1971, S. 2 f., Zitat auf S. 2.
[197] WABW, B 56 Bü 7, Bildunterschrift drittes Foto: „Anfang der dreissiger Jahre bürgerte sich über Stuttgarts Grenzen der Name Betten-Braun ein".
[198] WABW, 1846–1996, 150 Jahre C. F. Braun, [1996/97], S. 4.
[199] WABW, B 56 Bü 7, Presseinformation über Gründung und Entwicklung des Hauses C. F. Braun anläßlich des 125-jährigen Jubiläums am 7. Mai 1971 mit neun Fotos, 1971, S. 3 f. Über die tatsächliche Größe, Umsatzzahlen und Reichweite des Unternehmens sind aus der Überlieferung keine Informationen zu entnehmen.
[200] WABW, B 56 Bü 7 Presseinformation über Gründung und Entwicklung des Hauses C. F. Braun anläßlich des 125-jährigen Jubiläums am 7. Mai 1971 mit neun Fotos, 1971, S. 5.
[201] WABW, 1846–1996. 150 Jahre C. F. Braun, [1996/97], S. 5–7, Zitat auf S. 5.
[202] Vgl. Kollmer-von Oheimb-Loup/Hanitsch, Bestände, hier der Eintrag: C. F. Braun, Stuttgart, Textileinzelhandel, S. 97.

inzwischen firmiert als Felix W. Retail GmbH. Diese nahm Umstrukturierungen vor und verkleinerte das Sortiment. 2008 verkaufte sie weiter an Maercklin, ein Handelshaus mit über 250-jähriger Unternehmensgeschichte. Umbenannt in Maercklin C. F. Braun erhielt sich das Unternehmen noch fünf Jahre, bis es erneut Insolvenz anmeldete. 2014 endete der Verkauf.[203]

Der späte Wandel des Bedienens bei Braun

Fotos in einem Jubiläumsband der Firma C. F. Braun, die vermutlich auf die erste Hälfte der 1930er Jahre zu datieren sind, zeigen das Innere des Ladens, sowie weitere Räume des Hauptsitzes, die der Aufbereitung der zu verkaufenden Ware dienten. Wie im Laden von Beck um die Jahrhundertwende sind auf diesen Bildern die Waren in Regalen an den Wänden untergebracht zu sehen. Davor steht das größtenteils weibliche Verkaufspersonal an etwa hüfthohen Ladentheken. Vor den Theken sind einfache Holzstühle platziert, gerade so viele wie Verkäuferinnen parat stehen. Aus den Fotos ist auch ersichtlich, dass die einzelnen Abteilungen zum Teil über eigene Kassen verfügten, an denen für die Fotoaufnahmen ausschließlich weibliche Angestellte positioniert wurden. Die vielen Damen und wenigen Herren auf den vermutlich eigens für den Jubiläumsband produzierten Bildern üben einige, wohl als typisch für den Verkauf empfundene Gesten aus: Sie falten die Stoffe, suchen andere Stoffe aus Regalen heraus, binden sie zu einem Paket zusammen. Die Damen an den Kassen wickeln den Verkauf ab.[204] Die Fotos von C. F. Braun zeigen eine ausgeprägte Arbeitsteilung, die eine Geschlechtsspezifik aufwies. Da davon ausgegangen werden kann, dass für den Jubiläumsband eine idealtypische Vorstellung des Verkaufens in den Fotos präsentiert werden sollte, erscheinen durch die Bilder die sowohl aufgeteilten Arbeitspraktiken als auch deren geschlechtsspezifische Zuordnung als Norm des Unternehmens. Der Stuhl wies den Kundinnen und Kunden einen statischen Platz im Raum zu.[205] Die Verkaufskräfte hingegen bewegten sich frei hinter der Theke, blieben allerdings auf ihre Abteilung beschränkt. Dementsprechend hatte das Verkaufspersonal zwar eine größere Handlungsmacht als in den späteren Selbstbedienungsgeschäften, dennoch rückte bereits die Ware in den Vordergrund. Es wurde kein Wert auf ein persönlich-exklusives Bedienverhältnis gelegt, vielmehr wanderte die Kundschaft umher.[206]

---

[203] Vgl. Marc Schieferecke, Einzelhandel: 250 Jahre Unternehmensgeschichte enden, in: Stuttgarter-Zeitung.de, 10. 01. 2014, https://www.stuttgarter-zeitung.de/inhalt.einzelhandel-250-jahre-unternehmensgeschichte-enden.0fbddb23-c25b-4224-bc3a-5887b818fcf6.html [zuletzt abgerufen am 31. 10. 2022].

[204] WABW, C. F. Braun – seit 90 Jahren 1846–1936, [1936/37], S. 8–10, 12–14, 16–19; die Fotos müssen zwischen 1912 und 1936 gemacht worden sein, da 1912 die elterliche Wohnung im ersten Stock als Geschäftsraum hinzugekommen war und das Jubiläumsbüchlein 1936 erschien.

[205] Dies kann als *Agency* des Stuhls interpretiert werden. Vgl. dazu eine Diskussion, die u. a. auf Bruno Latours Akteur-Netzwerk-Theorie Bezug nimmt, von Ramsbrock/Schnalke/Villa, Menschliche Dinge.

[206] Im Gegensatz dazu war es bei Hirmer zu dieser Zeit noch üblich, dass die Verkäufer (und die wenigen Verkäuferinnen) die Kundschaft durch die verschiedenen Abteilungen begleiteten.

In den 1950er Jahren hatte sich bei C. F. Braun an der Innenraumgestaltung noch nicht viel verändert. Dies zeigen Fotos, die vermutlich zu Dokumentationszwecken von den leeren Räumlichkeiten aufgenommen wurden.[207] Auch Fotos von Mitarbeiterinnen zu Jubiläumsfeiern, bei denen der Verkaufsraum quasi als Kulisse fungierte, belegen diese Kontinuität.[208] Ebenfalls 1965 gab es noch Theken und Regale, in denen die Ware untergebracht war, wie auch Verkäuferinnen, die dahinter standen, und Kundinnen und Kunden, die davor Platz nehmen sollten – allerdings auf damals modern geschwungenen Designstühlen.[209] Während die Unternehmerfamilie das Mobiliar bereits angepasst hatte und somit zum Ausdruck brachte, mit der Zeit zu gehen, blieben die Verkaufspraktiken bis Mitte der 1960er Jahre unverändert und damit einem traditionellen Muster verhaftet.

Mit der Erweiterung im Jahr 1970 ging auch ein Wandel der räumlichen Gestaltung des Ladengeschäfts und damit der Arbeitspraktiken der Beschäftigten einher. Man rühmte sich in einer Presseinformation mit einer „moderne[n] Darbietung" und „fortschrittlichen Methoden der Warenpräsentation", die auch die „kritische individualistische jüngere Generation" anspräche.[210] Dies deutet darauf hin, dass man sich dazu entschlossen hatte, die Kundschaft während ihres Einkaufs näher an die Ware heranzulassen. Dennoch wies man darauf hin, dass die Einführung von Selbstbedienungselementen nichts an der einem Fachgeschäft entsprechenden Kompetenz des Personals geändert hatte und rühmte sich besonders einer „aufmerksame[n] Beratung".[211] Der Neubau 1977 brachte dann weitere erhebliche Veränderungen mit sich. Die Fotos einer Zeitungsbeilage zeigen, dass die Theken fast gänzlich verschwunden waren, die Ware (bis auf die Stoffe) frei zugänglich und hübsch dekoriert war. Die Kundinnen und Kunden kamen also zuerst mit der Ware in Berührung, bevor das Verkaufspersonal sie bediente. Man bemühte sich um die Darstellung bestimmter Wohnwelten, wie dies in etwa zur gleichen Zeit auch beim exklusiven Münchner Textilgeschäft Beck praktiziert wurde.[212] Dies erinnert daran, dass man Ende der 1970er Jahre häufig der Maxime folgte, das Einkaufen zu einem „Erlebnis" werden zu lassen. Der Ursprung dieses Erlebniseinkaufens ist in den Warenhäusern der 1920er Jahre zu finden und wird heute zum Teil wieder verstärkt propagiert.[213] So lässt sich die Phase der Umgestaltung durch einen vermehrten Einsatz von Selbstbedienungspraktiken, sowie die Zeit

---

[207] WABW, B 56 F 24886, sowie B 56 F 24889, sowie B 56 F 24895–6, jeweils o. T., jeweils 1953; WABW, B 56 F 24917–8, sowie B 56 F 24924–5, jeweils o. T., jeweils 1957; WABW, B 56 F 25034, o. T., 1950er Jahre.
[208] WABW, B 56 F 24190–24193, o. T., 1955; WABW, B 56 F 24199–201, o. T., 1958/60; WABW, B 56 F 24213–18, o. T., 1954.
[209] WABW, B 56 F 24203, o. T., 1965.
[210] WABW, B 56 Bü 7, Presseinformation über Gründung und Entwicklung des Hauses C. F. Braun anläßlich des 125-jährigen Jubiläums am 7. Mai 1971 mit neun Fotos, 1971, hier S. 5.
[211] WABW, B 56 Bü 7, Presseinformation über Gründung und Entwicklung des Hauses C. F. Braun anläßlich des 125-jährigen Jubiläums am 7. Mai 1971 mit neun Fotos, 1971, hier S. 5.
[212] WABW, B 56 Bü 125, Einweihung des Neubaus in der Sporerstraße 15, 1977; sowie zur Umgestaltung nach Wohnwelten bei Beck im Folgenden.
[213] Vgl. Adam, Alles, was das Herz begehrt, hier v. a. die Einführung und Kapitel 1; Pieper, Erlebnisqualität im Einzelhandel; Manfrahs, Shoppen zum Erlebnis. Der Soziologe Gerhard

der Expansion und der Verkaufsexperimente bei C. F. Braun eher auf Ende der 1960er und Anfang der 1970er Jahre datieren. Um das vorangegangene Kapitel zu ergänzen, das sich mit der Arbeitspraktik des Bedienens auseinandersetzte, geht die Untersuchung im Folgenden besonders auf die Veränderungen der Praktiken des Begrüßens und Verabschiedens ein.[214]

Die Praktiken des Begrüßens und Verabschiedens bei Braun

In den 1960er Jahren begrüßte das Personal der Firma Braun die Kundschaft an den Eingangstüren. Diese Zeremonie stellt ein Fotoalbum dar, das angelegt wurde, um einen typischen Arbeitstag bei C. F. Braun zu zeigen:

> „Am Haupteingang empfängt uns ein junges Fräulein. Uns zu Ehren hat sie ihr strahlendstes Lächeln aufgesetzt. Wir möchten in die Matratzen-Abteilung. ‚Zweiter Stock' sagt sie und führt uns zum Aufzug."[215]

Auf dem dazugehörigen Foto ist eine junge Frau in hellem Kleid mit Taillengürtel und Kragenschleife zu sehen, die die Tür aufhält, dabei in die Kamera blickt und lächelt. Die gleiche junge Frau ist im Album auch in der Kleiderstoffabteilung mit fünf anderen Frauen zu sehen. Ein weiteres Foto zeigt einen Eingang, allerdings von innen, sodass er gleichzeitig als Ausgang gedacht werden kann. Anders also als bei den SB-Lebensmittelgeschäften bildeten dieselben Türen den Ein- und Ausgang. Auf einem weiteren Foto ist eine Frau mittleren Alters in schwarzem schlichten Kleid zu sehen, die an der Tür steht und lächelt, aber nicht direkt in die Kamera blickt. Beschriftet ist das Foto folgendermaßen: „An dem hier befindlichen Eingang versieht Frau S[...] die Aufgabe der Empfangsdame." Auch Frau S. ist auf einem weiteren Foto im Album zu erkennen, und zwar von dem Büro im Erdgeschoss, während sie einer an einem Schreibtisch sitzenden Kollegin über die Schulter schaut.[216] Es ist deshalb davon auszugehen, dass das Empfangen keine exklusive Tätigkeit war, sondern wechselnd von den weiblichen Beschäftigten übernommen wurde. Da bei C. F. Braun das Betreten und das Verlassen des Geschäftes durch dieselben Türen erfolgten, hatten die bereitstehenden Damen die Kundschaft auch wieder zu verabschieden. Somit war der Kontakt an der Kasse beim Bezahlen nicht der letzte Kontakt, sondern das freundliche Wort einer Firmenangestellten vor dem Verlassen des Ladens. Die Firma war darauf bedacht, bei

---

Schulze (u. a. ders., Die Erlebnisgesellschaft) beschrieb erstmals 1992 die empfundene Notwendigkeit, den Konsum nicht nur als reine Bedürfnisbefriedigung zu verstehen, sondern auf eine mit weiteren, innerlich verankerten, hedonistischen Zielen verbundene Bedürfnisbefriedigung.

[214] Die Veränderungen der Praktiken des Kassierens, Instandhaltens und Verwaltens werden in den Kapiteln 4.4 und 4.5 thematisiert. Zur Praktik des Verpackens lässt sich aus den Quellen zur Firma Braun nichts herausfinden, dazu dienen dann die Quellen von C&A.

[215] WABW, B 56 F 25041–25169, Fotoalbum: „Ein Arbeitstag in der Firma C. F. Braun 1960er Jahre" (nicht paginiert), 1960er.

[216] WABW, B 56 F 25041–25169, Fotoalbum: „Ein Arbeitstag in der Firma C. F. Braun 1960er Jahre" (nicht paginiert), 1960er.

der Kundschaft einen positiven Eindruck zu hinterlassen und somit das Einkaufserlebnis in angenehmer Weise zuende zu bringen. Auch wenn dies nicht explizit angesprochen wird, handelt es sich dabei um ein frühes Instrument der Kundenbindung – darunter werden seitens der Unternehmen „alle Aktivitäten [gefasst], die auf die Herstellung oder Intensivierung der Bindung" der Kundschaft gerichtet sind.[217] In diesem Fall diente das persönliche Verabschieden durch das Personal dem Unternehmen dazu, die Qualität der Beziehung zu verbessern.[218]

Im Grundriss des Neubaus von 1977 sind insgesamt fünf Ein- und Ausgänge eingezeichnet. Außerdem gab es zwei Fahrstühle, die alle Stockwerke im Hause ansteuerten, und mindestens jeweils zwei Treppenauf- und -abgänge zu den verschiedenen Etagen. Es erscheint höchst unwahrscheinlich, dass überall Beschäftigte zum Begrüßen platziert waren. Deshalb ist es naheliegend, dass man auch bei C. F. Braun das persönliche Begrüßen und Verabschieden Ende der 1970er Jahre aufgegeben hatte. In der Zeitungsbeilage zur Neueröffnung bezeichnet sich das Unternehmen als „Mehr-Fach-Geschäft", in dem sich die einzelnen „Abteilungen präsentieren […] wie mehrere Fachgeschäfte unter einem Dach". Diese Form sollte den Kundinnen und Kunden zum einen die „evtl. gewünschte Anonymität" bieten, andererseits eine „intime Beratungsatmosphäre" herstellen können.[219] Also wurde die Kundschaft direkt in der Abteilung von den einzelnen Verkäuferinnen angesprochen und begrüßt. Zwar ging damit die Identifizierung mit dem gesamten Haus zurück, die Bindung der Kundschaft an die einzelnen Verkäuferinnen war dennoch – etwa im Unterschied zu C&A – hoch.

Firmengeschichte von C&A

Bei C&A gilt 1911 als Gründungsjahr der Firma in Deutschland.[220] In diesem Jahr eröffnete das Unternehmen seine erste deutsche Filiale in Berlin; zuvor gab es allerdings schon sechs Filialen in den Niederlanden. Dort hatten sich die Brüder Clemens und August Brenninkmeijer 1841 selbstständig gemacht.[221] 1878 übergaben sie das Geschäft an ihre insgesamt acht Söhne. Diese expandierten und orientierten sich preislich bald auf die Arbeiterschicht um.[222] Ende des 19. Jahrhunderts wurde dann die Konfektion von Damen- auch auf Herrenkleidung ausgedehnt. Das Grund-

---

[217] Rennhak/Galiñanes, Kundenbindung, S. 4.
[218] Vgl. Rennhak/Galiñanes, Kundenbindung, S. 5.
[219] WABW, B 56 Bü 125, Einweihung des Neubaus in der Sporerstraße 15, 1977.
[220] Neben dem Einzelhandel gab und gibt es noch andere Firmenzweige, die in Familienbesitz sind, die aber hier nicht weiter betrachtet werden. Auch Firmenteile, die nicht in Deutschland liegen, werden hier nur kurz angerissen. Eine Firmen- und Familiengeschichte des Unternehmens für die erste Hälfte des 20. Jahrhunderts lieferte Spoerer, C&A. Er geht dabei auf die internationalen Netzwerke des Unternehmens, die Entwicklung der industriellen Eigenproduktion des Unternehmens, die Zeit des Zweiten Weltkriegs und die Verstrickungen des Unternehmens mit dem nationalsozialistischen Regime sowie auf die Verflechtungen mit der Familie Brenninkmeyer ein.
[221] Vgl. Spitz/Kambartel, Zur Ausstellung.
[222] Vgl. Mentrup, C&A, S. 12 f.

4.3 Masse oder Klasse? Strategien und Geschlechtsspezifik im Textileinzelhandel 247

prinzip der Geschäftsführung lautete schon zu Beginn des 20. Jahrhunderts: „Sollen die anderen ruhig die Kunden bedienen, die mit dem Wagen vorfahren. Wir werden die große Masse einkleiden, die zu Fuß oder mit der Straßenbahn kommt."[223] Dieses Prinzip sollte auch für den deutschen Markt gelten. Bis 1914 wuchs das deutsche C&A-Filialnetz bereits auf fünf Standorte an, die jeweils in zentraler Lage in den Städten eingerichtet wurden.[224] Das Wachstum setzte sich seit 1925 und bis in die späten 1930er Jahre fort.[225] Während des Nationalsozialismus profitierte C&A von den „Arisierungen" jüdischen Eigentums[226] und beschäftigte überdies in der industriellen Produktion Zwangsarbeiter und -arbeiterinnen im Ghetto von Łódź,[227] wie auch sogenannte Ostarbeiterinnen – sogar in den Einzelhandelsfilialen – als Näherinnen.[228] Außerdem warben die Inhaber Erzählungen zufolge unter den Beschäftigten für die Mitgliedschaft in der NSDAP und bedachten NS-Größen mit Geschenken.[229] Gegen Ende des Zweiten Weltkriegs wurden einige Filialen stillgelegt; die Zentrale zog 1943 aufgrund der Kriegsschäden in Berlin nach Mettingen, dem Herkunftsort der Eigentümerfamilie, um.[230] Bei Kriegsende 1945 waren die meisten C&A-Filialen schwer zerstört, konnten aber rasch wieder aufgebaut werden.[231] 1949 zog die Hauptverwaltung nach Düsseldorf, wo sie bis heute ansässig ist.[232] Bereits im Jahr 1950 führte C&A Selbstbedienungstheken für Herrenhemden ein.[233] Auch mit neuen Betriebsformen machte man sich schnell vertraut: 1964 erwarb das Unternehmen 7580 Quadratmeter im ersten Einkaufszentrum Deutschlands, dem Main-Taunus-Zentrum in Sulzbach bei Frankfurt am Main, und setzte dort viele Selbstbedienungselemente ein.[234] Nach der ersten öffentlichen Bilanzlegung 1972, wurde C&A als fünftgrößtes Unternehmen unter den Handelshäusern hinter Karstadt, Hertie, Kaufhof und Quelle eingeordnet und galt damit als einer der führenden Textileinzelhändler in der Bundesrepublik Deutschland. Der Autor eines zeitgenössischen Zeitungsartikels machte die Verkaufsform der Selbstbedienung, durch die Personalkosten gespart werden konnten, als Erfolgsfaktor aus.[235] In den

---

[223] Zitiert nach Mentrup, C&A, S. 14.
[224] Vgl. Mentrup, C&A, S. 14 f.
[225] Vgl. 1920–1929, in: DRAIFLESSEN Collection (Hrsg.), C&A zieht an, S. 54. Zu Filialeröffnungen im Frühjahr 1938 in Barmbek und Leipzig vgl. 1930–1939, in: DRAIFLESSEN Collection (Hrsg.), C&A zieht an, S. 90.
[226] Vgl. Bosecker, Nutznießer, S. 94–97, 102.
[227] Vgl. Schnaus/Smolorz/Spoerer, Die Rolle des Ghetto Litzmannstadt (Łódź), S. 53 f.
[228] Vgl. Schnaus, Kleidung zieht jeden an, S. 336–338.
[229] Vgl. Bosecker, Nutznießer, S. 99, 101.
[230] Vgl. 1940–1949, in: DRAIFLESSEN Collection (Hrsg.), C&A zieht an, S. 114 f.
[231] Vgl. 1940–1949, in: DRAIFLESSEN Collection (Hrsg.), C&A zieht an, S. 118.
[232] Vgl. 1940–1949, in: DRAIFLESSEN Collection (Hrsg.), C&A zieht an, S. 115.
[233] Vgl. 1950–1959, in: DRAIFLESSEN Collection (Hrsg.), C&A zieht an, S. 138.
[234] So etwa die Theke für Herrenhemden an den Wänden, Hosen auf Bügeln an Hosenständern und T-Shirts oder Blusen auf Rundständern, an denen der Preis gut sichtbar angebracht ist. Die Menschen, Kundschaft wie Verkäufer – letztere zu erkennen an den schwarzen Anzügen – bewegen sich inmitten der Ware, begutachten sie zum Teil, vgl. 1960–1969, in: DRAIFLESSEN Collection (Hrsg.), C&A zieht an, S. 174.
[235] Vgl. 1970–1979, in: DRAIFLESSEN Collection (Hrsg.), C&A zieht an, S. 198.

1950er Jahren eröffneten 21 neue Filialen in Westdeutschland, in den 1960er Jahren wurden 36 neue Häuser eröffnet, in den 1970er Jahren 41 – und das Jahrzehnt mit den meisten Neugründungen waren die 1980er Jahre mit 51 Filialen.[236] International expandierte C&A, nachdem es sich in den USA während der 1950er Jahre ausgeweitet hatte, vor allem in den 1970er Jahren und den 1990er Jahren stark, und dann erneut in den 2000er Jahren.[237] Dass C&A Mode für die breite Masse anbieten wollte, zeigte sich damit nicht nur im vertieften Sortiment, sondern auch in dem dichter werdenden Filialnetz.

Ab 1981 erweiterte C&A das Sortiment, indem die Firma in fünfzig Häusern Schuhe anbot – ebenfalls in Selbstbedienung.[238] Kurz darauf erprobte C&A ein neues Vertriebsformat als Experiment und versuchte Kleidung über telefonische Bestellungen, beziehungsweise via Bildschirmtext auf dem Fernseher, zu verkaufen.[239] Ab Mitte der 1980er Jahre erfolgte eine weitere Neukonzipierung der Verkaufswege: In Fußgängerzonen kleiner Städte und in Einkaufszentren eröffneten „Young-Collections-Stores" und „Akzent-Häuser".[240] Hier verkleinerte man das Sortiment zugunsten einer größeren Ladendichte. Im Gegensatz zu C. F. Braun erstreckten sich Filialen von C&A über ganz Deutschland[241] beziehungsweise im Untersuchungszeitraum über ganz Westdeutschland[242] und ab 1991 auch über die neuen Bundesländer.[243] In den 1990er Jahren kam es deshalb zu 47 Neueröffnungen.[244] 1990 wurde die Ebsco gegründet – ein Tochterunternehmen, das den Einkauf zentral steuerte.[245] Trotz der erheblichen Expansion erlebte das Unternehmen Mitte der 1990er Jahre einen Umsatzrückgang.

Im Jahr 2001, nach einem umfassenden Restrukturierungsprozess, war C&A wieder konsolidiert[246] und widmete sich neuen Verkaufskonzepten: 2001 eröffneten deutschlandweit „C&A Kids Stores" und 2003 mit „C&A Women" exklusive Läden mit 400 bis 500 Quadratmetern Verkaufsfläche nur für Damenbekleidung.[247] 2005 folgten die ersten „XL-Shops", in denen Kleidung in Übergrößen

---

[236] Vgl. Tabellarische Auswertung der gelisteten Neueröffnungen durch die Autorin, in: DRAIFLESSEN Collection (Hrsg.), C&A zieht an, S. 18–269.
[237] Vgl. Vermerke über internationale Expansion auf diversen Seiten, in: DRAIFLESSEN Collection (Hrsg.), C&A zieht an, S. 124, 198, 200, 204, 208, 212, 226, 230, 250, 252 f., 262, 268, 278, 282, 288, 292, 294, 296.
[238] Vgl. DRAIFLESSEN Collection (Hrsg.), C&A zieht an, S. 225.
[239] Vgl. DRAIFLESSEN Collection (Hrsg.), C&A zieht an, S. 226.
[240] Vgl. DRAIFLESSEN Collection (Hrsg.), C&A zieht an, S. 232.
[241] Vgl. Daten und Fakten am Ende des Ausstellungskatalogs in: DRAIFLESSEN Collection (Hrsg.), C&A zieht an.
[242] Vgl. Abbildung des C&A-Spieles „Kreuz und Quer" von 1953, in: DRAIFLESSEN Collection (Hrsg.), C&A zieht an, S. 144; DCM, 100076, Informationsbroschüre „Handbuch für unsere Betriebsmitglieder", 1957; DCM, 106306, Informationsbroschüre „Handbuch für unsere Lehrlinge", 1955.
[243] Vgl. Text zu Eröffnung 1991, in: DRAIFLESSEN Collection (Hrsg.), C&A zieht an, S. 253.
[244] Vgl. Tabellarische Auswertung der gelisteten Neueröffnungen durch die Autorin, in: DRAIFLESSEN Collection (Hrsg.), C&A zieht an, S. 18–269.
[245] Vgl. DRAIFLESSEN Collection (Hrsg.), C&A zieht an, S. 251.
[246] Vgl. Bosecker/Spitz, Back to the Roots, S. 274.
[247] Vgl. DRAIFLESSEN Collection (Hrsg.), C&A zieht an, S. 281.

angeboten wurde.²⁴⁸ Mit der Verbreitung dieser spezialisierten Läden ging in den 2000er Jahren eine neue Expansionsphase einher, bei der C&A vor allem in kleinere Städte und in das Umland von Ballungsgebieten eindrang. Zwischen 2000 und 2009 eröffneten weitere 312 C&A-Häuser oder Filialen.²⁴⁹

Nach einer ersten, allerdings gescheiterten Annäherung an das Internet zwischen 1997 und 1999 versuchte es C&A 2008 erneut mit einem Online-Shop, der sich „an die ganze Familie richten" sollte²⁵⁰. Zudem wurden 2012 dann die ersten „Click & Collect Lounges" eingeführt.²⁵¹ Und auch die Abteilungen im Hintergrund wurden in den 2000er Jahren neu strukturiert: Von 2004 bis 2006 entstand das „C&A Fashion Center" als neue Zentrale, in der die Hauptverwaltung, die „Retail Service Company" (sprich IT und Logistik) sowie die deutsche Niederlassung des europäischen Zentraleinkaufs „C&A Buying" untergebracht waren.²⁵² Im Jahr 2011 verfügte C&A über 482 Betriebsstellen in 374 deutschen Städten und beschäftigte dort 34 000 Mitarbeiterinnen und Mitarbeiter, bei über einer Million Kundinnen und Kunden täglich.²⁵³ Trotz der vielfachen Aufgliederung und Umstrukturierung befindet sich C&A über die Cofra Holding AG bis heute im Besitz der Gründerfamilie.²⁵⁴

Die frühe Aufgliederung der Arbeitspraktiken bei C&A[255]

Grundsätzlich galt bei C&A seit den 1950er Jahren die Maxime: „C. & A. spezialisiert sich in der Konfektion für die grosse Masse, die preiswert kaufen will."²⁵⁶ Daher war es nicht verwunderlich, dass es 1950 als erstes Textileinzelhandelsunternehmen die Selbstbedienung einführte.²⁵⁷

„Das Publikum ist in den letzten Jahren mehr und mehr an das Selbstbedienungssystem gewöhnt worden. [Diese] Verkaufsmethode [...] bringt eine enorme Vereinfachung der Verkaufshandlung mit sich [...]. Manchmal kann die Arbeit einer Verkaufskraft nahezu bis auf das Ausschreiben der Etiketts [sic!] eingeschränkt werden. Das System der Selbstbedienung ist aber noch nicht

---

[248] Vgl. DRAIFLESSEN Collection (Hrsg.), C&A zieht an, S. 289.
[249] Vgl. Bosecker/Spitz, Back to the Roots, S. 274; sowie gelistete Neueröffnungen von u. a. Kids- und Women-Stores, in: C&A zieht an, S. 278–297.
[250] Vgl. DRAIFLESSEN Collection (Hrsg.), C&A zieht an, S. 294.
[251] Vgl. Chronik auf der C&A-Unternehmenswebsite, https://www.c-and-a.com/de/de/corporate/company/ueber-ca/geschichte/chronik/ [zuletzt abgerufen am 18. 08. 2022].
[252] Vgl. DRAIFLESSEN Collection (Hrsg.), C&A zieht an, S. 287.
[253] Vgl. DRAIFLESSEN Collection (Hrsg.), C&A zieht an, S. 325.
[254] Vgl. Anja Müller, Familienholding der C&A-Inhaber holt sich Verstärkung aus der Private-Equity-Welt, in: Handelsblatt, 08. 02. 2021, https://www.handelsblatt.com/unternehmen/mittelstand/familienunternehmer/familienunternehmen-als-investoren-familienholding-der-cunda-inhaber-holt-sich-verstaerkung-aus-der-private-equity-welt/26893978.html [zuletzt abgerufen am 30. 09. 2022].
[255] Zu den Verkaufspraktiken konnten hier nur Quellen der 1950er Jahre hinzugezogen werden, andere waren nicht zugänglich.
[256] DCM, 119388, Sammelordner „Aufsichtsschulungen" – Unterweisungsunterlagen für Aufsichten im Verkauf bei C&A, 1950er Jahre, [1951], S. 16.
[257] Vgl. 1950–1959, in: DRAIFLESSEN Collection (Hrsg.), C&A zieht an, S. 138.

in allen unseren Häusern durchgeführt. Im Ausland ist man in dieser Beziehung schon weiter."[258]

Die SB-Methode im Textilkauf hatte zu diesem Zeitpunkt in der Bundesrepublik noch nicht alle Kundinnen und Kunden überzeugt, wie auch die C&A-Direktion bemerkte: „Ein großer Teil der Kundschaft aber denkt gar nicht daran, in der Ware selbst herum zu suchen, [...] da das Verkaufspersonal ja nach der Meinung der Kundschaft das Angebot durch und durch kennt."[259] Somit war man beim Verkauf bei C&A daran interessiert, dass man den Service gegenüber der Kundschaft verbesserte, da es immer wieder Stimmen gab, die mit C&A unhöfliches und unaufmerksames Personal verbanden.[260] Für dieses Problem machte man die mangelnde Empathie der Beschäftigten verantwortlich:

„Die Verkäufer verwechseln dann die Ungezwungenheit, die das Kaufen in unseren Geschäften so angenehm macht, mit Gleichgültigkeit von ihrer Seite. Das Personal begreift manchmal nicht den Unterschied zwischen frei herumlaufen und vernachlässigen."[261]

Diese direkten Worte stammen aus Unterlagen zur Schulung von Verkaufsaufsichten. Sie zeigen die geringe Wertschätzung des eigenen Personals auf.

Als 1952 zunächst als Experiment in größeren Abteilungen im Hause Dortmund, dann auch in Düsseldorf und später in weiteren größeren Häusern, das sogenannte Gruppenverkaufssystem, kurz GRUPA, bei C&A eingeführt wurde,[262] bedeutete dies neben einer neuen Art Leistungsberechnung vor allem eine grundlegende Änderung für die Praktiken des Begrüßens und Bedienens.

„Der Sinn des Systems ist, daß eine Anzahl von Verkaufskräften zu einer Gruppen [sic!] zusammengefaßt wird, der ein bestimmter Teil des Verkaufslager zugeteilt wird. Ein Gruppenmitglied wird Gruppenführerin. Die von allen Mitgliedern der Gruppe insgesamt erzielte Provision und Prämie wird zusammengelegt und nach einem bestimmten Schlüssel [...] verteilt. Es ist ständig anzustreben, bei den Gruppen die Idee eines kleinen Geschäftes im Geschäfte (Ladenidee) zu wecken und zu fördern."[263]

Die Direktion versprach sich von GRUPA – nach positiven Erfahrungen in anderen Ländern – eine „Verbesserung unserer Verkaufstechnik und des ‚Service'" insgesamt.[264] Außerdem war es das erklärte Ziel, dadurch mehr Umsatz mit geringem Personaleinsatz zu erzielen, die Anzahl der Änderungsarbeiten an Kleidungstü-

---

[258] DCM, 119388, Sammelordner „Aufsichtsschulungen" – Unterweisungsunterlagen für Aufsichten im Verkauf bei C&A, 1950er Jahre, [1951], S. 35.
[259] DCM, 127794, Arbeitskreis für Berufsförderung, Unterlagen der 1950er Jahre, hier: Vortrag 11: Die Aufgaben des Gruppenführers im Rahmen des Grupa-Systems, S. 2.
[260] DCM, 109208, Protokoll der 42. Betriebsleiterversammlung 1956, hier: S. 8.
[261] DCM, 119388, Sammelordner „Aufsichtsschulungen" – Unterweisungsunterlagen für Aufsichten im Verkauf bei C&A, 1950er Jahre, [1951], S. 19.
[262] DCM, 106863, Tagesordnungen der 30.–31. und Protokolle der 32.–34. Betriebsleiterversammlung 1948–1952, hier: Protokoll der 34. Betriebsleiterversammlung 1952, S. 6 f.
[263] DCM, 106863, hier: Protokoll der 34. Betriebsleiterversammlung 1952, S. 6.
[264] DCM, 117090, Rundschreiben an die Geschäftsleitungen der Häuser 1953, hier: Schreiben der C. & A. Brenninkmeyer G.m.b.H Abteilung Allgo, an die Geschäftsleitungen aller Häuser, Nr. 4/1953, Betr.: GRUPA-System, vom 17. 01. 1953.

4.3 Masse oder Klasse? Strategien und Geschlechtsspezifik im Textileinzelhandel 251

cken klein zu halten, den Austausch zwischen den Hierarchiestufen zu verbessern und das Erfolgsinteresse der Beschäftigten zu steigern.[265] Verantwortlich für die Einführung in den einzelnen Häusern waren die jeweiligen Geschäftsleitungen sowie ein zentraler Abgesandter der C&A-Hauptverwaltung.[266] Um ein solches Verkaufssystem lohnenswert anzuwenden, musste das betreffende Geschäft eine bestimmte Größe vorweisen. Dies zeigt die Tatsache, dass die C&A-Direktion überlegte, ob sich die Etablierung in kleineren Häusern überhaupt lohne oder ob Modifikationen vorgenommen werden müssten.[267]

Ein weiteres strukturierendes Moment, das jede Verkaufsabteilung von C&A prägte, stellten die Prinzipien zur Herstellung bestimmter Ordnungen im Laden dar. Die einzelnen Abteilungen etwa sollten gewissermaßen als „verlängerte[s] Schaufenster" dienen und der Kundschaft einen Überblick über das gesamte Warenangebot bieten. Die Waren wurden auf Ständern, Tischen und Regalen präsentiert und nach Größen und Preisklassen oder Artikelkategorien und Farben sortiert.[268] Damit sich die Kundinnen und Kunden selbstständig umschauen konnten und sich dennoch gut zurechtfanden, wurden die Ständer mit Größenschildern versehen, außerdem nach Größen und Preisen aufsteigend von links nach rechts sortiert.[269] Diese Art der Hängung ist auch heute noch in Textilgeschäften gebräuchlich. Da C&A als einer von wenigen Textilhändlern bereits in den 1950er Jahren auf Selbstbedienung setzte, trug es einen Großteil zur Etablierung dieser Ordnung bei. Systematische Überlegungen zum Ladenbau und ihrer inneren Gestaltung als Mittel der Absatzförderung wurden dann erst ab Mitte der 1960er Jahre angestellt.[270]

Auf dem Foto von der Eröffnung einer C&A-Filiale in Bielefeld ist zu sehen, wie die voll beladenen Kleiderständer in schräg angeordneten Reihen mitten im Verkaufsraum platziert waren, sich dazwischen die Kundinnen drängen, welche die Waren selbstständig durchsuchen und auch zum genaueren Besehen vom Ständer nehmen. Zu erkennen sind ebenso die Sortierung nach Größen und die Preisschilder. Das Foto ist aus einer leicht erhöhten Position aufgenommen. Niemand blickt direkt in die Kamera. Es sollte also das „echte" Geschehen am Eröffnungstag dokumentiert werden. Im Vordergrund ist die Ware abgebildet, dahinter die Kundschaft, und klein, im Hintergrund schwer zu erkennen, das Verkaufspersonal. Hier deutet sich bereits die neue Hierarchie im Textil-Selbstbedienungsladen an.

---

[265] DCM, 106863, Sammelordner „Aufsichtsschulungen" – Unterweisungsunterlagen für Aufsichten im Verkauf bei C&A, 1950er Jahre, hier: Protokoll der 34. Betriebsleiterversammlung 1952, S. 6.
[266] DCM, 117090, Rundschreiben an die Geschäftsleitungen der Häuser 1953, hier: Schreiben der C. & A. Brenninkmeyer G.m.b.H Abteilung Allgo, an die Geschäftsleitungen aller Häuser, Nr. 4/1953, Betr.: GRUPA-System, vom 17. 01. 1953.
[267] DCM, 106863, Sammelordner „Aufsichtsschulungen" – Unterweisungsunterlagen für Aufsichten im Verkauf bei C&A, 1950er Jahre, hier: Protokoll der 34. Betriebsleiterversammlung 1952, S. 6 f.
[268] DCM, 106306, Informationsbroschüre „Handbuch für unsere Lehrlinge", 1955, hier: S. 11–13.
[269] DCM, 106306, S. 12 f.
[270] Vgl. Menninger, Verkaufsaktive Ladengestaltung; Rürup, Moderner Ladenbau.

252   4. Weniger bedienen, weniger wert: weibliche Beschäftigte im Verkaufsraum

Abb. 11: Foto von der Eröffnung einer C&A-Filiale in Bielefeld 1957[271]

C&A bezeichnete die Verkaufsstände in der Abteilung beziehungsweise den Verkaufsraum selbst auch als Lager. Dieses Lager musste dementsprechend stets gut gepflegt sein, denn: „Nur ein gepflegtes Lager reizt zum Ansehen und lockt zum Kauf." Für diese Pflege – also das Auf- und Abhängen der Kleidungsstücke – waren bei C&A die Lehrlinge aus den unteren Lehrjahren zuständig, die noch nicht selbst verkaufen durften.[272] Indem man bei der Kundschaft den Eindruck vermittelte, mitten im Lager zu stehen, wurde auch Offenheit suggeriert. So konnte nicht das Gefühl aufkommen, etwas nicht vorgelegt zu bekommen oder zu verpassen. Der Kundschaft wurde dadurch gleichzeitig eine höhere Eigenverantwortlichkeit auferlegt, tatsächlich auch das zu finden und zu bekommen, was sie wollte. Man setzte also auf die Konkurrenz der Kundschaft untereinander – auch diesen Rückschluss lässt das obige Foto zu.

C&A versprach sich mit Verweis auf die Industrie Produktivitätsvorteile vor allem durch Aufgabenteilung und Spezialisierung:

„Auch in unseren Geschäften ist beim Verkauf die Teilarbeit eingeführt. Jede Arbeitskraft hat eine bestimmte Aufgabe. Wir sind neuerdings dazu übergegangen, die Verkaufshandlung zu zergliedern und bestimmte Teile dieser Verkaufshandlung von verschiedenen Arbeitskräften verrichten zu lassen. Dadurch[,] daß die Verkäufer und Verkäuferinnen nur verkaufen und anderen Kräften das Kassieren, das Einpacken der Waren, das Holen der Waren aus dem Schaufenster,

---

[271] DCM, 128405, Haus Bielefeld. Fotografien zur Eröffnung am 28. 03. 1957, hier: Foto des Verkaufsraums mit Kundinnen.
[272] DCM, 106306, Informationsbroschüre „Handbuch für unsere Lehrlinge", 1955, S. 19 f.

4.3 Masse oder Klasse? Strategien und Geschlechtsspezifik im Textileinzelhandel   253

usw. überlassen, können sich die Verkäufer und Verkäuferinnen viel mehr auf den eigentlichen Verkauf konzentrieren."[273]

Dementsprechend hatten alle Beschäftigten in der Verkaufsabteilung ihre nach dem GRUPA-System vorgesehenen klaren Aufgabenbereiche. Pro Abteilung oder Etage gab es eine verantwortliche Verkaufsaufsicht, die alles überwachte – am Verkauf selbst war sie nur beteiligt, wenn Verkaufskräfte sie zu schwierigen Kundinnen und Kunden hinzuzogen. Unter ihnen standen die sogenannten Gruppenführer. Nach dem Gruppenverkaufssystem waren sie dafür zuständig, „daß jeder Kunde sofort gut bedient wird". Sie sprachen die Kundinnen und Kunden an und vermittelten sie anschließend an die ihnen unterstehenden Verkaufskräfte. Diese sollten gut über die Ware Bescheid wissen und die Kundschaft *„schnell* und *sicher"* bedienen.[274] Sie sollten in ihren „kleinen übersehbaren Bereichen" wahre „Spezialisten" sein und „diese kleinen Dinge durch und durch" kennen.[275] Außerdem sollten die Gruppenführer die Arbeit in ihrem Bereich so aufteilen, „daß jeder die ihm am schnellsten und leichtesten von der Hand gehende Arbeit durchführt".[276] Die Lehrlinge waren für diverse Nebentätigkeiten zuständig, etwa Aufräumen und Ordnen, Unterstützung bei der Anprobe, Begleitung zur Kasse.[277]

Die Praktiken des Begrüßens und Bedienens hatten sich bei C&A aufgespalten. Dem Begrüßen der Kundschaft räumte die Firma einen hohen Stellenwert ein, da dies die eigens dafür ausgebildeten „Gruppenführer" übernahmen. Dabei sollten sie folgende Anweisung stets beachten: „Um einen guten Anfang zu machen, muß der Kunde höflich empfangen und gleich nach seinen Wünschen gefragt werden."[278] Eine intern zirkulierende Analyse von Verkaufshandlungen, die 13 Schritte unterschied, machte deutlich, worauf es beim Begrüßen der Kundschaft ankam. Bereits beim ersten Schritt „Warten auf den Kunden" sollte man sich aktiv und aufgeweckt, geduldig und aufmerksam zeigen. Der zweite Schritt der aufgegliederten Verkaufshandlung sah den „Empfang des Kunden" vor. Hierbei kam es auf folgende Punkte an: „Nette Erscheinung, gut, einfach gekleidet. Zivilisiertes Sprechen, angenehme, sympathische Manieren. Selbstvertrauen."[279] Aus diesen Angaben lässt sich ableiten, wie eine ideale Verkaufsperson bei C&A zu sein hatte: Die Kleidung sollte ordentlich, aber nicht zu prunkvoll oder teuer erscheinen, um die Kundschaft aus unteren Einkommensschichten nicht einzuschüchtern; außerdem sollte man freundlich sein, aber doch bestimmt, um die Kundschaft von den Produkten und deren

---

[273] DCM, 119388, Sammelordner „Aufsichtsschulungen" – Unterweisungsunterlagen für Aufsichten im Verkauf bei C&A, 1950er Jahre, [1951], S. 32.
[274] DCM, 106306, Informationsbroschüre „Handbuch für unsere Lehrlinge", 1955, S. 14, Hervorhebung im Original.
[275] DCM, 127794, Arbeitskreis für Berufsförderung, Unterlagen der 1950er Jahre, hier: Vortrag 11: Die Aufgaben des Gruppenführers im Rahmen des Grupa-Systems, S. 3.
[276] DCM, 127794, hier: Vortrag 11: Die Aufgaben des Gruppenführers im Rahmen des Grupa-Systems, S. 7.
[277] DCM, 106306, Informationsbroschüre „Handbuch für unsere Lehrlinge", 1955, S. 14.
[278] DCM, 119388, Sammelordner „Aufsichtsschulungen" – Unterweisungsunterlagen für Aufsichten im Verkauf bei C&A, 1950er Jahre, [1951], S. 19.
[279] DCM, 119388, o. S. (zwischen S. 24 und S. 25).

Begehrlichkeit überzeugen zu können. Dem Begrüßen als Teil der Verkaufspraxis wurde also durchaus große Bedeutung beigemessen. Anders als bei C. F. Braun erfolgte die Begrüßung nicht mehr an der Eingangstür, sondern in der einzelnen Abteilung.

Etwa drei Jahre nach der Einführung des Gruppenverkaufssystems zeigte sich die Belegschaft sehr zufrieden damit.[280] Die Betriebsräte des Hauses in Essen etwa betonten die Vorteile für die Kundschaft, das Unternehmen und auch für die Verkaufskräfte: „Die Lagerhaltung ist wesentlich besser geworden, die körperliche Beanspruchung der Verkaufskräfte erheblich geringer."[281] Ende der 1950er Jahre definierte man die Aufgaben des „Gruppenführers" in einer Handreichung noch einmal neu, wobei dessen Verantwortungsbereich ausgedehnt wurde: Er oder sie sollte „für die Verkaufsbereitschaft der Gruppe und für den reibungslosen Ablauf des Verkaufsgeschehens und aller damit zusammenhängenden Angelegenheiten Sorge [...] tragen." Demnach war er oder sie auch für die Einteilung des Personals zuständig: „Jede Verkaufskraft soll in einem klar umrissenen Raum arbeiten und verkaufen, was jedoch nicht ausschließt, daß eine Verkaufskraft auch dem Kollegen in dessen Aufgabenbereich hilft."[282] Gerade hierbei aber scheint es ab und an Probleme gegeben zu haben: „Viel schlimmer ist es, wenn ein Kunde auf unseren Etagen beobachten muß, daß in einer Gruppe aus irgendwelchen Gründen zu wenig Personal ist, wogegen dann in einer anderen Gruppe das Personal beschäftigungslos herumsteht." Obwohl also die Gruppenführerinnen und -führer dazu angehalten waren, untereinander zu kooperieren, sahen sie sich und auch die Beschäftigten der einzelnen Gruppen als Konkurrenz an.[283]

In den 1960er Jahren wurde die Aufgabenteilung weiter vorangetrieben, indem zum Beispiel in den größeren Häusern eigens für die Anprobe zuständige Kabinenverkäuferinnen eingeführt wurden. Zu ihren Aufgaben zählte das Ordnunghalten in der Kabine, die Diebstahlprävention, das Vorbereiten der Kleidung für die Anprobe, aber auch zum Teil die Verkaufsberatung nach einem vorgefassten Schema. Außerdem musste sie sich durch „besondere Aufmerksamkeit und Wendigkeit" auszeichnen, denn sie hatte bis zu sechs Kabinen gleichzeitig zu überwachen.[284]

Weitere Methoden zur Verbesserung der Verkaufspraktiken waren die eigens von C&A produzierten Tonbildschauen. Sie dienten den Betriebsleitungen und Verkaufsaufsichten zur Schulung des Personals. Man präsentierte darin die Me-

---

[280] DCM, 101585, Protokolle gemeinsamer Sitzungen des Wirtschaftsausschusses mit den Betriebsräten der Häuser, 1955–1956, hier: Protokoll der erweiterten Betriebsratssitzung im Hause Hannover am 13. Juni 1956.
[281] DCM, 101585, hier: Protokoll der gemeinschaftlichen Sitzung der Wirtschaftsausschußmitglieder mit dem Betriebsrat des Hauses Essen am 19. 10. 1955.
[282] DCM, 108187, Rundschreiben an die Geschäftsleitungen der Häuser 1958, hier: Schreiben der C. & A. Brenninkmeyer G.m.b.H., Hauptbetriebsleitung, an die Geschäftsleitungen aller Häuser, Nr. 34/1958, Betr.: Aufgabengebiete „Aufsicht" und „Gruppenführer", vom 21. 10. 1958, Anlage 1: Der Gruppenführer bei C&A.
[283] DCM, 127794, Arbeitskreis für Berufsförderung, Unterlagen der 1950er Jahre, hier: Vortrag 11: Die Aufgaben des Gruppenführers im Rahmen des Grupa-Systems, S. 1.
[284] DCM, 100218, Die Aufgabengebiete der Kabinenverkäuferin, 1962.

thode „Verkaufen ohne zu fragen", bei der die Kundschaft zu einer Entscheidung ohne viel Zögern bewegt werden sollte, indem sie schnell mit der Ware in Berührung beziehungsweise zum Anprobieren gebracht wurde. Demnach sollte man der Kundschaft das Gefühl vermitteln, die Ware selbst ausgesucht zu haben, indem man nur eine begrenzte Auswahl zur Verfügung stellte, dafür aber kräftige Argumente lieferte – gleichzeitig aber nicht aufdringlich wirkte und die Kundinnen und Kunden auch einmal mit der Ware alleine ließ, um währenddessen Andere zu bedienen. Am Ende hatte man sie zu ihrem Entschluss zu beglückwünschen.[285] Auch diese Methode begrüßte das Personal nach anfänglicher Skepsis.[286] Außerdem kamen ab 1957 in den Häusern sogenannte Verkaufstrainer zum Einsatz. Diese wurden in zentralen Schulungen angelernt und dann auf die Häuser verteilt. Zu ihren Aufgaben zählten die Lehrlingsausbildung, Besprechungen mit Arbeitsgruppen, Verkaufsaufsichten und Substituten, sowie die Kontrolle, wie sich die Personalausbildung auf den Verkauf auswirkte.[287]

Die Arbeitspraktiken bei C&A wurden in den 1950er und 1960er Jahren vermehrt zentral vorgegeben und dadurch über alle Filialen hinweg stark standardisiert. Durch die schiere Größe des Unternehmens und die Ausbreitung der Filialen in allen Regionen der Bundesrepublik beeinflussten sie auch die Einkaufspraktiken der Konsumentinnen und Konsumenten. Sie riefen ein bestimmtes Verhalten der Kundschaft hervor, das immerzu wiederholt werden musste. Auf diese Art prägten sich die Einkaufspraktiken tief ein. Auch bildete sich eine stark standardisierte Wahrnehmung der C&A-Verkäuferinnen und -Verkäufer heraus.

Die Praktiken des Verpackens und Verabschiedens bei C&A

Während die Beschäftigten im Textileinzelhandel üblicherweise zunächst die gekaufte Ware verpackten und dann erst die Kundschaft verabschiedeten, konnte die Reihenfolge bei C&A vertauscht sein. In der Handreichung für Verkaufsaufsichten, die die Verkaufshandlung in 13 Schritte unterteilte, erfolgten nach Begrüßen des Kunden (Schritt 1 und 2) insgesamt acht Schritte (Schritt 3–9, 11), die sich nur dem Bedienen zuordnen lassen.[288] Zwischenzeitlich (Schritt 10) musste aber bei

---

[285] DCM, 126201, Text- und Unterweisungsunterlagen zur Tonbildschau „Verkaufen ohne zu fragen", 1960er Jahre.
[286] DCM, 101585, Protokolle gemeinsamer Sitzungen des Wirtschaftsausschusses mit den Betriebsräten der Häuser, 1955–1956, hier: Protokoll der gemeinschaftlichen Sitzung der Wirtschaftsausschuß-Mitglieder mit dem Betriebsrat des Hauses Braunschweig am Freitag, dem (!) 22. Juni 1956.
[287] DCM, 117086, Rundschreiben an die Geschäftsleitungen der Häuser 1956, hier: Schreiben der C. & A. Brenninkmeyer GmbH. Hauptbetriebsleitung, an die Geschäftsleitungen aller Häuser, Nr. 38/56, Betr.: Verkaufstrainer, vom 14. 12. 1956. Näheres zu den Tonbildschauen und Verkaufstrainern sind in Kapitel 2.4 in Bezug auf die Erwartungen des Unternehmens an die Freundlichkeit der Beschäftigten zu finden.
[288] Die von der C&A vorbestimmten Schritte 3 („Feststellung des Kaufwunsches"), 4 („Entschluß, welche Artikel gezeigt werden"), 8 („Das Ansteuern auf die Entscheidung") und 11 („Hinzuverkaufen") lassen sich in die übergeordneten Tätigkeitskategorien Beraten und Informieren einsortieren; die Schritte 5 („Das Zeigen der Artikel"), 6 („Das eventuelle Zeigen

256 4. Weniger bedienen, weniger wert: weibliche Beschäftigte im Verkaufsraum

Abb. 12: Beispiel für ein Etikett von C&A aus den 1950er Jahren[289]

jedem verkauften Stück das Etikett beschriftet werden – als Vorbereitung für die Kasse und den Packtisch: „Verkf.-Nr. auf Etikett setzen, Abschnitte 2–4 abtrennen, Abschnitt 4 sorgfältig verwahren, eventuell Talon ausschreiben."[290] Das Etikett,

anderer Artikel") und 7 („Das eventuelle Anprobieren") gehören zu den Tätigkeiten des Gebens und Nehmens der Ware, ebenso der allerdings etwas aus der Reihe fallende Schritt 9 („Das eventuelle Abstecken"). Diese Möglichkeit der Änderungen an Kleidungsstücken wollte C&A aber ohnehin einschränken.

[289] DCM, 100076, Informationsbroschüre „Handbuch für unsere Betriebsmitglieder" 1957, S. 24.
[290] DCM, 119388, Sammelordner „Aufsichtsschulungen" – Unterweisungsunterlagen für Aufsichten im Verkauf bei C&A, 1950er Jahre, [1951], o. S. (zwischen S. 24 und S. 25).

4.3 Masse oder Klasse? Strategien und Geschlechtsspezifik im Textileinzelhandel 257

das an jedem Kleidungsstück angebracht war, bestand aus mindestens vier, später fünf Teilen: Ein Abschnitt des Etiketts, der am Kleidungsstück verblieb, war für den Packtisch vorgesehen, ein weiterer Abschnitt diente der Verwaltung als Beleg, der dritte als Quittung für die Kundschaft, der vierte bildete den Nachweis für die Provisionsberechnung der Verkaufskräfte und ein fünfter Abschnitt stellte schließlich den „Packtisch-Abriß" dar.

Zunächst also trennte die Verkaufskraft die Abschnitte 2 bis 5 von dem ersten Abschnitt, der an der Ware verblieb. Anschließend behielt sie den vierten Abschnitt ein, schickte das Kleidungsstück, inklusive Abschnitt 1, an den Packtisch – etwa mithilfe der Lehrlinge – und lotste die Kundschaft mit den Abschnitten 2, 3 und 5 an die Kasse zur Bezahlung. Dort trennte die Kassiererin den Abschnitt 2 ab und, um diesen später der Verwaltung zu übergeben. Die Kundschaft ging anschließend an den Packtisch, um dort die Quittung vorzuzeigen. Dort wurde der fünfte Abschnitt abgerissen und die Ware der Kundschaft vom Packtischpersonal übergeben.[291] Mit diesem Procedere wollte man sicherstellen, dass Ware nicht vertauscht oder nur schwer gestohlen werden konnte. Dass dies nicht immer klappte, zeigen Beispiele von Beschäftigten, die auf der „Warnliste" von C&A landeten, weil sie durch Austausch oder Umhängen von Etiketten betrügen oder Vergünstigungen erzielen wollten.[292] Die letzten beiden Schritte der Arbeitsanleitung („12. Den Kunden an die Kasse verweisen; 13. Kunden verabschieden") waren dem Verabschieden der Kundschaft, zumindest aus der Abteilung, gewidmet. Dabei sollte man weiterhin interessiert und freundlich wirken, auch wenn kein Verkauf zustande gekommen war.[293] „Wenn die Verkaufshandlung abgeschlossen ist, müssen immer ein paar freundliche Worte folgen."[294] Auch in den späteren Tonbildschauen betonte C&A, dass es wichtig war, sich bei der Kundschaft zu bedanken.[295]

Das Verpacken erfolgte bei C&A also an speziellen Packtischen nach den Kassen. Dafür stand eigens zuständiges Packtischpersonal bereit. An einer Tabelle zum Winterschlussverkauf von 1953 lässt sich zum einen das Verhältnis zwischen Kassen und Packtisch und zum anderen die personelle Besetzung an diesem Tag ablesen. In den meisten Häusern standen in etwa gleich viele Packtische wie Kassen bereit, allerdings weit mehr Packtisch- als Kassenpersonal. Im Haus München und in zwei Hamburger Häusern waren es dreimal so viele Packtisch- wie Kassenkräfte. Davon allerdings waren die meisten als Aushilfen tätig und nur eine geringe Anzahl war

---

[291] Über die genaue Handhabung des Etiketts ist aus den überlieferten Dokumenten von C&A nichts bekannt, allerdings lässt sich der Vorgang anhand des Abdrucks eines Beispieletiketts in der Handreichung für Beschäftigte von 1957 rekonstruieren; DCM, 100076, S. 24.
[292] DCM, 119429, Rundschreiben an die Geschäftsleitungen der Häuser 1959–1960, hier: Schreiben der C. & A. Brenninkmeyer G.m.b.H. Hauptbetriebsleitung, an die Geschäftsleitungen aller Häuser, Nr. 9/1960, Düsseldorf, 04. 05. 1960, Betr.: Warnliste, vom 04. 05. 1960.
[293] DCM, 119388, Sammelordner „Aufsichtsschulungen" – Unterweisungsunterlagen für Aufsichten im Verkauf bei C&A, 1950er Jahre, [1951], o. S. (zwischen S. 24 und S. 25).
[294] DCM, 119388, S. 19.
[295] DCM, 126201, Text- und Unterweisungsunterlagen zur Tonbildschau „Verkaufen ohne zu fragen", 1960er Jahre.

258 4. Weniger bedienen, weniger wert: weibliche Beschäftigte im Verkaufsraum

Abb. 13: Kassen und Packtische bei Eröffnung einer C&A-Filiale in Bielefeld 1957, Fotograf: unbekannt[296]

„festes Packtischpersonal" (je nach Haus vier- bis zehnmal so viele wie feste Kräfte). Da gerade beim Schlussverkauf eine schnelle Abfertigung das höchste Ziel war, investierte man in mehr Personal. In München standen den 28 Kassen – mit je einer Kassenkraft – 28 Packtische zur Seite, an denen neun feste Packtischkräfte und 57 Aushilfen, also insgesamt 66 Personen tätig waren. So verpackte dort durchschnittlich jede Packtischkraft pro Stunde 52 Stück Ware und händigte sie der Kundschaft aus.[297] Das Verpacken war eine Tätigkeit, die rasch zu erlernen war und in einer Sondersituation wie dem Schlussverkauf auch schnell ausgeführt werden konnte, selbst wenn man keine langjährige Erfahrung besaß.

Dabei musste laut C&A-Vorgabe folgendes beachtet werden:

„Für einen schnellen Ablauf des Verkaufs ist ein gut organisierter Kassen- und Packtischdienst erforderlich. Es ist besser, einige Kassen und Packtische an verschiedenen Stellen der Abteilung aufzustellen [...]. Beim Barrierensystem ist dies besonders zu beachten, da der Weg des Kunden zur Kasse so kurz als möglich sein muß (Diebstahlgefahr!)[.] Es muß dafür Sorge getragen wer-

[296] DCM, 128405, Haus Bielefeld. Fotografien zur Eröffnung am 28. 03. 1957, hier: Foto des Kassenbereichs mit Kassiererinnen und weiblichem Packtischpersonal.
[297] Hierbei muss beachtet werden, dass es sich beim Winterschlussverkauf um eine besondere Institution handelte, bei dem die Verkaufszahlen im Vergleich wesentlich höher waren. Dennoch liefert die Tabelle interessante Einblick: DCM, 117090, Rundschreiben an die Geschäftsleitungen der Häuser 1953, hier: Schreiben C. & A. Brenninkmeyer G.m.b.H. – Abteilung Allgo, an die Geschäftsleitungen aller Häuser, Nr. 9/1953, Betr.: Verkaufsorganisation am ersten Tag des Winterschlußverkaufs 1953, vom 06. 03. 1953.

4.3 Masse oder Klasse? Strategien und Geschlechtsspezifik im Textileinzelhandel 259

den, daß die Kapazität des Packtisches der Kasse entspricht. Zählungen haben bis jetzt ergeben, daß eine flotte Kassiererin in Hochbetriebsstunden 200–250 Kunden pro Stunde abfertigen kann."[298]

Mehrere Motive spielten also bei der Platzierung der Kassen eine Rolle: Die Kundschaft sollte kurze Laufwege haben, Diebstähle sollten vermieden und gleichzeitig die Zufriedenheit der Einkaufenden verbessert werden. Zudem vermutete die C&A-Leitung weniger Ablenkungen durch Kolleginnen, wenn die Kassen vereinzelt positioniert wurden, denn die Leistung am Packtisch musste der hohen Kassiergeschwindigkeit entsprechen. Für die Beschäftigten bedeutete dies eine hohe Arbeitsbelastung bei gleichzeitiger Vereinzelung und mangelndem Austausch.

Für das Aufstellen der Kassen und den Ablauf an den Packtischen sowie für deren Besetzung war die Verkaufsaufsicht verantwortlich:

„Die Aufsicht arbeitet mit dem Betriebsleiter und der ersten Kassiererin vorausschauend zusammen, damit […] genügend Kassen vorhanden sind. Bei Ueberlastung einer Kasse, Kunden zu weniger beanspruchten Kassen dirigieren. Falls sich herausstellt, daß zu wenig Kassen geöffnet sind, nach Rücksprache mit dem Betriebsleiter zusätzliche Kassen aufstellen lassen. […] Die Aufsicht bestimmt, wann die Kassen geschlossen werden. Standort der Kassen im Verkaufsraum mit dem Betriebsleiter und Einkäufer besprechen […]."[299]

Indem die Aufsicht dafür verantwortlich war, Kassen zu öffnen und zu schließen, hatte diese auch einen Einfluss auf die Arbeitsbelastung von Kassiererinnen und Packerinnen. Diese Last war also von der Betriebsleitung auf eine ihr unterstehende Kraft abgewälzt. Auf das kollegiale Verhältnis innerhalb der Belegschaft konnte sich das störend auswirken. Weitere Anweisungen erfolgten auch bezüglich des Packtischs: „Arbeitseinteilung an den Packtischen in Zusammenarbeit mit der Hauptpacktisch-Aufsicht so treffen, daß Stockungen vermieden werden. Darauf achten, daß unverkaufte Ware den nötigen Abstand vom Packtisch hat."[300]

Eine weitere Art des Verpackens und gleichzeitig des Verabschiedens, die auch der Lebensmitteleinzelhandel praktizierte und noch nach dem Besuch des Geschäftes bei der Kundschaft nachwirkte, war das Verwenden einer firmeneigenen Tragetasche oder -tüte.[301] C&A verwendete Mitte der 1950er Jahre eine naturfarbene Papiertragetasche, die in einem dunklen Grünton mit dem C&A-Logo sowie einer Auflistung aller Filialen in Deutschland bedruckt war.[302] Ab Mitte der 1960er Jahre befanden sich auf den Papiertaschen und auf Kleiderkartons neben dem aktuelle Slogan „Immer modisch – immer preiswert" auch die Silhouetten bekannter Sehenswürdigkeiten aus den Modestädten der Welt – etwa das Brandenburger Tor in

---

[298] DCM, 119388, Sammelordner „Aufsichtsschulungen" – Unterweisungsunterlagen für Aufsichten im Verkauf bei C&A, 1950er Jahre, [1951], S. 35.
[299] DCM, 119388, S. 35.
[300] DCM, 108187, Rundschreiben an die Geschäftsleitungen der Häuser 1958, hier: Schreiben der C. & A. Brenninkmeyer G.m.b.H., Hauptbetriebsleitung, an die Geschäftsleitungen aller Häuser, Nr. 34/1958, Betr.: Aufgabengebiete „Aufsicht" und „Gruppenführer", vom 21. 10. 1958, Anlage 2: Die Verkaufsaufsicht bei C&A.
[301] Vgl. zur Geschichte der Tragemittel im Einzelhandel Schmidt-Bachem, Tüten, Beutel, Tragetaschen.
[302] Vgl. DRAIFLESSEN Collection (Hrsg.), C&A zieht an, S. 146.

Berlin, der Pariser Eiffelturm oder die New Yorker Skyline.[303] Das sollte der Kundschaft die Anschlussfähigkeit an die weltweite Modebewegung aufzeigen und ein gutes Gefühl für den Heimweg vermitteln. In den 1980er Jahren verwendete C&A dann in ganz Europa zu Werbezwecken eine silberfarbene Plastiktüte mit C&A-Vignette und einem Regenbogen-Streifen.[304] Dies entsprach dem Corporate Design von C&A und etablierte die Übergabe der Tüte bei der Kundschaft als standardisierte Form des Verabschiedens. Als die Umweltbewegung[305] begann, Plastiktüten zu kritisieren, reagierte C&A nicht sofort. Erst 1991 begann man, die Kundschaft darauf hinzuweisen, dass Taschen und Tüten mehrfach verwendet werden könnten und dadurch jede und jeder Einzelne einen Beitrag zum Schutz der Umwelt leisten würde. Ebenfalls zu diesem Zeitpunkt wurden Größe und Folienstärke der Tüten verringert und recyceltes Material verwendet.[306] Dies kann auch als Reaktion auf die „Jute statt Plastic"-Kampagne gewertet werden, die bereits in den frühen 1980er Jahren einen neuen Lebens- und Konsumstil prägen wollte.[307]

Restetage und Schlussverkäufe: Kampf um die Ware

Eine besondere Form des Verkaufs im Textileinzelhandel, die von den Beschäftigten spezielle Arbeitspraktiken erforderte, waren die sogenannten „Restetage" oder saisonalen Schlussverkäufe. Für die Firmen dienten sie dazu, Lager leer zu bekommen und Platz für neue Ware zu schaffen.[308] Für die Beschäftigten bedeuteten diese Verkäufe eine große Belastung. Die Kundinnen und Kunden nutzten die Chance, kostengünstig Kleidung zu erhalten. Dafür nahmen sie entgegen dem sonstigen Einkaufideal dichtes Gedränge, eine verringerte Bedienung und langes Warten in Kauf.

Die C&A-Schlussverkäufe der 1950er und 1960er Jahre waren Massenveranstaltungen. Davon zeugen Fotos, auf denen Polizisten die Menschenmenge in Zaum halten,[309] sowie Gedichte und Geschichten ehemaliger Mitarbeiterinnen und Mitarbeiter:

---

[303] Vgl. DRAIFLESSEN Collection (Hrsg.), C&A zieht an, S. 180.
[304] Vgl. DRAIFLESSEN Collection (Hrsg.), C&A zieht an, S. 239. In den 1950er Jahren waren Plastikbeutel noch von Hand verschweißt worden. Einfache Plastiktüten, sogenannte Hemdchentüten, kamen in Deutschland zum ersten Mal beim Lebensmittelverkauf des Kaufhaus Horten zum Einsatz. Aber spätestens seit den 1970er Jahren etablierte sich die Verwendung von Tüten als Werbeträger. Mitte der 1980er Jahre wurde die Gestaltung solcher Tüten auch als Designkunst aufgefasst, vgl. Bartl/Bartl/Schnöke, Plastiktüten.
[305] Zur Umweltbewegung vgl. Engels, Naturpolitik; Pettenkofer, Die Entstehung der grünen Politik.
[306] Vgl. DRAIFLESSEN Collection (Hrsg.), C&A zieht an, S. 239.
[307] Vgl. Engels, Naturpolitik, S. 390–392.
[308] Schlussverkäufe wurden erstmals im Gesetz gegen den unlauteren Wettbewerb (UWG) vom 07. 06. 1909 geregelt. Am 30. 06. 1950 wurde die Verordnung über Sommer- und Winterschlussverkäufe bekannt gegeben. Danach fanden die Schlussverkäufe in Deutschland jeweils für die Dauer von zwölf Werktagen Ende Januar/Anfang Februar und Ende Juli/Anfang August statt. Seit einer Reform des UWG vom 03. 07. 2004 können Schlussverkäufe beliebig lang und oft durchgeführt werden; vgl. Trube, Das (neue) „Gesetz gegen den unlauteren Wettbewerb (UWG)".
[309] DCM, 119846, Mein C&A, hier: Fotos, o. D., S. 67.

4.3 Masse oder Klasse? Strategien und Geschlechtsspezifik im Textileinzelhandel

„Schon weit vor der Öffnung um 9.00 Uhr hatten sich vor dem Laden lange Schlange[n] gebildet. Derjenige, der die Türen aufschloss, musste sich mit einem beherzten Sprung in Sicherheit begeben, um nicht von den Menschenmassen umgerannt zu werden."[310]

Noch deutlicher wird das Gedicht eines ehemaligen Beschäftigten:

„Schon kurz vor acht steht an de Gitter / wie uffgeputscht e Menschenschar. / Um Punkt halb neun wie en Gewitter / kämpft sich das Volk zum Kaufaltar. / Es wern die Hemdcher hochgerisse, in x Paar Schuh eneigeschluptt. / Was mer net waas, will mer jetzt wisse. / Es wird gezoppt, gezerrt, gezuppt."[311]

Obwohl es also beim Schlussverkauf in erster Linie um einen günstigen Preis ging, stellten die Kundinnen und Kunden Ansprüche an die Beratung durch die Verkäuferinnen. Ein anderes Gedicht geht stärker auf die Verkaufspraktiken ein:

„Die Teile im Fenster war'n nummeriert. / Ich musst sie verteilen, wurd' fast massakriert. / 10 Kundinnen wollten dasselbe Kleid – wenn ich dran denke, tu ich heut mir noch leid. / Ich stand auf der Fensterbank und / konnt' mich kaum halten – die Kunden wie irre, die jungen, die Alten. / Sie schoben und stießen zu meinen Füßen. / Sie rissen und zerrten an meinen Sachen. / Ich wusst' nicht mehr, ob weinen, ob lachen. / Selbst die Verkäufer suchten Schutz / unter den Ständern im dicksten Schmutz."[312]

Dies zeigt, dass Schlussverkäufe auch eine ganz andere Verkaufspraxis erforderten als sonst bei C&A üblich. Dies ist auch als Foto überliefert. „Wir Verkäuferinnen standen dann den ganzen Tag hinter den Warenständern auf Podesten und haben die [Kundschaft] also leicht erhöht von ‚innen nach außen' bedient."[313]

Auf dem gestellten Foto, das die beiden Verkäuferinnen bei der Vorbereitung des Winterschlussverkaufs zeigt, lächeln beide fröhlich. Die Realität mag anders ausgesehen haben. Eine Aufstellung über die Verkaufsorganisation am ersten Tag des Winterschlussverkaufs 1953 fördert erstaunliche, heutzutage kaum vorstellbare Ergebnisse zutage. So hatte etwa das Haus München an diesem Tage 4193 Mäntel verkauft. Das bedeutete hinsichtlich des eingesetzten Personals, dass jede Verkaufskraft im Durchschnitt 54 Stück in den zehn geöffneten Stunden verkauft hatte. Eine noch größere Stückverkaufszahl war in der Mode-Abteilung erzielt worden, nämlich 8858 – allerdings mit weniger eingeplanten Verkaufskräften, sodass die durchschnittliche Stückzahl pro Verkaufskraft bei 201 lag. Insgesamt waren an diesem ersten Schlussverkaufstag in München 328 Verkaufskräfte (Festangestellte, Lehrlinge und Aushilfen) zugegen, darüber hinaus 72 Aufsichten und sonstige Hilfskräfte sowie 66 Personen, die an den Packtischen tätig waren, und 28 Kassenkräfte – also insgesamt 494 Beschäftigte. München war mit diesen Verkaufszahlen zusammen mit dem zentralen Haus in Hamburg und dem in Dortmund unter den stärksten.[314]

---

[310] DCM, 119846, Mein C&A, hier: Geschichte von H. B. über den Winterschlussverkauf 1961, S. 145.
[311] DCM, 119846, Mein C&A, hier: Gedicht über den Schlussverkauf von W. J., o. D., S. 66.
[312] DCM, 119846, Mein C&A, hier: Auszug aus einem Gedicht von W. B., o. D., S. 67.
[313] DCM, 119846, Mein C&A, hier: Geschichte von H. B. über den Winterschlussverkauf 1961.
[314] DCM, 117090, Rundschreiben an die Geschäftsleitungen der Häuser 1953, hier: Schreiben C. & A. Brenninkmeyer G.m.b.H. – Abteilung Allgo, an die Geschäftsleitungen aller Häuser, Nr. 9/1953, Betr.: Verkaufsorganisation am ersten Tag des Winterschlußverkaufs 1953, vom 06. 03. 1953.

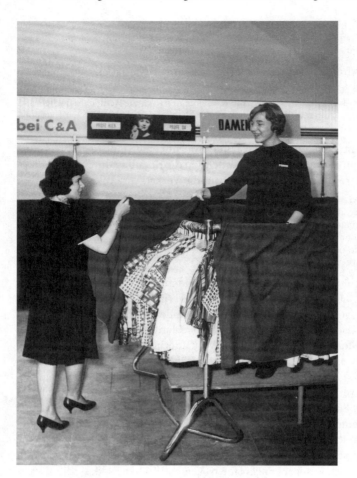

Abb. 14: C&A-Verkäuferinnen beim Winterschlussverkauf,
Fotografin: Gisela Mieschel, Wiesbadener Kurier[315]

Auf den Fotos der Restetage bei C. F. Braun aus einem Album der 1960er Jahre sieht man, wie in Vorbereitung auf den Sonderverkauf in der Auszeichnung Stoffpakete zusammengeschnürt und mit Preisen ausgezeichnet wurden. Ein nächstes Foto zeigt den mit Kundschaft stark gefüllten Verkaufsraum und die mit den vorbereiteten Stoffrestebündeln überladenen Verkaufstheken, auf deren einen Seite die Verkäuferinnen (erkennbar am Namensschild) bedienen, auf der anderen Seite der Theke die Kundinnen die Waren prüfen. Dass die Kundinnen sich die Schnäppchen nicht entgehen lassen wollten, zeigt ein Foto von einem weinenden Kind im Buggy mit der Beschriftung: „Auch der Kleine mußte zum Restetag bei C. F. Braun."

[315] DCM, 120134, Foto von H. B. beim Winterschlussverkauf, 1961.

Die Belastung für das Personal wurde folgendermaßen beschrieben: „Restetage! Wie ein Alpdruck lastet dieses Wort über dem Verkaufspersonal. Denn an diesen Tagen tut sich was ..."[316]

Später versuchte sich C. F. Braun von dem Massenmarkt und dem schnellen billigen Warenumschlag abzusetzen. Man betonte in einer Zeitungsbeilage zur Neueröffnung 1977, dass man explizit keine „Lockvogelangebote" machen wollte, „um Laufkundschaft kurzfristig für einen Schleuderartikel zu interessieren", sondern Kundinnen und Kunden sich über Expertise in der fachlichen Beratung und angemessene Preise für gute Qualität freuen könnten.[317]

Die Schlussverkäufe waren eine Art des Verkaufs, bei der das Verkaufspersonal aus Sicht der Kundschaft vollkommen hinter der Ware, die es zu ergattern galt, verschwand. Der Fokus lag einzig auf dem günstigen Preis. Für die Beschäftigten stellten diese Tage eine enorme physische Belastung dar. Im Gegensatz dazu werden im Folgenden die Arbeitspraktiken bei den Unternehmen Beck und Hirmer untersucht, bei denen die Waren weit höherpreisig waren und die Beschäftigten noch länger eine bedeutendere Rolle beim Verkauf einnahmen.

Persistenz von Bedienelementen im Verkauf beim Textilhaus Beck in München

Die Umgestaltung des Verkaufsraums im Zuge der Einführung der Selbstbedienung betraf, wenn auch verspätet, selbst den hochpreisigen Textileinzelhandel. Auch dort gewöhnten sich Kundinnen und Kunden an die neue Art des Einkaufens, wobei sie einen höheren Servicegrad einforderten. Dies wird deutlich an den Veränderungen in dem großen Münchner Textilgeschäft Ludwig Beck am Rathauseck.

Das Unternehmen, das auch heute noch existiert, geht auf eine Gründung aus dem Jahr 1861 zurück. Ludwig Beck war ab 1876 Königlich Bayerischer Hofposamentier. Auf einem Foto aus einer Firmenchronik ist die Ladeneinrichtung um die Jahrhundertwende zu sehen. Die Verkäuferinnen befinden sich, ebenso wie die Waren, hinter einer Theke. Letztere wurden in Regalen und Schubladen an den Wänden untergebracht. Die Verkäuferinnen präsentieren die Waren den Kundinnen, die sich vor der Theke aufhalten.[318] Diese Verkaufspraxis lag sehr nahe am Idealtypus der integrierten Verkaufshandlung: Die einzelne Verkäuferin übernahm souverän die Teilpraktiken des Begrüßens, Bedienens, Verpackens, zum Teil des Kassierens, und des Verabschiedens.

---

[316] WABW, B 56 F 25041–25169, Fotoalbum: „Ein Arbeitstag in der Firma C. F. Braun 1960er Jahre" (nicht paginiert), 1960er.
[317] WABW, B 56 Bü 125, Einweihung des Neubaus in der Sporerstraße 15, 1977.
[318] BWA, S 003 / 102, Hundert Jahre im Dienst der schönen Münchnerin und des bayerischen Meisterhandwerks, hrsg. v. der Geschäftsführung Beck-Feldmeier KG, München 1961, S. 54; Krauss, Die königlich-bayerischen Hoflieferanten, S. 194–204.

1938 ging das Geschäft nach dem Tod von Hubert Beck an Gustl Feldmeier über,[319] der bereits Inhaber eines anderen Textilgeschäfts in München gewesen war. Beide Geschäftshäuser wurden während des Zweiten Weltkriegs zerstört. Nachdem Gustl Feldmeier die Firmen 1948 zur „Ludwig Beck am Rathauseck, Textilhaus Feldmeier K.G." zusammengelegt hatte, begann 1949 der Wiederaufbau zunächst des Beck-Hauses am Marienplatz. Die Zahl der Beschäftigten belief sich zu diesem Zeitpunkt auf 147 Personen. Bereits zwei Jahre später arbeiteten 280 Beschäftigte bei Beck, und Feldmeier erweiterte das innerstädtische Haus. 1952 baute er auch sein zweites Geschäft wieder auf. 1954 folgte ein großer Erweiterungsbau am Marienplatz. Auf Fotos aus diesen Jahren ist deutlich zu erkennen, dass die Waren weiterhin in Holzregalen an den Wänden untergebracht waren, vor denen die Verkaufstresen standen. Der Verkaufsraum selbst war eine freie Fläche. Die Kassen bildeten gesonderte Bereiche, die mit einer hüfthohen Theke und einem brusthohen Gitter vom Rest des Raumes abgeschirmt waren. Während ein Foto vor allem die klare und schlichte Gestaltung des Raumes abbildet, zeigt ein anderes das Verkaufsgeschehen. Kundinnen und Kunden füllen den gesamten Verkaufsraum aus. Auf der linken Bildseite sind fünf Frauen hinter der Theke zu sehen, teilweise im Gespräch mit Kundinnen und Kunden, teilweise auf der Suche nach Ware. Auch hier bildet die Theke – wie auch schon zur Jahrhundertwende – die Grenze zwischen dem Warenbereich, den gleichzeitig die Verkäuferinnen als ihren Hoheitsbereich markieren, und dem Bereich der Kundinnen und Kunden, die aufgrund der Materialität des Raumes und der Raumpraktiken der Verkäuferinnen in die Situation gebracht wurden, als Bittsteller agieren zu müssen. Auf der rechten Bildseite ist eine Kassiererin – erkennbar an den typischen Handbewegungen an einer Registrierkasse – in ihrem Kassenbereich zu sehen, der sie einerseits wie ein Käfig einsperrte, andererseits aber auch vor dem Ansturm der Kundschaft schützte, ihr dadurch Souveränität verlieh und ein ruhiges Arbeiten ermöglichte.[320] Während die Verkäuferinnen für die Teilpraktiken des Begrüßens und Bedienens zuständig waren, übernahm eine neue, in erster Linie als helfend oder gar dienend einzustufende weibliche Beschäftigtengruppe die restlichen Teilpraktiken: die Kassiererinnen, die kassierten, verpackten und verabschiedeten, womit diese Handlungen innerhalb des Betriebs ausgelagert wurden und ein neues Aufgaben- beziehungsweise Berufsfeld entstand.

Obwohl auf den Fotos der frühen 1960er Jahre noch vereinzelt Theken auszumachen sind, sieht man auch, dass Teile der Ware mitten im Verkaufsraum platziert und damit den Kundinnen und Kunden bereits frei zugänglich waren.[321] Zwar sind auf diesen Fotos keine Beschäftigten zu sehen, die Positionierung der Ware mitten im Raum suggeriert jedoch, dass eine Erkundung durch die Kundschaft vorgesehen und gewünscht war. Es fand also bereits eine Annäherung an

---

[319] Über die konkreten Umstände dieses Verkaufs ist nichts Genaueres bekannt.
[320] BWA, F 34 / 237, Innenansicht Verkaufsräume, 1951–1971.
[321] BWA, S 003 / 102, Hundert Jahre im Dienst der schönen Münchnerin und des bayerischen Meisterhandwerks, hrsg. v. der Geschäftsführung Beck-Feldmeier KG, München 1961; vgl. auch Lutz/Bilek, Hundert Jahre im Dienst, S. 54.

4.3 Masse oder Klasse? Strategien und Geschlechtsspezifik im Textileinzelhandel

die Selbstbedienung statt. Die Verkäuferinnen traten ein Stück weit hinter die Ware zurück. Der erste Kontakt der Kundschaft im Laden war nicht mehr der zur Verkäuferin, die hinter der Theke angesprochen werden mussten, sondern der zur Ware. Erst nachdem die Kundschaft einen ersten Eindruck gewonnen hatte, trat das Verkaufspersonal beratend und informierend hinzu. Das Begrüßen fiel damit aus dem Aufgabenbereich der Verkaufskräfte heraus. Dies übernahmen entweder eigens dafür bereitgestelltes Personal, was wiederum eine betriebsinterne Auslagerung der Aufgaben darstellte, oder Begrüßungsschilder am Eingang, oder die Waren selbst, was einer Auslagerung der Praktik an (eigens dafür geschaffene) Objekte entsprach.

Die expansiven Um- und Neubauten ab Mitte der 1960er Jahre verstärkten diese Entwicklung. Sobald mehr Raum zur Verfügung stand, konnten größere Mengen an Waren präsentiert und selbstständig von der Kundschaft betrachtet werden. 1964 entstand ein Parkhaus am Marienplatz für die Kundinnen und Kunden. Darauf folgte ein großer Umbau des Haupthauses von 1965 bis 1967 inklusive einer Gebäudesanierung, dem Einbau von Rolltreppen und einem Tiefgeschoß, was insgesamt zu einer Vergrößerung der Verkaufsfläche um 30 Prozent, auf 6000 Quadratmeter, führte.[322] Direkt im Jahr darauf, 1968, eröffnete das neu gebaute Verkaufshaus im Stadtteil München-Laim mit einer Verkaufsfläche von 2520 Quadratmetern und 161 Beschäftigten. Auch das Ladengeschäft in der Zenettistraße wurde 1970 auf 1200 Quadratmeter Verkaufsfläche vergrößert. Im Jahr 1971 erfolgten der Ausbau des Haupthauses zum U-/S-Bahnhof mitsamt eines Umbaus bis zum vierten Stock, der abermals mit Verkaufsflächenerweiterungen einherging. Zusätzlich kaufte die Firma Beck 1971 ein Anwesen, das unmittelbar an das Haupthaus angrenzte und weitere 2500 Quadratmeter Nutzfläche bot.[323] Die Fotos von den Neueröffnungen in Laim,[324] des Geschäfts an der Ecke Lindwurmstraße/Zenettistraße und des Tiefgeschosses am Marienplatz zeigen, dass Bedienungs- und Selbstbedienungsaspekte innerhalb eines Geschäfts auf unterschiedlichen Ebenen beziehungsweise in verschiedenen Abteilungen gleichzeitig vorhanden sein konnten. Auf den Fotos aus der Abteilung „Junge Mode", die im Untergeschoss des Haupthauses eingerichtet wurde, sind kaum Verkäuferinnen zu sehen und es gab, abgesehen vom Kassenarbeitsplatz, aufgrund fehlender Theken oder Tresen keinen Ort, an dem sich die Verkaufskräfte hätten aufhalten können. Stattdessen boten Hinweisschilder Informationen zur Art und zum Preis der Artikel. In den Abteilungen „Heimtextilien" und „Kurzwaren" hingegen standen, zumindest am Eröffnungstag, je zwei Mitarbeiterinnen hinter einem Präsentiertisch und hatten die Ware hinter sich in einem Regal.[325]

Die Bedienelemente bei Beck wurden also nicht so rasch aufgegeben, im Gegenteil: Gerade in einer äußerst kritischen Phase für den Verkauf, dem Weihnachtsge-

---

[322] BWA, F 34 / 272, 125jähriges Firmenjubiläum 1986, 1986.
[323] BWA, F 34 / 40, Selbstauskunft Fa. Beck/Feldmeier, um 1971.
[324] BWA, F 34 / 363, Beck-Archiv 6, 1968–1970.
[325] BWA, F 34 / 364, Beck-Archiv 7, 1970–1971.

schäft 1973 und damit im Jahr der Ölpreiskrise, setzte das Textilgeschäft auf zusätzliche Bedienelemente. Während die Weihnachtsbeleuchtung aufgrund der Energiekrise bewusst ausgeschaltet blieb,[326] sollte das Haus stattdessen in „Textilissima – Geschenkhaus Ludwig Beck am Rathauseck verwandelt" werden, in dem alle ein passendes Geschenk finden könnten[327] Dies diente einerseits dazu, „eine möglichst ECHTE, SYMPATHISCHE WEIHNACHTSSTIMMUNG bei Beck zu erzeugen",[328] andererseits um sich „im Service-Bereich (Kundendienst) von [ihren] Mitbewerbern abzuheben".[329] In diesem Zusammenhang bot Beck weitere Zusatzleistungen an: einen „Aufbewahrungsdienst von Packerl, Tüten (auch von Paketen von der Konkurrenz)", einen Zustelldienst für Geschenke an Heiligabend, einen „Weihnachtsverpackungsservice", eine Kundengarderobe, einen Kindergarten sowie, als besonderes Herausstellungsmerkmal, die „Beratungsengerl". „Dieser Sonderdienst soll unentschlossenen Männern, die nicht wissen, was sie schenken sollen[,] Geschenkvorschläge machen, ihnen Ideen vermitteln und sie dann in die jeweilige Abteilung begleiten[,] um sie einer Verkäuferin zu übergeben."[330] Das Unternehmen erntete für diese viel beachtete Aktion in der Fachpresse („Textil-Mitteilungen", „Textil-Wirtschaft") großes Lob.[331] Für die Mitarbeiterinnen und Mitarbeiter bedeutete das Weihnachtskonzept jedoch zusätzliche Arbeit und erforderte ein erhöhtes Engagement: „Die Mitarbeiter im Verkauf fordern wir auf[,] im Rahmen der Aktion Jahresendspurt mit viel Schwung und Engagement für unsere Kunden die Vorweihnachtszeit anzugehen."[332] Gleichzeitig wurden vor allem die „Beratungsengerl", ausgestattet mit den weiblich konnotierten Eigenschaften der Freundlichkeit und Hilfsbereitschaft, auf ihre helfende, dienende Funktion reduziert und nicht mehr als Verkäuferin und Facharbeiterin wahrgenommen.

Gegen Ende der 1970er Jahre wird die Tendenz zur Durchsetzung der Selbstbedienung auch im Textileinzelhandel deutlicher erkennbar. 1977 fand ein erneuter Umbau im Haupthaus am Marienplatz statt. Dieser stieß bei den meisten Kundinnen und Kunden auf wenig Zustimmung. Die Gästebucheinträge zum Umbau bei Beck verweisen auf drei entscheidende Aspekte, die von geänderten Einkaufs- und

---

[326] BWA, F 34 / 365, Beck-Archiv 8, 1971–1974, hier: Artikel in der Süddeutschen Zeitung vom 10. 11. 1973, „Geschäfte verzichten auf Lichtzauber. Kaufhäuser ohne weihnachtliche Leuchtreklame/Sparmaßnahmen wegen der Ölkrise"; sowie BWA, F 34 / 257, Weihnachtsgeschäft/Weihnachtskonzept, 1973, „Wir verzichten wegen der Energiekrise auf weihnachtliche Lichtreklame", S. 12.
[327] BWA, F 34 / 257, Weihnachtsgeschäft/Weihnachtskonzept, 1973, S. 1. An die Beschäftigten wurde dazu eine Mitarbeiterinformation herausgegeben. Die Kundschaft von Beck wurde in verschiedene „Gruppen" eingeteilt, denen man entsprechende Geschenke zuordnete. Die Beschäftigten sollten sich das Weihnachtskonzept einprägen und die Kundinnen und Kunden auf die verschiedenen Geschenkmöglichkeiten hinweisen.
[328] BWA, F 34 / 257, Weihnachtsgeschäft, S. 1.
[329] BWA, F 34 / 257, Weihnachtsgeschäft, S. 11.
[330] BWA, F 34 / 257, Weihnachtsgeschäft, S. 11.
[331] BWA, F 34 / 365, Beck-Archiv 8, 1971–1974, hier: Artikel in den Österreichischen Textil-Mitteilungen vom 7. 12. 1973, „Service hat viele neue Namen. Beispiel eines dynamischen Einzelhandelshauses zeigt Wege neuer Kundenbetreuung".
[332] BWA, F 34 / 257, Weihnachtsgeschäft/Weihnachtskonzept, 1973, Weihnachtsgeschäft, S. 13.

Verkaufsgewohnheiten zeugen: Zum einen finden sich dort Kommentare, die verdeutlichen, dass sich die meisten Kunden und Kundinnen an die Selbstbedienung im ursprünglichen Haupthaus bereits gewöhnt hatten, da sie nun beklagten, dass sie sich nicht mehr in dem umgebauten Geschäft zurechtfänden. So hieß es in den Kommentaren: „Nachfragen[,] nichts als Nachfragen[,] deshalb schwieriges Einkaufen." Oder: „... Es kostet mich viel Zeit, um mich zurechtzufinden[,] und Ihrer Bedienung scheint es auch so zu gehen, denn keiner findet sich für etwas zuständig und die Beratung ist gleich null!" Die Kundinnen und Kunden waren also schon daran gewöhnt, sich selbstständig und souverän im Laden zu bewegen und erst an der Kasse mit dem Personal in Kontakt zu kommen. So fehlten ihnen die Verkäuferinnen an den Stellen, an denen sie sich nun nicht mehr zurechtfanden. Dennoch wurden die Verkäuferinnen auch in Schutz genommen, da offenbar das Bedienen nicht mehr zwangsläufig als deren wichtigste Aufgabe wahrgenommen wurde: „... der Kunde steht schön blöd da, leid tun mir nur ihre Verkäufer[,] sie werden nur noch gefragt." Der zweite Aspekt, der hier durchscheint, ist der der Zeit: Nicht nur in der Arbeitswelt spielte der Zeitaspekt eine wichtige Rolle und war häufig mit Optimierung verbunden, sondern auch in der Konsum- und Einkaufswelt scheint Zeitmangel als Problem wahrgenommen worden zu sein. Darauf verweisen Aussagen im Gästebuch, wie: „Handtücher etc[.] in verschiedenen Farben bei Ihnen einzukaufen ist sehr zeitraubend – und wer hat heute schon (??) viel Zeit?" Oder: „Suchen und suchen und suchen ... Zeit ist Geld!!" Zum Dritten – und dabei bildet sich ebenfalls eine zeittypische Tendenz ab – gestaltete Beck den Verkaufsraum bewusst erlebnisorientiert. Einige Eintragungen sind dementsprechend auch positiv und befürworten den ästhetischen Anblick: „Trotz unserer Jugend – langjährige Kunden – und – begeistert! Jeder Farbe ihren Platz, und [S]uchen macht Spaß!" Offenbar wurde die Abteilung Heimtextilien nach Farben sortiert und es wurden ganze Wohnwelten inszeniert. So sollte das Einkaufen nicht bloße Erledigung sein, sondern auch Freizeitaktivität.[333]

Auf Fotos von Ende der 1980er Jahre befinden sich kaum noch Verkaufstheken. Die Hemden auf den Kleiderständern sind nach Größen sortiert und mit Preisen ausgezeichnet, sodass bei diesen Produkten das Beraten und Informieren durch das Verkaufspersonal nicht mehr nötig war und von den Kundinnen und Kunden eigenständig bewerkstelligt werden konnte. Selbstbedienung war zu diesem Zeitpunkt auch im eigentlich beratungsintensiven Textileinzelhandel etabliert.[334]

Das Beispiel Beck zeigt, dass das Bedienen im hochpreisigen Textileinzelhandel als Teilpraktik der Verkäuferinnen und Verkäufer noch relativ lange stark ausgeprägt war, während andere Teilpraktiken wie Begrüßen, Kassieren, Verpacken und Verabschieden bereits von anderen Akteuren übernommen wurden. Bedienelemente existierten vor allem in „traditionelleren" Abteilungen, etwa „Kurzwaren" oder „Heimtextilien", weiter – ganz im Gegensatz zur Abteilung „Junge Mode".

---

[333] BWA, F 34 / 325, Wiedereröffnung des Geschäftshauses am Marienplatz nach dem (Innen-)Umbau im Frühjahr 1977.
[334] BWA, F 34 / 235, Innenansichten Verkaufsräume, um 1987, 1988.

268   4. Weniger bedienen, weniger wert: weibliche Beschäftigte im Verkaufsraum

Außerdem war dem Unternehmen bewusst, dass ihm Bedienelemente und andere zusätzliche Leistungen, verstanden als „besondere[r] Service", einen Vorsprung gegenüber der Konkurrenz sichern würden. Dennoch war auch im hochpreisigen Segment der Trend zur (Teil-)Selbstbedienung deutlich erkennbar. Das Verkaufspersonal befand sich dadurch in einer zunehmend unsicheren Situation. Während sich der Verkaufsraum von der Ladentheke weg hin zur Selbstbedienung verschob, wurde der Handlungsspielraum der Beschäftigten deutlich eingeschränkt und ihre soziale Rolle drastisch verschlechtert.

Aufgrund mangelnder statistischer Quellen zur Personalsituation fällt es schwer, Aussagen über das Geschlechterverhältnis bei Beck zu treffen. Es kann lediglich anhand der Fotos, die vorwiegend Frauen in der Rolle des Verkaufspersonals zeigen, und anhand der Fotos einer Jubiläumsfeier[335] darauf geschlossen werden, dass der überwiegende Teil der Angestellten auf der Verkaufsfläche weiblich war. Daher soll ein vom Standort und Preissegment vergleichbares Unternehmen an dieser Stelle in die Untersuchung miteinbezogen werden, um mehr über die geschlechtsspezifische Verteilung von Arbeitsprozessen und Arbeitsraumpraktiken zu erfahren.

Geschlechtsspezifische Verteilung von Arbeit bei Hirmer

Hierzu dient die Analyse zweier Fotos der Verkaufsräume von Hirmer, ebenfalls ein großes Münchner Familienunternehmen. Allerdings war Hirmer ein Herrenmodegeschäft. Es ging zurück auf die 1914 gegründete Münchner Filiale des Herrenausstatters Bamberger & Hertz. 1938 übernahm der Abteilungsleiter Johann Hirmer das Geschäft – „vor dem Hintergrund der antijüdischen Maßnahmen im nationalsozialistischen Staat" in gegenseitigem Einverständnis. Nach Kriegsende gründete Hirmer das Unternehmen 1948 als „Hirmer & Co." neu, wobei sich der in den USA lebende Siegfried Bamberger als Mehrheitsgesellschafter beteiligte. 1951 endete diese Konstellation jedoch und die Familie Hirmer erwarb die Bambergerschen Anteile.[336] Der Textilverkauf begann nach Kriegsende am 1. Juli 1949, zunächst nur mit einer Verkaufsfläche im ersten Stock des Hauses.[337] Im Dezember 1951 arbeiteten bei Hirmer insgesamt 93 Personen: im Verkauf waren es 20 Frauen, davon acht Lehrlinge sowie 29 Männer, davon neun Lehrlinge.[338] Dies

---

[335] BWA, F 34 / 364, Beck-Archiv 7, 1970–1971, hier: diverse Artikel Münchner Zeitungen mit der Schlagzeile „Gold für Mitarbeiter" vom 09./11. 07. 1970.

[336] Chronik „Stationen einer besonderen Firmengeschichte" auf der Internetseite der Hirmer-Gruppe, http://www.hirmer-gruppe.de/ueber-uns/geschichte [zuletzt abgerufen am 18. 08. 2022]; vgl. dazu Selig, „Arisierung" in München, S. 190–194; vgl. Balder, Kleidung, S. 557–587 zur Beurteilung der Frage nach der „Arisierung".

[337] Vgl. Bildbeschreibung der Signatur: HUA, 2011 / 05 / 0084.0018, Foto: Haus Hirmer Verkaufsräume nach Wiedereröffnung 1952 (Kalenderblatt 10) im digitalen Zugang des Hirmer Unternehmensarchivs.

[338] HUA, 2012 / 09 / 0044.0001, Hirmer & Co. Verzeichnis der Betriebsangehörigen 1951/52. Über das Geschlechterverhältnis im Büro, an der Kasse, am Telefon und im Vorzimmer ist nichts bekannt, es kann aber davon ausgegangen werden, dass die Mehrheit der dort beschäftigten 16 Personen weiblich war. Außerdem zählten zum Personal 19 Beschäftigte in der Schneiderei, vermutlich größtenteils männlich, sowie Hausdiener und Putzfrauen.

4.3 Masse oder Klasse? Strategien und Geschlechtsspezifik im Textileinzelhandel   269

Abb. 15: Verkaufsräume nach Wiedereröffnung 1952, Fotograf: unbekannt

bedeutet, dass an der Praktik des Bedienens bei Hirmer in dieser frühen Phase nach dem Ende des Zweiten Weltkriegs zu 59 Prozent Männer und zu 41 Prozent Frauen beteiligt waren. Interessant ist, dass die Praktiken des Begrüßens und Verabschiedens bereits zu diesem Zeitpunkt auf die männlichen Hausdiener übergegangen waren und das Verpacken, ebenso wie das Kassieren, wiederum an die größtenteils weiblich besetzten Kassen ausgelagert wurde. Bis 1952 wurden die übrigen Stockwerke sowie das Dach des Hauptsitzes ausgebaut und die neu gestalteten Verkaufsräume präsentiert. Das Sortiment verteilte sich nun über fünf Stockwerke; außerdem waren Lagerräume und Büros im Haus untergebracht. Vormals befanden sich schwere hölzerne Regalschränke und Verkaufstresen in den Räumlichkeiten.[339] Mit der Wiedereröffnung hielt auch eine neue ästhetische Gestaltung Einzug in das Haus.

Das obige Foto stammt aus einer Serie von Bildern, welche die Räumlichkeiten beziehungsweise in diesem Fall die Hosen- und Hutabteilung zeigen, wie sie kurz nach der Wiedereröffnung im Sommer 1949 bis Anfang der 1960er Jahre aussah.[340] Der Raum wirkt sehr schlicht. Die Fotografie sollte die neue Ordnung und

---

[339] Vgl. Bildbeschreibung der Signatur: HUA, 2011 / 05 / 0084.0018, Foto: Haus Hirmer Verkaufsräume nach Wiedereröffnung 1952 (Kalenderblatt 10) im digitalen Zugang des Hirmer Unternehmensarchivs.

[340] HUA, 2011 / 01 / 0008, Fotoserie „Verkaufsräume nach Wiedereröffnung" (Bild 1): Verkaufsraum 2. Obergeschoss mit Neonbeleuchtung [ca. 1949].

Aufgeräumtheit bei der Wiedereröffnung zeigen. Der Fokus liegt auf der Gesamtgestaltung des Raumes, nicht auf der Präsentation der Waren oder des Verkaufsvorgangs. Dennoch lassen sich hieraus wertvolle Schlüsse ziehen: Die Auszeichnung der Hosengrößen, die an den Verkaufsständern angebracht ist, ist so klein gehalten, dass sie nicht der Orientierung der zumeist männlichen Kunden diente, sondern als Hilfestellung für das Verkaufspersonal gedacht war. Zudem schirmen Präsentiertische die Kunden von der Ware ab und der Teppich legt ihren Aufenthaltsort fest. Das Verkaufspersonal wiederum bewegte sich auch außerhalb des Teppichs, nämlich auf dem glatten Boden, also dem Verkaufs- und Warenbereich. Es konnte den meist männlichen Kunden hierzu Zutritt gewähren, indem es sie auf einem der an den Tischen positionierten Stühle Platz nehmen ließ. Aus Zeitzeugeninterviews ist bekannt, dass bis in die 1960er Jahre hinein der Empfangschef die Kunden unten an der Tür empfing, und nach oben in die Etagen, zumindest aber bis zum Aufzug brachte. Ebenso gab es auf jeder Etage Empfangspersonal, das die Kunden begrüßte und anschließend dem Verkaufspersonal übermittelte.[341] Da das Verkaufspersonal die Kunden nicht allein durch den Laden gehen ließ, kam es vor, dass eine Person mehrere Kunden gleichzeitig bediente. Aus der Fotografie und den mit ihr korrespondierenden Quellen lässt sich schließen, dass bis in die 1960er Jahre hinein eine Vollbedienung stattfand: Die Kundschaft sollte sich nicht selbstständig im Laden bewegen. Für das Verkaufspersonal bedeutete dies die volle Souveränität über die Waren sowie die umfassende Kontrolle des Zugangs zu ihnen. Diese machtvolle Position besetzten beim Textilunternehmen Hirmer Mitte der 1950er Jahre vorwiegend Männer. Von insgesamt 67 Angestellten im Verkauf waren 52 männlich und 15 weiblich. Das Geschlechterverhältnis hatte sich im Zeitraum von nur vier Jahren zuungunsten der weiblichen Beschäftigten auf 78 Prozent Männer und 22 Prozent Frauen verschoben. Von den in den Büros, an den Kassen und an den Packtischen Beschäftigten waren 1955 sechs männlich und 15 weiblich.[342] Die Teilhandlungen des Kassierens und des Verpackens blieben klar der weiblichen Aufgabensphäre zugeordnet, während sich das Bedienen, also Beraten und Informieren im Verkaufsgespräch, zu einer Teilpraktik entwickelte, die hauptsächlich von Männern übernommen wurde. An dieser Stelle ist zu erkennen, dass das Bedienen als prestigeträchtigere Aufgabe aufgefasst wurde und Frauen bereits in dieser Zeit auf unbedeutendere Positionen zurückgestuft wurden. An den Kassen und an den Packtischen war den Frauen ein fester Platz zugewiesen. Ihr Handlungsspielraum war stark eingeschränkt und sie erfüllten dort lediglich dienende und unterstützende, jedoch keine beratenden Funktionen mehr. In einem Film von 1956 über den Alltag eines Verkäufers bei Hirmer wird eine Frau zudem bei der Praktik des Begrüßens gezeigt. Dort agiert sie als Empfangsdame im 3. Stock. Ihr Handlungsablauf war stark vorstrukturiert: Sie begrüßte die Kunden,

---

[341] HUA, 2013 / 08 / 0014, Interview mit ehemaligen Angestellten (04. 12. 2009), Transkript S. 19, 31.
[342] HUA, 2016 / 09 / 0030, Sachakte: Stammhaus Hirmer, Personalstand (1953–1993), hier: Personalzahlen: per 1. Oktober 1955.

4.3 Masse oder Klasse? Strategien und Geschlechtsspezifik im Textileinzelhandel

sobald sie aus dem Aufzug ausstiegen. Sie fragte, was die Herren wünschten, und führte sie dann zu einem Verkäufer. Damit war ihre Aufgabe erledigt.[343]

1962 wurde das Stammhaus neu eröffnet, nachdem die Verkaufsflächen erweitert und großzügig umgestaltet worden waren.[344] Auf einem Foto von 1968 wird der Verkaufsraum mit Weihnachtsdekoration gezeigt. Es ist eine gegenüber den 1950er Jahren deutlich veränderte Gestaltung zu sehen: Die Ware befindet sich zentral im Raum platziert. Die drehbaren runden Kleidungsständer sind mit Größenangaben versehen und die Pullover dementsprechend sortiert. Auch in Wandregalen sind Pullover untergebracht, Socken in hüfthohen Präsentierkisten gestapelt und eine Vielfalt an Krawatten und Schals präsentiert. Obwohl Kunden sich dort theoretisch selbst hätten bedienen können, kann davon ausgegangen werden, dass das Verkaufspersonal sie zumindest an entsprechenden Stellen im Raum begleitete. Eine Orientierung mithilfe von Hinweisschildern wurde den Kunden nicht angeboten. Hierin ist wie bei Beck eine Mischform aus Bedienung und Selbstbedienung zu erkennen.[345]

Hinweisschilder tauchten spätestens gegen Mitte der 1970er Jahre auf und wirkten sich stark auf die Verkaufspraxis aus, wie anhand der Abbildung 16 nachvollzogen werden kann. Dieses Foto wurde 1977 in der Hemdenabteilung aufgenommen. Darauf wird im Vergleich zum Foto der Verkaufsräume aus den 1950er Jahren eine gänzlich andere Art von Verkaufsraum gezeigt:[346] Er wirkt immer noch schlicht, allerdings sehr viel voller; außerdem sind Personen zu sehen. Diese Fotografie sollte einen Eindruck des Ver- und Einkaufsgeschehens vermitteln. Dabei stand nicht mehr die Ordnung im Vordergrund, sondern das Leben und Arbeiten, das sich in dieser Umgebung abspielte. Die Zuordnung der Personen fällt schwer, was bereits darauf hindeutet, dass die räumliche Trennung zwischen Kunden- und Verkaufssphäre, die in den 1950er Jahren den Verkaufsraum teilte, aufgehoben war.[347] Der durchgängig verlegte Teppichboden traf keine Unterscheidung mehr zwischen dem Bereich der Kundinnen und Kunden und dem des Verkaufspersonals. Vor allem die Beschilderung des Verkaufsraumes lässt den Schluss zu, dass die Kundschaft bereits an die Selbstbedienung gewöhnt war. Sie konnte sich selbstständig bewegen und im Ladengeschäft orientieren. Außerdem luden die vielen Spiegel in der Raummitte dazu ein, die Ware selbstständig zu begutachten

---

[343] HUA, 2012 / 10 / 0006.0002, Film: Portrait des HIRMER-Mitarbeiters Günter Maurus (DVD-Kopie 2008) (1956), 00:07:29–00:07:43; 00:07:43–00:09:06.

[344] Vgl. Chronik, http://www.hirmer-gruppe.de/ueber-uns/geschichte [zuletzt abgerufen am 18. 08. 2022].

[345] HUA, 2011 / 01 / 0010, Fotoserie „Dokumentation Haus Hirmer 1964–1982", hier: Weihnachten 1968.

[346] Beim Vergleich dieser beiden Fotos muss auch der Umstand bedacht werden, dass der Grad an Selbstbedienung von Abteilung zu Abteilung unterschiedlich sein konnte – so in der Mantelabteilung geringer, in der Artikel- und Hemdenabteilung dagegen höher.

[347] Auch scheint es spätestens seit den 1980er Jahren nicht mehr auf jeder Etage einen Empfang gegeben zu haben, da nur bei Stammkundschaft in der Abteilung angerufen und die Kundschaft angekündigt wurde; HUA, 2013 / 08 / 0017, Interview mit ehemaligen Angestellten (14. 12. 2009), Transkript, S. 20.

272 4. Weniger bedienen, weniger wert: weibliche Beschäftigte im Verkaufsraum

Abb. 16: Hemdenabteilung bei Hirmer 1977, Fotograf: unbekannt

und gegebenenfalls anzuprobieren. Die Angestellten waren in ihrer Tätigkeit durch die Räumlichkeit eingeschränkt, da sie sich nur zwischen den ausgestellten Waren bewegen konnten. Hinter den deutlich reduzierten Präsentiertischen befanden sich die Verkäuferinnen und Verkäufer in einer abwartenden Haltung. In der Rückschau wird diese Zeit, also die Mitte der 1970er Jahre, von den Angestellten selbst als eine schwierige Phase charakterisiert, in der man lernen musste, die Kundinnen und Kunden danach zu unterscheiden, ob sie bedient werden wollten oder nicht.[348] Die Personalzahlen bei Hirmer korrespondierten mit dem Anstieg der Erwerbstätigen im Einzelhandel während des Untersuchungszeitraums, ebenso die stark geschlechtsspezifische Konnotation der Aufgaben.[349] Während das Geschlechterverhältnis in den Büros, am Packtisch und an den Kassen stabil blieb, änderte es sich im Verkauf ein wenig zugunsten der weiblichen Beschäftigten, mit 65 Prozent Männern und immerhin 35 Prozent Frauen im Dezember 1977.[350]

Ein weiteres Beispiel für den Zusammenhang zwischen räumlicher Ordnung und geschlechtsspezifischer Arbeit bei Hirmer bildet die Verteilung der Beschäftigten

---

[348] HUA, 2013 / 08 / 0014, Interview: Interview mit Hr. H. K., Hr. R. S., Hr. E. B. und Fr. I. B. (04. 12. 2009), Transkript, S. 19 f.
[349] Vgl. Statistisches Jahrbuch 1969, S. 122; Langer, Revolution, S. 315–319.
[350] HUA, 2016 / 09 / 0030, Sachakte: Stammhaus Hirmer, Personalstand (1953–1993), hier: Personalliste 1977.

4.3 Masse oder Klasse? Strategien und Geschlechtsspezifik im Textileinzelhandel

auf die verschiedenen Abteilungen. Als besonders prestigeträchtig galt bei den Beschäftigten die Anzugabteilung.[351] Sie war, zusammen mit der Mantelabteilung, räumlich gesehen ganz oben angesiedelt, im dritten Stock des Ladens. Dort arbeiteten in den 1960er Jahren fast ausschließlich Männer als Verkäufer.[352] Darunter folgte im zweiten Stock die Sakkoabteilung, dann im ersten Stock die Hosen- und Freizeitabteilung („Anzugabteilung war die Königin. ... Dann kam Sakko, und Hosen war schon eher die Malocherabteilung.").[353] Im Erdgeschoss befand sich die Artikelabteilung. Hier arbeiteten verhältnismäßig viele Frauen, und ebenso wurden hier vergleichsweise früh erste Formen der Selbstbedienung, wie etwa die Vorwahl,[354] eingeführt.[355] Auch an diesem Beispiel lässt sich beobachten, dass Frauen in denjenigen Räumen beziehungsweise Abteilungen überrepräsentiert waren, denen ein geringeres Prestige zuerkannt wurde.

Im Jahr 1980 übernahmen Max-Peter und sein Bruder Walter Hirmer die alleinige Geschäftsführung des Stammhauses Hirmer von ihrem Großonkel Hans Hirmer.[356] Es folgten kleinere Umgestaltungen des Ladengeschäfts in den 1980er Jahren, als 1984 kurzzeitig mit einer Damen- und Mädchenabteilung experimentiert, und im Jahre 1986 die Firma Eckerle übernommen wurde.[357] Das Geschlechterverhältnis bei Hirmer glich sich bis Dezember 1989 aus. Speziell im Verkauf, also befasst mit der Praktik des Bedienens, standen 89 Verkäufer (55 Prozent) 73 Verkäuferinnen (45 Prozent) gegenüber. Allerdings waren von den 244 Beschäftigten insgesamt 120 männlich und 124 weiblich. Das Geschlechterverhältnis hatte sich also sogar umgekehrt, wobei Frauen vor allem in den Bereichen Büro, Packtisch, Kasse, Kundendienst – also den helfenden, unterstützenden und dienenden Funktionen – den weitaus größten Teil ausmachten, nämlich 85 Prozent.[358]

Somit spiegelt die Entwicklung bei Hirmer den massiven Anstieg von Frauenarbeit im Einzelhandel wider, zeigt aber auch dessen Probleme. Frauen waren bei Hirmer seit den 1950er Jahren als Packerinnen oder Kassiererinnen stark vertreten. Diese Teilhandlungen sind als Hilfstätigkeiten einzustufen. Sie blieben auch

---

[351] HUA, 2013 / 08 / 0014, Angaben zweier ehemaliger Mitarbeiter Hirmer in Interview, Transkript S. 6, 12.
[352] HUA, 2012 / 08 / 0021, Gruppenbild Hirmer Anzugabteilung, 1968/78.
[353] HUA, 2013 / 08 / 0014, Interview: Interview mit Hr. H. K., Hr. R. S., Hr. E. B. und Fr. I. B. (04. 12. 2009), S. 14; HUA, 2013 / 08 / 0004, Interview mit Hr. H. S., Hr. P. und Hr. A. O. (23. 11. 2009), S. 4.
[354] Der Begriff „Vorwahl" bezeichnet eine Mischform aus Bedienung und Selbstbedienung, bei der die Kundschaft sich selbst informiert und auswählt, aber das Ladenpersonal bei Fragen hinzugezogen werden kann.
[355] HUA, 2013 / 08 / 0017, Interview mit H. W. und Fr. W. (14. 12. 2009), S. 22; sowie HUA, 2013 / 08 / 0009, Interview mit Frau G. H., Betriebsrätin (25. 11. 2009), S. 4.
[356] Vgl. Chronik, http://www.hirmer-gruppe.de/ueber-uns/geschichte [zuletzt abgerufen am 18. 08. 2022].
[357] Vgl. Chronik, http://www.hirmer-gruppe.de/ueber-uns/geschichte [zuletzt abgerufen am 18. 08. 2022].
[358] HUA, 2016 / 09 / 0030, Sachakte: Stammhaus Hirmer, Personalstand (1953–1993), hier: Personalliste 1989.

4. Weniger bedienen, weniger wert: weibliche Beschäftigte im Verkaufsraum

bis in die 1990er Jahre weiblich konnotiert. Als Verkäuferinnen erlangten sie zwar mit der Zeit prozentual einen erhöhten Anteil am Kern der Verkaufshandlung, dem prestigeträchtigeren Bedienen – dies geschah jedoch parallel zu einer Entwicklung, in der die Verkaufenden auch im hochpreisigen exklusiven Einzelhandel immer mehr an Bedeutung verloren. Sie befanden sich in einer zunehmend schwierigeren Situation, in der ihre Rollen nicht mehr eindeutig als machtvolle und einflussreiche Positionen im Verkaufsgefüge definiert waren.[359] Dass dennoch verhältnismäßig viele Personen im Verkauf arbeiteten, hing mit dem gehobenen Preissegment zusammen, dem sich Hirmer zuordnete, weshalb Bedienelemente im Verkauf verhältnismäßig lange erhalten bleiben.

***

Im Textileinzelhandel hatte die Umstellung auf Selbstbedienung verzögert eingesetzt, war jedoch bis Ende der 1980er Jahre selbst in exklusiven Geschäften die bestimmende Vertriebsform. Ein Vorreiter im Textilbereich war C&A. Am Beispiel des Unternehmens lässt sich außerdem die starke Vereinheitlichung des Textileinzelhandels in der zweiten Hälfte des 20. Jahrhunderts beobachten. Die zahlreichen Handlungsanleitungen und Vorgaben bei C&A zeigen nicht nur eine starke Standardisierung der Verkaufstätigkeit, sondern auch eine offenbar notwendige oder gewollte Überwachung jedes kleinsten Details. C&A gehört(e) zu den größten Textilhändlern in der Bundesrepublik[360] und dementsprechend prägen sich die neuen, fragmentierten Arbeitsweisen im Einzelhandel bei einer großen Zahl von Kundinnen und Kunden ein. Bei C. F. Braun lassen sich grundsätzlich gleiche Phänomene und Entwicklungen in der Ausgestaltung der Arbeitspraktiken beobachten, die allerdings aufgrund der stark divergierenden Größe der beiden Unternehmen bei C&A früher, bei C. F. Braun später einsetzten. Bis in die 1970er Jahre stellten die Kundinnen und Kunden noch höhere Ansprüche an die Firma Braun.

Anhand der Ausführungen zu den Textileinzelhandelsgeschäften Beck und Hirmer konnte gezeigt werden, dass sich die Verkaufsform der Selbstbedienung bis zum Ende der 1980er Jahre auch im hochpreisigen Textileinzelhandel flächendeckend ausbreitete. Allerdings blieb für Unternehmen, die solche Waren anboten, der Service-Gedanke weiterhin maßgeblich. Von den Kundinnen und Kunden wurde das Verkaufspersonal allenfalls in einer beratenden Rolle gesehen; eine gute Bedienung wurde respektiert und geschätzt, aber das Verkaufspersonal nicht mehr als Souverän über die Waren betrachtet. Vor allem das größtenteils weibliche Kas-

---

[359] Klar ist, dass das hochpreisige Herrenmodengeschäft Hirmer gerade bezogen auf geschlechtsspezifische Arbeitsteilung eine Besonderheit darstellt, weil bis heute vergleichsweise viele Männer eingestellt werden. Hier wird jedoch argumentiert, dass man deshalb *gerade* an diesem Beispiel nachvollziehen kann, dass Frauen kaum Möglichkeiten hatten, in gesellschaftlich angesehene Arbeitspositionen zu gelangen. Sobald sie verstärkt für das Bedienen zuständig wurden, wurde diese Teilhandlung unwichtiger bzw. weil diese Teilhandlung zunehmend unbedeutend wurde, konnten auch mehr Frauen an ihr beteiligt werden.
[360] Vgl. Tabelle in: Balder, Kleidung, S. 14.

sen- und Packtischpersonal, das lediglich auf mechanische und stark vorbestimmte Einzelpraktiken reduziert worden war, wurde nur noch als Dienerin und nicht als Interakteurin auf Augenhöhe wahrgenommen. Somit drohte, trotz des Fortbestehens von Bedienelementen im Textileinzelhandel, gerade Frauen eine Marginalisierung. Es bildeten sich auch hier geschlechtsspezifische Arbeitsweisen und Räume heraus. Die Handlungssphäre der meisten Frauen im Einzelhandel beschränkte sich entweder auf den Kassenarbeitsplatz oder darauf, sich hilfsbereit und freundlich, allerdings möglichst unauffällig in der stetig mehr Raum einnehmenden Sphäre der Kundinnen und Kunden zu bewegen. Außerdem zeigte sich beim Herrenmodegeschäft Hirmer: Je unwichtiger das Bedienen im Textileinzelhandel wurde, desto eher hatten auch Frauen Zugang zu dieser besser angesehenen Tätigkeit, während aber der Verkaufsraum zu einem Einkaufsraum geriet, der von den Praktiken der Kundinnen und Kunden geschaffen und nicht mehr vom Verkaufspersonal dominiert wurde.

4.4 Das Bild weiblicher Arbeit – Computerisierung des Kassenarbeitsplatzes

In den vorangegangenen Kapiteln standen der Wandel des Verkaufsraums und der Arbeitspraktiken des Begrüßens, Bedienens, Verpackens und Verabschiedens im Vordergrund. Dabei konnten bereits Erkenntnisse über die marginalisierenden Tendenzen, welche die Selbstbedienung mit sich brachte, gewonnen werden. In diesem und dem folgenden Kapitel stehen der Kassenarbeitsplatz sowie die damit eng verbundenen Praktiken des Kassierens, Verwaltens und Instandhaltens im Fokus. Denn eine weitere wesentliche Veränderung im Einzelhandel, die vor allem weibliche Beschäftigte betraf, war die Weiterentwicklung der Kassen: von einem einfachen „Geldkästchen"[361] im Lebensmittelgeschäft der Jahrhundertwende hin zu den vernetzten Kassen[362] und computergesteuerten Warenwirtschaftssystemen, die Ende der 1980er Jahre mehrere Filialen überwachten und steuerten.

Die Teilpraktik des Kassierens veränderte sich dadurch stark, während die Teilpraktik des Verwaltens der Ware für die Kassiererinnen wegfiel oder an andere Stellen ausgelagert wurde. Auch die Veränderungen beim Instandhalten des Ladens können in diesen Zusammenhang verortet werden. Gleichzeitig kam den Kassen mit der Einführung der Selbstbedienung neue, entscheidende Bedeutung zu, denn sie stellten möglicherweise den einzigen Kontaktpunkt zwischen Kundschaft und Verkaufspersonal dar.[363] Speziell der Arbeitsplatz Kasse wird dahinge-

---

[361] ISG, W 1-10-27, V 26 Mainzer Landstr. 117, 34 Bll., 1903–1906, hier: Zusammenstellung der Laden Einrichtung von Fil. XXII, vom 01. 08. 1903.
[362] BWA, F 36 / 1836, Elektronische Kassensysteme: farbige Gesamtsystemblätter mit Abb., Kurzbeschreibung und technische Daten, ca. 1974–1991, hier: Elektronisches Kassensystem, NCR 2125–1401 im Verbund, 1980.
[363] Vgl. Girshik, Kassen, S. 111.

hend befragt, welche technischen Veränderungen er durchlief und wie sich diese auf die Arbeitsweise sowie Selbst- und Fremdwahrnehmung der Beschäftigten auswirkten. Hierbei wird vor allem auf den Zusammenhang zwischen den Arbeitspraktiken und deren Konnotation als weiblicher Arbeit eingegangen.

Im Lebensmitteleinzelhandel hatte sich das Kassieren mit der Einführung der Selbstbedienung von den übrigen Praktiken abgespalten und wurde seitdem fast ausschließlich von weiblichen Beschäftigten übernommen. Im Textileinzelhandel hingegen war das Kassieren bereits länger vom eigentlichen Bedienen getrennt. Es stellte schon vor der Einführung der Selbstbedienung eine eigene Arbeitspraktik dar, die von spezialisierten Kräften und nicht vom Verkaufspersonal übernommen wurde. Dies ist zu erkennen an Fotos der Verkaufsräume bei Beck, C&A und C. F. Braun.[364] Dafür blieb im Textileinzelhandel die Bedienung der Kundschaft länger üblich.

Kassieren: Theorie und Praxis seit den 1950er Jahren

Musste zunächst noch mit dem Kopf gerechnet, das Geld in einer einfachen Geldschublade verstaut und die Verbuchung auf einem Rechnungsblock vorgenommen werden, reichte seit den 1950er Jahren meist das Abtippen der Preise an einer Registrierkasse, die bis dahin als einfache mechanische oder elektro-mechanische Additionsmaschine operierte.[365] Die größten Entwicklungssprünge machte die Kassentechnik in den 1960er und 1970er Jahren, womit sich immer wieder neue Anforderungen an deren Bedienende ergaben.[366] Entwickelt wurden diese Registrierkassen seit dem 19. Jahrhundert unter anderem von der amerikanischen Firma National Cash Register GmbH, die von Augsburg aus, ihrem Standort in Deutschland, in den 1950er und 1960er Jahren die Verbreitung dieser Kassen vorantrieb. Fotos und Unterlagen aus dem Archivbestand der NCR GmbH bezeugen, wie das sogenannte Blindtastschema[367] systematisch in sogenannten Kassiererinnen-Schulungen erlernt werden sollte, wenn in einem Unternehmen die NCR-Registrierkassen eingeführt wurden.[368] Die Arbeitspraktik des Kassierens sollte vor allem aus Gründen der Zeiteffizienz standardisiert werden. Bei NCR in Augsburg fanden regelmäßig Schulungen für das Verkaufspersonal statt. In einem Schulungsraum, in dem sich Stehpulte mit Übungskassen befanden, wurde das „Blindtastschema" zunächst anhand von Texttafeln erklärt, anschließend vorgeführt und zuletzt von den

---

[364] BWA, F 34 / 237, Innenansicht Verkaufsräume, 1951–1971, hier: Fotos von 1951; WABW, B 56 F 25041–25169, Fotoalbum: „Ein Arbeitstag in der Firma C. F. Braun 1960er Jahre" (nicht paginiert), 1960er; Fotos in: Kambartel, Kasse, S. 215, 218.
[365] Vgl. Cortada, Cash Register.
[366] Vgl. Girschik, Kassen, S. 111.
[367] Dabei handelte es sich um eine Methode, bei der das Eintippen der Informationen in die Kasse einhändig und nach einem vorgegebenen Schema erfolgte.
[368] BWA, F 36 / 247, MVM (Moderne Verkaufsmethoden) Distrikt-Arbeitstagungen, 1955–1963, u. a. Fotos von einer „Kassiererinnen-Schulung".

4.4 Das Bild weiblicher Arbeit – Computerisierung des Kassenarbeitsplatzes 277

Anwesenden, meist Frauen, an Rechenbeispielen geübt.[369] Ein Zitat aus den Schulungsunterlagen verdeutlicht den hohen Aufwand für die betroffenen Frauen bei den Fingerübungen, bei denen zunächst die Grundposition der Hand eingeübt, dann die „korrekte" Verwendung des Daumens, des Mittel- und des Zeigefingers erlernt werden sollten:

„Während der ersten drei Stunden sollte man sich nur mit Übungen der einzelnen Finger beschäftigen, damit die Kassiererin zunächst einmal die notwendige Sicherheit über die Aufteilung des Tastenfeldes erlangt. Ohne die absolut sichere Beherrschung der Tastatur ist eine Förderung des Tempos zwecklos."

Der erhoffte Nutzen dieser Übungen war „die fehlerfreie Addition von ca. 25 Einzelposten, in 60–65 Sekunden".[370]

Eine weitere Fertigkeit, die bei NCR-Schulungen vermittelt wurde, war die sogenannte Kassenstandtechnik. Diese Technik bestimmte, in welcher Form und Reihenfolge die Ware kassiert werden sollte, welche Sicherheitsvorkehrungen an der Kasse gegen Diebstahl zu treffen waren und wie man mit der Kundschaft umzugehen hatte:

„Die linke Hand wird auf den zu kontrollierenden Artikel gelegt, – der Preis des Artikels dem Kunden genannt, – und mit der rechten Hand wird der entsprechende Betrag registriert. [...] – Gleichzeitig mit dem Betätigen der Motortaste wird der registrierte Artikel mit der linken Hand zum Ende des Kassentisches bewegt. – Die rechte Hand bleibt auf dem Tastenfeld, bis alle Posten registriert sind. [...] – Der vom Kunden erhaltene Geldschein wird auf die Zahlplatte gelegt. – Das Retourgeld wird der Kassenschublade entnommen, indem man auf den angezeigten Betrag aufbaut. – Das Retourgeld wird dem Kunden vorgezählt, wiederum aufbauend auf den angezeigten Gesamtbetrag. [...] – Sodann wird der Kunde freundlich verabschiedet."[371]

Der gesamte Kassiervorgang wurde auf diesen Schulungen vermittelt und vorgegeben. Hirmer etwa führte eine solche NCR-Registrierkasse und das entsprechende Kassenschema im Jahr 1957 ein.[372]

Neben den Kassenschulungen gab es für die NCR-Kassen im Laufe der Zeit immer umfangreichere Bedienungsanleitungen. Für das elektronische Kassensystem NCR 2135–1333, das auch über verschiedene interne Speicher verfügte und auf spezielle Bedürfnisse hin programmiert werden konnte, lieferte die Firma eine umfangreiche Handreichung mit: Diese erläuterte unter anderem die Inbetriebnahme des Geräts, die einzelnen Tasten mit ihren Aufgaben und Funktionen, die Anzeige, Schloss und Schlüssel, Quittungs- und Belegdruck, „Änderung von Maschinenleistungen durch Programmierung, Einsetzen der Bonrolle, das Bedienen

---

[369] BWA, F 36 / 203, MVM-Verkäuferschulung (Moderne Verkaufsmethoden), 1955, Kommentar und Blockentwurf.
[370] BWA, F 36 / 204, MVM-Personalschulung (Moderne Verkaufsmethoden), ca. 1955, Leitfaden, S. 9.
[371] BWA, F 36 / 204, MVM-Personalschulung (Moderne Verkaufsmethoden), ca. 1955, Leitfaden, S. 16 f.
[372] Vgl. o. A., „[Ka-tsching]", in: Blauton (Magazin der Hirmer Unternehmensgruppe), Nr. 2, 2015, hier: S. 11, abrufbar unter https://www.hirmer-gruppe.de/download/ueber-uns/blauton/blauton_2.pdf [zuletzt abgerufen am 19. 09. 2022].

278   4. Weniger bedienen, weniger wert: weibliche Beschäftigte im Verkaufsraum

Abb. 17: Innenansicht einer Kassenbox in der C&A-Filiale in Bielefeld 1957,
Fotograf: unbekannt[373]

der Geldschublade".[374] Die Anleitung erforderte eine intensive Beschäftigung und somit eigneten sich eher Leitungskräfte die Kassenprogrammierung an.

C&A benutzte Registrierkassen der Firma Anker Werke aus Bielefeld. Diese waren vom Kassierschema her ähnlich. Das Modell 5025, das etwa im Winterschlussverkauf 1957 verwendet wurde, enthielt noch keine integrierte Lade. Am Kassenstand befand sich daher die Kasse auf der linken Seite, ein Behälter für Wechselgeld auf der rechten, und ein Schneidegerät zum Abtrennen der Etikettenabschnitte war dazwischen in der Mitte platziert.[375] Auf einem Foto der Eröffnung der C&A-Filiale

---

[373] DCM, 128405, Haus Bielefeld. Fotografien zur Eröffnung am 28. 03. 1957, hier: Foto der Kassenbox.
[374] BWA, F 36 / 973, Elektronisches Kassensystem NCR 2135–1333, ca. 1978.
[375] Vgl. 1950–1959, in: DRAIFLESSEN Collection (Hrsg.), C&A zieht an, S. 153.

4.4 Das Bild weiblicher Arbeit – Computerisierung des Kassenarbeitsplatzes 279

Abb. 18: Kassiererin im Einsatz bei der Eröffnung der C&A-Filiale in Bielefeld, Fotograf: unbekannt[376]

in Bielefeld ist zu sehen, dass die Kassiererin in ihrer Kassenbox auf einem Drehstuhl sitzt und die Etikettenabschnitte der Kundschaft über eine kleine Kassentheke entgegennehmen sollte. Weiterhin sind die Arbeitsmittel in der Kassenbox zu erkennen: die Registrierkasse, ein Rückgeldbehältnis, ein Stempelkissen und ein Notizblock – vermutlich, um besondere Vorkommnisse festzuhalten, die nicht in das gewöhnliche Registrierschema passten. Im Hintergrund sind geladene Gäste der Eröffnungsfeierlichkeiten im Sitzen zu sehen, während das Personal der Filiale steht. Anlass der Aufnahme war die Eröffnung der Bielefelder Filiale. Dabei war es der fotografierenden Person wichtig, die innovative Ladeneinrichtung samt Kassenbox zu dokumentieren.

Auf einem anderen Foto ist aber auch zu erkennen, wie eine Kassiererin unter großem Andrang über eine wesentlich höherliegende Wand ihrer Kassenbox hinaus mit der Kundschaft in Verbindung treten muss. Bei dieser Aufnahme wurde von oben in die Box hinein fotografiert. Während vorne der Kassiervorgang aufgenommen ist, sind im Hintergrund zahlreiche Kundinnen beim Betrachten der Ware zu erkennen. Der Blick der Kundin, die als nächstes an die Reihe kommen soll, ist skeptisch.

Andere Kassenwände bestanden aus Glas oder Plexiglas. An solchen Kassen bestand zwar besserer Sichtkontakt, aber der Austausch erfolgte nur über ein kleines

---

[376] DCM, 128405, hier: Foto einer Kassiererin im Einsatz.

4. Weniger bedienen, weniger wert: weibliche Beschäftigte im Verkaufsraum

Abb. 19: Kassen mit Plexiglas in C&A-Filiale in Bielefeld 1957, Fotograf: unbekannt[377]

Loch in der Scheibe. Weshalb in derselben C&A-Filiale unterschiedliche Kassenboxen verwendet wurden, konnte nicht geklärt werden. Interessant ist jedoch auf diesem Foto erneut die Perspektive. Hier sollte die neue Art des Kassierens und Verpackens dokumentiert werden. Im Vordergrund ist einer der Packtische zu sehen, in der Mitte zwei Kassenboxen, und im Hintergrund der Verkaufsraum mit Kundschaft. Das abgelichtete Personal befindet sich in abwartender Haltung. Eine Packerin lehnt an der Kassenbox.

Anhand der Fotos und vorhandener Unterlagen über die materielle Ausgestaltung der Kassenboxen lässt sich die Arbeitspraktik des Kassierens bei C&A folgendermaßen rekonstruieren: Die Kundschaft trat mit dem vom Verkaufspersonal ausgehändigten Etikettenabschnitt an die Kassenbox heran und überreichte ihn der Kassiererin. Daraufhin nannte diese der Kundschaft den zu zahlenden Preis und tippte den Betrag in die Kasse ein. Das Verkaufsdatum und die Kassennummer, die auch den Filialstandort enthielt, druckte die Kasse auf die Etiketten. Während die Kassiererin darauf wartete, das Geld zu erhalten, trennte sie die Abschnitte 2 und 3 des nun von der Kasse quittierten Etiketts voneinander. Sie erhielt von der Kundschaft das Geld und berechnete den Wechselgeldbetrag. Bei C&A wurden aus Platzgründen keine sogenannten Schnellwechsler eingesetzt, sondern sogenannte Münzbretter, von denen sich die Kassiererin das Wechsel-

[377] DCM, 128405, hier: Foto von Kassen mit Plexiglas.

geld herunternahm.[378] Sie übergab der Kundschaft das Wechselgeld sowie Teil 3 des Etiketts. Abschnitt 2 behielt sie für die Buchhaltung ein. Die gesammelten Abschnitte wurden abends ins Kontor zur Auswertung gebracht. Vermutlich erfolgte eine knappe Verabschiedung der Kundschaft, bevor die Kassiererin sie weiter an den Packtisch verwies. Dort erhielt die Kundschaft gegen Vorzeigen der Quittung die hinterlegte Ware in Tüten verpackt ausgehändigt. Das Personal am Packtisch riss dann als Kontrollmaßnahme noch eine weitere Ecke vom Etikett ab.[379]

Beim starken Kundenandrang während des Winterschlussverkaufs (WSV) 1953 waren beispielsweise im Münchener C&A-Haus neben den zwölf Beschäftigten an den etablierten Registrierkassen zusätzlich drei „Auszeichner", sieben Personen an Leihkassen und sechs Personen an sogenannten „Klebekassen" im Einsatz – insgesamt also 28 Kassenkräfte. Außerdem doppelt so viel Packtischpersonal. Am ersten Tag des WSV fertigten diese Personen insgesamt 34 293 Stück Ware aus sämtlichen Abteilungen ab.[380] Bei einer Öffnungszeit von 10 Stunden – von 9 bis 19 Uhr – bedeutete das, dass jede Kassenkraft im Durchschnitt 102 Artikel pro Stunde, also fast zwei Artikel pro Minute, registrierte, kassierte und deren Etiketten abtrennte.

Die Stellung der Kassiererinnen bei C&A[381]

Dass Kassiererinnen für C&A eine Schlüsselfunktion innehatten, zeigt ein Schreiben der Hauptbetriebsleitungen an alle Filialen, das dazu aufrief, für eine Neueröffnung in Mannheim ihre „beste oder wenigstens die zweitbeste Kassiererin [...] zur Verfügung zu stellen". Der Einsatz von „erstklassigen Kassiererinnen" sei „von ausschlaggebender Bedeutung."[382] Sie waren also für ein reibungsloses Funktionieren des Betriebs unbedingt notwendig und bildeten so eine verantwortungsvolle und kundennahe Schaltstelle einer C&A-Filiale.

Neben dem eigentlichen Kassieren gehörte zu der Arbeit an den Kassen auch die Abrechnung derselben nach der Schicht oder am Ende des Tages. 1949 hatte dafür jede Kassiererin einen Kassenbeutel und zugehörigen einfachen Schlüssel. Das Geld aus der Kasse beziehungsweise aus dem Geldbehälter füllte sie dort hinein. Über einen Generalschlüssel für alle Kassenbeutel verfügte die Bank. Ein weiterer Generalschlüssel lag im Tresor der Filiale, allerdings so versiegelt, dass

---

[378] DCM, 106863, Tagesordnungen der 30.–31. und Protokolle der 32.–34. Betriebsleiterversammlung 1948–1952, hier: Protokoll der Betriebsleiterversammlung 1951, S. 12.
[379] Vgl. Kambartel, Kasse, S. 215.
[380] DCM, 117090, Rundschreiben an die Geschäftsleitungen der Häuser 1953, hier: Schreiben C. & A. Brenninkmeyer G.m.b.H. – Abteilung Allgo, an die Geschäftsleitungen aller Häuser, Nr. 9/1953, Betr.: Verkaufsorganisation am ersten Tag des Winterschlußverkaufs 1953, vom 06. 03. 1953.
[381] Zur Stellung der Kassiererinnen in den Textileinzelhandelsunternehmen Beck und C. F. Braun siehe unten.
[382] DCM, 115783, Rundschreiben an die Geschäftsleitung Haus Essen 1951–1953, hier: Schreiben der C. & A. Brenninkmeyer – Hauptbetriebsleitung, an die Geschäftsleitungen aller Häuser, Nr. 2/1952, Betr.: Kassiererinnen zur Eröffnung von Mannheim, vom 14. 02. 1952.

weder die Betriebsleitung noch die Kassenkräfte der Filiale diesen ohne gegenseitiges Wissen benutzen konnten.[383] Ebenso gab es ein Abrechnungsformular, das jede Kassiererin auszufüllen und abzugeben hatte, und auf dem die Nummer des Kassenbeutels vermerkt wurde.[384] Dieses System der wechselseitigen Kontrolle zeigt, dass die C&A-Direktion weder den einzelnen Kassiererinnen noch den Betriebsleitern volles Vertrauen schenkte. Dies galt auch für das Ablesen der Kassenstände und den Abgleich mit dem vorhandenen Geldbetrag. Dabei erfolgte die Kontrolle der Kassiererinnen durch die Verwaltung, die Betriebsleitung oder einen Substituten.[385]

Nachdem sich bei C&A das Gruppenverkaufssystem etabliert hatte, wurde auch aus der bisherigen „ersten Kassiererin" die „Gruppenführerin der Kassiererinnen." Sie hatte einige Aufgaben zu erfüllen, die über den normalen Verantwortungsbereich der Kassenkräfte hinausgingen. Dazu zählten das Einlernen des Kassiererinnen-Nachwuchses, die Weitergabe von Anweisungen der C&A-Zentrale, die Einsatzplanung, das Sicherstellen der Funktionstüchtigkeit und Einsatzbereitschaft aller Kassen sowie „Eintüten und Auszahlung von Löhnen und Gehältern". Allerdings sollten ihr Mitte der 1950er Jahre einige davon wieder abgenommen werden, womit ein Bedeutungsverlust der Kassiererinnen insgesamt einherging. Demnach würden „in Zukunft die Bankbeutel und die Wechselgeldkassetten nicht mehr abendlich von der Gruppenführerin der Kassiererinnen, sondern durch einen jungen Mann in Empfang genommen". Das Gleiche sollte für das Ausgeben der Wechselgeldkassetten an die Kassiererinnen am Morgen und demnach auch für das Betätigen des Geldschranks und die Übergabe des gesamten Geldes an die Bank gelten – damit wurde künftig ein noch zu benennender „junger Mann" beauftragt. Das Kontor überprüfte die Richtigkeit der Abrechnungsformulare. Kleingeld sollte die „Gruppenführerin der Kassiererinnen" nicht mehr selbst bei der Bank besorgen, sondern bei der Betriebsleitung, die es bei der Bank anforderte.[386] Aus einem Schreiben des C&A-Hauses Essen geht hervor, dass die dortigen Mitglieder der Geschäftsleitung es für unsinnig hielten, die „Gruppenführerin der Kassiererinnen" von diesen Aufgaben zu befreien: „Die Abwicklung unserer Kassenangelegenheiten ist bisher reibungslos und ohne Beanstandungen gelaufen. […] Bei der Einschaltung eines jungen Mannes dürfte wohl in erster Linie die Überlegung anzustellen sein, wer dafür infrage kommt." Sie erbaten sich daher, dass die „straffe Durchorganisation des Kassenwesens" vorerst andernorts probeweise durchge-

---

[383] DCM, 106863, Tagesordnungen der 30.–31. und Protokolle der 32.–34. Betriebsleiterversammlung 1948–1952, hier: Protokoll der Betriebsleiterversammlung 1949, o. S.
[384] DCM, 115784, Rundschreiben an die Geschäftsleitung Haus Essen 1954–1956, hier: Schreiben der C. & A. Brenninkmeyer G.m.b.H. – Hauptverwaltung, an die Geschäftsleitungen aller Häuser, Nr. 18/56, Betr.: Tätigkeit der bisherigen „ersten Kassiererin", vom 08. 06. 1956.
[385] DCM, 106863, Tagesordnungen der 30.–31. und Protokolle der 32.–34. Betriebsleiterversammlung 1948–1952, hier: Betriebsleiterversammlung 1951, S. 8.
[386] DCM, 115784, Rundschreiben an die Geschäftsleitung Haus Essen 1954–1956, hier: Schreiben der C. & A. Brenninkmeyer G.m.b.H. – Hauptverwaltung, an die Geschäftsleitungen aller Häuser, Nr. 18/56, Betr.: Tätigkeit der bisherigen „ersten Kassiererin", vom 08. 06. 1956.

führt werde.[387] Die Kritik war dennoch so zart formuliert, dass man davon ausgehen kann, dass die C&A-Hauptverwaltung diese kaum wahrnahm. Hier zeigt sich eine interessante Diskrepanz zwischen theoretischer Konzeption und praktischer Durchführung in den einzelnen Häusern. So beanspruchte etwa die Beschaffung von Kleingeld einen wesentlich größeren Arbeits- und Zeitaufwand, als dies von der Hauptverwaltung angedacht war. Zum Teil musste die „Gruppenführerin der Kassiererinnen" das Einrollen des Wechselgeldes selbst übernehmen, da es von der Bank lose geliefert wurde und man den Kassiererinnen an den Kassen dies aus Zeitgründen ersparen wollte. Außerdem musste bei großem Andrang mehrmals am Tag Wechselgeld nachgeholt werden. Und die Vertretung konnte während der Pausen und Mittagszeit nicht – wie vorgesehen – allein durch die „Gruppenführerin der Kassiererinnen" durchgeführt werden, sodass stets eine weitere Kassiererin und zwei Packerinnen auf Reserve und jederzeit abrufbar gehalten wurden.[388]

Die C&A-Direktion versuchte zunehmend Tätigkeiten, die nicht unmittelbar das Kassieren betrafen und zu den Praktiken des Verwaltens und Instandhaltens gezählt werden können, an andere Akteure auszulagern. Dass sie etwa die Verwaltung des Geldes in die Hände eines „jungen Mannes" legen wollte, zeigt, dass die Bedeutung der Frauen an der Kasse, auch die der führenden Positionen, stark zurückging. Ihre Funktion wurde lediglich auf die möglichst schnelle Abfertigung reduziert. Dass einzelne Filialen damit nicht einverstanden waren, das Können ihrer führenden Kassiererinnen schätzten und für einen reibungslosen Betriebsablauf benötigten, zeigt, dass zentral veranlasste Optimierungsbestrebungen mit den konkreten Arbeitspraktiken im Betrieb oftmals nicht in Einklang standen.

Rationalisierung in den 1960er und 1970er Jahren

Im Zuge einer an Rationalisierung interessierten Untersuchung einer Latscha-Filiale aus dem Jahr 1964[389] gerieten auch die Arbeitspraktiken an den Kassen in den Fokus.

„Die Kassenabteilung ist die Stelle im Marktladen[,] von der der Kunde den letzten – vielleicht den entscheidenden – Eindruck von seinem Einkauf mit nach Hause nimmt. Hier hat er persönlichen Kontakt mit der Kassiererin, die in gewissem Sinne die Firma zu repräsentieren hat. Wir müssen also die Kassen als wichtigste Bedienungsabteilung ansehen."[390]

Sie bildeten damit die Schnittstelle, an der die gesamte Personaleinsatzplanung ausgerichtet werden sollte.[391] Die Beobachter, die die Filiale untersuchten, widme-

---

[387] DCM, 115784, hier: Durchschlag eines Schreibens der Betriebsleitung des C&A-Hauses Essen an die C&A-Hauptverwaltung, Betr.: Tätigkeit der Gruppenführerin der Kassiererinnen, vom 04. 07. 1956, S. 3.
[388] DCM, 115784, hier: Durchschlag eines Schreibens der Betriebsleitung des C&A-Hauses Essen an die C&A-Hauptverwaltung, Betr.: Tätigkeit der Gruppenführerin der Kassiererinnen, vom 04. 07. 1956, S. 1 f.
[389] Vgl. hierzu auch Kapitel 5.3.
[390] ISG, W 1-10-406, Bericht über Filialuntersuchung in V 40, 1964, hier: S. 42.
[391] ISG, W 1-10-406, S. 42.

284   4. Weniger bedienen, weniger wert: weibliche Beschäftigte im Verkaufsraum

Abb. 20: Aufnahme aus einem Gaissmaier-SB-Supermarkt mit Umpackkassen, o. D. [1956]

ten sich zunächst einer Beschreibung des Arbeitsplatzes an der Kasse. Dies bestätigt, dass die materielle Ausgestaltung des Arbeitsraumes auch in der zeitgenössischen Auffassung als wesentlich für den Ablauf der Arbeitspraktiken angesehen wurde. Es handelte sich in dieser Latscha-Filiale um Kassenstände mit einem „Vorlaufband", das die Kassiererin durch einen Fußschalter in Betrieb setzte. Das Ende des Kassenstandes war verbreitert und mit einer Gelenkschiene versehen, sodass hier zwei Kundinnen beziehungsweise Kunden gleichzeitig Ware verpacken konnten. Die Kassiererin saß auf einem höhenverstellbaren Drehstuhl, allerdings nutzte sie anstatt einer richtigen Fußstütze Holzkästen, die ständig verrutschten. Die Arbeitshöhe wurde als äußerst günstig für die Kundschaft wie für die sitzende Kassiererin beschrieben. Allerdings entsprach wohl die Arbeitshöhe der Kasse eher einer Tätigkeit im Stehen: Durch die unterschiedliche Höhe von Tastatur und Förderband trete eine schnelle Ermüdung ein und ein sogenanntes Blindtippen sei dadurch nahezu unmöglich. Auch die gebogene Fläche der Tastatur stieß auf Kritik der Filialuntersuchenden, die sowohl die Kassen der Firma Anker Werke als auch die National-Registrierkassen bemängelten:

„Sie haben sich in grundsätzlichen Dingen seit der Zeit vor dem 1. Weltkrieg kaum geändert: Die alten Zahlenhebel sind durch Tasten ersetzt worden. Die Funktion der Kurbel hat ein Elektromotor übernommen und ein paar ganz einfache Zählwerke sind eingebaut. Gestaltung und Grifftechnik entsprechen immer noch der Stehpultzeit."

Dies führte auch dazu, dass Kassiererinnen bei starkem Andrang von ihren Stühlen aufstanden, um schneller registrieren zu können.[392]

Andere übliche Kassenstandsysteme waren sogenannte Umpackkassen, bei denen die Kassiererinnen die Ware vom Einkaufskorb oder -wagen der Kundschaft in einen anderen, leeren Einkaufskorb oder -wagen „umpackten", der sich am Ende der Kasse befand. Das ging für die Kassiererinnen mit einer starken Hebebelastung einher.[393] Diese Kassen waren von den 1950er Jahren bis in die 1970er Jahre auch häufig in den Betrieben des Lebensmittelfilialunternehmens Gaissmaier zu finden. Davon erhoffte man sich, Zeit zu sparen: „Zeit ist Geld für den Kunden. Durch das Korb-in-Korb-System wird versucht werden, daß an den Kassen keine größeren Wartezeiten eintreten. In zwei getrennten Arbeitsgängen erfolgen das Verrechnen und Einpacken der Ware. Eine reibungslose Kundenabfertigung ist damit hinreichend gewährleistet."[394]

Aber auch bei Gaissmaier gab es bereits in den 1970er Jahren Förderbandkassen.[395] Ende der 1970er Jahre kam dort eine Diskussion in Gang, die aufgrund der gesundheitlichen Bedenken eine Abschaffung der Umpackkassen zum Ziel hatte. In den Unterlagen der HBV sind Rückmeldungen der Beschäftigten aus einzelnen Gaissmaier-Filialen erhalten. Die Frauen aus den Betrieben klagten über Schmerzen in Armen und Schultern durch die einseitige Belastung und durch Kassenstühle mit vier Füßen anstatt eines Drehstuhls, des Weiteren über Rückenschmerzen, eine Nervenentzündung im Nacken und andere körperliche Probleme. Einige Kassiererinnen mussten aufgrund dessen sogar in ärztliche Behandlung. Der Grundtenor war, dass man innerhalb der Filialen für eine Umstellung auf Bänderkassen plädierte. Lediglich eine Stimme betonte, dass das Korb-in-Korb-System aufgrund der höheren Kassiergeschwindigkeit zu bevorzugen sei.[396] 1981 verfügten dann 24 Filialen über Förderbandkassen.[397] Von den Verbrauchermärkten wurden bis Januar 1982 16 Betriebsstätten mit solchen ausgestattet.[398] Somit waren lediglich 40 von etwa 129 Filialen (Stand 1983[399]) mit Förderbandkassen ausgestattet.

---

[392] ISG, W 1-10-406, S. 42–44, Zitat auf S. 44.
[393] AdsD, HBV, 5 / HBVH810027, Gestaltung der Kassenarbeitsplätze, 1975–1980, hier: Kurzfassung des Forschungsberichtes „Menschengerechte Gestaltung des Kassenarbeitsplatzes in Selbstbedienungsläden", von Prof. H. U. Bitsch u. Priv. Doz. Dr. med. habil. Th. Peters, [1979/1980], S. 1, 141.
[394] WABW, B 61 Bü 101, Presseartikel und -anzeigen zur Filialeröffnung am 12. 12. 1968 in Giengen, Marktstr. 39, hier: Artikel „Neuer Gaissmaier-Supermarkt in Giengen", in: Heidenheimer Zeitung 12. 12. 1968.
[395] WABW, B 61 Bü 114, Presseartikel und -anzeige sowie Werbefaltblatt zur Filial-Eröffnung am 20. 11. 1970 in Günzburg, Marktplatz 22, hier: Anzeigen zur Eröffnung Günzburg, 20. 11. 1970.
[396] AdsD, HBV, 5 / HBVH660035, Kassenarbeitsplätze, 1975–1979, hier: Liste von Betrieben der Fa. Gaissmaier, Ulm, vom 5.[3./5. nicht lesbar] 1979.
[397] AdsD, HBV, 5 / HBVH660036, Kassenarbeitsplätze, 1978–1981, hier: handschriftliche Liste „Förderband-Kassen in 1981 in G-Filialen", gez. ORGA, vom 13. 11. 1981.
[398] AdsD, HBV, 5 / HBVH660036, Kassenarbeitsplätze, 1978–1981, hier: Schreiben der Abteilung Organisation, an den Betriebsrat z. Hd. Fr. N., vom 3. 12. 1981.
[399] Angabe aus der Bestandsbeschreibung zu Gaissmaier im Findbuch des Bestandes im Wirtschaftsarchiv Baden-Württemberg, Stuttgart-Hohenheim.

4. Weniger bedienen, weniger wert: weibliche Beschäftigte im Verkaufsraum

Was die Anzahl der Kassen pro Betrieb angeht, so lässt sich folgende Beobachtung machen: Bei einer Verkaufsfläche von 410 Quadratmetern mit einem Sortiment von 4000 Artikeln wurden drei solcher Kassen installiert.[400] Ende der 1970er Jahre, als Gaissmaier auch eigene Verbrauchermärkte und SB-Warenhäuser eröffnete, kamen dort sogenannte „Schnellstartkassen" zum Einsatz: „Die 7 Schnellstartkassen von geschulten Mitarbeiterinnen bedient, entschärfen den ‚neuralgischen Punkt' vieler Verbrauchermärkte."[401] Die Kassen stellten also auch zu dieser Zeit und in großen Märkten eine bedeutende Schnittstelle zwischen Unternehmen und Kundschaft dar, die möglichst reibungslos funktionieren sollte. Bei einem zur Firma Gaissmaier gehörenden Warenhaus, das 1977 eröffnet hatte, gab es bei einer Verkaufsfläche von 5000 Quadratmetern mit insgesamt 30 000 Artikeln zehn Kassen, die eingesetzt werden konnten.[402] Das bedeutete, dass bei einem Supermarkt Anfang der 1970er Jahre idealerweise eine Kasse für etwa 137 Quadratmeter Verkaufsfläche und 1330 Artikel zuständig war; Ende der 1970er Jahre sollte eine Kasse aber bereits 500 Quadratmeter und 3000 Artikel bedienen können. Das wiederum heißt, dass Gaissmaier erwartete, dass sich bei voller Auslastung des Hauses die Kassiergeschwindigkeit um etwa ein Dreifaches erhöht haben würde.

Im Anschluss an die Arbeitsplatzbeschreibung widmeten sich die Untersuchenden der Latscha-Filiale sehr detailliert den einzelnen Teilarbeitsvorgängen an der Kasse.[403] Dass sie den Kassiervorgang anhand der Einzeltätigkeiten beschrieben, die die Kassiererin, aber auch „der Kunde" ausführten, verweist auf ein bestehendes Bewusstsein dafür, dass es sich bei der Arbeit im Einzelhandel um Interaktionsarbeit handelte.[404] Diese konnte nur im Zusammenspiel mit der Kundschaft erfolgreich zum Ziel geführt werden, und war zwar idealerweise nach einer von der Kassiererin verfolgten „‚Normal'-Methode" strukturiert, bei der es allerdings nicht immer möglich war, „den Kunden ebenfalls in den geordneten Ablauf zu zwingen".[405] Die ideale Reihenfolge des Arbeitsablaufs sollte wie in Tabelle 11 aussehen.

Zu einer Abweichung dieses Ablaufs konnte es kommen, weil jeder Kunde und jede Kundin individuell war, jeder Einkauf nach Art und Stückzahl der Waren unterschiedlich ausfiel, und weil etwa die Kundschaft meinte, dass es von Nutzen sei, mit passendem Geldbetrag zu zahlen. Dementsprechend setzte Latscha auch

---

[400] WABW, B 61 Bü 114, Presseartikel und -anzeige sowie Werbefaltblatt zur Filial-Eröffnung am 20. 11. 1970 in Günzburg, Marktplatz 22, hier: Anzeigen zur Eröffnung Günzburg, 20. 11. 1970.
[401] WABW, B 61 Bü 151, Pressemitteilung und -artikel zur Karga-Eröffnung am 13. 04. 1976 in Überlingen, Lippertsreuter-Str., hier: Pressemitteilung, „KARGA-CITY Überlingen", vom 26. 03. 1976.
[402] WABW, B 61 Bü 153, Presseartikel und -anzeige zur Eröffnung des Karga-Warenhauses am 05. 05. 1977 in Göppingen, Hohenstaufenstr., hier: Artikel „Ein Karga-Warenhaus jetzt auch in Göppingen", vom 06. 05. 1977.
[403] ISG, W 1-10-406, Bericht über Filialuntersuchung in V 40, 1964, hier: S. 44–46.
[404] Zum sozialwissenschaftlichen Konzept der Interaktionsarbeit vgl. Kapitel 2.2, 2.4 und Kapitel 5.3.
[405] ISG, W 1-10-406, hier: S. 44.

4.4 Das Bild weiblicher Arbeit – Computerisierung des Kassenarbeitsplatzes

Tab. 11: „Reihenfolge das Arbeitsablaufs." Schema aus einer Filialuntersuchung bei Latscha 1964[406]

Kassiererin	Kunde
	(1) stellt Einkaufswagen vor Band und beginnt seine Waren auf das Band zu packen
(1) läßt das Band vorlaufen[,] bis die ersten Stücke in Griffposition sind	(2) wartet
(2) nimmt jedes Stück in die linke Hand, vergewissert sich über den Preis, den sie mit der rechten Hand eintastet. Die Waren werden so nacheinander über die Trennplatte in die Warenzelle geschoben oder gehoben.	(3a) packt Waren ein oder (3b) sucht Geld oder (3c) beobachtet das Registrieren
(3) tastet Zwischensumme ein und sagt Preis an	(1) nächster Kunde packt Waren auf Band
	(4) nimmt Geld aus der Tasche
(4) zieht Rabattmarken ab	(2) nächster Kunde wartet
(5) wartet auf Geld	
(6) tastet Endsumme, nimmt Geld und gibt Rückgeld	(5) gibt Geld und nimmt Rückgeld
(7) (hilft beim Einpacken)	(6) packt Waren ein
(1) läßt Band vorlaufen	
(2) …	(3) …

nicht auf eine noch ausgefeiltere technische Ausstattung des Kassenstandes: „je mehr Perfektion in der Technik[,] desto mehr Hindernisse durch den Menschen".[407] Aus diesem Grund entschied man sich – ähnlich wie bei C&A – gegen einen sogenannten Geldrückgeber. Das Nachfüllen des Gerätes sei „eine umständliche und zeitraubende Beschäftigung für die Kassiererin, zumal der Groschenschacht gerade dann leer zu sein pflegt, wenn die Schlange ungeduldiger Kunden am längsten ist".[408]

Da ein Kernanliegen der Untersuchung der Latscha-Filiale die zeitliche Optimierung der Arbeitsvorgänge war, hatte man die Tätigkeiten an den Kassen dementsprechend untersucht. Dabei war allein die Dauer beim eigentlichen Registrieren der Artikel je nach Stückzahl variabel, und damit auch beinahe die einzige Möglichkeit, Zeit einzusparen, da die anderen Kassiertätigkeiten relativ stabil und/oder unbeeinflussbar erschienen. So war die Zeitspanne für „Vorgang 5 – Warten auf Geld" von der Kundschaft abhängig und bewegte sich zwischen null und sechs Sekunden. Und gleichzeitig war diese Zeit des Registrierens je Stück großen Schwankungen

---

[406] ISG, W 1-10-406, o. S. (zwischen S. 44 und S. 45), S. 3.
[407] ISG, W 1-10-406, hier: S. 44 f.
[408] ISG, W 1-10-406, hier: S. 45 f.

unterworfen, entsprechend der Methode des Registriervorgangs. Das Blindtippen war mit 2,33 Zentiminuten (cmin) pro Artikel die schnellste Variante, war aber aufgrund der räumlichen Gestaltung des Kassenstandes kaum durchführbar. Wesentlich länger dauerte es, wenn die Kassiererin den Preis erst erkennen konnte, sobald sie den Gegenstand in eine bessere Sichtposition gerückt hatte (4,60 cmin), oder wenn sie den Preisaufdruck erst suchen musste (5,95 cmin). Der von den Untersuchenden ermittelte Durchschnittszeitwert pro Artikel betrug 2,98 cmin, und deutete darauf hin, dass die Kassiererinnen zwar häufig nicht blind tippten, aber ihnen der Preis bekannt (2,72 cmin) oder er leicht und schnell erkennbar war (3,17 cmin).[409] Dennoch war das Tippen aus dem Gedächtnis unerwünscht, da man aufgrund der häufigen Preisänderungen Fehler befürchtete. So blieb also noch die Methode des Blindtippens, die in sogenannten Kassiererinnen-Schulungen vermittelt wurde.

Bei der Firma Gaissmaier mussten die Beschäftigten auch noch Anfang der 1970er Jahre sogenannte Kassentrainings durchführen. Es handelte sich dabei, ähnlich wie von NCR schon in den 1950er Jahren praktiziert, um zweitägige Kurse, die von der Gaissmaier-Organisationsabteilung veranstaltet wurden und eine sogenannte Systemtippmethode und später das Blindtippen lehrten. Insgesamt achtzig ausschließlich weibliche Beschäftigte sollten dabei lernen, „wie man mit größerer Genauigkeit leichter und schneller als Kassiererin arbeiten kann".[410] Dahinter verbargen sich drei Ziele des Unternehmens: Zum einen wollte man verhindern, dass es zu Mankobeträgen kommen würde, wenn die Kassiererinnen Preise (falsch) aus dem Gedächtnis in die Kassen eintippten; zum Zweiten sollten sie ihre Kassiergeschwindigkeit erhöhen, und zum Dritten durch die Fähigkeit des blinden Tippens der Kundschaft größere Aufmerksamkeit und Hilfsbereitschaft schenken können. Einen Vorteil aber brachte es für die Kassiererinnen angeblich auch: Durch das System- und Blindtippen sollten die häufigen Drehbewegungen des Kopfes und der Registrierhand vermieden werden, was einer körperlichen Entlastung gleichkomme.

Im Zuge der technischen Weiterentwicklung bei C&A und der Einführung von Datenkassen, die mit Lochetiketten zu bedienen waren,[411] veränderte sich die Arbeitspraxis an den Kassen dort ebenfalls. Ab 1970 wurden Kassen der Firma Hugin eingesetzt, die mit dem EDV-System kompatibel waren. Die Kassiererin tippte den Preis nicht mehr manuell ein, sondern führte das lochcodierte Etikett seitlich in die Kasse ein, die es direkt auslesen konnte. Dadurch beschleunigte sich der Kassiervorgang und die Gefahr fehlerhafter Eingaben wurde reduziert.[412] An diesem Beispiel von C&A wird deutlich, dass sich die Arbeitsabläufe an den Kassen in starker Abhängigkeit von der Gestaltung der Maschinen entwickelten. Die räumliche Anordnung der Gegenstände im Kassenstand gab ein bestimmtes Arbeitsmuster vor, dem die Kassiererin folgen musste. Allerdings konnte sie davon bei großem

---

[409] ISG, W 1-10-406, hier: S. 47–50.
[410] WABW, B 61 Bü 221, versch. Jahrgänge der Firmenzeitschrift „miteinander" (unvollst.), 1966–1982, hier: 1972, Artikel Erfolgreiches Kassentraining für unsere Mitarbeiter, S. 16.
[411] Zu deren Funktionsweise folgen detaillierte Ausführungen weiter unten.
[412] Vgl. Kambartel, Kasse, S. 218.

4.4 Das Bild weiblicher Arbeit – Computerisierung des Kassenarbeitsplatzes 289

Andrang auch abweichen, wie das obige Beispiel von der Eröffnung zeigt. Dies führte langfristig dazu, dass sich der Kassenstand veränderte, was auch auf Fotomaterial aus den 1970er Jahren zu sehen ist. Die Theke zum Überreichen der Etiketten und des Geldes wurde niedriger, also leichter zu erreichen für die sitzende Kassenkraft, und die Kundschaft musste nicht mehr seitlich an der Kasse vorbei zum Packtisch geleitet werden.[413] Es lässt sich hieran nachvollziehen, wie sich die räumliche Konstitution des Kassenarbeitsplatzes und die Arbeitspraktiken wechselseitig beeinflussten.

Solche Datenkassen wie die der Firma Hugin fassten vor allem im Lebensmitteleinzelhandel schwer Fuß: Die Ersten, die solche Kassen einführten, waren Kauf- und Warenhäuser sowie große Textilgeschäfte und im Lebensmittelbereich sogenannte Cash&Carry-Märkte. Hindernisse stellten vor allem die fehlende Unterstützung durch die Industrie dar, die die „Vor-Etikettierung" hätte übernehmen müssen, darüber hinaus der hohe Anteil an frischer Ware und die damit einhergehenden Preisschwankungen. Aber auch die Tatsache, dass einige Handelsunternehmen neue Investitionen aufgrund der ungewissen ökonomischen Lage (Ölpreiskrise) zurückhielten, verhinderte eine raschere Ausbreitung der Datenkassen.[414]

An den Beispielen der Kassenpraktiken der verschiedenen Betriebe zeigt sich, dass die Branche für die Ausgestaltung am Kassenarbeitsplatz keine Rolle spielte. Viel entscheidender beeinflusste das Maß der Ausdifferenzierung und Aufteilung der Tätigkeiten das, was an den Kassen noch zu tun blieb. Abhängig war dies im Lebensmitteleinzelhandel wiederum vom Grad der Selbstbedienung; im Textileinzelhandel konnte dies auch mit den Betriebsgrößen zu tun haben, da größere Betriebe dazu tendierten, Aufgaben zu zergliedern. Die Tätigkeit des Kassierens erfuhr nach der Aufspaltung der Verkaufspraktiken für eine kurze Zeit – etwa bis zum Anfang der 1970er Jahre – eine Aufwertung. Kassiererinnen hatten durch den Kundenkontakt und die Beschäftigung mit Geld eine höhere Position innerhalb des Betriebs als reine Verkaufskräfte. Außerdem erforderte diese Tätigkeit zunächst eine Spezialisierung und zusätzliche Fähigkeiten, die nicht alle vorweisen konnten.[415] Damit einher ging zum Teil auch eine bessere Bezahlung.[416] Dies änderte sich später mit der Einführung von computergestützten Datenkassen und vor allem mit dem Scannen, das das Abtippen ersetzte. Dass Kassieren trotz des höheren Ansehens und der meist besseren Bezahlung fast ausschließlich von Frauen erledigt wurde, ist interessant und verweist darauf, dass es Fähigkeiten erforderte, die stark weiblich konnotiert waren – wie Geschicklichkeit, „Multi-Tasking" und eine ausgeprägte Freundlichkeit.

---

[413] Vgl. Kambartel, Kasse, S. 218, Fotos aus der Tonbildschau „Auf der grünen Welle", 1977.
[414] Vgl. o. A., Kassen-Elektronik faßt schwer Fuß, in: Lebensmittelzeitung 49, 7. 12. 1973, S. 14.
[415] ISG, 93 / 126, Latscha-Lehre: Aufstieg und Sicherheit, hrsg. v. Dieter Latscha, Frankfurt a. M. 1968, hier: S. 30.
[416] HUA 2012 / 09 / 0044.0001, Liste: Hirmer & Co., Verzeichnis der Betriebsangehörigen (01. 01. 1952); WABW, B 56 Bü 154, Fragebogen der Militärregierung bezüglich Vermögensbeaufsichtigung, Industrie und Handel mit namentlicher Angabe aller Beschäftigten und deren Gehalt (1945), hier: Gegenwärtiger Verdienst der Arbeiter und Angestellten.

Scannen: Kassentechnik seit den 1980er Jahren

Mit fortschreitender technischer Entwicklung verwandelten sich die einfachen Registrierkassen in Datenerfassungsgeräte, die auch als „Kassensystem" oder „POS-System" („Point of Sale") bezeichnet wurden. Zudem integrierte man sie oftmals in ein Warenwirtschaftssystem. Außerdem änderte sich durch die Erfindung des Barcodes die Arbeitspraktik an der Kasse erneut: Von Beck ist von der Mitte der 1980er Jahre eine Bedienungsanleitung für eine Kasse erhalten. Aus dieser wird ersichtlich, dass die Preise der Waren und die Artikelnummern nicht mehr eingetippt werden mussten, sondern durch einen Lesestift eingescannt werden konnten.[417] Die mechanische Tätigkeit des Blindtastschemas wurde demnach in den 1980er Jahren durch das monotone Scannen der Waren abgelöst.

Mit der Computerisierung der Kassen änderte sich aber noch mehr: das Verwalten der Waren und des Lagers durch die Beschäftigten verlor dadurch ebenfalls seine vormalige Bedeutung. Diese Aufgaben übernahmen nun computerisierte Warenwirtschaftssysteme. Ähnliches gilt für die Beobachtung von den Beschäftigten und Kundinnen und Kunden, die zu der Praktik des Instandhaltens des Ladens gezählt werden kann. Bei Beck musste zum Beispiel, veranlasst durch eine „MUSS"-Taste, vor jedem Verkaufsvorgang die „Verkäufer-Nr." eingegeben werden, sodass im Nachhinein genau nachvollzogen werden konnte, wer welchen Anteil am Umsatz hatte.[418] Notwendig geworden war eine weitere Beschleunigung des Kassiervorgangs, weil die bisherige Einrichtung der Kassenstelle nach der Einführung der Selbstbedienung zu einem zeitlichen Engpass innerhalb des Ladengeschäfts führte, der weder durch ein schnelleres Kassieren noch durch das Aufstellen zusätzlicher Kassen entschärft werden konnte.[419] Gegen letzteres sprachen auch die zusätzlich notwendige Arbeitszeit für das aufwendige Verwalten der Kassen und der wachsende Platzbedarf.

Den Beginn der Scan-Entwicklung markierte ein Experiment der Schweizer Migros. Ende der 1960er Jahre hatte Migros gemeinsam mit der Schweizer Kassenfirma Zellweger eine Kasse mit Laser-Technik und eine eigens dafür entwickelte Schrift – „Œil Migros" oder „APOSS-Zeichen" („Automatic Point of Sale System") genannt – auf den Markt gebracht. Die spezielle Gestaltung der Schrift erlaubte ein lageunabhängiges Lesen der auf den Waren oder Etiketten aufgedruckten Symbole. Hinter den Symbolen verbargen sich die Artikelnummern der Waren.[420] Außerdem enthielt die Kasse eine automatische Ablesevorrichtung. Das heißt, dass ein Förderband die Waren mit dem Code nach unten gerichtet über den Ablesespalt transportierte.[421] Auch das Speichern dieser Artikelnummern war als Funktion der Kasse mitbedacht. Diese Verkaufsdatenerfassung und -verwendung lieferte

---

[417] BWA, F 34 / 116, Bedienungsanleitung Kasse, um 1985.
[418] BWA, F 34 / 116, Bedienungsanleitung Kasse, um 1985. Zu möglichen Folgen dieses Nachverfolgens und Kontrollierens der Beschäftigten vgl. auch Kapitel 5.3.
[419] Vgl. Girschik, Kassen, S. 114.
[420] Vgl. Girschik, Kassen, S. 114–116.
[421] Vgl. Abbildung in: Girschik, Kassen, S. 117.

4.4 Das Bild weiblicher Arbeit – Computerisierung des Kassenarbeitsplatzes 291

in einem zweiten Schritt Erkenntnisse über Sortimentsplanung, Marketing und so weiter, worauf allerdings in den späten 1960er und frühen 1970er Jahren noch kein Fokus lag.[422] 1972 startete Migros einen Feldtest für das neue System, der, nach ersten Rückmeldungen zu urteilen, positiv verlief. Die Kassiererinnen empfanden die neue Kassiermethode als „weniger anstrengend und ermüdend, wenn auch auf Dauer etwas eintöniger",[423] und die Kundschaft glaubte, schneller abgefertigt worden zu sein. Die Messzahlen verrieten, dass sie dabei einer Täuschung unterlagen: Der Registriervorgang hatte sich lediglich um 0,3 Sekunden pro Artikel beschleunigt. Dies konnte aber keine entscheidende Kosteneinsparung für Migros bedeuten, sodass das Unternehmen beschloss, das APOS-System nicht einzuführen.[424]

Auch NCR hatte Anfang der 1970er Jahre ein solches Lese- und Schriftsystem entwickelt, in der Form des NCR 785 Farbcodelesers und einem farbigen Strichcode. Das Gerät bestand aus einem Lesestift und einer „Leselogik" – einem schwarzen Kasten, in dem die Technik verbaut war –, die über ein „Lichtkabel" – ein Kabel, das die Lichtimpulse weiterleitete – verbunden waren. Der Farbcodeleser erfasste an der Kasse die für die EDV erforderlichen Daten mittels einer optisch lesbaren Farbstrichkombination.[425] Dafür wurden die Etiketten mit Farbcodes bedruckt und an die Waren angebracht. NCR stellte den NCR 747 Etikettendrucker bereit:

„Der NCR 747 Etikettendrucker bedruckt herkömmliches Etikettenpapier in verschiedenen Formaten mit normalen Klarschriftzeichen und dem Farbcode [...]. [Er] ist mit einer eigenen Logik ausgestattet. Druckaufbau und Inhalt des Etiketts sind programmierbar. Weitere Vorteile: Zwang zur vollständigen Dateneingabe; übersichtliches und leicht bedienbares Tastenfeld; automatische Zuführung, Druck und Ablage der Etiketten; hohe Druckgeschwindigkeit. Für das Anbringen der Etiketten stehen die gebräuchlichen Befestigungsarten, wie Kleben, Klammern, Nadeln und Hängen, zur Auswahl."[426]

Auch Kunden- oder Personalkarten konnten damit eingelesen werden. Die Vorgehensweise an der Kasse wurde von NCR folgendermaßen beschrieben:

„Beim Lesevorgang wird der Lesestift von Hand in beliebiger Längsrichtung über den Farbcode eines Etiketts bzw. einer Kunden- oder Personalkarte geführt. Die Leselogik überprüft die gelesenen Informationen und überträgt nur fehlerfreie Daten, bei gleichzeitiger Abgabe eines Kontrolltons, in das Datenerfassungsgerät NCR 280. Ein Warnton ertönt, wenn die im Farbcode enthaltenen Informationen nicht einwandfrei oder nur unvollständig gelesen wurden. In diesem Fall ist der Lesevorgang zu wiederholen. Führt eine mehrmalige Lesewiederholung, z. B. aufgrund eines stark beschädigten Etiketts, nicht zum Erfolg, so sind die Daten manuell über die Eingabetastatur zu erfassen. Das Etikett kann beim Lesevorgang an der Ware verbleiben. Es ist auch dann lesbar, wenn es auf einer gekrümmten oder weichen Oberfläche angebracht ist."[427]

Da das Etikett an der Ware verblieb, wurde hier bereits eine Tätigkeit, die bis jetzt (beim Textileinzelhandel) das Verkaufs- oder Kassenpersonal übernommen hatte,

---

[422] Vgl. Girschik, Kassen, S. 118 f.
[423] Girschik, Kassen, S. 120.
[424] Vgl. Girschik, Kassen, S. 120 f.
[425] BWA, F 36 / 1027, NCR 280 Elektronisches Datenerfassungssystem für den Handel: Systembeschreibung, ca. 1971, o. S., hier: „Farbcode-Etikettensystem".
[426] BWA, F 36 / 1027, hier: „NCR 747 Etikettendrucker".
[427] BWA, F 36 / 1027, hier: „NCR 785 Farbcodeleser".

auf die Kundschaft übertragen. Dies kommt einer zeitlichen Auslagerung gleich, die sich – neben der Zeitersparnis durch das Wegfallen des Eintippens – in der Summe enorm auf die Kassiergeschwindigkeit auswirken konnte.

Dennoch setzten sich beide Systeme langfristig nicht durch. Gleiches galt für die Systeme anderer Firmen, die mit Codes experimentiert hatten. Zumindest bei Migros war das Interesse an umfassenden Verkaufsinformationen vorerst nicht so groß, wie anfangs von der Firma selbst angenommen. Für vor- und nachgelagerte Tätigkeiten wie Einkauf, Lager- und Filialorganisation waren diese Daten nicht notwendig gewesen.[428] Andere, dafür hilfreichere Informationen wurden hingegen über EDV-Systeme in der Verwaltung generiert, wie weiter unten gezeigt wird.

Als sich Anfang der 1980er Jahre allgemeingültige Codes verbreiteten – in den USA der „UPC" („Universal Product Code"), in Europa der EAN-Barcode (Europäische Artikelnummerierung) –, wurden im Lebensmitteleinzelhandel schließlich flächendeckend Scannerkassen eingesetzt. Zum Teil langwierige technische Überarbeitungen waren dem vorausgegangen, um die Kassen mit den sonstigen Komponenten kompatibel zu machen: das Auszeichnen aller Artikel mit Strichcode; elektronische Erfassung, Verarbeitung und Übermittlung aller Bestellungen; Kopplung des gesamten Rechnungswesens mit dem Warenwirtschaftssystem; Harmonisierung der EDV-Systeme. Erst danach brachten die Scanner solche Einsparungen, dass sich die Investition lohnte. Katja Girschik betont, dass sich die Scanner-Kassen erst soziale Anschlussfähigkeit erwerben mussten. Kassiererinnen mussten umgeschult werden. Nun waren sie lediglich für die Überwachung des Scan-Vorgangs zuständig. Auch das Verhalten der Kundschaft musste sich anpassen.[429]

Der heute noch gebräuchliche Strichcode, der die 13- oder 8-stellige EAN[430] darstellt, tauchte 1977 zum ersten Mal auf und breitete sich rasch aus. Anfang 1980 verfügten bereits über ein Drittel der Waren des Lebensmittelsortiments über einen scanbaren Strichcode – Ende des Jahres bereits über 60 Prozent. Um Produktivitätssteigerungen beim Kassieren erreichen zu können, musste der Verbreitungsgrad bei etwa 80 Prozent liegen, was spätestens 1982 der Fall war.[431] Damit war nun auch für den Lebensmitteleinzelhandel die Grundlage für die Einführung von elektronischen Datenkassen geschaffen, die gemeinsam mit einer Leitzentrale, Datensichtstationen und Etikettenauszeichnung Teil eines übergreifenden EDV-gestützten Warenwirtschaftssystems wurden.[432] Anfang 1979 verfügten sechs Märkte in der Bundesrepublik Deutschland über Scanning-Systeme; im Frühjahr 1981 waren es schon 25 Verbrauchermärkte, Cash&Carry-Märkte oder Lebensmittelabteilungen großer Warenhäuser. Ausgestattet mit Kassen, an denen ein Scan-

---

[428] Vgl. Girschik, Kassen, S. 121.
[429] Vgl. Girschik, Kassen, S. 121 f.
[430] Diese Nummer ist eine Zahlenkombination, deren Bestandteile Auskunft geben über das Herkunftsland eines Artikels (erste zwei Ziffern), den produzierenden Betrieb (zweite fünf Ziffern), die betriebsinterne Artikelklassifikation (dritte fünf Ziffern) und eine Prüfziffer am Ende enthalten; vgl. Deutsche Angestellten-Gewerkschaft (Hrsg.), EAN, S. 3–6.
[431] Vgl. Deutsche Angestellten-Gewerkschaft (Hrsg.), EAN, S. 6.
[432] Vgl. Deutsche Angestellten-Gewerkschaft (Hrsg.), EAN, S. 7.

4.4 Das Bild weiblicher Arbeit – Computerisierung des Kassenarbeitsplatzes 293

ner angeschlossen werden konnte, waren aber bereits 4000 Einkaufsstätten.[433] Über Leasing-Angebote und das Anschließen einzelner Systeme an größere Rechenzentren versuchten die Hersteller, die Investitionskosten für die Einzelhandelsbetreibenden zu senken.[434] Folgende Veränderungen der Arbeitspraktiken an den Kassen erwartete die DAG: „Wegfall der genannten Dateneingabe, sämtlicher Schreib- und Übertragungsarbeiten, aller Rechenvorgänge, Beschleunigung des Kassiervorgangs."[435] Die Gewerkschaft interpretierte dies als Kompetenzverlust. Außerdem warnte sie vor den sich daraus ergebenden Konsequenzen für die Beschäftigten: eine Erhöhung der Durchlaufgeschwindigkeit von Kunden und Kundinnen wie der Waren, größere Monotonie, Abbau der Arbeitsplätze und verstärkter Einsatz von Teilzeitkräften durch bessere Personaleinsatzplanung und damit wiederum höherer Leistungsdruck für Vollzeitkräfte, sowie ein sinkender Qualifikationsgrad, da Denkvorgänge entbehrlich würden.[436] Die DAG stufte die Neuerungen am Arbeitsplatz Kasse aber nicht als so gravierend ein, sondern eher im Bereich der Verwaltung.[437]

Eine ehemalige Angestellte von Hirmer beschreibt die Veränderung ihrer eigenen Arbeitssituation als Kassiererin bei der Umstellung von mechanischen auf computerisierte Kassen folgendermaßen:

„Und wie gesagt, die alten Kassen, das waren ja nur Additionskassen, da ist ja keine Verbuchung [...]. Das waren noch mechanische. Da waren oft die Fingernägel ganz glatt getippt. An einem Samstag, da hast du die so richtig hier vorne platt gehabt, so schwere Tasten."[438]

Und weiter:

„Und dann ein paar Jahre später[ ] haben wir dann Nixdorf-Kassen [Kassensystem der Computerfirma Nixdorf] bekommen. Das war natürlich schon ein ganz großer Schritt nach vorne. Da haben wir dann Kassenschulungen gemacht. Ich habe privat zwei PC-Kurse gemacht. [...] Dann durfte ich sogar in den jeweils [sic!] Umstellungen von Nixdorf- auf PC-gestützte Kasse mitarbeiten, mit aussuchen, was ist für uns das Beste?"[439]

Auch sie berichtet von Kassenschulungen. Ein interessanter Aspekt, der mit den privat durchgeführten PC-Kursen angesprochen ist, betrifft die Eigeninitiative der Angestellten. Sie hatte die Notwendigkeit einer entsprechenden Computer-Weiterbildung verinnerlicht und investierte dafür einen Teil ihrer Freizeit, um beruflich mithalten zu können. Damit sicherte sie sich zwar kurzfristig ihren Arbeitsplatz, trieb aber gleichzeitig ihre eigene Marginalisierung voran.

Auch bei C&A wurde Ende der 1980er Jahre eine Computerkasse der Firma Nixdorf eingeführt. Dabei wurden sämtliche, die Ware betreffende Informationen –,

---

[433] Vgl. Deutsche Angestellten-Gewerkschaft (Hrsg.), Rationalisierungsprobleme, S. 9.
[434] Vgl. Deutsche Angestellten-Gewerkschaft (Hrsg.), EAN, S. 11 f.
[435] Deutsche Angestellten-Gewerkschaft (Hrsg.), EAN, S. 17.
[436] Vgl. Deutsche Angestellten-Gewerkschaft (Hrsg.), Rationalisierungsprobleme, S. 3, 15 f.; sowie dies., EAN, S. 15, S. 17.
[437] Vgl. Deutsche Angestellten-Gewerkschaft (Hrsg.), Rationalisierungsprobleme, S. 2. Zu diesem Bereich folgen weitere Ausführungen weiter unten im Kapitel.
[438] HUA, 2013 / 08 / 0009 Interview: Interview mit Fr. G. H., Betriebsrätin (25. 11. 2009), S. 4.
[439] HUA, 2013 / 08 / 0009, S. 5.

wie Preis, Größe, Farbe oder Lieferant – auf das Etikett gedruckt, zunächst in OCR-Schrift (Optical Character Recognition), später als Strichcode. Die Kassenkraft musste hier ebenfalls nur noch abscannen. Entscheidender aber war die Auswirkung der PC-Kassen auf die für die Kundschaft unsichtbaren Praktiken. Es beschleunigte sich vor allem die betriebsinterne Weitergabe der Daten, denn sobald ein Produkt an den Kassen erfasst war, gingen dessen Informationen gleichzeitig per Datenfernübertragung an ein Rechenzentrum, wo diese für Einkauf- und Marktanalyse gespeichert und verarbeitet wurden.[440]

Die letzte große Veränderung der Arbeitspraktiken an den Kassen setzte Ende der 1980er Jahre ein, als sogenannte „Self-Scanning-Systeme" von den Kassenfirmen angeboten wurden. Die Firma Nixdorf hatte beispielsweise einen solchen *Self-Scanning*-Tower entwickelt. Dabei sollten die Kassenpraktiken folgendermaßen aussehen: Nicht mehr die Kassenkraft, sondern die Kundschaft sollte die Waren am Lesefeld vorbeiführen; die Bezahlung sollte an einem zentralen Kassenplatz erfolgen. Andere Möglichkeiten, die in Belgien und den Niederlanden erprobt wurden, sahen vor, Hand-Scanner an die Einkaufswagen anzubringen, sodass die Waren direkt beim Hineinlegen abgescannt werden konnten. Anschließend sollte das Erfassungsgerät an einen Kassencomputer angeschlossen werden, bei dem in bar oder per Karte bezahlt wurde. Die DAG prognostizierte, dass sich dieses System aufgrund der geringeren Kosten auch gegen die anfängliche Skepsis der Kundschaft durchsetzen würde und verglich es mit der Einführung des selbstständigen Wiegens durch die Kundschaft in der Obst- und Gemüseabteilung.[441] Die Beschäftigten hatten dann lediglich die Aufgabe, „abgeschirmt in einer Glaskabine, nur noch das Geld von den Kundinnen in Empfang"[442] zu nehmen. Allerdings riefen die Gewerkschaften zur Gegenwehr auf und warnten vor einer schleichenden Einführung von vernetzten Systemen durch die Hintertür. Denn der zunächst als Entlastung gewerteten Einführung des *Self-Scanning* werde eine Entlassungswelle folgen.[443]

Interessanterweise war auch das aber nichts Neues. Bereits Mitte der 1960er Jahre hatte die Schweizer Migros mit „Selbsttipp-Kassen" experimentiert. Das Kassieren wurde dabei folgendermaßen beschrieben:

„Statt sich der vor den Kassen oft bildenden Schlangen anzuschliessen, tippt der Kunde seine Einkäufe an einer der vorhandenen 14 Selbsttipp-Kassen selber und geht dann mit Einkaufskorb und Kassazettel zur ‚Totalkasse', wo eine Kasserierin [sic!] nur noch den Gesamtbetrag des Einkaufs tippt und das Geld kassiert. An einem speziellen geräumigen Packtisch kann der Kunde seine Ware in Ruhe einpacken."[444]

---

[440] Vgl. DRAIFLESSEN Collection (Hrsg.), C&A zieht an, S. 288.
[441] AdMAB, DAG, Hannelore Buls, Das neue Netz im Handel – Der Handel im Netz! Self-Scanning Kassen als Bestandteil vernetzter Informationssysteme im Einzelhandel. Stellungnahme aus gewerkschaftlicher Sicht, DAG-Hamburg, August 1990 (DAG Bundesvorstand, Ressort HVuPD), S. 5–11.
[442] AdMAB, DAG, Buls, Das neue Netz im Handel, hier: S. 10.
[443] AdMAB, DAG, Buls, Das neue Netz im Handel, hier: S. 9 f.
[444] Rechenschaftsbericht MGB (Archiv des Migros-Genossenschafts-Bundes) 1965, S. 30, zitiert nach Girschik, Kassen, S. 112.

4.4 Das Bild weiblicher Arbeit – Computerisierung des Kassenarbeitsplatzes

Dabei hatte sich zunächst ein Erfolg eingestellt: Zwei Drittel der Kundschaft waren dazu bereit gewesen, weitere Funktionen im Einzelhandel zu übernehmen, um Wartezeiten zu vermeiden. Allerdings war es dabei zu starken Ungenauigkeiten gekommen, weshalb das Experiment nach vier Jahren abgebrochen wurde.[445]

Weder in den 1960er Jahren noch heute haben sich diese *Self-Checkout*-Optionen flächendeckend durchgesetzt. Die DAG führte die zögerliche Durchsetzung Ende der 1980er Jahre noch darauf zurück, dass nicht alle Herstellerbranchen bereit gewesen seien, ihre Waren ohne Aufpreis mit einem Strichcode zu versehen, etwa bei Textil- oder Möbelfabrikanten. Bestimmte Produkte verfügten zudem über ein Image, bei dem sich die Kundschaft auf eine komplette Selbstbedienung nicht einlassen würde, zum Beispiel bei Stereo-Anlagen. Daher vermutete die Gewerkschaft, dass sich *Self-Scanning* am ehesten in Filialbetrieben, Fachmärkten und Lebensmittelketten etablieren würde. Weiterhin ging die DAG davon aus, dass eine geringe Akzeptanz von bargeldlosem Bezahlen vorherrschte – auch aufgrund der Abbuchungsgebühren.[446] Heutzutage wird damit experimentiert, Waren schon während des Einkaufs mit dem Smartphone abzuscannen und sie anschließend gesammelt an einer Hauptkasse zu bezahlen.[447] In Deutschland aber setzt sich diese Technik, ebenso wie die SB-Kassen, wesentlich langsamer durch als etwa in England, wo jede sechste Kasse inzwischen eine „Self-Checkout Machine" ist. Ein Grund dafür mag sein, dass noch immer viele Deutsche gerne mit Bargeld bezahlen. Manche Händler rechneten darüber hinaus mit einer Erhöhung des Ladendiebstahls.[448] Ein weiterer Grund kann darin liegen, dass die Händler in Deutschland genau prüfen würden, ob sich durch *Self-Scanning* tatsächlich Vorteile für die Kundschaft, eine Zeitersparnis oder eine höhere Kundenbindung beziehungsweise eine Neukundengewinnung ergeben, bevor sie diese große Investition tätigen. Außerdem würden die Deutschen befürchten, damit zu Arbeitsplatzverlust beizutragen, den zwischenmenschlichen Kontakt zu verlieren oder aber es fehle ihnen an Zutrauen in ihr eigenes technisches Verständnis.[449] Durchgesetzt haben sich die sogenannten Expresskassen bei Ikea, die es seit 2008 gibt von etwa 40 Prozent der Einkaufenden genutzt werden.[450]

---

[445] Vgl. Girschik, Kassen, S. 112.
[446] Vgl. AdMAB, DAG, Buls, Das neue Netz im Handel, S. 14.
[447] Vgl. Erich Reimann, Shoppen ohne Warteschlange: Wenn das Handy die Kasse ersetzt, in: Absatzwirtschaft, 22. 07. 2020, https://www.absatzwirtschaft.de/shoppen-ohne-warteschlange-wenn-das-handy-die-kasse-ersetzt-173575/ [zuletzt abgerufen am 19. 09. 2022].
[448] Vgl. Sven Lüüs, Wisch und Weg. Selbstbedienungskassen, in: Süddeutsche Zeitung, 03. 07. 2019.
[449] Vgl. Arthur Sullivan, Der Deutschen Unlust am Selbstzahlen, in: Deutsche Welle, 23. 09. 2020, https://www.dw.com/de/der-deutschen-unlust-am-selbstzahlen/a-55018210 [zuletzt abgerufen am 19. 09. 2022].
[450] Vgl. Jan-Felix Jasch, Wie moderne Technologien den Einzelhandel verändern, in: Weser Kurier, 07. 02. 2018, https://www.weser-kurier.de/deutschland-welt/deutschland-welt-wirtschaft_artikel,-wie-moderne-technologien-den-einzelhandel-veraendern-_arid,1697928.html [zuletzt abgerufen am 19. 09. 2022].

Hier lässt sich die These aufstellen, dass *Self-Scanning* und die vorgängigen Experimente mit vollautomatisierten Läden auch deshalb nie ganz funktionierten, weil sie zu viel Mitarbeit von der Kundschaft forderten. Der Kern von Dienstleistungsarbeit besteht für viele darin, sich bedienen und jemanden für sich arbeiten zu lassen. Die Kundinnen und Kunden müssten einen enorm hohen Aufwand betreiben, um so schnell bei ihrem Einkauf mitzuarbeiten, wie dies eine geschulte Kassiererin kann.[451] Dass es bei Ikea dennoch funktioniert, mag daran liegen, dass der Besuch dieses Möbelhauses eher einem Erlebnis als einer Pflichterfüllung wie beim Lebensmitteleinkauf gleicht. Und während eines solchen Erlebnisses – das man in der Freizeit möglicherweise auch mit der Familie teilt, deren jüngere Mitglieder tendenziell technologieaffiner sind – ist man eher dazu geneigt, etwa Neues auszuprobieren. Weil es dafür dann auch noch – quasi als Geling-Garantie – strikte Regeln (maximal 15 Artikel, Kartenzahlung) und einen hohen Anreiz („Express"-Kassen) gibt, kann das *Self-Scanning* funktionieren.

Die Arbeitspraktiken an der Kasse änderten sich durch das Scannen für die Beschäftigten stark – allerdings empfanden sie das zunächst als Erleichterung. Damit einher ging jedoch der Verlust ihrer Spezialisierung. Scannen konnte jede und jeder. Damit waren Tür und Tor geöffnet für die Besetzung von Kassenstellen mit niedriger qualifiziertem und schlecht bezahlten Personal, das leicht austauschbar und dadurch auch häufig in prekären Verhältnissen beschäftigt war. Gleichzeitig beeinflusste das Scannen die Arbeitspraktiken des Verwaltens und Instandhaltens massiv. Voraussetzung dafür war aber das Speichern von Daten, das bereits einsetzte, als die elektronische Datenverarbeitung in den 1960er Jahren Einzug in die Arbeitswelt der Einzelhandelsbetriebe hielt. Und schließlich zeitigten die technischen Entwicklungen, vor allem die massive Beschleunigung der Arbeitsweise, und die Ausgesetztheit der Kassenkräfte gegenüber der Kundschaft massive Auswirkungen auf die körperliche und psychische Gesundheit der Beschäftigten. Dies war Thema nicht nur der Gewerkschaften, sondern in den 1980er Jahren auch der Arbeitswissenschaften.

Probleme und Debatten der gesundheitlichen Auswirkungen der Kassenarbeitsplätze

> „Die wenigsten aber wissen, wie hart die Arbeit im Einzelhandel ist. [...] Die wenigsten wissen, was es heißt, den ganzen Tag zu stehen oder eingesperrt in einem ‚Pferch' vor einer schier endlosen Schlange zu kassieren, dabei ständig freundlich zu sein und ja keinen Fehler zu machen [...]."[452]

Dieses Zitat illustriert den Kern der Debatten um gesundheitliche Probleme im Einzelhandel. Es beschreibt, welche Probleme die Veränderungen des Kassenar-

---

[451] Aldi etwa experimentiere überhaupt nicht mit Self-Scanning, da das Unternehmen ohnehin für schnelles Kassieren bekannt sei, vgl. Reimann, Shoppen.
[452] Steinborn, ‚Der schlafende Riese', S. 8.

beitsplatzes in den 1970er und 1980er Jahren mit sich brachten, und wie die bundesrepublikanische Gesellschaft damit umging. Gesundheitliche Probleme von Beschäftigten im Einzelhandel nahm man kaum wahr, denn man betrachtete sie, ähnlich wie den übrigen Dienstleistungssektor, als leichte, körperlich nicht anstrengende Arbeit. Psychische Anstrengung und Stress konnten zwar vorkommen, galten aber als aufgewogen durch die angeblich angenehmen Aspekte der Arbeit, etwa die Beschäftigung mit Mode oder anderen „schönen Dingen".[453] Die Verharmlosung gesundheitlicher Auswirkungen führte dazu, dass Frauenarbeit, so die These, systematisch unterschätzt beziehungsweise geringer geschätzt wurde als die Arbeit von Männern.

Diskussionen um die Gesundheit von Verkäuferinnen reichen aber wesentlich weiter zurück und beschränkten sich zunächst nicht nur auf das Kassieren. Die sogenannten *Shopgirls* des 19. Jahrhunderts waren zu diesem Zeitpunkt noch gar nicht mit der als verantwortungsvoll wahrgenommenen Aufgabe des Kassierens betraut.[454] In den 1880er Jahren ging es vielmehr um andere gesundheitliche Bedenken. In Émile Zolas berühmten Roman von 1883 „Au Bonheur des Dames" (deutsch: „Das Paradies der Damen") leidet die junge Verkäuferin und Protagonistin Denise an schmerzenden Armen vom Schleppen der schweren Kleiderbündel sowie an geschwollenen Beinen und Blasen an den Füßen vom vielen Herumlaufen. Außerdem macht ihr die nervliche Belastung zu schaffen, denn „[z]u den körperlichen Leiden kam das intrigante Verhalten ihrer Kolleginnen".[455] Dieser Roman gibt einen plastischen Eindruck von der Arbeitswelt im frühen Warenhaus. Neben den physischen und psychischen Belastungen waren es in der Zeit der boomenden Warenhäuser – in Deutschland zu Beginn des 20. Jahrhunderts[456] – aber vor allem auch die „moralischen" Gefahren für junge Mädchen, etwa der Prostitution oder der Kauf- und Prunksucht, die im Zentrum der damaligen gesellschaftlichen Warenhausdebatte standen.[457]

In der Bundesrepublik Deutschland fanden gesundheitliche Belastungen erstmals in den 1950er Jahren in der Ratgeberliteratur für junge Verkäuferinnen einen Niederschlag. Da sich die Verkaufspraxis und damit die Aufgaben der Verkäuferinnen bis in die 1950er Jahre kaum geändert hatten, ähnelte der zeitgenössische Gesundheitsdiskurs dem der Jahrhundertwende: Um etwa die Auswirkungen des stundenlangen Stehens und der Arbeit in geschlossenen, künstlich beleuchteten

---

[453] Gesundheitliche Probleme von Bergarbeitern und Schichtdienst Leistenden waren wohl kaum von der Hand zu weisen. Diese Berufe erhielten dadurch aber auch eine höhere gesellschaftliche Anerkennung.
[454] Dies übernahmen Männer: der erste Kassierer Lhomme, zwei Kassenführer an der Hauptkasse und männliche Abteilungskassierer; siehe auch Zitat: „Man sprach im Hause schon von der ‚Dynastie Lhomme'"; wobei Lhomme zwar im Roman einen Familiennamen darstellt, gleichzeitig aber auch als Geschlechtsbezeichnung interpretiert werden muss; vgl. Zola, Paradies der Damen, Zweites Kapitel.
[455] Zola, Paradies, Fünftes Kapitel.
[456] Vgl. Carter, Frauen, S. 157.
[457] Vgl. Cox/Hobley, Shopgirls, S. xii f.; Lenz, Konsum und Modernisierung, S. 138.

Räumen abzumildern, empfahlen die Autorinnen des – als praktische Handlungshilfe gedachten – Buches „Hohe Schule der Verkäuferin" von 1957 den Leserinnen, darauf zu bestehen, dass die Ladeninhaber die seit 1905 geltenden Richtlinien zur Einrichtung von Sitzgelegenheiten in Ladengeschäften einhielten.[458] Außerdem deklarierten sie es als entscheidend, „was die Verkäuferinnen selbst zur Erhaltung ihrer Gesundheit und damit ihrer Arbeitskraft und Lebensfreude tun könn[t]en". Frische Luft, „Freiluftsport", also Schwimmen und Spazierengehen als Ausgleich, Wechselbäder für die Füße, Fuß- und Beinmassagen und Fußgymnastik schlugen sie als probate Mittel vor, ebenso wie „ein[en] Gymnastikkurs einmal in der Woche [als] gut investiertes Kapital!" oder einfaches Füße Hochlegen. Auch Schlaf erhole die Nerven. Sie schlossen mit dem Hinweis auf „[f]ortschrittliche Großfirmen[, die] Dachterrassen ein[richteten], wo die Verkäuferinnen in der Mittagspause sich in Liegestühlen ausruhen können".[459] Nebst den jungen Verkäuferinnen nahmen die Autorinnen also auch die Unternehmen in die Verantwortung, wenn es um die Gesundheit der Beschäftigten ging.

Mit der Einführung der Selbstbedienung änderten sich dann die Bewegungsabläufe der Arbeit für die Verkäuferinnen vollumfänglich und rasch. Körperliche Schwierigkeiten konnten dadurch scheinbar zunächst einmal verringert werden. Die NCR GmbH proklamierte die Einführung der Selbstbedienung als Erleichterung, da das Hin- und Herlaufen reduziert würde und sich die Verkäuferinnen und Verkäufer hinsetzen könnten. Eine Broschüre von 1960 pries folgende Vorteile der sogenannten „Freiwahl"[460] für das Personal an: „Bessere Arbeitsbedingungen durch weniger Lauferei und geringere Anstrengung, denn der Kunde übernimmt weitgehend das Zusammentragen der Waren." Neben dieser körperlichen Entlastung versprach NCR aber auch eine geistig angenehmere Tätigkeit durch das Selbstbedienungsprinzip und die damit einhergehenden neuen Kassen:

„Interessantere Tätigkeit, da die entlastete Verkaufskraft dem Kunden, der dies wünscht, ihre ungeteilte Aufmerksamkeit widmen und so entscheidenden Einfluß darauf nehmen kann, was und wieviel der Kunde kauft."[461]

NCR stellte hier die Verkaufsberatung als eigentliche Bestimmung der Verkaufenden und als sinnvolle Erfüllung dar. Die Tätigkeiten im Lebensmittelverkauf differenzierten sich mit der Einführung der Selbstbedienung mehr und mehr aus, sodass einige Frauen zu reinen Kassiererinnen ausgebildet wurden.

„Die NATIONAL-Kundenberatung […] schult[e] Ihr [gemeint sind die hier adressierten Ladeninhaber] Verkaufs- und Kassierpersonal in mehrtägigen Sonderlehrgängen. Die Lehrgangsteilnehmer [konnten] als Abschluß den Kassiererinnenbrief erwerben."[462]

---

[458] Vgl. Gehrke/Lindemann, Hohe Schule, S. 150.
[459] Gehrke/Lindemann, Hohe Schule, S. 151 f.
[460] Der Begriff „Freiwahl" beschreibt ein Verkaufsverfahren, bei dem die Kundschaft zwischen Bedienung und Selbstbedienung wählen kann.
[461] BWA, F 36 / 201, Moderne Verkaufsmethoden, ca. 1960.
[462] BWA, F 36 / 201, Moderne Verkaufsmethoden, S. 6.

4.4 Das Bild weiblicher Arbeit – Computerisierung des Kassenarbeitsplatzes 299

NCR verfügte über eine eigene Kundenberatungsabteilung, die den Geschäften mit Expertise und Fachwissen beim Erwerb neuer Kassen zur Seite stand, um die Umstellung zu erleichtern.[463] Fotos von solchen Schulungen zeigen, dass fast ausschließlich Frauen an den Schulungskassen übten.[464] Das Kassieren entwickelte sich also zu einer überwiegend weiblichen Tätigkeit, begünstigt auch durch das oftmals implizierte Argument, dass Frauen mit ihren schmaleren Händen die Kassen besser bedienen könnten und über größere Geschicklichkeit verfügten. Die geschlechtliche Zuordnung der Kassentätigkeit galt später auch für den Textil- und Warenhausbereich, in dem etwa noch in dem Roman von Zola ausschließlich Männer für das Geld zuständig waren. Gesundheitliche Probleme am Kassenarbeitsplatz betrafen demnach seit den 1950er Jahren ausschließlich Frauen.

Während des ersten Jahrzehnts der Selbstbedienung in der Bundesrepublik Deutschland regte sich „kein nennenswerter Widerstand der Beschäftigten im Einzelhandel gegen die Einführung der Vertriebsinnovationen". Dies wäre auch überraschend gewesen, da die Gewerkschaften in dieser Zeit grundsätzlich technikfreundlich eingestellt waren und sich von „Automation" zunächst Erleichterungen erwarteten.[465] Erst zu Beginn der 1960er Jahre, also mit der flächendeckenden Etablierung der Selbstbedienung, rückten die gesundheitlichen Probleme der Kassiererinnen in ihren Blick. Eines der Themen, welches der „Ausblick", das zentrale Publikationsorgan der Gewerkschaft HBV, besprach, war die Zugluft, die aufgrund der Positionierung der Kassen am Ausgang recht häufig zu Erkältungen führte: „Meistens sitzt die Kassiererin in Blickrichtung zum Käuferstrom mit dem Rücken zur Ausgangstür. Einfallende kalte Luft zieht über den Rücken der Frau."[466] Bethy Lübcke, Frauensachbearbeiterin bei der Gewerkschaft HBV, plädierte daher in ihrem Artikel in der Gewerkschaftszeitschrift dafür, die Kassenstände zu heizen und gegen Zugluft abzuschirmen. Außerdem insistierte sie auf der Notwendigkeit von einem bequemen und verstellbaren Sitz, und ausreichendem Platz im Kassenstand, um sich die Beine vertreten oder sie ausstrecken zu können. Gesundheitliche Probleme könnten demnach durch Befolgen gewisser Kriterien vermieden werden. Die Neugestaltung der Läden durch die Selbstbedienung nahm Bethy Lübcke nicht als Problem wahr – im Gegenteil: Der Untertitel des Artikels, „Sünden *sogar* in modernen Selbstbedienungsläden" [Hervorhebung d. Verf.in] zeugt davon, dass sie auf die Erleichterungen der Modernisierung in den Geschäften vertraute. Der „Ausblick" widmete sich aber auch anderen gesundheitlichen Aspekten. So thematisierte Anni Moser, die damalige Zweite Vorsitzende der Gewerkschaft HBV, in ihrem Artikel von 1965 das Heben und Tragen von schweren

---

[463] BWA, F 36 / 202, National und moderne Verkaufsmethoden, ca. 1958.
[464] BWA, F 36 / 247, MVM (Moderne Verkaufsmethoden) Distrikt-Arbeitstagungen, 1955–1963.
[465] Langer, Revolution, S. 317.
[466] Bethy Lübcke, Müssen Kassiererinnen in Zugluft sitzen? Sünden sogar in modernen Selbstbedienungsläden – Ist Ware wichtiger als das Personal?, in: Ausblick 15 (1963), H. 11, S. 6 f.

4. Weniger bedienen, weniger wert: weibliche Beschäftigte im Verkaufsraum

Lasten: „Daß sich die Frauen hierbei vielfach übernehmen und Schädigungen davontragen, ist sattsam bekannt."[467]

Aber nicht nur die Gewerkschaften, sondern auch Teile der Gesellschaft, die von der Neuen Frauenbewegung beeinflusst waren, setzten sich mit gesundheitlichen Problemen von Verkäuferinnen auseinander. Der bereits erwähnte zeitgenössische Dokumentarfilm der Berliner Frauenrechtlerin Cristina Perincioli griff diesen Aspekt neben den Themen Bezahlung, Chancengleichheit, Vereinbarkeit von Familie und Beruf und sexuelle Übergriffe auf. Im Film „Für Frauen. 1. Kapitel" von 1971[468] gibt es einige Szenen, in denen das Kassieren an einer Bandkasse mit einer elektronischen Registrierkasse gezeigt wird. Es ist ein Film, der, laut Vorspann, gemacht wurde von

„[...] Verkäuferinnen und Hausfrauen [...]. Sie haben sich diese Geschichte selbst ausgedacht und gespielt. Sie wollten die Rolle der berufstätigen Frau so darstellen, wie sie sie erleben[,] und zeigen, warum sie sie verändern wollen. Die Filmstudentinnen haben ihnen dabei geholfen."

Der Film thematisiert viele der alltäglichen Probleme im Supermarkt. Dazu zählte auch die Kassenarbeit. Während in einer Szene zunächst der junge männliche Verkäufer verhältnismäßig langsam die Preise in die Kasse tippt, löst ihn kurz darauf eine mittelalte Frau mit dem Kommentar „Na, so ganz scheint das ja mit den Preisen noch nicht zu klappen ..." ab, die daraufhin in erheblich erhöhtem Tempo mit geradezu maschinell anmutenden Armbewegungen mit dem Kassieren fortfährt. Die Bildsprache erinnert, und dies mit Sicherheit ganz bewusst, an Fließbandarbeit in der Fabrik. Blickkontakt zur Kundschaft stellen beide Kassierenden, wenn überhaupt, erst am Ende des jeweiligen Kassiervorgangs her, dann nämlich, wenn die Kasse den Kassenbon ausspuckt, welchen sie den im Film unsichtbar bleibenden Kundinnen und Kunden überreichen. Im Film begrüßen oder verabschieden weder Verkäufer noch Verkäuferinnen die Kundschaft an der Kasse.[469] Eine weitere Szene verbildlicht den Stress, dem eine andere Kassiererin aufgrund der Interaktion mit den Kunden und Kundinnen ausgesetzt war: Beschwerden über ein Produkt mischen sich mit Fragen über Tragetüten eines Kunden, dem Drängen einer nachfolgenden, sehr gehetzten Kundin und einer permanenten Geräuschkulisse.[470] Eine weitere Verkäuferin klagt über körperliche Gesundheitsbeschwerden während anderer Arbeitstätigkeiten, so etwa über das häufige „Kistenschleppen" im Lager. Zwei Frauen sprechen psychische Probleme an, die bis in das Familienleben hineinwirken.[471] In einigen Teilen der Gesellschaft waren gesundheitliche Probleme, ausgelöst durch die Arbeit im Einzelhandel, also bereits in den 1960er und frühen 1970er Jahren ein zentrales Thema.

---

[467] Anni Moser, Arbeitende Frauen sind keine Packesel, in: Ausblick 17 (1965), H. 9, S. 10 f., hier: S. 10.
[468] Vgl. „Für Frauen. 1. Kapitel" (BRD 1971).
[469] Vgl. Für Frauen, 00:09:33–00:10:02.
[470] Vgl. Für Frauen, 00:17:50–00:18:28.
[471] Vgl. Für Frauen, etwa 00:01:39–00:02:15, 00:03:12–00:04:02 und 00:11:49–00:12:14.

4.4 Das Bild weiblicher Arbeit – Computerisierung des Kassenarbeitsplatzes 301

Eine breitere Aufmerksamkeit für arbeitsbedingte Gesundheitsproblematiken entstand dann im Kontext des von 1974 bis 1989 durchgeführten Programms „Humanisierung des Arbeitslebens",[472] wobei auch die Kassier- und Verkaufsberufe unter die Lupe genommen wurden. Von 1978 bis Mitte der 1980er Jahre erschienen zahlreiche Publikationen, die auf einer Reihe von arbeitswissenschaftlichen Untersuchungen basierten. An diesen waren neben den Landes- und Bundesministerien auch die Gewerkschaft HBV und die Deutsche Angestellten-Gewerkschaft beteiligt. Die Studie mit der größten Resonanz innerhalb der HdA zum Einzelhandel war die „Menschengerechte Gestaltung des Kassenarbeitsplatzes in Selbstbedienungsläden" von Hans U. Bitsch und Theodor Peters.[473] Die Verbände des Einzelhandels übten Kritik an der Untersuchung und am Vorgehen einiger Landesministerien, die sich zum Teil nach den Empfehlungen der Studie richteten. Sie hielten demgegenüber die bestehenden Arbeitsstättenrichtlinien und DIN-Normen für ausreichend.[474] Parallel dazu befassten sich auch Vertreter und Vertreterinnen der europäischen Arbeiterbewegung mit den Problemen des Kassenpersonals.[475] Die Kernzeit der Debatten um die gesundheitlichen Auswirkungen der Kassiertätigkeit lag also in den 1970er und 1980er Jahren – nicht nur in der Bundesrepublik Deutschland, sondern auch in anderen Ländern.[476]

Die Vielzahl der Untersuchungen kam zu sich stets ähnelnden Ergebnissen über die tatsächlichen gesundheitlichen Probleme, die mit der Arbeit im Einzelhandel einhergingen: „Kassiererinnen [im Lebensmittelbereich] klagen am meisten über: Überbeanspruchung der Augen, Kopfschmerzen, Zwangshaltungen, Verkrampfung, Schmerzen im Schulter-, Ellenbogen- u. Handgelenksbereich, Rückenschmerzen, Kreislaufbeschwerden, Zugluft, Nervosität."[477] Hinzu kamen Magen- und Darmstörungen, Bluthochdruck und Einschlafschwierigkeiten.[478] Eine Studie, die die

---

[472] Vgl. Oehlke, Humanisierung des Arbeitslebens, S. 167.
[473] Vgl. u. a. Bitsch/Peters, Menschengerechte Gestaltung des Kassenarbeitsplatzes; Deutsche Angestellten-Gewerkschaft (Hrsg.), Rationalisierungsprobleme; Stahn-Willig/Zwingmann, Gesundheitsprobleme im Dienstleistungsbereich; Deutsche Angestellten-Gewerkschaft (Hrsg.), EAN; Strasser/Müller-Limmroth, Ergonomie an der Kasse; AdsD, HBV, 5 / HBVH810027, Gestaltung der Kassenarbeitsplätze, 1975–1980, hier: Prospekt „Prüfen Sie Ihren Arbeitsplatz", [1979].
[474] AdsD, HBV, 5 / HBVH810027, Gestaltung der Kassenarbeitsplätze, 1975–1980, hier: Artikel von Hannes Röhm, ‚Kassenarbeitsplätze', in: BAG-Nachrichten 10 (1979), o. S.: „Die Kritik richtet sich sowohl gegen die Methodik der Untersuchung als auch gegen die aus der Untersuchung sachlich gewonnenen Erkenntnisse".
[475] AdsD, HBV, 5 / HBVH810007, Sitzungen Vorstand Fachgruppe der Angestellten im Handel, 1965–1974, hier: Euro-FIET, Fachgruppenausschuss Handel, Brüssel, 14./15. Februar 1978, Punkt 4 der Tagesordnung: Studie über ergonomische Probleme – Kassenpersonal in Supermärkten; und Euro-FIET, Fachgruppe Handel, Auswertung der Antworten von Euro-FIET-Mitgliedern auf einen Fragebogen über Kassentechnik und ergonomische Forderungen für das Personal der SB(Selbstbedienungs)-kassen, [1979].
[476] Siehe hierfür auch die internationale Literaturschau in der Einleitung von Oppolzer, Kurzpausen, S. 11.
[477] AdsD, HBV, 5 / HBVH810027, Gestaltung der Kassenarbeitsplätze, 1975–1980, hier: Vorlage für die GA-Sitzung am 27./28. März 1980 – TOP 18 – Kassenarbeitsplätze, S. 2; unter Bezug auf Studie Bitsch/Peters, Menschengerechte Gestaltung der Kassenarbeitsplätze.
[478] Vgl. Glaubitz, Arbeitnehmer im Einzelhandel, S. 125.

körperliche Belastung in Großkaufhäusern untersuchte, ging sogar so weit, das relative Beinvolumen von Frauen zu messen. Dazu wurden die Beine in zweistündigem Abstand begutachtet und dabei die Varianten I „Stehen 75%, Gehen 20%, Sitzen 5%", II „Stehen wie I, mit 3 × 5 min liegen", II „Sitzen 90%, Gehen 10%" und IV „Gehen 66%, Sitzen 33%" miteinander verglichen – wobei sich die vierte Variante am günstigsten auf das relative Beinvolumen auswirkte. Die Untersuchung schlug daher vor, durch „Arbeits- und Pausengestaltung, Sitzgestaltung und -benutzung [sowie] durch zweckmäßige Gestaltung des Schuhwerkes" zur Verbesserung der Situation beizutragen.[479]

Einig waren sich die Studien auch in den Ursachen der Gesundheitsprobleme. Zu körperlichen Beeinträchtigungen führten fehlende oder unergonomische Sitzgelegenheiten, einseitige Belastungen nebst mangelnder Arm- und Beinfreiheit, „negative Umgebungseinflüsse wie Kälte und Zugluft", eine permanente Geräuschkulisse sowie grelles, künstliches Licht. Zu psychischen Problemen trugen Stresssituationen mit der Kundschaft, das Verhalten der Vorgesetzten, „ständige Konzentration durch Aufmerksamkeitsbindung" und Angst vor Arbeitsplatzverlust bei.[480]

Diese Ergebnisse führten schließlich dazu, dass bestimmte Richtlinien zur Gestaltung des Kassenarbeitsplatzes erlassen[481] beziehungsweise bereits bestehende Regelungen überprüft wurden, wie die entsprechenden Paragrafen der Arbeitsstättenverordnung und die geltenden DIN-Normen etwa von den Gewerbeaufsichtsämtern in Hessen. Die Bundesanstalt für Arbeitsschutz und Unfallforschung in Dortmund arbeitete zudem an einer „Handlungsanleitung" und erbat sich auch Stellungnahmen der Gewerkschaften HBV und DAG. Die HBV verbuchte es als Erfolg eines ihrer kontinuierlich arbeitenden Arbeitskreise – bestehend aus Arbeitsmedizinern und -medizinerinnen, Betriebsräten, Tarifpolitikern und -politikerinnen, DGB-Sachverständigen und Kassiererinnen –, dass „eine Reihe von Firmen (z. B. Aldi, Gaissmaier) […] die Umpackkassen zugunsten der Band-Kassen ersetzt [hatten]."[482] Manche Aspekte der physischen gesundheitlichen Probleme begann man somit seit Beginn der 1980er Jahre anzugehen und erzielte bereits teilweise Veränderungen auf der betrieblichen Ebene.

Zudem erleichterte die technische Entwicklung den Kassiervorgang. Eine ehemalige Kassiererin und Betriebsrätin des Textilgeschäfts Hirmer beschrieb die veränderten Anforderungen beim Kassieren durch die Umstellung auf Computerkassen:

„Man musste [vor der Umstellung auf PC-gestützte Kassen] immer kontrollieren, was ist das für eine [Kreditkarten-]Nummer, ist die vielleicht gesperrt. Also der Kassiervorgang war mit viel

---

[479] AdsD, HBV, 5 / HBVH810027, Gestaltung der Kassenarbeitsplätze, 1975–1980, hier: Unveröffentlichtes Manuskript! Nur zur persönlichen Information bestimmt!, Menschengerechte Gestaltung von Arbeitsplätzen des Verkaufspersonals – 1. Zwischenbericht – (Kurzfassung) von Dr. rer. Physiol. Dipl.-Ing. A. Rieck, S. 1, 5–7.
[480] Vgl. zusammenfassend z. B. Teske, Frauenarbeit im Einzelhandel, S. 76 f.
[481] Vgl. Glaubitz, Arbeitnehmer im Einzelhandel, S. 125.
[482] AdsD, HBV, 5 / HBVH810027, Gestaltung der Kassenarbeitsplätze, 1975–1980, hier: Vorlage für die GA-Sitzung, S. 4 f.

4.4 Das Bild weiblicher Arbeit – Computerisierung des Kassenarbeitsplatzes 303

mehr Kontrolle versehen. Also man musste viel mehr arbeiten im Kopf und an alles denken. Das ist heute alles durch die PC-gestützte Kassierung ganz anders. Da nimmt einem das Gerät vieles ab."[483]

Einer ähnlichen Argumentation folgte Wal-Mart in den USA bei der Einführung von Barcode-Scannern und Computertechnologie in den frühen 1980er Jahren, um bei den Beschäftigten die Angst vor Arbeitsplatzverlust durch Technikeinsatz gar nicht erst aufkommen zu lassen. Die Inhaber von Wal-Mart stellten die Technologie in ihrer Betriebszeitschrift als „servant to service workers" dar, als ein Mittel, um die Arbeit zu erleichtern und den Status der Beschäftigten zu verbessern.[484] Zu dieser Zeit wurden auch in anderen Ländern die beiden Themen Gesundheit und Technik am Arbeitsplatz im Einzelhandel zusammengedacht. Die bei manchen als Erleichterung empfundene Einführung einer Scannerkasse erwies sich in einer arbeitsphysiologischen Untersuchung als nicht zutreffend. Kassiererinnen an Scannerkassen nahmen eine wesentlich höhere Belastung wahr, wenn etwa der zu scannende EAN-Code nicht funktionierte. Dann ergab sich aus der engen zeitlichen Vorgabe eine psychische Belastung.[485]

Die Einführung und Bedienung von PC-gestützten Kassensystemen brachte aber auch eine neue Form der Verantwortung mit sich und forderte Eigeninitiative bezüglich des Erlernens von PC-Techniken, was bisweilen zu Stress führen konnte:

„Wir haben ja heute viel kompliziertere Sachen mit Änderungen. Wir müssen die Verkäufernummern eingeben in die Kasse, wir müssen die Sonderprämien extra erfassen. Also wir haben viele, viele Dinge an den Kassen zur erledigen, die über den normalen Kassiervorgang hinausgehen. Verantwortung hat man natürlich [...], weil hintendran die Prämie hängt. Also es ist schon eine tolle Aufgabe, aber sie muss gut abgeleistet werden."[486]

Ein noch intensiveres Stressempfinden stellte sich bei der Verwendung von PC-gestützten Kassensystemen im Discount-Lebensmitteleinzelhandel ein. Die Datenerfassung zählte, wie viele Artikel pro Minute eine Kassenkraft „schaffte", um daraus eine Leistungsvorgabe zu berechnen.[487] Kassiererinnen standen also unter enormem Zeitdruck. Die kleinsten Verzögerungen des Kassiervorgangs, ausgelöst etwa durch das Herumkramen von Kundinnen und Kunden nach Kleingeld, konnten sie in höchsten Stress versetzen.

Trotz der Weiterentwicklung der Verkaufstechnik scheinen die gesundheitsgefährdenden Potenziale für Verkaufs- und Kassierkräfte im Verlauf der zweiten Hälfte des 20. Jahrhunderts Bestand gehabt zu haben: „moralische" Gefährdung, körperliche Probleme durch Herumstehen, vieles Laufen, einseitiges Kassieren

---

[483] HUA, 2013 / 08 / 0009, Interview: Interview mit Fr. G. H., Betriebsrätin (25. 11. 2009), Transkript, S. 5.
[484] Moreton, God and Wal-Mart, S. 130.
[485] Vgl. Schütte, Untersuchungen der psychischen Belastung, S. 91–94.
[486] HUA, 2013 / 08 / 0009, Interview: Interview mit Fr. G. H., Betriebsrätin (25. 11. 2009), Transkript, S. 7.
[487] AdsD, DAG, 5 / DAGA640006, DAG Bundesvorstand/Ressort Wirtschaftspolitik/Abteilung Mitbestimmung: Schriftverkehr/Buchstabe A–C, 1991–1992, hier: ALDI GmbH & Co. KG Lebensmittel-Filialbetrieb, Betriebsanweisung Kassieren, vom 23. 03. 1988.

und schließlich Stress durch Kundschaft und Vorgesetzte. Ein Informationsheft zum Berufsbild des Verkäufers und der Verkäuferin führte 1999 noch eine Reihe von Problemen bei der Berufsausübung auf, die es zu bedenken gelte, sollte man sich für diese Erwerbstätigkeiten entscheiden: nervenraubende Kundenanfragen, Zeitdruck, hohe Geräuschbelästigung, Sitzen, Stehen, Gehen, Heben, Tragen. Maßnahmen, welche gegen die körperliche Belastung empfohlen wurden – das Hochlegen der Beine, Gesundheitssandalen, Stützstrümpfe, Wechselduschen, Fußbäder, Schwimmengehen –, erinnern stark an das Ratgeberbüchlein für junge Verkäuferinnen von 1957. Sie alle beruhten auf der Eigeninitiative der Betroffenen selbst.[488]

Die psychische Gesundheit: Die Positionierung der Kassierenden

Wesentliche Bedeutung für die psychische Gesundheit hatte die Positionierung der Kassen und der Kassierenden im Verkaufsraum. Geht man von den vier Aspekten der historischen Raumanalyse nach Susanne Rau aus – Raumkonstitution, Raumdynamiken, Raumwahrnehmung sowie Raumpraktiken[489] –, fallen zunächst die räumlich-gestalterischen Veränderungen im Verkaufsraum auf. Die Kasse wanderte von einer meist zentralen Stelle im Ladengeschäft an den Ausgang. Dies führte dazu, dass die Kassierenden keine Kontrollfunktion mehr ausübten, sondern lediglich als Kontaktpunkt zum Austausch von Ware gegen Geld dienten. Dies galt vor allem in der Lebensmittelbranche. In Textilgeschäften standen die Kassen zum Teil mitten im Warenbereich, anstatt wie zuvor hinter Theken an den Rändern des Raumes. Eine solche Platzierung sollte die Kundschaft zum weiteren Einkaufen anregen. Für die Kassierenden bedeutete dies, dass das Kassieren nur eine der zugeteilten Aufgaben war, andere Dinge oftmals parallel erledigt werden mussten und sie keinen fest zugewiesenen Platz mehr im Verkaufsraum hatten. Sie mussten aufmerksam beobachten, ob Kundinnen oder Kunden sich der Kasse näherten oder nach ihnen gerufen wurde.[490]

Dadurch entstanden neue Raumdynamiken und Raumwahrnehmungen. Das Verhältnis von Kundschaft und Kassierenden zueinander, Machtverhältnisse und Herrschaftspositionen wurden neu ausgehandelt. Während der Verkaufsraum vormals durch die Theke klar vom Bewegungsraum der Kundinnen und Kunden getrennt war, vermischten sich mit ihrem Wegfall diese beiden Bereiche. Der Verkaufsraum wurde zum Hoheitsgebiet der Kundschaft. Die Kundinnen und Kunden empfanden die Kasse weiterhin als abgetrennten Bereich, der der kassierenden Person zugeordnet war, allerdings übertraten sie die Bereichsgrenzen im

---

[488] Vgl. Mohr, Verkäufer, S. 21 f.
[489] Vgl. Rau, Räume, S. 132 f.
[490] Vgl. etwa Krohn, Wir verkaufen Mode, S. 9. O-Töne aus dem Feld: „[G]anz allein in einer Etage an der Kasse arbeiten zu müssen. Und ganz nebenbei soll man dann noch die komplette Wäscheabteilung aufräumen und die Sachen der Kunden aus der Anprobe wegräumen", zitiert nach: ebenda, S. 9.

4.4 Das Bild weiblicher Arbeit – Computerisierung des Kassenarbeitsplatzes 305

Abb. 21: *Verkaufspersonal stehend, leicht erhöht hinter der Theke, J. Latscha, 1953*

Zuge ihrer Interaktion und forcierten durch ihre Aktion – das Geben von Geld – eine Reaktion des Gegenübers – das Geben von Wechselgeld. Die Kassiererin musste den Kassenplatz als ambivalent empfinden. Einerseits war die Kassenkraft durch dessen physische Konstitution eingesperrt, andererseits diente er als Schutz vor dem Eindringen der Kundschaft in den ihr anvertrauten Bereich, in dem sich auch der Bargeldbestand, der ihrer Verantwortlichkeit oblag, befand.

Zudem war es relevant, wie die Kassierenden im Verhältnis zu den Kundinnen und Kunden platziert waren. Eine offensichtliche Veränderung lässt sich an zwei Beispielen aus dem Latscha-Archivbestand zeigen:

Anstatt wie im Bedienungsladen an der Kasse und hinter einer Theke zu *stehen*, waren die Kassen im Selbstbedienungsladen so gestaltet, dass die kassierende Person dahinter *sitzen* sollte. Diese Umstellung bedeutete gewiss, wie zuvor beschrieben, eine vorläufige Erleichterung für das Kassenpersonal, gleichzeitig befanden sich die Kassierenden aber wortwörtlich nicht mehr auf Augenhöhe mit der Kundschaft. Hinter der Theke im Bedienungsladen standen die Verkaufenden sogar zum Teil etwas erhöht, um alle Produkte gut erreichen zu können, während die Kassierenden hinter den neuen Kassen – seien es Umpack- oder Bandkassen – in niederer Position saßen. Sowohl bei Latscha als auch bei Gaissmaier erfolgte die Umstellung auf Umpackkassen im Laufe der 1960er Jahre. Somit blickte die Kundschaft von

306 4. Weniger bedienen, weniger wert: weibliche Beschäftigte im Verkaufsraum

Abb. 22: Kassiererin niedrig sitzend, im Kassenstand. J. Latscha – Eröffnungstrubel, 1957, Fotograf: unbekannt

oben auf die Kassiererinnen herab; diese wiederum blickten zur Kundschaft auf oder hielten den Kopf gesenkt, um die Preise an den Waren abzulesen – eine drastische Verschiebung der Herrschaftsverhältnisse also. Durch die *Self-Checkout-*Kassen, die etwa seit 2011 bei Migros üblich wurden, wurde der Handlungsspielraum des Kassenpersonals weiter eingeschränkt und ein eigener Bereich aufgegeben. Stattdessen war eine Kassenaufsicht für vier bis sechs Kundenkassen zuständig ist.[491]

Auch die Kassenarbeitsplätze im Textileinzelhandel veränderten sich, allerdings nicht so eindeutig wie im Lebensmittelbereich. Beim Textilgeschäft für Damenoberbekleidung, Wäsche und Heimtextilien C. F. Braun in Stuttgart befanden sich in den 1960er Jahren sogenannte Kassentische in jedem Raum sowie eine Hauptkasse. Hinter diesen massiven Tischen beziehungsweise Kassenständen *saßen* die ausschließlich weiblichen Kassiererinnen. Ein eigener „Hoheitsbereich" war ihnen somit gesichert, allerdings gingen die Blicke der Kundschaft auf sie herab. Zwar gab es auch eine schmale Vertiefung in der Theke, um wenigstens einen Blickkontakt zu ermöglichen – ein Zitat aus dem entsprechenden Fotoalbum zeigt aber die dennoch bestehenden Probleme auf: „Das Fräulein ‚Hauptkasse', Fräulein Anne-

---

[491] Vgl. Erläuterung „Subito – Einfach und schnell einkaufen", in: Schweizer Migros, https://www.migros.ch/de/services/zahlungsmoeglichkeiten/subito.html [zuletzt abgerufen am 17. 09. 2022].

4.4 Das Bild weiblicher Arbeit – Computerisierung des Kassenarbeitsplatzes 307

liese, ist hinter ihrem gewichtigen Kassentisch kaum zu erkennen."[492] Auch in den Filialen von C&A scheinen solche Kassenboxen von den 1950er Jahren bis in die 1970er Jahre üblich gewesen zu sein.[493]

Beim Textilhaus Beck in München waren in den 1950er Jahren ebenfalls abgeschirmte Kassentische üblich, Käfigen ähnlich, die in der Mitte des Raumes platziert waren. Allerdings ist auf den Fotos zu erkennen, dass das Kassenpersonal dahinter *stehen* musste, also zwar eingesperrt, aber immerhin auf Augenhöhe mit der Kundschaft war.[494] Im Verkaufsraum der 1970er Jahre stellte Beck die einzelnen Kassen dann auf langen, offenen Theken am Rande des Verkaufsraumes auf.[495] Darin orientierte man sich wieder stärker an der Ladengestaltung um 1900.[496] Die Theken waren allerdings offen, das heißt, sie suggerierten der Kundschaft eine Zugänglichkeit. Auf den Fotos sind im Gegensatz zu denjenigen von C. F. Braun keine dazugehörigen Kassenkräfte abgebildet. Dies lässt den Schluss zu, dass bei Beck die Zuständigkeit für eine Kasse wechselte und dass neben dem Kassieren parallel andere Aufgaben auszuführen waren. Während die Kassiererinnen bei Beck also keine derartige Degradierung erfuhren, hatten sie dafür auch nicht die Möglichkeit, sich zwischenzeitlich hinzusetzen. Dies mag damit zusammenhängen, dass Beck sich stets als gehobenes Haus empfand, zu dem der Eindruck einer sitzenden Verkaufs- oder Kassenkraft nicht gepasst hätte.[497] Zumindest bei Beck blieb das Kassieren an solchen Theken lange erhalten.[498] Die unterschiedlichen Raumwahrnehmungen, die in den verschiedenen Handelsbranchen entstanden, hatten weiterreichende Auswirkungen auf das zugestandene Ansehen und die Anerkennung von Verkäuferinnen und Verkäufern. So schätzten Beschäftigte im Warenhausbereich den Status von Verkaufskräften im Einzelhandel ganz stark in Abhängigkeit der jeweiligen Branchen ein, wobei zuunterst der Status-Pyramide die Arbeit im Lebensmitteleinzelhandel und zuoberst die Arbeit in Boutiquen stand.[499]

Anhand der tatsächlichen Raumpraktiken und Raumnutzungen der Beschäftigten in den Betrieben lässt sich erkennen, über welches Maß an Handlungsmacht Kassiererinnen verfügten, und ob es ihnen bisweilen gelang, die Vorgaben des Raumes zu durchbrechen. Ein Beispiel dafür stammt aus dem Lebensmittelfilialunternehmen Latscha. War eine der Prämissen der Arbeit bei Latscha die Freundlichkeit gegenüber der Kundschaft – „Sei freundlich, höflich, dienstbereit / Der Kunde lohnt's mit Dankbarkeit!"[500] –, scheint diese im Zuge der Umstellung auf Selbstbe-

---

[492] WABW, B 56 F 25041–25169, Fotoalbum: „Ein Arbeitstag in der Firma C. F. Braun 1960er Jahre" (nicht paginiert), 1960er.
[493] Vgl. Kambartel, Kasse, S. 215, 218.
[494] BWA, F 34 / 237, Innenansicht Verkaufsräume, 1951–1971, Fotos von 1951.
[495] BWA, F 34 / 237, Innenansicht Verkaufsräume, 1951–1971, Fotos von 1971.
[496] Vgl. Krauss, Die königlich-bayerischen Hoflieferanten, S. 196.
[497] Vgl. Gehrke, Hohe Schule, S. 150.
[498] BWA, F 34 / 235, Innenansicht Verkaufsräume, um 1987, 1988.
[499] Vgl. Glaubitz, Angestellte und Gewerkschaften, S. 175.
[500] ISG, W1-10-550, Hausinterne Anweisungen an das Personal, Anfang der 1950er, hier: Merkblätter: „So spricht der Latscha-Geist".

dienung in einigen Filialen vorübergehend in Vergessenheit geraten gewesen zu sein. Die Firma rief 1962 in einem Zeitungsinserat zu einem „Kassiererinnen-Wettbewerb" auf, legte „Stimmzettel an allen Kassen" aus und machte dabei die Kundschaft zum Schiedsrichter.[501] Offenbar war die Stimmung der Beschäftigten an den Kassen nicht so gut, wie es die Fotos überliefern. Das Kassenpersonal musste erst lernen, mit seiner neuen, eingeschränkten Aufgabe zurechtzukommen, also gleichsam Maschine zu sein und dabei gute Miene zu machen. Die tatsächliche Praktik im Betrieb beziehungsweise in den Filialen entsprach also offenbar nicht den Vorgaben der Geschäftsführung und musste durch solcherlei disziplinierende Maßnahmen hergestellt werden. Ein weiteres Beispiel, wie sich Beschäftigte dem Stress an den Kassen durch nicht enden wollende Kundenschlangen entziehen konnten, war die Nutzung von Toilettenpausen als Erholung.[502] Eine noch viel schwierigere und nur selten genutzte Chance, sich der vorgegebenen Raumnutzung zu erwehren, war die Möglichkeit des kollektiven Streiks. Im Film „Für Frauen. 1. Kapitel" machen die Frauen von dieser Möglichkeit in Form eines wilden Streiks Gebrauch. Der Film zeigt die Kasse als einen Ort, an dem sich dessen Nicht-Nutzung äußerst einschneidend auf den Fortgang des Betriebs auswirkt. Im Laden herrscht Chaos ohne die Frauen an der Kasse: Die Männer, der Inhaber und der zum Filialleiter ernannte junge Mann, kommen mit der Kasse und der wütenden Kundschaft nicht zurecht.[503]

***

In den 1950er Jahren entstand mit der Einführung der Selbstbedienung der Kassenarbeitsplatz als eigenständiger Arbeitsraum. Die Praktik des Kassierens spaltete sich im Lebensmitteleinzelhandel von den anderen Verkaufspraktiken ab. Im Textileinzelhandel hatte es zum Teil schon länger eigene Kassenstände gegeben, gerade bei größeren Unternehmen. Der mechanische Kassenarbeitsplatz war eine Projektionsfläche zeitgenössischer Frauenbilder und es entstand dort eine spezifisch weiblich konnotierte Arbeitssphäre.

Ein Los, das Kassiererinnen zu tragen hatten, war, dass sie jederzeit abrufbar sein mussten, denn oft wurde ein zusätzlicher Kassenstand „in Bereitschaft" gehalten. Die entsprechende Kassiererin wurde

> „[…] mit solchen Arbeiten betraut, die 1. Im Bedarfsfall sofort unterbrochen werden können, 2. Räumlich möglichst nahe an den Kassen zu erledigen sind. Die Kassiererin erhält eine generelle Anweisung, daß sie sich sofort an ihren Kassenstand zu begeben hat, sobald sich an dem ersten Stand eine Kundenschlange zu bilden beginnt. Ist die Schlange abgebaut, geht die Bereitschaftskassiererin an ihre erste Arbeit zurück."[504]

Sie konnte ihre Arbeit nur so lange selbstbestimmt gestalten, wie dies der Andrang erlaubte.

---

[501] ISG, W1-10-545, Zeitungsinserate, 1959–1962, hier: Anzeige „Kassiererinnen-Wettbewerb".
[502] Vgl. Morgenthaler, Leben kommt zu kurz, S. 11.
[503] Vgl. Für Frauen, 00:21:15–00:23:31.
[504] ISG, W 1-10-406, Bericht über Filialuntersuchung in V 40, 1964, hier: S. 52, Hervorhebung im Original.

4.4 Das Bild weiblicher Arbeit – Computerisierung des Kassenarbeitsplatzes   309

Kassiererinnen genossen in den 1950er Jahren durchaus ein gewisses Ansehen, das sich in der etwas höheren Bezahlung ausdrückte. Sie nahmen sich selbst als wichtige Position innerhalb des Betriebes wahr, da sie in manchen Fällen den einzigen Kontakt zur Kundschaft darstellten und außerdem mit dem Umgang mit Geld betraut waren.

Als in den 1970er Jahren elektronische und später PC-gestützte Kassensysteme eingeführt wurden, glaubten die Einzelhandelsunternehmen an die Vorteile durch den Fortschritt und imaginierten ein personalfreies Geschäft. Arbeitspraktiken wurden mehr und mehr an Maschinen übergeben oder an die Hersteller ausgelagert. Während seitens der Unternehmen von einer Technikbegeisterung gesprochen werden kann, die auf eine Zeit- und Kostenersparnis hofften, und die Beschäftigten eine Erleichterung an ihrem Arbeitsplatz erwarteten, war die gewerkschaftliche Sicht wiederum von Technikangst und dem damit verbundenen befürchteten Abbau von Arbeitsplätzen geprägt.

Die Probleme, die sich am Arbeitsplatz im Einzelhandel für die körperliche und geistige Gesundheit ergaben, waren keine frauenspezifischen Probleme. Aufgrund der überwiegenden Zahl von Frauen, die während des Untersuchungszeitraums im Einzelhandel arbeiteten, waren aber vor allem die weiblichen Beschäftigten von den belastenden Faktoren betroffen. Während sich die Tätigkeiten im Einzelhandel veränderten, sich aufspalteten und, wie das Kassieren, geschlechtlich konnotiert wurden, änderte sich an den gesundheitlichen Problemen nur wenig. Die Mehrheit der Gesellschaft nahm die Herausforderungen dieser weiblichen Arbeit kaum ernst. Lediglich in der allgemeinen Hochphase der Arbeitsschutzdebatten im Kontext der „Humanisierung der Arbeitswelt"-Initiativen wurden Schutzmaßnahmen umgesetzt. So verbot ein Gesetz die Umpack-Kassen. Der Gesetzgeber zementierte damit die Vorstellung, dass an den Kassen Menschen säßen, die nicht schwer heben konnten, dafür aber flink und geschickt waren – also Frauen. Faktoren der psychischen Belastung standen nicht zur Diskussion. Sollten Frauen sich aufgrund von Stress nicht in der Lage sehen, Beruf und Familie zu vereinbaren, stünde ihnen die Möglichkeit offen, in Teilzeit zu arbeiten. Für das Bild von weiblicher Arbeit bedeutete dies, dass es weiter in Richtung eines reinen Zuverdiensts verschoben wurde.[505]

Zu den konkreten Arbeitsbedingungen kamen die subjektiven Empfindungen der Kassierenden und der Kundinnen und Kunden hinzu, welche die Arbeitswelt prägten und von der räumlichen Positionierung der Kassierenden abhingen. Dass sich eine Herabwürdigung und der geringe Status des Kassenpersonals vor allem auf das Bild von weiblicher Arbeit negativ auswirkten, hängt damit zusammen, dass seit den 1960er Jahren fast ausschließlich Frauen an den Einzelhandelskassen saßen. In einer bezeichnenden Szene des Films „Für Frauen. 1. Kapitel" äußert der männliche Kollege, als er sich an die Kasse setzt, als Entschuldigung für das lange Warten gegenüber der Kundschaft: „Ich mach doch hier auch nur die Arbeit von Frauen."[506] Damit drückt er seine Geringschätzung gegenüber dieser Arbeit aus,

---

[505] Hiervon wird in Kapitel 5.4 noch zu sprechen sein.
[506] Vgl. Für Frauen, 00:22:38–00:23:29.

in der er weibliche Arbeit offensichtlich nicht als qualifizierte Arbeit ansieht. Das Bild weiblicher Arbeit, das unter anderem hier zum Ausdruck kommt, ist das einer dienenden, freundlichen Maschine, die man nicht zu grüßen braucht und auf die man herabblickt. Dies mag im Textileinzelhandel anders gewesen sein, da der Status der Ware auch den Beschäftigten ein gewisses Ansehen verlieh, aber auch dort gab es im Laufe der Zeit Tendenzen, die eine Geringschätzung der weiblichen Beschäftigten vorantrieben.

Die Teilpraktik des Kassierens und ihre Veränderungen im Laufe der Zeit wirkten sich als Bestandteil der Arbeitsraumpraktiken auf die betrieblichen Mikrostrukturen aus. Gleichzeitig waren es betriebsübergreifende Phänomene, die sich sowohl im Lebensmitteleinzelhandel als auch Textileinzelhandel – in kleineren wie größeren Läden, in inhabergeführten wie filialisierten Betrieben – nachweisen lassen. Somit trug die veränderte Praktik des Kassierens als einer von mehreren Bausteinen dazu bei, die weibliche Arbeit im Einzelhandel generell zu marginalisieren und das soziale Ansehen der arbeitenden Frauen zu minimieren.

4.5 Hinter der Bühne: Folgen der Computerisierung und männliche Berufswelt

Speichern: Grundlage für neue Arbeitspraktiken

Eng verbunden mit dem Wandel der Kassensysteme waren Veränderungen von Arbeitspraktiken, die sich im Hintergrund, nicht sichtbar für die Kundinnen und Kunden, abspielten. Dazu zählten Arbeitsprozesse, die das Verwalten und Instandhalten eines Ladengeschäfts betreffen. Auch hier hielt die Computerisierung Einzug – und eine wichtige Grundlage dafür war das Speichern von Daten.

Eine der frühen Möglichkeiten, Daten zu speichern, waren Lochstreifen. Dabei handelte es sich um ein mechanisches Speichermedium aus Papier, Kunststoff oder Metall, in das Löcher hineingestanzt wurden, um Informationen zu speichern, zu verarbeiten und zu übertragen. Erstmals bereits Mitte des 18. Jahrhunderts für den Betrieb von Webstühlen verwendet, ließ der US-Amerikaner Herman Hollerith die Technik Ende des 19. Jahrhunderts patentieren. Eine Weiterentwicklung bildeten die Lochkarten, ebenfalls Ende des 19. Jahrhunderts entwickelt. Lochstreifen dienten auch dem ersten Computer von Konrad Zuse als Speichergrundlage, da sie ebenfalls mit einem binären System arbeiteten. Mitte des 20. Jahrhunderts wurden Lochstreifen nach und nach durch Magnetspeicher (Band oder Platten) abgelöst.[507]

In die Kassentechnik in Deutschland hielten Lochstreifen ab den 1950er Jahren Einzug. Zuvor war mit Abrechnungsblöcken, Bons und kleinen Heften gearbeitet

---

[507] Vgl. Eicken u. a., Lochstreifen; Schwarz, Lochstreifen in Büro und Betrieb; Beauclair, Rechnen mit Maschinen; Proebster, Peripherie von Informationssystemen.

4.5 Hinter der Bühne: Folgen der Computerisierung und männliche Berufswelt 311

worden.[508] NCR bot dabei Registrierkassen an, die an einen Streifenlocher angeschlossen waren, sodass während des Eintippens durch die Kassenkraft auch die Lochstreifen gestanzt wurden.[509] Diese Lochstreifen konnten dann von Lesegeräten in der Zentrale ausgelesen und somit unterschiedliche Daten wie Tag, Uhrzeit, Artikelanzahl et cetera, miteinander in Bezug gesetzt werden. Damit entfielen nach und nach diverse Tätigkeiten, die zu den Praktiken des Verwaltens und Instandhaltens zählten, wie die Nachbestellung von Waren oder die Beobachtung von Kundschaft und Personal. NCR machte explizit damit Werbung:

„Die NCR Century 100 ist ein elektronisches Datenverarbeitungssystem, das nach dem Baukastenprinzip konzipiert wurde. Mit Hilfe dieser EDV-Anlage wird die Geschäftsleitung über alle wichtigen Vorgänge im Betrieb informiert. [...] Gleichzeitig werden die Mitarbeiter von den zeitraubenden Massen- und Routinearbeiten befreit."[510]

Gemeint waren damit etwa Inventuren, statistische Auswertungen, immer gleiche Warennachbestellungen oder Filialerfolgsrechnungen. Um den NCR-Kunden, sprich den Einzelhandelsunternehmen, die offenbar vorherrschende Skepsis zu nehmen, verteilte man auch Broschüren mit Zeichnungen, die mit einfachen Schaubildern erklärten: „Was ist Datenverarbeitung?", „Was ist binäre Arithmetik?" oder „Was ist ein Computer?".[511] Hierbei wurden auch andere Datenlesemöglichkeiten wie die Magnetschrift erläutert, die in den 1960er Jahren vor allem im Bankgewerbe eingesetzt wurde, oder die optischen Lesegeräte, die auch etwa die Schrift auf den Kontrollstreifen einer Registrierkasse auslesen konnten. Auch andere Speicheroptionen spielten eine Rolle, wie Magnetkarten und Magnetbänder, die in einem New Yorker Warenhaus eingesetzt wurden. Da sich ein eigenes Elektronenrechnersystem für die allerwenigsten NCR-Kunden aus dem Einzelhandel lohnte, bot man in den 1970er Jahren an, das Verwalten und Auslesen der Daten in der NCR-Zentrale zu bewerkstelligen und die fertigen Berichte als Ausdrucke an die Einzelhandelsbetriebe zu versenden. Dies brachte für kleinere Betriebe Vorteile. So konnten Dispositionslisten, Warenstatistiken oder eine Verkäuferstatistik ausgedruckt werden:

„Mit der Verkäuferstatistik können die Ergebnisse von maximal 299 Verkäufern erfaßt werden. Sie weist für jeden Verkäufer folgende Werte aus: Verkäufer-Nummer, Monatsumsatz in DM und in Prozent vom Gesamtumsatz, [...] Anzahl der Kunden und der prozentuale Anteil an der Gesamtkundenzahl, Absatzmenge, durchschnittlicher Umsatz pro Kunde in DM und Menge, [...] monatliche Prämie in DM und Prozentanteil am Gesamtprämienaufkommen [...]. Dieses Zahlenmaterial schafft die Voraussetzungen für eine moderne Personalpolitik und leistungsgerechte Bezahlung."[512]

---

[508] WABW, B 56 Bü 221, Kassenbücher, Kassen-Tagesabrechnungen (Ladenkasse), 1917/49–1970.
[509] BWA, F 36 / 1416, „Der NCR Streifenlocher – die Brücke zur elektronischen Datenverarbeitung von Betrieben jeder Art und Größe", farbiger Prospekt (A – 3173 – Gr), ca. 1962.
[510] BWA, F 36 / 1675, NCR Century Software FILAS Filialbetriebe-Abrechnungs-System, 1971.
[511] BWA, F 36 / 1415, „Elektronische Datenverarbeitung – für den Laien geschrieben", drei Broschüren, ca. 1962.
[512] BWA, F 36 / 1577, System NCR 399 Datenverarbeitung im Einzelhandel: Systeminformationen, ca. 1975.

4. Weniger bedienen, weniger wert: weibliche Beschäftigte im Verkaufsraum

Bei den auf der Elektronik-Messe „CeBIT" in Hannover 1985 vorgestellten NCR-Produkten gab es bereits mehrere Kassensysteme, an die auch ein Scanning-Gerät angeschlossen war.[513] Diese Technik hatte sich seit der europaweiten Einführung des Barcodes 1981 sehr schnell durchgesetzt.

Dagegen praktizierte C&A in den 1950er Jahren eine manuelle Datenverarbeitung:

> „Überwiegend weibliche Angestellte mit niedriger Qualifikation fertig[t]en anhand der Etikettabschnitte noch in den frühen 1950er Jahren Strichlisten an, um so einen Überblick über den tatsächlichen Abverkauf zu erhalten. [...] Die von den Mitarbeiterinnen in Listen erfassten Verkaufsdaten w[u]rden sodann per Post an die C&A-Hauptverwaltung nach Düsseldorf geschickt, wo die Unternehmensleitung auf dieser Basis operative und strategische Entscheidungen tr[af]."[514]

Aufgrund der Größe des Unternehmens waren hier bereits Wissensgenerierung und Wissensverwaltung voneinander getrennt. Verwaltung und Warenauszeichnung wurden in dieser Zeit noch dezentral, sprich in den einzelnen Filialen organisiert.[515] Dennoch gab es bereits Mitte der 1950er Jahre bei C&A Ambitionen, die Arbeit in den Kontoren der einzelnen Häuser mittels Technik zu beschleunigen. Eingesetzt wurden anstelle von einfachen mechanischen Rechenmaschinen elektronische Geräte, die durch das elektronische Auslösen der Tasten die Rechengeschwindigkeit erhöhten.[516] Das erleichterte die Bedienung und erhöhte die Kassiergeschwindigkeit, was wiederum dazu führte, dass die Beschäftigten an Kassen und Packtischen genötigt wurden, schneller zu arbeiten. Und ab 1957 arbeitete die Düsseldorfer Zentrale mit einer Anlage zur elektronischen Datenverarbeitung, kurz darauf bereits mit einem leistungsstärkeren Computersystem, um die Verkaufsdaten auszuwerten. Indem auch in den Kontoren der Häuser eigene Buchungsmaschinen eingesetzt wurden, konnte der Informationsfluss wesentlich beschleunigt werden. An die Stelle handschriftlicher Listen traten computerlesbare Lochstreifen, die von den einzelnen Häusern an die Zentrale geschickt wurden.[517]

Ab Ende der 1960er Jahre führte C&A ein neues Kassen- und Datenverarbeitungssystem der schwedischen Firma Hugin ein, das auf die Bedürfnisse des Unternehmens genau abgestimmt war. Die detaillierte Ausrichtung des Systems auf ein bestimmtes Unternehmen war in der EDV-Frühphase üblich, wie dies die Beispiele der Firmen Latscha und Gaissmaier zeigen. Bei C&A wurden zunächst alle Artikel in der Auszeichnung mit Etiketten versehen, die von der Hugin-Auszeichnungsmaschine mit einer 27-stelligen Zahl lochcodiert wurden und alle Informationen enthielten, etwa die Artikelnummer, Farbe, Größe und den Preis. Diese Informationen speicherte die Maschine gleichzeitig mittels eines Magnetbandschreibers auf Magnetband und leitete sie an die Hauptverwaltung weiter, die so-

---

[513] BWA, F 36 / 1242, „Mehr als nur Computer: NCR." Informationsbroschüre zur CeBit Hannover 1985, 1985.
[514] Kambartel, Kasse, S. 215.
[515] Vgl. Kambartel, Kasse, S. 215.
[516] Vgl. DRAIFLESSEN Collection (Hrsg.), C&A zieht an, S. 151.
[517] Vgl. Kambartel, Kasse, S. 216 f.

4.5 Hinter der Bühne: Folgen der Computerisierung und männliche Berufswelt 313

mit stets alle Vorgänge in allen Filialen überwachen konnte. In einem zweiten Schritt setzte C&A ab 1970 auch die Hugin-Kassen in den einzelnen Häusern ein, bei denen nur noch das Etikett seitlich eingeführt werden musste.[518] Auslesen und Informationsweitergabe übernahm dann die Kasse. An die Kassen angeschlossen war wiederum ein Magnetbandaufzeichnungsgerät, das die ausgelesenen Informationen auf Magnetband speicherte. Auch diese Informationen wurden – erst per Post, ab Mitte der 1970er Jahre per Datenfernübertragung – an die Hauptverwaltung geschickt und dort vom Zentralcomputer verarbeitet.[519] Dennoch bewahrte man die an den Kassen abgetrennten Etiketten noch eine Weile auf, quasi als Sicherungskopie.[520] Durch die ab den 1980er Jahren bei C&A eingesetzten Nixdorf-Computerkassen erhöhte sich die Geschwindigkeit der Datenweitergabe.[521]

Anders lief das Speichern der Informationen an den Kassen bei der Firma C. F. Braun in Stuttgart. Sowohl in den 1950er als auch noch in den 1970er Jahren wurden die Kassenstände jeden Tag handschriftlich in sogenannte Kassenbücher eingetragen. Es handelte sich dabei um einfache linierte Heftchen, in denen für jeden Tag eine vertikale Spalte definiert und mit Bleistift von oben nach unten die einzelnen Posten und jeweilige Summe aufgelistet wurden. Ein Entwicklungsschritt war, dass 1970 die Posten, die sich immer wiederholten, vorgestempelt waren und nur die Summen handschriftlich hinzugefügt wurden. Es wurde mit diversen Abkürzungen operiert, was zeigt, dass es sich um eine spezialisierte Tätigkeit handelte.[522] Jeweils am sechsten Tag wechselte die Handschrift – auch manchmal für eine ganze Woche, sodass davon ausgegangen werden kann, dass es sich dabei um den freien Tag oder die Urlaubszeiten der/des Schreibenden handelte. Das bedeutet, dass es mindestens eine Stellvertretung an der Kasse gegeben haben muss, die diese Tätigkeit ebenfalls ausführen konnte. Eine weitere Neuerung, die im Kassenbuch von 1970 auftaucht, war der mit „lt. Str." abgekürzte Posten, also „laut Streifen" – gemeint war sicher „Lochstreifen". Demnach hatte C. F. Braun Lochstreifengeräte zur Kassenverwaltung im Betrieb eingeführt, vertraute aber der Technik nicht so weit, dass sie ihr die gesamte Buchhaltung überließ. So konnten mögliche Kassendifferenzen ermittelt werden. Diese wurden anschließend mit Überschüssen oder Mankos der Kassen von den einzelnen Abteilungen abgeglichen – was zumindest meist übereinstimmte.[523] Das Führen dieser Kassenbücher umfasste aber lediglich die Verwaltung des Geldes, gab jedoch keine Auskunft über die vorhandenen Bestände der einzelnen Abteilungen, über die Kundschaft oder die Fähigkeit einer bestimmten Verkaufskraft. Dazu waren andere Listen notwendig, etwa handschriftliche Bestellun-

---

[518] Vgl. dazu die obigen Ausführungen.
[519] Vgl. Kambartel, Kasse, S. 217 f.
[520] Vgl. Kambartel, Kasse, S. 218.
[521] Vgl. auch hierzu die obigen Ausführungen.
[522] Die gelisteten Posten sind etwa „Schecks", „Zettel", „Fahrer", „Parksch[ein]", „WKV", „Münze", „Pakete", „LK [verm. Ladenkassen]", „RK [unklar]", „G [unklar]", „HK [Hauptkasse]", „+Ausgabe", „lt. Str. [laut Streifen]".
[523] WABW, B 56 Bü 221, Kassenbücher, Kassen-Tagesabrechnungen (Ladenkasse), 1917/49–1970, hier: 1955 und 1970.

gen oder Beobachtungen des Personals durch die Abteilungsleitung. Datenkassen und Datenverarbeitungssysteme waren demgegenüber bereits dazu in der Lage, all dies in sich zu vereinen. Es ist vermutlich vor allem auf die geringe Größe des Unternehmens zurückzuführen, dass dort noch lange mit einem handschriftlichen und später halb-technischen Abrechnungssystem operiert wurde. Die elektronische Datenverarbeitung setzte sich nicht überall gleich schnell durch.

Die Lebensmitteleinzelhändler stellten hinsichtlich der Verwendung von Datenkassen aufgrund der Sortimentsbeschaffenheit ebenfalls eher Nachzügler dar.[524] Oftmals erst mit dem Einführen des Scannens trat auch die Computertechnik in die Kassen ein beziehungsweise wurde die Verbindung zwischen Kassen und Verwaltung mittels Datenübertragung geschaffen. Dann aber war – zumindest aus gewerkschaftlicher Perspektive – die Computerisierung der Kassen in den 1980er Jahren mit weitreichenden Konsequenzen verbunden:

> „[N]ach Auskunft der einschlägigen Fachpresse steht dem Handel eine – zweite – ‚Revolution' bevor. [...] Die elektronischen Datenkassen sind Baustein eines komplexen EDV-Systems; weitere wesentliche Bestandteile sind Leitzentrale, Datensichtstation und Etikettenauszeichner. Mit Hilfe dieses EDV-gestützten Warenwirtschaftssystems läßt sich der gesamte Warenfluß – vom Wareneingang bis zur Kasse – steuern und kontrollieren."[525]

Der Gewerkschafter Jürgen Glaubitz sah die Einführung der computerisierten Kassen als Teil eines größeren Rationalisierungsprozesses an, der zu Lasten der Angestellten im Einzelhandel ausfallen würde. Die Gewerkschaften wurden auf das Problem der Datenkassen aufmerksam, als sie sich auch im Lebensmitteleinzelhandel verbreiteten, für die Kassenkräfte zur Belastung wurden und die Arbeitsbedingungen aller Angestellten im Einzelhandel zu verschlechtern sowie Arbeitsplätze zu gefährden drohten.

Wesentliche Veränderungen, vor allem durch die elektronische Datenverarbeitung, durchliefen die Arbeitspraktiken des Verwaltens und Instandhaltens. Denn erst durch das Speichern, Sammeln und Vergleichen von Daten wurden Faktoren wie langjährige Erfahrung, Gefühl, Warenkenntnis und anderes unwichtiger. Eine These dazu lautet:

> „Bedingt auch durch das sich im Einzelhandel immer stärker etablierende Selbstbedienungsprinzip, das nicht länger zwingend einen Kontakt zwischen Kunde und Verkäufer voraussetzt, wandelt sich die Kasse zur elementaren Informationsquelle im Geschäftsalltag."[526]

Dieser Aussage sollte jedoch noch ein Zwischenschritt hinzugefügt und Ursache und Wirkung dabei vertauscht werden: Die Selbstbedienung hatte dazu geführt, dass Kundenwünsche, ein Stimmungsbild der Kundschaft oder Beschwerden nicht mehr im direkten Kontakt zur Verkäuferin oder dem Verkäufer besprochen wurden. Damit wurde der Kassenarbeitsplatz – als einziger Arbeitsplatz mit Kundenkontakt – zunächst zu einer wichtigen Schnittstelle. Aufgrund der Daten sammelnden, speichernden und verarbeitenden Kassen wurde die Aufmerksamkeit

---

[524] Vgl. o. A., Kassen-Elektronik faßt schwer Fuß, in: Lebensmittelzeitung 49, 7. 12. 1973, S. 14.
[525] Glaubitz, Rationalisierung im Einzelhandel, S. 438.
[526] Vgl. Kambartel, Kasse, S. 217.

und Denkleistung der Kassiererinnen, die vormals die Quelle dieser Informationen darstellten und damit der Praktik des Verwaltens nachgingen, unwichtig. Nachfolgend wird geklärt, wie sich die Arbeitspraktiken dadurch veränderten und inwiefern sich dahinter ebenfalls eine Geschlechtsspezifik verbarg.

Verwalten und die männlichen Hirne hinter den Datenkassen

Die Arbeitspraktiken des Verwaltens und Instandhaltens bezogen sich unter anderem auf Tätigkeiten, die den Verkaufspraktiken im Ladengeschäft vor- oder nachgelagert waren. Neben den Filialen des Lebensmittelunternehmens Latscha gab es bereits in den 1950er Jahren innerhalb der Zentrale diverse Abteilungen, die sich genau solchen Tätigkeiten widmeten. Zu nennen sind hier die Reklameabteilung, die Personalabteilung, das sogenannte Rechenbüro sowie ein großes Lager, inklusive Weinkellerei und Packerei. Von diesem aus wurde die gesamte Logistik gesteuert. Ebenso waren Garagen und die Werkstatt für firmeneigene Kraftfahrzeuge hier untergebracht.[527] Sämtlichen dieser Bereiche standen Männer als Abteilungsleiter vor. Und auch sie waren von Rationalisierung und Technisierung nicht ausgenommen – ganz im Gegenteil.

Das Lebensmittelunternehmen Gaissmaier setzte zum ersten Mal im Jahr 1965 eine Lochkartenanlage zur elektronischen Datenverarbeitung in der Verwaltung, also nicht an den Kassen, ein. Dafür entschieden hatten sich die Gaissmaier-Verantwortlichen trotz „einige[r] Mißtrauische[r]"[528] bereits Ende 1963, nachdem sich mehrere EDV-Firmen, darunter auch International Business Machines (IBM) und Remington, um den Auftrag beworben hatten. Die Lieferzeit der Lochkartenanlage bei der Firma Honeywell-Bull betrug 14 Monate. Die Inbetriebnahme am Standort der Gaissmaier-Zentrale dauerte 14 Tage, in der Techniker der Firma Bull alles einstellten und prüften. Schließlich wurden weitere vier Wochen alle Programme getestet. Erst dann wurde das gemietete Modell in Betrieb genommen. Einen Kauf der Maschine wagte man nicht, da zunächst überprüft werden sollte, ob sie tatsächlich eine Bereicherung für den Betriebsablauf darstellte. Vor allem die Warenbestellung sollte vereinfacht werden: „‚Blätterwirtschaft' und Blaupapier sollten verschwinden, dafür würde es Lochkarten geben – 27 Stück – ein handlicher Ordersatz."[529] An den ersten Tagen der Arbeit der Datenverarbeitung waren die Beschäftigten erstaunt: zum einen über den Lärm, den die Lochkartenanlage und die dazugehörige Karten-Sortiermaschine machten; zum anderen über das neue Procedere. In einem Artikel der Betriebszeitschrift über die Einführung des neuen Systems ließ der Autor die Maschine sprechen:

---

[527] ISG, KS 3359, „Hier spricht der Latscha-Geist", 1953.
[528] WABW, B 61 Bü 221, versch. Jahrgänge der Firmenzeitschrift „miteinander" (unvollst.), 1966–1982, hier: 1966/1, Artikel von Erhard Gaissmaier, Das Bull-Auge berichtet, S. 8–10.
[529] WABW, B 61 Bü 221, hier: 1966/1, Artikel von Erhard Gaissmaier, Das Bull-Auge berichtet, S. 8–10.

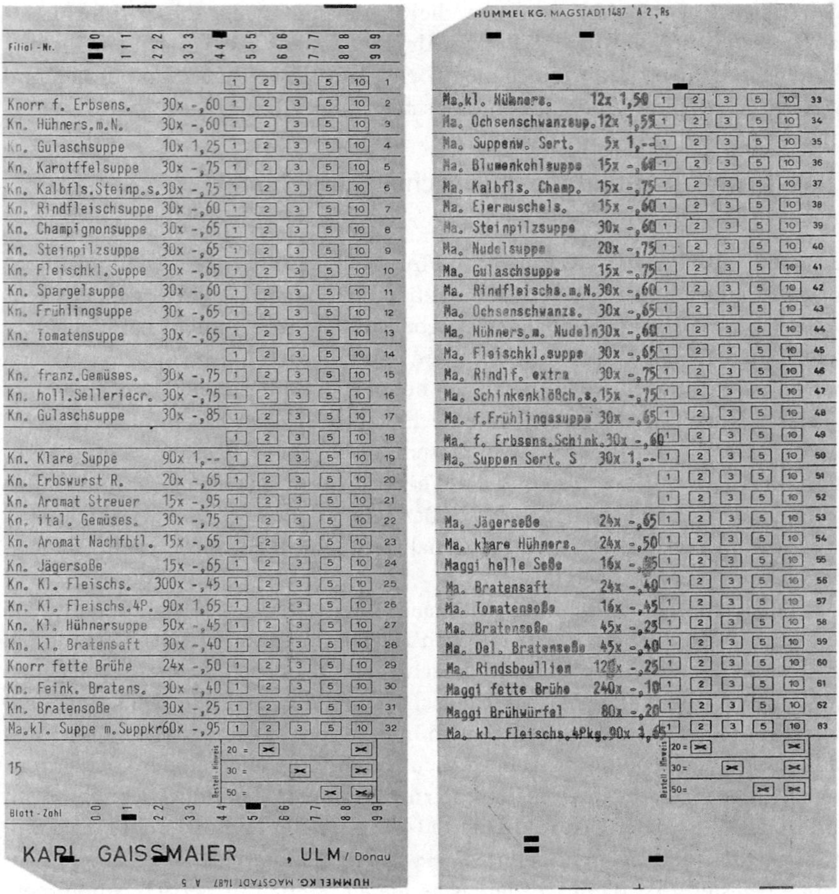

316 4. Weniger bedienen, weniger wert: weibliche Beschäftigte im Verkaufsraum

Abb. 23: Vorder- und Rückseite einer Lochkarte der Firma Karl Gaissmaier, 1965[530]

„Aus dem Lager wurden die ersten Bestände gemeldet, die Bestandskarten wurden abgelocht[531] und nach Artikelnummern in aufsteigender Reihenfolge sortiert. Der erste komplette Bestandskartensatz wurde angeschrieben. Die Ordersatzkarten wurden bearbeitet, hie und da eine wohlgemeinte Büroklammer entfernt, Endlosformulare wurden im Drucker eingespannt, die Ordersatz- und Bestandskarten zusammensortiert und ich damit gefüttert. Die ersten Rechnungen erschienen […] und mit schwarzer Schrift stand zu lesen, was die Filialleitungen mit sicherer Hand auf ihren Ordersätzen markiert und bestellt hatten."[532]

---

[530] WABW, B 61 Bü 39, Lochkarten zur Warenbestellung und -Verwaltung, 1965.
[531] Dies übernahmen eigens dafür beschäftigte „Locherinnen" im sogenannten „Lochsaal".
[532] WABW, B 61 Bü 221, versch. Jahrgänge der Firmenzeitschrift „miteinander" (unvollst.), 1966–1982, hier: 1966/1, Artikel von Erhard Gaissmaier, Das Bull-Auge berichtet, S. 8–10.

4.5 Hinter der Bühne: Folgen der Computerisierung und männliche Berufswelt 317

Eine Lochkarte aus dem Jahr 1965 ist überliefert und zeigt auf, wie die Bestellungen der Filialen bei der Zentrale vorgenommen wurden. Ein Bestellsatz bestand aus 27 Lochkarten, die auf der Vorder- und Rückseite die zur Bestellung verfügbaren Artikel auflisteten. Außerdem gab es verschiedene Mengenoptionen, aus denen ausgewählt werden konnte. Im Vorfeld bereits ausgestanzt waren die Filialnummer und Blattzahl. Die Filialleitungen mussten durch Ankreuzen die entsprechenden Artikel und Bestellmengen auswählen. Da die Lochkarten-Maschine nicht mit den Kassen verbunden war, musste die Filialleitung weiterhin die Beobachtung ihres jeweiligen Lagerbestands übernehmen. Zwar hatte sie aufgrund des zentralisierten Einkaufs schon seit den 1960er Jahren keinen Einfluss mehr auf die Sortimentsgestaltung – diese war in allen Filialen außer bei bestimmten Frischartikeln gleich –, aber sie blieb verantwortlich für die zu bestellenden Mengen. Bei der Bestellung über Lochkarten gab es seitens der Filialleitung kaum Widerstände oder Schwierigkeiten.

Durch die EDV-Anlage hatte sich an den Arbeitspraktiken in den einzelnen Filialen wenig verändert. Doch der Umgang der Zentrale mit den Daten aus den Filialen hatte sich massiv gewandelt. Die Beschäftigten dort waren zuständig für das Versorgen des Computers mit Lochkarten, das Vorsortieren von Lochkarten oder das Kommissionieren der Waren und Auswerten der durch den Computer ausgedruckten Listen. So gab es etwa eine „Artikelbeobachtungsliste" oder die „Warengruppenrechnung", nach der die zehn Filialen mit dem besten und dem schlechtesten Umsatz durch Revisoren geprüft wurden.[533]

1971, also nach sechs Jahren, erneuerte die Firma Gaissmaier ihre Datenverarbeitungsanlage. Anstatt über Lochkarten erhielt diese ihre Daten nun über sogenannte Markierungsbelege – Zettel, die Bleistiftmarkierungen enthielten –, und über Magnetbänder und -platten. An diese Maschine waren große Erwartungen geknüpft worden, aber in vielen Abteilungen herrschte nach der Einführung große Enttäuschung vor, weil sie „nur mehr Arbeit" gebracht habe und wenig Ertrag. Darum fühlte man sich innerhalb der Geschäftsleitung bemüßigt, in der Mitarbeiterzeitschrift Aufklärungsarbeit zu leisten bezüglich der Frage „Was bringt die neue EDV?".[534] Der Eindruck der Mehrarbeit entstünde vor allem deshalb, so hieß es, weil sich die Bestellvarianten mittlerweile diversifiziert hatten, vor allem hinsichtlich der Anzahl der Artikel, der Lieferanten, der individuellen Orderkarten der Filialen oder der Preisdifferenzierungen. Dennoch könne die benötigte Menge an statistischer Auswertung nur hervorgebracht werden, wenn die EDV-Anlage mit genügend Daten gefüttert werde. Außerdem sei die Bearbeitung der maschinellen Ausdrucke und Auswertungen zwar zunächst einmal mehr Arbeit, aber eine „[…] wertvolle Hilfe bei der Beurteilung von Kosten und Ertrag. Weitere Vorteile […] waren etwa, dass die Zahlen über fehlende Artikel täglich von der EDV-Anlage vorgelegt wurden oder

---

[533] WABW, B 61 Bü 38, Zeitschriftenartikel über die Einführung von Zeichenlochkarten zur Warenverwaltung, 1965, „Die Filiale denkt – die Zentrale lenkt", Artikel von Oswin Beßler, in: Rationeller Handel, Heft 10, Oktober 1965, S. 24–33, hier S. 25, 28, 32 f.
[534] WABW, B 61 Bü 221, versch. Jahrgänge der Firmenzeitschrift „miteinander" (unvollst.), 1966–1982, hier: 1971/II, Artikel von und mit Erhard Gaissmaier, Was bringt die neue EDV, S. 23–25, hier: S. 23.

dass nicht erfüllte Lieferaufträge schnell auffielen. [Außerdem] werde die Möglichkeit einer automatischen Nachlieferung geschaffen, wenn Artikel zur Neige gehen, oder es könne ein automatisierter Bestellvorschlag ausgearbeitet werden und man könne beispielsweise das Filialsortiment individueller anpassen. Für die zentrale Verwaltung erleichtere sich etwa die innerbetriebliche Rechnungskontrolle oder könne ebenfalls automatisch ablaufen."535

Mit der Weiterentwicklung der EDV bei Gaissmaier griff der Computer auch in die Arbeitspraktiken in den Filialen, vor allem in die der Vorgesetzten, zunehmend ein.

1974 wurde die EDV-Anlage dann abermals erneuert und um eine sogenannte Zentraleinheit erweitert, die dazu dienen sollte, bisherige Vorgänge, wie etwa die Filialbestellungen, zu beschleunigen, aber auch um ab 1975 buchhalterische Arbeiten abzuwickeln. Erneut überließ die EDV-Firma Honeywell-Bull der Firma Gaissmaier das Gerät zur Miete. Ein Kauf kam auch nach der Erprobungsphase, vermutlich aufgrund der enormen Kosten, nicht in Frage. Außerdem sollte durch die neue Zentraleinheit den Beschäftigten, die im Zweischichtbetrieb von 6 bis 22 Uhr arbeiteten, eine dritte Schicht dann in der Nacht erspart werden: „Die teuren EDV-Anlagen müssen optimal ausgelastet werden. Deshalb arbeitet man dort häufig rund um die Uhr. Durch Einsatz einer zweiten Anlage konnten wir auf die Nachtschicht verzichten." Und erneut stellten die Autoren der Mitarbeiterzeitschrift dem Leiter der EDV-Organisation die Frage, ob sich dieser Aufwand lohne, was er ohne Umschweife, aber auch ohne genauere Erklärung, bejahte.536 Weiterhin stieß die Technik nicht bei allen Beschäftigten auf Zustimmung.

Bei Latscha arbeitete man ab 1968 mit einer Anlage der Firma IBM. Auch hier begannen die Vorbereitungen bereits im Jahr 1967. Da aufgrund der Expansion der Firma für die Disposition immer mehr Informationen benötigt würden, sei das „absolute[ ] Gedächtnis und die hohe Geschwindigkeit der Informationsverarbeitung einer EDV-Anlage für die Entscheidungsfindung auf Geschäftsleitungsebene zunehmend unverzichtbar" geworden.537 Kaufmännische Arbeiten sollten daher einer „konsequente[n] Rationalisierung und Automatisierung" unterzogen werden. Die Maschine sollte den Menschen „zeitaufwendig[e] und schematische Routinearbeiten" abnehmen, so die Vorstellung. Folgende Aufgaben übernahm die Anlage bei Latscha in einem ersten Schritt: „Erfassen der Filialbestellungen, Fakturierung an die Filialen, Artikel-, Filial- und Brutto-Quoten-Statistiken." Der Reiz einer EDV-Anlage bestehe außerdem darin, dass sie neben der Bearbeitung normaler Buchungs- und Rechenvorgänge „mit nur geringem Mehraufwand eine Vielzahl von zusätzlichen Informationen gewinnen" könne. Um den Beschäftigten die Funktionsweise nahe zu bringen, druckte man im Jahresbericht ein Schema

---

535 WABW, B 61 Bü 221, hier: 1971/II, Artikel von und mit Erhard Gaissmaier, Was bringt die neue EDV, S. 23–25.
536 WABW, miteinander. Zeitschrift für Mitarbeiter des Hauses Gaissmaier 74/I. Heft zum 100jährigen Bestehen des Unternehmens, S. 21.
537 ISG, W 1-10-420, Hausinterne Rundschreiben und Broschüren, die Entwicklung der Firma betreffend, 1950–1976, hier: Jahresbericht von 1966/67, Artikel „Bessere Informationen durch elektronische Datenverarbeitung", o. S. Die folgenden Zitate dieses Absatzes stammen ebenfalls aus diesem Artikel.

4.5 Hinter der Bühne: Folgen der Computerisierung und männliche Berufswelt 319

der EDV-Anlage ab. Auch bei Latscha sollte die Belegschaft durch diese Art der Aufklärung von der neuen Technik überzeugt werden. Die Latscha-Filialen erhielten neue Bestellformulare zum Ausfüllen. Diese wurden dann an die Zentrale gegeben und dort als „Markierungsbeleg[e]" von einem „Markierungsleser" erfasst, der daraufhin die Lochkarten dementsprechend stanzte. Der weitere Vorgang sah folgendermaßen aus: Ein „Kartenleser" verarbeitete diese Lochkarten und gab die Informationen an die „Zentraleinheit" weiter. Diese „steuerte das gesamte System" und gab die Informationen an verschiedene Stationen weiter. Ein Drucker gab auf Grundlage dieser Informationen Rechnungen oder Statistiken aus, ein „Kartenstanzer" stanzte die Ergebnisse in Lochkarten und mehrere „Magnetplattenspeicher" sicherten zudem die Informationen über Artikel und Filialen zur späteren Auswertung. Nach und nach sollten weitere Aufgaben von der EDV-Anlage übernommen werden, wie eine verbesserte Filialergebnisrechnung, die Lohn- und Gehaltsabrechnung oder die Lieferantenbuchhaltung. Teile dieser Arbeiten wurden bereits vor der Einführung der neuen Anlage in der Latscha-Zentrale von einer Anlage bei IBM durchgeführt und sollten später in den Betrieb umziehen. Damit die elektronische Datenverarbeitung reibungslos funktionierte, musste Latscha einige „Vorbereitungen in sachlicher und personeller Hinsicht" treffen: „Die bisherige Abwicklung ließ es zu, daß manche Unzulänglichkeiten im Belegwesen von den am Arbeitsablauf mitwirkenden Menschen überbrückt wurden." Dies sei in Zukunft nicht mehr möglich, da sämtliche Belege „ablochfähig" oder maschinell lesbar sein müssten. Um zu gewährleisten, dass das eigene Personal genügend auf die technischen Anforderungen vorbereitet war, hatten bereits einige Beschäftigte sowie die Geschäftsleitung und Ressortleiter Einführungskurse zur Datenverarbeitungsanlage absolviert.[538] Wie bei Gaissmaier sorgte auch die EDV-Anlage bei Latscha dafür, dass verwaltende und kognitive Tätigkeiten an Computer ausgelagert wurden. Da man sich von dieser Neuerung großen Nutzen versprach, mussten die Menschen strikt den Vorgaben der fehleranfälligen Technik folgen.

Ende der 1960er und Anfang der 1970er Jahre unternahmen Vertreter von Latscha Studienreisen in die USA, um sich bei verschiedenen Einzelhandelsunternehmen und großen SB-Warenhäusern zu informieren. Aus dem entsprechenden Bericht von 1969 geht hervor, dass bereits zuvor Reisen in die USA unternommen worden waren. Während sich die Berichterstatter 1969 noch auf Fragen der Sortimentsgestaltung, Ladenorganisation, Vertriebsformen, Warenlager, des Kundendienstes und EDV fokussierten,[539] lag der Schwerpunkt der Reise von 1970 auf den Themen Datenverarbeitung und Lagerhaltung. Dazu sind von einigen Reiseteilnehmern die zentralen Erkenntnisse überliefert: Manche beließen es dabei eher

---

[538] ISG, W 1-10-420, Hausinterne Rundschreiben und Broschüren, die Entwicklung der Firma betreffend, 1950–1976, hier: Jahresbericht von 1966/67, Artikel „Bessere Informationen durch elektronische Datenverarbeitung, o. S.
[539] ISG, W 1-10-479, Amerika-Berichte, 1969–70, hier: Bericht über eine Studienreise vom 10. 02.–14. 03. 1969, zu den Firmen Bradless – A Division of Stop & Shop Inc., Braintree und King's Department Stores, Newton.

auf globalen Empfehlungen und Beobachtungen bezüglich etwa des Ausbaus des Tiefkühlsortiments oder der wachsenden Bedeutung der EDV im Allgemeinen.[540] Andere formulierten hingegen konkrete Handlungsweisen und Verbesserungsvorschläge für die Verwaltungspraktiken im eigenen Betrieb: „die Datenerfassung und -übertragung mittels Magnetband von Filiale zur Zentrale", die Einführung von vorgedruckten Haftetiketten[541] sowie eines Hochregallagers, und langfristig die Umstellung der Lagerordnung nach amerikanischem Vorbild.

> „Festgehalten werden muß, daß in beiden Lägern [sic!] die Artikel nach Familiengruppen angeordnet sind und daß im Kommissionierbereich [also beim Zusammenstellen der Waren für die Auslieferung] die Artikel in der Reihenfolge der Warenanordnung in den Verkaufsstellen einsortiert sind (großer Vorteil beim Wareneingang in den Filialen)."[542]

Allerdings hatte die in den USA besuchte Warenhaus-Kette durch die Eröffnung eines neuen Lagers zunächst einmal Verluste hinnehmen müssen, weshalb einer der Vertreter die Euphorie der Latscha-Studienreisen-Teilnehmer zu dämpfen versuchte:

> „Appelbaum: ‚Denkt nicht, Ihr müsst für tausend Jahre[543] bauen, wir befinden uns in einer Übergangsphase, ‚computing-systems are coming', beweglich bleiben, Zentrallagerprobleme sind nicht die wichtigsten!'"

Dennoch erwiesen die zentralen Überlegungen einige Beharrungskraft gegenüber solcher Skepsis, insbesondere die Lager betreffend: „Gliederung nach familygroups" und „Palettensystem".[544] Die Studienreisen des Unternehmens zeigen die weiterhin bestehende Vorbildfunktion des US-amerikanischen Einzelhandels für die Bundesrepublik. Während die Empfehlungen für ein aufwendiges EDV-System lediglich hingenommen wurden, riefen die Ideen zur Umgestaltung des Lagersystems weit größere Begeisterung hervor. Dies wirkte sich auf die Arbeitspraktiken im Lager aus.

Der Ausbau der EDV-Abteilung und sonstiger Tätigkeiten in der Verwaltung wird auch an einer Personalstatistik der Firma Latscha aus dem Jahr 1976 ersichtlich.[545] In der EDV-Abteilung waren 30 Personen beschäftigt – manche davon in Teilzeit, sodass dies einer Vollzeitstellenzahl von 27 entsprach.[546] Weitere Abteilungen, die unter den Bereich Verwaltung fielen, waren etwa der Einkauf, das Per-

---

[540] ISG, W 1-10-479, hier: USA – Reise November 1970, Erkenntnisse und Folgerungen, vom 9. 12. 1970.
[541] ISG, W 1-10-479, hier: Zusammenfassendes Ergebnis der USA-Reise, vom 8. 12. 1970.
[542] ISG, W 1-10-479, hier: Die wesentlichen Ergebnisse unserer USA-Reise vom 13. 11. bis 23. 11. 1970 in Bezug auf das Lagerhauswesen, vom 11. 12. 1970.
[543] Ob hier eine Anspielung auf das von den Nationalsozialisten geplante tausendjährige Reich gemeint ist, muss offen bleiben.
[544] ISG, W 1-10-479, Amerika-Berichte, 1969–70, hier: Kurzbericht über das Gespräch mit Mr. Appelbaum und Herrn Dr. Wickern am 27. 05. 1970 in Boston, vom 06. 06. 1970.
[545] ISG, W 1-10-483, Personalstatistiken 1976, hier: Personalstatistik Zentrale, September 1976.
[546] Dass manche Personen Teilzeit arbeiteten, ergibt sich aus der Statistik durch den Vergleich zwischen „Ist-Zahl" an Personen und „Bereinigten Zahlen". Da nur ein verschwindend geringer Teil von Männern überhaupt in Teilzeit arbeitete, lassen sich anhand der Statistik auch vorsichtige Schlüsse auf das Geschlechterverhältnis in der Zentrale ziehen.

sonal- und Ausbildungswesen oder die Revision. Insgesamt waren es 293 Personen, von denen allerdings ebenfalls einige in Teilzeit arbeiteten, sodass dies einer Vollzeitäquivalenz von 193 entsprach. Im Bereich Betrieb, der zur Zentrale gehörte, waren 395 Personen angestellt beziehungsweise in Vollzeitstellen umgerechnet 370. So waren für den Betrieb des Lagers 211 Personen angestellt, einige wenige davon in Teilzeit. Dies deutet darauf hin, dass die Tätigkeiten im Lager vorwiegend von Männern ausgeführt wurden. Das gleiche gilt für den Latscha-Fuhrpark und die zentrale Fleisch- und Wurstproduktion. Mit dem Ausliefern der Waren waren 77 Personen beschäftigt, in der Produktion 80.[547] Die Altersstruktur und die Dauer der Betriebszugehörigkeit in der Zentrale waren im Vergleich zu der Situation in den Filialen relativ ausgewogen:[548] 18,6 Prozent der Beschäftigten in der Zentrale waren unter 30 Jahre alt, je 28,2 Prozent waren zwischen 30 und 40 Jahre sowie zwischen 40 und 50 Jahre alt, und 25 Prozent waren über 50 Jahre alt. Eine ähnlich gleichmäßige Verteilung ergab sich bei der Dauer der Dienstjahre.[549] Es handelte sich bei den Tätigkeiten in den zentralen Abteilungen um Aufgaben, die über einen längeren Zeitraum ausgeführt werden konnten. Dementsprechend konnte sich eine gewisse Beharrlichkeit in den Arbeitspraktiken verbreiten, die Neueinführungen und Umstellungen erschwerte.

Der nächste Schritt, um die verwaltenden Tätigkeiten im Einzelhandel zu optimieren, war der Einsatz von Warenwirtschaftssystemen. Damit konnten alle Vorgänge des Betriebs vernetzt und zentral gesteuert werden:

„Mittelpunkt des Systems ist die EDV-*Leitzentrale*. Sie steuert und kontrolliert alle mit ihr verbundenen Stationen. *Datensichtstationen*, die vorrangig im Bestellwesen und im Wareneingang installiert werden, ermöglichen u. a. eine exakte Datenerfassung, Prüfung und Überwachung. Die elektronischen *Datenkassen* sind Dialogstationen, Datensammelgeräte und Registrierkasse in einem."[550]

Innerhalb der Verwaltung entfielen die manuelle Buchhaltung und Rechnungsstellung; außerdem wurden Umsatzberichte, Inventurauswertungen, Kunden- und Artikelzahlen sowie Kasseneinsatzpläne automatisch erstellt. Insgesamt zentralisierten sich Verwaltungstätigkeiten weiter. Für die Disposition bedeutete dies, dass der Computer alle Warenbewegungen erfasste, den Bedarf ermittelte, und die Umsatzentwicklung einzelner Artikel aufzeichnete. Für das Lager hieß das, dass eine schriftlich zu führende Lagerkartei entfallen konnte und dennoch jederzeit eine genaue Inventur verfügbar war. Dadurch konnte schneller auf fehlende Bestände reagiert werden und es genügten fortan kleinere Lagerbestände. Für die Beschäftigten dieser vor- und nachgelagerten Bereiche bedeutete es, dass Entlassungen oder Fluktuation drohten, eigenständige Entscheidungen obsolet wurden, in der Konsequenz der notwendige Qualifikationsgrad sank und Abgruppierungen befürchtet werden mussten.[551]

---

[547] ISG, W 1-10-483, Personalstatistiken 1976, hier: Personalstatistik Zentrale, September 1976.
[548] Vgl. hierzu Kapitel 3.2.
[549] ISG, W 1-10-483, Personalstatistiken 1976, hier: Personalstatistik Zentrale, September 1976.
[550] Glaubitz, Rationalisierung, S. 438, Hervorhebungen im Original.
[551] Vgl. Deutsche Angestellten-Gewerkschaft (Hrsg.), EAN, S. 17.

Aus diesen Gründen begleiteten die Gewerkschaften die Entwicklung mit Sorge, war doch eine Abwertung und Dequalifizierung der Beschäftigten zu befürchten. Um dem vorzubeugen, bereitete die HBV eine Muster-Betriebsvereinbarung vor, in der festgelegt wurde, dass die rationalisierenden Maßnahmen zur „Humanisierung des Arbeitslebens" beitragen sollten. Die Beschäftigten sollten in den Entscheidungsprozess über EDV-gestützte Warenwirtschaftssysteme einbezogen werden, während die Bewertung der Leistungen der Beschäftigten mittels Überwachung und Datenauswertung reglementiert sein sollte. Außerdem waren ein Schutz vor Arbeitsplatzverlust sowie Umschulungen und Weiterbildungen des Personals darin enthalten.[552] Auch die DAG stellte auf ihrem zwölften Bundeskongress 1979 Forderungen dieser Art auf.[553] Die Muster-Betriebsvereinbarung der HBV zeigt, welche Ängste mit der Einführung der neuen Technik neben dem reinen Arbeitsplatzverlust verbunden waren. Die Gewerkschaft wollte aber in ihrer Außendarstellung nicht technikfeindlich wirken, sondern zum Gestalter des Fortschritts werden.

Eine zusätzliche Befürchtung der Gewerkschaften war die Verschlechterung der Berufsqualifikationen und des Ausbildungswesens im Einzelhandel.[554] Bereits Ende der 1970er Jahre absolvierten nur elf Prozent der Einzelhandelslehrlinge die dreijährige kaufmännische Ausbildung. Der Rest musste mit der zweijährigen Ausbildung zufrieden sein, da die Entscheidung darüber allein beim Betrieb lag. Manche Häuser wollten nicht zu viele höher ausgebildete Angestellte haben; andere konnten aufgrund der starken Konzentration der verwaltenden Tätigkeiten in den Zentralen die entsprechenden Ausbildungsinhalte nicht anbieten. Oftmals verhinderte der Einsatz von Computern das Erreichen der zweiten Ausbildungsstufe, da dieser bisher qualifizierte Tätigkeiten übernahm, etwa das Disponieren, Kontrollieren, die Personalplanung oder Abrechnung. Lediglich Tätigkeiten wie das Nachsortieren oder die Warenauszeichnung wurden noch von Menschenhand durchgeführt, wofür es aber gar keine Ausbildung, sondern nur eine kurze Einarbeitungszeit bedürfte.[555] Mit der Einführung der Datenkassen – so befürchtete etwa die DAG – sollte sich diese Entwicklung noch verschärfen. Daher sollten auch die Ausbildungsinhalte angepasst und etwa die Datenverarbeitung miteinbezogen werden. Außerdem strebte die Gewerkschaft eine Rückkehr zur ungestuften, dreijährigen Ausbildung an.[556]

Für die Arbeitspraktiken in der Verwaltung bedeutete die Einführung zunächst einer EDV-Anlage, später eines Warenwirtschaftssystems, dass sich auch hier die Arbeitsplätze änderten, die männlich konnotierten, kognitiven Tätigkeiten von

---

[552] AdsD, HBV, 5 / HBVH660036, Kassenarbeitsplätze, 1978–1981, hier: HBV-Muster: Betriebsvereinbarung über die Einführung und Anwendung eines EDV-gestützten Warenwirtschaftssystems, o. D. [vermutlich 1981].
[553] Vgl. Deutsche Angestellten-Gewerkschaft (Hrsg.), Rationalisierungsprobleme, S. 16–18.
[554] Vgl. hierzu auch Kapitel 3.1.
[555] Vgl. Simon, Kassen klingeln nicht mehr.
[556] Vgl. Deutsche Angestellten-Gewerkschaft (Hrsg.), EAN, S. 18.

Rationalisierungsmaßnahmen betroffen und die Beschäftigten von Dequalifizierung bedroht waren. Diese Entwicklung setzte allerdings erst etwa 20 Jahre nach der Einführung der Selbstbedienung und der damit verbundenen Herabstufung von weiblichen Einzelhandelsbeschäftigten ein.

Logistik und Warenbeschaffung: die männliche Komponente des Instandhaltens

Die Größe des Gaissmaier-Filialunternehmens brachte es mit sich, dass es einen eigenen Fuhrpark betrieb, um die Waren von der Zentrale in die Filialen zu bringen. 1969 zählten „36 Motorfahrzeuge, 12 Kühlwagen, 7 Transporter, 2 Omnibusse, 21 Pkw's"[557] zur Logistik der Firma. Die Transporter lieferten Ware aus, nahmen aber zum Teil auch Ware als sogenannte Rückfrachten von Großmärkten oder vom Großhandel mit in die Zentrale. Für das Trockensortiment wurden große Lastzüge verwendet, die viele Filialen ansteuerten. Frische Ware wurde mit mehreren kleineren Fahrzeugen verteilt, die entsprechend weniger Filialen anfuhren. Die Arbeit der Fahrer und Beifahrer sowie der Mitarbeiter und Mitarbeiterinnen des zentralen Obst- und Gemüselagers begann um 3 Uhr morgens, um eine Anlieferung in den Filialen am Vormittag garantieren zu können:

„Daß es hier nicht immer leise zugeht, ist verständlich, denn jeder Fahrer legt Wert darauf, so früh wie möglich die Zentrale zu verlassen, um für die Fahrt die verkehrsarmen Morgenstunden zu nutzen […]."[558]

Als Belastung wurden die großen Entfernungen, die Waren selbst und mögliche widrige Wetterumstände genannt. Teil des logistischen Apparats war auch eine eigene Werkstatt, deren Mitarbeiter für die Wartung der Fahrzeuge zuständig waren, und ein Fuhrparkleiter, der die Einteilung der Fahrzeuge und Touren übernahm.

„Ein Fuhrpark dieser Größe ist selbstverständlich in Stadt und Land nicht unbekannt. Jedes einzelne Fahrzeug und das Verhalten des Fahrers sind genauso eine Visitenkarte des Betriebs wie unsere Filialen mit ihrem Verkaufspersonal."[559]

Die Arbeitspraktiken in der Logistik waren stark männlich konnotiert: Im Lager herrschte ein rauer Ton, auf der Straße wiederum harte Bedingungen, und schwere Lasten mussten bewegt werden können. Diese abstrakte Vorstellung von der eigenen Logistik wurde getrübt durch lautwerdende Beschwerden in der Praxis. Seitens der Filialen beklagte man, dass Lieferungen zu spät ankämen, einfach „vor den Laden ‚geknallt'" würden, zum Teil ganz falsch seien oder die Lieferwägen

---

[557] WABW, B 61 Bü 221, versch. Jahrgänge der Firmenzeitschrift „miteinander" (unvollst.), 1966–1982, hier: 1969/I, Artikel von Erhard Gaissmaier, Transport bei Gaissmaier, S. 3 f., hier: S. 3.
[558] WABW, B 61 Bü 221, hier: 1969/I, Artikel von Erhard Gaissmaier, Transport bei Gaissmaier, S. 3 f., hier: S. 4.
[559] WABW, B 61 Bü 221, hier: 1969/I, Artikel von Erhard Gaissmaier, Transport bei Gaissmaier, S. 3 f., hier: S. 4.

im Halteverbot stünden. Die Fahrer selbst beschwerten sich über Überstunden, schlechte Koordination der Aufträge und fehlende Absprachen.[560]

Unter anderem deshalb nahm Gaissmaier 1971 eine Umstellung der Logistik vor und richtete das gesamte Liefersystem auf die Verwendung von Rollbehältern und einen rollbehältergerechten Fuhrpark aus. Nun wurden auch riesige Sattelschlepper anstelle der gewöhnlichen Lastkraftwagen eingesetzt.[561] Dies sollte eine Zeitersparnis bringen: erstens, weil größere Mengen transportiert werden konnten, zweitens, weil die Sattelauflieger einfach ausgetauscht werden konnten und sich damit die Standzeit am Zentrallager reduzierte, und drittens, weil die Rollbehälter vor allem von einer einzelnen Person bewegt werden konnten, sodass die vollen in der Filiale abgestellt und die leeren wieder mitgenommen wurden. Damit fiel allerdings auch die Position des Beifahrers weg. In der firmeninternen Zeitschrift versuchte man die skeptischen Beschäftigten von den neuen Arbeitsmitteln in der Logistik zu überzeugen: „Zweifellos ist dieser letzte Schritt auf dem Weg der Rollbehälterverwendung einer der schwersten."[562] Dennoch sollten nach und nach alle Waren mit Rollbehältern ausgeliefert werden. Den Beginn machte 1971 das Trockensortiment. Zukünftig sollte im Zwei-Schicht-Betrieb gearbeitet werden können, da sich die Be- und Entladezeiten drastisch verringerten. Hierbei orientierte man sich an dem Vorbild der Industrie, in der schon lange im Zwei-Schicht-Betrieb gearbeitet wurde, um die Maschinen optimal ausnutzen zu können. Interessant ist, dass in diesem männlich dominierten Arbeitsbereich des Einzelhandels Nacht- und Schichtarbeit sinnvolle Lösungen darstellten, während dies für die weiblichen Arbeitsbereiche in den Filialen nicht möglich gewesen zu sein scheint. Somit konnten oder sollten die Ladenöffnungszeiten nicht verlängert werden, weil dies die Freizeit – oder besser: Familienzeit der arbeitenden Frauen betroffen hätte.[563] Das Kontrollieren der angekommenen Lieferung in den Filialen wurde leichter, weil man sie nach Warengruppen sortieren konnte und dabei nicht auf Gewicht und Größe der Artikel achten musste oder die Waren beim Ausladen auf den Sackkarren versehentlich durcheinander mischen konnte, wie es beim bisherigen Beladen der Lkw der Fall war. Die Tourenplanung sollte zukünftig „der Computer" übernehmen, „der Halteverbote, Fahrtdauer, Entladedauer, gelieferte Menge u. a. m."[564] kenne.

---

[560] WABW, B 61 Bü 221, hier: 1970/II, Artikel von Dr. Martin Wilfert, --- und läuft und läuft und läuft ... Fuhrparkumstellung für das Trockensortiment im Frühjahr 1971, S. 2–5, hier: S. 2.

[561] Ein Sattelschlepper (oder Sattelzug) besteht aus einer Zugmaschine und einem Sattelauflieger (Anhänger), während bei einem Lastkraftwagen Antriebsmaschine, Fahrerkabine und Lastenaufbau miteinander verbaut sind, wobei zusätzlich Anhänger gezogen werden können, vgl. etwa Oswald, Deutsche Last- und Lieferwagen; Fersen, Nutzfahrzeuge.

[562] WABW, B 61 Bü 221, versch. Jahrgänge der Firmenzeitschrift „miteinander" (unvollst.), 1966–1982, hier: 1970/II, Wilfert, --- und läuft und läuft und läuft ... S. 3.

[563] Vgl. hierzu die Kapitel 5.2 zu Arbeitszeiten und 5.5 zu Ladenöffnungszeiten im Einzelhandel.

[564] WABW, B 61 Bü 221, versch. Jahrgänge der Firmenzeitschrift „miteinander" (unvollst.), 1966–1982, hier: 1970/II, Wilfert, --- und läuft und läuft und läuft ... S. 4 f.

4.5 Hinter der Bühne: Folgen der Computerisierung und männliche Berufswelt 325

Skeptische Stimmen kritisierten die nun geforderten Arbeitspraktiken: Die Fahrer vertrauten weder in die Technik der Sattelschlepper („viel schwächer am Berg", „isch ja a Glump, der streikt ja scho wieder") noch in den Nutzen der Rollbehälter („Diese windigen Rollbehälter bekommt man nicht in den Griff", „sind alles Wackelkisten"). Außerdem spielten für sie soziale Aspekte eine große Rolle („im Winter jedoch allein auf Achse bei den weiten Touren, das ist unverantwortlich. Ein Beifahrer ist ja nicht nur zur Unterhaltung da oder zum Abladen") und sie brachten gesundheitliche Bedenken vor („Wenn man so einen Sattelschlepper fährt, kann man sich bald im Sanatorium anmelden. Das ist eine ganz andere Fahrerei. Die geht an die Bandscheiben!"), oder sie glauben nicht an die Zeitersparnis durch die Innovation („Wenn ma koi Zeit hat, Paletten abzuladen, hat man au koi Zeit, Rollbehälter abzuladen.").[565] Dies zeigt, dass sich die Wahrnehmung von Problemen in der Logistik stark unterschied zwischen einerseits den Theoretikern in der Geschäftsleitung, die vorwiegend die Zeitersparnis im Blick hatten, und andererseits den Praktikern auf der Straße, die um ihre Sicherheit besorgt waren und über die Anfälligkeit der technischen Neuerungen klagten. Die hier versammelten Aussagen zeigen, dass die tatsächlichen Arbeitspraktiken kaum mit den idealtypischen Vorstellungen übereinstimmten. Dass das Thema Transport und Logistik in zwei aufeinanderfolgenden Jahren in der Mitarbeiterzeitschrift zur Sprache kam, zeigt, dass es sich dabei um eine unter den Zeitgenossen intensiv diskutierte Thematik handelte.

Bei Latscha investierte man – offenbar inspiriert von den positiven Erfahrungen der Studienreisen in die USA und von Besuchen in anderen Ländern (England, Niederlande, Schweiz, Belgien und Frankreich) – Anfang der 1970er Jahre in ein neues Zentrallager, das nach achtmonatiger Bauzeit im Frühjahr 1974 eröffnete. Die vormaligen dezentralen Lager wurden aufgegeben und eine neue Lagertechnik eingeführt: Hochregale, Paletten und Gabelstapler. Die Vorteile lagen in der erhöhten Geschwindigkeit und der rationaleren Kommissionierung und Belieferung der Filialen, sowie in der Kostensenkung. Das Leitungspersonal der einzelnen Lagerabteilungen war männlich. Frauen waren in der Preisauszeichnung beschäftigt, in der jedes Produkt mit einem Etikett versehen wurde. Insgesamt arbeiteten dort 140 Beschäftigte. Das waren insgesamt 40 Personen weniger, als in den vier dezentralen Lagern nötig gewesen waren. Auf einem der Fotos des neuen Lagers ist eine mechanische Kartei zu sehen, an der drei Männer in weißen Kitteln sortierend beim Arbeiten abgelichtet wurden, und die als „Gehirn des Lagers" bezeichnet wurde. Außerdem wird von einer sogenannten Regalbelegungsstelle berichtet, „die immer sofort melden kann, auf welchem Platz sich welche Ware in welcher Menge befindet". Der tägliche Abgleich „zwischen dem Buch und dem tatsächlichen Bestand" ermögliche es, den Einkauf mit exakten Informationen zu unterstützen.[566] Die Tatsachen lassen

---

[565] WABW, B 61 Bü 221, hier: 1970/II, Artikel ‚Warum des älles, wenn's au so goht!'. Hartmut Lange befragte einige Fahrer und Filialleiter zum Thema Rollbehälterverkehr, S. 6 f.

[566] ISG, W 1-10-420, Hausinterne Rundschreiben und Broschüren, die Entwicklung der Firma betreffend, 1950–1976, hier: Jahresbericht 1973/74, Artikel „Unsere ‚Neu-Eröffnung des Jahres'", S. 4–6.

vermuten, dass die elektronische Datenverarbeitung bis Mitte der 1970er Jahre noch nicht in das neu errichtete Zentrallager vorgedrungen war.

Auch bei der Logistik von C&A wurden die Arbeitspraktiken von vorgegebenen Arbeitsmitteln geprägt. In den 1950er Jahren kam die Hängeware auf Kleiderstangen in kleinen Lastwagen zu den Häusern. Diese waren gerade so groß, dass eine Kleiderstange der Breite nach hineinpasste und die Kleidung nicht am Boden schleifte. Am Wareneingang waren zwei Männer auf der Ladefläche damit beschäftigt, die oftmals schweren Kleidungsstücke umzuhängen und (mindestens zwei) weitere Männer stellten immer neue Kleiderständer bereit und transportierten diese zur Warenauszeichnung.[567] 1973 verfügte C&A bundesweit über fünf Logistikzentren. Diese fungierten für die jeweiligen Gebietsabschnitte als Verteilerzentren.[568] Anfang der 1980er Jahre optimierte C&A den Fuhrpark so, dass die Ladefläche der verwendeten Sattelzüge optimal ausgenutzt werden konnte. Dafür wurde ein Auflieger für Sattelzüge entwickelt, der über besonders kleine Hinterräder verfügte. Dadurch konnte das Volumen des Laderaums vergrößert und eine höhere Stückzahl an Hängeware geladen werden. Außerdem ließ C&A ein Schienensystem in die Hänger einbauen, mit dessen Hilfe die Garderobenstangen beim Be- und Entladen direkt verschoben werden konnten. Die Stangenhöhe war zudem verstellbar, um keinen Platz im Laderaum zu verschwenden.[569] Wieder zeigt sich, dass sich die Arbeitspraktiken stark in Abhängigkeit von der Einführung neuer Arbeitsmittel entwickelten, wie dies auch bei der Selbstbedienung und an den Kassen der Fall war. Die Logistik als klar männlich konnotiertes Arbeitsfeld im Einzelhandel wurde bei allen untersuchten Firmen im Untersuchungszeitraum vor allem durch Zentralisierung und Vergrößerung des Zuständigkeitsbereichs geprägt. Ein weiteres männlich dominiertes Arbeitsfeld, das sich während der zweiten Hälfte des 20. Jahrhunderts stark veränderte, war der Einkauf beziehungsweise die Warenbeschaffung. Auch dort kam es zu Zentralisierungsprozessen.[570]

Warenannahme und -auszeichnung als weiblicher Teil des Instandhaltens

Zu den explizit weiblich konnotierten Teilpraktiken des Instandhaltens zählte neben der Reinigung auch die Warenannahme und -auszeichnung.[571] Dort erhielten die einzelnen vom Hersteller angelieferten Artikel einen Preis. Etiketten dienten dabei als Informationsträger.

Im Lebensmitteleinzelhandel, der hier am Beispiel Latschas erläutert werden soll, gab es in den 1960er Jahren unterschiedliche Methoden der Warenauszeich-

---

[567] Vgl. DRAIFLESSEN Collection (Hrsg.), C&A zieht an, S. 143.
[568] Vgl. 1970–1979, in: DRAIFLESSEN Collection (Hrsg.), C&A zieht an, S. 200.
[569] Vgl. DRAIFLESSEN Collection (Hrsg.), C&A zieht an, S. 229.
[570] Vgl. Spitz, Hinter den Kulissen.
[571] ISG, W 1-10-406, Bericht über Filialuntersuchung in V 40, 1964, hier: Tabelle zwischen S. 4 und 5. Auf das Putzen als spezifisch weiblich konnotierte Dienstleistung kann an dieser Stelle nicht eingegangen werden, vgl. dazu Mayer-Ahuja, Wieder dienen lernen.

nung: einen „Stabstempel", einen „Umschlagstempel", eine „'Jedermann'-Pistole" sowie die handschriftliche Warenauszeichnung.[572] Grundsätzlich waren alle Beschäftigten bei Latscha für alle Aufgaben innerhalb ihrer Abteilung zuständig, „und zwar vom Bestellen bis zum Reinigen der Gondel oder Truhe".[573] Dementsprechend übernahmen sie auch das Auszeichnen. Dies geschah meist direkt im Anschluss an eine eingegangene Lieferung und deren Kontrolle. Allerdings legte die Filialuntersuchung auf das zeitliche Ausmaß des Auszeichnens kein allzu großes Augenmerk, da sich dieses ohnehin in Grenzen hielt und weitere technische Fortschritte erwartet wurden, die den Zeitaufwand noch verringern würden. Probleme gebe es vorwiegend bei Unregelmäßigkeiten wie Preisänderungen oder in Fällen, in denen manche Teile der Ware bereits ausgezeichnet im Laden ankamen, andere aber nicht. Deswegen müsse ein einigermaßen selbstständiges Arbeiten verlangt werden, das wiederum von den eingesetzten Teilzeitkräften nicht unbedingt erwartet werden könne.[574] Da die wenigsten Hersteller Preise auf ihre Waren druckten, blieb es im Lebensmitteleinzelhandel bei einer solchen manuellen, zum Teil durch technische Gerätschaften unterstützten Preisauszeichnung, bis Anfang der 1980er Jahre branchenübergreifend der Barcode eingeführt wurde.

Auch im Textileinzelhandel wurden die Artikel vor dem Verkauf gekennzeichnet.[575] Um die Kaufentscheidung nicht zu beeinflussen, sollte die Kundschaft den Preis der Ware nicht sofort erfahren. Aus diesem Grund wurden die Etiketten zum Teil mit komplizierten Zahlen-Buchstaben-Kombinationen versehen, die nur für Eingeweihte zu entschlüsseln waren. Eine ehemalige Beschäftigte des Kaufhauses Beck berichtet rückblickend davon: „Ich erinnere mich noch an die Auszeichnung. Da haben wir verschlüsselte Buchstaben verwendet. Da war in der Mitte die Lagernummer, rechts und links DM und Pfennig."[576] C&A führte 1955 eine „unsichtbare Etikettbeschriftung" ein, mit der der Einkaufspreis der Ware auf die Etiketten gedruckt wurde. Zuvor war ein kompliziertes Verfahren mit Buchstabencodierung nötig gewesen, um den Einkaufspreis vor der Kundschaft geheim zu halten und dennoch die Verkäuferinnen und Verkäufer entsprechend zu informieren.[577] Innerhalb eines Monats sollte die Umstellung in allen C&A-Filialen abgeschlossen sein. Dafür musste jede Auszeichnungsmaschine mit neuen Farbbändern, Spezialleuchten und Glühbirnen mit blauem Licht versehen werden. Dabei war die Hauptverwaltung auf strengste Geheimhaltung bedacht. Die unsichtbare „Etikettbeschriftung" wurde als Betriebsgeheimnis betrachtet und mit zwei Patenten belegt, um Nachahmungen zu vermeiden. Die Mechaniker der Kassenfirma Anker, die auch für die Auszeichnungsmaschinen zuständig waren, übernahmen zwar

---

[572] ISG, W 1-10-406, Bericht über Filialuntersuchung in V 40, 1964, hier: S. 12 f.
[573] ISG, W 1-10-406, hier: S. 3 f.
[574] ISG, W 1-10-406, hier: S. 13.
[575] WABW, B 56 F 25041–25169, Fotoalbum: „Ein Arbeitstag in der Firma C. F. Braun 1960er Jahre" (nicht paginiert), 1960er.
[576] BWA, F 34 / 279, unvergessene Geschichten 1986, hier: Geschichte „Kundin kombiniert".
[577] Vgl. DRAIFLESSEN Collection (Hrsg.), C&A zieht an, S. 149.

den Umbau und das regelmäßige Auswechseln der Farbbänder, letztere aber ließ C&A in einer gesonderten Fabrik herstellen. Bei Störungen sollten außerdem nie ein örtlicher Elektro-Fachbetrieb, sondern stets die Mechaniker der Firma Anker eingeschaltet werden.[578] Darüber hinaus war das Etikett bei C&A ein wichtiger Informationsträger, was die Betriebsverwaltung anging: So waren zwei der fünf Abschnitte für die Verbuchung der Kassenvorgänge im Kontor sowie für die Provisionsberechnung des Verkaufspersonals vorgesehen.[579]

Die Warenannahme und -auszeichnung, die bei C&A Ende der 1950er Jahre noch in den einzelnen Filialen durchgeführt wurde, erfuhr 1958 eine Neuerung. Um die Abfertigung der eingehenden Ware zu beschleunigen, wurde das ursprüngliche Laufzettelsystem abgeschafft. Stattdessen wurden fortan sogenannte Wareneingangsbelege verwendet, die allen Paketen beigefügt waren und mit deren Angaben die Sendungen in der Warenannahme kontrolliert werden konnten. Außerdem wurden hier sogenannte Zangendrucker eingeführt, die das Abzeichnen der Ware erleichterten. Nach der Warenannahme kam die Ware in einen „Auspackraum", anschließend an eine „Sortierstelle" und schließlich zur „Warenauszeichnung".[580] Während beim Laufzettelsystem diese einzelnen Stationen personell und räumlich getrennt sein sollten,[581] konnten durch das neue Kontrollsystem alle Tätigkeiten von derselben Person ausgeführt werden. Dies sollte vor allem die Einsatzmöglichkeiten des Personals in kleineren und mittleren Häusern verbessern.[582] Bereits im Frühjahr desselben Jahres hatte man die Auszeichnungsaufsichten zu einer zentral organisierten Kurzausbildung geschickt, um sie mit dem neuen System vertraut zu machen.[583] C&A war also daran gelegen, die Tätigkeiten in der Warenannahme und -auszeichnung zu optimieren. Im Textileinzelhandel gab es schon in den 1950ern Jahren eigene Auszeichnungskräfte, womit die Arbeitspraktiken bereits abgespalten waren.

Auch die Etiketten wurden weiterentwickelt. Bei C&A experimentierte man erstmals 1962 mit Lochetiketten. Das Etikettsystem des US-amerikanischen Herstellers Kimball überstand jedoch die Testphase nicht, sodass zunächst mit „Locherinnen"

---

[578] DCM, 115784, Rundschreiben an die Geschäftsleitung Haus Essen 1954–1956, hier: Schreiben der C. & A. Brenninkmeyer G.m.b.H. – Hauptverwaltung, an die Geschäftsleitung der Firma C. & A. Brenninkmeyer GmbH., Essen, Betr.: Umstellung unserer Warenauszeichnung auf unsichtbaren Einkaufspreis, vom 28. 04. 1955.
[579] DRAIFLESSEN Collection (Hrsg.), C&A zieht an, S. 153; DCM, 100076, Informationsbroschüre „Handbuch für unsere Betriebsmitglieder" 1957, S. 24.
[580] DCM, 108187, Rundschreiben an die Geschäftsleitungen der Häuser 1958, hier: Schreiben der C. & A. Brenninkmeyer G.m.b.H. – Hauptverwaltung, an die Geschäftsleitungen aller Häuser, Nr. 37/58, Betr.: Neuregelung der Warenannahme und der Auszeichnung, vom 20. 11. 1958.
[581] DCM, 115784, hier: Schreiben der C. & A. Brenninkmeyer G.m.b.H. – Hauptverwaltung, an die Geschäftsleitung des Hauses Essen, Betr.: Kontrollbesuche vom Mai und Juli 1956, vom 22. 08. 1956.
[582] DCM, 108187, hier: Schreiben der C. & A. Brenninkmeyer G.m.b.H. – Hauptverwaltung, an die Geschäftsleitungen aller Häuser, Nr. 37/58, Betr.: Neuregelung der Warenannahme und der Auszeichnung, vom 20. 11. 1958.
[583] DCM, 108187, hier: Schreiben der C. & A. Brenninkmeyer G.m.b.H. – Hauptbetriebsleitung, an die Geschäftsleitungen aller Häuser, Nr. 14/58, Betr.: Ausbildung unserer Auszeichnungsaufsichten, vom 06. 05. 1958.

4.5 Hinter der Bühne: Folgen der Computerisierung und männliche Berufswelt 329

weitergearbeitet wurde. Diese stanzten in der Warenauszeichnung die entsprechenden Informationen in die Etiketten.[584] Als 1970 die Kassen der Firma Hugin eingeführt wurden, kamen auch neue Etiketten hinzu, die mit einer eigenen Auszeichnungsmaschine derselben Firma produziert werden konnten. Dieser Auszeichner verfügte über eine Tastatur, mit der die Beschäftigten bei C&A die notwendigen Informationen eingaben, und ein integriertes Aufzeichnungsgerät, das diese für die spätere Weiterverarbeitung parallel zur Eingabe speicherte.[585]

1973 eröffnete in einem der fünf regionalen Logistikzentren von C&A eine zentrale Auszeichnungsstelle. Dort wurde die gesamte Ware ausgezeichnet und an die Filialen in der Region beziehungsweise an die anderen Verteilerzentren zur Weiterverschickung gesendet.[586] Die Auszeichnungsabteilungen in den einzelnen Häusern waren damit überflüssig geworden und konnten eingespart werden.

Eine ehemalige Beschäftigte bei Beck erinnerte sich an die anfänglichen Probleme bei der Umstellung der vorgelagerten Arbeitspraktik des Auszeichnens in Verbindung mit einer EDV-Anlage:

„Die EDV und die WWA [Warenwirtschaftsabteilung] waren im 3. Stock […] und unten war ja der Wareneingang und da war doch bei Heimtextilien Herr G. […] oben wurde ja der Lieferschein bearbeitet, und irgendwann kam der Herr G. hoch mit einem Lieferschein und gleich in die EDV hereingeschneit, […] sagt: ‚Also drucken Sie mir mal so ca. 50 Kissenetiketten.' Da sagt der Herr B.: ‚Also Herr G. das geht nicht so.' ‚Das ging immer so, ich brauche sie, dann werden wir mal sehen, ob's reicht.' Dann sage ich: ‚Herr G., so geht das nicht, da müssen sie jetzt erst in die WWA, … und dann sagen sie mir mal bitte genau, wieviele Kissen es sind.' Ja gut. Tippe ich seine Etiketten, er geht mit ihnen runter und heftet die Etiketten an. ‚Die g'langen nicht. Da stimmt was nicht mit der Maschine, die g'langen nicht.' Da sagt der Herr B., ‚das gibt es nicht, da steht auf dem Lieferschein so und so viele Kissen, so und so viel Etiketten haben wir, Herr G., jetzt gehen wir mal runter und schauen.' Dann sind wir runtergegangen, da hat er mal drei Etiketten angeheftet, mal eines vergessen. Er kam am Anfang mit dieser Technik überhaupt nicht zurecht."[587]

Die Maschine konnte nur so viele Etiketten produzieren, wie Kissen auf dem Lieferschein vermerkt waren. Dies war ein Schutzmechanismus gegen Diebstahl und diente außerdem dazu, einen Überblick über den Warenbestand zu behalten. Während es bei den früheren manuell geschriebenen Etiketten möglich gewesen war, auf Vorrat zu produzieren oder eine Menge ungefähr abzuschätzen, konnte dies bei der elektronischen Datenverarbeitung so nicht mehr gemacht werden. Hier zeigt sich, ähnlich wie bei der Einführung von Datenverarbeitungsanlagen bei Gaissmaier und Latscha, dass Probleme innerhalb des Betriebsablaufs dadurch entstanden, dass Menschen sich erst an die strengen Vorgaben der Maschinen gewöhnen mussten.

Wenn in den Einzelhandelsbetrieben schließlich ganze Warenwirtschaftssysteme eingeführt wurden, änderten sich die Arbeitspraktiken erneut:

---

[584] Vgl. 1960–1969, in: DRAIFLESSEN Collection (Hrsg.), C&A zieht an, S. 170.
[585] Vgl. Fotos des „Hugin-Auszeichners", der Tastatur und des Etiketts um 1967, in: Kambartel, Kasse, S. 217.
[586] Vgl. 1970–1979, in: DRAIFLESSEN Collection (Hrsg.), C&A zieht an, S. 200.
[587] BWA, F 34 / 279, unvergessene Geschichten 1986, hier: Geschichte „Etiketten".

„Gesteuert von der Leitzentrale können mit dem *Etiketten*auszeichner mehrere 10 000 Etiketten pro Stunde erstellt werden. Diese Etiketten sind codiert und mit allen wichtigen Bezeichnungen versehen. Die Codierung der Waren spielt eine entscheidende Rolle beim Aufbau des neuen Warenwirtschaftssystems."[588]

Dementsprechend fielen im Bereich der Warenauszeichnung die Einzelpreisauszeichnungen weg und auch die Umzeichnung der einzelnen Ware bei Preisveränderungen konnte entfallen. Übrig blieb lediglich die Auszeichnung am Regal, die der Information der Kundschaft diente. Auch hier drohten Personal abgebaut und Arbeitsplätze von Voll- in Teilzeit umgestaltet zu werden.[589]

***

Spätestens mit Einführung der EDV-Anlagen und Warenwirtschaftssysteme änderten sich die Arbeitspraktiken des Verwaltens und Instandhaltens, die eng mit den Kassensystemen verknüpft waren. Diese wurden abgekoppelt von den Tätigkeiten des vorwiegend weiblichen Verkaufspersonals und zunehmend zu männlich konnotierten Tätigkeiten umgewandelt. Sie wurden zentralisiert und automatisiert, und die Beschäftigten zu bloßen Überwachern des ansonsten selbstständig funktionierenden Systems degradiert.

Als Grundlage für diese neuen Arbeitspraktiken ist das Speichern von Informationen anzusehen. Anfangs über handschriftliches Notieren, dann Lochstreifen, Lochkarten und Magnetbänder, später über Rechner und PCs und schließlich über zentral gesteuerte Warenwirtschaftssysteme wurden Daten zu den Waren, zur Umschlagsgeschwindigkeit, zum Verhalten der Kundschaft, oder zur Rentabilität der einzelnen Verkäuferinnen und Verkäufer gesammelt. Diese quantitative Tätigkeit der Wissensgenerierung über ökonomische Faktoren war anfangs also in menschlicher Hand und wurde zunehmend von technischen Lösungen übernommen. Die qualitative Arbeit, also das Auswerten der gesammelten Daten, war in großen Unternehmen bereits früh abgespalten und wurde von männlichen Beschäftigten übernommen, bis auch dies durch computerisierte Technik erfolgte. In kleineren Unternehmen und im Lebensmittelbereich blieb die Beobachtung und Auswertung von Daten länger unter menschlicher Ägide und die Technik kam erst später zum Einsatz.

Je mehr diese jedoch auch die Verwaltung der Waren umfasste, desto mehr wurde sie ebenfalls zu einem männlichen Tätigkeitsbereich. Für die großen Rechenmaschinen in der Zentrale waren männliche Beschäftigte verantwortlich – auch spätabends und nachts, was für Frauen aufgrund ihrer Zuordnung zu Haushalt und Familie und der damit verbundenen Zeitordnung nicht denkbar gewesen wäre. Sobald Warenwirtschaftssysteme zur weiteren Automation beitrugen, waren auch diese männlich konnotierten Arbeitsplätze von Dequalifizierung und Stel-

---

[588] Glaubitz, Rationalisierung, S. 438, Hervorhebung im Original.
[589] Vgl. Deutsche Angestellten-Gewerkschaft (Hrsg.), EAN, S. 17.

lenabbau bedroht, allerdings erst gut 20 Jahre nach den Dequalifizierungsprozessen weiblicher Tätigkeiten.

Die Logistik als klar männlich dominiertes Arbeitsfeld im Einzelhandel war bei allen untersuchten Firmen im Untersuchungszeitraum vor allem durch Zentralisierung und Vergrößerung des Zuständigkeitsbereichs geprägt. Inspiration für die rationale und effiziente Umgestaltung der eigenen Lagersysteme kam aus den USA und aus Schweden. Die Arbeitspraktiken mussten trotz Widerständen der Beschäftigten in der Regel den neuen Arbeitsinstrumenten angepasst werden.

Die Warenauszeichnung war eine Tätigkeit, die zwar von Männern teilweise beaufsichtigt, in der Regel aber von weiblichen Beschäftigten durchgeführt wurde. Die Arbeitspraktiken entwickelten sich vom manuellen Aufschreiben über das Aufstempeln von Preisen und das Aufkleben beziehungsweise Anhängen eines Etiketts – das seinerseits zunächst ausgestanzt und später von einer Maschine gelocht oder gedruckt wurde – bis hin zur automatischen Preiskennzeichnung durch die Barcodes, mit der dann die Arbeitspraktik ganz auf die Hersteller ausgelagert worden war. Damit wurden die Arbeitspraktiken in der Warenauszeichnung zunächst einmal stark standardisiert, in der Folge immer monotoner und fielen am Ende ganz weg.

Anhand der veränderten Arbeitspraktiken des Verwaltens und Instandhaltens kann gezeigt werden, wie bestimmte Tätigkeiten in der Dienstleistungsgesellschaft und mit dem Einzug neuer Techniken einen Wechsel der geschlechtlichen Zuordnung durchliefen. Hatte noch in den 1950er und 1960er Jahren die Verkäuferin ein breites Aufgabenfeld, Kontakt zu Kundschaft und Lieferanten und einen Überblick über alle ökonomischen Vorgänge im Laden, so verkleinerte sich ihr Einsatzfeld, und kaufmännische sowie planerische Tätigkeiten fielen vermehrt dem männlichen Filialleiter oder Substituten zu.

Die Dienstleistungstätigkeiten des Einzelhandels polarisierten sich gleichzeitig entlang der Geschlechterlinie. Viele einfache, leicht zu erlernende Arbeiten wurden von Frauen übernommen. Die nach Einzug der Technik wenigen verbleibenden qualifizierten Aufgaben fielen ausschließlich männlichen Angestellten und den Inhabern zu. Dies zeigt sich auch in der Aufspaltung der Berufsausbildung in zwei Lehrziele 1968: die zweijährige Ausbildung zur „Verkäuferin", und das nach drei Jahren zu erreichende Berufsziel des „Einzelhandelskaufmanns".[590]

4.6 Zwischenfazit

Verkaufsraum und Kassenarbeitsplatz bildeten die zwei wesentlichen Räume der Arbeit im Einzelhandel. Deren räumliche und soziale Ordnung im Betrieb bedingten sich wechselseitig. In diesem Kapitel wurden mittels der historischen Raumanalyse die verschiedenen räumlichen Dimensionen des Einzelhandels in der

---

[590] Vgl. hierzu Kapitel 3.1.

zweiten Hälfte des 20. Jahrhunderts untersucht. Wie wurden diese gestaltet und verändert? Welche subjektiven Raumwahrnehmungen und räumlichen Praktiken haben sich herausgebildet?[591] Die zentralen Erkenntnisse der Analyse lassen sich wie folgt zusammenfassen:

Untersucht wurden die Lebensmittelfilialbetriebe der Firma Gaissmaier in Ulm und Umgebung sowie der Firma Latscha im Rhein-Main-Gebiet. Je stärker sich dort der Verkaufsraum hin zur Selbstbedienung umgestaltete, desto mehr veränderten sich die einzelnen Praktiken, die eigentlich zum Beruf der Verkäuferinnen und Verkäufer gehörten. Drehkreuze, einsetzende Ladenmusik und Einkaufswagen übernahmen fortan die Arbeitspraktik der Kundenbegrüßung. Einrichtungsgegenstände und Ladengestaltung, nicht mehr Menschen, wurden zuerst beim Betreten des Geschäfts wahrgenommen. Die Teilpraktik des Bedienens durchlief die massivste Veränderung. Die Kundinnen und Kunden konnten sich selbst Zugang zur gewünschten Ware verschaffen und beherrschten somit große Teile des Verkaufsraums. Information und Beratung erfolgten vornehmlich durch die Produktverpackung sowie Hinweis- und Preisschilder. Das Verpacken und Portionieren der Ware wurde an die Lebensmittelindustrie im Vorfeld ausgelagert. Erst beim Verabschieden vom Verkaufspersonal an der Kasse kamen die Kundinnen und Kunden in persönlichen Kontakt. Allerdings stellte die Kasse für die Kundschaft keine Zugangsbeschränkung mehr zur Ware dar. Große Teile der Arbeit, die bereits geschehen sein musste, um Selbstbedienung überhaupt möglich zu machen, waren nicht mehr sichtbar. Nebentätigkeiten, wie das Verwalten der Waren und das Instandhalten des Geschäfts, führten die Beschäftigten mitten im Laden aus, sollten dabei aber möglichst unauffällig agieren. Die Beschäftigten verloren ihren Hoheitsbereich. Sie hatten keine unmittelbare Kontrolle mehr über die Waren und verfügten nur noch über einen eingeschränkten Handlungsspielraum. Vor allem die Position der weiblichen Beschäftigten marginalisierte sich zunehmend; und das wirkte sich auch auf ihren Status in der Gesellschaft aus.

Die veränderten Arbeitspraktiken stießen zwei Entwicklungen in Bezug auf das Geschlechterverhältnis im Einzelhandel an: Zum einen wurde der – ohnehin traditionell stark weiblich besetzte – Einzelhandel durch die Einstellung von fast ausschließlich Frauen in den 1960er und 1970er Jahren zu einer weiblich konnotierten Branche. Zum anderen wurden die einzelnen Teilpraktiken nach Geschlechtern differenziert. Die männlichen Beschäftigten erhielten die Positionen mit höherem Ansehen, besserer Bezahlung und mehr Verantwortung. Für Frauen waren hingegen vermehrt solche Aufgaben und Positionen vorgesehen, die sie auf rein dienende und unterstützende Funktionen beschränkten. Diese gehörten zu den geringer angesehenen Bereichen des Berufs und förderten nach und nach geschlechtsspezifisch differenzierte Arbeitsweisen. Über den beruflichen Alltag hinaus wirkte sich das auch auf die unterschiedliche Wahrnehmung der Beschäftigten in der Gesellschaft aus.

---

[591] Vgl. die Vorgehensweise in verknappter Form bei Rienks, „Tante Emma bitte an Kasse 3!", v. a. S. 114–125.

Die Arbeitsprozesse standardisierten sich insgesamt über die einzelnen Läden hinweg und die Stadt-Land-Unterschiede glichen sich an, sodass die Geschlechterdifferenzierung ubiquitär wurde.

Im Textileinzelhandel hatte die Umstellung auf Selbstbedienung verzögert eingesetzt, und wurde bis Ende der 1980er Jahre selbst in exklusiven Geschäften die bestimmende Vertriebsform. An dem Beispiel von C&A – als Pionier der Selbstbedienung im Textilbereich – wurde verdeutlicht, dass sich der Textileinzelhandel in der zweiten Hälfte des 20. Jahrhunderts zunehmend vereinheitlichte. Die zahlreichen Handlungsanleitungen und Vorgaben bei C&A offenbaren nicht nur eine starke Standardisierungstendenz, sondern auch die offenbar notwendige oder gewollte Überwachung jedes kleinsten Details durch insbesondere die Geschäftsleitung. Als einer der größten Textilhändler in der Bundesrepublik wirkten sich die neuen, aufgespaltenen Arbeitsweisen bei C&A auch auf die Mehrheit der Kundschaft aus und erschufen eine neue Erwartungshaltung an das Einkaufen. Bei dem wesentlich kleineren Unternehmen C. F. Braun lassen sich grundsätzlich gleiche Phänomene und Entwicklungen in der Ausgestaltung der Arbeitspraktiken beobachten, die allerdings erst später einsetzten. Dessen Kundschaft stellte bis in die 1970er Jahre höhere Ansprüche an die Verkäuferinnen. Dass die veränderten Arbeitspraktiken eine starke geschlechtsspezifische Komponente aufwiesen, wird bei den hochpreisigen Textilgeschäften Beck und Hirmer in München noch deutlicher. Letztendlich breitete sich die Selbstbedienung bis Ende der 1980er Jahre auch dort flächendeckend aus. Allerdings blieb für Unternehmen, die einen höheren Preisstandard führten, der Service-Gedanke weiterhin maßgeblich. Von den Kundinnen und Kunden wurde das Verkaufspersonal allenfalls in einer beratenden Rolle gesehen; eine gute Bedienung wurde respektiert und geschätzt, aber nicht mehr als Souverän über die Waren betrachtet. Je unwichtiger das Bedienen wurde, desto mehr geriet der Verkaufsraum zu einem Einkaufsraum, den die Kundinnen und Kunden mit ihren Praktiken konstruierten.

Der Kassenarbeitsplatz entwickelte sich in den 1950er Jahren zu einem eigenständigen Arbeitsraum. Damit geriet das Berufsbild der Kassiererin zu einer vom sonstigen Verkaufen losgelösten Tätigkeit. Bis in die 1980er Jahre vollzog sich der Wandel von der Registrierkasse zum Computer und vom mechanischen Tippen zum monotonen Abscannen. Das Kassieren spaltete sich im Lebensmitteleinzelhandel von den anderen Verkaufspraktiken ab. Im Textileinzelhandel hatte es zum Teil schon länger eigene Kassenstände gegeben, gerade bei größeren Unternehmen. Die zunehmend weiblich konnotierte Arbeitssphäre des Kassenarbeitsplatzes prägte zeitgenössische Frauenbilder. Noch Anfang der 1960er Jahre genossen Kassiererinnen durchaus ein gewisses Ansehen, das sich in der etwas höheren Bezahlung ausdrückte. Sie nahmen sich selbst auch als wichtig innerhalb des Betriebes wahr, da sie in manchen Fällen den einzigen Kontakt zur Kundschaft darstellten und außerdem mit dem Umgang mit Geld betraut waren. Als in den 1970er und 1980er Jahren elektronische und später PC-gestützte Kassensysteme eingeführt wurden, übertrug sich mehr und mehr Verantwortung auf die nun eingesetzten Maschinen: So wurden Kundschaft und Beschäftigte beobachtet, ihre Daten gesammelt und ausgewertet. Während auf der Seite der Unternehmen eine regelrechte Technikbegeisterung zu spüren war, da sie sich davon eine Zeit- und Kostenersparnis erhofften, waren die Gewerkschaften eher skeptisch angesichts einer nun möglich gewordenen exakten Personaleinsatzplanung und dem deshalb zu befürchtenden Abbau von Arbeitsplätzen. Die Beschäftigten empfanden die neuen Kassentechniken, etwa das Scannen, ambivalent: Der erhofften Arbeitserleichterung stand die Angst vor Monotonie gegenüber.

Die Probleme, die sich vor allem seit den 1970er Jahren am Kassenarbeitsplatz für die körperliche und geistige Gesundheit ergaben, betrafen vor allem die weiblichen Beschäftigten. Die subjektiven Empfindungen und Wahrnehmungen der Kassierenden und der Kundinnen und Kunden prägten die Arbeitswelt entscheidend mit. Diese hingen stark von der räumlichen Positionierung der Kassierenden – am Ausgang des Geschäfts und *sitzend* – ab. Das Bild weiblicher Arbeit war das einer dienenden, freundlichen Maschine, die man nicht zu grüßen brauchte und auf die man herabblickte. Dies mag im Textileinzelhandel anders gewesen sein, da der Status der Ware den Beschäftigten dort ein gewisses Ansehen verlieh, dennoch tendierte man im Laufe der Zeit ebenfalls zu einer Geringschätzung der weiblichen Beschäftigten.

Mit Einführung der EDV-Anlagen in den 1960er Jahren und der Warenwirtschaftssysteme in den 1980er Jahren änderten sich außerdem die Arbeitspraktiken des Verwaltens und Instandhaltens, die eng mit den Kassensystemen verknüpft waren. Diese männlich konnotierten Tätigkeiten wurden ebenso wie die Logistik zentralisiert, automatisiert und die Beschäftigten zu reinen Unterstützern des Systems degradiert. So folgte gut zwanzig Jahre nach der Dequalifizierung der weiblich konnotierten Tätigkeiten auch die Herabstufung der männlich konnotierten und vormals qualitativ hochwertigen Arbeiten. Dies beförderte und zementierte die Einstufung des Einzelhandels als Niedriglohnbranche.

Die Teilpraktik des Kassierens und ihre Veränderungen wirkten sich als Bestandteil der Arbeitsraumpraktiken auf betriebliche Mikrostrukturen aus. Somit trugen sie neben anderen geschlechtsspezifischen Arbeitsweisen dazu bei, den Arbeitsraum im Einzelhandel geschlechtsspezifisch zu segmentieren, die weibliche Arbeit zu marginalisieren und damit das soziale Ansehen der arbeitenden Frauen zu minimieren. Während sich die einkaufenden Frauen über den Konsum und die damit verbundenen räumlichen Praktiken im Einzelhandel in der zweiten Hälfte des 20. Jahrhunderts erhebliche Handlungs- und Entscheidungsspielräume in der sozialen Ordnung der Gesellschaft eröffneten, traf dies für die arbeitenden Frauen auf der anderen Seite der Theke, in den Lagern und an den Kassen nicht zu. Vielmehr bedeutete der Eintritt in die Arbeitswelt des Einzelhandels ein Einfügen in eine Geschlechterordnung, in der sie abermals an zweiter Stelle standen. Die mikrostrukturellen räumlichen Praktiken beförderten eine geschlechtsspezifische Segmentierung und konterkarierten etwaige emanzipative Bestrebungen, die zur Aufnahme eines Berufs geführt haben mögen. Eine ähnliche Ambivalenz lässt sich bei den zeitlichen Praktiken im Einzelhandel aufzeigen, die Gegenstand des nächsten Kapitels sind.

5. Tante Emma macht jetzt Teilzeit: Arbeitszeit und Ansehen im Einzelhandel

5.1 Zeit- und Geschlechterordnung in der Bundesrepublik

Spätestens mit der Industrialisierung entwickelte sich *Zeit* zu einer gesellschaftlich wichtigen Ressource. Gaben zuvor natürliche Zeitphänomene den Rhythmus vor, erschuf sich der Mensch nun selbst eine Tagesstruktur.[1] Ein strukturbestimmendes Merkmal des 20. Jahrhunderts war die Trennung des Tages in Arbeitszeit und Freizeit.[2] Diese Unterscheidung wurde auch für Frauen mit zunehmender Berufstätigkeit in den 1960er und 1970er Jahren relevanter. Viele von ihnen fanden im Dienstleistungssektor eine Anstellung. Doch gleichzeitig entwickelten sich Konsum und Freizeit zu erstrebenswerten Gütern. Damit wurde Zeit in der Konsumgesellschaft zu einer „zunehmend [...] knappe[n] Ressource".[3] Neben Geld war sie für Lebensweisen und Berufswünsche bestimmend. Gesellschaftliche Zeitmuster maßen bestimmten Zeitarealen eine höhere Bedeutung bei als anderen. Für die Bundesrepublik prägte Otto Neuloh den Begriff „Abendgesellschaft";[4] ähnlich auch der viel diskutierte Begriff „Feierabendgesellschaft".[5] Demnach waren die Abendstunden unter der Woche oder die freien Tage am Wochenende in sozialer Hinsicht mehr wert als andere freie Stunden. Dieses Konzept ist besonders für das Verständnis von Arbeitszeit im Einzelhandel und die geschlechtsspezifische Verteilung von Zeit innerhalb einer Gesellschaft relevant. Als weitere Grundlage für ein besseres Verständnis der nachfolgenden Kapitel wird an dieser Stelle auf die allgemeine Arbeitszeitverkürzung in der Bundesrepublik zwischen den 1950er und den 1990er Jahren sowie auf den Anstieg der Frauenerwerbstätigkeit in diesem Zeitraum eingegangen. Anschließend werden Beispiele diskutiert, wie das Thema Zeit im Einzelhandel verhandelt wurde.

Arbeitszeitverkürzung in der zweiten Hälfte des 20. Jahrhunderts

Die Reduzierung der Arbeitszeit in der zweiten Hälfte des 20. Jahrhunderts ist erstaunlicherweise selten Gegenstand historiografischer Arbeiten; die meisten Publikationen stammen aus gewerkschaftsnahen Kreisen.[6] Das Thema gehörte neben

---

[1] Vgl. Koller, Zeitordnung, Sp. 390.
[2] Vgl. Süß, Stempeln, S. 139.
[3] Spiekermann, Freier Konsum, S. 39.
[4] Vgl. Neuloh, Sozialisation und Schichtarbeit.
[5] Vgl. etwa bei Nachreiner, Arbeitszeit als Risikofaktor.
[6] Vgl. etwa Achten, Mehr Zeit für uns; Hautsch, Kampf und Streit.

den Lohnfragen zum Kern gewerkschaftlicher Arbeit in den 1950er Jahren.[7] Ab 1952 forderten die Gewerkschaften die 40-Stunden-Woche. Berühmt gewordener Leitspruch zum 1. Mai 1956 war die Formel „Samstags gehört Vati mir".[8] Vorreiter bei der Reduzierung der Wochenarbeitsstunden waren die IG Metall und der Arbeitgeberverband Gesamtmetall, die im Oktober 1956 die Arbeitszeit bei vollem Lohnausgleich von 48 auf 45 Stunden pro Woche senkten. Zwei Jahre später vereinbarten die Tarifparteien der Metallindustrie eine schrittweise Reduzierung der Arbeitszeit auf 40 Stunden, die bis 1967 erreicht sein sollte. Andere Branchen folgten zwar, aber langsam: 1973 gab es für 69 Prozent aller Beschäftigten in der Bundesrepublik eine 40-Stunden-Woche, 1978 dann für 92,6 Prozent. Bemerkenswert ist, dass diese Verkürzung ausschließlich auf abgeschlossenen Tarifverträgen basierte. Die Regierungsseite sah sich nicht zu einer politischen Intervention veranlasst.[9] Interessant ist außerdem, dass die Stundenverkürzung hauptsächlich auf der Abschaffung der Samstagsarbeit beruhte, denn die tägliche Arbeitszeit hatte sich kaum verringert. Eine Konsequenz der Arbeitszeitverkürzung war die Zunahme von Schichtarbeit während der 1960er Jahre. Außerdem wuchs die Teilzeitarbeitsquote von 2,6 Prozent 1960 auf 8,5 Prozent 1977. Dies ist auf den Anstieg weiblicher Erwerbstätigkeit zurückzuführen. Laut Michael Schneider hätten neben dem Anwerben von ausländischen Beschäftigten und Frauen auch verstärkte Rationalisierungsmaßnahmen die Arbeitszeitverkürzung aufgefangen.[10]

Rationalisierung, Flexibilisierung und die „Humanisierung der Arbeitswelt" waren somit die zentralen Schlagworte der Arbeitszeitdebatten in den 1970er Jahren,[11] die die Qualität von Beschäftigung definieren sollten. Spätestens Ende der 1970er Jahre erhielt die Freizeit einen enormen Bedeutungszuwachs. Es ließ sich eine ambivalente Entwicklung beobachten: Auf der einen Seite wurde die Arbeit (mehr als etwa die Familie) zu einem Identifikationsort; auf der anderen Seite diente die freie Zeit der Selbstverwirklichung und dem Ausleben individueller Lebensvorstellungen.[12] Flexible Arbeitszeitmodelle wie Teilzeitarbeit und *Job Sharing* scheinen dafür die Lösung gewesen zu sein. Sie suggerierten eine Zeitsouveränität der Beschäftigten.[13] Die Gewerkschaften kritisierten das *Job Sharing*, weil dadurch ein „Flexibilitätszwang" auf die Beschäftigten ausgeübt werde, bei dem es sich um eine Arbeitszeitverkürzung ohne Lohnausgleich handele und so „betriebliche Konflikte individualisiert und der Mitsprache der Betriebsräte entzogen" würden.[14]

---

[7] Vgl. hierzu Schneider, Arbeitszeitverkürzung, S. 87, ausführlicher seine Monografie: Schneider, Streit um Arbeitszeit; wesentlich umfangreicher außerdem Scharf, Geschichte der Arbeitszeitverkürzung.
[8] Vgl. Frese, „Samstags gehört Vati mir".
[9] Vgl. Schneider, Arbeitszeitverkürzung, S. 87 f.
[10] Vgl. Schneider, Arbeitszeitverkürzung, S. 88.
[11] Vgl. Schneider, Arbeitszeitverkürzung, S. 89.
[12] Vgl. Süß, Stempeln, S. 146.
[13] Vgl. Süß, Stempeln, S. 146.
[14] Süß, Stempeln, S. 148 f.

Auf dem Gewerkschaftstag der IG Metall im Jahr 1977 wurde zum ersten Mal die 35-Stunden-Woche gefordert, sodass also gegen Ende des Jahrzehnts eine Verkürzung der Wochenarbeitszeit wieder ins Zentrum der gewerkschaftlichen Agitation gerückt war.[15] Die Streiks um die Einführung der 35-Stunden-Woche läuteten 1984 eine neue Debatte um Arbeitszeit in der Bundesrepublik ein.[16] In diese Zeit fällt auch die Hochphase der wissenschaftlichen Auseinandersetzung mit Arbeitszeit, denn im Kontext hoher Arbeitslosigkeit wurde debattiert und untersucht, ob eine allgemeine Arbeitszeitverkürzung Arbeitsplätze schaffen könnte.[17] Bis 1995 sank die tarifliche Wochenarbeitszeit aller Beschäftigten auf durchschnittlich 37,7 Stunden.[18]

Dietmar Süß interpretierte die stete Verringerung der Arbeitszeiten als „tiefen erfahrungsgeschichtlichen Einschnitt", durch den sich der wöchentliche Arbeitsrhythmus der Beschäftigten maßgeblich verändert hatte. Der arbeitsfreie Sonntag als Familientag und der arbeitsfreie Samstag als Konsumtag etablierten sich.[19] „Arbeitszeitpolitik war damit von jeher immer mehr als die Regelung von Betriebsabläufen. Sie bestimmte die Konsumzeiten ebenso wie die Familienstruktur, das Verhältnis der Geschlechter oder die Formen individuellen Engagements."[20] Diese Arbeitszeitpolitik richtete sich an den männlichen Normalarbeitsverhältnissen aus. Allerdings arbeiteten bereits Anfang der 1980er Jahre 15 Prozent der Beschäftigten in Teilzeit, wovon die überwiegende Mehrheit Frauen waren.[21] Im Einzelhandel verrichteten Mitte der 1980er Jahre sogar 30 Prozent der Beschäftigten ihre Tätigkeit in Teilzeit.[22] Die Arbeitszeiten im Einzelhandel sind dabei in engem Zusammenhang mit dem Anstieg der Frauenerwerbstätigkeit zu sehen, denn 70 Prozent der Einzelhandelsbeschäftigten waren weiblich.[23]

Anstieg der Frauenerwerbstätigkeit

Prägend für die Entwicklung des Dienstleistungssektors und insbesondere den Einzelhandel war die Zunahme der Frauenerwerbstätigkeit seit den 1950er Jahren. Der Anteil der arbeitenden Frauen hatte sich kontinuierlich erhöht: von 30,2 Prozent 1950 auf 37,1 Prozent im Jahr 1989. „Die eigentlich spektakuläre Veränderung" lag aber darin, dass seit Ende der 1950er Jahre vor allem verheiratete Frauen und Frauen mit Kindern unter 18 Jahren eine Berufstätigkeit aufnahmen. Ledige, verwitwete und geschiedene Frauen waren bereits vorher in vielen Fällen erwerbs-

---

[15] Vgl. Schneider, Arbeitszeitverkürzung, S. 89.
[16] Vgl. dazu knapp Wirsching, Abschied, S. 261.
[17] Vgl. hierzu etwa Adam/Buchheit, Reduktion der Arbeitslosigkeit; Kutsch/Vilmar, Arbeitszeitverkürzung; sowie Müller-Armack, Arbeitszeitverkürzung.
[18] Vgl. Süß, Stempeln, S. 143.
[19] Vgl. Süß, Stempeln, S. 144.
[20] Süß, Stempeln, S. 145.
[21] Vgl. Süß, Stempeln, S. 147.
[22] Vgl. Lemm/Skolnik, Arbeitszeitverkürzung, S. 337.
[23] Vgl. Lemm/Skolnik, Arbeitszeitverkürzung, S. 337.

tätig gewesen.[24] Dabei handelte es sich jedoch nicht um einen kontinuierlichen Prozess der Integration von Frauen in den Arbeitsmarkt. Vielmehr stand ihre Erwerbstätigkeit in engem Zusammenhang mit der allgemeinen Situation auf dem Arbeitsmarkt. Dies bedeutete, dass die Zahl der weiblichen Erwerbstätigen im Vorfeld der Rezession von 1967/68 leicht zurückging, zu Beginn der 1970er Jahre wieder leicht anstieg, Anfang der 1980er stagnierte, und ab Mitte der 1980er Jahre erneut zunahm.[25] Während sich in den 1950er Jahren verheiratete Frauen am „Hausfrauendasein" orientierten und in den 1960er Jahren junge Frauen sich noch häufig in der Zwangslage sahen, zwischen Berufstätigkeit und Familienarbeit entscheiden zu müssen, wurde dies seit den 1970er Jahren durch einen „doppelten Lebensentwurf" aufgelöst. Dies führte dazu, dass weibliche Erwerbsverläufe häufig instabil und diskontinuierlich waren, weil ihnen der Wechsel zwischen familiärer Sphäre und außerhäuslicher Arbeit notwendig inhärent war – in der Konsequenz: „Frauen [waren] nur partiell in den Arbeitsmarkt integriert".[26] Andreas Wirsching interpretierte die Entwicklung der 1970er und 1980er Jahre dahingehend, dass sie „das klassische Zusammenspiel von Geschlechterrolle, Familienstruktur und Erwerbsarbeit fundamental verändert haben".[27]

Die Frauenerwerbstätigkeit unterlag während des Untersuchungszeitraums einem Wandel, denn besonders Dienstleistungsbranchen erlebten einen Zuwachs an berufstätigen Frauen.[28] Und vor allem im Einzelhandel lag der Anteil von Frauen an den insgesamt Beschäftigten Mitte der 1980er Jahre vergleichsweise hoch: Dort arbeiteten 1,35 Millionen Frauen, was bei insgesamt 1,9 Millionen Beschäftigten im Einzelhandel einem Anteil von über 70 Prozent entsprach.[29] „Warenkaufleute" waren die zweitgrößte Berufsgruppe unter den Frauen.[30] Diese Entwicklung ist auch in engem Zusammenhang mit dem „Wirtschaftswunder" und der damit einhergehenden Vollbeschäftigung zu sehen.[31] Arbeitsplätze in der Industrie waren besser bezahlt, damit attraktiver und die erste Anlaufstelle für arbeitssuchende Männer. Gleichzeitig dehnte sich der Handelssektor aufgrund des beginnenden Massenkonsums bis Mitte der 1960er Jahre stark aus[32] und Arbeitsplätze wurden mit Frauen besetzt.

Trotz dieser arbeitsmarktlichen Entwicklung blieben Frauen in der Bundesrepublik der 1950er und 1960er Jahre zuständig für die Care-Arbeit in den Familien – ganz offiziell, da festgeschrieben im Bürgerlichen Gesetzbuch (BGB) durch das Prinzip der „Hausfrauenehe". Denn auch die westdeutsche Familien- und Steuerpolitik förderte das Leitbild der christlich-bürgerlichen Kernfamilie mit ge-

---

[24] Maier, Arbeitsmarkt, S. 258 f., Zitat auf S. 258.
[25] Vgl. Maier, Arbeitsmarkt, S. 258.
[26] Maier, Arbeitsmarkt, S. 260.
[27] Wirsching, Erwerbsbiographien, S. 95 f.
[28] Vgl. Maier, Arbeitsmarkt, S. 262 f., 266.
[29] Vgl. Glaubitz, Weibliche Angestellte, S. 456.
[30] Vgl. Maier, Arbeitsmarkt, S. 266 f.
[31] Vgl. Wehler, Deutsche Gesellschaftsgeschichte, S. 55.
[32] Vgl. Banken, Warenhaus zum Online-Versand, S. 502 f.

schlechtsspezifischer Rollenzuweisung und einer klaren Sphärenteilung.[33] Eine besondere Regelung in manchen Bundesländern gewährte vollerwerbstätigen Frauen dafür sogar einen bezahlten „Hausarbeitstag" pro Monat.[34] Selbst nach Einführung der sogenannten Partnerschaftsehe 1977 blieben die familiären Verhältnisse vielfach bis in die 1990er Jahre hinein in dieser Hinsicht unverändert. Nach Paragraf 1356 des BGB sollten zwei gleichberechtigte Ehepartner „die Haushaltsführung im gegenseitigen Einvernehmen" übernehmen. Doch in der sozialen Praxis überwogen weiterhin tradierte Geschlechterrollenmodelle.[35]

In der DDR war es schon in den 1950er Jahren üblicher und eher politisch gewollt, dass Frauen, auch mit Kindern, in das Erwerbsleben integriert wurden.[36] Das Modell der „Zwei-Ernährer-Hausfrau-Familie" wurde in Ostdeutschland zum Ideal.[37] Diese von oben oktroyierte Emanzipation war dahingehend erfolgreich, dass Frauen einen Teil ihrer Pflichten, nämlich die Kindererziehung, an staatliche Institutionen auslagern konnten – damit verbunden aber auch ideologische Einflussnahme in Kauf nehmen mussten.[38] Und auch in der DDR blieben traditionelle Rollenbilder in der sozialen Praxis führend. Für Haus- und Familienarbeit sowie Kindererziehung waren ebenso vor allem die Frauen zuständig.[39]

Dass der sogenannte *Gender Care Gap* laut Gender-Datenreport von 2017 immer noch bei durchschnittlich 52,4 Prozent liegt, bedeutet, dass weiterhin überwiegend Frauen für Kindererziehung, Haushaltsführung, Pflege und informelle Hilfen verantwortlich sind.[40] In Paarbeziehungen mit Kindern liegt die Diskrepanz zwischen Müttern und Vätern hinsichtlich der aufgewendeten Zeit für Sorgearbeit sogar bei 83,3 Prozent. Am gravierendsten ist der geschlechtsspezifische Unterschied im Alter von 34 Jahren. Hier beträgt der *Gender Care Gap* 110,6 Prozent. Männer leisten dabei durchschnittlich 2 Stunden und 31 Minuten Care-Arbeit pro Tag, Frauen hingegen 5 Stunden und 18 Minuten.[41]

So ist leicht erklärbar, warum fast ausschließlich Frauen von der Möglichkeit der Teilzeitarbeit Gebrauch machten und machen. Dies lag (und liegt nach wie vor) auch an dem seit 1958 geltenden bundesdeutschen Steuersystem, das durch das sogenannte Ehegattensplitting bei Verheiratung die reduzierte Arbeitszeit eines Ehepartners – aufgrund des *Gender Pay Gaps* häufig der Frauen – steuerlich begünstigt.[42] Noch im frühen 21. Jahrhundert changiert das gesellschaftliche Frauenbild zwischen Berufsarbeit und Familie.[43] Denn während Ehemänner und Väter sich seit

---

33 Vgl. Neumaier, Hausfrau, Berufstätige, Mutter, S. 18–20.
34 Vgl. Neumaier, Hausfrau, Berufstätige, Mutter, S. 104; Sachse, Hausarbeitstag.
35 Vgl. Neumaier, Hausfrau, Berufstätige, Mutter, S. 42 f.
36 Vgl. Neumaier, Hausfrau, Berufstätige, Mutter, S. 10.
37 Vgl. Neumaier, Hausfrau, Berufstätige, Mutter, S. 14.
38 Vgl. Neumaier, Hausfrau, Berufstätige, Mutter, S. 21, 30, 35
39 Vgl. Neumaier, Hausfrau, Berufstätige, Mutter, S. 21.
40 Vgl. Klammer/Menke, Gender-Datenreport, S. 25.
41 Vgl. Meier-Gräwe, Neue Lebensformen, S. 37.
42 Vgl. Neumaier, Hausfrau, Berufstätige, Mutter, S. 20; Sacksofsky, Geschlechterverhältnisse, S. 60 f.
43 Vgl. Neumaier, Hausfrau, Berufstätige, Mutter, S. 7.

den 1970er Jahren durch häusliche Reparaturen, Einkaufen oder Kinderwagenschieben gelegentlich in die familiäre Sorgearbeit einbrachten, fielen die zeitintensiven Tätigkeiten wie Kochen, Wäschewaschen oder die Betreuung kranker Kinder weiterhin häufig in den Zuständigkeitsbereich der Mütter und Frauen.[44] Der Faktor Zeit im Privaten wirkte sich damit vor allem bei weiblichen Beschäftigten entscheidend auf den Faktor Zeit in der Arbeitswelt aus.

Zeit im Einzelhandel

Ein frühes Beispiel, wie sich Einzelhandelsunternehmen mit dem Thema Zeit auseinandersetzten, bietet die Firma Latscha: Zu ihrem 75-jährigen Firmenjubiläum 1957 gab sie eine wissenschaftliche Studie in Auftrag, die das Verhältnis von Zeit und Handel untersuchte. Dabei wandte sich ein Wirtschaftswissenschaftler den Betriebszahlen des Unternehmens hinsichtlich ihrer zeitlichen Komponente zu. Er ging auf Lagerhaltung, Sortimentsgestaltung und Umschlagshäufigkeit verschiedener Filialen ein, aber auch auf die Dauer von Verkaufshandlungen und Einkaufszeiten.[45] Die Studie stieß auf große Resonanz in der Fachpresse und anderen Betrieben; das Problem der „Zeit" hatte an Relevanz für den Einzelhandel gewonnen.[46] Während sich die Industrie bereits Ende des 19. Jahrhunderts dem Faktor Zeit gewidmet habe, hätte der Einzelhandel lange nicht an Rationalisierung geglaubt, so ein Kommentar aus der Schweiz.[47] Er stünde aber mittlerweile unter einem großen Zeitdruck, weshalb es immer wichtiger werde, Lagerdauer und Umschlagshäufigkeit zu untersuchen und diese in Bezug zur Handelsspanne zu setzen – so pflichtete ein weiterer Fachartikel aus Deutschland der Untersuchung bei.[48]

Nicht nur für die Unternehmen, sondern auch für die Kundschaft im Einzelhandel war Zeit, vor allem ihre Knappheit, durchweg ein Thema. Die Umstellung von Bedienung auf Selbstbedienung wurde auch mit Blick auf die Kundinnen und Kunden getroffen. Die Werbebroschüre der Kassenfirma NCR argumentierte folgendermaßen: Einerseits müssten diese „nicht mehr anstehen oder auf eine Verkaufskraft warten"; andererseits könnten sie „in aller Ruhe und mit Überlegung Einkäufe tätigen". Bei einer Befragung des Lebensmittelunternehmens Latscha in Frankfurt am Main aus dem Jahr 1967 gab ein großer Teil der Kundschaft an, auf das Einkleben von Rabattmarken in Sammelheftchen verzichten und gleich die

---

[44] Vgl. Neumaier, Hausfrau, Berufstätige, Mutter, S. 157.
[45] ISG, W 1-10-485, 75-jähriges Geschäftsjubiläum, 1957, hier: Broschüre v. Dr. Nieschlag: „Der Handel in der Zeit – die Zeit im Handel".
[46] ISG, W 1-10-485, hier: Schreiben der Rationalisierungs-Gemeinschaft des Handels beim RKW (RGH), an Hans Latscha, vom 11. 04. 1958 sowie Anlage: Zuschriften zur Schrift von Prof. Dr. Nieschlag „Der Handel in der Zeit – Die Zeit im Handel".
[47] ISG, W 1-10-485, hier: Artikel „Der Warenverkauf und das Zeitproblem", in: Schweiz. Konsum-Verein. Organ des Verbandes schweiz. Konsumvereine (VSK) Basel 58 (1958), Nr. 14.
[48] ISG, W 1-10-485, hier: Artikel „Die Zeit als Aufgabe des Kaufmanns", in: Der Deutsche Handel, vom 16. 12. 1957.

teureren Nettopreise bezahlen zu wollen, da sie sich dadurch Zeit sparten und es weniger Arbeit bedeutete. 1977 beschwerten sich die Kundinnen und Kunden von Beck über die Umgestaltung der Verkaufsräume, da man sich nicht mehr zurechtfände und für langes Herumsuchen keine Zeit habe. Eine Kundin konstatierte: „[...] Hier kann man nichts mehr kaufen, denn auch bei mir ist Zeit = Geld!"[49]

Arbeitszeit als analytische Kategorie

Grundlage für die folgende Untersuchung der Arbeitszeit im Einzelhandel bildet die Tatsache, dass Zeitordnungen stets das Ergebnis kultureller Setzungen sind.[50] (Arbeits-)Zeit ist demnach mehr als eine messbare, physikalische Einheit. Sie ist ein „soziales Produkt" und damit „politisch".[51] Dementsprechend muss danach gefragt werden, wie und von wem sie konstruiert und wahrgenommen wird. Um die Arbeitszeit als analytische Kategorie beziehungsweise die verschiedenen zeitlichen Dimensionen der Vergangenheit erfassen zu können, werden folgende Definitionen vorgenommen:

Auf einer quantitativen Ebene sind die *Zeitformationen* ausschlaggebend. Sie ergeben sich *kurzfristig* aus der Analyse der Dauer eines Arbeitstags, der Arbeitswoche oder der Pausen, und *langfristig* aus der sich im Laufe einer Erwerbsbiografie summierten Lebensarbeitszeit oder der zu unterscheidenden Vollzeit- oder Teilzeitarbeitsverhältnisse. Daneben werden bestimmte *Zeitpraktiken* als regelmäßige Abweichungen von den gesetzten Zeitnormen beschrieben. Durch die Untersuchung dieser Aspekte können Aussagen darüber getroffen werden, ob Zeit gesellschaftlich als ein wertvolles Gut für Frauen erachtet oder ihre Erwerbstätigkeit akzeptiert wurde und inwieweit Frauen ihre Arbeitszeit individuell gestalten konnten.

Auf einer qualitativen Ebene werden die *Zeitdynamiken* untersucht, also die Frage, ob Arbeitszeiten *geregelt* und damit planbar oder *flexibilisiert* und die Verkäuferinnen damit jederzeit abrufbar waren. Ein weiteres Merkmal in Bezug auf die jeweilige *Zeitwahrnehmung* ist die Unterscheidung in *selbst- oder fremdbestimmte* Arbeitszeit. Maßgeblich war außerdem, ob die Gestaltung der Arbeit einer ihr inhärenten Eigenzeit folgen konnte oder ob sie sich an eine von außen vorgegebene Rhythmisierung anpassen musste. Und zuletzt kommt es darauf an, welche Eigenschaften der zu leistenden Arbeitszeit zugeschrieben wurden. Die Analyse dieser Aspekte lässt Aussagen darüber zu, welche Anpassungsleistungen die Verkäuferinnen erbrachten und weshalb diese weitgehend unterschätzt wurden. Indem einzelne Debatten um die Arbeitszeit von Frauen herausgegriffen werden, können schließlich Veränderungen in der Beurteilung von weiblichen Beschäftigten nachvollzogen werden.

---

[49] BWA, F 34 / 325, Wiedereröffnung des Geschäftshauses am Marienplatz nach dem (Innen-)Umbau im Frühjahr 1977.
[50] Vgl. Koller, Zeitordnung, Sp. 385.
[51] Geppert/Kössler, Zeit-Geschichte, S. 13.

Durch die Untersuchung der Arbeitszeit von Verkäuferinnen anhand dieser Merkmale lässt sich ein Bild erarbeiten, welche Bedeutung die Arbeit von Verkäuferinnen hatte und welcher Stellenwert weiblicher Arbeit generell in der Bundesrepublik beigemessen wurde. In der weiteren Perspektive deutet sich so ein bundesrepublikanisches Zeitregime an, das auf geschlechtsspezifische Arbeitsteilung ausgelegt war.

5.2 Arbeitszeiten im Einzelhandel

„Zur Warnung

Acht Stunden hat ein Arbeitstag,
Wenn's gut geht manchmal zehn.
Wer danach noch pussieren mag,
Sollt Überstunden sehn."[52]

Wie im vorangehenden Kapitel besprochen, ist die Arbeitszeit eine spätestens seit dem 19. Jahrhundert umkämpfte Ressource, die diversen Regularien unterworfen war. Verschiedene Interessensgruppen rangen um die Zeit der Beschäftigten. Arbeitgeberverbände und Unternehmen wollten möglichst viel Zeit als Arbeitszeit beanspruchen können beziehungsweise in deren Gestaltung möglichst große Freiheiten haben. Die Gewerkschaften, als Interessensvertreter der Arbeitnehmerinnen und Arbeitnehmer, wollten möglichst wenig Zeit als Arbeitszeit preisgeben und möglichst klare und einheitliche Regelungen erstreiten, auch über Branchen und Sektoren hinweg. Verkäuferinnen und Verkäufer waren diesem Interessenskonflikt in besonderem Maße ausgesetzt, da sie zusätzlich den zeitlichen Bedürfnissen und Ansprüchen der Kundinnen und Kunden gerecht werden mussten. Ihre Einstufung als dienende Personen und die „Der-Kunde-ist-König"-Mentalität machten ihre Arbeitszeit mehr als andere Arbeitszeiten umkämpft. Daher wird im Folgenden danach gefragt, welche verschiedenen Arbeitszeitregelungen es im Einzelhandel gab, welche Akteure darauf Einfluss nahmen, und wie sie sich im Laufe der zweiten Hälfte des 20. Jahrhunderts veränderten. Das einleitende Gedicht einer Verkäuferin eines Lebensmittelfilialbetriebs verweist bereits auf die Differenz zwischen offizieller Arbeitszeit („Acht Stunden hat ein Arbeitstag") und gelebter Arbeitszeit („Wenn's gut geht manchmal zehn") und deren Auswirkungen auf das Privatleben: Wer nach einem solchen Arbeitstag immer noch Zeit und Muße hätte, sich um das eigene Liebesleben zu kümmern, habe noch nicht genug gearbeitet und müsste noch Überstunden machen. Es geht im Folgenden also einerseits darum zu untersuchen, welchen staatlichen Regulierungen der Einzelhandel unterlag, wie die verschiedenen Unternehmen und Betriebe diese Vorgaben umsetzten, für welche Lösungen die Einzelhandelsgewerkschaften eintraten und welche bisweilen sogar individuellen Arbeitszeiten beschlossen wurden. Analyseaspekte sind

---

[52] WABW, B 61 Bü 214, Programme, Presseartikel, Gedichte von Mitarbeitern bei Betriebsausflügen 1951–1954, hier: Gedicht einer Verkäuferin aus der Filiale Petershausen des Lebensmittelgeschäfts Gaissmaier.

hier die Dauer eines Arbeitstages, der Pausen oder auch der Wochenarbeitszeit, und inwiefern die Arbeitszeit selbst- oder fremdbestimmt festgelegt und praktiziert wurde. Indem diese Aspekte untersucht werden, können Aussagen darüber getroffen werden, ob Zeit im jeweiligen Kontext als ein Gut der Frauen respektiert wurde und ihre Arbeit als „echte" Arbeit angesehen wurde, und inwieweit Frauen auf individueller Ebene ihre Arbeitszeit gestalten konnten. Es geht also einerseits um *Zeitformationen*. Sie sind als Grundlage für weitere Aushandlungsprozesse zu verstehen. Andererseits geht es um die tatsächlich geleisteten Arbeitszeiten und Mechanismen, die Arbeitszeit auszudehnen oder zu verkürzen, sprich die *Zeitpraktiken*, die von den Arbeitszeitregelungen stark abweichen konnten. Beides zusammen gedacht dient als Interpretationsgrundlage für die Position der im Einzelhandel arbeitenden Frauen in der Gesellschaft.[53]

Gesetzlicher Rahmen der Arbeitszeit

Den staatlichen Rahmen für die Arbeitszeit im Einzelhandel während des Untersuchungszeitraums bildete die Arbeitszeitordnung (AZO) in ihrer Fassung vom 30. April 1938.[54] Sie umfasste Bestimmungen zum Schutz von Beschäftigten und war für alle Betriebe in der Bundesrepublik verbindlich.[55] Darin betrafen den Einzelhandel im Besonderen die Paragrafen 16 bis 21 zu „Erhöhter Schutz für Frauen" (Abschnitt 3 der AZO) und die Paragrafen 22 und 23 zu „Werktäglicher Ladenschluß" (Abschnitt 4 der AZO). Für Frauen galt eine maximale Arbeitszeit von zehn Stunden pro Tag und ihnen gewährte das Gesetz häufigere und längere Pausen als Männern. An Sonn- und Feiertagen durften sie maximal bis 17 Uhr arbeiten; Nachtarbeit war ihnen gänzlich verboten. Geschäfte durften nur zwischen 7 und 19 Uhr geöffnet sein, wobei Ausnahmen in Sonderfällen erlaubt waren.[56] 1956 kamen mit dem Ladenschlussgesetz weitere Regelungen hinzu, die bis in die 1990er Jahre kaum verändert wurden.[57]

Neben diesem staatlichen Rahmen bildeten die tariflichen Regelungen, sprich die Verhandlungsergebnisse zwischen Gewerkschaften und Arbeitgeberverbänden, eine wichtige Grundlage für die Arbeitszeitregelung. Die tarifliche Wochenarbeitszeit im Einzelhandel reduzierte sich von 48 Stunden im Jahr 1950 auf 45 Stunden 1957, ab Mitte der 1960er Jahre auf 42,5 Stunden, dann weiter bis 1971 auf 40 Stunden pro Woche und schließlich auf 38,5 Stunden im Jahr 1986.[58] Die

---

[53] Zu den von mir verwendeten Definitionen der Begriffe *Zeitformationen* und *Zeitpraktiken* vgl. die Ausführungen im vorangegangenen Kapitel 5.1.
[54] Einen kurzen Abriss über Phasen der Arbeitszeitverkürzung und -verlängerung in Deutschland seit dem 19. Jahrhundert bis zur gewerkschaftlichen Forderung nach einer 35-Stunden-Woche seit 1977 liefert Schneider, Arbeitszeitverkürzung.
[55] Zu historischer Entwicklung und Vorläufern der Arbeitszeitordnung vgl. Denecke/Neumann, Arbeitszeitordnung.
[56] Vgl. Arbeitszeitordnung (AZO) vom 30. April 1938, in: RGBl. I, S. 447–452.
[57] Dem Ladenschlussgesetz als Untersuchungsgegenstand für die Geschichte der Arbeitswelt im Einzelhandel wird sich in der vorliegenden Arbeit in einem eigenen Kapitel gewidmet.
[58] Vgl. Grafik „Tarifliche Wochenarbeitszeit im Einzelhandel" aus HAZEG, abgedruckt in: Lemm, Arbeitszeit und Arbeitszeitverkürzung, S. 129.

von der IG Metall und der IG Druck und Papier praktizierte und von der HBV ebenfalls ab Mitte der 1980er Jahre geforderte 35-Stunden-Woche wurde im Einzelhandel bislang nicht realisiert.[59] Auch die DAG verlangte ab 1983 die 35-Stunden-Woche unter anderem mit der Begründung, dass dadurch die Arbeitslosigkeit verringert werden könne.[60] Frauen beim DGB setzten sich für die 35-Stunden-Woche ein, weil sie damit die Hoffnung verbanden, dass „sich Männer und Frauen die Hausarbeit teilen und dann beide mehr Zeit für sich und ihre Familie hätten".[61] In den frühen 1990er Jahren wurde die Arbeitszeit im Einzelhandel – zumindest in den ehemals westdeutschen Bundesländern – von 38,5 auf 37,5 Stunden verkürzt.[62] In den Tarifbereichen der ehemaligen ostdeutschen Bundesländer galt eine höhere wöchentliche Arbeitszeit. Dort waren bis 1995 40 Stunden pro Woche die tarifliche Norm, danach 39 Stunden pro Woche.[63]

Obwohl die tariflichen Vorgaben eigentlich nur für Mitglieder der Arbeitgeberverbände und für gewerkschaftlich organisierte Beschäftigte Gültigkeit besaßen, orientierte sich auch ein Großteil der ungebundenen Betriebe an diesen Zeitvorgaben. Da zumindest bis Anfang der 1980er Jahre im Einzelhandel eine chronische Personalknappheit herrschte, erschien es als ein probates Mittel, Personal durch bessere Arbeitszeitbedingungen anzulocken oder an sich zu binden.[64] 1965 schrieb Gustl Feldmeier, Inhaber des Textileinzelhandelsgeschäfts Beck in München, in einem Brief an den Verantwortlichen der Fachgruppe Einzelhandel der Münchner HBV zur Arbeitszeitproblematik: „Die Personalschwierigkeiten sind bekannt. Es gehen gute Kräfte aus dem Einzelhandel in Verwaltungsbetriebe und Büros, nur um des freien Samstages willen." Auch berichtete er von der Strategie eines Düsseldorfer Textilgeschäfts, das seine Läden an Samstagen geschlossen hielt: „Erfolg: In der darauf folgenden Woche hat der Chef 38 Personalneubewerbungen erhalten."[65]

---

[59] AdMAB, HBV, Arbeitsmaterial zur 11. Ordentlichen Landesbezirkskonferenz der Gewerkschaft Handel, Banken und Versicherungen, Landesbezirk Bayern, am 27./28. 02. 1988 in Erlangen, S. 19. Bezüglich der tariflichen Regelungen ist weiterhin zu beachten, dass jedes Tarifgebiet eigene Tarifverträge abschließen konnte. So wurde etwa in Bayern erst ab dem 01. 01. 1966 die wöchentliche Arbeitszeit der Beschäftigten im Einzelhandel auf 42,5 Stunden verkürzt, während dies in anderen Tarifgebieten bereits geschehen war; IfZArch, ED 972 / 86, Ladenschluss 1962–1968, hier: Gewerkschaft HBV München, Pressedienst, vom 11. 11. 1965, Betr.: Fünftagewoche im Einzelhandel.
[60] AdMAB, DAG, Bundesvorstand der Deutschen Angestellten-Gewerkschaft (Hrsg.), Mehr Arbeitsplätze durch weniger Arbeitszeit. 35 Stunden sind genug, Halstenbek 1983.
[61] Fries, Münchner Gewerkschafterinnen, S. 64.
[62] AdsD, HBV, 5 / HBVH820042, Arbeitszeitbestimmungen in Manteltarifverträgen Großhandel und Einzelhandel, 1992–93, hier: Abteilung Tarifpolitik des Hauptvorstandes der Gewerkschaft HBV (Hrsg.), Arbeitszeitbestimmungen in den Manteltarifverträgen des Einzelhandels, Stand 01. 01. 1990 (West), 01. 01. 1991 (Ost), S. 1–3.
[63] AdsD, DAG, RV-1-1099 DAG Bundesvorstand/Ressort Vorsitzender/Allg. DAG-Politik, Einzelhandel, 1993–1996, hier: Schreiben von Hubert Gartz, Ressort Private Dienste, an die Mitglieder des Bundesvorstandes, Betr.: Tarifabschluß Einzelhandel Ost, vom 19. 05. 1994.
[64] Vgl. dazu weiter unten die „Individuelle Arbeitszeit" beim Textileinzelhandelsgeschäft Beck.
[65] IfZArch, ED 972 / 86, Ladenschluss 1962–1968, hier: Brief von Gustl Feldmeier an Hermann Müller (HBV), vom 18. 11. 1965.

Bessere Arbeitszeitregelungen konnten also auch ein entscheidendes Kriterium für einen Firmenwechsel darstellen. Unter anderem deshalb einigten sich die Tarifpartner des Einzelhandels bis Ende der 1960er Jahre[66] darauf, die Tarifverträge im Einzelhandel für allgemeinverbindlich erklären zu lassen.[67] Die Arbeitszeit blieb bis in die 1990er Jahre ein wichtiges Kriterium für oder gegen die Arbeit in dieser Branche. Die DAG machte noch 1990 die „ungünstigen Arbeitszeiten im Handel" für Nachwuchsprobleme verantwortlich.[68] Bis 1999 galt für die meisten Tarifverträge im Einzelhandel die Allgemeinverbindlichkeit. Danach sank das Niveau der allgemeinverbindlichen Verträge jedoch auf ein Minimum ab.[69]

Ab Mitte der 1980er Jahre stand innerhalb der Gewerkschaften auch die Frage zur Debatte, ob das Ende der täglichen Arbeitszeit in die Tarifierung miteinzubeziehen sei. Dies war in den 1950er Jahren unter den Befürwortern und Befürworterinnen eines strengen Ladenschlussgesetzes abgelehnt worden. Damals hatte man zur Herstellung gleicher Wettbewerbsbedingungen und zur besseren Überwachung der tatsächlichen Umsetzung für eine gesetzliche Regelung plädiert.[70] Ende der 1980er Jahre hatte sich dies verändert. Aufgrund der zunehmenden Anfeindungen gegen das Ladenschlussgesetz wollte die HBV dessen Regelungen absichern, indem sie die Arbeitszeiten in den Tarifverträgen verankerte.[71] Zunächst in Hamburg, dann auch in Berlin, Hessen und Schleswig-Holstein wurden Tarifverträge abgeschlossen, die das Arbeitszeitende auf 18.30 Uhr festlegten.[72] Da jedoch unter anderem eine Allgemeinverbindlichkeitserklärung dieser Tarifverträge nicht erfolgt war und sie sogenannte „Konkurrenzklauseln" enthielten, breitete sich die donnerstägliche Abendöffnung vor allem in den Großstädten aus und wurde von den Verbraucherinnen und Verbrauchern gut angenommen.[73]

---

[66] Vgl. Bispinck, Allgemeinverbindlicherklärung, S. 499 f., online abrufbar unter: https://www.wsi.de/data/wsimit_2012_07_bispinck.pdf [zuletzt abgerufen am 19. 09. 2022].
[67] Durch eine Allgemeinverbindlicherklärung des Bundesarbeitsministeriums wurden die Regelungen eines Tarifvertrags auch für alle bislang nicht tarifgebundenen Arbeitgeber und Arbeitnehmer verbindlich. Voraussetzung dafür war der Antrag einer Tarifpartei, die Zustimmung eines paritätisch besetzten Tarifausschusses und ein allgemeines, öffentliches Interesse; vgl. „Allgemeinverbindlichkeitserklärung (AVE)", in: Glossar zur Tarifpolitik, https://www.wsi.de/de/tarifglossar-15286.htm [zuletzt abgerufen am 19. 09. 2022].
[68] AdMAB, DAG, Arbeitszeiten im Einzelhandel. Grundsätze zur Arbeitszeitgestaltung und zur Durchführung der 37,5-Stunden-Woche. Arbeitszeitmodelle, hrsg. v. Detlef Dreyer, DAG, BBG HVPD, Hamburg 1990, S. 8.
[69] Vgl. Bispinck, Allgemeinverbindlicherklärung, Abb. 3 „Allgemeinverbindliche Ursprungstarifverträge nach Wirtschaftsgruppen 1991–2011", S. 502.
[70] Die Frage nach der Ladenschlussgesetzgebung wird in Kapitel 5.5 noch intensiver behandelt.
[71] AdsD, HBV, 5 / HBVH660037, Material zum Ladenschluss, 1980–1988, hier: Pro und contra Tarifierung des Arbeitszeitendes, HA – II Abt. Tarifpolitik, vom 09. 09. 1987.
[72] Vgl. Glaubitz, Liberalisierung des Ladenschlusses.
[73] IfZArch, ED 972 / 116, Ladenschluss Dokumentationen, Gutachten, Laufzeit/Argumentationshilfen, historische Abrisse, 3, 1987–1989, hier: Susanne Obst, Dokumentation der Auseinandersetzungen um das Ladenschlussgesetz 1980–1989, hrsg. v. Gewerkschaft Handel, Banken und Versicherungen, Hauptvorstand, Abt. Tarifpolitk, o. D. [1990], bes. S. 1, S. 19–24, S. 29 f., S. 32.

Lage der Arbeitszeiten und Arbeitszeitsysteme

> „An die Chefin
>
> Mancher schläft am Montag noch
> des Morgens im Betrieb.
> Der Chefin aber war jedoch
> solch Sitte gar nicht lieb.
>
> Nun haben wir am Montag frei
> n'paar Stunden, früh am Morgen,
> doch offen hier gesagt nur sei
> uns plagen andre Sorgen!
>
> Am Mittwoch Mittag wär es Zeit
> zu schließen unsern Laden.
> Für uns wär das 'ne Riesenfreud
> und dem Geschäft würd' es nicht schaden!"[74]

Dieses Gedicht aus den 1950er Jahren verdeutlicht exemplarisch die konträren Vorstellungen der Beschäftigten und der Unternehmen von einer idealen Verteilung der Arbeitszeiten über eine Arbeitswoche – wobei letztere insbesondere ihre Kundschaft im Kopf hatten. Während die Beschäftigten sich freie Zeit an einem Nachmittag in der Woche wünschten, gab ihnen die Vorgesetzte stattdessen am Montagmorgen frei. Damit konnte zwar wohl die vereinbarte Wochenarbeitszeit eingehalten werden, eine Erleichterung der Situation stellte dies für die Betroffenen jedoch nicht dar. Im Einzelhandel, allgemein in Dienstleistungsbranchen, ist das Dilemma der Arbeitszeiten besonders beschaffen, denn: Die Verkürzung der Arbeitszeit für die einen bedeutete für die anderen – die Unternehmen und die Kundschaft – eine Verkürzung der Einkaufs- und Ladenöffnungszeiten, sofern Arbeits- und Ladenöffnungszeiten zusammengedacht wurden. Dies war in den 1950er Jahren im Einzelhandel noch üblich. Obwohl in der Theorie eine 48-Stunden-Woche galt, war für viele Einzelhandelsbeschäftigte eine Tätigkeit an sechs Tagen und bis zu 60 Stunden pro Woche in der Praxis keine Seltenheit. Mit dem Ladenschlussgesetz von 1957 und der Reduzierung der Arbeitszeit auf eine 45-Stunden-Woche entkoppelten sich allerdings die Betriebs- und Arbeitszeiten, sodass eine reale Arbeitszeitverkürzung im Handel einsetzte. Während der 1960er Jahre führten Personalknappheit und eine neuerliche Verkürzung auf 42,5 Stunden zu einer tatsächlichen Verbesserung der Arbeitsbedingungen, vor allem in größeren Betrieben. Als vier Jahre nach den Beschäftigten der metallverarbeitenden Industrie auch die Einzelhandelsbeschäftigten 1971 in den Genuss einer 40-Stunden-Woche kamen, wurden mit der 5-Tage-Woche neue Arbeitszeitmodelle notwendig.[75]

Um für die Beschäftigten die 5-Tage-Woche zu ermöglichen und gleichzeitig eine Ladenöffnung an sechs Wochentagen sicherzustellen, wurde seit den 1970er Jahren das System der rollierenden Arbeitszeit im Einzelhandel eingeführt. Das

---

[74] WABW, B 61 Bü 214, Programme, Presseartikel, Gedichte von Mitarbeitern bei Betriebsausflügen 1951–1954, hier: Gedicht einer Verkäuferin aus der Filiale Petershausen des Lebensmittelgeschäfts Gaissmaier.
[75] Vgl. Lemm/Skolnik, Arbeitszeitverkürzung.

Personal wurde dafür beispielsweise in sechs Arbeitsgruppen eingeteilt: „Die systematische Arbeitszeit- und Freizeiteinteilung garantiert den Personalausgleich: Ein Sechstel in Freizeit, fünf Sechstel arbeiten." Weitere Prinzipien dieses rollierenden Systems waren: „Mindestarbeitszeiten in der einen Woche werden durch Überarbeitszeiten in anderen Wochen ausgeglichen", wobei die „tarifliche Wochenarbeitszeit [...] erst im Durchschnitt" – manchmal erst innerhalb eines ganzes Jahres – eingehalten wurde. Dabei gab es zahlreiche Rechenmodelle, die von einer Jahresarbeitszeitberechnung oder von einem Wochenarbeitszeitmodell ausgingen. Der „[...] volle Freizeittag jede Woche [wurde] bis zur Einführung der 40-Stunden-Woche durch Beibehaltung langer täglicher Arbeitszeiten (9 bis 8,5 Stunden) aufgefüllt, obwohl gleichzeitig [...] Öffnungszeiten verkürzt und teilweise die Pausen verlängert w[u]rden."[76]

In der Eisen- und Stahlindustrie wurde das Arbeiten in rollierenden Arbeitszeitsystemen in kontinuierlich arbeitenden Produktionsbetrieben bereits seit den 1950er Jahren praktiziert. Durch ein sogenanntes „Kontischicht-Modell" konnte ein kontinuierlicher Arbeitsbetrieb an sieben Tagen der Woche und 24 Stunden am Stück gewährleistet werden. Dies war notwendig, um die Maschinen und Hochöfen am Laufen zu halten.[77] Die Arbeitswissenschaften beschäftigten sich seitdem intensiv mit den Auswirkungen und Gestaltungsmöglichkeiten von Schichtarbeit.[78]

Gewerkschaftliche Ansätze zur Arbeitszeitverkürzung

Auch bei der gewerkschaftlichen Forderung nach Verkürzung der Arbeitszeit spielte die Lage der Arbeitszeiten stets eine Rolle. Die HBV forderte Ende der 1980er Jahre die 35-Stunden-Woche, gleichzeitig aber legte sie Wert auf die Verteilung dieser Arbeitszeit auf wöchentlich fünf Tage. Sie begründete dies mit den Lebensumständen berufstätiger Frauen, für die eine tägliche Arbeitszeitverkürzung sinnvoller sei als Blockfreizeiten. Dementsprechend sollten auch Teilzeitbeschäftigte mindestens vier Stunden am Stück arbeiten können. Diese Forderung begründete sich darin, dass der Freizeitzugewinn geringer sei, wenn der Weg zur Arbeit häufiger angetreten würde.[79] Ende der 1980er Jahre steigerte sich der Kampf um das Arbeitszeitende im Zuge der Debatten um das Ladenschlussgesetz. Die HBV versuchte mit der Tarifkampagne „Arbeitszeitende im Verkauf – 18.30 Uhr", die abendliche Arbeitszeit zu beschränken.[80]

---

[76] IfZArch, ED 972 / 116, Ladenschluss Dokumentationen, Gutachten, Laufzeit/Argumentationshilfen, historische Abrisse, 3, 1987–1989, hier: Perspektiven der Arbeitszeitgestaltung im Einzelhandel. Arbeitsmaterialien zu „neuen" Arbeitszeitsystemen. Arbeitsmaterial zur Tarifpolitik der Gewerkschaft HBV im DGB, Hauptvorstand HA II – Abt. Tarifpolitik, Dezember 1989.
[77] Wie auch das Forschungsprojekt von Malte Müller, Montanindustrielle Welten im Umbruch. Der Wandel von Arbeit und Arbeitspraktiken in der Stahlindustrie des Ruhrgebiets 1960–1987, zeigt.
[78] Vgl. dazu erstmals 1964 Neuloh, Sozialisation und Schichtarbeit; Stollberg, Schichtarbeit; vgl. das Kapitel zur Schichtarbeit bei Schlick/Bruder/Luczak, Arbeitswissenschaft, S. 614–623.
[79] AdMAB, HBV, „Der richtige Schritt." Ergebnisprotokoll der 11. Ordentlichen Landesbezirkskonferenz der Gewerkschaft HBV, Landesbezirk Bayern, am 27./28. 02. 1988 in Erlangen, S. 14 f.
[80] AdMAB, HBV, Arbeitsmaterial zur 11. Ordentlichen Landesbezirkskonferenz der Gewerkschaft Handel, Banken und Versicherungen, Landesbezirk Bayern, am 27./28. 02. 1988 in Erlangen, S. 43 f.

Der Hauptvorstand der HBV hatte 1989 eine Materialsammlung zur Gestaltung der Arbeitszeit im Einzelhandel erarbeitet und einen Modellvergleich der verschiedenen Unternehmen angestellt. Unabhängig davon, in welchem Unternehmen welches Arbeitszeitmodell galt, sah die HBV die Hauptbelastung für insbesondere Verkäuferinnen in den „superlange[n] Wochenenden", vor allem während der verkaufsstarken Monate.[81]

Als Argumentationshilfe für Betriebsräte im Einzelhandel, die sich in der Tarifrunde 1989 engagierten, hatte die HBV eine Broschüre des Projekts „Humane Arbeitszeitgestaltung im Einzel- und Großhandel" (HAZEG) zur Verfügung gestellt, das unter dem Titel „Perspektiven der Arbeitszeitgestaltung im Einzel- und Großhandel" konkrete betriebliche Umsetzungen einer Arbeitszeitverkürzung untersucht hatte und vorstellte.[82] Probleme, die die HBV in den untersuchten Betrieben bei der Arbeitszeitverkürzung auf 38,5 Stunden 1986 beobachtet hatte, und damit einhergehende Belastungen durch die Arbeitszeitgestaltung sollten zukünftig abgeschafft werden. Darunter fiel die Tatsache, dass vielfach nicht die tägliche Arbeitszeit verkürzt worden war, sondern im Rahmen einer monatlichen oder jahresweisen Arbeitszeitberechnung lediglich zusätzliche freie Tage erlassen wurden. Dies trug kaum zu einer besseren Vereinbarkeit von Arbeit mit den sonstigen Lebensanforderungen bei und wurde von der HBV kritisiert.[83] Die langen Arbeitstage führten dazu, dass die Beschäftigten aufgrund der körperlichen Anstrengung den Feierabend sowie das verbleibende Wochenende fast vollständig zur Regeneration benötigten.[84] Die spürbare Intensivierung der verkürzten Arbeitszeiten verstärkte dies.[85]

Die HBV fasste die Wünsche der Beschäftigten im Lebensmitteleinzelhandel sowie im Textileinzelhandel in der Broschüre zusammen. Hier traten deutliche Unterschiede zwischen Beschäftigten der beiden Branchen hervor: Für die Beschäftigten im Lebensmittelbereich stand die Verkürzung oder gänzliche Abschaffung der Samstagsarbeit im Vordergrund. Das Verkaufspersonal in den Textilgeschäften machte jedoch an Samstagen die höchsten Umsätze, was sich bei ihnen in Prämien niederschlug und dazu führte, dass sie an der Samstagsarbeit festhalten wollten. Außerdem wurden der tägliche Arbeitstag bei Beschäftigten im Lebensmittelbereich als zu lang und auch die Dauer der Mittagspausen als zu lang empfunden, was aufgrund der verbreiteteren Teilzeitbeschäftigung im Textileinzelhandel wiederum eine geringere Rolle spielte. Teilzeitkräfte arbeiteten meist entweder vormittags oder nachmittags und abends, sodass sie ohnehin keine lange (Mittags-)Pause während der Arbeitszeit durchführten. Allerdings wünschten sich Beschäftigte aus beiden Bereichen eine höhere Planbarkeit der Arbeitszeit.[86] Außerdem überlagerten geschlechtsspezifisch unterschiedliche Wünsche die Branchenunterschiede:

---

[81] IfZArch, ED 972 / 116, Ladenschluss Dokumentationen, Gutachten, Laufzeit/Argumentationshilfen, historische Abrisse, 3, 1987–1989, hier: Perspektiven der Arbeitszeitgestaltung im Einzelhandel, [o. D.].
[82] Vgl. Steinborn/Marth, Vorwort, o. S.
[83] Vgl. Teske, Lebensmittelfilialbereich, S. 14 f.; Brandt, Textilwarenhaus, S. 133.
[84] Vgl. Brandt, Textilwarenhaus, S. 139.
[85] Vgl. Teske, Lebensmittelfilialbereich, S. 25.
[86] Vgl. Teske, Lebensmittelfilialbereich, S. 41 f.; Brandt, Textilwarenhaus, S. 149 f.

"Frauen mit im Haushalt lebenden Kindern bevorzugen in der Regel eine tägliche oder eine wöchentliche Arbeitszeitverkürzung, zumal sie sich für die familiären Verpflichtungen verantwortlich fühlen (müssen). Männer legen mehr Wert auf größere Freizeitblöcke, um z. B. Sport und Hobby nachgehen zu können."[87]

Die Broschüre befasste sich auch mit den spezifischen Problemen von Teilzeitarbeitenden, der Frauenförderung der HBV und mit der Arbeitszeitgestaltung von männlichen Kollegen und männlichen wie weiblichen Filialleitungen.[88]

Die rollierenden Arbeitszeitsysteme wurden 1989 mit Einführung des Dienstleistungsabends, der donnerstäglichen Abendöffnung, überarbeitet. Als Beispiel dient hier die Betriebsvereinbarung der Kaufhof Warenhaus AG, Filiale München am Marienplatz. Man etablierte eine „Frühgruppe", die von 9 bis 18.30 Uhr Dienst hatte, und eine „Spätgruppe", die von 11 bis 20.30 Uhr anwesend war, um die Spätöffnung zu ermöglichen. Die Gruppen wechselten wöchentlich. Der Betriebsrat genehmigte die notwendigen Überstunden der Angestellten, für die sie einen Freizeitausgleich erhielten. Allerdings waren in der Betriebsvereinbarung Ausnahmen vorgesehen, sodass bestimmte Beschäftigte „nicht gegen ihren Willen" zum Dienstleistungsabend verpflichtet werden konnten, unter anderem: Schwangere, Alleinerziehende mit Kindern unter 12 Jahren, Mütter mit zwei Kindern unter fünf Jahren, Angestellte mit einer Fahrzeit von über 1,5 Stunden und sonstigen „Härten".[89] Die DAG veröffentlichte vor der Umstellung auf die 37,5-Stunden-Woche im Einzelhandel 1991 eine Handreichung, in der sie verschiedene Möglichkeiten der Umsetzung vorstellte.[90] Sie plädierte darin für die „Beibehaltung im Voraus feststehender Freizeitregelungen", da diese „für die Erhaltung überschaubarer, planbarer Freizeit von großer Bedeutung" seien.[91]

Aber auch die Verkürzung der Arbeitszeit auf 37,5-Stunden pro Woche musste nicht unbedingt eine zeitliche Erleichterung für die Beschäftigten bedeuten. Dies wird deutlich an den Kritikpunkten der DAG die Umsetzung durch die Unternehmen betreffend: Eine „übermäßige Ausdehnung der Pausenzeiten" müsse vermieden werden, denn sie führe zu einer Verlängerung der Schichtzeit. Die tägliche Arbeitszeit solle sich zudem eher am 8- als am 10-Stunden-Tag orientieren, um den „Raubbau an den Kräften der Arbeitnehmer zu vermeiden". Die „Bestrebungen seitens der Arbeitgeber[,] die Ladenöffnungszeit morgens auf einen späteren Zeitpunkt [...] zu verlegen", solle außerdem verhindert werden, denn dadurch werde die Arbeitszeitverkürzung „aufgezehrt". Überhaupt könne die 5-Tage-Woche in Frage gestellt werden, ergäben sich morgens für die Beschäftigten lange Leerlaufzeiten und

---

[87] Teske, Lebensmittelfilialbereich, S. 42.
[88] Vgl. hierzu jeweils die Kapitel 5.4 zur Teilzeitarbeit, Kapitel 2.3 zur Repräsentation von Verkäuferinnen als Thema in der Gewerkschaftsarbeit sowie Kapitel 3.5 zur Arbeitswelt der männlichen Beschäftigten im Einzelhandel.
[89] IfZArch, ED 972 / 116, hier: Perspektiven der Arbeitszeitgestaltung im Einzelhandel, Material 5: Kaufhof, Betriebsvereinbarung.
[90] AdMAB, DAG, Arbeitszeiten im Einzelhandel. Grundsätze zur Arbeitszeitgestaltung und zur Durchführung der 37,5-Stunden-Woche. Arbeitszeitmodelle, hrsg. v. Detlef Dreyer, DAG, BBG HVPD, Hamburg 1990.
[91] AdMAB, DAG, Arbeitszeiten im Einzelhandel, S. 5.

müssten Nebenarbeiten, die in der Regel in den ruhigeren Morgenstunden ausgeführt werden, in Zeiten mit höherer Frequenz durch die Kundschaft verlegt werden, wodurch es letztlich zu erheblichem Stress komme. Schließlich solle die Arbeit am Dienstleistungsabend nicht in die Arbeitszeitberechnung miteinfließen, da die ungünstige Lage dieser Arbeitszeit eigentlich eine gesonderte Vergütung oder Abgeltung erfordere.[92]

Für die Gewerkschaften war es aufgrund der unterschiedlichen Interessenslagen unter den Beschäftigten im Verkauf nicht leicht, sich klar zu positionieren. Daher blieben ihre Forderungen oftmals allgemein: „Reduzierung der vielfältigen Belastungen", „Humanisierung des Arbeitstages".[93] Ein wesentliches Manko, das beide Einzelhandelsgewerkschaften bei der Umsetzung der Arbeitszeitverkürzung in den Betrieben feststellten, war die Erteilung von ganzen freien Tagen oder von Blockfreizeiten bei gleichzeitiger Beibehaltung der vormaligen täglichen Arbeitszeit. Die arbeitsfreie Zeit am Abend war in sozialer Hinsicht mehr wert als ganze freie Tage. Denn in der „Abendgesellschaft" fielen Vereinstätigkeiten, Teilhabe an politischen Aktivitäten, Treffen mit Freunden und Freundinnen und Zeit mit der Familie in ebenjenen Abschnitt des Tages, der gewöhnlich als „Feierabend" bezeichnet wurde.[94] Insofern lief die praktizierte Arbeitszeitverkürzung den Interessen der Beschäftigten zuwider.

Wichtig für die Beschäftigten war die konkrete betriebliche Ausgestaltung der Arbeitszeit. Neben den Gewerkschaften war auch der Betriebsrat für die Arbeitszeiten der Beschäftigten zuständig. In Arbeitszeitfragen hatte er laut den Betriebsverfassungsgesetzen von 1952 und 1972 ein Mitbestimmungsrecht. Sein Einfluss manifestierte sich in Betriebsordnungen und Betriebsvereinbarungen, die Arbeitszeitregelungen enthielten, sowie in der Genehmigung von Überstunden und der Festlegung der Pausenzeiten. Da aufgrund der mangelhaften Quellenlage nicht durchgängig nachzuvollziehen ist, wie sich die Arbeitszeiten eines einzelnen Unternehmens entwickelten, werden im Folgenden die Arbeitszeitregelungen unterschiedlicher Unternehmen beleuchtet. Durch die einzelnen Schlaglichter auf unternehmerische Lösungen lässt sich die Entwicklung der Arbeitszeitfrage verschiedener Jahrzehnte und verschiedener Branchen und Klassen erschließen.

Umsetzung bei C&A: mehr Stress, keine Entlastung

Für die Filialen des Unternehmens C&A ist ein Vergleich der Arbeitszeiten vor und nach der Einführung des Ladenschlussgesetzes möglich. Bis 1956 war etwa die Filiale in Essen von 9 Uhr bis 18 Uhr geöffnet, wobei das Personal von 8.30 Uhr bis 18 Uhr – also 9 Stunden und 30 Minuten anwesend sein musste, wovon 15 Minuten Frühstücks- und 30 Minuten Mittagspause abgezogen wurden. Um die regelmäßige wöchentliche Arbeitszeit von 48 Stunden nicht zu überschrei-

---

[92] AdMAB, DAG, Arbeitszeiten im Einzelhandel, S. 6 f.
[93] Vgl. Brandt, Textilwarenhaus, S. 152.
[94] Vgl. das Konzept der Abendgesellschaft bei Neuloh, Sozialisation und Schichtarbeit, S. 108 f.

ten, gewährte C&A seinen Beschäftigten einen halben freien Tag, der aber nicht samstags genommen werden durfte. Aufgrund des Ladenschlussgesetzes plante die Direktion, die Öffnungszeiten neu zu regeln.[95] Die Angestellten sollten fortan nur 15 Minuten vor Ladenöffnung zur Arbeit erscheinen, außerdem sollten drei neue Arbeitszeitmodelle erprobt werden. Beim ersten Modell wurde weiterhin ein freier Halbtag gewährt, sodass lediglich die Frühstückspausen um fünf Minuten verlängert werden mussten, um auf die 48 Stunden Arbeitszeit pro Woche zu kommen. Beim zweiten Modell wurde auf den freien Halbtag verzichtet und die Mittagspause auf 90 Minuten ausgedehnt. Und beim dritten Modell ging man von einer 45-Stunden-Woche aus, ohne einen halben freien Tag zu gewähren. Somit musste eine zweistündige Mittagspause eingehalten werden.[96] Die Arbeitszeitverkürzung um drei Stunden führte somit zu einer stark ausgeweiteten Mittagspause, die kaum geeignet war, die selbstbestimmte Freizeit der Beschäftigten zu erweitern, und daher nicht in deren Sinne sein konnte. Die C&A-Direktion bestimmte, dass mit Einführung des LaSchlG zum 1. Januar 1957 alle Filialen von Montag bis Freitag bis 18.30 Uhr geöffnet haben sollten. Die Öffnung am Morgen konnte lokal entschieden werden.[97] Diese Reaktion der C&A-Direktion auf das LaSchlG führte für die Beschäftigten dazu, dass zum einen die Vorbereitungszeit am Morgen verknappt wurde und ein höheres Stresspotenzial gegeben war, und dass zum anderen die Pausen für die Beschäftigten, die innerhalb des Arbeitstages lagen, verlängert wurden, was eher einem Freizeitverlust gleichkam. Immerhin konnte diese Zeit kaum für die eigene Erholung oder das Erledigen privater Verpflichtungen genutzt werden.

Wie auch in anderen Betrieben unterschied sich die Arbeitszeit des Verkaufspersonals von der des Personals in den Büros, im Fuhrpark oder an sonstigen Arbeitsplätzen im Betrieb, da sich diese nicht zwingend nach den Ladenöffnungszeiten richten mussten. Bei C&A führte die Hauptverwaltung ab 1961 die 5-Tage-Woche in den Häuserkontoren ein, die allerdings nicht während der langen Samstage oder an Samstagen vor Schlussverkäufen galt.[98] Damit war das in großen Teilen weibliche Verkaufspersonal arbeitszeitlich schlechter gestellt als die übrigen Angestellten. Die Verkäuferinnen bei C&A mussten ihre zeitliche Verfügbarkeit nach dem Verlangen der Kundschaft ausrichten, während das Büropersonal über seine eigenen Arbeitsprozesse zeitlich verfügen konnte.

---

[95] Bestenfalls sollten alle Filialen am Montag von 10 Uhr bis 18.30 Uhr, Dienstag bis Freitag von 8.30 Uhr bis 18.30 Uhr und am Samstag von 8.30 Uhr bis 16 Uhr geöffnet sein.
[96] DCM, 115784, Rundschreiben an die Geschäftsleitung Haus Essen 1954–1956, hier: „Vergleich der jetzigen Arbeitszeit in unseren Häusern mit den bisherigen Ladenschlußzeiten und mit den neuen Arbeitszeiten für 1957 auf Grund des neuen Ladenschlußgesetzes", vom 6. 12. 1956.
[97] DCM, 115784, Rundschreiben an die Geschäftsleitung Haus Essen 1954–1956, hier: „Schreiben Nr. 37/56, Betr.: Ladenschlußgesetz, vom 8. 12. 1956".
[98] DCM, 119429, Rundschreiben an die Geschäftsleitungen der Häuser 1959–1960, hier: Schreiben Nr. 37/1960, Betr.: Einführung der 5-Tage-Woche in den Häuserkontoren ab 01. 01. 1961.

Die gewerkschaftliche Überlieferung zeigt, dass C&A Mitte der 1990er Jahre eine „PC-unterstützte Personaleinsatzplanung" einführte, die auch dazu diente, „daß mehrere Arbeitszeitmodelle in einem Haus nebeneinander praktiziert werden" konnten. Insgesamt gab es damit sechs Möglichkeiten einer Arbeitszeitregelung, aus denen die Beschäftigten „die Arbeitszeit wählen [konnten], die ihren Vorstellungen und Neigungen am meisten entspricht".[99] Gegen Ende des Untersuchungszeitraums half die neue technische Ausstattung dabei, mehr individuellen Spielraum zu ermöglichen. Gleichzeitig wollte das Unternehmen durch sein Entgegenkommen sicherstellen, dass es die optimale Leistung aus seinen Beschäftigten herausholte. Die Einführung der PC-gestützten Einsatzplanung bedeutete eine Rationalisierung und Intensivierung der Einsatzzeiten.[100]

Hirmer: Zeit ist Geld

In den 1960er Jahren hatten beim Unternehmen Hirmer in München alle Beschäftigten im Verkauf die gleichen Arbeitszeiten. Von der Öffnung des Ladens um 9 Uhr oder 9.30 Uhr bis zur Schließung um 18.30 Uhr waren „alle Verkäufer an Deck". Problematisch war dies in Zeiten der Flaute: „Wir standen nur rum." Nach Hause gehen wollten die Beschäftigten aber nicht, wenn sie erst wenig verkauft hatten, um nicht auf ihre Provision verzichten zu müssen. Damit die Beschäftigten effizienter arbeiteten, führte das Unternehmen in den 1970er Jahren die „Wochentagsarbeit" und Schichtarbeit mit einer Frühschicht ein.[101]

Ab dem Frühjahr 1970 gab es im Verkauf die 5-Tage-Woche, und zwar mit einem rückwärts rollierenden System der Freizeittage. Dafür mussten die Abteilungsleitungen die Gruppen besetzen. Jeder Mitarbeiter und jede Mitarbeiterin der Verkaufsabteilungen sowie der Abholabteilung, der Zuschneiderei, an den Kassen, an den Packtischen und an den Fahrstühlen erhielt „einen für das ganze Jahr gültigen Freizeitkalender, in dem die Freizeitgruppen eingetragen" waren. Für die Abteilungsleiter hingegen galten individuelle Regelungen.[102] Für die Beschäftigten bedeutete dies zwar eine größere Planbarkeit, aber auch weniger individuelle oder spontane Freizeitmöglichkeiten, denn in den Regelungen hieß es explizit: „Ein Tausch der Gruppen und der Freizeittage mit Kolleginnen oder Kollegen ist

---

[99] AdsD, DAG, 5 / DAGA640014, DAG Bundesvorstand/Ressort Wirtschaftspolitik/Abteilung Mitbestimmung: Schriftverkehr/Buchstabe C, hier: Schreiben von C&A Mode, gez. Dr. Klee und Hendricks, an alle Betriebs- und Filialleiter sowie Bezirksgeschäftsleiter, Betr.: Gesamtbetriebsratssitzung vom 27. 03. 1995, vom 29. 03. 1995.
[100] Vgl. das folgende Kapitel 5.3.
[101] HUA, 2013 / 08 /0014, Interview: Interview mit Hr. H. K., Hr. R. S., Hr. E. B. und Fr. I. B. (04. 12. 2009), Transkript S. 39.
[102] Für die Schneiderei, Dekoration und Reinigung galt die 5-Tage-Woche „wie bisher" und „die übrigen Abteilungen [galt] eine abteilungsinterne Regelung". Was dies konkret bedeutete, lässt sich aus den vorhandenen Unterlagen nicht exakt erschließen, ist für diese Untersuchung aber auch nicht zentral; HUA, 2016 / 05 / 0071, Stammhaus Hirmer, Gehalts- und Arbeitszeitregelungen sowie freiwillige Arbeitgeberleistungen (1970–2000), hier: Information zur „5-Tage-Woche", München, 14. Januar 1970, gez. Dr. Hirmer.

nicht möglich." Außerdem wurden mit Einführung der 5-Tage-Woche und dem rollierenden System Ausnahmen, die ansonsten gewährt worden waren, eingeschränkt: „Sämtliche Erledigungen privater Art, z. B. Behördengänge, Arztbesuche, Friseurbesuche etc. sind am freien Tag durchzuführen, Ausnahme kurzfristige Erkrankungen." Einschränkungen waren auch dadurch gegeben, dass bestimmte Tage von Freizeit oder Urlaub ausgenommen wurden: „Ostern, Pfingsten, Ferien, alles Mögliche. Zwischen Weihnachten und Neujahr überhaupt nicht. Inventur."[103] Bei der Berechnung der Jahresarbeitszeit wurde von einer 42,5-Stunden-Woche ausgegangen, was den tariflichen Bestimmungen entsprach. Konfliktpotenzial lag in der Regelung, dass die freien Tage, die auf einen Feier-, Urlaubs- oder Krankheitstag fielen, als abgegolten galten.[104] Diese Ungerechtigkeit, die auch im Krankheitsfall griff, wurde vom damaligen Betriebsrat angekreidet, wie aus einem Zeitzeugeninterview hervorgeht:

„Wenn dann so ein freier Rolltag auf einen Feiertag fiel, war die Frage: Ist der zu ersetzen oder nicht? Dann habe ich auch mit dem Herrn Doktor Hirmer hier mal drüber diskutiert. Da hat er gesagt, sozial gesehen hätten Sie ja recht, aber juristisch [nicht]."[105]

Allerdings konnten sich die Beschäftigten durch Freizeitverzicht ein höheres Gehalt sichern. Dies galt für die laut Kalender vorbestimmten freien Tage: „Verzichtet jemand nach Rücksprache mit der Verkaufsleitung auf einen zustehenden freien Tag, so wird ein Ausgleich von DM 40,– gewährt."[106] Ein Freizeitverzicht, also freiwillige Mehrarbeit, machte sich auch innerhalb eines Arbeitstages bezahlt, wenn man nämlich auf eine Pause während der Mittagszeit verzichtete.[107] Indem Hirmer die Mehrarbeit der Beschäftigten mit zusätzlichem Lohn versah, hebelte die Firma nicht nur das Arbeitsschutzgesetz, sondern auch ihre eigene Vorgabe nach einer 5-Tage-Woche aus. Den Beschäftigten scheint ihre freie Zeit in diesen Fällen weniger wert gewesen zu sein als die Vergütung, die sie dafür enthielten. Während Beschäftigte der Metallindustrie für eine Arbeitszeitverkürzung eintraten, arbeiteten die männlichen Einzelhandelsbeschäftigten bei Hirmer gerne mehr, sofern sich dadurch ihre – im Branchenvergleich schlechtere – Bezahlung verbesserte.

„Individuelle Arbeitszeit" beim Kaufhaus Beck

Beim Kaufhaus Ludwig Beck, ebenfalls in München, war in der Betriebsordnung von 1968 festgehalten, dass sich die Arbeitszeit nach den tariflichen Bestimmun-

---

[103] HUA, 2013 / 08 / 0004, Interview: Interview mit Hr. H. S., Hr. P. A. und Hr. A. O. (23. 11. 2009), S. 6.
[104] HUA, 2016 / 05 / 0071, Stammhaus Hirmer, Gehalts- und Arbeitszeitregelungen sowie freiwillige Arbeitgeberleistungen (1970–2000).
[105] HUA, 2013 / 08 / 0014, Interview: Interview mit Hr. H. K., Hr. R. S., Hr. E. B. und Fr. I. B. (04. 12. 2009), S. 27.
[106] HUA, 2016 / 05 / 0071, Stammhaus Hirmer, Gehalts- und Arbeitszeitregelungen sowie freiwillige Arbeitgeberleistungen (1970–2000).
[107] HUA, 2013 / 08 / 0014, Interview: Interview mit Hr. H. K., Hr. R. S., Hr. E. B. und Fr. I. B. (04. 12. 2009), Transkript S. 6, S. 15.

gen zu richten hatte. Dies bedeutete wie bei Hirmer eine 42,5-Stunden-Woche. Auch bei Beck galt bereits die rollierende 5-Tage-Woche, für die ein jährlicher Gruppenkalender ausgehändigt wurde. Und – wie bei Hirmer – hieß dies für die Beschäftigten, dass sie in den Genuss einer hohen Planbarkeit kamen, individuelle und flexiblere Lösungen für die Freizeitgestaltung zunächst aber beschränkt waren: „Abweichungen von der Gruppeneinteilung werden nicht genehmigt." Allerdings war Beck etwas kulanter, was private Erledigungen anging. Diese waren möglich, mussten aber genehmigt und zeitlich genau erfasst werden: „Wer während der Arbeitszeit das Haus geschäftlich oder privat verlassen muß, benötigt dafür einen vom Abteilungsleiter ausgestellten und von der Aufsicht abgezeichneten Zeitschein."[108] In der Betriebsordnung von 1974 ist dann davon die Rede, dass sich die Arbeitszeit nach den tariflichen Bestimmungen richtete, allerdings „im Rahmen unserer individuellen Arbeitszeit".[109] Für einzelne Angestellte gab es abweichende Regelungen, wie eine Mitarbeiterin des Kaufhauses zum Firmenjubiläum im Jahr 1986 erzählte. Sie berichtete in der Rückschau:

„Herr Rückl hat mich eingestellt[,] und zwar waren wir damals sehr viel Personal und ich sollte eben zur Brotzeit, zum Mittag und zum Kaffee da sein. Ich habe noch Familie gehabt, eine schulpflichtige Tochter, meine alte Mutter und mir ging es darum, von 10–1/2 5 zu arbeiten und das war Herrn Rückl sehr recht. Das war praktisch schon individuelle Arbeitszeit."[110]

Das rollierende System bestand weiterhin, doch die Geschäftsleitung konnte Engpässe, die sich etwa durch feste Pausenzeiten während der Öffnungszeiten („Brotzeit", „Mittag", „Kaffee") ergaben, überbrücken, indem individuelle Arbeitszeiten (IAZ) für einzelne Beschäftigte seit Beginn der 1970er Jahre vereinbart wurden. Die IAZ avancierte bald zum Alleinstellungsmerkmal des Kaufhauses Ludwig Beck, als sie im großen Stil und für alle Beschäftigten eingeführt wurde.

Ihren Ursprung hatte die IAZ in dem Beckschen Bemühen, den Kundinnen und Kunden ein schönes Einkaufserlebnis zu bieten. Dafür sollten sich die „860 Mitarbeiter [...] als Partner und Gastgeber ihrer Kunden" fühlen und ein entspanntes Verhältnis zu Ihnen pflegen:[111]

„Der Maxime folgend, daß eine solche Haltung nur auf dem Boden der Zufriedenheit gedeihen kann, hat man sich 1978 bei Beck zu einem vielbeachteten Arbeitszeitsystem entschlossen, das sich nicht vordergründig an den Rationalisierungsinteressen des Unternehmens orientiert, sondern einen fairen Ausgleich zwischen betrieblichen Notwendigkeiten und individuellen Wünschen schafft. [D]ie Individuelle Arbeitszeit (IAZ), hat sich als Volltreffer erwiesen, weil [sie] den Mitarbeitern [...] ein Maximum an Freizügigkeit einräumt, ohne dabei die Belange des Unternehmens zu vernachlässigen."[112]

---

[108] BWA, F 34 / 254, Interne Organisation des Unternehmens, Betriebsordnungen und Hausordnung, 1968–1974, hier: Betriebsordnung/Hausordnung 1968.
[109] BWA, F 34 / 254, Interne Organisation des Unternehmens, Betriebsordnungen und Hausordnung, 1968–1974, hier: Betriebsordnung/Hausordnung 1974.
[110] BWA, F 34 / 279, Unvergessene Geschichten, 1986, hier: „IAZ – lang vor der Zeit".
[111] BWA, F 34 / 272, 125jähriges Firmenjubiläum 1986, 1986, hier: Ludwig Beck am Rathauseck. 125 Jahre auf dieser Erde, Magazin zum 125jährigen Firmenjubiläum 1986, S. 3.
[112] BWA, S 003 / 1144, Ludwig Beck am Rathauseck – 125 Jahre auf dieser Erde. (o. O.) 1986, o. S., Artikel „Eine Münchner Karriere" von Helmut Maier-Mannhart.

Die also zunächst als individuelle Lösungen eingeführte IAZ stand ab 1978 „allen 700 Mitarbeitern – das sind zu 95% Verkäuferinnen" – zur Verfügung.[113] Alle Beschäftigten bei Beck legten ein Jahr im Voraus ihre an den persönlichen Bedürfnissen orientierte, monatlich zu leistende Arbeitsstundenzahl fest. Das Gehalt wurde dann nach der gewählten Stundenzahl – zwischen 60 und 160 (Vollbeschäftigung) Stunden pro Monat – berechnet. Aber es gab noch mehr Freiheiten:

„Dem Mitarbeiter steht es vielmehr in Absprache mit den Kollegen und der Abteilungsleitung frei, in einer Periode weniger Stunden zu absolvieren und die fehlenden in anderen Monaten nachzuholen. [...] Dies erweitert den persönlichen Spielraum erheblich, was gerade bei Frauen mit Kindern eine wesentliche Rolle spielt."

Zusätzlich war das Arbeitszeitsystem mit einer Umsatzbeteiligung verknüpft.[114] Die Stundenkontrolle übernahm ein Zeiterfassungsgerät, das es jeder und jedem ermöglichte, die Soll- und Ist-Arbeitszeit zu überprüfen. Die Erfahrungen nach vier Jahren IAZ waren gut: Es sei noch nie zu Engpässen bei der personellen Besetzung gekommen, was die Unternehmensführung auf die „gestärkte Eigenverantwortlichkeit" des Verkaufspersonals zurückführte, und man hätte keine Sorgen um qualifiziertes Personal mehr. Während das Verhältnis zwischen Voll- und Teilzeitbeschäftigten Mitte der 1970er Jahre bei Beck noch 65 zu 35 Prozent betrug, hatte es sich nach Einführung der individuellen Arbeitszeit umgekehrt. Dennoch wollte Beck sein Arbeitszeitmodell nicht mit sonstigen im Einzelhandel üblichen Teilzeitmodellen oder der „kapazitätsorientierten variablen Arbeitszeit" (Kapovaz) verglichen wissen. Diesen rein auf die Bedürfnisse der Betriebe zugeschnittenen Regelungen stand man bei Beck kritisch gegenüber und betonte, dass man sich vorrangig den Wünschen der Mitarbeiterinnen und Mitarbeiter verpflichtet fühle, um ihnen bessere Arbeitsbedingungen bieten zu können.[115] In einem rückblickenden Zeitschriftenartikel kamen jedoch auch die Vorteile für das Unternehmen selbst zum Vorschein: Ungeplante Abwesenheiten und zu bezahlende Überstunden hatten deutlich abgenommen. Außerdem konnte man den Arbeitskräftebedarf flexibel an Verkaufsspitzenzeiten anpassen.[116]

Ende der 1980er Jahre, als sich die gesellschaftlichen Debatten um das Ladenschlussgesetz neuerlich zuspitzten, kramte die Tagespresse die Becksche IAZ als Musterlösung wieder hervor. Mittlerweile waren 85 Prozent der Beschäftigten bei

---

[113] Bautz, Arbeitszeitinnovationen, S. 22 f., darin Textfeld mit dem Auszug aus einem Vortrag von Rechtsanwalt Johannes Göbel anlässlich einer Mitgliederversammlung des Verbandes der Norddeutschen Textil- und Bekleidungsindustrie e. V., „Schon 1978 Vorreiter bei der individuellen Arbeitszeit: Das Modehaus Beck".

[114] Zum Thema Provisionen und wie diese sich auf Ungleichheitsverhältnisse am Arbeitsplatz auswirkten vgl. auch Kapitel 2.5.

[115] Helmut Maier-Mannhart, Die Arbeitszeit muß kein Tabu sein. Das Textilhaus Beck kann auf ein geglücktes Experiment verweisen, in: SZ, 8. 11. 1982, S. 19. Die Themen Teilzeitarbeit und Kapovaz folgen in Kapitel 5.4.

[116] Bautz, Arbeitszeitinnovationen, darin Textfeld mit dem Auszug aus einem Vortrag von Rechtsanwalt Johannes Göbel anlässlich einer Mitgliederversammlung des Verbandes der Norddeutschen Textil- und Bekleidungsindustrie e. V., „Schon 1978 Vorreiter bei der individuellen Arbeitszeit: Das Modehaus Beck".

Beck weiblich und 70 Prozent hatten sich für einen Teilzeitarbeitsvertrag entschieden.[117] Die vordergründigen Argumente, mit denen man die Beschäftigten überzeugen wollte, blieben gleich: „Die Angestellten haben endlich Zeit, mal in Ruhe einzukaufen, sich weiterzubilden, tagsüber Sport zu treiben, die Familie länger zu sehen."[118] Angestellte Frauen bei Beck empfanden die IAZ aber auch deshalb als angenehm, weil sie dadurch die Möglichkeit hatten, nach Absprache so oft wie gewünscht eine kurze Pause zu machen, ihre Freizeitaktivitäten in ihren Alltag zu integrieren, oder weil sie das Gefühl hatten, bei der Aushandlung der Arbeitszeiten von der Geschäftsleitung nicht als Untergebene, sondern als gleichwertige Geschäftspartnerinnen wahrgenommen zu werden.[119] Auch die Betriebsratsvorsitzende von Beck berichtete 1989 von den „beste[n] Erfahrungen" mit dem Jahresarbeitszeitmodell.[120] Ein Arbeitszeitausgleich konnte etwa durch zusätzliche Arbeit an langen Samstagen geleistet werden. Dabei war es Aufgabe der jeweiligen „Abteilungs-Substitutin", die Freizeitbedürfnisse der einzelnen Beschäftigten mit dem Bedarf an Personal in Einklang zu bringen.[121] Seit der Einführung der IAZ sei es nur einmal dazu gekommen, dass eine kleine Gruppe von Angestellten zur kollegialen Solidarität ermahnt werden musste, da sie ihre Freiheiten ausgenutzt und sich vor den Samstagsschichten gedrückt hätten.[122] Insofern wurde die Verantwortung darüber, ob Arbeitszeit gerecht aufgeteilt wurde, den Beschäftigten und ihrem kollegialen Gewissen auferlegt. Die Solidarität zwischen den Beschäftigten diente durch die hohe Eigenverantwortung als Kontrollinstrument der Belegschaft untereinander. Man war es nicht mehr der Geschäftsführung schuldig, sondern der Kollegin oder dem Kollegen, die eigene Schicht gewissenhaft zu übernehmen.

Trotz aller möglichen Kritik scheint die IAZ bei Beck grundsätzlich gut funktioniert zu haben, wie die vielen positiven Stimmen aus dem Beschäftigtenkreis belegen. Bei Beck betonte man in erster Linie deren Interesse. Dabei zielte die flexible Regelung weniger auf die eigentliche Freizeitgestaltung ab, sondern vor allem auf die gesellschaftlich als privat angesehenen Verpflichtungen weiblicher Beschäftigter gegenüber ihren Kindern und ihrer Familie. Männer dagegen – wie Beispiele aus anderen Firmen zeigen – nutzten ihre frei gewordene Zeit für Ausflüge bei schönem Wetter, oder um das Auto zum TÜV zu bringen oder durch weniger Arbeitstage pro Woche Fahrtgeld zu sparen. Einzig die Unternehmen BASF (Badische Anilin- und Sodafabrik) und Hoechst sahen eine Halbtagsarbeit für junge Mütter *und* Väter vor.[123] Ansonsten überwogen geschlechtsspezifische Zuschreibungen, wie die Freizeit ausgefüllt werden sollte.[124]

---

[117] BWA, F 34 / 376, Beck-Archiv 18, 1989–1990, hier: Cornelia Nack, Der 100-Stunden-Monat. Ideal für Familien, in: Brigitte. Das Magazin für Frauen (1989), H. 24, 15. 11. 1989, o. S.
[118] O. A., Wir arbeiten, wie wir wollen … und das gefällt sogar dem Chef, in: Bild am Sonntag, 11. 08. 1988, S. 53.
[119] BWA, F 34 / 376, hier: Nack, Der 100-Stunden-Monat.
[120] Behnke, Revolution am Arbeitsplatz, S. 6 f.
[121] BWA, F 34 / 376, hier: Nack, Der 100-Stunden-Monat.
[122] Maier-Mannhart, Arbeitszeit.
[123] Vgl. o. A., Wir arbeiten, wie wir wollen … und das gefällt sogar dem Chef, in: Bild am Sonntag, 11. 08. 1988.
[124] Vgl. das Kapitel 5.4 zur Teilzeitarbeit von v. a. weiblichen Beschäftigten.

Höhere Arbeitsbelastung durch Arbeitszeitverkürzung im Lebensmitteleinzelhandel

In der Betriebsordnung des Lebensmittelunternehmens Latscha in Frankfurt am Main war davon die Rede, dass „Beginn und Ende der Arbeitszeit sowie die Arbeitspausen [...] in Übereinstimmung mit dem Betriebsrat festgelegt" wurden. In ihr war festgelegt, dass pünktlich zur Arbeit erschienen werden musste und der Arbeitsplatz nicht vorzeitig verlassen werden durfte. Außerdem durften Mittagspausen nicht überschritten und gesetzliche Vorschriften wie Sonntagsruhe und Ladenschluss mussten beachtet werden.[125]

Abgesehen davon war die Arbeitszeit im Verkauf offenbar ein Thema, welches das Unternehmen über die Jahre hinweg begleitete. Schon 1957 berichtete der Betriebsrat in seinem jährlichen Bericht darüber, dass ihm die Einführung der 45-Stunden-Woche große Sorgen bereite. Außerdem seien Rationalisierung und Arbeitszeit Themen, die immer wieder an die Betriebsratsmitglieder herangetragen wurden.[126] Aus Sicht der Unternehmensleitung aber waren „[f]aire Arbeitszeitregelungen [...] seit jeher selbstverständlich[ ]. Die 45-Stunden-Woche wurde dementsprechend so eingerichtet, daß unsere Mitarbeiter in den echten Genuß der verkürzten Arbeitszeit kamen." Zwei Jahre später, ab 1. November 1959, gewährte Latscha seinen Beschäftigten zusätzlich freie Zeit von 1¾ Stunden pro Woche. Dabei sollte aber die verbleibende Arbeitszeit so ausgefüllt sein, dass die gleiche Arbeit in weniger Zeit zu schaffen war. Neueinstellungen waren trotz der Arbeitszeitverkürzung nicht vorgesehen. Dagegen sprachen laut Geschäftsleitung die höheren Kosten und die angespannte Situation am Arbeitsmarkt. Das bedeutete ein Mehr an zeitlicher Rationalisierung und drückte den Wunsch des Unternehmens nach größerer Effizienz aus.[127]

Arbeitszeit blieb auch im nächsten Jahrzehnt ein Streitpunkt in der Firma. Ab 1969 wurde die Einrichtung der 40-Stunden-Woche im Handel vorbereitet.[128] Am 1. April 1971 führte Latscha außerdem in der zentralen Verwaltung die gleitende Arbeitszeit ein. Damit sollte die dort hohe Fluktuation eingedämmt werden.[129] Gleichzeitig berichtete der Betriebsrat in seiner Rückschau von den zeitlichen Problemen im Verkauf:

---

[125] ISG, W 1-10-522, Broschüre Betriebsordnung u. Sozialordnung, 1964, S. 5, 20.
[126] ISG, W 1-10-420, Hausinterne Rundschreiben und Broschüren, die Entwicklung der Firma betreffend, 1950–1976, hier: Jahresbericht Latscha 1957, S. 9.
[127] ISG, W 1-10-488, „Filialleiterbriefe" 1952–1963 – Rundbriefe der Geschäftsleitung, hier: Schreiben der Geschäftsleitung, gez. Günther Latscha, vom 20. 11. 1959. Zur strafferen Strukturierung des Arbeitstages vgl. Kap. 5.3.
[128] ISG, W 1-10-420, Hausinterne Rundschreiben und Broschüren, die Entwicklung der Firma betreffend, 1950–1976, hier: Die Latscha-Chronik, Band 1, Juni 1969–Mai 1970, S. 17.
[129] ISG, W 1-10-416, Diverse – hausinterne – Broschüren, 1959–71, hier: Gleitzeit – mehr Freizeit. Sie bestimmen Arbeitsbeginn und Arbeitsende ab 1. April, hrsg. v. J. Latscha Frankfurt KG, 1971.

„Unser großes Sorgenkind ‚Arbeitszeit im Verkauf' und den damit verbundenen Fragen, wie z. B. tägliche Arbeitszeit, Arbeitszeit an langen Samstagen, die Fragen der Abgeltung der anfallenden Mehrarbeitsstunden, Freizeitgewährung und vieles mehr, waren besonders schwierige Punkte."[130]

Ab Mitte der 1970er Jahre richteten sich die Arbeitszeiten im Verkauf nach dem Manteltarifvertrag in Hessen.[131]

In den Lebensmittelfilialbetrieben von Gaissmaier galt ab dem 1. September 1971 die 40-Stunden-Woche. Das bedeutete, dass erstmals im Unternehmen für alle Beschäftigten – Verwaltung, Lager, Verkaufsbereich – die gleiche Wochenarbeitszeit galt. In der Verwaltung führte die Geschäftsleitung mit Zustimmung des Betriebsrats die gleitende Arbeitszeit ein. Die Filialen stattete man dafür mit neuen Ladenschlusszeiten aus und verkürzte die Öffnung der Betriebe auf Montag bis Freitag bis 18 Uhr und samstags nur bis 13 Uhr. Dafür mahnte die Geschäftsleitung beim Betriebsrat an, „daß dadurch die Präsenz im Laden (Wursttheke, Obstauslage usw.) nicht mehr zu früh abgebaut werden sollte", was der Betriebsratsvorsitzende in einem Schreiben an seine Kolleginnen und Kollegen weiterleitete.[132]

Zusammenfassend lässt sich sagen, dass die Arbeitszeitverkürzung im Lebensmitteleinzelhandel stärker als im Textileinzelhandel vorangetrieben wurde. Im Lebensmitteleinzelhandel gab es prozentual mehr Vollzeitkräfte, die von einer Reduzierung der wöchentlichen Arbeitszeit profitieren konnten. Einschränkend muss hinzugefügt werden, dass gerade im Lebensmitteleinzelhandel mit einer Arbeitszeitverkürzung eine steigende Arbeitsbelastung während der Arbeitszeit einherging. Für die im Textileinzelhandel stärker vertretenen Teilzeitkräfte änderte sich aufgrund ihrer individuellen Arbeitszeitregelungen durch eine allgemeine Arbeitszeitverkürzung weniger. Außerdem waren dort Prämiensysteme verbreitet, weshalb sich eine Arbeit an (langen) Samstagen auch finanziell für die Beschäftigten lohnen konnte und somit erwünscht war, während diese im Lebensmitteleinzelhandel kaum eine Rolle spielten und Samstagsarbeit vonseiten der Angestellten durchweg abgelehnt wurde.[133]

Arbeitszeitpraktiken: Pausenregelungen

Die Arbeitszeitregelungen im Einzelhandel waren insgesamt schlechter als in Branchen mit hohem gewerkschaftlichem Organisationsgrad, wie der Metallindustrie. Insgesamt muss bei der Betrachtung von Arbeitszeitnormen allerdings beachtet

---

[130] ISG, W 1-10-420, Hausinterne Rundschreiben und Broschüren, die Entwicklung der Firma betreffend, 1950–1976, hier: Die Latscha-Chronik, Band 2, Juni 1970–Mai 1971, S. 9.
[131] ISG, W 1-10-436, Unterlagen Verkauf Firma Latscha, Pensionen und Unterstützungsverein, 1976, hier: Manteltarifvertrag, Hessischer Einzelhandel, Laufzeit: 1. November 1976 bis 31. Dezember 1979, Gewerkschaft Handel, Banken und Versicherungen, Landesbezirk Hessen.
[132] WABW, B 61 Bü 217, Buch „10 Jahre Betriebsrat" Dokumentation, 1980, hier: Schreiben von Horst Onasch, Betriebsratsvorsitzender, Betr.: Neue Arbeitszeit, vom 01. 09. 1971.
[133] Vgl. Brandt, Textilwarenhaus, S. 125 f. Die Teilzeitquote lag Mitte der 1980er Jahre im Textileinzelhandel bei über 50%, wohingegen sie 30% der Gesamtbeschäftigtenzahl im Einzelhandel ausmachte.

werden, dass Arbeitszeitpraktiken oft wesentlich von den ausgehandelten und gesetzlich, tarifvertraglich wie betrieblich vorgeschriebenen Normen abwichen. Aus einem regulär achtstündigen Arbeitstag, auf den man sich geeinigt hatte und der mit langen Pausen und der An- und Heimfahrt schnell über 10 Stunden der täglich zur Verfügung stehenden Zeit vereinnahmen konnte, wurde oft ein 12-stündiger Tag. Dies lässt sich anhand der in den Geschäften praktizierten Pausenregelungen, den geleisteten Überstunden sowie Vor- und Nacharbeiten oder auch den Zeiterfassungsmechanismen in den Betrieben zeigen. Aufgrund des hohen Frauenanteils im Einzelhandel waren vor allem diese von einem Übermaß an fremdbestimmter Zeit betroffen.

Bis zur Verabschiedung und Durchsetzung des Ladenschlussgesetzes 1956 waren die Arbeitszeiten im Einzelhandel oft gleichzusetzen mit den Betriebszeiten. Dennoch durfte sich die tägliche Arbeitszeit der Beschäftigten laut Arbeitszeitordnung lediglich auf acht bis zehn Stunden belaufen. Nur dank (bewusst) ausgedehnter Mittagspausen gelang es, die reguläre tägliche Arbeitszeit von acht Stunden einzuhalten. Gearbeitet wurde von Montag bis Samstag, sodass offiziell einer 48-Stunden-Woche entsprochen wurde. Dabei arbeiteten die meisten Beschäftigten faktisch regelmäßig mehr als acht Stunden täglich.[134] Ein eindrückliches Beispiel für diese Art von Mittagspausen ist die Anekdote einer jungen Verkäuferin beim Kaufhaus Beck in München, die in der Nachkriegszeit – auch aufgrund der äußeren Umstände – von ihrem Chef zur Mittagspause nach Hause geschickt wurde:

„Wie ich angefangen habe, haben wir nicht einmal einen Tisch gehabt zum Essen [...]. Wo müssen wir hin? Er [der Eigentümer und Chef] wollte absolut nicht haben, es war ihm gar nicht recht, daß wir jungen Dinger auf der Straße zwei Stunden Mittag machen. Also dann hat er gesagt: Du fährst heim. [...] ‚Ich wohne in Lochhausen [ein Vorort von München].' Hat er gesagt: ‚Das ist wurscht, du fährst heim, weil das Herumschlampen mag ich nicht.' Dann bin ich jeden Mittag zum Starnberger Bahnhof [ein Flügelbahnhof des Münchner Hauptbahnhofs] getippelt und nach Lochhausen gefahren. Mama hat schon das Essen hergerichtet gehabt, ich wieder rauf auf den Bahnhof, da ist ja auch nicht alle 20 Minuten eine S-Bahn gegangen – wieder reinfahren, und dann war ich endlich wieder da – meistens hatte ich 3 Stunden Mittag gehabt."[135]

Dass dies kein Sonder-, sondern eher ein Regelfall war, zeigt auch ein Schreiben der Hauptbetriebsleitung von C&A, die darauf verweist, dass die zweistündige Mittagspause der „jungen Leute" in vielen Fällen nicht mehr eingehalten werde. Deshalb ermahnte sie die Geschäftsleitungen der C&A-Häuser darauf zu achten, dass die Nachwuchskräfte sich nicht überarbeiteten.[136]

---

[134] Vgl. Abb. 4: „Verteilung der Arbeitszeiten und Freizeiten auf die Werktage der Woche", in: Gerlach, Flexibilisierung, S. 55.
[135] BWA, F 34 / 279, Unvergessene Geschichten, 1986, hier: „Anweisung: mittags zum Essen nach Hause!". In der Geschichte ist außerdem von einer „Speisung [...] von den Amerikanern" die Rede, daher lässt sich die Geschichte sehr gut in die unmittelbare Nachkriegszeit datieren.
[136] Hier geht es um zukünftige Führungskräfte, die bei C&A unter besonderer Protektion standen; DCM, 115783, Rundschreiben an die Geschäftsleitung Haus Essen 1951–1953, hier: C&A Brenninkmeyer G.m.b.H. Hauptbetriebsleitung an die Geschäftsleitungen aller C&A-Betriebe, Betr. Arbeitszeit der jüngeren Nachwuchskräfte, vom 08. 06. 1951.

Mit dem Ladenschlussgesetz 1956 und der 45-Stunden-Woche blieb es zwar bei einem Achtstundentag von Montag bis Freitag, aber samstags wurde nur fünf Stunden gearbeitet beziehungsweise in Wochen mit langem Samstag noch einmal vier Stunden mehr – also faktisch sogar 49 Stunden. Um dies zu kompensieren, dehnte C&A die Pausen in der Mittagszeit weiter aus: von bisher 30 Minuten auf mindestens 90 Minuten bis hin zu 120 Minuten.[137] Diese Regelungen erfüllten den Zweck, die Betriebszeiten der Geschäfte abzudecken, ohne Schichtsysteme einführen zu müssen. Sie erfolgten gerade nicht aufgrund arbeitsmedizinischer Erkenntnisse oder aus Rücksichtnahme auf die Bedürfnisse und Interessen der Beschäftigten.

Die Pausengestaltung und die Regularien für die Beschäftigten hingen vom jeweiligen Unternehmen ab. Häufig gab es je zwei kürzere Pausen am Vormittag und am Nachmittag sowie eine längere Mittagspause. Und es gab mehrere Gruppen, die im Wechsel ihre Pausen nahmen.[138] Ehemalige Beschäftigte beim Herrenmodegeschäft Hirmer berichteten von zwei viertelstündigen Pausen, zusätzlich zu einer Stunde Mittagszeit, bei einer 42,5-Stunden-Woche.[139] Auch hier wechselte man sich ab: „Du hast in der Abteilung zehn Leute, da gehen halt drei um elfe, drei um zwölfe und drei um eins und so."[140] Wie beim Textilkaufhaus Beck war eine überlange Mittagszeit für Lehrlinge üblich, um die gesetzlichen Vorschriften einhalten zu können: „Als Lehrling unter 16 hatte man zweieinviertel Stunden Mittag. Zeit um die Stadt kennen zu lernen, wir haben große Spaziergänge gemacht."[141]

Wichtig bei den Pausen war für das Unternehmen außerdem, dass sie nicht zulasten der Bedienung der Kundschaft gingen. Das bedeutete etwa noch 1968 bei Ludwig Beck: „Brotzeit-, Mittags- und Kaffeepausen werden erst angetreten, wenn die Mitarbeiter der Abteilung, die vorher Pause hatten, an ihre Arbeitsplätze zurückgekommen sind."[142] In der Betriebsordnung sechs Jahre später fiel diese strenge Regelung weg, was darauf verweist, dass durch individuelle Arbeitszeitregelungen insgesamt flexibler und mit mehr Absprachen unter den Kolleginnen und Kollegen gearbeitet wurde.

---

[137] DCM, 115784, Rundschreiben an die Geschäftsleitung Haus Essen 1954–1956, hier: „Vergleich der jetzigen Arbeitszeit in unseren Häusern mit den bisherigen Ladenschlußzeiten und mit den neuen Arbeitszeiten für 1957 auf Grund des neuen Ladenschlußgesetzes", vom 6. 12. 1956.
[138] Auch bei Kaufhof in den 1990er Jahren etwa waren diese drei Pausen noch üblich: vormittags und nachmittags je 20 Minuten, mittags 50 Minuten; dort gab es drei Pausengruppen; IfZArch, ED 972 / 116, Ladenschluss Dokumentationen, Gutachten, Laufzeit/Argumentationshilfen, historische Abrisse, 3, 1987–1989, hier: Perspektiven der Arbeitszeitgestaltung im Einzelhandel, Material 5: Kaufhof, Betriebsvereinbarung.
[139] HUA, 2013 / 08 / 0014, Interview: Interview mit Hr. H. K., Hr. R. S., Hr. E. B. und Fr. I. B. (04. 12. 2009), S. 6.
[140] HUA, 2013 / 08 / 0004, Interview mit Hr. H. S., Hr. P. und Hr. A. O. (23. 11. 2009), S. 30.
[141] HUA, 2013 / 08 / 0014, Interview: Interview mit Hr. H. K., Hr. R. S., Hr. E. B. und Fr. I. B. (04. 12. 2009), S. 6.
[142] BWA, F 34 / 254, Interne Organisation des Unternehmens, Betriebsordnungen und Hausordnung, 1968–1974, hier: Betriebsordnung/Hausordnung 1968.

Pausen zählten nicht zur bezahlten Arbeitszeit. Die Verantwortung für die Regeneration der Arbeitskraft wurde also in den Freizeitbereich der Beschäftigten übertragen. Dagegen setzte sich Ende der 1980er Jahre die HBV ein. Die Delegierten auf der bayerischen Landesbezirkskonferenz in Erlangen 1988 beschlossen, in den kommenden Tarifauseinandersetzungen bezahlte Erholungspausen für „die Arbeitnehmer, die überwiegend an SB-Kassen tätig sind", zu fordern.[143] Die Arbeit an den Kassen galt als so anstrengend und gesundheitsgefährdend, dass die Bezahlung der Erholungszeit gerechtfertigt schien.

Bemerkenswert ist, dass sich noch bis 1994 die gesetzlichen Mindestpausenzeiten zwischen männlichen und weiblichen Beschäftigten unterschieden: „erw[achsenen] weiblichen Arbeitnehmer[n]" und „Jugendliche[n]" standen mehr und längere Pausen zu. Bei einer Dauer der Arbeitszeit von 4,5 bis 6 Stunden war für männliche erwachsene Arbeitnehmer keine Pause vorgeschrieben, während für „erw. weibliche Arbeitnehmer" 20 Minuten und für Jugendliche sogar 30 Minuten veranschlagt wurden. Bei einer Arbeitszeit zwischen 8 und 8,5 Stunden mussten Männer 30 Minuten, Frauen 45 Minuten und Jugendliche 60 Minuten pausieren. Für Männer galten die 30 Minuten auch bei über 9 Stunden Gesamtarbeitszeit; Frauen stand dann eine 60-minütige Erholung zu, und Jugendliche durften überhaupt nur 8,5 Stunden am Stück arbeiten.[144] Diese Regelung entstammte der Arbeitszeitordnung und galt nicht nur für den Einzelhandel. Sie wurde 1994 abgelöst von einem neuen Arbeitszeitgesetz.[145] Die Bundesregierung begründete die Veränderung der Vorschriften für Ruhepausen wie folgt:

„In § 4 wird die derzeitige unterschiedliche Pausenregelung für Frauen und Männer in § 12 Abs. 2 und § 18 AZO aus Gründen der Gleichbehandlung und zur Vermeidung von Schwierigkeiten in der betrieblichen Praxis vereinheitlicht. Dabei werden einerseits gesundheitliche Erfordernisse, andererseits die Wünsche der Arbeitnehmer, insbesondere auch der Teilzeitarbeitnehmer, die Anwesenheit im Betrieb durch Pausen nicht über Gebühr zu verlängern, berücksichtigt."[146]

Hierin spiegelt sich ein neues Verständnis und eine neue Anerkennung des Nutzens selbstbestimmter Zeit wider, denn in den formulierten Gesetzesentwurf ist offenbar die Erkenntnis eingeflossen, dass fremdbestimmte Pausenzeiten keine Verbesserungen für die Beschäftigten darstellten. Bis in die 1990er Jahre hinein wurden Frauen neben Jugendlichen diesbezüglich als besonders schützenswert erachtet. Dass damit gleichzeitig durch den Mechanismus des *Othering* eine Betrachtung als defizitär einherging, zeigt Eileen Boris, die sogenannte „Cultures of Protection" für Frauen in der

---

[143] AdMAB, HBV, „Der richtige Schritt." Ergebnisprotokoll der 11. Ordentlichen Landesbezirkskonferenz der Gewerkschaft HBV, Landesbezirk Bayern, am 27./28. 02. 1988 in Erlangen, S. 15.
[144] AdMAB, DAG, Arbeitszeiten im Einzelhandel, S. 11.
[145] Vgl. AZO und Arbeitszeitgesetz (ArbZG), vom 6. Juni 1994, in: BGBl. I, Nr. 33 vom 10. 06. 1994, S. 1170–1177.
[146] Deutscher Bundestag, 12. Wahlperiode, Gesetzesentwurf der Bundesregierung, vom 13. 10. 1993, „Entwurf eines Gesetzes zur Vereinheitlichung und Flexibilisierung des Arbeitszeitrechts (Arbeitszeitrechtsgesetz – ArbZRG)", Drucksache 12/5888, https://dipbt.bundestag.de/doc/btd/12/058/1205888.pdf [zuletzt abgerufen am 30. 09. 2021].

Arbeitswelt der zweiten Hälfte des 20. Jahrhunderts untersucht hat.[147] Eine weitere Praktik, die Arbeitsstunden über das vereinbarte Maß hinaus auszudehnen, waren Überstunden. Sie waren im Einzelhandel beinahe eine Selbstverständlichkeit und bezeugen die häufig fehlende Planbarkeit der Arbeitszeit.

Überstunden, selbstverständlich

Beschäftigte im Einzelhandel mussten oft Überstunden machen. Der Tag war zu kurz für die zu erledigenden Aufgaben. Eine Mitarbeiterin beim Projekt HAZEG[148] beim Hauptvorstand der Gewerkschaft HBV beschrieb die Zwangslage der Beschäftigten folgendermaßen:

„Einzelhandelsbeschäftigte beginnen morgens weit vor Öffnung des Ladens mit der Arbeit. Was der Kunde beim Betreten des Ladens sieht und kauft, mußte aufgebaut und präsentiert werden. [...] Die Zeit dieser Vorarbeiten – fast ausschließlich unbezahlt – ist beträchtlich. Mitunter wird von den Frauen ‚freiwillig' eine Stunde eher begonnen, um beispielsweise Wurst vorzuschneiden, weil sie, sind erst Kunden im Laden, nicht mehr dazu kommen.
Der Hektik wird so vorgebeugt. Die Arbeit wird individuell entzerrt, so bleibt der ganze Mensch ruhiger. Sonst ist das Abschalten am Abend noch schwieriger. Auch abends sind diverse ‚Nacharbeiten' zu erledigen, wenn die Kunden schon den Laden verlassen haben."[149]

Weitere übliche Abweichungen von der Regelarbeitszeit waren das „Arbeiten während der Pause bei personellen Engpässen", „das Arbeiten am regulären wöchentlichen Freizeittag" oder das „Verschieben und Tauschen des Freizeittages".[150] Gerade Vor- und Nacharbeiten beim Lebensmitteleinzelhandel wurden teilweise nicht als Arbeitszeit angerechnet. Ein Problem sahen die Autoren des Artikels, der sich mit Mehrarbeitsgründen befasst, darin:

„In den kleineren und mittleren Einzelhandelsunternehmen existieren kaum Formen einer exakten Arbeitszeiterfassung. Hier erscheint das Kontrollbewußtsein der Beschäftigten und auch der Betriebsräte (falls es sie überhaupt gibt) noch weit weniger ausgeprägt."[151]

Beim Kaufhaus Ludwig Beck kam es zwar ebenso zu Überstunden, diese waren jedoch eingeschränkt. Sie durften von der Abteilungsleitung angeordnet werden, allerdings nur, wenn die Geschäftsleitung dies genehmigte.[152] Laut Betriebsverfassungsgesetz musste auch der Betriebsrat einer Mehrarbeit zustimmen.[153] Eine Bezahlung dieser Mehrarbeit erfolgte erst, wenn die tarifliche Arbeitszeit überschritten wurde. Dies geschah nicht automatisch, sondern die Beschäftigten mussten

---

[147] Boris, Women Worker, S. 4: „women [...] came under cultures of protection based on perceived difference from the male industrial breadwinner."
[148] Zum Projekt HAZEG der HBV vgl. weiter oben in diesem Kapitel.
[149] Teske, Frauenarbeit im Einzelhandel, S. 78.
[150] Wiedemuth/Wolff, Gläserner Mensch, S. 116.
[151] Wiedemuth/Wolff, Gläserner Mensch, S. 117.
[152] BWA, F 34 / 254, Interne Organisation des Unternehmens, Betriebsordnungen und Hausordnung, 1968–1974, hier: Betriebsordnung/Hausordnung, 1968.
[153] Darüber und auch über sonstige Betriebsratsarbeit bei Beck ist aus den überlieferten Unterlagen nichts bekannt.

monatlich eine Forderung stellen.[154] In der Betriebsordnung von 1974 ist dieser Passus nicht mehr enthalten, woraus sich schließen lässt, dass die Überstunden fortan in einem regelhaften Prozess vergütet wurden.[155] Ab 1978 soll es bei Beck kaum noch zu Überstunden gekommen sein, da die Beschäftigten ihre Arbeitszeitwünsche im Voraus angeben und ihre Arbeitszeit stunden- und tageweise individuell verschieben konnten. Durch das Jahresarbeitszeitkonto, das mit der IAZ bei Beck galt, konnte die Mehrarbeit an dem einen Tag durch Freizeit an anderen Tagen entsprechend in Abstimmung mit den Kolleginnen und Kollegen ausgeglichen werden. Dabei sparte sich der Arbeitgeber die zusätzliche Vergütung der Mehrarbeit und übertrug die Verantwortlichkeit für die zeitliche Organisation den Beschäftigten.

Bei Hirmer bestand eine Zeitpraktik, die Überstunden ähnlich war und sich am Rande der Legalität bewegte, darin, die Mittagspause nicht anzutreten und sich stattdessen diese Arbeitszeit auszahlen zu lassen.[156] So berichteten ehemalige Angestellte: „40 DM, oder 30 DM oder 20 DM cash auf die Hand. Wenn man nicht zum Mittag ging." Zunächst, in den 1960er Jahren, konnte man die Regeltischzeit von 90 Minuten auf 75 Minuten kürzen und zur Weihnachtszeit ganz streichen, um sich einen Zuverdienst zu sichern.[157] Von diesem finanziellen Bonus haben die Familien der Beschäftigten lange etwas gehabt: „Die Tischzeitverkäufe, die Familie, ganze Monate hat sie von gelebt. [...] Da brauchte meine Frau kein Haushaltsgeld, wenn wir vier Wochen unsere Tischzeit verkauft haben."[158] Als 1970 die 5-Tage-Woche im Unternehmen eingeführt wurde, konnten sich die Beschäftigten nicht angetretene freie Tage auszahlen lassen.[159]

Bei C&A betrafen Überstunden vor allem die jungen Nachwuchskräfte, sprich das zukünftige (männliche) Führungspersonal. Unter ihnen herrschte offenbar die Vorstellung vor, dass sie „bei der Geschäftsleitung unangenehm auffallen" könnten, wenn sie früher von der Arbeit gingen. Außer bei Inventuren und der Vorbereitung von Schlussverkäufen sollte das Überarbeiten aber vermieden werden.[160] In den 1950er Jahren war die Hauptbetriebsleitung sehr darauf bedacht, dass Überstunden von den „normalen" Beschäftigten nicht regelmäßig gemacht werden sollten: „In allen Häusern muß ein ‚Kampf der Überstunde' geführt werden", hieß es auf der Betriebsleiterversammlung 1950. Denn viele Überstunden würden aus „übler

---

[154] BWA, F 34 / 254, Interne Organisation des Unternehmens, Betriebsordnungen und Hausordnung, 1968–1974, hier: Betriebsordnung/Hausordnung, 1968.
[155] BWA, F 34 / 254, hier: Betriebsordnung, 1974.
[156] Über den Umgang des Betriebsrates mit dieser Praktik ist aus den zugänglichen Quellen nichts bekannt.
[157] HUA, 2013 / 08 / 0014, Interview: Interview mit Hr. H. K., Hr. R. S., Hr. E. B. und Fr. I. B. (04. 12. 2009), S. 6.
[158] HUA, 2013 / 08 / 0014, S. 15.
[159] HUA, 2016 / 05 / 0071, Stammhaus Hirmer, Gehalts- und Arbeitszeitregelungen sowie freiwillige Arbeitgeberleistungen (1970–2000).
[160] DCM, 115783, Rundschreiben an die Geschäftsleitung Haus Essen 1951–1953, hier: „Arbeitszeit der jungen Nachwuchskräfte".

Gewohnheit" gemacht.[161] Daher wurden „[d]ie Betriebsleiter [...] gebeten, darauf zu achten, daß alle BM [= Betriebsmitglieder] nach Betriebsschluß die Abteilung und das Haus sobald als möglich verlassen".[162] Dahinter steckte wohl das Interesse, so wenig wie möglich Zusatzvergütung leisten zu müssen. Dieses kam auch darin zum Ausdruck, dass verordnete Zusatzarbeitsstunden der verlängerten Samstage vor Weihnachten bevorzugt mit nachträglicher Freizeit abgegolten werden sollten. Der Stress der dadurch erzeugten Arbeitsengpässe lastete auf den übrigen Beschäftigten. Nur auf ausdrücklichen Wunsch erfolgte stattdessen eine Bezahlung der mehrgeleisteten Arbeit. Die Angestellten, die ausbezahlt wurden, mussten der Hauptbetriebsleitung gemeldet werden.[163]

Ähnlich kalkulierte auch das Lebensmitteleinzelhandelsunternehmen Latscha in Frankfurt am Main. Deutlich wird dies in einem Schreiben der Geschäftsleitung an die Filialleitungen ihrer Betriebe. Darin wird dafür plädiert, die vorgeschriebene Arbeitszeit einzuhalten, denn der Lebensmittelhandel sei ohnehin aufgrund des späten Arbeitsendes wenig beliebt und ein Überschreiten der Anfangs- und Schlusszeiten würde die Sache nur verschlimmern. Außerdem könnten Überstunden nicht ausbezahlt werden, sollten daher vermieden werden oder man sollte sie „abfeiern lassen". Die Geschäftsleitung ging davon aus, dass die (weiblichen) Beschäftigten geringere Arbeitszeiten mehr schätzten als eine höhere Vergütung: „Seien Sie sich darüber klar, dass für alle unsere Verkäuferinnen Freizeit wichtiger und interessanter ist[ ] als jede materielle Vergütung!" Appelliert wurde daher an den „gute[n] Wille[n]", die „Intelligenz" und das „Organisationstalent" der jeweiligen Filialleitung, die Arbeiten so einzuteilen, dass sie in der vorgesehenen Zeit erledigt werden könnten. Allerdings machte die Geschäftsleitung sehr explizit klar, dass gewisse Vorarbeiten, wie das Umkleiden, oder Privateinkäufe nicht zur Arbeitszeit zählten. Zudem wurde darauf hingewiesen, dass „die vorgeschriebenen 30 Minuten Aufräumungszeit einzuhalten" seien. Leider geht hieraus nicht klar hervor, ob dies vor oder nach Arbeitszeitende einzuplanen war.[164] Laut dem seit 1976 bei Latscha geltenden Manteltarifvertrag war Mehrarbeit – sprich „über 40 Stunden hinausgehende Arbeitszeit" – zu vermeiden. Zusätzlich musste der Betriebsrat nach BetrVG seine Einwilligung zur Mehrarbeit geben. Dann war sie zu bezahlen, und zwar mit einem Zuschlag. Sollte statt einer Bezahlung ein Freizeitausgleich gegeben werden, musste dem der Arbeitnehmer beziehungsweise die Arbeitnehmerin zustimmen. Der Mehrarbeitszuschlag wurde dennoch ausbezahlt oder ebenfalls umgerechnet in Freizeit. Eine Ausnahme hiervon bildete der im Einzelhandel in den 1970er Jahren noch übliche erste lange Samstag im Monat.

---

[161] DCM, 106863, Tagesordnungen der 30.–31. und Protokolle der 32.–34. Betriebsleiterversammlung 1948–1952, hier: 1950, S. 5.
[162] DCM, 109201, Protokoll der 35. Betriebsleiterversammlung vom 24.–25. 11. 1952, S. 8.
[163] DCM, 119429, Rundschreiben an die Geschäftsleitungen der Häuser 1959–1960, hier: Schreiben Nr. 29/1960, Betr.: Abgeltung der verlängerten Samstage vor Weihnachten, vom 22. 11. 1960.
[164] ISG, W 1-10-488, „Filialleiterbriefe" 1952–1963 – Rundbriefe der Geschäftsleitung, hier: Schreiben der Geschäftsleitung, gez. Günther Latscha, an Herrn P., vom 01. 07. 1955.

Mehrarbeit, die an diesem Tag geleistet wurde, war durch Freizeit im selben Monat auszugleichen, ohne dass ein Mehrarbeitszuschlag gewährt wurde.[165]

Anders stellte sich die Problematik von Freizeit und Überstunden für die Filialleitungen bei Latscha dar. Von ihnen wurde ein intensiver zeitlicher Einsatz gefordert. Bis 1961 wurden die Überstunden durch eine übertariflich gezahlte Prämie ausgeglichen. Danach gewährte man den Filialleitern eine zusätzliche Freizeit von 3,5 Stunden pro Woche, womit die Mehrarbeitszeit als abgegolten anzusehen war. Überstunden wurden weiterhin verlangt – „im Hinblick auf die gezahlten Prämien [sollten die] Filialleiter sich hinsichtlich Überstunden nicht kleinlich zeigen" – aber sie wurden dann nur noch „auf besondere Anordnung bezahlt".[166] Offenbar waren diese Vorgaben wenig praktikabel, denn bereits ein halbes Jahr später änderte die Geschäftsleitung von Latscha die Überstundenregelung für die Filialleitungen erneut. Da es in der Praxis kaum möglich war, „die Freizeit abzufeiern", wurde diese auf 3,5 Stunden pro Monat reduziert und Überstunden wieder vermehrt ausbezahlt.[167] Die Erwartungshaltung aber blieb dieselbe: „Wir erwarten von Ihnen, daß Sie ihre Verkaufsstelle erfolgreich führen. Deshalb bezahlen wir hohe Prämien und erwarten und wissen, daß Sie nicht kleinlich sind, wenn es um die Arbeitszeit geht."[168] Interessant ist die markante Unterscheidung zwischen den zumeist weiblichen Verkäuferinnen und den männlichen Filialleitern. Ging Latscha für seine Verkäuferinnen davon aus, dass ihnen Freizeit das Wichtigste wäre, unterstellte man den Filialleitern, dass sie für Geld gerne bereit wären, länger zu arbeiten.

Überstunden konnten sich auch durch die im Einzelhandel üblichen, regelmäßigen Inventuren ergeben. Dazu erging beim Lebensmittelfilialbetrieb Gaissmaier 1976 eine „Sonderarbeitsanordnung" der Geschäftsleitung an die Filialleitungen. Um Bußgelder durch Kontrollen des Gewerbeaufsichtsamts zu verhindern, sollten die Verantwortlichen darauf achten, dass die tägliche Höchstarbeitszeit von 10 Stunden nicht über-, die Mindestruhezeit von 11 Stunden nicht unterschritten wurde. Die bei einer Inventur zu leistende Mehrarbeit fand unter einem indirekten Zwang statt: „Niemand kann zu Überstunden gezwungen werden, das ist wohl klar. Im Rahmen der 40-Stunden-Woche ist aber die Teilnahme an den Inventurarbeiten selbstverständliche Pflicht aller Mitarbeiter." Die Überstunden bei Gaiss-

---

[165] ISG, W 1-10-436, Unterlagen Verkauf Firma Latscha, Pensionen und Unterstützungsverein, 1976, hier: Manteltarifvertrag, Hessischer Einzelhandel, Laufzeit: 1. November 1976 bis 31. Dezember 1979, Gewerkschaft Handel, Banken und Versicherungen, Landesbezirk Hessen, S. 4.

[166] ISG, W 1-10-488, „Filialleiterbriefe" 1952–1963 – Rundbriefe der Geschäftsleitung, hier: Schreiben der Geschäftsleitung, gez. Günther Latscha, Betr.: Freizeit und Überstunden der Filialleiter, vom 24. 03. 1961.

[167] „Wir bezahlen grundsätzlich die Differenz zwischen Arbeitszeit und Ladenöffnungszeit als Überstunden. Alle angeordneten Überstunden werden ebenfalls bezahlt, jedoch nur vor 7.30 Uhr."; ISG, W 1-10-488, hier: Schreiben der Geschäftsleitung, Betr.: Freizeit und Überstunden der Filialleiter, vom 30. 11. 1961.

[168] ISG, W 1-10-488, hier: Schreiben der Geschäftsleitung, Betr.: Freizeit und Überstunden der Filialleiter, vom 30. 11. 1961.

maier wurden jeweils in der darauffolgenden Gehaltsabrechnung vergütet, allerdings sollte die Möglichkeit des Freizeitausgleichs vorgezogen werden.[169]

Auch in einer HBV-initiierten Umfrage unter Beschäftigten des bayerischen Einzelhandels waren Überstunden ein Thema. Von ihnen arbeiteten die meisten in Betrieben mit über 100 Beschäftigten und etwas mehr als die Hälfte im Verkauf, der andere Teil in der Verwaltung. Was die Überstunden betraf, so konnten 57 Prozent erklären, dass sie keine Überstunden leisteten, 21 Prozent gaben keine Antwort und 21 Prozent leisteten bis zu 15 Überstunden pro Monat. 1 Prozent kam sogar auf mehr als 20 Stunden pro Monat. Allerdings seien gerade saisonale Spitzenverkaufszeiten, wie das Weihnachtsgeschäft oder Inventuren, Anlässe für die Unternehmen, den Personalnotstand mit der Verordnung von Überstunden auszugleichen. Nur ein Viertel der betreffenden Befragten wurde entsprechend entlohnt; die allermeisten, nämlich 62 Prozent, erhielten einen Freizeitausgleich. Das Problem dabei:

„Die Überstundenzuschläge unterliegen einer höheren Besteuerung und der Ausgleich durch Freizeit hat den Nachteil, daß der Unternehmer die Betroffenen zwingen kann, dann frei zu nehmen, wenn es ihm paßt. Dadurch gibt es ständig Auseinandersetzungen in den Betrieben, ob und wann die Freizeit genommen werden kann."[170]

Überstunden wurden, vor allem im Lebensmitteleinzelhandel, oftmals als notwendige Selbstverständlichkeit angesehen. Sie umfassten vor allem Nebentätigkeiten wie das Vorbereiten der Auslagen in der Früh oder das „zu Ende Bedienen" nach Ladenschluss. Es ist zu vermuten, dass diese Auffassung daher rührte, dass bis in die 1960er Jahre die Betriebs- und die Arbeitszeiten zusammenfielen und man sich schwer damit tat, Arbeitskräfte für Tätigkeiten vor Ort einzuplanen, ohne dass Kundschaft im Laden war. In denjenigen Unternehmen, in denen die Überstunden bereitwillig ausgezahlt wurden, lag der Fokus auf dem Zufriedenstellen der Kundschaft – wohingegen Unternehmen, die die Gewährung eines Freizeitausgleichs bevorzugten, sich eher an betriebswirtschaftlichen Maßstäben orientierten und den entsprechenden Personalausfall mit Aushilfskräften kompensierten oder auf die übrig bleibenden Angestellten abwälzten. Maßgebende Unterschiede zwischen Lebensmittel- und Textileinzelhandel sind hier nicht festzustellen.

„Stempeln": Arbeitszeiterfassung zwischen Kontrolle und Freiwilligkeit

Bereits im Frühkapitalismus Englands im 18. Jahrhundert unterlagen Arbeitsbeginn und -ende einer strengen Kontrolle, und Fragen nach dem Messen der Arbeitszeit und dem Auswerten der Arbeitsleistung spielten eine wichtige Rolle.[171] Diese Be-

---

[169] WABW, B 61 Bü 217, Buch „10 Jahre Betriebsrat" Dokumentation, 1980, hier: Sonderarbeitsanordnung Nr. 13/76, Betr.: Arbeitszeitordnung – insbesondere bei Inventuren, von Geschäftsleitung Karl Gaissmaier, vom 24. 06. 1976.
[170] AdMAB, HBV Bayern, Zwischen Kochtopf, o. S.
[171] Vgl. Süß, Stempeln, S. 155. Süß bezieht sich hier auf eine Studie zu den Cromley-Eisenbahnwerken, die Edward Palmer Thomson bereits in den 1960er Jahren hinsichtlich der zeitlichen

deutung blieb über die Jahrhunderte weiter bestehen, wandelte sich aber in den 1970er und 1980er Jahren durch elektronische Zeit- und Akkorderfassungssysteme, und spitzte sich schließlich durch „die Aushöhlung standardisierter Normalarbeitsverhältnisse und durch die Aufhebung des Gleichklangs von Arbeits- und Betriebszeiten" weiter zu.[172]

Sowohl in den zentral durchorganisierten Häusern von C&A als auch bei dem alleinstehenden Herrenmodegeschäft von Hirmer war es in den 1950er Jahren Pflicht, beim Betreten und Verlassen des Hauses oder des Arbeitsplatzes auf der Stempelkarte die Zeit zu stempeln. Dies war ein mechanischer Vorgang, der physische Anwesenheit erforderte. Dazu musste der Personal-Ein- und Ausgang genutzt werden. In einem filmischen Porträt eines Hirmer-Mitarbeiters aus dem Jahr 1956 heißt es dazu: „Jeden Tag, kurz nach sechs [Uhr abends], verlässt unser Verkäufer das Haus [...]. Wie seine rund 200 Kollegen zeigt er seine Tasche vor und lässt seine Arbeitskarte von der Steckuhr stempeln." Währenddessen sieht man den Mitarbeiter sowie Kolleginnen und Kollegen vor und nach ihm eine Karte aus einer speziellen Wandhalterung nehmen, diese in den Schlitz der Stech- oder hier „Steck"-uhr stecken und die Karte wieder in einer Wandhalterung platzieren, die sich auf der anderen Seite der Uhr befindet. Bei jedem „Stechen" ertönte dabei ein Stempelgeräusch sowie ein Klingeln.[173]

Bei C&A wurden die Lehrlinge Mitte der 1950er Jahre darauf hingewiesen, dass „Dienstbeginn bedeutet, daß man zu diesem Zeitpunkt an seinem Arbeitsplatz sein muß und nicht erst das Haus betritt".[174] Hierbei wurde die Zeit der Vorbereitung – beispielsweise das Zurechtmachen vor Verkaufsbeginn, um adrett auszusehen, wie es verlangt wurde[175] – nicht zur Arbeitszeit gezählt. Beim Verlassen des Arbeitsplatzes, etwa bei Pausen oder Tischzeiten, mussten die C&A-Lehrlinge den unmittelbaren Vorgesetzten Bescheid geben.[176] C&A verwies in seinem „Handbuch für unsere Betriebsmitglieder" darauf, dass es auch bei anderen Firmen Pflicht sei, die Stempeluhr zu bedienen. Mitarbeiterinnen und Mitarbeiter mussten zu Beginn der Arbeit, bei Verlassen und Rückkehr zum Arbeitsplatz und zum Ende der Arbeit stempeln. Auch erfolgte der Hinweis, dass keine fremden Karten gestempelt werden durften, was darauf schließen lässt, dass dies vorgekommen war.[177]

Die Hauptbetriebsleitung von C&A änderte diese Praxis 1960: Zunächst fielen für eine Reihe von Führungskräften die Stempelkarten weg. Die Geschäftsleitun-

---

Strukturierung der Arbeitsprozesse untersucht hatte und deren Durchsetzung mit vielen Konflikten verbunden gewesen war; vgl. Thompson, Time, Work-Discipline. Die deutsche Version, auf die sich Süß bezieht, erschien ein paar Jahre später: Thompson, Zeit, Arbeitsdisziplin.

[172] Süß, Stempeln, S. 155.
[173] DCM, 106306, Informationsbroschüre „Handbuch für unsere Lehrlinge" 1955, hier: S. 17; HUA, 2012 / 10 / 0006.0002 – Film: „Portrait des HIRMER-Mitarbeiters G. M." (DVD-Kopie 2008) (1956), 00:01:12–00:01:30 (abzüglich Vorspann von 00:00:00–00:00:46).
[174] DCM, 106306, Informationsbroschüre „Handbuch für unsere Lehrlinge" 1955, S. 16.
[175] DCM, 106306, S. 25 f., 36. Zu den Erwartungen an das äußere Erscheinungsbild vgl. Kapitel 2.4.
[176] DCM, 106306, S. 17.
[177] DCM, 100076, Informationsbroschüre „Handbuch für unsere Betriebsmitglieder", 1957, S. 13.

gen der einzelnen Häuser konnten dies eigenmächtig auf einen bestimmten Personenkreis ausdehnen. Maßgeblich für ihre Entscheidung sollten die „Dauer der Betriebszugehörigkeit und die persönliche Vertrauensstellung innerhalb des Hauses" sein. Die Direktion erhoffte sich, dass durch diese Maßnahme „das Ansehen [der] Führungskräfte beim übrigen Personal gehoben" würde, und dass diese eine „stärkere Verantwortungsfreudigkeit" entwickelten.[178] Eine Zeiterfassung gab es dennoch, und zwar über Anwesenheitslisten. Allerdings muss hierbei das Maß an Vertrauen höher gewesen sein, da weniger Kontrolle möglich war. Kurze Zeit später hob die Direktion von C&A dann auch für alle anderen „festen Betriebsmitglieder" die Stempelpflicht auf. Die Abschaffung der Karten sei deshalb unbedenklich, weil sich die Bezahlung bei den Festangestellten ohnehin nicht nach der Anwesenheitserfassung richte. Den Angestellten gegenüber wurde als Erklärung auf die „Arbeitsvereinfachung und Arbeitserleichterung" verwiesen. Eine intern verschickte Tabelle gab Aufschluss über die weiteren Gründe für diese Entscheidung: Entlastung der Pförtner, positive psychologische Auswirkungen auf das Betriebsklima, und tatsächlich auch eine Steigerung der Pünktlichkeit, da es

„[...] seinerzeit [...] genügte, wenn das BM [Betriebsmitglied] noch eine Minute vor 9.00 Uhr die Stempeluhr bediente, das gleiche BM jedoch nach Abschaffung der Stempelkarte bereits um 9.00 Uhr einsatzbereit auf der Verkaufsetage oder an seinem sonstigen Arbeitsplatz sein muß."[179]

Das höhere Maß an Vertrauen bei C&A ergab sich für diesen Personenkreis also auch daraus, dass die Arbeitszeit nicht mehr an die Arbeitsleistung gekoppelt war.[180]

Bei Hirmer hingegen war es noch in den 1960er Jahren zunächst nicht notwendig, sich für die Pausen und Mittagszeiten auszustempeln: „Mittag wurde nie gestempelt. Manche haben wir erst nachmittags wieder gesehen."[181] Offenbar hatte die fehlende Kontrolle zur Folge, dass manche Beschäftigte es mit den zeitlichen Vorgaben nicht so genau nahmen. Einen Spielraum zur eigenmächtigen Verlängerung der Pausenzeiten gab es auch bei den Zigarettenpausen. Bis dies von einem der Geschäftsführer in den 1980er Jahren untersagt wurde, hatten die Beschäftigten in den Toiletten geraucht. Anschließend mussten sie nach draußen oder in die Kantine gehen und sich dafür auch ausstempeln. „Wenn Sie nicht rauchen, können Sie noch mehr verkaufen.' (hat er gesagt)."[182] Das Bewusstsein dafür, dass Zeit Geld bedeutete, kam mit dem Wechsel der Führung des Unternehmens verstärkt zum Tragen, was die zeitliche Autonomie der Beschäftigten einschränkte.

Seit den 1970er Jahren – parallel zur Diversifizierung der Arbeitszeitmodelle – entwickelten sich auch komplexere Zeiterfassungsinstrumente. Die EDV-basierten

---

[178] DCM, 119429, Rundschreiben an die Geschäftsleitungen der Häuser 1959–1960, hier: Schreiben Nr. 17/1960, Betr.: Wegfall der Stempelkarten für Aufsichten und die übrigen Führungskräfte, vom 28. 07. 1960.
[179] DCM, 119429, hier: Schreiben Nr. 21/1960, Betr.: Wegfall der Stempelkarten für unsere festen Betriebsmitglieder, vom 21. 09. 1960.
[180] Vgl. Süß, Stempeln, S. 161.
[181] HUA, 2013 / 08 / 0014, Interview: Interview mit Hr. H. K., Hr. R. S., Hr. E. B. und Fr. I. B. (04. 12. 2009), S. 6.
[182] HUA, 2013 / 08 / 0014, S. 30 f.

Instrumente der Firma Interflex etwa, die auch bei Beck zur Überwachung der IAZ genutzt wurden, konnten auf unterschiedlichste Anforderungen reagieren und Gleitzeit, Jahresarbeitszeit, Teilzeit, Vollbeschäftigung et cetera kontrollieren.[183] Anders als beim mechanischen Stempeln arbeiteten die neuen Zeiterfassungsinstrumente digital. Die erfassten Daten dienten auch der Personaleinsatzplanung.[184] Somit wurde eine umfassende Kontrolle der Leistung jedes einzelnen Beschäftigten möglich, die ebenso Bedenken hervorrief.[185]

Im Lebensmittelfilialbereich, wo sich die Beschäftigten eine genaue Arbeitszeiterfassung aufgrund der weitverbreiteten Überstunden und zusätzlich auszuführenden Arbeiten möglicherweise gewünscht hätten, wurde die Erfassung recht nachlässig gehandhabt. Mitte der 1980er Jahre war es üblich, dass die Filialleitungen die Stunden der Beschäftigten in einem „Arbeitszeitbogen" festhielten. Betriebsräte befürchteten daher eine Vielzahl an „heimlich geforderten, kurzfristigen Mehrarbeitsstunden", die nicht abgerechnet würden.[186]

Die technologische Überwachung der Arbeitszeit führte in den 1980er Jahren dazu, dass das Thema Zeiterfassung von den Gewerkschaften noch aus einem anderen Blickwinkel beleuchtet wurde. Neben dem positiv empfundenen Aspekt der Arbeitszeitkontrolle dienten Zeiterfassungsgeräte auch der Überwachung. Mittels Betriebsvereinbarungen sollte dem entgegengewirkt werden.[187] In dieser Ambivalenz liegt die hohe Bedeutung begründet, die Dietmar Süß den Stechuhren und sonstigen Arbeitszeiterfassungssystemen beimisst. Gerade „im Übergang zur postindustriellen Gesellschaft" markierten sie die Grenze zwischen Kontrolle und Freiheit.[188] Die Zeiterfassungssysteme konnten also vor unvergüteter Mehrarbeit schützen, sie machten diese zumindest transparent und die Beschäftigten dadurch unabhängiger von ihrem persönlichen Verhältnis zu ihren direkten Vorgesetzten. Zugleich bargen sie aber das Risiko einer kompletten Durchleuchtung von Arbeits- und Pausenzeiten und der damit verbundenen Produktivität der einzelnen Angestellten, in der Form etwa der von den Kassensystemen erfassten benötigten Zeit für Tipp- und Scanvorgänge je Stunde.

Freiräume der Beschäftigten

Aber nicht nur die Unternehmen spielten mit den starren Grenzen der Arbeitszeit. Auch die Beschäftigten selbst suchten sich ihre zeitlichen Freiräume und konnten bisweilen ihre Zeithoheit zurückgewinnen. So kamen in einer Nikolausrede, gehalten in der Firma Beck, einige Worte des Tadels auf, die sich auf das Thema Arbeitszeit bezogen. Es wurde die Pünktlichkeit der Mitarbeiterinnen und Mitarbeiter kritisiert: „In Puncto eurer Pünktlichkeit da fehlts fei' manchmal aa no'

---

[183] Vgl. Bautz, Arbeitszeitinnovationen.
[184] Vgl. Schwarz, Stechuhr, S. 92 f.
[185] Vgl. hierzu die Ausführungen im folgenden Kapitel 5.3.
[186] Vgl. Teske, Lebensmittelfilialbereich, S. 39.
[187] Vgl. Wiedemuth/Wolff, Gläserner Mensch, S. 118.
[188] Süß, Stempeln, S. 143.

weit." Offenbar sahen manche den Beginn ihrer Arbeitszeit nicht ganz so streng. Andere wiederum nutzten augenscheinlich die Cafeteria bei Beck, um sich mit der Familie zu treffen und auszutauschen: „Was les ich da – oh, Jessas, Maria, bei euch muaß's zuageh' in der Cafeteria, da trifft man sich mit Tanten und Neffen während der Geschäftszeit zum Familientreffen!" Nicht nur wurde hier die Arbeitszeit für private Zwecke vereinnahmt, sondern auch die Räume der Arbeit für private und Freizeitangelegenheiten verwendet. Das Gleiche galt für folgenden Kritikpunkt des „Nikolauses": „Privatgespräche, trotz Kundengedränge, die ziehn sich immer mehr in die Länge!" Ein weiterer Punkt war das Ausdehnen der Toilettenpause, das anscheinend häufig praktiziert wurde: „Und s'Klo ist kein Frisiersalon noch während eurer Arbeitszeit! Nach Dienstschluß ja, wenns euch net reut!" Auch das Ausdehnen der Zeit, die einem für den eigenen Einkauf im Haus zustand, scheint häufiger vorgekommen zu sein: „Die Einkaufszeit fürs Personal wird überzogen öfter mal, bei manchen ists Gewohnheit schon!"[189] Das Ausnutzen von zeitlichen Spielräumen betraf demnach vor allem Bereiche, die an der Grenze zwischen Arbeit und Freizeit beziehungsweise zwischen beruflich und privat zu verorten sind: Frisieren musste man sich, um für die Arbeit gut auszusehen, Privatgespräche und der Austausch mit der Familie konnten bei spätem Ladenschluss anderweitig am Abend nicht mehr geführt werden und das eigene Einkaufen war nach Ende der Arbeitszeit auch nicht mehr möglich, da die Geschäfte dann geschlossen waren. Die Tatsache, dass solche Kritik nur von einem Unternehmen überliefert ist, weist jedoch darauf hin, dass im Einzelhandel insgesamt nur wenige zeitliche Freiräume vorhanden waren.

***

Die Arbeitszeitgestaltung im Einzelhandel war von diversen Faktoren geprägt – allgemeine Arbeitszeitverkürzung, Teilzeit, Ladenschluss. Und während des Untersuchungszeitraums war diese einer Reihe von Veränderungen unterworfen – Einführung der 5-Tage-Woche, rollierende Arbeitszeitsysteme, Arbeitszeiterfassung. Gewerkschaften und vor allem die hier untersuchten Unternehmen boten in dieser Hinsicht ganz unterschiedliche Lösungen für die Einzelhandelsbeschäftigten an.

Die ausgehandelten und vorgegebenen Arbeitszeitnormen unterschieden sich jedoch häufig und deutlich von gelebten Arbeitszeitpraktiken im Alltag der Beschäftigten. Wie die obigen Beispiele der Arbeitszeitpraktiken bei Pausen und Überstunden aufzeigen, führten Vorgaben nur selten zu Verbesserungen. Das LaSchlG oder die reine Verkürzung der Wochenarbeitszeit hatten zunächst geringe Auswirkungen auf den zeitlichen Arbeitsaufwand der Beschäftigten. Das regelmäßige Übergehen von Ansprüchen auf ein festes und früheres Arbeitszeitende verweist darauf, dass die Arbeit und die Zeithoheit der überwiegenden Frauen im Einzelhandel – gerade durch den Kontakt mit Menschen, die man nicht enttäuschen sollte,

---

[189] BWA, F 34 / 365, Beck Archiv 8, 1971–74, hier: „Zum BECK kommt zwegn de Sünder heuer St. Nikolaus Walter Lindermeier 6. 12. 1971. Nikolausrede für Kaufhaus BECK".

also der Kundschaft – oftmals geringer geschätzt wurden als Arbeit in der Industrie, bei der die Fabrikglocke pünktlich den Feierabend einläutete.

Und während es bei männlichen Beschäftigten im Einzelhandel (Filialleiter oder Beschäftigte in den Zentralen[190]) durchaus angesehen war, Überstunden zu machen, und diesen über ein höheres Gehalt auch eine entsprechende Entlohnung zukam, wurden Frauen für einen hohen zeitlichen Einsatz mindestens doppelt gestraft: In ihrer Bezahlung äußerste sich ihre Überleistung in den seltensten Fällen und ihrer sozialen Stellung schadete sie eher, da ihnen dadurch die Zeit fehlte, ihren – gesellschaftlich zugedachten – familiären Verpflichtungen nachzukommen. Außerdem wurde oft so getan, als sei diese Arbeit entweder selbstverständlich oder gar nicht vorhanden.

Erst die Gestaltung der Lage der Arbeitszeiten durch neue Arbeitszeitmodelle und später die Teilzeitarbeit, die aber wieder neue Probleme mit sich brachte, reduzierten den zeitlichen Aufwand für die Beschäftigten. Wenn also die Gewerkschaften eine Arbeitszeitverkürzung forderten, taten sie dies für den Einzelhandel ab den 1970er Jahren nie, ohne auch die Lage der Arbeitszeiten mitzudenken. Sie hatten die absurden Pausenregelungen in einigen Unternehmen allzu deutlich vor Augen. Eine 40-Stunden-Woche nutzte den Beschäftigten schließlich nicht, wenn sich ihre Freizeit in den Abend- und Wochenendstunden nicht entsprechend erweiterte.

Zeiterfassungssysteme dienten einerseits der Kontrolle der Beschäftigten, erlaubten aber in Einzelfällen eine selbstbestimmte Gestaltung der Arbeitszeit, die eine Vereinbarkeit von eigenen und Arbeitgeberinteressen ermöglichte. Das gleiche galt für sich bietende zeitliche Freiräume während der offiziellen Arbeitszeit.

Nicht zuletzt hatten auch das Verhältnis zur Kundschaft als große zeitliche Unbekannte und die qualitative Ausgestaltung der Arbeitszeit maßgeblichen Einfluss auf die Wahrnehmungen und Empfindungen der Verkäuferinnen. Davon handelt das nächste Kapitel.

5.3 Unterschätzte Frauen: Grenzen zeitlicher Rationalisierung und die Notwendigkeit flexiblen Handelns

> „Für immer mehr Arbeitnehmer im Handel bedeutet ihre Arbeit nur noch Mühe, nicht Entfaltungsmöglichkeit."[191]

Dieses Zitat der Gewerkschafterin Ingrid Scheibe-Lange zeigt, dass spätestens seit den 1970er Jahren auch die Qualität der Arbeit, somit die Ausgestaltung der Arbeitszeit, ein relevantes Thema war. Daher werden in diesem Kapitel die *Zeitdynamiken* und *-wahrnehmungen* im Einzelhandel untersucht. Die im vorangegange-

---

[190] Vgl. hierzu Kapitel 3.5.
[191] AdsD, HBV, 5 / HBVH810120, Rationalisierung und Beschäftigungsperspektiven im europäischen Handelssektor, 1976–1978, hier: Manuskript von Ingrid Scheibe-Lange, S. 10.

nen Kapitel besprochenen Regelungen der Arbeitszeit, sprich die Festlegung der täglichen oder wöchentlichen Arbeitszeit und der Pausenzeiten, definierte lediglich die zeitlichen Rahmenbedingungen. Innerhalb dieser Rahmung konnte es zu unterschiedlichen Ausgestaltungen kommen, wie bereits der Blick auf die Arbeitszeitpraktiken verdeutlichte. Zunächst sollen Beispiele angeführt werden, wie verschiedene Seiten auf die Gestaltung der Arbeitszeit versucht haben Einfluss zu nehmen, auf ihre Qualität und sinnvolle Nutzung. Diese wurden jeweils von unterschiedlichen Interessen geprägt: seitens der Unternehmen etwa von dem Wunsch nach einer straffen Durchstrukturierung der Arbeit, seitens der Beschäftigten hingegen von dem Verlangen nach einer möglichst selbstbestimmten Arbeitsgestaltung. Dieses Konfliktfeld spielte sich auf der Ebene der *Zeitdynamiken* ab. In diesem Abschnitt wird daher gefragt, welche Rationalisierungsmaßnahmen der Unternehmen es gab und welche Widerstände oder Versuche der Beschäftigten, sich diesen zu entziehen.

Gleichzeitig muss danach gefragt werden, wie Verkäuferinnen und Verkäufer die Rationalisierungsmaßnahmen wahrnahmen, denn die Arbeit im Einzelhandel ist als Interaktionsarbeit zu charakterisieren: Flexibles Handeln stellt dafür eine notwendige Grundvoraussetzung dar. Hier kam es zu offenen oder unterschwelligen Konflikten und die eigene Arbeitszeit wurde als stressig empfunden. Wieso funktionierten Rationalisierungsmaßnahmen zum Teil nicht oder nur zu einem gewissen Grad? Welche zeitlichen Unwägbarkeiten bestimmten die Arbeit im Einzelhandel? Diese Fragen beleuchten den Aspekt der *Zeitwahrnehmungen*.

Der Begriff „Rationalisierung" beschreibt seit dem 19. Jahrhundert die „kognitive Durchdringung" der Welt und gilt in einem weiter gefassten Sinne als Grundlage für die Herausbildung des modernen Kapitalismus. Hier soll „Rationalisierung" – verstanden in einem engeren Sinne – nach dem Arbeits- und Industriesoziologen Heiner Minssen die „auf Grundlage rationaler Überlegungen erfolgende technisch-organisatorische Optimierung von Betriebs- und Verwaltungsabläufen" bezeichnen.[192] Die Notwendigkeit von Rationalisierung und damit die Einsparung von Zeit kam aus zwei Gründen zustande: Zwang der Personalmangel die Unternehmen bis in die frühen 1970er Jahre dazu, Arbeitsabläufe zu optimieren, um die Unterbesetzung auszugleichen, lag der Fokus später auf der Einsparung von Kosten. Diese Wende lässt sich erklären durch das gesteigerte Lohnniveau und die Durchsetzung von Arbeitszeitverkürzungen bei vollem Lohnausgleich. Dem so hervorgerufenen Mehraufwand versuchten die Unternehmen durch Straffung von Arbeitsabläufen zu begegnen.

Bei einer Umfrage der bayerischen HBV 1980 gaben 58 Prozent der Befragten an, dass in ihren jeweiligen Betrieben Rationalisierungsmaßnahmen durchgeführt worden seien. Einen Großteil davon bildeten arbeitsorganisatorische Maßnahmen (27 Prozent), gefolgt von neuen Führungsmethoden (20 Prozent) und der Einführung neuer technischer Geräte (11 Prozent). Laut der bayerischen HBV sei das

---

[192] Minssen, Rationalisierung, S. 268.

„Ziel dieser Maßnahmen [gewesen,] die Arbeit zu intensivieren und die Betriebskosten zu senken, letztlich Arbeitsplätze einzusparen".[193]

Technische Innovationen im Einzelhandel

Eine wesentliche Rationalisierungsmaßnahme technischer Art im Einzelhandel war die Weiterentwicklung der Kassen und Kassensysteme.[194] Schon in den 1950er und 1960er Jahren wurde Zeitersparnis beim Einkauf als Mittel für größere Kundenzufriedenheit präsentiert. Die Kassenfirma NCR GmbH zeigte dies den Einzelhändlern, die ihre Kassen kaufen sollten, in einer Broschüre auf: Wenn die Mehrheit der Kundinnen und Kunden sich selbst bediene, bleibe die wertvolle Zeit des Verkaufspersonals für „gründliche und fachlich überzeugende Beratung" anderer Kundschaft übrig.[195] Das NCR-Marketing ging Anfang der 1960er Jahre sogar so weit, eine arbeitswissenschaftliche Untersuchung der Rationalisierungsgemeinschaft des Handels[196] zu unterstützen und mit mehrseitigen Werbeanzeigen zu versehen. In „Weniger bedienen, mehr beraten" untersuchte der Autor die Bedienzeiten im Handel am Beispiel des „modernen Verkauf[s] im Drogerie-Einzelhandel". Er verglich dafür die räumliche Gestaltung von Bedienungs- und Selbstbedienungsgeschäften, beobachtete die Bedienungszeiten für einzelne Artikel sekundengenau, ebenso wie die Dauer der Lagergänge („Von der gesamten Verkaufszeit im Laden [...] machten daher die Lagergänge sogar 14% aus"[197]) und den Zeitaufwand für Warenannahme und Defektur – das Auffüllen der Regale –, den er ebenfalls als zu hoch einstufte („8,5% der Gesamtarbeitszeit entfielen in der Untersuchungswoche auf die Defektur"). In der gesamten Studie kommt der Glaube zum Ausdruck, dass Zeitersparnis den Gewinn optimiere und daher als erstrebenswert zu gelten habe. Die „moderne Drogerie" wurde somit als Lösungsvorschlag präsentiert. Durch die räumliche Umgestaltung, Selbstbedienung und den Einsatz moderner Kassen könne Zeit gespart werden – sowohl die Wartezeiten der Kundschaft als auch die Laufzeiten des Personals.[198] Dadurch werde aber nicht etwa die Bedienungszeit reduziert, was als mangelnder Kundenkontakt interpretiert werden konnte, sondern der durchschnittliche Kaufbetrag und die Zahl der Artikel pro Kunde beziehungsweise Kundin erhöht. Insgesamt habe sich dadurch ein Er-

---

[193] AdMAB, HBV Bayern, Broschüre, Zwischen Kochtopf, Kindern und Kunden. Ergebnisse einer Befragung, 1980, o. S.
[194] Genaueres zu den technischen Veränderungen und den räumlichen Umstrukturierungen, die diese bedeuteten, vgl. Kap. 4.4.
[195] BWA, F 36 / 201, Moderne Verkaufsmethoden, ca. 1960.
[196] Die Rationalisierungs-Gemeinschaft des Handels (RGH) wurde 1951 gegründet, „um Messgrößen zu definieren und Leistungskennzahlen zu entwickeln." Ein Ziel war die praxisbezogene Handelsforschung; vgl. EHI – Eine Erfolgsgeschichte, https://www.ehi.org/de/das-institut/geschichte/ [zuletzt abgerufen am 30. 09. 2022].
[197] BWA, NCR F 36 / 236, Weniger bedienen, mehr beraten: Erkenntnisse und Erfahrungen für den modernen Verkauf im Drogerie-Einzelhandel. Ein Arbeitsergebnis der RGH, von Dieter Graff, o. O. 1963, S. 34.
[198] BWA, NCR F 36 / 236, Weniger Bedienen, S. 39–41.

gebnis gezeigt, bei dem weniger Zeit für einen einzelnen Artikel benötigt wird.[199] Damit wiederum könne Personal eingespart werden.

Aus der gleichen Zeit stammt eine Produktbroschüre von NCR, die das „NCR Gesamtsystem" erläutert. Weitere Tätigkeiten sollten zeitsparender gestaltet werden – darunter auch die Planung der Geschäftsleitung. Das Verwalten des Ladens und der Waren würde damit zunehmend in der Hand der Geschäftsleitung liegen, wobei ihr die Produktpalette von NCR beistehen sollte: Die Buchungs- und Additionsmaschinen und die Registrierkassen sollten die Daten erfassen und auf Lochkarten, Lochstreifen oder optisch lesbaren Journalstreifen speichern; Lochkarten-, Lochstreifen- und Klarschrift-Leser würden diesen Datenträgern die Informationen entnehmen und den elektronischen Datenverarbeitungsanlagen übermitteln, die wiederum die Auswertung vornehmen und der Geschäftsleitung einen vollständigen Endbericht erstellen würden.[200] Der Austausch mit erfahrenen Beschäftigten und die Beobachtung der Kundschaft im Laden würden durch das Sammeln von Daten schließlich hinfällig. Eine verantwortungsvolle Tätigkeit für die Beschäftigten fiele damit weg, was sich jedoch für den gesamten Geschäftsgang zeitsparend auswirken sollte. In diesem Zuge wurden auch die Verkäuferinnen und Kassiererinnen in NCR-Trainings so geschult, wie es die Maschinen vorgaben, „damit [...] dem Einzelhandel der größtmögliche Nutzen aus den modernen NCR-Organisationssystemen geboten" werden konnte. Dabei wurde „nicht nur die Arbeitsweise an der Kasse behandelt, sondern auch Fragen der Warenpräsentation, der Preisauszeichnung und der Verkaufspsychologie".[201]

Die Tätigkeiten insbesondere der Verkäuferinnen und Kassiererinnen wurden in ein enges Korsett gepresst. Die starre Arbeitsweise sollte die zeitliche Kapazität bestmöglich ausnutzen. War die erfahrene Verkäuferin früher an der Sortimentsgestaltung beteiligt, entfiel diese verantwortungsvolle Arbeit. Hatte sie zuvor Überlegungen zum Sortiment äußern können, war es nun nicht mehr ihr Erfahrungswissen, sondern die Kasse, die darüber Auskunft gab, was Kundinnen und Kunden kauften. Das bedeutete eindeutig eine Dequalifizierung.[202]

Langfristiges Ziel war es, dass „die Produktivität [des] Personals über [...] dem Durschnitt liegt".[203] Das implizierte eine immer weiter voranschreitende Intensivierung. Denn sobald alle Beschäftigten den Durchschnitt übertrafen, hoben sie diesen damit erneut an und machten abermalige Intensivierungen nötig. Damit verbunden war die Frage, wie die Leistung des Personals kontrolliert werden konnte (dazu weiter unten mehr). Die technische Weiterentwicklung sollte die Menschen maschinengleich zu mehr Produktivität antreiben.

---

[199] BWA, NCR F 36 / 236, Weniger Bedienen, S. 87–91.
[200] BWA, F 36 / 1411, „Daten erfassen, speichern, auswerten mit NCR – Das NCR Gesamtsystem": farbiger Prospekt (A – A605 – 36540), 1965.
[201] BWA, F 36 / 1411, „Daten erfassen, speichern, auswerten mit NCR – Das NCR Gesamtsystem": farbiger Prospekt (A – A605 – 36540), 1965.
[202] Vgl. hierzu die bereits erfolgten Ausführungen in den Kapiteln 4.2–4.4.
[203] BWA, F 36 / 1410, NCR Gesamtsysteme für Datenverarbeitung im Handel, 1966, hier: Demonstrationsblocks mit Sprechertext für DVR-Annäherung und KER (Kurzfristige Erfolgsrechnung)-Standard-Programm.

5.3 Grenzen zeitlicher Rationalisierung und flexibles Handeln 375

Den Einzelhandelsunternehmen wurden die Kassen als Lösung ihrer zeitlichen Probleme verkauft. Dass dies tatsächlich ein relevanter Aspekt war, zeigt sich in einer Aufstellung der Firma Braun über die Entwicklung der Personalkosten. Sie erhöhten sich von 8,2 Prozent der Gesamtkosten im Jahr 1955 auf 16,01 Prozent 1963.[204] Dementsprechend musste den Einzelhandelsunternehmen daran gelegen sein, den zeitlichen Aufwand und Personal zu reduzieren. In der Broschüre der „NCR 230-141 Elektronische Registrierkasse mit Betragsautomatik" wird mit dem Slogan „Schneller kassieren" geworben:

> „Die Betragsautomatik ermöglicht das Vorprogrammieren von max. 30 verschiedenen Preisbeträgen. Dadurch bleibt der Kassiererin beim Registrieren von häufig vorkommenden Preisen, Sonderangeboten, Staffelpreisen, Flaschenpfand usw. das Eintasten des Betrages weitgehend erspart. Sie tippt lediglich die betreffende programmierte Umsatzspeichertaste an [...]."[205]

Aber auch für ganze Kassensysteme in größeren Betrieben und Warenhäusern warb NCR mit dem Argument der Zeitersparnis durch schnelle Datenkommunikation an die Zentrale.[206]

Eine noch höhere Effizienz sollten Warenwirtschaftssysteme bringen. „NCR Retail" wurde als „zuverlässige[s], aussagekräftige[s] Informationssystem für den Einzelhändler" angepriesen und diente dazu, einige Tätigkeiten zeitlich zu straffen: Das Verwalten des Ladens, sprich die Planung, konnte beschleunigt und dadurch verbessert werden, indem Unterlagen mit Daten oder Computerausdrucke mit Aussagen der Geschäftsleitung „sofort" zur Verfügung standen. Bei diesem neuen System sammelte weiterhin die Kassenstelle die Daten, die Verarbeitung erfolgte in einem Service-Rechenzentrum von NCR. Die Einzelhandelsbetriebe bezahlten die „Computerzeit", mussten aber keine Investitions- und Betriebskosten tragen. Beispielfragen zeitlicher Dimension, die ausgewertet wurden, lauteten etwa:

> „In welcher Zeitspanne schlägt sich das gesamte Warenlager um?", „Wie lange dauert es, bis das Lager von einer bestimmten Warengruppe geräumt ist?", „Wie hoch ist der Leistungsindex jedes einzelnen Verkäufers?", „Wie oft schlägt sich das Gehalt eines bestimmten Verkäufers um?"[207]

Auch konnten mit dem Warenwirtschaftssystem von NCR die Kassierzeiten von einzelnen Personen, die Kundenzahl oder die Stückzahl erfasst und kontrolliert werden. Die Geschäftsleitung hatte „jederzeit die Möglichkeit, Einblick in die Aktivitäten an den Kassenstellen zu nehmen".[208] Dies bedeutete für die Unternehmen eine starke Kontrolle über die Leistungen ihrer Beschäftigten, die auf dieser Grundlage bewertet, bezahlt, weiterbeschäftigt oder entlassen werden konnten.

---

[204] WABW, B 56 Bü 263, Diverse Kostenrechnungen 1956–1963, hier: Tabelle von 1955–1963 mit Umsatz, Kosten, Personalkosten in %.
[205] BWA, F 36 / 1836, Elektronische Kassensysteme: farbige Gesamtsystemblätter mit Abb., Kurzbeschreibung und technische Daten, ca. 1974–1991, hier: Produktbroschüre NCR 230-141 Elektronische Registrierkasse mit Betragsautomatik, o. D. (Schätzung der Autorin: Mitte/ Ende 1970er Jahre).
[206] BWA, F 36 / 1348, Im Mittelpunkt – Das Terminalsystem NCR 2155/2154 für Fachgeschäfte und Warenhäuser, 1984, hier: Produktbroschüre NCR 2155/2154.
[207] BWA, F 36 / 1036, Für den Handel – Informationssystem NCR retail – und Ihr Betriebsgeschehen wird für Sie zum „offenen Buch", 1981.
[208] BWA, F 36 / 1330, Der direkte Weg – Vom Kassen- zum Warenwirtschaftssystem NCR 1255/ T-9020: Systembeschreibung, 1983.

Die technische Umgestaltung der Kassen wirkte sich auch auf die Gesundheit der Angestellten aus. Dies betraf zwar größtenteils die räumliche Gestaltung des Bein-, Greif- und Sehraums sowie Belastungen durch Lärm und Zugluft,[209] aber auch die Kassiergeschwindigkeit war ein Faktor, der in arbeitswissenschaftlichen Untersuchungen erörtert wurde. Eine Studie im Auftrag des bayerischen Staatsministeriums für Arbeit und Sozialordnung ergab, dass schnelles Arbeiten an der Kasse, welches nach außen hin als unzumutbar erscheinen mochte, nicht unbedingt darauf schließen lasse, dass dies vom Arbeitgeber angeordnet worden war. Vielmehr ergab sich dieses Tempo „im Verlauf der Anlernzeit aus eigener Erfahrung der Kassiererin". Ein langsameres Arbeiten „wäre auf jeden Fall anstrengender als ein dem individuellen Rhythmus entsprechendes, physiologisch sinnvolles Arbeitstempo".[210] Hier zeigt sich, dass individuelle Lösungen des Kassenpersonals ebenfalls eine zeitliche Ordnung im Betriebsablauf hervorbringen konnten, die den Unternehmen entgegenkam.

Ein anderer wichtiger Aspekt der zeitlichen Nutzung der Arbeitszeit für die Gesundheit sei laut dieser Studie die Arbeits- und Pausenregelung: „Mehrere, in einen längeren Arbeitsablauf eingestreute kurze Pausen sind physiologisch günstiger und führen zu einer geringeren Ermüdung als wenige lange Pausen." Gerade dem Kassenarbeitsplatz sei besondere Aufmerksamkeit zu widmen, da dieser in Stoßzeiten kaum Pausen zulasse, es aber dennoch nicht möglich sei, „ein ununterbrochenes Kassieren über 4 Stunden" zu verlangen. Dies gelte für die physische und psychische Belastung.[211] Das Problem, das hier thematisiert wurde, bestand darin, dass eine zu starke mentale Unterforderung durch Monotonie ebenfalls zur Belastung werden konnte. Die Studie forderte:

„Eigenverantwortung, Selbstbestimmung der Intensität und zeitlichen Aufteilung der Arbeit (im kleinen an der Kasse und im großen durch Platzwechsel) und individueller Handlungsspielraum mit Tätigkeits- und Belastungswechseln (job enlargement und job enrichment) sollen stets im Blickfeld behalten werden."[212]

Der technische Fortschritt und Überlegungen zur Ergonomie boten zwar Verbesserungen, bargen aber zugleich die Gefahr der Verschlechterung durch Eintönigkeit. Empfehlungen der Studie im Hinblick auf die zeitliche Strukturierung der Arbeitszeit an der Kasse waren, dass: a) der individuelle Handlungsspielraum der Kassiererin auch auf andere Bereiche des Ladens und verantwortungsvollere Tätigkeiten ausgeweitet werden sollte, und b) ein „‚Eingreifen' in die Warenabfertigung auch bei Bandsystemen zu Hilfszwecken für bedürftige Kunden oder nach Wunsch der Kassiererin möglich" sein müsste.

Während also die Arbeitswissenschaft zu mehr Selbstbestimmung tendierte, strebten die Kassenfirmen, hier NCR, dahin, die Einzelhandelsbetriebe immer stärker durch Arbeitsteilung zu rationalisieren, flexibles Handeln zu unterbinden

---

[209] Vgl. hierzu Kapitel 4.4.
[210] Strasser/Müller-Limmroth, Ergonomie an der Kasse, S. 28.
[211] Strasser/Müller-Limmroth, Ergonomie an der Kasse, S. 29 f.
[212] Strasser/Müller-Limmroth, Ergonomie an der Kasse, S. 36.

und Arbeitsweisen vorzuschreiben. Technische Neuerungen zogen oft betriebliche Umstrukturierungen der Arbeitsprozesse nach sich. Deshalb ist eine Trennung zwischen diesen an dieser Stelle schwer, aber auch nicht zwingend nötig.

Rationalisierung der betrieblichen Prozesse

Bei der oben bereits erwähnten Umfrage im bayerischen Einzelhandel 1980 gaben die meisten Befragten (27 Prozent) an, dass in ihrem Unternehmen „arbeitsorganisatorische Maßnahmen" zur Rationalisierung durchgeführt worden waren; bei 20 Prozent der Befragten hatte es „neue Führungsmethoden" gegeben.[213]

Das Ziel der Rationalisierung machte man bei Latscha auch nach außen hin kenntlich. Eine Werbeanzeige erklärte der Kundschaft die Vorteile, die für sie aufgrund von Rationalisierungsmaßnahmen bei Latscha – hier der maschinellen Vorverpackung im Zentrallager von vormals im Laden auszuwiegenden Waren am Band – entstünden. Darunter etwa: „[r]aschere Abfertigung im Laden", [h]ygienische, saubere Verpackung", „[g]enaue Gewichte" und sichere Qualität. Als Vorteil für das Unternehmen verkündete die Anzeige die „Verbilligung der Verkaufsarbeit" und die höhere Leistung des Verkaufspersonals.[214]

Die Geschäftsführung machte sich über die Strukturierung und intensive Ausnutzung der Arbeitszeit der Beschäftigten Gedanken. Dazu schrieb sie 1957 an ihre Filialleitungen, sie müssten sich

„[…] ganz klar darüber werden, aus welchen Arbeiten, aus welchen kleinen und kleinsten Arbeitsteilen sich der Tag bzw. der Wochenablauf in der Filiale zusammensetzt."

Hier kommen tayloristische Züge[215] zum Vorschein:

„Der nächste Schritt geht dahin, die Arbeiten des Tages und der Woche am zweckmässigsten, am besten, am rationellsten in der Filiale einzuteilen, damit der Tagesablauf in der Filiale reibungslos abläuft, jede Arbeitskraft in der Filiale genau weiss, was sie zu tun hat[,] und somit kein Leerlauf entsteht."[216]

Deutlich wird darin das Bestreben, die vorhandene, durch Arbeitsvertrag zur Verfügung stehende Zeit der Beschäftigten vollständig auszuschöpfen. Dabei herrschte der Glaube an die Planbarkeit der Arbeit vor. Interessant ist allerdings, dass man zu diesem Zeitpunkt (noch) nicht davon überzeugt war, dass eine zentrale Steuerung

---

[213] AdMAB, HBV Bayern, Broschüre, Zwischen Kochtopf, Kindern und Kunden. Ergebnisse einer Befragung, 1980, o. S.
[214] ISG, W 1-10-420, Hausinterne Rundschreiben und Broschüren, die Entwicklung der Firma betreffend, 1950–1976, hier: Rationalisierung bei Latscha, o. D., ca. Mitte der 1950er Jahre.
[215] Taylorismus bezeichnet ein „nach dem amerikanischen Ingenieur Frederick W. Taylor (1856–1915) benanntes arbeitsorganisatorisches Konzept, bei dem es in der originalen Fassung auf die Optimierung aller Arbeitsbedingungen und die Maximierung der individuellen Arbeitsleistung ankommt. Diese will Taylor u. a. durch Bestenauslese, systematische Arbeitszeitstudien anhand kleiner, analytisch zerlegter Arbeitsschritte erreichen, deren Planung, Koordination und Kontrolle auf ein Arbeitsbüro und gesonderte Funktionsmeister übertragen werden"; Schmidt, Taylorismus, S. 292.
[216] ISG, W 1-10-488, Filialleiterbriefe 1952–1963 – Rundbriefe der Geschäftsleitung, hier: Schreiben der Geschäftsleitung, gez. Dieter Latscha, an die Filialleiter, vom 08. 02. 1957.

das Allheilmittel war, sondern dass bewusst Verantwortung abgegeben werden musste: Die „anfallenden Arbeiten" sollten „in einzelne Verantwortungsbereiche zerleg[t] und diese dann den einzelnen Verkaufskräften" zugeteilt werden. Dabei war „jede einzelne Verkaufskraft für das ihr zugeteilte Arbeitsgebiet voll verantwortlich". Den zeitlichen Unwägbarkeiten der Arbeit im Einzelhandel wurde somit Rechnung getragen. Dahinter stand auch, „dass der [E]inzelne, wenn er ein Aufgabengebiet zur selbstständigen Bearbeitung [hat], mit einer ganz anderen Freude und Lust und Liebe an die Sache herangeht".[217] Die Strategie, Mitarbeitermotivation und -produktivität durch eigenverantwortliches Arbeiten zu stärken, erfreute sich im Angesicht der Kassensysteme in Selbstbedienungsläden offensichtlich keiner Beliebtheit mehr. Stattdessen stand die Maschine im Mittelpunkt, die, notgedrungen, auf menschliche Arbeitskraft angewiesen war. Erst im Zuge der Verbesserungsbestrebungen der Unternehmen – verstärkt durch das von der Bundesregierung geförderte Programm zur „Humanisierung der Arbeitswelt" – erhielt dieser Ansatz zur „Subjektivierung von Arbeit" wieder Auftrieb.[218] Zu diesem Zeitpunkt konnten im Einzelhandel bereits viele Tätigkeiten nicht mehr vor Ort von einzelnen Verkäuferinnen selbstbestimmt ausgeführt werden.

Ein weiteres Ziel war es, dass der Filialleiter Zeit haben sollte, um im Laden präsent zu sein. Das Wichtigste war der Geschäftsleitung aber, dass Leerlauf, sprich tätigkeitslose Arbeitszeit für die Beschäftigten, dadurch vermieden werden sollte.[219] In zwei weiteren Schreiben erläuterte diese, in welche Aufgabengebiete die Arbeit geteilt werden sollte[220] und welche Tätigkeiten dazu zählten. Es wurde dazu geraten, die Zuständigkeiten gelegentlich zu wechseln, um „kein Spezialistentum" zu entwickeln. Ein findiger Filialleiter fertigte dafür ein Zuständigkeitsschema für seine Verkaufsstelle an, die als Vorbild für andere mitgeschickt wurde.[221] Im letzten Schreiben dieser thematischen Briefserie listete die Geschäftsleitung sogar die einzelnen Tätigkeiten auf – etwa das Prüfen der Genauigkeit der Waagen oder das Sauberhalten der jeweiligen Abteilung – und schlug Zeiträume für die Zuständigkeitswechsel vor, die bei den meisten Verantwortungsbereichen bei vier Wochen lag. Alle genannten Auf-

---

[217] ISG, W 1-10-488, hier: Schreiben der Geschäftsleitung, gez. Dieter Latscha, an die Filialleiter, vom 08. 02. 1957.
[218] Die Arbeits- und Industriesoziologie widmete sich verstärkt seit den 1980er Jahren der Bedeutung von individuellen Handlungen und Motivationen für die Arbeitsprozesse; vgl. Moldaschl/ Voss (Hrsg.), Subjektivierung von Arbeit; Schönberger/Springer (Hrsg.), Subjektivierte Arbeit. Wichtig hierbei: Der Begriff „Subjekt" weist in der arbeits- und industriesoziologischen Forschung eine andere Bedeutung auf als in poststrukturalistischen Subjekttheorien. Grundsätzlich wird hier von einem real existierenden und formbaren Subjekt ausgegangen; vgl. Wiede, Subjekt und Subjektivierung.
[219] ISG, W 1-10-488, Filialleiterbriefe 1952–1963 – Rundbriefe der Geschäftsleitung, hier: Schreiben der Geschäftsleitung, gez. Dieter Latscha, an die Filialleiter, vom 08. 02. 1957.
[220] „1. Wurst und Käse, 2. Obst und Gemüse, 3. Lebensmittel-Abteilung, […] 4. Preisauszeichnung und Vorbereitung der Preisänderungen, 5. Pflege des Wein- und Spirituosen-Sortimentes, 6. Pflege der Ausstellungen in Fenster und Laden, 7. Lagerdienst", in: ISG, W 1-10-488, hier: Schreiben der Geschäftsleitung, gez. Dieter Latscha, an die Filialleiter, vom 26. 05. 1957.
[221] ISG, W 1-10-488, Filialleiterbriefe 1952–1963 – Rundbriefe der Geschäftsleitung, hier: Schreiben der Geschäftsleitung, gez. Dieter Latscha, an die Filialleiter, vom 26. 05. 1957.

gaben sollten neben dem zentralen Verkaufen „in den verkaufsruhigen Zeiten oder vor und nach der Verkaufszeit" ausgeführt werden. Durch die volle Verantwortlichkeit war hier Überstunden Tür und Tor geöffnet.[222]

Die Anlehnung an die Industrie und dortige Rationalisierungsmaßnahmen kommt auch in einem etwas späteren Schreiben der Geschäftsleitung aus Anlass der Einführung der 45-Stunden-Woche zum Ausdruck. Darin heißt es:

„Wenn wir in unseren Läden auch keine Maschinen haben, die den Arbeitstakt bestimmen und deren Rhythmus sich [die] Beschäftigte[n] bedingungslos anpassen müssen, so ist doch zu verlangen, daß die Verpflichtung zur intensiven Arbeitsleistung eingesehen und entsprechend gehandelt wird."

Dementsprechend müsse die Filialleitung – gleich einer Abteilungsleitung in der Industrie – die Arbeit straff organisieren, denn „während der gesamten Arbeitszeit darf nichts planlos geschehen. [...] Jede Minute muß als Teil der Arbeitszeit angesehen und dementsprechend für Leistungen ausgenützt werden."[223]

Ein weiteres Jahr später wurden die Filialleiter dazu aufgefordert, einen „straffen Arbeits- und Freizeitplan" zu erstellen. Zum einen sollten die Beschäftigten die Mehrarbeitszeit planbar ausgleichen können, zum anderen sollte „keine Minute Arbeitszeit [...] mehr nutzlos vertan werden". Nur so viele Mitarbeiterinnen und Mitarbeiter, wie dringend benötigt, sollten eingeteilt werden. Die Geschäftsleitung verwies auf Beobachtungen bei anderen Unternehmen gleicher Art und Größe.[224] Noch immer sollte dies alles gleichzeitig dem Wohl der Beschäftigten dienen, aber es zeigt sich darin auch die Tendenz zu einer möglichst umfassenden Strukturierung der Arbeitszeit – was im Einzelhandel aufgrund vieler Unberechenbarkeiten seitens der Kundschaft unmöglich war und sich dadurch auf das Personal, das den Anforderungen gar nicht gerecht werden konnte, belastend auswirkte.

Zusätzlich stellte Latscha 1964 eigene Untersuchungen an. Die „Filialuntersuchung in V 40" sollte es ermöglichen, „Unterlagen für eine Personaleinsatz-Planung zu erarbeiten", „Einzelheiten der Stellenbesetzung und des Arbeitsablaufs zu untersuchen" und „organisatorische und arbeitstechnische Verbesserungen zu entwickeln".[225] Dafür wurden über einen Zeitraum von fünf Monaten sämtliche Abteilungen einer Latscha-Filiale in Frankfurt-Griesheim beobachtet – die „Kolo-Abteilung",[226] „Fleisch", „Obst und Gemüse" sowie die „Kassen". Die Arbeitsabläufe innerhalb der Abteilungen wurden aufgeteilt und auf ihre Inanspruchnahme

---

[222] ISG, W 1-10-488, hier: Schreiben der Geschäftsleitung, gez. Dieter Latscha, an die Filialleiter, vom 31. 05. 1957.
[223] ISG, W 1-10-488, hier: Schreiben der Geschäftsleitung, gez. Günther Latscha, an die Filialleiter, vom 20. 11. 1959.
[224] ISG, W 1-10-488, hier: Schreiben der Geschäftsleitung, gez. Dieter Latscha, an die Filialleiter, vom 28. 10. 1960.
[225] ISG, W 1-10-406, Bericht über Filialuntersuchung in V 40, 1964, S. 2.
[226] Der Begriff Kolo leitet sich von Kolonialwaren ab und umfasste zunächst Waren wie Tabak, Zucker, Salz. Heute sind diese Waren Teile des „Trockensortiments". Die Kolo-Abteilung umfasst also das Trockensortiment. In vielen Fällen ist das ein großer Teil des Sortiments. Ausgenommen davon sind meist Drogerieartikel, Getränke, Obst und Gemüse, Frischfleisch, Milch- und Molkereiprodukte sowie Zigaretten.

von Arbeitszeit hin untersucht: angefangen von der Warenannahme inklusive Kontrolle und Lagerung einer Lieferung über das Abpacken, Herrichten und Auffüllen, gegebenenfalls Auszeichnen der Ware und zum Teil die Bedienung an den Theken bis hin zur Warendisposition und das Reinigen von Gerätschaften, etwa bei der Fleischtheke. So berechnete man bis auf die „Zentiminute" genau die „Filial-Arbeitszeiten je Stück", sprich: wieviel Zeit die einzelnen Waren und Produkte beanspruchten, bis sie verkauft wurden. Außerdem wurde ermittelt, welche Abteilung wieviel Gesamtwochenarbeitszeit benötigte. Als wichtigste Abteilung wurden die Kassen angesehen, da jeder Kunde und jede Kundin damit in Berührung kam und einen wichtigen Eindruck vom Laden mit nach Hause nahm. Daher ging auch die Personaleinsatzplanung in der Verkaufsstelle von den Kassen aus.[227] An zweiter Stelle für die Planung wichtig waren die sonstigen Bedienungsabteilungen, da hier das Personal nach Kundenandrang eingeteilt werden musste. Alle Tätigkeitsbereiche, die an gewisse, von außen bestimmte Zeiten gebunden waren, wurden eng kontrolliert.[228] Die Kolo-Abteilung machte bei der Filialuntersuchung zwar 50 Prozent der Gesamtarbeitszeit aus und war für 68 Prozent des Umsatzes verantwortlich, wurde dennoch vorerst nachrangig behandelt. Sie diente als „Lückenbüßer", denn nur wenige Tätigkeiten dort waren an bestimmte Einsatzzeiten gebunden und konnten improvisiert werden.[229] Trotz des Glaubens an die Planbarkeit war Improvisation als Übergangslösung noch gefragt: „Nun wäre es Unsinn, die gesamte Kolo-Zeit in ein starres Schema zu zwängen. Die kleinste Unregelmäßigkeit würde den ganzen Ablauf hoffnungslos zusammenbrechen lassen."[230]

Einige Detailergebnisse zeigen die Genauigkeit der Untersuchungsmethode und gleichzeitig die Probleme, die durch prägende Zeitfaktoren entstehen konnten. „Zeitbestimmend für den ganzen Entladevorgang ist allein die Kontrolle", die wiederum durch „die besondere Begabung des Marktleiters" recht zügig – nämlich „0,1 min je Kollo" – ging. Länger dauerte die Leergutrückgabe an die Lieferanten: „Die Zeit der Filiale (1 Mann) beträgt 0,17 min je Kiste." Hinzu kamen noch einige fixe Zeiten, die bei jeder Lieferung anfielen, wie die Bearbeitung der Lieferpapiere oder das Gespräch mit dem Fahrpersonal.[231] Ein weiterer Zeitfaktor war die Auszeichnung der Waren mit Preisen, wobei dieser „verhältnismäßig gering" gewesen sei.[232] An der Bedienungstheke der Bäckerei habe die Kundenfrequenz eine große Rolle für den Zeitaufwand je Stück (im Durchschnitt 0,44 min) gespielt.[233] Ähnliches galt für die Fleisch- und Wurstabteilung, da hier lange noch Bedienung stattfand: Dort war die Aufteilung der Arbeitszeit fremdbestimmt und ein großer Teil der eigentlich vorbereitenden Tätigkeiten (Portionieren, Zerlegen,

---

[227] ISG, W 1-10-406, Bericht über Filialuntersuchung in V 40, 1964, S. 42, 54.
[228] ISG, W 1-10-406, S. 56 f.
[229] ISG, W 1-10-406, S. 6 f., 22.
[230] ISG, W 1-10-406, S. 22.
[231] ISG, W 1-10-406, S. 7–9; als „Kollo" wird ein Frachtstück bzw. eine Wareneinheit bezeichnet.
[232] ISG, W 1-10-406, S. 13.
[233] ISG, W 1-10-406, S. 19.

Aufschneiden) musste in gewisser Weise „zwischen zwei Kunden" erledigt werden.[234] Außerdem waren je nach Kundenwunsch große Schwankungen in der Bedienzeit zu beobachten – abhängig davon, ob es sich um fest umrissene Begriffe wie „Kotelett, Rouladen, Hackfleisch" oder eine vage Anforderung wie „ein Stück zum Schmoren" handelte. „Ganz extrem ist das Beispiel des Hundefutters, für das wir aus mehreren Einkäufen eine Durchschnittszeit von 1,7 (!) min ermittelt haben (Hunde sind wählerisch!)."[235]

Dennoch sollten die Wartezeiten in Bedienungsabteilungen so gering wie möglich gehalten werden, was eine höhere Bereitschaftszeit erforderte.[236] Eine besondere zeitliche Unberechenbarkeit in der Obst- und Gemüseabteilung stellte dar, dass ein Teil der Ware vorverpackt und ausgezeichnet geliefert wurde, ein anderer nur verpackt, der Rest lose. Außerdem nahm das Bestücken der Theke – die stets frisch aussehen sollte – verhältnismäßig viel Zeit in Anspruch.[237] Zusätzlich ergaben sich durch die jahreszeitlichen Sortimentsschwankungen andere Arbeitszeitbedarfe. Während im Juli 116 Stunden pro Woche benötigt wurden, waren es im September 91 Stunden und im November sogar nur 70 Stunden Arbeitszeit pro Woche.[238] Zeitliche Besonderheiten an den Kassen waren die vielen Faktoren, die sich nicht nur auf die Stückzahl herunterbrechen ließen – etwa die Schnelligkeit der Kundinnen und Kunden, der Andrang, die Höhe des zu zahlenden Betrags und die vielen Nebentätigkeiten, die an der Kassen anfielen, zum Beispiel der Wechsel der Geldrollen. Die theoretische Kapazität eines Kassenstandes betrug 228 Kunden pro Stunde, wenn jede Person einen Artikel erwarb. Allerdings war dies keineswegs erstrebenswert, da größere Einkäufe von weniger Kunden beziehungsweise Kundinnen rentabler waren. Die für den eigentlichen Registriervorgang eines Artikels benötigte Zeit betrug durchschnittlich 2,98 cmin, war aber, je nach Preisauszeichnung, großen Schwankungen unterworfen.[239]

Zahlreiche Unsicherheitsfaktoren wurden ebenfalls in den verschiedenen Abteilungen beobachtet: bei Lieferungen, je nachdem, ob diese pünktlich eintrafen;[240] bei der Preisauszeichnung, da manche Artikel mal ausgezeichnet, mal nicht ausgezeichnet geliefert wurden oder sich Preise häufiger änderten;[241] und an den Kassen, je nachdem, wie viel Zeit das Suchen nach passendem Münzgeld in Anspruch nahm.[242] Dabei war es Aufgabe der Beschäftigten, dies durch flexibles Arbeitshandeln zu kompensieren: „Alle Unregelmäßigkeiten erfordern ein erhöhtes Maß an Selbstständigkeit und Verantwortungsbewußtsein, das von Teilzeitkräften nur selten erwartet werden kann."[243]

---

[234] ISG, W 1-10-406, S. 24.
[235] ISG, W 1-10-406, S. 28.
[236] ISG, W 1-10-406, S. 31.
[237] ISG, W 1-10-406, S. 33–35.
[238] ISG, W 1-10-406, S. 39 f.
[239] ISG, W 1-10-406, S. 47 f.
[240] ISG, W 1-10-406, S. 54.
[241] ISG, W 1-10-406, S. 13.
[242] ISG, W 1-10-406, S. 45 f.
[243] ISG, W 1-10-406, S. 13; zur Teilzeitarbeit siehe das folgende Kapitel 5.4.

Der Glaube an die vollständige Planbarkeit der Arbeitszeit war auch hier groß: „Die Erfahrungen in V 40 zeigen, daß auch in Handelsbetrieben eine Vorplanung von Arbeitsleistungen und Terminen möglich und funktionsfähig ist." Allerdings sah man die Grenzen der Rationalisierung: „Ganz sicher ist aber, daß ein Teil des persönlichen Kontaktes, den der Kunde mit der Kassiererin – als Vertreterin der Firma – noch hat, bei einer streng rationalisierten Abfertigung verloren geht."[244] Eine weitere Schlussfolgerung, die das Unternehmen aus der Filialuntersuchung zog, war, dass neben der zeitlichen Planung der Arbeitsabläufe auch die räumliche Gestaltung der Filiale ein entscheidender – wenn nicht sogar der wichtigste – Aspekt sei, um (Personal-)Kosten zu sparen.[245] So wurde etwa die Länge der Fleisch- und Wursttheke nach dem Umschlag pro Stunde und der dafür benötigten Zahl der Verkaufskräfte berechnet.[246] Hier überschneiden sich die beiden Hauptuntersuchungsbereiche – die Arbeitsraum- und Arbeitszeitpraktiken im Einzelhandel – des vorliegenden Buches.

Schließlich erläuterte die Untersuchung Konsequenzen für andere Latscha-Filialen. Demnach wurde eine kluge Personaleinsatzplanung in allen Filialen wegen der hohen Fluktuation im Einzelhandel, der Personalknappheit und der zu erwartenden Arbeitszeitverkürzung als unabdingbar angesehen. Damit könnten Arbeitsbedingungen verbessert werden, die Rationalisierung ginge nicht auf Kosten der Beschäftigten, die 5-Tage-Woche könne eingeführt werden und die Mitarbeitenden könnten ihre Freizeit danach richten.[247] Bereits gut ein Jahr später war die straffe Durchorganisation der Latscha-Filialen abgeschlossen, wie der Betriebsrat im Jahresbericht von 1965/66 lobend hervorhob:

„In vielen Läden und Märkten ist die Organisationsplanung durchgeführt. [...]. Die Mitarbeiter der Abteilung Organisation machen in mühevoller Arbeit große Anstrengungen, um das gesteckte Ziel durch gerechte und ordentlich erarbeitete Unterlagen zu erreichen."[248]

Deutlich wird aus dieser Quelle der dahinterstehende Planungsglaube und Wille, auf der Grundlage von Leistungsziffern und Kennzahlen die Filialen zu rationalisieren. Doch wie realistisch waren diese Überlegungen und wie wirkten sie sich auf die Arbeitszeit und das Arbeitszeitempfinden der Beschäftigten aus?

Arbeit im Einzelhandel ist Interaktionsarbeit,[249] sprich soziales Miteinander, und daher ist zeitlich flexibles Arbeiten notwendig. Die „Arbeitsgegenstände" – im Falle des Einzelhandels die Kundschaft – „sind Menschen, die eigene Bedürfnisse und Interessen haben, aber auch eigene Vorstellungen davon, wie eine Dienstleistung aussehen soll." Daher bedürfe die Arbeit in diesem Dienstleistungsbereich

---

[244] ISG, W 1-10-406, S. 46.
[245] ISG, W 1-10-406, S. 63.
[246] ISG, W 1-10-406, S. 26.
[247] ISG, W 1-10-406, S. 65 f.
[248] ISG, W 1-10-420, Hausinterne Rundschreiben und Broschüren, die Entwicklung der Firma betreffend, 1950–1976, hier: Jahresbericht von 1965/66, o. S.
[249] Zum sozialwissenschaftlichen Konzept der Interaktionsarbeit vgl. Böhle/Stöger/Weihrich, Interaktionsarbeit, S. 17–22.

auch einer besonderen Gestaltung.[250] Zu dem analytischen Konzept der Interaktionsarbeit sind besondere Arbeitsanforderungen zu zählen, wie in Kapitel 2.2 bereits diskutiert wurde: die Emotionsarbeit, die Gefühlsarbeit, die Kooperationsarbeit und das subjektivierende Arbeitshandeln.[251] „Emotionsarbeit" bezeichnet die notwendige Überbrückung der Diskrepanz zwischen den eigenen Gefühlen und den branchenüblich herrschenden Gefühlsregeln – eine Verkäuferin muss stets freundlich und höflich sein, auch wenn dies nicht ihrem eigentlichen Gemütszustand entspricht.[252] Als „Gefühlsarbeit" wird „die Arbeit der Beschäftigten an den Gefühlen ihrer Kunden" bezeichnet.[253] So erzählte eine Verkäuferin in einem Textilfachgeschäft:

„Man kann den Leuten auch oft eine Freude machen, wenn man sagt, meine Güte, ist das ein schöner Stoff. Und ruhig auch noch mal drüberstreichen und ah, ist der toll. Und auf der anderen Seite geht den Leuten das Gesicht auseinander, das ist echt nett."[254]

Die „Kooperationsarbeit" bezieht sich auf die „Herstellung einer Kooperationsbeziehung zwischen Dienstleistern und Kunden".[255] Verschiedene Strategien werden angewandt, um die Kundschaft zur Mitarbeit zu bewegen: „nicht zu viele Alternativen gleichzeitig anbieten" wurde bereits als Beispiel genannt, wenn es darum geht, dass der Kunde oder die Kundin eine Auswahl treffen muss.[256] C&A hatte dafür eine besondere Verkaufsmethode, das „Verkaufen ohne zu fragen", entwickelt: „1. Kunden sofort mit der Ware in Berührung bringen. – 2. Kundenwünsche erfassen u. passendes Angebot machen. – 3. Auswahl einengen und Kaufentschluß auslösen."[257] Mit dieser Methode sollte eine reibungslose Zusammenarbeit hergestellt werden, damit ein erfolgreicher Abschluss der Interaktionsarbeit zu einer gelungenen Dienstleistung für beide Seiten führen konnte. Für die zeitliche Komponente besonders wichtig ist allerdings das Beherrschen des „subjektivierenden Arbeitshandelns", „das auf subjektiven Faktoren wie Gespür, Erleben und Empfinden beruht und der Bewältigung des Unwägbaren und Unplanbaren dient".[258]

Doch das war nicht immer umsetzbar, da Unternehmen zeitlich enge Vorgaben machten, etwa beim Kassieren im Akkord oder beim Nachfüllen der Regale mit Ware aus dem Lager. Dies führte zu körperlichen wie auch psychischen Belastungen der betroffenen Beschäftigten aufgrund der durch andere strukturierten Zeit. Unter anderem wird dies darin deutlich, dass Stress[259] seit den späten 1970er Jahren als gesundheitliche Belastung des Verkäuferinnenberufs angegeben wird:[260]

---

[250] Böhle/Stöger/Weihrich, Interaktionsarbeit menschengerecht gestalten, S. 37.
[251] Vgl. Böhle/Stöger/Weihrich, Interaktionsarbeit menschengerecht gestalten, S. 39–41.
[252] Vgl. hierzu Kapitel 2.4.
[253] Böhle/Stöger/Weihrich, Interaktionsarbeit, S. 40.
[254] Zitiert nach Böhle/Stöger/Weihrich, Interaktionsarbeit, S. 42.
[255] Böhle/Stöger/Weihrich, Interaktionsarbeit, S. 39.
[256] Vgl. Böhle/Stöger/Weihrich, Interaktionsarbeit, S. 42.
[257] DCM, 121597, (Ton)bildschau „Verkaufen ohne zu fragen", 1963.
[258] Böhle/Stöger/Weihrich, Interaktionsarbeit, S. 40.
[259] Zur Begriffsgeschichte von Stress vgl. Kury, Überforderter Mensch; Rohmer, Stress.
[260] Siehe hierzu auch das Kapitel 4.4 und die darin beschriebenen gesundheitlichen Auswirkungen des Kassenarbeitsplatzes.

„Neben all den Belastungen, die die Arbeitssituation mit sich bringt, ist die Arbeitszeit ein zusätzliches Belastungsmoment. Sie ist zum einen der Rahmen, in dem die verschiedenen Belastungsfaktoren auf die Beschäftigten einwirken. Zum anderen ist die Arbeitszeit selbst, indem die Arbeitsintensität gesteigert wird, ein eigenständiger Belastungsfaktor: Hektik und Zeitdruck."[261]

Auch im Textileinzelhandel bei C&A versuchte man bereits kurz nach Kriegsende, den Rationalisierungsgedanken im Unternehmen zu etablieren. In der Betriebsleiterversammlung von 1949 wurde die Notwendigkeit von Rationalisierung des Einzelhandels betont und dafür zum einen auf „einfachste, erfolgversprechendste Organisation" gesetzt und zum anderen auf „zweckmäßiges Mobiliar und [dessen] richtige Aufstellung in den Verkaufsräumen".[262] Hier deutet sich erneut das Zusammenspiel von zeitlichen und räumlichen Veränderungen an. In den 1950er Jahren sollten erste konkrete Maßnahmen im Verkauf umgesetzt werden. Dafür wurden die Verkaufsaufsichten, die gewissermaßen der Filialleitung im Lebensmitteleinzelhandel entsprachen, hinsichtlich der Verkaufsorganisation geschult. Dies erfolgte in Besprechungen, zu denen auch schriftliche Unterlagen ausgehändigt wurden. Der gesamte Verkauf sollte nach einem bestimmten Schema – dem Gruppenverkaufssystem[263] – strukturiert werden. C&A verstand unter moderner Betriebsorganisation,

„[...] daß die Arbeit so verteilt wird, daß jede Arbeitskraft eine möglichst gleichbleibende Aufgabe bekommt. Diese gleichbleibende Aufgabe wird der entsprechenden Spezialfunktion oder dem speziellen Beruf der Arbeitskraft für die Dauer einer kürzeren oder längeren Zeit angemessen. Man nennt dies auch wohl die funktionelle Organisation der Arbeit".[264]

Außerdem sollte auf gute Arbeitsverteilung – „Jeder muß wissen, was er zu tun hat, wann er es tun muß und wie er es tun muß." – und eine richtige Zeiteinteilung geachtet werden. Dafür sollte jede Abteilung eine Art Stundenplan ausarbeiten. Die Verkaufsaufsichten bekamen ebenfalls einen Stundenplan, in den ihre Aufgaben eingetragen waren. Außerdem erhielten sie einen Jahresplan mit regelmäßig anstehenden Sonderaufgaben. Alles diente dazu, die Arbeitszeit möglichst vollständig auszunutzen. Auch die Geschäftsleitung von C&A orientierte sich an Beispielen aus der Industrie:

„In der Industrie ist man mehr und mehr zu der Einsicht gekommen, daß der Faktor ‚Zeit' eine große Bedeutung für den guten Gang des Geschäfts hat. In Zukunft wird es auch im Einzelhandel mehr und mehr durchdringen, daß der Wert der 60 Sekunden in der Minute nicht zu unterschätzen ist."

Die erhoffte Zeitersparnis diente bei C&A vor allem dazu, Kosten zu sparen.[265]

---

[261] Teske, Frauenarbeit im Einzelhandel, S. 77 f.
[262] DCM, 106863, Tagesordnungen der 30.–31. und Protokolle der 32.–34. Betriebsleiterversammlung 1948–1952, hier: Einleitung zur 31. Betriebsleiterversammlung vom 6.–8. Dez. 1949, S. 1.
[263] Zur Funktionsweise des Gruppenverkaufssystems siehe Kapitel 4.3.
[264] DCM, 119388, Sammelordner „Aufsichtsschulungen" – Unterweisungsunterlagen für Aufsichten im Verkauf bei C&A, 1950er Jahre, [1951], S. 31.
[265] DCM, 119388, Sammelordner „Aufsichtsschulungen" – Unterweisungsunterlagen für Aufsichten im Verkauf bei C&A, 1950er Jahre, [1951], S. 76.

5.3 Grenzen zeitlicher Rationalisierung und flexibles Handeln 385

Schon 1956 bewertete der Wirtschaftsausschuss des Unternehmens die Ergebnisse, die durch das Gruppenverkaufssystem als rationelle Verkaufsmethode erzielt worden seien, als Erfolg.[266] Seit Sommer desselben Jahres gab es in der Hauptbetriebsleitung von C&A auch einen Hauptverantwortlichen für Rationalisierung, der perspektivisch einen zusätzlichen Assistenten erhalten sollte.[267] Dem Thema wurde demnach zumindest mittelfristig eine wichtige Rolle zugesprochen.

Insbesondere an den Kassen setzte das Rationalisierungsbestreben vieler Unternehmen an. Immerhin handelte es sich hierbei um einen leicht zu kontrollierenden Teilprozess des Verkaufens. Dazu verfasste die Kassenfirma NCR Anfang der 1970er Jahre Muster von Stellenbeschreibungen und Arbeitsanweisungen für Kassenkräfte und Kassenaufsichten. Ziel war die Anpassung der Verkäuferin beziehungsweise des Verkäufers an die eingesetzte Kasse und ihre oder seine Hauptaufgabe: die „[s]chnellstmögliche Abwicklung des Kassiervorganges". Andere Tätigkeiten sollten dabei zurückgestellt werden. „Hilfe beim Einpacken" sollte nur geleistet werden, „wenn es erforderlich und zeitlich möglich" war.[268] Die Kassenaufsicht war laut idealer Stellenbeschreibung für „Organisation und Überwachung eines reibungslosen Ablaufes an den Kassenstellen" verantwortlich.[269] In der Arbeitsanweisung für Kassiererinnen waren sämtliche Arbeitsvorgänge aufgelistet, welche sie zu erledigen hatten, um „ohne Zeitverlust rationell arbeiten" zu können.[270] Auch der Umgang mit Fehlern („fehlerhafte Preisauszeichnung", oder „Kunde hat zu wenig Geld") und besonderen Vorfällen („liegengebliebenes Rückgeld", „Kundenreklamationen") wurde detailliert beschrieben und ideale Handlungsweisen vorgegeben.[271]

Das Ziel, alle Tätigkeiten und betrieblichen Prozesse auf ihren zeitlichen Aspekt hin überwachen und kontrollieren zu können, blendete den Menschen als Komponente aus. Ein großes Problem der oft unplanbaren Situationen im Einzelhandel, die flexibles Reagieren erforderten, war, dass Kontroll- und Überwachungsmechanismen diese Unwägbarkeiten ignorierten. Dazu zählten unkooperative Verhaltensweisen der Kundinnen und Kunden (bewusst oder unbewusst), Probleme bei den Lieferungen, dem Einräumen der Ware und dergleichen. Für solche Störungen des Betriebsablaufs wurde kaum zeitlicher Puffer eingeplant, was auch

---

[266] DCM, 117086, Rundschreiben an die Geschäftsleitungen der Häuser 1956, hier: Protokoll der 6. Sitzung des Wirtschaftsausschuss am 24. April 1956 in Köln, S. 1 f.: Der Wirtschaftsausschuss war eine standortübergreifende Institution bei C&A, die sich in regelmäßigen Abständen traf und sich mit „wirtschaftliche[n] Fragen" befassen sollte, und zwar im Gegensatz und zum Teil in Zusammenarbeit mit den Betriebsräten, die sich filialgebunden um die „soziale[n] Angelegenheiten" kümmerten.
[267] DCM, 115784, Rundschreiben an die Geschäftsleitung Haus Essen 1954–1956, hier: Schreiben von C. & A. Brenninkmeyer G.m.b.H., Nr. 23/1956, an die Geschäftsleitungen aller Betriebe, Betr.: Arbeitsgebietsaufteilung in der Hauptbetriebsleitung, vom 21. 07. 1956.
[268] BWA, F 36 / 933, Die Kassenstelle im Selbstbedienungsgeschäft (Stellenbeschreibung „Kassiererin", Arbeitsanweisungen, Formulare), ca. 1971, hier: S. S1 und S2.
[269] BWA, F 36 / 933, S. S3.
[270] BWA, F 36 / 933, S. 4.
[271] BWA, F 36 / 933, S. 15–23.

in den teils firmeneigenen Arbeitszeituntersuchungen nicht angedacht wurde und ein Problem darstellte. In der Praxis mussten die Beschäftigten sie kompensieren – durch erhöhte Arbeitsintensität, Pausenausfall oder Überstunden.

Leistungsdruck durch Kontrolle und Überwachung

Je mehr sich die Kassen und Kassensysteme weiterentwickelten, desto größer war die Möglichkeit zur zeitlichen Überwachung der Kassiertätigkeit. Bei den Modellen der Serie NCR 2126 aus dem Jahre 1983 konnte beispielsweise eine detaillierte Statistik über die Geschehnisse an der Kasse ausgegeben werden. Angepriesen wurden die Kassen als „preisgünstiges […] Abrechnungs- und Kontrollinstrument". Erfasst wurden dabei die Registrierzeit, die Kassierzeit, die Leerzeit, die Anwesenheitszeit und die Zeit, in der die Kasse geschlossen war. Außerdem erfolgte eine Auswertung hinsichtlich der registrierten Posten pro Minute, des Durchschnittsverkaufs pro Kunde beziehungsweise Kundin, des Durchschnittsumsatzes pro Stunde sowie des Durchschnittspreises pro Artikel.[272] Dies konnte dazu führen, dass die rein quantitative Analyse der Beschäftigten innerhalb der Unternehmen in den Vordergrund rückte und die spezifischen, im Einzelhandel oft unplanbaren Situationen unterschätzt wurden.

Vor dieser Art der Überwachung warnte bereits im Herbst 1980 die Deutsche Angestellten-Gewerkschaft in einer Broschüre zum Thema Rationalisierung. Gerade der Datenschutz spielte für sie hinsichtlich der neuen, sogenannten Personalinformationssysteme eine wichtige Rolle, denn damit würden Überwachung und Leistungskontrolle zulasten der Angestellten verknüpft.[273] Auch die HBV informierte in einer Broschüre über die Probleme und Konsequenzen von Rationalisierung, vor allem im Hinblick auf die elektronischen Datenkassen. Darin fallen ebenfalls die Stichworte „Leistungshetze", „Leistungskontrolle" und „Monotonie", die von den Maßnahmen befürchtet wurden. Die HBV fasste ihre Bedenken hinsichtlich der Rationalisierung durch neue Kassensysteme folgendermaßen zusammen: Indem sie Daten sammeln und aufbereiten, „schaffen die Datenkassen ‚nebenbei' die Voraussetzung dafür, die Personaleinsatzplanung noch ‚flexibler' zu gestalten. Das exakte Datenmaterial über Umsatz pro Zeiteinheit und Kundenfrequenz liefert die Voraussetzung dafür, Teilzeitkräfte kapazitätsorientiert und variabel einzusetzen und Vollzeitarbeitsplätze in Teilzeitarbeitsplätze ‚umzuwandeln'. Gleichzeitig sind die Voraussetzungen für eine ‚lückenlose' Leistungskontrolle und Überwachung geschaffen."[274] Die Skepsis gegenüber der Leistungskontrolle war bei den Arbeitnehmervertretungen also mit der Angst vor Stellenabbau verbunden. In engem Zusammenhang damit stand auch die Befürchtung, dass eine

---

[272] BWA, F 36 / 1299, Elektronisches Kassensystem NCR 2126 – Einzelkassen, Verbundsystem, Scanneranlage: farbiger Prospekt, 1983.
[273] AdMAB, DAG, Rationalisierung – Entlastung oder Entlassung? Rationalisierung durch „Informationssysteme", hrsg. v. DAG, 1980.
[274] AdMAB, HBV, Elektronische Datenkassen. Rationalisierung. Fortschritt … für wen?, hrsg. v. HBV, Hauptfachabteilung Handel, Düsseldorf 1980, S. 3, 9.

grundsätzliche Umschichtung des Personals erfolgen könnte: die Umwandlung von Voll- in Teilzeitstellen oder der vermehrte Einsatz von prekär Beschäftigten. In beiden Beispielen, die die HBV in ihrer Informationsschrift anführte, fand der größte Personalabbau im Verkaufsbereich statt. Indem Kassenstellen reduziert wurden, wurden auch einige Kassiererinnen „überflüssig", während andere von sich aus kündigten, da sie die Leistungsintensivierung – also erheblich mehr Arbeit in gleicher Arbeitszeit – nicht mittragen wollten.

„Die Arbeit von sechs bis acht vollbeschäftigten Kassiererinnen in einer größeren Filiale bewältigen heute Teilzeitkräfte und Aushilfen. Diesen wird aufgrund der kürzeren Arbeitszeit die hohe Arbeitsintensität nicht so schnell bewußt!"

Auch wurde der Personaleinsatz so geplant, dass er möglichst dem „Kaufandrang" entsprach. Dementsprechend verschlechterten sich die Arbeitsbedingungen.[275]

Von zunehmender Überwachung durch die eingeführte Technik berichtet auch ein ehemaliger Mitarbeiter beim Textilfachgeschäft Hirmer. Während „früher" der Abteilungsleiter die einzelnen Verkäufer und Verkäuferinnen nach ihren Verkaufszahlen befragt und sich diese notiert habe, wobei man wohl auch ein bisschen tricksen konnte, sei dies mit dem neuen Warenwirtschaftssystem nicht mehr möglich gewesen:

„Heute gehen Sie in den Computer rein und da können Sie nachsehen, […] von der Zeit bis zu der Zeit, was hat jetzt der Herr oder die Dame gebracht."

Die Einführung der Technik datiert er auf die 1980er Jahre, nach dem Übergang der Geschäftsleitung auf die „nächste Generation".[276]

Folge der Illusion der Planbarkeit

Die Illusion der Planbarkeit, die von den Kassenfirmen propagiert und von den Unternehmensleitungen gern aufgenommen und aufrechterhalten wurde, steigerte den Leistungsdruck auf die Beschäftigten. Ein Phänomen, über das viele Beschäftigte im Textilbereich Auskunft gaben, und das in direktem Zusammenhang mit dem Thema Leistungsdruck gesehen werden kann, war die sogenannte „Mehrfachbedienung". Bereits in den 1950er Jahren wurde dies bei C&A unter dem Gesichtspunkt der Geschicklichkeit verlangt: „Wir stehen auf dem Standpunkt, daß eine Verkaufskraft an Spitzentagen 2 oder mehrere Kunden zugleich bedienen kann." Zum Teil erwartete die Direktion dadurch sogar bessere Ergebnisse:

„Bei der Bedienung mehrerer Kunden entsteht gleichzeitig eine prickelnde Wirkung, die auf das Tempo der Verkaufskraft und auf das Tempo der Verkaufshandlung starken Einfluß hat. Die Erfahrung hat gelehrt, daß gerade bei starkem Betrieb sowohl qualitativ als auch quantitativ die besten Leistungen erzielt werden."[277]

---

[275] AdMAB, HBV, Elektronische Datenkassen, S. 13 f., 16.
[276] HUA, 2013 / 08 / 0004, Interview: Interview mit Hr. H. S., Hr. P. A., Hr. A. O. (23. 11. 2009), Transkript, S. 44.
[277] DCM, 119388, Sammelordner „Aufsichtsschulungen" – Unterweisungsunterlagen für Aufsichten im Verkauf bei C&A, 1950er Jahre, [1951], S. 35.

Ab den 1970er Jahren forderte auch die Hirmer-Geschäftsleitung von ihren Beschäftigten die „Mehrfachbedienung", um Zeit zu sparen.

„Früher hatten wir eine Unmenge an Verkäufern stehen und jeder Verkäufer hatte einen Kunden. Man […] musste dann natürlich auch aus betriebswirtschaftlichen Gründen sehen, wie schafft man es, flächendeckend eine Abteilung zu führen mit weniger Personal, sprich also Mehrfachbedienung. Da hat man dann auch Schulungen durchgeführt und […] auch geprobt […]. Die hat sich dann im Lauf der Zeit so eingebürgert, die dann recht gut beherrscht wurde von vielen."[278]

Ein Problem konnte sich ergeben, wenn schwierige oder besonders kritische Kunden und Kundinnen den eingeübten Ablauf bei Mehrfachbedienung durcheinanderbrachten:

„Und so gab es eben gewisse[ ] Kunden, […] die sehr viel Wert legen auf korrekte Bedienung und sehr lange auswählen. Wenn natürlich, und du hattest drei, vier, fünf Kunden, dann hat ein solcher Kunde gestört. Weil um den musstest du dich bemühen."[279]

So einen Kunden hätte man nicht haben wollen, denn in dieser Zeit hätte man gut 8 bis 10 andere bedienen können, und ein gewisser Druck sei – auch aufgrund der leistungsbezogenen Prämie – zu spüren gewesen: „Der Kampf war mehr unter den Verkäufern, weil es ging ja ums Geld, um die Prämie und dann kam noch der Abteilungsleiter […]. Wir standen schon unter Druck."[280]

Trotz der Versuche der Unternehmensleitungen, die Arbeit streng durchzustrukturieren, blieben im Einzelhandel Spontaneität und flexibles Arbeitshandeln wichtig. Schließlich handelte es sich beim Verkauf um Interaktionsarbeit. Dies zeigen deutlich die Stimmen aus einer Umfrage unter bayerischen Beschäftigten von 1980. Von ihnen gaben 68 Prozent an, dass sie „Abwechslung bei der Arbeit" und 56 Prozent „Eigenverantwortung" schätzten. Gleichzeitig war der Punkt „nervliche Belastung" an dritter Stelle der schlechten Aspekte ihrer Arbeit im Einzelhandel. Dies kann durchaus von der Differenz an Erwartungen und Realität herrühren.[281]

Auch die Gewerkschaften problematisierten den zunehmenden Arbeitszeitdruck. Ingrid Scheibe-Lange, seit 1965 Referentin am gewerkschaftsnahen Wirtschafts- und Sozialwissenschaftlichen Institut (WSI), verfasste bis Ende der 1970er Jahre mehrere Artikel zum Thema Leistungsdruck durch Rationalisierungsmaßnahmen.[282]

---

[278] HUA, 2013 / 08 / 0001, Interview: Interviews mit Hr. M. W. (22. 09. 2009/14. 12. 2010), Transkript, S. 17 f.

[279] HUA, 2013 / 08 / 0014, Interview: Interview mit Hr. H. K., Hr. R. S., Hr. E. B. und Fr. I. B. (04. 12. 2009), S. 20. Der Beschäftigte charakterisierte die 1970er Jahre kritisch als schwierige Zeit. Man habe nicht recht gewusst, ob man die Kundschaft ansprechen solle, ob sie Bedienung wünsche, oder ob man sie in Ruhe lassen solle und sie sich allein umsehen wollten. Die Olympischen Spiele 1972 in München nahm er dabei als Scheidepunkt wahr, als Wende zum weniger Bedienen.

[280] HUA, 2013 / 08 /0014, Interview: Interview mit Hr. H. K., Hr. R. S., Hr. E. B. und Fr. I. B. (04. 12. 2009), S. 20.

[281] AdMAB, HBV Bayern, Broschüre, Zwischen Kochtopf, Kindern und Kunden. Ergebnisse einer Befragung, 1980, o. S.

[282] Vgl. Scheibe-Lange, Beschäftigungstendenzen im Einzelhandel; speziell für den Bereich der Warenhäuser: Scheibe-Lange, Gewinn- und Personalpolitik.

5.3 Grenzen zeitlicher Rationalisierung und flexibles Handeln 389

„Im Verkaufsbereich [...] leiden die meisten Arbeitnehmer unter höchster Arbeitsintensität, nervlicher und körperlicher Belastung, wobei kleine Ruhepausen immer seltener möglich sind. Dies sind die Folgen der Arbeitsteilung und der Personaleinsatzplanung."

Zudem machte sie die Zulagen- und Prämiensysteme[283] für den erhöhten Druck verantwortlich:

„Im Einzelhandel z. B. bekommen oft die Filialleiter Prämien, die nach der Umsatzhöhe je Beschäftigten bemessen werden, so daß die Prämie um so höher wird, je mehr Arbeit der Filialleiter den abhängigen Arbeitnehmern aufbürdet und je geringer er ihre Zahl hält. Gewerkschafter nennen solche Prämien ‚Rausschmißprämien'."[284]

Hier wird der Zusammenhang zwischen der Einführung neuer technischer Systeme und dem zeitlichen Druck, unter dem sämtliche Beschäftigte standen, deutlich. Anhand der vorhandenen Daten konnte die Filialleitung unproduktive Kräfte aussortieren.

Leistungsdruck entstand aber auch durch zu wenig Personal und verschlimmerte sich durch gezielten Personalabbau, wie Ende der 1970er Jahre bei der Firma Gaissmaier. Dort hatte die Firmenleitung die Marktleiter dazu aufgerufen, einen Umsatzgewinn zu erwirtschaften. Gleichzeitig sollte jedoch der übliche „jährliche Mitarbeiterabgang von ca. 20% [...] nicht ersetzt" werden.[285]

Mitte der 1980er Jahre beschäftigte sich der Sozialwissenschaftler Uwe Engfer mit Rationalisierungsstrategien im Einzelhandel. Neben der betrieblichen Organisation, der auch bei der Filialuntersuchung von Latscha das Hauptinteresse galt, machte er drei weitere Kategorien für Rationalisierung aus: erstens die „Funktionspolitik", also den Abbau von Leistungen und das Auslagern von gewissen Verkaufstätigkeiten; zweitens die „Technologiepolitik", also den Einsatz von neuen Technologien besonders im Bereich der Logistik und der Warenverwaltung; und drittens die „Arbeitszeitpolitik", sprich eine exakte Personaleinsatzplanung und die flexiblere Gestaltung von Arbeitszeiten. Vor allem bei der Ausbreitung von SB-Formen, beim Personalabbau und der Arbeitszeitflexibilisierung verwies Engfer auf einzelhandelstypische „Grenzen" und „Widerstände" sowie auf „Rationalisierungsdefizite" aufgrund einer hohen Umweltabhängigkeit der Branche und „imperfect technologies".[286]

1988 gab es einen HBV-internen Antrag, solche Probleme in die tarifpolitische Arbeit in Bayern aufzunehmen. Das Ziel aller Flexibilisierungsmaßnahmen sei die weitere Intensivierung der Arbeit bei optimaler Anpassung an die Arbeitsanforderungen.

---

[283] Zum Thema der Prämien und sonstige Vergütung siehe Kapitel 2.5.
[284] AdsD, HBV, 5 / HBVH810120, Rationalisierung und Beschäftigungsperspektiven im europäischen Handelssektor, 1976–1978, hier: Manuskript von Ingrid Scheibe-Lange, S. 10.
[285] WABW, B 61 Bü 217, Buch „10 Jahre Betriebsrat" Dokumentation, 1980, hier: „Hier spricht der Betriebsrat: An alle Verkaufsstellen-Leiter der Firma Karl Gaissmaier", Betr.: Erfolgs-Prämien nur für Marktleiter?, vom 28. 03. 1979.
[286] Engfer, Rationalisierungsstrategien.

„Am meisten betroffen von Flexibilisierung sind Frauen, von denen schon 1981 1,5 Millionen Teilzeit arbeiteten, hauptsächlich im Handel (Teilzeitbeschäftigte im Einzelhandel: 650 000). Ihre Arbeitszeit wird von den Stoßzeiten des Geschäfts bestimmt."[287]

Somit war deren Arbeitszeit nicht länger planbar oder von individuellen Vorstellungen geleitet, sondern – durch die Kundschaft – fremdbestimmt. Weitere Flexibilisierungsmaßnahmen würden außerdem auf gesetzlicher Ebene durch das Beschäftigungsförderungsgesetz[288] vorangetrieben, auf Branchenebene durch tarifvertragliche Veränderungen, und auf Betriebsebene schließlich durch die Ausweitung von kombinierbaren Arbeitszeitmodellen. Durch die unregelmäßigen Arbeitszeiten und den dadurch verursachten Stress würden andere Belange stark belastet: die Familie, die persönliche Freizeit sowie gesellschaftliches und kulturelles Engagement.[289]

Noch 1998, bei einer Befragung von Beschäftigten im Einzelhandel, spielten zeitstrukturelle Aspekte eine Rolle. Um die 45 Prozent der Befragten übten Kritik an der hohen Arbeitsbelastung, 42 Prozent kritisierten die Lage der Arbeitszeit, und 30 Prozent die Arbeitszeitdauer. Gleichzeitig gaben etwa 53 Prozent der Beschäftigten an, dass in ihrem Umfeld im Zeitraum der letzten 12 Monate Stellenabbau stattgefunden habe. Von diesen waren 61 Prozent der Meinung, dass dadurch der Leistungsdruck zugenommen habe, 60 Prozent mussten mehr Arbeit übernehmen und 40 Prozent hatten folglich weniger Zeit für die Kundschaft.[290]

***

Die für die Unternehmen wertvolle und sich durch die Personalkosten auch finanziell auswirkende Ressource Arbeitszeit wurde in der zweiten Hälfte des 20. Jahrhunderts stets neu evaluiert, um das Ziel ihrer Beschleunigung und Rationalisierung zu erlangen. Sie sollte möglichst effizient und kosteneinsparend gestaltet werden, weshalb technische Innovationen eingeführt und betriebliche Prozesse gestrafft wurden. Zugleich aber war die enge Orientierung an den Bedürfnissen der Kundschaft charakteristisch für die Einzelhandelsunternehmen und deren Beschäftigte. Arbeit im Einzelhandel war als „Interaktionsarbeit" zu verstehen, die oftmals spontanes und selbstbestimmtes Arbeitshandeln erforderte. Allerdings liefen diese Eigenzeiten den vorgegebenen Zeitstrukturen zuwider. Dieses Spannungsverhältnis auszugleichen, lag in der Verantwortung der Beschäftigten, die die feh-

---

[287] AdMAB, HBV, „Der richtige Schritt." Ergebnisprotokoll zur 11. Ordentlichen Landesbezirkskonferenz der Gewerkschaft HBV, Landesbezirk Bayern am 27./28. 02. 1988 in Erlangen, hier: Erläuterungen zum Antrag „Arbeitszeit und Flexibilisierung: Tarifpolitische Aufgaben", S. 16–22, Zitat auf S. 18.
[288] Vgl. Buschmann, Geschichte der Beschäftigungsförderungsgesetze.
[289] AdMAB, HBV, „Der richtige Schritt." Ergebnisprotokoll zur 11. Ordentlichen Landesbezirkskonferenz der Gewerkschaft HBV, Landesbezirk Bayern am 27./28. 02. 1988 in Erlangen, hier: Erläuterungen zum Antrag „Arbeitszeit und Flexibilisierung: Tarifpolitische Aufgaben", S. 9.
[290] AdMAB, DAG, Handel find ich… Ergebnisse einer Befragung der DAG-Berufsgruppe zur Situation der Beschäftigten im Handel mit Erläuterungen für die Praxis, hrsg. v. DAG, 1998.

lende Zeit durch Mehrarbeit zu kompensieren hatten. Außerdem erforderte es gerade von den Verkäuferinnen eine enorme Anpassungsleistung, die oftmals nicht als solche gewürdigt wurde. Denn Fähigkeiten wie „Multi-Tasking" und freundliche Kommunikation in angespannten Situationen wurden per se dem weiblichen Geschlecht zugeschrieben und galten nicht explizit als berufliche Qualifikationen. Für die Beschäftigten zeitigte dies einen hohen Leistungsdruck. Denn die Arbeitszeit wurde durch die technischen Gerätschaften oder durch die Vorgesetzten stärker kontrolliert. Außerdem überschätzten die Unternehmensleitungen die Planbarkeit der Arbeitszeit und orientierten sich allein an Kennzahluntersuchungen. Speziell die Arbeitsbereiche von Frauen, wie das Kassieren, standen unter stetigem Optimierungszwang. Der Kundschaft blieben viele zeitraubende Arbeitsprozesse im Hintergrund verborgen. Beide Seiten nahmen die hohe zeitliche Belastung, Stress und gesundheitliche Konsequenzen für die Verkäuferinnen in Kauf. Der niedrige Stellenwert arbeitender Frauen kommt deutlich zum Ausdruck.

5.4 Verkaufsarbeit als Teilzeitjob: Kein Einstieg in die eigenständige Erwerbsbiografie

Charakteristisch für eine weiblich dominierte Arbeitswelt ist eine hohe Teilzeitquote. Dieses Arbeitszeitmodell entwickelte sich während des Untersuchungszeitraums zu einer weiblichen Zeitpraktik. Ausgangspunkt dieses Kapitels ist somit die Frage, was dies bedeutete und welche Auswirkungen Teilzeitarbeit auf die Erwerbsbiografie und das Ansehen von Verkäuferinnen hatte. In den 1960er und 1970er Jahren integrierte Teilzeitarbeit verheiratete Frauen und Frauen mit Kindern in den zuvor für sie verschlossenen Arbeitsmarkt. Darauf ließ sich jedoch keine eigenständige Erwerbsbiografie aufbauen. Viele Frauen verharrten in untergeordneten Tätigkeiten oder Positionen. Ihre Integration in den Arbeitsmarkt blieb partiell.[291]

Die Forschungslage für die historische Entwicklung der Teilzeitarbeit ist ausgesprochen lückenhaft. Als Standardwerk über die Entstehung und Etablierung dieses Arbeitsmodells bis Ende der 1960er Jahre gilt noch immer Christine von Oertzens Arbeit zur Geschlechterpolitik und zum gesellschaftlichen Wandel in der Bundesrepublik mit dem Titel „Teilzeitarbeit und die Lust am Zuverdienen".[292] Für die Entwicklung in den 1970er und 1980er Jahren muss auf gewerkschaftliche und betriebliche Quellen sowie zeitgenössische Presseerzeugnisse zurückgegriffen werden. Laut von Oertzen war die Teilzeitarbeit bis 1969 in der Bundesrepublik rechtlich institutionalisiert und für erwerbstätige Ehefrauen und Mütter gesell-

---

[291] Vgl. Maier, Arbeitsmarkt, S. 260.
[292] Vgl. von Oertzen, Teilzeitarbeit. Eine englische Übersetzung dieses Werks erschien unter dem Titel „The Pleasure of a Surplus Income. Part-time Work, gender Politics, and social Change in West Germany, 1955–1969".

schaftlich akzeptiert. Sie sieht die 1960er Jahre diesbezüglich als eine Zäsur gegenüber der Zeit davor an, in der sich Frauen für ihren Wunsch nach Arbeit rechtfertigten mussten, diese als Last empfunden wurde und nur als legitim angesehen wurde, wenn diese ökonomisch notwendig war.[293] Eine dauerhafte Berufstätigkeit konnten sich weiterhin nur wenige verheiratete Frauen und noch weniger Mütter vorstellen.[294] Zwar war Teilzeitarbeit als Arbeitspraktik auf den Arbeitsmarkt eingeführt, in der Dienstleistungsbranche jedoch noch nicht weit verbreitet.[295] Dies änderte sich bis Ende der 1980er Jahre. In den zwanzig Jahren der starken Verbreitung von Teilzeitarbeit wandelten sich auch ihre Formen: angefangen bei der „traditionelle[n] Halbtagsarbeit am Vormittag", bei der „die Frauen [...] ihre Arbeitszeiten am Vormittag noch mit ihren Hausarbeiten und der Kinderbetreuung am Nachmittag abstimmen" konnten – bis hin schließlich zur Gestaltung nach rein betrieblichen Kriterien ab Mitte der 1970er Jahre wie der Kundenfrequenz im jeweiligen Betrieb und der Arbeitszeit der anderen Vollbeschäftigten.[296]

Dass durch die räumliche Umgestaltung im Einzelhandel bestimmte einfache Tätigkeiten abgespalten und Teilzeitkräften überlassen wurden, zeigt abermals den engen Zusammenhang zwischen Arbeitszeitpraktiken und Arbeitsraumpraktiken.[297] Somit nahm die Teilzeitarbeit während der 1960er und 1970er Jahre im Einzelhandel stark zu. Teilzeittätigkeiten – vor allem von Frauen ausgeübt – dienten oftmals dem „Zuverdienen", denn diese Einkommen konnten kein eigenständiges Leben vollfinanzieren. Auch gab es weitere Formen einer noch stärker flexibilisierten Arbeitszeit: zum einen, wenn zwar die Dauer der Arbeitszeit pro Woche oder Monat vereinbart war, aber nicht deren Lage; zum anderen gab es auch Fälle, in denen weder Dauer noch Lage der Arbeitszeiten fest vereinbart waren. Die sogenannte „Kapovaz", die kapazitätsorientierte variable Arbeitszeit, richtete sich nach Einkaufsspitzenzeiten und die Verkäuferinnen mussten ständig abrufbar sein.[298] „Das Beschäftigungsförderungsgesetz vom 01. 05. 1985 hat die Kapovaz, Arbeit auf Abruf und Job sharing hoffähig gemacht" – so ein Gewerkschaftssekretär der HBV.[299] Demnach würden weiterhin die Vollzeitarbeitsplätze zugunsten von Teilzeitarbeit im Einzelhandel zurückgedrängt, indem neue Arbeit ausschließlich an Teilzeitkräfte vergeben oder bestehende Arbeitsverhältnisse in solche umgewandelt würden. Zwar hätte dabei der Betriebsrat ein Mitbestimmungsrecht, dieses sei jedoch nur in seltenen Fällen ausgeübt worden.[300]

Teilzeitarbeit ist ein noch immer umstrittenes Thema. Heute geht es dabei um Fragen nach dem „Karriere-Killer" Teilzeit, nach „doppelter Teilzeit" für Familien mit kleinen Kindern, und um Probleme bei der Realisierung der „Brückenteilzeit",

---

[293] Vgl. von Oertzen, Teilzeitarbeit, S. 11 f.
[294] Vgl. von Hodenberg, Achtundsechzig, S. 113.
[295] Vgl. von Oertzen/Rietzschel, „Kuckucksei" Teilzeitarbeit, S. 219.
[296] Gerlach, Arbeitszeitverkürzung, S. 85.
[297] Vgl. Gerlach, Arbeitszeitverkürzung, S. 85 f.
[298] Vgl. Gerlach, Arbeitszeitverkürzung, S. 86–88.
[299] Gerlach, Arbeitszeitverkürzung, S. 90.
[300] Vgl. Gerlach, Arbeitszeitverkürzung, S. 88 f.

mit der ein Rückkehrrecht in Vollzeit verbunden ist und die seit 2019 eine gesetzlich verankerte Option darstellt.[301] Innerhalb der Gewerkschaften sowie in der Frauen- und Geschlechtergeschichte finden diese Diskussionen seit Längerem ihren Niederschlag.[302] In der vorliegenden Arbeit geht es konkret um die Teilzeitarbeit im Einzelhandel. Teilzeitarbeit war und ist eine Zeitpraktik, die sich dahingehend auswirkt, dass die betroffenen Personen durch die eingeschränkte zeitliche Dimension als minderwertig hinsichtlich ihrer Arbeitskraft wahrgenommen wurden. Dies können die nachfolgenden Schilderungen belegen. Um ein besseres Verständnis für die späteren Erläuterungen zu ermöglichen, soll zunächst einmal eine Zusammenschau des statistischen Zahlenmaterials zur Teilzeitarbeit im Einzelhandel erfolgen.

Teilzeitarbeit von den 1960er Jahren bis in die 1980er Jahre

Insgesamt stieg der Anteil der Teilzeitbeschäftigten von 2,6 Prozent im Jahr 1960 auf 8,5 Prozent im Jahr 1979[303] und bis 1989 noch einmal auf 12,9 Prozent.[304] Der Anstieg der Teilzeitarbeit war erheblich dafür verantwortlich, dass sich der Anteil der arbeitenden Frauen erhöhte.[305] Bei Frauen erhöhte sich die Teilzeitquote kontinuierlich von 1960 bis 1976 von 6,4 Prozent auf 21,1 Prozent,[306] und bis 1989 auf 30,2 Prozent.[307] Sie machten den Großteil der Teilzeitbeschäftigten aus.[308]

---

[301] Dazu diverse Artikel zu den Vor- und Nachteilen von Teilzeitarbeit und der lebens- und berufsweltlichen Umsetzbarkeit, etwa: Felicitas Wilke, Wenn Teilzeit keine Falle ist, in: SZ, 21. 12. 2020; Henrike Rossbach, Weichenstörung, in: SZ, 23. 05. 2018; Jakob Schulze, Mehr Teilzeit, mehr vom Leben, in: SZ, 27. 08. 2017, alle unter https://www.sueddeutsche.de/thema/Teilzeit [zuletzt abgerufen am 16. 10. 2022].

[302] Vgl. Eckart, Teilzeitarbeit von Frauen; Baumgart, Mittelbare Diskriminierung; Klein, Gewerkschaften und Teilzeitarbeit; Blossfeld, Equalization and Marginalization.

[303] Vgl. Rudolph u. a., Chancen, S. 204.

[304] Vgl. Voll- und Teilzeitbeschäftigte, vom 28. 11. 2020, in: Bundeszentrale für politische Bildung, https://www.bpb.de/nachschlagen/zahlen-und-fakten/soziale-situation-in-deutschland/61705/voll-und-teilzeitbeschaeftigte [zuletzt abgerufen am 15. 10. 2022]. Seitdem ist die Teilzeitquote insgesamt noch weiter gestiegen: von 20,8 Prozent 2001 und 26,5 Prozent 2009 auf schließlich 28,8 Prozent im Jahr 2018.

[305] Vgl. Wirsching, Erwerbsbiographien, S. 89.

[306] AdsD, HBV, 5 / HBVH810006, Allgemeine Korrespondenz zur Teilzeitarbeit, 1978–1980, hier: Tabelle „Teilzeitbeschäftigung der Frauen".

[307] Mittlerweile, im Jahr 2018, arbeiten 47,9 Prozent der arbeitenden Frauen in Teilzeit. 2009 waren es 45,8 Prozent und 2001 noch 39,6 Prozent, vgl. Voll- und Teilzeitbeschäftigte, vom 28. 11. 2020, in: Bundeszentrale für politische Bildung, https://www.bpb.de/nachschlagen/zahlen-und-fakten/soziale-situation-in-deutschland/61705/voll-und-teilzeitbeschaeftigte [zuletzt abgerufen am 15. 10. 2022].

[308] Teilzeitarbeitende Männer gab es 1989 in Westdeutschland gerade einmal 1,7 Prozent. 2001 waren es schon 5,2 Prozent, 2009 9,2 Prozent und 2018 schließlich 11,2 Prozent, vgl. Voll- und Teilzeitbeschäftigte, vom 28. 11. 2020, in: Bundeszentrale für politische Bildung, https://www.bpb.de/nachschlagen/zahlen-und-fakten/soziale-situation-in-deutschland/61705/voll-und-teilzeitbeschaeftigte [zuletzt abgerufen am 15. 10. 2022].

Im Vergleich zu anderen Branchen war der Anteil der in Teilzeit arbeitenden Frauen im Einzelhandel sehr hoch.[309] Die Entwicklung der Teilzeitquote unter den Beschäftigten im Einzelhandel zeigt die folgende Tabelle:

Tab. 12: *Anteil der Teilzeitbeschäftigten an der Gesamtzahl der Beschäftigten im Einzelhandel, 1960–1990*[310]

Teilzeitbeschäftigte im Einzelhandel in Prozent				
Jahr	1960	1970	1980	1989*
Anteil	9,3	17,8	27,3	38,0*

Eine genauere Aufschlüsselung dieser Angaben nach Branchen ergibt sich aus den Zahlen des Statistischen Jahrbuchs von 1972. Am Stichtag zum 30. September 1968 wurden von insgesamt 2 264 668 Beschäftigten im Einzelhandel 403 048 als „Teilbeschäftigte" geführt. Das entsprach einem Anteil von 17,8 Prozent. Im „Eh. [Einzelhandel] m. Nahrungs- u. Genußmitteln" waren es 23,4 Prozent, und im „Eh. m. Textilwaren, Schuhen" 17,2 Prozent.[311] Es lässt sich also eine leichte branchenbezogene Differenz feststellen. Interessant ist, dass in dem vorausgehenden Band des Jahrbuchs aus dem Jahr 1971 die Kategorie „Teilbeschäftigte" noch nicht in die Statistik aufgenommen worden war.[312] Zu diesem Zeitpunkt sah man für eine solche Auswertung noch keine große Notwendigkeit. Bei der Zählung von 1979 ergab sich ein Anstieg der Teilzeitbeschäftigten: Ihr Anteil an den Gesamtbeschäftigten hatte sich auf 26,5 Prozent (643 763 von insgesamt 2 430 792 Beschäftigten) erhöht, wobei er sich im Lebensmitteleinzelhandel mit 34,4 Prozent (216 167 von 628 676 Beschäftigten) und im Textileinzelhandel mit 32,8 Prozent (150 063 von 459 576 Beschäftigten) ausprägte. Beide Branchen hatten sich angeglichen und lagen über dem allgemeinen Durchschnitt. Einzelhandelsbranchen mit niedriger Teilzeitquote waren zu dem Zeitpunkt noch etwa der Einzelhandel mit Einrichtungsgegenständen, (21,5 Prozent), mit „elektrotechnischen Erzeugnissen, Musikinstrumenten" (14,1 Prozent) und mit „Fahrzeugen, Fahrzeugteilen und -reifen" (6,7 Prozent).[313] In Handelsbranchen, in denen viele Männer beschäftigt waren, war die Teilzeitquote verhältnismäßig niedrig. Bis Ende der 1980er Jahre erfolgte eine weitere Erhöhung der Teilzeitquote. 1987 betrug sie 36,3 Prozent, wobei die Zahlen im Lebensmittel-

---

[309] AdsD, HBV, 5 / HBVH810006, Allgemeine Korrespondenz zur Teilzeitarbeit, 1978–1980, hier: Tabelle „Teilzeitbeschäftigung der Frauen"; Zahl zu 1989 vgl. Voll- und Teilzeitbeschäftigte, vom 28. 11. 2020, in: Bundeszentrale für politische Bildung, https://www.bpb.de/nachschlagen/zahlen-und-fakten/soziale-situation-in-deutschland/61705/voll-und-teilzeitbeschaeftigte [zuletzt abgerufen am 15. 10. 2022].

[310] Zahlen entnommen aus: Engfer, Rationalisierungsstrategien, S. 61. * Die Angabe für das Jahr 1989 ist entnommen aus: Statistisches Jahrbuch 1990, S. 236 f.

[311] Zahlen aus: Statistisches Jahrbuch 1972, S. 271; Berechnungen durch Autorin.

[312] Statistisches Jahrbuch 1971, S. 267.

[313] Statistisches Jahrbuch 1981, S. 226 f.

einzelhandel mit 45,1 Prozent sowie im Textileinzelhandel mit 45 Prozent weiterhin überdurchschnittlich hoch lagen.[314]

Etwas andere Zahlen ermittelte eine HBV-Umfrage unter Beschäftigten im bayerischen Einzelhandel von 1980. Demnach gaben 83 Prozent an, ganztags zu arbeiten. Die HBV interpretierte dies dahingehend, dass viele Frauen zur Ernährung der Familie beitragen müssten. Die übrigen 17 Prozent, die halbtags über oder unter 20 Stunden arbeiteten, stufte sie als „hohe[n] Anteil" ein, der sich dadurch erklären ließe, dass Vollzeitarbeit und andere Verpflichtungen nicht anders zu vereinbaren waren.[315] Diese im Vergleich zu den Statistischen Jahrbüchern etwas geringeren Zahlen können vermutlich dadurch erklärt werden, dass die Umfrage von HBV-Mitgliedern durchgeführt wurde und auch 60 Prozent der Befragten Gewerkschaftsmitglieder waren. Hier deutet sich bereits an, dass Gewerkschaftsmitglieder seltener in Teilzeit arbeiteten – umgekehrt gab es auch weniger Teilzeit- als Vollzeitkräfte, die sich für eine gewerkschaftliche Organisation interessierten. Auch könnte dies auf regionale Unterschiede hindeuten, sodass es in Bayern zu dieser Zeit nicht üblich war, Beruf und Mutterschaft zu vereinbaren – denn dafür wurde Teilzeitarbeit häufig herangezogen.[316] Aber auch im bayerischen Einzelhandel stieg die Zahl der Teilzeitkräfte in den 1980er Jahren an. Dies verdeutlicht die Mitgliederentwicklung der HBV. 1983 arbeiteten 9,1 Prozent der bayerischen HBV-Mitglieder in Teilzeit – davon wiederum 96,5 Prozent Frauen –, 1987 waren es bereits insgesamt 15,2 Prozent, wovon 94 Prozent weiblich waren.[317] Die Teilzeitstruktur innerhalb der gewerkschaftlichen Organisation glich sich mit einer knappen Verdopplung der Quote und etwa 20 Jahre verspätet der allgemeinen Teilzeitentwicklung der Einzelhandelsbeschäftigten an.

Die DAG sprach Mitte der 1980er Jahre in einer Publikation zur Teilzeitarbeit im Handel explizit auch Männer als Betroffene an, sofern es darum ging, dass Unternehmen zum Zwecke weiterer Rationalisierung Vollzeit- in Teilzeitarbeitsplätze umwandelten. Als Beispiel führte die Angestelltengewerkschaft an, dass auch männliche Auszubildende nach ihrer Lehrzeit nur in Teilzeitarbeitsverhältnisse übernommen würden und durch den Einsatz neuer Technologien vermehrt ein flexibler Teilzeitarbeitseinsatz gewünscht sei.[318] So versuchte die DAG, die als Frauenproblem betrachtete Teilzeitarbeit in das Blickfeld aller zu rücken. Offenbar

---

[314] Statistisches Jahrbuch 1988, S. 230 f. Einschränkend muss hier bemerkt werden, dass in dieser Statistik nur Unternehmen mit einem Jahresumsatz von über 250 000 DM erfasst wurden.
[315] AdMAB, HBV Bayern, Zwischen Kochtopf, 1980.
[316] Vgl. von Hodenberg, Achtundsechzig, S. 113.
[317] Zwar werden hier auch Mitglieder aus anderen HBV-Bereichen gezählt – den Banken, Versicherungen und Wirtschaftsdiensten –, allerdings machte der Fachbereich Handel mit 58,7% (1983) und 55,6% (1987) den mit Abstand größten Teil der Mitglieder aus. In der Erklärung zur Tabelle zur Teilzeitarbeit hieß es überdies, dass vor allem die Personalpolitik im Einzelhandel für die Mitgliederentwicklung im Teilzeitbereich verantwortlich sei: „Vollzeitarbeitsplätze, die frei werden, werden nur durch Teilzeitarbeitsplätze und das gerechnet am Arbeitszeitvolumen, oftmals nur noch teilweise wieder besetzt"; AdMAB, HBV, Ordner zur 11. Ordentlichen Landesbezirkskonferenz 1988 in Erlangen, hier: Geschäftsbericht 1984–1987, S. 48 f.
[318] Vgl. Gartz/Küter, Teilzeitarbeit, S. 5.

erhielt die Problematik durch ihre Relevanz für männliche Mitglieder einen Bedeutungszuwachs. In Zeiten hoher Arbeitslosigkeit verringerte sich scheinbar die geschlechtsspezifische Differenz im Betrieb – von Rationalisierungsmaßnahmen waren Frauen wie Männer betroffen –, allerdings blieb sie auf gewerkschaftlicher und gesellschaftlicher Ebene erhalten, denn während Teilzeitarbeit für Frauen als quasi natürlich hingenommen wurde, bedeutete sie für Männer einen hohen Ansehensverlust.

Im selben Jahr – 1985 – wurde erstmals eine rechtliche Begriffsbestimmung von Teilzeitarbeit vorgenommen. Nach dem Beschäftigungsförderungsgesetz besteht ein Teilzeitarbeitsverhältnis, wenn nach dem Arbeitsvertrag die regelmäßige wöchentliche Arbeitszeit kürzer ist als die regelmäßige Wochenarbeitszeit vergleichbarer Vollzeitbeschäftigter.[319]

Positive Effekte für die Unternehmen

Zunächst einmal waren Aushilfen und Teilzeitkräfte im Einzelhandel als Ersatz für Vollzeitbeschäftigte eingesetzt. Sie dienten zum Auffüllen fehlender Stunden in Zeiten von Arbeitskräftemangel, zum Entlasten in Stoßzeiten, bei saisonal bedingt hohem Andrang durch die Kundschaft, und schließlich zum Ausnutzen der Randzeiten, als Arbeits- und Ladenöffnungszeiten durch die Arbeitszeitverkürzung auseinanderzudriften begannen.[320] Später wurde Teilzeitarbeit für die Unternehmen auch deshalb relevant, weil sie erkannten, dass sich dabei die Arbeitsintensität erhöhte.[321] Dies ließ sich beim Einzelhandel ähnlich gut nachvollziehen wie bei industrieller Akkordarbeit, indem der Umsatz pro Person berechnet wurde. Die Umsatzleistung der Teilzeitkräfte lag über der der Vollzeitkräfte.[322] Außerdem zielten die Unternehmen mit zunehmender Nutzung neuer Technologien darauf ab, neu geschaffene Arbeitsplätze mit hohen Investitionskosten optimal auszunutzen, folglich möglichst lange zu besetzen.[323] Weiterhin zeigte sich, dass angelernte Teilzeitkräfte einfache Tätigkeiten ausführen konnten, ohne dafür eine berufsspezifische Ausbildung durchlaufen zu müssen. Teilzeitarbeit war demnach oft monoton und qualifizierte Teilzeitarbeitsplätze waren kaum vorhanden. Somit bestanden auch nur geringe Aufstiegsmöglichkeiten.[324] Für folgende Tätigkeiten wurden Teilzeitkräfte im Einzelhandel 1985 eingesetzt:

---

[319] Vgl. Beschäftigungsförderungsgesetz (BeschFG) vom 26. April 1985, in: BGBl. I, 1985, Nr. 21 vom 30. 4. 1985, hier: § 2, Abs. 2.
[320] Vgl. Engfer, Rationalisierungsstrategien, S. 228.
[321] „Teilzeitkräfte können bei insgesamt kürzerer täglicher Arbeitszeit höhere Leistungen pro Zeiteinheit erbringen als Ganztagskräfte"; AdMAB, HBV, Elektronische Datenkassen. Rationalisierung. Fortschritt … für wen?, hrsg. v. Gewerkschaft HBV, Hauptfachabteilung Handel, Düsseldorf 1980, S. 16, hier: Ministerium für Soziales, Gesundheit und Sport Rheinland-Pfalz, Möglichkeiten der Teilzeitbeschäftigung in der deutschen Wirtschaft, Mainz 1978, S. 26.
[322] Vgl. Gartz/Küter, Teilzeitarbeit, S. 15.
[323] Vgl. Gartz/Küter, Teilzeitarbeit, S. 15.
[324] Vgl. Gartz/Küter, Teilzeitarbeit, S. 16.

„Verkaufs- und Kassiertätigkeit, einfach und leicht erlernbare Tätigkeiten (Packen, Sortieren, usw.), Lager- und Auffüllarbeiten, Warenvorbereitung (z. B. Auszeichnen, Auffüllen), Verwaltungsarbeiten in abgegrenzten Bereichen, bestimmte Hilfsarbeiten, wie Buchungs-, Rechen- und Registraturarbeiten, Maschinenschreiben nach Vorlage oder Diktaphon, Belegeingabe an Dateneingabegeräten."[325]

Die DAG erläuterte in der Broschüre über Teilzeitarbeit eine ganze Reihe erwarteter Vorteile für die Unternehmen: zum einen einen Wettbewerbsvorteil durch die Senkung der Personalkosten, da aufgrund einer hohen Nachfrage nach Teilzeitarbeitsplätzen die ansonsten üblichen übertariflichen Gehaltszahlungen entfielen und sich unter bestimmten Voraussetzungen auch die Arbeitgeberanteile zur Sozialversicherung erübrigten. Zum anderen seien Krankheitsausfälle bei Teilzeitkräften seltener und generell sei mit weniger Fehlzeiten zu rechnen, wodurch auch die Fluktuation innerhalb der Belegschaft abnehme. Außerdem zeichneten sich Teilzeitbeschäftigte durch eine höhere „Anpassungsflexibilität" aus und ihre „Motivation" sei größer, was die DAG allerdings auf die Angst um den eigenen Arbeitsplatz zurückführte.[326] Weitere positiv bewertete Aspekte, die die Handelsunternehmen dazu bewogen Teilzeitkräfte einzusetzen, waren das Eingehen auf Wünsche der Mitarbeiterinnen und Mitarbeiter sowie ein verbessertes Betriebsklima. Ein Aspekt, den etwa Industriebetriebe besonders an Teilzeitarbeit schätzten, nämlich der Rückgang der Zahl der Arbeitsunfälle, spielte im Einzelhandel keine Rolle. Auch sonst scheinen gesundheitliche Aspekte der Beschäftigten für die Unternehmen nicht von Bedeutung gewesen zu sein. Die Industrieunternehmen beurteilten außerdem etwa „Personalzusatzkosten", „Kosten für Arbeitsplatzausstattung" sowie „Verwaltungsaufwand" als negative Aspekte der Teilzeitarbeit, was insgesamt für die Handelsunternehmen wiederum irrelevant oder teilweise sogar positiv besetzt war. Dies deutet darauf hin, dass Teilzeitkräfte in der Industrie häufiger als im Handel nicht als einfach zu verwaltende Aushilfen, sondern als „normale" Beschäftigte mit reduzierter Stundenzahl gewertet wurden.[327]

Bei der Einführung der 40-Stunden-Woche in den Tarifverträgen des Einzelhandels profitierten die Unternehmen vom Einsatz von Teilzeitkräften: „Ersatz für die gestiegene Freizeit der Vollzeit-Mitarbeiter wurde weitgehend durch zusätzlichen Einsatz von Teilzeitkräften gefunden."[328] Einzelne Geschäfte arbeiteten schon länger mit einem überwiegenden Anteil an Teilzeitkräften, etwa in zwei Schichten. Dabei hatten sich die Personalkosten erhöht, doch wäre sonst eine solche Arbeitszeitverkürzung nicht möglich gewesen. Der Einsatz von Teilzeitkräften war scheinbar zum einzig gangbaren Weg und damit Teilzeitarbeit zu einem wertvollen Gut geworden. Dementsprechend waren „Halbtagskräfte immer schwerer zu bekommen".[329] Sie fungierten als personeller Puffer, um die Freizeitbedürfnisse der Vollbeschäftigten zu kompensieren.

---

[325] Gartz/Küter, Teilzeitarbeit, S. 6.
[326] Gartz/Küter, Teilzeitarbeit, S. 15 f.
[327] Vgl. Engfer, Rationalisierungsstrategien, S. 229, Tabelle: „Für und Wider Teilzeitarbeit, Einschätzung durch die Unternehmen", übernommen aus einer Studie des IFO-Instituts von 1982.
[328] O. A., Öffnung verkürzt und Teilzeit erhöht, in: Lebensmittel-Zeitung, 27. 07. 1972, S. 1.
[329] O. A., Öffnung verkürzt und Teilzeit erhöht, in: Lebensmittel-Zeitung, 27. 07. 1972, S. 4.

„Diese Konsequenz dürfte allerdings den Gewerkschaften, die für die 40-Stunden-Woche gefochten habe, gar nicht genehm sein, haben doch Teilzeitmitarbeiter wesentlich geringere Bindungen an ihren Beruf und damit eventuell an die Interessenvertretung der abhängig Beschäftigten."[330]

Individuelle Vorteile für die Beschäftigten

Die Frauenzeitschrift „Neue Revue" verdeutlichte in einem Artikel zur Teilzeitarbeit Anfang der 1980er Jahre ausschließlich die Vorteile dieser arbeitszeitlichen Praxis: „mehr Spaß am Beruf, mehr Freizeit für Familie und Hobby." Sie stellte zwei Beispiele vor: eine Verkäuferin des Kaufhauses Beck beim Baden an einem heißen Sommersamstag, und eine Sachbearbeiterin, die sich den Freitag freigehalten hatte, um noch vor dem Wochenende den Haushalt auf Vordermann zu bringen, bevor der Mann nach Hause kam und sie ein gemeinsames Segel-Wochenende verbringen würden. Beide wurden dargestellt als glückliche Profiteurinnen der verkürzten Arbeitszeit. Neben klassischen Teilzeitmodellen und dem Modell der individuellen Arbeitszeit bei Beck stellte der Artikel auch „Job-Sharing" vor – eine Methode, sich die Arbeitszeit aufzuteilen: „Mehrere Frauen teilen sich einen Arbeitsplatz". An einem Beispiel von zwei Frauen des Otto-Versands – die es gemeinsam sogar zur Position der Gruppenleiterin gebracht hatten – beschrieb der Artikel die Vorteile dieser Arbeitszeitpraktik: „Will mal die eine ins Theater, zum Kegelabend – die andere springt für sie ein. Kein Vorgesetzter muß gefragt werden." Eine weitere Frau nutzte die durch Teilzeit gewonnene Zeit, um ihrem Sohn bei den Hausaufgaben zu helfen und die Hausarbeit zu erledigen. Durch die Teilzeitarbeit erlebe sie den Arbeitstag stets als Abwechslung und nicht als Bürde. Die Bedenken von Gewerkschaften werden in dem Artikel zwar erwähnt, aber mit Verweis auf politische Stellen entkräftet, die die Arbeitsbedingungen für Teilzeitkräfte beispielsweise durch erhöhten Kündigungsschutz verbessern wollten. Allerdings würden immer noch qualifizierte Teilzeitarbeitsplätze fehlen, da auch manche Unternehmen zu starr denken würden.[331] Auch eine andere Frauenzeitschrift, „Brigitte", stellte das Becksche Arbeitszeitmodell vor und führte anhand von Stimmen aus dem Verkauf weitere Vorteile der Teilzeitarbeit aus: Man könne häufiger eine kleine Pause einlegen; durch das Aushandeln der Arbeitszeit mit der Leitung fühle sich „frau" nicht in einer „Vorgesetzten-Untergebenen-Position", sondern als Souverän über ihre Zeit; man könne „schönes Wetter" ausnutzen oder flexibel agieren, „wenn was mit dem Kind ist". Insgesamt sei es eine „bessere Balance zwischen Berufs- und Familienleben". Allerdings wies die Autorin auch auf Risiken hin. Als gefährlich stufte sie das Absinken von Teilzeitkräften unter die Grenze zur Sozialversicherungspflicht ein. Dies sei vor allem bei weiblichen Kräften und bei kleinen Betrieben der Fall.[332]

---

[330] O. A, Öffnung verkürzt und Teilzeit erhöht, in: Lebensmittel-Zeitung, 27. 07. 1972, S. 4.
[331] BWA, F 34 / 369, Beck-Archiv 12, 1981–1983, hier: Udo Tröster, Davon träumen wir alle – Teilzeit macht's möglich, in: Neue Revue, o. D., S. 69–71.
[332] BWA, F 34 / 376, Beck-Archiv 18, 1989–1990, hier: Nack, Der 100-Stunden-Monat.

Zu ähnlichen Ergebnissen kam eine gewerkschaftliche Untersuchung, die die Frauen im Berliner Einzelhandel betrachtete. Den Ausgangspunkt der Nachforschungen bildete eine negative Einschätzung der Teilzeitarbeit durch die Autorinnen des Artikels: „Was als kurzfristige Überlebensmöglichkeit vernünftig scheint, mag sich mittelfristig als Bumerang erweisen, weil dadurch die geschlechtsspezifische Arbeitsteilung in Familie und Erwerbsarbeit verfestigt wird."[333] In den Befragungen der betroffenen Frauen ergaben sich ambivalente bis positive Aspekte: die Verminderung der unerträglich hohen Arbeitsbelastung einer Vollzeitstelle durch die freiwillige Stundenkürzung; die bisweilen gegebene Möglichkeit der Beachtung individueller Bedürfnisse bei der Einsatzplanung durch die Filialleitung; größerer finanzieller Spielraum; ein erhöhtes „Selbstbewußtsein und ihr Selbstvertrauen", das sich für die Frauen aus ihrer Erwerbstätigkeit ergab. Die Tatsache, dass die Familie für viele teilzeitbeschäftigte Frauen im Einzelhandel einen höheren Stellenwert besaß als ihre Erwerbsarbeit, könne auch dazu beitragen, dass sie sich gegen manche unzumutbaren Arbeitsbedingungen erfolgreich zur Wehr setzten, denn der Einzelhandel war aufgrund von Personalknappheit – hervorgerufen durch niedrige Löhne und ungünstige Arbeitszeiten – auf sie angewiesen. Diese Position der Stärke wüssten die Frauen allerdings nur selten auszunutzen.[334]

Teilzeitarbeit konnte somit ein Mittel sein, um strukturelle Probleme – hohe Arbeitsbelastung, unzureichende Fürsorgepflicht der Betriebe, fehlende staatliche Maßnahmen zur Vereinbarkeit von Familie und Beruf – auf einer individuellen Ebene auszugleichen. Auch gesellschaftlich oder familiär bedingte Herausforderungen konnten so überwunden werden, darunter: das Gefühl einer zeitlichen Ohnmacht gegenüber dem Arbeitgeber oder die mangelnde Bereitschaft der männlichen Partner, sich an Hausarbeit zu beteiligen. Für die Beschäftigten bot das Arbeiten in Teilzeit die Möglichkeit, Beruf und Familie zu verbinden, mehr Freizeit zu haben oder überhaupt ein wenig Geld hinzuzuverdienen. Hier steht Teilzeitarbeit in engem Zusammenhang mit der Bundesrepublik als sogenannte Konsumgesellschaft,[335] in der vor allem seit den 1980er Jahren eine Abkehr von rein materialistischen Werten erfolgte und die Betonung von Freizeit und Spaß in bestimmten Gesellschaftsschichten in den Vordergrund gerückt war.[336]

Negative Effektive aus Sicht der Gewerkschaften

In den 1950er Jahren konnten die Einzelhandelsgewerkschaften Teilzeitarbeit als Randproblem betrachten, da sie kaum verbreitet war. Die meisten arbeitenden Frauen waren ledig, verwitwet oder geschieden. Wenn junge Frauen heirateten, gaben sie in der Regel ihren Beruf auf.[337] Dies entsprach zumindest dem gesell-

---

[333] Rudolph u. a., Chancen, S. 204.
[334] Rudolph u. a., Chancen, S. 208, 210 f.
[335] Vgl. Schramm, Konsumgeschichte; kritisch zur Einschätzung als Paradigmenwechsel: Bänziger, Konsumgesellschaft.
[336] Grundlegend zur kritischen Einordnung der (historischen) Wertewandelsforschung vgl. Dietz (Hrsg.), Wertewandel.
[337] Vgl. Maier, Arbeitsmarkt, S. 250.

schaftlichen Leitbild. Auch der DGB stützte sich in seinen Überlegungen zur Teilzeitarbeit auf das Modell des männlichen Familienernährers. Teilzeitarbeit war demnach nur für Frauen in Notsituationen zu rechtfertigen; entweder weil sie durch ihren Verdienst zum Familieneinkommen beitragen mussten, oder weil sie im Beruf unabkömmlich waren. Mitte der 1950er Jahre herrschte eine zwiespältige Einstellung gegenüber Teilzeitarbeit insbesondere bei den DGB-Gewerkschafterinnen. So befürchteten sie etwa, dass „Überleistungen" der Teilzeitkräfte den Akkord- und Stücklohn drücken könnten und Teilzeitarbeiterinnen nicht gut organisierbar seien.[338] Sie lehnten „Halbtagsarbeit als billige Mobilisierungsstrategie für ungelernte Hilfsarbeiten ab" und sahen darin „eine Gefahr für ihr Ziel, die Arbeits- und Lebensbedingungen vollerwerbstätiger Frauen zu verbessern".[339] Der DGB stimmte auf seinem vierten Bundeskongress 1956 aus wirtschaftlicher Notwendigkeit heraus grundsätzlich der Teilzeitarbeit zu, versuchte jedoch gleichzeitig den Normalarbeitstag zu schützen.[340]

In den 1960er und 1970er Jahren allerdings entwickelte sich Teilzeitarbeit zu einem gesellschaftlich gewollten Arbeitszeitmodell für verheiratete Frauen und Mütter, oder als Wiedereinstiegsmöglichkeit in den Beruf nach einer familiär bedingten Pause. Darauf mussten die Gewerkschaften reagieren – auch im Zuge der familienpolitischen Wende der SPD, mit der Frauen ein Recht auf eigene Erwerbstätigkeit eingeräumt wurde, wobei dies auf einer freien Entscheidung beruhen sollte, deren Voraussetzung weiterhin ein männlicher „Ernährerlohn" darstellte. Der DGB richtete 1963 eine „Kleine Kommission zur Teilzeitarbeit" ein, die Teilzeitarbeit immerhin unter bestimmten Bedingungen befürwortete: für Frauen mit familiären Verpflichtungen und für qualifizierte Frauen, die dadurch trotz Familie Kontakt zur Arbeitswelt halten konnten.[341] Eine eindeutige Stellungnahme für Teilzeitarbeit und für deren sozialversicherungs-, arbeits- und tarifrechtliche Gleichstellung verabschiedete der DGB auf dem Bundeskongress 1966.[342] Anhand dieser gewerkschaftsinternen Diskussionen wird klar, dass viele der heutzutage vorzufindenden Denkmuster noch aus Zeiten rekurrieren, in denen die Gewerkschaften einem geschlechtsspezifisch arbeitsteiligen Familienbild anhingen.

Bis zur Umsetzung dieser theoretischen Stellungnahme in der tatsächlichen Tarifpolitik der Einzelgewerkschaften dauerte es. Aufgrund des hohen Frauenanteils setzte man sich in der HBV vergleichsweise früh für die Anerkennung von Teilzeitarbeit ein und bemühte sich um Mitgliederwerbung unter den Teilzeitkräften.[343] Im Zuge dessen sollte auch die tarifliche Integration und Gleichstellung erfolgen, um

---

[338] Vgl. von Oertzen/Rietzschel, Teilzeitarbeit, S. 216–219. Ein wesentlicher Grund für teilzeitbeschäftigte Frauen nicht in eine Gewerkschaft einzutreten, war der nach Stundenlohn berechnete Mitgliedsbeitrag. Dieser änderte sich Anfang der 1960er Jahre, als ein gestaffelter Beitragssatz eingeführt wurde, vgl. von Oertzen/Rietzschel, Teilzeitarbeit, S. 224 f.
[339] Von Oertzen/Rietzschel, Teilzeitarbeit, S. 244.
[340] Vgl. von Oertzen/Rietzschel, Teilzeitarbeit, S. 218.
[341] Von Oertzen/Rietzschel, Teilzeitarbeit, S. 221–224, 244.
[342] Vgl. von Oertzen/Rietzschel, Teilzeitarbeit, S. 225 f.
[343] Vgl. von Oertzen/Rietzschel, Teilzeitarbeit, S. 225.

nicht die Regelungen für Vollzeitkräfte durch Einzelverträge auszuhöhlen. Anfang der 1960er Jahre lagen hier also noch „Motive der Bestandssicherung" zugrunde; ein paar Jahre später konnte man aber bereits von einer konzeptionell veränderten tarifpolitischen Ausrichtung sprechen. Insgesamt kann die HBV als „Motor dieses Umdenkens" gelten, da sie die Anliegen der Teilzeitkräfte mittels Anträgen auf den Gewerkschaftskongressen einbrachte.[344]

Allerdings mahlten die Mühlen der Gewerkschaft langsam und althergebrachte Denkweisen erwiesen eine erstaunliche Beharrungskraft. Dies mag auch daran gelegen haben, dass sowohl der Einfluss der Hauptabteilung Frauen im DGB als auch die Bedeutung der Frauenabteilungen der Einzelgewerkschaften eingeschränkt waren und die Ausrichtung auf den männlichen Normalarbeitstag weiterhin das gewerkschaftliche Handeln bestimmte.[345] So liegen verlässliche Zahlen für den Anteil der Teilzeitbeschäftigten innerhalb der HBV erst für das Jahr 1977 vor. Danach waren 58,4 Prozent der Mitglieder Frauen und von diesen arbeitete etwa ein Viertel in Teilzeit. Nicht erfasst in der HBV-Statistik waren Pauschalarbeitskräfte und Aushilfen.[346] Diese waren überhaupt nur in Einzelfällen im Fokus der gewerkschaftlichen Interessensvertretung. Weiterhin war Teilzeitarbeit sowohl in der HBV als auch bei der gesamtgewerkschaftlichen Frauenbewegung umstritten. Dies verdeutlicht ein autobiografischer Text der Gewerkschafterin Dagmar Fries:

„[F] ür mich und auch für andere [waren] Frauen, die Teilzeit arbeiteten und die sagten, daß das für sie die einzige Möglichkeit sei, Beruf und Familie miteinander zu vereinbaren, fast schon Verräterinnen an gewerkschaftlichen Grundpositionen [...]. Die unterliefen doch die Forderung nach Arbeitszeitverkürzung und 35-Stunden-Woche! Wir ließen es allerhöchstens noch als Notlösung gelten, wenn jemand viele Kinder hatte. [...] Ich glaube, wir haben manche Kollegin schlicht vor den Kopf gestoßen. Wir haben ernsthaft diskutiert, ob wir nicht ein gesetzliches Verbot von Teilzeitarbeit fordern sollten. [...]. Bis zur Erkenntnis, daß Teilzeitbeschäftigte tarifvertraglich abgesichert und arbeitsrechtlich gleichgestellt werden müssen, war es ein weiter Weg."[347]

1980 stellte Jürgen Glaubitz – seinerzeit Sekretär der Hauptfachabteilung Handel der HBV – den Zusammenhang zwischen Rationalisierung und Teilzeitarbeit heraus und betonte die Wichtigkeit, von gewerkschaftlicher Seite aus darauf zu reagieren: „Der variierende/variable Einsatz von Teilzeitkräften ist ein entscheidendes Rationalisierungsinstrument in den Händen der Unternehmer." Denn mit den in den 1970er Jahren eingeführten, EDV-gestützten Kassensystemen sei eine an den Kunden- und Unternehmerbedürfnissen orientierte Personaleinsatzplanung möglich, die – ähnlich wie bei „Arbeit auf Abruf" (Kapovaz) – zulasten der Beschäftigten gehe. Daher müsse es gewerkschaftliches Ziel sein, für Teilzeitarbeitende die Lage der Arbeitszeit und die Wochenstunden im Vorhinein festzulegen.[348] Ebenfalls gewerkschaftliche Kritik rief im Kontext der Debatten um Arbeitszeit-

---

[344] Von Oertzen/Rietzschel, Teilzeitarbeit, S. 228.
[345] Vgl. von Oertzen/Rietzschel, Teilzeitarbeit, S. 229.
[346] Vgl. Fries, Teilzeitarbeit, S. 30.
[347] Fries, Dagmar, in: Pilwousek (Hrsg.), Wir lassen uns nicht alles gefallen, S. 64 f.
[348] Vgl. Glaubitz, Rationalisierung, S. 444 f.

verkürzung Anfang der 1980er Jahre die Tatsache hervor, dass unter den Teilzeitbeschäftigten der Organisationsgrad gering war:

„Der Nachdruck für die Durchsetzung allgemeiner, bezahlter Arbeitszeitverkürzung wird vermindert. Die Forderung nach Humanisierung der Arbeitsbedingungen ist schwerer durchsetzbar, wenn die erhöhten Arbeitsbelastungen durch unbezahlte Arbeitszeitverkürzungen verschleiert werden."349

Doch in den 1980er Jahren nahm das gewerkschaftliche Engagement bezüglich Teilzeitarbeit an Fahrt auf. 1982 gab der Hauptvorstand der HBV erstmals ein Arbeitsheft zur Teilzeitarbeit heraus, wobei die Verantwortlichkeit für die Gestaltung dieser Broschüre bei der Abteilung Frauen lag. Es wurde also nicht als gesamtgewerkschaftliches Problem wahrgenommen – und das, obwohl die Mehrheit der HBV-Mitglieder Frauen waren. Dies zeigt, dass die männliche Führungsriege der Gewerkschaft eine Problematik, die vor allem Frauen betraf, nicht in das Zentrum ihrer Arbeit rückte, sondern an ihren Rand auslagerte. Aber ab Mitte der 1980er Jahre – angesichts negativer Folgen wie „negative[ ] Flexibilisierung", aber auch angespornt durch die Rechtsprechung des Europäischen Gerichtshofs (EuGH) und des BAG – stellten sich die (Einzelhandels-)Gewerkschaften gegen einen weiteren Ausbau der Teilzeitarbeit und forderten deren arbeitsrechtliche Absicherung.350 1988 wurde in der HBV Bayern ein Arbeits- und Aktionsprogramm beschlossen, in das explizit auch Pauschalkräfte und Aushilfen mit aufgenommen werden sollten.351 Auf der Landesbezirkskonferenz der HBV in Bayern desselben Jahres gingen gleich mehrere Anträge zum Themenkomplex Teilzeitarbeit ein und wurden auch verabschiedet. Gründe dafür waren vor allem, dass insgesamt eine Zunahme von ungeschützten Beschäftigungsverhältnissen beobachtet werden konnte, und im Besonderen eine ebenso zunehmende Umwandlung von Vollzeit- in Teilzeitarbeitsplätze – von 1980 bis 1985 wurden 147 700 Vollzeitarbeitsplätze im Einzelhandel abgebaut und 36 500 Teilzeitarbeitsplätze geschaffen.352 Ein weiterer Grund war, dass es der HBV auch um Gleichberechtigung ging: „Frauen werden in die Rolle der Doppelverdienerin gedrängt. Sie sind eher für die unqualifizierten Arbeiten zuständig. Sie rangieren am untersten Rand der Lohnskala." Diese Tendenz würde durch die vor allem bei Frauen verbreitete Teilzeitarbeit noch verstärkt. „Teilzeitbeschäftigte Frauen werden in die Rolle von Lückenbüßern gedrängt."353 Außerdem sollten gezielt Teilzeitarbeitende für die Gewerkschaft geworben werden.354

Besonders kritisch standen die Gewerkschaften sogenannten „Callgirl-Systemen" und der „kapazitätsorientierten variablen Arbeitszeit" gegenüber. Hierbei befanden

---

349 Rudolph u. a., Chancen, S. 204.
350 Fries, Teilzeitarbeit, S. 31.
351 Vgl. Fries, Teilzeitarbeit, S. 32.
352 AdMAB, HBV, Ordner zur 11. Ordentlichen Landesbezirkskonferenz 1988 in Erlangen, hier: Geschäftsbericht 1984–1987, S. 19, sowie Anhang Antrag Nr. 6.
353 AdMAB, HBV, Ordner zur 11. Ordentlichen Landesbezirkskonferenz 1988 in Erlangen, hier: Geschäftsbericht 1984–1987, Anhang Antrag Nr. 12.
354 AdMAB, HBV, Ordner zur 11. Ordentlichen Landesbezirkskonferenz 1988 in Erlangen, hier: Geschäftsbericht 1984–1987, S. 19.

sich die Arbeitnehmerinnen und Arbeitnehmer in einer umfassenden Abhängigkeit und die Bedürfnisse der Unternehmen griffen weit in das Privatleben und die Freizeit ihrer Beschäftigten hinein. Diese „ständige Arbeitsbereitschaft" wurde nicht entlohnt, sondern war als Verpflichtung im Arbeitsvertrag festgelegt worden. Für qualifizierte Teilzeitarbeit mit schriftlich fixierten Arbeitszeiten und den gleichen tarifvertraglichen, betrieblichen und sozialpolitischen Leistungen hingegen waren Anfang der 1980er Jahre sowohl die DAG als auch die HBV offen.[355]

Im Rahmen der Arbeitszeitverkürzung von 1986 diskutierte die HBV die betriebliche Stellung der Teilzeitbeschäftigten intensiver und stellte bei einer Untersuchung zur Umsetzung der Arbeitszeitverkürzung in diversen Betrieben des Einzelhandels fest, dass die Teilzeitbeschäftigten kaum oder nur geringfügig von der Stundenverkürzung profitiert hatten. In den meisten Betrieben waren sie nicht in die abgeschlossenen Betriebsvereinbarungen einbezogen. Vielerorts seien solche Kürzungen über Einzelarbeitsverträge geregelt worden, was die allgemeine Arbeitszeitverkürzung ad absurdum geführt hatte. Andernorts seien anstelle von anteiligen Arbeitszeitverkürzungen höhere Entgelte vereinbart worden.[356]

Teilzeitregelungen wurden spätestens 1988 ein wichtiger Teil der Tarifpolitik der HBV. Ziele der Tarifrunde 1989 waren neben der weiteren Verkürzung der Vollarbeitszeit auf 35 Stunden pro Woche und der Verringerung der Abend-, Nacht-, Samstags- und Sonntagsarbeit vorrangig auch die Festlegung von Mindestarbeitszeiten, die Durchsetzung gleicher sozialer und tariflicher Rechte bei Teilzeitarbeit und eine angemessene Dauer und Lage der Arbeitszeit.[357]

Die DAG hatte ebenfalls bis Mitte der 1980er Jahre das Phänomen Teilzeitarbeit akzeptiert, konstatierte aber weiterhin, dass „[b]esonders für Teilzeitarbeit im Einzelhandel [gelte], daß sie der Verminderung der bezahlten Arbeitsstunden dien[e] und somit arbeitsplatzvernichtend wirk[e]". Wie auch die HBV pochte sie auf „die Absicherung der Teilzeitbeschäftigung in Tarifverträgen" und lehnte sonstige individuelle flexible Arbeitszeitmodelle ab.[358] In den schriftlichen Arbeitsverträgen solle die regelmäßige Arbeitszeit sowie deren Lage festgehalten und gleichsam Art und Umfang der Tätigkeiten sowie der Einsatzort beschrieben werden. Mehrarbeit müsse genauso wie bei Vollbeschäftigten mit Zuschlägen abgegolten werden.[359]

In den HBV-Tarifverträgen ab 1990 waren Teilzeitbeschäftigte inkludiert. Die wichtigsten Bestimmungen ähnelten sich über die verschiedenen Tarifbezirke hin-

---

[355] BWA, F 34 / 369, Beck-Archiv 12, 1981–1983, hier: Artikel „Callgirl-Systeme" lehnen die Gewerkschaften ab. Teilzeitarbeit: HBV und DAG kontra „Kapovaz", in Handelsblatt Nr. 81, vom 27. 04. 1983, S. 5.
[356] AdsD, HBV, 5 / HBVH850006, Arbeitszeit im Handel, 1981–1987, hier: Rundschreiben Einzelhandel A 48/1986 der Gewerkschaft HBV im DGB, Fachgruppe Einzelhandel, Betr.: Betriebliche Umsetzung der Arbeitszeitverkürzung im Einzelhandel – Auswertungen vorhandener Betriebsvereinbarungen, vom 02. 06. 1986, Anlage, S. 2, 18.
[357] AdsD, HBV, 5 / HBVH850036, Frauendiskriminierung, 1979–1989, hier: Pressedienst HBV, Nr. 7/88, Betr.: HBV-Vorsitzender Lorenz Schwegler: „Millionenfach praktizierte Diskriminierung berufstätiger Frauen steht im Mittelpunkt der Tarifrunde 1989", vom 21. 01. 1989.
[358] Gartz/Küter, Teilzeitarbeit, S. 13 f.
[359] Vgl. Gartz/Küter, Teilzeitarbeit, S. 24 f.

weg. Danach sollten Teilzeitkräfte auch von der vorgesehenen Arbeitszeitverkürzung von 38,5 auf 37,5 oder 37 Stunden pro Woche profitieren. Außerdem war eine Regelung beinhaltet, nach der die Anrechnung ihrer Tätigkeitsjahre (etwa für die Berechnung von Sozialleistungen) nicht anteilig, sondern vollumfänglich erfolgte. Vorgesehen war zudem, dass die wöchentliche Arbeitszeit die Grenze der Versicherungspflicht nicht unterschritt, sie grundsätzlich auf fünf Arbeitstage verteilt wurde und die tägliche Arbeitszeit mindestens vier Stunden betrug.[360]

Strukturelle Nachteile: Diskriminierung und Auswirkungen auf Lebensarbeitszeit

Dass Teilzeitarbeit sich auf mehreren Ebenen nachteilig für die betreffenden Frauen auswirkte, zeigt ein Mitte der 1980er Jahre als neu wahrgenommenes Problem und ein juristischer Vorgang, der bis zu einem Urteil des Europäischen Gerichtshofs in Luxemburg führte. Die „mittelbare Diskriminierung" von Frauen bei der Arbeit war zu unterlassen. Davon sei die Rede, „wenn Leistungsvoraussetzungen zwar geschlechtsneutral formuliert sind, aber von Frauen gar nicht oder nur mit unverhältnismäßigen Schwierigkeiten erfüllt werden können". Das Bundesarbeitsgericht nahm dies auf und formulierte ebenfalls 1986: „Ein typisches Beispiel für die mittelbare Diskriminierung ist die ungerechtfertigte Benachteiligung von Teilzeitkräften." Konkret ging es in dieser Sache um den Ausschluss von teilzeitarbeitenden Frauen von der Betriebsrente. In zwei Grundsatzurteilen entschied das BAG über die Versorgungsordnungen von zwei Kaufhäusern, nach denen Ansprüche aus der betrieblichen Altersvorsorge erst nach 15 bis 20 Jahren Vollbeschäftigung entstehen konnten. Dies sei laut EuGH nur möglich, wenn dafür ein spezieller Grund, ein „wirkliches Bedürfnis" vorhanden sei. Das BAG sah dies nicht gegeben und erklärte die Ausnahme für Teilzeitkräfte als nichtig.[361] Die Rechtsprechung zeigt, dass überwiegend Frauen in Teilzeit arbeiteten. Aber noch entscheidender belegt es, dass diese Tatsache auf einem breiten gesellschaftlichen Konsens beruhte. Andernfalls hätten die Gerichte nicht über die Diskriminierung von Frauen, sondern von Teilzeitkräften verhandelt, oder eine justizielle Berufung auf die Ungleichbehandlung der Geschlechter wäre erst gar nicht möglich gewesen.

Im Anschluss daran, und auch aufgrund der allgemeinen Stimmung gegen Ende der 1980er Jahre, gingen schließlich die Gewerkschaften – HBV (im DGB) und DAG – stärker gegen schlechtere Arbeitsbedingungen und Diskriminierung von Teilzeitkräften vor. Dennoch ging die Praxis mehrerer Einzelhandelsunternehmen,

---

[360] AdsD, HBV, 5 / HBVH820042, Arbeitszeitbestimmungen in Manteltarifverträgen Großhandel und Einzelhandel, 1992–93, hier: Abteilung Tarifpolitik des Hauptvorstandes der Gewerkschaft HBV (Hrsg.), Arbeitszeitbestimmungen in den Manteltarifverträgen des Einzelhandels, Stand 01. 01. 1990 (West), 01. 01. 1991 (Ost), S. 4–7B.

[361] AdsD, HBV, 5 / HBV850036, Frauendiskriminierung, 1979–1989, hier: Pressemitteilung des Bundesarbeitsgerichts Nr. 24/86, an die Gewerkschaft HBV Hauptvorstand, HA III – Arbeitsrecht, Betr.: Benachteiligung von Teilzeitarbeit als „mittelbare Diskriminierung von Frauen", vom 10. 10. 1986.

Teilzeitkräfte – überwiegend Frauen – von betrieblichen Leistungen auszuschließen, weiter. So kam es noch öfter zu Prozessen vor den Arbeitsgerichten: „Seit Jahren gewinne [die] HBV einen Prozeß nach dem anderen für gewerkschaftlich organisierte Teilzeitarbeitnehmerinnen, ohne daß die betroffenen Firmen eingelenkt hätten."[362] Vermutlich gab es noch immer viele Frauen, die nicht gewerkschaftlich organisiert waren oder diese Praxis aus anderen Gründen duldeten. Denn für die Firmen scheint der wirtschaftliche Nutzen noch immer höher gewesen zu sein als die Einbußen durch die vermehrt auftretenden, juristischen Klagen.

Auch die DAG beteiligte sich an der Diskussion um die mittelbare Diskriminierung von Frauen und veröffentliche dazu 1994 eine umfangreiche Sammlung gerichtlicher Entscheidungen, die besonders auf die Problematik der Diskriminierung bei Teilzeitarbeit einging. Die seit dem EuGH-Urteil etablierte Rechtsprechung sollte so gebündelt dem Personal und den Betriebsräten zur Verfügung gestellt werden. Aspekte, die darin aufgeführt wurden – die also außerdem zur Diskriminierung von Frauen zu zählen waren –, waren unter anderem: Entgeltfortzahlung im Krankheitsfall, betriebliche Altersvorsorge, betriebliche Lohngestaltung, Arbeitsbedingungen allgemein, und das Sonderproblem der Frage nach Schwangerschaft vor Einstellung. Zwar zeichnete die Bundesberufsgruppe Banken und Sparkassen für die Broschüre verantwortlich, doch betraf sie sämtliche DAG-Mitglieder, und dabei vor allem Frauen, denn „[d]a überwiegend Frauen teilzeitbeschäftigt waren und sind, sind gerade [s]ie es, die benachteiligt wurden und werden".[363]

Und auch staatliche Stellen interessierten sich allmählich für die Tatsache, dass Teilzeitarbeit vor allem Frauen betraf. Das niedersächsische Frauenministerium veröffentliche 1992 eine Broschüre, die insbesondere die arbeitsrechtlichen Regelungen und die soziale Absicherung bei Teilzeitarbeit in den Vordergrund rückte und darüber informierte. Die niedersächsische Frauenministerin Waltraud Schoppe machte in ihrem Vorwort ganz dezidiert auf „vielfältige Probleme und Benachteiligungen" aufmerksam, die mit Teilzeitarbeit einhergingen, und konstatierte, dass diese den sich Teilzeitarbeit wünschenden Frauen oftmals nicht bewusst waren: fehlende Aufstiegsmöglichkeiten, Benachteiligungen in der Sozialversicherung oder überhaupt Ausschluss aus einer sozialen Absicherung bei einer wachsenden Zahl sogenannter geringfügig Beschäftigter.[364] Ganz deutlich wird an mehreren Passagen der Broschüre der Unterschied zwischen gesetzlicher Regelung und gelebter Praxis erkennbar. Eine Ungleichbehandlung in Sachen Vergütung hätte zwar rein rechtlich nicht der Fall sein dürfen, eine Studie des Instituts für Sozialforschung und Sozialwirtschaft, die hier angeführt wurde, ermittelte aber, dass nur 57 Prozent der Teilzeitkräfte Urlaubsgeld erhielten, gegenüber 84 Prozent der Vollzeitkräfte. Gleichsam

---

[362] AdsD, HBV, 5 / HBVH850036, Frauendiskriminierung, 1979–1989, hier: Pressedienst HBV, Nr. 34/89, Betr.: Mittelbare Frauendiskriminierung im Einzelhandel, vom 22. 03. 1989.
[363] AdsD, DAG, RV-1—1109, DAG Bundesvorstand/Ressort Vorsitzender/Allg. DAG-Politik, Frauenpolitik, 1993–1998, hier: Roland Stückmann und Christoph Dreyer, Entscheidungssammlung zur mittelbaren Diskriminierung von Frauen, insbesondere bei Teilzeitarbeit, hrsg. v. DAG, Berufsgruppe Banken und Sparkassen, Zitat im Vorwort, o. S.
[364] Waltraud Schoppe, Vorwort, in: Böttcher/Buhr, Frauen und Teilzeitarbeit, S. 3.

wurden nur 57 Prozent der Teilzeitkräfte beim Weihnachtsgeld berücksichtigt, von den Vollzeitkräften erhielten dies 75 Prozent.[365] Ein ähnliches Missverhältnis von Theorie und Praxis war bei der Verordnung von Überstunden zu verzeichnen. Eigentlich könne der Arbeitgeber beim Teilzeitarbeitsverhältnis grundsätzlich keine Überstunden anordnen. Diese dürften nur auf freiwilliger Basis geleistet werden. Diesbezüglich wird allerdings von einem Beispiel berichtet, bei dem eine Frau den verordneten Überstunden zustimmen musste, da ihr sonst der Verlust ihrer Anstellung gedroht hatte.[366] Auch Freistellungsansprüche – also die gesetzlich gewährte „bezahlte Freistellung von der Arbeitsleistung", etwa bei Heirat, Geburt, Tod oder Umzug – wurden in der Praxis bei Teilzeitbeschäftigten häufig übergangen: „Von ihnen wird erwartet, daß sie ihre Verpflichtungen außerhalb der Arbeitszeit wahrnehmen."[367]

Dass sich Teilzeitbeschäftigung nachteilig auf die Renten auswirkte, wurde ebenfalls in der Broschüre thematisiert. Zum einen bemaß sich die Höhe der Rente auch nach der Höhe der geleisteten Beiträge – und diese fielen erheblich geringer aus – und zum anderen galten für die Rentenversicherung sogenannte „Geringfügigkeits- und Beitragsbemessungsgrenzen". Dementsprechend wurde an dieser Stelle zur Arbeit in versicherungspflichtiger Teilzeitarbeit geraten.[368]

Das Gegenteil davon und ein weiterer Komplex, der zur Teilzeitarbeit gehörte und der ebenso fast ausschließlich Frauen betraf, waren die sogenannten „Pauschalarbeitskräfte" beziehungsweise früher Aushilfen genannt. Auch unter diesen stellte die HBV eine Zunahme fest, allerdings wurden nie belastbare Zahlen erhoben, sondern nur geschätzt. Mitte der 1980er Jahre waren etwa 1,5 bis 2 Millionen Menschen in „geringfügiger Beschäftigung", sprich in Arbeitsverhältnissen ohne rechtliche und soziale Absicherung. Davon waren allein im Einzelhandel angeblich circa 250 000 Beschäftigte. Dadurch ergaben sich laut HBV vor allem „gravierende Nachteile […] in der Alterssicherung". Weitere Diskriminierung entstünde, so die HBV weiter, durch die Nichteinbeziehung der Pauschalkräfte in die tarifliche Vergütung, sowie das Vorenthalten von Urlaub und Entgeltfortzahlung im Krankheitsfall.[369] In einem Fall von 1986 entschied das Arbeitsgericht Ludwigshafen nach einer Klage einer Frau, die in der HBV organisiert war, dass zumindest der Manteltarifvertrag des Einzelhandels auch für Pauschalkräfte gelten müsse. Demnach hätten diese Anspruch auf eine tarifliche Eingruppierung und Bezahlung, auf Urlaub und Urlaubsgeld, tarifliche Sonderzahlungen sowie Fortzahlung bei Krankheitsausfall.[370] Dies scheint aber zunächst offenbar ein Einzelfall geblie-

---

[365] Vgl. Böttcher/Buhr, Frauen und Teilzeitarbeit, S. 7.
[366] Vgl. Böttcher/Buhr, Frauen und Teilzeitarbeit, S. 8 f.
[367] Böttcher/Buhr, Frauen und Teilzeitarbeit, S. 12 f.
[368] Vgl. Böttcher/Buhr, Frauen und Teilzeitarbeit, S. 20.
[369] AdsD, HBV, 5 / HBVH850036, Frauendiskriminierung, 1979–1989, hier: Rundschreiben des HBV Hauptvorstands, HA V – Abt. Frauen 8/86, Betr.: Pauschalarbeitskräfte, hier: Urteil des Arbeitsgerichts Ludwigshafen, vom 22. 08. 1986.
[370] AdsD, HBV, 5 / HBVH850036, hier: Broschüre des HBV-Bezirksfrauenausschusses Ludwigshafen zur Pauschalarbeit.

ben zu sein, da ansonsten keine weiteren solchen Fälle überliefert sind. Vermutlich liegt das daran, dass die wenigsten Pauschalkräfte und Aushilfen gewerkschaftlich organisiert waren. Sie waren auch nicht das Kernklientel der Gewerkschaften, da sie den gewerkschaftlichen Forderungen nach Mindestarbeitszeit und 35-Stunden-Woche zuwiderliefen.

In einer historisch angelegten Untersuchung widmete sich Jonathan Gershuny dem Zusammenhang zwischen Zeitpraktiken und sozialer Ungleichheit seit den 1960er Jahren. Dabei stellte er fest, dass Teilzeitarbeit neben der täglichen und wöchentlichen Arbeitszeit – die im Fokus der Betrachtung der Gewerkschaften stand – auch die Lebensarbeitszeit beeinflusste. Denn die dadurch erzeugten fehlenden Arbeitsstunden sowie die durch familiär bedingte längere Pausen kumulierten Fehlstunden summierten sich im Laufe eines Lebens. Schließlich führten sie dazu, dass mehrheitlich Frauen geringer qualifiziert waren, seltener bei Beförderungen berücksichtigt wurden und weniger häufig in verantwortungsvolle Positionen aufrückten. Dies trug zu Einkommensunterschieden bei, die sich vergrößerten, je älter die Menschen wurden.[371] Teilzeitarbeit trug maßgeblich zur ungleichen Verteilung von Arbeitszeit zwischen männlichen und weiblichen Beschäftigten bei – und damit auch zur Entstehung von strukturell bedingten, geschlechtsspezifischen Einkommensunterschieden. Somit war Teilzeitarbeit ein entscheidender Hinderungsgrund dafür, dass der rechtlichen Gleichstellung der Geschlechter auch die ökonomische und damit die soziale Gleichstellung folgte.[372]

Diskussionen um Doppelbelastung

Die aktuelle Forschung konstatiert einen gesellschaftlichen Einstellungswandel ab Mitte der 1960er Jahre bezüglich der weiblichen Berufstätigkeit.[373] Dafür wird auch aus dem damaligen Bericht der Bundesregierung über die Situation der Frauen in Beruf, Familie und Gesellschaft zitiert. Nach diesem war es „fast allgemein üblich" geworden, „daß auch das Mädchen, jedenfalls zunächst, eine Erwerbsarbeit aufnimmt",[374] auch wenn es bis dato noch häufig der Fall gewesen war, dass die Erwerbstätigkeit dann mit der Verheiratung oder spätestens mit der Geburt von Kindern aufgegeben wurde.[375] Seit den 1960er Jahren jedoch strebten immer mehr Frauen an, Berufstätigkeit und Familienarbeit miteinander in Einklang zu bringen, und orientierten sich an einem „doppelten Lebensentwurf".[376] Dass sich daran aber auch eine „Doppelbelastung" knüpfte, da Frauen weiterhin als alleinverantwortlich für Haus- und Familienarbeit angesehen wurden, geht ebenfalls aus dem Frauenbericht der Bundesregierung hervor. Aber weder die staatliche noch die

---

[371] Vgl. Gershuny, Time Use, S. 251, 255–59.
[372] Vgl. Rienks, „Tante Emma bitte an Kasse 3!", S. 126.
[373] Vgl. Zellmer, Töchter, S. 37.
[374] Bericht der Bundesregierung über die Situation der Frauen in Beruf, Familie und Gesellschaft, Drucksache V/909, S. 77.
[375] Vgl. Zellmer, Töchter, S. 38.
[376] Maier, Arbeitsmarkt, S. 260.

gewerkschaftliche Seite stellten die nachrangige Behandlung des weiblichen Erwerbslebens in Frage. Stattdessen widmete der Frauenbericht der „Doppelaufgabe" ein eigenes Unterkapitel, in dem besonders die „Mütterarbeit" als problematisch hervorgehoben wurde.[377] Dass sich diesen Ausführungen direkt das Unterkapitel „Teilzeitarbeit" anschloss, war kein Zufall.[378] Dieses Arbeitszeitmodell versprach, besonders Müttern und Verheirateten entgegenzukommen. Christine von Oertzen schlussfolgert, dass die Einbeziehung dieser Frauen in die Arbeitslosenversicherung ab 1963 ihnen einen neuen Status als „schutzwürdige Arbeitnehmerinnen" zusicherte.[379] Somit hätten sich die weiblichen Handlungsspielräume vergrößert, die grundlegende arbeitsteilige Geschlechterordnung sei dadurch aber nicht ins Wanken geraten.[380] Elisabeth Zellmer weitet in ihrem Fazit diesen Befund auch auf andere gesellschaftliche Teilbereiche wie Erziehung und Bildung aus: „[N]eue Impulse [standen] neben Traditionsbindung", und „[f]ür Mädchen und Frauen vergrößerten sich die Möglichkeiten, auch wenn die Macht des Althergebrachten andauerte".[381]

Dass diese Ambivalenz noch in der gesamten zweiten Hälfte des 20. Jahrhunderts erhalten blieb, zeigen einige weitere Beispiele. Anfang der 1980er Jahre erklärten Soziologinnen in der Zeitschrift des gewerkschaftsnahen Forschungsinstituts WSI, warum Teilzeitarbeit trotz all der negativen Aspekte so erfolgreich war: „Teilzeitarbeit von Frauen stellt eine gesellschaftskonforme Lösung struktureller Konflikte dar."[382] Dementsprechend traten weiterhin viele unterschiedliche Akteure als Advokaten für Teilzeitarbeit auf. Und auch eine Studie zu Teilzeitpraktiken im Lebensmitteleinzelhandel kam zu dem Schluss, dass die Vereinbarkeit von Familie und Beruf vielen Frauen als beste Lösung ihrer vielfältigen Probleme präsentiert wurde: „Angesichts der Situation doppelter und in sich widersprüchlicher Belastungsanforderungen erscheint für erwerbstätige Frauen im Handel ein Angebot an Teilzeitarbeit zunächst als willkommener Versuch einer individuellen Lösung."[383] Die Betonung bei dieser Feststellung liegt auf „erscheint [...] zunächst". Denn was Ulrike Teske in ihren weiteren Ausführungen beschreibt, sind die negativen Aspekte, die erst recht zu einer Doppelbelastung von Frauen führten und insbesondere durch die nur vermeintliche Vereinbarkeit von Familie und Beruf durch Teilzeitarbeit hervorgerufen wurden. Hier nennt sie konkret etwa den geringeren Verdienst oder die tatsächlich gering vorhandene, zeitliche Flexibilität.[384] Dazu passend konstatierte die DAG in einer Publikation, dass der Wunsch nach Teilzeitarbeitsplätzen mit zwei bis fünf Millionen Teilzeitwilligen deutlich überschätzt würde. Denn nur selten würde bei Umfragen unter Beschäftigten darauf hingewiesen, dass im Zuge einer Arbeitszeitverkürzung auch mit erheblichen Ver-

---

[377] Bericht der Bundesregierung über die Situation der Frauen, S. 83 f.
[378] Bericht der Bundesregierung über die Situation der Frauen, S. 85–88.
[379] Vgl. von Oertzen, Teilzeitarbeit, S. 186.
[380] Vgl. von Oertzen, Teilzeitarbeit für die „moderne" Ehefrau, S. 80 f.
[381] Zellmer, Töchter, S. 43.
[382] Rudolph u. a., Chancen, S. 207.
[383] Teske, Frauenarbeit, S. 81.
[384] Vgl. Teske, Frauenarbeit, S. 81.

diensteinbußen zu rechnen war, und dass in Sachen Renten-, Arbeitslosen- und Krankversicherung Nachteile entstünden. Außerdem würde häufig vergessen, dass die Vereinbarkeit von Familie und Beruf nicht wirklich gegeben sei, wenn Teilzeitschichten auf die späten Nachmittags- und Abendstunden fielen.[385]

Anfang der 1990er Jahre wurde dennoch – auch von staatlicher Seite – die Teilzeitarbeit als Möglichkeit des Wiedereinstiegs ins Berufsleben für Frauen nach einer familienbedingten Unterbrechung angesehen. Allerdings brachte dies nicht nur Vorteile, sondern auch eine Reihe von Nachteilen und Hürden mit sich. Berufsbilder wandelten sich stetig, neue Technologien hielten Einzug in die Arbeitswelt und Bestimmungen und Arbeitspraktiken konnten sich rasch ändern. Aus diesen Gründen plante und finanzierte das Niedersächsische Frauenministerium Weiterbildungs- und Fördermaßnahmen sowie Beratungs- und Informationsangebote für die betreffenden Frauen und regte zum Erfahrungsaustausch an. Oberste Prämisse sollte dabei sein, „daß der Wiedereinstieg rechtzeitig geplant und in Angriff genommen wird. Während der Familienphase sollten der Kontakt zum Betrieb gehalten und Kurse zum Erhalt der Kenntnisse und Fähigkeiten besucht werden."[386]

Debatten um „Doppelverdienen"

In die Diskussion um Teilzeitarbeit gesellte sich Mitte der 1980er die negativ konnotierte Parole vom „Doppelverdienertum". Gemeint waren damit erwerbstätige Ehepartner beziehungsweise -partnerinnen. Auf sie wurde aufgrund der hohen Arbeitslosigkeit in der Öffentlichkeit und in den Betrieben Druck ausgeübt, ihre Stelle aufzugeben oder ihren Voll- in einen Teilzeitarbeitsplatz umzuwandeln. Die Autorinnen Elfriede Hoffmann und Erna Zmuda-Schamper kritisieren, dass sich Arbeitgeber und Betriebsräte oftmals darin einig waren, dass betriebsbedingte Entlassungen und ein Drängen auf Teilzeitarbeit verheiratete Frauen am wenigsten getroffen hätten.

„Hinter der Kampagne [der CSU] steckt der Gedanke, daß verheiratete Frauen eigentlich im Beruf nichts zu suchen haben. Noch immer wird der Frau ‚von Natur aus' die Rolle der Hausfrau zugewiesen. Ihren Anspruch auf Arbeit nimmt man weniger ernst […]. Frauen gelten als ‚Zu-, Neben- oder Doppelverdiener'."[387]

Die Praxis, wie weibliche Beschäftigte dazu bewogen wurden, freiwillig auf Arbeitsstunden zu verzichten, wurde dabei an einem Beispiel aus dem Karstadt-Konzern erläutert. Sie wurden „in Einzelgesprächen im Beisein eines Betriebsrats gebeten, täglich eine Stunde weniger zu arbeiten".[388] Die HBV-Gewerkschafterinnen stellen

---

[385] Vgl. Gartz/Küter, Teilzeitarbeit, S. 14.
[386] Böttcher/Buhr, Frauen und Teilzeitarbeit, S. 23.
[387] AdMAB, HBV, Broschüre der Abt. Frauen, „Recht auf Arbeit – auch für Frauen – Schluß mit der „Doppelverdiener"-Parole", Düsseldorf 1985, hier: S. 6.
[388] AdMAB, HBV, Broschüre der Abt. Frauen, „Recht auf Arbeit", S. 7.

in ihrer Broschüre auch Bezüge zu dem Diskurs während des Nationalsozialismus her, denn die Nationalsozialisten hatten den Begriff „Doppelverdiener" als Schimpfwort besonders geprägt und ideologisch aufgeladen. Die Debatte um den „Doppelverdienst" hatte es aber bereits in der Weimarer Republik gegeben. Schon im Kaiserreich war es üblich gewesen, dass Beamtinnen bei ihrer Verheiratung entlassen wurden, was mit dem Begriff „Beamtinnenzölibat" bezeichnet wurde. Zwar wurde diese Praxis 1919 offiziell abgeschafft, doch war es nur unter heftigen Diskussionen in der Weimarer Nationalversammlung zu einer Streichung der entsprechenden Passage in der Verfassung gekommen. Denn die Befürwortenden des Zölibats, darunter weibliche Zentrums- und deutschnationale Abgeordnete, „hielten den vollen Einsatz für den Beruf der Beamtin bei einer Heirat nicht mehr für möglich und stellten den Schutz der Familie über das Selbstbestimmungsrecht der Frauen".[389] In Kriegszeiten oder in Phasen ökonomischer Prosperität waren Frauen oftmals in die Betriebe geholt worden, um sie in Krisenzeiten dann wieder hinauszudrängen.[390] Nach der Machtübernahme 1933 ergriffen die Nationalsozialisten Maßnahmen, die Frauen aus dem Erwerbsleben entfernen sollten. Dazu dienten Ehestandsdarlehen und eben auch eine Doppelverdienerkampagne.[391] „Dabei steht der Ausdruck ‚Doppelverdiener' symptomatisch für die Vorstellung, dass die Ehefrau dazuverdient."[392] Nachdem zunächst verheiratete Frauen in öffentlicher Anstellung entlassen wurden, wurden auch private Unternehmer dazu aufgefordert. Doch ab 1936 konnte auf die Erwerbstätigkeit der Frauen im Zuge der militärischen Hochrüstung nicht mehr verzichtet werden und während des Zweiten Weltkriegs wurden Frauen – als Ersatz für die Männer an der Front – wieder zur Arbeit herangezogen.[393] So kehrten auch die verheirateten Lehrerinnen mit Kriegsbeginn wieder in die Schulen zurück.[394] Nach dem Zweiten Weltkrieg gingen die Doppelverdiener-Diskurskonjunkturen weiter. In der „Trümmerzeit" war weibliche Arbeit geduldet und bejubelt, aufgrund der Arbeitslosigkeit in den frühen 1950er Jahren verpönt, während des sogenannten Wirtschaftswunders wurde sie wieder „in", und seit Anfang der 1980er Jahre wegen der erneut hohen Arbeitslosigkeit wuchs der Druck abermals.[395]

Der Hintergrund war die „Lust am Zuverdienen", die sich ab den 1960er Jahre neben die wirtschaftliche Notwendigkeit von Teilzeitarbeit gesellt hatte.[396] Mit einem zusätzlichen Einkommen konnte die Arbeitnehmerin der Familie zur Teilhabe an der Wohlstandsgesellschaft verhelfen und Konsumgüter, Wohneigentum oder die Ausbildung der Kinder mitfinanzieren. Hinzu kam in den 1960er Jahre aber auch der Wunsch nach einem eigenen Status und Ansehen, die durch die

---

[389] Hindenburg, Erwerbstätigkeit von Frauen.
[390] AdMAB, HBV, Broschüre der Abt. Frauen, „Recht auf Arbeit", S. 14, 25.
[391] Ausführlich zu Ehestandsdarlehen und zur Doppelverdienerkampagne vgl. Bajohr, Hälfte der Fabrik, S. 219–227.
[392] Hindenburg, Erwerbstätigkeit von Frauen.
[393] AdMAB, HBV, Broschüre der Abt. Frauen, „Recht auf Arbeit", S. 20 f.
[394] Vgl. Finger, Eigensinn im Einheitsstaat, S. 375.
[395] AdMAB, HBV, Broschüre der Abt. Frauen, „Recht auf Arbeit", S. 22 f.
[396] Von Oertzen, Teilzeitarbeit, v. a. S. 90–98.

Ausübung eines Berufs erreicht werden konnten, sowie nach „außerhäuslichen Erfahrungen".[397] Der Frauenbericht der Bundesregierung stufte Erwerbsarbeit für Frauen als „Bereicherung" ein und erkannte sie als „Mittel zur Entfaltung der Persönlichkeit und der Selbstverwirklichung".[398] Insgesamt kann man davon sprechen, dass es sich bei diesen Prozessen um eine Individualisierung der Motive für die Aufnahme einer Teilzeitarbeitsstelle handelte. Diese veränderte Einstellung von Frauen gründete einerseits auf der positiven Wirtschaftslage in den 1960er Jahren, andererseits verweist sie auf einen größeren gesellschaftlichen Wertewandel. Gegen Ende der 1970er Jahre war es in den seltensten Fällen die reine „Lust am Zuverdienen", die Frauen dazu bewog, eine Arbeit im Einzelhandel aufzunehmen. Zu diesem Zeitpunkt waren verstärkt wirtschaftliche Zwänge ausschlaggebend.[399]

Gleiche Arbeit, gleiche Leistung, schlechtere Bedingungen: Aushilfen bei C&A

Ein häufiger Kritikpunkt an Teilzeitarbeit waren die fehlende Absicherung von Teilzeitarbeitenden sowie deren schlechtere Arbeitsbedingungen. Dies zeigt sich auch bei C&A. So wurde den Aushilfen zu Beginn der 1950er Jahre teilweise kein Urlaub gewährt. Dieser war im Vertrag nicht vorgesehen, obwohl ein kleiner Teil von ihnen (6 Prozent) über 200 Tage im Jahr beschäftigt worden war. Weitere 15 Prozent waren an 150 bis 199 Tagen im vergangenen Jahr beschäftigt gewesen und hatten keinen Urlaub erhalten.[400]

In der unmittelbaren Nachkriegszeit hantierte man bei C&A je nach Filiale mit einem unterschiedlichen Verhältnis von festem Personal und Aushilfen: „Einzelne Häuser arbeiten stark mit erfahrenen, früher festangestellten[,] jetzt als Aushilfen tätigen Verkäuferinnen; eine sehr zu empfehlende Methode [...]."[401] Bei der Betriebsleiterversammlung 1953 ging es um das „gegenwärtige Verhältnis" von Verkaufsaushilfen zum gesamten Verkaufspersonal, das „in den meisten Häusern ungesund ist". Es wurde seitens der Geschäftsleitung angestrebt, den Anteil der ersteren auf 30 bis 25 Prozent zu reduzieren und nur saisonal einzusetzen, da „Aushilfen durchweg kostspieliger sind als feste Verkaufskräfte".[402] Schon zwei Jahre später sah die Situation bei C&A wieder anders aus: 1955 diskutierte man

---

[397] Zellmer, Töchter, S. 39 f.
[398] Bericht der Bundesregierung über die Situation der Frauen, S. 78.
[399] AdMAB, HBV Bayern, Zwischen Kochtopf, o. S.
[400] DCM, 115783, Rundschreiben an die Geschäftsleitung Haus Essen 1951–1953, hier: Schreiben Nr. 18/1951 der Hauptbetriebsleitung an die Geschäftsleitungen aller Häuser, streng vertraulich, Betr.: Urlaubsfrage für Aushilfen, vom 13. Juni 1951, sowie Antwort darauf aus dem Hause Essen.
[401] DCM, 106863, Tagesordnungen der 30.–31. und Protokolle der 32.–34. Betriebsleiterversammlung 1948–1952, hier: Protokoll der Betriebsleiterversammlung 1948, S. 2.
[402] DCM, 109202, Protokoll der 37. Betriebsleiterversammlung 1953, hier: Protokoll der Betriebsleiterversammlung 1953, S. 4 f.

auf der Betriebsleiterversammlung, wie man Aushilfen besser an sich binden könnte, etwa über Garantieverträge oder die Gewährung von Urlaubs- und Krankengeld.[403] 1956 wurde eine komplette Neugestaltung des Aushilfensystems vorgenommen, indem man die Teilbeschäftigung mit einer regelmäßigen Arbeitszeit von 24 oder 36 Stunden pro Woche einführte. Die Teilbeschäftigten erhielten Urlaub, ihre Bezüge wurden im Krankheitsfall weitergezahlt und auch sie kamen in den Genuss der C&A-Rente. Als Gründe hierfür wurden die Vollbeschäftigung in der deutschen Wirtschaft und die damit verbundene Schwierigkeit, geeignetes Personal zu finden, angegeben. Außerdem würden steigende Unkosten und Tariferhöhungen zu Rationalisierungsmaßnahmen zwingen, die eine strengere Personaldisposition mit sich brächte, da ein Leerlauf dringend vermieden werden müsse.[404] Hier kommt deutlich zum Ausdruck, dass Frauen als „Reservearmee" betrachtet wurden. Vorgesehen für eine Teilbeschäftigung waren „weibliche Betriebsmitglieder, die sich verheiraten, evtl. sonstiges festes Personal, das aus bestimmten familiären Gründen nur teilbeschäftigt sein möchte, bisherige Aushilfen, die [...] wir noch enger an uns binden möchten".[405] Der Betriebsrat in Bremen etwa begrüßte diese Neuregelung aus denselben Gründen (Gewinnen von Aushilfen; Möglichkeit für Frauen, Haushalt und Arbeit zu verbinden).[406] Hier scheint der gesellschaftliche Konsens durch, dass Frauen für Haushalt und Familie zuständig zu sein hatten, wie oben bereits beschrieben wurde. Die C&A-Politik, verheiratete Frauen betreffend, kam auch bei einem Statement der Direktion auf der Betriebsratssitzung im Juli 1956 zum Ausdruck: „[Es] wird erneut betont, daß wir Wert darauf legen, daß verheiratete Frauen sobald als möglich in ein solches Teilbeschäftigungsverhältnis übergehen, um ihren hausfraulichen Pflichten gerecht zu werden."[407] Eine Problematik, die an dieser Stelle zur Sprache kommt, ist, dass die betreffenden Teilzeitbeschäftigten vorwiegend ab 11 Uhr beziehungsweise nachmittags eingesetzt werden sollen.[408] In dem Fall diente dies nicht der Vereinbarkeit von Familie und Beruf, obwohl dies ja, wie bereits gezeigt wurde, ein häufig vorgebrachtes Anliegen war. Eine weitere Zielgruppe waren für C&A ältere, aber nicht zu alte Personen, und zwar „ehemalige Betriebsmitglieder, die seinerzeit wegen ihrer Verheiratung ausgeschieden sind", aber auch „nicht über ein Alter von 50 Jahren" hinaus.[409] Aus dem Protokoll der Betriebsratssitzung vom 29. Juni 1956 im Hause Essen wird

---

[403] DCM, 109206, Protokoll der 40. Betriebsleiterversammlung 1955, hier: Protokoll der Betriebsleiterversammlung 1955, S. 4.
[404] DCM, 109207, Protokoll der 41. Betriebsleiterversammlung 1956, hier: Protokoll der Betriebsleiterversammlung 1956, S. 5–7.
[405] DCM, 109207, Protokoll der 41. Betriebsleiterversammlung 1956, S. 6.
[406] DCM, 101585, Protokolle gemeinsamer Sitzungen des Wirtschaftsausschusses mit den Betriebsräten der Häuser 1955–1956, hier: Protokoll über die erweiterte Betriebsratssitzung in Bremen am 21. Juni 1956, S. 2.
[407] DCM, 101585, hier: Protokoll über die 35. Betriebsratssitzung am 05. 07. 1956 in der Hauptverwaltung, S. 2.
[408] DCM, 109207, Protokoll der 41. Betriebsleiterversammlung 1956, S. 6.
[409] DCM, 109207, Protokoll der 41. Betriebsleiterversammlung 1956, S. 7.

ersichtlich, dass der Betriebsleiter ganz explizit auf einzelne Frauen zuging, um sie von der Möglichkeit, in Teilzeit zu arbeiten, zu überzeugen.[410] Auf einer weiteren Betriebsleiterversammlung noch im selben Jahr wurde über die ersten Erfahrungen mit der Teilbeschäftigung berichtet. Das neue Arbeitsverhältnis laufe erst langsam an, es gebe aber bereits positive Rückmeldungen seitens der Beschäftigten. In Anspruch genommen haben die Möglichkeit, 24, 36 oder 40 Stunden zu arbeiten, vor allem verheiratete Frauen. Junge Frauen, die sich verheirateten, wollten oftmals ein bis zwei Jahre länger vollbeschäftigt bleiben, um für die ehelichen Anschaffungen „noch soviel als möglich hinzuzuverdienen".[411]

Aushilfen und Teilzeitkräfte bei C&A waren zwar in Bezug auf die Arbeitsbedingungen schlechter gestellt und unsicher beschäftigt, mussten aber das Gleiche leisten. In Zeiten des Arbeitskräftemangels waren sie jedoch für das Unternehmen von großer Bedeutung, was den Charakter einer „Reservearmee" unterstreicht. Aufgrund des eingeschränkten Quellenzugangs bei C&A ist unklar, wie sich die Teilbeschäftigung dort seit den 1960er Jahren weiterentwickelte. Es ist aber davon auszugehen, dass sich – ähnlich wie bei anderen Unternehmen – der Anteil der Teilzeitkräfte erhöhte. Zur besseren Einordnung werden im Folgenden die Teilzeitpraktiken beim Herrenmodeunternehmen Hirmer beleuchtet.

Hirmer: Hilfskräfte für einfache Tätigkeiten[412]

In der Personalstatistik, die Hirmer seit den 1950er Jahren dauerhaft führte, war bereits für 1954 vermerkt, dass es Aushilfen gab. Insgesamt waren es bei 105 Festangestellten 11 Aushilfen, also gut 10 Prozent. Von diesen waren fünf in der Schneiderei – drei Männer und zwei Frauen – beschäftigt. Die anderen sechs wurden allesamt als „Kassieraushilfen" bezeichnet, wobei sie in der Tabelle in den Kategorien „Verkaufspers., Decor., Ändg. [Änderung]" (je eine weiblich und eine männliche Aushilfe), bei „Büros, Casse, Packtisch" (zwei weibliche Aushilfen) und bei „gewerbliche i. Einzelhandel" (je eine weiblich und eine männlich Person) gelistet sind.[413] Etwas später im Jahr waren es dann 13 Aushilfen bei 119 vollbeschäftigten Festangestellten – davon ein Nachtwächter, sechs Schneider, zwei Schneiderinnen und vier „Kassieraushilfen".[414] Wiederum ein Jahr später waren es nur vier Aushilfen bei insgesamt 152 Festangestellten – darunter „1 Packtisch, 1 Büro, 2 Schneider".[415] In den

---

[410] DCM, 101585, Protokolle gemeinsamer Sitzungen des Wirtschaftsausschusses mit den Betriebsräten der Häuser 1955–1956, hier: Protokoll der Betriebsratssitzung vom 29. 06. 1956, Haus Essen, S. 2.
[411] DCM, 109208, Protokoll der 42. Betriebsleiterversammlung 1956, hier: Protokoll der Betriebsleiterversammlung am 13. und 14. 12. 1956, S. 6 f.
[412] Ein anderer Vertreter des gehobenen Textileinzelhandels, die Firma Beck in München, bot ab 1978 allen Beschäftigten Individuelle Arbeitszeit (IAZ); vgl. hierzu Kapitel 5.2.
[413] HUA, 2016 / 09 / 0030, Sachakte: Stammhaus Hirmer, Personalstand (1953–1993), hier: Personalkosten 01. 01.–31. 12. 1953 und 01. 01.–30. 06. 1954, vom 14. 07. 1954.
[414] HUA, 2016 / 09 / 0030, hier: Handschriftliche Notiz in Personalliste 1954.
[415] HUA, 2016 / 09 / 0030, hier: Personalzahlen: per 1. Oktober 1955, vom 5. 10. 1955.

Listen von 1956 und 1957 werden Aushilfen nicht explizit aufgeführt. 1958 wurden sie aber wieder schriftlich erfasst – wobei es sich nur um drei Frauen[416] handelte, und von diesen nur ein Name genannt wird, der auch schon 1954 gelistet war.[417] Zunächst hatte das Unternehmen also kein Interesse oder keinen Bedarf an Aushilfskräften.

Im weiteren Verlauf der Personalstatistiken nahm die Anzahl der Aushilfen zu – 1963 waren es sieben Frauen und ein Mann als „Hausdiener" –, allerdings bei einer ebenso gestiegenen Zahl an Festangestellten, nämlich 214 Person, was einem Anteil an Aushilfen von nur 3,7 Prozent entsprach.[418] Dieses prozentuale Absinken deutet darauf hin, dass die Absicherung von Teilzeitkräften durch Festanstellung in der Arbeitslosenversicherung, die oben beschrieben wurde, Wirkung zeigte, und somit nur noch „echte" Aushilfen als solche gelistet wurden. 1966 erhöhte sich die Zahl der Aushilfen auf 5,5 Prozent.[419] 1969 tauchten nur noch fünf Namen auf, die bereits 1966 auf der Liste waren, und drei, die ebenso schon 1963 auf der Liste standen – die Fluktuation unter den Aushilfen war also recht hoch. Es ist aufgrund fehlender vergleichbarer Zahlen schwer, konkretere Aussagen zur Fluktuation zu treffen. Sie wird im Einzelhandel generell als hoch eingestuft und bestätigt sich bei Hirmer ebenfalls: In der Tabelle zum Jahr 1969 waren bei einer durchschnittlichen Beschäftigtenzahl von 224 für die Monate Januar bis Dezember 46 Eintritte und 55 Austritte vermerkt, das heißt knapp ein Viertel der Belegschaft wurde innerhalb eines Jahres ausgetauscht. Davon waren es bei den Aushilfen vier, die im Verlauf des Jahres neu hinzukamen, aber auch vier, die das Unternehmen wieder verließen.[420] Weil die Teilzeittätigkeit ab Mitte der 1960er Jahre abgesichert und immer noch gefragt war, war eine reduzierte Arbeitszeit zu diesem Zeitpunkt kein Unsicherheitsfaktor für Beschäftigung im Textileinzelhandel. Auch die Situation der Beschäftigten, die als reine Aushilfen tätig waren, scheint in diesem Fall und in dieser Zeit nicht unsicherer gewesen zu sein als eine Vollzeit- oder Festanstellung. Als strukturelles Problem kam die Unsicherheit der Teilzeitarbeit erst dann zum Tragen, wenn es zu einer wirtschaftlich schwierigen Gesamtlage kam.

In den 1970er Jahren stieg die Zahl der Aushilfen weiter an – auf 9 Prozent (24 Frauen und ein Mann) bei 274 Festangestellten.[421] 1976 hatten diejenigen, die

---

[416] Dies ist daran erkennbar, dass ab 1958 vor die Nachnamen noch ein „Fr." gestellt wurde. In der Statistik von 1965 wird einmal die Bezeichnung „Frl." genutzt; schon ab 1966 findet dies keine Anwendung mehr. Die Geschlechtsbezeichnung durch die Anrede/Abkürzung fällt ab 1970 in der Liste ganz weg. Anscheinend war es offensichtlich, dass überwiegend Frauen in Teilzeit/als Aushilfen arbeiteten.
[417] Die Art und Weise, dieses Personal aufzuschreiben, ist nicht ganz eindeutig: Unterhalb der Tabelle mit der Personalstatistik im Jahr 1958 steht folgende maschinengeschriebene Notiz: „Achtung! Fr. K[.], Hedw. H[.], Fr. S[.] a/Pers.-Liste als 1 Pers. ger. b/Schwerbeschädigten-Liste als 1/2 Pers. rechnen". Es ist nicht eindeutig, was hier gemeint sein soll; HUA, 2016 / 09 / 0030, Sachakte: Stammhaus Hirmer, Personalstand (1953–1993), hier: Personalliste 1958.
[418] HUA, 2016 / 09 / 0030, hier: Personalliste 1963.
[419] HUA, 2016 / 09 / 0030, hier: Personalliste 1966.
[420] HUA, 2016 / 09 / 0030, hier: Personalliste 1969.
[421] HUA, 2016 / 09 / 0030, hier: Personalliste 1973.

die Listen führten, zum ersten Mal die Gesamtzahl der Teilzeitbeschäftigten über die Tabelle mit den Personalzahlen geschrieben. Hier zeigt sich, dass sich neben der rechtlichen Absicherung auch ein Bewusstsein dafür entwickelt hatte, dass diese Personen ebenfalls zur Belegschaft gehörten. Eine Personalaufstellung von 1977 gibt erstmals direkt Aufschluss über die Zuständigkeiten und zugedachten Tätigkeitsfelder der Teilzeitkräfte. Danach arbeiteten insgesamt zwei Männer in Teilzeit, einer davon in der Änderungsschneiderei, der andere in der Kategorie „Sonstige". Acht Frauen waren an den Kassen eingesetzt, und eine am Packtisch. Die restlichen zehn waren im Verkauf tätig.[422] Was die Fluktuation angeht, so hatte sich diese im Vergleich zum Jahrzehnt davor verändert: Unter den 21 Teilzeitkräften 1977 waren 15 Kräfte, die bereits 1973 bei Hirmer gearbeitet hatten, 1979 waren noch 13 von ihnen dort. In den 1970er Jahren war es also zu einer größeren Beständigkeit gekommen, was darauf hindeutet, dass in der wirtschaftlich angespannten Lage unter den Teilzeitkräften Arbeitsplatzwechsel seltener wurden. An manchen Beispielen lässt sich nachvollziehen, dass Teilzeit- in Vollzeitarbeitsverhältnisse umgewandelt wurden, so etwa 1979. Der entsprechende Name wurde in der Liste „TZ" handschriftlich durchgestrichen und mit dem Vermerk „VZ ab 1. 4." versehen. Dies ist jedoch ein Einzelfall und machte nur einen geringen Teil der Neueintritte ins Unternehmen aus.[423]

In den 1980er Jahren wurde die Zahl der Teilzeitkräfte stabiler.[424] 1983 waren es bei durchschnittlich 260 Festangestellten 22 Teilzeitkräfte, was einem Anteil von 8,5 Prozent entsprach. Ende 1987 war die Zahl der Vollbeschäftigten auf 226 gesunken,[425] die Zahl der Teilzeitkräfte aber bei 21 Personen geblieben, sodass sich der prozentuale Anteil leicht erhöhte. Zu Jahresbeginn 1988 wurden vormals eher locker beschäftigte Personen stärker in die Gesamtbelegschaft integriert und es erhöhte sich außerdem die Zahl der Teilzeitkräfte stark.[426] Denn im Januar 1989

---

[422] HUA, 2016 / 09 / 0030, hier: Liste Stand 01. 01. 1977.
[423] HUA, 2016 / 09 / 0030, hier: Personalliste 1979. Ein Problem der Listen scheint zu sein, dass zum Teil die ausscheidenden Teilzeitkräfte unter den „Austritten" aus den Unternehmen geführt wurden, zum Teil aber auch nicht, sondern deren Namen durchgestrichen und mit Austrittsdatum versehen wurden.
[424] Dies kann ein Hinweis darauf sein, dass solche Daten mehr und mehr von EDV-Geräten erfasst und aufbereitet wurden.
[425] Von April bis Mai 1987 wurden bei Hirmer 53 Personen entlassen. Massiven Stellenabbau gab es in der Schneiderei sowie in den Büros, an den Packtischen und Kassen; außerdem wurden die Tätigkeitsbereiche „Warenannahme, Lift, Versand, Hausdiener" umgewandelt in „Haushandwerker, Haussicherheit" und „Warenverteilung" und auch dort massiv Personal eingespart; HUA, 2016 / 09 / 0030, Sachakte: Stammhaus Hirmer, Personalstand (1953–1993), hier: Personalliste 1987 Jan.–Apr. und Personalliste 1987 Mai–Dez.
[426] Hier findet sich in der Statistik die Notiz „Aush.-TZ übernommen = 40". Ganz genau lässt sich die Bedeutung nicht entschlüsseln, aber die TZ-Kräfte werden nicht mehr gesondert aufgeführt, sondern die Gesamtpersonenzahl in eine fiktive Vollzeit-Personenzahl umgerechnet; HUA, 2016 / 09 / 0030, hier: Personalliste 1989, Personalstandsliste und handschriftliche Umrechnungsliste; etwa für Januar 1989: 151 (Angestellte im Verkauf) – 33 (Teilzeitkräfte) + 19 (TZ-Kräfte über Addition der Stunden und anschließende Division durch monatliche Gesamtstundenzahl auf Vollzeitkräfte umgerechnet) + 18 (35 Auszubildende, halb gezählt und aufgerundet) = 155.

waren es bei Hirmer bei einer Gesamtangestelltenzahl von 270 bereits 58 Personen, die namentlich als Teilzeitkräfte aufgeführt wurden, also 21,5 Prozent. Dies war jedoch vergleichsweise wenig, denn grundsätzlich gab es im Textileinzelhandel eine wesentlich höhere Teilzeitquote. Ende der 1980er Jahre lag sie je nach Unternehmen zwischen 40 und 80 Prozent.[427] Bei Hirmer waren von diesen Personen 33 im Verkauf und 25 im Bereich „Kasse, Packtisch, Büro, Kundendienst" beschäftigt, wobei drei davon ebenfalls in der Jour-Schneiderei tätig waren. Im Verkauf belief sich der Anteil der Teilzeitkräfte auf 21,8 Prozent, an den Kassen zwischen 55,5 und 64 Prozent – sprich über die Hälfte.[428] Keinerlei Teilzeitkräfte gab es in den Bereichen Werbung und Deco, Änderung, Haushandwerker, Haussicherheit und Warenverteilung. In diesen Abteilungen war außerdem der Anteil der männlichen Angestellten besonders hoch. Hirmer gliederte sich also ein in die Reihe der Unternehmen, die Teilzeitarbeit als spezifisch weibliche Zeitpraktik einschätzten und männlichen Beschäftigten fast ausschließlich Vollzeitstellen anboten. Von den 22 Teilzeitkräften, die bereits 1983 bei Hirmer tätig gewesen waren, waren 1987 noch 12 und 1989 immer noch zehn bei dem Unternehmen. Weiterhin war die Fluktuation unter den Teilzeitkräften gering.

Insgesamt lassen sich an den Personalstatistiken zur Teilzeit mehrere Aspekte deutlich ablesen: Es waren fast ausschließlich Frauen als Aushilfen und später als Teilzeitkräfte angestellt; die Teilzeitbeschäftigung nahm kontinuierlich zu; es gab sowohl beständige Kräfte als auch Fluktuation; verhältnismäßig viele Teilzeitkräfte waren für die einfache Tätigkeit an den Kassen eingesetzt.[429] Dass Teilzeitarbeit auch beim Herrenmodengeschäft vor allem eine weibliche Angelegenheit war, verdeutlicht folgende Aussage einer ehemaligen Beschäftigten:

„[...] Und das hat sich ja mit der Entwicklung auch so dargestellt, dass Frauen ja nicht immer im Vollzeit-Job waren. Ich habe auch nur als Teilzeit angefangen und nach zwei Jahren war es dann ein Vollzeitverhältnis. [...] Viele Frauen können ja nicht Vollzeit arbeiten und so hat man die Teilzeit mit eingeführt. Die Männer haben fast ausschließlich alle, mit zwei Ausnahmen [in Vollzeit gearbeitet], aber unter den Frauen gibt es schon viele Teilzeitkräfte."[430]

An diesem Beispiel sieht man, dass die Umwandlung eines Teilzeit- in ein Vollzeitarbeitsverhältnis vorkam, jedoch nicht die Regel war.

Latscha: Hausfrauen in den Handel

Im Lebensmitteleinzelhandel war Teilzeitarbeit ebenfalls früh verbreitet. Im Jahresbericht von 1961 stand geschrieben:

„Eine gute Hilfe [...] war auch die Mitarbeit von 409 Verkäuferinnen, die nur halbtags- und stundenweise zur Verfügung standen. Es handelt sich meist um Hausfrauen, die zum Teil früher

---

[427] Vgl. Brandt, Textilwarenhaus, S. 125.
[428] In diesem Fall ist es nicht möglich, die Zahlen eindeutig zuzuordnen.
[429] Der Anteil der Teilzeitkräfte an den Kassen betrug 1977 26 Prozent – dort waren acht von 22 teilzeitarbeitenden Frauen und neun Männer eingesetzt –, während er im Verkauf nur knapp an die 10 Prozent betrug – dort arbeiteten 10 von 104 Beschäftigten in Teilzeit.
[430] HUA, 2013 / 08 / 0009, Interview: Interview mit Fr. G. H., Betriebsrätin (25. 11. 2009), S. 6 f.

einmal den Beruf einer Verkäuferin ausübten und jetzt etwas dazu verdienen wollen, jedoch aus familiären Gründen nicht mehr ganze Tage arbeiten können. Vorwiegend arbeiten sie ½ Tage und ein Teil davon an den 3 letzten verkaufsintensivsten Tagen der Woche."[431]

Diese 409 Frauen gehörten zu den insgesamt 1840 Beschäftigten im Verkauf, von denen 434 Männer waren. So waren 997 Frauen im Verkauf bei Latscha vollbeschäftigt. Die relationale Zahl von Teilzeitbeschäftigten insgesamt lag hier erst bei 22 Prozent. Der Anteil der Teilzeitbeschäftigten unter den angestellten Frauen aber war höher, nämlich bei 29 Prozent, knapp einem Drittel.[432]

1972 warb Latscha mit einer eigenen Broschüre für die Teilzeitmitarbeit, die sich speziell an Frauen richtete. Argumente darin waren: eine „Abwechslung vom täglichen Einerlei", die Vereinbarkeit von Familie und Beruf, Anschlusshalten an die Arbeitswelt, die große Flexibilität und die individuellen Lösungsmöglichkeiten, zusätzliches Geld, die Nähe des Arbeitsplatzes, besondere Leichtigkeit der Arbeit, die sich durch die technischen Hilfsmittel und schließlich auch dadurch ergebe, dass man als Hausfrau ohnehin die besten Voraussetzungen habe, da man „Preise, Waren und deren Verwendungszweck" kenne.[433] Außerdem erfährt man aus der Broschüre, dass zu diesem Zeitpunkt bereits „jeder 2. Mitarbeiter bei Latscha teilbeschäftigt" war.[434] Dieses Verhältnis lässt sich auch noch für das Jahr 1976 nachweisen, und zwar bei den Verbrauchermärkten von Latscha, den Kaufpark-Häusern. Hier standen 300 Vollbeschäftigte insgesamt 284 Teilzeitbeschäftigten gegenüber, also 51 zu 49 Prozent. Bemerkenswert ist, dass in vier von zehn Häusern die Zahl der Teilzeitbeschäftigten die der Vollbeschäftigten überstieg. In zwei Fällen waren es ungefähr gleich viele; in den anderen Fällen war das Verhältnis etwa zwei Drittel Voll- zu ein Drittel Teilzeitbeschäftigung.[435] Bei den Latscha-Filialen, sprich den kleinen Märkten in den Stadtgebieten, lag das Verhältnis ein wenig anders. Dort waren im Oktober 1976 von den Angestellten 57,5 Prozent (804 Personen) vollbeschäftigt und 42,5 Prozent (594 Personen) arbeiteten in Teilzeit. Bei den Heimo-Filialen, den kleinen, innerstädtischen Discountfilialen, waren es sogar 71 Prozent Vollbeschäftigte (25 Personen) zu 29 Prozent Teilzeitbeschäftigten (10 Personen).[436] Dies zeigt abermals einen starken Zusammenhang zwischen Arbeitszeit- und Arbeitsraumpraktiken, und zwar dahingehend, dass

---

[431] ISG, W 1-10-420, Hausinterne Rundschreiben und Broschüren, die Entwicklung der Firma betreffend, 1950–1976, hier: Dr. G. Proebstl und R. Jancke, „Wir haben Frauenüberschuß!", Artikel in Latscha Jahresbericht 1961, o. S.
[432] ISG, W 1-10-420, Hausinterne Rundschreiben und Broschüren, die Entwicklung der Firma betreffend, 1950–1976, hier: Dr. G. Proebstl und R. Jancke, „Wir haben Frauenüberschuß!", Artikel in Latscha Jahresbericht 1961, o. S.
[433] ISG, S3 / R1980, Erinnerungen, hier: Broschüre „Willkommen als Teilzeitmitarbeiterin bei Latscha! Bei Latscha ist Teilzeit Geld plus Freizeit", 1972.
[434] ISG, S3 / R1980, Erinnerungen, hier: Broschüre „Willkommen als Teilzeitmitarbeiterin bei Latscha! Bei Latscha ist Teilzeit Geld plus Freizeit", 1972.
[435] ISG, W 1-10-450, Kaufpark, Verkauf, 1975 f., hier: „Erläuterungen zu den beigefügten Personal-Listen – Stand 30. Juni 1976".
[436] ISG, W 1-10-483, Personalstatistiken 1976, hier: Personalstatistik, Sozialbericht Filialbereich, Stand: 31. 10. 1976, vom 18. 11. 1976.

sich Teilzeitarbeit für die Unternehmen besonders bei großflächigen Vertriebsformen lohnte.

Dass Teilzeitarbeit für ein Unternehmen auch negative Aspekte wie höhere Kosten haben konnte, wird in einem Abschnitt einer eigens angestellten Filialuntersuchung deutlich. Darin wurden für die Arbeit an den Kassen neben den eigentlichen Registrierzeiten für die Artikel noch die sogenannten Rüstzeiten – Geld einzählen, abrechnen, Kassenstand säubern – beobachtet und pro Kassiererin und Tag die nicht geringe Zahl von 45 Minuten zum Ausführen dieser Tätigkeiten ermittelt. „Da wir diese Zeit für jede Kassiererin einsetzen müssen[,] ergibt sich daraus, daß sie bei Halbtagskräften zweimal am Tage anfällt, der Anteil an der Gesamtheit also höher ist als bei Vollbeschäftigten." Dies ist vergleichbar mit Teilzeitarbeitsplätzen in der Industrie, wo die höheren Kosten anfangs häufig als Gegengrund angebracht worden waren, wie oben bereits erläutert wurde. Dennoch war Latscha dazu bereit, diese Kosten auf sich zu nehmen: „Das ist der Preis, den wir nachweisbar für den Einsatz von Teilzeitkräften an den Kassen zahlen müssen."[437] Die Bereitschaft seitens Latscha lässt sich anhand des Mitte der 1960er Jahre vorherrschenden Arbeitskräftemangels erklären.

Bei diesem Lebensmittelfilialunternehmen zeigt sich, dass Teilzeitarbeit bis in die 1970er Jahre hinein noch mit den Aspekten des Dazuverdienens und der Abwechslung vom Haushaltsalltag konnotiert war. Latscha operierte mit diesen Argumenten, um sich ein neues Arbeitskräftepotenzial zu erschließen. Gut die Hälfte der Beschäftigten war dort bereits teilzeitbeschäftigt. Ende der 1980er Jahre lagen die Teilzeitquoten im Lebensmittelfilialbereich insgesamt – abhängig vom Vertriebstyp sowie von der Größe des Betriebs – zwischen 24 und 77 Prozent.[438]

***

Teilzeitarbeit wies vor allem – aber nicht nur – im Einzelhandel eine ausgeprägte geschlechtsspezifische Komponente auf. 97 Prozent der in Teilzeit Arbeitenden waren Ende der 1980er Jahre Frauen.[439] „Doch selbst wenn die Teilzeitarbeit freiwillig ist und Frauen sie ausdrücklich vorziehen, läßt sich die Frage stellen, ob dies zum Vorteil der Frauen gereicht, oder ob Teilzeitarbeit die generell benachteiligte Arbeitssituation der Frau und ihren Status wirtschaftlicher Abhängigkeit zu Hause noch verstärkt."[440] Dieses Zitat aus einer Studie zur Teilzeitarbeit in verschiedenen Ländern Europas Mitte der 1990er Jahre verdeutlicht die individualistischen Züge der Teilzeitarbeitsproblematik. Das Problem dabei, welches die betriebliche Mikroperspektive offenbarte und empirisch untermauerte, ist: Selbst wenn einzelne Frauen von Teilzeitarbeit profitierten, da sie etwa einen Einstieg in den Beruf ermöglichte, schwächte eine Ausdehnung der Teilzeit-Jobs insgesamt doch die Posi-

---

[437] ISG, W 1-10-406, Bericht über Filialuntersuchung in V 40, 1964, S. 49 f.
[438] Vgl. Teske, Lebensmittelfilialbetriebe, S. 13.
[439] Vgl. Gerlach, Arbeitszeitverkürzung, S. 85.
[440] McRae, Teilzeitarbeit, S. 11.

tion der Mehrheit der arbeitenden Frauen. Nicht selten wurden Vollzeit- in Teilzeitstellen umgewandelt, welche überhaupt nicht oder nur gering sozial abgesichert waren, was mitunter die spätere Rentenhöhe negativ beeinflusste. Und auch auf Qualifikationen und Beförderungen wirkte sich Teilzeitarbeit eher negativ aus und somit langfristig auf den *Gender Pay Gap* und die Stellung von Frauen in der Gesellschaft.

Anhand der gezeigten Quellen ist außerdem die Konstanz der Diskussion um Teilzeitarbeit in Bezug auf Doppelbelastung auffällig. Dass viele Frauen gerne Teilzeit arbeiten wollten und immer noch wollen, hängt nicht nur mit individuellen Wünschen zusammen, sondern ganz stark mit strukturellen Gegebenheiten wie Kinderbetreuung oder einem geschlechtsspezifisch arbeitsteiligen Gesellschaftsbild. Auf den Zusammenhang von Hausarbeit, der Anzahl der Kinder und den dementsprechenden wohlfahrtsstaatlichen Einrichtungen einerseits und Teilzeitarbeit andererseits geht auch Catherine Teissier in ihrer Studie anhand eines Vergleichs von Deutschland und Frankreich kurz ein: 2017 arbeiteten 75,2 Prozent der deutschen Frauen und 66,7 Prozent der Französinnen. Dabei ergibt sich ein markanter Unterschied, wenn man die Verhältnisse der Teilzeitbeschäftigung vergleicht: In Deutschland waren es 46,4 Prozent der Frauen, in Frankreich nur 29,6 Prozent. Teissier führt dies unter anderem darauf zurück, dass in Deutschland im Unterschied zu Frankreich noch immer 70 Prozent der Kinder unter drei Jahren ausschließlich zuhause betreut werden.[441] Dass sich eine hohe Teilzeitarbeitsquote im Einzelhandel nicht zwangsläufig auf den sozialen Status von Frauen auswirken muss, zeigt wiederum der Vergleich mit anderen Ländern. Dorothea Voss-Dahm verweist darauf, dass in den restlichen europäischen Ländern zwar die Teilzeitquote im Einzelhandel ähnlich hoch ist wie in der Bundesrepublik, dort allerdings von vielen jüngeren Beschäftigten vorübergehend ausgefüllt werden. Beruflich qualifizierte Frauen in Dänemark etwa seien aufgrund des egalitär ausgestalteten Wohlfahrtsstaats auf Vollzeittätigkeiten aus und vermieden daher Teilzeitbeschäftigungsverhältnisse im Einzelhandel.[442]

Einen wesentlichen Beitrag zur Etablierung von Ungleichheit durch Arbeit im Einzelhandel leistete die Tatsache, dass vor allem Frauen in Teilzeit arbeiten. Frauen rutschten durch solche Formen der nicht vollen Arbeitszeit in untergeordnete Positionen ab beziehungsweise blieben in ihnen gefangen. Dies wirkte sich langfristig nachteilig auf deren Lebensarbeitszeit und Qualifikationen aus. Nach dem Modell der Lebensarbeitszeit von Jonathan Gershuny bedeutete Teilzeitarbeit für Frauen einen nicht ausgleichbaren Nachteil. Während Unternehmen die Vorteile anpriesen, betonten Gewerkschaften, dass Teilzeit zu einem geringeren Organisationsgrad und zum Verharren in untergeordneten Positionen führe. Die Meinungen der Verkäuferinnen selbst gingen dabei auseinander und hingen stark davon ab, ob sie kurzfristige oder langfristige Überlegungen in den Vordergrund rückten.

---

[441] Vgl. Teissier, Frauen, S. 213, 217.
[442] Vgl. Voss-Dahm, Stabilität, S. 258.

Festzustellen ist aber, dass entgegen der landläufigen Meinung durch Teilzeitarbeit nicht etwa mehr Stellen geschaffen wurden, sondern dass viele Vollzeitstellen in Teilzeitstellen umgewandelt wurden. Anstatt der Möglichkeit, eine eigene Erwerbsbiografie aufbauen zu können, bedeutete Teilzeitarbeit im Einzelhandel für Frauen, die erstmals einer Erwerbarbeit nachgingen, eher, dass ihnen eine „Dazuverdiener"-Rolle zukam beziehungsweise diese noch gefestigt wurde. Ob „Dazuverdienen" oder Eigenständigkeit die Gründe für eine Arbeit im Einzelhandel darstellen, hatte dann auch Auswirkungen auf die Frage, welchen Stellenwert die Arbeit für die einzelnen Beschäftigten einnahm. Das Problem auf gesamtgesellschaftlicher Ebene dabei war: Solange Arbeit als zentrales Kriterium für die soziale Positionierung galt, wurde Teilzeitarbeit als minderwertig angesehen. Dass Teilzeitarbeit der Beginn für eine eigenständige Erwerbsbiografie sein kann, bleibt auch heute noch ein Mythos, der sich auf empirischer Basis nicht bestätigen lässt.

5.5 Gesellschaftliche Debatten um den Ladenschluss als Ausdruck der mangelnden Wertschätzung weiblicher Arbeit

In den vorangegangenen Kapiteln wurden die Arbeitszeit und deren Veränderungen untersucht, so etwa die Dauer eines Arbeitstages oder einer bestimmten Aufgabe. Unter den Stichworten Rationalisierung, Flexibilisierung und Teilzeitarbeit wurde thematisiert, wie die Arbeitszeit wahrgenommen und von wem gestaltet wurde und wie bestimmte „Zeiten" umgekehrt bestimmte Praktiken hervorriefen. Im Folgenden geht es nun um den Ladenschluss und die Debatten darum aus arbeits- und geschlechtergeschichtlicher Perspektive. Wie bei den vorangegangenen Kapiteln steht hier der Aspekt der (Arbeits-)Zeit im Vordergrund. Die Beantwortung der nachstehenden Fragen steht dabei im Fokus: Welche Rolle spielte die Arbeitszeit von Verkäuferinnen und Kassiererinnen? Wem gehörte diese Zeit und wer bestimmte über sie? Wessen Zeit wurde als schützenswert erachtet und welche als verhandelbar angesehen? Und wie wandelt sich das Verständnis davon im Laufe der zweiten Hälfte des 20. Jahrhunderts? Aus der Untersuchung der Arbeitszeit und ihren Veränderungen können Aussagen über die Stellung der Verkäuferinnen im Verkaufs- und Arbeitsprozess, aber auch in der Gesellschaft und über den Stellenwert weiblicher Arbeit in der Bundesrepublik, abgeleitet werden. Dabei bleibt der Fokus auf den Praktiken, das heißt nicht nur die normativen Vorgaben werden untersucht, sondern auch die tatsächlich gelebte Arbeitszeit, die etwa durch das „zu Ende Bedienen" weit über diese hinausgingen. Auch die Debatten um den Ladenschluss werden dementsprechend als Arbeitszeitpraktiken aufgefasst, da hier verhandelt und so mittelbar Einfluss genommen wurde. Während Überstunden vor allem als Zeitproblematik männlicher Beschäftigter betrachtet wurden, so ist der Ladenschluss ein Thema, bei dem vor allem weibliche Arbeitszeit zu regulieren, vorgeblich zu schützen und in ein gesellschaftlich akzeptiertes Maß einzugrenzen versucht wurde.

5.5 Gesellschaftliche Debatten um den Ladenschluss 421

Zum Ladenschluss selbst gibt es trotz seiner gesellschaftlichen Sprengkraft bislang nur wenig fundierte historische Forschung. Uwe Spiekermann interpretiert den Ladenschluss aus konsum- und wirtschaftshistorischer Perspektive. Er betont den Wandel der staatlichen Ordnungsvorstellungen zum Ladenschluss in Deutschland: vom Kompromiss zwischen Konsumfreiheit und religiösen Verpflichtungen Ende des 19. Jahrhunderts über die Pflicht zur Versorgung während des Zweiten Weltkriegs, die zu einer Vielzahl von unterschiedlichen Ladenöffnungszeiten führte, hin zum Ladenschlussgesetz als Instrument der Sozialpolitik und zur Herstellung gleicher Wettbewerbsbedingungen Ende der 1950er Jahre, das durch die Auflösung des gesellschaftlichen Konsens über soziale Verantwortung seit den 1970er Jahren allmählich wieder unterlaufen wurde.[443] Abdolreza Scheybani beschreibt das Ladenschlussgesetz von 1956/60 als Bestandteil der bundesrepublikanischen Mittelstandspolitik.[444] Weitere Veröffentlichungen zum Ladenschluss stammen aus juristischer Feder[445] und aus dem gewerkschaftlichen Interessensbereich.[446] Zum Ladenschluss in der DDR fehlt eine historische Einschätzung bislang gänzlich.

Eine erste gesetzliche Regelung der Ladenschlusszeiten gab es Ende des 19. Jahrhunderts: ab 1892 galt eine maximale Öffnungszeit an Sonntagen von fünf Stunden. Als Argumente standen der Schutz der damaligen Handlungsgehilfen und die Sonntagsruhe im Vordergrund.[447] Im Jahr 1900 wurde eine nächtliche Schließung der Läden von 21 bis 7 Uhr festgelegt. Diese Einschränkung rührte vor allem von „Fragen der Gesundheit, der Freizeitgestaltung und der Sorge für die wachsende Zahl von weiblichen Angestellten" her. Da Arbeitszeiten und Ladenschluss zusammen gedacht wurden, war eine Reduzierung der Verkaufszeiten die maßgebliche Möglichkeit, um die soziale Lage der Angestellten zu verbessern.[448] Dies änderte sich 1919: Mit der Einführung des Acht-Stunden-Arbeitstages wurde auch der Ladenschluss zwischen 19 und 7 Uhr festgelegt, ebenfalls aus sozialpolitischer Motivation heraus. Dabei entkoppelten sich Öffnungs- und Arbeitszeiten. Durch lange Mittagspausen, Teilzeitkräfte und Schichtarbeit konnten die täglichen zwölf Verkaufsstunden gewährleistet werden.[449] Ausnahmeregelungen für bis zu 20 Tage im Jahr und lokale Sonderöffnungszeiten waren weiterhin üblich. Außerdem waren die tatsächlich praktizierten Arbeits- und Öffnungszeiten, vor allem auf dem Land, oftmals wesentlich länger und Kontrollen fehlten. Zehn Jahre später, 1929, gab es eine weitere Beschränkung, die den Ladenschluss am 24. Dezember auf 17 Uhr vorverlegte.[450] In den Arbeitszeitverordnungen von 1934 und 1938 wurde nicht nur der Acht-Stunden-Tag festgeschrieben, sondern auch die geltenden La-

---

[443] Vgl. Spiekermann, Freier Konsum.
[444] Vgl. Scheybani, Handwerk und Kleinhandel, S. 406–413.
[445] Vgl. Mosbacher, Sonntagsschutz; Rühling, Ladenschlussgesetz; Träger/Vogler-Ludwig/Munz, Das deutsche Ladenschlußgesetz.
[446] Vgl. Gerlach u. a. (Hrsg.), Dienst am Kunden.
[447] Vgl. Spiekermann, Freier Konsum, S. 30.
[448] Spiekermann, Freier Konsum, S. 31.
[449] Vgl. Spiekermann, Freier Konsum, S. 32.
[450] Vgl. Spiekermann, Freier Konsum, S. 33.

denschlussregelungen, allerdings war darin weiterhin die Beachtung lokaler Besonderheiten vorgesehen.[451] Die Regelungen des Jahres 1938 bestanden nach Ende der nationalsozialistischen Herrschaft fort. Allerdings erließen viele Kommunen ihre eigenen Bestimmungen, wie es auch in der Arbeitszeitordnung vorgesehen war. So beschloss etwa der Münchner Stadtrat im Jahr 1947 zusammen mit einer Mehrzahl der lokalen Einzelhändler, den Geschäftsschluss am Samstag auf 14 Uhr festzusetzen.[452] Andere Städte erlaubten hier wesentlich längere Verkaufszeiten: Köln, Bonn, Düsseldorf, Wiesbaden und Freiburg bis 19 Uhr, andere wie Bremen und Frankfurt am Main bis 17 Uhr, Augsburg bis 17.30 Uhr.[453] Eine bundeseinheitliche *Begrenzung* der Ladenöffnungszeiten und damit der Arbeitszeiten wurde 1956 mit dem Ladenschlussgesetz eingeführt, das eine prinzipielle Öffnung der Läden von 7 bis 18.30 Uhr und samstags bis 14 Uhr – mit mancherlei Ausnahmen – erlaubte. Dieses Gesetz war zwar viel diskutiert, blieb aber über dreißig Jahre nahezu unverändert wirksam. Als dann 1989 der sogenannte Dienstleistungsabend, also eine Spätöffnung der Betriebe an Donnerstagen bis 20.30 Uhr, initiiert wurde, stellte dies eine erste entscheidende Form der *Entgrenzung* der Ladenzeiten und Arbeitszeiten dar. Ab 1996 galten nochmals verlängerte Öffnungszeiten: Montags bis freitags durften die Läden von 6 Uhr bis 20 Uhr und samstags bis 16 Uhr geöffnet sein, an den Samstagen vor Weihnachten bis 18 Uhr und am 24. Dezember bis 14 Uhr, wenn dieser auf einen Werktag fiel.[454] Die nun zulässige Gesamtöffnungszeit betrug 80 Stunden. Strikt dagegen gewandt hatten sich im Vorfeld die Gewerkschaften.[455] Obwohl es ihnen gelungen war, viele ihrer Mitglieder und die Öffentlichkeit zu mobilisieren, beschloss die CDU/CSU-FDP-Regierung eine Liberalisierung der Öffnungszeiten.[456] 2003 verlängerte der Bundestag die Verkaufszeiten auch an Samstagen bis 20 Uhr. Außerdem war das Verkaufen an vier verkaufsoffenen Sonn- und Feiertagen pro Jahr gestattet.[457] Den ersten

---

[451] Verordnung über die neue Fassung der Arbeitszeitverordnung vom 26. 07. 1934, in: RGBl. I, S. 803–813; Arbeitszeitverordnung vom 30. 04. 1938, in: RGBl. I, S. 447–452.

[452] Einer C&A-Publikation zufolge war diese Verordnung in München allerdings nur wegen des Warenmangels im Jahr 1947 getroffen worden, vgl. DRAIFLESSEN Collection (Hrsg.), C&A zieht an, S. 144; siehe auch o. A., Gewerkschaften: Faule Eier auf Brenninkmeyer, in: Der Spiegel, 24. 06. 1953; vgl. auch Gerstenberg, Solang die Alte Peter, S. 61.

[453] Vgl. o. A., Gewerkschaften: Faule Eier auf Brenninkmeyer, in: Der Spiegel, 24. 06. 1953.

[454] Gesetz zur Änderung des Gesetzes über den Ladenschluß und zur Neuregelung der Arbeitszeit in Bäckereien und Konditoreien, in: BGBl. I, Nr. 40, vom 30. 07. 1996, S. 1186–1188.

[455] So etwa die DAG in einer Stellungnahme zum Gesetzesentwurf: AdsD, DAG, RV-1—1149, DAG Bundesvorstand/Ressort Vorsitzender/Allg. DAG-Politik/Ladenschlussgesetz, 1995–2000, hier: Stellungnahme zum Gesetzentwurf der Bundesregierung zur Änderung des Gesetzes über den Ladenschluß und zur Neuregelung der Arbeitszeit in Bäckereien und Konditoreien der Deutschen Angestellten-Gewerkschaft (DAG), 1996. Auch die HBV formulierte Gegenargumente: vgl. Deregulierung und Ladenschluß: HBV-Positionspapier zum Einzelhandel; Ergebnisse der IVE-Studie über die Arbeitsbedingungen im Einzelhandel; Frankfurter Erklärung, Düsseldorf 1995, v. a. S. 16 f.

[456] Zusammen mit der Gewerkschaft NGG organisierten HBV und DAG eine Kundgebung mit 50 000 Teilnehmenden am 28. April 1996 in Bonn; vgl. Klingemann/Schröder/Schwark, 50 Jahre HBV Hamburg, S. 32; Birkhahn, 50 Jahre HBV Berlin, S. 76.

[457] Gesetz über den Ladenschluss, in: BGBl. I, Nr. 22, vom 04. 06. 2003, S. 745–749.

„langen Samstag" gab es am 7. Juni desselben Jahres.[458] Im Zuge der Föderalismusreform wurde der Ladenschluss 2006 zur Sache der Länder.[459] Seitdem haben die meisten Länder eigene Gesetze zu den möglichen Ladenzeiten erlassen.[460] Eine Ausnahme hiervon bildet Bayern. Dort gilt die 6–20-Uhr-Regelung nach Bundesrecht.

Im Folgenden werden die beiden, jeweils sehr einschneidenden, Gesetze der Begrenzung (1956/60) und der Entgrenzung (1989) ausgeleuchtet, sowie die Debatten um den Ladenschluss in der Zeit dazwischen und die Argumente der verschiedenen Akteure analysiert. Dabei wird untersucht, welche Rolle Arbeitszeit in den Diskussionen spielte, denn daraus geht hervor, wie verschiedene Akteure die Arbeitszeit von Verkäuferinnen verhandelten, bewerteten und so mittelbar Einfluss auf deren Wahrnehmung in der Gesellschaft nahmen. Außerdem dient die Analyse verschiedener Ausnahmen von der Regel dazu, zu beurteilen, in welchen Situationen und mit welchen Argumenten die Gesellschaft bereit war, von der Schutzfunktion des Gesetzes abzuweichen.

Begrenzung: Das Ladenschlussgesetz 1956/60

Ein frühes und extremes Beispiel für die gesellschaftlichen Debatten zum Thema Ladenschluss in der Bundesrepublik sind die Ladenschlussproteste der Jahre 1953/54 in München. Sie hatten sich an den Samstag-Öffnungszeiten einer C&A-Filiale entzündet. Entgegen der städtischen Vereinbarung aus dem Jahr 1947[461] hatte C&A die Öffnungszeit von 14 auf 17 Uhr nach hinten ausgeweitet. Bei den heftigen Protesten dagegen von April bis Juni 1953 und erneut im Frühjahr 1954 zeigte sich, dass ein breiter Querschnitt der Münchner Bevölkerung, aufgefordert von den Gewerkschaften, für die kürzere Öffnungs- und Arbeitszeit eintrat.[462] Auf den Plakaten stand etwa „Gegen ein zerrissenes Wochenende"; in einem Flugblatt von HBV und DAG ist die Rede von „Einzelhandelsfirmen, die sich aus offensichtlichem Profitstreben über jedes soziale Bedürfnis hinwegsetzen".[463] Aus Sicht der Protestierenden konnte Arbeit von Frauen – denn das waren die allermeisten Beschäftigten bei C&A – nur akzeptiert werden, wenn genügend Zeit für Haushalt und Familie zumindest am Samstagnachmittag blieb. Das Großunternehmen hingegen brüstete sich damit, im Interesse der Kundschaft zu agieren. Dem war die

---

[458] Vgl. Gerstenberg, Solang der Alte Peter, S. 70.
[459] Gesetz zur Änderung des Grundgesetzes (Artikel 22, 23, 33, 52, 72, 73, 74, 74a, 75, 84, 85, 87c, 91a, 91b, 93, 98, 104a, 104b, 105, 107, 109, 125a, 125b, 125c, 143c), in: BGBl. I, Nr. 41, vom 28. 08. 2006, S. 2034–2038.
[460] Sehr früh etwa Berlin im Berliner Ladenöffnungsgesetz (BerlLadÖffG) vom 14. November 2006 und Nordrhein-Westfalen im Gesetz zur Regelung der Ladenöffnungszeiten (Ladenöffnungsgesetz – LÖG NRW) vom 16. November 2006.
[461] Vgl. Gerstenberg, Solang der Alte Peter, S. 61; obwohl der Bayerische Verwaltungsgerichtshof die Regelung 1952 formell aufgehoben hatte, wurde sie in München mit Unterstützung von HBV und DAG weiter praktiziert; vgl. Leicht, „Samstag gehört Vati uns".
[462] Vgl. Gerstenberg, Solang der Alte Peter, S. 62–69.
[463] Vgl. etwa Foto von Berthold Fischer, Archiv der Münchner Arbeiterbewegung, sowie Zitat des Flugblattes in: Gerstenberg, „Verhältnisse untragbar".

weibliche Arbeitskraft unterzuordnen. Die Belegschaft der C&A-Filiale stand offenbar hinter dem Vorgehen des Unternehmens, auch weil C&A für die längere Samstagsarbeit eine Prämie zahlte. C&A, mit ihnen Salamander, Woolworth und weitere Mittel- und Großbetriebe hatten schlussendlich Erfolg und konnten bis zum LaSchlG 1956 ihre Geschäfte am Samstagnachmittag offenhalten.[464]

Das „Gesetz über den Ladenschluss" von 1956 setzte den bundesweit unterschiedlich praktizierten Ladenöffnungszeiten ein Ende und legte eine Öffnung der Geschäfte von montags bis freitags von 7 bis 18.30 Uhr und samstags bis 14 Uhr fest. Eine Übergangsregelung erlaubte bis 1958 den Verkauf an Samstagen bis 16 Uhr. Außerdem war es gestattet, einmal im Monat die Geschäfte samstags bis 18 Uhr offenzuhalten, wenn am darauffolgenden Montag der Laden erst um 13 Uhr öffnete.[465] Durch eine Gesetzesänderung nur kurze Zeit später, am 17. Juli 1957, entfiel dieser Montagsausgleich. Zudem kam neben der schon festgeschriebenen Sondererlaubnis in ländlichen Gebieten, an Sonn- und Feiertagen verkaufen zu dürfen, hinzu, dort auch werktags eine Stunde länger geöffnet zu sein, wenn „dies zur Befriedigung dringender Kaufbedürfnisse der Landbevölkerung erforderlich" war.[466] Mit der Novellierung vom 14. November 1960 entfielen die verkaufsoffenen Sonntage vor Weihnachten, dafür durften an den vier Samstagen vor Weihnachten die Läden bis 18 Uhr geöffnet bleiben.[467]

Das LaSchlG war in seiner Zielsetzung ein soziales Schutzgesetz: „Es bezweckt[e] sowohl den Schutz der in seinem Bereich tätigen Arbeitnehmer, als auch den Schutz der Ladeninhaber gegen ungleiche Wettbewerbsbedingungen."[468] Dieser Schutz der Angestellten vor zu langen Arbeitszeiten sollte durch Wettbewerbsneutralität und Verwaltungskontrolle hergestellt werden.[469] Und es war ein Kompromiss. Die Forderungen der Gewerkschaft HBV etwa waren weiter gegangen und hatten eine regelhafte Schließung um 18 Uhr sowie um 14 Uhr an Samstagen ohne Ausnahmen vorgesehen.[470] Die Arbeitszeit sollte eingeschränkt werden und gleichzeitig planbar sein. Wie auch die ab 1955 von anderen Gewerkschaften geforderte 40-Stunden-Woche sollte das LaSchlG der allgemeinen Arbeitszeitverkürzung dienen. Genauso hatte die DAG für den 18-Uhr-Ladenschluss an Wochentagen und den 14-Uhr-Ladenschluss an Samstagen gekämpft, war aber zufrieden, dass das Gesetz überhaupt

---

[464] Vgl. Gerstenberg, Solang der Alte Peter, S. 69.
[465] Gesetz über den Ladenschluß (LaSchlG), in: BGBl. Teil I, Nr. 50, vom 29. November 1956, S. 875–881.
[466] Gesetz zur Änderung des Gesetzes über den Ladenschluß, BGBl. Teil I, Nr. 31, vom 18. Juli 1957, S. 722.
[467] Zweites Gesetz zur Änderung des Gesetzes über den Ladenschluß, in: BGBl. I, Nr. 59, vom 14. 11. 1960, S. 845–846.
[468] Sachbegründung der Vorlage des Ladenschlußgesetzes, zitiert nach: Glaubitz, Feierabend, S. 17.
[469] Vgl. Rühling, Ladenschlussgesetz, S. 248; zu einem eigenen Aspekt bzw. Zweck des Gesetzes wandelte sich die Herstellung gleichartiger Wettbewerbsbedingungen erst Anfang der 1960er Jahre. Als gleichwertig gegenüber dem Motiv des Arbeitsschutzes könne dieser laut Rühling (S. 250) aber erst seit Anfang der 1980er Jahre bezeichnet werden.
[470] AdMAB, HBV, 3. Gewerkschaftstag. Juni 1955 (Protokoll), hier: Entschließung 13.

beschlossen worden war.[471] Auch die Zentralvereinigung der Konsumgenossenschaften war für diese Regelung eingetreten. Die Hauptgemeinschaft des Deutschen Einzelhandels und der Zentralverband des Deutschen Handwerks hatten für einen werktäglichen Ladenschluss um 19 Uhr plädiert und überdies durch eine Rahmengesetzgebung den Ländern mehr Entscheidungsrechte einräumen wollen. Auch die Bundesvereinigung der Deutschen Arbeitgeberverbände und die Arbeitsgemeinschaft der Verbraucherverbände hatten sich dagegen ausgesprochen, den Ladenschluss auf 18 Uhr festzulegen.[472] Außerdem wollten sie es, wie ein anderer Gesetzentwurf vorsah, den Unternehmen überlassen, wann diese einen freien Halbtag oder einen ganzen freien Tag einräumten.[473] Den Kirchen war bereits ein Jahr zuvor entgegengekommen, allerdings lediglich im Bezug auf die Verkaufssonntage vor Weihnachten, wobei sie „im Interesse der Sonntagsheiligung und der Vorbereitung auf das Weihnachtsfest und auch mit Rücksicht auf die Gesunderhaltung der […] Angestellten" für maximal zwei verkaufsoffene Sonntage eingetreten waren.[474]

Bei der Debatte im Bundestag waren die Konfliktlinien nicht klar erkennbar, vielmehr lagen die individuellen Interessen zum Teil quer zur parteipolitischen Linie. Der Gesetzesentwurf ging auf Abgeordnete aller bis dahin im Bundestag vertretenen Parteien zurück.[475] In der ersten Beratung beschlossen die Abgeordneten die Überweisung des Entwurfs an den Ausschuss für Arbeit, der federführend sein sollte, aber auch an die Ausschüsse für Wirtschaftspolitik, Sonderfragen des Mittelstands und Verkehr.[476] Die zweite und dritte Beratung wurden langwie-

---

[471] BWA, K009 / 1166, Verkaufsoffene Sonntage vor Weihnachten, 1955, 1956, hier: „Unser Kampf war nicht umsonst! Das neue Ladenschlußgesetz ist nunmehr in Kraft!" der DAG-Ortsgruppe Augsburg und Bezirksleitung Nordschwaben, Sepp Mayer.
[472] Vgl. Protokoll der 169. Sitzung des 2. Deutschen Bundestages (02/169) vom 8. November 1956, S. 9316–9335.
[473] Vgl. Antrag der Abgeordneten Kühlthau, Frau Welter (Aachen), Graaff (Elze), Dr. Elbrächter und Genossen, „Entwurf eines Gesetzes über den freien Halbtag im Einzelhandel", Drucksache 1943 des Deutschen Bundestags, 2. Wahlperiode, 1953. Kühlthau und Welter waren beide in der CDU, Graaff in der FDP, und Elbrächter in der DP, wechselte aber 1958 in die CDU; vgl. auch Vierhaus/Herbst, Biographisches Handbuch, S. 466 f., 938 f., 274, 176 f.
[474] Vgl. Protokoll der 112. Sitzung des 2. Deutschen Bundestages (02/112), vom 11. November 1955, S. 6040–6047, 6050.
[475] Federführend war dabei Rudolf Meyer-Ronnenberg (CDU/CSU, vormals GB/BHE). Dieser war selbst im Einzelhandel tätig gewesen und von 1950 bis 1954 Bundesfachvorsitzender im Hauptverband des deutschen Lebensmittel-Einzelhandels. Mitverantwortlich war außerdem Georg Schneider (CDU), der in dieser Zeit als stellvertretender Bundesvorsitzender der Deutschen Angestellten-Gewerkschaft fungierte. Namentlich im Antrag gelistet wurden außerdem Georg Schneider (CDU), Willy Odenthal (SPD), Erwin Lange (SPD), Anton Eberhard (FDP), Erni Finselberger (GB/BHE) und Rudolf Eickhoff (DP). Die weiteren Unterzeichnenden des Gesetzesentwurfs stammten ebenfalls aus allen Fraktionen; vgl. Antrag der Abgeordneten Meyer-Ronnenberg, Schneider (Hamburg), Odenthal, Lange (Essen), Eberhard, Frau Finselberger, Eickhoff und Genossen, „Entwurf eines Gesetzes über den Ladenschluß", Drucksache 1461 des Deutschen Bundestags, 2. Wahlperiode 1953; vgl. Vierhaus/Herbst, Biographisches Handbuch, S. 563.
[476] Vgl. Protokoll der 101. Sitzung des 2. Deutschen Bundestags (02/101) vom 22. September 1955, S. 5642.

rig und das Gesetz viel und breit diskutiert,[477] denn, wie ein CDU-Politiker es formulierte, es wurden „quer durch das ganze Parlament die verschiedensten Meinungen in den einzelnen Fragen vertreten."[478]

Während sich die SPD-Fraktion für ein strenges Gesetz einsetzte und die Mehrheit der Abgeordneten der FDP[479] und die Fraktion der Deutschen Partei (DP) für eine komplette Ablehnung plädierten, war das Gesetz vor allem bei der CDU/CSU-Fraktion umstritten und es kamen andere als rein parteispezifische Interessen zum Tragen. So waren die Befürwortenden bei der CDU/CSU selbst aus dem Einzelhandel oder Vertreter der Gewerkschaften, wie Rudolf Meyer-Ronnenberg und Georg Schneider. Gegner des Gesetzesentwurfs aus der CDU/CSU-Fraktion taten sich entweder als Vertreterinnen und Vertreter der berufstätigen Frauen, der Hausfrauen und Verbraucher hervor, wie die Abgeordnete Emmi Welter.[480] Oder sie positionierten sich als Unterstützer und Unterstützerinnen der Wirtschaft und der unternehmerischen Freiheit, wie der Abgeordnete Franz Böhm.[481]

Die FDP-Fraktion hatte einen umfangreichen Änderungsantrag eingebracht, der längere werktägliche Öffnungszeiten, mehr verkaufsoffene Sonntage und eine Befreiung vom Ladenschluss für inhabergeführte Geschäfte vorsah.[482] Unter steten Beipflichtungen von „rechts" begründete der Redner von der FDP die generelle Ablehnung des Gesetzes: Es gebe ohnehin zu viele Gesetze, außerdem seien die Probleme im Einzelhandel zu vielfältig – in regionaler, fachlicher, branchenspezifischer Hinsicht –, um sie vom Gesetzgeber regeln zu lassen.[483] Darüber hinaus sei das Gesetz wirtschaftsfeindlich. Für den Schutz der Beschäftigten reichten die bestehenden Gesetze aus.[484] Er bezeichnete es als „eines der schlechtesten Gesetze".[485] Eine andere FDP-Abgeordnete sprach sich für ein rollierendes System[486]

---

[477] Vgl. Protokoll der 169. Sitzung des 2. Deutschen Bundestages (02/169) und Protokoll der 170. Sitzung des 2. Deutschen Bundestags (02/170) vom 9. November 1956, S. 9349–9382.
[478] Vgl. Protokoll der 170. Sitzung des 2. Deutschen Bundestags (02/170), S. 9351.
[479] Ein Abgeordneter der FDP sprach sich in der dritten Lesung für den Gesetzesentwurf aus, und wollte ungefragt und ohne Auftrag auch als Sprachrohr des Deutschen Beamtenbundes fungieren. Dabei betonte er aber, dass er die Ausführung nur für sich und im Gegensatz zu seiner Fraktion gemacht habe, vgl. Protokoll der 170. Sitzung des 2. Deutschen Bundestags (02/170), S. 9365.
[480] Vgl. Protokoll der 170. Sitzung des 2. Deutschen Bundestags (02/170), S. 9350 f.
[481] Vgl. Protokoll der 170. Sitzung des 2. Deutschen Bundestags (02/170), S. 9355 f.
[482] Vgl. Protokoll der 169. Sitzung des 2. Deutschen Bundestages (02/169), Anlage 5, Umdruck 810, „Änderungsantrag der Fraktion der FDP", S. 9343.
[483] Vgl. Protokoll der 169. Sitzung des 2. Deutschen Bundestages (02/169), S. 9320.
[484] Vgl. Protokoll der 169. Sitzung des 2. Deutschen Bundestages (02/169), S. 9323 f.
[485] Protokoll der 170. Sitzung des 2. Deutschen Bundestags (02/170), S. 9352. Auch sagte er: „[D]as praktische Leben findet immer wieder Mittel und Wege, schlechte Gesetze zu neutralisieren." Hier spielte er darauf an, dass vor allem Vertriebsformen bestehen würden, die mit dem engen Rahmen umgehen könnten und dass dies eher größere Unternehmen wären, aber auch darauf, dass Unternehmer Möglichkeiten finden würden, die normativen Vorgaben zu umgehen oder auszuhöhlen.
[486] Durch ein rollierendes Arbeitszeitsystem konnten Öffnungszeiten und individuelle Arbeitszeiten entkoppelt werden und zugleich bei einer 40-Stunden- und 5-Tage-Woche die Geschäfte sechs Tage geöffnet bleiben. Dabei wechselt, „rolliert", für die einzelnen Beschäftigten der freie Tag vor und zurück.

des freien halben Tags aus. So hätten die Verkäuferinnen die Möglichkeit, selbst in dieser Zeit einkaufen zu gehen. Außerdem wäre es „in den meisten Geschäften gar nicht möglich […], daß die Angestellten schon um 14 Uhr aus den Betrieben herauskommen". Sie verwies damit auf die Praxis des „zu Ende Bedienens" und die Tatsache, dass viele Beschäftigte auch nach Ladenschluss noch mit Nacharbeiten beauftragt waren. Mit dem freien Samstagnachmittag, so war sie der Überzeugung, wären die Angestellten „sogar, was die Arbeitszeit anlangt, schlechtergestellt".[487] Auch der Gesamtdeutsche Block / Bund der Heimatvertriebenen und Entrechteten (GB/BHE) sprach sich für den Entwurf des Ladenschlussgesetzes aus. Der Redner der Fraktion brachte ein weiteres Argument in die Debatte ein: Dem Einzelhandel gingen Fachkräfte verloren, wenn sich die Arbeitszeiten nicht verbesserten. Außerdem sollte dem Nachwuchs die Möglichkeit erhalten bleiben, „sich in Abendkursen weiterzubilden".[488] Nicht der Schutz der Beschäftigten, sondern die Qualität der Bedienung für die Kundschaft – und zwar zulasten der Beschäftigten, die sich weiterbilden sollten – stand bei dieser Wortmeldung im Vordergrund. Die rechtsgerichtete DP stellte sich ebenfalls strikt gegen das Gesetz und führte ins Feld, dass Klein- und Mittelbetriebe aus wirtschaftsliberaler Sicht selbst entscheiden können müssten, und es auf dem Land und in kleineren Städten für die Bevölkerung zu Versorgungsengpässen käme.[489]

Hiergegen wiederum sprach sich ein SPD-Politiker aus, da „den regional bedingten Bedürfnissen durch die Formulierungen des Gesetzes entsprochen worden" sei.[490] Auch sonst stand die SPD klar hinter dem Gesetzesentwurf, und zwar aus Gründen des Schutzes der „Arbeitskraft, nicht nur der Unselbstständigen, sondern auch der Selbstständigen", und aufgrund der „Herstellung gleichartiger Wettbewerbsvoraussetzungen".[491] Eine SPD-Abgeordnete machte sich als Fürsprecherin für die „doppelt belastet[e]" Frau stark. Entgegen der FDP-Politikerin ging sie zusammen mit dem Initiator des Gesetzesentwurfs Meyer-Ronnenberg davon aus, dass der freie Nachmittag in die Familie investiert werden sollte.[492] Dabei ist folgendes Argumentationsmuster sehr gut zu beobachten: Sie rechtfertigte mit der Familie den Schutz, der für Angestellte im Einzelhandel, eben vorwiegend für Frauen gelten sollte, also den Schutz vor Ausbeutung, vor Gesundheitsrisiken und vor zu viel Arbeitszeit. Damit schob sie jedoch gleichzeitig die volle Verantwortung für Haushalt und Familie diesen Frauen zu. Darin affirmierte und legitimierte sie letztlich die

---

[487] Protokoll der 170. Sitzung des 2. Deutschen Bundestags (02/170), S. 9365.
[488] Protokoll der 170. Sitzung des 2. Deutschen Bundestags (02/170), S. 9361.
[489] Protokoll der 170. Sitzung des 2. Deutschen Bundestags (02/170), S. 9364 f.
[490] Äußerung Lange (Essen) (SPD), in: Protokoll der 170. Sitzung des 2. Deutschen Bundestags (02/170), S. 9363; dies wird in den Sonderparagrafen zum Verkauf in ländlichen Gebieten ersichtlich.
[491] Protokoll der 169. Sitzung des 2. Deutschen Bundestages (02/169), S. 9322.
[492] „Die Angestellten werden doch immer den freien Nachmittag wählen, an dem sie die Möglichkeit haben, mit ihren Angehörigen zusammen zu sein. Das kann eben nur der Nachmittag sein, an dem alle anderen Bevölkerungsgruppen auch frei haben, also der Samstagnachmittag.", Protokoll der 170. Sitzung des 2. Deutschen Bundestags (02/170), S. 9366.

Sichtweise, dass Frauen im bundesrepublikanischen Arbeitszeitregime für Haus- und Fürsorge zuständig seien. Dies ist ein entscheidender Aspekt der arbeitszeitlichen Benachteiligung von Frauen durch das Ladenschlussgesetz.[493]

Spannend bei den Diskussionen im Bundestag ist neben den unterschiedlichen Interessenslagen auch eine gewisse Unausgeglichenheit die Debatte selbst betreffend. Einerseits waren die Liste der Rednerinnen und Redner lang und die Zahl der Anträge hoch.[494] Viele fühlten sich dazu berufen, einen Beitrag zu leisten, wie dies bei einem Mitglied der CDU/CSU-Fraktion zum Ausdruck kam: „Ich möchte zu dieser Materie auch etwas sagen, [...] weil man dazu auf jeden Fall etwas sagen kann."[495] Andererseits betonten Einige, dass es weit wichtigere Themen gab und man die Angelegenheit schnell zu Ende bringen könnte, wenn man einfach zustimmte oder ablehnte.[496] Und auch die generelle Anwesenheit im Plenarsaal war gering: Es waren nur wenig mehr als die Hälfte der Abgeordneten da; einige waren beurlaubt, manche verließen während der Beratung den Saal.[497] Weiterhin wurde das Ladenschlussgesetz im Ausschuss für Wirtschaftspolitik, aufgrund unglücklicher Umstände und anderer „vordringlicher" Angelegenheiten, nie richtig beraten. Daher sah dessen Entwurf eine Übergangsregelung vor, um bestimmte Aspekte eine Zeit lang beobachten zu können.[498]

Überhaupt wurden in den Beratungen die Uneinigkeiten zwischen dem Ausschuss für Wirtschaftspolitik und dem Ausschuss für Arbeit deutlich. Ersterer musste sich aufgrund der mangelnden Beratungszeit mit Änderungsanträgen und Gegenreden zufriedengeben, sodass dem Vorschlag des Ausschusses für Arbeit letztlich mehr Aufmerksamkeit zuteil wurde. Bei dessen Mitgliedern herrschte Einigkeit darüber, dass das Verkaufspersonal nur „vor zu langer Arbeitszeit an Werktagen und vor verbotener Sonntagsbeschäftigung" geschützt werden könne, wenn ein Ladenschlussgesetz existierte.[499] Der Ausschuss für Wirtschaftspolitik emp-

---

[493] Diesen Aspekt arbeiteten auch Vertreterinnen der Neuen Frauenbewegung heraus.
[494] Darauf wiesen die Vorsitzenden, die Vizepräsidenten Becker und Jaeger, mehrfach hin, etwa mit Äußerungen wie, „noch acht Redner[ ]", oder der Bemerkung: „Es wird Sie interessieren, daß nach dem derzeitigen Stand der Dinge nach 31 Änderungsanträge zu bescheiden sind ohne die, die noch kommen!", in: Protokoll der 170. Sitzung des 2. Deutschen Bundestags (02/170), S. 9357; die Schlußbemerkung „Meine Damen und Herren, es liegen keine Wortmeldungen zur allgemeinen Aussprache mehr vor" erntete den Beifall der Versammelten.
[495] Äußerung Stücklen, in: Protokoll der 169. Sitzung des 2. Deutschen Bundestages (02/169), S. 9331.
[496] Vgl. etwa die Schlussbemerkung eines Ladenschlussgegners aus den Reihen der CSU, Unertl: „Lehnen wir das ganze Gesetz ab – dann haben wir mit dem Laden Schluß gemacht – und wenden wir uns wichtigeren Aufgaben zu!", in: Protokoll der 170. Sitzung des 2. Deutschen Bundestags (02/170), S. 9358.
[497] Von insgesamt 487 Abgeordneten waren bei der Schlußabstimmung noch 282 anwesend. Beurlaubt waren 80. Der Initiator des Gesetzesentwurf bemerkte: „Angesichts des immer leerer werdenden Saales möchte ich keine langen Ausführungen machen.", Protokoll der 170. Sitzung des 2. Deutschen Bundestags (02/170), S. 9359.
[498] Vgl. Protokoll der 169. Sitzung des 2. Deutschen Bundestages (02/169), S. 9316.
[499] Vgl. Protokoll der 169. Sitzung des 2. Deutschen Bundestages (02/169), Anlage 2, Drucksache 2810, „Schriftlicher Bericht des Ausschusses für Arbeit (27. Ausschuß) über den von den Abgeordneten Meyer-Ronnenberg, Schneider (Hamburg), Odenthal, Lange (Essen), Eber-

fand „Arbeitszeit und Ladenzeit [als] zwei getrennte Dinge", die nicht in einem Gesetz zusammengefasst werden sollten.[500]

Das strikte Zusammendenken von Verkaufs- und Arbeitszeit war im Nachhinein auch Kern der Kritik des Deutschen Industrie- und Handelstages. Er kritisierte das Ladenschlussgesetz von Beginn an, vor allem aber die Tatsache, dass der Gesetzgeber zwischen den „Verkaufszeiten des Einzelhandels und [der] Arbeitszeit des Einzelhandelspersonals" nicht unterschied und dadurch die Ladenzeiten außerordentlich „weitgehend nach sozialpolitischen Gesichtspunkten bestimmt[e] und dabei die wirtschaftlichen Notwendigkeiten außer acht ließ".[501]

Nachdem 1961 mehrere Verfassungsbeschwerden gegen das Ladenschlussgesetz durch Entscheidungen des Bundesverfassungsgerichts abgewiesen wurden, blieb es knapp 30 Jahre lang bei den geltenden Regeln.[502] Die Beschwerden waren unter anderem von einem Buchhändler, einer Bürovorsteherin zusammen mit einer Angestellten in einem Bundesministerium und von dem Inhaber einer Bahnhofsapotheke eingereicht worden. Letzterer fühlte sich in ungerechtfertigter Weise zu den Apotheken und nicht zu den Verkaufsstellen in Bahnhöfen gezählt, weshalb seine Öffnungszeiten stärker eingeschränkt gewesen seien. Das Gericht wies das zurück.[503] In der Begründung gegenüber dem Buchhändler erklärte das Gericht, dass das Ladenschutzgesetz als Schutz vor zu langen Arbeitszeiten durch die Einführung von Tarifverträgen zwar an Bedeutung verloren habe, dafür aber der Aspekte der Wettbewerbsneutralität wichtiger geworden sei.[504] Gegenüber den als Kundinnen betroffenen Frauen begründete das Gericht seine Entscheidung mit der Einheitlichkeit der Lebensverhältnisse im Bundesgebiet, dem Ziel der sozialen Befriedung und dem Ausgleich widerstreitender Interessen sowie damit, dass „diese Regelung den berufstätigen Frauen noch ausreichend Zeit zum Einkauf läßt".[505] Der Verfassungsbeschwerde eines Kaufmanns aus Düsseldorf, der Warenautomaten betrieb, die in keinem räumlichen Zusammenhang mit dem Laden standen, gab das Gericht hingegen statt. Es sah den Artikel 12 des Grundgesetzes, das freie Recht zur Berufsausübung, verletzt.[506] Folge dieses Urteils war, dass Warenautomaten zwar „an allen Tagen während des ganzen Tages benutzbar sein"

---

hard, Frau Finselberger, Eickhoff und Genossen eingebrachten Entwurf eines Gesetzes über den Ladenschluß", S. 9338.
[500] Protokoll der 169. Sitzung des 2. Deutschen Bundestages (02/169), S. 9317.
[501] Deutscher Industrie- und Handelstag (Hrsg.), Feste Währung, gesunde Wirtschaft, S. 74.
[502] Vgl. u. a. die Entscheidungen der amtlichen Sammlung (BVerfGE), Band 13, 225–230, Urteil vom 29. 11. 1961, 1 BvR 148/57; BverfGE 13, 230–236, Urteil vom 29. 11. 1961, 1 BvR 758/57; BverfGE 13, 237–243, Urteil vom 29. 11. 1961, 1 BvR 760/57, in: Bundesverfassungsgericht, Entscheidungen, https://www.bundesverfassungsgericht.de/DE/Entscheidungen/Liste/10 ff/liste_node.html [zuletzt abgerufen am 26. 10. 2022].
[503] Entscheidungen des Bundesverfassungsgerichts 13 (1962/63), 225–230.
[504] BverfGE 13, 237–243.
[505] BverfGE 13, 230–236.
[506] Vgl. BverfGE 14, 19–25, Urteil vom 21. Februar 1962, 1 BvR 198/57, in: Bundesverfassungsgericht, Entscheidungen, https://www.bundesverfassungsgericht.de/DE/Entscheidungen/Liste/10 ff/liste_node.html [zuletzt abgerufen am 26. 10. 2022].

durften, die Arbeitsschutzbestimmung für die Angestellten in Paragraf 17 LaSchlG allerdings nicht herausgenommen wurde, sodass die Befüllung dieser Automaten nur zu den Ladenöffnungszeiten und damit in der eigentlich vorgesehenen Arbeitszeit möglich war.[507] Hierbei wurde also den Arbeitszeitbelangen der Beschäftigten Rechnung getragen.

Nicht unterschlagen werden darf an dieser Stelle die oftmals vergessene Neuregelung der Ausnahmen für Kur- und Erholungsorte von 1969.[508] Das Gesetzgebungsverfahren, das durch die Reisebranche angeregt wurde, lief relativ zügig ohne größere Diskussionen – sowohl in den Ausschüssen als auch den beratenden Lesungen – und mit großer Einigkeit unter den Parteien ab. Danach erhöhte sich die Zahl der durch die Landesbehörden zu gewährenden Ausnahmen für Kur- und Erholungsorte auf 40 statt 22 Sonn- und Feiertage; außerdem durften die Geschäfte samstags bis 20 Uhr, statt wie bisher bis 18 Uhr, geöffnet bleiben. Begründet wurde es seitens des Bundesfachverbandes der Reiseandenken-Branche mit der durch die Motorisierung in den 1960er Jahren gestiegenen Zahl an Touristinnen und Touristen sowie ausländischen Gästen in diesen Orten. Wie schon bei der Änderung für Warenautomaten wurde eine Passage in den Paragraf 17 zu den Arbeitsschutzbestimmungen eingefügt, um die Arbeitszeit der Beschäftigten nicht zu verlängern.[509]

Bei der Debatte um das Ladenschlussgesetz im Bundestag und in deren Vorfeld, wie auch im Nachgang, hatten sich drei Problemkreise herauskristallisiert: Neben der (1) Schutzfunktion des Gesetzes für die Angestellten war es umstritten, ob (2) die Arbeits- und Ladenzeit zusammengedacht werden sollten und (3) inwieweit es angemessen war, vor allem bei inhabergeführten Geschäften, die unternehmerische Freiheit einzuschränken. Der letzte Problemkreis berührte lediglich die Arbeitszeit der Unternehmer selbst und gegebenenfalls die ihrer Familienmitglieder. In den ersten beiden Problemkreisen spielte die Arbeitszeit der Verkäuferinnen eine Rolle: Im ersten Fall zementierte der Schutz der Angestellten – größtenteils weibliche Arbeitskräfte – gleichzeitig gesellschaftspolitisch die Zuständigkeit der Frauen für Haushalt und Familie. Beim zweiten Problemkreis standen sich Norm und Praxis gegenüber: Theoretiker sahen kein Problem in einem liberalen Ladenschluss, weil sie an die Wirkmacht der Arbeitsschutzgesetze glaubten; die praktische Erfahrung des Einzelhandelsalltags hatte aber vielfach eine andere Wahrheit gezeigt und andere Wirkmechanismen offenbart. Aus diesem Grund argumentierten die Praktiker – Gewerkschaften, Einzelhandelsverbände und betroffene Beschäftigte – oftmals für das Zusammendenken und damit für die Beschränkung von Arbeits- und Ladenzeit. Neu waren all die angeführten Argumente nicht, wie ein Zitat des Gesetzesinitiators

---

[507] Vgl. LaSchlG 1956, § 17; Rühling, Ladenschlussgesetz, S. 237.
[508] Obwohl dies nur eine kleinere Veränderung darstellte, löste es doch wieder Debatten in der Gesellschaft aus: Es sind einige Beiträge aus den Reihen der Verbraucherinnen und Verbraucher, der Unternehmen und dementsprechende Gegenstimmen von Seiten der Gewerkschaften um die Jahre 1968/69 festzustellen.
[509] Vgl. Rühling, Ladenschlussgesetz, S. 239–245.

Meyer-Ronnenberg zeigt: „Wenn Sie einmal in den Protokollen von 1906 nachblättern [...], dann sind Sie eigentlich etwas erheitert, weil Sie feststellen müssen, daß dieselben Argumente, die heute gegen den Samstagfrühschluß angeführt werden, damals gegen die Sonntagsruhe angeführt worden sind."[510]

Aus geschlechtergeschichtlicher Perspektive ist die Verabschiedung des Ladenschlussgesetzes als retardierendes Moment für die Gleichberechtigung von Männern und Frauen in der Arbeitswelt einzustufen. Da überwiegend Frauen im Einzelhandel arbeiteten, waren hauptsächlich sie von der Beschränkung der Arbeitszeit betroffen. Und auch aus der Sicht arbeitender Konsumentinnen zog das strenge Ladenschlussgesetz die Unvereinbarkeit von Familie, Haushalt und Beruf nach sich. Die restaurative Familienordnung der 1950er Jahre war hier maßgeblich handlungs- und entscheidungsleitend.

Ähnlich verliefen die zwischen 1954 und 1957 stattfindenden Parlamentsdebatten um das zu verabschiedende Gleichberechtigungsgesetz. Nachdem das Bundesverfassungsgericht 1953 den Gesetzgeber nach Ablaufen der Übergangsfrist dazu gedrängt hatte, die Aussagen des Artikels 3 Absatz 2 im Grundgesetz auch mit Inhalt zu füllen und entsprechende diskriminierende Passagen im Bürgerlichen Gesetzbuch zu überarbeiten, dauerte es nahezu vier Jahre, bis das „Gesetz über die Gleichberechtigung von Mann und Frau auf dem Gebiet des bürgerlichen Rechts" beschlossen wurde. Darin enthalten waren zwar entscheidende geschlechterpolitische Weichenstellungen, die in etwa zeitgleich zur Verabschiedung des Ladenschlussgesetzes getroffen wurden: So sicherte die eheliche Zugewinngemeinschaft Frauen erstmals finanziell ab, das Letztentscheidungsrecht des Mannes in der Ehe wurde aufgehoben und eine Berufstätigkeit der Frau auch gegen den Willen ihres Mannes zugelassen. Dennoch determinierten auch hier die Überzeugungen von der Polarität der Geschlechter die Debatten. In allen Parteien herrschte das Bild von einer traditionellen Aufgabenteilung unter den Geschlechtern, vor allem innerhalb der Familie, vor, sodass die Vorherrschaft des Mannes im Stichentscheid über die Erziehung noch bis 1959, und die ungleiche Aufgabenteilung in der Ehe sogar noch bis 1977 erhalten blieb.[511] Das Ladenschlussgesetz von 1956/60 fügte sich in diese gesetzgeberischen Tendenzen ein.

Orientierung an der Kundschaft als Argument von Unternehmen und Lobbygruppen

Seit Mitte der 1970er Jahre kam es erneut zu intensivierten öffentlichen Auseinandersetzungen um den Ladenschluss.[512] Dieses Aufleben passt zu der von der Frauenbewegung aufgeworfenen Frage nach der Zielorientierung weiblichen Lebens –

---

[510] Äußerung des Abgeordneten Meyer-Ronnenberg, Initiator des Gesetzesentwurfs zum Ladenschlussgesetz 1956, in: Protokoll der 170. Sitzung des 2. Deutschen Bundestags (02/170), S. 9360.
[511] Vgl. Heinemann, Die patriarchale Familie, S. 705 f.
[512] Vgl. Spiekermann, Freier Konsum, S. 39 f.

Familie und Haushalt oder Berufstätigkeit. Aber auch die Unternehmen, Gewerkschaften und Frauengruppen etablierten das Thema immer wieder in der öffentlichen Diskussion; während es der Ladenschluss deutlich seltener auf die politische Bühne des Bundestags schaffte.[513] Es ist wichtig, die Argumente der gesellschaftlichen Debattenteilnehmer zu beleuchten, um zu verstehen, welche Bedeutung diese der Arbeitszeit von Verkäuferinnen einräumten und ob sich der Fokus von der reinen Quantität der Arbeitszeit zur Qualität der Arbeitszeit verschob.

Die Ladenschlussgegner meldeten sich ab Ende der 1960er Jahre verstärkt mit Kritik an dem Gesetz zu Wort. Zu den Befürwortern einer Ausdehnung der Ladenöffnungszeiten zählten vor allem große Einzelhandelsunternehmen, Verbraucherverbände und bisweilen Industrie- und Handelskammern. Spiekermann ergänzt noch um: „eine Minderheit der kleinen Händler [...], liberal-konservative Politiker, jüngere und berufstätige Konsumenten."[514] Diese Gruppen betonten, dass die gesellschaftliche Notwendigkeit einer Ausweitung der weiblichen Arbeitszeit durchaus gegeben sei. Für sie stand die Kundschaft im Vordergrund ihrer Argumentation. Für „den Verbraucher" da zu sein, „Dienst am Kunden" zu leisten, galt ihnen als höchstes Gut.[515] Besonders deutlich wird dies an folgender Aussage aus einem Radiointerview im Jahr 1967:[516] „Der Kunde muss, und das ist sein gutes Recht, dann einkaufen, wann er es für nötig hält, ich meine, der Kunde wünscht, vor allem, und das zeigt auch die Erfahrung, abends einzukaufen, denn da hat er die meiste Zeit", so Dieter Latscha, Eigentümer der Lebensmittelfilialbetriebe Latscha in Frankfurt am Main. Auch eine Vertreterin von Verbraucherinteressen wartete mit Argumenten auf: Hätten sie genügend Zeit zum Einkaufen, könnten die Kundinnen und Kunden besser Angebote und Preise vergleichen, zudem würden stressige Spitzenzeiten vermieden, was auch für das Verkaufspersonal eine Entlastung wäre. Verkäuferinnen müssten auch nicht *mehr* arbeiten, sondern, wie in anderen Branchen üblich, Schichtarbeit leisten, wozu auch Teilzeitkräfte herhalten könnten. Viele Konsumentinnen und Konsumenten wünschten sich individuelle Regelungen je nach Lage oder Warengattung.[517] Als Expertin für die Verbrauchermeinung, nämlich als Redakteurin der Verbraucherpolitischen Korrespondenz der Arbeitsgemeinschaft der Verbraucherverbände, nannte sie das LaSchlG von 1956 „Ladenkurzschlussgesetz" und warf der Regelung vor, dass „Ladenöffnungszeiten und Arbeitszeiten der

---

[513] Vgl. Erwähnung des Stichworts „Ladenschluss" in den Plenarprotokollen des Bundestags; gefunden über die Suchfunktion auf der Homepage des Deutschen Bundestags, https://dip.bundestag.de/ [zuletzt abgerufen am 26. 10. 2022].
[514] Spiekermann, Freier Konsum, S. 40.
[515] Vgl. auch Spiekermann, Freier Konsum, S. 39, der an dieser Stelle die Zeitschrift „Verbraucherpolitische Korrespondenz" aus den 1960er Jahren anführt.
[516] In diesem Jahr wurde in der Metallindustrie die Fünf-Tage-Woche mit 40 Arbeitsstunden eingeführt, vgl. o. A., Wem gehört die Zeit? 125 Jahre IG Metall: Die Geschichte der Arbeitszeit, in: IG Metall, https://www.igmetall.de/ueber-uns/kampagnen/mein-leben--meine-zeit/wem-gehoert-die-zeit [zuletzt abgerufen am 26. 10. 2022].
[517] ISG, W 1-10-567, Ladenschluss, Gespräch im HR, 1. 10. 1967 (Magnettonband) (Tonband ist digitalisiert).

werktätigen Bevölkerung [...] zusammenfallen", wodurch ein ruhiges Einkaufen nicht stattfinden könnte. Sowohl Dieter Latscha als auch der Geschäftsführer des Main-Taunus-Zentrums, einem Einkaufszentrum in der Nähe von Frankfurt am Main, sprachen sich „unter Aufrechterhaltung aller sozialen Vorteile" für eine Rahmengesetzgebung aus, nach der jedes Unternehmen für sich bestimmen können sollte, wann es wie lange öffnete. Die Kommentierung der Rednerinnen und Redner durch den Moderator der Sendung im Hessischen Rundfunk – die Argumente der Ladenschlussgegner bezeichnete er als „sachlich", die Argumentation der HBV zweifelte er an, und das LaSchlG nannte er eine „unbequeme Regelung" – deutet stark darauf hin, dass hier keine neutrale Berichterstattung stattfand. Außerdem kamen hauptsächlich Verbraucherinnen und Verbraucher zu Wort, die sich für eine Erweiterung aussprachen, wie dieser hessische Konsument: „für die, die länger schaffe müsse, is es zu früh grade jetzt, wie se zu machen." Den Einzelhandelsverbänden wurde vorgeworfen, dass das LaSchlG nur noch dazu diene, vor unliebsamer Konkurrenz zu schützen. So endete das Gespräch im Rundfunk auch mit zwei abschließenden Plädoyers zur Erweiterung der Ladenöffnungszeiten und mit dem Verweis auf die wirtschaftliche Rezession, die dadurch abgefedert werden könne. Außerdem verglichen die Ladenschlussgegner die bundesrepublikanische Gesetzgebung gerne mit den Regelungen anderer Länder, um darauf hinzuweisen, dass nirgendwo sonst ein solch strenges Gesetz galt. Darüber hinaus erhofften sie sich Umsatzzuwächse und eine Belebung der Stadtzentren.[518]

Aber nicht nur in den Medien waren die Ladenschlussgegner präsent, auch auf die politische Bühne gelangten sie bisweilen mit Unterstützung. Schon 1968 hatte der hessische Bundestagsabgeordnete Walter Picard[519] eine Anfrage an die Bundesregierung zu den möglichen negativen Auswirkungen des Ladenschlussgesetzes gerichtet. Zu Beginn der 1970er Jahre kündigte der Verbraucherverband der Presse erneute Aktivitäten zur Änderung des Ladenschlussgesetzes an und stellte mithilfe des Abgeordneten Picard eine weitere Anfrage an die Bundesregierung.[520] Während in der Ersten noch auf den Schutz des Mittelstands, den Schutz der kleinen Einzelhändler vor dem Verlust von Marktanteilen an die Großen, abgezielt wurde, ging die zweite Anfrage von der Verbrauchersicht aus, und zwar vor allem von „berufstätigen Hausfrauen".[521] Die Bundesregierung antwortete durch den

---

[518] O. A., Tengelmann möchte Ladenschlußzeiten auflockern. Einzelhandels-Filialist erhofft höhere Umsätze – Rezept gegen Personalmangel?, in: Die Welt, 21. 12. 1972.
[519] Walter Picard hatte keinerlei Hintergrund im Einzelhandel. Sein Einsetzen für eine Lockerung des Ladenschlussgesetzes könnte in persönlichen Interessen oder Freundschaften gelegen haben; vgl. Vierhaus/Herbst, Biographisches Handbuch, S. 644 f.
[520] AdsD, HBV, 5 / HBVH810098, Ladenschlussgesetz, 1960–1975, hier: HBV, Fachgruppe Handel, Rundschreiben, Neuer Schuß gegen das Ladenschlußgesetz, vom 01. 09. 1971.
[521] Der Begriff „berufstätige Hausfrau" stammt aus dieser Zeit. Anders als er vermuten lässt, bezeichnet er nicht in Teilzeit arbeitende Frauen, also Hausfrauen, die auch arbeiten (Teilzeit war noch überhaupt nicht weit verbreitet), sondern es sind voll berufstätige Frauen gemeint, die zusätzlich einen Haushalt führen und eventuell Kinder und einen Ehemann haben. Es ist unklar, von welchen anderen Frauen er sich abgrenzt, vermutlich von Akademikerinnen und Arbeiterinnen.

Bundesminister für Arbeit und Sozialordnung, Walter Arendt. Er verwies auf den Kompromisscharakter des Gesetzes, gestand die Unzufriedenheit manchen Teilen der Verbraucherschaft zu, hielt aber die unveränderte Meinung der „Hauptbeteiligten", der Branchenverbände, dagegen und schlussfolgerte somit – wie auch sein Amtsvorgänger schon 1968 –, dass eine Änderungsabsicht seitens der Bundesregierung nicht bestehe.[522]

Die Ladenschlussgegner präsentierten weibliche Arbeit Ende der 1960er Jahre als Notwendigkeit und als gesellschaftlich erwünscht, allerdings nicht um ihrer selbst willen, sondern als untergeordnet unter andere, höhere Ziele. Dabei wurde der Schutz der weiblichen Arbeitskraft zwar stets mitgedacht, aber als zweitrangig eingestuft. Die Qualität ihrer Arbeitszeit wurde in ihren Argumenten sogar als leicht verbessert dargestellt – weniger stressig –, aber dies sollte eben zuallererst der Verbesserung der Einkaufsqualität für die Kundschaft zukommen.

Soziale Schutzfunktion und Arbeitszeitproblematik als ambivalente Argumente

Zu den Befürwortenden des strengen Ladenschlussgesetzes gehörten die betreffenden Gewerkschaften DAG, HBV mit DGB und NGG, die beiden christlichen Kirchen, kleinere Läden und Einzelhandelsunternehmern; außerdem die meisten Mitglieder der SPD und CDU/CSU sowie die Handelsverbände.[523] Analysiert man die vorgebrachten Argumente, so geht es bei den Gegnern einer Ausdehnung in erster Linie um die soziale Schutzfunktion des Ladenschlussgesetzes und darum, die Gesamtarbeitszeit im Einzelhandel nicht zu erweitern. Schon 1969 hatte es einen umfangreichen Leitfaden für die HBV-Mitglieder gegeben. Hierin wurde zuvorderst der Arbeitsschutzcharakter des Gesetzes angesprochen, anschließend die Belastungen für Verkäuferinnen und die gesundheitlichen Folgen, dann die „sozialpolitische Notwendigkeit einer Ladenschlußregelung", denn nicht nur die Höhe des Einkommens sei den Beschäftigten wichtig, sondern auch die Regelung ihrer Arbeitszeit und damit die Möglichkeit der Freizeitgestaltung. Zudem fehle es an Personal, um erweiterte Öffnungszeiten zu stemmen.[524] In einer weiteren Veröffentlichung der HBV von 1973, die die Argumente bündelte und zielgerichtet formulierte, ging es ebenfalls um den Schutz vor zu viel Arbeitszeit und darum, die „Behauptungen" der Ladenschlussgegner zu entkräften: Rein rechnerisch gebe es genügend Zeit zum Einkaufen und Preisevergleichen; das Gesetz erhalte den Wettbewerb; es sei nahezu unmöglich, im Einzelhandel ein Schichtsystem zu eta-

---

[522] AdsD, HBV, 5 / HBVH810098, Ladenschlussgesetz, 1960–1975, hier: HBV, Fachgruppe Handel, Rundschreiben, Anfrage wegen der Veränderung des Ladenschlußgesetzes, vom 29. 10. 1971.
[523] Vgl. auch Spiekermann, Freier Konsum, S. 40.
[524] AdsD, HBV, 5 / HBVH810063, Ladenschlussbefragung, 1967–1972, hier: Argumente zur Vertretung unseres Standpunktes in der Frage der bundeseinheitlichen Ladenschlußgesetzgebung, hrsg. v. der Gewerkschaft Handel, Banken und Versicherungen – Hauptfachabteilung A – Handel, vom 6. 11. 1969.

blieren; die Verbraucher seien allgemein zufrieden mit den Öffnungszeiten; auch im Ausland könne man nicht 24 Stunden lang einkaufen; weder könne ein späterer Ladenschluss die Innenstädte beleben noch die Rushhour entzerren; die Beschäftigten selbst seien schließlich durchweg für eine Beibehaltung der Schlusszeiten, ebenso die Gewerkschaften.[525] Die DAG brachte in einer ihrer Argumentationshilfen von 1972 zwei weitere Aspekte ins Spiel: die Problematik der speziellen Belastungen für Frauen und deren Familien, und die möglicherweise steigenden Kosten für die Verbraucherinnen und Verbraucher.[526] Auch die DAG stand, ebenso wie die NGG, stets auf der Seite der Ladenschlussbefürworter, zeigte sich aber hier und da zu Zugeständnissen bereit.

Aber selbst bei den Gewerkschaften war das Ladenschlussgesetz nicht unumstritten gewesen, wie eine Episode auf dem 9. Ordentlichen Bundeskongress des DGB 1972 deutlich macht.[527] Dort hatte der Berliner Landesbezirk des Gewerkschaftsbundes einen Antrag eingebracht, längere Öffnungszeiten an den Abenden zu ermöglichen, um vor allem für die Beschäftigten die Einkaufszeit zu verlängern. In der Diskussion kam das gewerkschaftliche Dilemma zum Vorschein: Der Sprecher der Antragskommission, die eine Ablehnung des Berliner Vorschlags empfahl, äußerte, dass man sich in diesem Fall für den Schutz der Beschäftigten im Einzelhandel entschieden hätte. Ähnlich argumentierte Heinz Vietheer von der HBV, der nicht nur die Mitgliederinteressen, sondern auch die der gesamten Angestelltenschaft im Einzelhandel – immerhin 2,3 Millionen – vertreten wissen wollte. Joachim Fürbeth erläuterte bei dieser Gelegenheit das Vorgehen der HBV:

„Warum ein Gesetz und kein Tarifvertrag? [...] Weil das Ladenschlussgesetz eben die gesetzliche und behördliche Kontrolle und auch Sanktionen ermöglicht, die sicherstellen, dass die Beschäftigten tatsächlich nicht über diese Zeiten hinaus beschäftigt werden [...]. Wer will die Hunderttausende kleiner Läden kontrollieren, die irgendwo am Stadtrand liegen, wo ein oder zwei Verkäuferinnen oder der Lehrling bis in die Nacht hinein beschäftigt werden [...]?"[528]

Der relativ niedrige Organisationsgrad bei der HBV 1972[529] und die Tatsache, dass es im Einzelhandel viele Kleinbetriebe gab, erklärt, dass man hier eher auf die Durchsetzungskraft eines Gesetzes hoffte als auf tarifvertragliche Vereinbarungen, wie bei anderen Gewerkschaften. Fürbeth führte außerdem weitere – zum Teil bekannte – Argumente gegen eine Ausdehnung der Ladenöffnungszeiten an: Die Arbeitszeit habe sich von 48 auf 40 Stunden verringert und es werde nur noch an fünf statt sechs Tagen der Woche gearbeitet. Dementsprechend sollte auch den

---

[525] Vgl. Hände weg vom Ladenschluß! Pro und Contra Ladenschluss. Argumente der Gewerkschaft Handel, Banken und Versicherungen, Düsseldorf 1973.
[526] IfZArch, ED 972 / 89, Ladenschluss 1972 Olympische Spiele, 2, 1971–1972, hier: L '72, Nr. 1/72, Argumentationshilfe, Deutsche Angestellten-Gewerkschaft, Bundesvorstand.
[527] Vgl. Plogstedt, Arbeit der DGB-Frauen, S. 290–294.
[528] DGB Bundesvorstand, Abteilung Organisation (Hrsg.), Protokoll. 9. Ordentlicher Bundeskongreß Berlin hier: Wortmeldung Joachim Fürbeth (Gewerkschaft HBV), S. 251.
[529] Bei ca. 2,3 Millionen Beschäftigten waren 1972 lediglich 191 071 als HBV-Mitglieder verzeichnet und 176 712 als DAG-Mitglieder in der relevanten Berufsgruppe „Kaufmännische Angestellte"; Zahlen aus Statistisches Jahrbuch 1973, S. 153.

Beschäftigten des Handels keine soziale Schlechterstellung widerfahren. Auf der anderen Seite galt es für die übrigen Gewerkschaften im DGB, das Interesse der Einkaufenden zu berücksichtigen. Vor allem Vertreterinnen der IG Metall setzten sich für eine Abendöffnung ein. Immer wieder hatte es auf den Frauenkonferenzen Anträge gegen das LaSchlG gegeben, denn es ging ihnen „um die beschäftigten Frauen, Kolleginnen und Kollegen, die Verbraucherinnen sind, und die haben wir als Mitglieder auch zu vertreten".[530] Schlussendlich wurde der Antrag, ebenso wie ein Kompromissvorschlag, auf dem DGB-Kongress abgelehnt.[531] Einen weiteren Versuch, die gewerkschaftliche Front gegen das Ladenschlussgesetz aufzubrechen, unternahmen die Frauen der IG Metall auf der DGB-Bundesfrauenkonferenz im Mai 1974. Sie bezeichneten das Gesetz als verbraucher- und damit arbeitnehmerfeindlich. Sie waren sogar der Meinung, dass „mit flexiblen Öffnungs- und Arbeitszeiten endlich auch für das Verkaufspersonal die Fünftagewoche möglich" würde.[532] Allerdings lehnte eine Mehrheit der Frauen von der HBV, der Gewerkschaft Textil-Bekleidung und der Industriegewerkschaft (IG) Druck und Papier den Antrag der Metallerinnen ab.[533] Es bleibt festzuhalten, dass selbst im DGB – und selbst unter den Frauen im DGB – die Meinung zum LaSchlG nicht so eindeutig war, wie dies nach außen hin dargestellt wurde. Die Arbeitszeit der Verkäuferinnen stand hier in einem Interessenskonflikt mit der Freizeit der weiblichen Beschäftigten anderer Branchen.

In einer erneuerten Auflage der HBV-Argumentationshilfe von 1980 fanden sich bis auf zwei Ausnahmen die gleichen Argumente wie schon 1973, allerdings in unterschiedlicher Reihenfolge. So rutschte etwa das Argument, das LaSchlG erhalte den Wettbewerb, von Platz drei auf Platz zehn, und das 1973 viertgenannte Argument, auch mit den begrenzten Öffnungszeiten sei ein ausreichender Preisvergleich möglich, fiel ganz weg. In der Argumentation der HBV ging die Bedeutung der unternehmerischen Perspektive und der Verbrauchersicht also zurück. Dafür verlagerte sich die Argumentationsweise zugunsten der Beschäftigten, denn das Argument, dass sie zu längerem Arbeiten nicht bereit wären, kletterte von Platz zehn auf Platz fünf.[534] Zusätzlich kam als sechster Aspekt das Argument „Verkaufen ist Schwerarbeit" hinzu. Darin sprach die HBV vor allem Frauen mit ihrer Doppelbelastung, also der zusätzlichen Verantwortung für Haushalt und Familie, an – eine entscheidende Erweiterung der Argumentationslinie.[535] Außer-

---

[530] DGB Bundesvorstand, Abteilung Organisation (Hrsg.), Protokoll. 9. Ordentlicher Bundeskongreß Berlin, hier: Wortmeldung Anke Fuchs (IG Metall), S. 250.
[531] Vgl. Plogstedt, Arbeit der DGB-Frauen, S. 292.
[532] AdsD, HBV, 5 / HBVH810065, Umfragen zum Ladenschluss, 1967–1980, hier: „Wachsende Kritik am Ladenschlußgesetz", dpa-Archiv/Hintergrund. Archiv- und Informationsmaterial, 10. 01. 1975, S. 13–15.
[533] Vgl. Viola Roggenkamp, Schluß mit dem Ladenschluß, in: Emma, April 1979, S. 16–22, hier: S. 20 f.
[534] AdMAB, HBV, 18.30 Feierabend. Kaufabende stehlen Feierabende! Argumente für das Ladenschlußgesetz, Gewerkschaft Handel, Banken und Versicherungen, Hauptvorstand, Hauptfachabteilung A – Handel, 1980.
[535] AdMAB, HBV, 18.30 Uhr Feierabend, S. 13.

dem betonte der Gewerkschafter Fritz Baumann im Vorwort, dass das Bändchen die Debatte von Emotionen befreien und „einen sachlichen Beitrag" leisten würde. Sachlichkeit war demnach über die Jahre hinweg ein wichtiges Gütekriterium in der emotionalisierten Ladenschlussdiskussion. Bis Mitte der 1980er Jahre veränderten sich die Argumente erneut: Dass die Verbraucherinnen und Verbraucher durch zunehmende Arbeitszeitverkürzungen ohnehin genügend Zeit zum Einkaufen hätten, stand wieder an erster Stelle. Während manche verschwanden, gab es eine ganze Reihe neuer Argumente. Diese deuten auf die Zeichen der Zeit hin – sehr hohe Arbeitslosigkeit und Wertewandel in der Bundesrepublik, denn 1985 tauchten folgende Punkte nicht mehr auf: der Vergleich mit den Öffnungszeiten in anderen Ländern, die Einigkeit der DGB-Gewerkschaften, die Behauptung der Unmöglichkeit eines Schichtsystems im Einzelhandel, die Zufriedenheit der Verbraucher mit dem Gesetz und der Hinweis auf seine soziale Schutzfunktion. Neu waren die Aspekte einer vermehrten Unternehmenskonzentration im Einzelhandel durch die Erweiterung der Öffnungszeiten und die Entkräftung der Behauptungen der Ladenschlussgegner: Umsatzzuwächse und die Schaffung neuer Arbeitsplätze seien unrealistisch; zu viel unternehmerische Freiheit erzeuge Unsicherheit; Modellversuche seien unnötig. Ein altes, aber nun wieder bemühtes Argument war, dass Samstagsarbeit für alle Beschäftigten oder andere Formen der Flexibilisierung befürchtet werden müssten.[536] Weil für die Gewerkschaften stets die Verkürzung der Arbeitszeit Vorrang hatte, entwickelten sie kaum Argumente, die auf eine Verbesserung der Qualität der Arbeitszeit abzielten.

Die evangelischen und katholischen Kirchen in der Bundesrepublik standen vor allem aufgrund des Sonn- und Feiertagsarbeitsverbots hinter dem Ladenschlussgesetz. Schon früh, also in der Debatte um den Gesetzesentwurf von 1955, hatten sich die Kirchen dahingehend bereits geäußert.[537] Diese Meinung blieb auch bis zur Einführung des Dienstleistungsabends und darüber hinaus bei den Kirchenvertretern bestehen. Von der Presse wurden sie regelmäßig als Kontrahenten der Sonntagsarbeit präsentiert[538] und von den Gewerkschaften als Kooperationspartner zur Erhaltung des LaSchlG hinzugezogen.[539] Neben der religiösen Bedeutsamkeit des Sonntags waren Argumente gegen Sonntagsarbeit: die ohnehin hohe be-

---

[536] IfZArch, ED 972 / 92, Ladenschluss 1985–1987, hier: Rundschreiben der HBV, „Hände weg vom Ladenschluß – Arbeitszeit verkürzen statt Ladenöffnung verlängern," vom 23. 04. 1985.
[537] Vgl. Protokoll der 112. Sitzung des 2. Deutschen Bundestages (02/112), S. 650.
[538] Vgl. u. a. o. A., Sonntag sollte Tag der Besinnung und Ruhe sein. Katholikenrat im Bistum Trier befürchtet negative Auswirkungen einer Flexibilisierung der Arbeitszeit – Sonntag gefährdet – Familienleben bedroht – Insbesondere Frauen werden belastet, in: Trierischer Volksfreund, 20. 07. 1987.
[539] IfZArch, ED 972 / 93, Ladenschluss 1987, hier: Gemeinsames Wort des Rates der EKD und der Katholischen Bischofskonferenz vom 16. September 1985, Anhang des Rundschreibens der HBV, Landesbezirk Bayern an alle Geschäftsstellen in Bayern, Betr.: Verhinderung von Ausnahmeregelungen nach §§ 14 und 16 LadSchlG, vom 27. 02. 1987; AdMAB, HBV, „Der richtige Schritt." Ergebnisprotokoll der 11. Ordentlichen Landesbezirkskonferenz der Gewerkschaft HBV, Landesbezirk Bayern, am 27./28. 02. 1988 in Erlangen, S. 18.

rufliche Belastung im Einzelhandel, die eingeschränkten Möglichkeiten der Freizeitgestaltung der Beschäftigten und der Schutz der Familie.[540]

Ladenschlussbefürworter waren, wenn auch zum Teil aus anderen Gründen, überdies die Inhaber kleinerer Läden und Fachgeschäfte. So argumentierte der Geschäftsführer eines Elektrofachgeschäfts in Frankfurt am Main in der oben erwähnten Sendung des Hessischen Rundfunks im Interview 1967, dass es bei einer Erweiterung der Ladenzeiten „nicht mehr möglich sein [würde], das ohnehin schon sehr knappe Fachpersonal zu halten".[541] Und auch Clemens Meffert, der als Sachverständiger im Bundestag herangezogene Einzelhändler und Inhaber eines Musikfachgeschäfts, führte in seiner Stellungnahme zum Dienstleistungsabend derlei Argumente an und meinte, es gebe nicht einmal eine eindeutige Mehrheit „unter den Verbrauchern und schon gar nicht im Handel, die eine Veränderung dieses Gesetzes für erforderlich hält".[542]

Weibliche Arbeitszeit – 1980 waren circa 75 Prozent der Beschäftigten im Einzelhandel Frauen[543] – wurde als schützenswert erachtet, weil genügend Zeit für Haushalt und Familie bleiben musste. Die Ladenschlussbefürworter werteten dies als höheres gesellschaftliches Gut als die Konsumfreiheit. Dies bedeutete für die arbeitenden Frauen aber natürlich eine Einschränkung. Ihre Arbeit erhielt damit nicht den gleichen Stellenwert wie etwa die Arbeit in der Automobilbranche, in der Schichtarbeit gang und gäbe war. Zu stark verankert war in den verschiedenen gesellschaftlichen Institutionen noch der Gedanke an die Familienorientierung des weiblichen Lebenslaufs. Die Sozialpolitik der Bundesrepublik war an dem Ernährer-Zuverdienerin-Modell orientiert. Und auch die rechtliche Regelung, nach der den Frauen die alleinige Verantwortung für den Haushalt oblag, wurde erst 1977 abgeschafft und durch das Leitbild der Partnerschaftsehe ersetzt.[544]

---

[540] IfZArch, ED 972 / 92, Ladenschluss 1985–1987, hier: Gemeinsame Erklärung zur Sonntagsarbeit im Einzelhandel der HBV, Landesbezirk Bayern und des Diözesanrats der Katholiken im Bistum Passau, vom 11. 05. 1987.
[541] ISG, W 1-10-567, „Ladenschluss", Gespräch im HR, 1. 10. 1967 (Magnettonband) (Tonband ist digitalisiert).
[542] AdsD, DAG, RV-1—1151, DAG Bundesvorstand/Ressort Vorsitzender/Allg. DAG-Politik/ Ladenschlussgesetz – Langer Donnerstag, 1988–1989, hier: Clemens Meffert, Die Veränderung des Ladenschlussgesetzes oder die Vergewaltigung einer ganzen Branche aus verbraucherpolitischer, wettbewerbspolitischer und sozialpolitischer Sicht und von Kosten-Aspekten, Ludwigsburg 1988.
[543] Vgl. AdMAB, HBV, 18.30 Feierabend. Kaufabende stehlen Feierabende! Argumente für das Ladenschlußgesetz, Gewerkschaft Handel, Banken und Versicherungen, Hauptvorstand, Hauptfachabteilung A – Handel, 1980; auch im Artikel von Viola Roggenkamp, Schluß mit dem Ladenschluß, in: Emma, April 1979, S. 16–22, tauchen diese Zahlen auf.
[544] Vgl. Neumaier, Hausfrau, Berufstätige, Mutter, S. 42 f.

Emanzipation versus Benachteiligung: Argumente in Frauenzeitschriften

> „Allabendlicher Albtraum: Mit Büroschluß beginnt das Wettrennen gegen den Ladenschluß. Nicht selten landet man bereits vor verschlossenen Türen, wenn noch längst nicht alle Posten auf der Einkaufsliste abgehakt sind. Vorher lange Schlangen an den Kassen, Gedränge, halbleere Regale. Nachher kaputte Nerven, schlechte Laune und wieder einmal keine Milch. Parteien und Bürgerinitiativen, Organisationen und Institutionen bemühen sich um neue Wege. Suchen auch Sie mit uns nach einer Lösung."[545]

In einem Artikel der Frauenzeitschrift „Freundin" von 1976 wurde zunächst von einem findigen Einzelhändler berichtet, der seinen Laden gesetzeswidrig vor und nach Ladenschluss offen hielt. Anschließend wurden verschiedene Ordnungsmodelle vorgestellt, die von Seiten der Politik ins Spiel gebracht worden waren, unter anderen von einer FDP-[546] und einer CDU-Politikerin.[547] Dabei könne man „der Verkäuferin einen freien Samstag im Monat [...] bieten" und man müsse sich „an das Arbeitszeitschutzgesetz halten". Auch eine SPD-Politikerin[548] äußerte sich: Sie könne sich vorstellen, an einem Abend länger zu öffnen, wenn dafür am Samstagvormittag später angefangen und ein weiterer Tag ganz geschlossen wäre. Auch kamen vier Verkäuferinnen zu Wort, die grundsätzlich gegen längere Öffnungszeiten waren: Eine Schuhverkäuferin war mit ihrer 40-Stunden-Arbeitswoche „ganz zufrieden". Die beiden anderen, im Lebensmitteleinzelhandel Tätigen, hätten „nichts dagegen" gehabt, einen Tag in der Woche länger zu arbeiten, wenn sie dafür samstags frei bekämen, und eine weitere, die im Kaufhaus arbeitete, sprach sich gegen Schichtarbeit aus. Ihnen gegenüber gestellt wurden drei andere berufstätige Frauen, die für längere Öffnungszeiten plädierten, unter anderem mit dem Vorschlag einer Gleitzeit. Ansonsten kämen sie nicht zum Einkaufen: „Morgens kommt sie nicht zu Besorgungen, weil sie froh ist, wenn sie sich nach dem Frühstück noch in Ruhe schönmachen kann." Außerdem sei „[e]in echtes Problem [...], wenn die Tochter etwas Neues zum Anziehen brauche. ‚Ich bin oft gezwungen, einen Zahnarztbesuch vorzulügen, um mit Gabriele [...] Schuhe auszusuchen.'" Abgedruckt war auch die Meinung eines Markthändlers, der „umschichtig" bis 21 Uhr offenhalten wollte und auch glaubte, dass seine Beschäftigten dazu bereit, darüber hinaus keine höheren Preise zu befürchten wären. Ganz zum Schluss verwies die Autorin des Artikels

---

[545] AdsD, HBV, 5 / HBVH810063, Ladenschlussbefragung, hier: Ladenschlussbefragung, Freundin-Diskussion über den Ladenschluss, Heft 10/1976, 29. 04. 1976.
[546] Helga Schuchardt hatte einen Hintergrund im Einzelhandel: Sie war Tochter eines Kaufmanns und hatte die Höhere Handelsschule besucht, arbeitete dann aber als Ingenieurin bei Lufthansa. Im Zuge des Koalitionswechsels der FDP 1982 trat sie aus der Partei aus; vgl. Vierhaus/Herbst, Biographisches Handbuch, S. 788 f.
[547] Irma Blohm hatte keinen Einzelhandelshintergrund, hatte sich aber in den Frauenabteilungen der CDU engagiert und wurde möglicherweise deshalb als Expertin hinzugezogen; vgl. Vierhaus/Herbst, Biographisches Handbuch, S. 75 f.
[548] Elfriede Eilers hatte zwar eine kaufmännische Lehre absolviert, aber keinen Bezug zum Einzelhandel; vgl. Vierhaus/Herbst, Biographisches Handbuch, S. 174 f.

noch auf die liberaleren Ladenschlusszeiten in anderen Ländern. Dafür beliebte Vergleichsobjekte waren Dänemark, Spanien und Italien mit jeweils längeren Öffnungszeiten, oder Schweden, Belgien, die USA und Frankreich – also Länder, in denen es keine gesetzliche Ladenschlussregelung gab, der Arbeitsschutz aber durch andere Vorschriften gewahrt wurde.

Dies war ein übliches Argumentationsschema und wurde so auch von der Frauenzeitschrift „Brigitte" ein paar Jahre zuvor, im Zuge der Ladenschlussdiskussion nach den Olympischen Spielen 1972, angewandt, was eine scharfe Reaktion des HDE-Sprechers, Hubertus Tessar, hervorgerufen hatte.[549] Offenbar hatte eine Autorin in einer Serie von Artikeln versucht, gegen das LaSchlG zu mobilisieren.[550] Tessar kritisierte in einem Brief an die Redaktion die emotionale, voreingenommene und fehlerhafte Berichterstattung und rechtfertigte die Haltung des Einzelhandelsverbandes und der Gewerkschaften. Auch die Autorin der Zeitschrift „Brigitte" führte die Probleme berufstätiger Frauen mit den kürzeren Ladenöffnungszeiten aus und bemühte den Vergleich zu anderen europäischen Ländern. Tessar wiederum verwies darauf, dass in diesen Ländern ein höherer Rückgang der kleinen Einzelhandelsunternehmen zu verzeichnen sei. Außerdem warf er ihr Eigensinnigkeit und Rücksichtslosigkeit vor:

„Interessanterweise ruft man nach Liberalität bei den anderen und meint damit seine eigenen Interessen. Inwieweit dem anderen dadurch Probleme aufgebürdet werden, […] wird entweder in der wirklichen Gewichtigkeit von Ihnen nicht erkannt oder aber bewußt nach der Devise ‚Was geht mich das an' unterdrückt."[551]

Die feministische Zeitschrift „Emma" brachte sich mit einer Artikelserie in der Form einer „Kampagne" ein paar Jahre später, 1979, ebenfalls in die Ladenschlussdiskussion ein. Dabei kamen einige neue Argumente ins Spiel und alte Argumente wurden aus einem neuen Blickwinkel betrachtet. In ihrem Artikel „Schluß mit dem Ladenschluß" stellte die „Emma"-Autorin Viola Roggenkamp, die bereits im Gründungsteam der Zeitschrift mitgearbeitet hatte,[552] das Ladenschlussgesetz als Mittel des Patriarchats dar, um Frauen klein zu halten. Von einer Streichung des Gesetzes würden demnach sowohl Käuferinnen als auch Verkäuferinnen profitieren – zumindest aber sollten sie als Betroffene darüber selbst bestimmen können und sich ihre Arbeits- und Einkaufszeit nicht von Männern diktieren lassen, weder von DGB und DAG noch vom Einzelhandelsverband. Außerdem verwies sie auf die häufige Doppelbelastung von Frauen mit Arbeit, Haushalt sowie Familie,

---

[549] Hubertus Tessar war beinahe 30 Jahre als Sprecher des HDE tätig und in dieser Funktion ein entschiedener Verfechter des Ladenschlusses. Nach seinem Ausscheiden 1996 setzte sich der HDE fortan für eine Liberalisierung ein, vgl. Uta Böker, „Mister Ladenschluss" liebt das schnelle Wort, in: Kölner Stadtanzeiger, 24. 06. 2006.

[550] IfZArch, ED 972 / 89, Ladenschluss 1972 Olympische Spiele, 2, 1971–1972, hier: Kopie des Schreiben von Hubertus Tessar (HDE) an Brigitte, z. Hd. Sonja Pape, Betr.: Ihr Beitrag in Brigitte „Ladenschlußgesetz – ein Ladenhüter?", vom 19. 10. 1972.

[551] Ebenda.

[552] Vgl. Claudia Jürgens, Biographie zu Viola Roggenkamp, online unter: http://www.viola-roggenkamp.de/Biographie.html [zuletzt abgerufen am 26. 10. 2022].

die für Frauen deshalb noch häufig Realität sei, weil ihre Männer sich nicht entsprechend in Haushalts- und Kinderbetreuungsaufgaben einbrächten: „Doch nach 18 Uhr könnte er mal für Kinder und Küche zuständig sein. Auch das ein Grund für den beharrlichen Widerstand!" Teilzeitarbeit und Schichtarbeitszeit, die bei längeren Öffnungszeiten nötig würden, betrachtete Roggenkamp als Chance, um wieder den „Anschluß ans Berufsleben [zu] finden", und als Aufstiegsmöglichkeit:

> „Engstirnig, ja frauenfeindlich ist ebenso die Behauptung, aus Mangel an Fachkräften sei ein Schichtsystem mit Filial- und Abteilungsleitern nicht zu verwirklichen. Von den rund 2,3 Millionen Beschäftigten im Einzelhandel sind 75 Prozent Frauen. Viele von ihnen wären bestimmt hocherfreut, leitende Positionen im Schichtdienst übernehmen zu können."

Hinsichtlich der Teilzeitarbeit verwies sie ebenfalls auf die hohe Frauenarbeitslosigkeit: Viele Frauen würden durch die zeitlich beschränkten Möglichkeiten an einer Erwerbstätigkeit im Einzelhandel gehindert. Den sozialen Schutz, den das Ladenschlussgesetz leisten sollte, sah sie durch die 40-Stunden-Woche und den Tarifvertrag gegeben. Wie auch schon die beiden anderen Autorinnen der Artikel in den Frauenzeitschriften verwies Roggenkamp in der „Emma" auf die Ladenschlussregelungen in anderen Ländern. Hierfür wurde eine ganzseitige Übersicht abgebildet.[553] Die Arbeitszeitqualität zu verbessern war für die Autorin entscheidend: Aufstiegsmöglichkeiten für Verkäuferinnen und Selbstbestimmung der Frauen waren ihre Kernanliegen.

Als Reaktion auf den Artikel sendeten einige Betriebsräte, deren Vorsitzende, sowie einzelne Verkäuferinnen Briefe an die Redaktion, um ihre ablehnende Haltung gegenüber einer Lockerung des LaSchlG kundzutun. Viele zeigten sich „empört darüber, daß eine sogenannte Frauenzeitschrift am Interesse einer Millionenzahl von arbeitenden Frauen im Einzelhandel vorbeigeht". Sie schilderten die ohnehin schon schlechten Arbeitsbedingungen, negierten die Behauptung, dass neue Arbeitsplätze geschaffen würden, und betonten die Notwendigkeit für Frauen, sich abends politisch oder kulturell zu betätigen.[554] Einigen der Einsendungen ist anhand der, aus einem vorher gesendeten Rundschreiben übernommenen, Formulierungen anzumerken, dass sie damit dem Aufruf des HBV-Vorstands zum Protest gefolgt waren. In diesem Schreiben wurde der „Emma"-Autorin auch Gehässigkeit gegenüber gewerkschaftlichen Argumenten und Emotionalität anstelle von Sachlichkeit vorgeworfen.[555] In einem Brief von Betriebsrat und Beschäftigten des Kaufhof in Worms ging der Betriebsratsvorsitzende vor allem auf die angebliche Familienfeindlichkeit der Zeitschrift ein und warf ihr vor, „Mütter zu Nacht-

---

[553] Vgl. Roggenkamp, Schluß.
[554] Zuschriften in Artikel von Ursula Brausen, Schluß mit dem Ladenschluß: Und was sagen die Politiker dazu?, in: Emma, Mai 1979, S. 38 f., hier: S. 39, und Viola Roggenkamp, Schluß mit dem Ladenschluß: ‚Abends gehört Mutti uns!', in: Emma, Juni 1979, S. 30 f.
[555] AdsD, HBV, 5 / HBVH810075, Ladenschlussgesetz, 1973–1980, hier: Rundschreiben der HBV, Hauptvorstand, Hauptfachabteilung – A – Handel, Betr.: Veröffentlichung in „Emma" Zeitschrift von Frauen für Frauen von Alice Schwarzer über den Ladenschluß, vom 20. 04. 1979.

mütter[n] zu degradieren".[556] Ähnlich argumentierte auch der Betriebsrat des Kaufhof in Hagen zur vorgeschlagenen Schichtarbeit in den Abendstunden: „Kinder und auch Ehemänner werden damit wohl nicht einverstanden sein, denn sie verlangen mit Recht: ‚Nach 18.30 Uhr gehört Mutti uns.'" Eine Replik darauf lieferte Roggenkamp in einem weiteren Artikel der Serie mit der Frage: „Wann gehört Mutti eigentlich sich selbst?"[557] Das Familienargument konterte sie mit der Forderung nach echter Emanzipation. Allerdings hatte es auch eine Reihe positiver Rückmeldungen gegeben und mehrere hundert Unterschriften von Leserinnen und Lesern, die die Kampagne unterstützen wollten. Den meisten Frauen war die Zeit zwischen Arbeitsende und Ladenschluss zu kurz, sodass sie sich über aufkommende Hektik und die fehlende Möglichkeit zum Preisvergleich beklagten. Andere glaubten, dass sich dann kleinere Läden besser halten könnten.[558]

Auf die Arbeitszeit der Verkäuferinnen gingen die meisten Ladenschlussgegner nicht ein – dies blieb ein Argument der Ladenschlussbefürworter. Auch zählten die Verkäuferinnen nicht automatisch zur Gruppe der berufstätigen Hausfrauen oder jener Frauen, die selbst nach Feierabend noch einkaufen mussten. Dies ist ein Hinweis auf den geringen Stellenwert der Arbeit im Einzelhandel. Übrigens: In einer darauffolgenden Ausgabe der „Freundin" sollte es um das Thema „Wie man die Menschen durchschaut" gehen. Für die „Freundin" war der Ladenschluss nur ein Thema unter vielen, ein Aufmacher, keine besonders ernste Angelegenheit. „Freundin" und „Brigitte" waren außerdem Frauenzeitschriften, in denen sich ein eher traditionelles Rollenverständnis widerspiegelte.[559] Für die Gewerkschaften, die vorwiegend Frauen vertraten, für feministische Kreise und für die Betroffenen selbst war das Thema Ladenschluss überaus wichtig und sie führten ernsthafte Diskussionen darüber, die über das eigentliche Problem hinauswiesen und viel über unterschiedliche Herangehensweisen an weibliche Emanzipation verraten können. Während sich die Zeitschrift „Emma" der Neuen Frauenbewegung zuordnen lässt und dementsprechend argumentierte,[560] praktizierte die Arbeiterfrauenbewegung ein anderes Vorgehen, war aber in sich uneinig,[561] denn sie hatte Frauen sowohl als Arbeiterinnen und Angestellte wie auch als Konsumentinnen zu vertreten.

---

[556] AdsD, HBV, 5 / HBVH810075, hier: Schreiben des Betriebsratsvorsitzenden Bähr der Kaufhof AG an Emma Frauen Verlag, Betr.: Veröffentlichung über Ladenschluß/Frau Roggenkamp, vom 08. 05. 1979.
[557] Artikel und Zuschrift des Betriebsrats Kaufhof Hagen und 100 Unterzeichnerinnen und Unterzeichner, in Roggenkamp, Schluß (Juni 1979).
[558] Vgl. Artikel und Zuschriften in den Mai- und Juni-Ausgaben desselben Jahres der Zeitschrift „Emma".
[559] Vgl. Ulze, Frauenzeitschrift, S. 241 f.
[560] Vgl. Küthe, Frauenbild der EMMA.
[561] Vgl. das Forschungsprojekt an der Ruhr-Universität Bochum von Mandy Stalder-Thon, Der Einfluss der Neuen Frauenbewegung auf die Praxis und Organisation der Gewerkschaften.

Ein ewiges Für und Wider: Wissenschaftliche Studien und Umfragen

Zwischen den 1960er und 1980er Jahren entstanden zahlreiche kleine, zum Teil lokale oder unternehmensspezifische Umfragen und Studien zum Thema Ladenschluss. Je nach Art der Fragestellung kamen dabei die unterschiedlichsten Ergebnisse heraus. Insgesamt zeigen sie, dass durchweg zwar eine große Mehrheit, aber lang nicht alle Beschäftigten für ein strenges Ladenschlussgesetz waren. Das Gleiche gilt für Konsumentinnen und Konsumenten. Städte und Gemeinden, Landes- und Bezirksregierungen mit ihren Gewerbeaufsichtsämtern urteilten je nach Einzelfall, sodass man bei ihnen kaum eine übergreifende und überdauernde Einstellung ausmachen kann.

Laut Spiekermann kippte das gesellschaftliche Klima seit Mitte der 1970er Jahre zugunsten der Ladenschlussgegner.[562] Eine Untersuchung des Instituts für Angewandte Verbraucherforschung hatte noch 1970 herausgefunden, dass rund vier Fünftel aller Verbraucherinnen und Verbraucher mit den Öffnungszeiten zufrieden waren. Unzufrieden zeigten sich vor allem berufstätige Frauen und eher jüngere Menschen sowie Bewohnerinnen und Bewohner von Großstädten.[563] Darauf, dass sich das gesellschaftliche Klima zu wandeln begann, deutet zumindest hin, dass die Ablehnungsgründe seit Mitte der 1970er Jahre vielfältiger wurden und die Hauptfunktion des Gesetzes – die soziale Schutzfunktion – in der Argumentation der Umfragen und Studien in den Hintergrund rückte. So plädierte etwa der ADAC für eine Verlängerung wegen des allabendlichen Verkehrschaos; Ärzte aus Gesundheitsgründen, da sich der Stress für Verkaufspersonal und Kundschaft reduziere, wenn eine größere Zeitspanne zum Einkaufen bliebe; und das wirtschaftswissenschaftliche Forschungsinstitut HWWA (Hamburgisches Welt-Wirtschafts-Archiv) hielt berufstätige Konsumentinnen und Konsumenten für benachteiligt.[564] Dagegen ergab eine Umfrage der Stiftung Warentest, dass rund 63 Prozent der Bevölkerung die Ladenschlusszeiten beibehalten und nur 26 Prozent eine längere Abendöffnung einführen wollten.[565] Eine Umfrage des Vereins zur Unterstützung von Verbraucherbedürfnissen bei den Mitgliedern von vierzehn Frauenverbänden ergab, dass knapp Dreiviertel aller Hausfrauen für eine Liberalisierung der Ladenöffnungszeiten waren, „vor allem die Hausfrau in der Großstadt, die berufstätige und jüngere Hausfrau". Über die Hälfte plädierte dabei für eine Entscheidungsfreiheit der Unternehmen; weit weniger wollten eine generelle Verlängerung der Abendöffnungszeiten (14 Prozent), zweimal wöchentlich lange Abende (18 Prozent), oder eine Verlängerung der Samstagsöffnungszeiten (7 Prozent).[566]

---

[562] Vgl. Spiekermann, Freier Konsum, S. 39 f.
[563] AdsD, HBV, 5 / HBVH810065, Umfragen zum Ladenschluss, 1967–1980, hier: Institut für Angewandte Verbraucherforschung e. V., Verbraucher zum Ladenschluß, vom 24. 03. 1970.
[564] AdsD, HBV, 5 / HBVH810065, hier: „Wachsende Kritik am Ladenschlußgesetz".
[565] Vgl. o. A., 63 Prozent für Ladenschluß, in: FAZ, 28. 06. 1976.
[566] AdsD, HBV, 5 / HBVH810065, hier: Brief von Paula Riede, Verein zur Unterstützung von Verbraucherbedürfnissen e. V., Bonn, an Adolf Müller (MdB), Betr.: Umfrage bei Mitgliedern

Derselbe Verein war auch Auftraggeber einer Befragung von 1973 unter den Beschäftigten des Einzelhandels: In der Zusammenfassung der Ergebnisse hieß es, dass sich die Behauptung von HDE und HBV, die Beschäftigten sprächen sich geschlossen gegen eine Änderung aus, „als sachlich falsch erwiesen" habe. Laut ihrer Umfrage lehnten es „nur 42%" ab, in den Abendstunden länger zu arbeiten. Eine Erklärung dafür sah die Umfrage darin, dass auch die „Einzelhandelsbeschäftigten [...] sich durch die derzeitigen Ladenschlußbestimmungen in ihrem eigenen Einkaufskomfort eingeschränkt" fühlten.[567] Ein entgegengesetzter Eindruck entsteht allerdings, wenn man sich andere Veröffentlichungen zum Ladenschluss und deren Interpretationen anschaut. Bei der Befragung des Unternehmens „Ihr Platz" 1980 sprachen sich 87,6 Prozent des Verkaufspersonals – offenbar waren es hier ausschließlich Frauen – gegen den Verkauf am Abend und auch sonst gegen längere Öffnungszeiten aus.[568] Ebenfalls 1980 erschien eine Umfrage des Emnid-Instituts im Auftrag des Verbraucherschutzbundes mit dem Ergebnis, dass Viele bereit seien, unter bestimmten Voraussetzungen an den längeren Einkaufsabenden zu arbeiten. Eine Umfrage der HBV hingegen ergab, dass über 90 Prozent der im Verkauf Beschäftigten nicht bereit seien, länger als 18.30 Uhr zu arbeiten.[569]

Die wissenschaftlichen Arbeiten zum Thema Ladenschluss aus volkswirtschaftlicher Perspektive lassen sich ebenso wenig in ein klares „Für" und „Wider" einordnen. Ein Autor lobte die sozialpolitischen Ziele des Gesetzes, auch wenn er deren Wirksamkeit nicht gewährleistet sah, kritisierte dafür aber die gesamtwirtschaftliche Wirkung und plädierte für eine völlige Liberalisierung, sprich keinerlei Reglementierung der Ladenschlusszeiten, bei Wahrung der Arbeitsschutzbestimmungen.[570] Evelyn Sievers betonte ebenfalls die Notwendigkeit der Arbeitsschutzbestimmungen, wollte aber die Ladenöffnungszeit flexibler gestalten.[571] In beiden Arbeiten spielt die Arbeitszeit, auch Abend-, Nacht- und Feiertagsstunden, im Sinne des Arbeitsschutzes eine Rolle.[572] Ihre Ausführungen zeigten die beharrliche

---

Deutscher Frauenverbände über das Meinungsbild zu den derzeitigen Ladenöffnungszeiten, vom 10. 05. 1977.

[567] AdsD, HBV, 5 / HBVH810065, hier: Ladenschluss im Einzelhandel. Eine Befragung von 1063 Beschäftigten im Einzelhandelsverkauf, Auftraggeber: Verein zur Untersuchung von Verbraucherbedürfnissen St. Augustin/Bonn, durchgeführt von Sample Institut Hamburg, September 1973.

[568] AdsD, HBV, 5 / HBVH810065, hier: Rundschreiben der HBV, Hauptfachabteilung Handel, Betr.: Ladenschluß; Befragungsaktion des Einzelhandelsunternehmens „Ihr Platz", vom 06. 05. 1980.

[569] AdsD, HBV, 5 / HBVH660037, Material zum Ladenschluss, 1980–1988, hier: HBV, Fachgruppe Einzelhandel, Rundschreiben A 6/1980 – Einzelhandel: Gewerkschaft HBV gegen jede Ausweitung der Ladenöffnungszeiten, vom 25. 01. 1980.

[570] AdsD, HBV, 5 / HBVH810065, Umfragen zum Ladenschluss, 1967–1980, hier: Theo F. Mutter, Die Ladenschlußregelung in der bundesdeutschen Sozialpolitik, München 18. 05. 1969, S. 40–44.

[571] AdsD, HBV, 5 / HBVH810063, Ladenschlussbefragung, hier: Evelyn Sievers, ohne Titel, o. O., o. D., S. 25, S. 27.

[572] AdsD, HBV, 5 / HBVH810065, hier: Mutter, Ladenschlußregelung, S. 41; AdsD, HBV, 5 / HBVH810063, Ladenschlussbefragung, hier: Sievers, ohne Titel, S. 3.

Verknüpfung von Arbeits- und Ladenzeit auf. Die Sicht der Beschäftigten wurde jedoch nicht geschildert, zumindest nicht unmittelbar, sondern nur durch den Filter der Gewerkschaften oder Händler.

Es darf nicht vergessen werden, dass die meisten Umfragen und Studien aus den Reihen der Gewerkschaften, Unternehmen oder Verbände überliefert sind. Dementsprechend wurden ihre Ergebnisse oft auch zu deren jeweiligen Gunsten interpretiert. Allerdings geht es auch gar nicht darum, zu wissen, wieviel Prozent sich für oder gegen den Ladenschluss aussprachen, sondern darum, ob dabei die Arbeitszeit der Verkäuferinnen eine Rolle spielte. Dies war selten der Fall.

Entgrenzung: Ausweitung der Ladenöffnungszeiten 1989

Im Oktober 1989 wurde der sogenannte „lange Donnerstag" als Dienstleistungsabend eingeführt. Der Gesetzgeber *empfahl* „Dienstleistungsbetrieben [...] an jedem Donnerstag, der kein gesetzlicher Feiertag ist, einen Dienstleistungsabend bis 20.30 Uhr einzurichten".[573] Beschlossen hatte dies die Bundesregierung bereits am 12. Februar 1987 in den Koalitionsverhandlungen.[574] Dass die HBV kurz vorher ein Büchlein mit dem Titel „Dienst am Kunden? Der Handel zwischen Flexibilisierung und Ladenschluß" verfasste hatte, war kein Zufall. Es ist vielmehr als Symptom davon zu sehen, dass sich seit Mitte der 1980er Jahre die Gegenstimmen gegen das Ladenschlussgesetz gemehrt hatten und der gesellschaftliche Konsens zu bröckeln begann, der so lange zu stabilen Öffnungszeiten beigetragen hatte.[575]

Im Juli 1986 hatte es bereits eine minimale Gesetzesänderung gegeben, wonach Läden in Bahnhöfen, Flughäfen und unterirdischen Verkehrsknotenpunkten generell von 6 Uhr bis 22 Uhr öffnen durften. Dies nahmen HBV und DAG zum Anlass für verstärkte Aktivitäten.[576] Auslöser für diese Neuregelung war der Streit um die Sondergenehmigung für die Stuttgarter Klett-Passage gewesen. Der Stuttgarter Oberbürgermeister Manfred Rommel hatte sie mit Verweis auf den Paragrafen 23 LaSchlG erteilt. Das Bundesverwaltungsgericht hatte dies jedoch für unzulässig erklärt,[577] woraufhin die Ausnahmegenehmigung bis zum 30. April 1986 befristet wurde. Mit der Gesetzesänderung wurde die Praxis der gesetzeswidrigen Offenhaltung der Läden in der Stuttgarter Passage sanktioniert und in der Konsequenz verstetigt. Dagegen positioniert hatten sich im Bundestag die SPD-Fraktion und Die Grünen, die aber über keine Mehrheit verfügten.[578] Tatsächlich Gebrauch

---

[573] Gesetz zur Einführung eines Dienstleistungsabends, in: BGBl. I, Nr. 35, vom 10. 07. 1989, S. 1382.
[574] Vgl. Info-Kasten: Letzte Meldung, in: Glaubitz, Feierabend, S. 27.
[575] Vgl. Gerlach u. a. (Hrsg.), Dienst am Kunden; Spiekermann, Freier Konsum, S. 39, 41.
[576] AdsD, HBV, 5 / HBVH660037, Material zum Ladenschluss, 1980–1988, hier: Erklärung zur Sicherung der Arbeitszeiten im Einzelhandel, HBV-Standpunkte zum Ladenschlußgesetz, Bezirksverwaltung Stuttgart, Juli 1986.
[577] Vgl. Rühling, Ladenschlussgesetz, S. 255.
[578] Pressemitteilung der Grünen im Bundestag, Stellungnahme zum Gesetzesentwurf der Bundesregierung zur Änderung wirtschafts- und verbraucherrechtlicher Vorschriften, speziell Erweiterung der Ladenschlußzeiten vom 19. 02. 1986; siehe auch die beiden kritischen Schreiben:

von diesen verlängerten Öffnungszeiten machte – bis auf Baden-Württemberg – kein anderes Land.[579]

In besagtem Büchlein der HBV von 1987 führte einer der Autoren die gewerkschaftlichen Argumente für eine Beibehaltung der 18.30-Uhr-Regelung aus: befürchtete Kostensteigerungen und damit Preiserhöhungen; ökologische Bedenken wegen erhöhten Energiebedarfs; Ausschluss von Frauen aus dem sozialen und gesellschaftlichen Leben, da nach Ladenschluss noch Haushalt und Familie auf diese warteten; fehlende infrastrukturelle Möglichkeit, um abends und nachts nach Hause zu kommen; Bevorzugung der Großvertriebsformen wie Verbrauchermarkt und SB-Warenhaus; schließlich Nachteile für kleine Betriebe, sprich Mittelstandsfeindlichkeit. Hinter diesen Bestrebungen vermutete der Autor die Hoffnung „auf einen negativen Solidarisierungseffekt" und machte als Triebkräfte die FDP, Teile der CDU und den Bundesverband der Selbstbedienungswarenhäuser aus.[580] Wie bei den Diskussionen um den langen Samstag Mitte der 1950er Jahre befürchteten HBV und DGB, dass die donnerstägliche Erweiterung im Dienstleistungsbereich insgeheim als Experiment für eine Ausdehnung der Schicht-, Nacht- und Wochenendarbeit auch in anderen Wirtschaftszweigen diente.[581] Auch an anderen Stellen wurde dieses Argument angeführt und der damalige Wirtschaftsminister Martin Bangemann folgendermaßen zitiert: „‚Deregulierung ist eine überfällige wirtschaftspolitische und gesellschaftliche Aufgabe ... Die bevorstehende Liberalisierung des Ladenschlußgesetzes ist erst ein kleiner Testlauf.'"[582] Mit dem Aufgreifen dieser Steilvorlage erreichten die Handelsgewerkschaften auch weitere gewerkschaftlich organisierte Beschäftigte.

Die Bundesregierung stellte ihre Gründe im Gesetzesentwurf für den Dienstleistungsabend dar: Es solle „den Bürgern möglich sein, die Wahrnehmung von Freizeitangeboten am Abend mit anderweitigen Erledigungen, z. B. mit Einkäufen und Behördengängen, zu verbinden." Weitere positive Effekte seien „Wachstums- und Beschäftigungsimpulse im Dienstleistungsbereich", ein „Angebot an Arbeitsplätzen [...] in der zweiten Tageshälfte" oder „Teilzeitarbeit in den Abendstunden", eine „Belebung der Innenstädte" und ein Beitrag „zur größeren Bürgernähe der Verwaltung". Den Verkaufsstellen käme in dieser Frage eine „Pilotfunktion" zu.[583]

Brief von Otto-Manfred Rattai, Geschäftsführer des Landesverbands des Bayerischen Einzelhandels e. V., an Dr. Dörfler, Bayerisches Staatsministerium für Arbeit und Sozialordnung, vom 30. 01. 1986, sowie: Fax von Renate Schmidt (SPD), Mitglied des Deutschen Bundestags (MdB) an die SPD-Landesgruppe Bayern vom 05. 02. 1986; alle drei Dokumente in: AdsD, HBV, 5 / HBVH660037, Material zum Ladenschluss, 1980–1988. Mehr zu den Sondergenehmigungen nach § 23 LaSchlG auch bei Rienks, Ausnahmen bestätigen die Regel.

[579] Vgl. Stehn, Dienstleistungsabend, S. 204.
[580] Vgl. Glaubitz, Feierabend, S. 21–24.
[581] AdsD, HBV, 5 / HBVH660037, Material zum Ladenschluss, 1980–1988, hier: Presseinformation HBV im DGB, Hearing in Bonn: HBV lehnt Dienstleistungsabend ab. Einzelhandel darf nicht zum Experimentierfeld für neue, unsoziale Arbeitszeitsysteme werden, vom 30. 06. 1987.
[582] Vgl. Glaubitz, Liberalisierung des Ladenschlusses.
[583] AdsD, DAG, RV-1–1150, DAG Bundesvorstand/Ressort Vorsitzender/Allg. DAG-Politik/ Ladenschlussgesetz – Langer Donnerstag, 1987–1989, hier: Entwurf eines Gesetzes zur Einführung eines Dienstleistungsabends, Begründung, S. 1.

„Durch die Auflockerung der Ladenöffnungszeiten [werde] den Verbrauchern mehr Zeitsouveränität eingeräumt." Außerdem könnten sie „preis- und qualitätsbewußter" einkaufen.[584]

Im Anschluss an die Ankündigung der Bundesregierung hatten die Gewerkschaften angefangen zu mobilisieren. Zu ihren Maßnahmen gehörten Schreiben der HBV, der DAG und auch einzelner Betriebsräte an Abgeordnete des Bundestages[585] und die zuständigen Bundesminister Bangemann und Norbert Blüm.[586] Auch der DGB hatte sich schon früh solidarisch mit den Einzelhandelsbeschäftigten erklärt.[587] Nach einer Anhörung im Bundesarbeitsministerium Ende Juni 1987 sprachen sich HBV, DAG und der Gesamtverband des Einzelhandels e. V. (GdE) gemeinsam gegen eine Änderung des Ladenschlussgesetzes aus. Sie verabschiedeten am 9. Juli 1987 die Resolution „Hände weg vom Ladenschluß!" und betonten, dass die Regelung von 1956 der bestmögliche Kompromiss zwischen den Interessen der Arbeitnehmer, Arbeitgeber und Verbraucher sei.[588] Eine weitere Maßnahme der HBV-Leitung waren Aufrufe zum Verabschieden sogenannter Vorsorge- oder Vorratsbeschlüsse durch die einzelnen Betriebsräte. Laut Betriebsverfassungsgesetz durfte der Betriebsrat mithilfe der Betriebsvereinbarung bei „Beginn und Ende der täglichen Arbeitszeit einschließlich der Pausen, sowie Verteilung der Arbeitszeit auf die einzelnen Wochentage" mitbestimmen. In diesen vorformulierten Beschlüssen hielten die Betriebsräte vorsorglich fest, dass sie einer Spätöffnung oder zweiten langen Samstagsöffnung nicht zustimmen würden.[589] Außerdem verschickte die HBV in ihren Rundschreiben Texte und Noten von „Ladenschlußliedern", sprich eigenen thematisch angepassten Adaptionen bekannter Pop-Melodien.[590] Die Aktionen sollten auch 1988 in verschiedenen Bereichen und auf unterschiedlichen Ebenen fortgesetzt werden: In den Betrieben soll-

---

[584] AdsD, DAG, RV-1—1150, DAG Bundesvorstand/Ressort Vorsitzender/Allg. DAG-Politik/Ladenschlussgesetz – Langer Donnerstag, 1987–1989, hier: Entwurf eines Gesetzes zur Einführung eines Dienstleistungsabends, Begründung, S. 4.

[585] AdsD, HBV, 5 / HBVH660037, Material zum Ladenschluss, 1980–1988, hier: Schreiben von W. Carius, Betriebsratsvorsitzender der Jost Hurler GmbH & Co Vertriebs- und Verwaltungs-KG Niederlassung Schwabach an den Bundestagsvizepräsidenten Richard Stücklen, vom 18. 02. 1987.

[586] AdsD, HBV, 5 / HBVH660037, hier: Brief des Bundesministers für Wirtschaft, Martin Bangemann, an den 2. Vorsitzenden der Gewerkschaft Handel, Banken und Versicherungen im DGB, vom 17. 12. 1987, und Brief von Günter Volkmar, 1. Vorsitzender und Dieter Steinborn, 2. Vorsitzender der HBV an Norbert Blüm, Bundesminister für Arbeit und Sozialordnung, vom 11. 01. 1988.

[587] AdsD, HBV, 5 / HBVH660037, hier: Bundespressestelle des Deutschen Gewerkschaftsbundes, Nachrichtendienst, Richert: Dienstleistungsabend – mit der Dienstleistungsgesellschaft zur Dienergesellschaft?, vom 3. 12. 1987.

[588] AdsD, DAG, RV-1—1150, DAG Bundesvorstand/Ressort Vorsitzender/Allg. DAG-Politik/Ladenschlussgesetz – Langer Donnerstag, 1987–1989, Resolution „Hände weg vom Ladenschluß!" DAG, HBV und GdE, vom 09. 07. 1987.

[589] AdsD, HBV, 5 / HBVH660037, Material zum Ladenschluss, 1980–1988, hier: Rundschreiben „aktuell" zum Dienstleistungsabend von Dieter Steinborn, vom 03. 07. 1987.

[590] AdsD, HBV, 5 / HBVH660037, hier: Ladenschluss-Info Nr. 1, HBV im DGB, vom 24. 11. 1987.

ten Versammlungen abgehalten, weitere Vorratsbeschlüsse gefasst und Briefe an die Geschäftsleitungen geschickt werden. Die Kundinnen und Kunden wollte die HBV durch Infostände, Buttons, Aufrufe in der Presse und Unterschriftenaktionen zu einem Eintreten für den 18.30-Uhr-Ladenschluss bewegen. Des Weiteren waren Podiumsdiskussionen, Plakataktionen und Gespräche mit Ladenschlussgegnern auf lokaler Ebene vorgesehen. Auf Landes- und Bundesebene setzte man auf politische Partner, also wohlgesonnene Mandatsträger sowie Bundestagsfraktionen und auf die Kirchen.[591]

Auch die DAG-Mitglieder lehnten den Dienstleistungsabend ab und ihre Betriebsräte stellten sich mittels Vorratsbeschlüssen einer Arbeitszeitverlängerung entgegen. Bei einer DAG-Demonstration in Bonn am 29. Mai 1988 hatten sich 10 000 Teilnehmende zusammengefunden. Im Frühsommer 1988 veröffentlichte auch die DAG eine umfangreiche Stellungnahme zum Gesetzesentwurf der Bundesregierung. Interessanterweise führte sie darin gerade jenen Bürgermeister als Vertreter der öffentlichen Arbeitgeber und Gegner des Dienstleistungsabends an, der nur zwei Jahre zuvor per Ausnahmegenehmigung die Ladenschlusszeiten gelockert hatte: den Stuttgarter Manfred Rommel.[592] Argumentativ wies die DAG darauf hin, dass der Gesetzesentwurf von falschen Erwartungen ausgehe – weder Beschäftigungsimpulse noch Umsatzausweitungen seien zu erwarten, noch ein Bedarf nach Spätöffnung vorhanden. Außerdem verbreitete sie Broschüren an Kundinnen und Kunden sowie die Beschäftigten. Auf der einen Broschüre war eine fürsorglich lächelnde Mutter mit Kleinkind abgebildet, auf einer anderen zwei strahlend lachende Radfahrende zu sehen. Sie lieferten die Gegenargumente: Verschlechterung der Arbeits- und Lebensbedingungen, Familienfeindlichkeit, höhere Kosten für die Unternehmen.[593] Ebenso setzten sich HBV und DAG auf lokaler Ebene ein: Für den 1. Mai 1989 organisierten sie in Regensburg eine Protestversammlung, an der sich HBV-Mitglieder aus ganz Bayern beteiligten und die auf großes mediales Echo stieß.[594] Ein weiterer großer Protest hatte bereits am 20. Oktober 1988 in München stattgefunden.[595]

Aber nicht nur die Gewerkschaften, sondern auch viele Arbeitgeber lehnten den Dienstleistungsabend ab. In einer Pressemitteilung der Bundesarbeitsgemeinschaft der Mittel- und Großbetriebe des Einzelhandels e. V. (BAG) hieß es:

---

[591] AdsD, HBV, 5 / HBVH660037, hier: Schreiben der HA II – Abteilung Tarifpolitik, Fortsetzung der Aktionen gegen einen drohenden Dienstleistungsabend, vom 05. 02. 1988.
[592] AdsD, DAG, RV-1—1150, DAG Bundesvorstand/Ressort Vorsitzender/Allg. DAG-Politik/ Ladenschlussgesetz – Langer Donnerstag, 1987–1989, „Dienstleistungsabend? Nein danke!", Stellungnahme der Deutschen Angestellten-Gewerkschaft zum Entwurf der Bundesregierung eines Gesetzes zur Einführung eines Dienstleistungsabends, vom 22. 06. 1988.
[593] AdsD, DAG, RV-1—1150, DAG Bundesvorstand/Ressort Vorsitzender/Allg. DAG-Politik/ Ladenschlussgesetz – Langer Donnerstag, 1987–1989, Flyer „Dienstleistungsabend? Nein danke!" der DAG.
[594] AdMAB, HBV, Geschäftsbericht der Gewerkschaft Handel, Banken und Versicherungen [HBV] der Bezirksverwaltung Niederbayern/Oberpfalz [BV NB/OP] für den Berichtszeitraum Jan. 1989 bis Sept. 1990, hier: S. 14–16.
[595] O. A., Aufruf zur großen Kundgebung, in: Feierabend. Zeitschrift der Gewerkschaft Handel, Banken, Versicherungen, vom Oktober 1988.

5.5 Gesellschaftliche Debatten um den Ladenschluss

„Das Präsidium der BAG sprach sich erneut für die Beibehaltung des Ladenschlußgesetzes aus. Jüngere Umfragen bestätigten, daß [...] bei den Verbrauchern nur ein geringes Interesse an einer Änderung der derzeitigen Ladenöffnungszeiten bestehe. Insbesondere werde auch der verlängerte Abendverkauf am Donnerstag nur von einer Minderheit gewünscht."[596]

Auch andere Interessensvertreter der Arbeitgeberseite plädierten für eine Beibehaltung des Kompromisses von 1956. Dies zeigt sich etwa beim Einzelhandelsausschuss der IHK Frankfurt am Main, in dem sämtliche Vertriebsformen und -größen vertreten waren und der vor den Nachteilen einer Flexibilisierung warnte: Kostensteigerungen, Benachteiligung der Kleinen, Personalprobleme, Verkehrs- und Sicherheitsbedenken für das Personal, keine zu erwartenden zusätzlichen Arbeitsplätze oder Umsätze.[597]

Parallel dazu lebte auch der Meinungsaustausch innerhalb der Gesellschaft und in öffentlichen Diskussionen auf. Viele meldeten sich zu Wort, etwa eine Stimme des Deutschen Hausfrauenbundes, die sich wünschte, dass Familien abends zusammen hochwertige Güter einkaufen könnten – oder auch der Präsident des Bundeskartellamtes, der dafür plädierte „Frauen [...] selber darüber entscheiden [zu lassen], ob sie abends vorm Fernsehen sitzen wollen oder ob sie eben für den nächsten Urlaub ein bißchen was dazuverdienen wollen".[598]

Schließlich befassten sich wissenschaftliche Institutionen mit der Thematik, etwa die Studie „Dienstleistungsabend und Ladenschluß aus Verbrauchersicht" eines Marburger Professors für Betriebswirtschaftslehre, die in Zusammenarbeit mit dem Institut für Angewandte Verbraucherforschung in Köln und dem Emnid-Institut in Bielefeld entstanden war und von der BAG finanziert wurde. Sie kam zu dem Ergebnis, dass gut zwei Drittel der Konsumentinnen und Konsumenten mit den Öffnungszeiten der Geschäfte am Abend zufrieden waren, wobei sich marginale Unterschiede zwischen Männern und Frauen, Berufstätigen und Nichtberufstätigen gezeigt hatten. Der Autor der Studie befand den „Grad der Zufriedenheit" selbst als „überraschend hoch". Die Fragen basierten auf einer Vorläuferstudie aus dem Jahr 1970, mit der die Ergebnisse verglichen wurden. Schon damals „erstaunte [es] die Öffentlichkeit, daß die überwiegende Mehrheit der Verbraucher einer Änderung oder auch einer Beibehaltung der Ladenöffnungszeiten gleichgültig gegenüberstand". Und „auch 1988 [scheint] das Problem der Ladenöffnungszeiten nicht im Mittelpunkt des Verbraucherinteresses" gewesen zu sein. Eine weitere Frage, die erst in der zweiten Befragung 1988 gestellt wurde, zielte dann speziell auf den Dienstleistungsabend ab und ergab, dass gut die Hälfte aller Befragten

---

[596] AdsD, HBV, 5 / HBVH660037, Material zum Ladenschluss, 1980–1988, hier: Presse-Information, Bundesarbeitsgemeinschaft der Mittel- und Großbetriebe des Einzelhandels e. V., vom 06. 05. 1987.
[597] AdsD, HBV, 5 / HBVH660037, hier: Einzelhandelsausschuß plädiert für die Beibehaltung des Ladenschlußgesetzes, in: IHK Frankfurt, Mitteilungen, Rubrik: aus den Ausschußsitzungen, vom 01. 04. 1987.
[598] AdsD, HBV, 5 / HBVH660037, hier: Transkript der Sendung vom Bundespresseamt (BPA) – Nachrichtenabteilung, ARD, Pro und Contra zum Thema: „Ladenschluss – Einkaufen nach Feierabend", 5./6. 3. 1987.

diesen begrüßen würde – vor allem aber bei öffentlichen Verwaltungen und Behörden.[599]

In einer ersten Beratung zu dem Gesetzesentwurf im Bundestag im September 1988, die Norbert Blüm mit dem Verweis auf die großzügigen Öffnungszeiten in anderen europäischen Ländern eröffnete, traten die unterschiedlichen Meinungen hervor. Anders als noch 1956 waren nun die jeweiligen parteipolitischen Haltungen zu der Frage eindeutig.[600] So stellte sich Anke Martiny-Glotz von der SPD linientreu gegen den Dienstleistungsabend, obwohl sie sich ein paar Jahre zuvor in einer Fernsehsendung noch für eine Flexibilisierung ausgesprochen hatte.[601] Im Anschluss an die Beratung wurde der Gesetzesvorschlag der Regierung an den Ausschuss für Arbeit und Sozialordnung, den Rechtsausschuss, den Ausschuss für Wirtschaft und den für Jugend, Familie, Frauen und Gesundheit übergeben, wobei der Ausschuss für Arbeit und Sozialordnung die Federführung übernahm.[602]

Letzterer holte diverse Stellungnahmen zur Frage des Dienstleistungsabends ein, die bei einer Anhörung im Frühjahr 1989 zusammengetragen wurden. Gegen eine abendliche Verlängerung der Öffnungszeiten sprachen sich seitens der Arbeitgeber aus: der Zentralverband des Deutschen Handwerks, der Deutsche Städte- und Gemeindebund, die Hauptgemeinschaft des Deutschen Einzelhandels, die Bundesarbeitsgemeinschaft der Mittel- und Großbetriebe, der Bundesverband der Selbstständigen e. V. (BDS), der Europaverband der Selbstständigen (ESD), und ein betroffener Einzelhändler, der als Sachverständiger geladen war.[603] HDE und BAG betonten dabei aber, dass „die politische Entscheidung zugunsten des Dienstleistungsabends [bereits] gefallen [sei]", und konzentrierten sich daher verstärkt darauf, was sie sich wünschten, damit es zu einer „wettbewerbsneutralen und sozialfriedlichen Einführung" käme. Konkret bedeutete das, dass sie eine Wettbewerbsverzerrung durch den Mitbestimmungsparagrafen im Betriebsverfassungsgesetz befürchteten, und versuchten die Mitbestimmung deshalb zu minimieren.[604] Ebenso

---

[599] AdsD, DAG, RV-1—1150, DAG Bundesvorstand/Ressort Vorsitzender/Allg. DAG-Politik/ Ladenschlussgesetz – Langer Donnerstag, 1987–1989, Kurzfassung der Ergebnisse der Untersuchung „Dienstleistungsabend und Ladenschluß aus Verbrauchersicht," Fachbereich Wirtschaftswissenschaften der Philipps-Universität Marburg, Allgemeine Betriebswirtschaftslehre – Handelsbetriebslehre – Prof. Dr. Klaus Barth, vom 05. 05. 1988.

[600] Vgl. Plenarprotokoll des 11. Deutschen Bundestages, Stenographischer Bericht der 97. Sitzung, am 29. September 1988 (11/97), S. 6662–6673.

[601] AdsD, HBV, 5 / HBVH660037, Material zum Ladenschluss, 1980–1988, hier: Brief von Anke Martiny (MdB) an Erna Zmuda-Schamper, HBV, vom 19. 03. 1986.

[602] Vgl. Plenarprotokoll des 11. Deutschen Bundestages, Stenographischer Bericht der 97. Sitzung, am 29. September 1988 (11/97), S. 6662–6673.

[603] AdsD, DAG, RV-1—1151, DAG Bundesvorstand/Ressort Vorsitzender/Allg. DAG-Politik/ Ladenschlussgesetz – Langer Donnerstag, 1988–1989, hier: BBG Handel, Verkehr und Private Dienste, „Zusammenfassung der Stellungnahmen der einzelnen Verbände anlässlich der Anhörung am 8. März 1989 in Bonn zum Dienstleistungsabend", vom 09. 03. 1989.

[604] AdsD, DAG, RV-1—1151, DAG Bundesvorstand/Ressort Vorsitzender/Allg. DAG-Politik/ Ladenschlussgesetz – Langer Donnerstag, 1988–1989, hier: HDE und BAG an den Deutschen Bundestag, Ausschuss für Arbeit und Sozialordnung, Anhörung zum Dienstleistungsabend, vom 01. 03. 1989.

5.5 Gesellschaftliche Debatten um den Ladenschluss

ablehnend standen dem Entwurf der Deutsche Städtetag und der Deutsche Beamtenbund gegenüber, wobei diese sich eher auf die Argumentation zur öffentlichen Verwaltung konzentrierten.[605] Seitens der Arbeitnehmer sprachen sich die NGG, der Christliche Gewerkschaftsbund Deutschlands (CGB), die Gewerkschaft Öffentliche Dienste, Transport und Verkehr (ÖTV) und die HBV, der DGB, die DAG und die Postgewerkschaft mit den bekannten Argumenten aus.[606]

Für einen Dienstleistungsabend sprach sich seitens der Arbeitgeber der Bundesverband der Filialbetriebe und Selbstbedienungs-Warenhäuser aus. Er berief sich auf die Bewertung der Frage durch seine Mitglieder.[607] Mit ihm zählten die Bundesvereinigung der Deutschen Arbeitgeberverbände, der Deutsche Industrie- und Handelstag, die Arbeitsgemeinschaft der Verbraucherverbände, der Zentrale Kreditausschuss, die Wirtschaftsjunioren Deutschlands und der Verband öffentlicher Verkehrsbetriebe zu den Befürwortern.[608] Für die Industrie- und Handelskammern war der Ladenschluss offenbar ein „sehr heikles Thema. [...] Die meisten wollen keine Änderung"[609] – so auch die IHK Frankfurt am Main. Deren Einzelhandelsausschuss hatte sich noch 1987 klar dagegen ausgesprochen.[610] Dennoch engagierte sich der den lokalen Kammern übergeordnete DIHT seit 1988 explizit für eine Lockerung. Dessen Präsident hielt das Ladenschlussgesetz wohl für überflüssig.[611] In seiner Stellungnahme postulierte der DIHT 1989, dass ein „erheblicher Teil des Einzelhandels [...] der Einführung eines Dienstleistungsabends positiv gegenüber" stünde, aber dass „eine einheitliche Position der Einzelhandels-

---

[605] AdsD, DAG, RV-1—1151, DAG Bundesvorstand/Ressort Vorsitzender/Allg. DAG-Politik/ Ladenschlussgesetz – Langer Donnerstag, 1988–1989, hier: Schreiben von H.-G. Lange, Deutscher Städtetag, an den Vorsitzenden des Ausschusses für Arbeit und Sozialordnung des Deutschen Bundestags, Egert, Anhörung zum Entwurf eines Gesetzes zur Einführung eines Dienstleistungsabends, vom 02. 03. 1989, und Stellungnahme des Deutschen Beamtenbundes zu dem Gesetzentwurf der Bundesregierung anlässlich der öffentl. Anhörung des Ausschusses für Arbeit und Sozialordnung am 8. März 1989.
[606] Stellungnahme der Gewerkschaft Nahrung-Genuss-Gaststätten zum Gesetzentwurf der Bundesregierung zur Einführung eines Dienstleistungsabends, NGG Hauptverwaltung, Februar 1989; Christlicher Gewerkschaftsbund Deutschlands an den Vorsitzenden des Ausschusses für Arbeit und Sozialordnung, vom 20. 02. 1989; Wolfgang Warburg, ÖTV-Hauptvorstand an den Ausschuss für Arbeit und Sozialordnung, Entwurf eines Gesetzes zur Einführung eines Dienstleistungsabends, vom 28. 02. 1989; DGB Bundesvorstand, Stellungnahme, vom 24. 02. 1989; Stellungnahme der Deutschen Postgewerkschaft; jeweils in: AdsD, DAG, RV-1—1151, DAG Bundesvorstand/Ressort Vorsitzender/Allg. DAG-Politik/Ladenschlussgesetz – Langer Donnerstag, 1988–1989.
[607] AdsD, DAG, RV-1—1151, DAG Bundesvorstand/Ressort Vorsitzender/Allg. DAG-Politik/ Ladenschlussgesetz – Langer Donnerstag, 1988–1989, hier: BFS an den Vorsitzenden des Ausschusses für Arbeit und Sozialordnung des Deutschen Bundestags, Gesetzentwurf der Bundesregierung zur Einführung eines Dienstleistungsabends, vom 16. 02. 1989.
[608] AdsD, DAG, RV-1—1151, DAG Bundesvorstand/Ressort Vorsitzender/Allg. DAG-Politik/ Ladenschlussgesetz – Langer Donnerstag, 1988–1989, hier: BBG HVuPD, Zusammenfassung.
[609] Schäfer, Dienen, S. 133.
[610] AdsD, HBV, 5 / HBVH660037, Material zum Ladenschluss, 1980–1988, hier: IHK Frankfurt, Mitteilungen, 01. 04. 1987.
[611] Vgl. Schäfer, Dienen, S. 133.

unternehmen zu diesem Fragenkomplex nicht zu erreichen" sei. Laut dessen Stellungnahme wären es SB-Warenhäuser, Verbrauchermärkte, Discountmärkte und Lebensmittelfilialbetriebe, die sich eine Erweiterung wünschten, aber auch der Fachhandel mit hoher Beratungsintensität könne davon profitieren. Außerdem machte er deutlich, dass vor allem Unternehmen in den großen und mittelgroßen Städten das neue Gesetz befürworteten, Einzelhandelsunternehmen aus dem ländlichen Raum oder dem Umland der größeren Städte es eher ablehnten.[612] Die Wirtschaftsjunioren Deutschland sahen in dem Dienstleistungsabend zunächst einen ersten Schritt in die ihrer Meinung nach richtige Richtung. Sie wollten bei der Deregulierung noch weiter gehen und ein Gesetz erreichen, das nur noch einen Rahmen vorgab. Auch sie stützten ihre Meinung auf von ihnen initiierte Umfragen.[613]

Differenzierter urteilten etwa der Präsident der Bundesanstalt für Arbeit und das Institut für angewandte Verbraucherforschung. Ersterer begrüßte zwar die Erleichterung von Dienstleistungen für die Bürgerinnen und Bürger, zweifelte aber positive arbeitsmarktpolitische Zwecke an. Letzteres verwies vor allem darauf, dass sich der größte Teil der Bevölkerung der Ladenschlussfrage gegenüber indifferent verhielt.[614] Außerdem zog der Ausschuss noch die Untersuchung eines Professors für Management und Marketing von der Universität Kassel zu Rate. Sie verglich die Ergebnisse einer repräsentativen Umfrage mit den Zielen des neuen Gesetzes. Dabei ergaben sich in einigen Punkten erhebliche Differenzen, etwa bei der Einschätzung der Mehrkosten oder den Umsätzen. Die Belebung der Innenstädte scheint dabei das realistischste Ziel des Gesetzes dargestellt zu haben: Die Studie besagte, dass 77% der Verbraucher abends die Innenstadtlagen bevorzugen würden.[615]

Ungeachtet der zahlreichen Gegenstimmen empfahl der federführende Ausschuss für Arbeit und Sozialordnung die Annahme des Gesetzesentwurfs, sah aber eine Kürzung der empfohlenen Öffnungszeit von 21 Uhr auf 20.30 Uhr vor. Beschlossen wurde das Gesetz nach einer einstündigen Beratung – darauf hatten sich die Fraktionen des Bundestags geeinigt – und mit einer namentlichen Abstimmung in der Ausschussfassung am 2. Juni 1989. Dagegen gestimmt hatten die Ab-

---

[612] AdsD, DAG, RV-1—1151, DAG Bundesvorstand/Ressort Vorsitzender/Allg. DAG-Politik/ Ladenschlussgesetz – Langer Donnerstag, 1988–1989, hier: DIHT, Stellungnahme zum Entwurf eines Gesetzes zur Einführung eines Dienstleistungsabends, vom 28. 02. 1989.

[613] AdsD, DAG, RV-1—1151, DAG Bundesvorstand/Ressort Vorsitzender/Allg. DAG-Politik/ Ladenschlussgesetz – Langer Donnerstag, 1988–1989, hier: Wirtschaftsjunioren Deutschland, Stellungnahme zur öffentlichen Anhörung des Ausschusses für Arbeit und Sozialordnung am Mittwoch, den 8. März 1989 zu dem Gesetzentwurf der Bundesregierung.

[614] AdsD, DAG, RV-1—1151, DAG Bundesvorstand/Ressort Vorsitzender/Allg. DAG-Politik/ Ladenschlussgesetz – Langer Donnerstag, 1988–1989, hier: BBG HVuPD, Zusammenfassung.

[615] AdsD, DAG, RV-1—1151, DAG Bundesvorstand/Ressort Vorsitzender/Allg. DAG-Politik/ Ladenschlussgesetz – Langer Donnerstag, 1988–1989, hier: Prof. Dr. Armin Töpfer, Management und Marketing, Universität/GHS Kassel, „Ladenschluß: Einstellungen und Auswirkungen einer Veränderung aus der Sicht von Betroffenen".

geordneten der SPD und Der Grünen sowie vereinzelte CDU/CSU-Mitglieder. Ein paar Monate später trat es in Kraft.[616]

Anschließend versuchten die Gewerkschaften über die Tarifvereinbarungen die Beibehaltung der 18.30-Uhr-Regelung zu erreichen.[617] Gleichzeitig setzte sich die HBV als DGB-Gewerkschaft für die 35-Stunden-Woche, also eine Arbeitszeitverkürzung bei vollem Lohnausgleich, ein, was den Katalog an Forderungen möglicherweise überfrachtete.[618] Bei der Tarifrunde 1989 und 1990 wurde vielerorts zum allerersten Mal im Einzelhandel gestreikt, etwa in den bayerischen Städten Amberg, Regensburg und Weiden. Zudem verzeichneten viele Ortsverwaltungen einen Mitgliederzuwachs.[619] Laut den Geschäftsberichten der HBV-Bezirke verliefen die Warnstreiks durchweg positiv, eine Spätöffnung konnte dennoch nicht verhindert werden. Die Ortsverwaltung Regensburg machte dafür den Druck der Arbeitgeber auf die Betriebsräte verantwortlich und unterstellte einigen Firmen, dass sie „den Tarifvertrag von Anfang an brechen" wollten.[620] Die Fachgruppe Einzelhandel des Bezirks sah die Schuld auch im „Streikbruch und Streikverrat" durch die DAG, und im unkoordinierten Vorgehen der Betriebsräte.[621] In Erlangen hatte es „zusätzliche Anreize für alle ‚Freiwillige[n]'" vonseiten der Unternehmen gegeben.[622] Ein Problem stellte auch die erst eingeführte Wettbewerbsklausel in den Tarifverträgen dar, wie aus den Berichten der Ortsverwaltungen Forchheim und Hof hervorgeht: „Der im Juli erfolgte Tarifabschluß im Einzelhandel brachte dann leider mit sich, daß unter bestimmten Voraussetzungen (Wettbewerbsklausel) eine Spätöffnung doch möglich ist." Diese waren durch die „Öffnung von Konkurrenzbetrieben" gegeben.[623] Die Entgrenzung der Arbeitszeit zu stoppen, war den Einzelhandelsgewerkschaften nicht gelungen – auch weil übergeordnete Interessen des Dachverbands vor die Arbeitszeitinteressen der unmittelbar betroffenen Frauen gestellt wurden.

Am 5. Oktober 1989 durften die Geschäfte erstmals bis 20.30 Uhr offengehalten werden. In München etwa hatten die meisten Geschäfte geöffnet. Es gab Musik, vergünstigten Sekt, kostenlose Häppchen und Menschenschlangen vor den Geschäften. Geschlossen blieben das Schuhhaus Deichmann, Neckermann, ein Hutgeschäft, die Universitätsbuchhandlung sowie die Kaufhäuser Quelle, Hertie am Bahnhof und C&A. Dort waren es die Betriebsräte, die sich durch ihr Mitbestim-

---

[616] Vgl. Plenarprotokoll des 11. Deutschen Bundestages, Stenographischer Bericht der 147. Sitzung, vom 02. 06. 1989, S. 10947–10965.
[617] In engem Zusammenhang mit der Ladenschlussgesetzgebung steht die Frage nach einer Festlegung des Arbeitszeitendes in den Tarifverträgen im Einzelhandel, die in Kapitel 5.2 ausführlicher behandelt wird.
[618] O. A., 35 Stunden san gnua. Jo Klett – Landesbezirksvorsitzender der HBV Bayern, in: Feierabend. Zeitschrift der Gewerkschaft Handel, Banken, Versicherungen, vom Oktober 1988.
[619] AdMAB, HBV, Geschäftsbericht der HBV BV NB/OP, S. 17, 24, 32.
[620] AdMAB, HBV, Geschäftsbericht HBV BV NB/OP, S. 13.
[621] AdMAB, HBV, Geschäftsbericht HBV BV NB/OP, S. 18.
[622] AdMAB, HBV, Geschäftsbericht der Gewerkschaft Handel, Banken und Versicherungen der Bezirksverwaltung Nürnberg [BV NBG] für das Jahr 1989, S. 42.
[623] AdMAB, HBV, Geschäftsbericht HBV BV NBG, S. 47, 44.

mungsrecht gegen die Abendöffnung gestellt hatten.[624] In anderen Städten scheinen der Andrang und die Begeisterung der Bevölkerung nicht so groß gewesen zu sein. Dort hatten ebenfalls die großen Häuser geschlossen; einige kleinere, inhabergeführte Geschäfte waren geöffnet.[625] Mit einer Annonce in der Mainzer Allgemeinen Zeitung zeigten HBV, DAG und die Betriebsräte einiger Mainzer Firmen ihre Einigkeit und kündigten an, dass sie geschlossen bleiben würden.[626] Im baden-württembergischen Landesverband gab es ein ähnliches Bild. Die „Großen" hatten geschlossen, die „Kleinen" geöffnet, wobei sich in manchen Kleinstädten und mittelgroßen Städten der Einzelhandel gar nicht am Dienstleistungsabend beteiligt hatte.[627] Berichte von Gewerkschaftern aus verschiedenen Ländern hatten die Stimmung festgehalten. Der Eindruck überwog, dass viele Menschen lediglich zum Bummeln und Schlendern in die Innenstädte gekommen waren, wenige zum tatsächlichen Einkaufen.

Neben dem Dienstleistungsabend brach sich im Spätherbst 1989 eine weitere Ausdehnung der Öffnungszeiten Bahn: „Als 1989 die Mauer fällt, sorgt der Strom von DDR-Besuchern in besonders frequentierten Regionen der Bundesrepublik für ein vorübergehendes Aussetzen des Ladenschlusses."[628] Um darauf zu reagieren, hob etwa Hessen die Ladenschlusszeiten im Einzelhandel für kurze Zeit offiziell auf.[629] Auch in anderen angrenzenden Ländern gab es Ausnahmeregelungen, wobei die DAG diese zum Teil für den „grenznahen Bereich" mittrug, die Sonntagsöffnungen aber komplett ablehnte.[630] Aus Sicht der HBV bedeuteten die Grenzöffnungen zusätzliche Belastungen durch zusätzliche Umsätze von bis zu 50 Prozent bei gleichem Personal und Sonntagsarbeit im November und Dezember 1989, was sie kon-

---

[624] AdsD, DAG, RV-1—1151, DAG Bundesvorstand/Ressort Vorsitzender/Allg. DAG-Politik/ Ladenschlussgesetz – Langer Donnerstag, 1988–1989, hier: Ergebnisbericht München 5. Oktober 1989, von Michael Bösl, 6. 10. 1989.

[625] AdsD, DAG, RV-1—1151, DAG Bundesvorstand/Ressort Vorsitzender/Allg. DAG-Politik/ Ladenschlussgesetz – Langer Donnerstag, 1988–1989, hier: Bericht über Nord- und Westhessen sowie Frankfurt im Fax von Gerhard König, HVPD (Handel, Versicherungen, Private Dienste) Hessen, an Hubert Gartz, Bundesvorstand Ressort Private Dienste, Situation am 5. 10. 1989, vom 6. 10. 1989.

[626] AdsD, DAG, RV-1—1151, DAG Bundesvorstand/Ressort Vorsitzender/Allg. DAG-Politik/ Ladenschlussgesetz – Langer Donnerstag, 1988–1989, hier: Kopie der Annonce „Wir sagen NEIN zum Dienstleistungsabend", in Mainzer Allgemeine Zeitung, vom 5. 10. 1989.

[627] AdsD, DAG, RV-1—1151, DAG Bundesvorstand/Ressort Vorsitzender/Allg. DAG-Politik/ Ladenschlussgesetz – Langer Donnerstag, 1988–1989, hier: Fax von Peter Klumpp, Landesverband Baden-Württemberg, Abteilung Handel und Versicherungen, an den Bundesvorstand der DAG, Abteilung Handel und Versicherung, Private Dienste, vom 6. 10. 1989.

[628] Johannes Christog, Der umstrittene späte Feierabend, in: MDR, vom 18. 07. 2017, https:// www.mdr.de/zeitreise/sechzig-jahre-ladenschlussgesetz-100.html [zuletzt abgerufen am 26. 10. 2022].

[629] Pascal Beucker, Der lange Weg zurück in die Vergangenheit, in: taz archiv, Artikel vom 21. 10. 2006, https://taz.de/!362423/ [zuletzt abgerufen am 26. 10. 2022].

[630] AdsD, DAG, RV-1—1159, DAG Bundesvorstand, Ressort Vorsitzender/Allg. DAG-Politik, Materialsammlung: 40 Jahre Sozialstaat; DAG-Fernsehpreis; Chemische Industrie; Einzelhandel, 1988–1991, hier: Übersicht Ladenschlußzeiten/DDR Besucher, Pressestelle der DAG, 23. 11. 1989.

sequent ablehnte.⁶³¹ Der Grund für diesen Besucherstrom waren nicht etwa die längeren Öffnungszeiten, sondern die Verfügbarkeit von Waren.

In der DDR hatte es kein Ladenschlussgesetz und dementsprechend keinen einheitlichen Ladenschluss gegeben; vielmehr wurden die Öffnungszeiten regional und lokal festgelegt.⁶³² Dabei waren sie vergleichbar mit den westdeutschen Zeiten: Die Läden waren von montags bis donnerstags zwischen 9 und 18 Uhr, freitags von 9 bis 19 Uhr, und größere Geschäfte auch samstags von 9 bis 12 Uhr geöffnet. Abseits der Stadtzentren war eine zweistündige Mittagspause üblich. Die Kaufhallen hatten länger geöffnet, nämlich von 8 bis 19 Uhr, teilweise sogar bis 20 Uhr.⁶³³ Das Ziel der Spätverkaufsstellen, die von 6 bis 22 Uhr öffneten, war es, vor allem in Industriegebieten eine Einkaufsmöglichkeit nach Arbeitsende bieten zu können. Das Recht, Läden zu schließen oder offenzuhalten, oblag den Städten und Gemeinden. Orientieren sollten sie sich dabei an „territorialen Bedingungen des jeweiligen Kreises", sprich, neben den Schichtsystemen der umliegenden Produktionsbetriebe auch an der verkehrstechnischen Anbindung der Geschäfte, den ‚versorgungspolitischen Anforderungen' und Besonderheiten der Urlaubs- und Ferienzeiten. Die Ladenschlussfrage war in der DDR eher unbedeutend; vielmehr waren die Probleme des Mangels dem Verkauf vorgelagert.⁶³⁴ Nach der Wiedervereinigung übernahmen die ostdeutschen Länder die bundesdeutschen Ladenschlusszeiten,⁶³⁵ wobei bis zum 1. Januar 1994 eine Übergangsfrist galt.⁶³⁶

Bei den Debatten um den Dienstleistungsabend hatte sich die Argumentationsweise in den 1990er Jahren ein wenig gewandelt. Die Gegner argumentierten weiterhin primär mit der Frauen- und Familienfeindlichkeit der Abendarbeitszeit. Allerdings erweiterten sie dem Zeitgeist entsprechend ihre Argumente, etwa den Umweltschutz betreffend, um breitere Kreise zu erreichen. Dies hatte aber immer weniger mit den zeitlichen Belangen der Verkäuferinnen zu tun. Die Arbeitnehmer- und die Arbeitgeberseite agierten Hand in Hand, solange gleiche Wettbewerbsbedingungen herrschten, sprich das Ladenschlussgesetz für alle bindend war. Dann blieb die Zeit der Frauen unter ihrer Hoheit und sie konnten selbst darüber bestimmen. Wenn aber unter einem gelockerten Ladenschluss ein höherer Konkurrenzdruck drohte, waren sich die beiden Seiten uneins: Arbeitgeber wollten den Betriebsräten die Mitbestimmung entziehen, Betriebsräte mithilfe des Mitbestimmungsparagrafen eine Abendarbeitszeit verhindern – sodass schlussendlich beide Seiten an Interessensvertretern die zeitliche Souveränität der Verkäuferinnen untergruben. Als die Gewerkschaften die Tarifverträge aushandelten, waren ihnen andere Aspekte der Arbeit wichtiger als die Zeit. Die Befürworter

---

631 AdMAB, HBV, Geschäftsbericht HBV BV NB/OP, S. 5.
632 Vgl. Mosbacher, Sonntagsschutz, S. 63.
633 Vgl. Träger/Vogler-Ludwig/Munz, Ladenschlußgesetz, S. 135.
634 Vgl. Mosbacher, Sonntagsschutz, S. 64 f.
635 Henning Krumrey, Im Mondschein zu Tante Emma, in: Focus Magazin Nr. 34 (1993), 23. 08. 1993.
636 Vgl. Träger/Vogler-Ludwig/Munz, Ladenschlußgesetz, S. 136.

einer Lockerung des LaSchlG führten gleichermaßen zeitgeisttypische, neue Argumente an: das Heilsversprechen einer Flexibilisierung, die Schaffung neuer Arbeitsplätze und die Aussicht auf Umsatzsteigerungen. Ihnen zufolge sollte sich die Arbeitszeit der Beschäftigten also rein nach den unternehmerischen Bedürfnissen richten. Sehr viel stärker als 1956 argumentierten beide Seiten mit den Wünschen der Konsumentinnen und Konsumenten. Umfragen konnten, je nach Auslegung und Ausrichtung, der einen und der anderen Seite zugleich in die Hände spielen. Fragen zu den Verkäuferinnen, etwa nach der Zumutbarkeit der Abendöffnung, kamen darin nicht vor. Der Stellenwert ihrer Bedürfnisse war zugunsten derer der Kundschaft stark gesunken. Die Indifferenz Vieler, die sich auch im „Bummeln" und mäßigem Interesse am Dienstleistungsabend zeigte, verweist darauf, dass sie ihre Macht als Konsumentinnen und Konsumenten gar nicht unbedingt nutzen wollten.

Es ist außerdem zu vermuten, dass hier zwei weitere gesellschaftspolitische Aspekte implizit zum Tragen kamen, die im abermaligen Systemvergleich mit der DDR ihren Ursprung hatten. *Erstens*: Der Vorrangstellung von Konsumbedürfnissen wurde unbedingt stattgegeben und das politische Ideal des grenzenlosen Konsums unter neoliberalistischen Vorzeichen propagiert, vor allem in Abgrenzung zum konsumeinschränkenden Regime der DDR. *Zweitens*: Wie auch schon bei den Begrenzungen von 1956/60 spielte das geschlechtsspezifische Arbeitszeitregime eine Rolle, nur diesmal unter anderen, liberalen Vorzeichen. Frauen in Ostdeutschland, Studentinnen und Lehrlinge miteingerechnet, waren Ende der 1980er Jahre zu über 90 Prozent erwerbstätig, während es in der alten Bundesrepublik 1988/89 ungefähr 55 Prozent waren.[637] Die Verlängerung der Ladenöffnungszeiten und dadurch erhöhte Akzeptanz weiblicher Erwerbsarbeit fernab etwaiger familiärer Verpflichtungen kann auch als emanzipatorisches Moment der Angleichung an neue Rollenbilder gedeutet werden, die in Ostdeutschland bereits praktiziert wurden.

Das Geschäft geht vor: Die Praktik des „zu Ende Bedienens"

Wenn nun im Folgenden Fälle betrachtet werden, in denen sich Sonderregelungen durchsetzten, so stehen dabei die Argumente im Vordergrund, die zu einer Überwindung der herkömmlichen Ladenschlussregelungen führten, und die Frage, welche Rückschlüsse sich daraus auf den gesellschaftlichen Stellenwert von Verkäuferinnen und die Qualität ihrer Arbeitsbedingungen ziehen lassen. Zu solchen Fällen zählt das „zu Ende Bedienen". Bereits in der Arbeitszeitordnung von 1938 war vorgesehen, dass die Kundschaft, welche sich bereits im Laden befand, trotz Ladenschluss noch zu Ende bedient werden konnte. Auch im Gesetz von 1956 findet sich gleich nach der Auflistung der Regelungen der Schließzeiten der Satz: „Die beim Ladenschluß anwesenden Kunden dürfen noch bedient werden."[638]

---

[637] Vgl. Neumaier, Hausfrau, Berufstätige, Mutter, S. 101.
[638] LaSchlG 1956, § 3: Allgemeine Ladenschlußzeiten.

Wie sehr dies zum Teil bundesweit praktiziert und strapaziert wurde, zeigen verschiedene Aktionen von Lebensmitteleinzelhandelsunternehmen:[639] Im Jahr 1968 rief die Cornelius Stüssgen AG in Köln in Zeitungsanzeigen dazu auf, deren Geschäfte freitags eine Minute vor Ladenschluss zu betreten und dann den Einkauf fürs Wochenende zu erledigen. Das Lebensmittelgeschäft stellte in den Inseraten das Interesse des Personals in den Vordergrund. Durch die längere Verkaufszeit käme es zu weniger „Hast und Gedrängel [, was] unzumutbar für Kunden und Mitarbeiter [sei]". Außerdem stellte der Betrieb bei einer erfolgten Entlastung des samstagvormittags in Aussicht, den Beschäftigten einmal im Monat ein langes Wochenende freizugeben. In zeitlichen Dimensionen gesprochen wollte das Unternehmen also zwar die Quantität der täglichen Arbeitszeit erhöhen, dafür aber die Qualität der Arbeitszeit verbessern und mit dem Samstagsausgleich die wöchentliche Arbeitszeit beibehalten.

Aus einer anderen Richtung kam die „Aktion ‚Bummelkauf'" in Stuttgart 1974. Diese hatte die Verbraucherzentrale Baden-Württemberg organisiert, um gegen das Ladenschlussgesetz vorzugehen und eine Abendöffnung der Geschäfte einmal in der Woche zu erreichen. Die Einkaufenden sollten die Geschäfte erst nach 18 Uhr betreten und Preise und Qualität der Waren vergleichen. Ausgegebenes Ziel war es, mit Ladeninhabern oder Verkaufspersonal ein Gespräch über das Ladenschlussgesetz anzufangen. Die Organisation betonte aber, dass es sich dezidiert nicht um eine Aktion gegen das Personal handelte, sondern gegen die gesetzliche Beschränkung als solche. Abstrahiert auf die Ebene der zeitlichen Dimensionen nahm sich hier die Verbraucherorganisation heraus, über die zeitliche Arbeitskapazität des Personals zu verfügen und über die Grenze zwischen Arbeitszeit und Freizeit zu bestimmen. Indem die Arbeitszeit der Verkäuferinnen ohne deren vorheriges Wissen und Wollen ausgedehnt wurde, versuchte die Organisation eine gesetzliche Bestimmung aufzulockern; die Arbeitszeit war also ein Mittel zum Zweck der eigenen Interessen.

Nachdem diese „zu Ende Bedienen"-Aktionen überhandgenommen hatten, setzten sich auch Bundesverfassungsgericht und Bundesgerichtshof damit auseinander. Gegen das Vorgehen eines Einkaufszentrums, das mit dem Hinweis „Wenn Sie bis 18.29 Uhr unser Haus betreten haben, können Sie noch in aller Ruhe, ohne jede Hetze einkaufen" für sich geworben hatte, entschied der 1. Zivilsenat des Bundesgerichtshofs: Diese bewusste Erhöhung des Kundenstroms am Abend verstoße gegen das LaSchlG und das Gesetz gegen unlauteren Wettbewerb. Aus denselben Gründen untersagte das Gericht auch den Verkauf eines Groß- und Einzelhandelsunternehmens an zwei Abenden der Woche an einen ausgewählten Käuferkreis (zwei Beamten-Gewerkschaften sowie einen Eisenbahner-Sportvereins). Für die Gerichte spielte die unzulässige Ausdehnung der Arbeitszeit in ihrer Urteilsbegründung keine oder nur eine untergeordnete Rolle.

---

[639] Zu all diesen Aktionen siehe die Zusammenfassungen in: AdsD, HBV, 5 / HBVH810065, Umfragen zum Ladenschluss, 1967–1980, hier: „Wachsende Kritik am Ladenschlußgesetz", S. 13–15.

Auch im Textileinzelhandel hatte es diese Praxis gegeben. Ein langjähriger Mitarbeiter von Hirmer in München sagte in einem späteren Interview: „Wir sind immer pünktlich rausgekommen. Es sei denn, wir hatten noch Kundschaft."[640] Ein Gedicht, das im Zuge eines Betriebsausfluges der Firma Braun in Stuttgart entstanden war, erwähnte in zwei Zeilen ebenfalls diese übliche Verfahrensweise. Zur Kundschaft wird darin angemerkt: „Man wählt u. sortiert bis viertel nach sieben, und wäre am liebsten noch länger geblieben!" Und außerdem: „[W]ieviel man muss reden mit Charme und Elan und was für die Kunden wird alles getan!" Die Kundschaft stand klar im Vordergrund, auch in zeitlicher Hinsicht. Weiter unten in dem Gedicht heißt es nämlich: „[…] s'ist manches Mal schwer, mal zieht sich's in d' Länge, mal eilt es gar sehr!" Dementsprechend entschied nicht die Arbeitszeit der Verkäuferinnen über den Ladenschluss, sondern die Bedürfnisse der Kundschaft.[641] Das offizielle Arbeitszeitende spielte beim bedienungsintensiven Textilhandel gegenüber den Wünschen der Kundinnen und Kunden eine Nebenrolle.

Das „zu Ende Bedienen" stammte aus einer Zeit, in der im Einzelhandel tatsächlich noch bedient wurde, das heißt, in der sich eine verkaufende Person mit einer einkaufenden Person aktiv beschäftigte. In diesem Zusammenhang erschloss sich auch der Sinn, denn dann musste der Verkaufsvorgang nicht mit dem Glockenschlag abgebrochen werden. In der seit den 1970er Jahren überwiegend bestehenden Selbstbedienungswelt des Handels büßte diese Regelung an Überzeugungskraft ein. Die Kundinnen und Kunden konnten durchaus in der Lage sein, ihre Einkäufe so zu erledigen, dass sie bei Ladenschluss den Laden wieder verlassen hatten. In den genannten Aktionen wurde sie gerade zum Gegenteil angehalten, um das Ladenschlussgesetz auszuhöhlen. Das „zu Ende Bedienen" war eine besonders perfide Form der Arbeitszeitverlängerung für die Verkäuferinnen und Verkäufer, denn sie war überhaupt nicht planbar. Im Wortlaut „zu Ende Bedienen" schwingt ein „nur noch schnell" mit und impliziert, dass diese Zeit eine Kleinigkeit wäre, die nicht vergütet werden muss. Gleichzeitig durften sich die Beschäftigten der Kundschaft gegenüber kein Missfallen anmerken lassen. Die Verkäuferinnen gerieten also durch diese zeitliche Dimension in eine Zwangslage. Die Unternehmen versprachen sich davon einen erhöhten Umsatz.

Die Bedürfnisse anderer gehen vor: Verkaufsoffene Sonntage

Eine andere Praxis, das LaSchlG zu unterlaufen, war die Gewährung von verkaufsoffenen Sonntagen. Laut dem Gesetz von 1956 gab es dazu verschiedene Möglichkeiten. Diese konnten wirtschaftlicher Natur sein (in „ländlichen Gebieten während der Zeit der Feldbestellung und der Ernte" bis zu zwei Stunden „zur Befriedung

---

[640] HUA, 2013 / 08 / 0017, Interview: Interview mit H. W. und Fr. W. (14. 12. 2009), S. 30.
[641] WABW, B 56 Bü 286, Betriebsausflüge der Firma, Wertmarken, Routen, Gedichte 1955–1963, hier: Gedicht in 34 Strophen ohne Titel.

dringender Kaufbedürfnisse der Landbevölkerung"),[642] aber auch rein konsumorientierter Natur (an den Sonntagen vor Weihnachten, bis zu fünf Stunden).[643] Darüber hinaus konnten sie den Freizeitbedürfnissen der Bevölkerung geschuldet sein (in Kur- und Erholungsorten[644] sowie aufgrund von Märkten, Messen und ähnlichen Veranstaltungen).[645] Diese Ausnahmen konnten die Landesregierungen gewähren, wobei deren Entscheidungsbefugnis durch Rechtsverordnung auf andere Stellen übertragbar war. Neben der Beachtung der lokalen und regionalen Gewohnheiten war hier also der Föderalismusgedanke miteinbezogen. In allen drei Fällen stand der Arbeitnehmerinnenschutz hintan. Diese Ausnahmen rührten aber nicht von ungefähr, sondern hatten ihren Ursprung bereits früher.

Schon vor der Verabschiedung des LaSchlG 1956 hatte es zahlreiche Versuche gegeben, Verkaufszeiten an Sonntagen zu ermöglichen oder auszudehnen. Als Beispiel dient hier ein Fall aus dem ländlichen Raum, dem bayerisch-schwäbischen Dorf Grönenbach. Die Einzelhändler der kleinen Marktgemeinde[646] richteten 1952 eine Anfrage an das Landratsamt Memmingen mit der Bitte, die Läden auch sonntags offenhalten zu dürfen, da es „[s]eit menschlichem Gedenken […] die Bevölkerung gewohnt gewesen [sei] […], ihre Besorgungen und Einkäufe nach dem Kirchgange vorzunehmen". An Wochentagen sei dies aufgrund der großen Entfernungen zwischen den Weilern und einzelnen Ortschaften und „ferner mangels Zeit und mangels Dienstpersonal" nicht möglich. Die Existenz der Einzelhändler sei demnach bedroht, da Einkäufe dann „auf die Bauerntage in der Stadt" verlegt würden und „der ambulante Handel" weiter zunähme. Zu dieser Bitte wurden Unterschriften vorgelegt und außerdem bekundet, dass „Angestellte und Hilfskräfte nicht um ihre wohlverdiente Sonntagsruhe gebracht" würden. Das Landratsamt Memmingen hatte diese Anfrage an die Regierung von Schwaben weitergeleitet und diese hatte sie wiederum an die zuständige Industrie- und Handelskammer in Augsburg übergeben.[647] Die IHK Augsburg hielt es nicht für möglich, einer generellen sonntäglichen Ausnahmebewilligung zuzustimmen. Stattdessen schlug sie die Erteilung einer „Ausnahmebewilligung nach Ziff. II, 7, B, 1 der Regierungsbekanntmachung vom 24. 12. 1936 Nr. VI 9228 zum Offenhalten

---

[642] LaSchlG 1956, § 11: Verkauf in ländlichen Gebieten an Sonntagen.
[643] LaSchlG 1956, § 13: Verkaufssonntage vor Weihnachten.
[644] LaSchlG 1956, § 10: Kur- und Erholungsorte.
[645] LaSchlG 1956, § 14: Weitere Verkaufssonntage.
[646] Heute zählt das 1954 zum Kneippkurort erhobene Bad Grönenbach 5700 Einwohner, damals war es wahrscheinlich die Hälfte.
[647] Die Industrie- und Handelskammern übernehmen nach dem Gesetz von 1956 hoheitliche Aufgaben des Staates. Dazu zählt laut § 1 des Gesetzes zur vorläufigen Regelung des Rechts der Industrie- und Handelskammern (IHKG) „die Aufgabe, das Gesamtinteresse der ihnen zugehörigen Gewerbetreibenden ihres Bezirkes wahrzunehmen, für die Förderung der gewerblichen Wirtschaft zu wirken und dabei die wirtschaftlichen Interessen einzelner Gewerbezweige oder Betriebe abwägend und ausgleichend zu berücksichtigen; dabei obliegt es ihnen insbesondere, durch Vorschläge, Gutachten und Berichte die Behörden zu unterstützen und zu beraten sowie für Wahrung von Anstand und Sitte des ehrbaren Kaufmanns zu wirken." In diesem Sinne agierte hier die IHK Augsburg.

an jedem 1. und 3. Sonntag der Monate Februar mit November in der Zeit von 10 bis 12 Uhr"[648] vor. Sodann erbat sich die IHK eine unterstützende Einschätzung des Industrie- und Handelsgremiums (IHG) Memmingens und eine Stellungnahme des Landesverbands des Bayerischen Einzelhandels e. V. (LBE), Bezirk Schwaben.[649] Beide Stellen plädierten für die Ausnahmeregelung, wobei dies beim LBE „entgegen [ihrer] prinzipiellen Auffassung" geschah.[650] Tatsächlich hatte sich der Einzelhandelsverband in anderen Fällen gegen eine Ausdehnung ausgesprochen mit dem Verweis auf die Sonntagsruhe und aus Rücksicht auf andere Verkaufsstellen.[651] In Grönenbach durften die Händler dann wie von der IHK Augsburg vorgeschlagen öffnen. Die IHK Augsburg hatte – unter der Vorgabe, dass es ein Memminger Vorschlag gewesen wäre – über das Gewerbeaufsichtsamt an die Regierung von Schwaben berichtet,[652] die dann dem Landratsamt Memmingen die Erlaubnis erteilte.[653] Die IHK Augsburg berichtete in einem gesonderten Brief davon noch dem IHG Memmingen.[654]

Die Gewährung von Ausnahmebewilligungen an Sonntagen lief oftmals nach diesem Schema und unter Anführen derselben Gründe ab. Mit dem Verweis darauf, dass „[d]ie hiesigen Lebensmittelgeschäfte keine Angestellten außer eigenen Familienangehörigen [beschäftigen], sodaß eine Durchbrechung ihrer sonntäglichen Arbeitsruhe nicht in Frage kommt",[655] gelang es in Bertoldshofen ebenfalls, die Geschäfte offenzuhalten. Ein weiterer Fall aus dem kleinen Örtchen Ronsberg aus dem Jahr 1954 zeigt, dass zunehmend auf die Sonntagsruhe gepocht wurde, je

---

[648] Diese sah Ausnahmen für bestimmte Bedürfnisgewerbe in den Sommermonaten vor und richtete sich vor allem an Gemeinden mit einer weitläufigen Siedlungsweise.

[649] BWA, K 009 / 1162, Sonntagsruhe im Handelsgewerbe 1936–1959, hier: Brief der IHK Augsburg, stellvertretender Hauptgeschäftsführer Dr. Lauter an das IHG Memmingen, Betr.: Sonntagsruhe im Handelsgewerbe; hier Antrag Grönenbach, vom 15. 12. 1952.

[650] BWA, K 009 / 1162, hier: Brief des IHG Memmingen, Adolf Pfalzer an die IHK Augsburg, Betr.: Sonntagsruhe im Handelsgewerbe, Antrag Grönenbach, vom 22. 12. 1952, und Brief des LBE Schwaben, Link, an die IHK Augsburg, Betr.: Sonntagsruhe im Handelsgewerbe; hier Antrag Grönenbach vom 30. 12. 1952.

[651] So etwa beim Ersuchen der Nebelhornbahn AG, die Verkaufsstellen in den Stationen der Bahn offenzuhalten, siehe Schriftwechsel zwischen IHK, LBE u. a. in: BWA, K 009 / 1162, Sonntagsruhe im Handelsgewerbe 1936–1959; oder im Falle der Anfrage einer Einzelhändlerin am Sonntag, Eis verkaufen zu dürfen BWA, K 009 / 1162, hier: Schreiben des LBE Schwaben an IHK Augsburg, Betr.: Verkauf von Obst, Süsswaren und Speiseeis an Sonn- und Feiertagen; hier Antrag des Gemischtwarengeschäftes Agathe Feneberg, Obergünzburg, vom 30. 06. 1950.

[652] BWA, K 009 / 1162, hier: Telegramm der IHK Augsburg, Dr. Lauter, über das Gewerbeaufsichtsamt Augsburg zurück an die Regierung von Schwaben, Betr.: Sonntagsruhe im Handelsgewerbe; hier Antrag Grönenbach, o. D.

[653] BWA, K 009 / 1162, hier: Brief der Regierung von Schwaben, Oberregierungsrat Schwandner, an das Landratsamt Memmingen, Betr. Ausnahme von der Sonntagsruhe im Handelsgewerbe; hier: Marktgemeinde Grönenbach, vom 17. 01. 1953.

[654] BWA, K 009 / 1162, hier: Brief der IHK Augsburg, Dr. Lauter, an das IHG Memmingen, Betr.: Sonntagsruhe im Handelsgewerbe; hier Antrag Grönenbach, vom 29. 01. 1953.

[655] BWA, K 009 / 1162, hier: Brief Landratsamt Marktoberdorf an IHK Augsburg, 1. Juni 1951, Betr.: Antrag auf Offenhaltung der Lebensmittelgeschäfte im Pfarrdorfe Bertoldshofen an den Sonn- und Feiertagen nach dem vormittägigen Hauptgottesdienst bis mittags 12 Uhr.

5.5 Gesellschaftliche Debatten um den Ladenschluss 461

näher das bevorstehende LaSchlG rückte. Der bayerische Einzelhandelsverband äußerte sich dahingehend:

„Nachdem die zurzeit in Verhandlung befindlichen Gesetzesvorlagen wegen der Ladenzeiten wiederum sehr ausdrücklich darauf hinweisen, daß Sonn- und Feiertage gehalten werden sollen, sind wir der Auffassung, daß das Gesuch abgelehnt werden soll [...]."[656]

Die IHK übernahm diese Auffassung in ihrer Empfehlung an das zuständige Landratsamt. War die Kammer ein paar Jahre zuvor noch sehr freigiebig gewesen, vertrat sie nun eine andere Meinung.

Der Fall Hohenschwangau zeigt noch einmal eine andere Herangehensweise an die Sonntagsöffnungszeiten – das nachträgliche Legitimieren einer ohnehin schon gängigen Praxis. Dort ging es um die Stundenzahl, die die Geschäfte des stark vom Tourismus geprägten Ortes geöffnet haben durften. Sie öffneten ihre Läden entgegen der Erlaubnis nicht nur von 10 bis 15 Uhr, sondern regelmäßig bis 18 Uhr. 1951 unternahmen die Geschäftsinhaber den Versuch, diese Praxis, die von der örtlichen Polizeibehörde toleriert wurde, auch offiziell genehmigen zu lassen.[657] Weder die IHK noch der LBE hatten etwas dagegen, sie befürworteten es sogar. Die offizielle Erlaubnis verzögerte sich allerdings noch um zwei Jahre, da andere touristische Orte des Landkreises ebenfalls versucht hatten, die Erlaubnis auf sich auszudehnen, sodass die Kammer wiederum doch Bedenken angebracht hatte.[658] Gewährt wurde die Erlaubnis 1953.[659] Verband, Kammer und Gesetzgeber waren bereit, den Bedürfnissen der Bevölkerung entgegenzukommen. Eine Erklärung lieferte die IHK Augsburg dafür in einer Antwort auf eine private Anfrage: „In unseren ländlichen Gebieten, namentlich auch im Allgäu, besteht das Bedürfnis deshalb, weil viele Personen, die auf Einödhöfen wohnen, nur sonntags in den Kirchort kommen und dann nach dem Gottesdienst ihren Bedarf beim ortsansässigen Geschäftsmann decken wollen."[660] Gleichzeitig traten sie aber auch für die Wahrung der Sonntagsruhe und für den Schutz der Angestellten ein. So verwiesen sie bei Gewährung der Ausnahmen immer wieder auf den Arbeitsschutz, den es zu wahren galt: „Die Geschäftsinhaber in Böhen und Legau sind darauf hinzuweisen, daß bezüglich der Beschäftigung von Angestellten an den Sonntagen die Bestimmungen der Ziffern IV mit VIII der Reg.-Bek. vom 24. 12. 1936 Nr. VI 9228 – MABl. 1937 S. 35 – beachtet werden müssen."[661]

---

[656] BWA, K 009 / 1162, hier: Brief des LBE an IHK Augsburg, vom 27. 02. 1954, Betreff: Ausnahme von der Sonntagsruhe, hier Antrag Josef Bauer, Ronsberg.
[657] BWA, K 009 / 1162, hier: Brief der IHK Augsburg an IHG Kaufbeuren und LBE Schwaben, Betr.: Verkaufszeiten an Sonn- und Feiertagen in Hohenschwangau, vom 04. 09. 1951.
[658] BWA, K 009 / 1162, hier: Brief der IHK Augsburg an IHG Kaufbeuren, IHG Kempten, LBE Schwaben, Betr.: LRA Füssen Eingabe an Reg. v. Schwaben, vom 17. 10. 1951.
[659] BWA, K 009 / 1162, hier: Schreiben der Regierung von Schwaben an das Landratsamt Füssen, Betr.: Ausdehnung Regelung, vom 05. 06. 1953.
[660] BWA, K 009 / 1162, hier: Brief der IHK Augsburg an Josef Hall, Verlagsdirektor, Betr.: Sonntagsruhe, vom 03. 06. 1954.
[661] BWA, K 009 / 1162, hier: Brief der Regierung von Schwaben an das Landratsamt Memmingen, in Abdruck an IHK: Betr.: Ausnahmen von der Sonntagsruhe im Handelsgewerbe; hier:

5. Tante Emma macht jetzt Teilzeit: Arbeitszeit und Ansehen im Einzelhandel

Auch um die drei Verkaufssonntage vor Heiligabend hatte es im Vorfeld des LaSchlG zahlreiche Diskussionen gegeben, und zwar um den sogenannten „Kupfernen", „Silbernen" und „Goldenen Sonntag" vor Weihnachten. Schon 1949 startete die IHK Augsburg dazu eine Umfrage unter ihren Mitgliedern. Sie schlug vor, drei Sonntage zu öffnen, wobei den Angestellten ersatzmäßig je ein anderer freier Tag gewährt werden müsse.[662] Die meisten der befragten Händler stimmten dem Vorschlag zu; manchen wären nur zwei verkaufsoffene Sonntage lieber gewesen. Zur Thematik befragt wurden außerdem die betroffenen Gremien und der LBE. Auch deren Antworten fielen unterschiedlich aus. Bis zur Verabschiedung des LaSchlG 1956 wiederholten sich diese Schriftwechsel jährlich.[663] Denn bis dato galten Richtlinien von 1933, die aus zeitgenössischer Sicht dringend einer Überarbeitung bedurft hätten.[664] Viele forderten, endlich zu einer einheitlichen und dauerhaften Lösung zu kommen.[665] Die Belastungen des Personals waren der Hauptgrund, der genannt wurde, wenn es um die Beibehaltung der Sonntagsruhe ging und man für nur wenige Verkaufssonntage vor Weihnachten eintrat. Dabei war vom „stark beanspruchten"[666] Verkaufspersonal die Rede und davon, dass es eine „unzumutbare Forderung darstell[e], die Angestellten praktisch vier Wochen ohne freien Sonntag zu beschäftigen".[667] Andere hingegen waren der Meinung, dass „3 Sonntage nötig [wären], um den Verkauf reibungslos durchzuführen", und es keine Schwierigkeiten beim Personal gebe, da diese ersatzweise frei bekämen.[668] In einer Firma hatte es auch eine Umfrage des Betriebsrats gegeben, nach der sich die Belegschaft für drei Sonntage aussprach.[669]

Marktgemeinde Legau und Gemeinde Böhen, Ldkr. Memmingen, Bezug: Bericht vom 02. 03. und 20. 09. 1951, Nr. VIII/3627/50 u. II/137 Nr. 2627/50, vom 1. 10. 1951.

[662] BWA, K 009 / 1164, Verkaufssonntage vor Weihnachten, 1941–1952, hier: Schreiben der IHK Augsburg, Dr. Lauter, an die Herren Mitglieder des Handelsausschusses, die dem Einzelhandel angehören, an die Industrie- und Handelsgremien des Kammerbezirks, Betr.: 1. Verkaufssonntage vor Weihnachten. 2. Ladenschluß am 24. u. 31. Dezember, vom 27. 09. 1949.

[663] Für die Jahre 1949 bis 1952, siehe Vorgänge in: BWA, K 009 / 1164, Verkaufssonntage vor Weihnachten, 1941–1952; für die Jahre 1953/54 siehe Vorgänge in: BWA, K 009 / 1165, Verkaufssonntage vor Weihnachten, o. J. [1953–1954]; bezüglich Verkaufssonntage vor Weihnachten, 1953, 1954, und für die Jahre 1955/56 siehe Vorgänge in: BWA, K 009 / 1166, Verkaufssonntage vor Weihnachten, o. J. [1955–1956].

[664] Vgl. o. A., Gegen offene Sonntage", in Textil-Zeitung Nr. 58, 15. 06. 1950.

[665] BWA, K 009 / 1164, Verkaufssonntage vor Weihnachten, 1941–1952, hier: Brief von W. Wagner, Fachgeschäft für Textil- und Modewaren Augsburg, an IHK Augsburg, Betr.: Verkaufssonntage vor Weihnachten (Antwort auf die Umfrage der IHK Augsburg vom 16. 01. 1953), vom 20. 01. 1953.

[666] BWA, K 009 / 1164, hier: Brief von Erwin Nill, Kröll & Nill, Augsburg, an IHK Augsburg, Betr.: 1. Verkaufssonntage vor Weihnachten, 2. Ladenschluß am 24. u. 31. Dezember, Ihr Schreiben vom 27. 09. 1949, o. D.

[667] BWA, K 009 / 1164, hier: Brief von Kaufhaus Ludwig Schöffel Schwabmünchen, Aussteuer, Konfektion, Kurz- und Baumwollwaren an IHK Augsburg, 17. 01. 1953, Betr.: (Antwort auf die Umfrage der IHK Augsburg vom 16. 01. 1953).

[668] BWA, K 009 / 1164, hier: Brief von W. Wagner, vom 20. 01. 1953.

[669] BWA, K 009 / 1164, hier: Brief von Kröll & Nill, an IHK Augsburg, Betr.: Verkaufssonntage vor Weihnachten (Antwort auf die Umfrage der IHK Augsburg vom 16. 01. 1953), vom 03. 02. 1953.

5.5 Gesellschaftliche Debatten um den Ladenschluss

Bei der Debatte zum Ladenschlussgesetz im Bundestag gab es ein breites Übereinkommen dahingehend, die Sonntagsruhe nicht grundsätzlich zu durchbrechen. Laut dem Berichterstatter des Ausschusses für Arbeit und Sozialordnung, der den Gesetzesentwurf federführend beraten hatte, entsprach „[d]ie Festlegung von nur zwei freien Sonntagen vor Weihnachten […] auch dem religiösen Empfinden des größten Teiles der Bevölkerung der Bundesrepublik". Darüber hinaus lagen dem Ausschuss die Stellungnahmen der beiden christlichen Kirchen und der Gewerkschaften vor. Die Kirchen wiesen auf den Erhalt der Sonntagsheiligung und auf die Vorbereitung für das Weihnachtsfest, aber auch auf die gesundheitlichen Belange der Angestellten hin. Die HBV machte die gesundheitsschädigende Wirkung durch Überbeanspruchung zu ihrem vorrangigen Bedenken: „Eine dreimalige Beanspruchung sowohl der Inhaber der Verkaufsstellen wie des Personals ist aus gesundheitlichen und arbeitsrechtlichen Gründen nicht vertretbar."[670] Beschlossen wurde 1956 dann die Offenhaltung an zwei Sonntagen vor Weihnachten. Allerdings strich man die Weihnachtssonntage nur kurze Zeit später mit der Gesetzesnovelle vom 14. November 1960 wieder und wandelte sie dafür in lange Samstage um.[671] Dazu hatte es zwei Anträge zur Gesetzesänderung gegeben – einen von der CDU/CSU-Fraktion und einen von der SPD-Fraktion –, die für die Abschaffung der verkaufsoffenen Sonntage plädierten. Parteiübergreifend hatte sich also die Meinung durchgesetzt, „daß im Zuge der Verbesserung des Arbeitsschutzes für die Beschäftigten im Einzelhandel und auch in bezug [sic!] auf die Sonntagsheiligung diese beiden Sonntage wegfallen müssen".[672] Über die verbleibenden Sonntage bestimmte weiter die Landesregierung. Zudem erhöhte der Gesetzgeber die Zahl der Ausnahmesonn- und -feiertage in Kur- und Erholungsorten von 16 auf 22 pro Jahr.

Bezüglich der verkaufsoffenen Sonntage blieb es in den 1960er und 1970er Jahren und bis Mitte der 1980er Jahre relativ ruhig. Dann stellte die HBV eine verstärkte Aushöhlung des Gesetzes durch großzügige Auslegung der Paragrafen 14 und 16 LaSchlG fest. Dies waren die Paragrafen, die Ausnahmen an weiteren Sonntagen „aus Anlass von Märkten, Messen oder ähnlichen Veranstaltungen an jährlich höchstens vier Sonn- und Feiertagen"[673] und den „Verkauf an Werktagen nach achtzehn Uhr dreißig Minuten"[674] aus denselben Gründen erlaubten. Hierzu gab die HBV Bayern 1987 vorformulierte Materialien als Handreichung heraus,

---

[670] Protokoll der 112. Sitzung des 2. Deutschen Bundestages (02/112), S. 6040.
[671] LaSchlG 1960.
[672] Schriftlicher Bericht des Ausschusses für Arbeit (21. Ausschuß) über den von den Abgeordneten Horn, Scheppmann, Diebäcker, Baier (Mosbach) und Genossen eingebrachten Entwurf eines Zweiten Gesetzes zur Änderung des Ladenschlußgesetzes – Drucksache 1666 – und über den von den Abgeordneten Odenthal, Lange (Essen), Killat (Unterbach) und Genossen eingebrachten Entwurf eines Gesetzes zur Änderung des Gesetzes über den Ladenschluß – Drucksache 1929 –, Drucksache 2127 des Deutschen Bundestags, 3. Wahlperiode, S. 2.
[673] LaSchlG 1956, § 14: Weitere Verkaufssonntage.
[674] LaSchlG 1956, § 16: Verkauf an Werktagen nach achtzehn Uhr dreißig Minuten.

um auf lokaler Ebene gegen Ausnahmeverordnungen agieren zu können.[675] Darunter war auch ein „Gemeinsames Wort des Rates der EKD und der Katholischen Bischofskonferenz." In dieser Erklärung machten sich die Kirchen für den Erhalt der Sonntagsruhe stark, da sie der Sinnstiftung für das Leben sowie der Erholung diene und mit ihr Menschenwürde und Kultur verbunden seien. Außerdem wurde auf der Landesbezirkskonferenz der HBV in Erlangen 1988 ein Antrag gegen den Sonntagsverkauf verabschiedet, der zunächst an die DGB-Landesfrauenkonferenz und von dort an die DGB-Landesbezirkskonferenz weitergeleitet wurde. Daneben wollte die HBV auf kommunaler Ebene Überzeugungsarbeit leisten, weshalb sie sich an alle bayerischen SPD-Stadt- und Gemeinderäte wandte. Weitere Maßnahmen ergriff sie zusammen mit den evangelischen und katholischen Landeskirchen in der Form von Info-Tischen in den Fußgängerzonen, öffentlichen Veranstaltungen und einem Flugblatt für den Einzelhandel. Weniger Erfolg war dem Versuch beschieden, die Sonntagsregelung in den Tarifverträgen des Einzelhandels zu verankern.[676] Die Allianz von Kirchen und Gewerkschaften hingegen hielt sich über die Jahre und auch über die Novellierungen des Ladenschlussgesetzes hinweg, wie eine gemeinsam verfasste „Broschüre für den Erhalt des arbeitsfreien Sonntags im Einzelhandel" mit dem klangvollen Namen „Am Sonntag will mein Süßer mit mir Segeln gehen …" Ende der 1990er bezeugt.[677]

Bei den verkaufsoffenen Sonntagen lässt sich ein gesellschaftlicher Konsens feststellen, der seit den 1950er Jahren bestand und sich erst Mitte der 1980er allmählich auflöste. Die Arbeitszeit von Verkäuferinnen an Sonntagen in Anspruch zu nehmen, sollte demnach nicht generell möglich sein – übergreifende Gründe waren die religiöse Heiligung und die Erholungsfunktion des Sonntags. Ausnahmen konnten dann zugelassen werden, wenn spezielle Kaufinteressen bei der Bevölkerung wahrgenommen wurden. In den 1950er Jahren waren dies vor allem der Wunsch der Landbevölkerung, den Einkauf mit dem Kirchgang zu verbinden und vor Weihnachten genügend Zeit zum Einkaufen zu haben, später dann ein Konsumbedürfnis in Kur- und Erholungsorten und in den 1980er Jahren Anlässe wie Messen, Märkte und andere Veranstaltungen.

Olympia und Oberammergau: Ausnahmen im öffentlichen Interesse[678]

Schließlich konnten Ausnahmen vom Ladenschluss „im öffentlichen Interesse" gemacht werden. Als erstes Beispiel für das Erteilen solcher Genehmigungen nach

---

[675] IfZArch, ED 972 / 93, Ladenschluss 1987, hier: HBV Landesbezirk Bayern, an alle HBV-Geschäftsstellen in Bayern, Betr.: Verhinderung von Ausnahmeregelungen nach §§ 14 und 16 LadschlG, vom 27. 02. 1987.
[676] AdMAB, HBV, „Der richtige Schritt". Ergebnisprotokoll der 11. Ordentlichen Landesbezirkskonferenz der Gewerkschaft HBV, Landesbezirk Bayern am 27./28. Februar 1988 in Erlangen, S. 18.
[677] AdMAB, HBV, „Am Sonntag will mein Süßer mit mir Segeln gehen …", Broschüre für den Erhalt des arbeitsfreien Sonntags im Einzelhandel, 1999.
[678] Vgl. hierzu auch den Aufsatz der Autorin: Rienks, Ausnahmen bestätigen die Regel.

Paragraf 23 LaSchlG stellen die Sonderregelungen bei den Olympischen Spielen 1972 in München dar. Die Gewerkschaften waren schon weit im Voraus gegen eine Ausnahme, die sich auf das „öffentliche Interesse" berief, eingetreten. Ein DGB-Sprecher meinte, die Olympiabesucher hätten „an den Vormittagen genügend Gelegenheit, sich dem Einkaufsbummel hinzugeben".[679] Der Münchner Stadtrat sah dies allerdings anders und setzte sich dafür ein. Selbst ein SPD-Stadtratsmitglied meinte: „Unsere ausländischen Gäste sind einfach größere Freizügigkeit gewöhnt".[680] Zu den Befürwortern zählten neben den Stadtratsmitgliedern der CSU und der Ausschussgemeinschaft auch „neun SPD-Rebellen". Ihr Kernargument bestand darin, dass München sich gegenüber den Olympiagästen weltoffen präsentieren müsse. Die Gegner der Ausdehnung verwiesen auf die befürchtete Ausbeutung des Verkaufspersonals, zukünftig weitere Lockerungen, etwa beim Oktoberfest, des Weiteren Preiserhöhungen und zurückgehende Nachwuchszahlen im Einzelhandel. Schließlich fiel im Stadtrat nach einer „Kampfabstimmung" die Entscheidung, dass ein Ladenschluss werktags um 21 Uhr und samstags um 18 Uhr empfohlen werde.[681] Daraufhin erließen die bayerischen Staatsministerien für Arbeit und Sozialordnung und für Wirtschaft und Verkehr eine Ausnahmeregelung „gemäß § 23 des Gesetzes über den Ladenschluß". So sollte es den Einzelhandelsunternehmen erlaubt werden, zumindest bis 20 Uhr ihre Geschäfte offen zu halten.[682]

Der Landesverband des Bayerischen Einzelhandels bemühte sich um eine Kompromisslösung, welche „die Belastung für die Mitarbeiter des Einzelhandels eng begrenzt, den Einzelhandelskaufleuten zuzumuten ist sowie das Ansehen der Landeshauptstadt München als gastliche Stadt wahrt".[683] Anders agierte der Einzelhandelsverband in Kiel, jener Stadt, in der die olympischen Segelwettbewerbe ausgetragen wurden: Dort wehrte er sich gegen eine Ausweitung der Öffnungszeiten. Es „ist auf die Mitarbeiter im Einzelhandel Rücksicht zu nehmen", da den „erwarteten auswärtigen Besucher[n] in Kiel [...] bis zum normalen Geschäftsschluß ausreichend Zeit zum Einkauf bleibt".[684] In München waren es dann die Einzel-

---

[679] Zitiert nach Bernd Eberle, Für 15 Tage wird München eine Weltstadt. Ausnahmeregelung während der Olympischen Spiele – Gewerkschaft protestiert, in: AZ, 12. 01. 1972.
[680] Eckart Müller-Heydenreich (SPD), zitiert nach Bernd Eberle, Für 15 Tage wird München eine Weltstadt. Ausnahmeregelung während der Olympischen Spiele – Gewerkschaft protestiert, in: AZ, 12. 01. 1972.
[681] Vgl. Otto Fischer, Trotz Gewerkschaftsdrohung: Mehrheit für Olympia-Ladenschluß um 21 Uhr. Kampfabstimmung nach erregter Debatte / ‚Dem Ansehen der Stadt schuldig' / Arbeitsministerium entscheidet, in: SZ, 03. 02. 1972.
[682] IfZArch, ED 972 / 89, Ladenschluss 1972 Olympische Spiele, 2, 1971–1972, hier: Gemeinsame Bekanntmachung der Bayerischen Staatsministerien für Arbeit und Sozialordnung und für Wirtschaft und Verkehr über die Ladenschlußzeiten nach dem Ladenschlußgesetz anläßlich der Spiele der XX. Olympiade München 1972, vom 07. 07. 1972, Nr. VI/646.11/23/72, Nr. 4144 – IV/5a – 23352.
[683] Zitiert nach Stefan Klein, Blockade gegen Olympia-Ladenschluß? Einzelhandelsverband beklagt „Engstirnigkeit einzelner Betriebsräte" von Warenhäusern, in: SZ, 16. 08. 1972.
[684] AdsD, HBV, 5 / HBVH810080, Ladenschlussgesetz, 1967–1972, hier: „Keine längeren Öffnungszeiten während der Olympiade", Kopie eines Zeitungsartikels. Trotzdem konnte der

handelsbetriebsräte, die sich zur Wehr setzten und von ihrem Mitbestimmungsrecht in Arbeitszeitfragen Gebrauch machten. Sie verwiesen auf die „maßlose Überbeanspruchung des Verkaufspersonals", und, dass es zu „Engpässen ausgerechnet während der Normaleinkaufszeiten" kommen könnte, wie überhaupt „in den Abendstunden [...] ein dringendes Einkaufsbedürfnis weder erwartet noch eingesehen" wurde. So fassten die Betriebsräte der großen Münchner Einzelhandelsunternehmen einen gemeinsamen Beschluss, nicht über den Ladenschluss hinaus zu arbeiten.[685] Dies entschieden sie in Einklang mit den Forderungen der HBV. Sie hatte zuvor vor allem die familiäre Belastung und die fehlende Notwendigkeit einer Verlängerung betont:

„Wir waren von der Sache nicht begeistert, weil die meisten Verkäuferinnen abends noch ihre Familie versorgen müssen. Daran ändert auch die Olympiade nichts. Außerdem haben wir mehrmals gehört, daß sich die Unternehmer keinen besonderen Umsatz versprechen."[686]

Nachdem eine längere Ladenöffnung mit den Betriebsräten in den großen Häusern nicht zu realisieren war, entschied sich der gesamte Einzelhandelsverband München ebenfalls für die herkömmlichen Ladenschlusszeiten. Die einzelnen Unternehmer konnten sich damit abfinden, waren in manchen Fällen sogar einverstanden mit der Entscheidung der Betriebsräte. So äußerte der Geschäftsführer des Textilkaufhauses Beck: „Unsere Leute hätten schon mitgemacht, denn wir haben ein selten gutes Betriebsklima [...]. Betriebswirtschaftlich gesehen wäre die längere Öffnungszeit allerdings ein ‚Draufzahler' gewesen."[687] Andere Stimmen waren damit nicht einverstanden. Die „Bild"-Zeitung schrieb unter dem Titel „Es bleibt bei ‚Emma' und dem Millionen-Dorf": „Zwei Wochen lang hätte München zur Weltstadt werden können – die Geschäfte in der Innenstadt nutzten die gebotene Chance nicht"; und äußerte sogar den „Verdacht auf ‚konzertierte Aktion'".[688] Die DAG wäre zu einem Kompromiss bereit gewesen. Damit wollte sie ursprünglich eine einheitliche Regelung für ganz München erreichen, um zu verhindern, dass man „den einzelnen Betriebsräten den ‚Schwarzen Peter' zuspielen" würde. Nachdem aber die Erlaubnis der bayerischen Ministerien über den eingebrachten Kompromiss hinaus ging und außerdem die HBV sich für das Beibehalten des 18.30-Uhr-Ladenschlusses ausgesprochen hatte, empfahl auch der DAG-Landesverband Bayern seinen Betriebsräten, diesem Vorgehen zu folgen.[689] Folgende

---

Einzelhandelsverband eine längere Öffnung in dem betroffenen Ortsteil Kiel-Schilksee nicht verhindern; IfZArch, ED 972 / 89, Ladenschluss 1972 Olympische Spiele, 2, 1971–1972, hier: „Olympia-Ladenschluß in Kiel-Schilksee bis 21 Uhr", vom 10. 05. 1972.

[685] IfZArch, ED 972 / 89, hier: Betriebsräte gegen längere Öffnungszeiten während der Olympischen Spiele, Presseinformation der Gewerkschaft Handel, Banken und Versicherungen, München, vom 26. 07. 1972.

[686] Zitiert nach Martin Eckert, Trotz Olympia: Geschäfte schließen um 18.30 Uhr, in: Abendzeitung, 24. 08. 1972.

[687] Zitiert nach Ludwig M. Tränkner und Renate Wut, Punkt 18.30 Uhr fallen die Gitter. Nur bei Läden um die Ecke ist länger geöffnet, in: Bild, 23. 08. 1972, S. 3.

[688] Heinrich Körner, Es bleibt bei ‚Emma' und dem Millionen-Dorf, in: Bild, 25. 08. 1972, S. 3.

[689] IfZArch, ED 972 / 89, Ladenschluss 1972 Olympische Spiele, 2, 1971–1972, hier: Schreiben des DAG Landesverbandes Bayern an die Betriebsräte im Einzelhandel in München, Betr.: Olympia-Ladenschluß, vom 07. 08. 1972.

Unternehmen stimmten dagegen, von der Sonderregelung über die Freigabe der Ladenschlusszeiten während der Olympischen Spiele in München Gebrauch zu machen: Hertie, Kaufhof, Kepa, Karstadt, Kaufhalle, Woolworth, Neckermann, bilka, Salamander, Lodenfrey und Weipert.[690] Von diesen Unternehmen hatten fast alle einen HBV-Betriebsrat.[691]

Mit der Begründung, aus öffentlichem Interesse länger offenhalten zu wollen, wurde in München zwar von Regierungsseite aus eine Ausnahmeregelung zugelassen, bei der der Schutz der Beschäftigten hätte hintanstehen müssen und die Arbeitszeit der Verkäuferinnen erstmal zweitrangig war. Da aber die Betriebsräte, die in den großen Unternehmen in der Stadt entscheidend waren, gemeinsam mit der HBV einschritten, blieb es bei den regulären Ladenschlusszeiten. Da sich ebenso andere Läden der Mehrheitsentscheidung anschlossen und der Verlautbarung des Einzelhandelsverbandes folgten, profitierten auch nicht organisierte Beschäftigte im Einzelhandel von dem gewerkschaftlichen Vorgehen.

Ein weiteres Beispiel für eine Sonderregelung der Ladenschlusszeiten, allerdings im ländlichen Raum, sind die Ausnahmen vom LaSchlG aufgrund der Passionsspiele in Oberammergau. Es handelt sich dabei um ein internationales Großereignis in einem kleinen Ort in Oberbayern mit langer Tradition. Seit 1634 wurde und wird noch heute dort von den Dorfbewohnern und -bewohnerinnen alle zehn Jahre der Leidensweg Christi nachgespielt – was zunächst als Dank für das Ende der Pest begann, ist mittlerweile eine kommerzielle Großveranstaltung. Hierfür gingen immer wieder Anfragen auf eine Verlängerung der Öffnungszeiten der Geschäfte im Ort und in den umliegenden Gemeinden ein. Im Gegensatz zu den Olympischen Spielen dauerten die Passionsspiele allerdings nicht zwei Wochen, sondern knapp vier Monate. Und dennoch wurden die Sondergenehmigungen regelmäßig erteilt: Als Begründung für verlängerte Ladenöffnungszeiten 1970 schrieb das Bayerische Staatsministerium für Arbeit und soziale Fürsorge: „[…] daß während der Passionsspielzeit neben den sonstigen in diesen Gemeinden wohnenden Feriengäste(n) täglich 5200 Besucher an den Passionsspielen 1970 teilnehmen und versorgt werden müssen." Dementsprechend wurde „das dringende öffentliche Interesse im Sinne des § 23 Abs. 1 LSchlG anerkannt".[692] In diesem Fall war sogar die HBV an der Entscheidung für erweiterte Öffnungszeiten beteiligt. Die Landesbezirksleitung Bayern rechtfertigte dies in einem Schreiben:

---

[690] IfZArch, ED 972 / 89, hier: Rundschreiben 9b/72 der Arbeitsgemeinschaft der Mittel- und Großbetriebe im bayerischen Einzelhandel e. V. vom 28. 08. 1972; AdsD, HBV, 5 / HBV H810080, Ladenschlussgesetz, 1967–1972, hier: Notiz über Telefonanruf des Koll. Buchner, München, vom 22. 08. 1972.
[691] IfZArch, ED 972 / 88, Ladenschluss 1972 Olympische Spiele, 1, 1971–1971, hier: HBV, Ortsverwaltung München, Teilnehmerliste Betriebsversammlung Einzelhandel, vom 08. 03. 1972.
[692] AdsD, HBV, 5 / HBVH810080, Ladenschlussgesetz, 1967–1972, hier: Schreiben des Bayerischen Staatsministeriums für Arbeit und soziale Fürsorge, an die Gemeinde Oberammergau, vom 08. 05. 1970.

5. Tante Emma macht jetzt Teilzeit: Arbeitszeit und Ansehen im Einzelhandel

„Wie uns glaubhaft versichert wurde, werden zu diesen Spielen etwa 560 000 Besucher (vorbestellte Karten) aus über 70 Ländern erwartet. Eine Ablehnung unsererseits hätte an der Ausnahmegenehmigung nichts geändert. Wir hätten uns höchstens einer gehässigen Zeitungskampagne ausgesetzt."[693]

Den Interessen der möglichen Kundschaft wurde hier Vorrang eingeräumt. Da es sich im dörflichen Oberammergau um viele kleinere Geschäfte handelte, gab es keine Betriebsräte, die hätten einschreiten können. In den folgenden Jahren blieben die Gründe für die erteilten Sondergenehmigungen dieselben, so etwa 1984: „eine erhebliche Zahl von Besuchern [muss] mit Waren des täglichen Bedarfs und mit Dienstleistungen versorgt werden."[694] Und 1990 stand wieder „dringendes öffentliches Interesse"[695] im Vordergrund. Die Ironie, dass gerade bei einer äußerst katholischen Festlichkeit das christliche Gebot des freien Sonntags so freimütig missachtet wurde, beschrieb schon ein Zeitgenosse mit Verweis auf den wirtschaftlichen Profit, den das ganze Dorf aus den Passionsspielen schlug: „Selbst der Ladenschluß, der in Deutschland üblicherweise mit alttestamentarischer Härte verteidigt wird, gilt im Passionsdorf nicht während der Spielzeit."[696] Erneut wurde mit Betonen des öffentlichen Interesses der Schutz der Arbeitszeit der Verkäuferinnen und Verkäufer von Regierungsseite als weniger wichtig eingestuft. Der Stellenwert des Verkaufspersonals war aufgrund der fehlenden gewerkschaftlichen Vertretung geringer. Für die Dorfgesellschaft stand der wirtschaftliche Profit im Vordergrund.

Da es in Bayern offenbar zur gängigen Praxis geworden war, Ausnahmen des Ladenschlussgesetzes zu ersuchen, fertigte die bayerische HBV eine Argumentationshilfe für ihre Mitglieder an, die sie ab 1987 regelmäßig verschickte. Die darin vorgebrachten Argumente ähneln denen, die standardmäßig angeführt wurden, waren aber zusätzlich von dem Aspekt der Angst vor einer Verstetigung der Ausnahme geprägt: Es ging weiterhin um den sozialen Schutz, den das LaSchlG bot. Ausnahmen hiervon bedeuteten Familienfeindlichkeit, eine Doppelbelastung für Frauen, sowie eine dauerhafte Verschlechterung der Arbeitszeit. Es ging den Gegnern von Ausnahmen um den Schutz vor zu viel Arbeitszeit, denn sie sahen dafür keine grundlegende Notwendigkeit: Umsätze würden lediglich verlagert, nicht erhöht, es käme zu höheren Kosten, auch für die Verbraucher, und es gäbe ohnehin rein rechnerisch genügend Zeit zum Einkaufen.[697]

---

[693] AdsD, HBV, 5 / HBVH810080, hier: Schreiben der HBV, Landesbezirksleitung Bayern an die Bezirksstelle Augsburg, Betr.: Sonderregelung über die Offenhaltung von Verkaufsstellen während der Passionsspiele 1970 in Oberammergau, vom 11. 05. 1970.
[694] IfZArch, ED 972 / 96, Ladenschluss 1989–1992, 1984–1992, hier: Schreiben des Bayerischen Staatsministeriums für Arbeit und Sozialordnung an die in der beigefügten Liste aufgeführten Inhaber der Verkaufsstellen sowie der Bäckerei-, Konditorei-, Friseurbetriebe in den Gemeinden Oberammergau, Unterammergau und Ettal, vom 29. 03. 1984.
[695] IfZArch, ED 972 / 96, hier: Schreiben des Bayerischen Staatsministeriums für Arbeit und Sozialordnung an die Gemeinde Oberammergau (u.v. a.), vom 02. 02. 1990.
[696] Karl-Heinz Büschemann, Geschäfte aus Passion, in: Die Zeit, 01. 06. 1990.
[697] IfZArch, ED 972 / 96, Ladenschluss 1989–1992, 1984–1992, hier: Arbeitshilfe HBV, Landesbezirk Bayern, Verhinderung von Ausnahmeregelungen nach §§ 14 und 16 LadSchlG, vom 27. 02. 1987.

5.5 Gesellschaftliche Debatten um den Ladenschluss

Was in Bayern gängige Praxis war, wurde andernorts anders beurteilt: In Baden-Württemberg ließ das Verwaltungsgericht bei der Auseinandersetzung um die Stuttgarter Klett-Passage Mitte der 1980er Jahre die Begründung nach Paragraf 23 LaSchlG nicht gelten. Und auch in den neuen Bundesländern wurde dies nach der Wiedervereinigung nicht geduldet. Vor allem Mecklenburg-Vorpommern und Sachsen hatten versucht, Ausnahmegenehmigungen nach Paragraf 23 zuzulassen. In deren sogenannten Fremdenverkehrsregelungen waren Öffnungszeiten samstags bis 20 Uhr und sonntags bis 18.30 Uhr für weite Teile der Länder vorgesehen. Die Verwaltungsgerichte griffen ein, da das „Interesse der öffentlichen Sicherheit und Ordnung, der Arbeitsplatzbeschaffung, der Förderung strukturschwacher Gebiete, der Förderung notleidender Branchen oder der Förderung des Fremdenverkehrs" keine Ausnahmen nach Paragraf 23 rechtfertigte.[698]

Im November 2019 hatte die FDP in Bayern einen Gesetzesentwurf im Landtag eingebracht, der vorsah, dass Läden Montag bis Samstag rund um die Uhr geöffnet haben sollten. Doch sämtliche Fraktionen stimmten dagegen.[699] Kurz darauf erließ die bayerische Regierung dennoch aufgrund der Hamsterkäufe zu Beginn der sogenannten Coronakrise am 18. März 2020 eine Sondergenehmigung für den Lebensmitteleinzelhandel. Diese erlaubte für zwei Wochen eine Öffnung wochentags bis 22 Uhr und sonntags von 12 bis 18 Uhr.[700] Diese zwiespältige bayerische Handhabung der Ladenschlusszeiten passt gut in das Bild des Umgangs der Gesellschaft mit den vorwiegend weiblichen Verkäuferinnen: Ihr Wohl und ihr Bedürfnis nach guter Arbeit stehen unter dem der Bevölkerung nach uneingeschränkter Versorgung.

Aber nicht viele Läden nutzten diese Zeit tatsächlich aus.[701] Beinahe geschlossen lehnte der Einzelhandel eine längere Öffnung der Läden mit Verweis auf die Mitarbeiterinnen und Mitarbeiter ab, die ohnehin schon an ihrer Belastungsgrenze stünden.[702] Die Situation der Beschäftigten im Einzelhandel verschärfte sich in der „Coronakrise" weiter: Die Beschäftigten des Lebensmitteleinzelhandels waren

---

[698] Vgl. Rühling, Ladenschlussgesetz, S. 254 f.
[699] Vgl. Protokoll der 35. Sitzung des 18. Bayerischen Landtages (18/35) vom 10. Dezember 2019, S. 4387–4402 sowie Anlage 1, S. 4403–4405, abrufbar unter: https://www.bayerische-landesbibliothek-online.de/landtagsprotokolle-seit-1946 [zuletzt abgerufen am 26. 10. 2022].
[700] Vgl. Pressemitteilung der Bayerischen Staatsregierung, Corona-Pandemie/Bayern ruft den Katastrophenfall aus/Veranstaltungsverbote und Betriebsuntersagungen, vom 16. 03. 2020, in: Bayerische Staatsregierung, https://www.bayern.de/corona-pandemie-bayern-ruft-den-katastrophenfall-aus-veranstaltungsverbote-und-betriebsuntersagungen/?seite=28074 [zuletzt abgerufen am 26. 10. 2022].
[701] Vgl. Andreas Dengler und Elisa-Madeleine Glöckner, Deshalb machen Lebensmittelmärkte der Region nicht länger auf, in: Augsburger Allgemeine, 18. 03. 2020, https://www.augsburger-allgemeine.de/neuburg/Deshalb-machen-Lebensmittelmaerkte-der-Region-nicht-laenger-auf-id57089076.html [zuletzt abgerufen am 27. 10. 2022].
[702] Vgl. Jan-Luc Treumann, Längere Öffnungszeiten möglich: wie die Supermärkte reagieren, in: Augsburger Allgemeine, 18. 03. 2020, https://www.augsburger-allgemeine.de/bayern/Laengere-Oeffnungszeiten-moeglich-Wie-die-Supermaerkte-reagieren-id57087236.html [zuletzt abgerufen am 27. 10. 2022].

einem erhöhten Gesundheitsrisiko ausgesetzt; die Angestellten in anderen Einzelhandelsbranchen befanden sich zu großen Teilen in Kurzarbeit; und generell liegen die Löhne im Handel immer noch im Niedriglohnbereich.[703] In der „Coronakrise" kam die seit Jahzehnten geführte Diskussion über Niedriglohn in den Dienstleistungsbranchen wieder auf. Viele Berufe, die weiblich dominiert sind, werden trotz ihrer Systemrelevanz schlechter entlohnt.[704] Im Jahr 2020 wurden dann, neben sämtlichen anderen Großveranstaltungen, im Übrigen schon relativ früh auch die traditionsreichen Passionsspiele in Oberammergau abgesagt.[705]

***

Die Ladenöffnungszeiten erfuhren Mitte der 1950er Jahre durch das Ladenschlussgesetz eine einheitliche Begrenzung. Dies geschah in einer Zeit, in der man an die staatliche Ordnung der Wirtschaft glaubte,[706] in der die Sozialpolitik einen massiven Ausbau erfuhr,[707] und in der die Kernfamilie als Fundament der Demokratie galt.[708] Somit rechtfertigte „die Notwendigkeit[,] sich um Haushalt und Kinder zu kümmern […][,] die Begrenzung der weiblichen Arbeitszeit".[709] Während sich, wie im vorangegangenen Kapitel 4 gezeigt wurde, im Einzelhandel seit den 1970er Jahren durch Standardisierung, Konzentrationsprozesse, und die Etablierung der „grünen Wiese" entscheidende Veränderungen zutrugen, erwies sich das Ladenschlussgesetz als besonders beharrlich. Die spätere Entgrenzung der Öffnungszeiten vollzog sich erst, als sich die Sozialpolitik stärker nach der „Gleichrangigkeit von Erwerbs- und Familienarbeit"[710] ausrichtete und zunehmend Forderungen nach Flexibilisierung – auch als Lösung für die hohe Arbeitslosigkeit Ende der 1980er Jahre – verlautbart wurden. Vor der Einführung des Dienstleistungsabends mögen sich zwar die gesellschaftlichen Umstände geändert haben – wie etwa die

---

[703] Vgl. o. A., Berufe im Einzelhandel: systemrelevant, aber nicht empfehlenswert, online unter: https://www.lohnspiegel.de/thematische-analysen-20014-22567.htm [zuletzt abgerufen am 25. 10. 2022].

[704] Vgl. Anne Hund, Helden der Corona-Krise: Das sind die Gehälter der Beschäftigten in systemrelevanten Berufen, in: Merkur.de, https://www.merkur.de/leben/karriere/gehalt-krankenschwestern-kassiererinnen-supermarkt-systemrelevante-berufe-corona-krise-zr-13630088.html [zuletzt abgerufen am 26. 10. 2022].

[705] Vgl. Manuela Schauer und Ludwig Hutter, Corona: Passionsspiele in Oberammergau 2020 sind abgesagt – Stückl kämpft mit den Tränen, in: Merkur.de, https://www.merkur.de/lokales/garmisch-partenkirchen/oberammergau-ort29187/coronavirus-passionsspiele-in-oberammergau-abgesagt-neuer-termin-2022-13606193.html [zuletzt abgerufen am 26. 10. 2022].

[706] Vgl. Spiekermann, Freier Konsum, S. 26, 37, 43.

[707] Vgl. Herbert, Geschichte Deutschlands, S. 655–657.

[708] Vgl. Gestrich, Geschichte der Familie, S. 9.

[709] Boris, Women Worker, S. 4, im englischen Original: „The need to attend to housework and children justified limits on women's hours."

[710] Vgl. Bundesminister für Arbeit und Sozialordnung, Sozialbericht, Bonn, 1969 ff., hier 1986, zitiert nach Rödder, Bundesrepublik Deutschland, S. 85 f.

Ausdehnung der weiblichen Erwerbstätigkeit[711] –, das Ladenschlussgesetz aber blieb.[712]

Wie lässt sich die Stabilität dieses Gesetzes erklären? Obwohl das LaSchlG in verschiedenen gesellschaftlichen Gruppen diskutiert wurde, gelangte es nie oder nur selten in die politische Sphäre. Offenbar herrschte in den dreißig Jahren des Bestehens des Gesetzes in der Bundesrepublik ein „Arbeitszeitregime", das auf geschlechtsspezifische Arbeitsteilung ausgelegt war.[713] Weibliche Arbeit musste sich daher stets anderen Interessen unterordnen. „Frauen [...] gerieten in Kulturen des Schützens, die auf ihrer vermeintlichen Differenz zum männlichen industriellen Ernährer beruhten."[714] Auch zeigte sich, dass selbst bei den Interessenvertretern – Gewerkschaften, Industrie- und Handelskammern, Parteien – die internen Meinungen zum LaSchlG stark divergierten. Diesbezügliche Einstellungen und Entscheidungen beruhten oftmals vielmehr auf individuellen Dispositionen als auf kollektiv vertretenen Interessen.

Die gesellschaftlichen Debatten der Ladenöffnungszeiten zeugen insgesamt von einer mangelnden Wertschätzung weiblicher Arbeit. Die Zeit von Verkäuferinnen spielte dabei durchweg eine geringe Rolle. Die Befürwortenden einer Ausdehnung oder Liberalisierung der Öffnungszeiten sahen die Zeit hauptsächlich als Arbeitszeit, die in den Dienst der Kunden gestellt werden sollte. Die Gegner waren stets darauf bedacht, dass den Frauen genügend Nicht-Arbeitszeit für Haushalt und Familie blieb. Obwohl Frauen also mehr und mehr einer Erwerbstätigkeit nachgingen, behielt die geschlechtsspezifische Rollenverteilung in Arbeit und Familie ihre Gültigkeit.

So fiel dann auch die Bilanz der zahlreichen Ausnahmen des Ladenschlussgesetzes für die arbeitenden Frauen negativ aus. Denn die Sondergenehmigungen übergingen regelmäßig die weibliche Zeitsouveränität. Wenn Ausnahmen zugelassen wurden, dienten sie nicht etwa der Gleich- oder Besserstellung der arbeitenden Frauen, sondern lediglich dem wirtschaftlichen Profit oder dem öffentlichen Interesse. Die Ladenschlussregelungen, sowohl Norm als auch Praxis, gingen zulasten der Verkäuferinnen.

5.6 Zwischenfazit

Die Arbeitswelt im Einzelhandel konstituierte sich im mitteleuropäischen Kontext entscheidend durch die Arbeitszeit, die seit dem 19. Jahrhundert streng von der Freizeit getrennt war. Im Untersuchungszeitraum war diese einer Reihe von Veränderungen unterworfen: Einführung der 5-Tage-Woche, rollierende Arbeitszeit-

---

[711] Vgl. Wirsching, Erwerbsbiographien, S. 89–92.
[712] Vgl. Rühling, Ladenschlussgesetz, S. 252.
[713] Siehe auch die jeweiligen Rentenreformen 1957 und 1989/1992.
[714] Boris, Women Worker, S. 4: „women [...] came under cultures of protection based on perceived difference from the male industrial breadwinner."

systeme und vermehrte Kontrolle durch (technische) Arbeitszeiterfassung. Die allgemeine Arbeitszeitverkürzung in der zweiten Hälfte des 20. Jahrhunderts half den Verkäuferinnen jedoch kaum. Arbeitszeitpraktiken wie überlange Pausen oder pauschale Mehrarbeit konterkarierten die normativen Verbesserungen. Die zur persönlichen Verfügung stehende freie Zeit der Beschäftigten wurde nicht entsprechend erweitert. Dies verdeutlicht, dass Unternehmen diese nicht als schützenswertes Gut anerkannten und respektierten. Erst neue Arbeitszeitmodelle, die auch die Lage der Arbeitszeiten berücksichtigten, und die Teilzeitarbeit, die wieder neue Probleme mit sich brachte, reduzierten den zeitlichen Aufwand für die Beschäftigten. Dadurch nahmen insgesamt immer mehr Frauen – vor allem verheiratete Frauen und Frauen mit Kindern – am Erwerbsleben teil. Problematisch dabei waren jedoch die zeitlichen Strukturen, sodass es nur sehr wenigen Frauen möglich war, ihre Arbeitszeit nach ihren Wünschen zu gestalten. Eine exakte Zeiterfassung diente zwar der Kontrolle, war zugleich aber eine Möglichkeit zur Souveränität; Lücken in der Kontrolle und resultierende Freiräume verhalfen ebenfalls zum Empfinden eigener Zeithoheit.

Charakteristisch für den Einzelhandel war zudem die stete Orientierung an den Bedürfnissen der Kundschaft. Die Interaktion mit diesen stellte sich als große zeitliche Unbekannte heraus, die typisch für die Dienstleistungsgesellschaft im letzten Drittel des 20. Jahrhunderts war. Gleichzeitig suchten die Unternehmen nach Rationalisierungsoptionen. Die Arbeitszeit sollte möglichst effizient gestaltet werden. Dazu dienten neue Arbeitsmittel und die Straffung betrieblicher Prozesse. Ein hoher Leistungsdruck kam einerseits dadurch zustande, dass die Arbeitszeit durch technische Gerätschaften oder durch die Vorgesetzten stärker kontrolliert wurde; andererseits dadurch, dass die Unternehmensleitungen die Planbarkeit der Arbeitszeit überschätzten. Das Spannungsverhältnis zwischen zeitlich vorgegebenen Abläufen und der Notwendigkeit des flexiblen Arbeitshandels erforderte von den Verkäuferinnen eine enorme Anpassungsleistung. Diese wurde unterschätzt und nicht als solche gewürdigt, denn Fähigkeiten wie „Multi-Tasking" und freundliche Kommunikation in angespannten Situationen wurden per se dem weiblichen Geschlecht zugeschrieben und galten nicht als explizit berufliche Qualifikationen. Speziell die Arbeitsbereiche von Frauen, wie das Kassieren, standen unter stetigem Optimierungszwang. Die Unternehmen verplanten die Arbeitszeit der Verkäuferinnen ohne Rücksprache und ausschließlich anhand von Kennzahluntersuchungen sowie Leistungsberechnungen. Die Kundschaft war ungeduldig, da sie die vielen zeitraubenden Arbeitsprozesse im Hintergrund nicht kannte. Beide Seiten nahmen die hohe zeitliche Belastung, Stress und gesundheitliche Konsequenzen für die Verkäuferinnen in Kauf. Der niedrige Stellenwert arbeitender Frauen kommt deutlich zum Ausdruck. Die Verortung von Verkäuferinnen innerhalb der Dienstleistungsklassen erfolgte eindeutig am unteren Ende der Skala. Zeitdruck bei gleichzeitig geringem eigenen Gestaltungseinfluss kennzeichneten die vielen personenbezogenen, rein stützenden und niedrig entlohnten Tätigkeiten der expandierenden Dienstleistungsgesellschaft.[715]

---

[715] Vgl. Weischer, Soziale Ungleichheit, S. 313–317.

Die Ungleichheit zeitlicher Dimension von Arbeit im Einzelhandel wurde durch Frauen in Teilzeit gefördert. Dies brachte wesentliche Nachteile mit sich: Rückstände bezüglich Gehalt, Rente, Qualifikationen und Beförderungen im Gegensatz zu in Vollzeit arbeitenden Männern, die langfristig nicht auszugleichen waren. Die propagierten Vorteile von Teilzeitarbeit stellten sich realiter häufig nicht ein, im Gegenteil. Anstatt eine eigene Erwerbsbiografie aufbauen zu können, bedeutete Teilzeitarbeit im Einzelhandel für die meisten Frauen, dass ihnen eine „Dazuverdiener"-Rolle zukam und diese sich verfestigte. Dadurch waren sie automatisch für Hausarbeit und Familie zuständig, was den ursprünglichen Grund geliefert hatte, die Stundenzahl zu reduzieren. Die Debatte um eine „Doppelbelastung" durch Erwerbs- und Familienarbeit wurde beständig geführt – und sie betrifft weiterhin nur Frauen.[716] Geringe Planbarkeit und die geringe oder fehlende soziale Absicherung von Teilzeitarbeitsverhältnissen waren und sind problematisch. Ein weiteres Phänomen, das sich im Einzelhandel nachweisen ließ, war die Tatsache, dass Teilzeitkräfte vor allem seit den 1980er Jahren überwiegend für monotone und einfach zu erlernende Tätigkeiten wie das Kassieren eingesetzt waren. Zunächst als „fortschrittlich" und „modern" beworben und sehr positiv aufgenommen, schloss Teilzeitarbeit Frauen noch einmal entschiedener von beruflichem Aufstieg in qualifizierte Positionen aus und legte sie auf leicht zu manövrierende Hilfstätigkeiten fest. Qualifizierte Teilzeitarbeitsplätze sind weiterhin eine Seltenheit.[717] Während Unternehmen die Vorteile anpriesen, befürchteten Gewerkschaften an Einfluss zu verlieren, da sie Teilzeitkräfte für schlechter organisierbar hielten. Die Meinungen der Verkäuferinnen selbst gingen dabei auseinander und hingen stark davon ab, ob sie kurzfristige oder langfristige, familiäre oder monetäre Überlegungen in den Vordergrund rückten. Die der Teilzeitarbeit inhärente Problematik, die sich innerhalb der betrieblichen Mikrostrukturen entwickelte und realisierte, kam erst auf der Makroebene zur Geltung. Denn selbst wenn einzelne weibliche Beschäftigte von Teilzeitarbeit profitierten, schwächte eine Ausdehnung von Teilzeitarbeitsplätzen insgesamt die Position der arbeitenden Frauen. Solange Arbeit das zentrale Kriterium für die soziale Positionierung innerhalb einer Gesellschaft ist, bleibt Teilzeitarbeit mit Minderwertigkeit verknüpft. Die langfristigen Folgen spiegeln sich in der *Gender Pay Gap* und der Stellung von Frauen in der Gesellschaft wider.

Ladenöffnungszeiten erfuhren Mitte der 1950er Jahre durch das Ladenschlussgesetz eine einheitliche Begrenzung. Es ist als Ausdruck dessen zu bewerten, dass durch die gesellschaftlich festgelegte Zuständigkeit von Frauen für Haus- und Fa-

---

[716] Vgl. Katja Lewina und Tina Epking, Väter: Warum wir keine Elternzeit genommen haben, in: Die Zeit, 30. 03. 2018, https://www.zeit.de/arbeit/2017-12/elternzeit-arbeit-vaetermonate-job-erziehung-gleichberechtigung/komplettansicht [zuletzt abgerufen am 26. 10. 2022].
[717] Vgl. Anke Sauter, Equal Pay Day: „Die Pandemie ist auch eine Superchance", Interview mit Christa Larsen, Geschäftsführerin des Instituts für Wirtschaft Arbeit und Kultur (IWAK) der Goethe-Universität, in: Goethe-Universität Frankfurt a. M., https://aktuelles.uni-frankfurt.de/forschung/equal-pay-day-die-pandemie-ist-auch-eine-superchance/ [zuletzt abgerufen am 26. 10. 2022].

milienarbeit eine Erwerbstätigkeit, die stark weiblich konnotiert war, nur in einem eng gesteckten Rahmen zugelassen wurde. Obwohl sich der Einzelhandel und das Konsumverhalten in den 1960er und 1970er Jahren wesentlich veränderten, erwies sich das Ladenschlussgesetz als äußerst beharrlich. Die Entgrenzung der Öffnungszeiten vollzog sich erst, als in der Bundesrepublik sozialpolitisch die „Gleichrangigkeit von Erwerbs- und Familienarbeit"[718] in den Vordergrund rückte und das Schlagwort Flexibilisierung viele Probleme, darunter die hohe Arbeitslosigkeit, zu lösen versprach. Die dennoch geführten Debatten um die Ladenöffnungszeiten zeugen von der geringen Wertschätzung weiblicher Arbeitskräfte, denn ihre Zeit spielte durchweg eine untergeordnete Rolle. Die Befürwortenden einer Liberalisierung interpretierten die Arbeitszeit der Verkäuferinnen als Ressource für den Dienst an der Kundschaft; die Gegner waren darauf bedacht, dass den Frauen genügend Nicht-Arbeitszeit für Haushalt und Familie blieb. Die weibliche Belegschaft war von einer „Kultur[ ] des Schützens" betroffen.[719] Das entspricht auch der Bilanz zu den zahlreichen Abweichungen vom Ladenschlussgesetz. Sondergenehmigungen übergingen regelmäßig die weibliche Zeitsouveränität. Wenn Ausnahmen zugelassen wurden, dienten sie nicht der Gleich- oder Besserstellung der arbeitenden Frauen, sondern dem wirtschaftlichen Profit und dem öffentlichen Interesse. Die Ladenschlussregelungen gingen in Norm und Praxis zulasten der Verkäuferinnen.

In den dreißig Jahren des unveränderten Bestehens des Ladenschlussgesetzes dominierte in der Bundesrepublik ein „Arbeitszeitregime", das auf geschlechtsspezifische Arbeitsteilung ausgelegt war.[720] Anhand der quantitativen und qualitativen Analyse der Arbeitszeit(en) von Verkäuferinnen – Arbeitsstunden, Arbeitswochen, Teilzeitarbeit, Lebensarbeitszeit sowie Rhythmus, Selbst- und Fremdbestimmtheit, Planbarkeit – wurde in diesem Kapitel deutlich gemacht, dass sich dieses Arbeitszeitregime durch zeitliche Regelungen und Praktiken auf der Mikroebene der Betriebe herausgebildet hatte, seine Wirkung aber auf gesamtgesellschaftlicher Ebene entfaltete und wesentlich zur sozialen Ungleichheit von Männern und Frauen durch Arbeit beitrug. Die Ambivalenz der Entwicklungen ist deutlich: Hinter Neuerungen, die zeitgenössisch als „modern" und positiv ausgeflaggt und empfunden wurden, nicht zuletzt von den Frauen selbst, verbarg sich eine Kehrseite, die systematisch die Tätigkeit gerade von weiblichen Beschäftigten im Einzelhandel dequalifizierte und sie zunehmend ins berufliche Abseits beförderte.

---

[718] Vgl. Bundesminister für Arbeit und Sozialordnung, Sozialbericht, Bonn, 1969 ff., hier 1986, zitiert nach Rödder, Bundesrepublik Deutschland, S. 85 f.
[719] Boris, Women Worker, S. 4.
[720] Siehe auch die jeweiligen Rentenreformen 1957 und 1989/1992.

6. Schluss

Abb. 24: Ein- und Ausgang der Amazon Go-Filiale in Seattle

„Amazon eröffnet ersten Supermarkt ohne Kassen in Europa." Diese Meldung der Deutschen Presse-Agentur vom 4. März 2021, die diverse Printmedien übernahmen, verkündete die Realisierung der Utopie vom menschenleeren Verkaufsraum. Das Konzept des Online-Händlers, der sich nun offenbar auch eine Vormachtstellung im stationären Einzelhandel erkämpfen will, basiert auf folgendem Prinzip:

„Kunden nehmen einfach Artikel aus dem Regal und verlassen das Geschäft. Kameras und andere Sensoren wie Waagen in den Regalböden registrieren, wer welche Waren mitgenommen hat. Der Preis wird nach Verlassen des Ladens per App abgebucht."[1]

Die Medienberichte schwankten zwischen Skepsis vor einer Durchleuchtung der Kundschaft und Begeisterung für die technischen Möglichkeiten. Und vermutlich zum ersten Mal in der Geschichte des Einzelhandels scheint es realistisch, dass dieses Konzept sich nicht nur in den amerikanischen Großstädten durchsetzt, wo es seit 2018 erprobt wird,[2] sondern auch die Einzelhandelslandschaft in Europa zu

---

[1] O. A., Filiale in London: Amazon eröffnet ersten Supermarkt ohne Kassen in Europa, in: Der Spiegel, 04. 03. 2021, https://www.spiegel.de/wirtschaft/unternehmen/amazon-konzern-eroeffnet-in-london-ersten-laden-ohne-kassen-in-europa-a-137b06ab-f88f-4e15-b757-3ca9fd4a2b0d [zuletzt abgerufen am 26. 10. 2022].

[2] Etwa in Seattle, New York, San Francisco, vgl. o. A., Handelsriese: Amazon eröffnet ersten Supermarkt ohne Kassen, in: Der Spiegel, 22. 01. 2018, https://www.spiegel.de/wirtschaft/

erobern vermag. Wie diese Arbeit gezeigt hat, hatte es bereits in der Vergangenheit ähnliche Versuche automatisierter Läden gegeben. Bislang waren sie an mangelnder gesellschaftlicher Akzeptanz, Problemen mit der technischen Umsetzung oder schlichtweg daran gescheitert, dass sie sich als unrentabel erwiesen hatten.

Doch die „Corona-Krise" hat eine Entwicklung beschleunigt, die sich bereits seit Beginn der 1990er Jahre abzeichnete. Der „hybride Konsument" ist auf dem Vormarsch. Dieser befriedigt seine Bedürfnisse sowohl in speziellen Fachläden als auch beim Discountgeschäft.[3] Durch *Social-Distancing* und das obligatorische Tragen von Mund-Nase-Bedeckungen im Einzelhandel wurde das analoge Einkaufen wieder vermehrt als Pflichterfüllung, als notwendiges Übel gesehen, und nicht mehr als schönes Erlebnis und soziale Interaktionsmöglichkeit interpretiert. Letztere Aspekte verlagern sich zunehmend in die digitale Welt, indem sich Kundinnen und Kunden vorab online informieren und beraten lassen.[4] Somit scheint auch das Konzept von „Amazon Go" nicht mehr als ferne Utopie, sondern als zeitgemäße Verwirklichung eines Geschäftsmodells, das sich auf die ökonomisch zentralen Funktionen des Einzelhandels – die Überbrückung von räumlichen, zeitlichen, mengenmäßigen sowie qualitativen Spannungen zwischen Produktion und Konsum – konzentriert und dabei soziale und kulturelle Funktionen ausblendet. Auf der Online-Plattform des US-amerikanischen Konzerns findet sich die vermeintlich soziale und kulturelle Orientierung: Hier werden – scheinbar neutral – Sterne, Bewertungen und Kommentare vergeben.[5]

Die obligatorische Schließung der Einzelhandelsgeschäfte während der *Lockdowns* in der „Corona-Krise" führte allerdings auch zu einer öffentlichkeitswirksamen Welle der Solidarität mit dem stationären Einzelhandel. Diverse Kampagnen riefen die Bevölkerung dazu auf, durch ihre Konsumentscheidungen die kleinen, einheimischen Geschäfte zu unterstützen – so etwa die von einer Werbeagentur initiierte, bundesweite Medienkampagne „click & collect. Sicher und mit Abstand"[6] oder die Initiative eines lokalen Zusammenschlusses von Wirtschaftspartnern einer schwäbischen Kleinstadt mit dem Slogan „Call, click & collect – #zusaMMenfürmeMMingen".[7] Warum? Die Gründe sind sicher nicht in der Überzeugung zu fin-

---

unternehmen/amazon-unternehmen-eroeffnet-in-seattle-ersten-supermarkt-ohne-kassen-a-1189131.html [zuletzt abgerufen am 26. 10. 2022].

[3] Vgl. o. A., Trends & Herausforderungen: Der Konsument im Wandel, in: Unternehmensberatung Wieselhuber & Partner GmbH, https://www.wieselhuber.de/branchen/konsumgueter_handel/ [zuletzt abgerufen am 26. 10. 2022].

[4] Auch das Phänomen der „InfluencerInnen" ist als ausgelagerte Beratungstätigkeit zu verstehen.

[5] Diese Orientierung ist nur scheinbar neutral. Kommentare und Bewertungen im Internet sind selten neutral, vgl. Elisa Britzelmeier, Fünf Sterne deluxe, in: Süddeutsche Zeitung, 22. 01. 2021.

[6] Vgl. click&collect – Unterstützung für Einzelhandel und Gastronomie, in: AdAlliance, https://www.ad-alliance.de/cms/angebote/angebots-highlights/advertising_2021/click-a-collect.html [zuletzt abgerufen am 26. 10. 2022].

[7] Vgl. Call, click & collect – #zusaMMenfürmeMMingen, in: Stadtmarketing Memmingen e. V., https://www.stadtmarketing-memmingen.de/click-and-collect.html [zuletzt abgerufen am 26. 10. 2022].

den, dass diese lokalen Händler die ökonomischen Handelsfunktionen besser ausführen würden als die Einzelhandelsriesen Amazon und Aldi. Dahinter steckt vielmehr der Fokus auf der sozialen und kulturellen Funktion des Einzelhandels. Auch diese Kampagnen haben ihre historischen Vorläufer. So gibt es seit den 1990er Jahren Debatten über die Verödung der Innenstädte durch die Verlagerung des Einzelhandels „auf die grüne Wiese",[8] und in den 2010er Jahren begann etwa im bayerisch-schwäbischen Raum eine gegen den Online-Handel gerichtete Kampagne namens „Lass den Klick in deiner Stadt".[9]

Beim Strukturwandel und Niedergang der Stahlindustrie, des Bergbaus und damit vor allem des Ruhrgebietes trauerte die Gesellschaft einer verlorengegangenen Arbeitswelt nach. Beim Niedergang des Einzelhandels hingegen wird vor allem der Verlust einer bestimmten Einkaufs-, Erlebnis-, oder Freizeitwelt befürchtet. Auch deshalb befindet sich der Kaufmannsladen noch immer im Repertoire jeder Spielzeugwarenabteilung. Die Kulturtechnik des Einkaufens soll in ihrer ursprünglichen Form bewahrt werden. Das scheint jedenfalls der Wunsch der meisten Konsumentinnen und Konsumenten zu sein.

Doch was heißt das für die Arbeitswelt im Einzelhandel und die Beschäftigten? Als Beschäftigte bei „Amazon Go" sind sie kaum noch sichtbar. Eine Interaktion mit der Kundschaft ist nicht vorgesehen. Betreten sie doch einmal den Verkaufsraum, der sinngemäß wohl eher als *Einkaufs*raum bezeichnet werden müsste, tragen sie knallorange Kleidung, versehen mit dem Firmenlogo. Als Repräsentantinnen und Repräsentanten der Firma sind sie eindeutig zu erkennen. Sie fahren einen Warenwagen umher und räumen die Regale ein – bevorzugt wird diese Arbeit aber erledigt, wenn keine oder nur wenig Kundschaft im Laden ist, durch die „Overnight Crew". Eine weitere Aufgabe der Angestellten ist die Überwachung des Systems, um im Falle eines Nichtfunktionierens eingreifen zu können. Außerdem muss die Kundschaft zur neuen Art des Einkaufens erzogen werden: „We're teaching people a new way to shop, and it's fun." Ein freundliches Lächeln gilt dabei immer noch als Kernkompetenz, wie in den allgemein kursierenden Bildern vorgeführt wird.[10]

Eine flächendeckende Ausbreitung des Amazon-Einzelhandelskonzepts hat aus arbeitssoziologischer Perspektive stark dystopische Züge. Denn die zu leistende Arbeit wird durch das Wegfallen von Verkaufs- und Kassenkräften nicht weniger; sie verlagert sich lediglich in einen unsichtbaren Raum. Die Arbeit, die nicht sicht-

---

[8] Vgl. Forschungsinstitut der Friedrich-Ebert-Stiftung Abt. Wirtschaftspolitik (Hrsg.), Stärkung der Kernstädte; sowie etwa Blatt/Raczek, Wirtschaftsstandort Innenstadt.

[9] Vgl. Hitradio rt.1 / a.tv, „Lass den Klick in Deiner Stadt", 30. 07. 2013, in: B4B Nachrichten, https://www.b4bschwaben.de/b4b-nachrichten/augsburg_artikel,-lass-den-klick-in-deiner-stadt-_arid,129054.html [zuletzt abgerufen am 26. 10. 2022].

[10] Fotos von „Amazon Go"-Beschäftigten etwa bei Roland Lindner, Amazon go: Ein Supermarkt ohne Kasse, in: Frankfurter Allgemeine Zeitung, 25. 02. 2020, https://www.faz.net/aktuell/wirtschaft/unternehmen/amazon-go-ein-supermarkt-ohne-kasse-16651170.html [zuletzt abgerufen am 26. 10. 2022]; sowie das Video: „Meet the Amazon Go Team", in: Inside Amazon Videos (YouTube Videoplattform), vom 19. 10. 2018, https://youtu.be/kM_rg5HkmIU [zuletzt abgerufen am 26. 10. 2022].

bar ist oder keine unmittelbar spürbaren Folgen hat, wird jedoch geringgeschätzt. Erst als in den Regalen des europäischen Einzelhandels während der ersten coronabedingten *Lockdowns* bestimmte Waren – mit nationalen Unterschieden – fehlten, wurde die Aufmerksamkeit auf die hinter der Ware stehende Arbeit (Logistik, Regale einräumen) gelenkt. Dadurch stieg die Wertschätzung für Einzelhandelsbeschäftigte kurzfristig an (Stichwort: Systemrelevanz).[11] Daraus wird allerdings ersichtlich, dass die Arbeitspraktiken unterschätzt und auch die Probleme der Beschäftigten nicht als solche anerkannt werden, wenn sie nicht sichtbar sind. Zu den aktuellen Herausforderungen der Einzelhandelsbeschäftigten zählen die schlechte Bezahlung, auch ausgelöst durch nachlassende Tarifdeckung, die Prekarisierung der Beschäftigungsverhältnisse, aber auch Überwachung und Leistungsdruck innerhalb der Betriebe.[12] Frauen im Einzelhandel bewerten zudem geringe Aufstiegsoptionen, fehlende Qualifizierungs- und Entwicklungsmöglichkeiten sowie die geringe Beeinflussbarkeit ihrer Arbeit als problematisch.[13] Was im Einzelhandel deutlich zutage tritt, trifft laut Gender-Datenreport von 2017 – bisweilen weiterhin unbemerkt oder ignoriert – ganz generell für weibliche Arbeit in der Geschlechterdemokratie des 21. Jahrhunderts zu. Im Durchschnitt verdienen Frauen 21 Prozent weniger als Männer und sind viereinhalb Mal häufiger als Männer in Teilzeitarbeitsverhältnissen beschäftigt und damit von Prekarisierung bedroht.[14]

Vor der Phase des Unsichtbarmachens der Beschäftigten, die mit dem Beginn des Online-Handels in den 1990er Jahren einsetzte und zukünftigen Forschungen überlassen bleiben muss, gab es eine lange Phase der Marginalisierung der Beschäftigten. Diese verlief – bei gleichzeitiger Verschärfung der sozialen Ungleichheit entlang der Geschlechterlinie – eindeutig und offenkundig. Daher bildet die Geschichte der Veränderungen des Einzelhandels und der Verkaufspraktiken in den Jahrzehnten zuvor die unmittelbare „Vorgeschichte gegenwärtiger Problemkonstellationen".[15] Davon handelte die vorliegende Arbeit.

Verkaufspraxis und Verkaufspersonal im zeitlichen Wandel

Die Geschichte der Arbeitswelten von Verkäuferinnen in der *kurzen* zweiten Hälfte des 20. Jahrhunderts von Mitte der 1950er Jahre bis Anfang der 1990er Jahre ist die einer Marginalisierung – im Wortsinne verstanden als ein sozialer Prozess, durch den sowohl die Arbeit im Einzelhandel als auch die dort beschäftigten Frauen an den Rand der Gesellschaft gedrängt wurden. Selten waren Ausnahmen zeitlicher Souveränität, räumlich unangepassten Verhaltens oder erfolgreicher weiblicher Karrieren im Einzelhandel zu finden. Zu festgefahren waren die vergeschlechtlichten

---

[11] Vgl. Giese, Weiblich, systemrelevant, unterbezahlt, S. 5.
[12] Vgl. Klein u. a., Faire Arbeit, S. 2 f.
[13] Vgl. ver.di – Vereinte Dienstleistungsgewerkschaft (Hrsg.), Branchenreport, S. 22.
[14] Vgl. Klammer/Menke, Gender-Datereport, S. 29.
[15] Hockerts, Einführung, S. VIII.

Strukturen der Arbeit, die durch ihre Manifestation auf der Mikroebene des Betriebs geschlechtsspezifische Ungleichheit in der Arbeit immer wieder neu hervorbrachten und auf der gesamtgesellschaftlichen Makroebene wirksam werden ließen. Welche Stationen in welchen Zeitabschnitten die Verkaufspraxis sowie die Beschäftigten im Einzelhandel auf diesem Weg bis hin zur Verdrängung aus dem öffentlichen Bewusstsein nahmen, wird im Folgenden zusammengefasst. Damit wird abschließend eine Periodisierung der Arbeitswelten im Einzelhandel unternommen und diese in den größeren Kontext der Geschlechtergeschichte der Bundesrepublik integriert.

(1) Die erste große Veränderung im Einzelhandel war die Einführung der *Selbstbedienung* im bundesdeutschen Einzelhandel *von 1949 bis Mitte der 1950er Jahre*. Sie markierte den Beginn einer Phase der *Begrenzung* der Arbeit auf mehreren Ebenen. Durch die *räumliche* Veränderung fielen einige, vormals durch die Beschäftigten ausgeübte Praktiken weg: Das Begrüßen übernehmen nun die Ladeneinrichtung (Einkaufskorb oder -wagen) und die Wegeführung (Drehkreuz, Gänge); das Bedienen führte die Kundschaft größtenteils selbst aus; das Verpacken der Ware und Portionieren in haushaltsübliche Mengen hatten die Herstellerfirmen der Lebensmittelindustrie bereits im Vorfeld erledigt. Der ehemalige Hoheitsbereich der Verkäuferinnen, der Bereich hinter der Ladentheke, in dem sie sich frei bewegen konnten, fiel nach und nach ganz weg: Der Verkaufsraum, in dem die Kundschaft ehemals zu warten hatte, bis sie an der Reihe war, verwandelte sich in die Sphäre der Kundschaft, in der sich die Verkäuferin nur bewegen konnte, wenn sie nicht störte. Als einziger eigener Bereich blieb ihr schließlich der räumlich sehr eng abgesteckte Kassenarbeitsplatz.

Eine *zeitliche* Begrenzung erfuhr die Arbeit im Einzelhandel in erster Linie durch die restriktive Ladenschlussgesetzgebung von 1956. Das Ladenschlussgesetz galt als soziales Schutzgesetz und entstammte der Idee, dass den vor allem weiblichen Beschäftigten ausreichend Zeit bleiben sollte, um ihren Familien- und Haushaltspflichten nachzukommen. Dadurch aber wurde ihre vermeintliche Andersartigkeit innerhalb der Arbeitswelt festgeschrieben. Arbeitszeitpraktiken wie das „zu Ende Bedienen" und zahlreiche Ausnahmeregelungen vom Ladenschluss konterkarierten zudem die Schutzfunktion des Gesetzes. Die allgemeine Arbeitszeitverkürzung erreichte 1957 auch den Einzelhandel – hier reduzierten sich die offiziellen Arbeitsstunden von 48 auf 45 pro Woche. Dadurch entkoppelten sich Arbeits- und Betriebszeiten im Einzelhandel, was auch Tür und Tor für eine spätere Teilzeitbeschäftigung öffnete. Die tatsächliche Wochenarbeitszeit lag weit darüber, und gearbeitet wurde an sechs Tagen der Woche.

Was die *Stellung* der Verkäuferinnen im Beruf wie in der Gesellschaft angeht, so fanden sich auf der einen Seite im Lebensmitteleinzelhandel, etwa bei der Firma Gaissmaier in Ulm und Umgebung, noch viele – auch verheiratete – Filialleiterinnen. Auf der anderen Seite praktizierte C&A in seinen westdeutschen Filialen trotz der im Grundgesetz verankerten Gleichstellung – offiziell bis 1954, inoffiziell noch darüber hinaus – eine Art Zölibatsklausel, nach der die weiblichen Beschäftigten spätestens ein Jahr nach ihrer Heirat aus dem Betrieb auszuscheiden hatten. Frauen mussten sich also zwischen Arbeit und Familie entscheiden. Zumindest war dies gesellschaftlich mehr und mehr gewünscht. Noch überwogen ein hohes Ansehen bei der Kundschaft, ein positives Selbstbild und ein kollegiales Miteinander im Betrieb. Der Verdienst der Frauen lag durchschnittlich unter dem der Männer. Verantwortlich dafür waren pauschale Abschläge oder die Eingruppierung von Frauen in „Leichtlohngruppen".

Damit spiegelt die Entwicklung im Einzelhandel die Geschlechterverhältnisse in der Bundesrepublik wider: Remaskulinisierung, formal-rechtliche Gleichstellung, aber de facto geschlechtsspezifisch ungleiche soziale Praktiken und traditionelle Rollenbilder. In Abgrenzung zum politischen System der DDR verfolgte die westdeutsche Sozial- und Familienpolitik eine konservative Stoßrichtung. Die ihnen zugedachte Mutter-, Familien- und Haushaltsrolle blieb daher maßgeblich für die meisten Frauen.

(2) Die weitgehende Etablierung der Selbstbedienung im Lebensmitteleinzelhandel *bis Mitte der 1960er Jahre* veränderte die Arbeitswelt für einen Großteil der Verkäuferinnen dementsprechend grundlegend und nachhaltig. Vor allem die Tatsache, dass die qualifizierten Tätigkeiten des Beratens und Informierens an Preisschilder, Verpackungen, Werbung und Marketing übergingen, *reduzierte* das *soziale Ansehen* der Einzelhandelsbeschäftigten. Auch dass das Geben der Waren sich in ein eigenständiges Nehmen der Ware durch die Kundschaft verwandelte, verringerte die Bedeutung des Ladenpersonals. Denn dadurch änderte sich das Verhältnis zur Kundschaft. Eine Interaktion war erst an der Kasse nötig, die allerdings keine Zugangsbeschränkung mehr darstellte. Das Kassieren war durch die vorgegebenen Abläufe an den – bald elektronischen – Registrierkassen eine stark mechanische Tätigkeit, die seitdem das Bild von weiblicher Arbeit im Einzelhandel prägte, denn es waren ausschließlich Frauen, die an den Kassen der Selbstbedienungsläden saßen. Das Ansehen der Kassiererinnen verringerte sich durch das Sitzen an den Kassen. Es ließ die Kundschaft auf sie herabschauen. Zudem gestanden die Unternehmen den Kassiererinnen immer weniger Eigenverantwortlichkeit für „ihre" Kasse zu. In „Kassiererinnenschulungen" sollten die Frauen das sogenannte „Blindtastschema" – ähnlich dem 10-Finger-Schreiben für die Schreibmaschine – und eine bestimmte „Kassenstandtechnik" erlernen. Beides diente der zeitlichen Optimierung, dem Vermeiden von Fehlern und Diebstahl sowie dazu, der Kundschaft trotz der Selbstbedienung freundlich zu begegnen.

Die ohnehin bereits weiblich dominierte Branche des Einzelhandels erlebte eine weitere *Feminisierung*. Durch die anhaltend hohe Nachfrage der Industrie nach männlichen Arbeitskräften im Zuge des „Wirtschaftswunders" bemühte sich der Einzelhandel vermehrt um weibliche Kräfte. Verheiratete Frauen und Frauen mit Kindern wurden zusätzlich zu den ohnehin schon voll erwerbstätigen ledigen Frauen durch formalisierte Halbtagsarbeit partiell in den Arbeitsmarkt, vor allem in die Dienstleistungsbranchen, integriert. Auch die Tatsache, dass viele Haushalte den Wunsch hatten, an der bundesrepublikanischen Konsumgesellschaft zu partizipieren, erhöhte den Anreiz für einen zusätzlichen Verdienst von Frauen, mit dem sie zum Familieneinkommen beitragen konnten. Und somit zeigt das Beispiel des Einzelhandels das Auseinanderdriften von der gesellschaftspolitischen Idealvorstellung und den tatsächlich gelebten Verhaltensweisen in Bezug auf Frauenerwerbstätigkeit, das auf die brüchiger werdende traditionelle bürgerliche Geschlechterordnung verweist.

(3) *Ab Mitte der 1960er Jahre* – mit erreichter Marktsättigung, Gewöhnung der Kundschaft an die Selbstbedienung und einer weiter angespannten Arbeitskräftelage – begann im Lebensmitteleinzelhandel eine Phase der *Professionalisierung* sowie der *Experimente*. Auch weil sich die tariflichen Arbeitszeiten verringerten, war den Unternehmen daran gelegen, die benötigte Arbeitszeit zu reduzieren. Um die Arbeitsprozesse in den Filialen zu optimieren, stellte das Unternehmen Latscha in Frankfurt am Main 1964 eine aufwendige Untersuchung an, in der bis auf die Zentiminute genau berechnet wurde, welche Tätigkeiten wie viel Zeit in Anspruch nahmen. Außerdem setzte das Unternehmen für die Arbeitspraktik des Verwaltens der Waren in der Zentrale erstmals 1968 eine EDV-Anlage ein. Um für Beschäftigte attraktiv zu bleiben, entschlossen sich manche Unternehmen, darunter das Herrenmodegeschäft Hirmer in München, Anfang der 1970er Jahre für die Einführung der 5-Tage-Woche im Einzelhandel. Studienreisen in Länder wie die USA oder Schweden und das Kennenlernen der dortigen Einzelhandelslandschaften waren Ende der 1960er bis Anfang der 1970er Jahre eine weitere Strategie, mit der mehrere Unternehmen versuchten, Wettbewerbsvorteile zu erlangen. Der Trend ging in Richtung einer Vergrößerung der Verkaufsflächen und einer Vertiefung des angebotenen Sortiments. Da dies nicht alle Unternehmen leisten konnten, kam es zu starken Konzentrationsprozessen im Einzelhandel.

Der Professionalisierung auf der männlich dominierten Managementebene stand die *Dequalifizierung* auf der Ebene der Verkäuferinnen und Kassiererinnen gegenüber. Ihre Arbeit beschränkte sich zunehmend auf eintönige, körperlich anstrengende Tätigkeiten, wie das Einräumen von Regalen. Qualifizierte Aufgaben, etwa die Warenbestellung, übernahmen die Filialleiter und in der Zentrale die Datenverarbeitung, die von männlichen Führungskräften gesteuert wurde. Diese Entwicklung spiegelt sich auch in der Reform des Ausbildungswesens wider. 1968 wurde ein zweistufiges Ausbildungssystem geschaffen, das zwischen den Berufsbildern der „Verkäuferin" – einer zweijährigen Ausbildung –, und dem „Einzelhandelskaufmann" – einer dreijährigen Ausbildung – unterschied. Dadurch verstärkten sich die geschlechtsspezifische Segmentierung der Tätigkeiten im Einzelhandel und die *Polarisierung* der Belegschaft. Diese Manifestation geschlechtsspezifischer Sphären innerhalb der Arbeitswelt fällt genau in die Zeit der Sexuellen Revolution und der vermeintlichen Emanzipation vom Patriarchat, die sich in intellektuell-akademischen Kreisen vollzog, und damit große öffentliche Aufmerksamkeit erlangte, aber längst nicht in allen gesellschaftlichen Bereichen angekommen war.

Um die unterschiedlichsten Kundenschichten anzusprechen, experimentierte Latscha 1965 mit einem vollautomatisierten Laden („Amazon Go" sehr ähnlich) und fahrenden Läden. Anfang der 1970er Jahre entwickelte das Unternehmen die Produktlinie „Grüne Kost", die auf Schadstofffreiheit bedacht war. In dieser Zeit hielten auch im Textileinzelhandel Selbstbedienungselemente Einzug. Allmählich vergrößerten sich dort die Verkaufsflächen ebenfalls, da die Ware in den Vordergrund rückte, und die Arbeitspraktiken spalteten sich immer mehr auf. Die Kundschaft wurde anspruchsvoller. Zu Beginn der 1970er Jahre befanden sich die Beschäftigten im Textileinzelhandel in einer unsicheren Position: Sie mussten lernen, die Kundinnen und Kunden danach zu unterscheiden, ob sie eine Bedienung wünschten oder in Ruhe gelassen werden wollten.

Mehr und mehr zeigten sich den Frauen auch die negativen Auswirkungen der Aufnahme einer Erwerbstätigkeit. Denn Erwerbsarbeit galt weiterhin nur dann als legitim, wenn sie den Haushalts- und Familienpflichten nicht entgegenstand. Dadurch blieb die Doppelbelastung allein ein Problem weiblicher Beschäftigter. Sie standen in den allermeisten Fällen vor der Entscheidung: Kinder oder Karriere. Hier setzte auch ein Strang der zweiten Welle der Frauenbewegung an.

(4) *Ab Mitte der 1970er Jahre* gewannen Verbrauchermärkte und Discountgeschäfte zunehmend an Bedeutung. Beide Vertriebsformen operierten mit geringeren Personalzahlen, bei gleichzeitig steigender Arbeitsbelastung. Dabei wirkte sich die *Computerisierung* des Einzelhandels nun auch auf die Geschäfte aus. Indem die Datenkassen Informationen sammelten und diese in der Zentrale automatisch ausgewertet wurden, konnten die Unternehmen die Personalstärke immer genauer an die Kundenfrequenz anpassen. Dadurch kamen flexibilisierte Arbeitszeitmodelle, wie die kapazitätsorientierte variable Arbeitszeit oder das *Job sharing*, zum Einsatz. Die ständige Abrufbereitschaft der Verkäuferinnen begann die strikte Trennung zwischen Arbeitszeit und Freizeit aufzulösen. Während diese Modelle von den Gewerkschaften heftig kritisiert wurden, stießen sie in manchen Teilen der Bevölkerung auf große Zustimmung. Die Verwirklichung individueller Lebensvorstellungen hatte neben der Sicherung des materiellen Wohlstands zunehmend an Bedeutung gewonnen. Dementsprechend verschob sich auch die Motivation mancher Frauen, in *Teilzeit* statt in Vollzeit zu arbeiten, von der Versorgungspflicht gegenüber der Familie hin zu persönlichen Entfaltungswünschen. Umstritten war Teilzeitarbeit innerhalb der Gewerkschaften. Während die eine Seite befürchtete, dass Teilzeitarbeit die gewerkschaftlichen Forderungen nach Arbeitszeitverkürzung und Verbesserung der Arbeitsbedingungen unterminieren würde, wollte die andere Seite die fast ausschließlich weiblichen Teilzeitkräfte als Mitglieder gewinnen und Regelungen zur sozialen Absicherung von Teilzeitarbeitsplätzen in die Tarifverträge integrieren.

Unsichere Arbeitsverhältnisse und betriebliche Rationalisierungsbestrebungen führten, vor allem bei den Frauen an den Kassen, zu erheblichen Belastungen und gesundheitlichen Problemen, die im Projekt „Menschengerechte Gestaltung der Kassenarbeitsplätze" von 1975 bis 1980 auch wissenschaftlich untersucht wurden. Auch die männerdominierte Logistik in größeren Einzelhandelsunternehmen durchlief in den 1970er Jahren eine zeitliche Straffung. Die Lagerhaltung wurde zentralisiert und durch die Verwendung von EDV-Systemen optimiert. Im Textileinzelhandel zeigt sich eine ambivalente Auslegung der Ressource „Zeit". 1977 gestalteten die Kaufhäuser Beck in München und C. F. Braun in Stuttgart ihre Heimtextilienabteilungen um und präsentierten die Ware in „Wohnwelten". Dadurch betonten sie den Erlebnischarakter des Einkaufens. Die Reaktionen der Kundschaft waren durchwachsen. Während die einen das angenehme Ambiente lobten, kritisierten die anderen, dass sie die Ware aus unterschiedlichen Ladenbereichen zusammentragen müssten, wofür sie schlicht keine Zeit hätten. Im Jahr darauf, 1978, führte Beck die individuelle Arbeitszeit für seine Beschäftigten ein – ein Arbeitszeitmodell, das den Beschäftigten größtmögliche Entscheidungsfreiheit versprach und sich positiv auf deren Zufriedenheit auswirkte. So wurde auch die *Flexibilisierung* der Arbeitszeiten einerseits als Bedrohung, andererseits als Möglichkeit zur Ausübung von Zeitsouveränität empfunden.

Das Diktum der Zeit – die Durchsetzung unterschiedlicher Lebensstile und Pluralisierung der Möglichkeiten – traf auch auf die Ausprägung verschiedener familialer Lebensformen zu. Die gesellschaftliche Akzeptanz für individuelle Lösungen stieg. Seit 1977 galt in Ehen die gemeinsame Verantwortlichkeit für Haushaltsführung und Kindererziehung, sodass auch die Erwerbstätigkeit von Frauen mit Kindern normalisiert wurde. Doch die Überforderung vieler Familien, die auf die dadurch überhöhten Belastungen zurückzuführen war, wurde weiterhin vorwiegend von Frauen geschultert und individuell gelöst, etwa durch reduzierte Stundenzahlen (Teilzeitarbeit) oder das Hinzuziehen der älteren Generation. Denn der staatliche Ausbau struktureller Maßnahmen zur Beseitigung ungleicher Chancen (Kinderbetreuung, Gewährung finanzieller Unabhängigkeit) ging nur zäh vonstatten.

(5) Ein noch wesentlicherer Einschnitt hinsichtlich verschiedener Arbeitspraktiken ist *ab Mitte der 1980er Jahre* festzustellen. Zu diesem Zeitpunkt setzten sich die bereits seit 1978 eingeführte, europaweit geltende Artikelnummerierung sowie die Strichcodes auf den Produktverpackungen flächendeckend durch. Dies führte dazu, dass sich auch die *Scanning-Technik* an den Kassen nach ersten gescheiterten Versuchen in den 1970er Jahren nun etablieren konnte. Für die Arbeitspraktiken an der Kasse bedeutete dies zwar eine Erleichterung, aber gleichzeitig eine weitere Beschleunigung und monotone Tätigkeit. Außerdem konnten durch die nun standardmäßig mit den Kassen verknüpften Computer noch mehr Daten gesammelt und ausgewertet werden. Die strenge Ladenschlussgesetzgebung wurde ab 1986 durch Ausnahmeregelungen und ab 1989 durch die Einführung des Dienstleistungsabends aufgeweicht, bis 1996 eine Ausdehnung der Öffnungszeiten endgültig festgeschrieben wurde. Die Arbeitszeiten wurden weiter verkürzt – 1986 auf 38,5 Stunde pro Woche –, aber die betriebliche Umsetzung brachte nicht zwingend eine Verbesserung für die Verkäuferinnen mit sich. Denn bisweilen erreichten die Unternehmen die vorgegebene Stundenzahl durch das Vorschreiben überlanger Pausen oder indem sie anstelle einer Verkürzung der täglichen Arbeitszeit einen zusätzlichen freien Tag gewährten. Auch diesem Problem schenkte eine wissenschaftliche Untersuchung, das gewerkschaftsnahe Projekt „Humane Arbeitszeitgestaltung im Einzel- und Großhandel", seine Aufmerksamkeit. Überhaupt widmeten sich die Sozialwissenschaften und die Gewerkschaften Mitte der 1980er Jahre verstärkt den Verkäuferinnen. Die Frauen selbst nahmen sich zu dieser Zeit ebenfalls anders wahr: An der Kasse dienten sie kaum noch als wichtige Instanzen im Handel, sondern als reine Maschinen, welche die Kundinnen und Kunden zunehmend geringschätzten. Die mittleren 1980er Jahre lassen sich somit als histori-

scher Moment der erhöhten Reflexion einstufen. Das gilt auch für frauenspezifische Themen wie Gewalt gegen Frauen, sexuelle Belästigung am Arbeitsplatz und geschlechtsspezifische soziale Ungleichheit. Sie erhielten größere öffentliche Aufmerksamkeit. Frauenbeauftragte und Gleichstellungspläne versuchten aktiv einer Benachteiligung entgegenzuwirken. Doch erst langsam begann sich der Arbeitsalltag von Frauen zu wandeln und ein wichtiges Ziel der Frauenbewegung – gleicher Lohn für gleiche Arbeit – ist bis heute in vielen Fällen nicht erreicht.

(6) Die vereinigte Bundesrepublik erwies sich in geschlechtergeschichtlicher Sicht zunächst als Rückschritt für die vormals ostdeutschen Bundesländer. Frauen, die zuvor in Arbeit gestanden hatten, waren weit häufiger als Männer von Arbeitslosigkeit betroffen. Am Ende der Einzelhandelsentwicklung, *zu Beginn der 1990er Jahre*, steht eine *Entgrenzung* der Arbeit in jeglicher Hinsicht: Von einem echten Ladenschluss kann angesichts der allzeitlichen Verfügbarkeit des Online-Handels gar nicht mehr gesprochen werden und die letzte verbliebene Domäne der Verkaufskräfte wird über Self-Scanning-Kassen auf die Kundschaft verlagert. Diese Entwicklung führt unmittelbar in das beinahe völlige Verschwinden der Arbeitspraktiken im Einzelhandel aus dem öffentlichen Bewusstsein, und zu dem Unsichtbarmachen seiner Beschäftigten und deren Probleme – oder wie es eine Beschäftigte im Werbevideo für „Amazon Go" ausdrückte: „[I]t's not your average retail. It's just fun."[16]

Die Arbeitswelt des Einzelhandels und die Sozialfigur der Verkäuferin sind ein gutes Beispiel dafür, wie sich zwar unter rein ökonomischen Kriterien die Bundesrepublik seit dem letzten Drittel des 20. Jahrhunderts zu einer Dienstleistungsgesellschaft oder postindustriellen Gesellschaft entwickelte. Eine neue, wissensbasierte „Kragenlinie"[17] strukturierte die arbeitende Bevölkerung und brachte neue soziale Polarisierungen mit sich. Dennoch blieb die Geschlechtsspezifik in der Arbeitswelt ein dominierender Faktor.[18] Eine Anpassung des weiblich konnotierten Verkaufsberufs an neue Leistungsziele wie Kreativität, Flexibilität und höhere Bildungsabschlüsse war kaum möglich und die Gestaltungsspielräume vor allem bei niedrig entlohnten Dienstleistungen – wie eben bei den Verkäuferinnen – marginal. Frauen sind in dieser Hinsicht in der Dienstleistungsgesellschaft nicht als postindustrielle „Reservearmee" zu betrachten, sondern vielmehr als Schattenkämpferinnen. Sie dürfen sich offiziell und hocherwünscht beteiligen und ihre Arbeitskraft aufopfern, jedoch nur solange sie nicht zu gefährlich oder voll kon-

---

[16] Aussage einer Angestellten im Video: „Meet the Amazon Go Team", in: Inside Amazon Videos (YouTube Videoplattform), vom 19. 10. 2018, https://youtu.be/kM_rg5HkmIU [zuletzt abgerufen am 26. 10. 2022].

[17] Die Kragenlinie differenzierte Ende des 19. Jahrhunderts die Lohnabhängigen in die Kategorien Angestellte und Arbeiter, sinnbildlich unterschieden nach weißen und blauen Hemdskragen der Berufskleidung. Vgl. Gunter Lange, Vom Überwinden der Kragenlinie, 17. 06. 2021, in: verdi, https://www.verdi.de/ueber-uns/idee-tradition/++co++fad27b12-cf42-11eb-ad1c-001a 4a160129 [zuletzt abgerufen am 26. 09. 2023].

[18] Vgl. kritisch hierzu etwa Ambrosius, Industriegesellschaft oder Dienstleistungsgesellschaft, S. 63 f., 68 f.

kurrenzfähig werden. Aus dem Schatten der männlichen Protagonisten können sie nur sehr selten hervortreten.

Schon wieder? Immer noch! Der *Gender Pay Gap* – Arbeit als Kriterium für geschlechtsspezifische Ungleichheit

Ein erneuter Blick auf die Gegenwart soll hier den Bogen schließen. Arbeit kann weiterhin als zentrales Kriterium für die bestehende geschlechtsspezifische Ungleichheit in der Bundesrepublik Deutschland erachtet werden. Hergestellt und verfestigt wird diese Ungleichheit durch die Mikrostrukturen in den Betrieben, und ihren deutlichsten Ausdruck findet sie in dem immer noch bestehenden *Gender Pay Gap*, dem Verdienstunterschied zwischen Männern und Frauen.[19]

Als „bereinigt" wird diese Lücke bezeichnet, wenn „Unterschiede bei Berufen, Beschäftigungsumfang, Bildungsstand, Berufserfahrung oder der geringere Anteil von Frauen in Führungspositionen"[20] als verdienstbeeinflussende Faktoren berücksichtigt werden. Damit wird der Tatsache Rechnung getragen, dass diese Faktoren struktureller Art sind und sich nicht ausschließlich auf Unterschiede in rein individuellen Entscheidungen zurückführen lassen. Dies hat die vorliegende Arbeit bestätigt – ausdifferenziert am Beispiel des Einzelhandels und dessen Beschäftigten. Dies zu konstatieren, birgt allerdings die Gefahr, den Verweis auf Strukturen als entschuldend zu verstehen. Zudem bleibt ein „unerklärter Rest" von sechs Prozent Unterschied,[21] dem diese Untersuchung nachgegangen ist. Dabei hat die praxeologische Perspektive die Dichotomie aus Struktur und individuellem Handeln bei der Analyse von Ungleichheit in der Arbeit aufgelöst. So wurde deutlich, dass es auch die Arbeitspraktiken selbst sind, die eine geschlechtsspezifische Segmentierung des Arbeitsraums sowie ein geschlechtsspezifisches Arbeitszeitregime erzeugen.

Die Geschlechterordnung in der westdeutschen Demokratie – die von Beginn an formal-rechtlich auf eine Gleichstellung der Geschlechter abzielte – erwies sich als extrem beharrlich und orientierte sich einerseits an der Trennung der Geschlechter in zwei Sphären, nämlich weiblich = privat, männlich = öffentlich. Andererseits spielten die Erwerbsvorstellungen nach dem Ernährer-Hausfrau- beziehungsweise

---

[19] Mit dem Gender Pay Gap wird der geschlechtsspezifische Verdienstunterschied zwischen Frauen und Männern beschrieben. Für den unbereinigten Gender Pay Gap werden die absoluten Bruttostundenverdienste verglichen, vgl. Wie wird der Gender Pay Gap erhoben und berechnet?, in: Statistisches Bundesamt, https://www.destatis.de/DE/Themen/Arbeit/Verdienste/FAQ/gender-pay-gap.html [zuletzt abgerufen am 26. 10. 2022].
[20] Wie wird der Gender Pay Gap erhoben und berechnet?, in: Statistisches Bundesamt, https://www.destatis.de/DE/Themen/Arbeit/Verdienste/FAQ/gender-pay-gap.html [zuletzt abgerufen am 26. 10. 2022].
[21] Vgl. Pressemitteilung: Gender Pay Gap 2019: Verdienstunterschied zwischen Männern und Frauen erstmals unter 20%. Bereinigter Gender Pay Gap im Jahr 2018 stabil bei 6%, online unter Statistisches Bundesamt, https://www.destatis.de/DE/Presse/Pressemitteilungen/2020/12/PD20_484_621.html [zuletzt abgerufen am 26. 10. 2022].

Zuverdienerin-Modell eine gewichtige Rolle. Ambivalenzen und Uneindeutigkeiten in dieser Ordnung sind am Beispiel des Einzelhandels klar hervorgetreten. Der Einzelhandel ist omnipräsent, Arbeitsstätte für sehr viele Menschen, vor allem für Frauen, durch die ständige Verfügbarkeit der allermeisten Waren ist sein Prestige gering, und er übt eine starke soziale und kulturelle Orientierungsfunktion aus. Dadurch werden auch Geschlechterrollen perpetuiert. Gründe für Beharrungskräfte lagen und liegen in dem (kapitalistischen) Wirtschaftssystem und der hochindustrialisierten Gesellschaft, die die geschlechtliche Rollenverteilung als kostenneutrale Reproduktionsleistung, gewissermaßen unhinterfragt und als ahistorische Selbstverständlichkeit miteinkalkulierten.[22] Sie erklären sich aber auch aus der Familien- und Sozialpolitik, die auf der Vorstellung von der patriarchalen Familie als „Keimzelle der Demokratie" basierte,[23] sich nicht zuletzt gegenüber dem politischen System der DDR profilieren wollte und somit strukturelle Benachteiligungen festschrieb.[24] Schließlich bedingte das Demokratieverständnis der jungen Bundesrepublik ebenjene Beharrlichkeit, das sich zwar – berufend auf westliche, liberale Demokratien – als geschlechtsneutral verstand, aber dennoch auf patriarchalischen Voraussetzungen aufbaute.[25] Staatsbürgerliche Gleichheit wurde zwar versprochen, großen Teilen der Bevölkerung jedoch nicht gewährt.[26]

Dies bestätigen auch kursorische Vergleiche: Wie ein Blick in die jüngere deutsche Vergangenheit zeigt, *muss* Arbeit im Einzelhandel nicht mit einem niedrigen sozialen Status einhergehen. In der Mangelwirtschaft der DDR konnten „im Handel tätige Personen mit direktem Zugang zu begehrten Konsumgütern [...] eigene Verteilungs- und Tauschsysteme aufbauen, die mit einer gewissen Handlungsmacht einhergingen".[27] Wie ein Blick auf den internationalen Kontext zeigt,[28] *muss* die Arbeit im Einzelhandel nicht hauptsächlich von Frauen ausgeführt werden. Im wohlfahrtsstaatlich egalitär ausgestalteten System Dänemarks übernehmen vor allem junge Menschen während des Studiums Teilzeitarbeitsplätze im Einzelhandel, weil Frauen generell dort an Vollzeitarbeit orientiert sind.[29] Ein Blick nach Südafrika verrät aber auch, dass Ungleichheit bei der Arbeit im Einzelhandel nicht nur an der Kategorie Geschlecht festgemacht werden kann, sondern sich auch entlang der Linien *Race* und *Ethnicity* konstituiert.[30] Die fokussierte Un-

---

[22] Vgl. Heinemann, Die patriarchale Familie, S. 710 f. Außerdem: Hausen, Nicht-Einheit, S. 49: „Die bürgerliche Gesellschaft und ebenso der Wohlfahrtsstaat kapitalistischer oder sozialistischer Provenienz haben das soziale Ordnungsgefüge der geschlechtsspezifischen Arbeitsteilung vielfältig genutzt."
[23] Vgl. Heinemann, Die patriarchale Familie, S. 703 f.
[24] Vgl. Heinemann/Steber, Geschlecht und Demokratie, S. 672 f.
[25] Vgl. Heinemann/Steber, Geschlecht und Demokratie, S. 671, zurückgehend auf Pateman, Sexual Contract.
[26] Vgl. Heinemann/Steber, Geschlecht und Demokratie, S. 671, zurückgehend auf Conway, Western Europe's Democratic Age, und Dahledrup, Democracy Failed Women.
[27] Villinger, Konsum und Systemwechsel, S. 50.
[28] Vgl. Forderung von Raphael, Deutsche Arbeitswelten, S. 23.
[29] Vgl. Voss-Dahm, Stabilität, S. 258.
[30] Vgl. Kenny, Walmart in South Africa.

tersuchung dieser Kategorien ist für die deutsche Arbeitshistoriografie ein Desiderat, ebenso wie Bezüge zur Arbeitswelt des „globalen Südens". In jedem Fall zeigen diese Beispiele, dass auch „Strukturen" nicht naturgegeben sind, sondern auf Entscheidungen beruhen.

In der Bundesrepublik ist die Last von Arbeitszeit und Familienarbeit immer noch auf den Schultern von einzelnen Individuen verteilt. Die Broschüre des Bundesministeriums für Familie, Senioren, Frauen und Jugend (BMFSFJ) zu den Themen Elterngeld und Elternzeit umfasst 174 Seiten.[31] Anstatt sich durch diese Lektüre zu quälen, orientieren sich viele Eltern weiterhin an dem traditionellen Rollenbild. Bei einer Umfrage 2017 plante die Mehrheit der befragten Frauen (37 Prozent) für die maximal möglichen 24 Monate Elternzeit ihren Beruf ruhen zu lassen. Von den befragten Männern wollten die meisten (33 Prozent) weniger als drei Monate aussetzen.[32] Viele Familien orientieren sich auch an ökonomischen Kriterien – oft auch aus ökonomischen Zwängen –, am jeweiligen Verdienst, der in der Regel bei Frauen niedriger ist.[33] Somit verstärken sich durch Verdienstausfall wiederum die Einkommensunterschiede. Und wieder lohnt ein Blick auf andere Länder. In Finnland gibt es seit 2020 für Väter und Mütter je sieben Monate Elternzeit. Davon dürfen maximal 69 Tage übertragen werden. Finnische Frauen sind in der Arbeitswelt nahezu gleichberechtigt. Sie arbeiten fast genauso häufig wie Männer und meist in Vollzeit.[34]

Die Bundesrepublik Deutschland geht andere Wege: Seit 2001 gibt es in Deutschland den „Girls' Day", ins Leben gerufen durch das Bildungs- und Familienministerium und unterstützt unter anderem von Gewerkschaften, Berufsverbänden und Unternehmen. An diesem Tag wird Mädchen die Gelegenheit gegeben, besser bezahlte, technische und naturwissenschaftliche Berufe kennenzulernen. Ein Pendant für Jungen wird seit 2011 als „Boys' Day" durchgeführt, um diesen vor allem soziale Berufe vorzustellen. Beide Tage sollen den jungen Menschen eine breite Palette an beruflichen Optionen aufzeigen, Stereotype und – für die teilnehmenden Unterneh-

---

[31] Vgl. BMFSFJ (Hrsg.), Elterngeld, ElterngeldPlus und Elternzeit. Das Bundeselterngeld- und Elternzeitgesetz, Stand 02. 06. 2020, https://www.bmfsfj.de/resource/blob/93614/5007d82531 64d915b285066b8791af38/elterngeld-elterngeldplus-und-elternzeit-data.pdf [zuletzt abgerufen am 26. 10. 2022].
[32] Statistik „Wie lang planen Sie insgesamt Elternzeit zu nehmen?", Stand 2017, in: Statista, https://de.statista.com/statistik/daten/studie/727825/umfrage/dauer-der-elternzeit-in-deutsch land-nach-geschlecht/ [zuletzt abgerufen am 26. 10. 2022].
[33] Vgl. Katja Lewina und Tina Epking, Väter: Warum wir keine Elternzeit genommen haben, in: Die Zeit, 30. 03. 2018, https://www.zeit.de/arbeit/2017-12/elternzeit-arbeit-vaetermonate-job-erziehung-gleichberechtigung/komplettansicht [zuletzt abgerufen am 26. 10. 2022].
[34] Alicia Lindhoff, Weltfrauentag: Finnland ist jung, weiblich und progressiv – und hat Deutschland damit viel voraus, in: Frankfurter Rundschau, 07. 03. 2020, https://www.fr.de/politik/weltfrauentag-finnland-jung-weiblich-progressiv-deutschland-viel-voraus-13583663.html [zuletzt abgerufen am 26. 10. 2022]. Bei diesem Vergleich darf jedoch nicht unterschlagen werden, dass in Finnland eine rechtspopulistische Partei auf dem Vormarsch ist, die bei den Parlamentswahlen 2019 zweitstärkste Kraft wurde, vgl. Official Statistics of Finland (OSF), Parliamentary elections [e-publication], Helsinki: Statistics Finland, https://stat.fi/en/statistics/evaa [zuletzt abgerufen am 26. 10. 2022].

men nicht unwichtig – den Fachkräftemangel abbauen. Diese Praxis dürfte aber geschlechtsspezifische Berufsbilder vielmehr noch verfestigen. Zudem werden schlecht bezahlte Berufe dadurch nicht attraktiver. Stattdessen müssten die Verdienste in jeweils typisch männlichen und typisch weiblichen Berufen angeglichen werden.[35]

Denn Arbeit definiert im Kapitalismus weit mehr den gesellschaftlichen Status als Familie oder Freizeit. Die Trennung zwischen diesen Sphären ist immer noch wirkmächtig, und sie weist immer noch eine starke geschlechtsspezifische Komponente auf. Wenn aber Arbeit weiterhin wichtig bleiben soll, muss der Gesellschaft daran gelegen sein, aus der Arbeit der Zukunft auch eine Utopie anstelle einer Dystopie werden zu lassen. Dieses Vorhaben verfolgten bereits die Sozialwissenschaften in der Vergangenheit, etwa die Forscherinnen und Forscher des Programms „Humanisierung des Arbeitslebens" (1974–1989).[36] Die weltweite Pandemie und die Versuche ihrer Bewältigung haben erneut die Sozialwissenschaften auf den Plan gerufen.[37] Unter Regie der Berlin-Brandenburgischen Akademie der Wissenschaften soll eine Projektgruppe Forschungen zum Thema „Zukunft der Arbeit nach Corona" auswerten, um die vielfältigen Auswirkungen für Beschäftigte aller Branchen auszuleuchten und Handlungsempfehlungen zur Gestaltung der Arbeitswelt zu formulieren.[38]

Dem stationären Einzelhandel wird angesichts der *Lockdowns* eine düstere Zukunft prognostiziert. Die Krise scheint als Katalysator für technologische und arbeitsorganisatorische Entwicklungen zu wirken, die in den 1990er Jahren ihren Anfang nahmen, etwa die steigende Tendenz für den Online-Handel.[39] Was die Beschäftigten angeht, so wird die „Corona-Krise" als „Brennglas" bezeichnet, unter dem „altbekannte soziale Probleme nun umso deutlicher hervortreten".[40] Ärmere Menschen sind stärker als reiche von den Auswirkungen der Krise betroffen. Gesundheitsrisiken hängen zudem von den Bedingungen am Arbeitsplatz – Home Office versus enger menschlicher Kontakt im Arbeitsumfeld – ab. Verdienstausfäl-

---

[35] Vgl. etwa Matthias Huber, Dafür gibt es den Girls' Day und Boys' Day 2016, in: Süddeutsche Zeitung, 28. 04. 2016, https://www.sueddeutsche.de/wirtschaft/girls-day-und-boys-day-2016-dafuer-gibt-es-den-girls-day-und-boys-day-2016-1.2970987 [zuletzt abgerufen am 26. 10. 2022].
[36] Vgl. Müller, „Humanisierung des Arbeitslebens".
[37] Volkmer/Werner (Hrsg.), Die Corona-Gesellschaft; darin zum Thema Arbeiten, etwa Speck, Zuhause arbeiten.
[38] Vgl. Stellenausschreibung der Berlin-Brandenburgischen Akademie der Wissenschaften für eine/n wissenschaftliche/n Mitarbeiter/in (Koordinator/in) (m/w/d), https://www.bbaw.de/files-bbaw/user_upload/IAG_01_2021_Zukunft_der_Arbeit_nach_Corona_E13_50__PR.pdf [zuletzt abgerufen am 26. 10. 2022].
[39] Vgl. Charlotte Raskopf, Wie Corona den stationären Einzelhandel verändert, in: Capital, vom 29. 11. 2020, https://www.capital.de/wirtschaft-politik/wie-corona-den-stationaeren-einzelhandel-veraendert [zuletzt abgerufen am 26. 10. 2022].
[40] Blogeintrag von Florian Blank und Daniel Seikel, Soziale Ungleichheit in der Corona-Krise, vom 6. 10. 2020, in: Wirtschafts- und Sozialwissenschaftliches Institut, https://www.wsi.de/de/blog-17857-soziale-ungleichheit-in-der-corona-krise-27595.htm [zuletzt abgerufen am 26. 10. 2022].

le wiederum stehen in engem Verhältnis zur Arbeitsbranche, und schließlich spielt auch das Geschlecht eine Rolle, da Frauen größere Einkommenseinbußen hinnehmen müssen und häufiger für die Kinderbetreuung verantwortlich sind.[41] Während im April und Mai 2020 an die sechs Millionen Beschäftigte in Kurzarbeit geschickt wurden, erhöhte sich die Arbeitsbelastung in manchen „systemrelevanten Wirtschaftsbereichen", etwa im Gesundheits- und Sozialwesen sowie im Handel durch verlängerte Öffnungszeiten.[42] Und dennoch hatten bereits Mitte des Jahres 2020 35,4 Prozent der Beschäftigten im Handel Einkommenseinbußen zu verkraften; im Baugewerbe waren es nur 16,7 Prozent, am schlimmsten betroffen waren die Beschäftigten des Gastgewerbes mit 76,2 Prozent.[43] Die ambivalenten Entwicklungen im Handel sind auf Unterschiede der verschiedenen Handelsbranchen zurückzuführen.

Andere Stimmen sehen in der Pandemie auch eine Chance – gerade für Frauen. So konstatiert etwa Christa Larsen, die im Auftrag der hessischen Landesregierung einen Lohnatlas für das Land erstellt: „Dass man im Homeoffice räumlich und zeitlich flexibel arbeitet, kommt Frauen zugute. Denn sie sind es, die häufiger Erwerbsarbeit und familiäre Verpflichtungen miteinander vereinbaren." Außerdem verweist sie auf eine Studie des Instituts für Arbeitsmarkt- und Berufsforschung (IAB): „Bei hochqualifizierten Paaren, die im Homeoffice tätig sind, verschiebt sich das Verhältnis der Aufgabenteilung zugunsten von Frauen; die Männer übernehmen mehr Aufgaben als vor der Pandemie." Zudem werde mittelfristig der Fachkräftemangel einen Schub für weibliche Karrieren bringen.[44] Doch die genannten positiven Aspekte werden sich nicht auf alle Branchen der Arbeitswelt auswirken. Am wenigsten trifft dies auf die Branchen mit einem Frauenanteil von über 80 Prozent zu, wie das Reinigungsgewerbe, die Kranken- und Altenpflege, der Erziehungs- und Sozialbereich sowie die Verkaufsberufe.[45]

Wie aber sehen die Zukunftsaussichten für arbeitende Frauen im Einzelhandel aus? In einer dystopischen Vorstellung schließt die letzte „Tante Emma" nach einem Ausverkauf und einem 14-stündigen Arbeitstag resigniert und unbemerkt von der Öffentlichkeit ihren kleinen Laden an der Ecke zu – und besiegelt damit den Niedergang des Ein- und Verkaufens als prägende Kulturtechniken des

---

[41] Vgl. Blank/Seikel, Soziale Ungleichheit.
[42] Vgl. Blogeintrag von Toralf Pusch und Hartmut Seifert, Kurzarbeit vs. Mehrarbeit in systemrelevanten Bereichen, vom 30. 10. 2020, in: Wirtschafts- und Sozialwissenschaftliches Institut, https://www.wsi.de/de/blog-17857-kurzarbeit-vs-mehrarbeit-in-systemrelevanten-bereichen-27105.htm [zuletzt abgerufen am 27. 10. 2022].
[43] Vgl. Blogeintrag von Bettina Kohlrausch und Andreas Hövermann, Arbeit in der Krise, vom 6. 10. 2020, in: Wirtschafts- und Sozialwissenschaftliches Institut, https://www.wsi.de/de/blog-17857-arbeit-in-der-krise-27098.htm [zuletzt abgerufen am 27. 10. 2022].
[44] Vgl. Anke Sauter, Equal Pay Day: „Die Pandemie ist auch eine Superchance", Interview mit Christa Larsen, Geschäftsführerin des Instituts für Wirtschaft Arbeit und Kultur (IWAK) der Goethe-Universität, in: Goethe-Universität Frankfurt a. M., https://aktuelles.uni-frankfurt.de/forschung/equal-pay-day-die-pandemie-ist-auch-eine-superchance/ [zuletzt abgerufen am 26. 10. 2022].
[45] Vgl. Giese, Weiblich, systemrelevant, unterbezahlt.

20. Jahrhunderts. In einer utopischen Vision beendet die hochqualifizierte Geschäftsfrau ihren sechsstündigen Arbeitstag, an dem sie die Kinder aus der Nachbarschaft mit Süßigkeiten beglückte, die Seniorinnen und Senioren aus dem gleichen Haus mit einer netten Unterhaltung erfreute, vor allem aber die Kundschaft aus aller Welt mit der Online-Beratung zu ihren qualitativ hochwertigen Nischenprodukten überzeugte. Sie übergibt den Ladenschlüssel einem jungen Studenten, der im stationären Geschäft die Abendschicht übernehmen wird, klappt zufrieden ihren Laptop zu – und führt mit ihrem Geschäftsmodell die Arbeitswelt des Einzelhandels erfolgreich in das 21. Jahrhundert.

Anhang

Abkürzungsverzeichnis

AdMAB	Archiv der Münchner Arbeiterbewegung e. V., München
AdsD	Archiv der sozialen Demokratie der Friedrich-Ebert-Stiftung, Bonn, e. V.
AfS	Archiv für Sozialgeschichte
AZO	Arbeitszeitordnung
ArbZG	Arbeitszeitgesetz
BAG	Bundesarbeitsgemeinschaft der Mittel- und Großbetriebe des Einzelhandels e. V.
BAG	Bundesarbeitsgericht
BDS	Bundesverband der Selbstständigen e. V.
BetrVG	Betriebsverfassungsgesetz
BMFSFJ	Bundesministerium für Familie, Senioren, Frauen und Jugend
BPA	Bundespresseamt
BR	Betriebsrat/Betriebsräte/Betriebsrats-
BVerfG	Bundesverfassungsgericht
BVerfGE	Entscheidungen des Bundesverfassungsgerichts
BWA	Bayerisches Wirtschaftsarchiv, München
CDU	Christlich Demokratische Union
CGB	Christlicher Gewerkschaftsbund Deutschlands
DAG	Deutsche Angestellten-Gewerkschaft
DCM	Draiflessen Collection, Mettingen
DGB	Deutscher Gewerkschaftsbund
DM	Deutsche Mark
DP	Deutsche Partei
dpa	Deutsche Presse-Agentur
EKD	Evangelische Kirche in Deutschland
ESD	Europaverband der Selbständigen Deutschland
EuGH	Europäischer Gerichtshof
FAZ	Frankfurter Allgemeine Zeitung
FDP	Freie Demokratische Partei
GB/BHE	Gesamtdeutscher Block/Bund der Heimatvertriebenen und Entrechteten
GBR	Gesamtbetriebsrat
GdE	Gesamtverband des Einzelhandels e. V.
GTB	Gewerkschaft Textil-Bekleidung
HBV	Gewerkschaft Handel, Banken und Versicherungen
HDE	Hauptgemeinschaft des Deutschen Einzelhandels
HR	Hessischer Rundfunk
HUA	Hirmer Unternehmensarchiv

HWWA	Hamburgisches Welt-Wirtschafts-Archiv
IG	Industriegewerkschaft
IHG	Industrie- und Handelsgremium
IHK	Industrie- und Handelskammer
IHKG	Gesetz zur vorläufigen Regelung des Rechts der Industrie- und Handelskammern
ILO	International Labour Organization
ISB	Institut für Selbstbedienung
ISG	Institut für Stadtgeschichte, Frankfurt a. M.
KG	Kommanditgesellschaft
LaSchlG	Ladenschlussgesetz oder Ladenschlußgesetz
LBE	Landesverband des Bayerischen Einzelhandels e. V.
LRA	Landratsamt
MdB	Mitglied des Deutschen Bundestags
ME	Monatliches Einkommen
NCR	National Cash Register
NGG	Gewerkschaft Nahrung-Genuss-Gaststätten
o. A.	ohne Angaben
o. D.	ohne Datum
ÖTV	Gewerkschaft Öffentliche Dienste, Transport und Verkehr
o. O.	ohne Ort
o. S.	ohne Seitenangabe
RGH	Rationalisierungs-Gemeinschaft des Handels
SB	Selbstbedienung
SPD	Sozialdemokratische Partei Deutschlands
SZ	Süddeutsche Zeitung
UWG	Gesetz gegen den unlauteren Wettbewerb
VfZ	Vierteljahrshefte für Zeitgeschichte
VwL	Vermögenswirksame Leistungen
WABW	Wirtschaftsarchiv Baden-Württemberg, Stuttgart-Hohenheim
WSI	Wirtschafts- und sozialwissenschaftliches Institut
WSV	Winterschlussverkauf
ZUG	Zeitschrift für Unternehmensgeschichte

Tabellenverzeichnis

Tab. 1:	Beschäftigte des Einzelhandels 1950–1993	S. 16
Tab. 2:	Arbeitsstätten des Einzelhandels 1950–1993	S. 17
Tab. 3:	Tarifliche Leistungen im Einzelhandel 1949–2019	S. 81
Tab. 4:	Belegung der Leistungsgruppen im Einzelhandel nach Geschlecht	S. 84
Tab. 5:	Durchschnittliche Bruttomonatsverdienste kaufmänn. Angestellter im Einzelhandel	S. 86
Tab. 6:	Beschäftige im Handel nach ihrer beruflichen Stellung in Prozent	S. 104
Tab. 7:	Anteil Frauen in beruflichen Stellungen im Handel in Prozent	S. 104
Tab. 8:	Alter und Geschlecht der Beschäftigten bei Hirmer, Stand 1959	S. 130
Tab. 9:	Betriebszugehörigkeit und Geschlecht der Beschäftigten bei Hirmer, Stand 1959	S. 131
Tab. 10:	Entwicklung der Zahl der SB-Läden in der BRD	S. 204
Tab. 11:	„Reihenfolge das Arbeitsablaufs." Schema aus einer Filialuntersuchung bei Latscha 1964	S. 287
Tab. 12:	Anteil der Teilzeitbeschäftigten an der Gesamtzahl der Beschäftigten im Einzelhandel, 1960–1990	S. 394

Anhang

Abbildungsverzeichnis

Abb. 1:	Kaufladen, 1950er/1960er Jahre, Stadtmusem Memmingen . . .	S. 3
Abb. 2:	Renate Jacobi, Geschäftskleidung, nicht datiert, 1950er Jahre, in: DCM, 120124	S. 70
Abb. 3:	Entwicklung der Gehaltssteigerung im Tarifbezirk Baden-Württemberg – inflationsbereinigt – in Prozent	S. 81
Abb. 4:	Beschäftigte bei Gaissmaier nach Einsatzort und Geschlecht, 1948	S. 188
Abb. 5:	Blick auf das Verkaufsgeschehen an der Theke im Bedienungsladen, in: ISG, W 1-10-1312, J. Latscha, 1953, Fotograf: Günter Englert, Ffm.	S. 213
Abb. 6:	Kundschaft mit Einkaufswagen beim Betreten des Ladens, in: ISG, W 1-10-1331, J. Latscha, 1957, Fotograf: unbekannt	S. 216
Abb. 7:	Eröffnungstrubel, 1957, in: ISG, W 1-10-1333, J. Latscha, Fotograf: unbekannt	S. 217
Abb. 8:	Kundin mit Einkaufstüten an der Kasse, in: ISG, W 1-10-1340, J. Latscha, 1957, Fotograf: unbekannt	S. 219
Abb. 9:	Möbel- und Sortimentsplan, 1982, in: WABW, B 61 Bü 168, G-Markt Metzingen	S. 229
Abb. 10:	Ansprache vor der Belegschaft, in: ISG, W 1-10-1738, V82 – Friedberg, 1963/70, Fotograf: Willi Klar	S. 236
Abb. 11:	Foto von der Eröffnung einer C&A-Filiale in Bielefeld 1957, Fotograf: unbekannt	S. 252
Abb. 12:	Beispiel für ein Etikett von C&A aus den 1950er Jahren	S. 256
Abb. 13:	Kassen und Packtische bei Eröffnung einer C&A-Filiale in Bielefeld 1957, Fotograf: unbekannt	S. 258
Abb. 14:	C&A-Verkäuferinnen beim Winterschlussverkauf, Fotografin: Gisela Mieschel, Wiesbadener Kurier	S. 262
Abb. 15:	Verkaufsräume nach Wiedereröffnung 1952, Fotograf: unbekannt; HUA, 2011 / 05 / 0084.0018	S. 269
Abb. 16:	Hemdenabteilung bei Hirmer 1977, Fotograf: unbekannt; HUA, 2013 / 02 / 0207.0019, Albumblatt: Abteilung Hemden, Stammhaus Hirmer, März 1977 (Albumseite 19)	S. 272
Abb. 17:	Innenansicht einer Kassenbox in der C&A-Filiale in Bielefeld 1957, Fotograf: unbekannt	S. 278
Abb. 18:	Kassiererin im Einsatz bei der Eröffnung der C&A-Filiale in Bielefeld, Fotograf: unbekannt	S. 279
Abb. 19:	Kassen mit Plexiglas in C&A-Filiale in Bielefeld 1957, Fotograf: unbekannt	S. 280
Abb. 20:	Aufnahme aus einem Gaissmaier-SB-Supermarkt mit Umpackkassen, o. D. [1956], Fotograf: Franz Lazi, WABW, B 61 F 25611	S. 284

Abb. 21:	Verkaufspersonal stehend, leicht erhöht hinter der Theke. ISG, W 1-10-1314, J. Latscha, 1953, Fotograf: Günter Englert, Ffm.	S. 305
Abb. 22:	Kassiererin niedrig sitzend, im Kassenstand. ISG, W 1-10-1269, J. Latscha – Eröffnungstrubel, 1957, Fotograf: unbekannt	S. 306
Abb. 23:	Vorder- und Rückseite einer Lochkarte der Firma Karl Gaissmaier, 1965	S. 316
Abb. 24:	Ein- und Ausgang der Amazon Go-Filiale in Seattle, Fotograf: Paul Christian Gordon, picture alliance / ZUMAPRESS.com	S. 475

Quellen- und Literaturverzeichnis

Quellen

Archive

Archiv der Münchner Arbeiterbewegung e. V. (AdMAB)

Bestand Gewerkschaft Handel, Banken und Versicherungen (HBV)
Bestand Deutsche Angestellten-Gewerkschaft (DAG)

Archiv der sozialen Demokratie der Friedrich-Ebert-Stiftung e. V., Bonn (AdsD)

Bestand Gewerkschaft Handel, Banken und Versicherungen – Hauptvorstand (HBV)
Bestand Deutsche Angestellten-Gewerkschaft – Bundesvorstand (DAG)

Archiv des Instituts für Zeitgeschichte, München (IfZArch)

ED 972: Gewerkschaft Handel, Banken und Versicherungen, Bezirk München

Bayerisches Wirtschaftsarchiv, München (BWA)

K 005: IHK Aschaffenburg
K 009: IHK Schwaben (Augsburg)
F 34: Ludwig Beck am Rathauseck Textilhaus Feldmeier AG, München
F 36: NCR GmbH, Augsburg
S 003: Schriften

Draiflessen Collection Mettingen (DCM)

Bestand C&A

Hirmer Unternehmensarchiv, München (HUA)

Bestand Hirmer

Institut für Stadtgeschichte, Frankfurt am Main (ISG)

W1–10: Latscha GmbH, Lebensmittel, Frankfurt am Main

Wirtschaftsarchiv Baden-Württemberg, Stuttgart-Hohenheim (WABW)

Bibliotheksbestand
B 56: C. F. Braun, Stuttgart
B 61: Gaissmaier, Ulm

Gesetzestexte

Verordnung über die neue Fassung der Arbeitszeitverordnung vom 26. 07. 1934, in: RGBl. I, S. 803–813.
Arbeitszeitverordnung vom 30. 04. 1938, in: RGBl. I, S. 447–452.
Tarifvertragsgesetz (TVG) vom 9. April 1949, in: BGBl. I, Nr. 11/1949, S. 55 f.
Betriebsverfassungsgesetz (BetrVG), in: BGBl. I, Nr. 43, vom 14. 10. 1952, S. 681–694.
Erste Rechtsverordnung zur Durchführung des Betriebsverfassungsgesetzes vom 18. 03. 1953, § 2 Abs. 2, in: BGBl. I, Nr. 11, vom 20. 03. 1953.
Gesetz über den Ladenschluß, in: BGBl. Teil I, Nr. 50, vom 29. November 1956, S. 875–881.
Gesetz zur Änderung des Gesetzes über den Ladenschluß, BGBl. Teil I, Nr. 31, vom 18. Juli 1957, S. 722.
Zweites Gesetz zur Änderung des Gesetzes über den Ladenschluß, in: BGBl. I, Nr. 59, vom 14. 11. 1960, S. 845–846.
Entscheidungen des Bundesverfassungsgerichts 13 (1962/63).
Berufsbildungsgesetz, in: BGBl. I, Nr. 75, vom 14. August 1969, S. 1112–1137.
Betriebsverfassungsgesetz (BetrVG), in: BGBl. I, Nr. 2, vom 15. 01. 1972, S. 13–43.
Beschäftigungsförderungsgesetz (BeschFG), in: BGBl. I, Nr. 21 vom 30. 04. 1985.
Gesetz zur Einführung eines Dienstleistungsabends, in: BGBl. I, Nr. 35, vom 10. 07. 1989, S. 1382.
AZO und Arbeitszeitgesetz (ArbZG), vom 6. Juni 1994, in: BGBl. I, Nr. 33 vom 10. 06. 1994, S. 1170–1177.
Gesetz zur Änderung des Gesetzes über den Ladenschluß und zur Neuregelung der Arbeitszeit in Bäckereien und Konditoreien, in: BGBl. I, Nr. 40, vom 30. 07. 1996, S. 1186–1188.
Gesetz über den Ladenschluss, in: BGBl. I, Nr. 22, vom 04. 06. 2003, S. 745–749.
Gesetz zur Änderung des Grundgesetzes (Artikel 22, 23, 33, 52, 72, 73, 74, 74a, 75, 84, 85, 87c, 91a, 91b, 93, 98, 104a, 104b, 105, 107, 109, 125a, 125b, 125c, 143c), in: BGBl. I, Nr. 41, vom 28. 08. 2006, S. 2034–2038.
Berliner Ladenöffnungsgesetz (BerlLadÖffG) vom 14. November 2006.
Gesetz zur Regelung der Ladenöffnungszeiten (Ladenöffnungsgesetz – LÖG NRW) vom 16. November 2006.
Gesetzes zur vorläufigen Regelung des Rechts der Industrie- und Handelskammern (IHKG), in: BGBl. Teil I, Nr. 52, vom 21. Dezember 1956, S. 920–923.

Gedruckte Quellen

Antrag der Abgeordneten Meyer-Ronnenberg, Schneider (Hamburg), Odenthal, Lange (Essen), Eberhard, Frau Finselberger, Eickhoff und Genosse, „Entwurf eines Gesetzes über den Ladenschluß", Drucksache 1461 des Deutschen Bundestags, 2. Wahlperiode 1953.
Antrag der Abgeordneten Kühlthau, Frau Welter (Aachen), Graaff (Elze), Dr. Elbrächter und Genossen, „Entwurf eines Gesetzes über den freien Halbtag im Einzelhandel", Drucksache 1943 des Deutschen Bundestags, 2. Wahlperiode, 1953.
Bericht der Bundesregierung über die Situation der Frauen in Beruf, Familie und Gesellschaft, Drucksache V/909.
Deregulierung und Ladenschluß: HBV-Positionspapier zum Einzelhandel; Ergebnisse der IVE-Studie über die Arbeitsbedingungen im Einzelhandel; Frankfurter Erklärung, Düsseldorf 1995.
Deutscher Bundestag, 12. Wahlperiode, Gesetzesentwurf der Bundesregierung, vom 13. 10. 1993, „Entwurf eines Gesetzes zur Vereinheitlichung und Flexibilisierung des Arbeitszeitrechts (Arbeitszeitrechtsgesetz – ArbZRG)", Drucksache 12/5888, https://dipbt.bundestag.de/doc/btd/12/058/1205888.pdf [zuletzt abgerufen am 30. 09. 2022].
Deutscher Industrie- und Handelstag (Hrsg.), Feste Währung, gesunde Wirtschaft. Tätigkeitsbericht für das Geschäftsjahr 1956/57, Berlin 1957.

Geschäftsbericht der Gewerkschaft Handel, Banken und Versicherungen im DGB für die Jahre 1958–1960, hrsg. v. Hauptvorstand der HBV, Bochum 1961.
Geschäftsbericht der Gewerkschaft Handel, Banken und Versicherungen im DGB für die Jahre 1961–1963, hrsg. v. Hauptvorstand der HBV, Düsseldorf 1964.
Geschäftsbericht der Gewerkschaft Handel, Banken und Versicherungen im DGB für die Jahre 1968–1971, hrsg. v. Hauptvorstand der HBV, Geldern 1972.
Geschäftsbericht der Gewerkschaft Handel, Banken und Versicherungen im DGB für die Jahre 1976–1979, hrsg. v. Hauptvorstand der HBV, Geldern 1980.
Geschäftsbericht 1977 bis 1979 des Vorstandes der Industriegewerkschaft Metall für die Bundesrepublik Deutschland, Frankfurt a. M. 1980.
Geschäftsbericht 1976–1979 zum 11. Ordentlichen Gewerkschaftstag in Mannheim vom 7. bis 13. September 1980, hrsg. v. Hauptvorstand der Industriegewerkschaft Chemie-Papier-Keramik, Hannover 1980.
Geschäftsbericht der Gewerkschaft Handel, Banken und Versicherungen für die Jahre 1980–1983, hrsg. v. Hauptvorstand der HBV, Duisburg 1984.
Geschäftsbericht der Gewerkschaft Handel, Banken und Versicherungen im DGB für die Jahre 1988–1991, hrsg. v. Hauptvorstand der HBV, Düsseldorf 1992.
Hände weg vom Ladenschluß! Pro und Contra Ladenschluss. Argumente der Gewerkschaft Handel, Banken und Versicherungen, Düsseldorf 1973.
Mein C&A. 100 Jahre C&A Deutschland, hrsg. v. C&A Mode GmbH & Co. KG, Düsseldorf, Abteilung Kommunikation, 2011. (DCM, 119846)
Protokoll der 101. Sitzung des 2. Deutschen Bundestags (02/101) vom 22. September 1955.
Protokoll der 112. Sitzung des 2. Deutschen Bundestages (02/112), vom 11. November 1955.
Protokoll der 169. Sitzung des 2. Deutschen Bundestages (02/169) vom 8. November 1956.
Protokoll der 170. Sitzung des 2. Deutschen Bundestags (02/170) vom 9. November 1956.
DGB Bundesvorstand, Abteilung Organisation (Hrsg.), Protokoll. 9. Ordentlicher Bundeskongreß Berlin. 25. bis 30. Juni 1972, Berlin 1972.
Plenarprotokoll des 11. Deutschen Bundestages, Stenographischer Bericht der 97. Sitzung, vom 29. 09. 1988.
Plenarprotokoll des 11. Deutschen Bundestages, Stenographischer Bericht der 147. Sitzung, vom 02. 06. 1989.
Protokoll der 35. Sitzung des 18. Bayerischen Landtages (18/35) vom 10. 12. 2019, S. 4387–4402 sowie Anlage 1, S. 4403–4405, abrufbar unter https://www.bayerische-landesbibliothek-online.de/landtagsprotokolle-seit-1946 [zuletzt abgerufen am 26. 10. 2022].
Schriftlicher Bericht des Ausschusses für Arbeit (21. Ausschuß) über den von den Abgeordneten Horn, Scheppmann, Diebäcker, Baier (Mosbach) und Genossen eingebrachten Entwurf eines Zweiten Gesetzes zur Änderung des Ladenschlußgesetzes — Drucksache 1666 — und über den von den Abgeordneten Odenthal, Lange (Essen), Killat (Unterbach) und Genossen eingebrachten Entwurf eines Gesetzes zur Änderung des Gesetzes über den Ladenschluß — Drucksache 1929 —, Drucksache 2127 des Deutschen Bundestags, 3. Wahlperiode.
Statistisches Jahrbuch für die Bundesrepublik Deutschland 1953.
Statistisches Jahrbuch für die Bundesrepublik Deutschland 1963.
Statistisches Jahrbuch für die Bundesrepublik Deutschland 1969.
Statistisches Jahrbuch für die Bundesrepublik Deutschland 1970.
Statistisches Jahrbuch für die Bundesrepublik Deutschland 1971.
Statistisches Jahrbuch für die Bundesrepublik Deutschland 1972.
Statistisches Jahrbuch für die Bundesrepublik Deutschland 1976.
Statistisches Jahrbuch für die Bundesrepublik Deutschland 1981.
Statistisches Jahrbuch für die Bundesrepublik Deutschland 1982.
Statistisches Jahrbuch für die Bundesrepublik Deutschland 1987.
Statistisches Jahrbuch für die Bundesrepublik Deutschland 1988.
Statistisches Jahrbuch für die Bundesrepublik Deutschland 1989.
Statistisches Jahrbuch für die Bundesrepublik Deutschland 1990.
Statistisches Jahrbuch für die Bundesrepublik Deutschland 1995.

Zeitungen und Zeitschriften

Abendzeitung
Augsburger Allgemeine
Bild / Bild am Sonntag
Der Angestellte
Ausblick
Emma
Feierabend. Zeitschrift der Gewerkschaft Handel, Banken, Versicherungen
Focus Magazin
Frankfurter Allgemeine Zeitung
Frankfurter Neue Presse
Frankfurter Rundschau
Handelsblatt
Industrie-Anzeiger
Kölner Stadtanzeiger
Lebensmittel-Zeitung
Merkur
Neue Revue
Der Spiegel
Stuttgarter Zeitung
Süddeutsche Zeitung
Taz
Textil-Zeitung
Trierischer Volksfreund
Die Welt
Weser Kurier
Die Zeit

Online-Material

AdAlliance, click&collect – Unterstützung für Einzelhandel und Gastronomie, auf der Homepage https://www.ad-alliance.de/cms/angebote/angebots-highlights/advertising_2021/click-a-collect.html [zuletzt abgerufen am 26. 10. 2022].

Bayerische Staatsregierung, Pressemitteilung, Corona-Pandemie/Bayern ruft den Katastrophenfall aus/Veranstaltungsverbote und Betriebsuntersagungen, vom 16. 3. 2020, auf der Homepage https://www.bayern.de/corona-pandemie-bayern-ruft-den-katastrophenfall-aus-veranstaltungsverbote-und-betriebsuntersagungen/?seite=28074 [zuletzt abgerufen am 26. 10. 2022].

Berlin-Brandenburgische Akademie der Wissenschaften, Stellenausschreibung für ein/n wissenschaftliche/n Mitarbeiter/in (Koordinator/in) (m/w/d), https://www.bbaw.de/files-bbaw/user_upload/IAG_01_2021_Zukunft_der_Arbeit_nach_Corona_E13_50__PR.pdf [zuletzt abgerufen am 26. 10. 2022].

Bundesinstitut für Berufsbildung (BBiB), „Genealogie Einzelhandelskaufmann", https://www.bibb.de/dienst/berufesuche/de/index_berufesuche.php/genealogy/g24100 [zuletzt abgerufen am 30. 9. 2022].

Bundesministerium für Familie, Senioren, Frauen und Jugend (Hrsg.), Elterngeld, ElterngeldPlus und Elternzeit. Das Bundeselterngeld- und Elternzeitgesetz, Stand 2. 6. 2020, https://www.bmfsfj.de/resource/blob/93614/5007d8253164d915b285066b8791af38/elterngeld-elterngeldplus-und-elternzeit-data.pdf [zuletzt abgerufen am 26. 10. 2022].

Bundesverfassungsgericht, Entscheidungen der amtlichen Sammlung, Band 13, 225–230, Urteil vom 29. 11. 1961, 1 BvR 148/57; BVerfGE 13, 230–236, Urteil vom 29. 11. 1961, 1 BvR 758/57; BVerfGE 13, 237–243, Urteil vom 29. 11. 1961, 1 BvR 760/57, auf der Homepage https://www.bundesverfassungsgericht.de/DE/Entscheidungen/Liste/10 ff/liste_node.html [zuletzt abgerufen am 26. 10. 2022].

Quellen- und Literaturverzeichnis

Bundesverfassungsgericht, Entscheidungen der amtlichen Sammlung, Band 14, 19–25, Urteil vom 21. Februar 1962, 1 BvR 198/57, auf der Homepage https://www.bundesverfassungsgericht.de/DE/Entscheidungen/Liste/10 ff/liste_node.html [zuletzt abgerufen am 26. 10. 2022].

Bundeszentrale für politische Bildung, Glossar Migration – Integration – Flucht & Asyl, auf der Homepage https://www.bpb.de/nachschlagen/lexika/270369/gastarbeiter [zuletzt abgerufen am 3. 8. 2022].

Bundeszentrale für politische Bildung, Voll- und Teilzeitbeschäftigte, auf der Homepage https://www.bpb.de/nachschlagen/zahlen-und-fakten/soziale-situation-in-deutschland/61705/voll-und-teilzeitbeschaeftigte [zuletzt abgerufen am 15. 10. 2022].

Bundeszentrale für politische Bildung, „12. Juli 1961", in: Deutschland-Chronik, auf der Homepage https://www.bpb.de/geschichte/zeitgeschichte/deutschland-chronik/131517/12-juli-1961 [zuletzt abgerufen am 30. 7. 2022].

Call, click & collect – #zusaMMenfürmeMMingen, auf der Homepage von Stadtmarketing Memmingen e. V., https://www.stadtmarketing-memmingen.de/click-and-collect.html [zuletzt abgerufen am 26. 10. 2022].

C&A, https://www.c-and-a.com/de/de/corporate/company/ueber-ca/geschichte/chronik/ [zuletzt abgerufen am 18. 8. 2022].

Christog, Joannes, „Der umstrittene späte Feierabend", auf der Homepage des MDR, vom 18. 7. 2017, https://www.mdr.de/zeitreise/sechzig-jahre-ladenschlussgesetz-100.html [zuletzt abgerufen am 26. 10. 2022].

Dawid, Jessica, Lidl-Kunden in den USA bekommen einen Service, den Deutsche nicht kriegen, auf der Homepage BusinessInsider Deutschland vom 20. 6. 2017, https://www.businessinsider.de/lidl-kunden-in-den-usa-bekommen-an-kasse-hilfe-von-verpackern-2017-6 [zuletzt abgerufen am 6. 8. 2022].

Destatis, Statisches Bundesamt, Gender Pay Gap 2019: Verdienstunterschied zwischen Männern und Frauen erstmals unter 20 %, unter https://www.destatis.de/DE/Presse/Pressemitteilungen/2020/12/PD20_484_621.html [zuletzt abgerufen am 26. 10. 2022].

Destatis, Statisches Bundesamt, Tabelle: Berufliche Bildung. Weibliche Auszubildende nach Ausbildungsberufen 2019 (TOP 20), unter https://www.destatis.de/DE/Themen/Gesellschaft-Umwelt/Bildung-Forschung-Kultur/Berufliche-Bildung/Tabellen/azubi-rangliste-weiblich.html [zuletzt abgerufen am 3. 8. 2022].

Destatis, Statisches Bundesamt, Wie wird der Gender Pay Gap erhoben und berechnet?, unter https://www.destatis.de/DE/Themen/Arbeit/Verdienste/FAQ/gender-pay-gap.html [zuletzt abgerufen am 26. 10. 2022]

Deutscher Bundestag, Dokumentations- und Informationssystem für Parlamentsmaterialien, Erwähnung des Stichworts „Ladenschluss" in den Plenarprotokollen des Bundestags; gefunden über die Suchfunktion auf der Homepage https://dip.bundestag.de/ [zuletzt abgerufen am 26. 10. 2022].

EHI – Eine Erfolgsgeschichte, auf der Homepage https://www.ehi.org/de/das-institut/geschichte/ [zuletzt abgerufen am 30. 9. 2022].

Hirmer-Gruppe, Chronik „Stationen einer besonderen Firmengeschichte", auf der Homepage http://www.hirmer-gruppe.de/ueber-uns/geschichte [zuletzt abgerufen am 18. 8. 2022].

Hirmer-Gruppe, „[Ka-tsching]", in: Blauton (Magazin der Hirmer Unternehmensgruppe), Nr. 2, 2015, hier: S. 11, unter https://www.hirmer-gruppe.de/download/ueber-uns/blauton/blauton_2.pdf [zuletzt abgerufen am 19. 9. 2022].

Hitradio rt.1 / a.tv, „Lass den Klick in Deiner Stadt", vom 30. 7. 2013 auf der Homepage von B4B Nachrichten, https://www.b4bschwaben.de/b4b-nachrichten/augsburg_artikel,-lass-den-klick-in-deiner-stadt-_arid,129054.html [zuletzt abgerufen am 26. 10. 2022].

IG Metall, „Wem gehört die Zeit? 125 Jahre IG Metall: Die Geschichte der Arbeitszeit", auf der Homepage https://www.igmetall.de/ueber-uns/kampagnen/mein-leben--meine-zeit/wem-gehoert-die-zeit [zuletzt abgerufen am 26. 10. 2022].

Inside Amazon, Video „Meet the Amazon Go Team", auf der Online-Videoplattform YouTube im Kanal Inside Amazon Videos, vom 19. 10. 2018, https://youtu.be/kM_rg5HkmIU [zuletzt abgerufen am 26. 10. 2022].

Jürgens, Claudia, Biographie zu Viola Roggenkamp, auf der Homepage der Autorin http://www.viola-roggenkamp.de/Biographie.htm [zuletzt abgerufen am 26. 10. 2022].

Lexikon Westfälischer Autorinnen und Autoren, Eintrag „Ilse Kibgis", https://www.lexikon-westfaelischer-autorinnen-und-autoren.de/autoren/kibgis-ilse/ [zuletzt abgerufen am 30. 7. 2022].

Lange, Gunter, Vom Überwinden der Kragenlinie, vom 17. 6. 2021, auf der Homepage von verdi, https://www.verdi.de/ueber-uns/idee-tradition/++co++fad27b12-cf42-11eb-ad1c-001a4a160129 [zuletzt abgerufen am 26. 9. 2023].

Leicht, Sylvia, „Samstag gehört Vati uns", Projekt „50 Jahre Ladenschlussdemonstrationen in München,"auf der Homepage des Projekts „Protest in München seit 1945", http://protest-muenchen.sub-bavaria.de/artikel/1525 [zuletzt abgerufen am 15. 10. 2022].

LEO-BW, https://www.leo-bw.de/web/guest/detail/-/Detail/details/DOKUMENT/wabw_profile/7/Karl+Gaissmaier+GmbH+%26+Co+KG [zuletzt abgerufen am 7. 8. 2022].

Migros, „Subito – Einfach und schnell einkaufen", auf der Homepage der Schweizer Migros, https://www.migros.ch/de/services/zahlungsmoeglichkeiten/subito.html [zuletzt abgerufen am 17. 9. 2022].

Official Statistics of Finland (OSF), Parliamentary elections [e-publication], Helsinki: Statistics Finland, https://stat.fi/en/statistics/evaa [zuletzt abgerufen am 26. 10. 2022].

Pirum Holzspielzeuge, https://www.pirum-holzspielzeuge.de/shop/de/Kaufladen; https://www.pirum-holzspielzeuge.de/shop/de/Kaufladen/kaufladenzubehoer [zuletzt abgerufen am 25. 7. 2022].

Pleinen, Jenny, Rezension zu: Richter, Hedwig; Richter, Ralf: Die Gastarbeiter-Welt. Leben zwischen Palermo und Wolfsburg. Paderborn 2012, in: H-Soz-Kult, 22. 02. 2013, www.hsozkult.de/publicationreview/id/reb-18407 [zuletzt abgerufen am 3. 8. 2022].

Raskopf, Charlotte, Wie Corona den stationären Einzelhandel verändert, auf der Homepage von Capital, vom 29. 11. 2020, https://www.capital.de/wirtschaft-politik/wie-corona-den-station aeren-einzelhandel-veraendert [zuletzt abgerufen am 26. 10. 2022].

Reimann, Erich, Shoppen ohne Warteschlange: Wenn das Handy die Kasse ersetzt, in: Absatzwirtschaft vom 22. 7. 2020, https://www.absatzwirtschaft.de/shoppen-ohne-warteschlange-wenn-das-handy-die-kasse-ersetzt-173575/ [zuletzt abgerufen am 19. 9. 2022].

Sauter, Anke, Equal Pay Day: „Die Pandemie ist auch eine Superchance", Interview mit Christa Larsen, Geschäftsführerin des Instituts für Wirtschaft Arbeit und Kultur (IWAK) der Goethe-Universität, auf der Homepage der Goethe-Universität Frankfurt a. M., https://aktuelles.uni-frankfurt.de/forschung/equal-pay-day-die-pandemie-ist-auch-eine-superchance/ [zuletzt abgerufen am 26. 10. 2022].

Schneider, Regina, Bei Heirat Entlassung. Anlässlich des 100. Jahrestages der Unterzeichnung der Weimarer Verfassung erinnern die Historikerinnen Prof. Dr. Sabine Liebig und Dr. Brigitte Übel an die lange und zähe Geschichte des Lehrerinnenzölibats, Pressemitteilung der Pädagogischen Hochschule Karlsruhe, vom 1. 8. 2019, unter https://idw-online.de/de/news720052 [zuletzt abgerufen am 5. 11. 2022].

Statista, Grafik der Marktanteile der führenden Unternehmen im Lebensmittelhandel in Deutschland in den Jahren 2009 bis 2019, auf der Homepage https://de.statista.com/statistik/daten/studie/4916/umfrage/marktanteile-der-5-groessten-lebensmitteleinzelhaendler/ [zuletzt abgerufen am 26. 7. 2022].

Statista, Umfrage zur Dauer der Elternzeit in Deutschland nach Geschlecht 2017, auf der Homepage https://de.statista.com/statistik/daten/studie/727825/umfrage/dauer-der-elternzeit-in-deutschland-nach-geschlecht/ [zuletzt abgerufen am 26. 10. 2022].

Stuttgarter Zeitung, Forbes-Liste: Das sind die reichsten Stuttgarter, https://www.stuttgarter-zeitung.de/gallery.forbes-liste-das-sind-die-reichsten-stuttgarter-param~9~8~0~8~false.fa58 9a5c-b4f9-4887-a701-ea723831f9b5.html [zuletzt abgerufen am 7. 8. 2022].

Sullivan, Arthur, Der Deutschen Unlust am Selbstzahlen, Adaption aus dem Englischen von Dirk Kaufmann, auf der Homepage der Deutschen Welle, vom 23. 9. 2020, https://www.dw.com/de/der-deutschen-unlust-am-selbstzahlen/a-55018210 [zuletzt abgerufen am 19. 9. 2022].

Trube, Claus Moritz, Das (neue) „Gesetz gegen den unlauteren Wettbewerb (UWG)", auf der Homepage von JurPC Web-Dok 228/2004, https://www.jurpc.de/jurpc/show?id=20040228 [zuletzt abgerufen am 18. 8. 2022].

Ver.di, Vertrauensleutearbeit im Betrieb gestalten. Arbeitsmaterial mit praktischen Beispielen, hrsg. von ver.di – Vereinte Dienstleistungsgewerkschaft e. V., Bundesverwaltung, Ressort 4, Bereich Vertrauensleute und Betriebsarbeit, Berlin 2004, als PDF abrufbar auf der Homepage von ver.di, https://bayern.verdi.de/gruppen/vertrauensleute/materialien [zuletzt abgerufen am 3. 8. 2022].

Ver.di, „Mitgliederbeteiligung: Nur wer mitmacht, wird gehört", auf der Homepage von ver.di, https://www.verdi.de/themen/geld-tarif/++co++30808526-ac65-11e0-652e-00093d114afd [zuletzt abgerufen am 3. 8. 2022].

Ver.di, Deutsche Angestellten-Gewerkschaft (DAG), auf der Homepage https://www.verdi.de/ueber-uns/idee-tradition/gruendungsgewerkschaften/++co++54b7b69a-983b-11e1-5d54-0019b9e321e1 [zuletzt abgerufen am 30. 7. 2022].

Ver.di, Gewerkschaft Handel, Banken und Versicherungen (HBV), auf der Homepage https://www.verdi.de/ueber-uns/idee-tradition/gruendungsgewerkschaften/++co++81665a24-9846-11e1-4541-0019b9e321cd [zuletzt abgerufen am 30. 7. 2022].

Wieselhuber & Partner GmbH, Trends & Herausforderungen: Der Konsument im Wandel, auf der Homepage der Unternehmensberatung, https://www.wieselhuber.de/branchen/konsumgueter_handel/ [zuletzt abgerufen am 26. 10. 2022].

Wikipedia, Foto in dem Beitrag zu „Plastiktüte", https://de.wikipedia.org/wiki/Plastiktüte [zuletzt abgerufen am 6. 8. 2022].

Wirtschafts- und Sozialwissenschaftliches Institut der Hans-Böckler-Stiftung, Glossar zur Tarifpolitik, Eintrag „Allgemeinverbindlichkeitserklärung (AVE)", https://www.wsi.de/de/tarifglossar-15286.htm [zuletzt abgerufen am 19. 9. 2022].

Wirtschafts- und Sozialwissenschaftliches Institut der Hans-Böckler-Stiftung, Lohnspiegel.de, „Berufe im Einzelhandel: systemrelevant, aber nicht empfehlenswert," auf der Homepage https://www.lohnspiegel.de/thematische-analysen-20014-22567.htm [zuletzt abgerufen am 25. 10. 2022].

Film

„Für Frauen. 1. Kapitel" (BRD 1971), Produktion: Deutsche Film- und Fernsehakademie Berlin, Regie: Cristina Perincioli, Kamera: Gisela Tuchtenhagen, Darstellerinnen: Helga Freyer, Edda Hertel, Ulla Lange, Jeanine Rickmann, Musik: Ton Steine Scherben, 29 Min.

Literatur

Abelshauser, Werner, Deutsche Wirtschaftsgeschichte von 1945 bis zur Gegenwart, Bonn 2011.

Abelshauser, Werner, Die langen Fünfziger Jahre. Wirtschaft und Gesellschaft der Bundesrepublik Deutschland 1949–1966, Düsseldorf 1987.

Achten, Udo (Hrsg.), Mitten im Leben. Wir, die HBV, wird 50, Solingen 1994.

Achten, Udo, Mehr Zeit für uns. Dokumente und Bilder zum Kampf um die Arbeitszeitverkürzung, Köln 1984.

Adam, Birgit, Alles, was das Herz begehrt! Von Wunderkammern und Konsumtempeln, Gerstenberg 2012.

Adam, Hans/Buchheit, Bernd, Reduktion der Arbeitslosigkeit durch Arbeitszeitverkürzung?, in: Aus Politik und Zeitgeschichte 11 (1977), S. 3–14.

Ambrosius, Gerold, Agrarstaat oder Industriestaat – Industriegesellschaft oder Dienstleistungsgesellschaft? Zum sektoralen Strukturwandel im 20. Jahrhundert, in: Spree, Reinhard (Hrsg.), Geschichte der deutschen Wirtschaft im 20. Jahrhundert, S. 50–69.

Andersen, Arne, Der Traum vom guten Leben, Frankfurt a. M. 1997.

Artus, Ingrid u. a. (Hrsg.), Arbeitskonflikte sind Geschlechterkämpfe. Sozialwissenschaftliche und historische Perspektiven, Münster 2020.

Aulenbacher, Brigitte, Arbeit und Geschlecht, in: Hartmut Hirsch-Kreinsen & Heiner Minssen (Hrsg.), Lexikon der Arbeits- und Industriesoziologie (LAIS), Baden-Baden 2017, S. 29–33.

Aulenbacher, Brigitte/ Riegraf, Birgit/ Theobald, Hildegard (Hrsg.), Sorge: Arbeit, Verhältnisse, Regime /Care: Work, Relations, Regimes, Baden-Baden 2014.
Bachmann, Götz, Kollegialität. Eine Ethnografie der Belegschaftskultur im Kaufhaus, Frankfurt a. M./New York 2014.
Bänziger, Peter-Paul, Von der Arbeits- zur Konsumgesellschaft? Kritik eines Leitmotivs der deutschsprachigen Zeitgeschichtsschreibung, in: Zeithistorische Forschungen 12 (2015), H. 1, https://zeithistorische-forschungen.de/1-2015/5179 [zuletzt abgerufen am 15. 10. 2022].
Baethge, Martin/Oberbeck, Herbert, Die Zukunft der Angestellten, Frankfurt a. M. 1986.
Bajohr, Stefan, Die Hälfte der Fabrik, Geschichte der Frauenarbeit in Deutschland 1914 bis 1945, Marburg 1979.
Bald, Detlef, „Bürger in Uniform": Tradition und Neuanfang des Militärs in Westdeutschland, in: Schildt, Axel/Sywottek, Arnold (Hrsg.), Modernisierung im Wiederaufbau. Die westdeutsche Gesellschaft der 50er Jahre, Bonn 1993, S. 392–402.
Balder, Uwe, Kleidung zwischen Konjunktur und Krise. Eine Branchengeschichte des deutschen Textileinzelhandels 1914 bis 1961, Stuttgart 2020.
Banken, Ralf, Vom Warenhaus zum Online-Versand. Die Entwicklung des Einzelhandels im 20. Jahrhundert, in: Kleinschmidt, Christian/Logemann, Jan (Hrsg.), Konsum im 19. und 20. Jahrhundert, Berlin 2021, S. 483–515.
Banken, Ralf, Schneller Strukturwandel trotz institutioneller Stabilität. Die Entwicklung des deutschen Einzelhandels 1949–2000, in: Jahrbuch für Wirtschaftsgeschichte 48 (2014), H. 2, S. 117–145.
Banken, Ralf, Die quantitative Entwicklung des bundesdeutschen Einzelhandels 1949–2000. Daten, Colonge Economic History Paper No. 03–2007.
Bartl, Karin/Bartl, Raimund/Schnöke, Volkmar, Plastiktüten: Kunst zum Tragen, Hannover 1986.
Bauer, Winfried, Modehaus Schweiger. Hildegard wird Verkäuferin, Würzburg 1961.
Baumgart, Gisela, Die mittelbare Diskriminierung von Frauen bei Teilzeitarbeit: Handlungshilfe und Entscheidungssammlung, hrsg. v. der Deutschen Angestellten-Gewerkschaft, Hamburg 1994.
Bautz, Winfried, Auf der Suche nach Arbeitszeitinnovationen. Breite Palette neuer Modelle bei Interflex, in: Das Neue Unternehmen (1989), H. 1, S. 22 f.
Beauclair, Wilfried de, Rechnen mit Maschinen. Eine Bildgeschichte der Rechentechnik, Wiesbaden 1968.
Beck-Gernsheim, Elisabeth, Das halbierte Leben. Männerwelt Beruf, Frauenwelt Familie, Frankfurt a. M. 1980.
Beck-Gernsheim, Elisabeth, Der geschlechtsspezifische Arbeitsmarkt. Zur Ideologie und Realität von Frauenberufen, Frankfurt a. M. 1976.
Benson, Susan Porter, Counter cultures: saleswomen, managers, and customers in American department stores, 1890–1940, Urbana u. a. 1986.
Berekoven, Ludwig, Geschichte des deutschen Einzelhandels, Frankfurt a. M. 1987.
Berg, Paul, Die Geschichte der Registrierkasse vom 19. Jahrhundert bis heute, vom 05. 11. 2018, abrufbar unter: https://de.mobiletransaction.org/geschichte-registrierkasse/ [zuletzt abgerufen am 28. 07. 2022].
Berghoff, Hartmut, Familienunternehmen. Stärken und Schwächen einer besonderen Unternehmensverfassung, in: Phänomen Familienunternehmen: Überblicke, hrsg. v. Draiflessen Collection, Mettingen 2016, S. 15–24.
Berlinghoff, Marcel, Das Ende der „Gastarbeit". Europäische Anwerbestopps 1970–1974, Paderborn 2013.
Birkhahn, Manfred, 50 Jahre HBV Berlin. Eine Gewerkschaft in Bewegung, Berlin 2000.
Bispinck, Reinhard, Allgemeinverbindlicherklärung von Tarifverträgen – vom Niedergang zur Reform?, in: WSI-Mitteilungen 65 (2012), H. 7, S. 496–507.
Bispinck, Reinhard, 70 Jahre Tarifvertragsgesetz: Stationen der Tarifpolitik von 1949 bis 2019, hrsg. v. Wirtschafts- und Sozialwissenschaftliches Institut, Tarifarchiv, Düsseldorf 2019.
Bitsch, H. U./Peters, Theodor, Menschengerechte Gestaltung des Kassenarbeitsplatzes in Selbstbedienungsläden, Bericht über ein Forschungsvorhaben im Auftrag des Bundesministers für Arbeit und Sozialordnung, Bonn 1978.

Blank, Florian/Seikel, Daniel, Soziale Ungleichheit in der Corona-Krise, vom 06. 10. 2020, auf der Homepage des Wirtschafts- und Sozialwissenschaftlichen Instituts, https://www.wsi.de/de/blog-17857-soziale-ungleichheit-in-der-corona-krise-27595.htm [zuletzt abgerufen am 26. 07. 2022].

Blatt, Lothar/Raczek, Gisela von, Wirtschaftsstandort Innenstadt und „grüne Wiese": europäische Fakten und Erfahrungen, Bonn 1998.

Blossfeld, Hans-Peter, Between equalization and marginalization: women working part-time in Europe and the United States of America, Oxford 1997.

Bluma, Lars/Uhl, Karsten (Hrsg.), Kontrollierte Arbeit – disziplinierte Körper? Zur Sozial- und Kulturgeschichte der Industriearbeit im 19. und 20. Jahrhundert, Bielefeld 2012.

Boccia, Mario, Fordistische Betriebspolitik im Boom – Produktionsarbeit bei BMW von 1960 bis 1973, Dissertation München 2021.

Bock, Gisela, Geschichte, Frauengeschichte, Geschlechtergeschichte, in: Geschichte und Gesellschaft 14 (1988), S. 364–391.

Bock, Gisela/Duden, Barbara, Arbeit aus Liebe – Liebe als Arbeit: Zur Entstehung der Hausarbeit im Kapitalismus, in: Annemarie Tröger (Hrsg.), Frauen und Wissenschaft: Beiträge zur Berliner Sommeruniversität für Frauen Juli 1976, Berlin 1977, S. 118–199.

Böhle, Fritz/Glaser, Jürgen (Hrsg.), Arbeit in der Interaktion – Interaktion als Arbeit. Arbeitsorganisation und Interaktionsarbeit in der Dienstleistung, Wiesbaden 2006.

Böhle, Fritz/Stöger, Ursula/Weihrich, Margit, Interaktionsarbeit gestalten. Vorschläge und Perspektiven für humane Dienstleistungsarbeit, Berlin 2015.

Böhle, Fritz/Stöger, Ursula/Weihrich, Margit, Wie lässt sich Interaktionsarbeit menschengerecht gestalten? Zur Notwendigkeit einer Neubestimmung, in: Arbeits- und Industriesoziologische Studien 8 (2015), H. 1, S. 37–54.

Böttcher, Inge/Buhr, Kornelia, Frauen und Teilzeitarbeit, hrsg. v. Niedersächsischen Frauenministerium, Hannover 1992.

Boll, Friedhelm/Kalass, Viktoria, Streik und Aussperrung, in: Schroeder, Wolfgang (Hrsg.), Handbuch Gewerkschaften in Deutschland, unter Mitarbeit von Greef, Samuel, Wiesbaden 2014, S. 535–580.

Bohn, Jörg, Spielzeugkaufläden der Nachkriegszeit, in: Trödler & Sammler Journal (2005), H. 2, S. 70–78.

Bor, Lisa, Saubermachen ist Arbeit, in: Henkes, Janina u. a. (Hrsg.), Ordnung(en) der Arbeit, Münster 2019, S. 228–246.

Bourdieu, Pierre, Die feinen Unterschiede. Kritik der gesellschaftlichen Urteilskraft, Frankfurt a. M. 1983.

Boris, Eileen, Making the Women Worker. Precarious Labor and the Fight for Global Standards, 1919–2019, New York 2019.

Boris, Eileen, Caring for America: Home Health Workers in the Shadow of the Welfare State, New York 2012.

Boris, Eileen, Homework: historical and contemporary perspectives on paid labor at home, Urbana u. a. 1989.

Bormann, Sarah, Angriff auf die Mitbestimmung. Unternehmensstrategien gegen Betriebsräte – der Fall Schlecker, Berlin 2007.

Born, Claudia, Das Ei vor Kolumbus. Frauen und Beruf in der Bundesrepublik Deutschland, in: Budde, Gunillla-Friederike (Hrsg.), Frauen arbeiten. Weibliche Erwerbstätigkeit in Ost- und Westdeutschland nach 1945, Göttingen 1997, S. 46–61.

Bosch, Gerhard, Berufliche Bildung, in: Hirsch-Kreinsen, Hartmut/Minssen, Heiner (Hrsg.), Lexikon der Arbeits- und Industriesoziologie, Baden-Baden 2017.

Bosecker, Kai, Vom „unerwünschten" Betrieb zum Nutznießer des NS-Regimes – Eine Annäherung an die Geschichte von C&A in Deutschland, 1933–1945, in: DRAIFLESSEN Collection (Hrsg.), C&A zieht an! Impressionen einer 100-jährigen Unternehmensgeschichte (Katalog der Ausstellung), Mettingen 2011, S. 94–105.

Bosecker, Kai/Spitz, Maria, Back to the Roots – Der Weg aus der Krise der 1990er Jahre, in: DRAIFLESSEN Collection (Hrsg.), C&A zieht an! Impressionen einer 100-jährigen Unternehmensgeschichte (Katalog der Ausstellung), Mettingen 2011, S. 270–275.

Bowlby, Rachel, Carried Away. The Invention of Modern Shopping, New York 2002.

Brändli Blumenbach, Sybille/Schumacher, Beatrice/Guex, Sébastien, Einzelhandel, kulturhistorisch = Le commerce de détail, histoire culturelle, in: Traverse: Zeitschrift für Geschichte = Revue d'histoire 12 (2005), H. 3, S. 7–16.
Brandes, Sören/Zierenberg, Malte, Doing Capitalism. Praxeologische Perspektiven, in: Mittelweg 36 (2017), H. 1, S. 3–24.
Brandt, Johanna, „Perspektiven der Arbeitszeitgestaltung im Einzelhandel" – Möglichkeiten und Formen wöchentlicher Arbeitszeitgestaltung – Textilwarenhaus, in: Ingrid Waller (Hrsg.), Projekt Humane Arbeitszeitgestaltung im Einzel- und Großhandel. HBV-Dokumentation, Düsseldorf 1989, S. 123–152.
Brückweh, Kerstin, Arbeitssoziologische Fallstudien. Wissensproduktion am Soziologischen Forschungsinstitut Göttingen (SOFI), historisch betrachtet, in: Zeithistorische Forschungen/ Studies in Contemporary History 14 (2017), H. 1, URL: https://zeithistorische-forschungen. de/1-2017/5459 [zuletzt abgerufen am 26. 07. 2022], Druckausgabe S. 149–162.
Budde, Gunilla, Diktatur und Geschlecht, in: Hürter, Johannes/Wentker, Hermann (Hrsg.), Diktaturen. Perspektiven der zeithistorischen Forschung, Berlin/Boston 2019, S. 116–128.
Buschmann, Rudolf, Geschichte der Beschäftigungsförderungsgesetze, in: Arbeit und Recht 2017, H. 8–9, o. S.
Butler, Judith, Das Unbehagen der Geschlechter, Frankfurt a. M. 1991.
Carré, Francoise u. a., Retail Jobs in comparative Perspective, in: Gautié, Jérôme/ Schmitt, John (Hrsg.), Low-wage work in the wealthy world, New York 2010, S. 211–268.
Carter, Erica, Frauen und die Öffentlichkeit des Konsums, in: Haupt, Heinz-Gerhard/Torp, Claudius (Hrsg.), Die Konsumgesellschaft in Deutschland 1890–1990. Ein Handbuch, Frankfurt a. M./New York 2009, S. 154–171.
Castel, Robert, Die Metamorphosen der sozialen Frage. Eine Chronik der Lohnarbeit, Konstanz 1995.
Cobble, Dorothy Sue, Dishing it out: waitresses and their unions in the twentieth century, Baltimore 1991.
Coleman, Will, Doing Masculinity/Doing Theory, in: Hearn, Jeff/Morgan, David H. J. (Hrsg.), Men, Masculinities and Social Theory, London 1990, S. 186–202.
Connell, Raewyn, Der gemachte Mann. Konstruktion und Krise von Männlichkeiten, Wiesbaden 2015.
Conway, Martin, Western Europe's Democratic Age 1945–1968, Princeton/Oxford 2020.
Cortada, James W., Cash Register and the National Cash Register Company, in: ders. (Hrsg.), Before the computer. IBM, NCR, Burroughs, and Remington Rand and the Industry they created, 1865–1956, Princeton 1993, S. 64–78.
Cox, Pamela/Hobley, Annabel, Shopgirls: True Stories of Friendship, Hardship and Triumph From Behind the Counter, London 2015.
Dahlerup, Drude, Has Democracy Failed Women?, Cambridge/Malden 2018.
Dechert, Andre, Von der gegenseitigen Information zur gemeinsamen Aktion? Frauenverbände und gewerkschaftlich organisierte Frauen in der BRD der 1950er-Jahre, in: Arbeit, Bewegung, Geschichte 18 (2019), H. 3, S. 68–83.
Demiriz, Sara-Marie, Vom „Gastarbeiter" zum Mitbürger. Integration durch Bildung in Nordrhein-Westfalen am Beispiel der Revierarbeitsgemeinschaft für kulturelle Bergmannsbetreuung im Ruhrgebiet, in: Geschichte im Westen 33 (2018), S. 227–255.
Denecke, Johannes/Neumann, Dirk, Arbeitszeitordnung: nebst der Arbeitszeitregelung für Jugendliche nach dem Jugendarbeitsschutzgesetz sowie die Vorschriften über Sonntagsarbeit, Lohnzahlungen an Feiertagen und den Ladenschluss. Kommentar, München 1991.
Derix, Simone, Die Thyssens. Familie und Vermögen, Paderborn 2016.
Deutsche Angestellten-Gewerkschaft (Hrsg.), EAN bestimmt Zukunft im Handel, Hamburg 1981.
Deutsche Angestellten-Gewerkschaft (Hrsg.), Rationalisierungsprobleme am Arbeitsplatz „Kasse" im Einzelhandel: Datenkassen, EAN, Scanner, Gestaltung von Kassenarbeitsplätzen in Selbstbedienungsläden, Hamburg 1980.
Dietz, Bernhard (Hrsg.), Gab es den Wertewandel? Neue Forschungen zum gesellschaftlich-kulturellen Wandel seit den 1960er Jahren, München 2014.
Dietz, Bernhard/Neumaier, Christopher, Vom Nutzen der Sozialwissenschaften für die Zeitgeschichte. Werte und Wertewandel als Gegenstand historischer Forschung, in: VfZ 60 (2012), S. 293–304.

Ditt, Karl, Rationalisierung im Einzelhandel: Die Einführung und Entwicklung der Selbstbedienung in der Bundesrepublik Deutschland 1949–2000, in: Prinz, Michael (Hrsg.), Der lange Weg in den Überfluss, Paderborn 2003, S. 315–356.
Dittmar, Rupprecht, Die Deutsche Angestellten-Gewerkschaft. Ämter und Organisationen der Bundesrepublik Deutschland, Düsseldorf 1978.
Doering-Manteuffel, Anselm/Raphael, Lutz/Schlemmer, Thomas (Hrsg.), Vorgeschichte der Gegenwart: Dimensionen des Strukturbruchs nach dem Boom, Göttingen 2016.
Doering-Manteuffel, Anselm/Raphael, Lutz, Nach dem Boom. Perspektiven auf die Zeitgeschichte seit 1970, Göttingen ^{3}2012.
Dostal, Werner, Erwerbsarbeit, in: Hirsch-Kreinsen, Hartmut/Minssen, Heiner (Hrsg.), Lexikon der Arbeits- und Industriesoziologie, Baden-Baden 2017, S. 122–125.
DRAIFLESSEN Collection (Hrsg.), C&A zieht an! Impressionen einer 100-jährigen Unternehmensgeschichte (Katalog der Ausstellung), Mettingen 2011.
Dunkel, Wolfgang/Voß, Gerd Günter (Hrsg.), Dienstleistung als Interaktion. Beiträge aus einem Forschungsprojekt, München 2004.
Eckart, Christel, Die Teilzeitarbeit von Frauen. Eine prekäre Strategie gegen Einseitigkeit und Doppelbelastung, in: Feministische Studien 1 (1982), H. 1, S. 19–32.
Eckart, Christel/Jaerisch, Ursula/Kramer, Helgard (Hrsg.), Frauenarbeit in Familie und Fabrik. Eine Untersuchung von Bedingungen und Barrieren der Interessenwahrnehmung von Industriearbeiterinnen, Frankfurt a. M./New York 1979.
Eicken, Wilhelm u. a., Der Lochstreifen in informationsverarbeitenden Systemen, Braunschweig 1964.
Einsporn, Thomas/Wiegand, Ralf, Electronic Commerce im Internet. Einfluss und Bedeutung für klein- und mittelständische Unternehmen an der Schwelle zum 21. Jahrhundert, Köln 1999.
Eisenbach-Stangl, Irmgard, Eine Gesellschaftsgeschichte des Alkohols: Produktion, Konsum und soziale Kontrolle alkoholischer Rausch- und Genußmittel in Österreich, 1918–1984, Frankfurt a. M./New York 1991.
Ellermann, Bernd, Bäckergeselle sucht Arbeit, auch als Verkäuferin: Stilblüten in Kleinanzeigen, München 1989.
Engels, Jens Ivo, Naturpolitik in der Bundesrepublik. Ideenwelt und politische Verhaltensstile in Naturschutz und Umweltbewegung, 1950–1980, Paderborn 2006.
Engfer, Jürgen, Rationalisierungsstrategien im Einzelhandel: Widersprüche der Organisation von Dienstleistungsarbeit, Frankfurt a. M. u. a. 1984.
Etzemüller, Thomas, Biographien. Lesen – erforschen – erzählen, Frankfurt a. M./New York 2012.
Faber, Christel/Wehrsig, Christof/Borchers Uwe, Frauenerwerbsarbeit und neue Technologien im Einzelhandel, Opladen 1992.
Fabian, Sina, Individualisierung, Pluralisierung und Massenkonsum: Wandel von Konsummustern im 20. Jahrhundert, in: Christian Kleinschmidt/Jan Logemann (Hrsg.), Konsum im 19. und 20. Jahrhundert, Berlin 2021, S. 337–362.
Federici, Silvia, Aufstand aus der Küche: Reproduktionsarbeit im globalen Kapitalismus und die unvollendete feministische Revolution, Münster 2012.
Federici, Silvia, Wages against Housework, New York 1975.
Feldhoff, Kerstin, Der Anspruch auf gleichen Lohn für gleichwertige Arbeit. Zur mittelbaren Diskriminierung von Frauen in Entgelttarifverträgen, Baden-Baden 1998.
Fersen, Olaf von, Ein Jahrhundert Automobiltechnik: Nutzfahrzeuge, Düsseldorf 1987.
Finger, Jürgen, Eigensinn im Einheitsstaat. NS-Schulpolitik in Württemberg, Baden und im Elsass 1933–1945, Baden-Baden 2016.
Forschungsinstitut der Friedrich-Ebert-Stiftung Abt. Wirtschaftspolitik (Hrsg.), Stärkung der Kernstädte. Stadtverkehr und Cityhandel, Bonn 1995.
Frese, Matthias, „Samstags gehört Vati mir". Arbeit und Freizeit von Frauen und Männern in der gewerkschaftlichen Diskussion der frühen Bundesrepublik (1949–1965), in: Westfälische Forschungen 45 (1995), S. 73–101.
Friedmann, Petra/Pfau, Birgit, Frauenarbeit in der Krise – Frauenarbeit trotz Krise? Korrekturversuch an einem arbeitsmarkttheoretischen Allgemeinplatz, in: Leviathan 13 (1985), H. 2, S. 155–186.

Fries, Dagmar, Teilzeitarbeit. Die Entwicklung der Diskussion innerhalb der HBV, in: „Probiern wir's halt mit dem Weib einmal!" Aus der Geschichte der gewerkschaftlichen Frauenpolitik in Bayern, 1945–1995, hrsg. v. Landesfrauenausschuss des DGB Bayern, München 2002, S. 30–33.
Fries, Dagmar, in: Pilwousek, Ingelore (Hrsg.), Wir lassen uns nicht alles gefallen. 18 Münchner Gewerkschafterinnen erzählen aus ihrem Leben, München 1998, S. 56–67.
Fritsche, Maria, Männlichkeit als Forschungskategorie? Vom Nutzen genderhistorischer Ansätze für die Militär- und Militärjustizgeschichte, in: Bade, Claudia (Hrsg.), NS-Militärjustiz im Zweiten Weltkrieg. Disziplinierungs- und Repressionsinstrument in europäischer Dimension, Göttingen 2015, S. 61–76.
Gabriel, Karl, Die Katholiken in den 50er Jahren: Restauration, Modernisierung und beginnende Auflösung eines konfessionellen Milieus, in: Schildt, Axel/Sywottek, Arnold (Hrsg.), Modernisierung im Wiederaufbau. Die westdeutsche Gesellschaft der 50er Jahre, Bonn 1993, S. 418–432.
Gartmayer, Eduard, Nicht für den Gewinn allein. Die Geschichte des deutschen Einzelhandels, Frankfurt a. M. 1964.
Gartz, Hubert/Küter, Manfred, Teilzeitarbeit im Handel. Geteilte Arbeit – geteilte Rechte? Absicherung qualifizierter Teilzeitarbeit mit der DAG, hrsg. v. d. Deutschen Angestellten-Gewerkschaft. Bundesberufsgruppe Kaufmännische Angestellte, Hamburg 1985.
Gehmacher, Johanna/Hauch, Gabriella, Einleitung, in: dies. (Hrsg.), Frauen- und Geschlechtergeschichte des Nationalsozialismus. Fragestellungen, Perspektiven, neue Forschungen, Wien 2007, S. 7–19.
Gehrke, Martha Maria/Lindemann, Barbara, Hohe Schule der Verkäuferin, München 1957.
Gelberg, Karl-Ulrich, Ausblick, in: Schmid, Alois (Hrsg.), Handbuch der bayerischen Geschichte 4/1. Das neue Bayern. Von 1800 bis zur Gegenwart. Erster Teilband. Staat und Politik, München 2003, S. 957–1008.
Gelberg, Karl-Ulrich, Vom Kriegsende bis zum Ausgang der Ära Goppel (1945–1978), in: Schmid, Alois (Hrsg.), Handbuch der bayerischen Geschichte 4/1. Das neue Bayern. Von 1800 bis zur Gegenwart. Erster Teilband. Staat und Politik, München 2003, S. 635–956.
Geppert, Alexander C. T./Kössler, Till, Zeit-Geschichte als Aufgabe, in: dies. (Hrsg.), Obsession der Gegenwart. Zeit im 20. Jahrhundert, Göttingen 2015, S. 7–36.
Gerhard, Ute, Unerhört: Die Geschichte der deutschen Frauenbewegung, Reinbek bei Hamburg 1990.
Gerhard, Ute, Verhältnisse und Verhinderungen, Frauenarbeit, Familie und Rechte der Frauen im 19. Jahrhundert, Frankfurt a. M. 1978.
Gerhart, Ulrike, Tatort Arbeitsplatz: Sexuelle Belästigung von Frauen, München 1992.
Gerlach, Gerhard u. a. (Hrsg.), Dienst am Kunden? Der Handel zwischen Flexibilisierung und Ladenschluß, Hamburg 1987.
Gerlach, Gerhard, Vorreiter der Flexibilisierung. Arbeitszeit- und Freizeitsysteme im Einzelhandel, in: ders. u. a. (Hrsg.), Dienst am Kunden? Der Handel zwischen Flexibilisierung und Ladenschluß, Hamburg 1987, S. 47–65.
Gerlach, Gerhard, Arbeitszeitverkürzung ohne Lohnausgleich. Teilzeitarbeit im Einzelhandel, in: ders. u. a. (Hrsg.), Dienst am Kunden? Der Handel zwischen Flexibilisierung und Ladenschluß, Hamburg 1987, S. 85–102.
Gerlach, Rüdiger, Betriebliche Sozialpolitik im historischen Systemvergleich. Das Volkswagenwerk und der VEB Sachsenring von den 1950er bis in die 1980er Jahre, Stuttgart 2014.
Gershuny, Jonathan, Time Use and Social Inequality Since the 1960s. The Gender Dimension, in: Geppert, Alexander C. T./Kössler, Till (Hrsg.), Obsession der Gegenwart: Zeit im 20. Jahrhundert, Göttingen 2015, S. 251–271.
Gerstenberg, Günther, „Solang der Alte Peter … bis zwei Uhr und nicht später". Wie die verlängerten Samstag-Ladenöffnungszeiten 1953/54 beinahe zu einem Bürgerkrieg führten, in: Pfeiffer, Zara S. (Hrsg.), Auf den Barrikaden. Proteste in München seit 1945, München 2011, S. 61–70.
Gerstenberg, Günther, „Verhältnisse untragbar". Wie 1953/54 die verlängerten Samstag-Ladenöffnungszeiten beinahe zu einem Bürgerkrieg führten, Artikel auf der Homepage des Projekts „Protest in München seit 1945", http://protest-muenchen.sub-bavaria.de/artikel/3533 [zuletzt abgerufen am 15. 10. 2022].
Gesellschaft für deutsche Sprache (Hrsg.), Der Sprachdienst 40 (1996), H. 1, 3, 4.

Gestrich, Andreas, Geschichte der Familie im 19. und 20. Jahrhundert, München 2013.
Giegel, Hans-Joachim, Strukturmerkmale einer Erfolgskarriere, in: Fischer-Rosenthal, Wolfram/Alheit, Peter (Hrsg.), Biographien in Deutschland. Soziologische Rekonstruktionen gelebter Gesellschaftsgeschichte, Opladen 1995, S. 213–231.
Giese, Gudrun, Weiblich, systemrelevant, unterbezahlt, in: ver.di publik Nr. 6/2020, S. 5.
Giese, Gudrun/Hamann, Andreas, Schwarz-Buch Lidl Europa: billig auf Kosten der Beschäftigten, Berlin 2004.
Gildemeister, Regine, Doing Gender. Soziale Praktiken der Geschlechterunterscheidung, in: Becker, Ruth/Kortendiek, Beate (Hrsg.), Handbuch Frauen- und Geschlechterforschung: Theorie, Methoden, Empirie, Wiesbaden 2010, S. 137–145.
Girschik, Katja/Ritschl, Albrecht/Welskopp, Thomas (Hsrg.), Der Migros-Kosmos: zur Geschichte eines aussergewöhnlichen Schweizer Unternehmens, Baden 2013.
Girschik, Katja, Als die Kassen lesen lernten: eine Technik- und Unternehmensgeschichte des Schweizer Einzelhandels 1950–1975, München 2010. (= Kurztitel „Kassen lesen")
Girschik, Katja, Als die Kassen lesen lernten. Die Anfänge der rechnergestützten Warenwirtschaft bei der Migros, in: Traverse: Zeitschrift für Geschichte = Revue d'histoire 12 (2005), S. 110–125. (= Kurztitel: „Kassen")
Glaubitz, Jürgen, Einzelhandel – nicht einzeln handeln!, in: Achten, Udo (Hrsg.), Mitten im Leben. Wir, die HBV, wird 50, Solingen 1994, S. 68–71.
Glaubitz, Jürgen, Die Liberalisierung des Ladenschlusses ist erst ein kleiner Testlauf, in: Angestellten-Magazin (DGB) 1988, H. 5, S. 3–5.
Glaubitz, Jürgen, Feierabend statt Dienstleistungsabend, in: Gerlach, Gerhard u. a. (Hrsg.), Dienst am Kunden? Der Handel zwischen Flexibilisierung und Ladenschluß, Hamburg 1987, S. 15–27.
Glaubitz, Jürgen, Arbeitnehmer im Einzelhandel, in: ders. u. a. (Hrsg.), Hinter Neonlicht und Glitzerwelt. Arbeiten im Kaufhaus, Hamburg 1985, S. 116–134.
Glaubitz, Jürgen, Angestellte und Gewerkschaften, in: ders. u. a. (Hrsg.), Hinter Neonlicht und Glitzerwelt. Arbeiten im Kaufhaus, Hamburg 1985, S. 159–189.
Glaubitz, Jürgen, Weibliche Angestellte im Einzelhandel, in: WSI-Mitteilungen 38 (1985), H. 8, S. 456–461.
Glaubitz, Jürgen, Rationalisierung im Einzelhandel und gewerkschaftliche Gegenwehr, in: WSI Mitteilungen 33 (1980), H. 8, S. 436–445.
Goldmann, Monika/Müller, Ursula, Junge Frauen im Verkaufsberuf. Berufliche Sozialisation, Arbeits- und Lebensperspektiven, Stuttgart 1986.
Gotto, Bernhard/Seefried, Elke, Von Männern und „Makeln". Einleitende Überlegungen zur Gesellschaftsgeschichte der Bundesrepublik in geschlechtshistorischer Perspektive, in: dies. (Hrsg.), Männer mit „Makel". Männlichkeiten und gesellschaftlicher Wandel in der frühen Bundesrepublik, Berlin/Boston 2017, S. 7–23.
Graaf, Jan de, Frauen und wilde Streiks im Europa der Nachkriegszeit, in: Arbeit, Bewegung, Geschichte 18 (2019), H. 3, S. 13–33.
Graf, Rüdiger/Priemel, Kim Christian, Zeitgeschichte in der Welt der Sozialwissenschaften. Legitimität und Originalität einer Disziplin, in: VfZ 59 (2011), H. 4, S. 479–508.
Grazia, Victoria de, Das unwiderstehliche Imperium: Amerikas Siegeszug im Europa des 20. Jahrhunderts, Stuttgart 2010.
Grazia, Victoria de, Irresistible empire: America's advance through twentieth-century Europe, Cambridge, Mass. u. a. 2005.
Günthner, Susanne, Zwischen Scherz und Schmerz – Frotzelaktivitäten in Alltagsinteraktionen, in: Kotthoff, Helga (Hrsg.), Scherzkommunikation: Beiträge aus der empirischen Gesprächsforschung, Opladen 1996, S. 81–108.
Hämmerling, Christine/Zetti, Daniela, Einführung, in: dies. (Hrsg.), Das dokumentierte Ich. Wissen in Verhandlung, Zürich 2018, S. 7–15.
Häußermann, Hartmut/Siebel, Walter, Dienstleistungsgesellschaften, Frankfurt a. M. 1995.
Hagemann, Friedhelm, Zur sozialen Lage im Selbstständigen Lebensmitteleinzelhandel, Diss. Köln 1960.
Hagemann, Karin/Quataert, Jean H., Einführung: Geschichte und Geschlechter. Geschichtsschreibung und akademische Kultur in Westdeutschland und den USA im Vergleich, in: dies.

(Hrsg.), Geschichte und Geschlechter. Revisionen der neueren deutschen Geschichte, Frankfurt a. M. 2008, S. 11–63.

Halberstadt, Gerhard, Die Angestellten und ihre Gewerkschaft. Stationen einer bewegten Geschichte, Freiburg i. Br. 1991.

Haupt, Heinz-Gerhard, Konsum und Handel. Europa im 19. und 20. Jahrhundert, Göttingen 2003.

Hausen, Karin, Wirtschaften mit der Geschlechterordnung. Ein Essay, in: dies. (Hrsg.), Geschlechtergeschichte als Gesellschaftsgeschichte, Göttingen 2012, S. 189–209 [zuerst erschienen in: dies. (Hrsg.), Geschlechterhierarchie und Arbeitsteilung. Zur Geschichte ungleicher Erwerbschancen von Männern und Frauen, Göttingen 1993, S. 40–70].

Hausen, Karin, Arbeiterinnenschutz, Mutterschutz und gesetzliche Krankenversicherung im Deutschen Kaiserreich und in der Weimarer Republik. Zur Funktion von Arbeits- und Sozialrecht für die Normierung und Stabilisierung der Geschlechterverhältnisse, in: dies. (Hrsg.), Geschlechtergeschichte als Gesellschaftsgeschichte, Göttingen 2012, S. 210–237.

Hausen, Karin, Arbeit und Geschlecht, in: dies. (Hrsg.), Geschlechtergeschichte als Gesellschaftsgeschichte, Göttingen 2012, S. 238–252.

Hausen, Karin, Die Nicht-Einheit der Geschichte als historiographische Herausforderung. Zur historischen Relevanz und Anstößigkeit der Geschlechtergeschichte, in: Hans Medick, Anne-Charlott Trepp (Hrsg.), Geschlechtergeschichte und Allgemeine Geschichte: Herausforderungen und Perspektiven, Göttingen 1998, S. 15–55.

Hausen, Karin, Frauenerwerbstätigkeit und erwerbstätige Frauen. Anmerkungen zur historischen Forschung, in: Gunilla-Friedrike Budde (Hrsg.), Frauen arbeiten. Weibliche Erwerbstätigkeit in Ost- und Westdeutschland nach 1945, Göttingen 1997, S. 19–45.

Hausen, Karin, Geschlechterhierarchie und Arbeitsteilung. Zur Geschichte ungleicher Erwerbschancen von Männern und Frauen, Göttingen 1993.

Hautsch, Gert, Kampf und Streit um Arbeitszeit. Dokumente und Materialien zur Geschichte des Kampfes um Arbeitszeitverkürzung. Erfahrungen, Argumente, Kontroversen, Frankfurt a. M. 1984.

Hax, Karl, Betriebliche Sozialordnung (III). Betriebliche Sozialpolitik, in: Beckerath, Erwin (Hrsg.), Handwörterbuch der Sozialwissenschaften, Stuttgart 1959, S. 74–82.

Heinemann, Isabel, Die patriarchale Familie als „Keimzelle" der Demokratie – oder deren größte Bedrohung? Konflikte um den Wert der Familie in der Bundesrepublik, in: VfZ 69 (2021), H. 4, S. 701–711.

Heinemann, Isabel/Steber, Martina, Geschlecht und Demokratie. Deutungskämpfe um die Ordnung der Gesellschaft in der Bundesrepublik Deutschland, in: VfZ 69 (2021), H. 4, S. 669–678.

Heinsohn, Kirsten, Gruppenbild ohne Dame. Demokratie in der frühen Bundesrepublik, in: VfZ 69 (2021), H. 4, S. 679–687.

Heinsohn, Kirsten/Kemper, Claudia, Geschlechtergeschichte, Version: 1.0, in: Docupedia-Zeitgeschichte, vom 04. 12. 2012, http://docupedia.de/zg/heinsohn_kemper_geschlechtergeschichte_v1_de_2012 [zuletzt abgerufen am 26. 07. 2022].

Heinsohn, Kirsten, Kommentar: Nachkriegszeit und Geschlechterordnung, in: Paulus, Julia/Silies, Eva-Maria/Wolff, Kerstin (Hrsg.), Zeitgeschichte als Geschlechtergeschichte. Neue Perspektiven auf die Bundesrepublik, Frankfurt a. M. 2012, S. 92–99.

Herbert, Ulrich, Geschichte Deutschlands im 20. Jahrhundert, München 2014.

Herbert, Ulrich, Geschichte der Ausländerbeschäftigung in Deutschland 1880 bis 1980. Saisonarbeiter – Zwangsarbeiter – Gastarbeiter, Bonn 1986.

Heßler, Martina, Die Halle 54 bei Volkswagen und die Grenzen der Automatisierung. Überlegungen zum Mensch-Maschine-Verhältnis in der industriellen Produktion der 1980er-Jahre, in: Zeithistorische Forschungen/Studies in Contemporary History, Online-Ausgabe, 11 (2014), H. 1, https://zeithistorische-forschungen.de/1-2014/4996 [zuletzt abgerufen am 25. 07. 2022], Druckausgabe: S. 56–76.

Heßler, Martina, Kulturgeschichte der Technik, Frankfurt a. M. 2012.

Higginbotham, Elizabeth/Romero, Mary (Hrsg.), Women and Work. Exploring race, ethnicity and class, Thousand Oaks u. a. 1997.

Hilberath, Leo, Beruf und Lebensschicksal der Verkäuferin im Lebensmittelhandel, Köln 1934.

Hilf, Ellen u. a., Berufsfachlichkeit im Einzelhandel – eine umkämpfte Ressource, in: Arbeits- und Industriesoziologische Studien 11 (2018), H. 1, S. 60–75.

Hilger, Susanne, Paternalismus und Unternehmenskultur, in: Phänomen Familienunternehmen, S. 95–104.
Hindenburg, Barbara von, Erwerbstätigkeit von Frauen im Kaiserreich und in der Weimarer Republik, 2018, in: https://www.digitales-deutsches-frauenarchiv.de/themen/erwerbstaetigkeit-von-frauen-im-kaiserreich-und-der-weimarer-republik [zuletzt abgerufen am 15. 10. 2022].
Hochschild, Arlie Russell, The Managed Heart. Commercialization of human Feeling, Berkeley/Los Angeles 2012.
Hockerts, Hans Günter, Einführung, in: ders. (Hrsg.), Koordinaten deutscher Geschichte in der Epoche des Ost-West-Konflikts, München 2004, S. VII–XV.
Hockerts, Hans Günter, Zeitgeschichte in Deutschland. Begriff, Methoden, Themenfelder, in: Historisches Jahrbuch 113 (1993), S. 98–127.
Hodenberg, Christina von, Das andere Achtundsechzig. Gesellschaftsgeschichte einer Revolte, Bonn 2018.
Hodenberg, Christina von, Writing Women's Agency into the History of the Federal Republic: "1968," Historians, and Gender, in: Central European History 52 (2019), S. 87–106.
Hoffmann, Dierk (Hrsg.), Transformation einer Volkswirtschaft. Neue Forschungen zur Geschichte der Treuhandanstalt, Berlin 2020.
Homburg, Heidrun, The first large firms in German retailing – the chains of deparment stores from the 1920's to the 1970/80's: structures, strategies, management, in: Jahrbuch für Wirtschaftsgeschichte 41 (2000), H. 1, S. 171–198.
Holzgang, Gilbert, Zuhause bei Volkswagen. Vom Gastarbeiter zum Werksangehörigen – 16 Geschichten, Wolfsburg 2012.
Hradil, Stefan, Arbeit, Freizeit, Konsum: Von der Klassengesellschaft zu neuen Milieus?, in: Raithel, Thomas/Rödder, Andreas/Wirsching, Andreas (Hrsg.), Auf dem Weg in eine neue Moderne? Die Bundesrepublik Deutschland in den siebziger und achtziger Jahren, München 2009, S. 69–82.
Huhn, Felix, Nochmals: Die „Zölibatsklausel" im Einzelarbeitsvertrag, in: Arbeit und Recht 1 (1953), H. 9, S. 260–263.
Hunn, Karin, „Nächstes Jahr kehren wir zurück ..." Die Geschichte der türkischen „Gastarbeiter" in der Bundesrepublik, Göttingen 2005.
Institut für Angewandte Sozialwissenschaft (Godesberg) [Infas] (Hrsg.), Fragebogenaktion der Gewerkschaft Handel, Banken und Versicherungen bei Beschäftigten im Einzelhandel, Bonn-Bad Godesberg 1975.
Jacobsen, Heike, Umbruch des Einzelhandels in Ostdeutschland. Westdeutsche Unternehmen als Akteure im Transformationsprozeß, Frankfurt a. M. 1999.
Jacobsen, Heike/Hilf, Ellen, Beruf als Fiktion. Wandel von Berufsfachlichkeit im Einzelhandel unter flexibilisierten Beschäftigungsbedingungen, in: Dunkel, Wolfgang/Hanekop, Heidemarie/Mayer-Ahuja, Nicole (Hrsg.), Blick zurück nach vorn. Sekundäranalysen zum Wandel von Arbeit nach dem Fordismus, Frankfurt a. M. 2019, S. 255–289.
Jacques, Tristan, L'américanisation du commerce francais au début des années 1960. Bernardo Trujillo et les séminaires Modern Merchant Methods, in: Vingtième Siècle. Revue d'Histoire 134 (2017), S. 131–145.
Jäger, Jens, Überlegungen zu einer historiografischen Bildanalyse, in: Historische Zeitschrift 304 (2017), S. 655–682.
Jessen, Ralph/Langer, Lydia (Hrsg.), Transformations of Retailing in Europe after 1945, Ashgate 2012.
Jochim, Valerie, Care. Macht. Arbeit. Lebenswelten von Alleinerziehenden, Frankfurt a. M. 2020.
Jordan, Anna Maria, Entgeltdiskriminierung in Frauenberufen?, Frankfurt a. M. 2012.
Kaelble, Hartmut, Mehr Reichtum, mehr Armut. Soziale Ungleichheit in Europa vom 20. Jahrhundert bis zur Gegenwart, Frankfurt a. M. 2017.
Kambartel, Andrea, Die Kasse klingelt nicht mehr ... Die Anfänge des computergesteuerten Warenwirtschaftssystems bei C&A, in: DRAIFLESSEN Collection (Hrsg.), C&A zieht an. Impressionen einer 100-jährigen Unternehmensgeschichte (Katalog der Ausstellung), Mettingen 2011, S. 214–219.
Kaufhof-Warenhaus AG (Hrsg.), Erlebniswelt Kaufhof. Ein Warenhaus in Deutschland, Köln 2001.

Kenning, Peter/Hennig, Alexander/Schneider, Willy, Handelsfunktionen. Ausführliche Definition im Online-Lexikon, https://wirtschaftslexikon.gabler.de/definition/handelsfunktionen-32550/version-256093 [zuletzt abgerufen am 27. 07. 2022].

Kenny, Bridget, Walmart in South Africa: Precarious labor and retail expansion, in: International labor and working-class history 86 (2014), S. 173–177.

Kerchner, Brigitte, Beruf und Geschlecht. Frauenberufsverbände in Deutschland 1848–1908, Göttingen 1992.

Kern, Horst/Schumann, Michael, Industriearbeit und Arbeiterbewußtsein. Eine empirische Untersuchung über den Einfluß der aktuellen technischen Entwicklung auf die industrielle Arbeit und das Arbeiterbewußtsein, Teil 1 und 2, Frankfurt a. M. 1970.

Kessel, Martina, Verfügte Zeit, gelebte Zeit. Frauen zwischen Arbeit und freie Zeit im 19. und 20. Jahrhundert, in: dies. (Hrsg.), Zwischen Abwasch und Verlangen. Zeiterfahrungen von Frauen im 19. und 20. Jahrhundert, München 1995, S. 9–30.

Kessler-Harris, Alice, Women have always worked. A concise history. Second edition, Urbana u. a. 2018.

Kibgis, Ilse, Meine Stadt ist kein Knüller in Reisekatalogen – Gedichte von Ilse Kibgis, Oberhausen 1984.

Kießling, Friedrich, Wohlstand, Soziale Marktwirtschaft und Konsum. Ökonomische und soziale Kohäsionskräfte in der alten Bundesrepublik, in: Zedler, Jörg (Hrsg.), „Was die Welt im Innersten zusammenhält". Gesellschaftlich-staatliche Kohäsionskräfte im 19. und 20. Jahrhundert, München 2014, S. 179–196.

Klammer, Ute/Menke, Katrin, Gender-Datenreport, in: Geschlechterdemokratie. Informationen zur politischen Bildung 342 (2020), H. 1, S. 20–33.

Kleemann, Frank/Voß, Günter G./Rieder, Kerstin, Crowdsourcing und der Arbeitende Konsument, in: Arbeits-und Industriesoziologische Studien 1 (2008), H. 1, S. 29–44.

Klein, Matthias u. a., Faire Arbeit – Fairer Wettbewerb. Der Einzelhandel der Zukunft. Eine praxisorientierte Studie im Auftrag des Ministeriums für Arbeit, Integration und Soziales des Landes Nordrhein-Westfalen (MAIS NRW) in Kooperation mit der Hans-Böckler-Stiftung und dem ver.di Landesbezirk NRW, Fachbereich Handel, Essen 2016.

Klein, Martina, Gewerkschaften und Teilzeitarbeit in Deutschland: eine vergleichende Untersuchung des Einzelhandels und der Gebäudeinnenreinigung, Baden-Baden 1995.

Kleinöder, Nina/Müller, Stefan/Uhl, Karsten (Hrsg.), „Humanisierung der Arbeit." Aufbrüche und Konflikte in der rationalisierten Arbeitswelt des 20. Jahrhunderts, Bielefeld 2019.

Kleinöder, Nina, Unternehmen und Sicherheit. Strukturen, Akteure und Verflechtungsprozesse im betrieblichen Arbeitsschutz der westdeutschen Eisen- und Stahlindustrie nach 1945, Stuttgart 2015.

Kleinschmidt, Christian, Konsumgesellschaft, Göttingen 2008.

Kleinschmidt, Christian/Logemann, Jan (Hrsg.), Konsum im 19. und 20. Jahrhundert, Berlin 2021.

Kleßmann, Christoph, Kontinuitäten und Veränderungen im protestantischen Milieu, in: Schildt, Axel/Sywottek, Arnold (Hrsg.), Modernisierung im Wiederaufbau. Die westdeutsche Gesellschaft der 50er Jahre, Bonn 1993, S. 403–417.

Klink, Daniel, Der Ehrbare Kaufmann. Das ursprüngliche Leitbild der Betriebswirtschaftslehre und individuelle Grundlage für die CSR-Forschung, in: Schwalbach, Joachim (Hrsg.), Corporate Social Responsibility. Zeitschrift für Betriebswirtschaft – Journal of Business Economics, Special Issue 3, Wiesbaden 2008, S. 57–79.

Klingemann, Sabine/Schröder, Doris/Schwark, Meike, 50 Jahre HBV Hamburg. Jung und Selbstbewußt. Eine Chronik, Düsseldorf 1998.

Kocka, Jürgen, Work as a problem in European History, in: ders. (Hrsg.), Work in a modern society. The German Historical Experience in comparative perspective, New York/Oxford 2012, S. 1–15.

Köhnen, Heiner, Unternehmenskultur und Personalpolitik. Zur Situation der Beschäftigten und der Interessensvertretung bei H & M, Düsseldorf 2006.

Köhnen, Heiner, Das System Wal-Mart: Strategien, Personalpolitik und Unternehmenskultur eines Einzelhandelsgiganten, Arbeitspapier, No. 20, Hans-Böckler-Stiftung, Düsseldorf 2000.

Koellreuter, Isabell, „Ist Verkaufen eigentlich ein Beruf?" Der Weg zur Berufsausbildung für Verkäuferinnen in der Schweiz, in: Traverse. Zeitschrift für Geschichte – Revue d'histoire 12 (2005), H. 3, S. 95–107.

König, Wolfgang, Kleine Geschichte der Konsumgesellschaft. Konsum als Lebensform der Moderne, Stuttgart 2008.
Kohlrausch, Bettina/Hövermann, Andreas, Arbeit in der Krise, vom 06. 10. 2020, auf der Homepage des Wirtschafts- und Sozialwissenschaftlichen Instituts, https://www.wsi.de/de/blog-17857-arbeit-in-der-krise-27098.htm [zuletzt abgerufen am 27. 07. 2022].
Koller, Edith, Zeitordnung, in: Enzyklopädie der Neuzeit, Bd. 15, Stuttgart 2012, hrsg. v. Friedrich Jäger, Sp. 385–391.
Kollmer-von Oheimb-Loup, Gert/Hanitsch, Jutta (Hrsg.), Die Bestände des Wirtschaftsarchivs Baden-Württemberg. Unternehmen, Industrie- und Handelskammern, Handwerkskammern, Verbände, Vereine, Nachlässe, Ostfildern ²2020.
Koopman, Klaus, Vertrauensleute. Arbeitervertretung im Betrieb, Hamburg 1981.
Kotthoff, Hermann, Betriebsräte und betriebliche Herrschaft: eine Typologie von Partizipationsmustern im Industriebetrieb, Frankfurt a. M. 1981.
Kramer, Nicole, Neue soziale Bewegungen, Sozialwissenschaften und die Erweiterung des Sozialstaats. Familien- und Altenpolitik in den 1970er und 1980er Jahren, in: AfS 52 (2012), S. 211–230.
Kratzer, Nick, Entgrenzung, in: Hirsch-Kreinsen, Hartmut/Minssen, Heiner (Hrsg.), Lexikon der Arbeits- und Industriesoziologie, Baden-Baden 2017, S. 116–119.
Krauss, Marita, Die königlich-bayerischen Hoflieferanten, München 2008.
Krauss, Oda, Beruf ist nicht das ganze Leben, in: Jürgen Glaubitz u. a. (Hrsg.), Hinter Neonlicht und Glitzerwelt. Arbeiten im Kaufhaus, Hamburg 1985, S. 149–157.
Krohn, Judith, Wir verkaufen Mode. Subjektivierung von Arbeit im Filialverkauf eines Textilkonzerns, München/Mering 2008.
Küppers, Carolin, Intersektionalität, in: Gender Glossar / Gender Glossary, 2014, https://www.gender-glossar.de/post/intersektionalitaet [zuletzt abgerufen am 30. 07. 2022].
Küthe, Alexandra, Das Frauenbild der feministischen Zeitschrift EMMA, Berlin 2005.
Kuhn, Bärbel, Haus, Frauen, Arbeit: 1915–1965. Erinnerungen aus fünfzig Jahren Haushaltsgeschichte, St. Ingbert 1994.
Kunze, Otto, Die „Zölibatsklausel" im Einzelarbeitsvertrag, in: Arbeit und Recht 1 (1953), H. 3, S. 76–78.
Kury, Patrick, Der überforderte Mensch. Eine Wissensgeschichte vom Stress zum Burnout, Frankfurt a. M. 2012.
Kutsch, Thomas/Vilmar, Fritz, Arbeitszeitverkürzung – Ein Weg zur Vollbeschäftigung?, Opladen 1983.
Lackmann, Jürgen, „Was ich als Verkäufer(in) lernen muss." Fachliche und persönliche Anforderungen im Einzelhandel. Fallstudie für den Wirtschaftslehreunterricht, Weingarten 1978.
Langer, Lydia, Revolution im Einzelhandel. Die Einführung der Selbstbedienung in Lebensmittelgeschäften der Bundesrepublik Deutschland 1949–1973, Köln 2013.
Lehndorff, Steffen/Hermann, Christoph, Arbeitszeit, in: Hirsch-Kreinsen, Hartmut/Minssen, Heiner (Hrsg.), Lexikon der Arbeits- und Industriesoziologie, Baden-Baden 2017, S. 67–70.
Lemm, Rolf, Von Früh bis Spät – Arbeitszeit und Arbeitszeitverkürzung im Einzelhandel (Eine Chronologie), in: Gerlach, Gerhard u. a. (Hrsg.), Dienst am Kunden? Der Handel zwischen Flexibilisierung und Ladenschluß, Hamburg 1987, S. 120–132.
Lemm, Rolf/Skolnik Miriam, Arbeitszeitverkürzung und ihre betriebliche Umsetzung im Einzelhandel, in: WSI Mitteilungen 39 (1986), H. 5, S. 337–347.
Lenz, Ilse (Hrsg.), Die Neue Frauenbewegung in Deutschland. Abschied vom kleinen Unterschied. Eine Quellensammlung, Wiesbaden 2008.
Lenz, Ilse, Wenn Frauen nein sagen, dann meinen sie auch nein! Die Bewegung gegen Gewalt gegen Frauen, in: dies. (Hrsg.), Die Neue Frauenbewegung in Deutschland. Abschied vom kleinen Unterschied. Eine Quellensammlung, Wiesbaden 2008, S. 283–326.
Nachdruck des Gedichts „Selber schuld!", in: Streit. Feministische Rechtszeitschrift 1 (1983), S. 1, bei Ilse Lenz (Hrsg.), Die Neue Frauenbewegung in Deutschland. Abschied vom kleinen Unterschied. Eine Quellensammlung, Wiesbaden 2008, S. 316.
Lenz, Thomas, Konsum und Modernisierung. Die Debatte um das Warenhaus als Diskurs um die Moderne, Bielefeld 2011.

Lepik, Andreas/Bader, Vera Simon (Hrsg.), World of Malls. Architekturen des Konsums, München 2016.
Lindemann, Uwe, Das Warenhaus, Schauplatz der Moderne, Köln/Weimar/Wien 2015.
Lipponen, Aila-Marja, Naiset tiskin takana: myyjän muotokuva, hrsg. v. Sosialidemokraatiset Naiset, Helsinki 1980.
Loibl, Richard, Staatliches Textil- und Industriemuseum Augsburg: Museumsführer, Augsburg 2010.
Luh, Andreas, Betriebssport zwischen Arbeitgeberinteressen und Arbeitnehmerbedürfnissen. Eine historische Analyse vom Kaiserreich bis zur Gegenwart, Aachen 1998.
Luks, Timo, Der Betrieb als Ort der Moderne. Zur Geschichte von Industriearbeit, Ordnungsdenken und Social Engineering im 20. Jahrhundert, Bielefeld 2010.
Lummel, Peter/Deak, Alexandra (Hrsg.), Einkaufen! Eine Geschichte des täglichen Bedarfs, Berlin 2005.
Lutz, Joseph Maria/Bilek, Franziska, Hundert Jahre im Dienst der schönen Münchnerin und des bayerischen Meisterhandwerks: Ludwig Beck am Rathaus-Eck, Textilhaus Feldmeier KG, 1861–1961, München 1961.
Mähnert, Joachim, Der Bioladen. Einkaufen im Biotop – Überleben in der Nische, in: Lummel, Peter/Deak, Alexandra (Hrsg.), Einkaufen! Eine Geschichte des täglichen Bedarfs, Berlin 2005, S. 231–240.
Maier, Friederike, Zwischen Arbeitsmarkt und Familie – Frauenarbeit in den alten Bundesländern, in: Helwig, Gisela/Nickel, Hildegard Maria, Frauen in Deutschland 1945-1992, Bonn 1993, S. 257–279.
Maier, Friederike, Patriarchale Arbeitsmarktstrukturen. Das Phänomen geschlechtsspezifisch gespaltener Arbeitsmärkte in Ost und West, in: Feministische Studien 9 (1991), H. 1, S. 107–116.
Manfrahs, Frank, Shoppen zum Erlebnis machen: Innenstadt-Belebung durch Förderung von Einzelhandel, Dienstleistung und Gastronomie, in: ders., Citymanagement, Wiesbaden 2020.
Mang, Klaus/Mang, Eva, Neue Läden, Stuttgart 1981.
Marißen, Norbert, Leistungsorientierung in der Bundesrepublik Deutschland. Einstellungsveränderungen als Folge einer sich wandelnden Berufsstruktur, Frankfurt a. M. 1986.
Martschukat, Jürgen/Stieglitz, Olaf, Geschichte der Männlichkeiten, Frankfurt a. M./New York 2008.
Mattes, Monika, Krisenverliererinnen? Frauen, Arbeit und das Ende des Booms, in: Andresen, Knud/Bitzegeio, Ursula/Mittag, Jürgen (Hrsg.), „Nach dem Strukturbruch"? Kontinuität und Wandel von Arbeitsbeziehungen und Arbeitswelt(en) seit den 1970er Jahren, Bonn 2011, S. 127–140.
Mattes, Monika, Ambivalente Aufbrüche. Frauen, Familie und Arbeitsmarkt zwischen Konjunktur und Krise; in: Jarausch, Konrad (Hrsg.), Das Ende der Zuversicht? Die Strukturkrise der 70er Jahre als zeithistorische Zäsur, Göttingen 2008, S. 215–228.
Mattes, Monika, „Gastarbeiterinnen" in der Bundesrepublik. Anwerbepolitik, Migration und Geschlecht in den 50er bis 70er Jahren, Frankfurt a. M. 2005.
Maul, Bärbel, Akademikerinnen in der Nachkriegszeit: ein Vergleich zwischen der Bundesrepublik Deutschland und der DDR, Frankfurt a. M. 2002.
Mayer-Ahuja, Nicole, Prekär, informell – weiblich? Zur Bedeutung von „Gender" für die Aushöhlung arbeitspolitischer Standards, in: Burchardt, Hans-Jürgen/Peters, Stefan/Weinmann, Nico (Hrsg.), Arbeit in globaler Perspektive: Facetten informeller Beschäftigung, Frankfurt a. M. 2013, S. 55–78.
Mayer-Ahuja, Nicole, Wieder dienen lernen? Vom westdeutschen „Normalarbeitsverhältnis" zu prekärer Beschäftigung seit 1973, Berlin 2003.
McRae, Susan, Teilzeitarbeit in der Europäischen Union: die geschlechtsspezifische Dimension, Dublin 1996.
Meier-Gräwe, Uta, Neue Lebensformen – alte Verhältnisse?, in: Geschlechterdemokratie. Informationen zur politischen Bildung 342 (2020), H. 1, S. 34–45.
Menke, Annika, The Barcode Revolution in German Food Retailing, in: Jessen, Ralph/Langer, Lydia (Hrsg.), Transformations of Retailing in Europe after 1945, Ashgate 2012, S. 211–225.
Menninger, Siegfried, Verkaufsaktive Ladengestaltung von a bis z: neuzeitlicher Ladenbau, rationelle Einrichtung, verkaufsfördernde Warenpräsentation, Bad Wörishofen 1964.
Mentrup, Iris, C&A – Traditionsreiches Familienunternehmen und erfolgreicher Weltkonzern, in: DRAIFLESSEN Collection (Hrsg.), C&A zieht an! Impressionen einer 100-jährigen Unternehmensgeschichte (Katalog der Ausstellung), Mettingen 2011, S. 10–15.

Milkman, Ruth, Gender at Work: the Dynamics of Job Segregation by Sex during World War II, Urbana u. a. 1987.
Minssen, Heiner, Rationalisierung, in: Hirsch-Kreinsen, Hartmut/Minssen, Heiner (Hrsg.), Lexikon der Arbeits- und Industriesoziologie, Baden-Baden 2017, S. 268–272.
Möhring, Maren, Fremdes Essen. Die Geschichte der ausländischen Gastronomie in der Bundesrepublik Deutschland, München 2012.
Mohr, Robert, Verkäufer, Verkäuferin, Gräfelfing 1999.
Moldaschl, Manfred/Voss, Günter (Hrsg.), Subjektivierung von Arbeit, München 2002.
Molitor, Erich, Die Unzulässigkeit von Zölibatsklauseln in Einzelarbeitsverträgen (Rechtsgutachten), in: Arbeit und Recht 1 (1953), H. 12, S. 353–359.
Morgan, David (Hrsg.), Gender, Bodies and Work, Ashgate 2005.
Morgenthaler, Beatrice, Das Leben kommt zu kurz, in: Glaubitz, Jürgen u. a. (Hrsg.), Hinter Neonlicht und Glitzerwelt. Arbeiten im Kaufhaus, Hamburg 1985, S. 9–13.
Moreton, Bethany, To Serve God and Wal-Mart, Cambridge, MA 2009.
Mosbacher, Wolfgang, Sonntagsschutz und Ladenschluß: der verfassungsrechtliche Rahmen für den Ladenschluß an Sonn- und Feiertagen und seine subjektiv-rechtliche Dimension, Berlin 2007.
Mühlberg, Dietrich, Von der Arbeitsgesellschaft in die Konsum-, Freizeit- und Erlebnisgesellschaft. Kulturgeschichtliche Überlegungen zum Bedürfniswandel in beiden deutschen Gesellschaften, in: BISS public 8/9 (1998/1999), S. 213–234.
Müller, Hans-Peter, Die Deutsche Angestellten-Gewerkschaft im Wettbewerb mit dem DGB. Geschichte der DAG 1947–2001, Baden-Baden 2011.
Müller, Malte, Montanindustrielle Welten im Umbruch. Der Wandel von Arbeit und Arbeitspraktiken in der Stahlindustrie des Ruhrgebiets 1960–1987, Dissertation, München.
Müller, Stefan, Das Forschungs- und Aktionsprogramm „Humanisierung des Arbeitslebens" (1974–1989), in: Kleinöder, Nina/Müller, Stefan/Uhl, Karsten (Hrsg.), „Humanisierung der Arbeit." Aufbrüche und Konflikte in der rationalisierten Arbeitswelt des 20. Jahrhunderts, Bielefeld 2019, S. 59–90.
Müller, Ursula/Honrath, Rita/Ehrke, Michael, Verkäuferin sein – Was bedeutet das? Zum beruflichen Selbstverständnis – zur Berufsrealität und zur Berufsausbildung von Verkäuferinnen, in: WSI-Mitteilungen 12/1981, S. 740–749.
Müller, Walter/Willms, Angelika/Handl, Johann, Strukturwandel der Frauenarbeit 1880–1980, Frankfurt a. M. 1983.
Müller-Armack, Andreas, Kann Arbeitszeitverkürzung die Arbeitslosigkeit abbauen helfen?, in: Politische Studien 34 (1983), S. 293–300.
Müller-Luckmann, Elisabeth, Über die Glaubwürdigkeit kindlicher und jugendlicher Zeuginnen bei Sexualdelikten, Stuttgart 1959.
Nachreiner, Friedhelm, Arbeitszeit als Risikofaktor für Sicherheit, Gesundheit und soziale Teilhabe, in: Schütte, Martin (Hrsg.), Neue Konzepte zur Arbeitszeit und Arbeitsorganisation. Herbstkonferenz 2011 der Gesellschaft für Arbeitswissenschaft, Dortmund 2011.
Nave-Herz, Rosemarie, Die Geschichte der Frauenbewegung in Deutschland, Opladen 1994.
Neri-Ultsch, Daniela, Eine Stimme haben. 100 Jahre Frauenwahlrecht, in: Politische Studien 480 (2018), S. 26–36.
Neuloh, Otto, Sozialforschung aus gesellschaftlicher Verantwortung: Entstehungs- und Leistungsgeschichte der Sozialforschungsstelle Dortmund, Opladen 1983.
Neuloh, Otto, Sozialisation und Schichtarbeit, in: Friedrich Fürstenberg (Hrsg.), Industriesoziologie, Bd. 3, Neuwied am Rhein u. a. 1975, S. 107–132.
Neumaier, Christopher, Hausfrau, Berufstätige, Mutter? Frauen im geteilten Deutschland, Berlin 2022.
Neumann, Klaus, Freiheit am Arbeitsplatz. Betriebsdemokratie und Betriebsräte in Deutschland und Schweden (1880 bis 1950), Frankfurt a. M. 2015.
Niehuss, Merith, Kontinuität und Wandel der Familie in den 50er Jahren, in: Schildt, Axel/Sywottek, Arnold (Hrsg.), Modernisierung im Wiederaufbau. Die westdeutsche Gesellschaft der 50er Jahre, Bonn 1993, S. 316–334.
Oehlke, Paul, Humanisierung des Arbeitslebens, in: Hirsch-Kreinsen, Hartmut/Minssen, Heiner (Hrsg.), Lexikon der Arbeits- und Industriesoziologie, Baden-Baden 2017, S. 167–170.

Oertzen, Christine von, The Pleasure of a Surplus Income. Part-time work, gender politics, and social change in West Germany, 1955–1969, New York 2007.
Oertzen, Christine von, Teilzeitarbeit für die „moderne" Ehefrau. Gesellschaftlicher Wandel und geschlechtsspezifische Arbeitsteilung in den 1960er Jahren, in: Frese, Matthias/Paulus, Julia/Teppe, Karl (Hrsg.), Demokratisierung und gesellschaftlicher Aufbruch: Die sechziger Jahre als Wendezeit der Bundesrepublik, Paderborn/München 2003, S. 63–81.
Oertzen, Christine von, Teilzeitarbeit und die Lust am Zuverdienen. Geschlechterpolitik und gesellschaftlicher Wandel in Westdeutschland 1948–1969, Göttingen 1999.
Oertzen, Christine von/Rietzschel, Almut, Das „Kuckucksei" Teilzeitarbeit. Die Politik der Gewerkschaften im deutsch-deutschen Vergleich, in: Budde, Gunilla-Friederike (Hrsg.), Frauen arbeiten. Weibliche Erwerbstätigkeit in Ost- und Westdeutschland nach 1945, Göttingen 1997, S. 212–251.
Oltmer, Jochen/Kreienbrink, Axel/Sanz Díaz, Carlos (Hrsg.), Das „Gastarbeiter"-System. Arbeitsmigration und ihre Folgen in der Bundesrepublik Deutschland und Westeuropa, München 2012.
Oppolzer, Alfred, Kurzpausen für Kassiererinnen. Zur menschengerechten Gestaltung der Kassenarbeit, Köln 1992.
Ostner, Ilona/Beck-Gernsheim, Elisabeth, Mitmenschlichkeit als Beruf: eine Analyse des Alltags in der Krankenpflege, Frankfurt a. M. 1979.
Ostner, Ilona, Beruf und Hausarbeit. Die Arbeit der Frau in unserer Gesellschaft, Frankfurt a. M. 1978.
Oswald, Werner, Deutsche Last- und Lieferwagen, Bd. 2: 1945–1969; Bd. 3: 1970–1989, Stuttgart 2004.
Oswald, Anne von, Volkswagen, Wolfsburg und die italienischen „Gastarbeiter", 1962–1975. Die gegenseitige Verstärkung des Provisoriums, in: Archiv für Sozialgeschichte 42 (2002), S. 55–79.
Pateman, Carole, The Sexual Contract, Cambridge 1988.
Paulus, Julia/Silies, Eva-Maria/Wolff, Kerstin (Hrsg.), Zeitgeschichte als Geschlechtergeschichte. Neue Perspektiven auf die Bundesrepublik, Frankfurt a. M. 2012.
Perincioli, Cristina, Berlin wird feministisch. Das Beste, was von der 68er Bewegung blieb, Berlin 2015.
Petschow, Annabelle, Erzählte Geschichte. Zeitzeugeninterviews als Ego-Dokumente in der Stiftung Haus der Geschichte der Bundesrepublik Deutschland, in: Hämmerling, Christine/Zetti, Daniela (Hrsg.), Das dokumentierte Ich, S. 67–79.
Pettenkofer, Andreas, Die Entstehung der grünen Politik. Kultursoziologie der westdeutschen Umweltbewegung, Frankfurt a. M. u. a. 2014.
Pieper, Oliver, Erlebnisqualität im Einzelhandel. Die Freude am Einkauf und ihre Auswirkungen auf das Konsumentenverhalten, Frankfurt a. M. 2009.
Pinl, Claudia, Viel Trost und wenig Taten – Die Frauenpolitik der Gewerkschaften (Abdruck des Originaltextes von 1968), in: Lenz, Ilse (Hrsg.), Die Neue Frauenbewegung in Deutschland. Abschied vom kleinen Unterschied. Eine Quellensammlung, Wiesbaden 2008, S. 160–165.
Plato, Alexander von, „Wirtschaftskapitäne": Biographische Selbstkonstruktionen von Unternehmern in der Nachkriegszeit, in: Schildt, Axel/Sywottek, Arnold (Hrsg.), Modernisierung im Wiederaufbau. Die westdeutsche Gesellschaft der 50er Jahre, Bonn 1993, S. 377–391.
Platz, Johannes, „Überlegt euch das mal ganz gut: wir bestimmen mit. Schon das Wort allein". Kritische Theorie im Unternehmen: Entstehungsbedingungen und Wirkungen der Betriebsklimastudie des Frankfurter Instituts für Sozialforschung in Werken der Mannesmann AG 1954/1955, in: Hesse, Jan-Otmar (Hrsg.), Kulturalismus, neue Institutionenökonomik oder Theorienvielfalt. Eine Zwischenbilanz der Unternehmensgeschichte, Essen 2002, S. 199–224.
Pleinen, Jenny/Raphael, Lutz, Zeithistoriker in den Archiven der Sozialwissenschaften. Erkenntnispotenziale und Relevanzgewinne für die Disziplin, in: VfZ 62 (2014), H. 2, S. 173–195.
Plogstedt, Sibylle, „Wir haben Geschichte geschrieben." Zur Arbeit der DGB-Frauen (1945–1990), Gießen 2013.
Plogstedt, Sibylle/Bode, Kathleen, Übergriffe. Sexuelle Belästigung in Büros und Betrieben. Eine Dokumentation der Grünen Frauen im Bundestag, Hamburg 1984.
Plogstedt, Sibylle/Degen, Barbara, Nein heißt nein! DGB-Ratgeber gegen sexuelle Belästigung am Arbeitsplatz, München 1992.

Poggenpohl, Marga, Grapscher: Sexismus im Betrieb, in: Courage 1983, H. 11, S. 28–32, abgedruckt in: Lenz, Ilse (Hrsg.), Die Neue Frauenbewegung in Deutschland. Abschied vom kleinen Unterschied. Eine Quellensammlung, Wiesbaden 2008, S. 789–793.
Pohl, Hans/Treue, Wilhelm (Hrsg.), Betriebliche Sozialpolitik deutscher Unternehmen seit dem 19. Jahrhundert, Wiesbaden 1978.
Pollman, Arnd, Fehlende Zahlungsbereitschaft. Skizze einer Phänomenologie radikaler Selbstbedienung in: Lummel, Peter/Deak, Alexandra (Hrsg.), Einkaufen! Eine Geschichte des täglichen Bedarfs, Berlin 2005, S. 251–257.
Priemel, Kim Christian, Heaps of Work. The Ways of Labour History, in: H-Soz-Kult, 23. 01. 2014, www.hsozkult.de/literaturereview/id/forschungsberichte-1223 [zuletzt abgerufen am 26. 07. 2022].
Pringle, Rosemary, Secretaries talk: Sexuality, Power and Work, London 1988.
Prinz, Michael (Hrsg.), Der lange Weg in den Überfluss. Anfänge und Entwicklung der Konsumgesellschaft seit der Vormoderne, Paderborn 2003.
Proebster, Walter, Peripherie von Informationssystemen. Technologie und Anwendung, Berlin 1987.
Pusch, Dietrich R., Entwicklungstendenzen der Selbstbedienungs- und Discountgeschäfte, in: Bidlingmaier, Johannes/Jacobi, Helmut/Uherek, Edgar W. (Hrsg.), Absatzpolitik und Distribution. Karl Christian Behrens zum 60. Geburtstag, Wiesbaden 1967, S. 209–235.
Pusch, Toralf/Seifert, Hartmut, Kurzarbeit vs. Mehrarbeit in systemrelevanten Bereichen, vom 30. 10. 2020, auf der Homepage des Wirtschafts- und Sozialwissenschaftlichen Instituts, https://www.wsi.de/de/blog-17857-kurzarbeit-vs-mehrarbeit-in-systemrelevanten-bereichen-27105.htm [zuletzt abgerufen am 27. 07. 2022].
Rahden, Till van, Im Herbst der Patriarchen. Demokratie und Männlichkeit in der frühen Bundesrepublik, in: VfZ 69 (2021), H. 4, S. 689–699.
Raithel, Thomas/Schlemmer, Thomas (Hrsg.), Die Rückkehr der Arbeitslosigkeit. Die Bundesrepublik Deutschland im europäischen Kontext 1973 bis 1989, München 2009.
Ramsbrock, Annelie/Schnalke, Thomas/Villa, Paula-Irene, Menschliche Dinge und dingliche Menschen. Positionen und Perspektiven, in: Zeithistorische Forschungen/Studies in Contemporary History, Online-Ausgabe, 13 (2016), H. 3, https://zeithistorische-forschungen.de/3-2016/5403 [zuletzt abgerufen am 30. 07. 2022], Druckausgabe: S. 488–505.
Raphael, Lutz, Deutsche Arbeitswelten zwischen globalen Problemlagen und nationalen Handlungsbezügen. Zeitgeschichtliche Perspektiven, in: VfZ 69 (2021), H. 1, S. 1–23.
Raphael, Lutz, Jenseits von Kohle und Stahl. Eine Gesellschaftsgeschichte Westeuropas nach dem Boom, Berlin 2019.
Raphael, Lutz, Arbeitsbiografien und Strukturwandel „nach dem Boom." Lebensläufe und Berufserfahrungen britischer, französischer und westdeutscher Industriebarbeiter und -arbeiterinnen von 1970 bis 2000, in: Geschichte und Gesellschaft 43 (2017), S. 32–67.
Rass, Christoph, Institutionalisierungsprozesse auf einem internationalen Arbeitsmarkt. Bilaterale Wanderungsverträge in Europa zwischen 1919 und 1974, Paderborn 2010.
Rau, Susanne, Räume. Konzepte, Wahrnehmungen, Nutzungen, Frankfurt a. M./New York ²2017.
Reckwitz, Andreas, Grundelemente einer Theorie sozialer Praktiken. Eine sozialtheoretische Perspektive, in: Zeitschrift für Soziologie 32 (2003), H. 4, S. 282–301.
Reichardt, Sven, Zeithistorisches zur praxeologischen Geschichtswissenschaft, in: Brendecke, Arndt (Hrsg.), Praktiken der Frühen Neuzeit. Akteure – Handlungen – Artefakte, Köln 2015, S. 46–61.
Rennhak, Carsten/Galiñanes, Amparo, Kundenbindung – Grundlagen und Begrifflichkeiten, in: Rennhak, Carsten (Hrsg.), Herausforderung Kundenbindung, Wiesbaden 2006, S. 3–14.
Reskin, Barbara F./Hartmann, Heidi, Women's Work, Men's Work: Sex Segregation on the Job, Washington D.C. 1986.
Richter, Hedwig/Richter, Ralf, Die Gastarbeiter-Welt. Leben zwischen Palermo und Wolfsburg, Paderborn 2012.
Rienks, Manuela, Ausnahmen bestätigen die Regel. Debatten um den Ladenschluss in Bayern und der Stellenwert von Verkäuferinnen im Einzelhandel, in: Frese, Matthias/Küster, Thomas/Thießen, Malte (Hrsg.), Varianten des Wandels. Neue Perspektiven auf die Region in der jüngsten Zeitgeschichte 1970–2020, Paderborn 2023, S. 200–232.

Rienks, Manuela, „Tante Emma bitte an Kasse 3!" Die räumliche, zeitliche und soziale (Um-)Ordnung von Arbeit im Einzelhandel, in: Henkes, Janina u. a. (Hrsg.), Ordnung(en) der Arbeit, Münster 2019, S. 112–130.

Rienks, Manuela, Was bleibt von der Verkäuferin? Die historische Entwicklung aktueller Probleme von Beschäftigten im Einzelhandel, in: Arbeits- und Industriesoziologische Studien 11 (2018), H. 1, S. 38–59.

Rißmann-Ottow, Guido, 50 Jahre HBV. Die Essener Geschichte, Bottrop 1998.

Rödder, Andreas, Die Bundesrepublik Deutschland 1969–1990, München 2004.

Rohmer, Saskia, Stress. Die Geschichte eines westlichen Konzeptes, Dissertation Heidelberg 2013, https://archiv.ub.uni-heidelberg.de/volltextserver/18468/1/Dissertation%20Rohmer%20final.pdf [zuletzt abgerufen am 30. 07. 2022].

Rudolph, Hedwig u. a., Chancen und Risiken neuer Arbeitszeitsysteme. Zur Situation teilzeitarbeitender Frauen im Berliner Einzelhandel, in: WSI Mitteilungen 34 (1981), H. 4, S. 204–211.

Rühling, Michael, Das Ladenschlussgesetz vom 28. November 1956: Vorgeschichte, Entstehung des Gesetzes und weitere Entwicklung, Frankfurt a. M. 2004.

Rürup, Hans-Joachim, Moderner Ladenbau: Erfolgreicher Einzelhandel, München 1966.

Sachse, Carola, Der Hausarbeitstag. Gerechtigkeit und Gleichberechtigung in Ost und West 1939–1994, Göttingen 2002.

Sacksofsky, Ute, Geschlechterverhältnisse im Recht, in: Geschlechterdemokratie. Informationen zur politischen Bildung 342 (2020), H. 1, S. 54–63.

Sadrozinski, Renate, Grenzverletzungen: Sexuelle Belästigung im Arbeitsalltag, Frankfurt a. M. 1993.

Salzmann, Ralph, Multimodale Erlebnisvermittlung am Point of Sale. Eine verhaltenswissenschaftliche Analyse unter besonderer Berücksichtigung der Wirkungen von Musik und Duft, Wiesbaden 2007.

Schäfer, Waldemar, Dienen, Werben, Überzeugen. Hans Peter Stihl – Stimme der Wirtschaft. Seine Jahre in der deutschen Kammerorganisation, Stuttgart 2012.

Schambach-Hardtke, Lydia, Gender und Gewerkschaften. Der Kampf von Frauen um politische Partizipation im organisationalen Wandel, Opladen 2005.

Scharf, Günter, Geschichte der Arbeitszeitverkürzung. Der Kampf der deutschen Gewerkschaften um die Verkürzung der täglichen und wöchentlichen Arbeitszeit, Köln 1987.

Schaser, Angelika, Nation, Identität und Geschlecht. Nationalgeschichtsschreibung und historische Frauen- und Geschlechterforschung, in: Hagemann, Karin/Quataert, Jean H. (Hrsg.), Geschichte und Geschlechter. Revisionen der neueren deutschen Geschichte, Frankfurt a. M. 2008, S. 64–91.

Scheibe-Lange, Ingrid, Beschäftigungstendenzen im Einzelhandel: Rationalisierung auf dem Rücken der Arbeitnehmer, in: Gewerkschaftliche Monatshefte 30 (1979), H. 1, S. 45–55.

Scheibe-Lange, Ingrid, Gewinn- und Personalpolitik der Warenhäuser Karstadt, Kaufhof, Horten und Neckermann, Düsseldorf 1976.

Scheybani, Abdolreza, Handwerk und Kleinhandel in der Bundesrepublik Deutschland. Sozialökonomischer Wandel und Mittelstandspolitik 1949–1961, München 1996.

Schildt, Axel/Sywottek, Arnold (Hrsg.), Modernisierung im Wiederaufbau. Die westdeutsche Gesellschaft der 50er Jahre, Bonn 1993.

Schissler, Hanna, „Normalization" as Project: Some Thoughts on Gender Relations in West Germany during the 1950s, in: dies. (Hrsg.), The Miracle Years: A Cultural History of West Germany, 1949–1968, Princeton 2001, S. 359–375.

Schlick, Christopher/Bruder, Ralph/Luczak, Holger, Arbeitswissenschaft, Berlin 2018.

Schmale, Wolfgang, Geschichte der Männlichkeit in Europa (1450–2000), Wien 2003.

Schmidt-Bachem, Heinz, Tüten, Beutel, Tragetaschen: zur Geschichte der Papier, Pappe und Folien verarbeitenden Industrie in Deutschland, Münster/München 2001.

Schmidt, Rudi, Taylorismus, in: Hirsch-Kreinsen, Hartmut/Minssen, Heiner (Hrsg.), Lexikon der Arbeits- und Industriesoziologie, Baden-Baden 2017, S. 292–296.

Schnaus, Julia, Kleidung zieht jeden an. Die deutsche Bekleidungsindsutrie 1918–1973, Berlin/Boston 2017.

Schnaus, Julia/Smolorz, Roman/Spoerer, Mark, Die Rolle des Ghetto Litzmannstadt (Łódź) bei der Versorgung der Wehrmacht und der deutschen Privatwirtschaft mit Kleidung (1940 bis 1944), in: ZUG 62 (2017), H. 1, S. 35–56.

Schneider, Michael, Streit um Arbeitszeit: Geschichte des Kampfes um Arbeitszeitverkürzung in Deutschland, Köln 1984.
Schneider, Michael, Der Kampf um die Arbeitszeitverkürzung von der Industrialisierung bis zur Gegenwart, in: Gewerkschaftliche Monatshefte 35 (1984), H. 2, S. 77–89.
Schönberger, Klaus/Springer, Stefanie (Hrsg.), Subjektivierte Arbeit. Mensch, Organisation und Technik in einer entgrenzten Arbeitswelt, Frankfurt a. M. 2003.
Schönfelder, Thea, Die Rolle des Mädchens bei Sexualdelikten, Stuttgart 1968.
Schoppe, Waltraud, Vorwort, in: Böttcher, Inge/Buhr, Kornelia, Frauen und Teilzeitarbeit, hrsg. v. Niedersächsischen Frauenministerium, Hannover 1992, S. 3.
Schütte, Martin, Untersuchungen der psychischen Belastung und Beanspruchung bei der Preiserfassung an Registrier- und Scannerkassen, Frankfurt a. M. 1990.
Schramm, Manuel, Konsumgeschichte, Version: 3.0, in: Docupedia-Zeitgeschichte, 02. 09. 2020, URL: http://docupedia.de/zg/Schramm_konsumgeschichte_v3_de_2020 [zuletzt abgerufen am 15. 10. 2022].
Schulz, Andreas, Lebenswelt und Kultur des Bürgertums im 19. und 20. Jahrhundert, Berlin/München/Boston ²2014.
Schulz, Günther, Die Angestellten seit dem 19. Jahrhundert, München 2000.
Schulze, Gerhard, Die Erlebnisgesellschaft. Kultursoziologie der Gegenwart, Frankfurt a. M. 1992.
Schulze, Winfried, Ego-Dokumente. Annäherung an den Menschen in der Geschichte? Vorüberlegungen für die Tagung „Ego-Dokumente", in: ders. (Hrsg.), Ego-Dokumente, Berlin 1996, S. 11–30.
Schuhmann, Annette, Der Traum vom perfekten Unternehmen. Die Computerisierung der Arbeitswelt in der Bundesrepublik Deutschland (1950er- bis 1980er-Jahre), in: Zeithistorische Forschungen/Studies in Contemporary History, Online-Ausgabe, 9 (2012), H. 2, https://zeithistorische-forschungen.de/2-2012/4697 [30. 07. 2022], Druckausgabe: S. 231–256.
Schwarz, Hans-Otto, Lochstreifen in Büro und Betrieb, München 1965.
Schwedt, Georg, Vom Tante-Emma-Laden zum Supermarkt: eine Kulturgeschichte des Einkaufens, Weinheim 2006.
Scott, Joan Wallach, Gender. A useful category of historical analysis, in: The American Historical Review 91 (1986), S. 1053–1075.
Sedlmaier, Alexander, From department store to shopping mall: new research in the transnational history of large-scale retail, in: Jahrbuch für Wirtschaftsgeschichte 46 (2005), H. 2, S. 9–16.
Seibring, Anne, Die Humanisierung des Arbeitslebens in den 1970er Jahren: Forschungsstand und Forschungsperspektiven, in: Andresen, Knud/Bitzegeio, Ursula/Mittag, Jürgen (Hrsg.), „Nach dem Strukturbruch"? Kontinuität und Wandel von Arbeitsbeziehungen und Arbeitswelt(en) seit den 1970er Jahren, Bonn 2011, S. 107–126.
Selig, Wolfram, „Arisierung" in München. Die Vernichtung jüdischer Existenz 1937–1939, Berlin 2004.
Simon, Wilma, Die Kassen klingeln nicht mehr. Rückläufige Ausbildungs-Qualität im Einzelhandel, in: Solidarität. Monatszeitschrift für gewerkschaftliche Jugendarbeit 29 (1978, Sonderausgabe), S. 32–35.
Smidt, Jenny, Schleckerfrauen, Remscheid 2014.
Smith, P. C./Curnow, R., Arousal Hypothesis and the Effects of Music on Purchasing Behavior, in: Journal of Applied Psychology 50 (1966), H. 3, S. 255 f.
Speck, Sarah, Zuhause arbeiten. Eine geschlechtersoziologische Betrachtung des „Homeoffice" im Kontext der Corona-Krise, in: Volkmer, Michael/Werner, Karin (Hrsg.), Die Corona-Gesellschaft. Analysen zur Lage und Perspektiven für die Zukunft, Bielefeld 2020, S. 135–142.
Spiekermann, Uwe, Die Einführung der Selbstbedienung im Einzelhandel der DDR 1951–1960, 2019. Artikel veröffentlicht auf der Homepage des Historikers in der Rubrik Geschichte(n), https://uwe-spiekermann.com/2019/09/28/die-einfuehrung-der-selbstbedienung-im-einzelhandel-der-ddr-1951-1960/ [zuletzt abgerufen am 30. 07. 2022].
Spiekermann, Uwe, Freier Konsum und soziale Verantwortung. Zur Geschichte des Ladenschlusses in Deutschland im 19. und 20. Jahrhundert, in: Zeitschrift für Unternehmensgeschichte 49 (2004), H. 1, S. 26–44.
Spiekermann, Uwe, Basis der Konsumgesellschaft. Entstehung und Entwicklung des modernen Kleinhandels in Deutschland 1850–1914, München 1999.

Spiekermann, Uwe, Rationalisierung als Daueraufgabe. Der deutsche Lebensmitteleinzelhandel 20. Jahrhundert, in: Scripta Mercaturae 31 (1997), S. 69–129.
Spitz, Maria, Hinter den Kulissen – wie aus Warenbeschaffung und Verkauf Einkauf und Absatz werden, in: DRAIFLESSEN Collection (Hrsg.), C&A zieht an! Impressionen einer 100-jährigen Unternehmensgeschichte, Mettingen 2011, S. 186–191.
Spitz, Maria/Kambartel, Andrea, Zur Ausstellung, in: DRAIFLESSEN Collection (Hrsg.), C&A zieht an! Impressionen einer 100-jährigen Unternehmensgeschichte, Mettingen 2011, o. S.
Spoerer, Mark, C&A: Ein Familienunternehmen in Deutschland, den Niederlanden und Großbritannien 1911–1961, München 2016.
Stahn-Willig, Brigitte/Zwingmann, Bruno, Gesundheitsprobleme im Dienstleistungsbereich – arbeitswissenschaftliche Erkenntnisse, ihre Normung und Probleme der Durchsetzung, in: WSI Mitteilungen 33 (1980), H. 8, S. 471–479.
Stalder-Thon, Mandy, Der Einfluss der Neuen Frauenbewegung auf die Praxis und Organisation der Gewerkschaften, Dissertation an der Ruhr-Universität Bochum.
Stehn, Jürgen, Dienstleistungsabend im Einzelhandel: Neu- statt Deregulierung, in: Wirtschaftsdienst 68 (1988), S. 203–209.
Steinborn, Dieter/Marth, Karlheinz, Vorwort, in: Waller, Ingrid (Hrsg.), Projekt Humane Arbeitszeitgestaltung im Einzel- und Großhandel. HBV-Dokumentation, Düsseldorf 1989, o. S.
Steinborn, Dieter, ‚Der schlafende Riese', in: Glaubitz, Jürgen u. a. (Hrsg.), Hinter Neonlicht und Glitzerwelt. Arbeiten im Kaufhaus, Hamburg 1985, S. 7 f.
Stepper, Martina, Die Digitalisierung des Handels und die Folgen für den städtischen Raum, in: Forum Stadt 42 (2015), S. 251–267.
Steuwer, Janosch, Tagebücher und wie man sie lesen sollte, in: ders., „Ein Drittes Reich, wie ich es auffasse". Politik, Gesellschaft und privates Leben in Tagebüchern 1933–1939, S. 20–35.
Stollberg, Rudhard, Schichtarbeit in soziologischer Sicht, Berlin 1974.
Strasser, Helmut/Müller-Limmroth, Wolf, Ergonomie an der Kasse – aber wie? Menschengerechte Gestaltung von Kassenarbeitsplätzen, erstellt im Auftrag des Bayerischen Staatsministeriums für Arbeit und Sozialordnung, München ²1983.
Strasser, Susan, Satisfaction Guaranteed. The Making of the American Mass Market, Washington/London 1989.
Süß, Dietmar, Stempeln, Stechen, Zeit erfassen. Überlegungen zu einer Ideen- und Sozialgeschichte der „Flexibilisierung", in AfS 52 (2012), S. 139–162.
Süß, Winfried/Süß, Dietmar, Zeitgeschichte der Arbeit: Beobachtungen und Perspektiven, in: Andresen, Knud/Bitzegeio, Ursula/Mittag, Jürgen (Hrsg.), „Nach dem Strukturbruch"? Kontinuität und Wandel von Arbeitsbeziehungen und Arbeitswelt(en) seit den 1970er Jahren, Bonn 2011, S. 345–365.
Suhr, Susanne (Bearb.), Die weiblichen Angestellten. Arbeits- und Lebensverhältnisse. Eine Umfrage des Zentral Verbandes der Angestellten, Berlin 1930.
Tegel, Heinrich, Die Ladendiebin, in: Die Neue Polizei 18 (1964), S. 224 f.
Teissier, Catherine, Ist das noch Arbeit? Frauen und die „unsichtbare Arbeit" – ein deutschfranzösischer Vergleich, in: Henkes, Janina u. a. (Hrsg.), Ordnung(en) der Arbeit, Münster 2019, S. 210–227.
Tenbensel, Bernd, Arbeit, Qualifikation und Kontrolle im Einzelhandel: Neue Technologien – eine Chance zur Reprofessionalisierung des Verkaufsberufs?, Frankfurt a. M. 1987.
Teske, Ulrike, „Perspektiven der Arbeitszeitgestaltung im Einzelhandel" – Möglichkeiten und Formen wöchentlicher Arbeitszeitgestaltung – Lebensmittelfilialbereich, in: Waller, Ingrid (Hrsg.), Projekt Humane Arbeitszeitgestaltung im Einzel- und Großhandel. HBV-Dokumentation, Düsseldorf 1989, S. 11–68.
Teske, Ulrike, Frauenarbeit im Einzelhandel – Das freundliche Gesicht einer Verkäuferin steht im krassen Gegensatz zu ihren Arbeitsbedingungen, in: Gerlach, Gerhard u. a. (Hrsg.), Dienst am Kunden? Der Handel zwischen Flexibilisierung und Ladenschluß, Hamburg 1987, S. 66–84.
Teuteberg, Hans-Jürgen, Vom alten Wochenmarkt zum Online-Shopping. Der Wareneinkauf in den letzten 200 Jahren, in: Lummel, Peter/Deak, Alexandra (Hrsg.), Einkaufen! Eine Geschichte des täglichen Bedarfs, Berlin 2005, S. 19–46.
Thiermann, Sven, Mediale Entgrenzungen im Supermarkt. Zur Standort-und Funktionsbestimmung des Instore-Radio, in: Hellmann, Kai-Uwe/Schrage, Dominik (Hrsg.), Das Management der Kunden. Studien zur Soziologie des Shopping, Wiesbaden 2005, S. 177–195.

Thompson, Edward Palmer, Zeit, Arbeitsdisziplin und Industriekapitalismus, in: Braun, Rudolf/Fischer, Wolfram/Großkreutz, Helmut (Hrsg.), Gesellschaft in der industriellen Revolution, Köln 1973, S. 81–112.

Thompson, E. P., Time, Work-Discipline, and Industrial Capitalism, in: Past & Present 38 (1967), S. 56–97.

Thon, Christine, Frauenbewegung im Wandel der Generationen. Eine Studie über Geschlechterkonstruktionen in biographischen Erzählungen, Bielefeld 2008.

Tirler, Julia, Kollektive Filmproduktion als Strategie in Arbeitskämpfen: Les Groupes Medvedkine, Scuola senza fine und Precarias a la deriva, in: Henkes, Janina u. a. (Hrsg.), Ordnung(en) der Arbeit, Münster 2019, S. 265–281.

Träger, Uwe Christian/Vogler-Ludwig, Kurt/Munz, Sonja, Das deutsche Ladenschlußgesetz auf dem Prüfstand. Binnenhandels- und wettbewerbspolitische sowie beschäftigungspolitische und arbeitsrechtliche Überlegungen, Berlin 1995.

Tröger, Annemarie (Hrsg.), Frauen und Wissenschaft. Beiträge zur Berliner Sommeruniversität für Frauen, Juli 1976, Berlin 1977.

Uhl, Karsten, Humane Rationalisierung? Die Raumordnung der Fabrik im fordistischen Jahrhundert, Bielefeld 2014.

Ulze, Harald, Frauenzeitschrift und Frauenrolle. Eine aussagenanalytische Untersuchung der Frauenzeitschriften Brigitte, Freundin, Für Sie und Petra, Berlin 1979.

ver.di – Vereinte Dienstleistungsgewerkschaft (Hrsg.), Branchenreport. Die Situation von weiblichen Beschäftigten im Handel. Erarbeitet im Rahmen der Bundesinitiative „Gleichstellung von Frauen in der Wirtschaft" ver.di-ESF Projekt „Gute Arbeit für Frauen! Branchenorientierte Chancengleichheitspolitik und gezielte Förderung", Berlin/Stuttgart 2012.

Verheyen, Nina, Die Erfindung der Leistung, München 2018.

Vierhaus, Rudolf/Herbst, Ludolf, Biographisches Handbuch der Mitglieder des Deutschen Bundestages, 1949–2002, München 2002.

Villinger, Clemens, Von Erwartungen und Erfahrungen. Konsum und der Systemwechsel von 1989/90, in: Indes. Zeitschrift für Politik und Gesellschaft 8 (2019), H. 1, S. 46–54.

Voges, Jonathan, „Selbst ist der Mann". Do-it-yourself und Heimwerken in der Bundesrepublik Deutschland, Göttingen 2017.

Voigt, Sebastian, Eine „Schandgasse" im Arbeitskampf. Der Chemiestreik 1971 bei Merck in Darmstadt – eine Fallstudie zu den industriellen Beziehungen in der Bundesrepublik am Ende des „Wirtschaftswunders", in: VfZ 68 (2020), H. 3, S. 409–449.

Voigt, Sebastian (Hrsg.), Since the Boom. Continuity and change in the Western industrialized world after 1970, Toronto/Buffalo/London 2021.

Voigt, Sebastian, Wandel der Arbeitswelt – Ökonomische Transformationen, Gewerkschaften und soziale Ungleichheit seit den 1970er Jahren. Ein Graduiertenkolleg als Kooperationsprojekt des Instituts für Zeitgeschichte, des Zentrums für Zeithistorische Forschung und des Instituts für soziale Bewegungen, in: VfZ 66 (2018), H. 4, S. 685–699.

Volkmer, Michael/Werner, Karin (Hrsg.), Die Corona-Gesellschaft. Analysen zur Lage und Perspektiven für die Zukunft, Bielefeld 2020.

Voß, Gerd Günter/Rieder, Kerstin, Der arbeitende Kunde: wenn Konsumenten zu unbezahlten Mitarbeitern werden, Frankfurt a. M. 2005.

Voss-Dahm, Dorothea, Über die Stabilität sozialer Ungleichheit im Betrieb. Verkaufsarbeit im Einzelhandel, Berlin 2009.

Voss-Dahm, Dorothea, Der Branche treu trotz Niedriglohn – Beschäftigte im Einzelhandel, in: Bosch, Gerhard (Hrsg.), Arbeiten für wenig Geld. Niedriglohnbeschäftigung in Deutschland, Frankfurt a. M. 2007, S. 249–285.

Voswinkel, Stephan, Kompetenz und Ratlosigkeit: Der sich selbst bedienende Kunde, in: Lummel, Peter/Deak, Alexandra (Hrsg.), Einkaufen! Eine Geschichte des täglichen Bedarfs, Berlin 2005, S. 213–220.

Wald, Renate, Verkaufen – eine Dienstleistung im Strukturwandel, Frankfurt a. M. 1985.

Wehler, Hans-Ulrich, Deutsche Gesellschaftsgeschichte 1949–1990, Bonn 2010.

Wein, Josef, Die Verbandsbildung im Einzelhandel. Mittelstandsbewegung, Organisationen der Großbetriebe, Fachverbände, Genossenschaften und Spitzenverband, Berlin 1968.

Weinberg, Georg-Michael, Entwicklungstendenzen der Filialunternehmen, in: Bidlingmaier, Johannes/Jacobi, Helmut/Uherek, Edgar W. (Hrsg.), Absatzpolitik und Distribution. Karl Christian Behrens zum 60. Geburtstag, Wiesbaden 1967, S. 266–294.

Weischer, Christoph, Soziale Ungleichheit 3.0. Soziale Differenzierungen in einer transformierten Industriegesellschaft, in: Archiv für Sozialgeschichte 54 (2014), S. 305–342.

Weiss-Sussex, Godela/Zitzlsperger, Ulrike (Hrsg.), Konsum und Imagination. Das Warenhaus und die Moderne in Film und Literatur, Frankfurt a. M. 2015.

Welskopp, Thomas, Produktion als soziale Praxis. Praxeologische Perspektiven auf die Geschichte betrieblicher Arbeitsbeziehungen, in: Andresen, Knud u. a. (Hrsg.), Der Betrieb als sozialer und politischer Ort. Studien zu Praktiken und Diskursen in den Arbeitswelten des 20. Jahrhunderts, Bonn 2015, S. 29–52.

Welskopp, Thomas, Der Betrieb als soziales Handlungsfeld. Neuere Forschungsansätze in der Industrie- und Arbeitergeschichte, in: ders. (Hrsg.), Unternehmen Praxisgeschichte. Historische Perspektiven auf Kapitalismus, Arbeit und Klassengesellschaft, Tübingen 2014, S. 181–206.

Welskopp, Thomas, Startrampe für die Gesellschaft des Massenkonsums. Verbreitung und Entwicklung der Selbstbedienung in Europa nach 1945, in: ders. (Hrsg.), Unternehmen Praxisgeschichte. Historische Perspektiven auf Kapitalismus, Arbeit und Klassengesellschaft, Tübingen 2014, S. 285–304.

Welskopp, Thomas, Betriebliche Sozialpolitik im 19. und frühen 20. Jahrhundert. Eine Diskussion neuerer Forschungen und Konzepte und eine Branchenanalyse der deutschen und amerikanischen Eisen- und Stahlindustrie von den 1870er bis in die 1930er Jahre, in: AfS 34 (1994), S. 333–374.

West, Candace/Zimmermann, Don H., Doing Gender, in: Gender & Society 1 (1987), H. 2, S. 125–151.

Wetterer, Angelika, Konstruktion von Geschlecht: Reproduktionsweisen der Zweigeschlechtlichkeit, in: Becker, Ruth/Kortendiek, Beate (Hrsg.), Handbuch Frauen- und Geschlechterforschung: Theorie, Methoden, Empirie, Wiesbaden 2010, S. 126–136.

Wetterer, Angelika, Arbeitsteilung und Geschlechterkonstruktion. „Gender at Work" in theoretischer und historischer Perspektive, Konstanz 2002.

Wiede, Wiebke, Subjekt und Subjektivierung, Version: 3.0, in: Docupedia-Zeitgeschichte, 15. 12. 2020, http://docupedia.de/zg/Wiede_subjekt_und_subjektivierung_v3_de_2020 [zuletzt abgerufen am 27. 07. 2022].

Wiedemuth, Jörg, Angestellte streiken – (k)eine Selbstverständlichkeit, in: Achten, Udo (Hrsg.), Mitten im Leben. Wir, die HBV, wird 50, Solingen 1994, S. 144–153.

Wiedemuth, Jörg/Wolff, Rüdiger, Gläserner Mensch – Neue Technologien und Arbeitszeit, in: Gerlach, Gerhard u. a. (Hrsg.), Dienst am Kunden? Der Handel zwischen Flexibilisierung und Ladenschluß, Hamburg 1987, S. 103–119.

Wildt, Michael, Konsumbürger. Das Politische als Optionsfreiheit und Distinktion, in: Hettling, Manfred/Ulrich, Bernd (Hrsg.), Bürgertum nach 1945, Hamburg 2005, S. 255–283.

Wildt, Michael, Am Beginn der „Konsumgesellschaft". Mangelerfahrung, Lebenshaltung, Wohlstandshoffnung in Westdeutschland in den 1950er Jahren, Hamburg 1994.

Wirsching, Andreas, Konsum statt Arbeit? Zum Wandel von Individualität in der modernen Massengesellschaft, in: VfZ 57 (2009), H. 2, S. 171–199.

Wirsching, Andreas, Erwerbsbiographien und Privatheitsformen: Die Entstandardisierung von Lebensläufen, in: Raithel, Thomas/Rödder, Andreas/Wirsching, Andreas (Hrsg.), Auf dem Weg in eine neue Moderne? Die Bundesrepublik Deutschland in den siebziger und achtziger Jahren, München 2009, S. 83–97.

Wirsching, Andreas, Abschied vom Provisorium 1982–1990, München 2006.

Wölk, Ingrid, Industriegewerkschaft oder Standesorganisation. Der Organisationsstreit um die Angestellten nach 1945 und die Entstehung der Gewerkschaft HBV, Marburg 1988.

Wohlrab-Sahr, Monika, Erfolgreiche Biographie – Biographie als Leistung, in: Fischer-Rosenthal, Wolfram/Alheit, Peter (Hrsg.), Biographien in Deutschland. Soziologische Rekonstruktionen gelebter Gesellschaftsgeschichte, Opladen 1995, S. 232–249.

Wortmann, Michael, Eine historisch-institutionalistische Perspektive auf den deutschen Lebensmitteleinzelhandel, in: Baur, Nina u. a. (Hrsg.), Waren – Wissen – Raum. Interdependenz von Produktion, Markt und Konsum von Lebensmittelwarenketten, Wiesbaden 2020, S. 89–132.

Zellmer, Elisabeth, Töchter der Revolte. Frauenbewegung und Feminismus der 1970er Jahre in München, München 2011.
Zeppenfeld, Stefan, Vom Gast zum Gastwirt? Türkische Arbeitswelten in West-Berlin, Göttingen 2021.
Zola, Émile, Das Paradies der Damen, im Original: Paris 1883, hier: Wiesbaden 1950.
Zorn, Rudolf, Betriebsklima und Betriebsleitung, Stuttgart 1955.

Sachregister

Aldi 169, 296, 302 f., 477
Altersteilzeit 178
Amazon 18, 475–477, 481, 484
Arbeitslosigkeit 4, 14, 41, 56, 59, 337, 344, 396, 409 f., 437, 441, 470, 474, 484
Arbeits- und Industriesoziologie 8, 19, 38, 41, 43 f., 230, 372, 378
Arbeitszeit
– Abendarbeitszeit 455
– Arbeitszeitbedingungen 344
– Arbeitszeitdebatten (-fragen) 182, 336, 350, 466
– Arbeitszeitende 345, 347, 364, 370, 458
– Arbeitszeiterfassung (Zeiterfassung) 355, 359, 362, 366–371, 472
– Arbeitszeitflexibilisierung 42, 389
– Arbeitszeitgesetz (Arbeitszeitschutzgesetz) 361, 439
– Arbeitszeitgestaltung 9, 348 f., 370, 483
– Arbeitszeitkontrolle 369
– Arbeitszeitmodell (-regelung) 28, 30, 179, 336, 342 f., 345–348, 350–352, 355–358, 360, 368, 371, 390 f., 398, 400, 403, 408, 472, 483
– Arbeitszeitnormen 358, 370
– Arbeitszeitordnung (AZO) 343, 359, 361, 422, 456
– Arbeitszeitpolitik 337, 389
– Arbeitszeitpraktik 10, 34, 358–362, 370, 372, 382, 392, 398, 420, 472, 479
– Arbeitszeitproblematik 344, 434–438
– Arbeitszeitregime 428, 456, 471, 474, 485
– Arbeitszeitstrukturen 9
– Arbeitszeitsystem 346 f., 349, 354 f., 370, 426
– Arbeitszeitverkürzung 54 f., 61, 99, 183, 335–337, 343, 346–351, 353, 357 f., 370–372, 382, 396 f., 401–404, 408, 424, 437, 453, 472, 479, 482
– Arbeitszeitverlängerung 448, 458
– Arbeitszeitverordnung 421
– Arbeitszeitwünsche (-belange, -interessen) 363, 430, 453
– Gleitende Arbeitszeit (Gleitzeit) 357 f., 369, 439
– Individuelle Arbeitszeit (IAZ) 30, 342, 344, 353–355, 358, 360, 363, 369, 398, 413, 426, 483
– Jahresarbeitszeit 347, 353, 356, 363, 369
– Kapovaz (kapazitätsorientierte variable Arbeitszeit) 34, 355, 392, 401 f.
– Lebensarbeitszeit 341, 404–407, 419, 474
– Rollierende Arbeitszeit 346 f., 349, 370, 426, 471
– Wochenarbeitszeit (wöchentl. A.) 82, 337, 343 f., 346 f., 349 f., 358, 370, 372, 380, 396, 404, 407, 457, 479
Auszubildende/Auszubildender siehe Lehrling
Aushilfe 67, 72, 85, 103, 106, 123, 125, 257 f., 261, 387, 396 f., 401 f., 406 f., 411–414, 416

Baden-Württemberg 14, 26, 47, 80 f., 83, 125, 446, 454, 457, 469
Barcode (Strichcode) 4, 14, 206, 290–292, 294 f., 303, 312, 327, 331, 483
Bayern 47, 49, 53, 55, 60, 78, 82, 83, 90, 125, 141, 146, 156, 171 f., 263, 344, 361, 366, 372, 376 f., 388 f., 395, 402, 423, 448, 453, 459, 461, 463–469, 477
Beamtinnenzölibat siehe Zölibat
Beck (Kaufhaus Beck in München) 26 f., 36, 82, 97 f., 110, 132, 143, 148 f., 159, 166 f., 170, 215, 241, 243 f., 263–268, 271, 274, 276, 290, 307, 327, 329, 333, 341, 344, 353–356, 359 f., 362 f., 369 f., 398, 466, 482 f.
Belgien 294, 325, 440
Betriebssport 145, 152, 156
Betriebsausflug 31–33, 128, 152–156, 168, 458
Betriebsrat (auch Betriebsrätin, Betriebsräte) 7, 18, 28, 30, 34 f., 51, 56 f., 59–62, 72, 77, 85, 88, 92, 94–96, 98, 124, 128 f., 144, 147, 155, 157, 161, 169–185, 198, 254, 302, 336, 348 f., 350, 353, 356–358, 362, 364, 369, 382, 385, 392, 405, 409, 412, 441 f., 447 f., 453–455, 462, 466 f.
Brückenteilzeit 392
Bundestag, Deutscher 29, 422, 425, 428, 430, 432 f., 438, 445, 447 f., 450, 452, 463

C&A 24, 27, 36 f., 51, 54, 57, 66–69, 71–75, 77, 82, 87–90, 92, 106, 116–120, 123–125, 143, 148–152, 158 f., 164, 167 f., 172–174, 184, 189–193, 197 f., 241, 245–262, 274, 276, 278–283, 287 f., 293, 307, 312 f., 326–329, 333, 350–352, 359 f., 363, 367 f., 383–385, 387, 411–413, 422–424, 453, 479
Care-Arbeit (Haus- und Familienarbeit, Sorgearbeit) 20, 34, 44, 125, 199, 201, 203, 338–340, 407, 487
Christlicher Gewerkschaftsbund (CGB) 51, 451

C. F. Braun 26 f., 32, 80, 87, 103, 153, 155, 159 f., 166, 189, 195, 205, 241–246, 248, 254, 262 f., 274, 276, 281, 306 f., 313, 333, 375, 458, 482
Computer (PC)
– Computer (PC) 209, 293, 310 f., 313, 317–319, 321–323, 330, 333, 375, 387, 483
– Computergesteuert, -gestützt (PC-gesteuert, -gestützt) 35, 209, 275, 289, 293, 302 f., 309, 333, 352
– Computerisierung 8, 14, 29 f., 203–207, 209, 233 f., 275–331, 482
– Computerkassen (PC-Kassen) siehe Kassen
– Computertechnik, -technologie, -system 303, 312, 314
Courage (Zeitschrift) 77
Corona (Coronakrise) 469 f., 476, 478, 488

Deutsche Demokratische Republik (DDR) 3, 14, 24, 38, 202, 204, 339, 421, 454–456, 480, 486
Demokratie 470, 486
– Bundesrepublikanische D. (westdeutsche D.) 5, 13, 30, 485
– Geschlechterdemokratie 478
– westliche, liberale D. 201, 486
Discounter (D.-filiale, D.-geschäft, D.-laden, D.-markt, D.-prinzip) 4, 139, 206, 219, 227 f., 231–234, 240, 303, 417, 452, 476, 482
De-Industrialisierung 6
Dequalifizierung (Dequalifizierungsprozesse) 210, 322 f., 330 f., 334, 374, 474, 481
Deutsche Angestellten-Gewerkschaft (DAG) 18, 25, 28, 46 f., 49–53, 56, 58, 82, 170 f., 175, 177, 179, 293–295, 301 f., 322, 344 f., 349, 386, 395, 397, 403–405, 408, 422–425, 434 f., 440, 445, 447 f., 451, 453 f., 466
Deutscher Gewerkschaftsbund (DGB) 25, 46 f., 50, 59, 61, 78, 127, 171, 302, 344, 400 f., 404, 434–437, 440, 446 f., 451, 453, 464 f.
Dienstleistung
– Dienstleistung (Dienstleistungsarbeit, -handlung, -tätigkeit) 4, 10, 17, 20, 25, 43, 79, 126, 157, 161, 207, 296, 326, 331, 382 f., 452, 468, 484
– Dienstleistungsabend 349 f., 422, 437 f., 445 f., 448–452, 454–456, 470, 483
– Dienstleistungsbereitschaft 79
– Dienstleistungsbetrieb 10, 17, 445
– Dienstleistungsberuf 19
– Dienstleistungsbild 80
– Dienstleistungsbranche (-bereich, -sektor) 9, 12, 42, 79, 122, 142, 162, 199, 297, 335, 337 f., 346, 382, 392, 446, 470, 480

– Dienstleistungsgesellschaft 13, 196, 199, 331, 472, 484
– Dienstleistungsklasse 472
Doing gender 8, 11
Doppelbelastung 55, 407 f., 419, 436, 440, 468, 473, 482

EDV (elektronische Datenverarbeitung) 42, 128 f., 209, 288, 291 f., 296, 311 f., 314 f., 317–322, 326, 329 f., 334, 368, 374, 401, 415, 481 f.
Ehe
– Ehe- und Familienrecht 5, 55
– Ehegattensplitting 339
– Ehepaar (Ehepartner) 127 f., 237, 339, 409
– Ehepartner (Ehemann) 6, 47, 137, 165, 339, 409, 433, 442
– Ehepartnerin (Ehefrau) 103, 105, 127 f., 163, 224, 391, 409 f.
– Eheschließung (Ehe) 123, 125, 127–129, 134, 142, 144, 197, 431, 483
– Ehestandsdarlehen 410
Emma (Zeitschrift) 440–442
England siehe Großbritannien

Familie
– Familie 6, 13, 15, 23, 41, 55, 61, 63, 103, 106, 114, 116, 123–129, 131, 136 f., 141, 143, 186, 190, 197, 199, 205, 249, 268, 296, 300, 309, 330, 336, 338, 339, 344, 350, 354, 356, 363, 370, 390, 392, 395, 398–401, 407, 408, 410, 412, 427, 430–432, 435 f., 438, 440, 446, 449, 466, 471, 473, 479, 482 f., 488
– Familienarbeit siehe Care-Arbeit
– Familienbild 128, 400
– Familienfeindlichkeit 441, 448, 455, 468
– Familienleben 300, 398, 437
– Familienmodell (F.-ordnung) 143, 431
– Familienpause (F.-phase, F.-gründung) 40, 106, 123, 127, 131, 137, 142 f., 148, 168, 197, 409
– Familienplanung 142
– Familienpolitik (Bundesministerium für Jugend, Frauen, Familie und Gesundheit) 39, 338, 450, 480, 486 f.
– Familienunternehmen 27, 35, 175, 242, 246, 268
– Familienzeit (Haushalts- und Familienzeit) 67, 142, 324, 423, 427, 438, 471, 474
– Patriarchale Familie 486
– Vereinbarkeit von Familie und Beruf 129, 300, 348, 399, 408 f., 412, 417, 431, 470, 473 f.
Feminisierung 8, 21, 480

Sachregister

Frankfurt a. M. 14, 26, 110, 155, 191, 212, 218, 223, 225, 235, 247, 340, 357, 364, 422, 432 f., 438, 449, 451, 481
Frauenbewegung (Neue Frauenbewegung) 6, 13, 22, 41, 55, 58, 75–77, 300, 401, 428, 431, 442, 482, 484
Frauenerwerbstätigkeit (Erwerbstätigkeit von Frauen, Frauenerwerbsarbeit, weibliche Erwerbstätigkeit) 13, 21 f., 30, 67, 103, 142 f., 160, 196, 335–338 f., 341, 391, 399 f., 407 f., 410, 441, 471, 474, 480–483
Filialleiter (männliche Filialleitung, Marktleiter) 63, 65, 68, 75, 92, 94 f., 113 f., 116, 127, 147, 157, 178 f., 184, 186 f., 189, 191 f., 221, 237, 331, 308, 365, 371, 378–380, 389, 481
Filialleiterin (weibliche Filialleitung, Marktleiterin) 63, 69, 75, 113, 127–129, 139 f., 178 f., 184, 186 f., 191, 230–232, 237 f., 349, 479
Filialleitung (Position) 27, 63, 81, 94, 96, 106, 111, 128, 140, 158, 160, 191, 237–239, 316 f., 364 f., 369, 377, 379, 384, 389, 399
Finnland 100, 487
Flexibilisierung 11, 14, 34, 42, 100, 336, 341, 354–356, 360, 386, 389 f., 392, 402 f., 420, 437, 445, 449 f., 456, 470, 474, 482 f.
Flexibilität (flexibles Handeln, flexibles Arbeitshandeln) 9, 30, 40, 194, 199, 336, 354–356, 360, 371–391, 395, 397 f., 408, 417, 436, 444, 472, 482, 484, 489
Fortbildung siehe Weiterbildung
Frankreich 77, 203, 208, 223, 325, 419, 440
Freizeit 6, 9, 35, 62, 82, 114, 129, 152 f., 155 f., 160, 176 f., 182, 184, 195, 202 f., 225, 267, 273, 293, 296, 324, 335, 347, 349–354, 356, 358, 361–366, 370 f., 379, 382, 390, 397–399, 403, 421, 434, 436, 438, 446, 457, 459, 471, 477, 482, 488

Gaissmaier (Firma) 26, 32, 57, 59, 62–64, 66, 75, 80, 83, 94–96, 115 f., 126–129, 134, 136 f., 139 f., 145 f., 152–154, 156, 178–181, 185–189, 191, 198, 205, 226–228, 230–234, 237–240, 284–286, 288, 302, 305, 312, 315–319, 323 f., 329, 332, 358, 365, 389, 479
Gastarbeit (Gastarbeiterin, Gastarbeiter) 107, 121, 123, 128, 134–138, 143, 196 f., 239
Gehalt (Lohn) 6, 12, 22, 27, 29, 44, 53, 60, 65 f., 79–100, 115, 126, 145, 148 f., 173, 179 f., 182, 192, 202, 233, 282, 319, 334, 336, 353, 355, 366, 371 f., 375, 397, 399 f., 402, 405, 453, 470, 473, 480, 484, 489
Gender Care Gap 339
Gender Pay Gap 18, 99, 339, 419, 473, 485

Geschlecht
- Geschlechterdemokratie siehe Demokratie
- Geschlechtergeschichte (Frauen- und Geschlechtergeschichte) 5, 11–13, 19, 21–23, 67, 101, 185, 393, 420, 431, 479, 484
- Geschlechterordnung 5, 13, 22 f., 30, 121, 186 f., 334, 335–342, 408, 456, 481, 485
- Geschlechterpolitik 6, 391, 431
- Geschlechterrolle (-bild, -konstruktion, Geschlechtszuschreibung) 4, 6, 11–15, 62, 67, 78, 87, 125, 189, 338 f., 356, 391, 486
- Geschlechterverhältnis (-hierarchie) 49, 77, 85, 109, 115, 120, 129–132, 134 f., 140, 153, 155, 160, 172, 185–188, 195, 233–241, 268, 270, 272 f., 320, 332, 480
- Geschlechtsspezifik, geschlechtsspezifische Unterschiede 17 f., 21, 25, 27, 30, 41–45, 52, 60, 63, 65 f., 80, 85 f., 87–89, 94, 105, 108, 110–116, 121, 126, 130 f., 137, 143 f., 147, 186, 188 f., 192 f., 197 f., 202, 210–241, 241–275, 299, 309, 315, 331–335, 339, 342, 348, 396, 399 f., 418 f., 471, 474, 478, 481, 484 f., 488 f.
- geschlechtsspezifische Ungleichheit siehe Ungleichheit
Gewerkschaft Handel, Banken und Versicherungen (HBV) 18, 25, 28, 46–49, 51–61, 78, 82–85, 92, 95 f., 140, 170 f., 175, 177, 179–181, 285, 299, 301 f., 322, 344 f., 347–349, 395, 361 f., 366, 372, 386 f., 389, 392, 395, 400–406, 409, 423 f., 433–436, 441, 444–448, 451, 453 f., 463 f., 466–468
Gewerkschaft Nahrung-Genuss-Gaststätten (NGG) 18, 422, 434 f., 451
Gewerkschaft Öffentliche Dienste, Transport und Verkehr (ÖTV) 18, 451
Gleichberechtigung 5, 13, 41, 61, 124 f., 129, 402, 431
Großbritannien (England) 205, 210, 223, 295, 325, 366

Hierarchie (Hierarchisierung, Hierarchiestufen) 65, 77, 85, 120 f., 154, 160 f., 185–187, 191, 251
Hirmer (Firma) 27, 34 f., 67, 72, 82, 90–92, 107, 130 f., 137 f., 156, 160, 167, 175–178, 184, 189, 195, 241, 243, 263, 268–270, 272–275, 277, 293, 302, 333, 352–354, 360, 363, 367 f., 387 f., 413–416, 458, 481
Humanisierung der Arbeit (HdA) 19, 42, 64, 157, 301, 309, 322, 336, 350, 378, 402, 488

IG Metall 18, 48, 336 f., 344, 436
Internationale Arbeitsorganisation (ILO) 7, 21

Interaktion (Interaktionsarbeit) 4, 43, 46, 161–163, 212, 219 f., 220, 230 f., 233, 286, 300, 305, 372, 382 f., 388, 390, 472, 476 f., 480
Intersektionalität 21, 23, 65

Job sharing 34, 336, 392, 398, 482

Kanada 205
Kapovaz *siehe* Arbeitszeit
Kasse
- Additionskasse 293
- Computerkassen (PC-Kassen) 293 f., 302, 313
- Datenkassen (elektronische K.) 55, 209, 288 f., 292, 314–323, 386, 482
- Expresskassen 295
- Förderbandkasse (Bandkassen) 285, 300, 302, 305
- Hauptkasse 295, 306
- Holzkasse 4
- Kassenarbeitsplatz (K.-platz, -position, -stelle) 8, 30, 33, 35, 208, 211, 220, 239, 265, 275–310, 314, 331, 333 f., 375 f., 385, 387, 479, 482
- Kassenband 33
- Kassenbeutel 281 f.
- Kassenbox 278–280, 307
- Kassenbuch 313
- Kassencomputer 294
- Kassenfirma 208, 290, 294, 327, 340, 373, 376, 385, 387
- Kassenkraft 178, 257 f., 261, 281 f., 289, 294, 296, 303, 305, 307, 311, 314, 385, 477
- Kassenleiter (K.-aufsicht) 93, 306, 385
- Kassenpersonal 10, 219, 228, 257, 291, 301, 305–309, 376
- Kassenpraktiken 289, 294
- Kassenprogrammierung 278
- Kassenraum (K.-bereich) 236, 258, 264
- Kassenschublade 277
- Kassenstand, Kassenstandtechnik 209, 277 f., 282, 284 f., 287–289, 299, 306, 308, 313, 333, 381, 418, 480
- Kassenstuhl 285
- Kassensystem 24, 29, 66, 178, 207, 277, 290, 293, 303, 309 f., 312, 330, 333 f., 369, 373, 375, 378, 386, 401
- Kassentechnik 276, 290–296, 310, 334
- Kassentisch (-theke) 277, 279, 306 f.
- Kassentrainerin 187
- Kassentraining (-schulung) 239, 277, 288, 293
- Kassenzettel (K.-bon) 33, 300
- Konfektionskasse 66

- Kundenkassen 306
- Leihkassen 281
- Registrierkasse 209, 221, 264, 276 f., 278 f., 281, 284, 290, 300, 311, 321, 333, 374 f., 480
- SB-/Selbstbedienungskasse 206, 295, 361
- Scannerkasse 292, 303, 484
- Schnellstartkassen 231, 286
- Selbsttipp-Kassen 294
- Selbstzahlerkasse 18
- Totalkasse 294
- Übungskasse (Schulungskasse) 276, 299
- Umpackkassen 284 f., 302, 305, 309
Kassiererin 33, 65 f., 80, 107, 113 f., 120, 187, 192 f., 219, 224, 239 f., 257, 259, 264, 273, 275–277, 279–289, 291, 293 f., 296, 298–303, 305–309, 315, 333, 374–376, 382, 385, 387, 418, 420, 480 f
Kaufhaus 25–27, 39, 51, 112, 144, 148, 170, 205, 260, 302, 327, 353 f., 359 f., 362, 398, 404, 439, 453, 466, 482
Kolleginnen (Kollegen) 7, 32, 41, 46, 55, 59, 71, 73, 75, 77, 91, 96, 121, 132, 144, 151, 153, 155–161, 168 f., 175, 180, 182, 194, 196–198, 245, 254, 259, 297, 309, 349, 352, 355 f., 358, 360, 363, 367, 401, 436
Konsum
- Konsum (Konsumtion) 6, 15, 17, 23, 43, 137, 201–203, 232, 233, 245, 334 f., 337 f., 456, 476
- Konsumbedürfnis 202, 456, 464
- Konsumfreiheit 202, 421, 438
- Konsumgenossenschaft 157, 165, 205, 211, 425
- Konsumgeschichte 11, 14, 20, 24 f., 202, 421
- Konsumgesellschaft 78, 201–210, 335, 399, 480
- Konsumgüter 17, 142, 202, 410, 486
- Konsument (Konsumentin, Konsumierende) 15, 23, 201–204, 232, 255, 431–433, 442 f., 449, 456, 476 f.
- Konsumentenmarkt 206
- Konsummuster (-entscheidungen) 202, 476
- Konsumverhalten, -stil, -praktiken 201 f., 260, 474
- Konsumverständnis 24
- Massenkonsumgesellschaft 6, 15, 17, 101, 202 f.
Konzentrationsprozesse (Unternehmenskonzentration) 13, 21, 54, 104, 205, 437, 470, 481

Ladenöffnungszeiten 9, 14, 54, 178, 324, 346, 349, 351, 365, 396, 421–424, 430,

432 f., 435, 440, 443–445, 447, 449, 456, 466 f., 470 f., 473 f.
Ladenschluss
– Ladenschluss   30, 34, 50, 55–58, 208, 220, 357, 366, 370, 420–471, 479, 484
– Ladenschlussbefürworter   435, 438, 442
– Ladenschlussdiskussion (-frage, -streitigkeit)   58, 437, 440, 452, 455
– Ladenschlussgegner   432–434, 437, 442 f., 448
– Ladenschlussgesetz (Ladenschlussgesetzgebung, LaSchlG)   54–57, 180, 182, 343, 345–347, 350 f., 355, 359 f., 370, 421–437, 440 f., 443, 445, 447, 451, 453, 455–459, 461–465, 467–471, 473 f., 479, 483
– Ladenschlussprotest   50, 57, 61, 423
– Ladenschlussregelung   38, 440 f., 456, 471, 474
– Ladenschlusszeiten   12, 358, 421, 440, 443 f., 448, 454 f., 466–469
Landtag, Bayerischer   469
Latscha (Firma)   26, 59, 64–66, 68, 70, 75, 92–94, 106 f., 110–113, 115, 132–135, 136, 139, 147, 155, 157 f., 162–165, 181–183, 185, 187, 191–193, 205, 211–228, 233–236, 239 f., 283 f., 286 f., 305–307, 312, 315, 318–321, 325–327, 329, 332, 340, 357, 364 f., 377, 379, 382, 389, 416–418, 432 f., 481
Lebenslauf   7, 30, 63, 122, 130, 132, 135, 140, 142 f., 438
Lehrerinnenzölibat *siehe* Zölibat
Lehrling (Auszubildende/Auszubildender)   5, 7, 36, 39–41, 62 f., 67, 69, 71 f., 83, 93, 109–119, 145, 148, 150, 155, 158–160, 187 f., 192 f., 195, 252, 253, 255, 257, 261, 268, 322, 360, 367, 395, 435, 456
Logistik   18, 57 f., 240, 249, 315, 323–326, 329, 331, 334, 389, 478, 482
Lohn *siehe* Gehalt

Mainz   223, 225, 454
Marktleiter *siehe* Filialleiter
Marktleiterin *siehe* Filialleiterin
Maskulinisierung (Remaskulinisierung)   8, 13, 187, 480
Memmingen   3, 230 f., 235, 459 f., 476
Migration ((Arbeits-)Migranten, (Arbeits-)Migrantinnen)   6, 23, 65, 135, 240
Migros (Firma)   24, 223 f., 225, 290–292, 294, 306
Mithelfende Familienangehörige   7, 85, 103–105, 107, 121 f., 130, 170, 196

München   14, 26–28, 57, 78, 110, 138, 166, 175, 215, 257 f., 261, 263–265, 281, 307, 333, 344, 349, 352 f., 359, 388, 413, 422 f., 448, 453, 458, 465 f., 467, 481 f.

National Cash Register GmbH, Augsburg (NCR)   29, 161–163, 207–209, 212, 215, 234, 276 f., 288, 291, 298 f., 311 f., 340, 373–376, 385 f.
Neue Frauenbewegung *siehe* Frauenbewegung
Niederlande   137 f., 246, 294, 325
Normalarbeitsverhältnis   20 f., 337, 367, 400 f.

Oberammergau   464, 467 f., 470
Olympische Spiele (Olympia)   388, 440, 464–467
Online-Handel   14, 18, 21, 25, 475, 478, 484, 488, 490
Organisationsgrad   18, 46, 50–53, 59, 61, 100, 171, 358, 402, 419, 435
Ostdeutschland   14, 43, 339, 344, 455 f.

Passionsspiele   467 f., 470
Pause
– Erholungspausen   361
– Frühstückspause   351
– Mittagspause   61, 148, 160, 225, 298, 348, 350 f., 353, 357, 360, 363, 421, 455
– Arbeitspausen, Pausen allgemein   69, 71, 136, 178, 283, 341, 343, 347 f., 351, 356 f., 359–362, 367 f., 370, 376, 389, 398, 447
– Mindestpausenzeiten   361
– Pausenalltag (Pausengestaltung)   144, 302, 360
– Pausenraum   148, 160
– Pausenzeiten, Pausenregelung   349 f., 354, 358–362, 368 f., 371 f., 376, 386, 472, 483
– Toilettenpausen   308, 370
– Zigarettenpausen   368
Postindustrielle Gesellschaft   196, 369, 484
Prekäre Beschäftigung   18–20, 44, 199, 233, 296, 387
Prekarisierung   478
Professionalisierung   8, 73, 114, 122, 158, 176, 179 f., 199, 238, 481

Rationalisierung
– Rationalisierungsgemeinschaft des Handels (RGH)   213, 373
– Rationalisierungsmaßnahmen (-mechanismen)   42, 54, 60, 83, 100, 180, 182 f., 323, 336, 340, 352, 372 f., 377, 379, 382, 384 f., 388, 395 f., 401, 412, 472

- Rationalisierungsprozesse (-strategien) 19, 41 f., 283–289, 314 f., 318, 357, 385 f., 389 f., 420
- Rationalisierungsschutz (Schutz vor R.) 58, 60, 386
- organisatorische R. (R. der Arbeitsprozesse, R. d. betrieblichen Prozesse) 42, 240, 377–386, 482
- technologische R. 55, 386
- zeitliche R. 9, 30, 357, 371–391

Remaskulinisierung *siehe* Maskulinisierung
Rhein-Main-Gebiet 14, 26, 211, 332

Schichtarbeit 80, 84, 142, 324, 336, 347, 352, 421, 432, 438 f., 441 f.
Selbstbedienung (SB)
- Institut für Selbstbedienung (ISB) 208
- Selbstbedienung (SB) 4, 8, 12, 16, 24, 29 f., 41, 62, 64, 73, 78 f., 93, 99 f., 108, 140, 144, 161 f., 164, 166 f., 194, 198, 202–241, 247–249, 251, 263, 265–268, 271, 273–276, 289 f., 295, 298 f., 308, 314, 323, 326, 332 f., 340, 373, 479–481
- Selbstbedienungselement (-anteil, -aspekt) 107, 244, 247, 265, 481
- Selbstbedienungsfilialen (SB-Filialen) 211, 215, 227, 235
- Selbstbedienungskassen, SB-Kassen *siehe* Kassen
- Selbstbedienungslabyrinth (-welt) 5, 458
- Selbstbedienungsladen (SB-Laden, -geschäft, -supermarkt) 101, 162, 165, 204 f., 210 f., 215 f., 218–223, 233–235, 239, 243, 245, 251, 284, 299, 301, 305, 373, 378, 480
- Selbstbedienungspraktiken 244
- Selbstbedienungsprinzip (SB-Prinzip, -idee, -methode, -system) 10, 161, 204 f., 226, 249 f., 298, 314
- Selbstbedienungstheken 247
- Selbstbedienungswagen (SB-Wagen) 224, 226
- Selbstbedienungs-Warenhaus (SB-Warenhaus) 53, 59, 107, 205, 226 f., 233, 286, 289, 292, 319, 446, 451 f.

Scanner (Scannen, Scanning) 4, 18, 209, 289 f., 292, 294–296, 303, 312, 314, 333 f., 369, 483 f.
Scannerkassen *siehe* Kassen
Schlecker (Schlecker-Frau) 4 f., 18, 169
Schulung *siehe* Weiterbildung
Schweden 137, 205, 210, 223, 312, 331, 440, 481
Schweiz 15, 24, 109, 110, 210, 223, 234, 290, 294, 325, 340

Sozialwissenschaften (Angewandte Sozialwissenschaft) 6, 12, 24–26, 31, 39, 42–46, 51, 99 f., 135, 286, 388 f., 405, 483, 488 f.
Sorgearbeit *siehe* Care-Arbeit
Streik (Warnstreik, wilder Streik) 22, 25, 46, 56–59, 61, 308, 325, 337, 453
Strichcode *siehe* Barcode
Strukturbruch 14, 20 f., 139
Strukturwandel 13, 20, 42, 206, 477
Stuttgart 14, 26, 127, 137, 153, 159, 189, 205, 227, 231, 242, 306, 313, 445, 448, 457 f., 469, 482
Substitut 116, 119 f., 238 f., 255, 282, 331
Substitutin 139, 187, 237, 356
Supermarkt 40, 58, 66, 75, 139, 205, 211, 218, 225, 230 f., 233 f., 238, 284, 286, 300, 475

Tante Emma 4 f., 106, 121, 196, 335, 489
Teilzeitquote 358, 391, 393 f., 416, 418 f.
Tertiärisierung 13, 196

Ungleichheit
- Entgeltungleichheit, ungleiche Bezahlung 27, 75, 80, 85 f., 90, 96, 98 f., 101
- geschlechtsspezifische U. 7 f., 11 f., 30, 44, 46, 63, 75, 80, 83, 85, 89–92, 96, 98–101, 116, 122, 169, 184, 198, 203, 407, 479 f., 484–490
- intersektionale U. 65
- soziale U. 6, 8, 21, 23, 29 f., 43, 79, 99, 101, 198, 203, 407, 474, 478
- strukturelle U. 12, 65, 207, 234, 419, 473, 485 f.

Unternehmenskonzentration *siehe* Konzentrationsprozesse
USA 136 f., 190, 204 f., 210, 219, 239, 248, 268, 292, 303, 319 f., 325, 331, 481

Verbrauchermarkt 53, 58, 183, 205, 226 f., 230–235, 240, 285 f., 292, 417, 452, 482
Verkäufer, männlich 63, 66 f., 69, 90–92, 103, 110, 111, 113–115, 160, 162 f., 167 f., 179, 187, 189, 192 f., 197, 208, 212 f., 216, 235, 238 f., 243, 247, 250, 252 f., 255, 261, 267, 271–273, 290, 298, 300, 307, 311, 314, 327, 330, 332, 342, 352, 367, 372, 378, 388, 458, 468
Verpackung (Produktv., V.s-service, Vorv.) 207, 214 f., 218 f., 221, 228, 266, 332, 377, 480, 483

Warenhaus 24, 53, 57 f., 165, 190, 201, 205, 244, 297, 299, 307, 311, 320, 375
Warenwirtschaftssystem 42, 209, 275, 290, 292, 314, 321 f., 329 f., 334, 375, 387

Weibliche Angestellte (angestellte/erwerbstätige Frauen, erwerbstätige Ehefrauen und Mütter, weibliche Supermarktangestellte/ Kaufhausangestellte, vollerwerbstätige Frauen)   6, 21, 25, 46, 71, 75, 100, 110, 122, 125, 143 f., 147, 149, 188, 243, 312, 338, 356, 392, 400, 408, 417, 421, 480

Weiterbildung (Schulung, Fortbildung)   29, 41, 54, 60, 67, 69, 85, 110 f., 114 f., 117, 119–121, 161, 178, 193, 195, 207–209, 215, 238, 250, 254 f., 276 f., 288, 293, 299, 322, 388, 409, 427, 480

Wertschätzung   6, 72, 99 f.,106, 159, 160, 186, 233, 250, 420, 471, 474, 478

Wiesbaden   74, 155, 218, 220, 223, 225, 262, 422

Zeiterfassung *siehe* Arbeitszeiterfassung

Zölibat (Beamtinnen-/Lehrerinnenzölibat, Zölibatsklausel)   53 f., 123, 125, 143, 410, 479

Zölibatsklausel *siehe* Zölibat

zu Ende Bedienen   9, 61, 366, 420, 427, 456–458, 479